Direito
Romano

O GEN | Grupo Editorial Nacional – maior plataforma editorial brasileira no segmento científico, técnico e profissional – publica conteúdos nas áreas de concursos, ciências jurídicas, humanas, exatas, da saúde e sociais aplicadas, além de prover serviços direcionados à educação continuada.

As editoras que integram o GEN, das mais respeitadas no mercado editorial, construíram catálogos inigualáveis, com obras decisivas para a formação acadêmica e o aperfeiçoamento de várias gerações de profissionais e estudantes, tendo se tornado sinônimo de qualidade e seriedade.

A missão do GEN e dos núcleos de conteúdo que o compõem é prover a melhor informação científica e distribuí-la de maneira flexível e conveniente, a preços justos, gerando benefícios e servindo a autores, docentes, livreiros, funcionários, colaboradores e acionistas.

Nosso comportamento ético incondicional e nossa responsabilidade social e ambiental são reforçados pela natureza educacional de nossa atividade e dão sustentabilidade ao crescimento contínuo e à rentabilidade do grupo.

JOSÉ CARLOS MOREIRA ALVES

Ministro aposentado do Supremo Tribunal Federal.
Professor titular aposentado de Direito Civil na Faculdade de Direito
da Universidade de São Paulo. Livre-docente de Direito Civil e Romano
na Faculdade de Direito da Universidade Federal do Rio de Janeiro.
Doutor *honoris causa* pela Faculdade de Direito da Universidade Tor Vergata de Roma II.
Doutor *honoris causa* pela Faculdade de Direito da Universidade de Brasília.

DIREITO ROMANO

20.ª edição
Revista

- O autor deste livro e a editora empenharam seus melhores esforços para assegurar que as informações e os procedimentos apresentados no texto estejam em acordo com os padrões aceitos à época da publicação, e todos os dados foram atualizados pelo autor até a data de fechamento do livro. Entretanto, tendo em conta a evolução das ciências, as atualizações legislativas, as mudanças regulamentares governamentais e o constante fluxo de novas informações sobre os temas que constam do livro, recomendamos enfaticamente que os leitores consultem sempre outras fontes fidedignas, de modo a se certificarem de que as informações contidas no texto estão corretas e de que não houve alterações nas recomendações ou na legislação regulamentadora.

- Fechamento desta edição: *22.02.2021*

- O Autor e a editora se empenharam para citar adequadamente e dar o devido crédito a todos os detentores de direitos autorais de qualquer material utilizado neste livro, dispondo-se a possíveis acertos posteriores caso, inadvertida e involuntariamente, a identificação de algum deles tenha sido omitida.

- **Atendimento ao cliente:** (11) 5080-0751 | faleconosco@grupogen.com.br

- Direitos exclusivos para a língua portuguesa
  Copyright © 2021 by
  Editora Forense Ltda.
  Uma editora integrante do GEN | Grupo Editorial Nacional
  Travessa do Ouvidor, 11 – Térreo e 6º andar
  Rio de Janeiro – RJ – 20040-040
  www.grupogen.com.br

- Reservados todos os direitos. É proibida a duplicação ou reprodução deste volume, no todo ou em parte, em quaisquer formas ou por quaisquer meios (eletrônico, mecânico, gravação, fotocópia, distribuição pela Internet ou outros), sem permissão, por escrito, da Editora Forense Ltda.

- Capa: Danilo Oliveira

- 1ª edição – 1965 / 20ª edição – 2021

- **CIP – BRASIL. CATALOGAÇÃO NA FONTE.
  SINDICATO NACIONAL DOS EDITORES DE LIVROS, RJ.**

A479d
Alves, José Carlos Moreira

Direito Romano / José Carlos Moreira Alves. – 20. ed. – [2. Reimp.] – Rio de Janeiro: Forense, 2024.

Inclui bibliografia e índice
ISBN 978-65-596-4048-5

1. Direito romano – História. I. Título.

21-69357　　　　　　　　　　　　　　　　　　　　　　　　CDU: 34(37)(09)

Meri Gleice Rodrigues de Souza - Bibliotecária - CRB-7/6439

A Evany, Sônia e Carlos Eduardo
– razões do nosso esforço.

APRESENTAÇÃO

A dificuldade, em direito romano, é o estudo direto das fontes para extrair delas o conhecimento da evolução por que passou cada um dos diferentes institutos jurídicos. Mas, para enfrentá-la, há os que se dedicam à especialidade.

Já o estudo da síntese do resultado dessas investigações penosas e que exigem larga preparação intelectual não apresenta obstáculos de monta. Prevenções infundadas é que geraram a crença, em muitos, de que o seu aprendizado demanda esforços excepcionais. Nada mais falso. Para conhecer os princípios básicos do direito romano, é preciso apenas ter em mente que é ele um direito histórico e que, portanto, o exame de seus institutos deve ser feito por meio das suas diferentes etapas de evolução (períodos pré-clássico, clássico e pós-clássico), cada uma com determinadas características fundamentais. Com o conhecimento destas e o estudo dos institutos jurídicos nesses estádios evolutivos, tudo se aclara, e não há maiores dificuldades de aprendizado do que as existentes em qualquer dos ramos do direito moderno (o direito civil, por exemplo).

Essa é a orientação sob a qual se redigiu este livro.[1] Oxalá que ele sirva para difundir, em nossos meios jurídicos, o estudo dessa matéria, que, apesar do pessimismo de alguns, continua a ser aprofundado nos principais centros de cultura do Universo. Explica-se. A vida do homem (a observação é de Carnelutti)[2] flui do passado para o futuro; por isso, necessita ele de ver adiante de si, e, para que possa perceber o que virá, é preciso conhecer o que passou.

Depois de se publicarem várias tiragens das edições anteriores, pareceu-me necessário, a partir da 14.ª edição, reunir em volume único os textos publicados anteriormente em dois volumes, pela necessidade não só de se fazerem algumas correções no texto e nas notas, inclusive no tocante às fontes, mas também de se atualizarem indicações bibliográficas e de se acrescentarem informações que se me afiguraram úteis aos que estudam direito romano.

A presente edição reproduz o texto da anterior, com algumas correções.

O Autor

---

1   Nas transcrições latinas que se encontram nesta obra, em vez das letras *j* e *v* – criadas na Renascença, e, portanto, desconhecidas dos romanos – empregamos, sempre, *i* e *u*. Demais, e segundo o uso romano, grafamos o *u* maiúsculo com o sinal gráfico *V*.

2   *Studio e insegnamento del Diritto Romano, inchiesta: prima puntata, in Labeo*, ano II (1956), p. 58.

NOTA DA EDITORA À 20ª EDIÇÃO

Com muita satisfação, esforço e, obviamente, aceitação do leitor, se chega a 20.ª edição da obra clássica do ex-Ministro José Carlos Moreira Alves, *Direito Romano*.

Como próprio autor explana, não há nada de temeroso no Direito Romano, basta "ter em mente que é ele um direito histórico e que, portanto, o exame de seus institutos deve ser feito por meio de suas diferentes etapas de evolução ...".

Convenhamos que conhecer a História Romana é conhecer a História do Ocidente, é conhecer a formação da Civilização Ocidental. Muitos juristas ou iniciados no Direito não têm propensão ao conhecimento da história, estudam o Direito como se ele fora obra de homens presentes ou dos últimos constituintes.

Aliás, constituição, com os muitos acontecimentos do Século XIX, virou forma de redenção da revelação do Direito, como se o Direito no Ocidente fosse fruto apenas de revoluções e constituições. Não é.

No Direito Romano, há de se perquirir o seu estudo em obras que passaram ao conhecimento de juristas antigos e/ou medievalistas pela tradição oral ou por escritos bem precários, muitos advindos de estudos de paleógrafos.

Como ressalta o autor, o período do estudo das instituições e leis romanas é sobremaneira importante para o entendimento de seu alcance e as situações que quer abranger.

Como nos lembra um estudioso do século XIX, Paul-François Girard, a Lex Aquilia sobre os danos materiais causados por terceiros a qualquer bem de um romano (móvel, imóvel ou semovente) é atribuída aos anos aproximados de 468 ou 467 a.C. No entanto, em um *Manual*, escrito sobre o Direito Romano no final do século XIX, o tipógrafo grafou 408 a.C. e não, 468 a.C.

Segundo o testemunho de Girard, vários jurisconsultos, professores e alunos repetiam a data como se fosse a real data da Lex Aquilia.[3] Além de confundirem a data da Lex Aquilia com a data da Lex Hortensia, que adveio de uma revolta dos plebeus contra resoluções do Senado, para que as leis e decisões que atingissem a plebe passassem a valer a partir de plebiscitos, e não de votações senatoriais. A Lex Hortensia remontava a 286 a.C., mais de duzentos anos após a Lex Aquilia.

O erro em épocas do Direito Romano é tão fundamental que pode modificar a interpretação da lei quando foi concebida e aplicada.

---

[3] Girard, Paul-François. **L'Étude des sources du droit roman**. In: Revue internationale de l'enseignement, tome 19, Janvier-Juin, 1890. pp. 620-621;

Por isso, a obra de Moreira Alves permanece como referência no estudo do Direito Romano em nosso país, pois ele tem o cuidado de explicar a evolução histórica do Império, o que ele chama de História externa, antes de entrar nos ensinamentos das Instituições de Direito Romano, História interna.

O autor é um dos grandes juristas que compôs o Supremo Tribunal Federal, tendo permanecido na Corte entre 1975 e 2003. Com 28 anos de suprema judicatura trouxe ao Direito brasileiro a lição dos antigos romanos, dos medievalistas e das escolas modernas que sucederam aos romanos e essas lições significaram um tempo de estabilidade jurídica para a nação brasileira.

Para esta nova edição, incluímos, além das bibliografias sumárias presentes na obra, uma bibliografia consolidada ao final do livro, com o intuito de facilitar ao pesquisador o acesso às referências bibliográficas.

Com muita satisfação, nós da Editora Forense comemoramos com o público interessado e o autor a 20ª edição de uma obra referencial no estudo do Direito Romano e na melhor compreensão da formação de nosso Direito Privado.

ÍNDICE GERAL

I – Noções Gerais

1.	Objeto do curso de direito romano	1
2.	A história externa e a interna	1
3.	Utilidade do estudo atual do direito romano	2
4.	Métodos de exposição da matéria	3

HISTÓRIA DO DIREITO ROMANO
(HISTÓRIA EXTERNA)

Bibliografia Sumária	4

II – A Realeza

5.	As origens de Roma e a lenda	7
6.	A existência da realeza em Roma	8
7.	A constituição política nesse período	8
8.	O rei	8
9.	O Senado	9
10.	O povo e sua organização	9
11.	Os comícios por cúrias	11
12.	Os *comitia calata*	11
13.	As fontes de direito	11
14.	A jurisprudência	12

III – A República

15.	A queda da realeza e o início da República	15
16.	O desdobramento da magistratura segundo a tradição	15

17. Características e classificação da magistratura...... 17
18. O Senado...... 18
19. Os comícios 19
20. A organização política da Itália e dos territórios extraitálicos...... 21
21. As fontes de direito...... 23
22. A Lei das XII Tábuas...... 25
23. A jurisprudência...... 28

IV – O Principado

24. Antecedentes...... 31
25. Otaviano e a fundação do principado 32
26. Caracterização dessa forma de governo 32
27. As províncias 33
28. O destino das instituições políticas da República...... 33
29. O *princeps*...... 34
30. Os funcionários imperiais...... 35
31. As fontes de direito...... 36
32. A jurisprudência clássica 40

V – O Dominato

33. A instauração do dominato 43
34. As instituições políticas 44
35. A organização provincial 45
36. As fontes de direito...... 45
37. As compilações pré-justinianeias 47
38. A jurisprudência e as escolas de direito, no Oriente, no século V d.C 48
39. O *Corpus Iuris Ciuilis* 49
40. Modos de citação do *Corpus Iuris Ciuilis* 50
41. As interpolações...... 51
42. A influência do cristianismo no direito romano 55

VI – O Destino do Direito Romano no Oriente e no Ocidente

43. No Oriente 57
44. O direito romano e a queda de Roma, em 476 d.C...... 59

45.	O ressurgimento do estudo do direito romano na Idade Média	59
46.	Glosadores e pós-glosadores	60
47.	A recepção do direito romano nos países europeus	61
48.	A Escola Culta	62
49.	A Escola Elegante	62
50.	Os jusnaturalistas	62
51.	A Escola Histórica Alemã	63
52.	O neo-humanismo contemporâneo	63
53.	A papirologia jurídica	64

INSTITUIÇÕES DE DIREITO ROMANO
(HISTÓRIA INTERNA)

Bibliografia Sumária 65

VII – Considerações Preliminares

54.	A sistemática adotada	71
55.	Direito romano, direito histórico	71
56.	Características do direito romano pré-clássico	72
57.	Características do direito romano clássico	73
58.	Características do direito romano pós-clássico	75
59.	Alguns dos meios de pesquisautilizados pelos romanistas	77

PARTE GERAL

VIII – Direito Objetivo

60.	Direito objetivo e direito subjetivo	79
61.	As duas concepções de direito objetivo	79
62.	Os diferentes significados de *ius*	80
63.	*Ius* e *fas*	80
64.	A definição de Celso	81
65.	*Aequitas*	82
66.	Divisão e subdivisão do direito objetivo	83
67.	As fontes do direito objetivo	85
68.	O direito objetivo no espaço e no tempo	86
69.	Interpretação	87

IX – A Relação Jurídica e o Direito Subjetivo

70. O direito subjetivo em face da relação jurídica 91
71. A inexistência do direito subjetivo no direito romano: tese de Villey e refutação de Pugliese 92
72. Esquema de exposição 94

X – Pessoa Física ou Natural (Requisitos de Existência do Homem)

73. Os sujeitos de direitos subjetivos 97
74. Requisitos da existência do ser humano 97
75. Nascimento 98
76. Vida extrauterina 98
77. Forma humana 99
78. Controvérsia sobre a vitalidade 100
79. O nascituro 102

XI – Pessoa Física ou Natural (Personalidade e Capacidade Jurídicas)

80. Conceito de personalidade e capacidade jurídicas 103
81. Capacidade de fato 103
82. Requisitos para a aquisição, pelo ser humano, da personalidade jurídica 104
83. *Status libertatis* 104
84. *Status ciuitatis* 111
85. *Status familiae* 114
85-A. Domicílio 117

XII – Pessoa Física ou Natural
(Causas que Restringem ou Extinguem a Capacidade Jurídica)

86. Causas restritivas da capacidade jurídica 119
87. Causas que extinguemacapacidade jurídica 127
88. *Capitis deminutiones* 127
89. *Capitis deminutio maxima* 128
90. *Capitis deminutio media* 128
91. *Capitis deminutio minima* 128
92. A morte da pessoa física ou natural 128

XIII – Pessoa Física ou Natural (Capacidade de Fato)

93. Capacidade de fato 131
94. Fatores que influem na capacidade de fato 131
95. Incapacidade de fato absoluta e relativa 134
96. A incapacidade de fato e o *status familiae* 135

XIV – Pessoa Jurídica

97. Noções gerais 137
98. Origem e evolução das pessoas jurídicas no direito romano 138
99. Corporações 140

XV – As Coisas como Objeto de Direitos Subjetivos

100. Conceito de objeto de direito 143
101. Conceito jurídico de coisa (*res*) 144
102. Os critérios de classificação das coisas 144
103. As coisas em relação a si mesmas 144
104. As coisas em relação a outras coisas 149
105. As coisas quanto à sua comerciabilidade 150
106. As coisas quanto à ordem econômico-social romana 152

XVI – Os Fatos Jurídicos em Sentido Amplo

107. Conceito de fato jurídico em sentido amplo 155
108. Classificação dos fatos jurídicos em sentido amplo 156
109. Conceito e classificação do negócio jurídico 157
110. Elementos do negócio jurídico 162
111. Elementos essenciais genéricos do negócio jurídico 164
112. Elementos acidentais do negócio jurídico 167
113. Ineficácia do negócio jurídico 174
114. Interpretação do negócio jurídico 186

XVII – A Tutela dos Direitos Subjetivos (A Organização Judiciária dos Romanos)

115. A tutela dos direitos subjetivos 189
116. Os sistemas de processo civil romano 190

DIREITO ROMANO – José Carlos Moreira Alves

117. Origem e evolução prováveis da proteção dos direitos entre os povos primitivos 191
118. *Ordo iudiciorum priuatorum* 192
119. Os magistrados judiciários.. 192
120. Jurisdição e competência 194
121. Os juízes populares eos tribunais permanentes 196
122. O funcionamento da Justiça Romana 199

XVIII – A Tutela dos Direitos Subjetivos (As Ações da Lei – *Legis Actiones*)

123. As características das ações da lei 203
124. O desenrolar da instâncianas *legis actiones*... 204
125. As diferentes ações da lei 206

XIX – A Tutela dos Direitos Subjetivos (O Processo Formulário)

126. A decadência das *legis actiones* e a introdução do processo formulário............... 217
127. Características do processo formulário.. 219
128. A fórmula – partes principais e acessórias... 221
129. O desenrolar da instância.. 228
130. A execução da sentença 239
131. A *actio* e sua classificação 241
132. Meios complementares do processo formulário... 247

XX – A Tutela dos Direitos Subjetivos
(O Processo Extraordinário – A *Cognitio Extraordinaria*)

133. Origem da *cognitio extraordinaria*... 253
134. Características da *cognitio extraordinaria*.. 255
135. O desenrolar da instância.. 255
136. Processos especiais 266
137. As ações e os demais remédios jurídicos no processo extraordinário.................. 267

PARTE ESPECIAL

I
DIREITO DAS COISAS

XXI – Os Direitos Reais e sua Classificação

138. O direito real e suas características.. 269
139. Os direitos reais na concepção dos juristas romanos.. 270

ÍNDICE GERAL | **XVII**

140. A classificação dos direitos reais 270

141. Sistemática da exposição 272

XXII – A Posse

142. Conceito e natureza jurídica da posse................................. 273

143. Elementos da posse.. 275

144. Modalidades da posse 279

145. Objeto da posse... 280

145-A. Composse... 281

146. Início da posse 282

147. Permanência e término da posse.. 283

148. Origem e meios judiciais de proteção possessória 284

149. Posse de direitos 290

XXIII – A Propriedade

150. Conceito.. 293

151. Origem e evolução histórica.. 294

152. Conteúdo do direito de propriedade e suas limitações 297

153. Condomínio 301

154. Modos de aquisição da propriedade 304

155. Extinção da propriedade 327

156. Proteção da propriedade 328

XXIV – Direitos Reais sobre Coisa Alheia (As Servidões Prediais)

157. Servidões prediais e servidões pessoais............................... 335

158. Conceito de servidão predial 336

159. Origem e evolução das servidões prediais............................ 336

160. Princípios que regem as servidões prediais 337

161. As espécies de servidões prediais....................................... 338

162. Modos de constituição das servidões prediais 339

162-A. Exercício da servidão predial.. 341

163. A extinção das servidões prediais....................................... 342

164. Meios de proteção judicial das servidões prediais.................. 343

XXV – Direitos Reais sobre Coisa Alheia (Usufruto e Direitos Análogos)

A) Usufruto

165. Conceito 345
166. Origem e evolução 346
167. Sujeitos do direito de usufruto 346
168. Objeto 346
169. Faculdades do usufrutuário 347
170. Obrigações do usufrutuário 348
171. Modos de constituição 348
172. Extinção 349
173. Meios de proteção judicial 349

B) Uso

174. Conceito, evolução e regime jurídico 349

C) Habitação

175. Conceito, evolução e regime jurídico 350

D) *Operae servorum* e *Operae Alterius animalis*

176. Conceito, evolução e regime jurídico 351

XXVI – Direitos Reais sobre Coisa Alheia (A Enfiteuse e a Superfície)

177. Introdução 353

A) A Enfiteuse

178. Conceito, faculdades e obrigações do enfiteuta. Constituição, extinção e proteção judicial da enfiteuse no direito justinianeu 353
179. Origem e evolução histórica da enfiteuse 355

B) A Superfície

180. Conceito e disciplina da superfície no direito justinianeu 357
181. Origem e evolução histórica da superfície 358

XXVII – Direitos Reais sobre a Coisa Alheia (Penhor e Hipoteca)

182. Conceito e espécies de garantias.. 361
183. Particularidades do sistema de garantias reais no direito romano 361
184. *Fiducia cum creditore* 362
185. A origem do penhor *(pignus datum)* 363
186. A origem da hipoteca *(pignus obligatum)* 364
187. Destino da *fiducia cum creditore*, do *pignus datum* e do *pignus obligatum* ou *hypotheca* 365
188. Princípios comuns ao penhor e à hipoteca 365
189. Pluralidade de credores hipotecários 370

II
DIREITO DAS OBRIGAÇÕES

XXVIII – O Conceito de Obrigação e a Sistemática Seguida na Exposição do Direito das Obrigações

190. Direitos pessoais 373
191. Conceito de obrigação 373
192. A evolução histórica da *obligatio* no direito romano 374
193. Sistemática da exposição 379

A) TEORIA GERAL DAS OBRIGAÇÕES

XXIX – Elementos Essenciais e Modalidades das Obrigações

194. Os elementos essenciais da obrigação 381
195. As diferentes modalidades de obrigações 383
196. Modalidades quanto ao objeto 384
197. Modalidades quanto aos sujeitos 388
198. Modalidades quanto ao vínculo 394

XXX – As Fontes das Obrigações

199. Noções gerais 397
200. As fontes das obrigações no direito romano 397
201. A evolução, no direito romano, das fontes das obrigações 399
202. Sistemática de exposição 401

XXXI – Conteúdo e Efeitos da Obrigação

203.	O conteúdo da obrigação	403
204.	Os efeitos das obrigações	403
205.	O não cumprimento da obrigação	404
206.	O inadimplemento da obrigação resultante de culpa em sentido amplo	406
207.	Caso fortuito, força maior e custódia	409
208.	Efeitos do inadimplemento imputável ao devedor	411
209.	Mora	413
210.	Direito de retenção	416

XXXII – Reforço e Garantia das Obrigações

211.	Conceito de reforço e de garantia das obrigações	419
212.	Meios de reforço da obrigação	419
213.	Garantia das obrigações	423
214.	Fiança	426
215.	Outras modalidades de garantia pessoal	430

XXXIII – Transmissão das Obrigações

216.	Noções gerais	435
217.	Cessão de crédito	436
218.	Cessão de débito	440

XXXIV – Extinção das Obrigações

219.	Generalidades	441
220.	A evolução, no direito romano, dos modos de extinção das obrigações	442
221.	Modos de extinção *ipso iure* das obrigações	444
222.	Modos de extinção *exceptionis ope* das obrigações	460

B) PARTE ESPECIAL DAS OBRIGAÇÕES

XXXV – Contrato

223.	Conceito de contrato no direito moderno e no direito romano	469
224.	Os requisitos do contrato	473
225.	Efeito do contrato	473
226.	Classificação dos contratos	475
227.	O *nexum*	478

XXXVI – Contratos Reais

228. Conceito e espécies.. 481
229. Mútuo.. 483
230. Fidúcia 487
231. Comodato.. 489
232. Depósito.. 491
233. Penhor... 494

XXXVII – Contratos Verbais

234. Conceito e espécies.. 497
235. *Stipulatio*.. 498
236. *Dotis dictio* e *promissio iurata liberti*..................... 503

XXXVIII – Contratos Literais

237. Conceito e espécies.. 505
238. O antigo contrato literal romano.............................. 506
239. Os contratos literais dos estrangeiros: *chirographa* e *syngraphae*....... 508
240. Do contrato literal do direito justinianeu.................. 509

XXXIX – Contratos Consensuais

241. Conceito e espécies.. 515
242. Compra e venda 516
243. Mandato 527
244. Sociedade.. 531
245. Locação... 535

XL – Contratos Inominados

246. Conceito.. 541
247. Evolução histórica 542
248. A teoria dos contratos inominados no direito justinianeu............. 544
249. Os principais contratos inominados.......................... 547

XLI – Pactos

250. A evolução do conceito de *pactum* 551
251. Pactos nus e pactos vestidos *(pacta nuda* e *pacta uestita)* 553
252. Os diferentes *pacta uestita*..................................... 554

XLII – A Doação

253. Conceito, requisitos e estrutura jurídica 559
254. A disciplina jurídica da doação *inter uiuos* 562
255. A doação *mortis causa* e outras figuras de doação 565

XLIII – Os Quase Contratos

256. Generalidades 569
257. A gestão de negócios 570
258. O enriquecimento sem causa e as *condictiones* 573
259. A tutela 577
260. A *communio incidens* 577
261. O legado 577

XLIV – Os Delitos

262. Distinção entre delito público e privado 579
263. Os delitos privados 580
264. O *furtum* 581
265. A *rapina (ui bona rapta)* 586
266. A *iniuria* 587
267. O *damnum iniuria datum* 589

XLV – Os Quase Delitos

268. A categoria dos quase delitos 593
269. Análise dos diferentes quase delitos 594

XLVI – As Obrigações *Ex Lege* e a Declaração Unilateral de Vontade

270. A lei e a declaração unilateral de vontade como fontes de obrigação 597
271. As *obligationes ex lege* (obrigações decorrentes da lei) 597
272. A declaração unilateral de vontade 598

III

DIREITO DE FAMÍLIA

XLVII – Noções Introdutórias

273. O objeto do estudo do direito de família romano 601
274. Do direito romano ao moderno: a evolução da família *proprio iure* 603

XLVIII – A Família *Proprio Iure*

275. Os aspectos a estudar 611
276. Ingresso na família *proprio iure* pela sujeição à *patria potestas* 611
277. A *patria potestas* 621
278. Ingresso na família *proprio iure* pela sujeição à *manus* 627
279. Os efeitos da *conuentio in manum* e a *manus* 628
280. A extinção da *patria potestas* 630
281. A extinção da *manus* 632

XLIX – A Família Natural

282. A família natural e o casamento 635
283. A posição dos jurisconsultos romanos quanto ao matrimônio 635
284. Conceito de casamento 636
285. A natureza jurídica do casamento 637
286. O casamento e a *conuentio in manum* 643
287. Esponsais 644
288. Requisitos do casamento 647
289. Nulidade do casamento 652
290. A formação do casamento 655
291. Relações pessoais entre os cônjuges 656
292. Relações patrimoniais entre os cônjuges – o dote 657
293. A filiação e as relações entre pais e filhos 665
294. Dissolução do casamento 667
295. Segundas núpcias 671
296. Concubinato 671

L – Tutela e Curatela

297. A incapacidade de fato, a tutela e a curatela 675
298. Aevolução datutelae dacuratela 676
299. A tutela dos impúberes 677
300. Atuteladas mulheres 692
301. Acuratelados loucos 694
302. A curatela dos pródigos 696
303. Acuratelados púberes menores de vinte e cinco anos 697

IV
DIREITO DAS SUCESSÕES

LI – Introdução ao Direito das Sucessões

304.	Conceito e espécies de sucessão	701
305.	A sucessão universal *inter uiuos*	701
306.	A sucessão *mortis causa* e o direito das sucessões	703
307.	A evolução da *successio* no direito romano, segundo Carlo Longo e Bonfante	705
308.	Características da *successio mortis causa* no *iusciuile*	707
309.	A origem da sucessão *mortis causa* no direito romano	709
310.	*Hereditas* e *bonorum possessio*	711
311.	Plano de exposição	714

LII – Sucessão Testamentária

312.	O testamento e a sucessão testamentária	715
313.	Formas de testamento	716
314.	Capacidade para testar *(testamenti factio actiua)*	722
315.	Capacidade para ser instituído herdeiro *(testamenti factio passiua)*	725
316.	Conteúdo do testamento – a instituição de herdeiro	727
317.	Pluralidade de herdeiros	729
318.	Substituições	731
319.	Ineficácia do testamento	736
320.	Revogação do testamento	737
321.	Abertura do testamento	740

LIII – Sucessão *Ab Intestato* ou Legítima

322.	Noções preliminares	741
323.	A sucessão *ab intestato* dos ingênuos: o sistema do *ius ciuile antiquum*	743
324.	A sucessão *ab intestato* dos ingênuos: o sistema do *ius honorarium*	745
325.	A sucessão *ab intestato* dos ingênuos: o sistema da época imperial	747
326.	A sucessão *ab intestato* dos ingênuos: o sistema das Novelas CXVIII e CXXVII	749
327.	A sucessão *ab intestato* dos libertos	751

LIV – Sucessão Necessária Formal e Material

328.	Sucessão necessária formal e sucessão necessária material	755
329.	Sucessão necessária formal	756
330.	Sucessão necessária material	760
331.	Sucessão necessária material quanto aos bens dos libertos	764

ÍNDICE GERAL | **XXV**

LV – Aquisição ou Renúncia da Herança

332.	Noções introdutórias	767
333.	Aquisição da herança pelos *heredes suiet necessarii* e pelos *heredes necessarii*	768
334.	Da delação à aceitação ou à renúncia da herança pelos *heredes extranei*	769
335.	Requisitos subjetivos para a aceitação da herança pelos *heredes extranei*	775
336.	Aceitação ou renúncia da herança pelos *heredes extranei*	778
337.	Herança vacante	781
338.	Efeitos da aquisição da herança	781
339.	Conseqüência da pluralidade de herdeiros	784
340.	A proteção judicial do *heres* (herdeiro civil)	789
341.	Aquisição ou renúncia da *bonorum possessio*	792
342.	Proteção judicial do *bonorum possessor*	793

LVI – Legado e Fideicomisso

343.	Codicilo	795
344.	Cláusula codicilar	797
345.	Conceito de legado	797
346.	Pessoas que intervêm no legado	798
347.	Formalidades a que está sujeito o legado	798
348.	Objeto do legado	802
349.	Aquisição dos legados	806
350.	Ações e garantias de que dispõe o legatário	807
351.	Restrições à liberdade de legar	809
352.	O direito de acrescer entre colegatários	810
353.	Ineficácia e revogação dos legados	812
354.	O prelegado	814
355.	Conceito e origemdofideicomisso	816
356.	Fideicomisso particular	818
357.	Fideicomisso universal (*fideicommissum universitatis* ou *hereditas fideicommissaria*)	819
358.	Substituição fideicomissária e fideicomisso de família	821
359.	*Mortis causa capione*	822

Referências Bibliográficas 823

Índice Alfabético de Assuntos 829

I

NOÇÕES GERAIS

Sumário: 1. Objeto do curso de direito romano. **2.** A história externa e a interna. **3.** Utilidade do estudo atual do direito romano. **4.** Métodos de exposição da matéria.

1. Objeto do curso de direito romano – Direito romano é o conjunto de normas que regeram a sociedade romana desde as origens (segundo a tradição, Roma foi fundada em 754 a.C.) até o ano 565 d.C., quando ocorreu a morte do imperador Justiniano.

Não iremos estudar o direito romano em todos os seus aspectos. O objeto do nosso curso é, apenas, o estudo das instituições de direito privado.

2. A história externa e a interna – Não é possível, entretanto, examinar essas instituições sem que se preceda tal análise de uma introdução histórica, em que se estudem as instituições políticas, as fontes de cognição do direito (isto é, as formas pelas quais ele se manifesta) e a jurisprudência romanas.

Essa introdução corresponde ao que alguns romanistas denominam *história externa* do direito romano. Já o estudo das instituições de direito privado é o objeto da *história interna*. Os modernos autores italianos e alemães à primeira denominação (*história externa*) preferem *história do direito romano*; à segunda (*história interna*), *instituições de direito romano* (italianos) ou *sistema de direito privado romano* (alemães).

Tanto a história externa quanto a *interna* se dividem em períodos, a respeito de cuja delimitação os autores divergem. Adotaremos, para a *história externa*, a divisão que se baseia nas diferentes formas de governo que teve Roma. Assim:

1º – *período real* (vai das origens de Roma à queda da realeza em 510 a.C.);

2º – *período republicano* (de 510 a 27 a.C., quando o Senado investe Otaviano – o futuro Augusto – no poder supremo com a denominação de *princeps*);

3º – *período do principado* (de 27 a.C. a 285 d.C., com o início do dominato por Diocleciano);

4º – *período do dominato* (de 285 a 565 d.C., data em que morre Justiniano).

Quanto à história interna, seguiremos a seguinte divisão, em três fases:

1ª – *a do direito antigo ou pré-clássico* (das origens de Roma à Lei *Aebutia*, de data incerta, compreendida aproximadamente entre 149 e 126 a.C.).[1]

---

1 *Vide*, a propósito, o capítulo XIX, nota 4.

2ª – *a do direito clássico* (daí ao término do reinado de Diocleciano, em 305 d.C.); e

3ª – *a do direito pós-clássico ou romano-helênico* (dessa data à morte de Justiniano, em 565 d.C. – dá-se, porém, a designação de *direito justinianeu* ao vigente na época em que reinou Justiniano, de 527 a 565 d.C.).

3. Utilidade do estudo atual do direito romano[2] – Muito se tem escrito sobre a utilidade do estudo atual do direito romano.

A nosso ver, ela decorre, principalmente, do fato de ser ele admirável *instrumento de educação jurídica.*[3]

Nas ciências sociais, ao contrário do que ocorre nas físicas, o estudioso não pode provocar fenômenos para estudar as suas consequências. É óbvio que não se pratica um crime nem se celebra um contrato apenas para se lhe examinarem os efeitos. Portanto, quem se dedica às ciências sociais tem o seu campo de observação restrito aos fenômenos espontâneos, e o estudo destes, na atualidade, se completa com o dos ocorridos no passado. É por isso que, se o químico, para bem exercer sua profissão, não necessita de conhecer a história da química, o mesmo não sucede com o jurista.

Ora, nenhum direito do passado reúne, para esse fim, as condições que o direito romano apresenta. Abarcando mais de 12 séculos de evolução – documentada com certa abundância de fontes –, nele desfilam, diante do estudioso, os problemas da construção, expansão, decadência e extinção do mais poderoso império que o mundo antigo conheceu. É assim o direito romano notável campo de observação do fenômeno jurídico em todos os seus aspectos.[4]

Por isso, não é ele estudado apenas nos países de tradição romanística, mas também naqueles em que seu direito tem raízes profundamente diversas, como ocorre com a Inglaterra.[5] No Brasil – e o mesmo sucede nos demais Estados (França, Itália, Alemanha etc.) que se encontram no primeiro caso – é particularmente útil o estudo do direito

---

2   Sobre essa matéria são dignas de ser lidas e meditadas, nestes tempos de puro utilitarismo imediatista, as páginas de Grosso, *Lo Studio del Diritto Romano, in Premesse Generali al Corso di Diritto Romano,* 4ª ed., p. 7 e segs.; de Ursicino Alvarez Suárez, *Interés del cultivo actual del Derecho Romano, in Horizonte actual del Derecho Romano,* p. 18 e segs.; de De Francisci, *Punti di orientamento per lo studio del Diritto, in Rivista Italiana per le Scienze Giuridiche,* vol. LXXXVI (ano de 1949), p. 69 e segs.; e de Sebastião Cruz, *Atualidade e Utilidade dos Estudos Romanísticos,* 3ª ed. (reimpressão), Coimbra, 1985. Mais antiga, mas ainda de leitura útil, é a obra de Bravard Veyrières, *De l'Étude et de l'Enseignement du Droit Romain et des Résultats qu'on peut en attendre,* Paris, 1837.

3   *Vide,* a propósito, Arias Ramos, *Derecho Romano,* vol. I, 8ª ed., § 5º, p. 8 e segs.

4   Cf. Huvelin, *Cours Élémentaire de Droit Romain,* vol. I, p. 1 e segs.; no mesmo sentido, mas salientando, particularmente, a importância do direito romano na construção da *ciência do direito,* G. Cornil, *Droit Romain,* p. VII e segs.

5   Como observa Sherman (*Roman Law in the Modern World,* vol. I, 3ª ed., § 412, p. 405 e segs., New York, 1937), a partir do século XIX o direito romano tem sido encarado com crescente interesse na Inglaterra e nos Estados Unidos da América do Norte.

Cap. I · NOÇÕES GERAIS | 3

romano.[6] Basta salientar, como observava Abelardo Lobo, que, dos 1.807 artigos do Código Civil brasileiro de 1916, 1.445 têm raízes na cultura romana.[7] Essa influência também se observa no atual Código Civil brasileiro, até porque reproduziu grande número de dispositivos do anterior, ainda não havendo, porém, estudo mais amplo sobre essa influência nas inovações que ele apresenta.

4. Métodos de exposição da matéria – Quanto ao método de exposição, utilizaremos, na *história externa,* o Sincronístico, isto é, aquele pelo qual se estudam todas as instituições políticas, as fontes do direito e a jurisprudência em cada período em que ela se divide; com relação à *história interna,* adotaremos o Cronológico – o que trata de cada instituto jurídico, desde as origens até seu termo final.

---

6 Sobre o direito romano na América Latina, *vide* Pierangelo Catalano, Hans-Albert Stiger e Giovanni Lobrano, *America Latina y el Derecho Romano,* Universidad Externado de Colombia, 1985.

Sobre o direito romano no Brasil, *vide* Moreira Alves, *Panorama da Literatura Romanística no Brasil, in* Index, VI (1976), p. 41 e segs. (republicado, no Brasil, *in Arquivos do Ministério da Justiça,* nº 164, ano 39, p. 15/40); *As Vicissitudes do Ensino do Direito Romano, in Revista da Faculdade de Direito da Universidade Federal do Ceará,* vol. 30, nº 2, p. 43 e segs.; *Aspectos do Ensino do Direito Romano na Faculdade de Direito de São Paulo, durante o Império, in Revista da Faculdade de Direito da Universidade de São Paulo,* vol. 86 (1991), p. 9 e segs.; e *Tradição Metodológica no Ensino do Direito Romano e Direito Civil, in Fragmenta (Revista da Faculdade de Direito "Tiradentes"),* nº 3 (1987), p. 27 e segs. Para a comparação dos dispositivos da Parte Geral e do Direito de Família do Código Civil brasileiro de 1916 e os correspondentes institutos e princípios do Direito Romano, *vide* Giordani, *O Código Civil à Luz do Direito Romano – Parte Geral,* Rio de Janeiro, 1992, e *O Código Civil à Luz do Direito Romano – Parte Especial Livro I – Do Direito de Família,* Rio de Janeiro, 1996.

7 *Curso de Direito Romano, História,* vol. I, p. LI, Van Wetter (*Droit Civil en vigueur en Belgique annoté d'après le Droit Romain,* p. VII, Gand, 1872) acentua que 2/3, aproximadamente, das normas do direito civil belga são de origem romana. Com relação ao Código Civil italiano de 1942, *vide* Di Marzo, *Le Basi Romanistiche del Codice Civile,* Torino, 1950, e Enzo Nardi, *Códice Civile e Diritto Romano,* Milano, 1997.

HISTÓRIA DO DIREITO ROMANO
(História externa)

BIBLIOGRAFIA SUMÁRIA

A) OBRAS GERAIS

CABRAL DE MONCADA, L. *Elementos de História do Direito Romano*. Coimbra: Coimbra ed., 1923. v. 1.

MATOS PEIXOTO, J. C. *Curso de Direito Romano*. 4. ed. Rio de Janeiro: Haddad, 1960. v. 1.

ARIAS RAMOS, J. *Derecho Público Romano e Historia de las Fuentes*. 8. ed. Valladolid: Ceres, 1968.

CAMUS, E. F. *Historia y Fuentes del Derecho Romano*. 2. ed. Habana: Universidad de La Habana, 1941.

ARANGIO RUIZ, V. *Storia del Diritto Romano*. 7. ed. Napoli: E. Jovene, 1989. (há trad. espanhola de IVAÑEZ, Madrid, 1943).

BONFANTE, P. *Storia del Diritto Romano*. 4. ed. Milano: Dott. A. Giuffrè, 1934. v. 1 e 2 (trad. francesa de

CARRÈRE-FOURNIER, 2 vols., Paris, 1928).

BRETONE, M. *Storia del Diritto Romano*. 12. ed. Roma: Laterza, 2008.

DE FRANCISCI, Pietro *de. Storia del Diritto Romano*. Milano: A. Giuffré: vol. I (1931); vol. II, parte I (1934); vol. III, parte I (1943).

DE MARTINO, F. *Storia della Costituzione Romana*. Napoli: E. Jovene, 1958/1975. 5 tomos em 6 volumes.

FREZZA, P. *Corso di Storia del Diritto Romano*. Roma: Studium, stampa 1954.

GROSSO, G. *Lezioni di Storia del Diritto Romano*. 2. ed. Torino: **G**. Giappichelli, 1952.

GUARINO, A. *Storia del Diritto Romano*. 3. ed. Milano: Giuffrè, 1963.

PADELLETI, G. *Storia del Diritto Romano*. 2. ed. Firenze: Fratelli Cammelli, 1886. Con note di Pietro Cogliolo.

JOLOWICZ, H. F. *Historical Introduction to the Study of Roman Law*. Cambridge: Cambridge University Press, 1952.

ESMARCH, K. *Roemische Rechtsgeschichte*. 3. ed. Kassel: G.H. Wigand, 1888.

KARLOWA, O. *Roemische Rechtsgeschichte*, Leipzig: Verlag von Vait & Comp, I, 1885.

KASER, M. *Roemische Rechtsgechichte*. Goettingen: Vanderhoek & Ruprecht, 1950.

KUEBLER, B. *Geschichte des Roemischen Rechts*. Leipzig: A. Deichertsche Verlagsbuchhandlung Dr. Werner Scholl, 1925.

KUNKEL, W. *Roemische Rechtsgeschichte*. 4. ed. Köln: Böhlau Verlag, 1964.

Cap. I · NOÇÕES GERAIS | 5

MADVIG, J. N. *L'État Romain - la Constitution et son Administration*. Köln: Böhlau Verlag. 5 tomos, trad. CH. MOREL, Paris, 1882/1889.

SCHULIN, F. *Lehrbuch der Geschichte des Roemischen Rechts*. Stuttgart: Ferdinand Enke, 1889.

SEIDL, E. *Roemische Rechtsgeschichte und Roemisches Zivilprozessrecht*. Bonn: Carl Heymanns Verlag, 1962.

TALAMANCA, M. e outros *Lineamenti di Storia del Diritto Romano*. Milano: Giuffrè, 1979.

TONDO, S. *Profilo di Storia Costituzionale Romana, parte prima*. Milano: Giuffrè, 1981. *Parte seconda:*

(Milano: Giuffrè, 1993.

B) HISTÓRIA DAS FONTES E DA JURISPRUDÊNCIA

COSTA, E. *Storia delle Fonti del Diritto Romano*. Torino: Fratelli Bocca,1909.

KIPP, T. *Geschichte der Quellen des Roemischen Rechts*. 3. ed. Leipzig: Dunker & Humblot, 1909.

KRUEGER, P. *Geschichte der Quellen und Litteratur des Roemischen Rechts*. 2. ed. Leipzig: Duncker & Humblot, 1912 (trad. francesa de BRISSAUD, Paris, 1894).

RICCOBONO, S. *Lineamenti della Storia delle Fonti e del Diritto Romano*. Milano: Giuffè, 1949.

SCHULZ, F. *History of Roman Legal Science*. 2. ed. Oxford: The Clarendon Press,1953 (dessa obra há edição alemã feita por FLUME com base no manuscrito original do autor - *Geschichte der Römischen*

Rechtswissenschaft, Weimar, Böhlau, 1961; teve-a presente a tradução italiana de NOCERA: *Storia della Giurisprudenza Romana*, Firenze, 1968).

WENGER, L. *Quellen des Roemischen Rechts*. Wien: Holzhausen, 1953.

WOLFF, H. J. *Introducción Histórica al Derecho Romano*. Trad.: Fernández Pomar. Santiago de Compostela: Porto y Cia. editores, 1953.

C) DIREITO PÚBLICO

BURDESE, A. *Manual de Derecho Público Romano*. Trad. Angel Sarrión. Barcelona: Bosch, 1972.

COSTA, E. *Storia del Diritto Pubblico Romano*. 2. ed. Firenze: Barbèra, 1921.

MOMMSEN, T. *Roemisches Staatsrecht*. 3. ed. Leipzig: S. Hirzel, 1887. 3 vol. (trad. francesa de P. F. GIRARD, 7 tomos em 8 vols., Paris, 1887-1891). Há reprodução fotomecânica da 3ª edição alemã feita em Graz, em 1952.

MOMMSEN, T. *Abriss des Roemischen Staatsrechts*. 2. ed. Leipzig: Dunker & Humblot, 1893 (trad. italiana de P. BONFANTE, Milano, 1904).

WILLEMS, P. *Le Droit Public Romain*. 6. ed. Louvain-Paris: Publiée par J. **Willems**, 1888.

II

A REALEZA

Sumário: 5. As origens de Roma e a lenda. **6.** A existência da realeza em Roma. **7.** A constituição política nesse período. **8.** O rei. **9.** O Senado. **10.** O povo e sua organização. **11.** Os comícios por cúrias. **12.** Os *comitia calata*. **13.** As fontes de direito. **14.** A jurisprudência.

5. As origens de Roma e a lenda – As origens de Roma são lendárias. Mesmo os sete reis (Rômulo; Numa Pompílio; Tulo Hostílio; Anco Márcio; Tarquínio, o Prisco; Sérvio Túlio; e Tarquínio, o Soberbo) não foram personagens históricas.[1] Mas em toda lenda há sempre um fundo de verdade. O fato de os três últimos serem de origem etrusca demonstra a existência de uma fase, nos primórdios de Roma, em que esta foi subjugada pelos etruscos, misterioso povo localizado ao norte de Roma, e sobre o qual muito pouco sabemos, pois até hoje sua língua é para nós um enigma. O certo, porém, é que os etruscos – nação altamente civilizada para a época – exerceram grande influência sobre os primitivos romanos.

Que se sabe acerca da fundação de Roma?

Vários autores defendem a tese[2] de que foram os etruscos que a fundaram. Os povos do antigo Lácio, para melhor resistir a seus inimigos, agrupavam-se em *ligas*, das quais a mais importante foi a Albana. Entre as demais, figurava a Setimonial, formada por sete núcleos de população instalados nos montes Palatino, Esquilino e Célio. No meado do século VIII a. C., a liga Setimonial foi derrotada pelos etruscos, que, posteriormente, fundaram a cidade de Roma, em duas etapas. Na primeira, criaram-na materialmente, secando os pântanos entre as colinas, e propiciando-lhe, assim, condições de vida; na segunda, deram-lhe organização política.[3]

A opinião dominante, porém, é a de que Roma não foi fundada pelos etruscos, mas, sim, pelas próprias populações do Lácio.[4] Isso se procura demonstrar com o fato

---

1   Cf. Siber, *Römisches Verfassungsrecht in geschichtlicher Entwicklung*, § 5, p. 23, Lahr, 1952.

2   Nesse sentido, Homo, *L'Italie Primitive et les débuts de l'impérialisme romain*, p. 152, Paris, 1923; *vide*, ainda, Schwind, Romisches Recht, I, p. 9 e segs. Essa tese encontra apoio em antiga tradição (mencionada por Dionísio de Halicarnasso, *Antiquitatum Romanarum*, lib. I, 29), segundo a qual Roma era cidade etrusca.

3   Cf. Matos Peixoto, *Curso de Direito Romano*, I, 4ª ed., nº 11, p. 32.

4   Sobre o processo e a forma pelos quais essas populações se reuniram, *vide* Orestano, *I Fatti di Normazione nell'Esperienza Romana Arcaica*, nº 15, p. 42 e segs., Torino, 1967.

8 | DIREITO ROMANO – *José Carlos Moreira Alves*

de que as mais antigas instituições romanas têm denominações de origem latina, como, por exemplo, *rex, tribus, magister, curia*.[5] Roma, portanto, já existiria quando os etruscos a subjugaram.

6. A existência da realeza em Roma – A existência da realeza em Roma não pode ser contestada, pois, atestando-a, encontramos, na república, as figuras do *rex sacrorum* (que ocupava, formalmente, a posição mais elevada entre os sacerdotes) e do *interrex* (*vide* nº 8), que só se explicam com a preexistência do período real. Igualmente a comprovam o misterioso rito do *regifugium* (sacrifício expiatório celebrado a 24 de fevereiro) e o registro no calendário, nos fins da república, dos dias em que era lícito ao rei convocar os comícios (*quando rex comitiauit fas*).[6]

7. A constituição política nesse período – A constituição política de Roma, na realeza, se resume em três termos: o rei, o Senado e os comícios. Sobre eles, no entanto, não temos dados incontroversos. Por isso, a exposição que se segue acerca de suas atribuições e poderes é baseada em conjecturas mais ou menos plausíveis.

8. O rei – O rei era o magistrado único, vitalício e irresponsável.[7] Sua sucessão não se fazia pelo princípio da hereditariedade ou da eleição, mas, segundo parece, o sucessor, quando não indicado pelo antecessor, era escolhido pelo *interrex* (senador que, por designação do Senado, governava, na vacância do cargo real, pelo prazo de cinco dias, passando o poder, nas mesmas condições, a outro senador, e assim por diante até que fosse escolhido o rei).[8]

O rei, como chefe do Estado, tinha o comando supremo do exército, o poder de polícia, as funções de juiz e de sacerdote, e amplos poderes administrativos (dispunha do tesouro e das terras públicas). Demais, declarava guerra e celebrava tratados de paz.

Eram seus auxiliares:

a) nas funções políticas:

1º – *o tribunus celerum* (comandante da cavalaria);

2º – *o tribunus militum* (comandante da infantaria); e

3º – *o praefectus urbis* (encarregado da custódia da cidade, durante a ausência do rei);

---

5   Cf. De Francisci, *Storia del Diritto Romano*, I, p. 122; e Siber, ob. cit., § 4, p. 15.

6   Sobre o período da realeza, *vide* Rubino, *Ueber den Entwickelungsgang der Romischen Verfassung bis zum Höhepunkte der Republik*, I, Kassel, 1839; e, especialmente, Clark, *History of Roman Private Law, Part III – Regal Period*, Cambridge, 1919.

7   Discute-se se o poder do rei era, ou não, total e de natureza absoluta. Rubino, ob. cit., p. 107 e segs., defende a afirmativa; De Martino, *Storia della Costituzione Romana*, I, pp. 97 e 98, a negativa.

8   Essa escolha, portanto, era feita, como acentua Capogrossi (*in Lineamenti di Storia del Diritto Romano,* sotto la direzione di Mario Talamanca, p. 28), por um desses *interreges* (não, porém, o primeiro), quando as condições políticas o permitissem.

b) nas funções judiciárias:

1º – *os duouiri perduellionis* (juízes nos casos de crime de traição ao Estado); e

2º – *os quaestores parricidii* (juízes nas hipóteses de assassínio voluntário de um *pater*, isto é, do chefe de uma família); e

c) nas funções religiosas:

– os membros do colégio dos pontífices, dos áugures e dos feciais.

9. O Senado – O Senado é o conselho do rei, sendo os seus membros – cuja escolha possivelmente se fazia, pelo rei, entre os chefes das diferentes *gentes* (*vide* nº 10) – denominados *senatores* ou *patres*, cujo número, a princípio, era de 100, e, posteriormente, ascendeu a 300.

O Senado, que era convocado pelo rei, estava em posição de subordinação diante dele.

Quanto à sua competência:

a) com relação ao rei, era consultiva (este, nos casos mais importantes, devia consultá--lo, embora não estivesse obrigado a seguir o conselho); e

b) com referência aos comícios, era confirmatória (toda deliberação deles, para ter validade, devia ser confirmada pelo Senado: obter a *patrum auctoritas*).

10. O povo e sua organização – O povo romano se dividia em tribos[9] e cúrias. Cada tribo – a princípio eram três (a dos *Ramnes*, a dos *Tities* e a dos *Luceres*), e, no tempo de Sérvio Túlio, quatro (*Palatina, Suburana, Esquilina e Colina*) – se compunha de 10 cúrias (divisões locais constituídas de certo número de gentes, que aí tinha domicílio).

Por outro lado, três eram os elementos que formavam a população de Roma: a *gens*, a clientela e a plebe.

A) *A gens*

Sobre a organização social anteriormente à fundação de Roma como cidade-Estado, há grande controvérsia.

Vico (do qual a tese – denominada *teoria patriarcal* – foi retomada por Sumner Maine) entende que, originariamente, existia a *família patriarcal*; depois surgiu a *gens* (agrupamento de várias famílias); e, finalmente, a *cidade-Estado* (conjunto de várias *gentes*).

Meyer defende a tese de que o organismo primitivo era a *tribo*; assim, a *gens* e a *família* decorreram do fracionamento daquela, durante sua evolução.

Bonfante é de opinião (*teoria gentilícia*, muito seguida pelos romanistas italianos) de que a *gens* – que era organismo de natureza política, dada sua finalidade de manutenção da ordem e da proteção contra os inimigos externos – preexistiu à *cidade-Estado*.

---

9 É controvertido se as tribos eram divisões territoriais do povo, ou se divisões gentilícias. A propósito, *vide* De Martino, ob. cit., I, pp. 92 a 94.

DIREITO ROMANO – José Carlos Moreira Alves

Dessas diferentes teses,[10] a que melhor resiste às críticas (embora não seja invulnerável a todas)[11] é a de Bonfante, pela qual a *gens* era um agrupamento de famílias com caráter político, situada num território (*pagus*), tendo chefe (*pater* ou *magister gentis*), instituições e costumes próprios, assembleia (*concio*) e regras de conduta (*decreta gentis*). Seus membros se denominavam *gentiles*, e julgavam descender de um antepassado comum, lendário e imemorável, do qual recebiam o nome gentilício, que, portanto, era comum a todos os *gentiles*. E era esse nome comum, e não necessariamente o parentesco consanguíneo, que os vinculava.

Os *gentiles* das diversas *gentes*, quando surgiu o Estado Romano (*ciuitas*), formaram o *patriciado*. E, na realeza, somente os *patrícios* gozavam de todos os direitos civis e políticos.

B) *A clientela*[12]

Era uma espécie de vassalagem – de existência antiquíssima – na qual incidiam indivíduos ou famílias que eram reduzidos, ou se sujeitavam espontaneamente, à dependência de uma *gens*, desta recebendo proteção.

Os clientes eram, portanto, súditos e protegidos dos *gentiles*. Às obrigações que deviam aos *gentiles* (obediência, *obsequium* e *operae*) contrapunha-se o direito de exigir destes proteção e assistência (e se o patrono faltasse a isso era declarado *sacer*, isto é, podia ser morto por qualquer do povo).

Integravam, provavelmente, a clientela:[13]

1º – os estrangeiros vencidos na guerra e submetidos a uma *gens* por meio da *deditio*;

2º – os estrangeiros emigrados que se submetiam, voluntariamente, à proteção de uma *gens*, em virtude da *applicatio*;[14] e

3º – os escravos libertados – mediante a *manumissio* – que ficavam vinculados à *gens* do seu antigo dono.

C) *A plebe*

Ao lado dos patrícios e clientes, encontramos os plebeus,[15] que eram uma turba não organizada que formavam, em Roma, um mundo à parte. Eles habitavam o solo romano,

---

10 Sobre elas, *vide* Bonfante, *Storia del Diritto Romano*, I, 4ª ed. (*ristampa*), p. 70 e segs., e De Martino, *Storia della Costituzione Romana*, I, pp. 3 a 5, que adere à teoria gentilícia.

11 Cf. Frezza, *Corso di Storia del Diritto Romano*, p. 23 e segs.

12 A respeito da clientela, *vide* Mommsen, *Romische Forschungen, erster Band*, p. 355 e segs., Hildesheim, 1962.

13 Sobre as diferentes teorias acerca da origem da clientela, *vide* o resumo de Bouché-Leclercq, *Manuel des Institutions Romaines*, p. 9, nota 1, Paris, 1931.

14 A *applicatio* era o ato solene pelo qual um estrangeiro, que emigrara para Roma, se colocava sob a proteção e dependência de um *pater familias patronus*, tornando-se cliente dele. A propósito, *vide* Bonfante, *Storia del Diritto Romano*, vol. I (*ristampa della IV edizione*), p. 75.

15 Modernamente, vários autores (*vide*, a propósito, Orestano, *I Fatti di Normazionee nell'Esperienza Romana Arcaica*, nº 39, p. 242, Torino, 1967) sustentam que a contraposição *patrício* e *plebeu* só se delineou e se desenvolveu a partir do início do período republicano.

sem integrarem a cidade. Como acentua Bouché-Leclercq,[16] tinham domicílio, mas, não, pátria. A princípio, os plebeus não possuíam direitos políticos nem civis.

A plebe, cuja origem é muito obscura,[17] possivelmente se constituía dos vencidos que ficavam sob a proteção do Estado, dos clientes de famílias patrícias que se extinguiram, e dos estrangeiros aos quais o Estado protegia.[18]

11. Os comícios por cúrias – Os comícios por cúrias eram uma assembleia convocada pelo rei, pelo *interrex* ou pelo *tribunus celerum*. Reuniam-se, geralmente, no *comitium,* ao pé do Capitólio. Não se sabe ao certo como a vontade do povo era apurada nesses comícios. Conjecturam alguns autores[19] que os patrícios votavam individualmente nas cúrias, apurando-se, em seguida, a maioria em cada cúria, e dependendo o resultado definitivo do maior número de cúrias em favor da proposta em votação, ou contra ela. É possível, também, como pretendem outros,[20] que, à semelhança do que ocorria na Grécia antiga, o povo se manifestasse por aclamação.

Esses comícios não deliberavam: aprovavam ou rejeitavam a proposta de quem lhes presidia.

Pronunciavam-se sempre que se tratava de modificar, em casos concretos, a ordem legal da *ciuitas.* Assim:

a) na alteração do quadro das famílias (ad-rogações);

b) na derrogação da ordem legal da sucessão (testamento *calatis comitiis*);

c) na dispensa da pena em favor do condenado (*provocatio ad populum*); e

d) na declaração de guerra, ou no rompimento de tratado.[21]

Embora a tradição atribua aos comícios por cúrias poderes legislativos (votação das *leis régias, vide* nº 13), tudo indica que eles não os tivessem.

12. Os *comitia calata* – Quanto a questões religiosas, o povo não era ouvido, mas apenas convocado para tomar conhecimento de comunicações que lhe interessavam. A tais assembleias se dava a denominação de *comitia calata.*

13. As fontes de direito[22] – Todos os povos primitivos começam a reger-se pelo costume – complexo de usos praticados pelos antepassados e transmitidos às gerações

---

16   Ob. cit., p. 11.

17   Sobre as teorias acerca da origem da plebe, *vide* De Martino, ob. cit., I, pp. 47 a 49, e 54 e segs.

18   Geralmente se assevera que à plebe se aplicava o instituto da *gens*, que, nesse caso, se denominava *stirps*. Mas, como observa De Martino, ob. cit., I, p. 65, nota 78, não é certo que *stirps* fosse o nome técnico da *gens* plebeia, havendo até autores que negam que a plebe tivesse *gentes*.

19   Assim, entre outros, Clark, *History of Roman Private Law*, Part III (*Regal Period*), § 10, p. 361, Cambridge, 1919.

20   A propósito, *vide* De Martino, ob. cit., I, p. 27 e segs.

21   Cf. Girard, *Manuel Élémentaire de Droit Romain*, 8ª ed., p. 17.

22   Sobre as origens do uso jurídico da expressão *fonte de direito, vide* Orestano, *I Fatti di Normazione nell'Esperienza Romana Arcaica*, nº 2, pp. 2 e 3, Torino, 1967.

12 | DIREITO ROMANO – *José Carlos Moreira Alves*

pela tradição –, pois é ele espontâneo, independente, portanto, da existência de órgãos que o elaborem.[23] Roma não fugiu a essa regra: o *mos maiorum* (costume) foi fonte de direito, na realeza.[24]

A tradição dá notícia, também, da existência, nessa época, de *leis régias*,[25] atribuindo-as, em sua maior parte, a Rômulo, Numa Pompílio e Tulo Hostílio, e esclarecendo que foram elas, por proposta do rei, votadas pelos comícios por cúrias, e compiladas, nos fins da realeza ou no início da república, por Sexto Papírio;[26] daí ter sido essa compilação denominada *ius ciuile papirianum*.[27]

Os autores modernos[28] negam a veracidade da tradição, pois:

a) tudo indica que a compilação é apócrifa (Cícero, Varrão e Tito Lívio não aludem a Sexto Papírio);

b) os fragmentos das leis régias que conhecemos são principalmente regras religiosas que, segundo as ideias romanas, não eram objeto de voto popular;

c) os comícios por cúrias não votavam leis abstratas e de caráter geral, mas só se manifestavam sobre casos concretos (ad-rogações, testamentos etc.); e

d) a própria tradição afirma que não havia direito escrito antes da Lei das XII Tábuas.

Segundo parece, as leis régias não eram mais do que regras costumeiras, sobretudo de caráter religioso,[29] que foram compiladas nos fins da república ou no início do principado.

14. A jurisprudência – *Iurisprudentia* (jurisprudência) significa ciência do direito (*prudentia* = *ciência; iuris* = *do direito*).

---

23 Pormenores em Wenger, *Die Quellen des Romisches Rechts*, § 65, III, p. 328 e segs.

24 Nos tempos mais primitivos, os costumes eram os modos de viver dos grupos familiares. Mas, à medida que a *ciuitas* se vai afirmando, surgem os costumes dela (*mores maiorum, mores ciuitatis*, ou, simplesmente, *mores*), nascidos – como acentua Gaudemet (*Institutions de l'Antiquité*, nº 263, p. 381, Paris, 1967) – do uso pacífico ou da reiteração de decisões judiciais. A propósito, *vide*, também, Orestano, *I Fatti de Normazione nell'Esperienza Romana Arcaica*, nº 27/28, p. 134 e segs., Torino, 1967.

25 Sobre a reconstituição das *leges regias*, *vide* Girard, *Textes de Droit Romain*, 6ª ed., p. 3 e segs., Paris, 1937. Coletânea delas, com tradução para o italiano, se encontra em Franciosi, *Leges Regiae*, Napoli, 2003.

26 Pompônio (D. I, 2, 2, § 2, e § 35) atribui a Papírio ora o prenome Sexto, ora Públio; e Dionísio D'Alicarnasso (*Ant. Rom.* III, 36) lhe chama Gaio Papírio.

27 A denominação *ius ciuile papirianum* se encontra em Pompônio (D. I, 2, 2, § 2). Segundo Sérvio (escólio a Virgílio, *ad. Aen.* 12, 836), o título dessa obra seria *De Ritu Sacrorum*.

28 *Vide*, a propósito, Bruns-Lenel, *Geschichte und Quellen des romischen Rechts, in Enzyklopädie der Rechtswissenschaft Holtzendorfft, erst Band*, 7ª ed., pp. 318/319, München, Leipzig, Berlin, 1915; Girard, *Manuel Élémentaire de Droit Romain*, 8ª ed., pp. 17/18; e Grosso, *Lezioni di Storia del Diritto Romano*, 2ª ed., pp. 50/51.

29 A propósito, Orestano, *I Fatti di Normazione nell'Esperienza Romana Arcaica*, nº 17, p. 72, Torino, 1967.

Nos tempos primitivos, a jurisprudência romana era monopolizada pelos pontífices. Esse monopólio – em decorrência do rigoroso formalismo que caracteriza o direito arcaico – consistia em deterem os pontífices o conhecimento, não só dos dias em que era permitido comparecer a juízo (*dias fastos*, em contraposição aos *nefastos*, em que era isso proibido), mas também das fórmulas com que se celebravam os contratos ou com que se intentavam as ações judiciais.

Dessa época longínqua e penumbrosa, o único nome que nos resta é o de Papírio, a quem a tradição atribui a compilação das leis régias.

III

A REPÚBLICA

Sumário: 15. A queda da realeza e o início da república. **16.** O desdobramento da magistratura, segundo a tradição. **17.** Características e classificação da magistratura. **18.** O Senado. **19.** Os comícios. **20.** A organização política da Itália e dos territórios extraitálicos. **21.** As fontes de direito. **22.** A Lei das XII Tábuas. **23.** A jurisprudência.

15. A queda da realeza e o início da república – Segundo a tradição, a realeza terminou de modo abrupto: uma revolução baniu Tarquínio, o Soberbo, de Roma, em 510 a.C. Ao rei sucedem dois magistrados eleitos anualmente, e que se denominam, a princípio, *iudices* (juízes), em tempo de paz, e *praetores* (os que vão à frente), quando em guerra. Excetuadas as funções religiosas que passaram para o *rex sacrorum* e para o *pontifex maximus*, esses magistrados detêm o *imperium* real.

Os autores modernos, no entanto, entendem que a passagem da realeza para a república não se fez de jato, por meio de revolução, mas obedeceu a processo lento, desenrolado entre 510 e 367 a.C. A esse respeito, há várias conjecturas, destacando-se aquela segundo a qual, de início, ocorreu a substituição do rei pelo ditador anual, auxiliado pelo *magister equitum* (comandante da cavalaria), os quais, por sua vez, se transformaram em *praetor maximus* e *praetor minor*, aquele superior hierarquicamente a este; enfim, surgiram os cônsules, com iguais poderes.[1]

Feita essa ressalva, exporemos, a seguir, como se processou o desdobramento das magistraturas na república, segundo o relato das fontes romanas.

16. O desdobramento da magistratura, segundo a tradição – A princípio, os dois cônsules são os magistrados únicos, com atribuições militares, administrativas e judiciárias. Assim, comandam o exército; velam pela segurança pública; procedem ao recenseamento da população; tomam medidas várias com vista ao bem público; gerem o erário; administram a justiça criminal; e exercem a jurisdição voluntária e contenciosa.

---

1 Sobre essas teses e críticas a elas, *vide* De Martino, ob. cit., p. 185 e segs.; De Francisci, Storia, I, p. 151 e segs.; e Grosso, *Storia del Diritto Romano*, 2ª ed., p. 64 e segs. Francisco Cuena (*La Primera Magistratura Republicana, in Bullettino dell'Instituto di Diritto "Vittorio Scialoja", terza serie*, vol. XXVIII – *dell'intera collezione* vol. LXXXVIII – 1985 –, pp. 313 a 345) defende a autoridade da tradição segundo a qual, desde o início da república, o rei teria sido substituído por uma magistratura anual, dupla e colegiada.

16 | DIREITO ROMANO – *José Carlos Moreira Alves*

Mas, a pouco e pouco, vão surgindo outras magistraturas com atribuições retiradas do consulado. Esse desdobramento decorre não só do desenvolvimento do Estado Romano, como também da luta da plebe para obter o ingresso na magistratura, o que, inicialmente, era prerrogativa do patriciado.

Já em 509 a.C., em decorrência de uma Lei *Valeria*, a gestão das finanças passou a ser da alçada de dois *quaestores* (número que atingiu 40, na época de César) nomeados pelos cônsules, e, pouco depois da elaboração da Lei das XII Tábuas, eleitos pelo povo.

Nesse mesmo ano de 509 a.C. – e para que o poder dos cônsules não ficasse abalado pela Lei *Valeria de Prouocatione*, que permitia aos condenados à morte apelar para o povo da sentença desses magistrados –, a instrução e o julgamento dos casos sujeitos a tal apelo (eram dois: *perduellio* – atentado contra a república – e *parricidium* – assassínio de cidadão romano) foram atribuídos a agentes subalternos – os *duouiri perduellionis* e os *quaestores parricidii* – designados pelos cônsules.

Algum tempo depois, em 501 a.C., criou-se a *ditadura*, pela qual era possível ao patriciado, por deliberação do Senado, restabelecer, em Roma, pelo prazo máximo de seis meses (tempo de duração, em cada ano, das guerras na antiguidade), o poder absoluto.

Mas a plebe não tinha acesso à magistratura e, revoltada com o arbítrio dos magistrados patrícios, sai de Roma, em 494 a.C., e se dirige ao monte Sagrado, com o objetivo de fundar ali uma nova cidade. Os patrícios, em face disso, resolvem transigir, e a plebe retorna, após obter a criação de duas magistraturas plebeias: o tribunato[2] (a princípio, eram dois os tribunos; mais tarde, passaram a quatro, cinco e dez) e a edilidade da plebe (os dois edis plebeus executavam as ordens dos tribunos, e guardavam o templo de Céres, onde se achavam os arquivos da plebe). Ficaram, assim, os plebeus garantidos contra a arbitrariedade dos magistrados patrícios, pois os tribunos – cuja inviolabilidade pessoal lhes era conferida por lei sagrada – podiam vetar qualquer ato dos magistrados patrícios, embora esse veto pudesse ser neutralizado pela ação de outro tribuno mais dócil ao patriciado.

Seguiu-se a luta da plebe para a obtenção de leis escritas, o que acabaria com a incerteza do direito e daria mais segurança aos plebeus. O resultado desse movimento foi a Lei das XII Tábuas, elaborada em 450 e 449 a.C.

A partir de 445 a.C., intensificam-se os esforços da plebe para obter acesso à magistratura. Mas os patrícios, para continuar com a prerrogativa do consulado, criam o *tribunato consular* (constituído de vários tribunos consulares, e que existiu, intermitentemente, de 444 a 367 a.C.) e admitem que os plebeus possam eleger-se tribunos consulares.

---

2   Sobre o tribunato da plebe, *vide* Cocchiadi Enrico, *Il Tribunato della Plebe e la sua Autorità Giudiziaria*, Napoli, 1917; Niccolini, *Il Tribunato della Plebe*, Milano, 1932; e Lobrano, *Il Potere dei Tribuni della Plebe*, Milano, 1983.

Em 443 a.C., surgem os *censores*, em número de dois, com a atribuição de recensear a população, de distribuí-la pelas tribos territoriais e de avaliar a riqueza dos *patres familias*, dispondo, ainda, de competência em matéria financeira.

Quase um século depois, em 367 a.C., realiza a plebe um de seus maiores anseios: pela Lei *Licinia de magistratibus*, o plebeu pode ser cônsul. Mas os patrícios, ou em vista do acúmulo de atribuições que ainda pesavam sobre os cônsules (e diluídas entre os tribunos consulares que nesse ano de 367 deixam de existir), ou para enfraquecer o consulado a ser compartilhado com a plebe, provocam a criação de mais duas magistraturas de acesso a eles reservado: a pretura e a edilidade curul. De início, havia apenas um pretor encarregado da administração da justiça; depois, em 241 a.C., surgiu outro – o *pretor peregrino*, passando o primeiro a denominar-se *pretor urbano* – para dirimir os conflitos de interesses entre romanos e estrangeiros, ou apenas entre estes. Nos fins da república, o número de pretores chegou a 16. Já os *edis curuis* – eram dois – foram encarregados da polícia dos mercados e das ações penais correlatas, bem como da jurisdição civil contenciosa nas questões ali ocorridas.

Mas a plebe, mesmo depois de conseguir o consulado, prosseguiu no movimento em prol da total equiparação política com os patrícios. E sucessivamente obteve acesso às restantes magistraturas: em 364 a.C., aproximadamente, à edilidade curul; em 356 a.C., à ditadura; em 351 a.C., à censura; e, finalmente, em 337 a.C., à pretura.

O mesmo ocorreu com quase todas as dignidades sacerdotais. Em 300 a.C., a Lei *Ogulnia* abriu aos plebeus os colégios dos Pontífices e dos Áugures. Apenas algumas dignidades sacerdotais sem importância política permaneceram inacessíveis aos plebeus.

Assim, a luta das duas classes, que se arrastara por séculos, terminou, na terceira centúria antes de Cristo, com a vitória da plebe, que conseguiu admissão a todas as magistraturas patrícias e a quase todas as funções sacerdotais, ao passo que o patriciado jamais obteve ingresso nas magistraturas plebeias (tribunato e edilidade da plebe).

Com a igualdade política entre patrícios e plebeus, desaparece a distinção social entre as duas classes, e surge, então, uma nova aristocracia, a *nobilitas*, a que pertencem todas as famílias que contam, entre seus antepassados, com um ou mais membros que ocuparam magistratura curul (ditadura, consulado, pretura, censura, edilidade curul).

17. Características e classificação da magistratura – As características fundamentais das magistraturas republicanas são: *a temporariedade, a colegialidade, a gratuidade e a irresponsabilidade do magistrado.*

Os magistrados, em regra, são eleitos anualmente. Os censores, porém, o eram de cinco em cinco anos.

As magistraturas são, em geral, colegiadas, isto é, constituídas de mais de um membro, podendo qualquer deles paralisar ato do outro pela *intercessio* (veto).

O magistrado não percebe proventos pelo desempenho da magistratura.

Demais, são eles invioláveis durante o exercício do cargo, mas, no término de seu mandato, podem ser chamados a prestar contas perante o povo.

18 | DIREITO ROMANO – *José Carlos Moreira Alves*

Por outro lado, os poderes dos magistrados se resumem na *potestas* e no *imperium*. A *potestas*, como ensina Arangio Ruiz,[3] é a competência de o magistrado expressar com sua própria vontade a do Estado, gerando para este direitos e obrigações. Já o *imperium*[4] é a personificação, no magistrado, da supremacia do Estado, supremacia que exige a obediência de todo cidadão ou súdito, mas que está limitada pelos direitos essenciais do cidadão ou pelas garantias individuais concedidas por *lex publica*. O *imperium* compreende o poder de levantar tropas e comandá-las, o direito de apresentar propostas aos comícios, a faculdade de deter e punir os cidadãos culpados e a administração da justiça nos assuntos privados.

Todos os magistrados têm a *potestas*, mas nem todos o *imperium*. Daí as magistraturas se classificarem em magistraturas *cum imperio* e *sine imperio*. Eram magistraturas *cum imperio*: o consulado, a pretura, a ditadura, o tribunato militar *consulari potestate*. *Sine imperio*, as demais.

Além dessa classificação fundamental, a magistratura comporta outras:

a) magistraturas patrícias (ditadura, consulado, pretura, censura, questura, edilidade curul) e *plebeias* (tribunato e edilidade da plebe);

b) magistraturas ordinárias (consulado, pretura, questura, censura, edilidade e tribunato) e *extraordinárias* (ditadura, decenvirato *legibus scribundis*, tribunato militar *consulari potestate*); e

c) magistraturas maiores (consulado, pretura, censura, ditadura, decenvirato *legibus scribundis*, tribunato militar *consulari potestate*) e *menores* (edilidade curul e questura).

18. O Senado – Na república, o Senado[5] se torna o verdadeiro centro do governo, pois os magistrados tinham interesse em consultá-lo e em seguir o seu conselho, antes de tomarem deliberações mais importantes, uma vez que, sendo o Senado órgão permanente, ficavam eles resguardados de possíveis incriminações quando retornassem à qualidade de simples cidadãos.

Graças a isso, o Senado, além de enfeixar em suas mãos a direção da política externa de Roma, atuava nos diversos setores da Administração Pública.

Demais, tinha ele ingerência na formação das leis, quer declarando nulas aquelas cuja votação não obedecera às formalidades legais, quer exercendo controle sobre a atuação dos comícios pela *patrum auctoritas*, isto é, pela confirmação das leis por ele, depois de ter verificado se elas iriam, ou não, contra os costumes e, em caso afirmativo, se a revogação do costume seria justificada. Entretanto, desde a Lei *Publilia* (339 a.C.),

---

3   *Storia del Diritto Romano* (ristampa anastatica – settima edizione riveduta con note aggiunte), p. 31.

4   Sobre o *imperium*, *vide* M. Radin, *Imperium, Studi in Onoredi S. RICCOBONO*, II, pp. 21/45, Palermo, 1936; e Voci, *Per la Definizione dell'Imperium, in Studi di Diritto Romano*, I, p. 107 e segs., Padova, 1985.

5   Sobre o Senado na República, *vide* Mispoulet, *La Vie Parlementaire à Rome sous la République*, p. 1 e segs., Paris, 1899.

passou o Senado a dar, antes da votação comicial, a *auctoritas patrum*, que se tornou, assim, mera formalidade.

Quanto à sua constituição, era o Senado formado, no início da república, de 300 senadores; Sila elevou esse número a 600; César e o segundo triunvirato (Otaviano, Marco Antônio e Lépido) o aumentaram: o primeiro, para 900; os outros, para mais de 1.000.

Até a Lei *Ouinia* (312 a.C., aproximadamente), eram os senadores designados pelos cônsules. A partir de então, essa atribuição passou para os censores, que podiam escolher os senadores dentre os que tinham ocupado magistraturas, sem distinção entre patrício e plebeu. Os componentes do segundo triunvirato usurparam aos censores essa faculdade.

19. Os comícios – Na república, encontramos quatro espécies de comícios: por cúrias, por centúrias, por tribos e os *concilia plebis* (comícios da plebe).[6]

A) *Comícios por cúrias ("comitia curiata")*

Esses comícios continuaram a existir na república com funções estereotipadas, mas com outra composição.

Suas funções permaneceram as mesmas do período da realeza, em virtude do aparecimento, na época republicana, dos comícios por centúrias e por tribos, aos quais foram dadas as novas atribuições emanadas da república. Assim, competiam aos comícios por cúrias a votação da *lexcuriata de imperio* (que, nesse período, é mera formalidade) e a apreciação das ad-rogações e dos testamentos. Já no tempo de Cícero, os comícios por cúrias nada mais são – na expressão de De Francisci[7] – do que simples nomes, tanto que, em vez das 30 cúrias, apenas se reúnem, representando-as, 30 *lictores*.

A modificação da composição do comício por cúrias decorre da admissão, nos fins do século III a.C., dos plebeus, até então dele excluídos.

B) *Comícios por centúrias ("comitia centuriata")*

Segundo a tradição, esses comícios surgiram da divisão do povo feita pelo rei Sérvio Túlio, pela qual os que pagavam impostos e prestavam serviço militar se agrupavam em cinco classes, de acordo com seu patrimônio; e os que não possuíam bens para sustentar tais encargos eram colocados entre os *infra classim*. Entretanto, segundo tudo indica, a origem dos comícios por centúrias remonta aos primórdios da república.

Até o censor Ápio Cláudio (que exerceu a censura de 312 à 308 a.C.), computava-se, para a classificação nas classes, apenas a riqueza imobiliária; esse magistrado, porém, passou a considerar também as coisas móveis, avaliando tudo em dinheiro.

---

6   Sobre os comícios na República, *vide* Mommsen, *Romische Forschungem, erster Band*, p. 134 e segs., Hildsheim, 1962.

7   *Sintesi Storica del Diritto Romano, IV edizione*, p. 113, Roma, 1968.

DIREITO ROMANO – *José Carlos Moreira Alves*

Cada uma das cinco classes se dividia em várias centúrias (cujo número total era 193), constituídas – meio a meio – de *iuniores* (cidadãos entre 17 e 46 anos) e de *seniores* (de 46 a 65 anos).

Os comícios por centúrias se realizavam fora da cidade de Roma, no Campo de Marte, porque o povo, nessa reunião, votava armado. A votação se fazia por centúrias dentro das classes, que se manifestavam em ordem hierárquica: em primeiro lugar, as 18 centúrias de cavaleiros que estavam acima das centúrias da primeira classe e fora delas; depois, estas; a seguir, as da segunda classe, e assim por diante até as da quinta. Como bastava que se alcançasse a maioria absoluta por centúrias (97, pois eram elas 193) para que esses comícios deliberassem, desde que as 18 centúrias de cavalaria e as 80 primeiras classes votassem no mesmo sentido, aquele *quorum* era atingido, e as demais classes deixavam de votar, por desnecessário.

Ora, sendo as 18 centúrias de cavalaria e as 80 da primeira classe integradas pelos cidadãos mais ricos, e geralmente concordes por terem os mesmos interesses, os menos favorecidos raramente podiam influir nas deliberações desses comícios. Daí, nos fins do século III a.C., ter havido uma reforma no sentido de democratizar os comícios por centúrias. Infelizmente não possuímos informes precisos sobre como foi ela realizada. O que existe a respeito são apenas conjecturas de autores modernos, sendo a mais aceita aquela (devido a Pantagato, autor do século XVI) segundo a qual a reforma aumentou o número das centúrias de 193 a 373, elevando assim a maioria absoluta a 187 votos, o que implicava, para que esse *quorum* fosse alcançado, os votos concordes não apenas das centúrias da cavalaria e da primeira classe, mas também os da segunda e parte dos da terceira. Essa conjectura, no entanto, contraria texto de Cícero (*De republica* II, 22, 39), do qual, consoante a interpretação mais seguida, se extrai a informação de ter permanecido, depois da reforma, o mesmo número de centúrias, isto é, 193.[8]

Eram as seguintes as atribuições dos comícios por centúrias:

a) eleitorais: elegiam os magistrados *maiores*;

b) legislativas: além das leis em geral, votavam as leis relativas à declaração de guerra, ao restabelecimento da paz e à conclusão de tratados, bem como a *lex de censoria potestate* (lei de obediência do povo aos censores); e

c) judiciárias: apreciavam o recurso, interposto pelo cidadão, da sentença de condenação à morte.

C) *Comícios por tribos ("comitia tributa") e comícios da plebe ("concilia plebis")*

Como já salientamos anteriormente, na realeza, Roma estava dividida em quatro tribos; na república, esse número aumentou: ao lado destas, que passaram a denominar-se *urbanas*, surgiram, em 495 a.C., 17 tribos *rústicas* (pelas quais foi repartida a população

---

8   Sobre o problema e as diferentes teses a respeito, *vide* Matos Peixoto, ob. cit., I, n° 28, III, p. 66 e segs.; Grosso, ob. cit., p. 210 e segs.; e Arangio-Ruiz, *La Riforma dell'Ordinamento Centuriato*, in *Scritti di Diritto Romano*, II, p. 205 e segs., Camerino, 1974.

rural), que, posteriormente, em 241 a.C., ascenderam a 31. Assim, no meado do século III a.C., encontramos, em Roma e arredores, 35 tribos (quatro *urbanas* e 31 *rústicas*).

Com base nessa divisão territorial, existem, na época republicana, os comícios por tribos.

Qual a origem deles? É ela muito obscura, mas, segundo parece, os comícios por tribos surgiram das assembleias que a plebe realizava para tratar de assuntos de seu interesse, porquanto, a princípio, não tinha ela ingresso nos comícios por cúrias, e, se não dispusesse de bens, nem mesmo nos comícios por centúrias. A pouco e pouco, no entanto, a plebe se vai tornando o elemento populacional preponderante, e, em vez de se convocar para essas assembleias apenas o elemento plebeu, passou-se a convocar, com base nas tribos, todo o povo. Já no século III a.C., encontramos em Roma os comícios por tribos, em que o povo decide, dentro da tribo, por maioria, e a deliberação dos comícios resulta da decisão da maioria das tribos.

Embora tenham os comícios por tribos surgido das assembleias da plebe (*concilia plebis*), ambos não se confundem. Assim, nos *concilia plebis* só vota a plebe, que é convocada pelos seus magistrados: o tribuno ou o edil. Já os comícios por tribos são convocados pelo cônsul, pelo magistrado com poder consular ou pelo pretor, e nele vota todo o povo. Demais, as atribuições de um e de outro comício não são idênticas.

São atribuições dos comícios por tribos:

a) eleitorais: elegiam os magistrados menores (*edis curuis* e *questores*);

b) legislativas: a votação das leis em geral era indistintamente feita pelos comícios por centúrias e por tribos, mas, a partir de 286 a.C., têm estes, no particular, preponderância decisiva sobre aqueles; e

c) judiciárias: apreciam, em grau de recurso, a imposição, ao cidadão romano, de multa de valor superior a 3.020 asses.

Já os *concilia plebis* elegem apenas os tribunos e edis da plebe; votam os plebiscitos (*plebiscita*, isto é, deliberações da plebe), que, com a Lei *Hortensia*, de 286 a.C., são equiparados às leis; e apreciam, a título de recurso, as multas impostas por magistrados da plebe.

20. A organização política da Itália e dos territórios extraitálicos – Roma, em seu movimento de expansão, conquistou a península itálica e territórios extraitálicos.

Estudaremos apenas a organização política dos territórios submetidos, na Itália e fora dela, à dominação romana.[9]

A) *Na Itália*

Roma, em sua expansão pela península itálica, seguiu fundamentalmente dois sistemas de organização política: o *federativo* e o de *incorporação*.

---

9   A respeito, *vide* De Francisci, ob. cit., II, 1, p. 18 e segs.; pormenores em Marquardt, *Organisation de l'Empire Romain*, trad. Weiss Lucas, 2 vols., Paris, 1889 e 1892.

DIREITO ROMANO – José Carlos Moreira Alves

Depois da queda da supremacia dos etruscos, na Itália, as cidades latinas formaram uma liga contra Roma. Em 493 a.C., trava-se a batalha do lago *Regillus*, da qual resultou um tratado (*foedus Cassianum*) entre Roma e essa liga, ficando ambas as partes em posição de igualdade. A pouco e pouco, no entanto, foi-se afirmando a supremacia de Roma, até que esta, em 338 a.C., derrota e dissolve a liga latina. O território de algumas das cidades que a integravam foi *incorporado* a Roma; já com outras foram firmados tratados (*foedera*), pelos quais, embora essas cidades conservassem sua autonomia administrativa, não tinham elas o direito de declarar guerra ou fazer paz (*ius belli etpacis*).

Portanto, desde tempos remotos, Roma se utilizou dos dois sistemas anteriormente referidos.

A partir de 326 a.C., Roma começou a aplicar o sistema federativo a outras cidades italianas que não latinas, a primeira das quais foi a de Nápoles.

Por vezes, no entanto, Roma preferiu *incorporar* o território conquistado ao seu próprio. Nesses casos, estendeu às cidades anexadas a sua organização administrativa (organização por tribos). Daí, de quatro tribos (Palatina, Colina, Esquilina e Suburana), ascendeu esse número, no meado do século III a.C., a 35, das quais as quatro primeiras foram denominadas *urbanas* e as 31 posteriores, *rústicas*. Esse número máximo (35) não se alterou depois, porque, em vez de se constituírem outras tribos, os novos territórios conquistados foram distribuídos, para anexação, pelas 35 já existentes. Mas esse sistema apresentava inconvenientes. As tribos eram colégios eleitorais (a base dos comícios por tribos) e, assim, a anexação a elas dos territórios conquistados acarretava a concessão da cidadania romana aos povos vencidos. Demais, a organização administrativa das cidades submetidas resistia à organização das tribos, a qual lhes era imposta quando da incorporação. Para obviar a esses inconvenientes e persistir na política de anexação, Roma valeu-se da figura do *município*. O município é uma comunidade agregada às tribos, mas, no terreno administrativo, está separado de Roma, pois, às vezes, é submetido a funcionários delegados, e, em outros casos, conserva sua organização administrativa originária. Até o ano de 109 a.C., quando Sila deu estrutura mais ou menos uniforme a eles, distinguiam-se em *municipia optimo iure* e *municipia sine sufragio*. Naqueles, os munícipes tinham os direitos políticos e civis do cidadão romano, e o município gozava de administração independente. Nestes, além de o município não possuir autonomia alguma, seus munícipes não tinham direitos políticos, embora estivessem obrigados a pagar tributos e a prestar serviço militar.

Mas Roma se utilizou, ainda, de outro expediente em sua expansão pela Itália: a fundação de colônias por cidadãos romanos (*colônias romanas*) ou por latinos (*colônias latinas*). Assim, em territórios conquistados aos inimigos, organizava-se por ato de disposição de Roma, e com formas particulares, uma comunidade de cidadãos romanos ou latinos, cuja finalidade, a princípio, era a de defender a hegemonia romana pelo controle de povos que não inspiravam confiança. A partir dos Gracos, outro foi o objetivo das colônias: incrementar a agricultura. E, finalmente, com Mário, fundaram-se colônias para recompensar os soldados veteranos.

Por meio dessas várias organizações, Roma assegurou a sua dominação na Itália.

B) *Nos territórios extraitálicos*

Os territórios extraitálicos conquistados foram reduzidos à condição de *província*. As quatro primeiras foram a Sicília, a Sardenha, a Espanha citerior e Espanha ulterior.

As províncias eram circunscrições territoriais constituídas por *senatus-consultos* especiais, e organizadas por uma comissão de senadores, que lhes outorgava uma espécie de constituição (*lex provinciae*), onde, além de outras disposições, se estabeleciam os limites das províncias, bem como as comunidades nelas compreendidas.

Embora Roma geralmente tivesse respeitado as instituições políticas e administrativas dos povos conquistados, bem como suas crenças religiosas, adotava ela providências para assegurar, nas províncias, o domínio romano, quer isolando certas comunidades ali existentes – e isso pela privação do *ius conubii* (direito de casar legitimamente) e do *ius commercii* (direito de praticar atos jurídicos *inter uiuos*) recíprocos –, quer fundando, dentro das províncias, colônias de cidadãos romanos ou latinos.

Na república, o sistema de governo provincial foi deficiente. A princípio, foram elas governadas por pretores que os comícios elegiam especialmente para esse fim. Quando cresceu o número das províncias, o governo delas passou para os cônsules e pretores que deixavam as suas funções em Roma, e que eram designados, com o título de *procônsules* e *propretores*, para governá-las. Daí a divisão em *províncias consulares* e *pretorianas*: aquelas, as que necessitavam da permanência de um exército (e por isso governadas por um *procônsul*); estas, as em que bastavam algumas tropas (e eram atribuídas aos *propretores*). A exigência da permanência de exército ou de algumas tropas variava muito, razão por que a mesma província podia ora ser considerada, pelo Senado Romano, como consular, ora como pretoriana.

Em ambas as espécies de províncias, havia, além do procônsul ou do propretor, um questor, eleito pelo povo romano, e encarregado principalmente do tesouro da província.

Esses magistrados, em regra, desempenhavam suas funções por um ano, ao fim do qual deveriam prestar contas ao Senado Romano, mas, na prática, não só essas contas eram ilusórias, como também os magistrados por vezes se mantinham, pela intriga ou pela força, mais tempo no poder.

21. As fontes de direito – Na república, as fontes de direito são três: o costume, a lei e os editos dos magistrados.

A) *O costume*

É ele, no período republicano, a fonte preponderante do direito privado, graças à atividade dos jurisconsultos, que disciplinaram as novas relações sociais pela adaptação das normas primitivas que a tradição transmitira de geração a geração, mas cuja origem se perdera nas brumas de um passado remoto.

Os juristas republicanos não formularam doutrina sobre o costume como fonte de direito, o que somente foi realizado pelos jurisconsultos do principado. Mas em Cícero (*De inuentione*, II, 22, 67) já encontramos, em virtude da influência da filosofia grega, os primeiros traços dessa construção doutrinária:

24 | DIREITO ROMANO – *José Carlos Moreira Alves*

"*Consuetudine autem ius esse putatur id, quod uoluntate omnium sine lege uetustas comprobavit*" (Denomina-se *direito baseado no costume* o que o tempo consagrou, sem a intervenção da lei, com a aprovação geral).

B) *A lei*

Sob duas modalidades apresenta-se a lei em Roma: *lex rogata* (a proposta de um magistrado aprovada pelos comícios, ou a de um tribuno da plebe votada pelos *concilia plebis*, desde quando os plebiscitos se equipararam às leis) e *lex data* (lei emanada de um magistrado em decorrência de poderes que, para tanto, lhe concederam os comícios).[10]

Na *lex rogata*, distinguem-se quatro partes: 1ª) o *index* (onde se consignava o nome gentílico do proponente e a indicação sumária do seu objeto); 2ª) a *praescriptio* (em que constavam as indicações do nome e títulos do magistrado proponente, do dia e local em que se votou a lei, e da tribo ou centúria que votou em primeiro lugar); 3ª) a *rogatio* (parte principal da *lex rogata*, pois nela estava declarado o seu conteúdo); e 4ª) a *sanctio* (sanção, pena para o caso de infringência da lei).[11]

Na república, encontramos *leges rogatae* de grande importância para o direito privado, como a Lei *Aebutia* (meado do século II a.C.), que introduziu o processo formulário.

Entretanto, a mais importante lei na república é uma *lex data*: a Lei das XII Tábuas, o primeiro monumento legislativo dos romanos. Dela nos ocuparemos mais adiante.

C) *O edito dos magistrados*

Os magistrados romanos tinham a faculdade de promulgar editos (*ius edicendi*), dos quais os mais importantes, para a formação do direito, foram os dos magistrados com função judiciária: em Roma, os pretores (urbano e peregrino) e os edis curuis; nas províncias, os governadores e os questores. O do pretor urbano, porém, sobreleva, em importância, a todos os demais.

O edito, a princípio, era a proclamação oral de uma espécie de programa do magistrado (o daqueles com função judiciária é um verdadeiro inventário de todos os meios de que o particular pode valer-se para obter a tutela de seu direito), no início do ano em que desempenharia a magistratura. Posteriormente, de oral, passou ele a ser escrito numa tábua pintada de branco, e, por isso, denominada *album*. Com o tempo, essa designação (*album*) foi dada ao próprio edito.

---

10   Sobre as *leges rogatae* e as *leges datae* (inclusive com o elenco de ambas), *vide* Rotondi, *Leges publicae populi romani*, Hildesheim, 1966 (reimpressão).

11   Quanto à sanção, as leis, segundo texto lacunoso que se encontra no início do *Liber Singularis Regularum* de Ulpiano (*vide* nº 32, *in fine*), podem distinguir-se em *leges imperfectae, minus quam perfectae e perfectae*, conforme, respectivamente, no caso de sua transgressão, não cominem pena alguma, nem declarem o ato infringente nulo; ou cominem pena sem declarar o ato infringente nulo; ou apenas estabeleçam a nulidade do ato infringente. A propósito, *vide* Baviera (*Leges imperfectae, minus quam perfectae e perfectae, in Scritti Giuridici*, vol. I: *Diritto Romano*, p. 201 e segs., Palermo, 1909), que ataca a opinião comum segundo a qual essa classificação se prenderia à *sanctio*.

Cap. III · A REPÚBLICA | 25

O *edictum* ou era *perpetuum* ou *repentinum*. *Edictum perpetuum* (edito *permanente* – esse o significado de *perpetuum* nessa expressão) era aquele divulgado no início de cada ano, e destinado a perdurar durante esse espaço de tempo. *Edictum repentinum* (edito imprevisto) era o promulgado pelo magistrado – e divulgado em uma assembleia popular – para regular situações não previstas no *edictum perpetuum*. A promulgação do *edictum repentinum* foi proibida por uma lei *Cornelia*, de 67 a.C.

No *edictum perpetuum*, havia uma parte mais extensa (*pars translaticia*, também denominada *edictum translaticium* ou *uetus*) que continha disposições do edito do magistrado anterior, as quais haviam aprovado na prática; e outra (*pars noua* ou *edictum nouum*) com dispositivos novos devidos ao atual magistrado.

Enfim, por que era o edito dos magistrados fonte de direito? Eis a explicação. No edito dos magistrados judiciários, estes não se limitavam a relacionar os meios de proteção (*ações*) aos direitos decorrentes do *ius ciuile* (na república, integrados pelos costumes e leis). Desde tempos remotos, esses magistrados, com base no seu *imperium* (poder que lhes permitia dar ordens a que todos deviam obedecer), concediam medidas judiciais – por exemplo, os interditos, de que nos ocuparemos adiante, no nº 132, A – que visavam a corrigir, suprir ou afastar a aplicação do *ius ciuile*, quando este lhes parecesse iníquo. Com o advento da Lei *Aebutia* (que introduziu, na metade do século II a.C., o processo formulário – *vide* nº 126 a 132), essa interferência aumenta, porquanto os magistrados judiciários, que passaram a redigir um documento – a fórmula – onde se fixava a demanda a ser julgada, em geral, pelo juiz popular, se arrogaram, a pouco e pouco, o direito de denegar, quando lhes parecesse justo, ações que tutelavam direitos decorrentes do *ius ciuile* (o que, evidentemente, tirava a eficácia prática desses direitos); bem como de criá-las para proteger situações – não previstas no *ius ciuile* – que lhes parecessem dignas de tutela. Ora, nesse último caso, tais situações assim tuteladas passavam, na prática, a ter eficácia jurídica, dando nascimento indiretamente a direitos, motivo por que o Edito é considerado fonte de direito (*ius honorarium* ou *praetorium*, em contraposição ao *ius ciuile*).

Portanto, os magistrados judiciários, no direito romano, não podiam atribuir direito a ninguém, mas, sim, conceder ou negar ações (o que, praticamente, equivalia à criação de direitos). Em virtude disso, o *ius honorarium* ou *praetorium*, como acentua Ferrini,[12] era um sistema de ações, e não um *sistema de direitos*.

22. A Lei das XII Tábuas – Analisaremos, agora, como surgiu, segundo a tradição, a Lei das XII Tábuas; seu conteúdo; a reconstituição de seu texto; e a controvérsia sobre a sua autenticidade.[13]

A) *Como surgiu a Lei das XII Tábuas, segundo a tradição*

A Lei das XII Tábuas resultou da luta entre a plebe e o patriciado.

---

12 *Storia delle Fonti del Diritto Romano e della Giurisprudenza Romana*, p. 20, Milano, 1885.

13 Sobre a Lei das XII Tábuas, *vide* a síntese de De Francisci, *Legge delle Dodici Tavole* (*estratto dalla Enciclopedia Giuridica Italiana*, vol. IV, parte 6ª); Wenger, ob. cit., § 69, p. 357 e segs.; e Ragusa, *Le XII Tavole, parte prima (1924) e parte seconda (1925)*, Roma e D'Ippolito, Problemi Storico-Esegetici delle XII Tavole, Roma, 2003.

Um dos objetivos dos plebeus era o de acabar com a incerteza do direito por meio da elaboração de um código, o que viria refrear o arbítrio dos magistrados patrícios contra a plebe.

Em 462 a.C., o tribuno da plebe Terentílio Arsa propôs que se criassem os *quinqueuiri* – magistratura formada por cinco membros – com o encargo de elaborarem um código para a plebe. Mas os patrícios perceberam que, com isso, haveria a completa separação entre a plebe – que já tinha dirigentes (os tribunos) e assembleia própria (os *concilia plebis*) – e o patriciado, formando-se um Estado dentro do outro. Daí terem eles concordado não com tal proposta, mas com a criação da magistratura constituída de dez membros (os *decemuiri legibus scribundis*), a qual elaboraria um código aplicável a todos os romanos, quer patrícios, quer plebeus.

Em 454 a.C., segue para a Grécia uma embaixada, composta de três membros, para estudar a legislação de Sólon. Quando de seu retorno, em 452 a.C., são eleitos os decênviros, que, durante o ano de 451 a.C., elaboram um código em 10 tábuas. Mas, como o trabalho estava incompleto, elege-se novo decenvirato (do qual faziam parte alguns membros do primeiro, e – o que era inovação – alguns plebeus), que, em 450 a.C., redige mais duas tábuas, perfazendo, assim, o total de 12 (por isso: Lei das XII Tábuas).

Por pretenderem os decênviros perpetuar-se no poder, há revolta popular que os depõe.

B) *Seu conteúdo*

Não chegou até nossos dias o texto completo da Lei das XII Tábuas. Dela conhecemos apenas alguns fragmentos que nos foram transcritos por autores literários e por jurisconsultos.

A não ser quanto a uns poucos desses fragmentos,[14] não sabemos sequer a que tábuas pertencem, pois os autores que nô-los transmitiram silenciam, em regra, sobre esse ponto.

Isso não obstante, têm os romanistas procurado reconstituir, com os elementos de que dispomos, a sistemática da Lei das XII Tábuas. E essa reconstituição se fez com base numa hipótese que parece pouco fundamentada: sabemos que o jurisconsulto Gaio escreveu uma obra sobre a Lei das XII Tábuas em seis livros; conjectura-se, então, que cada um deles abrangia comentários a duas tábuas.[15]

---

14 São somente seis (*vide*, a propósito, Riccobono, *La Lex XII Tabularum, in Scrittidi Diritto Romano*, vol. I, *Studi sulle Fonti*, p. 261, nota 9, Palermo, 1957).

15 Sobre os argumentos em favor dessa tese, *vide* Zocco-Rosa, *Il comento di Gaio alla legge delle XII tavole, in Rivista Italiana per Le Scienze Giuridiche*, V (1888), p. 195, nota 8. Contra, Riccobono (*La Lex XII Tabularum, in Scritti di Diritto Romano*, vol. I, *Studi sulle Fonti*, p. 261, Palermo, 1957), que observa que, como se vê das leis romanas da república e das antigas legislações, não se pode pretender fosse a Lei das XII Tábuas um ordenamento sistematizado, sendo totalmente arbitrário supor que cada tábua (ou duas delas em conjunto) formasse um todo orgânico.

É com base nisso que se estabelece a tábua a que deve pertencer cada um dos fragmentos conhecidos.

Destacaram-se, sobremodo, no trabalho dessa reconstituição o francês Jacques Godefroy e os alemães Dirksen e Schoell.

C) *A reconstituição de seu texto*[16]

Embora os autores antigos deem a entender que a Lei das XII Tábuas abarcava todo o direito público e privado (Tito Lívio, III, 34, 3, a ela se refere como *fons omnis publici priuatique iuris* – "fonte de todo o direito público e privado"), isso não procede. Com efeito, exceto as normas relativas a direito penal, são escassos os dispositivos que tratam do direito público, não havendo quaisquer regras sobre os institutos fundamentais do direito constitucional e do direito administrativo. Quanto ao direito privado, é ele tratado com mais largueza, embora, ainda aí, as lacunas sejam consideráveis. Apenas com referência ao processo, é que se encontram dispositivos mais numerosos e que obedecem a uma sistemática.

Portanto, a Lei das XII Tábuas não era um código como os modernos, que se ocupam de determinado ramo do direito (por exemplo: código civil, código comercial, código penal), mas lei geral que continha dispositivos sobre direito público e direito privado.

Girard, observando que ela dedica especial cuidado à agricultura, o que, aliás, estava de acordo com a civilização da época, a caracteriza como código rural.[17]

D) *Controvérsia sobre a autenticidade da Lei das XII Tábuas*[18]

Nos fins do século passado, dois autores – o historiador italiano Ettore Pais e o jurista francês Lambert – negaram a autenticidade da Lei das XII Tábuas.

O ataque partiu de Ettore Pais. Para ele, a Lei das XII Tábuas não é obra legislativa feita de uma só vez no meado do século V a.C., mas conjunto de primitivos costumes do povo romano resumidos, nos fins do século IV a.C., em trabalho de caráter oficial.

Ettore Pais nega valor à tradição, salientando as suas incongruências. Cita o caso de um mesmo dispositivo que, segundo Plínio, o Velho, seria posterior àquela lei, ao passo que Aulo Gélio nela o incluía. Na Lei das XII Tábuas, há alusão ao *asse*, moeda romana que surgiu muito depois do século V a.C. E a Lei Decenviral punia o escravo, pilhado em furto, com a morte por lançamento da rocha Tarpeia, pena que, nos tempos primitivos, só se aplicava aos culpados de alta traição.

---

16 A reconstituição do texto da Lei das XII Tábuas se encontra em Bruns, *Fontes Iuris Romani Antiqui, leges et negotia, editio sexta*, p. 15 e segs.; em Girard, *Textes de Droit Romain*, 6ª ed., p. 9 e segs.; e em Riccobono, *Fontes iuris romani antejustiniani, pars prima (leges)*, p. 23 e segs.

17 *Mélanges de Droit Romain*, I, p. 48, Paris, 1912.

18 Sobre essa controvérsia célebre, *vide*, entre outros, Girard, *Mélanges de Droit Romain*, I, p. 3 e segs., Paris, 1912; Bonfante, ob. cit., II, p. 77 e segs.; *Lambert, La Fonction du Droit Civil Comparé*, I, p. 407 e segs., Paris, 1903; E. Pais, *Richerche sulla Storia e sul Diritto Pubblico di Roma*, serie prima, pp. 3 a 144, Roma, 1915; e Giovanni Baviera, *Contributo critico alla storia della "Lex XII Tabularum"*, *in Studi in onoredi Silvio Perozzi*, pp. 3 a 51, Palermo, 1925.

A tese de Lambert é mais audaciosa: a Lei das XII Tábuas seria uma coleção de brocardos jurídicos elaborados, no século II a.C., pelo jurisconsulto Sexto Élio Peto Cato, que foi cônsul em 198 a.C.

Em favor dessa hipótese, invoca Lambert, entre outros, os seguintes argumentos: antes da época de Sexto Élio Peto Cato não se encontra, na literatura latina, referência à Lei Decenviral; o latim de seus fragmentos não possui o caráter arcaico que deveria ter no século V a.C.; certas disposições (como a que reprime o luxo nos funerais) pressupõem civilização avançada; e – este era, para Lambert, o mais poderoso dos seus argumentos – todos os códigos primitivos são coleções tardias de costumes antigos, cuja origem e sanções são divinas, como nô-lo demonstram os exemplos colhidos nas legislações orientais.

Essas duas teses deram margem a inúmeros estudos sobre o assunto. Mas a maioria dos romanistas se manifestou favoravelmente à autenticidade da Lei das XII Tábuas. Nesse sentido, destacaram-se, entre outros, Girard, Bonfante e Lenel, que analisaram e refutaram, com vantagem, os argumentos de Ettore Pais e de Lambert.

É certo, porém, que se pode admitir que algumas das disposições, que nos foram transmitidas como pertencentes à Lei das XII Tábuas, não faziam parte da codificação original, mas a ela foram atribuídas, ou em virtude da transmissão oral dessa lei, ou pela tendência dos antigos de atribuir à legislação decenviral todas as normas arcaicas. Mas isso, evidentemente, não destrói a autenticidade da Lei das XII Tábuas.

23. A jurisprudência – Os romanos, na época do direito clássico, assim definiam a jurisprudência: *"Iuris prudentia est diuinarum atque humanarum rerum notitia, iusti atque iniusti scientia"* (A jurisprudência é o conhecimento das coisas divinas e humanas, a ciência do justo e do injusto).[19]

Nos fins do século IV a.C., e graças a Ápio Cláudio Cego e a seu escriba Gneo Flávio, inicia-se a secularização da jurisprudência romana. Conta-nos a tradição que Gneo Flávio publicou o calendário (divulgando, assim, a relação dos dias fastos e nefastos) e um formulário a que deu o título de *Ius Ciuile Flauianum*. Um e outro trabalhos teriam sido redigidos por Ápio Cláudio Cego e, possivelmente, foram divulgados por sua ordem. Posteriormente, Tibério Coruncânio, o primeiro plebeu elevado à dignidade de sumo pontífice (254 a.C.), deu o último passo necessário à divulgação da jurisprudência: iniciou o ensino público do direito (a princípio, os estudantes assistiam às consultas dadas, pelo professor, sobre casos práticos, seguindo-se a isso – algumas vezes – explicações sob forma de discussão; mais tarde, nos fins da república, Sérvio Sulpício aliou o ensino teórico ao prático, criando, assim, uma verdadeira escola de direito).

Os jurisconsultos, que em Roma desfrutaram de imenso prestígio, exerceram acentuada influência sobre o desenvolvimento do direito romano, graças, principalmente, a três aspectos de sua atividade: *cauere, agere* e *respondere. Cauere* é expressão técnica que

---

19   Acerca das interpretações desse conceito, *vide* Senn, *Les Origines de la Notion de Jurisprudence*, Paris, 1926. É célebre a crítica de Muratori (*Dei Difetti della Giurisprudenza, nuova edizione*, Roma, 1933, p. 33 e segs.), feita no século XVIII, a essa definição, que, em seu entender, era digna de riso.

Cap. III · A REPÚBLICA | 29

indica a atuação do jurista no formular e redigir os negócios jurídicos, para evitar prejuízo à parte interessada, por inobservância de formalidades; *agere* é a atividade – no que concerne ao processo – semelhante à desenvolvida no *cauere*; e *respondere* diz respeito aos pareceres dos jurisconsultos sobre questões de direito controvertidas.

Durante a república, destacaram-se, entre outros, os seguintes juristas: Sexto Élio Peto Cato (cônsul em 198 a.C., escreveu uma obra célebre, intitulada *Tripertita*, sobre a Lei das XII Tábuas); Mânio Manílio, Públio Múcio Cévola e Marco Júnio Bruto (considerados pelos romanos como os verdadeiros fundadores do direito civil); Quinto Múcio Cévola (jurisconsulto que iniciou a sistematização do direito civil); Sérvio Sulpício (de quem Cícero louvou o talento dialético); Alfeno Varo, Aulo Ofílio e Quinto Élio Túbero.[20]

---

20 Sobre os jurisconsultos republicanos, *vide* Kunkel, *Herkunft und Soziale Stellung der Romischen Juristen*, p. 6 e segs., Weimar, 1952.

IV

O PRINCIPADO

Sumário: 24. Antecedentes. **25.** Otaviano e a fundação do principado. **26.** Caracterização dessa forma de governo. **27.** As províncias. **28.** O destino das instituições políticas da República. **29.** O *princeps*. **30.** Os funcionários imperiais. **31.** As fontes de direito. **32.** A jurisprudência clássica.

24. Antecedentes – Os acontecimentos desde o início do século I a.C. indicavam que a república não poderia subsistir muito tempo.

Com a reforma da organização militar realizada por Mário, deu-se a Roma exército à altura da conservação de seu vasto império, mas, internamente, dela decorreu uma consequência funesta à república: o poder dos generais de livremente recrutar soldados e de receber o seu juramento vinculou estes àqueles, e não, como anteriormente, os soldados a Roma.

Sila foi o primeiro a servir-se dessa arma poderosa – a fidelidade pessoal que lhe tributava o exército – para a dominação política interna. De 82 a 79 a.C., exerceu a ditadura (no sentido moderno de tirania), realizando várias reformas políticas.

Mas, em 79 a.C., Sila espontaneamente abdicou do poder, e morreu um ano mais tarde.

Segue-se o período em que se projetam dois homens: Pompeu e Júlio César. Ambos intentavam assumir o poder supremo, mas por métodos diversos: Pompeu, provavelmente, pretendia alcançar sua aspiração galgando o poder com o consentimento do Senado republicano (instaurar-se-ia, assim, em Roma, o *principado*); Júlio César, ao contrário, visava ao mesmo fim com a implantação da monarquia absoluta (o que mais tarde ocorreria no *dominato*).

O conflito entre eles era inevitável. Desencadeia-se, quando César, em 49 a.C., desrespeitando o Senado, não licencia suas tropas, atravessa o Rubicão, e invade Roma. Pompeu, com magistrados republicanos e vários senadores, se retira para Tessalônica. Em 48 a.C., no entanto, César vence a batalha de Farsália, e sua vitória se consolida posteriormente com a derrota dos partidários de Pompeu, em Tapsa e Munda.

De 48 a 44 a.C. – data do assassínio de César –, este, embora não seja reconhecido oficialmente como rei, age como se de fato o fora, a ponto de Cícero denominar esse período de *dominatus* (dominato, monarquia absoluta).[1]

---

1   *Epistolae ad familiares*, IV, 8, 2.

32 | DIREITO ROMANO – *José Carlos Moreira Alves*

Com a morte de César, há uma série de agitações da qual decorre a criação de nova magistratura que é o *segundo triunvirato*[2], formado por Otaviano (sobrinho e filho adotivo de César), Marco Antônio e Lépido.

A pouco e pouco, porém, Lépido é posto de lado, e o triunvirato se transforma num duunvirato. Otaviano e Marco Antônio, então, dividem entre si o poder: Otaviano fica com o Ocidente; Marco Antônio, com o Oriente.

25. Otaviano e a fundação do principado – Em 2 de setembro de 31 a.C., Otaviano derrota, na batalha de Ácio, Marco Antônio, e se torna o detentor único do poder.

Já desde alguns anos antes, vinha Otaviano obtendo prerrogativas que lhe preparavam caminho para a implantação do regime pessoal em Roma. Assim, em 36, foi-lhe conferida a *tribunicia potestas*, confirmada em 30, ano, aliás, em que um plebiscito lhe reconhece o direito de administrar a justiça. Em 29, o Senado lhe confirma o título de *imperator* (que lhe dava a posição de herdeiro de César, e que se transmitiria aos seus próprios herdeiros). Em 28, atribuiu-se-lhe o título de *princeps senatus*.

Em 13 de janeiro de 27 a.C., surge o *principado*. Otaviano, diante do Senado, depõe seus poderes extraordinários, e declara retornar à condição de simples cidadão romano. O Senado lhe suplica volte atrás nessa resolução, ao que Otaviano acede, impondo duas limitações ao seu poder: 1ª, que as províncias romanas se repartam entre o Senado (*províncias senatoriais*, pacificadas, e, portanto, sem necessidade de exército nelas sediado) e ele (*províncias imperiais*, conturbadas por agitações, e demandando, consequentemente, a presença de tropas); 2ª, que o exercício de suas funções extraordinárias se limitem, no tempo, por dez anos.

Em 23, Otaviano (a quem o Senado, dias depois da sessão de 13 de janeiro de 27 a.C., havia outorgado o título de *Augustus*) renuncia ao consulado que vinha exercendo ininterruptamente desde 31. Graças a essa renúncia, ele recebe o proconsulado sem as limitações existentes na república, pois ele exerce essa magistratura em toda a extensão do Estado Romano. Consolidava-se, assim, Otaviano na posição de *princeps*: com o proconsulado, tinha o comando geral dos exércitos romanos; com a *tribunicia potestas*, a inviolabilidade pessoal e o veto às decisões dos magistrados republicanos.

26. Caracterização dessa forma de governo – O principado apresenta dupla faceta: em Roma, é ele monarquia mitigada, pois o príncipe é apenas o primeiro cidadão, que respeita as instituições políticas da república; nas províncias imperiais, é verdadeira monarquia absoluta, porque o *princeps* tem, aí, poderes discricionários.

Mas o principado, como regime de transição da república à monarquia absoluta, encaminha-se, paulatinamente, para o absolutismo.

Em face das peculiaridades que apresenta o principado, há controvérsia entre os autores modernos sobre a natureza desse regime. Mommsen pretende que ele seja uma

---

2   O primeiro triunvirato constituído, em 60 a.C., por Pompeu, César e Crasso, era aliança de caráter particular.

diarquia: de um lado o príncipe, e, de outro, o Senado. Para Arangio-Ruiz e outros, como Lauria, é o principado um protetorado, em que o príncipe é o protetor e o Estado Romano, o protegido. Já De Francisci vê nele a superposição de um novo órgão (*o princeps*) às instituições republicanas.[3]

27. As províncias – No principado, as províncias se dividem em *senatoriais e imperiais*.

As províncias senatoriais são governadas pelos procônsules, que exercem as funções geralmente durante um ano. São seus auxiliares os legados e um questor. Nelas, continua formalmente o sistema de governo observado na república.

As províncias imperiais, mais numerosas, são administradas pelos *legati Augusti* (legados de Augusto) designados, por tempo indeterminado, pelo imperador, e auxiliados pelos *comites* e um *procurator*.

Em todo o território provincial continuam a existir cidades de diversos tipos de organização, como, por exemplo, os municípios e as colônias.

28. O destino das instituições políticas da República – Como já salientamos, no principado subsistiram as instituições políticas da república, mas com suas atribuições cada vez mais reduzidas, por se tratar de regime de transição para a monarquia absoluta, a qual é incompatível com essas instituições nos moldes em que existiram na república.

Analisaremos, a seguir, o estado a que se reduziram as funções da magistratura, do Senado e dos comícios republicanos.

A) *Magistratura*

1. *Consulado* – É, como salienta Emílio Costa,[4] uma sombra vã do consulado republicano, pois, privado de qualquer poder fora da Itália, mesmo no território italiano não dispõe do comando militar, e seus poderes civis estão limitados pela *tribunicia potestas* do príncipe. De magistratura anual, passa, no início do principado, a semestral; depois, a quadrimestral, a trimestral, e, enfim, no tempo de Nero, a bimestral. Mas o consulado perdura durante todo o principado.

2. *Pretura* – Foi a magistratura que mais resistiu à absorção de poderes por parte do príncipe. Os pretores urbano e peregrino exercem, em Roma e na Itália, a jurisdição civil. A pretura urbana persiste durante o principado; a peregrina desaparece no tempo do imperador Caracala. Surgem, nesse período, alguns pretores dotados de competência específica, assim, por exemplo, o *praetor tutelaris*, encarregado da nomeação dos tutores.

3. *Censura* – Reduzida, desde o início do principado, às funções de redação das listas dos cidadãos de Roma, e de coordenação dos recenseamentos realizados por magistra-

---

3   Cf. Grosso, ob. cit., § 121, p. 370 e segs.; ampla bibliografia a respeito em De Martino, ob. cit., IV, 1, p. 234 e segs.

4   *Storia del Diritto Romano Pubblico*, p. 287, Firenze, 1906.

DIREITO ROMANO – *José Carlos Moreira Alves*

dos municipais, a censura deixa de existir, como magistratura autônoma, no tempo do imperador Domiciano (81 a 96 d.C.), o qual a assumiu vitaliciamente.

4. *Questura* – Durante o principado, encontramos 20 questores com funções muito reduzidas. Dois deles serviam como secretários do príncipe (*quaestores principis*). Os questores estavam obrigados a prestações pecuniárias para, a princípio, o calçamento de ruas, e, depois, os jogos de gladiadores.

5. *Edilidade curul e da plebe* – A partir de César, os edis, em número de seis, se dividem, dois a dois, em três categorias: edis curuis, plebeus e *ceriales* (estes, encarregados do aprovisionamento de Roma). A pouco e pouco, porém, suas funções são atribuídas a funcionários imperiais, até que deixa de existir a edilidade no século III d.C. (por volta do ano 240).

6. *Tribunato da plebe* – Não obstante tenha perdurado por todo o principado, suas funções, que vinham da república, se transferem para o imperador. Suas novas atribuições são de ordem administrativa, como, por exemplo, a vigilância das sepulturas.

B) *Senado*

Em 18 a.C., Augusto reduziu o número dos senadores – que, no segundo triunvirato, chegara a mais de 1.000 – a 600, possibilitando, assim, que o Senado realmente funcionasse. Com efeito, uma assembleia de mais de 1.000 membros, como salientou Carlyle, pode fazer apenas uma coisa: destruir.

Durante o principado, o Senado manteve-se, aparentemente, em posição de destaque. Na realidade, porém, sua atividade foi inspirada e orientada pelo príncipe. Os senadores eram eleitos entre os ex-magistrados, e, como a influência do *princeps* era decisiva nessa eleição, os membros do Senado eram homens de sua confiança. Por outro lado, o príncipe tinha livre iniciativa para convocar o Senado, e a ele apresentar propostas.

No principado, o Senado perdeu, em favor do príncipe, os poderes fundamentais que detinha na república. Assim, a direção da política externa. De outra parte, no entanto, absorveu as funções eleitorais e legislativas dos comícios, embora, ainda nisso, enorme fosse a influência exercida pelo *princeps*.[5]

C) *Comícios*

Observa-se, no principado, a gradativa perda, por parte dos comícios, das funções judiciárias, eleitorais e legislativas. Com Augusto os comícios perdem o poder judiciário; sob Tibério suas funções eleitorais são transferidas para o Senado; e o poder de legislar, que os comícios ativamente exerceram no tempo de Augusto e de Tibério, desaparece no reinado de Nerva, pelo desuso, pois expressamente nunca lhe foi retirada essa faculdade.

A partir de então, o povo reunido em comício se limita a aprovar, por aclamação, a *lex de imperio*, que, proposta a ele pelo Senado, conferia poderes ao novo *princeps*.

29. O *princeps* – Para que a administração, no principado, pudesse funcionar, fazia-se mister, tendo em vista a decadência das magistraturas republicanas que não se coadu-

---

5   *Vide*, a propósito, C. Longo e Scherillo, *Storia del Diritto Romano*, p. 250, Milano, 1935.

Cap. IV • O PRINCIPADO | 35

navam com o regime pessoal, a organização de aparelhamento administrativo à altura do império romano. Para isso, foram nomeados pelo príncipe funcionários imperiais.

Formou-se, assim, uma escala hierárquica de funcionários que auxiliavam o *princeps*. Acima deles, encontrava-se, obviamente, a figura do príncipe, cujo modo de designação, prerrogativas e poderes estudaremos, sumariamente, a seguir.

A) *Modo de designação*

Para a designação do *princeps* não vigorava o princípio da hereditariedade, nem o puramente eletivo: o sucessor era geralmente designado pelo antecessor, quer pela adoção, quer mediante simples designação ou atribuição dos poderes fundamentais do *princeps*, como a *tribunicia potestas*. De fato, no entanto, era grande a influência do exército na designação do príncipe. O escolhido era, a seguir, consagrado pelo voto do Senado e do povo (pura formalidade), de cujas mãos recebia a sua investidura pela *lex de imperio*.

B) *Prerrogativas*

Tinha o *princeps* direito à cadeira curul; ocupava lugar de honra entre os dois côn-sules; vestia, geralmente, a *toga praetexta*; usava a coroa de louros; sua efígie era cunhada nas moedas; e era divinizado quando morria.

C) *Poderes*

Além da *tribunicia potestas*, o príncipe celebrava a paz e declarava a guerra, concluía tratados, fundava e organizava colônias, concedia aos estrangeiros direito de casamento legítimo (*ius conubii*) e a cidadania, convocava o Senado, cunhava moedas e tinha juris-dição civil (em grau de recurso) e criminal.

Para as deliberações mais importantes, o *princeps* geralmente consultava o *consilium principis*, órgão estável a partir de Adriano, e formado por amigos e companheiros do príncipe, bem como por eminentes jurisconsultos.

30. Os funcionários imperiais – Os funcionários imperiais se classificam em: *legados, prefeitos, procuradores e auxiliares*.

Os *legados* são lugares-tenentes do *princeps* na administração das províncias.

Os *prefeitos* (e a palavra *praefectum* significa *representante de uma autoridade superior*) representam o próprio *princeps*.

Os *procuradores* são mandatários do *princeps* especialmente no tocante à administração financeira.

Os *auxiliares* desempenham diferentes funções de secretariado junto ao *princeps*.

Desses funcionários, os mais importantes são os *prefeitos* (*praefecti*), que, por sua vez, se dividem em:

1. *Praefecti praetorio* – Em número, geralmente, de dois ou três, eram funcionários submetidos ao princípio da colegialidade. De início, suas funções são militares, já que comandam a guarda imperial e as tropas de Roma e da Itália; depois, atribui-se-lhes ju-risdição criminal na Itália, e suas funções civis acabam predominando sobre as militares, razão por que notáveis jurisconsultos foram *praefecti praetorio*.

2. Praefecti urbi – Desempenham função policial, com jurisdição criminal em Roma e até um raio de 100 milhas dela.

3. Praefecti annonae – Encarregados do abastecimento de Roma, com jurisdição sobre os delitos a ele relacionados.

4. Praefectus uigilum – Incumbido do policiamento noturno e da extinção de incêndios, tinha, também, jurisdição sobre os delitos correlatos.

5. Praefectus aerarii – Substitui os questores republicanos na administração do tesouro público, e tem jurisdição em negócios fiscais.

No principado, encontramos, ainda, alguns funcionários que conservam muitos traços das magistraturas republicanas. São eles os diversos *curatores* (assim, por exemplo, os *curatores uiarum publicarum* e os *curatores aquarum*).

31. As fontes de direito – São as seguintes as fontes de direito nesse período: costume, leis comiciais, edito dos magistrados, *senatus consultos*, constituições imperiais e respostas dos jurisconsultos.

A) *Costume*

Os juristas clássicos (Gaio, Inst. I, 2; e Papiniano, D. I, 1, 7, pr. e 1) não incluem o costume na relação das fontes do direito. E isso talvez porque eles consideram o costume como um fato.[6] O que é certo, porém, é que sua importância, nesse período, é menor do que nos anteriores, até porque, quando começava a formar-se um costume, o pretor podia acolhê-lo em seu edito, dando-lhe o caráter de norma do *ius honorarium*.

Um fragmento atribuído a Juliano (D. I, 3, 32, I) – que tem dado margem a grande controvérsia sobre se foi, ou não, reelaborado no dominato,[7] mas que, possivelmente, conserva o pensamento de Juliano[8] – dá, como fundamento do costume, o consentimento tácito do povo, em contraposição à lei, em que esse consentimento se manifesta explicitamente.

Por outro lado, nos textos jurídicos desse período,[9] verifica-se que, para a existência do costume, era necessário que a prática fosse observada por longo tempo (*diuturna, longa, inueterata consuetudo*), embora não se estabelecesse um limite mínimo.

O costume *praeter legem* – que é o que preenche lacuna da lei – era, sem dúvida, obrigatório. Quanto ao costume *contra legem* – o que é contrário à lei –, e que se distingue do desuso (*desuetudo*) – aquele é o comportamento positivo contrário à lei, enquanto este é o comportamento negativo de não observância da lei, sem ser acompanhado de

---

6   Nesse sentido, Gaudemet, *Institutions de l'Antiquité*, nº 413, p. 570, Paris, 1967.

7   *Vide*, a propósito, entre outros, Gallo, *Interpretazione e Formazione Consuetudinaria del Diritto*, p. 55 e segs., Torino, 1971.

8   Assim, Riccobono (*Lineamenti della Storia delle Fonti e del Diritto Romano*, pp. 146/147), que observa que não teria sentido que os compiladores do *Digesto* houvessem alterado esse fragmento para declarar o que não mais tinha valor em seu tempo.

9   *Vide* Gaudemet, ob. cit., nº 579, p. 729 e nota 4.

Cap. IV · O PRINCIPADO | 37

comportamento positivo contrário a ela –, não revogava ele a lei. Já o desuso (*desuetudo*), como transparece do texto de Juliano acima referido,[10] a revogava.[11]

B) *Leis comiciais*

No tempo de Augusto, os comícios votam uma série de leis propostas por ele com base em sua *tribunicia potestas*. Assim, entre outras, as *Leges Iuliae Iudiciariae* e a *Lex Iulia de Maritandis Ordinibus*.

Depois de Augusto, no entanto, a legislação comicial entra em decadência. Sob Tibério e Cláudio, encontramos ainda algumas leis votadas pelos comícios. Do tempo do imperador Nerva data a última lei comicial que conhecemos.

É certo, todavia, que o poder legislativo dos comícios não foi abolido, expressamente, mas desapareceu por ter, de fato, deixado de ser exercido pelos comícios.

C) *Edito dos magistrados*

No principado, o pretor – cujos editos, como vimos, eram os mais importantes na república –, embora não tenha perdido, até o tempo do imperador Adriano, o poder de, indiretamente, criar direitos por meio de elaboração de seu edito (*ius edicendi*), na prática se limita, geralmente, a copiar os editos de seus antecessores, e isso, por certo, pela posição subalterna a que ficou reduzida, nesse período, a pretura.

Assim, o edito já se consolidara, de fato, pela ausência de modificações introduzidas pelos pretores que se sucediam. E essa situação de fato se converteu em situação de direito na época de Adriano, imperador que ordenou ao jurisconsulto Sálvio Juliano a fixação definitiva do texto dos editos. A esse trabalho foi dada a denominação *Edictum Perpetuum* (Edito Perpétuo)[12] pela imutabilidade de seu texto. A partir de então, o pretor somente pode criar novos meios processuais por solicitação do *princeps* ou do Senado.

O *Edictum Perpetuum* sistematizou não apenas o edito do pretor urbano, mas também o dos edis curuis, anexando-o ao primeiro como apêndice. Parece que foram, igualmente, sistematizados de modo definitivo o edito do pretor peregrino e um protótipo de edito provincial.

---

10 Constantino, no C. VIII, 52, 2, afirma, no dominato, o princípio contrário: o desuso não revoga a lei. Acentua Gallo, ob. cit., p. 56, que o contraste entre a constituição de Constantino e o fragmento de Juliano depõe a favor da genuinidade, pelo menos substancial, deste.

11 Essa revogação decorre, também, de textos de Aulo Gélio (*Noctes Atticae*, XI. 18. 4; XII, 13, 5; e XX, 1, 22). Solazzi (*La Desuetudine della Legge, in Scritti di Diritto Romano*, III, p. 275 e segs., Napoli, 1960), porém, sustenta a tese de que, no direito clássico, o desuso não revogava a lei, e, mesmo no tempo de Justiniano, é duvidosa a força ab-rogatória do desuso.

12 A mais perfeita reconstituição do *Edictum Perpetuum* é devida a Lenel, *Das Edictum Perpetuum*, cuja 3ª ed. foi reproduzida, em 1956, por Scientia. *Antiquariat Aalen*. Dessa obra há tradução francesa de Peltier (*Essai de Reconstitution de L'Edit Perpétuel*, 2 vols., Paris, 1901/1903).

Um romanista moderno, Guarino,[13] tendo em vista certas circunstâncias (assim, por exemplo, as notícias escassas existentes sobre esse trabalho de Sálvio Juliano, e devidas a autores muito distantes dele no tempo), levantou a tese de que o *Edictum Perpetuum* elaborado por Juliano é uma lenda criada pelos autores que nos informam a respeito, pois o que houve, em verdade, foi a fixação do texto de Edito feita apenas pela ausência de modificação por parte dos magistrados, o que se tornou praxe sempre observada. Essa tese, no entanto, não encontrou ressonância entre os romanistas, por não ter Guarino conseguido afastar argumentos favoráveis à tradição de que o *Edictum Perpetuum* foi elaborado por Sálvio Juliano.[14]

D) *Senatusconsultos*

Embora, como já salientamos, o Senado tivesse, na república, influência, por intermédio dos magistrados, na formação do direito, as suas deliberações (*senatusconsultos*) não eram fonte de direito. Quando muito – e isso apenas nos fins da república –, o Senado se arrogou a faculdade de, sem ratificação dos comícios, dispensar alguns cidadãos da observância de certas leis (*legem aliquem soluere*).

No início do principado, porém, os *senatusconsultos* passam a ser fonte de direito, não só em virtude do exaurimento do poder legislativo dos comícios, como também pela circunstância de que, não estando ainda os tempos devidamente amadurecidos para que o *princeps*, abertamente, usurpasse o poder legislativo, propunha ele as medidas que lhe pareciam necessárias, e o Senado sobre elas deliberava. Com o tempo, e graças à autoridade do príncipe, a proposta passa a ter mais valor do que a deliberação do Senado, uma vez que este se manifesta sempre pela aprovação. Daí, em vez de falar-se em *senatusconsultum*, dizer-se *oratio* (proposta do príncipe). No tempo dos Severos, essa prática está consagrada.

No principado, encontramos vários senatusconsultos de grande importância para o direito privado, como, por exemplo, o *senatusconsulto tertuliano*, a respeito de sucessão hereditária.

E) *Constituições imperiais*

Ao príncipe jamais foi atribuída expressamente a faculdade de legislar, mas em decorrência dos poderes que absorveu das magistraturas republicanas e da *auctoritas* que lhe era reconhecida, ele, desde o início do principado, interferiu na criação do direito, com as *constitutiones* (constituições imperiais), que não indicavam um ato formal do *princeps* para criar direito, mas qualquer ato dele emanado, e que eram fonte de direito quando continham novo preceito jurídico.

---

13 *L'esaurimento del "ius honorarium" e la pretesa codificazione dell'editto*, artigo reproduzido na obra *L'Ordinamento Giuridico Romano*, pp. 396 a 424, Napoli, 1964.

14 A propósito, *vide* Robleda, *Introduzione allo Studio del Diritto Privato Romano*, 2ª ed., p. 251, Roma, 1979.

As constituições imperiais se apresentam, principalmente, sob um dos quatro seguintes tipos:[15]

1º) *edicta* (editos) – normas gerais que, em virtude do *ius edicendi* do príncipe, dele emanavam, e se assemelhavam, na forma, às oriundas dos magistrados republicanos;

2º) *mandata* (mandatos) – instruções que o príncipe transmitia aos funcionários imperiais, principalmente aos governadores e funcionários das províncias (a partir do século V d.C., desapareceram totalmente);[16]

3º) *rescripta* (rescritos) – respostas que, sobre questões jurídicas, o imperador dava a particulares, ou a magistrados e a juízes; no primeiro caso, diziam-se *subscriptiones*, porque eram escritas abaixo da pergunta, para que a resposta desta não se separasse; no segundo, *epistulae*, pois eram redigidas em carta; e

4º) *decreta* (decretos) – eram sentenças prolatadas pelo príncipe em litígios a eles submetidos em primeira instância ou em grau de recurso.

As constituições imperiais mais importantes para o direito privado se apresentavam sob o tipo de *decreta* ou de *rescripta*.

F) "*Responsa prudentium*" (respostas dos jurisconsultos)

Antes de Augusto, os jurisconsultos, na qualidade de particulares, respondiam a consultas das partes litigantes, dos magistrados ou dos juízes. Augusto, no entanto, introduziu o *ius respondendi ex auctoritate principis*, pelo qual o príncipe concedia a alguns juristas uma espécie de patente – o *ius publice respondendi* – pela qual as suas respostas tinham maior autoridade que a dos juristas sem o *ius respondendi*.

Os imperadores que sucederam a Augusto continuaram a observar essa prática.

Sob Adriano, os *responsa prudentium* (respostas dos jurisconsultos) abrangem não só os pareceres dados sobre casos concretos (como na época de Augusto), mas também as opiniões em geral dos jurisconsultos com *ius respondendi*, manifestadas sobre casos concretos ou em obras doutrinárias. Os *responsa prudentium* eram, então, fonte de direito – portanto, vinculavam o juiz – se constituíssem *opinio communis* (opinião comum). Se houvesse divergência de opiniões, o juiz julgava segundo a que lhe parecesse melhor.[17]

---

15 Sobre a aplicação, às constituições imperiais, da distinção entre *leges generales* e *leges speciales*, *vide* Guarino, *Storia del Diritto Romano*, § 279, p. 417 e segs.

16 Como salienta Kipp (*Geschichte der Quellen des römisches Rechts*, § 12, p. 69), os jurisconsultos romanos não incluíam – ao contrário do que, em geral, ocorre com os romanistas modernos – os *mandata* entre as *constitutiones principum*.

17 Seguimos, no texto, a interpretação tradicional a respeito dos *responsa prudentium*; sobre as teses mais modernas, *vide* Kunkel, *Das Wesen de ius respondendi, in Zeitschrift der Savigny-Stiftung für Rechtsgeschichte, Romanistische Abteilung*, vol. LXVI (ano de 1948), p. 423 e segs.; Ventura, *Manual de Direito Romano*, vol. I, tomo I, nº 30, p. 83 e segs., Lisboa, 1963; e Horvat, *Note Intorno allo "ius respondendi", in Synteleia* Vicenzo Arangio-Ruiz, vol. II, p. 710 e segs., Napoli, 1964.

40 | DIREITO ROMANO – *José Carlos Moreira Alves*

32. A jurisprudência clássica[18] – No início do principado, vamos encontrar os jurisconsultos romanos divididos em duas escolas: a dos Proculeianos e a dos Sabinianos. A primeira fundada por Antísteo Lábeo, mas cujo nome veio de um de seus seguidores: Próculo; a segunda, por Atéio Cápito, advindo a sua denominação do jurisconsulto Masúrio Sabino. Entre os principais juristas pertencentes à primeira escola, temos os dois Nervas (pai e filho), os dois Celsos (pai e filho), Pégaso e Nerácio Prisco; já com relação à segunda, destacam-se, entre outros, Cássio, Célio Sabino, Javoleno e Sálvio Juliano. As divergências entre elas não se prolongam além do reinado de Adriano (117-138 d.C.), e o fato de Gaio,[19] que viveu posteriormente a essa época, dizer-se sabiniano nada mais significa – segundo tudo indica – do que a existência de ressonância, nas províncias (Gaio era provinciano),[20] de divergências que já não existiam em Roma.

Há, entre os romanistas, grande controvérsia sobre as características diferenciadoras das duas escolas.[21] Pompônio, jurisconsulto romano desse período, diz que os proculeianos eram inovadores, e os sabinianos, conservadores.[22] Vários autores modernos, no entanto, não encontram essas características nas controvérsias – de que temos conhecimento – dessas escolas. Por isso, procuram eles outros critérios para distingui-las. É possível que fossem elas apenas estabelecimentos rivais de ensino.[23]

Depois da época do imperador Adriano, em que se destacou o jurista Sálvio Juliano, o elaborador do *Edictum Perpetum*, e modernamente considerado o maior jurisconsulto romano clássico,[24] surgiram três notáveis juristas: Papiniano (o imperador Justiniano e os romanistas antigos o julgavam o maior que Roma tivera), Paulo e Ulpiano. Viveram eles no século III d.C.

A série dos jurisconsultos clássicos se encerra, pouco depois, com Modestino, que também viveu no século III d.C.

---

18 Sobre os diversos jurisconsultos romanos do principado, *vide* Kunkel, *Herkunft und soziale Stellung der Romischen Juristen*, p. 114 e segs., Weimar, 1952.

19 A respeito de Gaio, *vide* os vários estudos que se encontram em *Gaio nel suo tempo – Atti del Simposio Romanistico*, Napoli, 1966, e em *Il Modello di Gaio nella Formazione del Giurista – Atti del Convegno Torinese (4-5 Maggio 1978) in onore del Prof. Silvio Romano*, Milano, 1981. Sobre se Gaio era um jurisconsulto ou simplesmente um mestre-escola, *vide* Diosdi (*Gaius: Rechisgelehrte oder Schulemeister? in Études offertes à Jean Mac Queron*, pp. 225 a 234, Aix-en-Provence, 1970), que se manifesta pela primeira alternativa.

20 A propósito, *vide* Mommsen, *Gaius ein Provinzialjurist, in Juristische Schriften, zweiter Band*, 2ª ed., p. 26 e segs., Berlin-Dublin-Zürich, 1965.

21 Sobre as diferentes teses a respeito, *vide* Wenger, ob. cit., § 76, p. 499; e Gian Luigi Falchi, *Le Controversie tra Sabiniani e Proculiani*, Milano, 1981, *passim*.

22 D, I, 2, 2, 47 a 53; Riccobono (*Lineamenti della Storia delle Fonti e del Diritto Romano*, § 13, p. 66, nota 1, *in fine*) considera plausível a opinião de Pompônio.

23 A propósito, *vide* Schulz, *History of Roman Legal Science*, p. 121 e segs.

24 Para pormenores sobre a vida e obra de Sálvio Juliano, *vide* Boulard, L. *Salvus Julianus, son oeuvre – ses doutrines sur la personnalité juridique*, Paris, 1903.

Cap. IV · O PRINCIPADO | **41**

Os juristas clássicos escreveram, além de monografias, várias obras que seguiam, principalmente, um dos seguintes tipos: *institutiones, regulae, enchiridia* e *definitiones* (livros destinados ao ensino); *sententiae* e *opiniones* (obras também elementares, mas que visavam mais à prática do que ao ensino); *responsa* (livros de consultas e respostas sobre casos concretos); *quaestiones* e *disputationes* (repositórios de controvérsia jurídica); *libri ad, libri ex* e *notae ad* (comentários ou notas de um jurista à obra de um seu antecessor, cujo nome – ou denominação de seu trabalho – se seguia a essas expressões latinas); *libri ad edictum* (obras que obedeciam ao plano do *Edictum Perpetuum*, e se ocupavam do *ius honorarium*); e *digesta* (espécie de enciclopédias sobre o *ius ciuile* e o *ius honorarium*).[25]

De todas as obras dos juristas clássicos, apenas três – afora alguns pequenos fragmentos[26] – chegaram até nós, embora somente uma (as *Institutas* de Gaio) com redação próxima à original.[27] São elas:

I – *Institutas de Gaio (Gai Institutionum Commentarii Quattuor)*[28] – livro de escola, mas que é de inestimável valor pelas informações que nos fornece sobre o direito romano clássico, foi descoberto, em 1816, pelo historiador Niebuhr,[29] num palimpsesto, do século V ou VI d.C., da biblioteca da Catedral de Verona (a melhor leitura desse palimpsesto é devida ao filólogo Studemund); em 1927, Hunt publicou três fragmentos, descobertos na cidade de Oxirinco, no Egito, de uma cópia das *Institutas* de Gaio escritos em papiro do século III d.C.; finalmente, em 1933, Medea Norsa comprou, no Cairo, duas folhas e meia de pergaminho escritas no século V d.C., as quais contêm parte de cópia das mesmas *Institutas*.[30]

---

25 Cf. Wenger, ob. cit., § 76, p. 493 e segs.

26 Esses fragmentos – bem como as três obras a que aludimos – se acham publicados em coletâneas da natureza dos *Textes de Droit Romain publiés et annotés par* P. F. Girard, 6ª ed., Paris, 1937; das Fontes *Iuris Romani Antiqui edidit Carolus Georgius Bruns*, 7ª ed., publicada por Otto Gradenwitz, duas partes em um só volume, Tübingen, 1909 (há reimpressão feita, em 1969, por *Scientia Verlag Aalen*); e da de S. Riccobono, J. Baviera, C. Ferrini, J. Furlani. V. Arangio-Ruiz, *Fontes Iuris Romani Anteiustiniani, Pars altera (auctores)*, Florentiae, 1940.

27 Sobre as alterações introduzidas nas obras clássicas em decorrência de revisões a que as submeteram juristas do período pós-clássico, *vide* Shulz, *History of Roman Legal Science*, p. 141 e segs.; acerca do mesmo problema com relação às *Institutas* de Gaio, há trabalho de Albertario (*Elementi postgaiani nelle Istituzioni di Gaio*) reproduzido *in Studi di Diritto Romano*, V, p. 441 e segs., Milano, 1937.

28 Sobre a transmissão, a estrutura e o estilo das *Institutas* de Gaio, *vide* H. L. W. Nelson, *Uberlieferung, Aufbau und Stil von Gai Institutiones*, Leiden, 1981. Quanto às omissões das *Institutas*, *vide* Renato Quadrato, *Le Institutiones nell'Insegnamento di Gaio – Omissioni e rinvii*, Napoli, 1979.

29 Sobre essa descoberta *vide* Savigny, *Neu entdeckte Quellen des Römisches Rechts, in Vermischte Schriften*, vol. 3, p. 155 e segs. Berlim, 1850.

30 A melhor edição das *Institutas* de Gaio é a Krueger-Studemund, *Gai Institutiones*, tomo I da *Collectio Librorum Iuris Anteiustiniani*, 6ª ed., Berlim, 1912. Boa edição, com tradução para o inglês e comentários, é a de Francis de Zulueta, *The Istitutes of Gaius*, 2 vols., reimpressão, Oxford, 1951. Entre as traduções para o francês, é de destacar-se a de Julien Reinach, GAIUS *Institutes,* publicada, em Paris, em 1950, pela Société d'Édition Les Belles Lettres, da qual há uma 2ª tiragem revista e corrigida, de 1965.

DIREITO ROMANO – José Carlos Moreira Alves

II – *Regras de Ulpiano* (*Ulpiani liber singularis regularum*)[31] – o manuscrito que conhecemos não contém a obra original de Ulpiano, mas, apenas, um epítome com 29 títulos e 1 proêmio; segundo Schulz,[32] trata-se de um epítome pós-clássico elaborado com base no *liber singularis regularum* de Ulpiano e em outras obras, inclusive nas *Institutas* de Gaio; e

III – *Sentenças de Paulo* (*Pauli sententiarum ad filium libri* V) – dessa obra do jurisconsulto Paulo chegou até nós aproximadamente uma sexta parte em forma de epítome elaborado pelos organizadores da *Lex Romana Visigothorum* (*vide* nº 37), a qual pôde ser acrescida de fragmentos tirados de outras fontes, como, por exemplo, dos *Fragmenta quae dicuntur Vaticana* (*vide* nº 37); sobre se a obra realmente seja de Paulo há grande controvérsia entre os romanistas.[33]

Com introdução bastante informativa e largamente anotada é a tradução para o espanhol de Alfredo Pietro (*Gayo – Institutas – texto traducido, notas e introducción por Alfredo Di Pietro*, 3ª ed., Buenos Aires, 1987).

Amplos comentários são os de F. Kniep, *Gai Institutionum Commentarius primus, secundus, tertius*, 5 vols., Jena, 1911/1917. Schulz (*History of Roman Legal Sciense*, p. 166) os considera "muito caprichosos e insatisfatórios".

Sobre os fragmentos de Gaio descobertos em Oxirinco, *vide* Levy, *Zum Gaius von Oxyyunchos, in Studi in onore di Pietro Bonfante*, vol. II, p. 277 e segs., Milano, 1930.

Com relação aos fragmentos descobertos em 1933, *vide* Arangio-Ruiz, *Lex nouveaux fragments des Institutes de Galius, in Scritti di Diritto Romano*, III, pp. 3 a 24, Camerino, 1977; Collinet, *Les Nouveaux Fragmentes des Institutes de Gaius* (PSI, 1.182), *extrato*; e Monier, *Les Nouveaux Fragments des Institutes de Gaius* (PSI nº 1.182) *et leur importance pour la connaissance du Droit Romain*, Paris, 1933.

Em 1898, Chatelain descobriu, em Autun, um palimpsesto que contém amplo fragmento de comentários às *Institutas* de Gaio, obra de autor desconhecido, mas que deve ter sido professor em Autun, que era um centro de ensino na antiguidade. Observa Albertario (*Introduzione Storica allo Studiuo del Diritto Romano Giustinianeo*, pp. 113/114, nota 99, Milano, 1935) que seu autor importou do Oriente a substância e a forma do ensino que ali se fazia, apresentando sua obra semelhanças com a *Paraphrasis Institutionum* de Teófilo (*vide* nº 43), que lhe é posterior. Sobre esse fragmento, *vide*, também, Carlo Augusto Cannata, *Sull'origine dei fragmenta Augustodunensia, in Studia et Documenta Historiae et Iuris*, vol. XXIX (1963), pp. 238/251.

31 Dessa obra há tradução para o português feita por Gaetano Sciascia: *Regras de Ulpiano; introdução, tradução e notas de Gaetano Sciascia*, São Paulo, 1952.

32 *History of Roman Legal Science*, p. 181.

33 A propósito, *vide* Riccobono, ob. cit., p. 195 e segs., e Lauria, *Ricerche su "Pauli Sententiarum Libri", in Studdi e Ricordi*, p. 150 e segs., Napoli, 1983.

V

O DOMINATO

Sumário: 33. A instauração do dominato. **34.** As instituições políticas. **35.** A organização provincial. **36.** As fontes de direito. **37.** As compilações pré-justinianeias. **38.** A jurisprudência e as escolas de direito, no Oriente, no século V d.C. **39.** O *Corpus Iuris Ciuilis*. **40.** Modos de citação do *Corpus Iuris Ciuilis*. **41.** As interpolações. **42.** A influência do cristianismo no direito romano.

33. A instauração do dominato – Como já acentuamos, o principado foi regime de transição entre a república e a monarquia absoluta. Se, em Roma, o *princeps* era somente o primeiro cidadão, nas províncias era ele o monarca. Gradativamente, porém, os imperadores romanos vão firmando seu poder absoluto até em Roma. Assim como ocorrera com o principado que já se prenunciara nos fins da república, o mesmo sucedeu com o dominato: Pompeu, na república, foi o precursor de Augusto; Sétimo Severo, no principado, foi o precursor de Diocleciano e Constantino, os instauradores do dominato.

No século III d.C., deu-se, depois da morte de Alexandre Severo, crise maior do que a que se verificara nos fins da república. Durante aproximadamente 50 anos, sucederam-se vários imperadores, que não conseguiram impor-se por períodos superiores a cinco e seis anos. Alguns permaneceram no poder apenas meses.

Com a ascensão de Diocleciano, em 284 d.C., terminou essa crise. Deixando de lado a política seguida por Augusto e seus sucessores, bem como a antiga constituição republicana, Diocleciano implantou a monarquia absoluta, dando nova organização ao Império. Sua obra foi completada e aperfeiçoada por Constantino.

Dada a complexidade dos problemas políticos e administrativos decorrentes da vastidão do Império Romano, bem como a necessidade de um sistema organizado para a sucessão dos imperadores, julgou Diocleciano que a forma de resolver essas questões seria dividir de fato (juridicamente ele continuava uno) o Império Romano em *pars Orientis* e *pars Occidentis*. Em cada uma delas haveria um *augustus* e um seu lugar-tenente (um *caesar*, que deveria sucedê-lo no trono). Reservando a *pars Orientis* para si, Diocleciano, que havia designado seu companheiro de armas, Maximiano, para *augustus* da *pars Occidentis*, não dividiu propriamente o poder com este, pois, na realidade, estava ele colocado em posição superior à de Maximiano.

A essa organização dá-se o nome de tetrarquia, pois há dois augustos e dois césares.

Com Constantino ocorre a fusão da *pars Orientis* com a *pars Occidentis*, tendo sido a capital do Império Romano transferida para Bizâncio, cujo nome passou a ser Constantinopla.

DIREITO ROMANO – *José Carlos Moreira Alves*

A reunião das duas *partes* persistiu até a morte de Teodósio I, quando se verificou a divisão definitiva do Império Romano entre seus dois filhos: Honório ficou com o Império do Ocidente; Arcádio, com o do Oriente. É de notar-se, porém, que os dois Impérios se conservaram como uma unidade ideal, tanto assim que, quando um dos imperadores morria, até que fosse escolhido seu sucessor, o outro tinha o seu poder dilatado a todo o Império Romano.

O Império do Ocidente teve um fim prematuro. Assediado pelos bárbaros, cai em 476 d.C. Mais tarde, em 553, Justiniano – Imperador do Oriente – consegue retomar a Itália, mas a reconquista foi efêmera, pois, em 568, os lombardos expulsaram os bizantinos do norte da Itália, e, a pouco e pouco, a ocuparam quase totalmente. No século IX, o domínio bizantino na Itália está totalmente extinto.

Já o Império do Oriente perdurou até o ano de 1453, quando Constantinopla foi tomada pelos turcos otomanos comandados por Maomé II.

34. As instituições políticas – O dominato, quanto às instituições políticas, se caracteriza por ampla burocratização administrativa.

Pacchioni[1] comparou o corpo de funcionários que governam e administram o Império Romano, nesse período, a uma pirâmide, em cujo topo se encontra o imperador e em cuja base se acham os numerosos funcionários subalternos.

O imperador, nessa época, é o senhor absoluto, *concebido*, segundo as ideias orientais, como *deus* e *dominus*.

Abaixo dele há diferentes funcionários que estão submetidos a rígido princípio hierárquico: a autoridade de qualquer um deles está subordinada à do funcionário de escalão superior. Eles se classificam segundo as *dignitates*, que são de duas ordens: *dignitates palatinae* (cargos da corte) e *dignitates do Estado*. Pertenciam à primeira os seguintes dignitários: 1º) *magister officiorum* (com variadíssimas atribuições, para cujo desempenho contava com inúmeros auxiliares, bem como com os outros dignitários que se seguem nesta enumeração); 2º) *quaestor sacri palatii* (com funções principalmente jurídicas e legislativas); 3º) *comes sacrarum largitionum* (que era o ministro das finanças imperiais); e 4º) *comes rerum priuatarum* (o administrador do patrimônio privado do imperador). Os dignitários do Estado ou eram funcionários civis ou militares. Funcionários civis eram: 1º) *praefecti praetorio et urbi* (que se achavam à frente das quatro grandes prefeituras em que se dividia o Império, duas no Ocidente e duas no Oriente: Itália, Gália, Oriente e Ilíria); 2º) *uicarii* (governavam as dioceses, que eram grupos de províncias); e 3º) *praesides* (governadores de províncias). Funcionários militares eram: 1º) *praefecti praetorio*; 2º) *magistri peditum*; e 3º) *magistri equitum*.

---

1   *Breve Storia dell'Impero Romano narrata da un giurista*, p. 185, Padova, 1935.

Cap. V · O DOMINATO | 45

Das magistraturas originárias da república, persistem no dominato o consulado (com funções puramente honoríficas),[2] a pretura urbana (sem jurisdição e com o ônus de, a suas expensas, dar jogos públicos) e o tribunato da plebe (com existência apenas nominal; desaparece no século V).

O Senado, nesse período, reduz-se à condição de mero conselho municipal. Existe um em Roma, e outro em Constantinopla.

35. A organização provincial – No dominato, há estreita dependência da administração provincial ao governo central.

Como as antigas províncias eram muito extensas para que pudesse haver integral subordinação aos delegados do poder central, foram elas fracionadas em novas províncias, com território reduzido.

Constantino dividiu o império romano em quatro grandes prefeituras: Oriente, Ilíria, Itália e Gália. Elas, por sua vez, se subdividiram em dioceses (subordinadas aos *uicarii*), cada uma das quais compreendia várias províncias. Essas províncias (em 285 d.C., eram 187, número que aumentou posteriormente) eram dirigidas por governadores (*praesides, rectores* ou *iudices*). Dentro de cada província havia um certo número de cidades (*ciuitates*).

Com a divisão, em 395 d.C., do Império Romano em Império do Ocidente e Império do Oriente, a este ficam pertencendo as prefeituras do Oriente e da Ilíria; àquele, as da Itália e da Gália. As duas últimas desaparecem com a queda do Império do Ocidente, em 476 d.C.

36. As fontes de direito– No principado, por ser período de transição, encontramos o maior número de fontes de direito que Roma conheceu sob determinado regime. No dominato (monarquia absoluta), há apenas uma fonte atuante de criação organizada do direito: a *constituição imperial*[3] (então denominada *lex*). A seu lado, persiste o costume como fonte espontânea de direito, mas limitado a preencher as lacunas das constituições imperiais, sendo pequena sua importância para o direito privado.[4] No entanto, continuam

---

2 No Império do Ocidente, o último cônsul foi Décio Teodoro Paulino (534 d.C.); no Império do Oriente, Flávio Basílio (541 d.C.). A partir de então, os imperadores passaram a outorgar-se o título de cônsul (cf. Ugo Coli, *Consoli (Diritto Romano), in Novissimo Digesto Italiano*, IV, *ristampa*, p. 243, 1979).

3 Na época pós-clássica (cf. Gaudemet, *La Formation du Droit Séculier et du Droit de l'Église aux IVe et Ve Siècles*, p. 27, Paris, 1957), só há dois tipos fundamentais de constituição imperial: *as leges generales* e os rescritos (aquelas, medidas gerais; estes, medidas particulares). Ambos denominam-se *leges*. Os mandatos perderam o papel que desempenhavam, porque as instruções aos funcionários passaram a ser dadas pelas *leges generales* ou por *carta*. E os decretos se confundiram com os rescritos. Uma nova espécie de constituição imperial que se cria nessa época é a *sanctio pragmatica*, lei geral, de conteúdo vário, elaborada pelo imperador a pedido de algum alto funcionário.

4 Salienta, porém, Gaudemet (*La coutume au Bas-Empire – Rôle pratique et notion théorique, in Études de Droit Romain*, vol. I, p. 67 e segs., Camerino, 1979) que, paradoxalmente, é no Baixo Império que o costume ganha maior importância aos olhos dos juristas, esboçando-se uma teoria sobre

46 | DIREITO ROMANO – *José Carlos Moreira Alves*

em vigor as normas decorrentes das fontes de direito dos períodos anteriores, desde que não revogadas. E, como no início do dominato é muito acentuada a decadência da jurisprudência – não há grandes juristas, mas, sim, práticos –, conhecem-se essas normas não do estudo da própria fonte, mas, indiretamente, por intermédio da obra dos jurisconsultos clássicos. Por isso, ao lado das constituições imperiais (*leges*), vigora, também, o direito contido nessas obras (e que é denominado, nesse tempo, *iura*).[5]

A invocação de normas jurídicas constantes das obras de juristas antigos acarretou um grande inconveniente: advogados habilidosos induziam ao erro os juízes com citações capciosas ou falsas, que eram atribuídas àqueles jurisconsultos. Em face disso – do que decorria a incerteza do direito –, os imperadores procuraram, de início, combater o abuso por meio de constituições imperiais que restringiam a invocação dos *iura*. Assim, em 321 d.C., Constantino[6] declarou sem eficácia as notas que Paulo e Ulpiano haviam feito à obra de Papiniano; mas o mesmo imperador, pouco depois, confirmou a autoridade das demais obras de Paulo, especialmente das *Sentenças* (*Pauli Sententiarum ad filium libri* V).[7] Pouco mais de um século após, Teodósio II e Valentiniano III tomaram providência mais radical, na constituição que os autores modernos denominam *lei das citações*.[8] Essa constituição imperial criou um verdadeiro tribunal de mortos, pois estabeleceu que somente poderiam ser invocados em juízo os escritos de cinco jurisconsultos (Gaio, Papiniano, Ulpiano, Paulo e Modestino), bem como as opiniões dos autores citados por qualquer deles, desde que o original fosse trazido a juízo. No caso de divergência de opiniões, prevalecia a da maioria; se houvesse empate, preponderaria a opinião de Papiniano; e, caso, enfim, este, na última hipótese, não se tivesse manifestado, o juiz seguiria a orientação que lhe parecesse melhor. As notas de Paulo e Ulpiano às obras de Papiniano continuaram sem validade.

---

ele. Dois pontos, no costume, chamam a atenção dos juristas pós-clássicos: o fundamento da força obrigatória e sua relação com a lei escrita. Nos textos pós-clássicos, encontra-se o fundamento (que vem do direito clássico) da *uetustas*, bem como o da *uoluntas omnium* (a que os juristas clássicos não se referiam) e o da *ratio* (que surge no tempo de Constantino – C. VIII, 52, 2). E é de um desses fundamentos – o da *uoluntas omnium* – que os juristas pós-clássicos vão extrair a posição de igualdade entre o costume e a lei, admitindo que, como a lei nova revoga a lei anterior, o costume novo pode acarretar o desuso da lei.

Na época de Justiniano, o desuso, sem dúvida, revoga a lei (*vide*, a propósito, Scherillo, *Consuetudine* (*Diritto Romano*), *in Novissimo Digesto Italiano*, vol. IV, ristampa, p. 305, 1979).

5   A opinião dominante é a de que a oposição entre os *iura* e as *leges* existiu no dominato. Gaudemet ("*Ius*" et "*Leges*", *in Études de Droit Romain*, vol. I, pp. 441 a 470, Camerino, 1979), porém, depois de aludir às incertezas da doutrina moderna sobre os limites do *ius*, sustenta que essa oposição só foi adotada no Ocidente no século V, tendo triunfado no Breviário de Alarico, mas foi abandonada em seguida, sendo quase desconhecida das compilações bizantinas.

6   Código Teodosiano, I, 4, 1.

7   Código Teodosiano, I, 4, 2.

8   Código Teodosiano, I, 4, 3.

Cap. V · O DOMINATO | 47

37. As compilações pré-justinianeias – Essas providências, no entanto, não resolviam o problema, numa época de decadência, do conhecimento das opiniões daqueles cinco jurisconsultos, nem da dificuldade, em face do número elevado de constituições imperiais que se sucediam, de saber quais as em vigor. Para obviar a esses obstáculos, compuseram-se, no dominato, algumas compilações, que denominamos *compilações pré-justinianeias* para distingui-las das elaboradas por ordem do imperador Justiniano. As compilações pré-justinianeias se classificam em dois grupos: 1°) umas só contêm *leges*; 2°) outras, *leges e iura*.[9]

Só abrangem *leges* os *Códigos Gregoriano*[10] *Hermogeniano*[11] e *Teodosiano*. Os dois primeiros foram elaborados por particulares (talvez por juristas chamados, respectivamente, Gregoriano e Hermogeniano), e deles nos restam escassos fragmentos. Muito mais importante é o Código Teodosiano, que, aliás, ratificou os dois anteriores. O Código Teodosiano[12] foi mandado elaborar por Teodósio II, que, a princípio, tinha ambição mais ampla, pois desejava fazer uma compilação das *leges* e dos *iura*; mas, por inexistência de juristas à altura dessa obra, reduziu-se o trabalho à compilação de constituições imperiais a partir das de Constantino, ordenadas cronologicamente.[13] Boa parte dos 16 livros que o compunham chegou até nós.[14]

---

9 Essas compilações (com exceção do Código *Teodosiano*, do qual a melhor edição é a de Mommsen-Meyer, *Theodosiani Libri XVI cum constitutionibus Sirmondianis et leges novellae ad Theodosianum pertinentes*, 2 volumes em 3 tomos, *editio secunda*, Berlim, 1954, e da *Lex Romana Visigothorum*, da qual a melhor edição é a de Hanel, publicada em 1849 e reimpressa, em 1962, por Scientia Verlag und Antiquariat Kurt Schilling) se encontram publicadas no 2° volume das *Fontes Iuris Romani Antejustiniani*, de Riccobono, Baviera, Ferrini, Furlani e Arangio-Ruiz, 2ª ed., Florença, 1940. Do Código Teodosiano há tradução para o inglês: *The Theodosian Code and Novels and the Sirmodian Constitutions, a translation with commentary, glossary and bibliography, by Clyde Pharr*, Princeton University Press, 1952.

10 Sobre o Código Gregoriano, *vide* Marco Urbano Sperandio, *Codex Gregorianus Origini e Vicende*, Napoli, 2005.

11 Sobre os códigos Gregoriano e Hermogeniano, *vide* Gaudemet, *La Formation du Droit Seculier et du Droit de L'Église aux IVe et Ve Siècles*, pp. 40 a 44, Paris, 1957.

12 Sobre o Código Teodosiano, *vide* Volterra (*Intorno alla formazione del Codice Teodosiano, in Bullettino dell'Istituto di Diritto Romano, Terza serie*, vol. XXII (1980), pp. 109 a 145, e *Sul contenuto del Codice Teodosiano, in Bullettino dell'Istituto di Diritto Romano, Terza serie*, vol. XXIII (1981), pp. 85 a 124), Albanese, *Sul Programma legislativo esposto nel 429, in Estudios de Derecho Romano en honor de Alvaro D'Ors, I*, pp. 123/140, Pamplona, 1987, e Gaudemet (*Le Code Théodosien, in Études de Droit Romain*, vol. I, pp. 285 a 300, Paris, 1957).

13 Depois da publicação do Código Teodosiano, e a começar dos próprios Teodósio II e Valentiniano III, os imperadores promulgaram novas constituições imperiais (*novellae constitutiones*) a que se dá a denominação de *Novelas pós-teodosianas*, objeto de várias compilações no Oriente e no Ocidente (estas as únicas que nos chegaram), as quais abrangem as constituições imperiais de 438 a 468 d.C.

14 Nas citações de passagens do Código Teodosiano, adota-se uma destas siglas C. T., C. Th. ou Cód. Theod., seguida da indicação numérica, respectivamente, do livro, do título e da constituição imperial. Assim, por exemplo, C. Th. VI, 2, 12 significa: Código Teodosiano, livro VI, título 2, constituição imperial 12. Por outro lado, das edições antigas do Código Teodosiano destaca-se de

48 | DIREITO ROMANO – *José Carlos Moreira Alves*

Em maior número são as compilações de *leges* e *iura*. Algumas são obras de particulares; outras, oficiais.

Com relação às primeiras, temos: 1º) O *livro siro-romano* (obra de direito romano, escrita no Oriente, em grego, e da qual possuímos apenas traduções em árabe, aramaico e siríaco; discute-se se se trata de obra didática, ou com finalidades práticas); 2º) *Fragmenta quae dicuntur Vaticana* (fragmentos de vasta compilação de *leges* e *iura* encontrados no século XIX, na biblioteca do Vaticano); 3º) *Mosaicarum et romanarum legum collatio* (*Comparação das leis romanas e mosaicas*) – compilação de autor desconhecido, talvez de um judeu romano, pois não há qualquer citação do Novo Testamento, na qual se compara o direito romano com as leis de Moisés; e 4º) *Consultatio ueteris cuiusdam iurisconsulti* (*Repertório de consultas dadas por um antigo jurisconsulto*) – trata-se de obra de autor desconhecido, e que contém respostas, com base em textos jurídicos romanos, a consultas de advogados.

Já as compilações oficiais de *leges* e *iura* são as seguintes: 1ª) *Lex Romana Visigothorum* ou *Breuiarium Alaricianum* (*Lei Romana dos Visigodos* – compilação elaborada por ordem do rei bárbaro Alarico II, para ser aplicada aos seus súditos romanos da Espanha e da Aquitânia; data de 506 d.C.),[15] 2ª) *Lex Romana Burgundionum* (provavelmente de 516 d.C., essa compilação foi feita por ordem do rei bárbaro Gondebaldo, para ser aplicada aos seus súditos romanos, em Borgonha)[16] e 3ª) *Edictum Theodorici Regis* (*Edito de Teodorico*, compilação elaborada em 500 d.C., para aplicação a romanos e ostrogodos).

38. A jurisprudência e as escolas de direito, no Oriente, no século V d.C. – No dominato, não encontramos nenhum grande jurisconsulto. Como salienta Wenger,[17] os nomes dos juristas desse período, na sua quase totalidade, foram esquecidos: a jurisprudência, nessa época de decadência, torna-se anônima.

No século V, no entanto, há o ressurgimento do estudo do direito, graças às escolas do Império Romano do Oriente, dentre as quais se destacam a de Constantinopla, e, principalmente, a de Berito.[18] Alguns dos mestres desse tempo ficaram célebres, como Cirilo, Eudóssio e Patrício.

Apesar desse reflorescimento, não se encontra, durante todo o dominato, obra verdadeiramente criadora. Os professores dessas escolas de direito, em geral, se dedicaram ao estudo das obras dos juristas clássicos para adaptá-las, por via de reelaboração, às necessidades sociais de sua época.

Foi, porém, graças a essas escolas que Justiniano encontrou – o que, como vimos, não foi possível a Teodósio II – juristas e material para a elaboração do *Corpus Iuris Ciuilis*.

Jacques Godefroy, notável pelo riquíssimo comentário que a acompanha; à melhor edição moderna aludimos neste capítulo, na nota 9.

15 Sobre a *Lex Romana Visigothorum ou Breviarium*, *vide* Gaudemet, *Le Bréviaire d'Alaric et les Epitome, in Ius Romanum Medii Aevi*, pars I, 2 b aa B, Milano, 1965.

16 Sobre a *Lex Romana Burgundionum*, *vide* Chevrier-Pieri, *La Loi Romaine des Burgondes, in Ius Romanum Medii Aevi*, pars I, 2 b aa D, Milano, 1969.

17 Ob. cit., § 77, p. 531.

18 Sobre a escola de Berito, *vide* o livro de Collinet, *Histoire de l'école de droit de Beyrouth*, Paris, 1925.

39. O *Corpus Iuris Ciuilis* – Em 527 d.C., sobe ao trono, em Constantinopla, Justiniano, que inicia ampla obra militar e legislativa. Da primeira, daremos notícia no capítulo seguinte; agora, ocupar-nos-emos, apenas, da segunda.

Pouco depois de assumir o poder, Justiniano, em 528 d.C., nomeou comissão de dez membros (entre os quais Triboniano, ministro do imperador e jurisconsulto de grande mérito) para compilar as constituições imperiais vigentes. Em 529, estava a compilação pronta, e foi intitulada *Nouus Iustinianus Codex*.

Realizada a compilação das *leges*, era necessário resolver um problema com relação aos *iura* (que não tinham sido ainda compilados): havia entre os jurisconsultos antigos uma série de controvérsias a solucionar. Para isso, Justiniano expediu 50 constituições (as *Quinquaginta Decisiones*). É provável que durante a elaboração delas surgisse a ideia da compilação dos *iura*.

Nos fins de 530, Justiniano encarrega Triboniano de organizar comissão destinada a compilar os *iura*. Para o término desse projeto grandioso, previu Justiniano prazo mínimo de dez anos. No entanto, a comissão de 16 membros (professores de direito e advogados), sob a presidência de Triboniano, depois de compulsar quase dois mil livros, concluiu o trabalho em apenas três anos. Era o *Digesto*, também denominado *Pandectas*.[19]

Terminada a elaboração do *Digesto*, mas antes de sua promulgação, Justiniano escolheu três dos compiladores – Triboniano, Doroteu e Teófilo – para a organização de um manual escolar que servisse aos estudantes como introdução ao direito compendiado no *Digesto*. Seguindo as *Institutas* de Gaio, essa comissão elaborou as *Institutiones* (*Institutas*). Ambos (*Digesto* e *Institutas*) entraram em vigor na mesma data: 30 de dezembro de 533 d.C.[20]

Mas, com a elaboração do *Digesto*, surgiu um novo problema: entre o *Nouus Iustinianus Codex* e as *Pandectas* havia contradições que necessitavam de ser sanadas. Por isso, Justiniano nomeou comissão de cinco membros para atualizar o *Codex*. Em 29 de

---

19 Deve-se a Bluhme (*Die Ordnung der Fragmente in den Pandectentiteln, Ein Beitrag zur Entstehungsgeschichte der Pandecten, publicado in Zeitsh. f. gesch. Rechtswissenschaft*, IV – 1820 –, p. 257 e segs.; e republicado *in Labeo*, vol. 6 – 1960 –, pp. 50/96, 235/277 e 368/404, sem as páginas que, na publicação originária, contêm o sumário) a descoberta, em 1820, da ordem e do método que os compiladores seguiram na elaboração do *Digesto*. Pormenores a esse respeito se encontram em Bonfante, *Storia del Diritto Romano*, II, 4ª (*ristampa*), p. 100 e segs., e em Mantovani, *Digesto e Masse Bluhmiane*, Milano, 1987. Sobre como os compiladores elaboraram o *Digesto*, *vide* Wieacker, *Zur Technik der Kompilatoren, in Zeitschrift der Savigny-Stiftung für Rechtsgeschichte – Romanistische Abteilung* –, vol. 89 (1972), p. 293 e segs.; A. M. Honoré e Alan Rodger, *How the Digest Commissioners worked, in Zeitschrift der Savigny-Stiftung für Rechtsgeschichte – Romanistische Abteilung* –, vol. 87 (1970), p. 246 e segs.; Antonio Guarino, *La Compilazione dei "Digesta Iustiniani", in Studi in Onore di Gaetano Scherillo*, II, pp. 717 a 748, Milano, 1972; Aldo Dell'Oro, *Il Digesto di Giustiniano e la Legge delle Citazioni, in Synteleia Vincenzo Arangio-Ruiz*, I, pp. 354 a 358, Napoli, 1964; e Aldo Cenderelli, *Digesto e Predigesti – Riflessioni e Ipotesi di Ricerca*, Milano, 1983.

20 Para o estudo do *Digesto*, *vide* Roby, *Introduzione allo Studio del Digesto Giustinianeo*, trad. Pacchioni, Firenze, 1887; Ferrini, *Il Digesto*, Milano, 1893; e Schulz, *Einführung in das Studium der Digesto*, Tübingen, 1916.

50 | DIREITO ROMANO – *José Carlos Moreira Alves*

dezembro de 534 d.C., a nova edição do *Código* foi promulgada. Como a primeira (a elaborada em 528) foi revogada por esta segunda, e, portanto, deixou de ser utilizada, dela possuímos apenas pequeno fragmento do índice, constante de papiro encontrado no Egito (P. Oxy. XV 1814), no início do século XX.[21]

As *Institutas*, o *Digesto* e o *Código* foram as compilações feitas por ordem de Justiniano. No entanto, depois de elaboradas, Justiniano introduziu algumas modificações na legislação mediante constituições imperiais – a que se deu a denominação de *Nouellae constitutiones* ou, simplesmente, *Nouellae* (Novelas) –, que pretendia reunir num corpo único. Sua morte, porém, não lhe permitiu realizar o intento, o que foi feito posteriormente, por particulares.[22]

A obra legislativa de Justiniano, por conseguinte, consta de quatro partes: *Institutas* (manual escolar), *Digesto* (compilação dos *iura*), *Código* (compilação das *leges*) e *Novelas* (reunião das constituições promulgadas, posteriormente, por Justiniano). A esse conjunto, o romanista francês Dionísio Godofredo, em 1538, na edição que dele fez, denominou *Corpus Iuris Ciuilis* (*Corpo do Direito Civil*), designação essa que é hoje universalmente adotada.

A melhor edição do *Corpus Iuris Ciuilis* é a devida aos alemães Mommsen, Krueger, Schoell e Kroll. O primeiro editou o *Digesto*; o segundo, as *Institutas* e o *Código*; e os dois últimos, as *Novelas*.[23]

40. Modos de citação do *Corpus Iuris Ciuilis* – Antes de estudarmos os modos de citação das partes do *Corpus Iuris Ciuilis*, são necessárias certas noções sobre sua estrutura.

---

21 Esse papiro arrola as constituições contidas nos títulos 11 a 16 do livro I, e mostra que é muito pequena a correspondência da ordem das constituições aí referidas e as que se encontram nos mesmos títulos da nova edição do Código, que é a que chegou até nós.

22 As mais conhecidas dessas coleções feitas por particulares são três: *Epitome Iuliani, Authenticum* e *Collectio Graeca*.

A mais antiga – *Epitome Iuliani* – é assim denominada por causa do nome do professor de Constantinopla, contemporâneo de Justiniano, que presumidamente foi seu autor. As constituições nela reunidas são 124 (em verdade, 122, pois duas são repetidas), e datam de 535 a 555 d.C. Nessa coleção as constituições não aparecem na íntegra, mas em resumos e em língua latina.

O *Authenticum* é uma coleção de 134 constituições dos anos 535 a 556 d.C. que se acham reproduzidas integralmente e escritas em latim (as escritas originariamente em grego estão traduzidas literalmente).

A *Collectio Graeca* é a mais completa dessas coleções. Contém 168 constituições na língua em que originariamente foram escritas (a maior parte em grego, e somente 20 em latim). Seu autor – como o do *Authenticum* – é desconhecido.

Sobre as coleções das novelas do imperador Justiniano, *vide* Noailles, *Les Collections de Novelles de l'empereur Justinien*, vol. I (*Origine et formation sous Justinien*), Paris, 1912.

23 *Corpus Iuris Ciuilis*, 3 vols., *editio stereotypa decima, octava, tertia, Berolini, apud Weidmannos*, 1905, 1906, 1904 (há reimpressão de 1954).

Cap. V • O DOMINATO | 51

As *Institutas* estão divididas em quatro livros, subdivididos em títulos, e estes em uma parte inicial (*principium*) e em parágrafos. O *Digesto* se compõe de 50 livros, divididos em títulos (exceto os livros XXX, XXXI e XXXII), subdivididos em leis ou fragmentos (os quais são precedidos do nome do jurisconsulto romano e da obra de onde foram retirados), e estes modernamente (nas edições antigas não o eram) em uma parte inicial (*principium*) e em parágrafos. O *Código* é constituído de 12 livros, divididos em títulos, subdivididos em leis (também chamadas *constituições*), e estas modernamente em uma parte inicial (*principium*) e em parágrafos. Finalmente, as *Novelas* se integram de constituições imperiais que apresentam prefácio, capítulos e epílogo.

A abreviatura das *Institutas* é *I* ou *Inst.*; do *Digesto*, *D.* ou *Dig.* (algumas vezes *P.*, de *Pandectas*, a outra designação do *Digesto*; nas edições antigas, *ff.*, de origem controvertida);[24] do *Código*, *C.* ou *Cód.*; das *Novelas*, *N.* ou *Nov.*

Há várias maneiras de se citarem as partes do *Corpus Iuris Ciuilis*. Limitar-nos-emos às mais comuns. Os romanistas antigos não usavam números em suas citações, mas apenas as palavras iniciais do fragmento ou da constituição, do parágrafo e do título (assim: 1. *hoc edicto* § *ait Praetor ff. de dolo*, que significa: *Digesto*, livro IV, título 3, fragmento 1, parágrafo 4). Modernamente, utilizam-se, nas citações, números. Maneira de citar muito usada hoje é a indicação da abreviatura de uma das quatro partes do *Corpus Iuris Ciuilis*, seguida – se se tratar do *Digesto* ou do *Código* – dos números correspondentes ao livro, ao fragmento ou constituição, e ao parágrafo (se, ao invés de parágrafo, for o *principium*, usa-se a abreviação *pr.*). Com relação às *Institutas*, a abreviatura *I.* ou *Inst.* é acompanhada das indicações numéricas do livro, título e parágrafo (ou *pr.*, se *principium*). Quanto às *Novelas*, à sigla *N.* ou *Nov.* seguem-se os números relativos à novela em causa (são elas numeradas), ao capítulo e ao parágrafo.

Um exemplo: D. XLI, 1, 5, 1 significa: *Digesto*, livro XLI, título 1, fragmento 5, parágrafo 1.

É comum também, para evitar enganos, fazer seguir, ao número referente ao título, a abreviação de sua rubrica: D. XIII, 6, *commodati*, 5, 6 (isto é, *Digesto*, livro XIII, título 6 – cuja rubrica é *Commodati uel contra* –, fragmento 5, parágrafo 6).

41. As interpolações[25] – Para que os *iura* e as *leges* constantes no *Corpus Iuris Ciuilis* pudessem ter aplicação na prática, foi preciso, muitas vezes, que os compiladores fizessem substituições, supressões ou acréscimos nos fragmentos dos jurisconsultos clássicos ou nas constituições imperiais antigas. Essas alterações denominam-se *interpolações* ou *tribonianismos*.

---

24 Para Ferrini (*Il Digesto*, p. 115, Milano, 1893), esse sinal seria uma corruptela do *d* longobardo; para Roby (*Introduzione allo Studio del Digesto Giustinianeo*, trad. Pacchioni, p. 262, Firenze, 1887), ele teria decorrido do desenvolvimento caligráfico da letra atravessada por uma linha.

25 A propósito, *vide* Max Kaser, Las Interpolaciones en las fuentes jurídicas romanas, trad. Coma e Gallenkamp, Madrid. Sem data, bem como nosso estudo *"As interpolações"*, publicado na *Revista Jurídica* da Faculdade Nacional de Direito da Universidade do Brasil, vol. XIX, p. 19 a 30, e republicado no nosso livro *Estudos de Direito Romano*, p. 155 e segs., Brasília, 2009.

Das interpolações distinguem-se os *glosemas*, denominação dada, em geral, aos erros dos copistas ou, então, às alterações introduzidas, antes da época de Justiniano, nas obras de juristas clássicos por particulares ou comissões legislativas como a que organizou o Código Teodosiano.[26]

Tendo chegado até nós apenas parte diminuta da literatura jurídica do período clássico, para que conheçamos o direito romano dessa época é indispensável que de-

---

26 Há, entre os romanistas, grande divergência quanto à denominação a ser dada às *alterações pré--justinianeias*, abrangidas, geralmente, na designação *glosema*. Para maior precisão terminológica, podemos dizer que se denominam *alterações pré-justinianeias* as modificações introduzidas, voluntária ou involuntariamente, nos textos jurídicos clássicos. Se essas modificações foram involuntárias (devidas a erros de copistas), designam-se glosemas *pré-justinianeus*; se voluntárias (acréscimo, supressão ou alteração introduzidas no texto clássico para coaduná-lo com o direito vigente), *interpolações pré-justinianeias*. A descoberta da existência das interpolações pré-justinianeias decorreu do estudo das interpolações no *Corpus Iuris Ciuilis*. Na segunda metade do século XVIII, Eckhard, na *Dissertatio de Interpolationibus legum eiusque cognoscendi principiis*, aludiu às interpolações pré-justinianeias para salientar que o método mais seguro de identificação das interpolações no *Digesto* (o *textual*, que determina o confronto entre texto de jurista clássico e sua transcrição nas Pandectas) ainda era falho, porquanto os raros textos clássicos que conhecemos já tinham sido alterados pelos jurisconsultos do período pós-clássico, anteriores a Justiniano. Nos fins do século XIX, Cogliolo e Bekker voltaram a chamar a atenção para as interpolações pré-justinianeias. Mas esse estudo só foi levado a sério a partir do início do século XX, em virtude, principalmente, das teses de Hofmann (*Die Compilation der Digesten Justinians*, Wien, 1900), de Ehrenzweig (*Die Compilation der Digesten Justinians, in Zeitschrift für das Privat-und Offentliche Recht der Gegenwart*, vol. 28, pp. 313 a 340, Wien, 1901) e de Peters (*Die oströmischen Digestenkommentare und die Entstehung der Digesten*, Leipzig, 1913), os quais – salientando a impossibilidade material de, em três anos apenas, os compiladores do *Digesto* terem compulsado, como acentua Justiniano, cerca de 2.000 livros, e (o que é mais) interpolado inúmeros textos clássicos – sustentaram, respectivamente, que os compiladores se haviam valido de compilações anteriores e de obras glosadas no período pós-clássico (Hofmann), que a ordem e o método de trabalho que Bluhme descobriu no *Digesto* vinha de coleções anteriores que serviam de fonte e de modelo a Justiniano (Ehrenzweig), e que o *Digesto* fora precedido no Oriente de uma compilação pré-justinianeia (de origem privada) de fragmentos de autores clássicos já largamente interpolados (Peters), e compilação esta que Rotondi denominou *Pré-Digesto*. Ampla refutação às teses de Hofmann e de Peters se encontra (com a indicação bibliográfica pertinente) em Bonfante, *Storia del Diritto Romano*, vol. II, *ristampa della IV edizione*, p. 114 e segs. *Vide*, também, Collinet, *La Genèse du Digeste, du Code et des Institutes de Justinien*, p. 63 e segs., Paris, 1952, que propõe um novo sistema a esse respeito. São vários os métodos preconizados para a identificação das *interpolações pré-justinianeias*. Assim, por exemplo, em geral têm origem *pré-justinianeias* as explicativas *id est, hoc est, scilicet, sicut*; os acréscimos com *uel, siue*; soluções dúbias, motivações incertas, advertências, objeções, repetições, generalizações que se exprimem com *et ceteri, et alii, et similes*; palavras ou frases suspensas; afirmações do uso de princípios na prática com palavras como *hodie in usu seruatur*. Sobre eles, *vide* Albertario, *Glossemi e interpolazioni pregiustinianee, in Studi di Diritto Romano*, V, p. 379 e segs., Milano, 1937; e, para visão sintética do problema, *Diritto Romano*, p. 44 e segs., Milano-Messina, 1940, do mesmo autor. Por outro lado, Collinet, *Le Rôle de la Doctrine et de la Pratique dans le Developpement du Droit Romain Privé au Bas-Empire*, procurou estabelecer critérios para a determinação da data aproximada e do local (se no Oriente, ou no Ocidente) em que se introduziu, no texto clássico, a interpolação pré-justinianeia.

Cap. V · O DOMINATO | **53**

terminemos, aproximadamente, as interpolações nos textos que compõem o *Digesto* e o *Código*, pois, assim, conseguiremos restaurar, até certo ponto, o seu primitivo teor.

O estudo das interpolações só foi iniciado, realmente, na Renascença,[27] quando os jurisconsultos da Escola Culta (dela nos ocuparemos no capítulo seguinte) procuraram, com a identificação das substituições, supressões e acréscimos introduzidos nos textos que integram o *Corpus Iuris Ciuilis*, restaurar o direito clássico romano em sua pureza. Nos séculos XVI e XVII, muito se trabalhou nessa pesquisa,[28] destacando-se romanistas do porte de Cujácio e Antônio Favre. Posteriormente, o estudo das interpolações quase foi deixado de lado.[29] Apenas no final do século XIX, com a publicação, em 1887, da célebre obra de Gradenwitz, *Interpolationem in den Pandekten* – onde se sistematizaram os métodos de busca às interpolações[30]–, é que essa pesquisa ressurgiu com grande intensidade. No início do século XX, de tal modo se dedicaram os romanistas à caça das interpolações que se chegou ao exagero.[31] Mais recentemente, processou-se movimento de revisão crítica com referência às passagens consideradas interpoladas.

Para a identificação das interpolações, há vários métodos. Alguns demonstram, com segurança, a existência delas; outros não, mas servem, utilizados em conjunto, para evidenciá-los. Entre os métodos existentes destacam-se:

---

27 Como observa Cannata (*Lineamenti di Storia della Giurisprudenza Europea*, II, 2ª ed., p. 183, nota 7, Torino, 1976), os glosadores tinham conhecimento da existência das interpolações, e não se pode dizer que não lhes deram nenhuma atenção, pois, na glosa *per omnia exequata* (D. XXX, 1), se adverte que os compiladores retiraram algo do texto de Ulpiano, e, com esta subtração, inovaram: "... *Vel dic quod aliquid est hic detractum a uerbis Ulpiani a compilatoribus noui iuris: et illud detractum inducit nouitatem*".

28 *Vide*, a respeito, Endrich, *Alcuni Tribonianismi avvertiti dei culti della scuola francese, in Studi Economico-Giuridico* (R. Universitá di Cagliari), anno VIII (1916), p. 248 e segs.; idem, *Alcuni Tribonianismi avvertiti da un seguace spagnolo dell'Alciato (Antônio Agostino), ibidem*, anno IX (1917), p. 151 e segs.; e Biondi, *Il Tribonianismi avvertiti da J. J. Wissembach ed H. Eckard*, Palermo, 1911.

29 A propósito, *vide* Finetti, *Storia della ricerca delle interpolazioni nel Corpus Iuris Giustinianeo*, Milano, 1953.

30 *Interpolationem in den Pandekten*, § 3º e segs., p. 15 e segs.,Weidmann, 1887.

31 De 1929 a 1935, Levy e Rabel publicaram, em Weimar, em 3 volumes e 1 suplemento, um índice das interpolações que se apontam no *Digesto* – é o *Index Interpolationum quae in Iustiniani Digestis inesse dicuntur*; e, em 1969, G. Broggini publicou o *Index Interpolationum quae in Iustiniani Codice inesse dicuntur*, onde se reuniram as interpolações ao texto do Código de Justiniano indicados nos escritos anteriores a 1936. Nesse terreno, merecem citação, também, as seguintes obras: Volterra, *Indice delle glosse, delle interpolazioni e delle principali ricostruzioni segnalate dalla critica nelle fonti pregiustintanee occidentali* (trabalho incompleto, publicado na *Rivista di Storia del diritto italiano*, vol. VIII – 1935 –, fascs. I e III; e vol. IX, 1936 –, fasc. III); Guarneri Citati, *Indice delle parole, frasi costrutti rittenutti indizio di interpolazione nei testi giuridici romani* (publicado em 1927, foi acrescido de dois suplementos, um inserto nos *Studi in onore di S. Riccobono*, I, p. 699 e segs., Palermo, 1936; e, outro, no *Festschrift Koschaker*, I, pp. 117 a 156, Weimar, 1939); e De Dominicis, *Registro delle alterazioni (Glossemi ed interpolazioni) nelle costituzioni del Codice Teodosiano e nelle novelle postteodosiane segnalate dalla critica, in Bulletino dell'Istituto di Diritto Romano*, vols. 57-58 (1953), pp. 383-442.

1º – o *textual* – a interpolação pode ser demonstrada quando o mesmo texto clássico chegou até nós, com redações diferentes, no *Corpus Iuris Ciuilis* e em fonte *pré--justinianeia*; ou, então, quando há repetição, com alterações, do mesmo texto na própria codificação de Justiniano;

2º – o *histórico* – anacronismo em texto do período clássico constante do *Corpus Iuris Ciuilis* revela a existência de interpolação;

3º – o *lógico* – ilogismo entre as diferentes partes de um texto – e a lógica era uma das características dos jurisconsultos clássicos – é indício de que foi ele interpolado; e

4º – o *filológico* – o vocabulário, a gramática e o estilo dos juristas clássicos e dos bizantinos diferem acentuadamente; daí, pelo estudo desses elementos, ser possível a identificação de interpolações.[32]

Para ilustração, um exemplo de interpolação revelada pelo método histórico. No D. XXX, 1 (fragmento atribuído a Ulpiano), declara-se:

"*Per omnia exaequata sunt legata fideicomissis*" (em tudo são iguais legados e fideicomissos).

Ora, por outras fontes sabemos que a fusão dos legados com os fideicomissos só foi feita no tempo de Justiniano; portanto, Ulpiano, que viveu séculos antes, quando havia diferenças entre legados e fideicomissos, não poderia ter feito essa afirmação: trata-se, pois, de texto interpolado.[33]

42. A influência do cristianismo no direito romano – O problema da influência do cristianismo no direito romano somente surge no dominato, pois, com o imperador Constantino, ele se torna a religião oficial do Império.

Determinar os limites dessa influência é questão mais complexa do que parece à primeira vista.

---

32 Sobre os diferentes métodos, com exemplos elucidativos, *vide* H. Appleton, *Des Interpolations dans les Pandectes et des Methodes propres a les découvrir*, Paris, 1895; Bonfante, *Storia del Diritto Romano*, vol. II, *ristampe delle IV edizione*, p. 141 e segs.; Albertario, *Introduzione Storica allo Studio del Diritto Romano Giustinianeo*, p. 42 e segs., Milano, 1935; e Riccobono, *Lineamenti della Storia delle Fonti e del Diritto Romano*, p. 220 e segs.

33 Note-se que os autores salientam que há interpolações meramente formais, razão por que nem sempre a existência de uma interpolação prova que houve mudança de regra jurídica (a propósito, *vide* Ascoli, *Sulle obbligazioni solidali, in Bullettino dell'Istituto di Diritto Romano*, IV (1891), p. 294 e segs., o qual dá exemplos de interpolações meramente formais). Assim, por exemplo, no D. I, 6, 1, encontramos um fragmento tirado das Institutas de Gaio e que é apresentado nestes termos: "*De iure* personarum alia divisio sequitur, *quod* quaedam personae alieni iuris... Videamus *itaque* de his quae alieno iuri... Dispiciamus *itaque* de his quae in aliena potestate..." Esse mesmo texto se acha nas *Institutas* de Gaio, I, 48, mas com modificações no tocante às palavras grifadas, as quais, no entanto, em nada modificam o sentido: "Sequitur de iure personarum alia divisio. Nam quaedam personae alieni iuris... Videamus nunc de his quae alieno iure... Ac prius *dispiciamus de iis quae in aliena potestate...*". Observa, ainda, Ascoli, ob. cit., p. 294 (e nota 1), que interpolações dessa natureza – isto é, *interpolações meramente voluptuárias* – já haviam sido notadas por Cogliolo e Gradenwitz.

Os autores medievais nunca duvidaram de que o cristianismo tivesse exercido poderosa influência sobre o direito romano, tanto assim que o dominato, ao invés de se lhes afigurar como época de decadência do direito, se lhes apresentava como período de esplendor, graças às ideias cristãs. O clima de religiosidade da Idade Média era muito propício a essa convicção.

A partir da Renascença, até o século XVIII, a questão quase não foi estudada: os autores desse período se dedicaram principalmente ao direito romano clássico, que, indubitavelmente, era pagão.

Somente no século XIX o problema começa a ser objeto de análise. O primeiro que dele se ocupou detidamente foi Troplong, que, no livro *De l'influence du christianisme sur le droit civil des romains*, procurou demonstrar que, graças ao cristianismo, o direito romano, no período pós-clássico, foi superior ao das épocas anteriores. Segundo Troplong, sua influência se fez sentir com relação à escravidão, ao casamento, às segundas núpcias, ao divórcio, ao concubinato, à sucessão, à condição das mulheres.

Essa obra, entretanto, sofreu severos ataques. De um lado, os críticos salientaram que a teoria de Troplong era falsa, porquanto muitas das ideias que ele considerava cristãs já se encontravam no *Digesto*, em fragmentos de jurisconsultos pagãos dos séculos II e III d.C., quando o cristianismo ainda era incipiente. Isso demonstrava que tais ideias não eram advindas do cristianismo, mas, sim, da filosofia estoica, cujos princípios fundamentais muito se assemelhavam aos cristãos. Por conseguinte, em vez de influência do cristianismo, ocorrera a do estoicismo, filosofia pagã. Por outro lado – e a crítica partia de Renan – tanto não havia influência cristã no direito romano que nada de prático fora feito, no dominato, para acabar com a escravidão.

No século XX, os romanistas ainda divergem. Embora acordes em que houve influências do cristianismo no direito romano, discutem eles sobre os limites dela. E concordam em sua existência, porque, graças aos estudos modernos, foi possível afastar as duas objeções principais que se faziam à tese de Troplong. Com efeito, as interpolações explicaram o motivo por que às vezes encontramos ideias tipicamente cristãs em autores que desconheceram o cristianismo: esses fragmentos são interpolados. Demais, a crítica de Renan é falha, pois, se a escravidão não foi abolida no dominato (e nem poderia sê-lo, porquanto fazia parte da vida econômica da Antiguidade), o que é certo é que, nesse período, há uma série de providências legais, que derivam de princípios que visam a melhorar a situação do escravo.

Apesar da controvérsia ainda existente, pode-se dizer que a influência cristã[34] se fez sentir, no direito romano, mais fortemente no campo do direito de família (assim,

---

34 Sobre a influência do cristianismo no direito romano, *vide* Riccobono, ob. cit., p. 178 e segs., e *Cristianesimo e diritto privato, in Rivista di Diritto Civile*, nº 1 (1911), *separata*; Gaudemet, *La Formation du Droit Séculier et du Droit de l'Église au IVe et Ve Siècles*, p. 176 e segs., Paris, 1957; e Chiazzese, *Cristianesimo e diritto, in Bulletino dell'Istituto di Diritto Romano*, vols. X e XI N. S. (1948), p. 222 e segs.; amplo estudo da matéria em Biondi, *Il Diritto Romano Cristiano*, 3 volumes, Milano, 1952 a 1954. *Vide*, ainda, os estudos de Roberti, Bussi e Vismara, *in Cristianesimo e Diritto Romano*, Milano, 1935.

no matrimônio, segundas núpcias, divórcio), e, com pequena intensidade, no terreno dos direitos *patrimoniais.*[35]

---

35 No campo do direito das obrigações, sustenta Biondo Biondi (*Il Diritto Romano Cristiano*, vol. III, nº 407 e segs., p. 217 e segs., Milano, 1954) que, se no direito clássico já se encontram algumas normas de proteção ao devedor (e elas se inspiram em razões político-sociais), é a partir dos imperadores cristãos – e essa tendência se amplia com Justiniano – que, por motivos de ordem religiosa e humanitária, aumenta o número dessas normas, revelando-se o *favor debitoris* em princípios que visam a tornar menos inexorável o exercício do direito de crédito, ou a preservar a liberdade do devedor, ou a livrá-lo de atitudes vexatórias partidas dos credores, ou a facilitar-lhe a extinção do débito, ou a minorar-lhe a responsabilidade. No mesmo sentido, Kaser, *Das Romische Privatrecht, zweiter Abschnitt*, § 253, IV, p. 239, München, 1959.

VI

O DESTINO DO DIREITO ROMANO NO ORIENTE E NO OCIDENTE

Sumário: 43. No Oriente. **44.** O direito romano e a queda de Roma, em 476 d.C. **45.** O ressurgimento do estudo do direito romano na Idade Média. **46.** Glosadores e pós-glosadores. **47.** A recepção do direito romano nos países europeus. **48.** A Escola Culta. **49.** A Escola Elegante. **50.** Os jusnaturalistas. **51.** A Escola Histórica Alemã. **52.** O neo-humanismo contemporâneo. **53.** A papirologia jurídica.

43. No Oriente – Embora Justiniano, na constituição que promulgou o *Digesto*, tivesse proibido os comentários àquela obra – o que provavelmente se estendia às demais partes do *Corpus Iuris Ciuilis*, e apenas autorizado traduções literárias, índices e remissões a dispositivos sobre o mesmo assunto colocados em lugares diferentes –, essa proibição não foi observada. Com efeito, sob a denominação de *índices* fizeram-se *comentários*. Entre eles destacam-se os de Estéfano, os de Doroteu e os de Cirilo, ao *Digesto*; e os de Taleleu, ao *Código*. Quanto às *Institutas*, Teófilo – um de seus compiladores – escreveu, em grego, a célebre *Paraphasis Institutionum.*[1]

Essas obras foram redigidas durante, ou pouco após, o reinado de Justiniano.

Em 565 d.C., falece o imperador, e a data é tradicionalmente considerada o termo final do direito romano. A partir de então, desenvolve-se, no Oriente, o *direito bizantino*, que representa uma evolução do direito justinianeu, no qual se acentuam, decisivamente, as influências orientais.[2]

Depois da morte de Justiniano, a aplicação de sua obra legislativa se torna cada vez mais difícil, por três motivos: 1º) a língua latina, usada na codificação, vai, a pouco e pouco, deixando de ser falada no Oriente, onde o idioma utilizado era o grego; 2º) no *Corpus Iuris Ciuilis* havia normas de direito romano clássico em desuso ao lado de preceitos jurídicos vigentes; e 3º) sendo cada uma de suas partes (*Institutas, Digesto, Código e Novelas*) um todo orgânico, onde se tratava, de maneira independente, dos diversos

---

1   A melhor edição da *Paraphrasis Institutionum* é a de Ferrini, *Institutionum Graeca Paraphrasis Theophilo Antecessori uulgo tributa*, vols. I e II, Berolini, 1897. Essa edição foi reimpressa por *Scientia Antiquariat und Verlag Schilling & Co.*, Aalen, 1967.

2   Sobre o direito bizantino, *vide* Zachariae von Lingenthal, *Geschichte des Griechisch-Römischen Rechts*, reimpressa em Aalen, 1955.

DIREITO ROMANO – *José Carlos Moreira Alves*

institutos jurídicos, havia dificuldades em coordenarem-se as normas, sobre cada um deles, existentes naquelas quatro partes.

Daí terem sido elaboradas, por ordem dos imperadores bizantinos, compilações para facilitar a aplicação prática da obra de Justiniano. Dentre elas, destacam-se as *Basílicas*, que se seguiram a três outras mais modestas: a *Ecloga legum compendiaria*, de 740 d.C.; a *Lex Rhodia* (sobre direito marítimo, e extraída, na mesma época, de um dos títulos do *Digesto*); e o *Prochiron legum* (que, em 870 d.C., revogou a *Ecloga legum compendiaria*).

Iniciadas por Basílio, o Macedônio, foram as *Basílicas*[3] concluídas por seu filho, Leão, o Filósofo. Escritas em grego, e divididas em 60 livros, contêm, no mesmo título, todas as normas sobre determinado instituto jurídico, as quais se achavam dispersas nas *Institutas*, no *Digesto*, no *Código* e nas *Novelas*. Os preceitos em desuso foram expurgados. Demais, não são as *Basílicas* simples tradução e sistematização da obra de Justiniano, porquanto em sua feitura foram aproveitados os comentários às compilações justinianeias, a que aludimos no início deste capítulo. E, no século X d.C., por ordem do imperador Constantino Porfirogeneta, juntaram-se ao texto das *Basílicas* notas de juristas contemporâneos de Justiniano – são os *escólios antigos*; desse século até o XII, acrescentaram-se às primeiras outras, decorrentes das *anotações* de particulares aos manuscritos, que possuíam, das *Basílicas* – são os *escólios novos*.[4]

Mas ainda as *Basílicas* estavam desproporcionadas à cultura jurídica de sua época. Em razão disso, surgiram várias condensações, como, por exemplo, a *Synopsis* de Miguel Ataliata (século XI), a *Synopsis legum* (século XI), o *Tipucito* (final do século XI),[5] o *Prochiron auctum* (fins do século XIII) e o *Promptuarium* ou *Manuale legum siue hexabiblos*, escrito por Constantino Hermenopolo, magistrado de Tessalônica (século XIV – a última e a mais perfeita).[6-7]

---

3   Apesar das críticas que se lhe fazem, a melhor edição completa (inclusive com tradução latina) das *Basílicas* até os meados do século XX era a de Heimbach, *Basilicorum Libri LX*, em seis volumes, publicada em Leipzig, de 1833 a 1870 (há dois suplementos: um elaborado por C. E. Zachariae; outro, da lavra de J. Mercati e C. Ferrini – o primeiro é de 1846; e o segundo de 1897). Atualmente, há uma nova edição do texto grego das *Basílicas* e de seus escólios a cargo de Scheltema e Van Der Wal, e Scheltema e Holwerda, publicada, em Groningae, de 1953 a 1988.

4   Sobre os escólios, *vide* Pringsheim, *Ueber die Basilikem-Scholien, in Zeitschrift der Savigny-Stiftung für Rechtsgeschichte – Romanistische Abteilung* – vol. 80 (1963), p. 287 e segs.

5   Em grego *Tipoukeitos* (que significa: *onde se acha?*). Sobre sua origem, *vide* Berger, *Tipoukeitos: the origin of a name, in Bullettino dell'Istituto di Diritto Romano*, vols. XIV-XV N.S. (1951), p. 277 e segs.

6   Sobre o direito romano no Oriente, *vide* C. G. Heimbach, *Prolegomena et Manuale Basilicorum*, vol. VI da edição das *Basílicas* referidas neste capítulo, na nota 3; Vilanueva, *Diritto Bizantino, in Enciclopédia Giuridica Italiana*; e Morteuil, *Histoire du Droit Byzantin*, 3 vols., reimpressão da edição de 1843/1846, Osnabrück, Otto Zeller, 1966.

7   As fontes bizantinas a que nos referimos no texto têm grande importância para o estudo do direito romano, pelas três seguintes razões apontadas por Salvatore Riccobono (*Lineamenti della Storia delle Fonti e del Diritto Romano*, p. 236): 1ª, para estabelecer o texto das compilações justinianeias, suprindo lacunas nos manuscritos destas, ou corrigindo suas lições imperfeitas, ou confirmando

Cap. VI · O DESTINO DO DIREITO ROMANO NO ORIENTE E NO OCIDENTE | 59

44. O direito romano e a queda de Roma, em 476 d.C. – Em 476 d.C., cai o Império Romano do Ocidente com a deposição de Rômulo Augusto pelos hérulos (povo bárbaro), que, admitidos no exército romano, se revoltaram e proclamaram Odoacro rei da Itália. Era a etapa final da conquista, pelos bárbaros, do Império Romano do Ocidente, pois – anteriormente, mas nesse mesmo século V – já se haviam apossado da Gália, da Espanha e da África.

Aos hérulos sucederam os ostrogodos. Estes, em 533, foram derrotados pelo exército bizantino de Justiniano, que, como imperador do Oriente, desejava reunir, de novo, os dois impérios.

Com a reconquista da Itália, Justiniano enviou para aí, oficialmente, exemplares de suas compilações e das novelas até então publicadas.

A hegemonia bizantina foi efêmera. Três anos após a morte de Justiniano, os lombardos foram, a pouco e pouco, conquistando aos bizantinos quase toda a península itálica. No século IX nada mais resta nela do domínio bizantino.

45. O ressurgimento do estudo do direito romano na Idade Média[8] – Depois da queda do Império Romano do Ocidente, em 476 d.C., qual o destino do direito romano na Europa?[9]

A esse respeito, os dados de que dispomos são escassos até o século XI. Sabe-se que, por ocasião da morte de Justiniano, existia em Roma uma escola de direito, de cujo destino, após essa data, se perde o traço. Com relação ao período que vai desse tempo até o século XI, há grande controvérsia entre os autores sobre a persistência, ou não, do estudo do direito romano no Ocidente. Alguns pretendem que o direito romano foi, então, estudado como disciplina jurídica, enquanto outros – e essa é a corrente maior – julgam que nessa época o estudo do direito romano decaiu tanto que se realizava nas escolas de artes liberais, onde se ensinavam noções jurídicas muito sumárias e imperfeitas.[10]

---

a autenticidade de passagens duvidosas; 2ª, para servir de subsídio ao conhecimento do direito clássico, pois a elas foram incorporados elementos de origem pré-justinianeia; e 3ª, para a interpretação do *Corpus Iuris Ciuilis*, uma vez que algumas dessas obras jurídicas são coevas de Justiniano e até da autoria de colaboradores de sua compilação.

8   Sobre o estudo do direito romano desde a Idade Média, *vide* Brugi, *I fasti aurei del diritto romano*, Pisa, 1880; De Diego, *Introducción al Estudio de las Instituciones de Derecho Romano*, p. 185 e segs., Madrid, 1900; Pou y Ordinas, *Historia Externa del Derecho Romano*, 2a ed., pp. 446/495, Barcelona, 1895; Calasso, Medio Evo del Diritto, I – *Le fonti*, Milano, 1954; Cavanna, *Storia del Diritto Moderno in Europa*, I, Milano, 1979; Cannata, *Lineamenti di Storia della Giurisprudenza Europea*, II (*Dal medioevo all'epoca contemporanea*), Torino, 1976; e Orestano, *Introduzione allo Studio del Diritto Romano*, Bologna, 1987.

9   A propósito, *vide* Koschaker, *Europa und das Romische Recht*, 2ª ed., München und Berlin, 1953 (há tradução espanhola de Tejeiro, *Europa y el Derecho Romano*, Madrid, 1935); Vinogradoff, *Diritto Romano nell'Europa Medioevale* (trad. Riccobono, Milano, 1950); Ermini, *Corso de Diritto Comune*, vol. I (*genesi ed evoluzione storica, elementi costitutivi – fonti*), 2ª ed., Milano, 1946; Wieacker, *História do Diritto Privado Moderno*, trad. Botelho Espanha, Lisboa, 1980; e Kreller, *Romisches Recht*, vol. II (*Grundlehren des Gemeinen Rechts*), Wien, 1950.

10 *Vide*, a respeito, como representante da primeira corrente, Fitting, *Les Commencements de l'Ecole de Droit de Bologne*, trad. Paul Leseur, p. 1 e segs., Paris, 1888; e como defensor da segunda, Flach,

60 | DIREITO ROMANO – *José Carlos Moreira Alves*

No século XI, verifica-se, na Europa, o ressurgimento do direito romano, graças a Irnério, que, dando nova orientação ao ensino jurídico em Bolonha (Itália), funda a *Escola dos Glosadores*. Segundo parece, duas foram as causas desse fenômeno: 1ª) razão de ordem política (nessa época, os partidários do imperador da Alemanha lutavam contra os do Papa; deste era aliada a Condessa Matilde de Tuszien, que incumbiu Irnério de aprofundar o estudo do direito romano, tendo em vista que, sendo ele direito nacional, serviria de elemento de combate ao direito estrangeiro)[11] e 2ª) motivo de natureza econômica (nesse tempo, observa-se o desequilíbrio entre o desenvolvimento econômico da Itália e as acanhadas normas jurídicas então em vigor; para eliminá-lo, bastava a utilização do direito romano).

46. Glosadores e pós-glosadores – Os glosadores têm essa denominação graças às notas (glosas) – interlineares ou marginais, isto é: entre as linhas ou à margem do texto – que faziam à codificação de Justiniano. Com o tempo, surgiram, além das glosas, outras espécies de composições, como, por exemplo, as *sumas* (resumos dos resultados de estudos sobre uma das partes da compilação justinianeia) e os *aparatos* (comentários a título do *Corpus Iuris Ciuilis*).

A escola dos glosadores dominou nos séculos XII e XIII (de 1100 a 1300). Sua fase de esplendor vai de 1100 a 1250; os restantes 50 anos são período de transição entre essa escola e a dos pós-glosadores.

Entre os mais importantes glosadores destacam-se: Irnério (o fundador da escola), Búlgaro, Martinho, Hugo, Jacó, Vacário, Azo (autor da mais célebre das *sumas*) e Acúrsio (escreveu a *Magna Glosa*, onde reuniu, com acréscimos de sua autoria, as principais glosas de seus antecessores).

Os glosadores têm altos méritos e grandes defeitos, mas aqueles são superiores a estes.

Graças aos glosadores – comentaram eles quase todo o *Corpus Iuris Ciuilis*, conhecendo-o como até hoje ninguém o conheceu –, o direito romano se tornou acessível aos juristas medievais, que o estudaram pelas glosas. Foram eles, portanto, que possibilitaram fosse o direito romano a base do direito privado moderno. Demais, não tendo antecessores, tiraram de si os seus conhecimentos, e realizaram trabalho ainda hoje muito útil ao estudioso do direito romano e do direito privado moderno.[12]

Como defeitos dessa escola salientam-se a falta de conhecimentos históricos (diziam os glosadores, por exemplo, que Justiniano subira ao trono antes do nascimento de

---

Études Critiques sur l'Histoire du Droit Romain au Moyen Age, p. 104 e segs., Paris, 1890.

11 Nesse sentido, Flach (*Études Critiques sur l'Histoire du Droit Romain au Moyen Age*, pp. 124/125, Paris, 1890).

12 As glosas se encontram nas edições glosadas do *Corpus Iuris Ciuilis*, dos fins do século XV ao início do século XVII (última edição glosada é a de Fehio, publicada, em seis volumes, em 1627). Como salienta Cogliolo (*Glosse preaccursiane, in Scritti Varii*, I, 4a ed., p. 31, Torino, 1914), as edições glosadas mais corretas são as do século XV (de 1476 a 1500).

Cap. VI · O DESTINO DO DIREITO ROMANO NO ORIENTE E NO OCIDENTE | 61

Cristo), a latinidade bárbara (Rabelais, a esse respeito, critica duramente a *Magna Glosa de Acúrsio*), a falta de bom senso e as observações ridículas e ineptas.[13]

Aos glosadores sucederam os pós-glosadores, que dominaram nos séculos XIV e XV.

Entre as duas escolas, não há, propriamente, antagonismo, mas, sim, transição. Com efeito, embora o interesse dos glosadores, no estudo do *Corpus Iuris Ciuilis*, fosse de ordem prática, primeiro se fazia mister o conhecimento do direito romano pela interpretação da codificação de Justiniano. Aclarado, segundo a ciência da época, o sentido dos preceitos jurídicos romanos – obra dos glosadores –, surgia nova dificuldade: a de aplicar, na prática, o direito romano, adaptando-o às necessidades do tempo, e entrosando-o com as normas jurídicas então vigentes. Para esse fim convergiram os esforços dos pós--glosadores. Daí terem abandonado o estudo direto das fontes romanas e se utilizado dos preceitos trazidos à luz pelas glosas de seus antecessores.

Os pós-glosadores também são chamados *comentadores*, por terem escrito longos comentários, onde fundiam as normas de direito romano, de direito canônico e dos direitos locais, fazendo surgir o que se denominou *direito comum*. Suas obras se ressentem de vários defeitos, como a prática abusiva de divisões e subdivisões sutilíssimas da matéria estudada; a primazia, nas questões controvertidas, da opinião da maioria dos autores que tinham versado o assunto – opinião essa, aliás, seguida como dogma; e a má latinidade em que eram escritos seus trabalhos.[14] Isso não obstante, muito deve o direito moderno aos pós-glosadores, que estabeleceram as suas bases.

O mais ilustre dos pós-glosadores foi Bártolo, e, depois dele, seu discípulo Baldo. Destacaram-se, ainda, Paulo de Castro e Jasão.[15]

47. A recepção do direito romano nos países europeus – Foi no período compreendido entre os séculos XIII e XV que se verificou a recepção do direito romano em diversos países europeus, como na Alemanha, na França, na Espanha e em Portugal.[16]

---

13 A propósito, *vide* Berriat Saint-Prix, *Histoire du Droit Romain, suivie de l'histoire de Cujas*, p. 287 e segs., Paris, 1821.

14 *Vide*, a respeito, Berriat Saint-Prix, ob. cit., p. 300 e segs.

15 Sobre glosadores e pós-glosadores, *vide* Savigny, *Storia del Diritto Romano nel Medio Aevo*, vols. II e III, trad. Bollati, Roma, 1972; Trifone, *Le Fonti della Storia del Diritto Italiano*, p. 222 e segs., Napoli, 1947; e W. Engelmann, *Die Wiedergeburt der Rechtskultur in Italien*, Leipzig, 1939.

16 Para visão de conjunto da recepção do direito romano na Europa, *vide* Genzmer, *Il Diritto Romano come Fattore della Civillà Europea*, in *Conferenze Romanistiche (Università degli Studi di Trieste)*, Milano, 1960, p. 113 e segs. Sobre a época de introdução do direito romano em Portugal, *vide* José Anastácio de Figueiredo, *Memória sobre qual foi a época certa da introdução do Direito de Justiniano em Portugal, o modo de sua introdução, e os graus de autoridade que entre nós adquiriu*, e Thomaz Antônio de Villa--Nova Portugal, *Memória ao Programa: Qual seja a época fixa da introdução do Direito Romano em Portugal; e o grau de autoridade que ele teve nos diversos tempos*, ambas vindas à luz nas *Memórias de Literatura Portuguesa* publicadas pela Academia Real das Ciências de Lisboa, respectivamente no tomo I, p. 258 e segs., Lisboa, 1792, e no tomo V, p. 377 e segs., Lisboa, 1793; Mello Freire, *Historiae Iuris Ciuilis Lusitani Líber Singularis*, 5ª ed., § LXII, p. 52, Conimbricae, 1860; e Secco, *Manual Histórico de Direito Romano*, Parte III, Liv. II, cap. adicional, pp. 47 a 51, Coimbra, 1848.

Nesses países, o direito romano aplicado à prática vigorou como *direito comum* até a codificação, em cada um deles, do direito privado, o que ocorreu, principalmente, no século XIX.

48. A Escola Culta – Com a renascença, a exaltação dos estudos clássicos se projeta sobre o campo do direito, e acarreta o aparecimento de uma nova Escola – a dos Cultos. Agora, não há simples transição, como sucedera de glosadores a pós-glosadores, mas antagonismo de método e de finalidade. Os Cultos, estudando o direito romano como direito histórico, fazem a separação entre a teoria e a prática, e a esta desterram-na das Universidades. Seu objetivo precípuo era restaurar o direito romano clássico. Em razão disso, dedicaram-se à busca das interpolações, e não pouparam de ataques contundentes Triboniano – o ministro a quem Justiniano encarregara de elaborar sua Codificação –, pois o consideravam um cruel profanador dos monumentos clássicos.

A Escola Culta, que floresceu principalmente na França, não conseguiu anular a dos Comentadores, mas, tão somente, impõe-se ao seu lado. Daí, nos séculos XVI, XVII e XVIII, encontrarmos na Europa jurisconsultos que, divergindo do método da Escola Culta, estudavam o direito romano para aplicá-lo na prática (a essa orientação de estudos, Stríckio, na Alemanha, denominou *usus modernus pandectarum*, isto é, uso moderno das *Pandectas*).

Entre os Cultos, destacaram-se: Cujácio (o mais ilustre deles), Donelo (que escreveu a primeira obra sistemática de direito romano), Duareno, Hotomano, Antônio Favre (célebre no campo das buscas interpolacionísticas), Jácobo Godofredo (Jacques Godefroy, autor de notável comentário ao Código Teodosiano).

A atuação dos Cultos teve um aspecto negativo para o prestígio desfrutado pelo direito romano na época: a descoberta de interpolações e os ataques a Triboniano fizeram que diminuísse a autoridade, na aplicação prática, do *Corpus Iuris Ciuilis*.

49. A Escola Elegante – Nos séculos XVII e XVIII, a separação entre a prática e a teoria, estabelecida pelos Cultos, foi amenizada pela Escola Holandesa ou Elegante, que seguia a orientação humanística dos Cultos. Entre seus adeptos, merecem referência especial Vínio (autor de afamado comentário às *Institutas* de Justiniano), Voet, Bynkershoek (que teve grande renome no terreno da teoria e da prática) e Noodt.

50. Os jusnaturalistas – Nesses mesmos séculos XVII e XVIII – principalmente neste – a infalibilidade do direito romano, até então indiscutível, sofreu o primeiro abalo sério, devido aos jusnaturalistas, isto é, aos adeptos da Escola do Direito Natural.

Partiam eles da premissa de que o homem havia renunciado, por necessidade de convivência social, a alguns de seus direitos em favor do Estado, e este, posteriormente, invadira a esfera jurídica que ficara reservada aos indivíduos, razão por que era necessária nova legislação para o restabelecimento dos direitos individuais.

Essa doutrina, portanto, pregava a elaboração, nos diferentes países, da codificação do direito. Nessa codificação, salientavam os jusnaturalistas, muitos dos princípios do direito romano deveriam ser mantidos por se coadunarem com os preceitos do direito

Cap. VI · O DESTINO DO DIREITO ROMANO NO ORIENTE E NO OCIDENTE | 63

natural, mas aqueles em que essa coincidência não ocorresse deveriam ser repudiados. O direito natural servia, assim, como medida de aferição de valor do direito romano, pois eram os seus princípios que determinariam quais os preceitos romanos a conservar.

A Escola do Direito Natural teve adeptos ilustres, entre os quais Grócio, Puffendorf, Tomásio e Wolff.

51. A Escola Histórica Alemã[17] – À Escola do Direito Natural contrapôs-se a Escola Histórica Alemã, que dominou no século XIX. Em poucos anos – e apesar de o direito romano, em decorrência das ideias dos jusnaturalistas, ter perdido vigência na Prússia e na Áustria, com a promulgação de seus códigos –, Savigny e seus discípulos conseguiram restaurar-lhe o prestígio.

Para os seguidores da Escola Histórica Alemã, o direito de um povo é produto orgânico de sua história, e não criação arbitrária do legislador; é uma adaptação de suas tradições às necessidades da sociedade.

Com a aplicação dessa tese, deveria a Escola Histórica Alemã ter estudado o direito romano à maneira dos Cultos. Ela, no entanto, visava não apenas ao passado, mas também ao presente; daí o que se observa é que a Escola Histórica Alemã se projetou mais na atualização do direito romano para sua aplicação na Alemanha do século XIX do que no estudo histórico do direito romano puro. Apesar disso, os trabalhos históricos sobre o direito romano, que seus seguidores escreveram, os consagraram como os criadores da verdadeira história do direito.

Gustavo Hugo foi o precursor dessa Escola, cujo fundador, entretanto, foi Savigny, seu mais ilustre representante. Além dele, destacam-se, entre outros, Puchta, Gans, Mühlenbruch, Keller.

Seus adeptos, em geral, quando escreviam sobre direito romano puro, denominavam a obra *Institutionen* (*Instituições*); quando versavam direito romano aplicado à Alemanha de sua época, intitulavam-na *Pandekten* (*Pandectas*), de onde serem chamados também *pandectistas*.

52. O neo-humanismo contemporâneo – Nos fins do século XIX, ressurge, com meios de investigação mais aperfeiçoados, a orientação que os Cultos haviam imprimido ao estudo do direito romano: a de que esse direito deve ser encarado como direito histórico. E isso se explica facilmente: no século XIX, o direito romano deixou de vigorar nos países da Europa, com a promulgação de seus códigos.

Esse movimento – que é denominado *neo-humanismo* – teve como precursor Ilario Alibrandi, que, em seus estudos, fez ressurgir a pesquisa das interpolações, para estabelecer a evolução dos diferentes institutos jurídicos no direito clássico e no direito justinianeu. No último quartel do século XIX, o movimento ganhou terreno na própria Alemanha, onde, na falta do Código Civil, o direito romano, convenientemente atuali-

---

17   A propósito, *vide La Escuela Histórica del Derecho – documentos para su estudio por Savigny, Eichorn, Gierke, Stammler,* trad. R. Atard, Madrid, 1908.

64 | DIREITO ROMANO – *José Carlos Moreira Alves*

zado, era vigente. Em 1883, Lenel divulgou uma sábia reconstituição do Edito Perpétuo;[18] quatro anos depois, Gradenwitz sistematizou os métodos de busca às interpolações;[19] em 1889, ainda Lenel publicou a *Palingenesia Iuris Ciuilis*,[20] onde procurou reconstituir a estrutura das obras dos jurisconsultos romanos; e Mitteis, em 1891, analisou o conflito entre o direito romano e o oriental.[21]

Com a entrada em vigor, em 1900, do Código Civil alemão, essa orientação de estudos tornou-se universal.

A partir de então, o que se observa, nos estudos romanísticos, é o esforço dos autores na determinação da evolução dos institutos jurídicos romanos nos períodos pré--clássico, clássico e pós-clássico. Para isso, são necessários aprofundados conhecimentos de diferentes ciências auxiliares, como, entre outras, a história, a filologia, a epigrafia, a arqueologia, a paleografia.

Demais, no século XX, além do importante papel que desempenhou a verificação das interpolações nos textos jurídicos romanos, foi alvo de grande interesse a *papirologia jurídica*.

53. A papirologia jurídica – Tem ela por objeto o exame do conteúdo dos papiros que apresentam interesse para o conhecimento dos direitos da antiguidade.

Esse estudo apresenta grandes perspectivas para o romanista, porque os papiros – que, desde os fins do século XVIII, têm sido encontrados nas escavações feitas no Egito – nos mostram uma faceta do direito antigo até então desconhecida: o da sua realização prática. Com efeito, enquanto as demais fontes que possuímos nos apresentam o direito romano abstratamente, como conjunto de preceitos jurídicos, os papiros – que são escritos, geralmente, em grego – nos fornecem documentos do direito aplicado na prática (escrituras, testamentos etc.). Por outro lado, o direito a que se referem os papiros não é apenas o romano, mas também o grego, o egípcio, o oriental – daí possibilitarem eles o estudo da influência desses direitos sobre o romano.[22]

---

18   *Das Edictum Perpetuum – Ein Versuch zu seiner Wiederherstellung*, 3ª ed., Leipzig, 1927 unveränderter Nachdruck, Aalen, 1956 (há tradução francesa da 1a ed. por Frédéric Peltier em dois volumes, Paris, 1901 e 1903).

19   *Interpolationen in den Pandekten – Kritische Studien*, Berlin, 1887.

20   2 vols., Lipsiae, 1889.

21   Reichsrecht und Volksrecht in den Östlichen Provinzen des Römischen Kaiserreichs, Leipzig, 1891, Nachdruck, Hildesheim, 1963.

22   A propósito, *vide* Modica, *Introduzionne allo Studio della Papirologia Giuridica*, Milano, 1914; Taubenschlag, *The law of Greco-Roman Egypt in the Light of Papyri* (332 B. C. – 640 A. D.), Warszawa, 1955; Henn, *La Papyrologie et les Etudes juridiques*, in *Conférences faites à l'Institut de Droit Romain en 1947*, p. 77 e segs., Paris, 1950; e Wenger, *The importance of Greek Papyrology in the study of roman law* in Bulletino dell'Instituto di Diritto Romano, XLIV (1936-1937), p. 421 e segs. Sobre a importante contribuição dos papiros jurídicos, *vide* A. Guarino, *Giusromanistica Elementare*, Seconda Edicione, Napoli, Jovene Editore, 2002.

INSTITUIÇÕES DE DIREITO ROMANO
(História interna)

BIBLIOGRAFIA SUMÁRIA

A) OBRAS INTRODUTÓRIAS AO ESTUDO DO DIREITO ROMANO

ALVAREZ SUAREZ, U. *Horizonte Actual del Derecho Romano*. Madrid: Consejo Superior de Investigaciones Cientificas, 1944.

CHIAZZESE, L. *Introduzione allo Studio del Diritto Romano Privato*. Roma: Tipopgrafia Consorzio Nazionale, 1931.

D'ORS, A. *Presupuestos Criticos para el Estudio del Derecho Romano*. Salamanca: Colegio Trilingüe de la Universidad, Consejo Superior de Investigaciones Científicas, 1943.

DALLA, D. *Introduzione a un Corso Romanistico*. 3. ed. Torino: Giappichelli, 1997.

GROSSO, G. *Premesse Generali al Corso di Diritto Romano*. 4. ed. Torino: Giappichelli, 1960.

GROSSO, G. *Problemi Generali del Diritto Romano*. 2. ed. Torino: Giappichelli, 1967.

GUARINO, A. *L'Esegesi delle Fonti del Diritto Romano*. Napoli: Jovene, 1968. tomos I e II.

GUARINO, A. *Giusromanistica Elementare*. 2. ed. Napoli: Jovene, 2002.

IGLESIAS, J. *Spirito del Diritto Romano* (trad. BALZARINI). Padova: CEDAM, 1984.

IHERING, R. von. *Geist des Romischen Rechts auf den verschieden Stufen seiner Entwicklung*. 5. ed. Leipzig: Breitkopf und Härtel, 1891/1906 (há suplemento com índices de fontes e matérias, cuja 2ª ed. foi publicada em Leipzig, 1924); tradução francesa de Meulenaere, L'Esprit du Droit Romain dans les diverses phases de son dévelopement, 4 vols., 3. ed., Paris, 1886/1888.

ORESTANO, R. *Introduzione allo Studio del Diritto Romano*. Bologna: Il Mulino, 1987.

SCHULZ, F. *Prinzipen des romischen Rechts*. München- Leipzig: Verlag Duncker & Humblot, 1934 (há tradução inglesa de MARGUERITE WOLF, Principles of Roman Law, Oxford, 1936, e italiana de ARANGIO-RUIZ, I Principii del Diritto Romano, Firenze, 1946).

SCHULZ, F. *Einführung in das Studium der Digesten*. Tübingen: Mohr, 1916.

STEIN, PETER G. *Römisches Recht und Europa*. Tradução do inglês por Klaus Luig. Frankfurt am Main: Fischer, 1996 (há também tradução italiana de LORENZO GAGLIARDI, Il Diritto Romano nella Storia Europea, Milano, 2001).

B) INSTITUIÇÕES DE DIREITO ROMANO

ALVAREZ-CORREA, E. *Curso de Derecho Romano*. Bogotá: Editorial Pluma, 1979.

ARANGIO-RUIZ, V. *Istituzioni di Diritto Romano*. 13. ed. Napoli: Jovene, 1957.

66 | DIREITO ROMANO – *José Carlos Moreira Alves*

ARIAS RAMOS, J. *Derecho Romano*. 8. ed. Madrid: Editorial Revista de Derecho Privado, 1960. 2 volumes.

BETTI, E. *Istituzioni di Diritto Romano*, I, ristampa inalterata della seconda edizione. Padova: CEDAM

1947; e II, parte prima, Padova: CEDAM, 1962.

BIONDI, B. *Istituzioni di Diritto Romano*. 3. ed. Milano: Giuffrè, 1956.

BONFANTE, P. *Istituzioni di Diritto Romano*. Xª edizione. Torino: Giappichelli, 1946.

BUCKLAND, W. W. *A Manual of Roman Private Law*. 2. ed. Cambridge: **Cambridge** University Press., 1953.

BUCKLAND, W. W. *A Text-Book of Roman Law from Augustus to Justiniam*. 3. ed. Cambridge: **Cambridge** University Press., 1975.

BURDESE, A. *Manuale di Diritto Privato Romano*. 3. ed. Torino: UTET, 1975.

CABRAL DE MONCADA, L. *Elementos de História do Direito Romano*. Coimbra: Coimbra Ed., 1924. vol. II.

CORNIL, G. *Droit Romain*. Bruxelles: Medicale Es Scientifique, 1921.

CROME, C. *Grundzüge des Romischen Privatrechts*. Bonn: Carl Heymanns Verlag, 1920.

CRUZ, S. *Direito Romano, - Lições* - I (Introdução, Fontes), Coimbra: Coimbra Ed., 1969.

CUQ, É. *Manuel des Institutions Juridiques des Romains*. 2. ed. Paris: Libr. Plon., 1928.

CZYHLARZ, K. R. *Lehrbuch der Institutionen des Romischen Rechts*. 11. e 12. ed. Wien--Leipzig, 1911. A última edição é a 14ª, de 1933, devida a SAN NICOLÒ.

DANILLO, D. *Introduzione a um Corso Romanistico*. 3. ed. Torino: G. Giappichelli Editore, 1997.

DI MARZO, S. *Istituzioni di Diritto Romano*. 5. ed. Milano: Giuffrè, 1946.

DI PIETRO, A. *Derecho Privado Romano*. Buenos Aires: Depalma, 1996.

D'ORS, A. *Derecho Privado Romano*. 3. ed. Pamplona: EUNSA, 1977.

FRANCIOSI, G. *Corso Istituzionale di Diritto Romano*. 3. ed. Torino: **G**. Giappichelli, 2000.

GAUDEMET, J. *Droit Privé Romain*. Paris: Montchrestien, 1998.

GEBHARDT, M. *Römisches Recht*. 2. ed. Hannover, 1912.

GIFFARD, A. E. *Précis de Droit Romain*. Paris: Dalloz (vol. I, 4. ed., 1953; vol. II, 3. ed., 1951).

GIRARD, P. F. *Manuel Élémentaire de Droit Romain*. 8. ed. Paris: A. Rousseau, 1929.

GUARINO, A. *Diritto Privato Romano*. 12. ed. Napoli: Jovene, 2001.

HEILFRON, E. *Roemisches Recht*. 7. ed. Berlin, Leipzig: Speyer & Peters Verlag, 1920.

HUVELIN, P. *Cours Élémentaire de Droit Romain*. Paris: Recueil Sirey (vol. I, 1927; vol. II, 1929).

IGLESIAS, J. *Derecho Romano*. 10. ed. Barcelona: Ariel, 1990 (a 2. ed., em dois volumes, é de Barcelona,

1953).

JÖRS-KUNKEL-WENGER. *Römisches Recht*. 2. ed. Berlin: Springer Verlag, 1935.

JUSTO, A. S. *Direito Privado romano - I, Parte Geral (Introdução. Relação Jurídica. Defesa dos Direitos)*. Coimbra: Coimbra Ed., 2000.

KUNTZE, J. E. *Cursus des Römischen Rechts*. Leipzig: A. Edelmann, 1869.

KUNTZE, J. E. *Excurse über Römisches Recht*. 2. ed. Leipzig: A. Edelmann, 1880.

LEONHARD, R. *Institutionen des Römischen Rechts*. Leipzig: Veit & Comp., 1894.

MANFREDINI, A. *Istituzioni di Diritto Romano*. 2. ed. Torino: Giappichelli, 2001.

Cap. VI · O DESTINO DO DIREITO ROMANO NO ORIENTE E NO OCIDENTE | 67

MARGADANT, G. F. *El Derecho Privado Romano*. 18. ed. Naucalpan Edo. de México, 1992.

MARRONE, M. *Istituzioni di Diritto Romano*. 2. ed. 6ª reimp., Palermo: Palumbo, 1999.

MONIER, R. *Manuel Élémentaire de Droit Romain*. Paris: Montchrestien (vol. I, 6. ed., 1947; vol. II, 4. ed., 1948).

PACCHIONI, G. *Manuale di Diritto Romano*. 3. ed. Torino: Giappichelli, 1935.

PACCHIONI, G. *Corso di Diritto Romano*. Torino: Giappichelli (vols. I e II, 2. ed., 1918 e 1920; vol. III, 1922).

PEROZZI, S. *Istituzioni di Diritto Romano*. 2. ed. Milano: Giuffrè, 1949. 2 volumes. (reintegrazione).

PUCHTA, G. F. *Cursus der Institutionen*. 9. ed. Leipzig: Breitkopf und Härtel, 1881. 2 volumes.

PUGLIESE, G. *Istituzioni di Diritto Romano, parte prima*. Padova: Giappichelli, 1985.

PUGLIESE, G. *Istituzioni di Diritto Romano, parte seconda*. Padova: Giappichelli, 1986.

RABEL, E. Grundzüge des Römischen Privatrechts. In: HOLTZENDORFF-KOHLER, *Enzyklopädie der Rechtswissenschaft*. 7. ed. Munich-Berlin: Auflage, 1915. vol. I.

RADIN, M. *Handbook of Roman Law*. St. Paul: Minn, 1927.

SANFILIPPO, C. *Istituzioni di Diritto Romano*. 9. ed. Messina: Torre Editore, 1996.

SERAFINI, F. *Istituzioni di Diritto Romano*. 8. ed. Torino: Giappichelli, 1909. 2 volumes. A última edição é a 10ª, publicada em 1920.

SCHULZ, F. *Classical Roman Law*. Oxford: Clarendon Press, 1954.

SCHWIND, F. *Römisches Recht - I, Geschichte, Rechtsgang, System des Privatrechtes*. Wien: Springer, 1950.

SILVA, S. V. *Derecho Romano (Curso de Derecho Privado)*. 11. ed. México: UNAM, 1992.

SOHM, R. *Institutionen*. 14. ed. Leipzig: Teubner, 1911 (há uma 17ª ed. reelaborada por MITTEIS e WENGER, Munich-Leipzig, 1923, e reimpressa em 1949).

TALAMANCA, M. *Istituzioni di Diritto Romano*. Milano: Giuffrè, 1990.

VINCENTI, U. *Categorie del Diritto Romano*. Napoli: Jovene, 2007.

VOCI, P. *Istituzioni di Diritto Romano*. 5. ed. Milano: Giuffrè, 1996.

VOCI, P. *Manuale di Diritto Romano, I (Parte Generale)*. 2. ed. Milano: Giuffrè, 1984.

VOLTERRA, E. *Istituzioni di Diritto Privato Romano*. Roma; Edizioni Ricerche, 1961.

WEISS, E. *Institutionen des Römischen Privatrechts*. 2. ed. Basel, 1949.

C) DICIONÁRIOS E GRAMÁTICAS

BERGER, A. *Encyclopedic Dictionary of Roman Law*. Philadelphia: 1953.

DAREMBERG-SAGLIO, *Dictionnaire des Antiquilés Grecques et Romaines*. Paris: Librairie Hachette et c.ie, 1873 a 1918. 5 tomos em 9 volumes.

GARRIDO, M. J. G. *Diccionario de Jurisprudencia Romana*. 3. ed. (reimp.). Madrid: Dykinson, 1933.

GUTIÉRREZ ALVIZ, F. *Diccionario de Derecho Romano*. Madrid: Reus, 1948.

HEUMANN-SECKEL, *Handlexicon zu den Quellen des römischen Rechts*. 9. ed. Iena: Fischer, 1907.

KALB, W. *Spezialgrammatik zur selbständigen Erlernung der Römischen Sprache und zur Wiederholung insbesondere für Rechtsstudierende*. Leipzig-München: O. Nemnich, 1923.

KALB, W. *Das Juristenlatein (Versuch einer Charakteristik auf Grundlage der Digesten)*. 2. ed. Nürenberg: Sebald, 1888.

KALB, W. *Wegweiser in die Römische Rechtsprache*. Leipzig: B.G. Teubner, 1912.

68 | DIREITO ROMANO – José Carlos Moreira Alves

KALB, W. *Roms Juristen, nach iher Sprache Dargestellt.* Leipzig: B.G. Teubner, 1890.

MONIER, R. *Vocabulaire de Droit Romain.* 4. ed. Paris: Domat-Montchrestien, 1949.

PAULY-WISSOWA. *Real-Encyclopadie der klassische Altertumswissenschaft,* em curso de publicação desde 1894.

SILVEIRA, V. C. *Dicionário de Direito Romano.* São Paulo: José Bushatsky, 1957. vol. I (A-J); vol. II (K-Z).

ZIEGLER, K.; SONTHEIMER, W. *Der Kleine Pauly Lexikon der Antike.* München, 1975. 5 volumes.

D) FONTES

– pré-justinianeias

BREMER, F. P. *Iurisprudentiae Antehadrianae quae supersunt.* Lipsiae: B. G. Teubneri, 1896, 1898 e 1901 (há reimpressão feita em 1985). vols. I, II-1 e II-2.

BRUNS, C. G. *Fonte Iuris Romani Antiqui.* 7. ed. (Ed. GRADENWITZ). 3 partes (*Leges et negotia; scriptores; index et simulacra*), Tübingen, 1909/1911.

FRANCIOSI, G. *Leges Regiae.* Napoli: GIRARD, 2003.

GIRARD, P. F. *Textes de Droit Romain.* 6ª ed. (par F. SENN). Paris: Arthur Rousseau, 1937.

KRUEGER, P.; MOMMSEN, T.; STUDEMUND, G. *Collectio Librorum Iuris Anteiustiniani.* Berolini, 1912, 1878, 1890. 3 tomos.

LENEL, O. *Das Edictum Perpetuum.* 3. ed. Leipzig: Palingenesia Iuris Civilis, 1927 (Unveränderter Nachdruck, Aalen, 1956). Da primeira edição, com modificações e acréscimos feitos por Lenel, há tradução francesa de F. Peltier: *Essai de Reconstitution de l'Édit Perpétuel,* em dois volumes, ambos

publicados em Paris, sendo o primeiro em 1901 e o segundo em 1903.

RICCOBONO, BAVIERA, FERRINI, FURLANI, ARANGIO-RUIZ, *Fontes Iuris Romani Antejustiniani.*

2. ed. Florentiae: Barbèra, 1940/1943. 3 partes (*leges; auctores; negotia*).

LEX ROMANA VISIGOTHORUM, ed. HANEL, publicada em 1849 e reimpressa em 1962, por Scientia Verlag und Antiquariat Kurt Schilling.

THEODOSIANI LIBRI XVI, *cum constitucionibus Sirmondianis et leges nouellae ad* Theodosianum pertinentes, ed. MOMMSEN-MEYER, 2 tomos em 3 volumes, 2. ed. Berlin, 1954 (há do Código Teodosiano tradução para o inglês de CLYDE PHARR, *The Theodosian Code and Novels and the Sirmondian Constitutions,* Princeton, 1952).

– justinianeias

CORPVS IVRIS CIVILIS, ed. MOMMSEN-KRUGER-SCHÖLL, 3 volumes, reimpressão da última edição em 1954, Berlim (do *Digesto* há recente tradução para o espanhol feita por A. D'ORS, FERNANDEZ-TEJERO, FUENTESECA, GARCIA-GARRIDO e BURRILLO, em 3 volumes, Pamplona, 1968/1975, e para o inglês feita por ALAN WATSON, 4 vols., Philadelphia, 1985; das *Institutas,* há traduções brasileiras, como a de COELHO RODRIGUES e a de SPENCER VAMPRÉ).

DIGESTA IUSTINIANI AUGUSTI, ed. BONFANTE (P.), FADDA (C.), FERRINI (C.), RICCOBONO (S.), SCIALOIA (V.), Mediolani, 1960; em português há uma tradução de todo o Digesto feita por Manoel da Cunha Lopes e Vasconcellos em curso de publicação, sendo que o 1º volume dessa tradução foi editado por YK -Editora e traz introdução de autoria

Cap. VI · O DESTINO DO DIREITO ROMANO NO ORIENTE E NO OCIDENTE | 69

do professor Eduardo Marchi da USP, na qual ele narra as vicissitudes por que passou o manuscrito dessa tradução, iniciada no século XIX, concluída em 1915, perdida na década de 1950 e achada em 2011 numa sala fechada no porão da Faculdade de Direito da Universidade Federal da Bahia.

– bizantinas

BASILICORUM LIBRI LX, ed., HEIMBACH, 6 volumes, Lipsiae, 1833-1870 (com 2 suplementos, um editado por K. E. ZACHARIAE, 1846, e outro por MERCATI e FERRINI, em 1897). Há nova edição, publicada, de 1953 a 1988, em Gronigen, devida a SCHELTEMA-VAN DER WOL.

IVS GRAECO-ROMANVM, ed. K. E. ZACHARIAE-ZEPOS, 8 volumes, Atenas, 1931 (reimpressão em 1962 por Scientia Verlag und Antiquariat Kurt Schilling).

ANEKDOTA, ed. HEIMBACH-WITTE-ZACHARIAE VON LINGENTHAL, 3 volumes, reimpressão em 1969 por Scientia Verlag Aalen.

THEOPHILVS ANTECESSOR. *Institutionum Graeca Paraphrasis*, ed. FERRINI, 2 vols., 1884-1897 (reimpressão em 1967 por Scientia Verlag und Antiquariat Kurt Schilling).

CONST. HERMENOPULI MANUALE LEGUM SIVE HEXABIBLOS, ed. G. E. Heimbach, reimpressão em 1969 por Scientia Verlag Aalen.

E) DICIONÁRIOS E VOCABULÁRIOS DAS FONTES

AMBROSINO, R. *Vocabularium Institutionum Iustiniani Augusti*. Milano: , 1942.

HEUMANN, H. G. *Handlexicon zu den Quellen des Römischen Rechis*. 9. ed. reelaborada por E. SECKEL. Jena: Fischer, 1907.

GRADENWITZ, O. *Heidelberg Index zum Theodosianus*. 1. ed. (reimp.) Berlin: Weidmann, 1999.

LABRUNA, L.; SIMONE, E. de; e SALVO, S. de. *Lessico di Gaio*. Napoli: Universidad Federico II, 1985. tomos I (A-G) e II (H-Z).

LEVY, E. *Ergänzungsindex zu ius und Leges*. Weimar: Böhlau, 1930.

LONGO, C. Vocabulario delle Costituzioni Latine di Giustiniano. *Bulletino dell'Istituto di Diritto Romano* X, Milano: Marchi, 1897/1898.

MAYR-SAN NICOLÓ, *Vocabularium Codicis Iustiniani*. Lipsiae, 1925. I (parte latina), II (pas graeca).

VOCABULARIUM IURISPRUDENTAE ROMANAE, *IUSSU INSTITUTI SAVIGNIANI COMPOSITUM*, em curso de publicação iniciada, em Berlim, em 1903.

WORTINDEX zur 7 Auflage von BRUNS, *Fontes Iuris Rom. Antiqui*, Tübingen, 1912.

ZANZUCCHI, P. P. *Vocabulario delle Istituzione di Gaio*. Milano: Patron, 1910 (esse vocabulário foi completado, com as palavras que se encontram nos fragmentos das *Institutas* em 1927 e em 1933, por ENRICO DE SIMONE, *Addenda al Vocabulario delle Istituzioni de Gaio, in Labeo*, vol. VIII (1962), pp. 330 a 339).

F) GUIAS BIBLIOGRÁFICOS

BIONDI, B. *Guide Bibliografiche* - I. *Diritto Romano*. Milano: Giuffrè, 1944.

CAES-HENRION. *Collectio Bibliographica Operum ad ius Romanum Pertinentium*. Bruxelas: Office international de librarie, em publicação a partir de 1949.

COLLINET, P. *Bibliographie des Travaux de Droit Romain en Langue Française*. Paris: Société d'Edition Les Belles Lettres, 1930.

DE FRANCISCI, P. *Il Diritto Romano*. Roma: Anonima Romana, 1923.

MONIER, R. *Bibliographie des Travaux Récents de Droit Romain en Français, en Allemand, en Anglais, en Italien et en Roumain*. Paris, 1944.

VOLTERRA, E. *Saggi Bibliografici di Diritto Agrário: Diritto Agrário Romano*. Roma, 1938.

G) REVISTAS ESPECIALIZADAS

Archivio Giuridico "Filippo Serafini" (AG), Modena, a partir de 1868.

Bulletino dell'Istituto di Diritto Romano (BIDR), Roma, a partir de 1888.

Iura – Rivista Internazionale di Diritto Romano e Antico, Nápoles, a partir de 1950.

Labeo – Rassegna di Diritto Romano, Nápoles, a partir de 1955 e até 2015.

Studia et Documenta Historiae et Iuris (SDHI), Roma, a partir de 1935.

Revue Historique de Droit Français et Étranger (RHD), Paris, a partir de 1855.

Revue Internationale des Droit l'Antiquité (RIDA), Bruxelas, a partir de 1948.

Romanitas, Rio de Janeiro, 1958 a 1974 (13 números em 10 volumes).

Zeitschrift der Savigny-Stiffung für Rechtsgeschichte – Romanistiche Abteilung, Weimar, a partir de 1880.

VII

CONSIDERAÇÕES PRELIMINARES

Sumário: 54. A sistemática adotada. **55.** Direito romano, direito histórico. **56.** Características do direito romano pré-clássico. **57.** Características do direito romano clássico. **58.** Características do direito romano pós-clássico. **59.** Alguns dos meios de pesquisa utilizados pelos romanistas.

54. A sistemática adotada – Estudadas as noções de história do direito romano, passaremos à análise de suas instituições, onde, em síntese, examinaremos o direito romano em sentido objetivo e subjetivo.

Para isso, em vez de seguirmos a classificação, que é reconhecidamente falha,[1] das *Institutas* de Gaio (observada, também, pelas de Justiniano), segundo a qual todo direito se refere às pessoas, às coisas ou às ações, adotaremos a classificação germânica, que, embora moderna, permite dar uma visão sistematizada de todo o direito romano privado.

Assim, estudaremos a matéria objeto destas instituições em duas partes:

1ª – *Parte Geral* – onde se examinam os princípios gerais de direito romano em sentido objetivo e subjetivo; e

2ª – *Parte Especial* – em que se estudam as diferentes relações jurídicas, encaradas principalmente pelo seu aspecto dominante de poder – que é o *direito subjetivo* – nas quatro seguintes seções: *a)* direito das coisas; *b)* direito das obrigações; *c)* direito de família; e *d)* direito das sucessões.

55. Direito romano, direito histórico– Antes, porém, de iniciarmos o exame das instituições de direito romano, é necessário que se façam algumas observações.

Em nossos dias, não se pode estudar o direito privado romano como se estuda o direito privado moderno. E a razão é esta: o direito privado moderno se aprende, principalmente, com vistas à sua utilização prática, motivo por que é analisado como se apresenta no momento atual; já o direito romano não mais se aplica, e continua a ser estudado somente como direito histórico, que vigorou no passado e que, ainda hoje, serve de instrumento de educação jurídica, uma vez que o exame de sua evolução é notável campo de observação do fenômeno jurídico em todos os seus aspectos, razão por que cada um dos institutos que o compõem deverá ser examinado em sua evolução

---

1   *Vide* a crítica de Teixeira de Freitas, *Consolidação das Leis Civis*, 3ª ed., p. XL e segs., Rio de Janeiro, 1896.

72 | DIREITO ROMANO – *José Carlos Moreira Alves*

histórica, das origens ao termo final. Um exemplo, para esclarecer: quando, atualmente, um professor de direito civil analisa para seus alunos o direito de propriedade, o objeto primordial do estudo são as normas vigentes; já o professor de direito romano, ao tratar do mesmo assunto, terá de fazê-lo examinando-lhe a evolução desde os tempos mais remotos de Roma até a época de Justiniano.

Em face disso, e para facilitar esse estudo evolutivo, os romanistas dividem a história interna do direito romano em períodos, a respeito de cuja delimitação e número, no entanto, divergem. Das várias divisões[2] adotamos a seguinte, em três fases:

1ª – *a do direito antigo ou pré-clássico* (das origens de Roma à Lei *Aebutia*, de data incerta, compreendida aproximadamente entre 149 e 126 a.C.);

2ª – *a do direito clássico* (daí ao término do reinado de Diocleciano, em 305 d.C.; o período áureo dessa época vai de 96 a 235 d.C.); e

3ª – *a do direito pós-clássico ou romano-helênico* (dessa data à morte de Justiniano, em 565 d.C. – dá-se, porém, a designação de *direito justinianeu* ao vigente na época em que reinou Justiniano, de 527 a 565 d.C.).

As datas-limites desses períodos – das quais a finalidade é mais didática do que científica – indicam, de modo geral, o lapso de tempo dentro do qual se verificaram, mais acentuadamente, certas diretrizes na evolução dos diferentes institutos jurídicos. Por isso, e para que se possa compreender como e por que os institutos evoluíram dessa ou daquela maneira, é imprescindível que se conheçam as características de cada uma dessas três etapas. Examinemo-las.

56. Características do direito romano pré-clássico – Três fatos, principalmente, despertam a atenção de quem estuda o direito romano no período pré-clássico:

a) o formalismo;

b) o materialismo; e

c) a atuação dos jurisconsultos na construção do *ius ciuile.*

Como salienta Biondi,[3] o homem primitivo age antes de pensar, e, quando sua atividade deixa de ser violenta e passa a disciplinada, a ação dele (*actus, actio*) se cristaliza numa forma à qual o direito, automaticamente, atribui efeitos jurídicos. O que importa não é a vontade de quem pratica o ato, mas que este seja realizado com a observância da forma. Daí o formalismo e o materialismo. Quanto ao primeiro, basta, para caracterizar sua rigidez, este exemplo colhido nas *Institutas* de Gaio (IV, 11): se alguém, ao intentar ação de perdas e danos contra outrem que lhe cortara videiras do terreno, usasse do termo *uites* (videiras), em vez de *arbores* (árvores), como estabelecia a lei, somente por isso perderia a demanda. Quanto ao segundo, e a título exemplificativo, é de notar-se que, não importando a vontade de agente, mas, sim, a observância da forma, a obrigação,

---

2   Sobre as diversas divisões propostas, *vide* Matos Peixoto, ob. cit., I, nº 2, p. 17 e segs.

3   *Istituzioni di Diritto Romano*, 3ª ed., pp. 172 e 173.

Cap. VII · CONSIDERAÇÕES PRELIMINARES | **73**

ainda que contraída em virtude de coação ou dolo, era válida desde que tivesse havido a estrita obediência às formalidades.

Por outro lado, o direito, que nessa época se traduz no *ius ciuile* (constituído apenas de normas costumeiras e de alguns raros preceitos legais aplicáveis aos cidadãos romanos), se desenvolve, em regra, pela atuação dos jurisconsultos (a princípio, os pontífices; depois, com a laicização da jurisprudência, os juristas leigos). Com efeito, partindo das normas costumeiras e dos preceitos da Lei das XII Tábuas, os jurisconsultos romanos, com o emprego de técnicas jurídicas (assim, a ficção, a analogia, a interpretação puramente literal), vão, de certa forma, criando direito, razão por que, no período clássico, dizia Pompônio que o *ius ciuile "in sola prudentium interpretatione consistit"* (consiste unicamente na *interpretatio* dos jurisconsultos).[4] Eis um exemplo dessa atividade criadora da jurisprudência, na época pré-clássica: tomando por ponto de partida a *rei uindicatio*, que era um processo contencioso pelo qual o proprietário podia reaver a posse da coisa que lhe fora arrebatada, os juristas romanos criaram a *in iure cessio*, que era um dos modos da aquisição de propriedade por meio do simulacro de uma reivindicação: diante do magistrado, o adquirente afirma que a coisa (que ele deseja adquirir) é sua, e aquele, em face do silêncio do alienante – que, assim, não se defende – faz a adjudicação da coisa ao adquirente, que dela se torna proprietário.[5]

Note-se, no entanto, que essa atividade criadora da jurisprudência não era arbitrária. Os juristas, embora com bastante amplitude de ação,[6] somente podiam criar direito mediante a adaptação, às novas exigências sociais – e pelos expedientes a que já aludimos –, das normas costumeiras ou legais existentes. Em face disso, encontramos, no direito pré-clássico, negócios jurídicos – por exemplo, a adoção primitiva – que, para serem celebrados, demandavam a observância de formalidades aparentemente inúteis, mas que, em verdade, não o eram.[7]

57. Características do direito romano clássico – Nesse período, as três principais características do direito pré-clássico entram em decadência em virtude da atuação dos magistrados com funções judiciárias, entre os quais se destacam os pretores urbanos e peregrinos.

---

4   D. I, 2, 2, 12.

5   Outros exemplos em Voci, *Istituzioni di Diritto Romano*, 3ª ed., § 2ª, III, pp. 37 a 39, Milano, 1954.

6   Modernamente, os jurisconsultos não têm essa liberdade de ação, porque o Estado chamou a si a disciplina das relações jurídicas privadas. O mesmo, porém, não ocorria no direito romano pré-clássico, em que a *ciuitas*, até certo ponto, se desinteressava da regulamentação das relações entre os particulares, motivo por que o *ius ciuile* era constituído, precipuamente, de normas costumeiras, e os poucos princípios legais (assim, a Lei das XII Tábuas), em geral, nada mais eram do que costumes ratificados pelo Estado (a propósito, *vide* Biondi, *Prospective Romanistiche*, p. 31, Milano, 1933).

7   Sobre as características religiosas do direito pré-clássico, *vide* Kaser, *Das Altrömisches Ius*, p. 300 e segs., Göttingen, 1949.

O *ius ciuile* só se aplicava aos cidadãos romanos. Mas, já no século III a.C., Roma é um centro comercial ao qual afluem estrangeiros de diversas nacionalidades. Surge, então, o problema de se disciplinarem, juridicamente, as relações comerciais dos estrangeiros entre si, ou com os romanos. Em 241 a.C., ainda no período pré-clássico, é criada a pretura peregrina com funções judiciárias: dirimir conflitos de interesses entre estrangeiros, ou entre romanos e estrangeiros. E foi na esfera da jurisdição do pretor peregrino – o que tomou impulso a partir da Lei *Aebutia* – que se vai desenvolver o *ius gentium*, aplicável indiferentemente a estrangeiros e romanos, e constituído de princípios advindos de usos e costumes comerciais e sancionados, no Edito, pelo pretor peregrino. Fundando-se em praxes do comércio internacional, era o *ius gentium* informado por concepções radicalmente opostas às do *ius ciuile*: ao formalismo e materialismo deste contrapunha-se aquele sancionando atos praticados sem a observância de formalidades, e respeitando a boa-fé (*fides*), ou seja, a lealdade à palavra empenhada. A pouco e pouco, os princípios constantes do Edito do pretor peregrino vão sendo acolhidos pelo pretor urbano, que os aplica a litígios apenas entre romanos; e, posteriormente, passam a integrar o próprio *ius ciuile*, que, assim, vai perdendo suas características primitivas.[8]

Mas o papel principal na evolução do direito romano no período clássico é desempenhado pelo pretor urbano. Com efeito, ao lado do *ius ciuile* (integrado pelos princípios costumeiros e legais, devidamente ampliados pela *interpretatio* dos jurisconsultos), firma-se o *ius honorarium* ou *praetorium*. São duas ordens jurídicas distintas: de um lado, o *ius ciuile*; de outro, o *ius honorarium* ou *praetorium*.

Já vimos (nº 21, letra C) que os magistrados com funções judiciárias não podiam, no direito romano, atribuir direitos a ninguém, mas, sim, conceder ou negar ações, o que, na prática, equivalia à criação de direitos. Por isso, o *ius honorarium*, embora teoricamente não pudesse revogar normas do *ius ciuile*, nem criar novos preceitos jurídicos, na realidade alcançava esses dois resultados: quando o magistrado se recusava a conceder a alguém ação que protegia direito decorrente do *ius ciuile*, estava negando a aplicação deste; e, quando concedia ação para tutelar situações não previstas no *ius ciuile*, estava suprindo lacunas dessa ordem jurídica. Nesse terreno, destacou-se sobremaneira o pretor urbano, o mais importante dos magistrados com funções judiciárias. Daí salientar

---

8   Sobre a atuação, como a descrevemos no texto, do pretor peregrino no desenvolvimento do *ius gentium*, os autores não são acordes. Alguns, como De Francisci (*Storia del Diritto Romano*, II, 1, p. 236), entendem que não é possível determinar a contribuição dos magistrados na formação do *ius gentium*. No sentido que seguimos, *vide* Riccobono, *Lincamenti della Storia delle Fonti e del Diritto Romano*, § 4º, p. 22 e segs.; e Guarino, *L'Ordinamento Giuridico Romano*, 3a ed., § 9, p. 148 e segs., Napoli, 1959 (na 5a ed., Napoli, 1990, Guarino, que desde a 4a ed. refundira essa obra, persevera nessa orientação, como se vê no nº 69, pp. 335/339).
Note-se, ainda, que o *ius gentium* não se confunde com *ius honorarium*, embora ambos se tenham desenvolvido no âmbito da jurisdição de magistrados com funções judiciárias; e não se confundem, porque o *ius honorarium* surgiu depois do florescimento do *ius gentium*, tendo sido o conceito de *ius honorarium* formulado – como salienta Guarino, ob. cit., p. 58 – com vistas a uma situação específica: a atuação do pretor urbano (e demais magistrados com funções judiciárias *inter ciues*) no secundar, suprir ou corrigir o *ius ciuile*, o que não ocorreu com o pretor peregrino.

Papiniano: "*Ius praetorium est, quod praetores introduxerunt adiuuandi uel supplendi uel corrigendi iuris civilis gratia propter utilitatem*" (O direito pretoriano é aquele que os pretores introduziram para secundar, ou suprir ou corrigir o direito civil, tendo em vista o interesse público).[9]

Com o *ius honorarium* ou *praetorium*, entra em decadência a atuação dos jurisconsultos, por intermédio da *interpretatio*, na construção do *ius ciuile*. Em vez de se valerem dos expedientes empregados no período pré-clássico, os juristas podem chegar ao mesmo resultado de maneira mais simples: solicitam ao pretor urbano (que, em regra, acolhe as sugestões, pois geralmente não é jurisconsulto) que, no Edito, proteja situações novas, tutele atos praticados sem a observância do formalismo rigoroso do *ius ciuile*, e atente para a vontade dos contratantes.[10]

No principado, aos dois sistemas jurídicos – *ius ciuile* e *ius honorarium* ou *praetorium* – se vai sobrepondo, a pouco e pouco, um terceiro: o *ius extraordinarium*, integrado por constituições imperiais cujos preceitos são sancionados não pelo processo formulário (*vide* nº 126 e segs.), mas por novo processo administrativo – a *cognitio extra ordinem* (*vide* nº 133 e segs.).[11] Note-se, porém, esta circunstância: as constituições imperiais que dizem respeito a institutos jurídicos disciplinados pelo *ius ciuile*, e com relação às quais se aplica o processo formulário, estão compreendidas no âmbito do *ius ciuile*; apenas aquelas que se fazem valer pela *cognitio extra ordinem* é que se enquadram no *ius extraordinarium*.[12]

58. Características do direito romano pós-clássico – O que, principalmente, caracterizou esse período é a circunstância de o direito – como ocorre no mundo moderno – passar a ser elaborado quase exclusivamente pelo Estado, mediante constituições imperiais.

Como já vimos, nos dois períodos anteriores – o pré-clássico e o clássico – a atuação do Estado, na criação do direito, era, a princípio, diminuta, e só gradativamente vai crescendo. Assim, na época pré-clássica, o Estado apenas tem ingerência nela por poucas leis, e a maioria das normas jurídicas decorre do costume ou da *interpretatio* dos juristas; no período clássico, durante o final da república e o início do principado, destaca-se o *ius honorarium*, e apenas quando os imperadores, por meio de constituições imperiais, começam a ditar normas jurídicas é que o Estado passa a atuar decisivamente na elaboração do direito, entrando as demais fontes em decadência. No período pós-clássico, conclui-se essa evolução, passando o Estado, quase exclusivamente, a elaborar o direito,

---

9   D. I, 1, 7, 1.

10   Assim, por exemplo, se alguém fosse coagido a contrair uma obrigação, e o credor, para constrangê--lo, a cumpri-la, o acionasse, admitia o pretor urbano que o devedor se defendesse, por meio de uma *exceptio* (exceção, *vide*, 128, B), alegando a coação; provada esta, eximia-se da obrigação o devedor.

11   A propósito, *vide* Riccobono, *Cognitio extra ordinem, nozione e carateri del "ius nouum"*, in Bulletino dell'Istituto di Diritto Romano, vols. LV-LVI (1952), p. 1 e segs.

12   Essas constituições imperiais criaram institutos jurídicos novos ou aperfeiçoaram os já existentes (assim, entre outros, o fideicomisso, a *pollicitatio, a querella non numeratae pecuniae*); outros exemplos em Voci, *Istituzioni di Diritto Romano*, 3ª ed., § 5º, II, p. 55, Milano, 1954.

e desaparecendo a distinção entre o *ius ciuile*, o *ius honorarium* e o *ius extraordinarium* (este, em virtude de a *cognitio extra ordinem* tornar-se o processo comum, em substituição ao formulário) (*vide* nº 133 e segs.).

Na época pós-clássica, em virtude da decadência da cultura jurídica, torna-se mais nítida a divergência entre o direito escrito e o direito aplicado na prática. O fenômeno já existia no período clássico, mas deixou traços muito tênues[13] em razão da preponderância da atividade dos juristas, do pretor e, mais tarde, dos imperadores. Esse é o sentido mais proveitoso em que se pode tomar a expressão *direito vulgar* (*Vulgarrecht*).[14] Ele está para o direito escrito (que é o direito oficial, *Reichsrecht*, na expressão de Mitteis) como o latim vulgar está para o latim literário. Aquele que não tem o esplendor deste, mas é o direito vivo, adaptado às necessidades da vida, em face do direito elaborado, técnico, que é o direito oficial. Como direito vivo, e não como direito oficial decadente, é que deve ser encarado, e, por isso mesmo, chega a influir neste, acarretando alterações (é a recepção da prática pelo direito oficial).[15]

Diversos do *direito vulgar* (tomado no sentido que demos acima) são os *direitos locais* (*Volksrechte*), isto é, os direitos dos povos conquistados pelos romanos e que persistiram, por maior ou menor tempo, com mais ou menos intensidade, e cuja influência sobre o direito romano tem sido objeto de controvérsia. Enquanto o *direito vulgar* é direito romano, o mesmo não sucede com os *direitos locais*, que são elementos de resistência ao direito romano.[16]

Por outro lado, há controvérsia entre os autores sobre o principal fator que acarretou as inovações que o direito pós-clássico apresenta em relação ao direito clássico. Segundo a doutrina dominante, esse fator é representado pelas influências helênicas que o direito romano sofreu nessa época, caracterizando-se o direito pós-clássico como "direito romano-helênico". Alguns romanistas, no entanto – assim, Riccobono e Chia-

---

13 Segundo Gaudemet (*La Formation du Droit Séculier et du Droit de l'Eglise aux IVe et Ve Sciècles*, nº 75, p. 124, Paris, 1957), um exemplo disso se encontraria na sentença proferida no século II ou III d.C., por Senécio, subprefeito da frota de Miceno, designado juiz em causa entre os Patulcos e P. Élio Rufino, da qual é possível inferir-se que aquele julgador admitia que a transmissão da propriedade decorresse diretamente do contrato de compra e venda. O texto dessa sentença se encontra na parte terceira (Negotia), editada por Arangio-Ruiz, das *Fontes Iuris Romani Anteiustiniani*, nº 86, p. 276 e segs.

14 Os autores divergem quanto ao sentido a ser atribuído à expressão *direito vulgar*, expressão criada por Brunner, em 1880. Sobre essa divergência *vide* Gaudemet, ob. cit., nº 75, p. 123 e segs.

15 A respeito do *direito vulgar*, *vide* Gaudemet, ob. cit., nº 73 e segs., p. 119 e segs.; Max Kaser, *Zum Begriff des spätrömischen Vulgarrechts*, in *Studi in Onore di Emilio Betti*, II, pp. 541/572, Milano, 1962; Raul Ventura, *Manual de Direito Romano*, vol. I, tomo I, nº 75, p. 265 e segs., Lisboa, 1963; Stüff, *Vulgarrecht im Kaiserrecht*, Weimar, 1966; Wieacker, "*Vulgarismus und Klassizismus in Recht der Spätantike*", in *Von Römischen Recht*, 2ª ed., p. 222 e segs., Stuttgart, 1961; e Levy, *Weströmisches Vulgarrecht das Obligationenrecht*, p. 1 e segs.,Weimar, 1956, e "*West-östliches*" "*Vulgarrecht und Justinian*", in *Zeitschrift der Savigny-Stiftung für Rechtsgeschite – Romanistische Abteilung* – vol. 76 (1959), p. 1 e segs.

16 *Vide*, a propósito, Gaudemet, ob. cit., nº 73, p. 119 e segs.

Cap. VII · CONSIDERAÇÕES PRELIMINARES | **77**

zzese –, defendem tese oposta: a de que, em verdade, as inovações pós-clássicas nada mais são do que o desenvolvimento espontâneo dos elementos romanos, colocando em evidência tendências que se observam no *ius honorarium* e no *ius extraordinarium* no período clássico.[17]

Albertário,[18] que pertence à corrente dominante, assim enumera os vários fatores que exerceram influência sobre o direito romano pós-clássico:

a) o cristianismo;

b) a nova constituição política, social e econômica do Império, que passa a ter, depois de Constantino, seu centro de gravidade no Oriente;

c) os direitos provinciais;

d) o empirismo que resulta de toda época de decadência; e

e) o espírito e a preparação doutrinária dos jurisconsultos do Oriente grego.

Daí, no tempo de Justiniano, o direito romano compilado no *Corpus Iuris Ciuilis* apresentar, como salienta Collinet,[19] os seguintes caracteres:

a) o caráter oriental;

b) o caráter doutrinário;

c) o caráter não formalista; e

d) o caráter cristão.

59. Alguns dos meios de pesquisa utilizados pelos romanistas – Para que se tenha ideia dos meios de pesquisa de que se utilizam os romanistas para traçar a evolução por que passaram os diferentes institutos jurídicos no direito romano, damos, a seguir, algumas noções a respeito.

Como já se salientou, os elementos de que dispomos para o conhecimento do direito romano diminuem à medida que se recua para as suas origens. E, obviamente, à proporção que se escasseiam os documentos, mister se faz, para que se reconstrua a evolução, nas diferentes épocas, dos institutos jurídicos romanos, que se recorra a outros meios.

Por via de regra, não há maiores dificuldades para o conhecimento do direito vigente no tempo de Justiniano, pois possuímos o *Corpus Iuris Ciuilis*, onde estão compiladas as normas jurídicas dessa época.

---

17 *Vide*, a respeito, Chiazzese, *Introduzione allo Studio del Diritto Romano Privato*, 3a ed., nº 97, p. 322 e segs., Palermo, 1948; Riccobono, *Corso di Diritto Romano*,parte II, p. 686 e segs., Milano, 1933; e Guarino, *Storia del Diritto Romano*, 3ª ed., nº 272, pp. 407/408.

18 *I fattori della evoluzione del Diritto Romano Postclassico e la formazione del Diritto Romano Giustinianeo, in Studi di Diritto Romano*, V, p. 140 e segs., Milano, 1937; *vide*, também, *Introduzione Storica allo Studio del Diritto Romano Giustinianeo*, p. 81 e segs., Milano, 1935.

19 *The General Problems raised by the Codification of Justinian*, p. 9 e segs., Haarlem, 1922; e *La Genèse du Digeste, du Code et des Institutes de Justinien*, p. 32 e segs., Paris, 1952.

O mesmo não ocorre, porém, com relação ao direito clássico, para cujo estudo dispomos apenas de obra quase completa, mas elementar, de jurisconsulto da época – as *Institutas* de Gaio, cujo único manuscrito que possuímos, e que é do século V ou do início do século VI, não está totalmente isento de alterações pós-clássicas (*vide* capítulo IV, nota 26) nem de omissões voluntárias[20] – e de alguns poucos e pequenos fragmentos de outros autores clássicos. Por isso, para reconstituir-se o direito clássico, é necessário, principalmente, que se descubram, no *Digesto*, as interpolações introduzidas no texto dos fragmentos, que o compõem, das obras dos jurisconsultos clássicos – e isso para que, eliminadas as interpolações, se tenham, aproximadamente, os textos originais, e se possa conhecer, por eles, o direito daquele período.

Mais complexa, ainda, é a reconstrução do direito pré-clássico. Nenhuma obra dessa época chegou até nós. Há apenas fragmentos – ou simples notícias – de leis, mas cujo texto, quando fragmentariamente conservado, o foi por autores, em geral, literários, que viveram séculos depois delas. Para a reconstituição – as mais das vezes conjectural – dos institutos jurídicos nesses tempos remotos, valem-se os romanistas, especialmente, dos recursos da filologia, da história das crenças, da sociologia, do direito antigo comparado. Bonfante, observando o tradicionalismo que imperou no direito romano, foi estrênuo defensor de um método para a reconstrução da estrutura do direito romano primitivo – o *método naturalístico*, que consiste, em linhas gerais, no seguinte: estudando-se um instituto jurídico no período clássico, verifica-se, às vezes, que ele apresenta certas regras que não se coadunam com a maioria dos princípios que o disciplinam, o que quer dizer que elas são remanescentes de uma época anterior, e que, pela força estática da tradição, sobreviveram no período seguinte, embora em choque com os novos preceitos que passaram a regular o instituto.[21]

Com base em meios de pesquisa como esses, e coadjuvados pelas diversas ciências auxiliares do direito romano, podem os romanistas, em trabalho lento e penoso, reconstruir a evolução dos diferentes institutos jurídicos romanos, a qual será objeto da exposição que se segue nos demais capítulos desta obra.

---

20 A respeito, *vide* Carlo Alberto Maschi, *"Omissioni nel manoscritto veronese delle istituzioni di Gaio e ricostruzione del Diritto Romano"*, in *Conferenze Romanistiche (Universitário degli Studi di Trieste)*, vol. II, p. 231 e segs., Milano, 1967.

21 *Vide*, a propósito, Bonfante, *"Il metodo naturalistico nella storia del diritto"*, in *Scritti Giuridici Varii*, IV, p. 46 e segs., Roma, 1925; e *Storia del Diritto Romano*, vol. I, p. 11 e segs. Sobre o resultado do emprego desse método na reconstituição da estrutura do condomínio no direito romano pré-clássico, *vide* nº 153, letras A e B.

PARTE GERAL

VIII

DIREITO OBJETIVO

> **Sumário: 60.** Direito objetivo e direito subjetivo. **61.** As duas concepções de direito objetivo. **62.** Os diferentes significados de *ius*. **63.** *Ius* e *fas*. **64.** A definição de Celso. **65.** *Aequitas*. **66.** Divisão e subdivisão do direito objetivo. **67.** As fontes do direito objetivo. **68.** O direito objetivo no espaço e no tempo. **69.** Interpretação.

60. Direito objetivo e direito subjetivo – A palavra *direito* pode ser tomada em duas acepções:

a) direito objetivo; e

b) direito subjetivo.

Na linguagem cotidiana, empregamo-la, muitas vezes, sem consciência dessa diversidade, ora em um sentido, ora em outro. Quando dizemos *direito civil brasileiro*, estamos, inequivocamente, referindo-nos a um conjunto de normas jurídicas: *direito*, aí, está empregado em acepção objetiva – *direito objetivo*. Se aludimos, porém, ao *nosso direito de crédito*, obviamente não nos referimos, como na expressão anterior, a um conjunto de normas jurídicas, mas, sim, ao poder que temos de exigir do devedor que no momento convencionado satisfaça a prestação que nos é devida: o vocábulo *direito*, nessa hipótese, é utilizado em acepção subjetiva – *direito subjetivo*.

Neste capítulo, limitar-nos-emos à análise do direito objetivo; ao direito subjetivo será dedicado o seguinte.

61. As duas concepções de direito objetivo – Modernamente, há, em choque, duas concepções de direito objetivo: uma tradicional – *a teoria normativa do direito*; outra, mais recente e revolucionária – *a teoria institucional do direito*.

De acordo com a primeira, o direito é um conjunto de normas, gerais e abstratas, impostas coativamente pelo Estado, para disciplinar a conduta dos homens na sociedade. Ao lado destas – que se denominam *normas jurídicas* –, há outras, de natureza diferente, que visam, porém, à mesma finalidade: assim, as normas religiosas, as morais, as de cortesia. Todas se impõem coativamente; mas o que caracteriza a norma jurídica é que sua coação é organizada pelo Estado, ao passo que, nas demais, isso não ocorre. Exemplo elucidativo: quando duas pessoas conhecidas se encontram, norma de cortesia as impele a cumprimentarem-se (a coação é interior: atua no foro íntimo do indivíduo;

80 | DIREITO ROMANO – *José Carlos Moreira Alves*

não é organizada pelo Estado); se, porém, essas duas pessoas são militares, a norma que impele o subordinado a cumprimentar, pela continência, o superior, não é mais de cortesia, mas, sim, jurídica, pois, se desrespeitada, poderá acarretar punição ao infrator.

Consoante a *teoria institucional*, o direito objetivo não se traduz por normas coativamente impostas pelo Estado. Sempre que há uma organização social (isto é, uma *instituição*), existe o direito, que se identifica com a própria sociedade: o direito é a instituição na sua real plenitude.[1] Querer distinguir a *sociedade* (ordem social) do *comando* derivado dela é –na síntese que faz Guarino[2] dessa teoria – pretender diferençar, num corpo vivo, espírito e matéria, vontade e comportamento: é, em suma, um absurdo prático.

A nosso ver, é de ser rejeitada a *teoria institucional*. O direito – como acentua Ferrara[3] – não se confunde com a sociedade, mas é apenas uma de suas manifestações.

62. Os diferentes significados de *ius* – A palavra correspondente, em latim, a *direito* é *ius*, que, nas fontes romanas, é empregada em várias acepções. Assim, em sentido objetivo (*ius publicum* = direito público); em sentido subjetivo (*ius utendi* = direito de usar); no significado de lugar onde o magistrado distribui justiça (*in ius vocatio* = chamamento a juízo); como *potestas*, poder (pessoa *sui iuris*, pessoa *alieni iuris*); na acepção de situação jurídica (*sucessio in ius* = sucessão na situação jurídica); como parentesco (*ius cognationis* = parentesco cognatício); e no sentido de estado (*ius fundi* = estado do imóvel).[4]

63. Ius e fas[5] – No período histórico,[6] os conceitos de *ius* e de *fas* estão perfeitamente definidos. *Ius* é o direito profano; *fas*, o direito sagrado. O *fas* atua, principalmente, no campo do direito público (assim, são *leges sacratae* que tornam invioláveis os tribunos da plebe); no direito privado, ele tem influência, apenas, nas relações jurídicas de família, em virtude da importância da religião doméstica. Mas, gradativamente, o *ius* se vai impondo ao *fas*, de modo que, no direito clássico, é diminuta a influência deste.

---

1   *Vide*, a respeito, Santi Romano, *L'Ordinamento Giuridico*, Firenze, 1951 (*ristampa della II edizione*). Grosso, *Problemi Generali del Diritto attaverso il Diritto Romano*, 2ª ed., p. 2 e segs., Torino, 1967, tentou, com base no direito romano, demonstrar a exatidão dessa teoria. Muito elucidativas são as páginas que Orestano, que é adepto da teoria institucional, a ela dedicou em *I Fatti di Normazione nell'Esperienza Romana Arcaica*, nos 5 a 9, pp. 10 a 28, Torino, 1967.

2   *Diritto Privato Romano*, § 1º, p. 25, Napoli, 1958 (na 12a ed. dessa obra, Napoli, 2001, Guarino, que continua a seguir a concepção tradicional do direito que é a da teoria normativa, resume as linhas fundamentais da teoria institucional na nota 14, p. 26). Sobre a teoria institucional, *vide*, também, o mesmo Guarino, *Ordinamento Giuridico Romano*, 5a ed., nº 13, pp. 68/72, Napoli, 1990.

3   *Trattato di Diritto Civile Italiano*, I, p. 13, nota 1, Roma, 1921.

4   Cf. Matos Peixoto, ob. cit., I, nº 108, p. 206. Exemplos das diferentes acepções encontram-se em Heumann-Seckel, *Handlexikon zu den Quellen des Römischen Rechts*; 9ª ed., vb. *ius*, p. 300 e segs.

5   A propósito, *vide* Orestano, *Dal ius al fas – rapporto fra diritto divino e umano in Roma dell'età primitiva all'età classica*, in *Bullettino dell'Istituto di Diritto Romano*, vol. V, N.S. (1939), p. 194 e segs.

6   Isto é, a partir do momento em que temos documento escrito sobre o direito romano.

Se é certo, como salientamos, que no período histórico *ius e fas* são conceitos distintos e perfeitamente definidos – direito profano e direito sagrado –, o mesmo ocorreria nos primórdios de Roma? Diferiria, originariamente, o direito romano dos demais direitos antigos, que emanam da divindade, sendo suas regras mandamentos religiosos? Sobre esse problema, que diz respeito à gênese do *ius* – direito profano – em Roma, há duas correntes opostas. Para uma (representada, entre outros romanistas, por Beseler, Wenger e Huvelin), *ius e fas* eram, nas origens do direito romano, conceitos diferentes, como o demonstra a própria etimologia da palavra *ius*, derivada do mesmo radical que *iugum* e *iungere*, vocábulos que exprimem um vínculo estabelecido pela vontade humana, e estranho ao querer dos deuses. Para a outra – que é hoje a corrente dominante – há, a princípio, apenas regras religiosas; com o correr dos tempos é que vai surgir a distinção entre o *ius* (direito profano) e o *fas* (direito sagrado). Mas os autores, que seguem essa corrente, divergem quanto à concepção do modo por que surgiu a distinção entre o *ius* e o *fas*, originários ambos de normas religiosas. Entre as várias explicações – todas são conjecturas –, destaca-se, pela originalidade, a de Guarino: primitivamente a vontade divina se manifestava não pelo *fas* (o que é lícito, pela religião, fazer), mas pelo *nefas* (o que não se pode fazer); posteriormente, os romanos concluíram que tudo o que não fosse *nefas* (proibido fazer) seria *fas* (permitido fazer). O *fas*, portanto, era manifestação da vontade humana delimitada pelo *nefas* (exteriorização do querer dos deuses), e é da evolução do conceito de *fas* que vai surgir, mais tarde, o *ius*, quando, então, *fas* passa a significar *direito sagrado*, e *ius*, *direito profano*.[7]

64. A definição de Celso – Os juristas romanos usavam a palavra *ius*, entre outros significados, no sentido de *direito objetivo* e de *direito subjetivo*. Todavia, como não foram eles dados à abstração, não chegaram a fixar, expressamente, a diferença entre esses dois conceitos. O mesmo, aliás, ocorreu com a distinção entre norma jurídica e moral, que só foi estabelecida, com precisão, no século XVIII, por Cristiano Tomásio.[8]

Nas fontes romanas, porém, encontra-se uma definição de *ius* (direito), tomado em acepção objetiva. Lê-se, no *Digesto* (1, 1, 1, pr.), que Ulpiano considerava exata (*eleganter*) a definição de Celso: *ius est ars boni et aequi*.

O significado desse conceito tem sido objeto de grande controvérsia. Já se disse até (Schulz) que ele era de feitura retórica e vazia de conteúdo. Outros – Mühlenbruch e Bonfante – entendem que *ius* é empregado, aí, no sentido de *iurisprudentia*, sendo, portanto, uma definição desta. Há, ainda, os que pretendem (Dernburg e Monier) que, para Celso, o direito nada mais é do que a realização prática (*ars*) do bem comum (*bonum*) e da igual distribuição de justiça (*aequum*).[9]

---

7 Sobre o problema e as diferentes teses existentes, *vide* Guarino, *L'Ordinamento Giuridico Romano*, 3a ed., § 4º, p. 54 e segs., Napoli, 1959; e *Beduschi, Osservazioni sulle nozioni originali di Fas e Ius, in Rivista Italiana per le Scienze Giuridiche*, N.S., *anno* X (1935), p. 209 e segs.

8 Nesse particular, os romanos não foram além do preceito formulado por Paulo (D. L. 17, 144, pr.): *non omne quod licet honestum est* (nem tudo que é lícito é honesto).

9 Sobre essas teses, *vide* Riccobono, *Lineamenti delle Storia delle Fonti e del Diritto Romano*, p. 122 e segs.; e Matos Peixoto, ob. cit., I, § 108, p. 204 e segs.

82 | DIREITO ROMANO – *José Carlos Moreira Alves*

Parece-nos, porém, que a razão está com Biondi,[10] que vê na definição de Celso a exata conceituação do que, essencialmente, era o direito para o jurisconsulto romano: *a arte do bem e do justo*. Para os romanos, não há separação entre a teoria e a prática, pois toda atividade no campo jurídico tem em vista a atuação da justiça. O objetivo principal do direito é dirimir os conflitos de interesse, pela aplicação prática da justiça, que é sugerida ao jurisconsulto pela consciência social da época. Por isso, os romanos denominam *iurisprudentia* a ciência do direito, porquanto *prudentia* não é sinônimo de *sapientia* (o conhecimento em si mesmo), mas a *arte dirigida para alcançar certas coisas e evitar outras*. Ao definirem os romanos a *iurisprudentia* como "*diuinarum atque humanarum rerum notitia, iusti atque iniusti scientia*"[11] (notícia das coisas divinas e humanas, ciência do justo e do injusto), queriam com isso significar que o jurista há de ter pleno conhecimento da realidade (das coisas divinas e humanas), para fazer atuar a justiça, que é o fim essencial da *iurisprudentia*.

É preciso, finalmente, observar que nesse conceito de Celso o direito objetivo não é definido por suas características formais (como atualmente o fazemos ao conceituá-lo), mas, sim, pela sua substância, que é *aequitas* (*ars boni et aequi*).

Que vem a ser a *aequitas*?

65. Aequitas[12] – Também há controvérsia sobre seu conceito.

Alguns autores (assim, Beseler), baseando-se no fato de que o vocábulo *aequitas* se encontra em várias constituições de Justiniano e em muitos textos interpolados, pretendem que se deva eliminá-lo do vocabulário e do pensamento clássico: a *aequitas* somente teria surgido no direito pós-clássico.[13]

Melhor doutrina, no entanto, é a que entende que o conceito de *aequitas* não foi o mesmo no direito clássico e no pós-clássico.

Para os jurisconsultos clássicos, *aequitas* é o que, modernamente, se denomina *justiça*: aquele ideal ético que existe, em estado amorfo, na consciência social, e que tende a transformar-se em direito positivo. É ela – e a frase é de Scialoja[14] – uma tendência, uma visão ideal, algo que se contrapõe ao que é concreto. Por isso, o direito positivo pode entrar em choque com ela. E Celso, ao definir o *ius* como *ars boni et aequi*, pretendeu chamar a atenção para a circunstância de que, no período clássico, o direito é intimamente penetrado pela *aequitas*: trata-se de um *direito justo*.

---

10 *Istituzioni di Diritto Romano*, 3ª ed., § 14, p. 55 e segs.; e *La Ciencia jurídica como arte de lo justo, in Arte y Ciencia del Derecho*, trad. Latorre, Barcelona, 1953.

11 D. I, 1, 10, 2 (texto atribuído a Ulpiano).

12 Sobre a *aequitas* romana, *vide* Arnaldo Biscardi, *Riflessioni minime sul concetto di "aequitas", in Studi in memoria di Guido Donatuti*, I, pp. 137 a 142 (com ampla bibliografia), Milano, 1976.

13 *Vide*, a propósito, Albertario, *La considetta crise nel metodo interpolazionistico, in Studi di Diritto Romano*, V, p. 109, Milano, 1937.

14 *Corso di Istituzioni di Diritto Romano*, p. 29, Roma, 1934.

Bem diversa a noção de *aequitas* no período pós-clássico. Aí, em antítese com o *ius*, ela adquire o sentido de benignidade, benevolência (*humanistas, benignitas, benevolentia, pietas, caritas*). Com base nela, os imperadores romanos derrogam princípios jurídicos, como, por exemplo, permitem que os humildes (*humiliores*), em certos casos, se desliguem, por vontade unilateral, de vínculos contratuais.

66. Divisão e subdivisão do direito objetivo – O direito objetivo pode classificar-se quanto à forma, à fonte, à extensão e ao interesse.

Quanto à forma, ele se divide em *ius scriptum* (direito escrito) e *ius non scriptum* (direito não escrito). Essa classificação não é de origem clássica, mas pós-clássica, e derivou de ideias gregas. *Ius non scriptum* é o direito consuetudinário (os costumes); *ius scriptum* é representado pela lei, *senatusconsulto*, constituição imperial, edito dos magistrados e resposta dos jurisconsultos.

Quanto à fonte, o direito objetivo se classifica em *ius ciuile* (direito civil), *ius honorarium* ou *praetorium* (direito honorário ou pretoriano) e *ius extraordinarium* (direito extraordinário). O costume, a lei, o *senatusconsulto*, a resposta dos jurisconsultos e as constituições imperiais (apenas aquelas cujos preceitos são sancionados pelo processo formulário)[15] constituíam o *ius ciuile*. Os editos dos magistrados com funções judiciárias[16] formavam o *ius honorarium* ou *praetorium*. As constituições imperiais que se faziam valer pela *cognitio extra ordinem* integravam o *ius extraordinarium*. Essa divisão que se observa no período clássico desaparece no pós-clássico, onde o *ius ciuile*, o *ius honorarium* ou *praetorium* e o *ius extraordinarium* se unificaram num sistema único, a que se dá a denominação de *ius ciuile*.

Quanto à extensão, dividia-se o direito objetivo em *ius commune* (direito comum) e *ius singulare* (direito singular). Aquele se aplicava às pessoas, coisas e relações jurídicas em geral; este, a certa categoria de pessoas, coisas e relações jurídicas.[17] Por exemplo, as

---

15 *Vide*, a propósito, o nº 57, *in fine*.

16 Modernamente, Volterra defende a tese de que o Edito dos *edis curuis* não integrava o *ius honorarium* (cf. Guarino, que a combate, *L'Ordinamento Giuridico Romano*, 3a ed., p. 385 e segs., Napoli, 1959; e Impallomeni, *L'Edito degli Edili Curuli*, p. 1, Padova, 1955).

17 Em um texto atribuído a Paulo (D. I, 3, 16), encontra-se esta definição de *ius singulare*: "*Ius singulare est, quod contra tenorem rationis propter aliquam utilitatem auctoritate constituentium introductum est*" (o direito singular é aquele que foi introduzido pela autoridade dos que o constituem, por causa de alguma utilidade, contra a lógica). Sobre a controvérsia, a que dá margem a expressão *auctoritate constituentium introductum*, para se saber quais das fontes produtoras do direito o eram também do *ius singulare*, vide Orestano, *Ius singulare e Privilegium in Diritto Romano*, *in Annali della Università di Macerata*, vol. XI (1937), pp. 63 a 73. Segundo Robleda (*Introduzione allo Studio del Diritto Privato Romano*, 2ª ed., § 17, I, C, pp. 220/221, Roma, 1979), pelo menos a partir do período pós-clássico (e muito provavelmente desde o final do clássico, época em que escreveu Paulo), o *ius singulare* não é introduzido pelo costume ou pela jurisprudência, mas apenas pela autoridade dos imperadores. Distingue-se o *ius singulare do priuilegium*, que, no antigo Direito Romano, significava norma elaborada para causar dano a determinada pessoa (o que foi proibido pela Lei das XII Tábuas – *priuilegia ne inroganto* –, proibição, porém, muitas vezes desrespeitada,

84 DIREITO ROMANO – *José Carlos Moreira Alves*

formalidades testamentárias eram *ius commune*; as normas especiais para o testamento dos militares se enquadravam no *ius singulare*.

Finalmente, quanto ao interesse, classificava-se o direito objetivo em *ius publicum* (direito público) e *ius priuatum* (direito privado).[18]

Ius publicum, dizia Ulpiano (D. I, 1, 1, 2), *est quod ad statum rei Romanae spectat, priuatum quod ad singulorum utilitatem* (direito público é o que diz respeito ao interesse do Estado Romano; direito privado o que se refere ao interesse dos particulares). O critério distintivo, segundo o texto, é a *utilitas* (interesse). No entanto, contra ele, há uma objeção irrespondível: o que interessa ao Estado também é do interesse de seus cidadãos, e a recíproca é verdadeira. Em vista disso, admite-se que Ulpiano, em verdade, pretendesse, estabelecer a divisão com base na função imediata das normas jurídicas: as que interessam imediatamente ao Estado e apenas mediatamente aos cidadãos se enquadram no *ius publicum*; caso contrário, no *ius priuatum*.

O direito privado, por sua vez, se subclassifica. Ora os jurisconsultos romanos o subdividem em *ius ciuile* (direito civil) e *ius gentium* (direito das gentes); ora o subdividem em *ius ciuile* (direito civil), *ius gentium* (direito das gentes) e *ius naturale* (direito natural).

Qual a razão dessa divergência?

Alguns autores modernos[19] têm procurado explicá-la salientando que, no direito clássico, só havia a subdivisão dicotômica (*ius ciuile* e *ius gentium*), e que apenas no período pós-clássico surgiu a subdivisão tricotômica (*ius ciuile, ius gentium* e *ius naturale*).

A nosso ver, no entanto, é mais acertada a interpretação daqueles que entendem que a divergência decorre tão somente da posição em que se colocava o jurista romano.

O *ius ciuile* é o direito próprio de determinada *ciuitas*; é o direito do *ciuis* (cidadão); é o direito que não é comum às outras *ciuitates*. Já o *ius gentium* é o direito que é observado em Roma e nos outros povos conhecidos dos romanos. O direito romano, portanto, contém normas do *ius ciuile* (que lhe são próprias) e normas do *ius gentium* (que são comuns a Roma e aos demais povos de seu conhecimento). Por outro lado, há estreita vinculação entre o *ius gentium* e o *ius naturale*. Com efeito, o *ius naturale* – conceito derivado da filosofia estoica – é um conjunto de normas ditadas ao homem pela sua própria natureza racional, e em conformidade com a justiça. Daí o que caracteriza o *ius naturale* é a sua *universalidade*. Pois bem, se o *ius gentium* é o direito existente em todos os povos conhecidos dos romanos, e, portanto, universal, isso quer dizer que é ele uma expressão do *ius naturale*, porque, em virtude de sua universalidade, é fruto da própria natureza do homem. Com base nisso, alguns juristas romanos identificaram o *ius gentium* com o *ius naturale*, e subdividiram o direito privado em dois termos apenas: o *ius ciuile* e o *ius*

---

como ocorreu com a *Lex Clodia de exilio Ciceronis*, de 58 a.C.); no direito clássico, *priuilegium* passou a designar norma que atribuía vantagem a determinada pessoa ou a várias pessoas que se encontram em certa posição; no direito pós-clássico, é usado, por vezes, como *ius singulare*.

18 Sobre essa classificação, *vide* Grosso, *Riflessioni in tema de "ius publicum", in Studi in onore di Siro Solazzi*, p. 461 e segs., Napoli, 1948.

19 Entre outros, Perozzi, *Istituzioni di Diritto Romano*, vol. I, 2ª ed., p. 91.

gentium. Outros, no entanto, seguiram orientação diversa, porque a identificação entre o *ius gentium* e o *ius naturale* não era perfeita (basta, aliás, atentar para o seguinte fato: de acordo com direito natural, todos os homens são livres; a escravidão, sendo conhecida de todos os povos daquela época, é instituto do *ius gentium*, mas não do *ius naturale*). Por esse motivo, esses jurisconsultos eram favoráveis à subdivisão tricotômica.[20]

67. As fontes do direito objetivo[21] – As fontes do direito objetivo se dividem em fontes de produção e fontes de cognição.

As de *produção*, por seu turno, se subdividem em *fontes de produção em sentido material* (os órgãos que, segundo a estrutura política do Estado em determinada época, têm a função de criar as normas de direito) e *fontes de produção em sentido formal* (as formas em que o direito objetivo se manifesta, pois a norma jurídica, ao ser criada, se destaca do órgão que a produziu e assume forma concreta). Assim, enquanto o Senado Romano é *fonte de produção do direito em sentido material*, o *senatusconsulto* é *fonte de produção do direito em sentido formal*.

Já as fontes de cognição se constituem das notícias e elementos que nos fazem conhecer o direito objetivo nas várias épocas históricas. Elas também se subdividem em *fontes jurídicas e extrajurídicas*. As *jurídicas* são as que, em determinada época, foram *fontes de produção em sentido formal*, mas, no instante em que são estudadas, deixaram de sê-lo: assim, por exemplo, a Lei das XII Tábuas foi, em Roma, *fonte de produção em sentido formal*, reduzindo-se, hoje, a *fonte de cognição jurídica*. As *extrajudiciais* são as notícias que nos vêm dos autores literários, das inscrições em moedas e em monumentos, e pelas quais tomamos conhecimento do direito objetivo em determinada época histórica.

---

20 Como acentua Lombardi (*Sul Concetto di Ius Gentium*, p. 5 e segs., Roma, 1947), a expressão *ius gentium*, segundo a doutrina moderna, é usada em três acepções diversas: *a)* como complexo de normas e institutos relativos às relações entre estrangeiros e romanos, ou entre estrangeiros de diversos países, em Roma; *b)* como complexo de normas e institutos comuns aos vários povos; e *c)* como complexo de normas e institutos relativos às relações entre os vários Estados (o que, na nomenclatura moderna, se diria direito internacional público). Quanto à questão de saber se entre essas três acepções existe alguma relação, os autores que dela se ocupam deixam de lado, em geral, a terceira, e salientam que a primeira é a mais antiga, tendo servido de ponto de partida para a doutrina chegar, por abstração, à segunda. Lombardi, entretanto, combate a tese, e sustenta que, originariamente, *ius gentium* designava o complexo de normas e de institutos considerados pelos romanos como comuns a todos os povos; esse conceito é unitário e pode estender-se a todos os terrenos de direito, não apresentando qualquer elemento de internacionalidade; e as normas e os institutos nascidos das relações entre estrangeiros e cidadãos romanos só foram enquadrados na categoria do *ius gentium* provavelmente por obra dos juristas clássicos do século II d.C. Sobre os diversos aspectos do *ius gentium*, vide Max Kaser, *Ius Gentium*, trad. F.J.A. Santos, Granada, 2004.

21 Alguns autores – assim, Bobbio e Orestano (*I Fatti di Normazione nell'Esperienza Romana Arcaica*, nos 2 e 3, p. 4 e segs.,Torino, 1967) –, entendem que a expressão *fonte de direito*, além de metafórica, é ambígua, e a substituem por *fatos de produção normativa*, ou *fatos normativos*, ou *procedimentos normativos*, ou *fatos de produção jurídica* (expressões que designariam os fatos concretos e típicos aptos a produzir normas jurídicas positivas). Observa, porém, Groppalli (*Avviamento allo Studio del Diritto*, p. 80, Milano, 1951) que essas expressões – ele se refere especificamente a *fatos normativos* – são equívocas, razão por que é preferível conservar a designação *fonte de direito* que tem a seu favor a tradição.

DIREITO ROMANO – José Carlos Moreira Alves

Por ora, interessam-nos, apenas, as que foram *fontes de produção do direito romano em sentido formal*, que, aliás, já se estudaram nos capítulos iniciais deste livro, razão por que somente iremos recordá-las sumariamente.

Na realeza, tais fontes se resumem aos costumes dos antepassados (*mores maiorum*), já que, ao que tudo indica, as leis régias (*leges regiae*) são apócrifas.

Na república, além do costume, temos a lei comicial e o edito dos magistrados com funções judiciárias.

No principado, às fontes do direito existentes na república acrescentam-se os *senatusconsultos*, as constituições imperiais e as respostas dos jurisconsultos.

No dominato, as fontes se reduzem a duas: os costumes e as constituições imperiais.

68. O direito objetivo no espaço e no tempo – Quanto à aplicação do direito objetivo no espaço, o Estado pode observar um dos dois seguintes princípios:

a) o da territorialidade (segundo o qual ele aplica as suas leis a todas as pessoas – nacionais ou estrangeiras – que residam em seu território); ou

b) o da personalidade (em que os destinatários das suas normas jurídicas são apenas os seus cidadãos).

Por via de regra, Roma seguiu a segunda orientação: o direito privado romano se aplicava, geralmente, aos cidadãos romanos. Com referência à posição do direito romano em face dos bárbaros, latinos e estrangeiros, será ela objeto de estudo mais adiante, no nº 84.

Por outro lado, as normas jurídicas dispõem para o futuro, e não para o passado. Às vezes, porém, elas se afastam desse princípio e se aplicam, também, ao passado – nesse caso, diz-se que a lei é retroativa.[22]

Na república não encontramos preceito absoluto e geral que vede a retroatividade da norma jurídica, tanto assim que Cícero[23] nos informa que as leis civis continham geralmente cláusulas proibindo a sua retroatividade. O mesmo, no entanto, não ocorria com o *ius honorarium*, que, pela sua própria natureza, se aplicava retroativamente, porquanto o magistrado concedia a ação ou a denegava no momento em que as partes litigantes compareciam à sua presença, o que implica dizer que o princípio a ser aplicado no caso era o do edito desse magistrado, ainda que o fato tivesse ocorrido durante a magistratura de um de seus antecessores, cujo edito dispusesse, a respeito, de modo diferente.

---

22 Ademais, no direito romano, permanecia em vigor uma lei até que fosse revogada por outra, ou pelo desuso. A revogação total denomina-se ab-rogação; a parcial, derrogação (cf. Ulpiano, *Regras*, I, 3). Já a Lei das XII Tábuas (tab. XII, 5) estabeleceu que a lei posterior revoga a anterior. Para isso, no entanto, é preciso que haja antinomia entre elas, pois, em caso contrário, a lei posterior se incorpora à anterior. Quanto à revogação pelo desuso, embora haja opiniões divergentes (como a de Solazzi – *vide* o capítulo IV, nota 10, desta obra), ela já ocorria no período clássico, e persiste no direito justinianeu.

23 *Actionis in C. Verrem secundae liber primus*, XVII, 109.

Nos primeiros séculos do império, também não encontramos nos juristas clássicos o princípio da irretroatividade; e sabemos que os *senatusconsultos* Tertuliano e Orfitiano se aplicavam retroativamente, respeitando, contudo, a sentença irrecorrível e os atos jurídicos cujos efeitos já se tivessem produzido.

No direito pós-clássico, Teodósio I, em 393 d.C., estabeleceu a regra de que as leis dispõem apenas para o futuro (*Omnia constituta non praeteritis calumniam faciunt; sed futuris regulam ponunt*).[24] Posteriormente, em 440 d.C., Teodósio II e Valentiniano III[25] confirmaram esse princípio, admitindo, porém, que a lei nova pudesse ser retroativa quando expressamente o declarasse, retroatividade que encontrava, sempre, como limite intransponível, a coisa julgada. O texto dessa constituição chegou até nós inserido no Código de Justiniano, e os romanistas discutem se aí se reproduziu o teor original,[26] ou se Justiniano o alterou (neste caso, a única inovação introduzida por Teodósio II e Valentiniano III teria sido a ressalva de a lei nova poder ser retroativa se expressamente o declarasse; a Justiniano seria devida a limitação em face da coisa julgada).[27]

Em várias constituições de Justiniano[28] se acha dito expressamente que elas não têm aplicação retroativa. A própria lei retroativa não pode prejudicar a coisa julgada ou o que se estabelece numa transação.[29] Na Nov. XV, pr. e *caput*1, declara Justiniano que, se a lei mudar depois de prolatada a sentença mas antes de estar julgada a apelação, ainda que a lei nova se afirme retroativa, deverá a apelação ser julgada em face da lei vigente ao tempo da sentença. Se se trata, finalmente, de lei interpretativa, tem ela aplicação ao passado,[30] respeitadas, porém, a coisa julgada e a transação.[31]

69. Interpretação – Modernamente, a interpretação significa apenas a determinação do sentido e do alcance da norma jurídica. É ela, portanto, indispensável à aplicação da norma abstrata ao caso concreto.

Em Roma, era bem mais ampla a esfera da *interpretatio* (interpretação).

---

24 C. Th I, 1, 3.

25 C. I, 14, 7.

26 Nesse sentido, Broggini, *La retroatività della lege nella prospectiva Romanistica, in Coniectanea (Studi di Diritto Romano)*, p. 398, Milano, 1966.

27 Assim, Marky, *Appunti sul problema della retroattività delle norme giuridiche nel Diritto Romano, in Bullettino dell'Istituto di Diritto Romano, nuova serie*, vols. XII-XIII (vols. LIII-LIV *della Collezione*), p. 271, que sustenta que a frase *adhuc pendentibus negotiis*, que se encontra no texto da constituição como está no C. I, 14, 7, é um acréscimo justinianeu.

28 C. IV, 35, 23, 3; C. VI, 51, 1, 15; C. VI, 55, 12; Nov. XVIII, 5; Nov. LIV, 1.

29 Const. Tanta, § 23; C. I, 2, 22, 1; C. I, 53, 1, 4; C. VI, 58, 15, 5.

30 Nov. XIX, *praefatio*.

31 Apropósito da aplicação da norma jurídica no tempo, em direito romano, *vide*, além dos trabalhos citados nas notas anteriores, Affolter (*Geschichte des Intertemporalen Privatrechts*, pp. 19 a 114, Leipzig, 1902 – é o primeiro volume, primeira parte, da obra *Das Intertemporale Recht*) e Ferrini (*Manuale di Pandette*, 4ª ed., nos 26 a 28, p. 39 e segs., Milano, 1953).

DIREITO ROMANO – *José Carlos Moreira Alves*

A princípio, a *interpretatio* dos pontífices e dos primeiros juristas leigos diferia bastante da interpretação moderna, pois, por meio daquela, se aplicava norma jurídica existente para atingir fim diverso daquele para que fora criada. Por exemplo, a Lei das XII Tábuas estabelecia que, se o *pater familias* vendesse três vezes o filho, este se libertaria do pátrio poder.[32] A finalidade do preceito era punir o *pater familias* que assim procedesse, fazendo-o perder a *patria potestas* sobre o filho. Mas os juristas, pela *interpretatio*, se serviram dessa norma para criar um modo legítimo de emancipação do filho, mediante três vendas simuladas (*vide* n.ºs 276-B e 280).

No direito clássico, em virtude de *ius honorarium*, decai essa atividade criadora dos jurisconsultos, que, no entanto, continuam a utilizar-se da *interpretatio* no sentido moderno. E, quando os juristas romanos interpretavam a norma jurídica, eles se valiam de métodos que ainda hoje são utilizados. Assim, interpretavam a norma gramatical-mente (*interpretação gramatical ou literal*), procurando determinar-lhe o significado pelas palavras de seu texto (isto é, a *letra da lei*); mas não se limitavam a isso: iam além – lançavam mão da *interpretação* lógica, para verificar se a *letra da lei* correspondia ao seu *espírito* (para isso, orientavam-se por princípios como os seguintes: deve-se atentar para a finalidade da lei – *ratio legis* –, para os antecedentes que a motivaram – *occasio legis* –, e para o sentido que sempre se lhe atribuiu; bem como repelir a interpretação que conduza a sentido absurdo ou inaplicável). Enfim, recorriam à *interpretação sistemática*, isto é, ao confronto entre a norma objeto de interpretação e as demais referentes a matérias correlatas, para investigar – já que o direito é um todo uniforme, e não um conjunto de compartimentos estanques – quais as diretrizes dominantes em que elas se apoiavam.

A utilização desses métodos conduziam o jurista a uma destas atitudes:

a) ou verificava que o *espírito da lei* correspondia à *letra*, não havendo necessidade, portanto, de restringi-la ou ampliá-la (*interpretação declaratória*);

b) ou observava que a *letra da lei* era mais ampla do que seu *espírito* (ela dizia mais do que pretendera), e, então, a restringia para não aplicá-la a casos que, à primeira vista, estavam compreendidos em seu texto (*interpretação restritiva*);

c) ou concluía pela hipótese contrária: a *letra da lei* era mais restrita do que seu espírito (a lei dissera menos do que pretendera); e, então, a estendia para abranger os casos que, aparentemente, estavam excluídos de seu texto (*interpretação extensiva*);[33]

---

32 Tábua IV, 2.

33 Exemplo de interpretação extensiva (feita pelo jurisconsulto Sabino) se encontra em Gaio, *Institutas III*, 218, *in fine*: "*Hoc tamen capite non quanti in eo anno, sed quanti in diebus XXX proximis ea res fuerit damnatur is qui damnum dederit. Ac ne Plurimi quidem uerbum adicitur, et ideo quidam putauerunt liberum esse iudici uel ad id tempus ex diebus XXX aestimationem redigere quo plurimi res fuit, uel ad id quo minoris fuit; sed Sabino placuit proinde habendum ac si et hac parte Plurimi uerbum adiectum esset; nam legis latorem contentum fuisse quod prima parte eo uerbo usus esset*"(Por esse capítulo, o que causou o dano é condenado, não no valor da coisa no ano, mas nos últimos trinta dias. E não se acrescenta a palavra MÁXIMO (valor máximo); por isso alguns julgaram ser livre ao juiz fazer a avaliação no momento, dentro dos trinta dias, no qual ocorreu o valor máximo, ou no qual se verificou o valor mínimo; mas a Sabino pareceu se deveria ter como se houvesse

d) ou se convencia de que a norma interpretada nem mesmo implicitamente abarcava determinada hipótese, mas apenas disciplinava outra semelhante; e, em sendo assim, o intérprete estendia a aplicação da norma a caso análogo ao que ele se referia (*aplicação analógica*, que, em realidade, não é espécie de interpretação da lei, mas, sim, meio de suprir as lacunas da lei).[34]

No direito justinianeu, a compilação de Justiniano pode ser considerada sob um de dois prismas:

– ou como um corpo de leis emanadas do imperador, e vigentes ao mesmo tempo no tocante às Institutas, ao Digesto e ao Código, que, embora promulgados em épocas diversas, deveriam ser tidos como uma única obra, razão pela qual só as Novelas eram leis posteriores, a elas se aplicando o princípio *lex posterior derogat priori* e, não obstante tenha Justiniano entendido como simplesmente aparentes as antinomias entre os textos dessas compilações, o que é certo é que elas existem em alguns casos, sendo difícil a sua solução;

– ou essa compilação é considerada, para nós, como uma coleção de opiniões de juristas contidas em suas obras, cujos métodos de interpretação visam a restituir, no possível, o significado da obra genuína de que foi extraído.

Essas interpretações são diversas, tendo em vista os fins que constituem o objeto da denominada *interpretatio duplex*.

---

sido acrescentada a palavra MÁXIMO, pois o legislador se contentara em usar desse termo no primeiro capítulo).

34 Sobre os princípios que se encontram nas fontes romanas acerca da interpretação do *ius scriptum* (direito escrito), *vide* Eckhardt, *Hermeneutica Juris, editio noua curante*, C. W. Walch, Lipsiae, 1802; Thibaut, *Theorie der logischen Auslegung des Römischen Rechts*, Altona, 1799 (dessa obra há tradução italiana: *Teoria dell'Interpretazione Logica del Diritto in Generale e del Diritto Romano in Particolare*, trad. De Marinis, Napoli, 1872); Savigny, *Sistema del Diritto Romano Attuale*, vol. I, trad. Scialoja, § 32 e segs.; p. 215 e segs., Torino, 1886; e Vonglis, *La Lettre et l'Esprit de la Loi dans la Jurisprudence Classique et la Rhétorique*, Paris, 1968.

IX

A RELAÇÃO JURÍDICA E O DIREITO SUBJETIVO

> **Sumário: 70.** O direito subjetivo em face da relação jurídica. **71.** A inexistência do direito subjetivo no direito romano: tese de Villey e refutação de Pugliese. **72.** Esquema de exposição.

70. O direito subjetivo em face da relação jurídica – A norma jurídica se dirige, em geral, a duas partes, atribuindo a uma a faculdade de exigir da outra determinado comportamento. A relação que se estabelece entre elas, vinculando-as, denomina-se *relação jurídica*; quem tem a faculdade de exigir o comportamento é o titular do *direito subjetivo*; quem está sujeito a observá-lo é o titular do *dever jurídico*. Portanto, a relação jurídica estabelece um elo entre dois elementos: de um lado, o *direito subjetivo*; de outro, o *dever jurídico*. Daí o princípio: a todo direito subjetivo corresponde um dever jurídico.

Em face dessa colocação, o direito subjetivo nada mais é do que a relação jurídica focalizada pelo seu aspecto dominante de poder. Por isso, Perozzi o define como a *faculdade concedida pelo direito objetivo a alguém de exigir um certo comportamento de outrem*.[1]

A nosso ver, e embora reconhecendo que essa definição não satisfaz às exigências requeridas por uma conceituação que abranja todos os aspectos fundamentais do direito subjetivo (problema, aliás, que, para o jurista, tem constituído enigma semelhante ao com que se defrontam os matemáticos com referência à quadratura do círculo),[2] tem

---

1   *Istituzioni di Diritto Romano*, 2ª ed., I, § 8º, pp. 81 e 82.

2   Há, modernamente, grande controvérsia sobre o conceito de direito subjetivo. Alguns autores – assim, Duguit e Kelsen – chegam a negar a sua existência. Duguit, por exemplo, acentua que, em vez de *direito subjetivo*, o que há é *situação jurídica* (aquela em que alguém, em decorrência de lei ou de contrato, se encontra no cumprimento de uma função de interesse da sociedade). A diferença entre as duas concepções – direito subjetivo e situação jurídica – ressalta, claramente, neste exemplo de Groppali (*Avviamento allo studio del diritto*, p. 96, Milano, 1951): concebido como *direito subjetivo*, o direito de propriedade é o direito de usar, gozar e dispor de uma coisa nos limites estabelecidos por lei; caracterizado como *situação jurídica*, é ele uma situação com base na qual o proprietário é protegido, em seus atos, enquanto cumpre função de interesse social. Essas teorias negativistas, no entanto, não têm encontrado maior ressonância. Mas, no conceituar o direito subjetivo, a discussão é infindável, e os juristas seguem – conforme o encarem como poder da vontade, ou como interesse, ou com relação à tutela – uma das seguintes correntes: *a) teoria da vontade* (Windscheid: o direito subjetivo é o poder ou domínio da vontade conferido pela ordem jurídica); *b) teoria do interesse* (Ihering: o direito subjetivo é o interesse juridicamente protegido); *c) teorias da garantia* (por exemplo, a de Barthélemy: o direito subjetivo é aquele cuja realização pode ser obtida por um meio jurídico – que é a ação judicial – à disposição do seu titular); e *d) teorias ecléticas* (aquelas que

ela a vantagem de conceituá-lo tomando por base a razão de ser da ordem jurídica, tão bem caracterizada por Hermogeniano: *hominum causa omne ius constitutum est*[3] – "não existiria necessidade de ordem jurídica se não houvesse os homens".

71. A inexistência do direito subjetivo no direito romano: tese de Villey e refutação de Pugliese – Os autores, embora acentuem que os jurisconsultos romanos, por não serem dados a abstrações[4] não fizeram, teoricamente, distinção entre direito objetivo e direito subjetivo, reconhecem, em geral, que eles tinham noção da existência de atribuições jurídicas às pessoas, ou seja, do que hoje denominamos *direito subjetivo*.

Nos últimos tempos, no entanto, alguns – entre os quais se destaca Villey,[5-6] que na formação de sua teoria se baseou em ideias de Monier[7] – têm procurado demonstrar

---

procuram conceituar o direito subjetivo, utilizando-se conjuntamente dos três elementos: vontade, interesse e garantia). Sobre o assunto, *vide* o amplo estudo de Espínola e Espínola Filho no Volume IX (*Dos direitos subjetivos*) do *Tratado de Direito Civil Brasileiro*, Rio de Janeiro, 1941.

3   D. I, 5, 2.

4   Salienta Schulz (*I Principii del Diritto Romano*, trad. Arangio-Ruiz, p. 37 e segs., Firenze, 1946) que a hostilidade dos romanos à abstração se revela por várias circunstâncias: pela relutância em fixar os conceitos jurídicos; pela inexistência de expressões técnicas para designar os mais importantes deles (assim, por exemplo, não tiveram os romanos termos técnicos para exprimir capacidade jurídica, negócio jurídico, direito real); pela falta de definição de palavras empregadas em sentido técnico, ou pela imperfeição das definições que se encontram nas fontes; pela relutância na formulação abstrata das normas jurídicas; e pela ausência de interesse de sistematização por parte da doutrina.

5   *Vide*, entre outros trabalhos de Villey, estes: *"Le 'ius in re' du droit romain classique au droit moderne*, in *Conferénces faites à l'Institut de Droit Romain en 1947*, p. 187 e segs., Paris, 1950; e 'Les Institutes de Gaius et l'idée du Droit Subjetf'", in *Leçons d'histoire de la Philosophie du Droit*, nouvelle édition, p. 167 e segs., Paris, 1962.

6   Alvaro D'ors (*Aspectos objetivos y subjetivos del concepto de "ius"* in *Studi in memória di Emílio Albertario*, vol. II, p. 279 e segs., Milano, 1953), depois de acentuar que Villey expôs com clareza o que se pode denominar *objetivismo essencial* da concepção jurídica dos romanos, que se preocupavam com as pessoas, as coisas e as ações em si mesmas, e não com as relações que elas têm com o sujeito de direito, segundo o modo moderno de ver, assevera que, no direito romano clássico, não se conheceu a distinção rígida entre o direito objetivo e o direito subjetivo. *Ius*, para os juristas clássicos, não era expressão que ora significasse direito objetivo, ora direito subjetivo, mas tinha um sentido intermediário, de certo modo ambivalente ou equidistante em face dessas duas acepções extremadas. *Ius* significava, para eles, o que podemos traduzir pela expressão posição justa, posição jurídica, certo como que é que o termo *posição* indica, encarado objetivamente, colocação que se coordena com outras colocações segundo uma "ordem justa", e, encarado subjetivamente, supõe pretensão contraposta a terceiros. Assim, por exemplo, *ius dicere* significa precisamente "declarar a posição que resulta justa de um dos litigantes"; *cessio in iure* "supõe uma cessão de uma posição jurídica e não de um direito subjetivo, o que explica a exclusão de toda ideia de transmissão"; *ius altius tollendi* "não é a faculdade de elevar o edifício, mas a *posição* justa de edifício elevado". Salienta, ainda, D'ors que a distinção entre normatividade e titularidade de faculdades não era perceptível aos romanos do período clássico em virtude da pluralidade de fontes de direito nessa época. Isso deixou de ocorrer quando a criação do direito se tornou monopólio do imperador: as leis imperiais são normas, e o *ius* que constituem é direito objetivo no sentido moderno da

que, no direito romano, não havia sequer lugar para o que chamamos *direito subjetivo*, porquanto, para seus jurisconsultos, no mundo jurídico somente se distinguiam as *personae* (pessoas), as *res* (coisas) e as *actiones* (ações); e o que hoje consideramos *direito subjetivo* se enquadrava entre as *res* (coisas). Em síntese, os romanos só teriam conhecido *instituições jurídicas objetivas (personae, res, actiones)*; eles encaravam o direito sob um ângulo puramente objetivo, não conferindo às pessoas as faculdades que, para os modernos, são *direitos subjetivos*.

Analisando essa concepção, Pugliese[8] refutou-a, a nosso ver, de maneira irrespondível. Com efeito, a tese de Villey somente poderia ser demonstrada se ficasse provado que os romanos, além de não haverem conceituado o direito subjetivo, desconheceram a realidade dele, não tendo a ordem jurídica de Roma atribuído às pessoas as faculdades em que, modernamente, se traduz o direito subjetivo. E Villey não conseguiu caracterizar esse fato. Basta – como salienta Pugliese – atentar-se para este fragmento de Ulpiano (D. I, 3, 41), onde, irrefutavelmente, a palavra *ius* é empregada em acepção subjetiva:

"*Totum autem IVS consistit aut in adquirendo aut in conseruando aut in minuendo: aut enim hoc igitur quemadmodum quid cuiusque fiat, aut quemadmodum quis rem uel IVS suum conseruet, aut quomodo alienet aut amittat*" (Todo direito consiste ou na aquisição, ou na conservação, ou na diminuição, pois ou se trata de como alguém adquire alguma coisa de outrem ou de como conserva a coisa ou seu direito, ou de como aliena ou perde).

Com efeito, o *ius* que *consistit aut in adquirendo aut in conseruando aut in minuendo* é o direito objetivo que se constitui de normas para a aquisição, conservação ou perda do *ius suum* (expressão que, no texto, é empregada em oposição a *res*, coisa: *rem uel ius suum*), isto é, do direito subjetivo.[9]

---

expressão. E, na época pós-clássica, vai surgir a ideia de *ius* como direito subjetivo, conforme se verifica em vários textos que foram interpolados, como, por exemplo, os que se encontram no D. I, 3, 41; D. L, 17, 175, 1; D. I, 5, 20, 1.

7   *La date d'apparition da dominium et de la distinction juridique des res incorporales et incorporales, in Studi in onore di Siro Solazzi*, p. 357 e segs., Napoli, 1948.

8   "*Res corporales*", "*res incorporales*" *e il problema del diritto soggettivo, in Studi in onore di Vicenzo Arangio-Ruiz nel XLV anno del suo insegnamento*, III, p. 223 e segs., Napoli, sem data. Contra a tese de Villey pronunciaram-se também Franco Pastori (Profilo Dogmatico e *Storico dell'Obbligazione Romana*, p. 83 e segs., Milano-Varese, 1951) e, mais recentemente, Olis Robleda S. J. (*El Derecho Subjetivo en Gayo, in Studi in Onore di Gaetano Scherillo*, I, pp. 7 a 17, Milano, 1972).

9   Observa Pugliese (ob. cit., p. 234, nota 31) que nem sequer Villey suspeita da autenticidade desse texto, que, para ele, Pugliese, é genuinamente clássico. Alvaro D'ors (*Aspectos objetivos y subjetivos del concepto de "ius" in Studi in memoria di Emilio Albertario*, vol. II, pp. 298/299, Milano, 1953), porém, o considera interpolado, sob o fundamento de que sua forma é, gramaticamente, inadmissível; possivelmente Ulpiano trataria, no texto genuíno, apenas dos *iura praediorum*, tendo os bizantinos, mediante alterações, dado valor geral às suas palavras.

DIREITO ROMANO – *José Carlos Moreira Alves*

Nas próprias *Institutas* de Gaio (IV, 3), lê-se que a *actio* é *in rem* quando se afirma na fórmula *rem corporalem nostram esse aut ius aliquod nobis competere* ("ser a coisa corpórea nossa ou competir a nós algum direito"), o que mostra que, para Gaio, o *ius* não tinha a mesma natureza da *res*, ainda que coisa incorpórea, pois, caso contrário, teria dito ele que na *actio in rem* se afirmava na fórmula *rem corporalem uel incorporalem nostram esse*. Com isso, observa Pugliese, Gaio nos mostra que a expressão *res incorporalis* constituía simplesmente um modo de indicar o *ius*, modo útil sob certos aspectos, mas incapaz de subverter a realidade.

E, se os romanos atribuíram às pessoas faculdades a que modernamente damos a denominação de direito subjetivo, é válido empregarmos, no estudo do direito romano, esse conceito, pois – e as palavras são de Pugliese – "os conceitos de teoria geral moderna servem precisamente para traduzir o direito romano em linguagem inteligível; e, se empregados com a necessária prudência, se prestam a colocar em relevo quanto há de comum, de peculiar ou de diferente no direito romano com relação ao direito moderno".[10] E exata, ainda, é esta observação: "Se o direito romano devesse ser exposto para cada época de sua história com os conceitos elaborados pelos juristas da mesma época, dever-se-ia limitar a exposição apenas aos períodos (dois ou três séculos no máximo) de que conhecemos as obras e, até certo ponto, os conceitos dos juristas, mas, sobretudo, não se conseguiria torná-lo inteligível nem aos juristas e estudantes de direito, nem possivelmente aos historiadores puros, que considerassem o direito romano apenas como um elemento do quadro mais amplo da civilização de Roma. Sem os pontos de contato e os termos de confronto constituídos pelos conceitos familiares a nós, o direito romano, como qualquer outro direito histórico, permaneceria um mundo fechado, em si mesmo, privado de significado e de interesse".[11]

72. Esquema de exposição – Iremos, a seguir, estudar as relações jurídicas, visando, principalmente, ao seu aspecto dominante de poder, que é o direito subjetivo.

Em primeiro lugar, analisaremos os elementos do direito subjetivo:

a) as *pessoas* como seus titulares;

b) as *coisas* como seu objeto;

c) os *fatos jurídicos* como acontecimentos que lhe dão nascimento, o conservam, o modificam, o transferem ou o extinguem; e

d) a ação judicial como seu elemento de proteção.

---

10 Ob. cit., p. 227.

11 Ob. cit., p. 227. Orestano (*I Fatti di Normazione nell'Esperienza Romana Arcaica*, nº 4, pp. 9/10, Torino, 1967), que sustenta a mesma tese, adverte, porém, que o emprego de conceitos modernos para aclarar institutos jurídicos antigos deve ser feito com cautela, para que se apliquem aqueles que são mais idôneos a representar e a esclarecer as situações do passado.

Depois, na parte especial destas Instituições, examinaremos as diferentes relações jurídicas de direito privado, nas quatro seguintes seções:

a) direito das coisas;

b) direito das obrigações;

c) direito de família; e

d) direito das sucessões.

X

PESSOA FÍSICA OU NATURAL
(REQUISITOS DE EXISTÊNCIA DO HOMEM)

> **Sumário: 73.** Os sujeitos de direitos subjetivos. **74.** Requisitos da existência do ser humano. **75.** Nascimento. **76.** Vida extrauterina. **77.** Forma humana. **78.** Controvérsia sobre a vitalidade. **79.** O nascituro.

73. Os sujeitos de direitos subjetivos – Sendo o direito subjetivo *a faculdade concedida pelo direito objetivo a alguém de exigir certo comportamento de outrem*, não há, obviamente, direito subjetivo sem titular.[1]

O sujeito de direito subjetivo é denominado, tecnicamente, *pessoa*. Os romanos, porém, não possuíam termo específico para exprimi-la. A palavra latina *persona* (que originariamente quer dizer *máscara*) é utilizada nos textos, com a significação de homem em geral, independentemente de sua condição de sujeito de direito, tanto que se aplica aos escravos, que, em Roma, jamais foram sujeitos de direito, mas, sim, coisas, isto é, objetos de direitos. Também *caput*, embora às vezes empregado em sentido técnico, geralmente não o é.

Há duas categorias de pessoas: as *pessoas físicas ou naturais* (os homens que não os escravos) e as *pessoas jurídicas ou morais* (seres abstratos que a ordem jurídica considera sujeitos de direitos; assim, as associações e as fundações).

74. Requisitos da existência do ser humano – As pessoas físicas são os homens. No entanto, nem todo homem é pessoa física (basta atentar para os escravos). Para que o seja, são necessários dois elementos:

a) que o homem exista para a ordem jurídica; e

b) que ele tenha *personalidade jurídica*.

---

1 Modernamente alguns autores, a partir de Windscheid (*vide Lehrbuch des Pandektenrechts*, I, 9a ed., § 49, p. 219 e segs.), defendem a existência de direitos sem sujeito, como, por exemplo, ocorreria no caso de herança jacente (herança que jaz à espera de aceitação pelos herdeiros). Essa tese, em nosso entender, não procede, pois, nas hipóteses em que se vislumbram direitos subjetivos sem sujeito, o que há, apenas, é a indeterminação, por algum tempo, do titular, continuando a existir a eficácia passiva do direito, isto é, o estado de sujeição em que se encontra a coisa ou pessoa (*vide*, a propósito, Ferrara, ob. cit., I, p. 453 e segs., e Coviello, *Manuale di Diritto Civile Italiano, parte generale*, 3ª ed., p. 143, Milano, 1924).

DIREITO ROMANO – *José Carlos Moreira Alves*

Neste capítulo, trataremos apenas do primeiro elemento (a existência do ser humano); do segundo (personalidade jurídica), ocupar-nos-emos no seguinte.

Reconhece a ordem jurídica a existência de um ser humano quando se preenchem certos requisitos. Modernamente, basta, em geral, o nascimento com vida para que, juridicamente, se configure um homem. O mesmo, no entanto, não ocorria em Roma, pois, embora os jurisconsultos não tenham estabelecido, expressamente, quais os requisitos da existência do ser humano, os romanistas, geralmente, com base nos textos, acordam em que eram exigidos, pelo menos, três: 1º) o *nascimento*; 2º) a *vida extrauterina*; e 3º) a *forma humana*. E discutem sobre a necessidade de outro: a *vitalidade* (também denominada *viabilidade* ou *maturidade fetal*).

75. Nascimento – O feto, segundo os juristas romanos, é apenas parte das vísceras da mulher (*"partus enim antequam edatur, mulieris portio est uel uiscerum"* = o feto antes de vir à luz é porção da mulher, ou de suas víceras)[2] e não podia, portanto, ser considerado homem (*"partus nondum editus homo non recte fuisse dicitur"* = o feto que ainda não foi dado à luz não se diz que seja um homem).[3]

O nascimento ocorre, quer o parto seja natural, quer se tenha verificado mediante intervenção cirúrgica, a qual, entre os romanos, somente se fazia em cadáver de mulher que, ao falecer, estivesse grávida.

Demais, não procede a tese de Pacchioni,[4] baseada em duas passagens do *Digesto* (XXXV, 2, 9, 1; e L, 16, 161), de que não bastava, para configurar o nascimento, que o feto fosse expulso do ventre materno; seria necessária, ainda, a ruptura do cordão umbilical, pois até que ela se verificasse não haveria total separação dos dois organismos (o da genitora e o do filho). Com efeito, os próprios textos invocados pelo romanista italiano não lhe dão apoio à tese.

76. Vida extrauterina – Não basta que haja, apenas, o nascimento. É mister, ainda, que ocorra a vida extrauterina; em outras palavras: é necessário que a criança *venha à luz com vida*.

Quando a vida se prolonga algum tempo após o nascimento, não há qualquer problema quanto à apuração de sua existência: ela se demonstra por si mesma. Casos, no entanto, se verificam em que a criança nasce viva, mas, quase instantaneamente, morre. Com referência a essa hipótese, havia, no direito clássico romano, discussão entre proculeianos e sabinianos sobre os sinais que caracterizavam o início da vida extrauterina. Os proculeianos entendiam que ela surgia no momento em que a criança vagisse; já os sabinianos eram mais liberais: admitiam que o recém-nascido vivera desde que houvesse

---

2   D. XXV, 4, 1, 1.
3   D. XXXV, 2, 9, 1.
4   *Corso di Diritto Romano*, vol. II, § 20, p. 51, Torino, 1910.

Cap. X · PESSOA FÍSICA OU NATURAL (REQUISITOS DE EXISTÊNCIA DO HOMEM) | 99

apresentado qualquer indício de vida. A controvérsia somente foi dirimida por Justiniano,[5] que acolheu a opinião dos sabinianos.

77. Forma humana[6] – Embora vários textos jurídicos[7] aludam à forma humana, nenhum deles, no entanto, a define. Por outro lado, sabemos que aquele que não a possuísse era considerado *monstrum, prodigium* ou *portentum* (palavras geralmente usadas como sinônimas).

O problema, quanto à caracterização desse requisito, não é saber o que era para os romanos a forma humana (obviamente a configuração normal do homem), mas determinar os casos em que ela inexistia. Em síntese: que era o *monstrum, prodigium* ou *portentum*?

Desde os glosadores até o século XIX, considerou-se *monstrum* o ser que, embora nascido de mulher, apresentasse, no todo ou em parte, conformação de animal, o que demonstraria ter sido ele gerado de *coitus cum bestia*. No século XIX, porém, a medicina demonstrou que essas relações carnais são absolutamente estéreis, razão por que esses seres monstruosos não poderiam existir: todo aquele que nasce de ventre humano é homem. Nesse mesmo século XIX, surgiu a tese de que seriam monstros apenas os que não apresentassem, na cabeça, conformação humana, e isso se deduziu do fato de que os romanos, quando o cadáver era despedaçado, somente consideravam lugar sagrado aquele em que fosse enterrada a cabeça.[8] Mas essa conjectura não se baseia em qualquer fundamento sólido, pois decorre da aproximação – feita modernamente – de textos que tratam de assuntos absolutamente diversos (uns se referem à forma humana, e o outro – D. XI, 7, 44 –, ao sepultamento de cadáver desmembrado).

A nosso ver, em duas hipóteses os romanos consideravam monstros seres nascidos de mulher:

a) quando tivessem, no todo ou em parte, configuração de animal (os romanos acreditavam na possibilidade de nascerem seres híbridos ou inumanos da cópula entre animal e mulher);[9] e

b) quando apresentassem deformidades externas excepcionais, como, por exemplo, o caso de acefalia (ausência aparente de cabeça em criança, que, apesar disso, muitas vezes vive por algum tempo).

---

5 C. VI, 29, 3, 1.

6 A propósito, *vide* nosso trabalho *A forma humana no direito romano*, Rio de Janeiro, 1960 (republicado no livro de nossa autoria *Estudos de Direito Romano*, p. 101 e segs., Brasília, 2009); G. Impallomeni, *"In tema di vitalità e forma umana come requisiti essenziali alla personalità, in Iura"* (*Rivista Internazionale di Diritto Romano e Antico*), XXII – parte prima – (1971), pp. 99 a 120; e Danilo Dalla, *Status e rilevanza dell'"ostentum", in Ricerche di Diritto delle Persone*, pp. 29/46, Torino, 1995.

7 *Sentenças de Paulo IV*, 9, 3 e 4; D. I, 5, 14; D. L, 16, 38; D. L, 16, 135; C. VI, 29, 3, 1; e o escólio às *Basílicas* XLVI, 1, 11 (correspondente ao D. I, 5, 14).

8 *Vide* Mühlenbruch, *Doctrina Pandectarum*, § 177, p. 170, nota 10, Bruxellis, 1838.

9 Plínio, o Velho, informa (*Naturalis Historia*, VII, 2, 23) que, segundo Duris, alguns indianos copulavam com animais, nascendo, dessas relações, *mixtosque et semiferos partus*.

100 | DIREITO ROMANO – *José Carlos Moreira Alves*

A primeira hipótese é geralmente aceita pelos romanistas. A segunda não, pois há textos jurídicos[10] que acentuam que certas deformidades (como a multiplicidade de membros) não tiram da criança a configuração humana. Parece-nos, entretanto, que é preciso distinguir. Esses textos aludem, apenas, a casos de deformidades relativamente pequenas, e não àquelas formas teratológicas que se afastam, em muito, da conformação de um homem normal.[11] Há, em favor dessa tese, dois argumentos de relevo:

a) se a medicina provou, modernamente, a esterilidade do *coitus cum bestia* (donde a inexistência de tais seres híbridos ou inumanos), por que os jurisconsultos romanos, cujo apego à realidade é uma de suas características principais,[12] iriam ocupar-se, em vários textos, de hipótese que, pela sua inexistência real, seria despicienda na prática?

b) se apenas eram casos de monstruosidade ou de crianças com forma de animal, por que os textos jurídicos romanos esclarecem que a multiplicidade de membros não retirava ao recém-nascido a configuração humana? Tal observação, evidentemente, seria inepta.

Os textos jurídicos de que dispomos tratam da forma humana com relação à *agnatio postumi*, ao *senatusconsulto* Tertuliano, à *lex Iulia et Papia Poppaea* e à *agnatio postumi*. Paulo, nas *Sentenças* (IV, 9, 3 e 4), referindo-se ao *senatusconsulto* Tertuliano, esclarece que, com relação ao *ius liberorum*, não beneficia à mãe o ter dado à luz um ser monstruoso, pois não são filhos os que não têm forma humana. Já Ulpiano, quanto à *lex Iulia et Papia Poppaea*, não exige (D. L, 16, 38) a forma humana para os efeitos dela, o que vários autores explicam como interpretação benévola, pela qual apenas se impedia sofresse a mulher, que desse à luz um ser montruoso, a pena cominada por aquela lei à que não tivesse descendência. No tempo de Justiniano, o referido texto de Paulo foi incluído no *Digesto* (I, 5, 14), com alguma alteração de forma e com sentido diverso, pois está ele desvinculado do *senatusconsulto* Tertuliano e se apresenta como princípio geral. E Justiniano, no C. VI, 29, 3, 1, resumindo as condições que deve preencher o póstumo para que rompa o testamento de seu pai, exige que não seja ele *monstrum uel prodigium*.

78. Controvérsia sobre a vitalidade – No direito moderno, o vocábulo *vitalidade* é empregado em dois sentidos: um, *vitalidade própria* (aptidão do recém-nascido para a vida, por ser de tempo); outro, *vitalidade imprópria* (a mesma aptidão, decorrente, no entanto, de ausência de vícios orgânicos incompatíveis com a vida).[13]

No direito romano, porém, vitalidade (expressão moderna; os romanos diziam: *partus maturus* ou *perfectus*) somente pode ser entendida como *vitalidade própria*, pois

---

10 Paulo (*Sententiae* IV, 9, 4); D. I, 5, 14 e D. L, 16, 38.

11 Nesse sentido, há dois textos de Santo Agostinho (*De ciuitate Dei*, XXII, 12; e *Enchiridion*, capítulo LXXXVII), conforme o demonstramos em *A forma humana no direito romano*, p. 63 e segs. *Vide* também Lucano (*Bellum Ciuile*, I, 562/563) e Festo (*Pauli Excerpta*, verbete *monstra*, p. 147 da edição de Lindsay).

12 Leiam-se, a respeito, as belas páginas de Biondi, *Obbietto e metodi della scienza giuridica romana, in Scritti di Diritto Romano in onore di Contardo Ferrini*, p. 203 e segs., Milano, 1946.

13 A propósito, *vide* Isnardi, *Principio e Termine della Personalita dell'Individuo il codice civile*, p. 87 e segs., Torino, 1896.

Cap. X · PESSOA FÍSICA OU NATURAL (REQUISITOS DE EXISTÊNCIA DO HOMEM) | 101

todos os textos que têm sido invocados em favor de que a vitalidade era requisito da existência do homem se referem, inequivocamente, à madureza do feto.[14] Mas, mesmo no sentido de *vitalidade própria*, discutem os romanistas se era ela requisito para que a criança fosse tida como ser humano.

Os autores[15] que propugnam a afirmativa dizem que, em Roma, apenas era reputado ser humano recém-nascido que, além de preencher os três requisitos já estudados (nascimento, vida extrauterina e forma humana), fosse *vital*, isto é, nascesse depois de período, no mínimo, de seis meses de gestação, porquanto, segundo Hipócrates (e antes dele Pitágoras já o acentuara), era esse o menor tempo de gestação indispensável, normalmente, a que a criança, depois de nascida, pudesse continuar a viver. Mas ressalvam esses autores que a vitalidade só era levada em consideração como requisito para a existência do homem quando a criança, gerada menos de seis meses no ventre materno, nascia, vivia e falecia imediatamente após; se, porém, ela continuasse a viver, caía, obviamente, a presunção – que justificava o requisito *vitalidade* – de que ela não possuía condições para a vida.

A nosso ver, no entanto, têm razão os romanistas[16] que seguem a corrente oposta, pela qual a vitalidade não era requisito para a existência do ser humano, mas requerida, às vezes, para que a mãe, em virtude do nascimento do filho, adquirisse certos direitos. Assim, por exemplo, o *senatusconsulto* Tertuliano exigia, para que a mãe herdasse dos filhos, que ela tivesse o *ius liberorum*, para cuja aquisição era necessário, entre outras condições, ter dado à luz, no mínimo, três ou quatro crianças (três, se se tratasse de ingênua; quatro, se de liberta) que fossem *vitais*. A exigência da *vitalidade*, no caso, se

---

14 Contra, G. Impallomeni (*In tema di vitalità e forma umana come requisiti essenziali alla personalità*, *in Iura – Rivista Internazionale di Diritto Romano e Antico – XXII, parte prima* (1971), p. 101 e segs.), que interpreta o C. VI, 29, 3 como dizendo respeito à hipótese de uma criança nascida com gestação suficiente morrer em seguida ao nascimento, quando, para alguns juristas romanos, o vagido seria o indício objetivo da vitalidade dessa criança, ao passo que os sabinianos se contentavam com esse nascimento com vida demonstrável por qualquer sinal, sem exigirem, portanto, o requisito da vitalidade (que seria vitalidade imprópria).

15 Entre outros, Waechter (*De partu vivo non vitali*, I-V, 1863-1868, que só pudemos consultar no resumo feito por Fitting, e publicado no *Archiv für die civilistische Praxis*, vol. 50, p. 1 e segs. sob o título: *Ist das zwar lebendig geborene, aber nichtlebensfähige Kind rechtsfähig?*), Dernburg (*Pandekten*, I, l, 6a ed., § 50, p. 109, Berlin, 1900), Serafini (*Istituzioni di Diritto Romano Comparato al Diritto Civile Patrio*, I, 10a ed., § 4º, pp. 107/109, Roma, 1920) e Volterra (*Istituzioni di Diritto Privato Romano*, pp. 46/47).

16 Por exemplo: Vangerow (*Lehrbuch der Pandektem*, I, § 32, pp. 66 e 67, nota, Marburg und Leipzig, 1876); Brinz (*Lehrbuch der Pandekten*, I, 3a ed., § 50, pp. 199 e 200, Erlangen, 1884); e Crescenzio (*Sistema del Diritto Civile Romano*, I, 2a ed., § 14, *annotazione*, pp. 45 e 46, Napoli, 1869). *Vide*, também, nosso trabalho *A forma humana no direito romano*, nº 4, p. 15 e segs., Rio de Janeiro, 1960. Ambrosino ("*Il requisito della vitalità per l'acquisto della capacità giuridica in diritto romano*", *in Rivista Italiana per le Scienze Giuridiche*, N.S., ano XIV – 1939 –, p. 3 e segs.) combate essa segunda corrente, sustentando que os textos que, para ela, tratariam de exceções, em verdade, se examinados em conjunto, abarcam todas as hipóteses possíveis, traduzindo, assim, o princípio geral da necessidade do requisito da vitalidade.

explica, porque esse *senatusconsulto* estabeleceu o *ius liberorum* a fim de incentivar as mulheres romanas a darem mais filhos à pátria para que, com o aumento da natalidade, crescesse o poderio romano. E para isso só interessavam, sem dúvida, as crianças que nascessem aptas à vida prolongada.

79. O nascituro – O nascituro é o que irá nascer; em outras palavras: o feto durante a gestação. Não é ele ser humano – não preenche ainda o primeiro dos requisitos necessários à existência do homem: o nascimento – mas, desde a concepção, já é protegido. No terreno patrimonial, a ordem jurídica, embora não reconheça no nascituro um sujeito de direitos, leva em consideração o fato de que, futuramente, o será, e, por isso, protege, antecipadamente, direitos que ele virá a ter quando for pessoa física. Em vista disso, o nascituro pode, por exemplo, ser instituído herdeiro num testamento. E, para resguardar o interesse do nascituro, a mulher que o está gerando pode requerer ao magistrado competente a nomeação de um curador: o *curator uentris*.

Com base nesses princípios que foram enunciados pelos jurisconsultos clássicos, surgiu, no direito justinianeu, a regra geral de que o nascituro, quando se trata de vantagem em seu favor, se considera como se estivesse vivo (*in rerum natura esse*).[17]

---

17 A propósito, *vide* Albertario, *Conceptus pro iam nato habetur* (*Linee di una ricerca storico-dommatica*), *in Studi di Diritto Romano*, I, p. 3 e segs., Palermo, 1957.

XI

PESSOA FÍSICA OU NATURAL (PERSONALIDADE E CAPACIDADE JURÍDICAS)

> **Sumário: 80.** Conceito de personalidade e capacidade jurídicas. **81.** Capacidade de fato. **82.** Requisitos para a aquisição, pelo ser humano, da personalidade jurídica. **83.** *Status libertatis.* **84.** *Status ciuitatis.* **85.** *Status familiae.* **85-A.** Domicílio.

80. Conceito de personalidade e capacidade jurídicas – A ordem jurídica romana não reconhecia a todo e qualquer homem a qualidade de sujeito de direitos. Assim, o escravo não a possuía, uma vez que era considerado *coisa (res)*, isto é, objeto de direitos. Para que o homem fosse titular de direitos (pessoa física ou natural), era necessário que se lhe atribuísse *personalidade jurídica.*

Personalidade jurídica é a aptidão de adquirir direitos e de contrair obrigações. Em geral, os autores consideram sinônimas as expressões *personalidade jurídica* e *capacidade jurídica.* Parece-nos, entretanto, que é mister distingui-las.[1] Com efeito, enquanto *personalidade jurídica* é conceito absoluto (ela existe, ou não existe), *capacidade jurídica* é conceito relativo (pode ter-se mais capacidade jurídica, ou menos). A personalidade jurídica é a potencialidade de adquirir direitos ou de contrair obrigações; a capacidade jurídica é o limite dessa potencialidade. No direito romano, há exemplos esclarecedores dessa distinção. Basta citar um:[2] no tempo de Justiniano, os heréticos (que eram pessoas físicas; logo, possuíam personalidade jurídica) não podiam receber herança ou legado (por conseguinte, sua capacidade jurídica era menor do que a de alguém que não fosse herético).

81. Capacidade de fato – A personalidade jurídica (aptidão de adquirir direitos e de contrair obriga ções) e a capacidade jurídica (o limite dessa aptidão) não se confundem com a capacidade de fato, que é a aptidão para praticar, por si só, atos que produzam efeitos jurídicos.

---

1   Nesse sentido, Barbero, *Sistema Istituzionale del Diritto Privato Italiano*, vol. I, 3ª ed., p. 139, nº 69, III, Torino, 1950.

2   Para outros exemplos, *vide* o Capítulo XII.

104 | DIREITO ROMANO – *José Carlos Moreira Alves*

Por outro lado, se o titular de direitos subjetivos tem necessariamente personalidade e capacidade jurídica, nem sempre, porém, possui capacidade de fato.[3] O louco, por exemplo, podia ser pessoa física (bastava que não fosse escravo), mas não tinha capacidade de fato, por não dispor de vontade.[4]

Da capacidade de fato nos ocuparemos no Capítulo XIII.

82. Requisitos para a aquisição, pelo ser humano, da personalidade jurídica – No direito romano, a princípio, eram necessários, para que o ser humano adquirisse personalidade jurídica, dois requisitos:

a) ser livre; e

b) ser cidadão romano.

Demais, para que tivesse capacidade jurídica plena, fazia-se mister que fosse *pater familias* (chefe de uma família).

Essas posições, em que se encontravam as pessoas com relação ao Estado (como homens livres e cidadãos romanos) ou à família (como *pater familias* ou *filius familias*), denominavam-se *status* (estados), que eram três: *status libertatis, status ciuitatis* e *status familiae*.

A pouco e pouco, no entanto, tendo em vista que se atribuíram certos direitos aos estrangeiros, a qualidade de cidadão romano deixou de ser requisito para a aquisição de personalidade jurídica, passando a ter influência apenas na maior ou menor amplitude da capacidade jurídica (assim, o estrangeiro, desde que se lhe reconheceram direitos em Roma, tinha personalidade jurídica, embora sua capacidade jurídica fosse mais restrita do que a do cidadão romano).

Passemos ao estudo dos três *status (status libertatis, status ciuitatis* e *status familiae)*.

83. *Status libertatis* – No direito romano, os homens ou são livres, ou escravos. A liberdade é a regra; a escravidão é a exceção. Iniciaremos por esta,[5] tratando:

a) das causas de escravidão;

---

3   Os romanos não tinham termos específicos para exprimir essas três ideias: personalidade jurídica, capacidade jurídica e capacidade de fato.

4   Alguns autores (principalmente os italianos, como, por exemplo, Perozzi, *Istituzioni di Diritto Romano*, I, 2ª ed., § 16, p. 175) entendem que, no direito romano, era possível alguém ter capacidade de fato, sem possuir personalidade e capacidade jurídica. Citam, por exemplo, o escravo, que não era pessoa física (e, portanto, não tinha personalidade nem capacidade jurídica), mas que, não obstante, podia, realizando atos jurídicos, adquirir direitos e contrair obrigações para seu proprietário. A nosso ver, no entanto, o escravo pode praticar tais atos, não porque tenha capacidade de fato, mas porque serve de instrumento de ação jurídica do seu dono (procede – no dizer de Kaser, *Der Begrif der Stellvertretung, in Romanitas*, I (1958), p. 162 – como instrumento animado do seu proprietário, como seu braço prolongado). Tanto assim que, se o escravo não tiver dono (em proveito de quem revertem seus atos), não pode praticá-los (D. XLV, 3, 36). Note-se, finalmente, que Sohm (*Institutionen*, 14ª ed., § 32, p. 193) justifica esses casos anômalos com a observação de que o escravo era detentor de uma *personalidade natural* (*natürliche Persönlichkeit*).

5   Sobre a escravidão em face do direito romano, *vide* Buckland: *The Romam Law of Slavery*, Cambridge, 1908; e Robleda, *Il Diritto degli Schiavi nell'Antica Roma*, Roma, 1976.

Cap. XI • PESSOA FÍSICA OU NATURAL (PERSONALIDADE E CAPACIDADE JURÍDICAS) | 105

b) da condição jurídica do escravo;

c) das categorias de escravo; e

d) dos modos de libertação.

A) *Causas de escravidão*

Várias eram as causas de escravidão. Podemos dividi-las em dois grupos: as do *ius gentium* e as do *ius ciuile*. As primeiras perduraram durante toda a evolução do direito romano; as outras não: sofreram modificações.

1 – *Causas do ius gentium.*

Eram duas: a captura pelo inimigo e o nascimento.

Quanto à captura, podia ela ocorrer em tempo de paz ou de guerra. Na paz, quando entre Roma e outro Estado não havia tratado de amizade; na guerra, o vencedor escravizava o vencido.[6] Se o capturado era estrangeiro, tornava-se escravo do romano; se romano, do estrangeiro. Demais, não tendo personalidade jurídica, se um cidadão romano fosse reduzido à escravidão, por captura, seus direitos em Roma ficavam em suspenso; se ele conseguisse fugir e voltar ao território romano, readquiria-os em decorrência da ficção do *postliminium*, pela qual era ele considerado como se jamais tivesse sido escravo:[7] se, porém, morresse escravo, a Lei *Cornelia*, de 81 a.C. – e isso para evitar graves consequências em matéria de sucessão hereditária[8] – criou outra ficção: considerava-se o cidadão romano como tendo morrido no instante da captura, ou seja, quando ainda era livre.

Quanto ao nascimento, era a condição da mãe que determinava a do filho: quem nascia de escrava, ainda que o pai fosse livre, seria escravo. Mas a genitora, entre a concepção e o parto, podia mudar de condição (assim, por exemplo, quando da concepção, era livre, mas ao dar à luz se tornara escrava). Qual, então, o momento que se levava em conta para determinar-se a condição do filho? No direito clássico, era o instante do nascimento; se a mãe, livre durante quase toda a gestação, pouco antes do parto se tornasse escrava, o filho nasceria escravo. No direito pós-clássico, mudou-se a orientação com base no princípio de que o nascituro se tem por nascido quando se trate de seu interesse: se a mãe tivesse sido livre em qualquer momento da gestação, o filho nasceria livre.

2 – *Causas do ius ciuile.*

No direito pré-clássico, tornavam-se escravos:

a) o que não prestava declarações ao censo;

---

6   Note-se, porém, que a captura por piratas ou em guerra civil não tornava o prisioneiro escravo.

7   Mas nem todos os romanos aprisionados que conseguiam regressar a Roma gozavam do benefício decorrente do *postliminium*; assim, por exemplo, não se aplicava o *postiliminium* aos que se tinham rendido ao inimigo, nem aos que, podendo, não haviam tentado escapar.

8   Não fora essa lei, e o testamento feito antes da captura seria invalidado, pois, para sua validade, era preciso – o que não ocorria com o prisioneiro que morresse cativo – que o testador tivesse capacidade para fazê-lo (*testamenti factio ativa*) no momento em que o redigira e *no instante de sua morte*.

DIREITO ROMANO – *José Carlos Moreira Alves*

b) o que, convocado, não se apresentava ao exército;

c) o desertor;

d) aquele que os romanos entregavam ao inimigo ou à nação estrangeira que ele tivesse ofendido;

e) o ladrão preso em flagrante;

f) o devedor insolvente; e

g) o *filius familias* vendido pelo *pater familias*.

Em todos esses casos, os neles incursos, para se tornarem escravos, tinham de ser vendidos no estrangeiro, pois nesse período vigorava o princípio de que o cidadão romano não podia ser reduzido à escravidão em Roma.

No direito clássico, quase todas essas causas ou já não existem, ou caem em desuso. Em compensação, surgem outras. Assim, nesse período, tornam-se escravos:

a) o condenado à morte ou a trabalhos forçados nas minas;

b) a mulher livre que, notificada três vezes pelo dono do escravo a não continuar mantendo relações carnais com este, não atendesse às notificações;

c) o maior de 20 anos que, fingindo-se escravo, se deixasse vender como se o fosse, para dividir o preço com o comparsa que o alienara; a princípio, aquele podia reivindicar sua condição de homem livre, mas, no direito clássico, não mais o pode fazer, pois, com a prática do ato, se torna realmente escravo; e

d) o liberto que fosse ingrato ao seu antigo dono.[9]

No direito pós-clássico, persistem essas quatro causas. Justiniano, porém, revogou as duas primeiras.[10]

B) *Condição jurídica do escravo*

O escravo, em Roma, era, assim como um animal, coisa (*res*), objeto de direito subjetivo. Daí estas consequências: não podia casar-se legitimamente (sua união com escrava ou mulher livre não era *matrimonium, mas contubernium*); não tinha patrimônio; não podia ser parte (autor ou réu) em juízo; seu proprietário podia transferi-lo, onerosa ou gratuitamente, a outro homem livre, e até matá-lo.

Sua condição jurídica (*res*) perdura por toda a evolução do direito romano, mas com atenuações gradativas, pois não era possível negar-se que ele era um homem.[11] Já no direito pré-clássico, o escravo podia participar de cultos domésticos e públicos; ser membro – e até ocupar cargos de direção – de corporações religiosas, desde que tivesse o consentimento do dono. No direito clássico, entre outras atenuações, o escravo, em certos casos, podia ser

---

9   A propósito, *vide* De Francisci, *La revocatio in servitutem del liberto ingrato, in Mélanges de Droit Romain Dediés à Georges Cornil*, I, p. 297 e segs., Gand-Paris, 1926.

10 Nov. XXII, 8; e *Inst.*, III, 12, 1.

11 *Vide, a propósito*, Robleda (*Il Diritto degli Schiavi nell'Antica Roma*, p. 70 e segs., Roma, 1976), que acentua (p. 72) que os escravos são chamados *personae* por Gaio porque tinham uma atividade jurídica a cumprir na cidade, ou a eles eram atribuídas funções com direitos e deveres jurídicos.

Cap. XI • PESSOA FÍSICA OU NATURAL (PERSONALIDADE E CAPACIDADE JURÍDICAS) | 107

utilizado pelo proprietário para, em nome deste, contrair obrigações ou adquirir direitos; dos contratos que celebrasse, em seu próprio nome, resultavam obrigações naturais; e, no processo extraordinário, que surge no início do principado, admite-se a capacidade processual do escravo. No direito pós-clássico, finalmente, intensificam-se as disposições, emanadas dos imperadores, de proteção ao escravo contra o rigor das punições de seus donos.

Mas essas atenuações não chegaram a modificar-lhe a condição jurídica: também no direito pós-clássico, continuou ele a ser considerado coisa (*res*).

C) *Categoria de escravos*

Juridicamente, não havia categorias de escravos; de fato, porém, e tendo em vista suas aptidões e a qualidade do dono, elas existiam.

Havia escravos que tinham proprietário (*serui alicuius*) e outros que não tinham (*serui nullius*). Os *serui nullius* eram os que tinham sido abandonados pelo dono, pois o abandono não lhes atribuía a liberdade, mas os tornava *serui nullius*, até que outro homem livre deles se apoderasse. Os *serui alicuius* ou pertenciam ao Estado (*serui publici*) ou a particulares, sendo que a condição daqueles era melhor do que a destes. Por outro lado, entre os escravos de particulares, e em face de suas aptidões, uns ocupavam posição de superioridade com relação aos outros, dirigindo, até, o trabalho destes.

D) *Modos de libertação*

O escravo pode ser libertado por manumissão (*manumissio*) ou por disposição de lei.

A manumissão é o ato de libertação do escravo pelo seu senhor. O escravo alforriado diz-se *liberto*; o dono, que o manumite, *patrono*.

A manumissão pode fazer-se por diversos modos, que foram surgindo no curso da evolução do direito romano. Por outro lado, a princípio, o senhor tinha absoluta liberdade para manumitir os escravos que quisesse e em número que bem entendesse; posteriormente, surgiram restrições a isso; e, afinal, no direito justianeu, várias destas foram abolidas.

Examinaremos, a seguir, os modos de manumissão e as restrições a ela, nos direitos pré-clássico, clássico e pós-clássico.

1 – *No direito pré-clássico*

Nesse período, só se conheciam três modos de manumissão, admitidos pelo *ius ciuile*. Eram os seguintes atos solenes:

a) *manumissio uindicta* – era ela realizada por meio de simulacro de processo judicial de reivindicação de liberdade (*uindicatio in libertatem*): o senhor, o escravo e um terceiro (o *adsertor libertatis*) compareciam à presença do magistrado (em Roma, o pretor urbano), e, então, o *adsertor libertatis*, tocando no escravo com uma varinha (em latim, *uindicta*; daí a denominação *manumissio uindicta*), afirmava que este era homem livre; o senhor não contestava a assertiva, e, diante disso, o magistrado, confirmando a declaração do *adsertor libertatis*, declarava livre o escravo (*addictio libertatis*);

b) *manumissio censu* – processava-se com a inscrição do escravo nas listas do recenseamento por declaração dele mesmo, devidamente autorizado para isso pelo seu dono; e

DIREITO ROMANO – *José Carlos Moreira Alves*

c) *manumissio testamento* – realizava-se mediante a inserção pelo senhor, no seu testamento, de disposição dando liberdade ao escravo; este se tornava livre quando, depois da morte do testador, o herdeiro aceitava a herança; às vezes, o testador estipulava que o escravo somente adquiriria a liberdade se ocorresse um acontecimento futuro e incerto (*manumissão condicional*), ou futuro e certo (*manumissão a termo*), e, enquanto a condição pendia ou o termo não se verificava, o manumitido permanecia na situação especial de *statuliber*.[12]

No direito pré-clássico não havia qualquer restrição à faculdade de manumitir escravos.

2 – *No direito clássico*

No direito clássico, dos três modos de manumissão existentes no período anterior, dois (a *manumissio uindicta* e a *manumissio testamento*) continuam a ser utilizados, e um (a *manumissio censu*) cai em desuso. Mas, a par disso, surgem outros modos de manumissão admitidos pelo *ius honorarium*, e, no principado, pelo *ius extraordinarium*.

Segundo o *ius honorarium*, o senhor podia libertar o escravo sem observar um dos modos de manumissão do *ius ciuile*, mas por inequívoca declaração de vontade sem maiores formalidades (assim, por exemplo, *per epistolam* – mediante carta assinada por cinco testemunhas, na qual declarava livre o escravo; ou *inter amicos* – por manifestação oral no mesmo sentido, na presença de cinco amigos; ou *ad mensam*[13]– com a admissão do escravo à mesa de refeições). Nessas manumissões reconhecidas pelo *ius honorarium*, o dono do escravo não obedecia, portanto, às formas e aos pressupostos exigidos pelo *ius ciuile*. Por isso, em face do *ius ciuile* o escravo não adquiria a liberdade, podendo seu proprietário, a qualquer momento, pretender reduzi-lo novamente à escravidão. O pretor, porém, nessa hipótese, negava a ação pleiteada pelo dono, permitindo ao escravo que permanecesse em liberdade de fato.[14]

No principado, surgiu novo modo de libertação, introduzido pelo *ius extraordinarium*: a *manumissão fideicomissária*, em que o proprietário, em testamento, em vez de declarar diretamente que, depois de sua morte, o escravo se tornaria livre, recomendava ao herdeiro que o libertasse (*rogo te ut Stichum manumittas* = peço-te que manumitas o escravo Stico), o que fazia com que o escravo somente se tornasse livre quando o herdeiro, pela *manumissio uindicta* ou *censu*, lhe concedesse a alforria.

---

12 *Vide*, a respeito, a monografia de Donatuti, *Lo Statulibero*, Milano, 1940.

13 *Vide* G. Funaioli, *Ancora sull'età di Petronio. A proposito della manumissio per mensam*, in *Bullettino dell'Istituto di Diritto Romano*, vol. III N.S. (1936-1937), p. 385 e segs.

14 A Lei *Iunia Norbana*, provavelmente de 19 d.C., regulou-lhes a situação jurídica, atribuindo-lhes a condição de latinos (em decorrência da Lei *Iunia Norbana* eram denominados *latini Iuniani*), e estabelecendo que viveriam como homens livres, mas morreriam como se fossem escravos (quando de sua morte, seus bens se transmitiam ao antigo dono). A condição de latinos *Iuniani* só desapareceu com Justiniano.

Por outro lado, é no direito clássico que vão surgir restrições à liberdade de manumitir. Duas leis, do tempo do imperador Augusto, as impõem. São elas:

a) a *Lei Fufia Caninia* (de 2 a.C.) – limitou, dentro de proporções relacionadas com total de escravos possuídos, as manumissões que o testador poderia fazer, as quais, em hipótese alguma, excederiam 100; e

b) a *Lei Aelia Sentia* (de 4 a.C.) – estabeleceu as quatro seguintes restrições:

1ª – o senhor de menos de 20 anos, sob pena de nulidade da alforria, somente podia libertar seus escravos pela *manumissio uindicta* e com *iusta causa* reconhecida por um Conselho, que, em Roma, era constituído de um magistrado – cônsul ou pretor –, cinco senadores e cinco cavaleiros;

2ª – o escravo de menos de 30 anos somente podia ser libertado mediante *manumissio uindicta* e com a aprovação do citado Conselho;

3ª – era nula a manumissão do escravo concedida por devedor insolvente ou por quem cuja insolvência decorresse dela, casos em que a alforria se considerava feita em fraude aos credores do senhor; e

4ª – era proibida a manumissão de escravo que tivesse sofrido castigo infamante (grilhões, por exemplo); se, porém, fosse desrespeitado esse preceito, a alforria não seria nula, mas o escravo se tornaria *peregrino deditício* (*vide* nº 84, C).

3 – *No direito pós-clássico*

No direito pós-clássico, Constantino acrescentou aos modos de manumissão do *ius ciuile* então existentes (*manumissio uindicta* e *testamento*) um outro: a *manumissão eclesiástica*, que se fazia por meio de declaração do senhor do escravo, na Igreja, diante do bispo e dos fiéis.

No tempo de Justiniano, os modos de manumissão do *ius ciuile*, do *ius honorarium* e do *ius extraordinarium* passam a produzir, com a fusão dessas três ordens jurídicas, os mesmos efeitos, sem qualquer distinção. Demais, Justiniano revogou a Lei *Fufia Caninia*, bem como as restrições de números 2 e 4 (da sequência que observamos atrás) da Lei *Aelia Sentia*.

Além de o escravo poder ser libertado pela manumissão, podia sê-lo, também, por disposição de lei, quando preenchesse os requisitos nela estabelecidos. Em face disso – e a título exemplificativo –, tornava-se livre:

a) o escravo cristão que fosse adquirido por pagão, judeu, ou qualquer pessoa não ortodoxa;[15]

b) o escravo – e isso no tempo de Justiniano[16] – que fosse abandonado pelo dono;

c) o escravo que, de boa-fé e com justo título, permanecesse 20 anos consecutivos na posse do estado de homem livre.[17]

---

15 C. I, 10, 2.

16 Nov. XXII, 12.

17 C. VII, 22, 1 e 2.

d) o escravo que, tendo sido vendido com cláusula de ser manumitido dentro de certo tempo, não o fosse no prazo estabelecido.[18]

* * *

Analisada a escravidão, passemos ao exame do reverso: a liberdade.

No direito romano, havia duas espécies de pessoas livres;

a) o ingênuo; e

b) o liberto.

O ingênuo era aquele que não tinha sido escravo, ou, se o fora, havia readquirido a liberdade retroativamente, por causa da ficção do *postiliminium*.

O liberto ou nascera escravo e obtivera a alforria, ou nascera livre, tornara-se escravo, e reconquistara a liberdade. Denominava-se *libertinus* em contraposição ao *ingenuus*; em frente ao *patronus* (seu antigo proprietário), *libertus*.

Ao contrário do que ocorria com o ingênuo, o liberto, em virtude da mácula de ter sido escravo, sofria restrições de duas espécies:

a) quanto à capacidade jurídica (era menor do que a do ingênuo);

b) quanto à pessoa do *patronus*, e, por morte deste, à dos seus descendentes agnatícios.

A primeira dessas duas espécies, porque implica diminuição de capacidade jurídica, será estudada no capítulo seguinte.

Com relação à segunda, as restrições são estas:

a) obsequium: era o respeito (semelhante ao do filho para com o pai) que o liberto devia ao patrono; donde consequências como as seguintes: estava o liberto, com relação ao patrono, sujeito, a princípio, ao *ius uitae et necis* (direito de vida e de morte), e, posteriormente, à *moderata castigatio* (punição moderada); e não podia intentar ação infamante contra ele;

b) operae: podiam ser de duas espécies – *operae officiales* (obséquios que o liberto, moralmente, estava obrigado a prestar ao patrono, mas que este não podia exigir judicialmente) e *operae fabriles* (prestações de conteúdo econômico que o escravo, antes da libertação, jurava realizar, depois dela, em favor do patrono, que, por isso, podia exigi-la mediante ação judicial);[19] e

c) bona: o liberto estava obrigado a alimentar o patrono necessitado, e a assumir, se lhe fosse deferida, a tutela de seus filhos; demais, o patrono tinha direito de, quando da morte do liberto, suceder-lhe em todos os bens, ou, ao menos, em parte deles.

---

18 D. XL, 8, 1.

19 A partir do século II a.C., o pretor, tendo em vista o abuso dos patronos, reduzia esses serviços ao que lhe parecia justo.

Cap. XI · PESSOA FÍSICA OU NATURAL (PERSONALIDADE E CAPACIDADE JURÍDICAS) | **111**

Essas restrições que o liberto sofria com relação ao patrono eram, em geral, vitalícias, mas não se transmitiam a seus filhos, que nasciam ingênuos.[20] Podiam, entretanto, cessar em vida do liberto, em três hipóteses:

a) quando o patrono perdesse os direitos do patronato (no caso, por exemplo, de ter negado alimentos ao liberto), o que já se admitia durante a república;

b) quando – e isso a partir do principado – o liberto, com a aquiescência do patrono, obtivesse do imperador a *natalium restitutio* (favor imperial que lhe concedia a condição de ingênuo); e

c) quando o patrono renunciasse aos direitos do patronato, o que foi estabelecido por Justiniano, que, além disso, determinou também que, em qualquer hipótese, o liberto continuaria a dever respeito ao patrono, sob pena de retornar, por ingratidão, à condição de escravo.

84. *Status ciuitatis* – Os romanos denominavam *status ciuitatis* a dependência de um indivíduo a uma comunidade juridicamente organizada.

A princípio, o Estado se identificava com a cidade de Roma: eram cidadãos seus habitantes livres.

E, também quando Roma se vai expandindo, não abandona ela a concepção primitiva da cidade-Estado. Por isso, embora acrescente novos territórios ao seu, não estende a cidadania às populações que vai reduzindo à sujeição. Daí haver, no Império Romano, ao lado dos *ciues* (cidadãos), súditos livres (*peregrini* = peregrinos) que não o eram.

Por outro lado, ocupando posição intermediária entre os *ciues* e os *peregrini*, encontravam-se os *latini* (latinos), representados, em geral, pelos habitantes das cidades do *Latium* (Lácio) e das colônias latinas da Itália.

Finalmente, havia os *barbari* (bárbaros), povos que, não sendo súditos de Roma, nem mantendo com ela qualquer espécie de relações, eram considerados inimigos. Por isso, se um bárbaro, ainda que não houvesse, naquele momento, guerra entre Roma e seu povo, ingressasse em território romano, poderia ser capturado e reduzido à escravidão.[21]

Desde os fins da república, a tendência de Roma é no sentido de estender, paulatinamente, a cidadania romana a todos os súditos do Império. Assim, em 90 a.C., a *lex Iulia* a concedeu aos habitantes do Latium; um ano depois, a *lex Plautia Papiria* a atribuiu aos aliados de Roma; e, em 49 a.C., a *lex Roscia* fez o mesmo com relação aos habitantes da Gália Transpadana.

---

20 *Vide*, a propósito, Sohm, *Institutionen*, 14ª ed., § 32, p. 198.
21 D. XLIX, 15, 5, 2.

112 | DIREITO ROMANO – *José Carlos Moreira Alves*

Em 212 d.C., Caracalla, na célebre *Constitutio Antoniniana*, concedeu a cidadania a quase todos os habitantes do Império.[22] As exceções que subsistiram desapareceram com Justiniano.[23]

Feitas essas considerações, examinemos, separadamente, a condição dos *ciues* (cidadãos), dos *latini* (latinos) e dos *peregrini* (peregrinos).

A) *Cives*

A cidadania romana se adquire ou pelo nascimento ou por fato a ele posterior.

Quanto ao nascimento, é cidadão romano o filho cujo pai, no momento da concepção, é romano e casado legitimamente (*justas núpcias*); se não é legítimo o matrimônio dos pais, a criança, a princípio, seguia a nacionalidade da mãe no instante do parto, mas, nos fins da república, se estabeleceu que seria peregrina a criança nascida de mãe romana e pai peregrino, e, finalmente, com o imperador Adriano, distinguiu-se a hipótese de o pai ser latino e a mãe, romana, caso em que a criança seria cidadã romana.

Com relação aos fatos posteriores ao nascimento que acarretam a aquisição da cidadania romana, são eles os seguintes: a manumissão, o benefício da lei, a naturalização e a *erroris causae probatio*. Tornava-se romano o escravo cujo dono fosse cidadão romano e o manumitisse por um dos modos do *ius ciuile*. Algumas leis estabeleciam que, quando ocorressem certas circunstâncias, determinadas pessoas adquiririam a cidadania romana: assim, por exemplo, a Lei *Seruilia de repetundis*, segundo a qual se tornava cidadão romano o latino que acusasse e visse condenado um magistrado romano por crime de concussão. Por outro lado, latinos e peregrinos podiam naturalizar-se (em virtude de lei, ou por ato de general vitorioso ou do imperador) cidadãos romanos. Já a aquisição da cidadania romana se verificava pela *erroris causae probatio*, quando, equivocado com a própria nacionalidade ou com a de seu cônjuge, o romano ou a romana se casava com peregrino ou latino; nascido dessa união um filho, o romano ou a romana – desde que provasse que, de boa-fé, se enganara quanto à sua nacionalidade ou à de seu cônjuge – transformava tal união em justas núpcias, e o cônjuge peregrino ou latino, bem como o filho, se tornavam cidadãos romanos.[24]

---

22 Há grande controvérsia sobre a verdadeira extensão da *Constitutio Antoniniana*, cujo texto grego – embora mutilado – conhecemos pelo papiro de Giessen, nº 40. Como salienta Arias Ramos (*Derecho Romano*, I, 8ª ed., p. 73, nota 92, Madrid, 1960), os três pontos fundamentais que os romanistas discutem são estes: *a)* se a concessão da cidadania romana abrangeu os dedictícios, ou não; *b)* se, além dos dedictícios (o que é controvertido), houve outras exclusões; e *c)* que se deve entender, nessa constituição imperial, por *dedictícios?* Amplo estudo desse papiro se encontra em Segré, "*L'editto di Caracalla sulla concessione della cittadinanza romana e il papiro*, Giessen, 40, I", *in Studi in Onore di Silvio Perozzi*, pp. 139 a 219, Palermo, 1925.

23 *Vide*, a propósito, Biondi, *Istituzioni di Diritto Romano*, 3ª ed., § 29, p. 123.

24 Sobre a *erroris causae probatio, vide* Gaetano Sciascia, *A Prova da Causa do Erro no Matrimônio Romano e o Casamento Putativo, in Varietà Giuridiche*, pp. 53 a 74, Milano, 1956.

Cap. XI • PESSOA FÍSICA OU NATURAL (PERSONALIDADE E CAPACIDADE JURÍDICAS) | **113**

Somente o cidadão romano possuía, com relação ao *ius ciuile*, capacidade jurídica integral, dispondo, no terreno político do *ius honorum* (faculdade de eleger-se magistrado) e do *ius suffragii* (faculdade de votar); e, no campo civil, do *ius conubii* (faculdade de contrair casamento legítimo), do *ius commercii* (faculdade de concluir atos jurídicos patrimoniais *inter uiuos*), da *testamenti factio* (faculdade de testar, ou de ser contemplado em testamento, ou de servir de testemunha para a feitura dele) e do *ius actionis* (faculdade de agir em juízo).

Perdia a cidadania romana o cidadão que:

a) fosse feito escravo (ressalvadas as hipóteses em que era admitido o *postliminium*);

b) se naturalizasse cidadão de outro Estado;

c) se tornasse membro de uma colônia latina; ou

d) fosse condenado a certas penas perpétuas (como, por exemplo, a deportação).[25]

B) *Latini*

Os latinos eram, em geral, os cidadãos das cidades latinas (situadas no *Latium*), ou das colônias latinas fundadas na Itália.

Eles se dividiam em:

a) latini prisci (latinos velhos) – os pertencentes a cidades ou colônias latinas fundadas antes de 268 a.C.; e

b) latini coloniarii (latinos coloniários) – os pertencentes a colônias latinas fundadas depois de 268 a.C.

Os latinos, pelas suas origens afins às dos romanos, sempre foram, em face do direito romano, os mais favorecidos dos estrangeiros. Segundo parece, os *latini prisci* possuíam capacidade jurídica mais ampla do que a dos *latini coloniarii*. Ambos dispunham do *ius suffragii*, do *ius commercii*, do *ius actionis* e da *testamenti factio*; mas apenas os *latini prisci* tinham o *ius conubii*.

Por outro lado, certas leis romanas atribuíram a pessoas que não pertenciam a cidade do *Latium*, nem eram membros de colônia latina, condição jurídica semelhante à dos *latini coloniarii*. Assim, os libertos que se enquadravam numa das hipótese a que aludia a Lei *Iunia Norbana* (por exemplo, os manumitidos sem a observância das formas solenes do *ius ciuile*), e que eram denominados *latini Iuniani*. Assim, também, os *latini Aeliani*, isto é, os alforriados com infringência de algumas das diposições da Lei *Aelia Sentia*.

C) *Peregrini*

Eram peregrinos (*peregrini*) os estrangeiros que pertenciam a Estado submetido e anexado ao Império Romano, ou a Estado que tivesse tratado de paz com Roma.

Quando pertenciam a Estado submetido e anexado ao Império Romano, eles se dividiam em duas categorias:

---

25 Sobre o *status ciuitatis, vide* Sherwin-White, *The Roman Citizenship*, Oxford, 1939.

a) peregrinos ordinários (*peregrini alicuius ciuitatis*) – os pertencentes a Estados cuja organização política os romanos tinham respeitado, e que, por isso, viviam sob suas próprias leis; e

b) peregrinos deditícios (*peregrini nullius ciuitatis*) – os pertencentes a Estado em que se dissolvera sua organização jurídica, pelo fato de se haverem rendido à discrição dos romanos somente após absoluta carência de meios de combate.

Ambos, nas suas comunidades, eram regidos pelas suas leis (e isso ocorria, de fato, até com relação aos peregrinos deditícios). Mas, nas relações com cidadãos romanos, não possuíam – a menos que lhes fossem concedidas excepcionalmente e a título pessoal – quaisquer das faculdades reconhecidas pelo *ius ciuile*; podiam apenas concluir atos jurídicos reconhecidos pelo *ius gentium*.

Por outro lado, em virtude da Lei *Aelia Sentia*, eram considerados como peregrinos deditícios os libertos que, durante a escravidão, haviam sofrido castigos infamantes.

85. *Status familiae*– A posição de uma pessoa dentro da família romana é muito importante para determinar-se a amplitude de sua capacidade jurídica, no campo do direito privado.[26]

Na acepção de conjunto de pessoas ligadas pelo vínculo do parentesco,[27] os juristas romanos empregavam o termo família em dois sentidos:

1º – em sentido amplo (*familia communi iure*), para traduzir o conjunto de pessoas que descendiam de um parente comum e sob cuja *potestas* (poder) estariam se ele fosse vivo; e

2º – em sentido restrito (*familia proprio iure*), para designar o complexo de pessoas que se encontravam sob a *potestas* de um *pater familias*.

O *status familiae* diz respeito, apenas, à *familia proprio iure*. Nela, distinguem-se duas categorias de pessoas:

a) de um lado, o *pater familias* (que não está subordinado a nenhum ascendente masculino vivo); e

b) de outro, os *filii familias* (isto é, todas as pessoas livres que estão sob a *potestas* do *pater familias*: assim, por exemplo, sua mulher *in manu*; seus filhos e filhas; suas noras *in manu*; seus netos e netas, e respectivas mulheres *in manu*).

O *pater familias* é pessoa *sui iuris*; os *filii familias*, pessoas *alieni iuris*.

Note-se que, para ser *pater familias*, é preciso apenas que se trate de homem que não esteja subordinado a ascendente masculino, não sendo necessário que tenha mulher e descendência. O recém-nascido (assim, por exemplo, o *pater familias* falece, e sua esposa,

---

26 O mesmo não ocorre, ao menos na época histórica, no terreno do direito público, pois tanto o *filius familiae* quanto o *pater familias* tinham o *ius honorum* e o *ius suffragii*.

27 A palavra *familia*, nos textos, é empregada também em outras acepções, como *herança, patrimônio*, conjunto de escravos (*vide*, a respeito, Matos Peixoto, ob. cit., I, nº 184, p. 337 e segs.; e Heumann-Seckel, *Handlexikon zu den Quellen des Römischen Rechts*, 9ª ed., vb. *familia*, pp. 208 e 209).

Cap. XI · PESSOA FÍSICA OU NATURAL (PERSONALIDADE E CAPACIDADE JURÍDICAS) | **115**

posteriormente, dá à luz um menino) pode ser *pater familias*, pois *pater*, nessa expressão, quer dizer *chefe*, e não *genitor*. Mas, se somente o homem podia ser *pater familias*, qual a situação da mulher que não estivesse sob a *potestas de ascendente*? Ela era, também, pessoa *sui iuris*, embora não fosse *pater familias*.

Com referência ao direito privado, a princípio somente as pessoas *sui iuris* tinham plena capacidade jurídica. A pouco e pouco, no entanto, e a partir do direito clássico, se vai alargando a capacidade jurídica das pessoas *alieni iuris*. No direito justinianeu, embora não se tenha chegado à situação de igualdade, aproximam-se bastante, em extensão de poderes, a capacidade jurídica das pessoas *alieni iuris* e a das pessoas *sui iuris*.

Por outro lado, as pessoas que constituem a família *proprio iure* estão unidas por vínculo que se denomina *parentesco*.

No direito romano havia duas espécies de parentesco: o agnatício (*agnatio* = agnação) e o cognatício (*cognatio* = cognação). O parentesco agnatício é o que se transmite apenas pelos homens;[28] o cognatício é o que se propaga pelo sangue, e, em consequência, tanto por via masculina quanto por via feminina.[29] Um exemplo para esclarecer essa diferença. Públio Cornélio Scipião e Cornélia eram irmãos, filhos de Scipião, o Africano; ambos se casaram e tiveram descendência (os de Cornélia foram os célebres Tibério e Caio Graco); ora, o filho de Públio Cornélio Scipião era agnado do avô, Scipião, o Africano; já os filhos de Cornélia eram apenas cognados dele, pois entre Tibério e Caio Graco, de um lado, e Scipião, o Africano, de outro, havia uma mulher – Cornélia – que não transmitia o parentesco agnatício.

A princípio, vigorou em Roma o parentesco agnatício (o cognatício só era levado em consideração para proibição de casamento); no direito clássico, o parentesco cognatício começou a produzir vários efeitos jurídicos; finalmente, no direito justinianeu, ele suplantou o agnatício, tendo Justiniano, na Novela 118, de 543 d.C., abolido a *agnatio*.

* * *

Em direito, é importante estabelecer-se, exatamente, a maior ou menor proximidade de parentesco entre as pessoas que integram uma família. Para isso, é necessário que se conte o parentesco, o que se faz por linhas e por graus.

Linha é a série de pessoas que descendem umas das outras (nesse caso se diz *linha reta*), ou que, embora não descendam umas das outras, derivam de um antepassado

---

28 Entre os agnados se incluem, também, as pessoas que ingressam na *familia proprio iure* pelo casamento com a aquisição da *manus* (poder marital sobre a mulher), ou pela adoção, ou pela ad-rogação. Assim, a mulher *in manu* é agnada dos agnados de seu marido, embora continue cognada com relação aos membros de sua família de origem.

29 Note-se que, normalmente, há coincidência entre a agnação e a cognação. Com efeito, o filho que se encontra sob a *potestas* do pai é agnado e cognado deste. Mas isso nem sempre ocorre: o filho emancipado continua cognado de seu pai, mas não agnado; já o filho adotivo é apenas agnado do adotante.

DIREITO ROMANO – *José Carlos Moreira Alves*

comum (diz-se, então, *linha colateral*). Assim, por exemplo, o avô e o neto são parentes na linha reta, pois o neto descende do avô. O gráfico é esclarecedor:

$$X \quad — \quad \text{avô}$$
$$|$$
$$X \quad — \quad \text{pai}$$
$$|$$
$$X \quad — \quad \text{neto}$$

Já os irmãos são parentes na linha colateral, pois não descendem uns dos outros, mas de um antepassado comum, o pai:

$$X — \text{pai}$$
$$\text{irmão} — X \qquad X — \text{irmão}$$

Grau é a distância que vai de uma geração à outra. O pai é parente em primeiro grau do filho; o avô é parente em segundo grau do neto (pois, do avô ao pai, um grau; do pai ao neto, outro; donde o total: dois graus).

Com esses dois elementos (linha e grau), está-se apto a contar o parentesco cognatício ou agnatício. Essa contagem se faz de modo diverso conforme se trate de parentes em linha reta ou em linha colateral.

Quando se deseja saber qual o grau de parentesco que existe entre dois parentes na linha reta, basta descer (ou subir) de um deles ao outro, contando-se os graus que há entre ambos. Por exemplo, o avô é, com relação ao neto, seu parente, na linha reta, em segundo grau:

$$X \quad — \quad \text{avô}$$
$$1 \text{ grau} \quad |$$
$$X \quad — \quad \text{pai}$$
$$2 \text{ graus} \quad |$$
$$X \quad — \quad \text{neto}$$

Quando se quer determinar o grau de parentesco que existe entre dois parentes na linha colateral, contam-se os graus partindo-se de um deles, subindo-se até o antepassado comum, e descendo-se ao outro. Assim, no gráfico seguinte, temos A (como antepassado comum), B e C (seus filhos), D e E (seus netos, e primos coirmãos entre si); qual o grau de parentesco entre D e E?

Como existem quatro graus entre D e E, são eles parentes, na linha colateral, em quarto grau.

* * *

Ao lado do parentesco agnatício e cognatício, há a *afinidade (adfinitas)*, que é o vínculo, decorrente do casamento, que existe entre um dos cônjuges e os parentes cognados dos outros.[30] Mas os *adfines* (afins) de um dos cônjuges não são, também, afins dos afins do outro cônjuge (por exemplo, os maridos de duas irmãs não são afins entre si). A afinidade se extingue quando se dissolve o matrimônio, embora persista para efeito de proibição de casamento (assim, o ex-genro não pode contrair casamento com a ex-sogra).

85-A. Domicílio[31] – Domicílio é o lugar onde a pessoa tem a sede de suas relações civis (ou seja, o centro habitual de negócios, e onde desenvolve suas atividades sociais).[32]

O domicílio sempre teve importância, no direito romano, no que dizia respeito a:

1 – impostos municipais (a eles estão sujeitas as pessoas domiciliadas no município); e

---

30 D. XXXVIII, 10, 4, 3. Salienta, porém, Volterra (*Istituzioni di Diritto Privato Romano*, p. 684, nota 1) que há dúvida sobre se a afinidade se estabelecia entre o cônjuge e todos os cognados do outro cônjuge, ou se apenas entre aquele e os ascendentes e os descendentes imediatos deste. Por outro lado, Guarino (*Adfinitas*, p. 7 e segs., Milano, 1939) pretende – no que não é seguido pela maioria dos autores – que, no direito clássico, há afinidade entre marido e mulher, e entre pais e filhos de um cônjuge e o outro cônjuge; no direito pós-clássico, é ela o vínculo existente entre cada um dos noivos ou dos cônjuges e os parentes cognados do outro noivo ou cônjuge, não sendo, no entanto, afins os noivos ou os cônjuges entre si.

31 Sobre domicílio no direito romano, *vide* Tedeschi, *Contributo allo studio del domicilio in diritto romano*, in Rivista Italiana per le Scienze Giuridiche, 1932, p. 213 e segs.

32 Cf. C. X, 40 (39), 7, 1 (é o texto principal para o conceito de domicílio); D. L, 16, 203 e 239, 2; Cícero, *Pro Archia*, 4. Alguns autores – assim, Pernice e Leonhard – pretenderam, com base nas fontes, traçar a evolução do conceito de domicílio no direito romano, o que, todavia – como o demonstrou Tedeschi (cuja fundamentação sinteticamente se acha exposta em *Del Domicilio*, nº 2, p. 2 e segs., Padova, 1936) –, não conseguiram.

2 – competência judiciária (*vide* nº 120).

Com o domicílio não se confunde a residência, pois esta, ao contrário daquele, e ainda que se prolongue no tempo, não implica a intenção de permanência. Daí alguns textos[33] acentuarem que os estudantes não possuíam domicílio nas cidades aonde tinham ido realizar seus estudos.[34]

Tanto para o estabelecimento quanto para a mudança de domicílio, não é suficiente a simples declaração da pessoa, mas mister se faz sua real fixação, ou sua efetiva mudança.[35]

O domicílio pode ser voluntário ou necessário. Voluntário é o escolhido pela pessoa; necessário, o que lhe é atribuído pela lei, independentemente de sua vontade. Assim, no direito romano, e a título de exemplo, o domicílio necessário do soldado é o lugar onde ele serve;[36] o do liberto, o de seu antigo proprietário; o da mulher casada, o de seu marido (e continua a sê-lo quando ela enviúva, até que se torne a casar).[37]

Segundo textos sobre os quais há suspeita de interpolação, discutiam os juristas romanos clássicos se era admissível a pluralidade de domicílios, sendo afirmativa a opinião dominante.[38]

Demais, admitia-se que uma pessoa não tivesse domicílio algum.[39]

---

33 C. X, 40 (39), 2; e C. X, 39 (38), 4.

34 Também não se confunde com domicílio a *origo* (origem), embora esta produza, em certos casos, efeitos quanto a impostos e a competência judiciária. *Origo* é a vinculação da pessoa à cidade onde nasceu, decorrendo-lhe daí direitos e deveres.

35 D. L, 1, 20.

36 Ressalvada, porém, a hipótese de o soldado possuir bens em sua pátria (D. L, 1, 23, 1).

37 D. L, 1, 22, 1; D. L, 1, 32; C. X, 40 (39), 9, pr. e 1.

38 D. L, 1, 5; D. L, 1, 6, 2; D. L, 1, 27, 2.

39 D. L, 1, 27, 2.

XII

PESSOA FÍSICA OU NATURAL
(CAUSAS QUE RESTRINGEM OU EXTINGUEM
A CAPACIDADE JURÍDICA)

> **Sumário: 86.** Causas restritivas da capacidade jurídica. **87.** Causas que extinguem a capacidade jurídica. **88.** *Capitis deminutiones.* **89.** *Capitis deminutio maxima.* **90.** *Capitis deminutio media.* **91.** *Capitis deminutio minima.* **92.** A morte da pessoa física ou natural.

86.Causas restritivas da capacidade jurídica – Como salientamos anteriormente, enquanto a personalidade jurídica é um conceito absoluto que não permite gradação (existe, ou não), a capacidade jurídica a admite: pode ser mais ampla, ou menos.

No direito romano, existem diversas causas que restringem a capacidade jurídica da pessoa física. Entre outras,[1] há as seguintes:

a) a condição de liberto;

b) a quase servidão;

c) a intestabilidade;

d) a infâmia;

e) a *turpitudo*;

f) a religião;

g) o desempenho de função ou cargo público; e

h) a condição de eunuco ou castrado.

Estudemo-las separadamente.

A) *A condição de liberto*

Os libertos têm capacidade jurídica mais restrita do que a dos ingênuos.

No campo do direito público, sofrem os libertos várias restrições: não podem ser senadores, nem pertencer à classe dos cavaleiros, nem exercer, nas províncias, o decurionato.

---

1 No capítulo anterior, vimos que o *status ciuitatis* e o *status familiae* têm influência na maior ou menor amplitude da capacidade jurídica, pois a dos estrangeiros (*latini e peregrini*) e a dos *filii familias* é menor do que, respectivamente, a dos cidadãos romanos e a dos *patres familias*. Em razão disso, a *capitis deminutio media* e a *capitis deminutio minima* (*vide* nos 90 e 91)são, também, causas restritivas da capacidade jurídica.

120 | DIREITO ROMANO – *José Carlos Moreira Alves*

No terreno do direito privado, discute-se se os libertos, desde os tempos primitivos, não podiam casar com ingênua, tendo Augusto abolido essa proibição, embora a mantivesse com relação ao matrimônio entre libertos e pessoas pertencentes à ordem senatorial (senadores e seus descendentes agnatícios até o terceiro grau); ou se aquela incapacidade não existia até o tempo de Augusto, que a criou com referência apenas ao casamento entre libertos e pessoas da classe senatorial.

Tais limitações cessavam quando o liberto – o que só foi possível a partir do principado – adquiria a ingenuidade pela concessão, feita pelo imperador, ou do *ius aureorum anulorum* (o anel de ouro, que, a princípio, era distinção reservada aos senadores, e foi estendido, depois, aos cavaleiros, e, finalmente, a todos os ingênuos),[2] ou da *natalium restitutio* (*vide* nº 83, *fine*).

Justiniano aboliu as limitações que o liberto sofria com relação aos direitos público e privado.

B) *A quase servidão*

Os textos aludem a certas pessoas que, embora juridicamente livres, estão, de fato, em situação que se assemelha à dos escravos, e por isso, em geral,[3] sua capacidade jurídica é restringida. São elas o *homo liber bona fide seruiens* (o homem livre que serve de boa-fé), o *addictus* (o adjudicado), o *redemptus ab hoste* (o prisioneiro de guerra resgatado do inimigo), o *auctoratus* (o gladiador), as pessoas *in mancipio* e os colonos.

O *homo liber bona fide seruiens* é aquele que, embora livre, julga que é escravo, e, consequentemente, serve, de boa-fé, a alguém. Ele não perde, por isso, a capacidade jurídica, mas esta sofre uma restrição: tudo aquilo que ele adquire com o seu trabalho ou com os bens do seu pretenso senhor passa para a propriedade deste. Assim o *homo liber bona fide seruiens*, quando descobre que é livre, somente pode reivindicar daquele a quem servia os bens de origem outra que não as supramencionadas (por exemplo: os que lhe tinham sido doados por terceiro).

O *addictus* é o devedor que, tendo confessado o débito ou sido condenado ao seu pagamento, não o solveu dentro do prazo legal (30 dias), razão por que, no processo de execução (a *manus iniectio*),[4] é adjudicado (*addictus*) pelo magistrado ao credor, que o conduz para casa, onde o mantém preso durante sessenta dias, período em que deve levá-lo a três feiras consecutivas para verificar se, ali, aparece algum parente ou amigo do devedor que lhe pague a dívida. Findos os sessenta dias – durante os quais o devedor

---

2   O *ius aureorum anulorum*, ao contrário da *natalium restitutio*, não extinguia os direitos do patronato, nem a restrição no campo do direito privado.

3   Dizemos *em geral*, porque os *addicti*, em rigor, não têm diminuída sua capacidade jurídica, como se verá, mais adiante, no texto.

4   Isso ocorre, apenas, nos primórdios do direito romano.

Cap. XII · PESSOA FÍSICA OU NATURAL (RESTRIÇÃO OU EXTINÇÃO DA CAPACIDADE JURÍDICA) | 121

(*o addictus*) conserva sua capacidade jurídica, embora sujeito à escravidão de fato –, o credor pode matá-lo, ou vendê-lo como escravo no estrangeiro.[5]

O *redemptus ab hoste* é o prisioneiro de guerra resgatado do inimigo por um terceiro. Em virtude da ficção do *postliminium*, o prisioneiro, ao ingressar em território romano, recuperava a liberdade, a cidadania e todos os direitos que tivesse no momento em que fora capturado. O *redemptus ab hoste*, no entanto, se não tivesse recursos para reembolsar quem lhe pagara o resgate (isto é, o *redemptor*), não readquiria, de imediato, e plenamente, sua capacidade jurídica, pois estava obrigado a servir ao *redemptor* até solver o débito com o produto do seu trabalho;[6] pago o valor do resgate, recuperava ele a liberdade por meio da *manumissio*,[7] beneficiando-se, então, do *postliminium*. Por outro lado, se o *redemptus ab hoste* morresse antes do pagamento do valor do resgate, seus herdeiros não podiam suceder-lhe; demais, podia ser ele vendido a terceiro, assegurando-se-lhe o direito de libertar-se mediante o pagamento do valor do resgate ao comprador. A pouco e pouco, porém, sua condição foi melhorando, graças a constituições imperiais: Diocleciano e Maximiano (C. VIII, 50, 17) estabeleceram que o *redemptus ab hoste* recuperava a liberdade, sem necessidade de manumissão, no instante em que pagasse o valor total do resgate ao *redemptor*; depois, em 409 d.C., Honório (C. VIII, 50, 20) determinou que cinco anos era o período máximo durante o qual estaria o *redemptus ab hoste* obrigado a servir ao *redemptor*; finalmente, no direito justinianeu, o *redemptus ab hoste* recuperava, pelo *postliminium*, todos os seus direitos desde o momento do resgate, ficando, porém, obrigado a trabalhar para o *redemptor*, que tinha sobre ele o que os textos denominam *pignus*,[8] a fim de ressarcir-lhe o valor do resgate.

---

5 Discute-se se o *addictus* se enquadra, ou não, na categoria das pessoas *in mancipio*, de que nos ocuparemos, mais adiante, no texto. Segundo tudo indica, a resposta negativa é a certa, porquanto – como salienta Volterra (*Istituzioni di Diritto Privato Romano*, p. 97) – o *addictus*, ao contrário do que ocorre com as pessoas *in mancipio*, não necessita de *manumissio* para *libertar*-se do credor: basta solver, por um dos meios legais (provavelmente a *solutio per aes et libram*), o débito, para que recupere sua liberdade.

6 É controvertida a situação em que ficava o *redemptus ab hoste* durante esse período, mas nada indica que se encontrasse na condição de escravo. A propósito, *vide* Biondi, *Istituzioni di Diritto Romano*, 3ª ed., § 24, pp. 115 e 116.

7 Cf. Pampaloni, *Persone in "causa mancipii" nel diritto romano giustinianeo, in Bullettino dell' Istituto di Diritto Romano*, vol. 17 (1905), p. 134, nota 40.

8 Infelizmente não se conhece o exato sentido jurídico do termo *pignus* com referência ao *redemptus ab hoste*. A propósito, *vide Pampaloni, Persone in "causa mancipii" nel diritto romano giustinianeo, in Bullettino dell'Istituto di Diritto Romano*, vol. 17 (1905), p. 126 e segs.

O *auctoratus*[9] é a pessoa contratada pelo *lanista* (empresário) para combater como gladiador.[10] Ele se compromete, sob juramento (*auctoramentum*), a se deixar queimar, prender, açoitar, morrer. De direito, conserva ele a condição de homem livre; de fato, está totalmente subordinado à vontade do *lanista*, como se fosse escravo. Em virtude disso, sua capacidade jurídica sofre restrições: o *auctoratus*, que é considerado *infamis*, suporta as limitações decorrentes da *infamia* (de que nos ocuparemos mais adiante); o terceiro, que o subtrai ao *lanista*, comete *furtum* (furto); e não pode o *auctoratus* exercer cargos públicos. Os efeitos do *auctoramentum* cessam com a morte do *auctoratus*, ou com a ocorrência de termo, ou com o resgate.[11]

A pessoa *in mancipio* é o *filius familias* (inclusive a mulher submetida à *manus* do marido) vendido solenemente (por meio da *mancipatio*) a terceiro pelo *pater familias*, com um dos seguintes objetivos:

a) extinguir a *patria potestas*, para posterior adoção ou emancipação do *filius familias*;

b) obter dinheiro com a venda;[12] ou

c) eximir-se da responsabilidade de compor o prejuízo causado pelo *filius familias* a terceiro (nesse caso, o *pater familias*, que não quer indenizar, entrega o *filius familias* – o que se denomina abandono noxal (*deditio noxae*) – ao terceiro, para que, como pessoa *in mancipio*, trabalhe em favor deste, até ressarcir o dano).[13]

Discutem os romanistas se, primitivamente, as pessoas dadas *in mancipio* se tornavam escravas, ou se, juridicamente, eram consideradas livres, embora, de fato, sua situação fosse análoga à dos escravos. O que é certo é que, já na república, as pessoas *in mancipio* conservam o *status libertatis* e o *status ciuitatis*, gozando do *ius suffragii* e do *ius honorum*. No campo do direito privado, porém, sofrem restrições, pois sua capacidade

---

9 Sbre o *auctoratus*, *vide* Biscardi (*Nozione classica ed origini del "auctoramentum", in Studi in Onore di Pietro de Francisci*, vol. IV, pp. 109 a 129, Milano, 1956) e Diliberto (*Ricerche sull "Auctoramentum" e sulla condizione degli "auctorati"*, Milano, 1981).

10 Os autores, em geral, identificam o *auctoratus* com o gladiador que não é escravo. Alguns há, no entanto – e, entre eles, se encontra Diliberto (ob. cit., p. 7 e segs.) –, que sustentam que há outras *causae auctoramenti* concernentes a situações de sujeição que não a ligada a combates de gladiadores, embora fosse esta a socialmente mais relevante e, por isso, a que estava sempre presente na consciência social quando se falava em *auctoramentum* (ato de vontade, que se consubstanciava num juramento, pelo qual alguém se coloca em face de outrem na condição de *auctoratus*).

11 *Vide*, a propósito, Biscardi (ob. cit., p. 121).

12 Esse objetivo desaparece no período clássico.

13 *Vide* nº 277-A. Sendo o ato ilícito praticado por escravo ou *filius familias*, a *actio ex delicto* – como acentua Betti (*Istituzioni di Diritto Romano*, I, reimpressão (1947), pp. 303, 4) – passa a qualificar-se como *actio noxalis*, sendo intentada contra o *pater familias*, em cujo poder se encontra o ofensor, o qual poderá liberar-se desde que entregue este ao ofendido, mediante a *noxae deditio*, que se realiza por meio de *mancipatio* que transfere o escravo para a *dominica potestas* do ofendido, ou que junto a este constitui o *filius familias in causa mancipii*.
Sobre o regime noscal no direito romano, *vide* F. de Visscher, *Le Régime Romain de la Noscalité*, Bruxelas, 1947.

Cap. XII · PESSOA FÍSICA OU NATURAL (RESTRIÇÃO OU EXTINÇÃO DA CAPACIDADE JURÍDICA) | **123**

jurídica é mais limitada do que a dos *filii familias* que não estão *in mancipio*. Assim, não podem contrair obrigações, e, a menos que tenham sido manumitidas no testamento, não podem, nele, ser instituídas herdeiras. Demais, pratica *furtum* (furto) o terceiro que subtrai uma pessoa *in mancipio*.

A pessoa *in mancipio* deixa de sê-lo, mediante manumissão, utilizada uma das antigas formas solenes (*manumissio censu, uindicta* ou *testamento*). O manumitido, no entanto, não se torna liberto; conserva a qualidade de ingênuo. Por outro lado, os textos não nos permitem saber, com certeza, se o *manumissor* adquiria, ou não, o direito de patronato.

A *datio in mancipio*, da qual ainda se encontram traços, no Ocidente, no século IV d.C., não mais é mencionada no direito justinianeu.

O *colono* (nas fontes, entre outras denominações: *colonus tributarius, inquilinus*) é a pessoa que está obrigada, perpetuamente, a cultivar um determinado imóvel.

A origem do colonato é desconhecida, e o que há, a esse respeito, são somente conjecturas.[14] O que se sabe de certo é que o mais antigo texto que se refere ao colonato data de 332 d.C.: trata-se de constituição imperial que se encontra no Código Teodosiano (V, 9, 1). Mas, como essa constituição mostra que o colonato nessa época já era instituição integralmente organizada, daí se deduz que ele surgiu e se desenvolveu durante o século III d.C.

A finalidade do colonato foi assegurar não só o cultivo do solo, mas também o pagamento do imposto imobiliário devido ao Estado (e isso porque, no período em que ele surgiu, muitos proprietários de latifúndios, na impossibilidade de cultivá-los – a época era de grave crise econômica –, prefeririam abandonar as terras a pagar-lhes os impostos).

A condição jurídica do colono é singular. Ele pode ser homem livre, ou escravo. Mas, seja homem livre, ou escravo, está vinculado à terra:[15] é *membrum terrae* (membro da terra). E a tal ponto que nem sequer o proprietário do imóvel a que está vinculado o colono – e o proprietário com relação ao colono se denomina *patronus dominus* – pode desligá-lo da terra: o mais que lhe é dado fazer é, quando proprietário de dois ou mais imóveis, transferi-lo de um para outro. O colono, mesmo que seja homem livre, está subordinado ao *patronus* quase como se fosse escravo. Por isso, o *patronus* pode castigá-lo fisicamente; reinvidicá-lo se fugir do imóvel; exigir dele (quase sempre *in natura* – isto é, em frutos do solo cultivado –, raramente em dinheiro) o pagamento de anuidade (*canon*). Por outro lado, para que se determinem quais são os direitos dos colonos, é preciso distinguir se ele é homem livre ou escravo. Se escravo, seu casamento é considerado *contubernium*; seu patrimônio é um pecúlio, do qual o titular é o *patronus*; e, enfim, ele se encontra sob a *dominica potestas do patronus*. Se, no entanto, é homem livre – e é essa a hipótese que interessa mais de perto quando se estuda o colonato entre as causas

---

14 Sobre as origens do colonato e bibliografia específica, *vide* Monier, *Manuel Élémentaire de Droit Romain*, I, 6ª ed., nº 175, p. 226 e segs. A propósito, *vide*, também, Gino Segrè, *Studio sulla Origine e sullo Sviluppo del Colonato Romano, in Dalla Radice Pandettistica alla Maturità Romanistica – Scritti di Diritto Romano*, pp. 227 a 416, Torino, 1974.

15 Cf. Puchta, *Cursus der Institutionen*, II, 5ª ed., § 214, p. 459, Leipzig, 1857.

124 DIREITO ROMANO – *José Carlos Moreira Alves*

restritivas da capacidade jurídica –, seu casamento é legítimo; seu patrimônio, embora denominado *peculium*, é de sua propriedade; tem ele, em geral, os direitos de homem livre, porém não possui aqueles que não se conciliam com sua situação de *membrum terrae*, bem como sofre certas restrições: para alienar seu patrimônio, mesmo sendo homem livre, tem de obter, em regra, permissão do *patronus*; e Justiniano proibiu o casamento entre mulher livre e colono de que ela não fosse *patrona*.

O colono o é por nascimento, ou por fato posterior. Anteriormente a Justiniano, o filho de colona, em geral, é colono; no direito justinianeu,[16] tanto o filho de colona quanto o de colono. Torna-se alguém colono, em três hipóteses:

a) por prescrição trintenária (quando a pessoa serve, durante trinta anos, como colona);

b) por convenção entre o dono da terra e o que se vai tornar colono;[17] e

c) por punição: o mendigo, homem livre e capaz de trabalhar, é atribuído, como colono, a quem denunciá-lo.

Até o direito justinianeu, somente se admitia uma causa para a perda da condição de colono: que ele vivesse, durante trinta anos, como se não o fosse. No direito justinianeu, passaram a três as causas:

a) quando o colono ascendia à dignidade de bispo (não bastava, por exemplo, ordenar-se padre);

b) quando era oferecido pelo *patronus* para servir como soldado; e

c) quando adquiria o imóvel a que estava ligado.

C) *A intestabilidade*

Havia pessoas, em Roma, que não podiam ser testemunhas, nem celebrar negócios jurídicos que dependessem da presença destas. Eram os *intestáveis*, que sofriam tal restrição – muito grave, pois os mais importantes negócios jurídicos do direito romano exigiam a presença de testemunhas – a título de pena pela prática de certos atos. Assim, segundo a Lei das XII Tábuas, tornava-se intestável o que, tendo sido testemunha ou porta-balança num negócio jurídico, se negasse, posteriormente, a dar o seu testemunho sobre o ato;[18] no direito clássico, também se considerava intestável aquele que fosse autor de escrito difamatório contra outrem.

D) *A infâmia*

Anteriormente a Justiniano, os cidadãos romanos, para gozarem da consideração pública, deviam comportar-se não só de acordo com os preceitos do direito, mas também

---

16 *Vide*, a propósito, Matos Peixoto, *Curso de Direito Romano*, I, 4ª ed., nº 165, pp. 301-2, nota 783.

17 Essas pessoas são, possivelmente, as que integram a categoria dos *coloni adscripticii*, classe inferior entre os colonos. Os *coloni adscripticii* são tratados, em regra, mais severamente pelos imperadores; Justiniano (C. X, 48 (47), 21, 1) compara a situação deles com a dos escravos, salientando que ambos se acham submetidos ao poder (*potestas*) do senhor (*dominus*).

18 Tab. VIII, 22 (ed. Riccobono).

Cap. XII · PESSOA FÍSICA OU NATURAL (RESTRIÇÃO OU EXTINÇÃO DA CAPACIDADE JURÍDICA) | **125**

com os da moral e da honradez. Aqueles que desse modo não se conduziam sofriam, já no período republicano, restrições na capacidade jurídica. Assim, os censores, a seu arbítrio, podiam (anotando na lista do recenseamento o motivo da exclusão – *nota censoria*) excluir do Senado, ou da ordem dos cavaleiros, ou das tribos, as pessoas que praticassem falta grave contra os costumes romanos;[19] o magistrado que presidia a uma eleição (em geral, o cônsul) podia recusar a inscrição, na lista dos candidatos, daqueles que, por motivos morais, não lhe parecessem dignos; o pretor, com relação às pessoas que se enquadravam em certas causas estabelecidas no Edito (por exemplo: os condenados em ações infamantes, como a ação de furto; os bígamos; os gladiadores; os comediantes), não lhes permitia representar alguém em juízo, ou nele ser representadas por outrem; e, finalmente, certas leis (como a Lei *Iulia Municipalis*) não admitiam ocupasse alguns cargos administrativos (por exemplo, o de decurião) quem tivesse praticado atos desabonadores nelas enumerados.

Note-se, porém, que, até Justiniano, essas pessoas não sofriam nenhuma condenação moral imposta pelo Estado, embora a opinião pública as denominasse, em geral, pessoas *ignominiosae*.

Justiniano é que, mantendo em suas linhas gerais essas causas e esses efeitos, impôs a tais pessoas uma condenação moral, denominando-as *infames*. Surge, assim, a *infamia* como categoria jurídica.[20]

E) *A turpitudo*

A *turpitudo* nada mais é do que a má reputação de uma pessoa, em virtude da prática de ações menos dignas que, embora não lhe acarretassem a *infamia*, traziam sobre ela o desprezo por parte da sociedade. Os autores modernos denominam à *turpitudo infamia facti* (infâmia de fato), para contrapô-la à *infamia* (que seria *infamia iuris*, infâmia de direito). As *personae turpes* sofriam restrição em sua capacidade jurídica pela circunstância de não serem designadas, pelo magistrado competente, para exercer certas funções (assim, por exemplo, a de tutor, a de curador) para as quais era necessário levar em conta a dignidade da pessoa.

F) *A religião*[21]

O paganismo romano era, por índole, tolerante com as demais religiões. Por isso, enquanto ele predominou, apenas não se admitia que se introduzissem, em Roma, re-

---

19 A *nota censoria* só produzia seus efeitos durante o tempo em que o censor, que a impusera, exercia a censura, e podia ser renovada, ou não, pelo que lhe sucedesse (*vide*, a propósito, Monier, *Vocabulaire de Droit Romain*, verbete *nota censoria*, p. 217, Paris, 1948).

20 Os romanistas distinguem duas espécies de *infamia* no direito justinianeu: a *infamia mediata* (a que decorre da condenação por certos atos, como, por exemplo, os condenados em ação de furto, de *iniuria*) e a *infamia imediata* (a que resulta imediatamente da prática de certos atos, como, por exemplo, da profissão de prostituta, de comediante).

Em regra, a *infamia* perdura por toda a vida. Mas o imperador ou o Senado podem retirá-la.

Sobre a *infamia*, *vide* Pommeray, *Études sur l'infamie en droit romain*, Paris, 1937.

21 *Vide*, a propósito, Bouché-*Leclercq*, *L'Intolérance Religieuse et la Politique*, Paris, 1911.

DIREITO ROMANO – *José Carlos Moreira Alves*

ligiões que causassem perturbação à ordem pública.[22] O próprio cristianismo não foi perseguido por motivos essencialmente religiosos, mas, sim, políticos (os cristãos, em geral, eram punidos com pena de morte porque se recusavam a participar do culto ao imperador, o que se considerava crime de lesa-majestade).

Com o triunfo do cristinianismo, Roma inicia ataque ao paganismo, ao judaísmo e aos cristãos não ortodoxos (isto é, aos que não seguiam os princípios consagrados nos Concílios Ecumênicos de Niceia, de Constantinopla, de Éfeso e da Calcedônia).

No direito justinianeu, cresce o espírito de intolerância e surgem, então, várias restrições à capacidade jurídica dos não cristãos. Eram elas maiores ou menores conforme se tratasse de *adeptos das antigas religiões admitidas em Roma* (isto é, pagãos e judeus; eram eles os menos atingidos, mas não podiam, por exemplo, exercer cargos públicos em geral, nem ter escravos cristãos; e os judeus não podiam casar com cristãos),[23] de *apóstatas* (que não podiam fazer doação ou testamento, sendo, portanto, sua herança oferecida sempre aos seus herdeiros legítimos), de *heréticos* (isto é, os cristãos que não seguiam os princípios consagrados nos quatro supracitados Concílios, e que não podiam exercer cargos públicos, receber herança ou legado, fazer doação ou deixar legado) e de *membros de certas seitas* (e eram esses os mais duramente tratados; assim, por exemplo, os *maniqueus*[24] que – além de cometerem crime por seguir tal seita – não podiam receber coisa alguma por testamento ou doação, nem doar, vender, comprar, celebrar contratos, testar).

G) *Função ou cargo público*

Certas funções ou cargos públicos acarretavam para os que os desempenhavam restrições à sua capacidade jurídica. Os senadores, por exemplo, não podiam, no direito clássico, casar-se com mulher de profissão ou costumes reprovados (assim, uma atriz); os governadores de províncias, bem como os funcionários que aí serviam, não podiam casar-se legitimamente com mulheres residentes nas províncias onde desempenhavam eles suas funções.

H) *Eunucos e castrados*[25]

No direito pós-clássico (o mesmo não ocorria no período clássico), os eunucos e castrados sofriam, em virtude de seu defeito físico, restrições na capacidade jurídica: não podiam contrair casamento legítimo, nem adotar.

---

22 Paulo, *Sententiae*, 5, 21, 2; *Mos. et Rom. Legum Collatio*, 15, 3, 4.

23 *Vide*, a propósito, Solazzi, *Fra norme romane antisemite, in Bullettino dell'Istituto di Diritto Romano*, XLIV (1936-1937), p. 396 e segs. (artigo republicado *in Scritti di Diritto Romano*, vol. III – 1925/1937 –, ps. 579/586, Napoli, 1960). Sobre a legislação de Justiniano relativa aos judeus, *vide* Petrus Brome S. I., *Die Judengesetzbung Justinians, in Miscellanea Juridica Justiniani et Gregorii IX legibus Commemorandis*, p. 109 e segs., Roma, 1935.

24 O maniqueísmo era uma seita herética, surgida no século III d.C., que procurava unir, numa grande síntese, o cristianismo e paganismo oriental.

25 A propósito, *vide* Danilo Dalla, *L'incapacità Sessuale in Diritto Romano*, Milano, 1978.

Cap. XII · PESSOA FÍSICA OU NATURAL (RESTRIÇÃO OU EXTINÇÃO DA CAPACIDADE JURÍDICA) | **127**

87. Causas que extinguem a capacidade jurídica– Duas são as causas que extinguem a capacidade jurídica (e, portanto, a personalidade jurídica):

a) a *capitis deminutio máxima;*[26] e

b) a morte.

Passemos ao exame delas.

88. *Capitis deminutiones*[27] – Muitos são os pontos obscuros na teoria das *capitis deminutiones.*

Quanto ao período pré-clássico, discute-se o sentido da expressão *capitis deminutio.* Para alguns romanistas, ela indicava a supressão do indivíduo da lista do censo, acarretando, em consequência, a perda do *status libertatis* e do *status ciuitatis.* Para outros, *caput,* aí, estava empregado no sentido material de indivíduo, e *deminutio* significava a saída de uma pessoa, voluntária ou involuntariamente, de um Estado ou de uma família.[28] Por outro lado, é também muito controvertida a questão de saber se, na época pré-clássica, existia apenas uma espécie – ou várias – de *capitis deminutio.*

No direito clássico, há *capitis deminutio* quando se verifica, relativamente a uma pessoa física, a perda da liberdade (*status libertatis*), da cidadania (*status ciuitatis*) ou da posição dentro de uma família (*status familiae*). Daí as três espécies respectivas de *capitis deminutiones: capitis deminutio maxima, capitis deminutio media* e *capitis deminutio minima.* Note-se, porém, que nem sempre a *capitis deminutio* implica a extinção ou a diminuição da capacidade jurídica de quem a sofre. Se isso ocorre quando se verifica a *capitis deminutio maxima* (há extinção da capacidade jurídica, pois o indivíduo que perde o *status libertatis* passa a ser escravo, e, consequentemente, deixa de ser pessoa física e se torna, juridicamente, coisa) ou a *capitis deminutio media* (há diminuição de capacidade jurídica, porquanto, perdendo-se o *status ciuitatis*, se perdem as faculdades reconhecidas pelo *ius ciuile*), o mesmo não sucede necessariamente quando há a *capitis deminutio minima.* Nesse caso, pode verificar-se uma das três seguintes situações: 1ª) *haver diminuição de capacidade jurídica,* quando a pessoa *sui iuris* passa a *alieni iuris,* como ocorre, por exemplo, na ad-rogação; 2ª) *haver acréscimo de capacidade jurídica,* no caso inverso ao anterior: o *alieni iuris* se torna *sui iuris*[29] e 3ª) *não haver nem acréscimo nem decréscimo de capacidade jurídica:* isso sucede – assim, na adoção – quando o *alieni iuris* sai de sua família de origem e ingressa em outra também na condição de *alieni iuris.*

---

26 Como salientamos na nota 1, as *capitis deminutiones media* e *minima* são apenas causas restritivas da capacidade jurídica.

27 Sobre as *capitis deminutiones, vide* Desserteaux, *Études sur la formation historique de la capitis deminutio,* 3 tomos (em 4 fascículos), Paris, 1909-1928.

28 *Vide,* a propósito, Monier, *Manuel Élémentaire de Droit Romain,* I, 6ª ed., nº 223, p. 223.

29 Isso ocorre, por exemplo, quando o *alieni iuris* é emancipado pelo seu *pater familias,* tornando-se, então, *sui iuris.* Note-se, no entanto, que não havia *capitis deminutio minima* (embora houvesse mudança na posição do indivíduo dentro da família) quando o *filius familias,* que era *alieni iuris,* se tornava *sui iuris* pela morte do seu *pater familias.*

No direito justinianeu, persistem as *capitis deminutiones maxima* e *media*, mas os efeitos decorrentes da *capitis deminutio minima* se reduzem a quase nada.[30]

89. Capitis deminutio maxima – Há *capitis deminutio maxima* quando a pessoa física perde o *status libertatis*. Assim, o ingênuo e o liberto, que são reduzidos à escravidão, sofrem *capitis deminutio maxima*.

A perda do *status libertatis* acarreta, automaticamente, a dos *status ciuitatis* e *familiae*. Com efeito, quando o homem livre se torna escravo, deixa, também, de ser cidadão romano e de ter uma posição dentro da família, pois o escravo, sendo coisa, não tem cidadania, nem pode ser *pater familias* ou *filius familias*.

90. Capitis deminutio media – Há *capitis deminutio media* quando a pessoa física perde o *status ciuitatis*, isto é, quando o cidadão romano deixa de sê-lo.

A *capitis deminutio media* só acarreta a perda do *status familiae* (quem não é cidadão não pode ser *pater familias* ou *filius familias* de uma família romana), e não do *status libertatis* (aquele que deixa de ser cidadão romano continua a ser homem livre).

91. Capitis deminutio minima – Há *capitis deminutio minima* quando a pessoa física perde sua posição dentro de uma família. Isso pode ocorrer quando a pessoa *alieni iuris* passa a *sui iuris*, por ter sido emancipada, saindo, portanto, da família de origem, sem ingressar em outra; ou quando a pessoa *alieni iuris* muda de uma família para outra onde continua a ser *alieni iuris* (assim, por exemplo, um *alieni iuris* é adotado pelo *pater familias* de outra família; o *alieni iuris* sai de sua família de origem e ingressa na do adotante, na posição, também, de *alieni iuris*); ou, finalmente, quando a pessoa *sui iuris* se torna *alieni iuris* (o que ocorre na *ad-rogação*, isto é, quando um *pater familias* é adotado por outro *pater familias*; o adotado ingressa na família do adotante como *filius familias*, e, portanto, como pessoa *alieni iuris*).

Por outro lado, a *capitis deminutio minima* não acarreta a perda nem do *status libertatis* nem do *status ciuitatis*.[31]

92. A morte da pessoa física ou natural – A capacidade jurídica – e, portanto, a personalidade jurídica – da pessoa física também se extingue com a morte.

A prova da morte da pessoa física incumbe a quem a alega.[32]

---

30 De fato, a *capitis deminutio minima*, nesse período, não mais extingue as servidões pessoais, não dissolve o contrato de sociedade, não tem importância para os *iudicia legitima*, nem para a *agnatio* (agnação) que foi abolida pela Novela 118.

31 Quanto aos efeitos decorrentes das *capitis deminutiones* – que, aliás, são os resultantes da perda da liberdade, da cidadania, ou da posição dentro da família –, serão eles estudados adiante, na parte especial, à medida que se fizer oportuno, com referência às diversas relações jurídicas.

32 No direito romano, não havia o instituto da ausência, que é de origem medieval. Assim, não conheciam os romanos a morte presumida resultante da ausência. Sobre a ausência em face dos textos romanos, *vide* o amplo estudo de Bruns, *Die Verschollenheit, in Iahrbuch des gemeines deutschen Rechts*, I (ano de 1857), pp. 92 a 122, bem comoo de Tamassia (*L'assenza nella Storia del Direitto*

Cap. XII · PESSOA FÍSICA OU NATURAL (RESTRIÇÃO OU EXTINÇÃO DA CAPACIDADE JURÍDICA) | **129**

Para obviar as dificuldades, há textos[33] que estabelecem presunções sobre o momento exato da morte, quando ela ocorre em acidente, de pessoas ligadas por laços de sucessão hereditária (a essa situação se dá o nome de comoriência).[34-35] Na impossibilidade de determinar-se quem morreu primeiro, os juristas clássicos entendiam que se presumia que elas tivessem morrido simultaneamente, nada herdando, portanto, uma da outra. Já no tempo de Justinianeu, foi introduzida na legislação romana a regra de que, em se tratando de pai e filho, se este fosse púbere se presumia que tinha falecido depois daquele; se impúbere, antes.

Por outro lado, não havia, em Roma, obrigação de os parentes do falecido declararem a qualquer magistrado a ocorrência do óbito.

Italiano, in Scritti di Storia Giuridica, III, pp. 165 e segs., Padova, 1969), onde seu autor conclui que "parece pois que o direito romano tenha diligentemente evitado restringir, dentro de um círculo de presunções legais, a declaração de morte de um ausente" e isso porque "a lei romana pensa no retorno do ausente, e provê, *medio tempore*, a custódia de seu patrimônio (D. L, 1, 4)", ao passo que "as atuais legislações, consideradas em seu conjunto, parece que pensam de preferência na morte do ausente". Clara síntese sobre a questão da ausência no direito romano se encontra em Serrano y Serrano, *La Ausencia en el Derecho Español*, pp. 5/13, Madrid, 1943.

33   D. XXXIV, 5, 9, 4; 22 e 23.

34   Sobre a comoriência, *vide* Renzo Lambertini, *La Problematica della Comorienza nell'Elaborazione Giuridica Romana*, Milano, 1984.

35   Essa determinação – se for possível fazê-lo, o que as mais das vezes não ocorre – é muito importante para efeito de sucessão hereditária. Eis um exemplo: Tício e Caio (este herdeiro necessário daquele) se encontram num navio que naufraga. Ambos morrem. Tício tinha feito testamento em favor de Caio. Se se puder provar que Caio sobreviveu instantes a Tício, aquele herdou os bens deste e, como também faleceu, esses bens passam para seus herdeiros legítimos; se se provar o contrário (isto é, que foi Tício quem sobreviveu instantes a Caio), quem vai receber os bens de Tício serão seus herdeiros legítimos, pois, quando o herdeiro instituído no testamento (no caso, Caio) falece antes do testador, o testamento é considerado *destitutum* ou *desertum* (*vide* nº 319) e, portanto, não produz seus efeitos.

XIII

PESSOA FÍSICA OU NATURAL
(CAPACIDADE DE FATO)

Sumário: 93. Capacidade de fato. **94.** Fatores que influem na capacidade de fato. **95.** Incapacidade de fato absoluta e relativa. **96.** A incapacidade de fato e o *status familiae*.

93. Capacidade de fato – Toda pessoa física tem personalidade jurídica (e, consequentemente, capacidade jurídica). Nem sempre, no entanto, pode, por si mesma, adquirir e exercer direitos, ou contrair obrigações. Para isso é preciso que ela tenha o que, modernamente, se denomina *capacidade de fato*[1], isto é, aptidão para praticar, por si só, atos que produzam efeitos jurídicos.

A capacidade de fato implica, necessariamente, a capacidade jurídica; a recíproca, entretanto, não é verdadeira.[2]

94. Fatores que influem na capacidade de fato – A regra geral é a de que as pessoas físicas são capazes de fato. Há fatores, porém, que acarretam a incapacidade. Deles, alguns são normais (ocorrem sempre com todas as pessoas físicas, ou, pelo menos, com uma classe de pessoas físicas); outros, anormais (só se verificam com relação a algumas pessoas físicas).

Os fatores que influem na capacidade de fato são os seguintes:

a) a idade;

b) o sexo;

c) a alienação mental; e

d) a prodigalidade.

Estudemo-los separadamente.

A) *A idade*

Quanto à idade, os romanos dividiam as pessoas físicas em *impúberes* e *púberes*.

No direito clássico, discutia-se quando ocorria a puberdade, isto é, a capacidade de procriar, que, para os romanos, implicava, também, a plena capacidade intelectual. A

---

1   Os romanos não tinham denominação específica para essa figura.

2   *Vide*, atrás, o capítulo XI, nota 4.

132 DIREITO ROMANO – *José Carlos Moreira Alves*

princípio, para se declarar que o impúbere atingira a puberdade – fosse homem ou mulher –, era necessário verificar-se, por exame corpóreo individual, se ele já tinha capacidade de procriação. Mas, desde cedo, entendendo-se vexatório esse exame para as mulheres, estabeleceu-se a idade de 12 anos – aí fixada em face de, na Itália, em geral, as mulheres ao atingirem essa idade terem capacidade de procriação – para que elas passassem de impúberes a púberes. Quanto aos homens, divergiam sabinianos e proculeianos:[3] aqueles exigiam o exame corpóreo para que o homem, verificada a puberdade, fosse considerado púbere; estes, à semelhança do que ocorria com as mulheres, advogavam a fixação de idade – que seria a de 14 anos – para que o homem se tornasse púbere. Alguns – como o jurisconsulto Javoleno,[4] que pertencia à escola dos sabinianos – eram mais radicais, pois exigiam a conjugação dos dois critérios: a idade de 14 anos e o exame físico. Essa controvérsia só foi dirimida no direito justinianeu, quando Justiniano[5] seguiu a opinião dos proculeianos, estabelecendo que o homem atingia a puberdade ao completar 14 anos de idade.

Por outro lado, tanto o período da impuberdade quanto o da puberdade se subdividiam. Assim, os impúberes se classificavam em *infantes, infantiae proximi* e *pubertati proximi*. Os *infantes*, nos direitos pré-clássico e clássico, eram os que não falavam (sentido, aliás, literal da palavra *in + fans* = o que não fala); já no direito justinianeu, infante era o que ou não falava, ou, embora falasse, não compreendia o sentido das palavras, o que ocorria até os sete anos de idade. Os *infantiae proximi* eram os impúberes que estavam mais próximos da *infantia* do que da puberdade. E os *pubertati proximi* eram os que estavam mais perto da puberdade do que da *infantia*. Mas, com relação aos *infantiae proximi* e aos *pubertati proximi*, não havia idade-limite entre uma e outra categoria: cabia, por certo, ao juiz, caso a caso, verificar quando alguém era *infantiae proximus* ou *pubertati proximus*. Quanto aos púberes, encontramos delineada no período pós-clássico a divisão entre púberes menores de 25 anos, e púberes maiores de 25 anos. Anteriormente, quer no direito pré-clássico, quer no direito clássico (embora neste já surgissem os pródromos dessa distinção), considerava-se que os púberes (as mulheres aos 12 anos, e os homens aos 14) tinham plena capacidade intelectual. No direito pós-clássico, reputa-se que o desenvolvimento intelectual pleno só ocorre aos 25 anos de idade.

B) *O sexo*

O sexo influiu na capacidade de fato até o século IV d.C., época em que as mulheres passaram a ser capazes. Mas, já no direito clássico, Gaio[6] salientava que a *leuitas animi* (fraqueza de espírito) em que se fundava a incapacidade da mulher era mais especiosa do que verdadeira.

---

3   Cf. Gaio, *Inst.*, I, 196.
4   Cf. Ulpiano, *Liber singularis regularum*, XI, 28.
5   C. V, 60, 3; e *Inst.*, I, 22, pr.
6   *Inst.*, I, 190.

Cap. XIII · PESSOA FÍSICA OU NATURAL (CAPACIDADE DE FATO) | 133

C) *A alienação mental*[7]

Os textos, ao se referirem aos alienados mentais, se utilizam de vários termos diferentes.[8] Os mais comuns são: *furiosi, dementes* e *mentecapti*. Não se sabe, com segurança, qual a diferença de sentido entre eles. Embora Audibert[9] tenha defendido, com argumentos ponderáveis, a tese de que os *furiosi* eram os loucos em geral, e os *dementes* (ou *mentecapti*) eram os monomaníacos (doentes cuja loucura é parcial: por via de regra, é normal seu raciocínio, mas a alienação se manifesta com referência a determinada série de ideias), a maioria dos romanistas se inclina em outro sentido: os *furiosi* eram os loucos com intervalos de lucidez; os *dementes* (ou *mentecapti*), os que sofriam de loucura contínua, sem tais intervalos.[10] Modernamente, há autores que defendem a tese de que, no direito pré-clássico, *furiosus* era qualquer alienado mental; somente no direito pós-clássico é que surgiu o conceito de intervalo de lucidez, do que resultou a distinção entre os *furiosi* e os *dementes* (ou *mentecapti*).[11]

D) *A prodigalidade*[12]

A noção de prodigalidade se modificou nas etapas de evolução do direito romano.

Primitivamente, só era pródigo o que gastava desordenada e loucamente os bens que, na qualidade de herdeiro legítimo, recebera como herança de seu pai. Assim, somente se protegiam, com a interdição por prodigalidade, os bens familiares.

No direito clássico, o conceito se amplia: pródigo passa a ser aquele que gasta desordenadamente e loucamente seus haveres, qualquer que seja a procedência deles.[13-14] E essa ampliação decorreu de duas razões:

---

7   Sobre a alienação mental em face do direito romano, *vide* Nardi, *Squilibrio e Deficienza Mentale in Diritto Romano*, Napoli, 1983.

8   *Vide* Audibert, *Études sur l'histoire du Droit Romain*, I, p. 12 e segs., Paris, 1892.

9   Ob. cit., I, p. 38 e segs.

10 *Vide*, a propósito, Girard, *Manuel Élémentaire de Droit Romain*, 8ª ed., p. 242, nota 2. Alguns, como Vering (*Geschichte und Pandekten des Römischen und Heutigen Gemeinem Privatrechts*, 5ª ed., § 57, III, p. 158, Mainz, 1887), entendem que os *mentecapti* eram aqueles cujas faculdades mentais eram pouco desenvolvidas.

11 *Vide*, a propósito, o nº 301.

12 Sobre a prodigalidade, *vide* Francesca Pulitanò, *Studi sulla Prodigalità nel Diritto Romano*, Milano, 2002.

13 D. XXVII, 10, 1, pr. A propósito, *vide* Cuq, *Les Institutions Juridiques des Romains*, II (*Le Droit Classique et Le Droit du Bas-Empire*), p. 165, Paris, 1902; Girard, *Manuel Élementaire de Droit Romain*, 8ª ed., pp. 244/245; Kaser, *Das Römische Privatrecht*, I, § 65, V, p. 241; e Pugliese, *Istituzioni di Diritto Romano, Parte Seconda*, nº 117, 1, II, p. 456.

14 Tomulescu (*Justinienen et les Prodigues – Quelques Problèmes –, in Accademia Romanistica Costantiniana – Atti 1º Convegno Internazionale*, p. 383 e segs., Perugia, 1975) sustenta que, no direito clássico, só era pródigo o que dilapidava os *bona paterna auitaque* herdados *ab intestato* ou por testamento. Com Justiniano é que se considerou pródigo o que dissipava seus bens, qualquer que fosse sua procedência.

a) uma, de ordem pública: se não fosse interditado como pródigo, o indivíduo nessas condições seria reduzido à miséria, tornando-se fator de perturbação da ordem social; e

b) outra, de ordem privada: proteção a quem age inconsideradamente, como louco.[15]

Por outro lado, dessa modificação do conceito de prodigalidade resultou uma consequência importante: se, a princípio, apenas os ingênuos podiam ser interditados como pródigos, pois somente eles recebiam, por herança, a título de herdeiros legítimos, bens familiares, no direito clássico, como a prodigalidade diz respeito a bens de qualquer origem, podem ser declaradas pródigas as demais pessoas, como, por exemplo, os libertos e os filhos emancipados (que não recebem, a título de herdeiro legítimo, bens familiares).

Embora os textos (assim, D. L, 17, 40) equiparem o pródigo ao louco (*"Furiosi, uel eius, cui bonis interdictum est, nulla uoluntas est"* = "Nenhuma é a vontade do louco ou daquele a que se interdita a administração dos bens", isto é, o *pródigo*), essa aproximação não é verdadeira sequer no direito romano, porquanto os pródigos, ao contrário dos loucos, podiam praticar certos atos jurídicos por serem apenas relativamente incapazes.

95. Incapacidade de fato absoluta e relativa – Ao lado dos capazes de fato – o que, como vimos, é a regra –, há os incapazes, em virtude da idade, do sexo, das doenças mentais, ou da prodigalidade.

A incapacidade de fato admite gradações: incapacidade absoluta e incapacidade relativa.

Os absolutamente incapazes são aqueles que, por não terem vontade, não podem praticar, por si sós, qualquer ato que produza efeito jurídico. São eles:

a) os *infantes*;

b) no direito pré-clássico, os *infantiae proximi*; e

c) os doentes mentais (*furiosi, dementes* e *mentecapti*), exceto nos intervalos de lucidez (o que, segundo a opinião dominante, só podia ocorrer com os *furiosi*).

Os relativamente incapazes são os que não podem praticar, por si sós, atos que diminuam seu patrimônio. Quanto aos atos que o aumentam, podem efetuá-los sem qualquer restrição. Para saber-se, com essa finalidade, quais os atos que aumentam ou diminuem o patrimônio do relativamente incapaz, é preciso encará-los, objetivamente, em sentido jurídico, e não em sentido econômico. A alienação de um imóvel que está em ruínas é ato que, economicamente, reverte em proveito do proprietário que o vende. Mas o relativamente incapaz não pode praticá-lo, porque, mediante a alienação, o seu patrimônio se desfalca de um bem (o imóvel), e ele não pode realizar atos que lhe reduzam os haveres. Por outro lado, com relação aos atos que geram obrigações a ambas as partes, são eles, se celebrados com um relativamente incapaz que não esteja devidamente assistido, válidos só parcialmente: vale a parte da operação que aumenta o patrimônio do incapaz, mas é nula a outra (exemplo: se, numa compra e venda, o vendedor é capaz e o comprador relativamente incapaz, aquele está obrigado a entregar a coisa, mas este não está obrigado

---

15   Cf. Cuq, *Manuel des Institutions Juridiques des Romains*, 2ª ed., p. 225.

Cap. XIII · PESSOA FÍSICA OU NATURAL (CAPACIDADE DE FATO) | **135**

a pagar o preço). Esse princípio, que era lógico, porém injusto, foi contornado, em favor do capaz, através da teoria do enriquecimento sem causa e da exceção de dolo.

São relativamente incapazes em Roma:

a) no direito clássico e pós-clássico, os *infantiae proximi*;

b) os *pubertati proximi*;

c) no direito pós-clássico, os púberes menores de 25 anos;

d) as mulheres até o século IV d.C. (quando se tornam capazes), com relação apenas a determinados atos (*vide* nº 300, *in fine*); e

e) os pródigos.

96. A incapacidade de fato e o *status familiae* – A incapacidade de fato – seja relativa, seja absoluta – não tem maior importância quando o incapaz é pessoa *alieni iuris*, porquanto, além de estar subordinado ao *pater familias*, não tem ele patrimônio a ser administrado.

Mas, quando o incapaz – relativa ou absolutamente – é uma pessoa *sui iuris*, surge o problema da administração de seu patrimônio. Para fazer face a isso, os romanos dispunham de dois institutos jurídicos: a tutela e a curatela, das quais nos ocuparemos mais adiante, na parte especial.

XIV

PESSOA JURÍDICA

Sumário: 97. Noções gerais. **98.** Origem e evolução das pessoas jurídicas no direito romano. **99.** Corporações.

97. Noções gerais – Ao lado da pessoa física, como sujeito de direito, a ordem jurídica reconhece a existência de entidades abstratas às quais atribui personalidade jurídica. A elas os autores modernos denominam *pessoa jurídica* ou *moral*.

A necessidade desses seres abstratos decorre da fragilidade do homem para a consecução de certos objetivos. Com efeito, há empreendimentos que exigem não só a continuidade de esforços que excede à duração da vida humana, mas também patrimônio superior ao individual.

Duas são as espécies de pessoas jurídicas: 1ª) as corporações (ou *associações*)[1]; 2ª) as *fundações*.

As corporações são um conjunto de pessoas físicas – ao qual a ordem jurídica outorga personalidade – que se reúnem para a consecução de determinado objetivo. A corporação (pessoa jurídica) não se confunde com os homens (pessoas físicas) que a integram. Tem ela patrimônio diverso do das pessoas físicas que a formam; os atos da vida civil, que pratica por intermédio de seu representante, revertem em seu benefício ou em seu detrimento, e não no de cada uma das pessoas físicas associadas; é, enfim, independente das pessoas que a constituem, pois estas podem ser, total ou parcialmente, substituídas, sem que se extinga a corporação.

As fundações são bens – aos quais a ordem jurídica atribui personalidade – destacados do patrimônio de uma pessoa física ou jurídica, e destinados a determinado escopo. Trata-se, portanto, de patrimônio personalizado, que não é de ninguém, senão de si mesmo, já que os homens que o gerem não são proprietários dele, mas, apenas, seus administradores. Para se admitir a existência da fundação é preciso maior capacidade de abstração do que a necessária para conceber a ideia de corporação. Com efeito, na

---

1 No direito moderno, em geral, denominam-se *sociedades* as associações com objetivo de lucro. Em direito romano, ao contrário do que ocorre atualmente, o contrato de sociedade não dá margem à constituição de pessoa jurídica – *societas* (sociedade) – distinta das pessoas físicas que são os sócios. Sobre as *societates publicanorum* que constituiriam exceção a essa regra, *vide* o capítulo XXXIX, nota 98.

138 | DIREITO ROMANO – *José Carlos Moreira Alves*

fundação o patrimônio é titular de si mesmo, perseguindo o fim determinado por quem – pessoa física ou jurídica – a instituiu.

Com essas noções[2] passemos à análise das pessoas jurídicas em Roma, não sem antes salientar que os juristas romanos não elaboraram (como, em geral, não o faziam, por não serem dados a abstrações) uma teoria sobre a pessoa jurídica. No entanto, dos textos podem extrair-se os princípios que, ali, vigoraram para a disciplina dessas entidades abstratas.[3]

98. Origem e evolução das pessoas jurídicas no direito romano – Estudaremos a origem e o desenvolvimento das pessoas jurídicas nos três períodos em que se divide a evolução do direito romano:

a) pré-clássico;

b) clássico; e

c) pós-clássico.

A) *Direito pré-clássico*

No direito pré-clássico, não encontramos, em Roma, a ideia de que entes abstratos possam ser titulares de direitos subjetivos à semelhança das pessoas físicas. Aliás, o nascimento dessa concepção demanda processo evolutivo lento, cujo ponto de partida exigia capacidade de abstração ainda não existente em época primitiva.

Os romanos, nesse período, entendiam que, quando um patrimônio pertencia a várias pessoas, o titular dele não era uma entidade abstrata – a corporação –, mas, sim, os diferentes indivíduos que constituíam o conjunto, cada um titular de parcela dos bens. Dessa concepção, aliás, há vestígios ainda no direito clássico, quando – como veremos adiante – já existiam em Roma corporações. Assim, por exemplo, na época imperial, admite-se que um *seruus publicus* (escravo pertencente ao Estado) celebre uma *stipulatio* (contrato verbal solene) com alguém, em favor de outrem. Ora, pelo princípio de que tudo o que é adquirido pelo escravo passa à propriedade do senhor, as vantagens decorrentes desse contrato deveriam reverter para o Estado (que, no direito clássico, já era considerado um ser abstrato); mas, o que sucedia, nessa hipótese, era diverso: os benefícios redundavam em favor da pessoa para quem o escravo celebrara a *stipulatio*. E isso porque persistia reminiscência do período anterior (o direito pré-clássico), quando

---

2   Quanto às teorias sobre a natureza da pessoa jurídica, *vide* a síntese de Kuhlenbeck, *Die Entwicklungsgeschichte des Römischen Rechts, II Band (Das System des Römischen Rechts)*, p. 65 e segs. München, 1913; e Matos Peixoto, ob. cit., I, nº 199, p. 360 e segs.

3   Sobre as pessoas jurídicas no direito privado romano, *vide* a monografia de Eliachevitch, *La Personnalité Juridique en Droit Privé Romain*, Paris, 1942.

Note-se, ademais, que Orestano (*"Il Problema delle persone giuridiche"*, in *Diritto Romano*, I, Torino, 1968) sustenta que "a moderna distinção entre corporações e fundações é insuficiente para exprimir a complexa realidade da experiência romana" (p. 104).

Cap. XIV · PESSOA JURÍDICA | **139**

vigorava o princípio de que os cidadãos eram coproprietários do patrimônio do Estado, e, consequentemente, coproprietários dos escravos públicos.[4]

B) *Direito clássico*

No direito clássico, surge a concepção de que, ao lado do homem como pessoa física, há certas entidades abstratas que são, também, titulares de direito subjetivo. Mas, nesse período, não se vai além do reconhecimento da existência das *corporações*. É estranho ao direito clássico o conceito de *fundação*.

Chegou-se à ideia da *corporação* graças ao resultado de uma evolução que se inicia no momento em que, já no direito clássico, os romanos passam a encarar o Estado como entidade abstrata diversa do conjunto de seus cidadãos. A denominação técnica que os textos dão ao Estado, como pessoa, é *populus romanus*.[5] Mas, para os romanos, o Estado jamais entra em relação com os particulares em plano de igualdade. As relações jurídicas de que participa o Estado são – porque é ele soberano – sempre disciplinadas pelo direito público, e não pelo direito privado. Assim, em Roma, o particular não pode demandar o Estado em processo judicial comum, mas aquele dispõe apenas de recursos administrativos contra as decisões deste. Até celebrando um contrato, o Estado está em posição de superioridade à do indivíduo que com ele contrata. Portanto, embora os romanos vejam no Estado um ser abstrato distinto de seus cidadãos, não se pode considerar que seja essa a origem da concepção de pessoa jurídica de direito privado. Mas esse foi, sem dúvida, o passo inicial.

A exemplo do Estado, admitiu-se, no direito clássico, que as *ciuitates* e os *municipia* fossem capazes de ser titulares de direitos subjetivos. E o mesmo ocorreu com as *coloniae* no principado, quando desapareceu a distinção entre municípios e colônias. No entanto, até 212 d.C., as *ciuitates* eram cidades estrangeiras que tinham sido anexadas ao Império Romano sem perderem totalmente a sua soberania, razão por que, à semelhança do que sucedia com o Estado Romano, suas relações eram regidas sempre pelo direito público. Já com referência aos municípios (comunidades agregadas às tribos de Roma, e que, portanto, tinham perdido sua soberania), as relações jurídicas de que eles participavam eram disciplinadas pelo direito privado. Ora, regendo-se os municípios, no campo patrimonial, pelo direito privado, e sendo encarados – como o Estado Romano e as *ciuitates* – como seres abstratos, distintos das pessoas físicas que os compunham, capazes de ter direitos, surgiu daí a concepção de pessoa jurídica no direito privado romano, estendendo-se, depois, a certas associações voluntárias de pessoas físicas que visavam a determinado fim, e que desde tempos remotos existiam em Roma com as denominações *collegia* e *uniuersitates*, e com escopo funerário, religioso ou comercial.

---

4   A propósito, *vide* Sohm, *Institutionen*, 14ª ed., § 37, p. 222 e segs.

5   Como acentua Del Vecchio (*Teoria do Estado*, trad. Pinto de Carvalho, p. 19), só a partir do tempo de Maquiavel é que se emprega a palavra *Estado* (*Status*) no sentido de sociedade politicamente organizada.

C) *Direito pós-clássico*

No direito clássico, portanto, os romanos chegaram até a concepção de uma das espécies de pessoa jurídica: a corporação ou associação.

Entretanto, no período clássico, alcançavam eles os mesmos objetivos que são atingidos modernamente com as fundações, utilizando-se de meios indiretos. Assim, quando, em Roma, alguém queria destacar bens de seu patrimônio e destiná-los, por tempo indeterminado, ao auxílio de pessoas pobres, doava-os (ou os deixava em legado) a uma pessoa jurídica (a um município ou a um *collegium*), impondo ao donatário, ou ao legatário, o encargo de destinar as rendas desses bens ao fim visado. Nessa hipótese, a pessoa jurídica se tornava proprietária dos bens, mas estava obrigada a dar às rendas deles a destinação prevista sob pena de – conforme fosse estabelecido pelo doador ou testador – ter de pagar multa ou perder os bens para outra pessoa que daria àquela renda o destino prefixado.[6]

Quanto ao direito pós-clássico, vários romanistas[7] vislumbram a existência de verdadeiras fundações nas *piae causae* (bens destinados a fins beneficentes ou religiosos)[8] na herança jacente (herança que jaz à espera de aceitação de um herdeiro) e no Fisco (no principado, era o tesouro particular do *princeps*, em contraposição ao *aerarium*, o patrimônio do Estado; no dominato, o Fisco passa a ser o único tesouro do Estado).[9]

A maioria dos autores, no entanto, entende que, embora no tempo de Justiniano haja tendência no sentido de se considerarem esses institutos como entidades dotadas de personalidade jurídica, os textos não fornecem elementos inequívocos para que se afirme que as fundações, como pessoas jurídicas, foram conhecidas dos romanos.[10]

99. Corporações – São várias as denominações usadas pelos juristas romanos para designar as corporações ou associações: *sodalitas, sodalicium, ordo, societas, collegium, corpus, uniuersitas*. Daí se observa que não havia, a respeito, nomenclatura técnica uniforme.

Os requisitos para a constituição da corporação eram os seguintes:

a) que, no momento de sua constituição, houvesse, pelo menos, três pessoas para se associarem;

---

6   A isso se denomina *fundação fiduciária* (cf. Iglesias, *Derecho Romano*, I, 2ª ed., § 25, p. 92). Sobre as *fundações de caridade*, utilizadas pelos imperadores Nerva e Trajano, *vide* Jörs-Kunkel-Wenger, *Römisches Recht*, 2ª ed., § 45, p. 77.

7 · Assim, entre outros, Cuq, *Les Institutions Juridiques des Romains*, II, p. 795, Paris, 1902; e Monier, *Manuel Élémentaire de Droit Romain*, I, 6ª ed., nº 243, p. 340.

8   *Vide*, a propósito, Guarino, *Diritto Privato Romano*, nº 62, p. 175; e Saleilles, *Les "Piae causae" dans le droit de Justinien*, in *Mélanges Gérardin*, p. 513 e segs., Paris, 1907.

9   Sobre o Fisco, *vide* as considerações de Sohm, *Institutionen*, 14ª ed., § 37, p. 223, nota 3.

10 Entre outros, Jörs-Kunkel-Wenger, *Römisches Recht*, 2ª ed., § 45, p. 77; Philipsborn, *Der Begriff der Juristischen Person in Römischen Recht*, in *Zeitschrift der Savigny-Stiftung für Rechtsgeschichte, Romanistische Abteilung*, vol. LXXI (1954), p. 70; e Perozzi, *Istituzioni di Diritto Romano*, vol. I, 2ª ed., pp. 578-9, § 70.

Cap. XIV · PESSOA JURÍDICA | **141**

b) estatuto – denominado, nas fontes, *lex collegii* ou *lex municipii* – onde se regulasse sua organização e funcionamento; e

c) que sua finalidade – assim, por exemplo, religiosa, política, comercial – fosse lícita.

Discutem os autores modernos se, além desses três requisitos, seria necessário um quarto: a autorização prévia do Estado para que se atribuísse personalidade jurídica à corporação; ou se, ao contrário, a personalidade jurídica surgia apenas com o preenchimento daqueles três requisitos. Segundo parece, os romanos não exigiam essa autorização prévia do Estado para que a corporação adquirisse personalidade jurídica; mas, por motivos de polícia, para que se reputasse lícita uma associação, em geral era preciso (e isso a partir de uma *lex Iulia de colegiis*, do tempo de Júlio César ou de Augusto)[11] que o Estado, decidindo sobre a licitude de sua finalidade, autorizasse a constituição dela. Com isso, alterou-se o sistema que tinha sido consagrado pela Lei das XII Tábuas, que não exigia qualquer espécie de autorização estatal.[12]

Por outro lado, a corporação tem capacidade jurídica mais reduzida do que a da pessoa física, porquanto a da corporação (com referência à qual não se pode falar, em face de sua natureza mesma, em relações de família e nos direitos delas decorrentes) se restringe ao terreno dos direitos subjetivos patrimoniais, onde – note-se – ela sofre ainda algumas limitações no que concerne a direitos sucessórios.[13]

A corporação exerce seus direitos por meio de representante: *magister* ou *curator* eram as designações de seus representantes permanentes; *actor* ou *defensor*, as denominações de seus representantes especiais (assim, quando uma associação ingressa em juízo para a defesa de seus direitos subjetivos, o representante especial para esse fim é o *actor* ou *defensor*), os quais, no direito pós-clássico, passaram a ser indicados pelo vocábulo bizantino *syndicus*. Note-se que a necessidade de a pessoa jurídica servir-se de representante (pessoa física) para exercer os seus direitos não quer dizer que ela não tem capacidade de fato. Toda pessoa jurídica é capaz de fato, pois à sua vontade (que é a vontade da maioria dos associados revelada nas assembleias) não podem aplicar-se

---

11 Essa lei dissolveu as corporações existentes na época, exceto as mais antigas e de nobre tradição.

12 Posteriormente à Lei *Iulia de Collegiis*, Lei ou *senatusconsulto* (não se sabe ao certo) estabeleceu que não se exigiria tal autorização quando se tratasse de corporação religiosa ou de mutualidades (isto é, associações de auxílios mútuos). No direito pós-clássico, para a constituição de igrejas, mosteiros e capelas, era suficiente a autorização dos bispos, a qual, no entanto, com referência a estabelecimentos com fins beneficentes, não era necessária.

13 As corporações, por não terem parentes, não podiam herdar *ab intestato* (*vide* nº 322 e segs.), exceto de seus libertos sem herdeiros legítimos, e isso somente depois que Marco Aurélio, no século II d.C., lhes permitiu libertar escravos; por outro lado, quanto aos legados e à sucessão testamentária (*vide* nº 312 e segs.), as corporações em geral apenas puderam receber legados depois de *senatusconsulto* do tempo do mesmo Marco Aurélio (D. 34, 5, 20), e, só na segunda metade do século V d.C., foi possível a qualquer pessoa instituir as cidades como seus herdeiros (para as corporações particulares receberem herança testamentária era preciso privilégio especial, como se vê no C. VI, 24, 8). *Vide* pormenores em Matos Peixoto, *Curso de Direito Romano*, I, 4ª ed., nº 196, pp. 356 e 357.

DIREITO ROMANO – *José Carlos Moreira Alves*

os fatores que retiram ou diminuem a capacidade de fato das pessoas físicas (a idade, o sexo, a alienação mental e a prodigalidade).[14]

Se a corporação não se extingue com a morte de seus associados desde que haja a sua substituição por outros (essa, aliás, uma das vantagens da pessoa jurídica: a de sobreviver às pessoas físicas que a constituem), ou desde que reste um só deles (para a constituição da associação, como vimos, são necessárias três pessoas físicas; mas, para que ela continue a viver, basta uma), é certo também que se extingue por qualquer das seguintes causas:

a) morte, renúncia, ou deliberação de todos os associados;

b) ter atingido o fim a que ela se propunha;

c) ter-se tornado impossível seu escopo;

d) escoamento do prazo de sua duração, quando constituída para existir por tempo certo; e

e) ato do Estado que lhe cassava a autorização de funcionar, por julgar nociva sua atuação.

Extinta a corporação, qual o destino de seus bens? A esse respeito, era de observar--se a lei que dissolvia a associação, quando ela se extinguira pela cassação por parte do Estado, ou, quando essa hipótese não ocorria, o que determinava os seus estatutos, a propósito. Quando nem a lei nem os estatutos disciplinavam o destino dos bens da associação depois de extinta, divergem os romanistas sobre qual seria a destinação desses bens.[15]Alguns entendem que eles, nesse caso, caberiam ao Estado (por serem considerados bens vacantes, isto é, bens sem dono); outros julgam que eram eles divididos entre os associados. O que é certo é que os textos não oferecem base sólida para nenhuma das duas soluções, embora a segunda seja mais plausível do que a primeira.

---

14 Como salientam os autores modernos, os representantes das pessoas jurídicas, além de serem uma necessidade decorrente da natureza abstrata destas, não são estranhos a elas (como ocorre com os representantes do absolutamente incapaz, caso em que uma pessoa é a do incapaz, e a outra a do representante), mas órgãos da própria pessoa jurídica. *Vide* a respeito, Czyhlarz, *Lehrbuch der Institutionen des Römischen Rechtss*, 11ª/12ª eds., § 37, p. 73, nota.

15 Análise da controvérsia se encontra nas notas de Fadda e Bensa ao § 62 das *Pandectas* de Windscheid (*vide* o vol. IV da tradução italiana dessa obra – *Diritto delle Pandette, ristampa stereotipa,* Torino, 1930, p. 350 e segs).

XV

AS COISAS COMO OBJETO DE DIREITOS SUBJETIVOS

Sumário: 100. Conceito de objeto de direito. **101.** Conceito jurídico de coisa (*res*). **102.** Os critérios de classificação das coisas. **103.** As coisas em relação a si mesmas. **104.** As coisas em relação a outras coisas. **105.** As coisas quanto à sua comerciabilidade. **106.** As coisas quanto à ordem econômico-social romana.

100. Conceito de objeto de direito – Em todo direito subjetivo, distinguimos o *conteúdo* e o *objeto*.

O *conteúdo* do direito subjetivo são as faculdades (*faculdades jurídicas*) que ele proporciona ao seu titular. Assim, no direito de propriedade, as de usar, gozar e dispor da coisa.

O *objeto do direito subjetivo*[1] é aquilo sobre o que incide o poder de seu titular. Com relação ao direito de propriedade, é ele a *coisa* sobre a qual recaem as faculdades de uso, gozo e disposição do proprietário. Mas o objeto do direito subjetivo nem sempre é uma coisa: pode ser, às vezes, uma pessoa; outras vezes, é a atuação da pessoa (um dar, um fazer, ou não fazer). No direito de família, por exemplo, o pai tem direitos, decorrentes do pátrio poder, sobre o filho (este é, portanto, o objeto desses direitos, pois é aquilo sobre o que incide o poder do pai); no direito das obrigações, o credor tem o direito de exigir uma atuação do devedor (dar, fazer ou não fazer algo), e esta é, pela mesma razão, o objeto do direito subjetivo do credor. Note-se que não há qualquer diminuição para a pessoa física no fato de ela, que é titular de direitos, poder ser objeto deles. Com efeito, os direitos que têm por objeto a própria pessoa (como é o caso dos direitos resultantes do pátrio poder) existem, em realidade, em favor dela que é o seu objeto (o pai tem direitos sobre o filho, para que possa defendê-lo, sustentá-lo, educá-lo); além disso, não são direitos patrimoniais. Por outro lado, nos direitos cujo objeto é a atuação de alguém (assim, os direitos das obrigações, que são direitos patrimoniais), o objeto deles não é

---

1   Sobre objeto do direito subjetivo, *vide* Sohm, *Der Gegenstand. Ein Grundbegriff des Bürgerlichen Gesetzbuches*, Leipzig, 1905; e Binder, *Der Gegenstand, in Zeitschrift für des Gesamte handelsrecht*, LIX (N. S., vol. 44), p. 1 e segs.

144 | DIREITO ROMANO – *José Carlos Moreira Alves*

a própria pessoa no seu todo,[2] mas, sim, alguns atos que devem ser, ou não, praticados por ela (dar, fazer, ou não fazer alguma coisa).

Na parte geral – onde se estudam o direito subjetivo e seus elementos – examinaremos, como seu objeto, apenas as *coisas*, pelo caráter de generalidade que apresentam.[3]

101. Conceito jurídico de coisa (*res*) – Em acepção vulgar, a palavra *coisa* tem sentido muito amplo: ela abrange tudo o que existe na natureza, ou que a inteligência do homem é capaz de conceber.

Em sentido jurídico, no entanto, coisa é empregada em acepção mais restrita: *é aquilo que pode ser objeto de direito subjetivo patrimonial*. Consequentemente, tudo o que for suscetível de apropriação pelas pessoas, desde que seja uma entidade econômica autônoma,[4] é juridicamente uma *coisa*.

Os romanos tinham dois vocábulos para exprimir a idéia de coisa: *res e pecunia. Res* com significado mais amplo do que *pecunia*, pois, enquanto esta abrange apenas as coisas que estão dentro do patrimônio de alguém, aquela se refere também às que estão fora dele.

102. Os critérios de classificação das coisas – Nos textos romanos, encontramos alusão a várias classificações de *coisas*. No entanto, não há neles a sistematização, sob critérios diferentes, dessas classificações, o que, aliás, se explica pelo fato de os juristas romanos não serem dados à abstração. Por outro lado, como veremos adiante, os romanos nem sempre, nessas classificações, foram rigorosamente coerentes, pois, em algumas, no termo *res* enquadravam coisas que o são em sentido vulgar, mas não em acepção jurídica.

Podemos agrupar as diferentes classificações de coisa sob os seguintes critérios:

a) as coisas consideradas em relação a si mesmas;

b) as coisas consideradas em relação a outras coisas;

c) as coisas consideradas quanto à sua comercialidade; e

d) as coisas consideradas quanto à ordem econômico-social romana.

103. As coisas em relação a si mesmas – Sob esse critério, assim se classificam as coisas:

a) corpóreas ou incorpóreas;

b) móveis ou imóveis;

c) fungíveis ou infungíveis;

d) consumíveis ou inconsumíveis;

---

2 Se isso ocorresse, haveria uma relação servil; e o escravo é *coisa*, e não *pessoa física*, justamente porque a sua pessoa – e não apenas alguns de seus atos – é objeto de direitos patrimoniais.

3 Os demais objetos serão estudados na parte especial.

4 Portanto, não basta, para haver coisa em sentido jurídico, que ela seja capaz de satisfazer a interesse econômico; é preciso, ainda, que tenha individualidade (assim, não são coisas em sentido jurídico as *partes constitutivas* de um todo).

e) simples, compostas ou coletivas; e

f) divisíveis ou indivisíveis.

A) *Coisas corpóreas ou incorpóreas*

Essa classificação é encontrada nas *Institutas* de Gaio, nas de *Justiniano* e no *Digesto*.[5] É ela de origem filosófica: Cícero,[6] com base em Aristóteles, distinguia as coisas em *existentes* (*quae sunt*) – as que se podem ver e tocar (*quae cerni tangiue possunt*) – e *intelectuais* (*quae intelleguntur*) – as que são apenas concepções do espírito; e Sêneca[7] denominava às *existentes, corporales*, e, às *intelectuais, incorporales*.

As coisas corpóreas são, para os juristas romanos, as perceptíveis aos nossos sentidos (*quaetangi possunt*); as incorpóreas, as que nos são imperceptíveis (*quae tangi non possunt*), como os direitos (*iura*).[8] À primeira vista, parece que os romanos identificavam as coisas (*corpora*) com as corpóreas, e os direitos (*iura*) com as incorpóreas. No entanto, verifica-se que eles, com relação ao direito de propriedade, o enquadravam entre as coisas corpóreas, uma vez que, pela amplitude de poderes sobre a coisa que esse direito atribui a seu titular, não distinguiam os romanos a coisa do direito de propriedade sobre ela.[9]

A classificação das coisas em corpóreas e incorpóreas tem sido muito criticada (daí não ter sido, em geral, admitida nos códigos modernos), porquanto, se a coisa é objeto de direito, como classificá-la em *coisas e direitos*? Os *direitos* não podem ser capitulados entre as *coisas* que são seu objeto.[10]

---

5   Gaio, *Inst.*, II, 12 a 14; *Inst.*, II, 2, 1 e 2; D. I, 8, 1, 1.

6   *Topica*, V, 26 e 27.

7   *Epistolae ad Lucilium*, VI, 58, 14.

8   *Vide*, a propósito, G. Longo, *Diritto Romano*, IV (*Diritto reali*), p. 5, Roma, 1941.

9   Aliás, a ideia de que o direito de propriedade se identifica com a coisa permanece em frases como: *essa coisa é de alguém, em vez de alguém tem direito de propriedade sobre essa coisa.*

10 É certo que há autores – como Sohm e Seckel – que defendem a existência de casos em que um direito é objeto de outro direito. A matéria é muito controvertida. Ferrara (*Trattato di Diritto Civile Italiano*, vol. I, parte 1, n° 87, p. 412 e segs., Roma, 1921), que se opõe a essa tese, nos fornece cuidada síntese da controvérsia. Contra a existência de direito sobre direito, *vide* também, Vering, *Geschichte und Pandekten des Römischen und Heutigen Gemeinen Privatrechts*, 5ª ed., § 63, p. 169, Leipzig, 1887; *Regelsberger, Pandekten*, I, § 94, p. 359 e segs., Leipzig, 1893; e Kohler, *Pfandrechtlich Forschungen*, § 4°, p. 41 e segs., Iena, 1882. Nos casos em que se vê direito como objeto de direito (assim, por exemplo, no penhor de crédito), na realidade o que há é a constituição de um direito de conteúdo mais restrito (direito derivado) com base num direito de conteúdo mais amplo (direito principal). Esse fenômeno é reconhecido por todos com relação aos direitos reais limitados em face do direito de propriedade. Mas pode ele ocorrer, também, no campo dos direitos reais, entre, por exemplo, a enfiteuse e a hipoteca (hipoteca de coisa enfitêutica); ou, ainda no terreno do direito das obrigações (assim, no penhor de crédito, o credor constitui, com base no seu direito de crédito, um direito, em favor de outrem, com conteúdo menor, pois este, no caso, somente tem escopo de garantia; por isso, o credor continua credor, mas seu direito de crédito está limitado por esse direito menor dele derivado, o qual também tem natureza obrigatória, e igualmente se dirige ao devedor principal).

146 DIREITO ROMANO – *José Carlos Moreira Alves*

A importância prática dessa classificação se prende à posse e aos modos de aquisição da propriedade. Como veremos, na parte especial, só as coisas corpóreas é que são, em regra, suscetíveis de posse (a posse de direitos somente surge no período pós-clássico), bem como de certos modos de aquisição da propriedade, como a tradição (*traditio*) e o usucapião (*usucapio*).

B) *Coisas móveis e imóveis*

Modernamente, é essa a mais importante das classificações das coisas. Em Roma, porém, não ocorreu o mesmo nos períodos pré-clássico e clássico, em cujos textos não se encontra a distinção entre *res mobiles* e *imobiles* (coisas móveis e imóveis), a qual é, segundo a opinião dominante, de origem pós-clássica.[11]

As coisas móveis são as que podem deslocar-se de um lugar para outro sem alteração na sua substância ou na sua forma. As imóveis, o contrário. Assim, como exemplo de coisas móveis, temos: um livro, uma roupa. Dizem-se *semoventes*[12] (que se movem por si) as coisas móveis que se deslocam por força orgânica própria: os animais, e, em Roma, também os escravos. Por outro lado, são coisas imóveis o solo e tudo aquilo que, natural ou artificialmente, a ele se agrega (como, por exemplo, uma plantação ou uma construção).[13] Anteriormente a Justiniano, os imóveis se classificavam em:

a) agri limitati (os terrenos medidos por agrimensores, e com seus limites determinados por marcos) e *agri arcifinales* (os que não eram medidos, e cujos limites eram estabelecidos por acidentes naturais); e

b) praedia in solo italico (os que estavam situados na Itália e que podiam ser de propriedade particular dos cidadãos romanos) e *praedia prouincialia* (os situados nas províncias eram do Estado Romano, mas podiam ser usados pelos particulares).[14]

---

11 Cf. Carlo Longo, *Corso di Diritto Romano* (*Le cose – la proprietà e i suoi modi di acquisto*), ristampa, p. 11 e segs., Milano, 1946; Di Marzo, *Res Immobiles, in Bullettino dell'Istituto di Diritto Romano*, vols. VIII e IX, N. S. (1948), p. 236 e segs.; Bonfante, *Corso di Diritto Romano*, vol. II, parte I, ristampa, p. 218, Milano, 1966; e Kübler, *Res Mobiles und Immobiles, in Studi in onore di Pietro Bonfante*, vol. II, p. 347 e segs., Milano, 1930.

Para Bonfante (ob. cit., p. 219), todos os textos atribuídos a juristas clássicos onde se encontra a expressão *res immobiles* são interpolados. Continham eles, originariamente, termos como *fundus, praedium, res soli*. Kübler (ob. cit., p. 348) admite que *immobilis* tenha sido empregado por Ulpiano no texto que se acha no D. 33, 6, 3, 1, mas, aí, não é usado para indicar uma categoria de coisas.

No sentido de que a distinção entre coisas móveis e imóveis é clássica se manifestam Fadda e Bensa, Scialoja e Rasi (cf. *Rasi, Distinzione fra cose mobili ed immobilis nel diritto postclassico e nella glossa, in Atti del Congresso Internazionale di Diritto Romano e di Storia del Diritto* – Verona, 27-28-29 – IX – 1948, vol. 4, p. 415, Milano, 1953).

12 Às coisas semoventes alude uma constituição de Justiniano (C. 7, 37, 3, 1, *d*), do ano de 531 d.C.

13 Segundo Sübler (ob. cit., p. 348 e segs.), os romanos, no período pós-clássico, conheceram a categoria dos *imóveis por destinação*, ou seja, coisas naturalmente móveis, mas que, por sua destinação, são disciplinadas como imóveis (o C. 7, 31, 1, 1 alude a coisas *quae immobiles sunt uel esse intelleguntur* – que são imóveis ou se entendem ser).

14 Com a obtenção do *iusitalicum*, os *praedia prouincialia* adquiriam a situação jurídica dos *praedia in solo italico*.

No direito justinianeu, essas categorias de imóveis desapareceram totalmente.

A classificação das coisas em móveis e imóveis somente adquire importância no período pós-clássico, quando o seu interesse prático ocorre não só pela necessidade de observância de formas especiais (inclusive de publicidade) para a tranferência do direito de propriedade sobre imóveis, como também – o que já se verificava desde o direito pré-clássico – pela diversidade de prazos para o usucapião, conforme se trate de móveis ou de imóveis.

C) *Coisas fungíveis e infungíveis*

A denominação *coisa fungível* é moderna: deve-se a Ulrico Zásio, jurisconsulto do Século XVI.[15] Os romanos designavam as coisas fungíveis com os termos *genera, quantitates* ou *res quae pondere numero mensura consistunt*.[16]

Coisas fungíveis são aquelas que se pesam, que se medem ou que se contam, e que, por isso, podem ser, em regra, substituídas por outras da mesma espécie, quantidade e qualidade. São coisas, portanto, que se consideram pelo seu gênero (daí os romanos dizerem *genera*), e não pela sua individualidade. Já as coisas infungíveis são aquelas em que se leva em consideração sua própria individualidade, e que, por conseguinte, não podem ser substituídas por outras.

Assim, um saco de feijão é, em regra, coisa fungível; um escravo, coisa infungível. Mas, como essas qualidades não dependem da natureza mesma da coisa, é possível que, pela vontade das partes, uma coisa que, em geral, é infungível seja considerada fungível, e *vice-versa*: se alguém compra um escravo qualquer entre vinte escravos do vendedor, o escravo, na hipótese, é coisa fungível; mas se adquire um escravo determinado, então ele será coisa infungível.

Essa classificação tem interesse prático no direito das obrigações (por exemplo: o mútuo é o empréstimo de coisa fungível; o comodato o é de coisa infungível).

D) *Coisas consumíveis e inconsumíveis*

As coisas consumíveis são as que se consomem imediatamente com o seu uso normal (por exemplo: um alimento); as coisas inconsumíveis, as que não se consomem de imediato com o uso normal (assim, um livro).[17]

---

15 Cf. Stintzing, *Geschichte der Deutschen Rechtswissenschaft, erste Abteilung*, p. 166, München & Leipzig, 1880 (unveränderter Nachdruck, Aalen, 1957).

16 A doutrina dominante, com base principalmente em texto atribuído a Paulo (D. XII, 1, 2, 1), entende que, embora a expressão *res fungibiles* seja estranha aos textos romanos, o conceito de fungibilidade era conhecido dos juristas de Roma. Savignone (*La categoria delle res fungibiles, in Bullettino dell'Istituto di Diritto Romano*, vols. XIV-XV (1952), p. 18 e segs.), porém, retomou a tese de Ortolan, segundo a qual a distinção entre *res fungibiles* e não *fungibiles* é um barbarismo que não pertence nem ao direito romano nem à sua linguagem.

17 Note-se, porém, que, num determinado negócio jurídico, coisa naturalmente consumível pode ser considerada, pela intenção das partes, inconsumível. Isso ocorre quando a coisa naturalmente consumível se destina a servir apenas para ser exibida (*ad pompam uel ostentationem*), como, por exemplo, quando o dono de confeitaria empresta a outro um bolo para ser exposto na vitrine deste. A propósito, *vide* D. XIII, 6, 3, 6.

148 DIREITO ROMANO – *José Carlos Moreira Alves*

Segundo parece, os juristas clássicos seguiram à risca essa distinção. O mesmo não sucedeu, no entanto, no direito pós-clássico (ou, pelo menos, no justinianeu), quando se considerou a roupa consumível pelo fato de se estragar em, relativamente, pouco tempo.[18] Demais, em textos possivelmente interpolados,[19] encontra-se o dinheiro enquadrado entre as coisas consumíveis – consumibilidade evidentemente jurídica: a perda da disposição do dinheiro por quem dele se utilizou.[20]

E) *Coisas simples, compostas e coletivas*

Essa classificação é originária da filosofia estoica.[21]

Coisa simples é aquela que forma um todo orgânico (um animal, por exemplo); coisa composta é aquela que forma um todo mecânico (assim, um navio); e coisa coletiva[22] é aquela que forma um todo ideal (por exemplo: um rebanho, que é constituído de várias coisas simples – as ovelhas –, mas que são consideradas, idealmente, como um todo, e são designadas por um nome único: *rebanho*).[23]

Essa classificação tem interesse prático não só quanto à reivindicação das coisas compostas e coletivas (quando se reivindica de alguém uma coisa composta ou coletiva não se reivindicam, uma a uma, as coisas que as constituem, mas, sim, o todo), como

---

18   *Vide* Bonfante, *Corso di Diritto Romano*, II, 1, *ristampa*, pp. 110/111, Milano, 1966.

19   Nesse sentido, Bonfante, *Corso di Diritto Romano*, II, 1, *ristampa*, p. 111, Milano, 1966.

20   Carlo Longo, ob. cit., pp. 16 e 17, entende que, já no direito clássico, o dinheiro era considerado coisa consumível.

21   *Vide*, a propósito, Carlo Longo, ob. cit., p. 28.

22   Os romanos denominavam as coisas coletivas (modernamente também designadas com a expressão *uniuersitates rerum*, em contraposição às *uniuersitates iuris*, que são conjunto de relações jurídicas que o direito considera como uma única coisa incorpórea) *corpora ex distantibus*.
    Sobre a *universitas* no direito romano, *vide* Biondo Biondi, *La Dottina Giuridica della "Universitas" nelle Fonti Romane, in Congresso Giuridico Nazionale in Memória di Carlo Fadda*, pp. 25/82, Milano, 1968.

23   Esse critério é seguido por, entre outros, *Vangerow, Lehrbuch der Pandekten, erster Band*, 7ª ed., § 71, p. 106, Marburg und Leipzig, 1876; Goppert, *Ueber Einheitliche Zusammengesetzte und Gesamt Sachen*, p. 40 e segs., Halle, 1871; e Serafini, *Istituzioni di Diritto Romano*, I, 8ª ed., p. 160. Referindo-se à coisa simples diziam os romanos: *quod continetur uno spiritu* (que está contida por um só espírito); à coisa composta: *quod ex contingentibus, hoc est pluribus inter se cohaerentibus constat* (que consta de componentes, isto é, de várias coisas unidas entre si); e à coisa coletiva: *quod ex distantibus constat* (que consta de partes afastadas) (D. XLI, 3, 30, pr.).
    Bonfante (*Corso di Diritto Romano*, II, 1, *ristampa*, p. 125 e segs., Milano, 1966) critica esse critério, observando que o problema é saber o que sejam unidade orgânica e unidade mecânica, o que exigiria distinguir a união química dos elementos da união física, resultando da primeira coisa simples (como um remédio, que não é uma fusão orgânica) e da segunda, coisa composta. E, depois de acentuar que os critérios naturalísticos da química e da física não devem imiscuir-se no raciocínio jurídico, propõe, para distinguir as coisas simples das compostas, um critério econômico-social: "Onde aos olhos e à mente a coisa se apresenta como um conjunto de elementos fundidos numa unidade, tem-se coisa simples, porque tal se estima pelos homens; onde, ao contrário, aos olhos e à mente a coisa se apresenta como um conjunto de várias coisas unidas, onde, segundo a linguagem de Sêneca, há um *nexus* (os exemplos típicos são o navio, a casa, o armário) ou uma *aceruatio* (o exemplo típico é o frumento), então não há mais uma coisa simples".

Cap. XV · AS COISAS COMO OBJETO DE DIREITOS SUBJETIVOS | **149**

também quanto ao fato de que, sendo substituídas as coisas que as formam, nem por isso as coisas compostas e coletivas mudam, juridicamente, de identidade.

F) *Coisas divisíveis e indivisíveis*

As coisas divisíveis são as que podem ser divididas de modo que as partes fracionadas, embora quantitativamente menores que o todo, conservem a essência e as funções sociais e econômicas dele.[24] Caso contrário, a coisa é indivisível. A respeito destas, diziam os romanos: *quae sine interitu diuidi non possunt* (as que não podem ser divididas sem destruição).[25] Assim, um terreno é divisível; um escravo, não.

Por outro lado, o conceito jurídico de divisibilidade admite a divisão em partes ideais (divisão intelectual ou ideal), quando, em vez de se fracionar a coisa materialmente – por não ser possível – entre várias pessoas, se divide entre estas o seu gozo, de maneira que cada uma delas se utilize da coisa na proporção correspondente ao direito que tenha.

O interesse prático dessa classificação diz respeito, principalmente, à divisão da coisa comum.

104. As coisas em relação a outras coisas – De acordo com esse critério, as coisas se classificam em *principais* e *acessórias*.

Coisa principal é aquela a que a outra está unida em relação de dependência.

Coisa acessória, em sentido amplo, é aquela que está subordinada à principal, e pode ser parte dela (*pars rei*, como a denominavam os romanos), seja destacável ou não (o que é necessário é que, segundo a concepção econômico-social vigente, sem ela a coisa principal não se considere completa) ou, sem ser parte da principal (e, portanto, sem ser necessária para completá-la), ser coisa autônoma, mas posta, de modo estável, a serviço ou como ornamento daquela (era o que os romanos designavam com as expressões *instrumentum* e *ornamentum*, como, por exemplo, os *instrumenta fundi*, ou seja, os escravos e os animais domésticos destinados à cultura do imóvel).[26] Essa distinção tem interesse prático: os negócios jurídicos, que se referem à coisa principal, abarcam, necessariamente, as *partes rei*; o mesmo não sucede com os *instrumenta* e os *ornamenta*, que, para seguirem o destino da principal, necessitam de declaração expressa nesse sentido.[27]

---

24 Observa Bonfante (*Corso di Diritto Romano*, II, 1, *ristampa*, p. 113, Milano, 1966) que os romanos não levavam em conta a diminuição desproporcional do valor da fração em face do todo para considerar este indivisível.

25 D. VI, 1, 35, 3.

26 Em sentido estrito, coisas acessórias são apenas os *instrumenta*.

27 Embora haja autores que sustentem o contrário, no direito romano não se conheceram as pertenças que são as coisas – à semelhança dos *instrumenta* e dos *ornamenta* do direito romano – que, não obstante tenham individualidade própria, o titular de direito real sobre elas as coloca a serviço ou como ornamento da coisa principal, sendo que os negócios jurídicos que dizem respeito a esta se estendem automaticamente (e, portanto, sem declaração expressa) àquelas. Ao que parece, a origem da pertença se encontra nos direitos germânicos. *Vide*, a propósito, Bonfante, *Corso di*

Entre as coisas que dependem da principal (sejam *partes rei*, sejam *instrumenta* ou *ornamenta*), temos os frutos e as benfeitorias.

Fruto é o que a coisa frutífera[28] periodicamente produz e que, destacado dela, não lhe acarreta dano ou destruição. Assim, por exemplo, a lã, o leite. Também as crias dos animais são frutos.[29] Com relação à coisa frutífera, os frutos podem ser: *pendentes* (os que ainda aderem à coisa que os produziu), *separados* (os que dela já foram destacados), *percebidos* (os que, separados da coisa frutífera, foram apropriados por alguém com a intenção de fazê-los seus), *percipiendos* (os que, embora ainda aderentes à coisa que os produziu, já deveriam ter sido destacados dela), *existentes* (os que se encontram, no estado em que foram separados da coisa principal, junto a quem dela os destacou) e *consumidos* (os que não mais se encontram com quem os destacou da coisa frutífera, ou porque os consumiu, ou porque os transferiu a outrem). Por outro lado, também se consideram, juridicamente, frutos os rendimentos que a coisa periodicamente produz: assim, os aluguéis e os juros (a esses rendimentos os autores modernos denominam *frutos civis*, em contraposição aos outros frutos, que são os *naturais*). As fontes romanas, porém, com referência aos rendimentos, às vezes apenas os assemelhavam aos frutos, dizendo que eram *como se fossem frutos* (*loco fructuum, pro fructibus*).[30]

Às benfeitorias, os romanos denominavam-nas *impensae* (despesas), pois elas importam despesas para conservar, melhorar ou aumentar o deleite da coisa principal. As benfeitorias se classificam[31] em *necessárias* (as que têm por fim evitar que a coisa se deteriore), *úteis* (as que visam a aumentar a fruição da coisa) e *voluptuárias* (que são as de mero deleite, como o embelezamento da coisa).

105. As coisas quanto à sua comerciabilidade – As coisas quanto à sua comerciabilidade se classificam em:

a) coisas "in commercio" e coisas "extra commercium"; e

b) coisas "in patrimonio" e coisas "extra patrimonium".

A) *Coisas "in commercio" e coisas "extra commercium"*

As *coisas in commercio* são as suscetíveis de ser apropriadas por um particular, ou a um deles alienadas. As *coisas extra commercium* são as insuscetíveis disso.

Diritto Romano, II, 1, p. 168 e segs., Milano, 1966; e Volterra, *Istituzioni di Diritto Privato Romano*, pp. 287-288.

28 Ao lado das coisas frutíferas, há as infrutíferas, que são as que não dão frutos.

29 Com relação aos escravos, porém, os juristas romanos – possivelmente porque não queriam equipará-los, de modo integral, aos animais – entendiam que o filho de escrava (embora também escravo) não era considerado fruto dela, tanto que o usufrutuário de uma escrava (e o usufrutuário tem direito aos frutos produzidos pela coisa em usufruto) não lhe adquiria o filho (quem o adquiria era o proprietário da escrava).

30 *Vide*, a propósito, C. Longo, *Corso di Diritto Romano (Le cose – La proprietà e suoi modi di acquisto)*, ristampa, p. 63, Milano, 1946.

31 Ulpiano, *Liber singularis regularum*, VI, 14.

Cap. XV · AS COISAS COMO OBJETO DE DIREITOS SUBJETIVOS | **151**

Como, por via de regra, as coisas são *in commercio*, analisaremos apenas as *extra commercium*, já que as demais se capitulam entre as primeiras.

As *coisas extra commercium*[32] se classificam, por sua vez, em *coisas de direito divino (res diuini iuris)* e *coisas de direito humano (res humani iuris)*.

As *res diuini iuris* se subdividem em três categorias:

a) res sacrae (coisas sagradas), que são as coisas consagradas aos deuses superiores; assim, os templos e os objetos destinados a esse culto;[33]

b) res religiosae (coisas religiosas), que são as coisas consagradas aos deuses manes (isto é, aos deuses subterrâneos, pois os antigos, durante o paganismo, julgavam que os seus antepassados continuavam a viver, em espírito, em suas sepulturas, tendo certas necessidades dos vivos – daí, todos os anos, lhes levarem alimentos, os quais se depositavam sobre o túmulo);[34] assim, as sepulturas (que pertenciam aos espíritos dos mortos nelas enterrados);[35]e

c) res sanctae (coisas santas), que são as coisas que, embora não sejam consagradas aos deuses, eram de tal importância que se achavam sob a proteção deles, em decorrência de cerimônia religiosa realizada pelos áugures; por exemplo: as portas e os muros das cidades.

As *res humani iuris*[36] se subdividem, também, em três categorias:

a) res communes omnium (coisas comuns a todos),[37] que são aquelas que a natureza coloca à disposição de todas as pessoas, e que, em virtude de sua extensão, não podem ser apropriadas, no todo, por ninguém; assim, o ar atmosférico, o mar;[38]

---

32   Gaio, *Inst.*, II, 1 a 11.

33   Durante o paganismo, para que uma coisa passasse a ser *res sacra* era preciso lei, *senatusconsulto* ou constituição imperial nesse sentido, bem como uma cerimônia religiosa – denominada *consecratio* ou *dedicatio*; outra cerimônia religiosa – a *profanatio* – fazia que a coisa deixasse de ser *ressacra*. No direito justinianeu, com o cristianismo como religião oficial, é o bispo quem dá à coisa o caráter de *res sacra*, que é aquela destinada ao culto cristão.

34   *Vide*, a respeito, Fustel de Coulanges, *La Cité Antique*, 19ª ed., p. 8 e segs., Paris, 1905.

35   Para que o terreno onde se encontravam enterrados os mortos fosse considerado *res religiosa* (e, portanto, insuscetível de alienação), era preciso que se preenchessem certos requisitos, como: que o local fosse fora do perímetro urbano; que houvesse o consentimento do proprietário da terra; que, efetivamente, ali se achassem enterradas as cinzas, ou o próprio cadáver; e que a inumação fosse definitiva, e não apenas provisória. No período cristão, embora as crenças primitivas não mais existissem, o lugar da sepultura continuou inalienável, em respeito ao morto. Sobre o *locus religiosus* e o *sepulchrum*, *vide* Maurice Morel, *Le "Sepulchrum" – Étude de Droit Romain*, Paris, sem data.

36   Cf. I, II, 1, pr. e segs.; nas *Institutas* de Gaio falta o parágrafo concernente a essa classificação.

37   Sobre as *res communes omnium, vide* Pernice, *Die sogenannten res communes omnium, in Festgabefür Heinrich Dernburg zum fünfzigjährigen Doktorjubiläum am 4 April 1900*, p. 217 e segs.

38   Note-se que essa categoria de coisas, já conhecida dos juristas clássicos, tem caráter filosófico, pois, em rigor, as coisas insuscetíveis de valor econômico não são coisas em sentido jurídico.

b) res publicae (coisas públicas), que são as coisas que o Estado, a quem elas pertencem, coloca à disposição de todos; por exemplo: as ruas, as praças, as bibliotecas;[39] e

c) res uniuersitatis (coisas da coletividade), que são aquelas que pertencem não aos cidadãos individualmente, mas às cidades.[40]

B) *Coisas "in patrimonio" e coisas "extra patrimonium"*

Nos textos romanos, encontramos a classificação das coisas em *res in patrimonio* e *res extra patrimonium*, denominações usadas, em geral, para significar o mesmo que *res in commercio* e *res extra commercium*.

No entanto, às vezes, a expressão *res extra patrimonium* é utilizada em significado diverso de *res extra commercium*: como coisa que, embora sendo suscetível de alienação (e, portanto, *in commercio*), não se encontra, num dado momento, dentro do patrimônio de alguém (por exemplo, as *res nullius*, coisas de ninguém, como pérolas no fundo do mar; e as *res derelictae*, coisas abandonadas por seu dono e que ainda não foram apropriadas por outrem). Donde se conclui que as *res in patrimonio*, com relação ao mesmo critério, são as que, num certo momento, se acham dentro de patrimônio de alguém.

É preciso, portanto, saber o que vem a ser *patrimonium* (patrimônio).

No direito moderno, os autores discutem se devem conceituar o patrimônio como um conjunto apenas de direitos patrimoniais de uma pessoa, ou também de obrigações; e há ainda os que entendem que o patrimônio forma uma *uniuersitas iuris (universalidade de direito)*, isto é, uma unidade ideal, distinta dos bens que o constituem.[41] Segundo os juristas romanos, no entanto, no patrimônio de uma pessoa se computa somente o ativo (constituído quer de direitos reais, quer de direitos pessoais), estando, consequentemente, excluídas as obrigações.[42]

106. As coisas quanto à ordem econômico-social romana – Sob esse critério, as coisas se classificam em *res mancipi* e *res nec mancipi*.

Essa é a classificação fundamental das coisas, no direito romano, durante a república e o início do principado. Aliás, é em virtude dela que a classificação das coisas em móveis e imóveis não tem, em Roma, nesses períodos, a importância de que goza modernamente.

---

39 Nem todas as coisas públicas, porém, são *res extra patrimonium*, pois as que pertencem ao Estado e a ele servem (assim, seus escravos, as coisas móveis ou imóveis que ele adquire a título de presa de guerra ou por confisco) são *res in commercio*.

40 O termo *res publica*, a princípio, se aplicava também a essas coisas das cidades, mas, posteriormente, ele designou apenas as coisas do Estado Romano; as das cidades passaram a chamar-se, na maioria dos textos, *res uniuersitatis*.

41 A propósito, *vide* Ferrara, *Trattato di Diritto Civile Italiano*, vol. I, parte I, nº 183, p. 865 e segs., Roma, 1921, e Coviello, *Manuale di Diritto Civile Italiano, parte generale*, 3ª ed., § 74, p. 254 e segs., Milano, 1924.

42 Cf. Monier, *Vocabulaire de Droit Romain*, 4ª ed., verbete *patrimonium*, p. 232, Paris, 1948.

Cap. XV · AS COISAS COMO OBJETO DE DIREITOS SUBJETIVOS | 153

As *res mancipi*, na república e no início do principado, são em número limitado: o *ager Romanus*, os *praedia italica*, as casas, as servidões prediais rústicas, os escravos, os animais de carga e tração (bois, cavalos, mulas e asnos), exceto os camelos e elefantes. Já as *res nec mancipi* existem em número ilimitado, pois compreendem todas as demais coisas que não se capitulam entre as *res mancipi*; assim, especialmente, os imóveis nas províncias, os carneiros, as cabras, as moedas.

No direito clássico, os jurisconsultos romanos justificam essa classificação com motivos de ordem social e econômica. Gaio[43] salienta que as *res mancipi* eram as coisas mais preciosas para os romanos, povo agrícola e guerreiro por excelência.

Os romanistas modernos têm procurado descobrir a origem dessa classificação. Duas são as conjecturas mais plausíveis, embora nenhuma delas tenha conseguido elucidar totalmente o problema. A primeira – defendida por Bonfante[44] – acentua que *mancipium* é a palavra com que primitivamente se denominava o direito de propriedade; daí *res mancipi* (*mancipi* seria genitivo *contracto* de *mancipium*)[45] designar as coisas suscetíveis de serem objeto de direito de propriedade, e *res nec mancipi* as insuscetíveis disso. A segunda – formulada por De Visscher,[46] e seguida, atualmente, por vários romanistas – salienta que *mancipium* é o termo com que os romanos, a princípio, indicavam o poder absoluto que o *pater familias* tinha sobre as pessoas e coisas de sua família (poder semelhante à soberania do Estado, e não ao simples direito de propriedade, que é uma noção que só vai surgir muito depois); em face disso, as *res mancipi* seriam, primitivamente, os seres animados (pessoas livres, escravos e animais de tração e de carga então conhecidos dos romanos[47] e que se sujeitassem à vontade do dono) e, mais tarde, também os imóveis e as servidões prediais rústicas (que foram as que primeiro surgiram em Roma), submetidos ao poder absoluto de comando (*mancipium*) do *pater familias*, que deles se utilizava como auxiliares nos trabalhos em tempo de paz e nas guerras.

Essa classificação das coisas vai a pouco e pouco perdendo sua posição de relevo pelo fato de as *res nec mancipi* irem adquirindo importância econômico-social em Roma. É por isso que, quando Justiniano, em 531 d.C.,[48] a aboliu, ela já era um verdadeiro fóssil no sistema jurídico romano.

---

43 *Inst.*, I, 192.

44 *Forme primitive ed evoluzione della proprietà romana* ("Res mancipi" e "res nec mancipi"), in Scritti giuridici varii, II (proprieta e servitù), p. 1 e segs., Torino, 1926.

45 Ferrarino (*Res mancipi, res nec mancipi, in Studia et Documenta Historiae et Iuris, annus* III (1937), fasc. 2, p. 434 e segs.), entende que *mancipi* é dativo de *manceps*, e não genitivo contracto de *mancipium*.

46 *Mancipium et Res Mancipi*, artigo publicado em *Studia et Documenta Historiae et Iuris, annus* II (1936), fasc. II, p. 263 e segs., e reproduzido em *Novelles Études de Droit Public et Privé*, p. 195 e segs., Milano, 1949. Entre os trabalhos mais recentes sobre a matéria, *vide Gallo, Studi sulla distinzione fra res mancipi e res nec mancipi*, Torino, 1958.

47 O que, aliás, explica a exclusão dos camelos e elefantes, desconhecidos dos romanos nesses tempos primitivos.

48 C. VII, 31, 1, 5.

O interesse prático dessa classificação, enquanto ela teve razão de ser, ocorria quanto ao modo de aquisição da propriedade; as *res nec mancipi* podiam ser adquiridas pela tradição (*traditio*), modo não solene de aquisição da propriedade; as *res mancipi* apenas podiam ser adquiridas mediante modos solenes como a *mancipatio* e a *in iure cessio*. Demais, enquanto a mulher esteve sob tutela em virtude do sexo, podia alienar, sem a intervenção do tutor, as *res nec mancipi*; quanto às *res mancipi*, necessitava do concurso do tutor para aliená-las.

XVI

OS FATOS JURÍDICOS EM SENTIDO AMPLO

Sumário: 107. Conceito de fato jurídico em sentido amplo. **108.** Classificação dos fatos jurídicos em sentido amplo. **109.** Conceito e classificação do negócio jurídico. **110.** Elementos do negócio jurídico. **111.** Elementos essenciais genéricos do negócio jurídico. **112.** Elementos acidentais do negócio jurídico. **113.** Ineficácia do negócio jurídico. **114.** Interpretação do negócio jurídico.

107. Conceito de fato jurídico em sentido amplo – Reza o fragmento 1, parágrafo 1, D. XLI, 1:

"Omnia igitur animalia, quae terra, mari, coelo capiuntur, id est ferae bestiae et uolucres et pisces, capientium fiunt" (Todos os animais que são apreendidos na terra, no mar ou no ar, isto é, as feras, as aves e os peixes passam a ser dos que deles se apoderam).

Essa norma jurídica estabelece, de modo abstrato, que todo indivíduo que se apodera de um animal feroz, ou que abate uma ave, ou que pesca um peixe, adquire direito de propriedade sobre o que foi caçado, abatido ou pescado. Portanto, ela prevê, abstratamente, uma situação de fato (isto é, que alguém cace uma fera, ou abata uma ave, ou pesque um peixe) à qual atribui um efeito jurídico (no caso, o nascimento de uma relação jurídica, com a aquisição do direito de propriedade).[1]

Ora, se alguém pescar um peixe, ocorre, na realidade, a hipótese formulada por aquela norma jurídica, e, em decorrência disso e de imediato, a pessoa, porque a norma assim o determina, adquire o direito subjetivo de propriedade sobre o peixe.

Essa situação de fato, que corresponde à hipótese prevista na norma jurídica, e da qual decorre um efeito jurídico, denomina-se *fato jurídico em sentido amplo*.[2]

---

1   Essa hipótese prevista em norma jurídica denomina-se, em italiano, *fattispecie*; em alemão, *Tatbestand* (expressão, aliás, retirada do direito penal); em português, *suporte fático* ou *hipótese de incidência*.

2   Note-se que os fatos jurídicos podem constituir-se de um ou de mais elementos de fato. Quando se constituem de um só, dizem-se *fatos jurídicos simples*; quando de vários, *fatos jurídicos complexos*. Nestes, os efeitos jurídicos só se produzem quando ocorrem todos os elementos de fato.

    Por outro lado, os fatos jurídicos podem ser *positivos* ou *negativos*, conforme modifiquem, ou não, um estado de coisas.

DIREITO ROMANO – *José Carlos Moreira Alves*

Mas as normas jurídicas não preveem, abstratamente, apenas situações de fato de que emane o nascimento de uma relação jurídica, mas também as de que resulte a modificação ou a extinção de relações jurídicas.[3]

Em face disso, podemos conceituar o *fato jurídico em sentido amplo* como a situação de fato de que o direito objetivo faz decorrer efeito jurídico (isto é, o nascimento, a modificação ou a extinção de uma relação jurídica).

108. Classificação dos fatos jurídicos em sentido amplo –Os *fatos jurídicos em sentido amplo*, conforme independam, ou não, da vontade humana, se classificam em:

a) fatos jurídicos involuntários (também denominados *fatos jurídicos em sentido estrito* ou *fatos jurídicos materiais*, como, por exemplo, a idade); e

b) fatos jurídicos voluntários (os que dependem da vontade humana; assim, o do exemplo dado no número anterior).

Por sua vez, os *fatos jurídicos voluntários* se subclassificam em duas categorias.

a) atos jurídicos lícitos; e

b) atos jurídicos ilícitos.

Os *atos jurídicos lícitos* – que são as ações humanas lícitas que produzem efeitos jurídicos – abarcam os *negócios jurídicos* (manifestações de vontade que visam a um fim prático que é tutelado pela ordem jurídica; por exemplo: o contrato de compra e venda),[4] os *atos jurídicos em sentido estrito* (são aquelas ações humanas em que, para a produção de efeitos jurídicos que são somente os previstos na lei, ou basta certa intenção – *ani-*

---

3   A aquisição de um direito ocorre quando surge a vinculação dele a uma pessoa; a perda, quando se verifica a separação. Demais, com referência à aquisição de um direito, ela pode ser *originária* ou *derivada*; naquela, não há relação pessoal entre o titular precedente do direito e seu sucessor; nesta, tal relação existe. Quanto às modificações sofridas pelos direitos subjetivos, destaca-se a *sucessão*, que consiste na substituição de uma pessoa por outra com referência a determinada relação jurídica. A sucessão pode resultar de ato *inter uiuos* ou da morte (sucessão *mortis causa*). Além disso, ela pode ser a *título universal* (quando ocorre com relação a uma *uniuersitas iuris* – assim, o patrimônio de uma pessoa falecida – ou a uma quota dessa *universalidade*) ou a título singular (quando se dá com referência a determinada relação jurídica, ou, então, a um conjunto de relações jurídicas que a lei não considera como unidade).

4   Seguimos a concepção subjetiva de negócio jurídico. A ela se contrapõe a concepção objetiva (ou preceptiva), segundo a qual o negócio jurídico é essencialmente normativo – "um preceito da autonomia privada dirigido a interesses concretos próprios de quem o estabelece", no dizer de Betti (*Teoria Geral do Negócio Jurídico*, tomo I, trad. Fernando de Miranda, p. 110, Coimbra, 1969). Por essa concepção, o negócio jurídico é o ato pelo qual o indivíduo regula os seus interesses nas relações com os outros (Betti, ob. cit., p. 148). Em primeiro plano, encontra-se a autorregulamentação de interesses, e, apenas em plano secundário, a vontade, que gera o ato, mas não o conteúdo deste. A teoria objetiva remonta a Bülow (*Das Geständnissrecht*, p. 107 e segs., Freiburg, 1899). Sobre essa concepção, *vide* Scognamiglio (*Contributo alla teoria del Negozio Giuridico*, nos 22 a 27, p. 66 e segs., Napoli, 1950) e Cariota Ferrara (*Il Negozio Giuridico nel Diritto Privato Italiano*, no 23 p. 84 e segs., Napoli, 1949). Betti (*Istituzioni di Diritto Romano*, I, *ristampa della seconda edizione*, § 50, p. 94 e segs., Padova, 1947) a aplica ao direito romano.

mus – do agente, como, por exemplo, a ocupação, em que não é necessária a vontade negocial, sendo suficiente a existência do *animus occupandi*, e por isso se denominam *atos reais com elemento interior*, ou são as *declarações não negociais de vontade*, como, a nosso ver, no direito moderno, ocorre com o casamento) e os *meros atos jurídicos* ou atos--fatos jurídicos (ações que são voluntárias, porque humanas, mas cujos efeitos jurídicos se produzem independentemente do querer do agente; por exemplo: um dos modos de aquisição do direito de propriedade que é a acessão por semeadura).[5]

Os *atos jurídicos ilícitos* são as ações humanas que, por ferirem a ordem jurídica, produzem efeitos jurídicos não queridos pelos agentes.[6] Assim, o furto (*furtum*).[7]

De todas essas *espécies do fato jurídico em sentido amplo*, iremos, nesta parte geral, estudar apenas uma: o *negócio jurídico*. O motivo dessa limitação é a circunstância de que as demais não comportam uma teoria geral, razão por que serão examinadas, oportunamente, nos diferentes capítulos da parte especial.

Passemos, pois, ao estudo da teoria geral do *negócio jurídico*.

109. Conceito e classificação do negócio jurídico – Negócio jurídico, já o acentuamos, é toda manifestação de vontade que visa a um fim prático que é tutelado pela ordem jurídica.

A teoria dos negócios jurídicos é criação moderna: data da obra dos pandectistas alemães do século XIX.[8] Os jurisconsultos romanos (embora haja opiniões em contrário, como a de Dulckeit)[9] não a conheceram. No entanto, tendo em vista que essa teoria foi elaborada com base nos textos romanos, e que ela põe em relevo, de modo sistematizado, conhecimentos jurídicos de que os jurisconsultos romanos tiveram intuição, tanto que

---

5 Como salienta Betti (*Istituzioni di Diritto Romano*, vol. II, reimpressão da 2ª ed., § 46, p. 82), na acessão decorrente de semeadura, o proprietário do solo se torna dono da semente alheia desde que ela comece a germinar, independentemente de se apurar qual a intenção do semeador.

6 Sobre os atos jurídicos ilícitos, acerca dos quais os juristas romanos não formularam um conceito genérico como existe no direito moderno (art. 186 do novo Código Civil Brasileiro), *vide* os n°s 205 e 262 a 267.

7 Betti, *ibidem*, nota 8, acentua que, no furto, o ladrão quer tornar-se proprietário da coisa furtada; os efeitos jurídicos do ato, porém, são contrários a essa vontade: ele não adquire a propriedade da coisa, tem de devolvê-la (ou o equivalente), e ainda pagar indenização. Observa, porém, Scialoja (*Negozi Giuridici*, nº 14, p. 27, Roma, 1950) que nem sempre os efeitos jurídicos do ato ilícito são contrários à vontade do agente, como, por exemplo, quando alguém rouba com a intenção de ser mandado para a prisão.

8 Acerca do histórico do conceito de negócio jurídico – essa expressão foi usada, pela primeira vez, por Weber, *Systematische Entwicklung der Lehre von den natürlichen Verbindlickeiten*, cuja 1ª edição é de 1784 –, *vide* Flume, *Das Rechtsgeschaft*, § 2º, nº 4, pp. 28 a 31, Berlin, Heidelberg, New York, 1965.

9 *Zur Lehre vom Rechtsgeschaft in Klassischen römischen Recht, in Festschrift*, Fritz Schulz, *erster Band*, p. 148 e segs., Weimar, 1951. A opinião dominante, porém, entende o contrário (*vide*, a respeito, Sohm, *Institutionen*, 14ª ed., § 40, p. 339, nota 3).

158 | DIREITO ROMANO – *José Carlos Moreira Alves*

emanam de suas obras, os autores modernos geralmente a utilizam no estudo do direito romano.[10]

Os negócios jurídicos podem ser classificados com base em diversos critérios. Estudemos, separadamente, essas diferentes classificações.

A) *Quanto à forma*

Sob esse critério, os negócios jurídicos se classificam em *solenes* e *não solenes*.

Os *negócios jurídicos solenes* são aqueles em que a manifestação de vontade das partes deve obedecer às formalidades exigidas pelo direito objetivo. Neles, a forma (isto é, o conjunto dessas formalidades) é elemento essencial; daí dizer-se que a forma é da substância do ato (*forma ad substantiam*), uma vez que, não sendo ela observada, o negócio jurídico não é válido.

Os *negócios jurídicos não solenes* são aqueles em que a vontade pode manifestar-se independentemente de quaisquer formalidades. Isso não quer dizer, no entanto, que num negócio jurídico não solene não possam as partes usar de determinada forma para fins de prova. Nesse caso, porém, a forma utilizada não é elemento essencial do negócio jurídico; ela se destina, apenas, a facilitar posteriormente a prova de que ele se celebrou; daí dizer-se que a forma, nessa hipótese, é *ad probationem*.

O direito romano pré-clássico é rigidamente formalista. Os negócios jurídicos, nessa época, são solenes (assim, a *stipulatio*, a *mancipatio*, a *in iure cessio*). No direito clássico, em virtude do caráter conservador dos romanos, vários resíduos desse formalismo persistem, e, nesse período, se encontram, lado a lado, negócios jurídicos solenes e negócios jurídicos inteiramente despidos de formalidades, criados graças ao *ius gentium*. Mas, note-se, o formalismo dos negócios jurídicos solenes foi utilizado como instrumento de evolução do direito, no período clássico. Com efeito, decorrendo da forma, e não do conteúdo, a eficácia jurídica dos negócios jurídicos solenes, os jurisconsultos romanos ampliaram a esfera originária de aplicação deles, utilizando-os para fins diversos daqueles para que foram criados.[11]

Por outro lado, o direito romano primitivo somente conhecia negócios jurídicos celebrados oralmente. E para que se conservasse a memória desses atos, eram realizados publicamente, ou diante do povo reunido em comício, ou do magistrado, ou de testemunhas. A pouco e pouco, no entanto, graças, provavelmente, à influência grega, a forma

---

10 Sobre os negócios jurídicos, no direito romano, *vide*, entre outros, Fadda, *Parte Generale con speciale riguardo alla Teoria del Negozio Giuridico*, Napoli, 1909; Scialoja, *Negozi Giuridici, quinta ristampa*, Roma, 1950; Karlowa, *Das Rechtsgeschaft und seine Wirkung, Neudruck der Ausgabe*, Berlin, 1877, Aalen, 1968; Segrè, *Studi sul concetto del negozio giuridico nel diritto romano e nel nuovo diritto germanico, in Scritti Giuridici*, I, p. 193 e segs., Cortona (Arezzo), 1930; Betti, *Istituzioni di Diritto Romano*, I, *reimpressão* da 2ª ed., p. 24 e segs.; Carlo Longo, *Corso di Diritto Romano (parte generale, fatti giuridici – negozi giuridici – atti illeciti; parte speciale, la compra vendita)*, Milano, sem data; Ursicino Alvarez Suárez, *El negocio jurídico en derecho romano*, Madrid, 1954.

11 *Vide*, a propósito, Jörs-Kunkel-Wenger, *Römisches Recht*, 2ª ed., § 52, p. 89 e segs.

Cap. XVI · OS FATOS JURÍDICOS EM SENTIDO AMPLO | **159**

escrita foi sendo introduzida no direito romano. No século II a.C., segundo parece, já era ela utilizada. Mas, até Justiniano, a forma escrita era meramente probatória, e não *ad substantiam*. É certo que, no direito clássico, e, depois, no direito pós-clássico, a praxe, decorrente dos costumes gregos, era no sentido de considerar o documento escrito como complemento indispensável à celebração dos negócios jurídicos. Entretanto, contra essa prática, juristas e imperadores (por meio de rescritos) se insurgiram, acentuando que a escrita não era necessária à perfeição do negócio jurídico, mas servia apenas para a sua prova. Aquela praxe, porém, paulatinamente, ganhou terreno, e, em 528 d.C., Justiniano[12] estabeleceu que, quando as partes tivessem convencionado celebrar um contrato por escrito, ele só se reputaria perfeito com a redação do documento. Nesses casos, a forma escrita passou a ser elemento essencial do negócio jurídico.[13]

B) *Quanto à causa*

Com relação a esse critério, os negócios jurídicos se classificam em *causais* (também denominados *concretos* ou *materiais*) e *abstratos* (ou *formais*).

Antes de conceituarmos um e outro, é necessário que se saiba o que é *causa*.[14]

Tomemos, para isso, um negócio jurídico: o contrato de compra e venda. Qual a função econômico-social que o direito objetivo atribui – e, consequentemente, protege – a esse negócio jurídico? É a permuta da coisa (que o vendedor se obriga a entregar ao comprador) pelo preço (que o comprador se obriga a pagar ao vendedor). Essa função econômico-social – que se determina objetivamente – do contrato de compra e venda é a *causa* desse negócio jurídico.[15]

Assim sendo, a *causa* de um negócio jurídico difere dos *motivos* que levaram as partes a realizá-lo. Com efeito, a *causa* se determina objetivamente (é a função econômico-social que o direito objetivo atribui a determinado negócio jurídico); já o *motivo* se apura subjetivamente (diz respeito às razões que induzem as partes a realizar o negócio jurídico). No contrato de compra e venda, a *causa* é a permuta entre a coisa e o preço (essa é a função econômico-social que lhe atribui o direito objetivo; essa é a finalidade prática a

---

12   C. VI, 21, 17.

13   Sobre o assunto, *vide* Cornil, *Droit Romain*, p. 113 e segs., e p. 495 e segs., Bruxelles, 1921.

14   Discute-se muito não só o conceito de *causa*, mas também se ela é, ou não, elemento essencial do negócio jurídico (*vide* este capítulo, nota 28). Duas são as concepções de causa do negócio jurídico: a subjetiva, que relaciona a causa com a vontade do agente, e a objetiva, que a vincula à função do negócio. Adotamos, no texto, a concepção objetiva, que é a dominante na doutrina moderna. Consulte-se, a propósito, o amplo e documentado estudo (inclusive no que diz respeito ao direito romano) de Capitant, *De la cause des obligations*, 3ª ed., Paris, 1927, e a admirável síntese que se encontra em *Scognamiglio, Contributo alla Teoria del Negozio Giuridico*, nº 162 e segs., p. 245 e segs., Napoli, 1950.

15   Como acentuamos na nota 14 acima, esta é a concepção objetiva. Pela concepção subjetiva, conforme salienta Scialoja, *Negozi Giuridici*, nº 31, p. 91, Roma, 1950, a causa "é aquele motivo próximo do agente, pelo qual no seu espírito se apresenta a intenção dirigida àquele escopo que é a causa objetiva: é, em outras palavras, a causa objetiva enquanto concebida e querida pelo agente".

160 | DIREITO ROMANO – *José Carlos Moreira Alves*

que visam, necessária e objetivamente, quaisquer que sejam os vendedores e quaisquer que sejam os compradores); os *motivos* podem ser infinitos (assim, por exemplo, alguém pode comprar uma coisa para presentear com ela um amigo).

A distinção entre *causa* e *motivo* é importante porque, em regra, a ordem jurídica não leva em consideração o último.

Conhecidas essas noções, podemos conceituar os negócios jurídicos causais e abstratos. Negócio jurídico causal é aquele em que os efeitos jurídicos dele resultantes se produzem se houver a causa. Negócio jurídico abstrato é aquele em que os efeitos dele decorrentes se produzem independentemente da causa.[16] A *emptio uenditio* (compra e venda) é negócio jurídico causal; e a *stipulatio*, negócio jurídico abstrato.[17]

C) *Quanto à formação*

Quanto à formação, os negócios jurídicos podem ser *unilaterais* e *bilaterais*. Unilateral é aquele para cuja formação é necessária apenas a manifestação de vontade de uma parte (por exemplo, o testamento); bilateral, aquele para cuja formação é necessária a manifestação de vontade de duas partes[18] (assim, os contratos em geral, como a compra e venda, o mandato).[19]

---

16 Nesses negócios jurídicos, basta a observância da forma para que seus efeitos jurídicos se produzam. Note-se, no entanto, que, se todo negócio jurídico abstrato é solene, nem todo negócio jurídico solene é abstrato.

17 Com efeito, na *stipulatio* (contrato verbal que consiste numa pergunta e numa resposta manifestadas mediante fórmulas sacramentais: *"Spondes mihi dari...?" "Spondeo"* = *"Prometes dar-me...?" "Prometo"*), proferidas essa fórmulas, seus efeitos jurídicos se produziam independentemente da causa. Mas – acentue-se – isso não quer dizer que no negócio abstrato a causa não existe, pois ninguém promete por prometer, sem visar a determinada finalidade prática. O que ocorre, em verdade, é que ao direito objetivo, com relação ao negócio jurídico abstrato, é indiferente essa finalidade prática. A propósito, *vide* Coviello, *Manuale di Diritto Civile Italiano – Parte Generale*, 3ª ed., § 130, p. 416, Milano, 1924. Tendo em vista que até no negócio jurídico abstrato há causa no sentido de escopo econômico-social, reconhecido e tutelado pelo direito, ao qual visa o negócio jurídico, Deiana (*Alcuni chiarimenti sulla causa del negozio e dell'obbligazione*, in *Rivista di Diritto Civile*, vol. XXX, ano de 1938, p. 1 e segs.), depois de salientar que há várias espécies de causa (como a do negócio jurídico – que é a que aludimos no texto –, a da obrigação, a da atribuição patrimonial), entende que, para a distinção entre negócio causal e abstrato, não se deve tomar do conceito de causa do negócio jurídico, mas, sim, do de causa da atribuição patrimonial, que se pode conceituar ou como o fundamento econômico-jurídico justificador da atribuição patrimonial (isto é, da vantagem de conteúdo econômico que é perseguida por uma ou por ambas as partes) que se faz por intermédio do negócio jurídico, ou – para seguir mais de perto a doutrina alemã – o escopo que se quer atingir com essa atribuição. Em consequência, a distinção entre negócios jurídicos causais e negócios jurídicos abstratos consiste em que "nos primeiros a atribuição patrimonial é válida somente se aquele que atribui alcança o escopo, ao passo que nos segundos a atribuição é válida ainda que o escopo mediato não seja atingido" (*idem, ibidem*, p. 143).

18 Utilizamo-nos da palavra *parte*, e não do termo *pessoa*, porque parte pode abranger uma ou mais pessoas.

19 Messineo (*Manuale di Diritto civile e commerciale*, 9ª ed., vol. I, § 35, I. A, p. 464 e segs., Milano, 1957) alude, ainda, ao negócio jurídico plurilateral, que é o que resulta das manifestações de

D) *Quanto às vantagens e desvantagens*

Classificam-se os negócios jurídicos, sob esse critério, em *onerosos* e *gratuitos*. Negócio jurídico oneroso é aquele em que, para cada uma das partes, as vantagens implicam desvantagens (por exemplo, o contrato de compra e venda: o vendedor tem a vantagem de receber o preço, mas a desvantagem de entregar a coisa vendida; já o comprador tem a vantagem de receber a coisa, mas a desvantagem de pagar o preço). Negócio jurídico gratuito é aquele em que as vantagens não implicam desvantagens para a parte a que se destinam (assim, a doação: o donatário recebe a coisa doada – vantagem – sem ter de arcar com desvantagem alguma).

E) *Quanto ao momento de produção ou de cessação dos efeitos jurídicos*

Quanto a esse critério, os negócios jurídicos se classificam em negócios jurídicos *mortis causa* e *inter uiuos*.

Negócio jurídico *mortis causa* é aquele cuja produção ou cessação de efeitos jurídicos ocorre depois do falecimento do disponente ou do beneficiário (assim, o testamento só produz efeito jurídico depois da morte do disponente, o testador; o mesmo ocorre com a doação a ser executada após a morte do doador; já nas doações revogáveis *mortis causa* – isto é, aquelas em que o doador estabelece que, se o donatário falecer antes dele, os bens retornarão ao seu patrimônio – há a cessação dos efeitos jurídicos com a morte do beneficiário).

Negócio jurídico *inter uiuos* (e todos os demais, que não os acima aludidos, o são) é aquele cujos efeitos jurídicos se produzem, ou cessam, entre vivos.

F) *Quanto à procedência*

Quanto à procedência, classificam-se os negócios jurídicos em negócios jurídicos *iuris ciuilis* e negócios jurídicos *iuris honorarii*.

Negócio jurídico *iuris ciuilis* é aquele ao qual o *ius ciuile* atribui efeitos jurídicos (por exemplo, a *mancipatio*).

Negócio jurídico *iuris honorarii* é aquele ao qual o *ius honorarium* atribui efeitos jurídicos (assim, os pactos pretorianos, negócios jurídicos que, embora não fossem reconhecidos pelo *ius ciuile*, produziam efeitos jurídicos, graças à proteção que o pretor lhes dava).

G) *Quanto ao "status civitatis" do agente*

Classificam-se os negócios jurídicos, com relação a esse critério, em negócios jurídicos *iuris ciuilis*[20] e negócios jurídicos *iuris gentium*.

Negócios jurídicos *iuris ciuilis* são aqueles que somente são válidos se celebrados por cidadãos romanos (por exemplo, a *mancipatio*).

---

vontade de mais de duas partes e produz efeitos para todas elas (assim, a constituição de dote por terceiro, a cessão de contrato).

20 A expressão *iuris ciuilis*, aqui, não é tomada na mesma acepção que na classificação anterior, mas, sim, no sentido de direito que se aplica somente aos cidadãos romanos (*ius inter ciues*).

DIREITO ROMANO – *José Carlos Moreira Alves*

Negócios jurídicos *iuris gentium* são aqueles que são válidos, quer celebrados por cidadãos romanos, quer por estrangeiros (assim, os contratos consensuais, como a compra e venda).

110. Elementos do negócio jurídico– Nos negócios jurídicos, distinguimos três espécies de elementos:[21]

a) elementos essenciais;

b) elementos naturais; e

c) elementos acidentais.

Em rigor, elementos essenciais são aqueles sem os quais o negócio jurídico não existe. Assim, sem *manifestação de vontade* não pode haver negócio jurídico. Com efeito, como existirá contrato de compra e venda sem que o proprietário da coisa manifeste a intenção de vendê-la, para que outra pessoa possa adquiri-la? Em consequência, a *manifestação de vontade é elemento essencial do negócio jurídico*, ou, melhor dizendo, *elemento essencial à existência do negócio jurídico* (e são *elementos essenciais à existência do negócio jurídico*: a parte ou partes, a manifestação de vontade e o objeto). A expressão *elementos essenciais* é, no entanto, as mais das vezes usada não para exprimir os *elementos essenciais à existência* do negócio jurídico, mas para designar os *elementos essenciais à validade* dele. Temos, portanto, *elementos essenciais à existência* e *elementos essenciais à validade* do negócio jurídico. Existente é, por exemplo, o negócio jurídico em que há manifestação de vontade obtida por dolo, pois o elemento essencial à sua existência (*manifestação de vontade*) está presente. Mas esse negócio jurídico não é válido, porque o elemento essencial à sua validade é a *manifestação de vontade isenta de vícios* (e o dolo, ao lado do erro e da coação, é um dos três vícios da vontade).[22] No texto que se segue, empregamos a expressão *elemento essencial* para traduzir *elemento essencial* (também denominado *requisito*) *à validade do negócio jurídico*.

---

21 Seguimos, nesse passo, o sistema tradicional de classificação dos componentes de negócio jurídico com base na noção de *elementos*. Há outros sistemas, de criação moderna. Assim, por exemplo, o de Carnelutti (para uma visão sumária de suas ideias a respeito, *vide Istituzioni del Processo Civile Italiano*, I, 5ª ed., nos 314 e 315, p. 285 e segs., Roma, 1956), que, conceituando os requisitos como os modos de ser dos quais depende a legalidade do negócio jurídico, os classifica em três categorias: pressupostos, elementos e circunstâncias. Preferimos o sistema tradicional, porque, além de satisfatório, é ele bem mais simples que os demais.

22 Para a existência do negócio jurídico, basta que haja a parte (ou partes), a manifestação de vontade e o objeto. Para que o negócio jurídico, em geral, seja válido, é mister que a parte (ou partes) seja *capaz* e *legitimada*, que a manifestação de vontade seja *isenta de vícios*, e que o objeto seja *lícito, possível, determinado* ou *determinável*. Portanto, para que o negócio jurídico exista é suficiente a presença do substantivo (parte, manifestação de vontade e objeto); para que seja válido é necessária a ocorrência, também, das qualificações (parte *capaz* e *legitimada*; *manifestação* de vontade *isenta de vícios*; objeto *lícito, possível, determinado* ou *determinável*).

Os elementos naturais são os que correspondem à índole de cada negócio jurídico, e que, portanto, embora não expressos, estão subentendidos; mas, as partes podem, desde que o declarem, excluí-los dele.[23] A *evicção*, por exemplo, é elemento natural do contrato de compra e venda; se, num contrato dessa espécie, vendedor e comprador não aludiram à *evicção*, a sua existência se subentende; mas, é lícito às partes, expressamente, excluí-lo do contrato.

Os elementos acidentais são os que não estão implicitamente contidos no negócio jurídico, mas que, se as partes quiserem, podem expressamente apô-los a ele. Por exemplo, a *condição*. É preciso, porém, fazer uma advertência a respeito dos elementos acidentais: eles somente são acidentais se considerados abstratamente; se, num caso concreto, forem apostos ao negócio jurídico, tornam-se seus elementos essenciais, porque ficam intimamente ligados a ele.[24] Assim, se se apuser uma condição ilícita (Caio pagará certa quantia a Tício, *se este matar alguém*) a um negócio jurídico, não apenas a condição será nula, mas todo o negócio jurídico.[25]

Os elementos essenciais e naturais do negócio jurídico não podem, em regra, ser estudados de modo geral, mas apenas quando se examina cada um dos diferentes negócios jurídicos (o que se fará na parte especial), porquanto eles, geralmente, variam em cada negócio jurídico. Por exemplo, a *forma* é elemento essencial dos negócios jurídicos solenes, mas não o é dos não solenes;[26] a evicção é elemento natural do negócio jurídico *compra e venda*, mas não o é de outros, como a *doação*.

Apesar disso, há elementos essenciais (o mesmo não sucede com os naturais) que existem necessariamente em todo e qualquer negócio jurídico (assim, não há negócio jurídico válido, se não houver *manifestação de vontade* isenta de vícios). Daí a classificação dos elementos essenciais em *genéricos* e *específicos*. Os genéricos são os elementos essenciais a qualquer negócio jurídico. Os específicos são os elementos essenciais, apenas, a determinado negócio jurídico.[27] Nesta parte geral, somente os elementos essenciais genéricos serão objeto de estudo.

---

23 Como acentua Cariota Ferrara (*Il Negozio Giuridico nel Diritto Privato Italiano*, nº 203, p. 103, Napoli, 1949), os chamados elementos naturais em verdade não existem, visto como eles nada mais são do que certos efeitos naturais (pois as partes não têm necessidade de pactuá-los) de um negócio jurídico.

24 Por isso, Coviello (*Manuale di Diritto Civile Italiano – Parte Generale*, 3ª ed., § 104, p. 329, Milano, 1924) chama os elementos acidentais de *elementos essenciais subjetivos*, em contraposição aos *elementos essenciais objetivos*, que são os elementos essenciais, na nomenclatura adotada no texto.

25 Esse princípio, no entanto, nem sempre é verdadeiro no direito romano, onde – como se verá adiante – os sabinianos (opinião seguida, posteriormente, por Justiniano) consideravam simplesmente como não escritas as condições fisicamente impossíveis apostas a negócios jurídicos *mortis causa*.

26 *Vide*, a propósito, Coviello, *Manuale di Diritto Civile Italiano – Parte Generale*, 3ª ed., § 114, p. 360, Milano, 1924.

27 O preço é elemento essencial específico do contrato de compra e venda, pois, embora não seja ele elemento essencial de qualquer negócio jurídico, o é desse contrato.

Por outro lado, os elementos acidentais existem em número indeterminado, razão por que examinaremos só os que mais comumente ocorrem (condição, termo e modo ou encargo).

111. Elementos essenciais genéricos do negócio jurídico – São eles os seguintes:

a) capacidade e legitimação das partes;

b) manifestação da vontade isenta de vícios; e

c) objeto lícito, possível, determinado ou determinável.[28]

Examinemo-los separadamente.

A) *A capacidade e legitimação das partes*

Para a realização de um negócio jurídico, é necessário que a parte tenha capacidade de direito e de fato. De ambas já nos ocupamos em capítulos anteriores, para os quais remetemos o leitor.

Não basta, no entanto, a capacidade. É preciso ainda que a ela se acrescente a legitimação da parte, isto é, que esta preencha as exigências que a norma jurídica impõe para que se considere habilitada a praticar determinado negócio jurídico. A legitimação ora se apresenta *sob aspecto positivo* (quando a norma jurídica impõe, para a realização de certo negócio jurídico, a observância de determinados requisitos que não se exigem para a caracterização da existência da capacidade em geral), ora *sob aspecto negativo* (quando a norma jurídica estabelece que as pessoas que se encontram em determinadas situações estão inabilitadas para a prática de alguns negócios jurídicos).[29]

B) *Manifestação da vontade isenta de vícios*

Sem manifestação da vontade isenta de vícios o negócio jurídico não é válido. Os vícios da vontade, como veremos no nº 113, B, II, são os três seguintes: erro, dolo e coação.

Por outro lado, a vontade pode manifestar-se expressa ou tacitamente. A manifestação da vontade é expressa quando o meio sensível empregado se destina, segundo a sociedade ou o acordo entre as partes, a externá-la – assim, a palavra oral ou escrita e o gesto. A manifestação de vontade é tácita quando decorre, inequívoca mas indiretamente,

---

28 Vários autores colocam, entre os elementos essenciais, a *causa*. Em nosso entender, a *causa* (*vide* nº 109, letra B) não é elemento essencial do negócio jurídico, pois o que se pretende conceituar como causa nada mais é do que o conteúdo do próprio negócio jurídico. De fato, basta considerar o seguinte: pretende-se que a causa do contrato de compra e venda seja a permuta da coisa pelo preço; ora, é nisso justamente que consiste a própria essência do negócio jurídico compra e venda, não se tratando apenas de um elemento necessário para que ele exista. Nesse sentido, *vide*, entre outros, Chironi-Abello, *Trattato di Diritto Civile Italiano*, I, p. 399 e segs., Torino, 1904; e Scognamiglio, *Contributo alla Teoria del Negozio Giuridico*, nº 106, p. 256 e segs., Napoli, 1950.

29 Um exemplo de legitimação das partes, sob o aspecto negativo: os cônjuges, no direito romano, eram partes ilegítimas para fazer doação em favor do outro, pois as doações entre cônjuges eram proibidas, sob pena de nulidade.

Cap. XVI · OS FATOS JURÍDICOS EM SENTIDO AMPLO | **165**

de comportamento que não visava à sua exteriorização – por exemplo, da circunstância de um herdeiro estranho (*heres extraneus*) comportar-se como proprietário dos bens que integram a herança, infere-se que ele a aceitou.[30]

Por outro lado, a menos que a norma jurídica exija que, em determinado caso, a vontade seja manifestada pessoalmente, ela pode ser exteriorizada por meio de:

a) mensageiro (*nuntius*), que é simples instrumento de transmissão da vontade;[31] ou

b) representante.

A representação – da qual, como observa Kaser,[32] os romanos não tiveram um conceito genérico – pode ser direta ou indireta. É direta quando o representante age em nome e por conta do representado, caso em que os efeitos do ato recaem exclusivamente sobre a pessoa do representado (que é o *dominus negotii* = senhor do negócio). É indireta quando o representante age por conta do representado, mas em seu próprio nome, hipótese em que, num primeiro momento, os efeitos do ato recaem sobre o representante, mas, depois,

---

30 Com relação ao silêncio, em geral ele não traduz manifestação de vontade. A vontade se exterioriza pelo silêncio em casos expressamente previstos pela norma jurídica, ou pelas partes. É certo, porém, que os juristas romanos, por vezes, interpretando livremente as leis, admitiam que do silêncio de uma pessoa se inferisse o seu consentimento (do silêncio do *pater familias* – isto é, da sua não oposição – se deduzia o consentimento dele ao casamento das pessoas sob sua *potestas* – D. XLIX, 15, 12, 3). Sobre o assunto, *vide* Bonfante, *Il silenzio nella conclusione dei contratti, in Scritti Giuridici varii*, III, p. 150 e segs.,Torino, 1926; e Ranelletti, *Il silenzio nei negozi giuridici, in Rivista Italiana per le scienze giuridiche*, XII (1892), p. 3 e segs.

31 O núncio não é parte no negócio jurídico, mas mero meio de comunicação ou de reprodução oral de declaração de vontade da parte. Ele equivale a um fonograma. É indiferente, portanto, que ele tenha, ou não, capacidade de fato, sendo importante, apenas, que comunique ou reproduza fielmente a declaração de vontade da parte ao destinatário dela. Se houver infidelidade, sofre os efeitos desta a parte que não teve sua declaração de vontade fielmente comunicada ou reproduzida, se não for possível invalidar o negócio por erro.

No direito romano, como acentua Ursicino Alvarez Suárez (*El Negocio Juridico en Derecho Romano*, p. 90, Madrid, 1954), o núncio era utilizado largamente, mas apenas em negócios jurídicos não solenes (assim, para concluir contrato consensual, D. 18, 1, 1, 2, ou para estipular um simples pacto, D. 2, 14, 2), sendo empregado para a comunicação da vontade do *dominus negotti* ou, então, como instrumento para realizar um comportamento de que resulte efeito jurídico (por exemplo, a aquisição de posse por *filius familias* ou escravo, atuando como núncios, D. 41, 2, 1, 5). Portanto, não podia ser usado o *nuntius* para a celebração de *stipulatio* (*vide* o nº 235). Nas fontes romanas – como observa Maier, *Der Bote*, § 2º p. 5 (*Inaugural-Dissertation* sem indicação de lugar de impressão e sem data) –, encontra-se, geralmente, a comparação do núncio com uma carta, de onde pode inferir-se que lhe era atribuída atividade simplesmente comunicativa, mecânica, diversa, portanto, da do representante. A propósito do *nuntius*, com ampla indicação de textos jurídicos romanos, *vide* também Voci, *Manuale di Diritto Romano*, I, *Parte Generale*, 2ª ed., pp. 384/385. Aprofundado estudo sobre o *nuntius*, no direito romano e no direito moderno, se encontra no verbete *nunzio*, de autoria de Oscar Cappoci, *in Dizionario Pratico del Diritto Privato*, vol. IV (N-O), pp. 220/228, Milano, sem data.

32 *Zum Wesen der römischen Stellvertretung, in Romanitas*, vol. 9 (1970), p. 333 e segs.

166 | DIREITO ROMANO – *José Carlos Moreira Alves*

e em decorrência de relação interna existente entre o representante e o representado (por exemplo: contrato de mandato), aquele transfere a este os efeitos do ato.[33]

No direito romano – ao contrário do direito moderno – não se admitia, em regra, a representação direta. Procura-se explicar essa peculiaridade com as seguintes razões, entre outras:

a) a forma oral, que predominava nos negócios jurídicos em Roma, impunha a necessidade da presença das partes;

b) a obrigação contratual romana criava um vínculo exclusivo entre as pessoas que celebravam o contrato; e

c) em face da organização familiar romana, o *pater familias* podia, por meio dos *filii familias* ou dos escravos (e o que uns e outros adquiriam passava a integrar o patrimônio do *pater familias*), realizar negócios jurídicos sem a necessidade de ser representado[34] por uma pessoa *sui iuris*, e, portanto, estranha à sua família.[35]

O *ius ciuile*, no período clássico, somente admite raríssimas exceções a esse princípio.[36] Já o *ius praetorium* foi mais pródigo a respeito, embora os casos de representação direta permitidos pelo pretor ainda fossem hipóteses excepcionais, tanto que nem no Edito nem em seus comentários se encontra a admissão generalizada da representação direta.

Justiniano também não aboliu a regra. É certo, entretanto, que ele lhe aumentou o número de exceções.[37]

C) *Objeto lícito, possível, determinado ou determinável*

O objeto do negócio jurídico consiste numa prestação, isto é, num dar, fazer ou não fazer.

---

33 Demais, a representação pode ser necessária (ou legal) e voluntária. Necessária, por exemplo, é a representação do louco por seu curador; voluntária, a do mandatário com relação ao mandante.

34 Nesse caso – como observam Aru-Orestano, *Sinossi di Diritto Romano*, p. 51, Roma, 1947 –, tratava-se de simples representação de fato, que nada tem que ver com a representação direta ou indireta.

35 E o *ius honorarium*, por diferentes meios (que serão estudados na parte especial, no direito de família, nº 277, B), fez com que o *pater familias* respondesse pelas obrigações contraídas pelos seus *filii familias* e escravos.

36 Assim, por exemplo, era representante direto do *pater familias* o *procurator omnium rerum* (isto é, administrador de todos os bens; em geral, um liberto) que existia nas famílias importantes de Roma (*vide* nº 243).

37 *Vide*, sobre representação no direito romano, Sohm-Mitteis-Wenger, *Institutionen-Geschichte und System des Römischen Privatrechts*, 17ª ed., § 45, p. 243 e segs.; Jörs-Kunkel-Wenger, *Römisches Recht*, 2ª ed., § 58, p. 101 e segs; Rabel, *Grundzügedes romischen Privatrechts*, § 120, p. 511 e segs.; Voci, *Manuale di Diritto Romano*, I, *Parte Generale*, 2ª ed., p. 363 e segs.; e Düll, *Über Ansätze direkter Stellvertretung in frührepublikanischen Römischen Recht, in Zeitschrift der Savigny-Stiftung für Rechtsgeschichte, Romanistische Abteilung*, LXVII (1950), p. 162 e segs. Sobre a representação direta a que aludem os papiros encontrados no Egito, Taubenschlag, *The Law of Greco-Roman Egypt in the Light of the Papyri*, 2ª ed., § 37, p. 307 e segs.,Warszawa, 1955.

Cap. XVI · OS FATOS JURÍDICOS EM SENTIDO AMPLO | 167

Para a validade do negócio jurídico é preciso que seu objeto seja lícito, possível, determinado ou determinável.

Objeto lícito é aquele que não vai contra lei que determine a nulidade dos atos a ela infringentes, ou contra os bons costumes.

O objeto tem de ser, também, possível, física e juridicamente. Diz-se que ele é impossível fisicamente, quando excede aos limites naturais das forças humanas (o que pode variar com o tempo: antigamente, voar era uma impossibilidade física; hoje não). Impossível juridicamente é o objeto incompatível com a ordem jurídica vigente (por exemplo, a venda de uma coisa *extra commercium*, que, juridicamente, é inalienável).

Finalmente, o objeto é determinado, quando se sabe exatamente qual será ele, no momento da formação do negócio jurídico; determinável, se, em vez disso, ficar estabelecida uma circunstância que irá, posteriormente, determiná-lo.

112. Elementos acidentais do negócio jurídico[38] – Como já salientamos, iremos estudar, apenas, os três elementos acidentais mais comuns do negócio jurídico:

a) a condição;

b) o termo; e

c) o modo (ou encargo).

Analisemo-los separadamente.

A) *A condição*

Condição é o acontecimento futuro e objetivamente incerto de que se faz depender a produção ou a cessação dos efeitos de um negócio jurídico.

Em face desse conceito, não são condições certas figuras que a elas se *assemelham* (e que se denominam *condições aparentes* ou *impróprias*), a saber:

a) as condiciones iuris (condições de direito), que são, não elementos apostos pelas partes, mas pressupostos indispensáveis, em decorrência do direito objetivo, para que um negócio jurídico produza os seus efeitos – exemplo: não há propriamente condição, mas, sim, *condicio iuris*, quando alguém promete dar a outrem um *dote se este se casar*, pois só existe dote quando há casamento;[39] e

b) os acontecimentos passados ou presentes, embora desconhecidos das partes; nesse caso, não há condição pela ausência de um requisito: que o acontecimento seja *objetivamente incerto*; assim, inexiste condição se alguém prometer pagar uma quantia a outrem *se determinado navio* – fato que ambos naquele momento desconhecem – *entrou, no dia anterior, no porto*; e a razão disso assim a expõem as *Institutas* de Justiniano:[40]

---

38 A propósito, é clássica a obra de Scheurl, *Zur Lehre von den Nebenbestimmungen bei Rechtsgeschäften*. Erlangen, 1871, que constitui a segunda parte do vol. II dos *Beiträge zur Bearbeitung des Römischen Rechts*.

39 Sobre as *condiciones iuris*, *vide* Oertmann, *Die Rechtsbedingung (condicio iuris)*, Leipzig, 1924.

40 III, 15, 6.

168 | DIREITO ROMANO – *José Carlos Moreira Alves*

"Condiciones, quae ad praeteritum uel ad praesens tempus referentur, aut statim infirmant obligationem aut omnino non diferunt: 'ueluti si Titus, consul fuit' uel 'si Maeuius uiuit, dare spondes?' nam si ita non sunt, nihil ualet stipulatio: sin autem ita se habent, statim ualet. Quae enim per rerum naturam certa sunt, non morantur obligationem, licet apud nos incerta sunt" (As condições, que se referem ao passado ou ao presente, ou invalidam de imediato a obrigação, ou não a procrastinam; assim, por exemplo: "prometes dar alguma coisa se Tício foi cônsul" ou "se Mévio ainda vive?" Pois se esses fatos não tiverem ocorrido é de nenhum valor a *stipulatio* (contrato verbal solene); se, porém, se verificaram, é ela imediatamente válida. Portanto, aquilo que pela natureza mesma das coisas é certo, embora para nós seja incerto, não retarda a obrigação).

Por outro lado, há condições que, por certas circunstâncias, não produzem os seus efeitos normais. São as seguintes:

a) as que consistem em fato impossível fisicamente (exemplo: Tício pagará cem moedas a Caio *se este tocar o céu com o dedo*) ou juridicamente (exemplo: Tício pagará cem moedas a Caio *se este vender uma praça pública* – a qual não pode ser objeto de venda, por se tratar, em virtude do direito objetivo, de coisa inalienável);[41]

b) as que consistem em fato ilícito, imoral ou contra os bons costumes (por exemplo: Caio pagará cem moedas a Tício, *se este matar Mévio*).

Quanto às da primeira categoria (letra *a*), se elas fossem formuladas de modo positivo (exemplo: Tício pagará cem moedas a Caio, se este tocar o céu com o dedo), proculeianos e sabinianos discutiam, no direito clássico:[42] para os proculeianos, elas acarretavam sempre a nulidade do negócio jurídico, quer *inter uiuos*, quer *mortis causa*; segundo os sabinianos, isso somente ocorria nos negócios jurídicos *inter vivos*, pois, nos *mortis causa* (como favor às disposições de última vontade), deviam simplesmente reputar-se não apostas ao negócio jurídico, que assim produzia seus efeitos como se fosse *puro* (isto é, sem condição). Justiniano[43] seguiu a opinião dos sabinianos.[44] Se, no entanto, fossem formuladas de modo negativo (exemplo: Caio pagará cem moedas a Tício, se este não for ao Sol), os negócios jurídicos a que estivessem apostas seriam válidos e produziriam seus efeitos de imediato, uma vez que, sendo a condição impossível, nunca iria ocorrer.

---

41 Sobre a condição impossível no direito romano, *vide* Consentini, *Condicio impossibilis*, Milano, 1952.

42 Gaio, *Inst.*, III, 98.

43 *Inst.*, II, 14, 10.

44 No texto, apresentamos a opinião dominante entre os romanistas. Há alguns (assim, Scialoja, *Studi Giuridici*, II, pp. 33 e 34, e 161 e segs., Roma, 1934; e Pacchioni, *Corso di Diritto Romano*, II, pp. 161 e 162, Torino, 1910), no entanto, que entendem que a regra não se aplicava a todos os negócios jurídicos *mortis causa*, mas apenas a alguns deles: no direito clássico, aos legados e à instituição de herdeiro; provavelmente no tempo de Justiniano, estendeu-se o princípio aos fideicomissos e às manumissões.

Quanto às da segunda categoria (letra *b*), no direito clássico só em hipóteses excepcionais o *ius ciuile* considerava nulos os negócios jurídicos a que tivesse sido aposta condição ilícita, imoral ou contra os bons costumes; o pretor é que, no *ius honorarium*, negava eficácia aos negócios jurídicos *inter uiuos* sob tais condições,[45] e, com relação aos *mortis causa*, ele, a pedido do interessado, o exonerava do cumprimento delas, mantendo o negócio jurídico como se fosse puro. No direito pós-clássico e justinianeu, deu-se às condições ilícitas, imorais ou contra os bons costumes o mesmo tratamento que às impossíveis: se aposta a negócio jurídico *inter uiuos*, este seria nulo; se a negócio jurídico *mortis causa*, ela se consideraria não aposta.

As condições podem classificar-se em diferentes espécies:

a) positivas e negativas;

b) potestativas, casuais e mistas; e

c) suspensivas e resolutivas.

As duas primeiras categorias (letras *a* e *b*) foram conhecidas dos jurisconsultos romanos; a última (letra *c*) é de criação moderna.

As condições positivas são aquelas que demandam mudança no estado atual das coisas (por exemplo: Caio pagará cem moedas a Tício, se este se casar); as negativas, as que não exigem essa mudança (exemplo: Caio pagará cem moedas a Tício, se este não for hoje a Roma).

As condições potestativas são as que, para se realizarem, dependem da vontade de uma das partes (por exemplo: Caio pagará cem moedas a Tício, se este subir ao Capitólio). Deve-se distinguir a *condição potestativa simples* da *condição meramente potestativa*: a primeira depende de ato ou de abstenção que limite a vontade da parte a que diz respeito (no exemplo anterior, para que Tício receba as cem moedas é preciso não apenas querer subir ao Capitólio, mas realizar esse ato); já a segunda depende exclusivamente da vontade da parte, razão por que, quando essa condição fica na dependência da vontade do devedor, não se forma o negócio jurídico, por estar, nesse caso, o devedor vinculado apenas ao seu arbítrio (exemplo: Caio, *se quiser*, pagará cem moedas a Tício).

As condições casuais são as que independem da vontade das partes (assim: Caio pagará cem moedas a Tício, se determinado navio chegar ao porto).[46]

As condições mistas são aquelas que dependem da vontade de uma das partes e da de um terceiro ou do acaso; por exemplo: Caio pagará dez moedas a Tício, se este se casar com Lucrécia.

Finalmente, como já salientamos, as condições, modernamente, se distinguem em *suspensivas* e *resolutivas*. A condição é suspensiva quando dela depende a produção dos efeitos do negócio jurídico; a condição é resolutiva quando dela depende a cessação dos efeitos do negócio jurídico (exemplo da primeira: Caio pagará cem moedas a Tício, se Mévio chegar

---

45 Esses negócios jurídicos, entretanto, continuavam válidos diante do *ius ciuile*.

46 A propósito, Andreas von Tuhr, *Bürgerliches Recht, Allgemeiner Teil*, III, § 46, p. 44, München und Leipzig, 1914.

170 | DIREITO ROMANO – José Carlos Moreira Alves

hoje a Roma; exemplo da segunda: Caio venderá este anel a Tício em cinco prestações de dez moedas cada uma; se Tício não pagar uma das prestações, a venda ficará desfeita). Os jurisconsultos romanos só nos períodos pós-clássico e justinianeu conheceram a condição resolutiva nos moldes modernos, ao lado da condição suspensiva.[47] No direito clássico,[48] ao aludirem eles à *condicio*, referiam-se, sempre, à condição que denominamos *suspensiva*. Quando queriam atingir o mesmo resultado, a que, modernamente, chegamos com a utilização da condição resolutiva, usavam de meio indireto que era o seguinte: ao negócio jurídico puro (isto é, sem condição), apunham um pacto de resolução submetido a condição suspensiva (por exemplo: Caio vende sua casa a Tício, e ambos apõem a esse negócio jurídico puro um pacto no qual estabelecem que, se Caio, dentro de dois anos, regressar àquela cidade, a venda ficará desfeita). Esse pacto se diz *de resolução sob condição suspensiva*, porque, por ele, a resolução do negócio jurídico fica em suspenso até que se verifique se a condição se realizará, ou não.

Finalmente, quanto aos efeitos da condição, é necessário levar em conta dois fatores:

a) se se trata de condição suspensiva ou resolutiva; e

b) a existência das três seguintes etapas:

1ª – a em que, celebrado o negócio jurídico sob condição, se desconhece se esta será, ou não, realizada (*pendente condicione*);

2ª – a em que a condição já se realizou (*impleta condicione*); e

3ª – a em que se sabe, com certeza, que a condição não se realizará mais (*defecta condicione*).

Analisemos, portanto, os efeitos da condição suspensiva e da condição resolutiva em cada uma dessas etapas.

I – *Efeitos da condição suspensiva*

Enquanto a condição suspensiva estava *pendente*, o negócio jurídico, no direito clássico, não produzia seus efeitos,[49] sendo provável que os direitos, que nasceriam dele se realizada a condição, não se transmitiam aos herdeiros da parte que falecesse antes de a condição ocorrer. No direito justinianeu[50] observa-se a tendência de admitir que esses direitos existem desde a celebração do negócio jurídico, embora só possam ser exigidos

---

47   *Vide* Guarino, *Diritto Privato Romano*, 12a ed., nº 25. 3. 3, p. 397, Napoli, 2001.

48   Em sentido contrário, com base em três fragmentos do *Digesto* (D. 18.1, 3; D. 18, 3, 1; e D. 18, 2, 2, pr.) em que se encontra construção semelhante ao que modernamente se denomina *condição resolutiva*, autores há, como, entre outros, Arangio-Ruiz (*La Compravendita in Diritto Romano*, vol. II, *ristampa*, p. 407, Napoli, 1956) e Talamanca (*Istituzioni di Diritto Romano*, nº 63, pp. 251/252, Milano, 1990), que sustentam que a condição resolutiva já era conhecida pelo menos por alguns jurisconsultos do período clássico, como Juliano.

49   É certo, porém, que se admitia que o credor, em certos casos, pudesse tomar providências para acautelar os direitos que viria a ter se a condição se realizasse. Assim, exigir garantias para que não se frustrassem os efeitos do negócio, se realizada a condição (cf. D. 20, 1, 5, pr.; D. 42, 4, 6; D. 42, 4, 11).

50   D. 50, 16, 10 (interpolado).

Cap. XVI · OS FATOS JURÍDICOS EM SENTIDO AMPLO | **171**

quando do implemento da condição; por isso, *pendente condicione*, eles já se transmitem, ao contrário do que sucedia no direito clássico, aos herdeiros.

Quando a condição suspensiva se realiza (*impleta condicione*), produzem-se os efeitos do negócio jurídico.[51] Mas retroagirão eles à data da celebração do negócio jurídico, ou se contarão apenas a partir do momento em que se realizou a condição (em outras palavras: serão *ex tunc* – desde então; ou *ex nunc* – desde agora)? Segundo parece, no direito romano clássico, os efeitos jurídicos se produziam *ex nunc*; no direito justinianeu, *ex tunc*.[52]

Se se frustrar a condição suspensiva, não se produz nenhum dos efeitos do negócio jurídico, que se tem como se não tivesse sido celebrado.

II – *Efeitos da condição resolutiva*

Nos direitos clássico, pós-clássico e justinianeu, se se tratasse de condição resolutiva (em Roma, como já salientamos, sob a forma de *negócio jurídico puro com pacto resolutivo sujeito à condição suspensiva*), os efeitos do negócio jurídico se produziam desde sua celebração.

Se a condição resolutiva se realizasse (*impleta condicione*), cessavam os efeitos do negócio jurídico, e se extinguiam, também, os já produzidos.[53]

---

51   As condições potestativas negativas sem limitação no tempo (exemplo: Caio pagará cem moedas a Tício, se este nunca subir ao Capitólio) somente poderiam, em rigor, considerar-se realizadas, quando da morte da parte de cuja vontade elas dependessem. Para obviar a esse inconveniente, o jurista Quinto Múcio Cévola concebeu o seguinte meio, quando se tratasse de legado: o legatário, de cuja vontade dependia a não realização da condição potestativa, adquiria de imediato o legado, desde que prometesse, sob caução (*cautio Muciana*), ao herdeiro, restituí-lo, caso infringisse a condição. No direito clássico, essa *cautio* só era utilizada com relação a legado; Justiniano estendeu a sua aplicação à instituição de herdeiro. *Vide*, a respeito, Voci, *Istituzioni di Diritto Romano*, 3ª ed., p. 164. Sohm, *Institutionen*, 14ª ed., p. 733 e segs., nota 21, entende que, no tempo de Justiniano, se aplicava a *cautio Muciana* a qualquer espécie de negócio jurídico sob condição potestativa negativa sem limitação no tempo.

52   *Vide*, a propósito, Ursicino Alvarez Suárez, *El Negocio Juridico en Derecho Romano*, p. 28, Madrid, 1954.

53   Portanto, a condição resolutiva, quando realizada, retroage, alcançando, para extingui-los, os efeitos produzidos desde a celebração do negócio jurídico. Note-se, porém, que, com referência ao direito real constituído em virtude de negócio jurídico sob condição, não há propriamente, também no direito justinianeu, retroatividade, uma vez que, verificada a condição, o direito real do terceiro, enquanto estava ela pendente, não se reputa como se nunca houvesse existido, mas ficava este, apenas, obrigado a recolocar o readquirente na mesma situação em que se encontraria se não tivesse sido privado daquele direito (assim a obrigação de restituir os frutos que retirou da coisa). Por outro lado, em se tratando de condição resolutiva aposta ao ato translativo de propriedade (ou de direito real sobre coisa alheia, como a servidão predial), discute-se se, realizada a condição, o alienante recupera *ipso iure* (automaticamente) o domínio, podendo reclamá-lo do adquirente ou de terceiro mediante ação de reinvidicação (e a resolução, nesse caso, se diz *real*), ou, ao contrário, apenas passa a ter o direito pessoal de exigir do adquirente – e só dele – a devolução da coisa (*resolução obrigatória*). A opinião dominante é no sentido de que, no direito anterior a Justiniano, ocorria a *resolução obrigatória*, embora não negue que, em limites bastante estreitos, pudesse admitir a resolução real; já no direito justinianeu, opera-se, largamente, a *resolução real*.

172 | DIREITO ROMANO – *José Carlos Moreira Alves*

Se, porém, se frustasse a condição resolutiva (*defecta condicione*), o negócio jurídico prosseguia produzindo seus efeitos, sem existir mais a possibilidade de resolução.

B) O *termo*

O termo é o acontecimento (muitas vezes, uma data do calendário) futuro e certo de que depende a exigibilidade ou a cessação dos efeitos do negócio jurídico.

Como a condição, o termo pode classificar-se em *suspensivo* (também chamado *inicial*; os juristas romanos a ele se referiam com a expressão *ex die* e os antigos romanistas o designavam *dies a quo* = dia a partir do qual) ou *resolutivo* (também denominado *final*; os juristas romanos se utilizavam da expressão *in diem*; e os antigos romanistas diziam *dies ad quem* = dia para o qual se vai).[54]

Termo suspensivo é o acontecimento futuro e objetivamente certo de que depende a exigibilidade dos efeitos do negócio jurídico; termo resolutivo, o de que depende a extinção desses efeitos.

Entre a formação do negócio jurídico e a superveniência do termo, o lapso de tempo existente se denomina *prazo*. Quando o prazo começa a fluir, diz-se *dies cedit*; quando se verifica o termo, diz-se *dies uenit*.

Por outro lado, entre o termo e a condição há uma diferença fundamental: na condição, o acontecimento é objetivamente *incerto*; no termo, é ele objetivamente *certo*. Daí esta consequência: ao contrário do que ocorre com a condição, que, por ser um acontecimento incerto, pode frustrar-se, não existe *termo frustrado*, mas somente *termo pendente ou realizado*.

Analisemos, agora, os efeitos dos termos suspensivos e resolutivos, segundo a mesma sistemática empregada com a condição.

A propósito, *vide* Ursicino Alvarez Suárez, *El Negocio Jurídico en Derecho Romano*, p. 31 e segs., Madrid, 1954; e Scialoja, *Negozi Giuridici*, 5ª ed., nº 47, p. 176 e segs., Roma, 1950.

54 Não se pode falar em termo imoral, pois, como acentua Ruggiero (ob. cit. no final desta nota, p. 58), "a imoralidade pressupõe um ato qualquer, e o termo não é senão uma simples determinação de tempo, a qual não pode ser, *por si mesma*, nem moral nem imoral". Existe, porém, além de termo ilícito (no sentido de *ilegal* – ex.: termo que se verifica em momento em que a lei impede a execução do negócio jurídico), termo impossível, distinguindo os autores a impossibilidade absoluta da impossibilidade relativa. Exemplo de termo absolutamente impossível será o 367º dia do ano; de termo relativamente impossível, aquele que, por ocorrer depois de lapso de tempo tão breve, impede que o ato devido possa ser realizado (assim, se, por meio de *stipulatio*, se prometer em Roma que, nesse mesmo dia, se entregará a alguém, em Cartago, certa quantia em dinheiro). O negócio jurídico subordinado a termo impossível é nulo, ou nulo será apenas o termo? A esse respeito os textos romanos só são explícitos com relação a termo relativamente impossível. É válida a *stipulatio cum moreris* ou *cum moriar*, se a prestação consiste num dare (assim, entre outros, D. 23, 3, 20); se, porém, esta se consubstancia num *facere*, a *stipulatio*, pelo menos no direito clássico, é nula (D. 45, 1, 46). É nula, também, a *stipulatio* que não pode ser cumprida por ocorrer o termo após o decurso de lapso de tempo muito exíguo (D. 13, 4, 2, 6); mas, se se tratar de legado subordinado a termo dessa natureza, o legado é válido, ficando o termo sem eficácia (D. 30, 12, 1). Sobre o termo impossível, *vide*, especialmente, Ruggiero, *Il "dies impossibilis" nei contratti e nei testamenti*, in *Bullettino dell'Istituto di Diritto Romano*, vol. XV (1903), p. 5 e segs.; e Consentini, *Condicio impossibilis*, p. 115 e segs., Milano, 1952.

Cap. XVI · OS FATOS JURÍDICOS EM SENTIDO AMPLO | 173

I – *Efeitos do termo suspensivo*

Enquanto está ele *pendente*, os efeitos do negócio jurídico – embora perfeito – não são exigíveis. Se, por exemplo, Caio promete pagar cem moedas a Tício dentro de trinta dias, durante o decorrer desse prazo Tício não pode exigir de Caio o pagamento; mas, como o negócio jurídico entre eles é perfeito desde o momento de sua formação (e, portanto, a dívida já existe), se Caio pagar antes de vencido o prazo, não pode pretender a recuperação do que pagou, sob alegação de que o termo ainda não ocorreu.[55]

Ocorrido o termo suspensivo, todos os efeitos do negócio jurídico passam a ser exigíveis.

II – *Efeitos do termo resolutivo*

Os juristas romanos não admitiam termo resolutivo com relação a certos direitos ou situações jurídicas (assim, o direito de propriedade, o direito de servidão, a qualidade de herdeiro), que não podiam ter, em Roma, duração limitada no tempo pela vontade das partes. Se se transmitisse o direito de propriedade ou de servidão, apondo-se ao negócio jurídico relativo a essa transmissão um termo resolutivo (por exemplo: Caio doava sua casa a Tício até certo dia, quando, então, a doação se desfaria, e a casa voltaria à propriedade de Caio), esse negócio jurídico seria nulo; se se tratasse, porém, de instituição de herdeiro a termo, ela não seria nula, mas (como favor às disposições de última vontade) se reputaria o termo como se não aposto.

Excluídos esses, os demais negócios jurídicos podiam ser a termo resolutivo, e, enquanto este não se verificasse, produziam todos os seus efeitos. Uma vez ocorrido o termo resolutivo, cessavam os efeitos do negócio jurídico.

C) *O modo*

O modo é um elemento acidental que só pode ser aposto a um negócio jurídico de liberalidade *inter uiuos* (por exemplo, a doação) ou *mortis causa* (assim, o testamento).[56]

---

55 Demais, como o negócio jurídico a que se apõe termo suspensivo é perfeito desde sua formação, os direitos e as obrigações dele decorrentes se transmitem aos herdeiros das partes, ainda que o termo não tenha ocorrido.

56 Há autores – como Mackeldey, *Manuel de Droit Romain*, trad. Beving, 3ª ed., § 181, p. 97 (essa aliás – como acentua Kliebert, *Die Auflage*, § 3º, pp. 5 e 6 (*Inaugural-Dissertation*, Würzburg, 1907) –, era a tese defendida pelos autores alemães até Hoepfner, que limitou a aposição do modo aos negócios jurídicos de liberalidade) – que sustentam (com base no D. XVIII, 1, 41, pr.; e no D. XIX, 2, 58, 2) que o modo pode ser aposto a negócio jurídico oneroso. Nesse caso, porém, o modo nada mais será do que um acréscimo à contraprestação (que o absorve, desfigurando-o) da parte a que é ele imposto. Por isso, acentua Cogliolo (*Unum Negotium, in Scritti Varii de Diritto Privato*, vol. II, p. 119, Torino, 1913) que, embora em rigor não se possa falar em *modus* aposto a contrato oneroso, casos há em que os contratos onerosos admitem certas situações jurídicas que correspondem ao *modus*, como, por exemplo, a venda de escravo com pacto de que ele não permaneça na Itália.

174 | DIREITO ROMANO – *José Carlos Moreira Alves*

O modo é o encargo imposto, num negócio jurídico de liberalidade *inter uiuos* ou *mortis causa*, pelo disponente ao destinatário.[57] Assim, por exemplo, Caio faz uma doação a Tício e lhe atribui o encargo de construir um hospital para determinada cidade.[58]

O modo difere da condição, porque o negócio jurídico *sub modo* produz, de imediato, os seus efeitos, sem ser necessário que, primeiro, o destinatário realize o encargo; com referência à condição – e a comparação se faz com a condição suspensiva, porquanto não se pode estabelecer um *modo* para cessar os efeitos do negócio jurídico –, isso somente ocorre depois de ela realizada.

Por outro lado, já no direito clássico havia meios indiretos para obter do gravado o cumprimento do modo. Assim:

a) o disponente, em geral, estabelecia, no próprio negócio jurídico *sub modo*, pena (por exemplo: a revogação da liberalidade) para o caso de inadimplemento do encargo;

b) se a coisa objeto da liberalidade estivesse em poder de terceiro, o gravado, para acioná-lo a fim de obtê-la, deveria prestar caução para garantir o cumprimento do modo; e

c) o terceiro favorecido pelo encargo (ou seus herdeiros) podia obter dos magistrados providências administrativas que coagissem o gravado a cumpri-lo.

No direito justinianeu, encontram-se meios mais eficazes contra o gravado: o disponente (ou herdeiros) podia mover contra o destinatário, que não cumprisse o modo, ação (*condictio*) para obter a devolução da liberalidade; demais, é possível, também, exigir-se o cumprimento do encargo mediante uma *actio ciuilis incerti praescriptis verbis*.[59]

113. Ineficácia do negócio jurídico – O negócio jurídico é ineficaz quando não produz os efeitos que dele resultam, e isso ocorre por:

a) ineficácia em sentido estrito; e

b) invalidade.

A ineficácia em sentido estrito ocorre quando, sendo o negócio jurídico válido (isto é, apresentando, sem vício, todos os seus elementos essenciais), não produz ele seus efeitos, por causa de circunstâncias extrínsecas ao próprio ato (por exemplo: um

---

57 Na hipótese de o modo ser ilícito, ou impossível, há autores (assim, Scialoja, *Negozio Giuridici*, 5a ed., nº 51, pp. 209 e 210, Roma, 1950; e Perozzi, *Istituzioni di Diritto Romano*, vol. II, 2ª ed., p. 547) que o consideram *pro non scripto*, enquanto outros existem (como Biondi, *Successione testamentaria – donazioni*, p. 371 e segs., Milano, 1943) que entendem ser necessário o exame da intenção do disponente: se o modo se apresenta como disposição autônoma ou paralela com relação ao negócio jurídico, a nulidade daquele não implica a deste; caso contrário, a nulidade do modo importa a do negócio jurídico.

58 Note-se que o encargo não tira do negócio jurídico a que é aposto a característica de liberalidade, porquanto não tem ele o caráter de contra prestação a ser feita pelo destinatário. Por outro lado, nas fontes são as seguintes as palavras usadas para designar o modo: *lex, condicio, iubere, modus*. Às vezes se emprega, também, a expressão *sic dedit ut*.

59 *Vide*, a propósito, Ursicino Alvarez Suárez, *El Negocio Jurídico en Derecho* Romano, p. 38, Madrid, 1954.

Cap. XVI · OS FATOS JURÍDICOS EM SENTIDO AMPLO | **175**

testamento, embora válido, é ineficaz se não há aceitação da herança por nenhum dos herdeiros nele instituídos; o mesmo sucede se, num negócio jurídico *sub condicione*, a condição suspensiva se frustra).

As causas extrínsecas que geram a ineficácia em sentido estrito são numerosas,[60] razão por que não se pode construir uma teoria geral dos negócios jurídicos simplesmente ineficazes. Entre estes, destacam-se aqueles que, embora possuam todos os elementos essenciais, podem ser impugnados por terceiros a quem causem prejuízo.[61] No direito romano, esses negócios eram, em geral,[62] válidos em face do *ius ciuile*, porém, impugnáveis por meios fornecidos pelo *ius honorarium* (assim, interditos, *restitutiones in integrum*, exceções). Nesse caso encontram-se os negócios jurídicos em fraude contra credores (*vide* o capítulo XIX, nota 87).

A invalidade se dá quando o negócio jurídico não produz seus efeitos em virtude da falta de um dos elementos essenciais[63] ou da existência de vício que incida sobre qualquer deles. Ela decorre, também, da violação de uma norma imperativa. A invalidade, no direito moderno, apresenta duas gradações:

a) a nulidade; e

b) a anulabilidade.

A grosso modo, é nulo o negócio jurídico a que falta um de seus elementos essenciais; é anulável o negócio jurídico que, embora possua todos os requisitos exigidos pelo direito objetivo, tenha um deles atacado por vício.[64]

Entre o negócio jurídico nulo e o anulável há, modernamente, as seguintes distinções principais:

a) o negócio jurídico nulo não produz nenhum de seus efeitos, ainda que não haja declaração judicial da nulidade; o anulável produz todos os efeitos jurídicos normais, até que, judicialmente, seja anulado;

---

60 Cf. Coviello, *Manuale di Diritto Civile Italiano, parte generale*, 3ª ed., p. 331 e segs., Milano, 1924.

61 Nesse caso ocorre o que se denomina rescisão do negócio jurídico.

62 Dizemos em geral, porque havia negócios jurídicos, no direito romano, impugnáveis *iure ciuile*. Assim, o *testamentum inofficiosum*, de que nos ocuparemos na parte especial, no direito das sucessões.

63 Quando falta ao negócio jurídico um dos seus *elementos essenciais à existência*, diz-se, modernamente, que o negócio jurídico é inexistente. A distinção entre inexistência e invalidade (nulidade ou anulabilidade) é devida ao jurista alemão K. S. Zachariae von Lingenthal, que a fez, quanto ao matrimônio, em sua obra *Handbuch des Franzoesischen Zivilrechts*, em quatro volumes, cuja primeira edição é de 1808 (a 7a edição é de Heidelberg, 1886).

64 Dizemos a *grosso modo*, porque, se é certo que é nulo o negócio jurídico a que falta capacidade e legitimação das partes, bem como objeto lícito, possível, determinado ou determinável, o mesmo não ocorre quanto à manifestação de vontade isenta de vícios. Com efeito, se falta a manifestação de vontade, não há propriamente nulidade, mas inexistência: e se a *manifestação de vontade apresenta vício* (como, por exemplo, a coação), o negócio jurídico é anulável.

b) qualquer pessoa pode invocar a nulidade do negócio jurídico; somente determinadas pessoas, a que o direito objetivo se refere, podem pleitear a anulação;

c) o negócio jurídico nulo é insanável; o anulável pode ser sanado;[65] e

d) a nulidade não é suscetível de decadência;[66] a ação de anulação o é.

Por outro lado, a nulidade[67] pode ser originária ou sucessiva,[68] conforme o fato que a acarreta seja contemporâneo ou superveniente à formação do negócio jurídico; total ou parcial,[69] segundo invalide todo o negócio jurídico, ou apenas parte dele.

Essas noções relativas à nulidade e à anulabilidade no direito moderno não se aplicam exatamente ao direito romano. No direito romano clássico não há, propriamente, a anulabilidade do negócio jurídico. Os negócios jurídicos admitidos pelo *ius ciuile* eram válidos ou nulos: não havia meio-termo. O *ius honorarium*, no entanto, fornecia, em certos casos, meios para impedir que os negócios jurídicos, considerados válidos pelo *ius ciuile*, produzissem seus efeitos; esses meios eram, principalmente, a *denegatio actionis* (o pretor, denegando a ação nascida de um negócio jurídico do *ius ciuile*, lhe retirava, na prática, a eficácia jurídica), a *exceptio* (defesa indireta do réu que servia para paralisar a ação que o autor, com base num negócio jurídico do *ius ciuile*, intentara) e a *restitutio in integrum* (mediante a qual o magistrado determinava a reintegração de uma situação jurídica anterior, rescindindo-se as modificações havidas). Mas, note-se, embora esses meios do *ius honorarium* tirassem, na prática, a eficácia do negócio jurídico, este con-

---

65 Esse princípio, porém, sofre atenuações em direito romano. Há textos que admitem, em certos casos, que a nulidade seja sanada. Por exemplo, o fideicomisso feito por *filius familias* ou por escravos é nulo, mas a nulidade é sanada quando aquele se torna *pater familias*, ou este é manumitido (D. 32, 1, 1). Outros casos em Ursicino Alvarez Suárez, *El Negocio Juridico en Derecho Romano*, p. 109 e segs., Madrid,1954.

66 *Vide*, a propósito, as considerações de N. Coviello, *Manuale di Diritto Civile italiano, parte generale*, 3ª ed., § 106, p. 335, Milano, 1924; e Ursicino Alvarez Suárez, *El Negocio Juridico en Derecho Romano*, p. 41, Madrid, 1954.

67 As fontes romanas não apresentam terminologia uniforme para indicar que o negócio jurídico é nulo. Entre outras denominações, encontram-se os adjetivos *inutilis, iniustus, irritus*, e as expressões *nihil agit, nihil agitur, nullius momenti*. Sobre a nulidade em direito romano, *vide* Robleda, *La Nulidad del Acto Jurídico*, 2a ed., pp. 293 a 336, Roma, 1964.

68 Sobre a invalidade sucessiva dos negócios jurídicos no direito romano, *vide* Ferrini, *Sulla invalidazione successiva dei negozi giuridici, in Opere de Contardo Ferrini*, vol. III, pp. 357 a 383. Observa Ferrini que se fala em invalidade sucessiva quando o negócio jurídico validamente celebrado perde sua validade posteriormente em virtude de novas circunstâncias; e, após largo exame dos casos em que isso pode ocorrer, conclui que "só para os atos *mortis causa* pode falar-se em invalidade sucessiva, e em quais sejam as normas relativas. Em todos os outros casos, quando o ato jurídico seja perfeito, não pode perder por fato posterior sua validade: trata-se de ver se o direito produzido (em que aquela validade se afirmou) se extingue, ou não, pela mudança das circunstâncias" (p. 382).

69 Essa distinção se fez, provavelmente, no direito justinianeu, apresentando-se como exemplo típico aquele que se encontra na Nov. CXV, 3, 12 e 15. A respeito, *vide* C. Longo, *Corso di Diritto Romano (Parte Generale - Fatti Giuridici – Negozi Giuridici-Atti Illecit; Parte Speciale – La compra-vendita)*, p. 109, Milano, sem data.

Cap. XVI · OS FATOS JURÍDICOS EM SENTIDO AMPLO | **177**

tinuava a ser válido diante do *ius ciuile*. Assim, no direito romano clássico, em vez da dicotomia moderna *nulidade-anulabilidade*, encontramos a seguinte distinção:

a) nulidade reconhecida pelo *ius ciuile*, e que opera *ipso iure* (automaticamente, sem necessidade de declaração judicial); e

b) impugnabilidade, admitida pelo *ius honorarium* (por meio, principalmente, da *denegatio actionis*, da *exceptio* ou da *restitutio in integrum*), de negócio jurídico que persiste válido em face do *ius ciuile*.

No direito justinianeu, em virtude da fusão do *ius ciuile* com o *ius honorarium*, já se pode falar – como ocorre com referência ao direito moderno – em anulação, porquanto os meios de impugnação de um negócio jurídico que, no direito clássico, eram concedidos apenas pelo *ius honorarium*, passam, no período pós-clássico, a ser admitidos pela lei; assim, a *denegatio actionis*, a que aludem os textos do *Corpus Iuris Ciuilis*, é um meio que o legislador concede para que se impeça que um negócio jurídico produza seus efeitos.

Por outro lado, o negócio jurídico inválido pode ser objeto de convalescimento ou de conversão.

O convalescimento do negócio jurídico inválido se dá quando ele se torna válido em virtude da ocorrência de certas causas, como:

a) o decurso do tempo (e isso com relação aos meios do *ius honorarium*, para retirar a eficácia dos negócios jurídicos do *ius ciuile*, os quais só podem ser utilizados dentro de certo lapso de tempo – exemplo: no direito clássico, a *restitutio in integrum* pode ser solicitada dentro de um ano; no direito justinianeu, de quatro);

b) a ratificação (isto é, o consentimento de terceiro, suscetível de sanar a invalidade decorrente da falta de legitimação das partes – exemplo: a *traditio* de coisa alheia tem a sua invalidade sanada pelo consentimento do dono da coisa), que tem efeito retroativo, mas que não se aplica aos negócios solenes;

c) a confirmação (é a aprovação do negócio jurídico anulável pela parte que poderia impugná-lo – exemplo: o coacto que, quando se torna livre para manifestar a sua vontade, *confirma o negócio* jurídico realizado sob coação), regida pelos mesmos princípios que a ratificação; e

d) a remoção da causa da invalidade (exemplo: o penhor de coisa alheia convalesce quando o devedor se torna proprietário da coisa empenhada).

Ocorre a *conversão*, quando um negócio jurídico, que não apresenta os requisitos de determinado tipo, mas os possui de outro, vale como este, e não como aquele. Um exemplo: a *acceptilatio* – um dos modos de extinguir a obrigação – que, por qualquer razão, seja inválida, pode ser tomada como *pacto de não pedir (pactum de non petendo)*[70] firmado entre as partes, o que faculta ao devedor usar de uma *exceptio pacti* contra o credor, se este, apesar da *acceptilatio*, lhe cobrar judicialmente a dívida.

---

70   D. II, 14, 27, 9; e D. XVIII, 5, 5, pr.

DIREITO ROMANO – *José Carlos Moreira Alves*

Estudadas as espécies de ineficácia em sentido amplo, passemos ao exame das causas de invalidade do negócio jurídico, no direito romano.

Elas podem ser agrupadas nas duas seguintes categorias:

a) ausência de elemento essencial; e

b) anormalidades relativas à manifestação da vontade.

Examinemo-las separadamente.

A) *Ausência* de um dos elementos essenciais do negócio jurídico – capacidade e legitimação das partes, manifestação da vontade isenta de vícios e objeto lícito, possível e determinado ou determinável – acarretava, em geral, a nulidade, que, mesmo no direito clássico, era reconhecida pelo *ius ciuile*.

I – *Capacidade e legitimação das partes*

O *ius ciuile* declarava nulo o negócio jurídico a que faltasse capacidade ou legitimação das partes. Assim, por exemplo, com relação à capacidade de fato, era nulo o negócio jurídico realizado por um louco;[71] quanto à legitimação, era nula a *stipulatio* (contrato verbal solene) pela qual alguém prometesse dar a outrem coisa que já pertencia a este.[72]

II – *Manifestação da vontade isenta de vícios*

Se o negócio jurídico é, em suma, a corporificação da vontade de uma pessoa visando à produção de um efeito jurídico, é óbvio que inexiste o negócio jurídico,[73] quando ocorre a ausência total de manifestação da vontade. Se alguém não responde "*Spondeo*" à pergunta de outrem "*Spondes mihi dari centum*?", não há *stipulatio*.

Diversa dessa hipótese – e será estudada no segundo grupo de causas de invalidade – é a da manifestação de vontade aparente, quando, obviamente, há aparência de manifestação de vontade, mas, na realidade, inexiste a vontade.

Quando, porém, há manifestação de vontade, mas não está ela isenta de vícios (o que ocorre quando existe simulação, erro, dolo, coação), o negócio jurídico é inválido nos termos que fixaremos adiante, no estudo das anormalidades relativas à manifestação de vontade.

III – *Objeto lícito, possível, determinado ou determinável*

Quanto à licitude do objeto, há que examinar-se a invalidade do negócio jurídico contra a lei (*contra legem*), em fraude à lei (*in fraudem legis*) e imoral.

Os negócios jurídicos que se celebravam contra o disposto numa lei (*contra legem*) eram, no direito romano clássico, nulos, se ela estabelecesse a pena de nulidade no caso de infringência. No direito pós-clássico, em face de um edito dos imperadores Teodósio

---

71 Cf. Gaio, *Inst.*, III, 106. *Vide*, também, D. XXVIII, 1, 16, 1; e 17.
72 Cf. Gaio, *Inst.*, III, 99.
73 Trata-se, com efeito, de inexistência, e não de nulidade.

II e Valentiniano III, datado de 439 d.C.,[74] qualquer negócio jurídico realizado contra a lei era nulo, estivesse, ou não, prevista a sanção de nulidade.

O negócio em fraude à lei difere do *contra legem*.[75] Neste, infringe-se frontalmente a norma jurídica; naquele, embora respeitando-se a letra da lei, fere-se o seu espírito.[76] Segundo parece, aos negócios jurídicos em fraude à lei se aplicavam, quanto à invalidade, os mesmos princípios que regiam, a esse respeito, os negócios jurídicos *contra legem*.[77]

Por outro lado, quer no direito clássico, quer nos direitos pós-clássico e justinianeu, os negócios jurídicos imorais (isto é, os contrários aos bons costumes) eram nulos.[78]

Com relação à possibilidade do objeto, eram nulos os negócios jurídicos impossíveis, física ou juridicamente. Assim, por exemplo, a venda de coisa inexistente (impossibilidade física) e a venda de coisa *extra commercium* (impossibilidade jurídica).[79]

Nulo também era o negócio jurídico do qual o objeto fosse indeterminado.

B) *Anormalidades relativas à manifestação de vontade*

Essas anormalidades podem dizer respeito:

1 – à relação entre a vontade e sua manifestação; e

2 – ao processo de formação da vontade.

Analisemos essas duas categorias separadamente.

I – *Anormalidades quanto à relação entre a vontade e sua manifestação*

Essas anormalidades ocorrem numa das três seguintes situações:

a) a manifestação de vontade ou não é querida, ou o é, mas com outro objetivo;

b) a manifestação é querida, porém, conscientemente, é ela discordante da vontade efetiva; e

c) a manifestação é querida, mas, inconscientemente, é ela discordante da vontade efetiva.

---

74 Nov. Pós-Teodosiana VIII, resumida no C. I, 14, 5. Observam Jörs-Kunkel-Wenger (Römisches Recht, 2ª ed., § 61, p. 105) que esse edito, embora redigido em termos gerais e não estabelecendo exceções, não se aplicou a casos sancionados diferentemente noutras leis.

75 Os romanos, porém, nem no direito justinianeu estabeleceram exatamente os contornos da *fraus legi (fraude à lei)*; daí, por exemplo, no C. I, 7, 4, a fraude à lei se confundir com a simulação.

76 Cf. D. I, 3, 29-30.

77 Sobre os negócios jurídicos em fraude à lei, entre outros, Rotondi, *Gli atti in frode alla legge nella dottrina romana e nella sua evoluzione posteriore*, Torino, 911; *Idem, Ancora sulla genesi della teoria della fraus legi, in Scritti Giuridici*, III, p. 9 e segs., Milano, 1922; Ivo Pfaff, *Zur Lehre vom sonegannten in fraudem legis agere*, Viena, 1892; e Chamoun, *A fraude à lei no direito romano*, Rio de Janeiro, 1955.

78 D. XVII, 1, 6, 3; XVII, 1, 22, 6; I, III, 26, 7. *Vide*, a propósito, Albertario, *Corso di Diritto Romano – Le obbligazioni, parte generale*, I, p. 224 e segs., Milano, 1936.

79 Cf. I, III, 19, 2; I, III, 19, 1; e D. XVIII, 1, 22.

180 | DIREITO ROMANO – *José Carlos Moreira Alves*

Na primeira hipótese, temos, como exemplo de manifestação não querida, a feita por alguém em período de inconsciência (assim, em estado de sonambulismo), ou a extorquida mediante coação física (*vis* que os autores modernos denominam *vis absoluta*), como sucede, no direito moderno, quando se apõe, à força, a impressão digital de um analfabeto, certificado como tal, num documento público; e, como exemplo de manifestação querida, porém com outro objetivo, o do ator que, numa representação teatral, celebre, como personagem da peça, um negócio jurídico.[80] Nesses casos, não há negócio jurídico.

Quanto à segunda situação, ela ocorre ou quando a discordância é evidente a todos (assim, na manifestação jocosa – *iocandi causa*),[81] ou em casos em que ela não é manifesta à outra parte ou a terceiros, como sucede, respectivamente, na *reserva mental* e na *simulação*. Quando a discordância é manifesta a todos, não há negócio jurídico. O mesmo não ocorre, porém, com a reserva mental e a simulação.[82] Há reserva mental quando uma das partes, sem o conhecimento da outra, exterioriza o que realmente não quer. O negócio jurídico, apesar da reserva mental, é válido no direito romano. Existe simulação (*negotium simulatum*), quando ambas as partes, conscientemente, celebram um negócio jurídico fictício, ou porque não têm intenção de realizar negócio algum, mas apenas de criar uma aparência (e a simulação se diz *absoluta*),[83] ou porque pretendem mascarar o negócio jurídico verdadeiramente querido, isto é, o negócio *dissimulado* (e, nessa hipótese, a simulação se diz *relativa*).[84] No direito pré-clássico, o negócio jurídico simulado era válido, uma vez que, em virtude do formalismo primitivo, a simulação era irrelevante; no período clássico, embora não se tenha estabelecido a regra geral de que o negócio simulado era nulo, não só há nas fontes decisões nesse sentido,[85] mas também à nulidade dos negócios jurídicos simulados conduzia o princípio da *ueritas actus* relativo a contratos consensuais e reais (assim, o contrato de compra e venda sem preço era nulo); finalmente, na época pós-clássica, surge o preceito geral de que o negócio simulado é nulo,[86] sendo que – em caso de simulação relativa – o negócio dissimulado teria validade se, além de estarem seus elementos essenciais contidos na simulação, não fosse infringente à lei, à moral ou aos bons costumes.[87]

---

80 Cf. Varrão, *Le Lingua Latina*, VI, 72; e D. XLIV, 7, 3, 2, relativo à hipótese em que alguém, a título de dar exemplo de como se celebre uma *stipulatio*, pergunta: "*Spondes mihi dari centum?*", e outra pessoa responde: "*Spondeo*".

81 *Vide* os mesmos textos da nota anterior.

82 Sobre reserva mental e simulação no Direito Romano, *vide* Forrer, *Über Simulation und sog. Mentalreservation nach römischen Recht*, St. Gallen, sem data.

83 Por exemplo: o devedor simula com um amigo a venda de uma coisa para subtraí-la da execução por parte de seus credores.

84 Por exemplo: simula-se compra e venda para dissimular doação proibida por lei.

85 D. XXIII, 2, 30.

86 Cf. rubrica do C. IV, 22.

87 Não se incluem na simulação os casos da chamada *simulação imprópria*, que ocorrem quando as partes se utilizam de um negócio jurídico para atingir um fim lícito que não está de acordo com

Cap. XVI · OS FATOS JURÍDICOS EM SENTIDO AMPLO | **181**

A terceira situação se configura nos casos do erro denominado *impróprio* ou *obstante*, que deixamos de estudar aqui para fazê-lo juntamente com o erro *próprio* – uma das hipóteses de anormalidades quanto ao processo de formação da vontade –, porque, no direito romano, não há motivo, no que diz respeito às consequências do erro, para essa distinção.

II – *Anormalidades quanto ao processo de formação da vontade*

Essas anormalidades são geralmente denominadas *vícios da vontade*. São elas as três seguintes:

a) o erro (*error*);

b) o dolo (*dolus malus*); e

c) a coação moral (*uis* – que os juristas modernos denominam *vis compulsiva*, em contraposição à *vis absoluta*, que é a coação física a que os romanos também chamavam de *vis* porque por sua imediatidade não opera por ameaça que causa *metus* ao coacto – ou *metus*).

Analisemo-las, separadamente.

A) *O erro*[88]

Modernamente, os autores distinguem o erro *impróprio* (ou *obstante*) do erro *próprio*. O erro impróprio é aquele que ocorre quando há desacordo entre a vontade e sua manifestação (exemplo: alguém, por lapso, escreve algo diverso do que realmente quer).

---

a função econômico-social que a ordem jurídica lhe atribui. Assim, os negócios imaginários e os negócios fiduciários. Os negócios imaginários são aqueles em que, a princípio, a forma correspondia ao seu conteúdo efetivo; posteriormente, quando essa correspondência deixa de existir, eles se tornam mera solenidade com a qual se atingem objetivos diversos daquele primitivo (exemplo: a *mancipatio*, primitivamente, era uma compra e venda efetiva; depois, passou a ser solenidade que servia para transferir, a qualquer título – como por doação –, o direito de propriedade, ou para dar nascimento a direitos reais limitados; daí Gaio (*Inst.*, I, 119) denominá-la *imaginaria uenditio*). Os negócios fiduciários são aqueles negócios jurídicos usados pelas partes para atingir objetivo prático menos amplo do que aquele que normalmente decorre deles; por exemplo, na *fiducia com creditore*, há negócio fiduciário, pois o devedor transfere ao credor, para fins de garantia, a propriedade de uma coisa mediante *mancipatio*, à qual se junta um *pactum fiduciae* pelo qual o credor, paga a dívida, se obriga a retransferir a propriedade da coisa ao devedor. No negócio fiduciário – como salienta Biondi, *Istituzioni di Diritto Romano*, 3ª ed., p. 198 – não há simulação, mas, sim, dois atos igualmente queridos e formalmente realizados: um que atribui a plena titularidade de um direito; outro que modifica os efeitos do ato anterior. Sobre negócio fiduciário, *vide*, entre outros, Cohn, *Das fiduziarische Rechtssheschäft*, Berlim, 1905; Kaul, *Das fiduziarische Rechtsgeschäft*, Jena, 1910; Goltz, *Das fiduziarische Rechtsgeschäft mit besondere Berucksichtgung des Wechsel – und Konkurs – Rechtes*, Marburg, 1901; *Schlegelmilch, Ueber das Wesen des fiduziarischen Rechtsgeschäft*, Jena, 1904; e Messina, *Negozi fiduciari, in Scritti Giuridici*, I, Milano, 1948.

88 Entre outros trabalhos sobre o erro, *vide* Hollander, *Zur Lehre von "error" nach römischen Rechts*, Halle, 1908; e Lauria, *Iurisdictio, in Studii e Ricordi*, p. 90 e segs., Napoli, 1983; Voci, *L'Errore nel Diritto Romano*, Milano, 1937; e Flume, *Irrtum und Rechtsgeschäft in römischen Rechte, in Festschrift Fritz Schulz, erster Band*, p. 209 e segs., Weimar, 1951.

O erro próprio é o desconhecimento ou a falsa noção da realidade. Anormalidade quanto ao processo de formação da vontade só ocorre no erro próprio; no impróprio ou obstante, o que há é anormalidade quanto à relação entre a vontade e sua manifestação. Essa distinção não foi conhecida dos romanos. O *ius ciuile*, quando levava em consideração o erro, fosse ele próprio ou impróprio, declarava o negócio jurídico nulo; e também o *ius honorarium* não distinguia entre uma e outra espécie para conceder os meios de retirar, em decorrência do erro, a eficácia do negócio jurídico.

A distinção que os romanos faziam era entre erro de direito (*error iuris*) e erro de fato (*error facti*). O erro de direito é a ignorância, o falso conhecimento, ou a errada interpretação de uma norma jurídica; o de fato é a ignorância ou o falso conhecimento de uma circunstância de fato.

Quanto ao erro de direito, o princípio geral era o de que ele não podia ser invocado para que se subtraísse das consequências do negócio jurídico praticado. No entanto, os próprios romanos admitiam que certas pessoas – assim, os menores, as mulheres, os militares, os rústicos – podiam alegar o erro de direito para que o negócio jurídico não produzisse efeito.[89]

Com relação ao erro de fato, sua influência sobre a validade do negócio jurídico variou segundo os períodos em que se divide o direito romano, sendo difícil, entretanto, precisar qual tenha sido exatamente essa evolução.

É certo que, primitivamente, o direito romano não levava em conta o erro. Só no direito clássico é que ele passa a ser considerado como elemento que exerce influência sobre a validade dos negócios jurídicos. No entanto, e tendo em vista a circunstância de que os textos que nos chegaram foram muito modificados pelos compiladores do *Corpus Iuris Ciuilis*, não conhecemos, com exatidão, os princípios com que os romanos disciplinaram a validade do negócio jurídico em face do erro, quer no período clássico, quer no pós-clássico.

O que se pode extrair das fontes é – segundo a opinião mais corrente – o que se segue.

Os romanos admitiam, em geral, a invalidade do negócio jurídico em virtude de erro, quando este apresentasse as duas seguintes características:

a) fosse escusável (isto é, não decorresse de supina ignorância, ou de excessiva negligência); e

b) fosse essencial (ou seja, de tal ordem que, sem ele, o negócio jurídico não teria sido realizado).

Considerando esses dois fatores, atentando para a natureza do negócio jurídico, e levando em conta os diferentes aspectos que o erro pode assumir, os textos romanos, casuisticamente, nos apresentam estas soluções:

---

89 Cf., entre outros textos, D. II, 13, 1, 5; XXII, 6, 9, Pr.; XXII, 6, 9, 1; XXV, 4, 1, 15; C. I, 18, 13 e VI, 9, 8.

Cap. XVI · OS FATOS JURÍDICOS EM SENTIDO AMPLO | **183**

a) quanto *ao error in negotio* (erro com relação ao próprio negócio jurídico: alguém crê que está celebrando uma compra e venda, quando, em realidade, está firmando uma locação), o negócio jurídico é nulo, porque se trata de erro essencial.[90]

b) quanto *ao error in persona* (o relativo à identidade da pessoa a quem se endereça a manifestação da vontade: alguém testa a Caio pensando que o está fazendo a Tício), há textos[91] que declaram a nulidade do negócio jurídico; os romanistas, porém, entendem que não se devem generalizar essas decisões das fontes, mas, sim, reputar-se que o *error in persona* só acarreta a nulidade dos negócios jurídicos realizados *intuitu personae* (isto é, tendo em vista as qualidades pessoais daquele a quem se dirige a declaração da vontade), porque apenas nesse caso é ele essencial; demais, o erro sobre o nome ou a qualificação da pessoa, desde que ela possa ser identificada, não acarreta a invalidade do negócio jurídico;

c) quanto ao *error in corpore* (o referente à identidade da coisa a que diz respeito a manifestação de vontade: numa compra e venda entre Caio e Tício, aquele pensa vender o escravo Stico, e este julga comprar o escravo Pânfilo), as fontes declaram o negócio jurídico nulo, desde que haja, realmente, erro sobre a identidade da coisa, e não apenas sobre a sua denominação ou qualificação;[92]

d) quanto ao *error in substantia* (é o que diz respeito à *substância da coisa*: por exemplo, a compra de cobre por ouro), os juristas clássicos divergiam, conforme a escola filosófica a que se filiassem: para os que seguiam os peripatéticos (assim, Marcelo), esse erro não acarretava a nulidade do negócio jurídico, pois o que identificava a coisa era a forma, e não a matéria; para os que seguiam os estoicos (como Ulpiano), havia nulidade, pois a identidade da coisa dependia da matéria, e não da forma, opinião que, afinal, prevaleceu; por outro lado, note-se que a *substantia rei* não se determinava pela constituição química da coisa, mas pela sua função econômico-social – daí configurar-se o *error in substantia*, e, consequentemente, a nulidade do negócio jurídico, na venda de escrava como se fosse escravo;[93]

e) quanto ao *error in quantitate* (é o que recai sobre a quantidade da coisa a que se refere a manifestação de vontade), as fontes não apresentam decisões uniformes; em geral, pode-se dizer que o negócio jurídico é nulo quando o devedor se compromete a pagar mais do que aquilo a que deveria obrigar-se; em caso contrário, o negócio jurídico é válido, pois credor e devedor estão de acordo quanto à quantia menor;[94] e

f) quanto ao *erro sobre os motivos do negócio jurídico* (ocorre, por exemplo, quando Tício faz doação a Caio pensando que este é pobre, e não é), em geral ele não acarreta a nulidade do negócio jurídico; aliás, quanto às disposições de última vontade, os tex-

---

90 C. IV, 22, 5.

91 Assim, por exemplo, D. XXVIII, 5, 9, pr.

92 D. XXVIII, 5, 9, 1.

93 Sobre o *error in substantia, vide* D. XVIII, 1, 9, 2; XVIII, 1, 41, 1; XIX, 1, 9, 2.

94 Cf. D. XIX, 2, 52; XLV, 1, 1, 4.

tos esclarecem que elas são válidas, ainda que o motivo, expressamente declarado, em que se baseiam, seja falso; mas há exceções a esse princípio: o imperador Adriano, por exemplo, anulou um testamento em que a mãe, julgando falsamente – e declarando isso como motivo – que seu filho estivesse morto, instituiu um *heres extraneus* (*vide* nº 332).[95]

B) O dolo[96]

Os romanos distinguiam duas espécies de dolo: o *dolus bonus* e o *dolus malus*.

O *dolus bonus* consistia na astúcia ou no artifício empregados para a realização de um negócio jurídico, mas tolerados socialmente, porque a opinião comum não os considerava capazes de influir, de modo decisivo, na vontade da pessoa.[97]

O *dolus malus* eram as manobras ardilosas conducentes a induzir alguém ao erro.[98]

No direito clássico, o *ius ciuile* apenas levava em consideração o *dolus malus* nos *iudicia bonae fidei* (*vide* nº 131, C), em que o juiz popular podia, em virtude da existência de dolo, absolver o réu. Por outro lado, ainda nos negócios jurídicos que não davam margem aos *iudicia bonae fidei*, como a *stipulatio*, era possível incluir-se uma *clausula doli*, com a qual o credor se resguardava de comportamento doloso do devedor. Nos demais casos, o dolo, segundo o *ius ciuile*, não influía na validade do negócio jurídico.

O pretor, no entanto, admitia meios conducentes, no *ius honorarium*, à retirada de eficácia dos negócios jurídicos em que havia *dolus malus*. Eram os seguintes:

a) a *exceptio doli* (exceção de dolo), que o pretor concedia à vítima do dolo para tornar ineficaz, *iure honorario*, o negócio jurídico que ainda não tivesse sido executado; e

b) a *actio doli* (ação de dolo, criada pelo jurisconsulto Aquilio Gallo, contemporâneo de Cícero),[99] que o pretor concedia à vítima de dolo, para anular os efeitos do negócio jurídico, quando este já tivesse sido executado: tratava-se de ação penal, exercitável, dentro de um ano, apenas contra o autor do dolo, e que tinha como objetivo compeli-lo a restituir o que recebera, ou a indenizar o prejudicado; como o réu, que era condenado na *actio doli*, incorria em *infamia*, o pretor somente admitia a utilização dessa *actio* na falta de outra (por exemplo, uma ação de boa-fé) para alcançar o seu objetivo.[100]

Além desses dois meios admitidos pelo pretor, parece que ele, em casos raros, concedia à vítima do dolo uma *restitutio in integrum*.

---

95 D. V, 2, 28. *Vide*, ainda, sobre essa espécie de erro, *Inst.*, II, 20, 31; D. XXXV, 1, 72, 6; XXXV, 1, 17, 2.

96 A propósito, *vide* G. Longo, *Contributi alla Dottrina del Dolo*, Padova, 1937.

97 Por exemplo, a malícia empregada no comércio, como afirmações exageradas sobre as qualidades da mercadoria à venda.

98 Nesse sentido, a definição de Labeão (cf. D. IV, 3, 1, 2): *"Dolum malum esse omnem calliditatem falaciam machinationem ad circumueniendum fallendum decipiendum alterum adhibitam"* ("Ser o dolo mau toda malícia, engano ou maquinação empregada para surpreender, enganar ou defraudar outro").

99 *De Officiis*, III, 14, 60.

100 Era, portanto, a *actio doli* uma ação subsidiária.

Cap. XVI · OS FATOS JURÍDICOS EM SENTIDO AMPLO | **185**

É de se observar, porém, que, se ambas as partes agissem com dolo, nenhuma delas podia invocá-lo contra a outra.

No direito justinianeu, os meios de proteção admitidos pelo *ius honorarium* tornam--se remédios legais, de que a vítima do dolo deve usar diante de autoridade judiciária para obter anulação do negócio jurídico.

C) *A coação moral*[101]

Já tratamos, páginas atrás, da coação física. Examinaremos, agora, apenas a coação moral, pois somente nesta ocorre anormalidade quanto ao processo de formação da vontade.

A coação moral se verifica quando alguém, mediante ameaça de um mal, constrange outrem a realizar um negócio jurídico.

Os romanos, referindo-se à coação moral, utilizavam-se de duas palavras: *uis* (encarando-a pelo lado da ameaça) e *metus* (visando ao aspecto do temor que a ameaça gera no coacto).[102]

O *ius ciuile*, tendo em vista que o coacto, embora ameaçado, realizou o negócio jurídico porque quis (se não teria resistido),[103] considerava, em geral, válidos os negócios celebrados sob coação. Apenas quanto àqueles que eram tutelados por um *iudicium bonae fidei* (*vide* nº 131, C) é que o juiz popular podia absolver o réu que, sob coação, tivesse celebrado o negócio jurídico.

O mesmo não ocorria, porém, no *ius honorarium*. O pretor tornava ineficaz, *iure honorario*, o negócio jurídico, ou restabelecia a situação anterior, concedendo ao coacto um dos três seguintes remédios:

a) a *exceptio metus*, que o pretor concedia ao coacto para tornar ineficaz, *iure honorario*, o negócio jurídico que ainda não tivesse sido executado;

b) a *actio quod metus causa*, que o pretor concedia ao coacto, para destruir os efeitos do negócio jurídico, quando este já tivesse sido executado; essa *actio* tinha caráter penal, e devia ser intentada, dentro de um ano, pelo coacto contra quem o coagiu ou o terceiro que (ainda de boa-fé) se encontrasse na posse da coisa extorquida,[104] para compelir o réu a pagar o quádruplo do valor do objeto[105] ou – se fosse possível – a restituí-lo;

---

101 Entre outras monografias, *vide* Sanfilippo, *Il Metus nei Negozi Giuridici*, Padova, 1934.

102 A propósito, *vide* Scialoja, *Negozi Giuridici*, 5ª ed., nº 88, p. 320, Roma, 1950.

103 Aliás, é de Paulo esta assertiva (D. IV, 2, 21, 5): "*Quamuis si liberum esset noluissem, tamen coactus uolui*" ("Embora eu não quisesse se tivesse liberdade, quis ainda que coagido").

104 C. Longo, *Corso di Diritto Romano (Parte Generale – Fatti Giuridici – Alti illeciti; Parte Speciale – La compra-vendita)*, p. 135, Milano, sem data,entende que a *actio quod metus* causa somente no direito justinianeu pode ser intentada contra terceiro.

105 Se a ação, porém, fosse intentada depois de um ano, a condenação se reduzia ao valor do objeto.

c) a *restitutio in integrum propter metum*, pela qual o pretor rescindia o negócio jurídico e colocava o coacto na mesma situação jurídica em que se encontrava antes de sua realização.

Mas, para que o pretor protegesse o coacto, era preciso que a coação preenchesse os seguintes requisitos:

1º – fosse injusta (contra o direito ou os bons costumes – assim, não é coação a ameaça, do credor, de cobrar uma dívida já vencida);

2º – que a ameaça fosse efetiva, séria, atual e capaz de impressionar um homem sensato; e

3º – que o mal ameaçado fosse maior que o decorrente da realização do negócio jurídico.

No direito justinianeu, os meios de proteção concedidos, no período clássico, pelo pretor, se tornam legais, à semelhança dos relativos ao dolo.

114. Interpretação do negócio jurídico[106] – Surgindo o negócio jurídico da manifestação da vontade, muitas vezes esta é exteriorizada de modo que dê margem a dúvidas. Daí, como sucede com as leis, a necessidade de o negócio jurídico ser interpretado.

Nessa interpretação, pode-se levar em conta apenas a vontade (e a interpretação se diz *subjetiva*) ou somente a sua exteriorização (e a interpretação, nesse caso, se denomina *objetiva*).

Até os fins da República – e, portanto, por todo o período pré-clássico –, os romanos só conheceram a interpretação objetiva. Aliás, isso decorria do próprio formalismo que caracterizava essa época primitiva: havendo a observância da forma, não há que indagar se ela corresponde, ou não, à vontade real das partes.

No direito clássico, porém, em virtude da atenuação do formalismo, da espiritualização do direito (e para isso muito contribuiu o *ius gentium* com a criação de negócios jurídicos não solenes) e – como pretendem muito[107] – da influência da retórica dos gregos que se ocupava particularmente do problema da divergência entre a palavra e o pensamento, os juristas propendem, a pouco e pouco, a dar, principalmente nos negócios jurídicos *mortis causa* (D. L, 16, 219; D. L, 17, 2), maior importância à vontade real do que à sua manifestação, *desde que a declaração de vontade fosse ambígua, dando margem a dúvida*.[108] Demais, nem todos os negócios jurídicos solenes se prestavam à interpretação subjetiva.

---

106 A propósito, *vide* Voci, *Note Sull'Interpretazione del Negozio Giuridico in Diritto Romano*, in *Studi di Diritto Romano*, I, p. 571 e segs., Padova, 1985.

107 Assim, Stroux, *Summum Ius Summa Iniuria (ein Kapitel aus der Geschichte der Interpretatio iuris)*, in *Römische Rechtswissenschaft und Rhetorik*, p. 9 e segs., Postdam, 1949 (há tradução desse trabalho para o italiano, feita por Funaioli, com prefácio de Salvatore Riccobono, publicada nos *Annali del Seminario Giuridico della R. Università di Palermo*, vol. XII, pp. 630 a 691); e Jörs-Kunkel-Wenger, *Römisches Recht*, 2ª ed., § 49, p. 82.

108 Cf. D. XXXII, 25, 1.

Nos direitos pós-clássico e justinianeu é que – segundo forte corrente de opinião[109] – vai preponderar, decididamente, a interpretação subjetiva. A matéria, porém, é controvertida, não se sabendo, com certeza, até onde chegaram os juristas clássicos no admitir a interpretação subjetiva, e até que ponto o critério por eles seguido foi diferente do observado pelos jurisconsultos dos períodos pós-clássico e justinianeu.

---

109 *Vide*, a propósito, Jörs-Kunkel-Wenger, *Römisches Recht*, 2ª ed., § 49, p. 83; Guarino, *Storia dell Diritto Romano*, 3ª ed., nº 335, p. 494.

XVII

A TUTELA DOS DIREITOS SUBJETIVOS
(A ORGANIZAÇÃO JUDICIÁRIA DOS ROMANOS)

> **Sumário: 115.** A tutela dos direitos subjetivos. **116.** Os sistemas de processo civil romano. **117.** Origem e evolução prováveis da proteção dos direitos entre os povos primitivos. **118.** *Ordo iudiciorum priuatorum*. **119.** Os magistrados judiciários. **120.** Jurisdição e competência. **121.** Os juízes populares e os tribunais permanentes. **122.** O funcionamento da Justiça Romana.

115. A tutela dos direitos subjetivos – Não há direito subjetivo sem ação judicial que o tutele em caso de violação.[1]

Protegendo, mediante ação, os direitos subjetivos violados, o Estado impede, por via de regra, que os particulares façam justiça pelas suas próprias mãos. Mas, mesmo no direito moderno, há casos em que a ordem jurídica permite a defesa privada do direito subjetivo: assim, por exemplo, na legítima defesa, que é a reação a um ataque injusto à pessoa ou aos bens. No direito romano, verifica-se que, primitivamente (e disso restam traços na época histórica), era admitida a ampla defesa privada dos direitos subjetivos;[2] a pouco e pouco, porém, o Estado a vai restringindo, e, no direito clássico, é ela permitida apenas em algumas hipóteses: além da legítima defesa (fundada no princípio *uim ui repellere licet* = é lícito repelir a força pela força)[3] admite-se, em geral, a *autodefesa privada ativa* – assim, por exemplo, o proprietário pode expulsar de seu imóvel animais alheios ou pessoas que nele tenham ingressado oculta ou violentamente; ou, então, pode retomar, à força, coisa sua que alguém, sem direito, detenha.[4] Nos períodos pós-clássico e justinianeu, persiste, com a mesma extensão que tinha no direito clássico, a legítima

---

1   Invocando Thon (e a passagem se encontra em *Norma Giuridica e Diritto Soggettivo*, trad. Levi, 2ª ed., p. 238, Padova, 1951), Ferrara, *Tratatto di Diritto Civile italiano*, vol. I, parte I, p. 334, Roma, 1921, acentua que direito incapaz de fazer-se valer não é somente um direito impotente, mas um nada. Em favor da tese de que há direitos que não têm ou perderam a ação (*direitos mutilados*), *vide* Pontes de Miranda, *Tratado de Direito Privado*, VI, 2ª ed., § 640, 1, p. 40, Rio de Janeiro, 1955. Com relação ao direito romano, *vide* abaixo a nota 8, *in fine*.

2   A propósito, *vide* Luzzatto, *Procedura Civile Romana*, Parte I, p. 107 e segs., Bologna, sem data.

3   D. I, 1, 3; e XLIII, 16, 1, 27.

4   D. IX, 2, 39, pr. e 1; XLVII, 2, 60; D. XLVII, 8, 2, 18; Paulo, *Sententiarum ad filium libri*, V 6, 7.

defesa, mas, com relação à *autodefesa privada ativa*, constituições imperiais, seguindo a tendência que surgira no principado, lhe vão paulatinamente criando limitações.[5]

É, portanto, a ação o principal meio de tutela do direito subjetivo. Aliás, é ela[6] que o distingue do simples *interesse*.[7] Daí dizer-se que a ação é um dos elementos essenciais do direito subjetivo.[8]

No direito romano, a vinculação entre o direito subjetivo e a ação é ainda mais evidente do que no direito moderno. Hoje, temos um conceito genérico de ação; em Roma, elas eram típicas, isto é, a cada direito correspondia uma ação específica. Por isso, é certa a afirmação de que, em Roma, não se conheceu a *actio* (ação), mas, sim, as *actiones* (ações). Por outro lado, os romanos, ao contrário do que sucede com os modernos, encaravam os direitos antes pelo aspecto processual do que pelo lado material. Em virtude disso, é comum dizer-se que o direito romano era antes um *sistema de ações* do que um *sistema de direitos subjetivos*. E isso se verifica sobremodo no direito clássico, quando a evolução dos institutos jurídicos romanos se faz principalmente pela atuação do pretor no processo.

Por esses motivos – e diversamente do que ocorre no direito moderno –, não é possível estudar-se o direito privado romano sem se conhecer o processo civil.

116. Os sistemas de processo civil romano – Os romanos conheceram, sucessivamente, três sistemas de processo civil, a saber:

a) o das ações da lei (*legis actiones*);

b) o formulário (*per formulas*); e

c) o extraordinário (*cognitio extraordinaria*).

---

5   Pormenores, a respeito, em Volterra, *Istituzioni di Diritto Privato Romano*, p. 197 e segs.

6   A palavra ação pode ser empregada em vários sentidos. João Mendes (*Direito Judiciário Brasileiro*, 2ª ed., p. 102 e segs., Rio de Janeiro, 1918), com base nos princípios da escolástica, a define quanto aos aspectos subjetivo, objetivo, material e formal. Na acepção subjetiva, é o direito de requerer em Juízo aquilo que é devido ao autor; na acepção objetiva, é o remédio de direito para pedir ao juiz que obrigue outrem a dar ou a fazer aquilo de que tem obrigação perfeita; na acepção material, é o litígio em Juízo acerca de uma relação de direito; e, na acepção formal, é a série ordenada e processual de atos formalizados pela lei, para o litígio em Juízo sobre uma causa ou relação de direito. No texto, empregamos a palavra ação na acepção subjetiva.

7   Cf. Chironi, *Istituzioni di Diritto Civile Italiano*, I, 2ª ed., § 21, p. 50, Milano-Torino-Roma, 1912.

8   A natureza jurídica da ação é, ainda hoje, problema que não foi solucionado pelos processualistas (entre as inúmeras monografias a respeito, *vide* Hugo Rocco, *L'autorità della cosa giudicata e i suoi limiti soggettivi*, p. 191 e segs., Roma, 1917; Chiovenda, *L'azione nel sistema dei diritti, in Saggi di Diritto Processuale Civile*, vol. I, nuova edizione, p. 3 e segs., Roma, 1930; Calmon de Passos, *A ação no direito processual civil brasileiro*, p. 7 e segs., Salvador, sem data). Guarino (*Il diritto e l'azione nella esperienza romana, in Studi in onore di Vicenzo Arangio-Ruiz*, vol. I, p. 389 e segs., Napoli, sem data), estudando a relação entre direito subjetivo e ação no direito romano, conclui que a tese civilística da ação – segundo a qual a ação é o próprio direito subjetivo em pé de guerra –, atualmente alvo das mais severas críticas, é a que mais limpidamente é confirmada pelo direito romano.

Cap. XVII · A TUTELA DOS DIREITOS SUBJETIVOS (A ORGANIZAÇÃO JUDICIÁRIA DOS ROMANOS) | **191**

O sistema das ações da lei foi utilizado no direito pré-clássico; o formulário, no direito clássico; e o extraordinário, no direito pós-clássico. Note-se, porém, que – decorrência, aliás, de uma das características do direito romano: ser infenso às modificações abruptas – cada um desses sistemas não foi abolido, imediata e radicalmente, pelo que lhe sucedeu. Ao contrário, a substituição foi paulatina: assim, por exemplo, surgido o processo formulário, o sistema das ações da lei continuou a vigorar a seu lado, mas, a pouco e pouco, caiu em desuso.

Antes de estudarmos esses sistemas, é preciso que tomemos conhecimento de como, provavelmente, nasceu o processo civil nos povos primitivos, bem assim da organização judiciária dos romanos (isto é, quais os magistrados e juízes populares que atuavam no processo, e como funcionava a Justiça em Roma).

117. Origem e evolução prováveis da proteção dos direitos entre os povos primitivos – Do estudo dos povos primitivos, verifica-se que a tutela dos interesses era, a princípio, feita pelos próprios ofendidos ou, então, pelos grupos a que eles pertenciam – daí dizer-se que o que havia era a *justiça privada*, e não a *justiça pública*, que é a distribuída pelo Estado. Só muito mais tarde, e em decorrência de longa evolução, é que se passa da *justiça privada* para a *justiça pública*. Conjectura-se, com base em indícios que chegaram até nós, que essa evolução se fez em quatro etapas:

a) na primeira, os conflitos entre particulares são, em regra, resolvidos pela força (entre a vítima e o ofensor, ou entre os grupos de que cada um deles faz parte), mas o Estado – então incipiente – intervém em questões vinculadas à religião; e os costumes vão estabelecendo, paulatinamente, regras para distinguir a violência legítima da ilegítima;

b) na segunda, surge o *arbitramento facultativo*: a vítima, em vez de usar da vingança individual ou coletiva[9] contra o ofensor, prefere, de acordo com este, receber uma indenização que a ambos pareça justa, ou escolher um terceiro (o árbitro) para fixá-la;

c) na terceira etapa, nasce o *arbitramento obrigatório*: o facultativo só era utilizado quando os litigantes o desejassem, e, como esse acordo nem sempre existia, daí resultava que, as mais das vezes, se continuava a empregar a violência para a defesa do interesse violado; por isso, o Estado não só passou a obrigar os litigantes a escolherem árbitro que determinasse a indenização a ser paga pelo ofensor, mas também a assegurar a execução da sentença, se, porventura, o réu não quisesse cumpri-la; e

d) finalmente, na quarta e última etapa, o Estado afasta o emprego da justiça privada,[10] e, por funcionários seus, resolve os conflitos de interesses surgidos entre os indivíduos, executando, à força se necessário, a sentença.[11]

---

9   A vingança coletiva é a obtida com o auxílio do grupo a que a vítima pertence.

10   Note-se, no entanto, que, se as partes concordassem, era lícito dirimir o conflito mediante a designação de árbitro.

11   Sobre essa evolução, *vide* Monier, *Manuel Élémentaire de Droit Romain*, I, 6ª ed., § 99, p. 127 e segs.

192 | DIREITO ROMANO – *José Carlos Moreira Alves*

No direito romano, encontramos exemplos que se enquadram em cada uma dessas quatro etapas: da primeira, na pena de talião (vingança privada: olho por olho, dente por dente), estabelecida ainda na Lei das XII Tábuas;[12] da segunda, durante toda a evolução do direito romano, pois sempre se admitiu que os conflitos individuais fossem resolvidos por árbitros, escolhidos, sem a interferência do Estado, pelos litigantes; da terceira, nos dois primeiros sistemas de processo civil romano – o das *legis actiones* e o *per formulas*; e da quarta, no terceiro desse sistema – a *cognitio extraordinaria*.

118. *Ordo iudiciorum priuatorum*– Como acabamos de salientar, o sistema das *legis actiones* e o *per formulas* se enquadram na terceira fase da evolução traçada no número anterior (a do *arbitramento obrigatório*); apenas a *cognitio extraordinaria* é que se ajusta à última dessas etapas (a em que a justiça é pública). Em face disso, a organização da instância[13] varia com relação aos três sistemas do processo civil romano; nos dois primeiros, vigora o *ordo iudiciorum priuatorum* (ordem dos processos civis); no último, não.

No *ordo iudiciorum priuatorum*, a instância se divide em duas fases sucessivas: 1ª) a *in iure* (a que se desenrola diante do magistrado; *ius*, aí em ablativo, tem o significado, nessa expressão, de *tribunal*); 2ª) *apud iudicem* (a que se processa diante do *iudex*, que é um particular, e não funcionário do Estado). Há controvérsia[14] sobre a época em que surgiu, em Roma, essa divisão da instância em duas fases.[15] A maioria dos autores[16] entende que ela data da República, uma vez que, na realeza, o processo se desenrolava apenas diante do rei, não havendo, consequentemente, a designação de *iudex*. O que é certo é que ela já existia comprovadamente nos últimos séculos da República.

No processo extraordinário (*cognitio extraordinaria*), não mais existe a divisão nas fases *in iure* e *apud iudicem*, pois a instância se desenrola inteiramente diante de um juiz que é funcionário do Estado, como sucede em nossos dias.

119. Os magistrados judiciários – Na realeza, segundo tudo indica, era o rei quem distribuía justiça.[17]

---

12 VIII, 2 (ed. Riccobono).

13 Os processualistas (*vide* Buzaid, *Anteprojeto de Código de Processo Civil*, p. 14 e segs.) divergem quanto ao significado da palavra instância. Empregamo-la no sentido de curso legal da causa, desde a citação do réu (que, no sistema das ações da lei e no sistema formulário, era ato extrajudicial) até à sentença.

14 A propósito, *vide* a ampla análise de Pugliese, *Il Processo Civile Romano*, I (*Le legis actiones*), p. 77 e segs., Roma, 1962.

15 Essa divisão se explica pelo fato de que, no arbitramento obrigatório (uma das etapas de evolução do processo civil), é preciso que o Estado, pelo seu representante, constranja os litigantes a escolherem árbitro; e, posteriormente, que este julgue o litígio.

16 Assim Girard, *Histoire de l'Organisation Judiciaire des Romains*, I, p. 77 e segs., Paris, 1901; e Cuq, *Les Istitutions Juridiques des Romains, L'ancien droit*, 1ª ed., p. 403, Paris, 1891.

17 *Vide* Girard, *Histoire de l'Organisation Judiciaire des Romains*, I, p. 14 e segs., Paris, 1901.

Na República, esse poder passou, a princípio, aos cônsules, que, sendo dois, o exerciam alternadamente: um, num mês; o outro, no seguinte. Mas, a partir de 367 a.C., (data da criação da pretura), os cônsules se limitam a exercer a jurisdição graciosa (*vide* nº 120), passando a jurisdição contenciosa (*vide* nº 120) a ser exercida pelo pretor e, em parte (quanto às vendas que ocorressem nos mercados públicos), pelos edis curuis. De início, a jurisdição do pretor se estendia a todos os territórios submetidos a Roma. Posteriormente, em certas *ciuitates*, os magistrados locais (*duumuiri iure dicundo*) passaram a exercê-la; e o pretor, com relação a determinadas regiões da Itália, delegava poderes aos *praefecti iure dicundo*. No século III a.C., há duas inovações: 1ª) em 241 a.C., criou-se a pretura peregrina, para dirimir, em Roma, os litígios entre estrangeiros, ou entre estes e romanos; e 2ª) com o aparecimento das províncias (territórios conquistados fora da Itália), quem nelas exercia a jurisdição eram os governadores e seus questores, que aí desempenhavam as mesmas funções que, em Roma, eram atribuídas aos edis curuis.

No principado, já haviam desaparecido os *praefecti iure dicundo* com a concessão, no século I a.C., da cidadania romana a todos os habitantes da Itália; assim, quanto aos litígios de menor importância ocorridos na Itália, processavam-se eles diante dos magistrados municipais; quanto aos de maior importância, a jurisdição era do pretor, devendo, em consequência, as partes se deslocarem para Roma. Mas, no tempo dos imperadores Marco Aurélio e Lúcio Vero, surgem, para a Itália, os *iuridici*, magistrados com jurisdição civil em determinadas circunscrições. Ainda no principado, com relação às províncias, é preciso distinguir:

a) nas *senatoriais, a jurisdição é exercida por um legatus* (legado), que atua como mandatário do governador (o procônsul), e por um questor que, nelas, tem as mesmas atribuições que os *edis curuis* em Roma; e

b) nas *imperiais*, a jurisdição é delegada pelo imperador aos *legati iuridici*, ou aos próprios governadores delas (os propretores), que a exercem com a assistência de assessores.

No dominato, com o processo extraordinário (*cognitio extraordinaria*), desaparece, como já salientamos, a divisão da instância nas fases *in iure* e *apudiudicem,* processando-se todo o feito diante de um juiz que é funcionário do Estado. Surge, nesse período, a hierarquização dos juízes, classificando-se eles em inferiores e superiores, a saber:

a) juízes inferiores (julgam, normalmente, em primeira instância) que se denominam *iudices ordinari*, e são:

– em Roma e Constantinopla, o *praefectus urbi* (que substitui o pretor urbano, nessas funções, a partir do século III d.C.); e

– nas províncias, os litígios mais importantes se processam diante do governador (*praeses, rector)*, ou dos *iudices pedanei*, por ordem do governador; os litígios menos importantes (os de valor inferior, a princípio, a 50 *solidi* – moedas de ouro – e, depois, a 300) se desenrolam diante de funcionários municipais (os *duumuiri iure dicundo*, e, nos fins do dominato, o *defensor ciuitatis*);

b) juízes superiores:

194 | DIREITO ROMANO – José Carlos Moreira Alves

– no cimo da escala hierárquica, encontram-se os imperadores do Oriente e do Ocidente; abaixo deles, os *praefecti praetorio* (que representam os imperadores, razão por que suas decisões são irrecorríveis para aqueles); e, mais abaixo, os *uicarii* (de cujas decisões pode recorrer-se ao imperador).

Ainda no dominato, Constantino reconheceu que os bispos tinham jurisdição quando um dos litigantes, durante o processo, pedisse a suspensão dele, a fim de que passasse a correr diante de um bispo, cuja sentença, nesse caso, teria força executória.[18] Mas essa jurisdição foi revogada nos fins do século IV, ou durante o século V d.C.

120. Jurisdição e competência – Roma não conheceu o princípio da separação dos Poderes do Estado (Executivo, Legislativo e Judiciário). Por isso, os magistrados judiciários romanos, além da função de distribuir justiça, desempenhavam também atribuições administrativas e, muitas vezes, militares.

Todo magistrado judiciário estava investido do poder denominado *iurisdictio* (jurisdição).[19]

Modernamente, jurisdição se conceitua como o poder do juiz de declarar a vontade da lei, com força vinculante para as partes, nos casos concretos que lhe são submetidos.

No direito romano, o conceito de *iurisdictio* é muito controvertido, e constitui um problema até hoje não resolvido satisfatoriamente. A questão assim se resume. A palavra *iurisdictio* deriva de *ius dicere*, que significa *dizer o direito*, isto é, declarar, com relação a um caso concreto e com efeito vinculante para as partes, a vontade da norma jurídica. Ocorre, no entanto, que esse significado somente se ajusta ao processo extraordinário (*cognitio extraordinaria*), em que o magistrado – como ocorre atualmente – não apenas conhece do litígio, como também o decide na sentença, onde declara a vontade da lei. O mesmo não sucede, porém, com referência aos sistemas das ações da lei e formulário, porquanto, neles, em virtude da divisão das instâncias nas fases *in iure* e *apud iudicem*, o magistrado, que tem a *iurisdictio*, não prolata a sentença, mas, sim, o *iudex*, que não dispõe desse poder. Donde a conclusão evidente: a *iurisdictio*, nesses dois sistemas de processo civil, não dizia respeito à declaração da vontade da lei num caso concreto. Qual, então, o seu conceito? Os autores divergem. A opinião mais comum[20] é a de que a *iurisdictio* é o poder de declarar o direito aplicável (mas, não, em princípio, o de julgar) e de organizar o processo civil.[21]

---

18 Portanto, ela teria o mesmo valor das proferidas pelos representantes do Estado, podendo, assim, ser executada à força, se a parte vencida não a quisesse cumprir. A propósito, *vide Monier, Manuel Élémentaire de Droit Romain*, I, 6ª ed., nº 150, p. 191.

19 Sobre a *iurisdictio, vide* De Martino, *La Giurisdizione nel Diritto Romano*, Padova, 1937; e Lauria, *Iurisdictio, in Studii e Ricordi*, p. 90 e segs., Napoli, 1983.

20 Cf. Monier, *Manuel Élémentaire de Droit Romain*, I, 6ª ed., p. 131 e segs.; Giffard, *Leçons sur la procédure civile romaine*, p. 16, *in Études de Droit Romain*, Paris, 1972.

21 Gioffredi, *Contributi allo Studio del Processo Civile Romano*, p. 44, Milano, 1947, sustenta que a *iurisdictio* consiste no "estatuir (*dicere*) um vínculo, um regime jurídico concreto (*ius*) entre os particulares, numa relação atinente a eles, em garantia do interesse público".

Cap. XVII • A TUTELA DOS DIREITOS SUBJETIVOS (A ORGANIZAÇÃO JUDICIÁRIA DOS ROMANOS) | 195

Por outro lado, também é muito discutida a relação entre a *iurisdictio* e o *imperium* (sobre o conceito deste, *vide* nº 17). Para alguns autores[22] a *iurisdictio* é apenas um dos aspectos do poder de comando (isto é, de ordenar que se faça ou que se não faça algo) que o *imperium* representa; segundo outros,[23] *iurisdictio* e *imperium* são poderes independentes um do outro.

A *iurisdictio* – e a distinção é feita num texto do *Digesto* (I, 16, 2, pr.) atribuído ao jurista clássico Marciano, mas que se suspeita tenha sido interpolado[24] – pode ser:

a) uoluntaria (graciosa); e

b) contentiosa (contenciosa).

A *iurisdictio uoluntaria* (graciosa) é aquela exercida pelo magistrado com o fim não de dirimir conflito de interesses, mas de realizar negócio jurídico, querido pelas partes, por meio de um processo fictício; assim, por exemplo, a *in iure cessio*, processo fictício mediante o qual se transfere a propriedade de coisa *mancipi* ou *nec mancipi*.

A *iurisdictio contentiosa* (contenciosa) é utilizada para a solução de litígios, e o magistrado a exerce com o emprego – segundo a síntese de texto célebre de Varrão[25] – das três seguintes palavras: *do, dico, addico. Do* é o termo de que usa o magistrado para ratificar a escolha, pelas partes, do juiz popular que irá julgar a lide (*dare iudicem*); *dico* é a palavra empregada pelo magistrado quando atribui a um dos litigantes a posse provisória da coisa litigiosa (*dicere uindicias*); e *addico* é o vocábulo utilizado pelo magistrado para adjudicar ao autor a coisa litigiosa ou o próprio réu, quando este não se defende convenientemente.

Demais, em certos casos, o magistrado pode *denegare iurisdictionem*, isto é, recusar aos litigantes o direito de iniciar um processo diante dele.

A *iurisdictio contentiosa* não se exerce livremente pelo magistrado. Ao contrário, é ela limitada pela *competência* que pode ser conceituada como a faculdade de exercer a jurisdição num caso determinado.

A competência deve ser analisada quanto às atribuições do magistrado (*competência dos magistrados*) e quanto à situação e à posição dos magistrados e das partes (*competência do foro*).[26] A primeira determina o magistrado perante o qual se deve intentar a ação (*magistrado competente*); a segunda, o lugar onde a ação deve ser intentada (*foro competente*).

---

22 De Francisci, *Storia del Diritto Romano*, II, parte I, p. 216, Roma, 1934; Betti, *Istituzioni di Diritto Romano*, I, *ristampa*, § 11, p. 21; Wenger, *Institutionen des Römischen Zivilprozesserechts*, p. 28, München, 1925.

23 Monier, *Manuel Élémentaire de Droit Romain*, I, 6ª ed., p. 131 e segs.

24 Cf.*Index Interpolationum quae in Iustiniani Digestis inesse dicuntur supplementum*, I, col. 9,Weimar, 1929; *vide*, também, Solazzi, *"Iurisdictio contentiosa" e "voluntaria" nelle fonti romane*, in *Scritti di Diritto Romano*, III, p. 163 e segs., Napoli, 1960.

25 *De língua latina*, IV, 30.

26 Seguimos aqui – adaptando-a ao direito romano – a lição de João Mendes de Almeida Júnior, *Direito Judiciário Brasileiro*, 2ª ed., p. 40 e segs., Rio de Janeiro, 1918.

196 | DIREITO ROMANO – José Carlos Moreira Alves

A competência dos magistrados é determinada em função de vários fatores: território, natureza e valor das causas, condição das pessoas, grau hierárquico de jurisdição. Assim, e a título exemplificativo:

a) quanto ao território, o pretor era competente, apenas, na Itália, e, a partir de Marco Aurélio, na *Diocesis Urbica*;[27] o governador, dentro de sua província; os magistrados municipais, no território de seu município; o imperador, em todo o Império Romano;

b) quanto à natureza e ao valor das causas, no dominato, existem tribunais eclesiásticos para assuntos relativos à religião; por outro lado, os magistrados municipais, no direito clássico, eram competentes para dirimir conflitos de interesse de valor, conforme a cidade, até 10.000 ou 15.000 sestércios;

c) quanto à condição das pessoas, o pretor urbano era competente para dirimir os litígios entre cidadãos romanos; e o pretor peregrino, entre estrangeiros, ou entre estes e romanos; no dominato, há tribunais de exceção em favor de determinadas classes, como a dos senadores, a dos clérigos, a dos militares; e

d) quanto ao grau hierárquico de jurisdição (fator que somente ocorre na *cognitio extraordinaria*, pois é aí que surge a hierarquização dos magistrados), há os de instância inferior e os de instância superior, cada qual com sua esfera de atribuições.

A competência do foro é, em regra, determinada pelo domicílio[28] do réu (*actor sequitur forum rei* = o autor segue o foro do réu). Mas esse princípio comporta exceções, a saber:

a) em virtude do *forum originis* (foro de origem): se o réu, por exemplo, não é domiciliado em Roma, mas originário dela, o magistrado em Roma pode conhecer do processo;

b) em virtude do *forum contractus* (foro do contrato): com relação às obrigações contratuais, presume-se que as partes são concordes em que seja competente, para dirimir os conflitos decorrentes do contrato, o magistrado do lugar em que aquelas obrigações devem ser executadas;

c) em virtude do *forum delicti* ou *maleficii* (foro do delito), quanto às obrigações resultantes de delito, era competente o magistrado do lugar onde ele tivesse sido praticado;

d) em virtude do *forum rei sitae* (foro da situação da coisa): no dominato, quando o objeto do litígio fosse coisa imóvel seria competente para decidi-lo o magistrado do lugar onde se achasse a coisa.

121. Os juízes populares e os tribunais permanentes – Como já foi salientado anteriormente, no sistema das ações da lei e no sistema formulário a fase *apud iudicem* se desenrola diante de um particular (*iudex* = juiz popular),[29] que apura a veracidade, ou não, dos fatos alegados pelas partes, e, com base nisso, profere a sentença.

---

27 A *Diocesis Urbica* abrangia Roma e determinada faixa de terra em seu poder, mas sua extensão exata é controvertida (cf. Willems, *Le Droit Public Romain*, 6ª ed., p. 526, Louvain-Paris, 1888).

28 Sobre domicílio, *vide* nº 85-a.

29 *Juiz popular*, expressão empregada por Wenger (*Volksrichter*), *in* Jörs-Kunkel-Wenger, *Römisches Recht*, 2ª ed., § 5º (do *Abriss des Römischen Zivilprozessrechts*, p. 367, nota 1), para distingui-lo do jurado moderno (*Geschworener*).

Cap. XVII · A TUTELA DOS DIREITOS SUBJETIVOS (A ORGANIZAÇÃO JUDICIÁRIA DOS ROMANOS)

Nem sempre, no entanto, encontramos, na fase *apud iudicem*, o *iudex priuatus*; em certos processos, em lugar dele funcionam tribunais permanentes (isto é, órgãos formados por vários membros, e que existem permanentemente, ao contrário do *iudex priuatus* que é escolhido, para cada caso, pelas partes litigantes).

Analisemos, pois, em primeiro lugar, a figura do *iudex priuatus*, e, em seguida, a dos tribunais permanentes.

A) O "*iudex priuatus*"

Em geral o *iudex priuatus* é um juiz único (daí dizer-se *iudex unus*); no entanto, em certos litígios funcionam, na fase *apud iudicem*, em vez do *iudex unus*, os *recuperatores*, em número de três ou de cinco, que não formam, porém, um tribunal permanente.

O *iudex unus*[30] ou é designado de comum acordo, pelas partes, ou, na ausência de concordância, escolhido entre os nomes constantes de uma lista (*album iudicum*), da seguinte maneira: o autor indica, sucessivamente, os nomes de pessoas que figuram no *album iudicum*, e o réu tem o direito de recusar os que não lhe inspiram confiança: a escolha recai no primeiro que, indicado pelo autor, obtém o assentimento do réu. A recusa de todos os nomes da lista é interpretada pelo magistrado como intenção do réu de não se defender convenientemente (*indefensus*) (*vide* nº 129, B).[31]

As pessoas que integravam o *album iudicum* variaram no decorrer da história de Roma, em virtude de questões de ordem política. A princípio, só os senadores tinham ingresso no *album*; com a Lei *Sempronia iudiciaria*, de 123 a.C., passou ele a ser constituído de 300 senadores e de 600 membros da ordem equestre (os cavaleiros); posteriormente, em 108 a.C., a Lei *Seruilia Glaucia* eliminou do *album* os senadores, e estabeleceu que nele figurariam os nomes de 540 cidadãos – que não podiam ser filhos de senadores – escolhidos entre os membros da ordem equestre, de 30 a 60 anos, e sem interesses além-mar; nos fins da República, em 70 a.C., passaram a ser incluídos no *album* os nomes de senadores, de membros da ordem equestre e de *tribuni aerarii*. No principado, de início, o *album* apresentava quatro decúrias de pessoas capazes de ser *iudex*; a partir de Calígula, as decúrias aumentaram para cinco, e eram colocadas em gradação conforme os haveres dos integrantes de cada uma.

Por outro lado, alguns textos, em vez de aludirem ao *iudex*, se referem ao *arbiter* (árbitro).[32] Qual a diferença entre eles? As fontes não nos esclarecem suficientemente sobre esse ponto. Daí divergirem os romanistas.[33] Segundo parece, o *arbiter* é o juiz po-

---

30 Sobre o *iudex unus, vide* J. M. Kelly, *The unus iudex, in Studies in the Civil Judicature of the Roman Republic*, pp. 112 a 133, Oxford, 1976.

31 Essa é a opinião dominante, mas os textos não são muito claros a respeito dessa matéria. Plínio, o Velho, no prefácio da *Historia Naturalis* nos informa que, em seu tempo, podia sortear-se o juiz popular. Há autores – como Weiss (*Prozessgesetze u. Richterbestellung im Legisaktionenprozesse, in Bullettino dell'Istituto di Diritto Romano*, IL-L (1947), p. 194 e segs.) – que entendem que foi o magistrado quem sempre escolheu o juiz popular.

32 Assim, por exemplo, D. XLIX, 1, 28, 2.

33 Ampla análise da questão se encontra em Pugliese, *Il Processo Civile Romano*, I (*Le legis actiones*), p. 169 e segs., Roma, 1962.

198 | DIREITO ROMANO – *José Carlos Moreira Alves*

pular que tem de deslocar-se para o lugar do litígio (assim, por exemplo, nas questões sobre limites de terras), e que, em face da natureza dessas lides, tem poderes mais amplos do que o *iudex*.[34]

Quanto aos *recuperatores*,[35] a respeito dos quais sabemos pouco, essa denominação provavelmente resulta de suas atribuições primitivas: depois de guerra, em virtude de tratados internacionais, cabia a eles fazer restituir coisas capturadas ao inimigo, bem como retomar (*recipere*) as de que este se apossara.

Eram eles em número de três ou cinco,[36] e, possivelmente até a Lei *Aebutia*, funcionavam, na fase *apud iudicem*, apenas nos litígios entre estrangeiros, ou entre estes e romanos; no período clássico, em certas questões entre romanos. Não se sabe ao certo se eram eles escolhidos pelo pretor peregrino, ou se designados por sorteio, podendo os litigantes recusar os sorteados até determinado número.[37]

B) *Os tribunais permanentes*

Nos fins da República e durante o principado, encontram-se em Roma os seguintes tribunais permanentes – surgidos, segundo alguns[38] em época remota – que funcionam, em lugar do *iudex priuatus*, na fase *apud iudicem* de certas ações:

1ª – os *decemuiri stlitibus iudicandis* (tribunal que, na república, julgava as questões relativas aos *status libertatis* e *ciuitatis* da pessoa; no principado, porém, os decênviros perdem essa função, e passam a presidentes das seções em que se dividia o tribunal dos centúnviros); e

2ª – os *centumuiri*[39] (tribunal composto, a princípio, de 105 membros – à razão de 3 para cada uma das 35 tribos romanas;[40] no tempo do imperador Trajano, era consti-

---

34 *Vide*, a propósito, Costa, *Profilo Storico del Processo Civile Romano*, p. 66, nota, Roma, 1918; Wenger, *Institutionen des Römischen Zivilprozessrechts*, p. 57, München, 1925; e Luzzatto, *Procedura Civile Romana*, II, p. 217 e segs., Bologna, 1948.

35 Pormenores em Bonjean, *Traité des Actions*, I, 2ª ed., p. 178 e segs., Paris, 1845; Keller, *Der Römische Zivilprozess und die Actionen*, 4ª ed., § 8º, p. 31 e segs., Leipzig, 1883; e Pugliese, *Recuperatores, in Scritti Giuridice Scelti*, I (*Diritto Romano*), p. 415 e segs., Napoli, 1985. Sobre a jurisdição dos recuperatores, *vide* J. M. Kelly, *The Jurisdiction of recuperatores, in Studies in the Civil Judicature of the Roman Republic*, pp. 40 a 70, Oxford, 1976.

36 Alguns autores (Schulin, *Lehrbuch der Geschichte des Römischen Rechts*, § 116, p. 552, Stuttgart, 1889; e Giffard, *Leçons de Procédure Civile Romaine*, p. 20, *in Études de Droit Romain*, Paris, 1972), em vez de três ou cinco, aludem a cinco ou sete como o número de *recuperatores* que funcionavam na fase *apud iudicem*.

37 Cf. Cuq, *Manuel des Institutions Juridiques des Romain*, 2ª ed., p. 808 e segs.

38 Assim, quanto aos decênviros, Nicolau (e autores por ele citados), *Causa Liberalis*, p. 16 e segs., Paris, 1933; e, com relação aos centúnviros, Niebuhr, *Storia Romana*, trad. Italiana, Pavia, 1833, tomo II, p. 100, Bethmann-Hollweg, *Der Römische Zivilprozess*, I, § 23, p. 56 e segs., neudruck, Aalen, 1951; e J. M. Kelly, *The Centumuiri, in Studies in the Civil Judicature of the Roman Republic*, pp. 1 a 39, Oxford, 1976.

39 Sobre o tribunal dos *centumuiri*, *vide* Chénon, *Le Tribunal des Centumvirs*, Paris, 1881.

40 Cf. Festo, vb. *Centumviralia iudicia*.

Cap. XVII · A TUTELA DOS DIREITOS SUBJETIVOS (A ORGANIZAÇÃO JUDICIÁRIA DOS ROMANOS) | **199**

tuído de mais de 180 membros; esse tribunal era presidido por um pretor – *o praetor hastarius* – e dividido em seções – denominadas *hastae* – sob a presidência, a partir do principado, dos decênviros; por outro lado, embora não se saiba exatamente qual era a competência desse tribunal, a maioria dos autores[41] entende que os *centumuiri* podiam julgar qualquer ação real;[42] o tribunal dos centúnviros desapareceu no século III d.C.).[43]

122. O funcionamento da Justiça Romana – Para estudar o funcionamento da Justiça Romana, é preciso distinguir, de um lado, os sistemas das ações da lei e formulário (nos quais vigorava o *ordo iudiciorum priuatorum*) e, de outro, a *cognitio extraordinaria*.

Nos dois primeiros sistemas, os magistrados judiciários – ao contrário do que ocorria com referência à *iurisdictio uoluntaria* – não exerciam livremente a *iurisdictio contenciosa*, mas estavam adstritos à observância de regras quanto ao tempo, ao lugar e à forma.

Quanto ao tempo para o exercício da jurisdição contenciosa, ele variou muito no decurso da história romana. Primitivamente, não se podia exercer a jurisdição contenciosa nos *dias nefastos* (isto é, os consagrados às festas religiosas pagãs), mas apenas nos *dias fastos*, sendo certo, porém, que o calendário consignava inúmeros dias que não eram propriamente *nefastos*, mas que a jurisdição contenciosa somente podia ser exercida em certas horas. Depois de sucessivos aumentos do número de *dias fastos*, realizados por César, Augusto e Cláudio, o imperador Marco Aurélio os fixou em 230. Mesmo nos *dias fastos*, porém, a jurisdição contenciosa tinha de ser exercida durante as horas do dia e não à noite.

Quanto ao lugar, vigorava o princípio da ampla publicidade do processo e administrava-se a justiça em Roma, de início, no *comitium* (parte do *forum* onde se reuniam os comícios); ao ar livre, sentando-se o magistrado numa *sella curulis* (cadeira curul) colocada sobre um estrado (*tribunal*); posteriormente, os magistrados passaram a exercer a jurisdição contenciosa em lugares cobertos – as basílicas. Nas províncias, o governador a exercia em qualquer lugar, e periodicamente fazia excursão pelo território da província, distribuindo justiça nas cidades mais importantes.[44]

---

41 Sobre as diferentes teses, *vide* Nicolau, *Causa Liberalis*, p. 35 e segs., Paris, 1933.

42 Mas – note-se –, segundo essa tese, tal competência não era exclusiva do tribunal dos centúnviros, razão por que cabia aos litigantes escolher se o julgamento, num caso concreto, seria feito pelo *iudex unus* ou pelos *centumuiri* (cf. Cuq, *Manuel des Institutions Juridiques des Romains*, 2ª ed., p. 914).

43 Observa Wenger (*Institutionen des römischen Zivilprozessrechts*, § 5, II, 2, p. 58, München, 1925– *Istituzioni di Procedura Civile Romana*, trad. Oretano, § 5, II, 2, p. 57, Milano, 1938) que os centúnviros existem até o século III d.C., e que as referências posteriores não bastam para que se afirme sua existência depois do primeiro terço do mencionado século.

44 A propósito, *vide* Girard, *Les Assises de Cicéron en Cilicie, in Mélanges Boissier*, p. 217 e segs., Paris, 1903.

200 | DIREITO ROMANO – *José Carlos Moreira Alves*

Quanto à forma, os atos eram praticados oralmente; apenas alguns (como a fórmula) eram escritos. Mas não se sabe se, nestes, a forma escrita era *ad probationem* ou *ad substantiam*.

Por outro lado, com relação aos juízes populares, estavam eles, também, sujeitos à observância de regras de tempo, de lugar e de forma.

Quanto ao tempo, estabelecia a Lei das XII Tábuas[45] que, se uma das partes não comparecesse até o meio-dia, perderia a causa; demais, os atos processuais diante do *iudex* podiam ser praticados nos *dias nefastos*, mas até o pôr do sol,[46] sendo que, se os debates não se concluíssem no mesmo dia, seriam interrompidos ao cair da noite, para prosseguirem em outro dia.

Quanto ao lugar, a Lei das XII Tábuas[47] indicava o *forum* ou o *comitium*, mas o magistrado podia fixar o local onde o juiz popular deveria desempenhar suas funções. Os centúnviros, a partir de Augusto, se reuniam na Basílica *Iulia*. Em qualquer caso, a audiência era pública.

Com relação à forma, os atos eram orais. É possível, porém, que a sentença do *iudex*, no processo formulário, fosse escrita.[48]

Salienta-se, ainda, que tanto os magistrados judiciários quanto os juízes populares tinham *assessores* (estes compunham o *consilium*) que, recrutados, em geral, entre os estudiosos de direito, emitiam sua opinião a eles, que, porém, não estavam obrigados a acolhê-la. Também os imperadores tinham um conselho dessa natureza – o *consistorium* (ou *auditorium*) –, constituído dos principais jurisconsultos do tempo.

Na *cognitio extraordinaria*, as regras de tempo, lugar e forma para o exercício da jurisdição contenciosa se modificaram.

Com relação ao tempo, Constantino diminuiu os dias úteis para o processo, proibindo a prática de atos judiciais aos domingos; e Teodósio I, tendo sido abolido o culto pagão, reelaborou a lista dos dias feriados, considerando como tais os de festas da Igreja, quando os atos judiciais não podiam ser realizados sob pena de nulidade. Em face dessa reforma, passou a 240 o número de dias úteis para as atividades forenses.

Quanto ao lugar, as audiências dos magistrados deixam de ser públicas, e passam a realizar-se em lugares fechados (*auditoria secreta, tabularia*) especialmente destinados para esse fim, e aonde só têm ingresso o juiz, as partes e certas pessoas; e as cortinas que separavam esses recintos do público somente se abriam quando da leitura da sentença que era, necessariamente, pública. Nas províncias, em face de seu fracionamento e da consequente redução de seus territórios, os governadores, em regra, administravam a justiça apenas na capital, não mais excursionando pelo interior.

---

45   I, 8 (ed. Riccobono).
46   Lei das XII Tábuas, I, 9 (ed. Riccobono).
47   I, 7 (ed. Riccobono).
48   Cf. Volterra, *Istituzioni di Diritto Privato Romano*, p. 201.

Finalmente, quanto à forma, a *cognitio extraordinaria* admitia uma série de atos escritos, o que foi um dos motivos para que o processo deixasse de ser – como até então o era – gratuito.

XVIII

A TUTELA DOS DIREITOS SUBJETIVOS (AS AÇÕES DA LEI – *LEGIS ACTIONES*)

Sumário: 123. As características das ações da lei. **124.** O desenrolar da instância nas *legis actiones*. **125.** As diferentes ações da lei.

123. As características das ações da lei – O mais antigo dos sistemas de processo civil romano é o das ações da lei (*legis actiones*),[1] do qual a maior parte das informações de que dispomos provém das *Institutas* de Gaio (IV, 11 a 29).[2]

As ações da lei são em geral – e dizemos *em geral* porque uma delas (a *actio per pignoris capionem*) constitui exceção ao que se vai afirmar – submetidas ao *ordo iudiciorum priuatorum*, isto é, processam-se, primeiramente, diante do magistrado (*in iure*), e, depois, do juiz popular (*apud iudicem*).

Quanto à denominação *legis actiones* (ações da lei), já no tempo de Gaio (século II d.C.) não se sabia, com certeza, qual fosse a sua origem. Julgava-se[3] que ela decorria ou do fato de as *legis actiones* se originarem da lei, ou, então, da circunstância de elas se conformarem com as palavras da lei.

O processo das ações da lei é todo oral, quer diante do magistrado (*in iure*), quer do juiz popular (*apud iudicem*). Caracteriza-se, principalmente, pela rigidez do formalismo a ser observado pelos litigantes a ponto de alguém – o exemplo é de Gaio[4] – perder a demanda pelo fato de haver empregado em juízo a palavra *uitis* (videira), em vez do termo *arbor* (árvore), como preceituava a Lei das XII Tábuas com relação à *actio de arboribus*

---

1 É de advertir-se que o sistema das ações da lei, apesar de ser objeto de vários estudos modernos, apresenta uma série de problemas ainda não resolvidos. Para se ter ideia disso, basta consultar a monografia de Lévy-Bruhl, *Recherches sur les Actions de la Loi*, Paris, 1960. *Vide* também Luzzato, *Procedura Civile Romana*, Parte II (*Le Legis Actiones*), Bologna, 1948; Pugliese, *Il Processo Civile Romano*, I (*Le Legis Actiones*), Roma, 1962; Kaser, *Das Römische Zivilprozessrecht*, p. 17 e segs., München, 1966; e Murga Gerner, *Derecho Romano Clasico – II: El Proceso*, pp. 101 a 157, Zaragoza, 1983. Em nossa exposição, seguimos as teses que nos parecem mais plausíveis.

2 As informações que Gaio nos transmite possivelmente foram colhidas na obra (*Tripertita*) de Sexto Élio Peto Cato (cf. Giffard, *Leçons sur la procédure civile romaine in Études de Droit Romain*, p. 27, Paris, 1972).

3 *Inst.*, IV, 11.

4 *Ibidem.*

succisis (ação relativa a árvores cortadas), e isso apesar de, no caso concreto, as árvores abatidas terem sido justamente videiras.

124. O desenrolar da instância nas *legis actiones* – Para estudarmos o desenrolar da instância nas *legis actiones* é necessário decompô-la nas três etapas seguintes:

a) introdução da instância (*in ius uocatio*);

b) instância diante do magistrado (*in iure*); e

c) instância diante do juiz popular (*apud iudicem*).

A) *Introdução da instância*

Modernamente, quando alguém move uma ação contra outrem, este toma conhecimento dela pela citação (chamamento do réu a Juízo), que, por ordem do magistrado, lhe faz um funcionário do Juízo (o oficial de justiça). Uma vez citado, o réu pode, ou não, comparecer à presença do juiz, porquanto a causa se processa ainda na ausência do réu, caso em que ele fica sem defesa.

Em Roma, no processo das ações da lei, o panorama era diverso. A *in ius uocatio* (o chamamento do réu a Juízo) ficava a cargo do autor, que, de acordo com os preceitos contidos na Lei das XII Tábuas,[5] ao encontrar, na rua, o réu, devia chamá-lo a Juízo, empregando termos solenes (*uerba certa*). Se o réu se recusasse a atender, a Lei das XII Tábuas[6] determinava que o autor tomasse testemunhas e conduzisse o réu à presença do magistrado, ainda que tivesse de empregar a força.[7] Se, no entanto, o réu fosse velho ou doente, o autor devia fornecer-lhe, para a condução, liteira ou cavalo. Por outro lado, admite-se – embora os textos não sejam muito claros a respeito – que o réu podia eximir-se de comparecer a Juízo fornecendo ao autor um *uindex*, isto é, alguém que o substituísse, litigando em seu lugar.

B) *A instância "in iure"*

Conduzido o réu pelo autor à presença do magistrado competente, iniciava-se a fase *in iure*. As partes recitavam as fórmulas solenes e faziam os gestos rituais próprios de cada uma das ações da lei.[8] Se, porém, o réu confessasse o que o autor afirmava (*confessio in iure*) ou não se defendesse convenientemente, era preciso distinguir duas situações:

a) se se tratasse de ação real, a coisa era imediatamente adjudicada ao autor pelo magistrado; e

b) se se tratasse de ação pessoal, o autor, caso o réu se recusasse a cumprir a obrigação devida, podia mover contra ele a ação executória, que era a *actio per manus iniectionem*.

---

5   Tábua I, 1 e segs. (ed. Riccobono).

6   Tábua I, 2 (ed. Riccobono).

7   *Vide*, a propósito, Lévy-Bruhl, *Recherches sur las actions de la loi*, p. 162 e segs., Paris, 1960.

8   Se as formalidades não se pudessem concluir no mesmo dia, as partes asseguravam pelo *uadimonium* (promessa garantida por fiadores) a volta à presença do magistrado em outro dia. Sobre o *uadimonium*, *vide* Fliniaux, *Le Vadimonium*, Paris, 1908.

Cap. XVIII • A TUTELA DOS DIREITOS SUBJETIVOS (AS AÇÕES DA LEI – *LEGIS ACTIONES*) | 205

Não ocorrendo, todavia, tais incidentes, os litigantes solicitavam ao magistrado a nomeação do juiz popular (*iudex*), o que este em geral fazia – a partir do advento da Lei *Pinaria* (possivelmente do início da República) – após trinta dias, quando as partes litigantes novamente voltavam à sua presença.[9] Finalmente, como as fórmulas utilizadas pelos litigantes para fixar o litígio fossem orais, eles (não se sabe se antes, ou depois, da nomeação do *iudex*) tomavam os assistentes da audiência[10] como testemunhas de que estava instaurado o contraditório, e a esse ato solene se dava a denominação de *litis contestatio*.[11]

C) *Instância "apud iudicem"*[12]

Obtida a nomeação do *iudex*, os litigantes deviam comparecer à presença dele três dias depois (*in diem tertium siue comperendinum*).[13] Se uma das partes não comparecesse, a Lei das XII Tábuas[14] determinava que o *iudex* a esperasse até o meio-dia; caso não chegasse até esse momento, o juiz popular daria a sentença favorável ao litigante que comparecera.[15] Em geral, portanto, ambos iam à presença do *iudex*, e, aí, expunham, sem a observância de formalidades, a questão: era o que se denominava *causae coniectio*. Seguia-se a *causae peroratio*: o desenvolvimento da argumentação pelas partes.[16] Depois, autor e réu produziam suas provas, sendo admitida qualquer espécie delas,[17] pois, no sistema das ações da lei, o juiz popular podia formar livremente sua convicção, para proferir a sentença. Produzidas as provas, o *iudex* prolatava a decisão (*sententiam dicere*)[18] condenando o réu (ao pagamento de uma quantia ou à restituição de uma coisa, ou à prestação de um ato), ou o absolvendo. A sentença, no processo das *legis actiones*, é

---

9   O réu tinha de prometer que voltaria, fornecendo fiadores – os *uades*.

10   Lévy-Bruhl (*Recherches sur les actions de la loi*, p. 190, Paris, 1960) julga que, em vez dos assistentes da audiência, eram as pessoas que acompanhavam cada uma das partes à presença do magistrado. Note-se que, no sistema das ações da lei, é indispensável, a presença, em Juízo, de ambas as partes litigantes, não se admitindo sequer que elas sejam representadas por outras pessoas, senão em casos excepcionais, como, por exemplo, o do curador do louco em favor deste (Gaio, *Inst.*, IV, 82).

11   *Vide* Biscardi, *La "litis contestatio" nella procedura "per legis actiones", in Studi in onore de Vincenzo Arangio-Ruiz*, III, p. 461 e segs., Napoli, sem data.

12   Pormenores em Girard, *Histoire de l'Organisation Judiciaire des Romains*, I, p. 85 e segs., Paris, 1901.

13   Sobre os problemas relativos à *comperendinatio*, *vide* Petot, *Le Défaut in iudicio dans la Procédure Ordinaire Romaine*, p. 115 e segs., Paris, 1912.

14   Tábua I, 7 e 8 (ed. Riccobono).

15   *Vide*, a propósito, Lévy-Bruhl, *Recherches sur les actions de la loi*, p. 208 e segs., Paris, 1960.

16   Observa Lévy-Bruhl, *ibidem*, p. 207, que esses debates podiam durar vários dias.

17   Geralmente, utilizava-se da prova testemunhal pois, no tempo do processo das ações da lei, eram raros os documentos escritos. Sobre prova no direito romano, *vide* Philipe Levy, *La formation de la théorie romaine des preuves, in Studi in onore di Siro Solazzi*, p. 418 e segs., Napoli, 1948.

18   Se, porém, o juiz popular não se julgasse convenientemente esclarecido, ele se eximia do julgamento com a declaração, mediante juramento, *sibi non liquere*. Sobre as consequências dessa atitude, só há conjecturas (*vide*, a propósito, Lévy-Bruhl, *Recherches sur les actions de la loi*, p. 221, Paris, 1960).

206 | DIREITO ROMANO – *José Carlos Moreira Alves*

irrecorrível, mas se o réu não quiser executá-la, no caso de ter sido condenado, o *iudex* não pode obrigá-lo, com emprego de força, a cumpri-la, pois é ele um simples particular, não dispondo, portanto, do *imperium*. Por isso, nesse caso, o autor vitorioso está obrigado a valer-se de outra *legis actio* (a *actio per manus iniectionem*) para obter a execução da sentença que lhe foi favorável.

125. As diferentes ações da lei – Gaio[19] nos informa que eram cinco as ações da lei:[20]

a) actio sacramenti;

b) iudicis postulatio;

c) condictio;

d) manus iniectio; e

e) pignoris capio.

Dessas ações, três (*actio sacramenti, iudicis postulatio* e *condictio*) eram declaratórias – conduziam à nomeação de um juiz popular a quem cabia determinar a existência, ou não, do direito pleiteado, ou proceder a uma divisão; duas (*manus iniectio* e *pignoris capio*) eram executórias – serviam de meio de execução.[21]

Estudemo-las separadamente.

A) *Ações declaratórias*

1 – *Actio sacramenti*

A *actio sacramenti* era – segundo Gaio (*Inst.*, IV, 13) – uma *actio generalis* (hoje, diríamos *ação ordinária*), porquanto podia ser utilizada toda vez que a lei não estabelecesse, para o caso, ação especial. De outra parte, como o autor não precisava declinar o fundamento (*causa*) do direito pleiteado, era ela uma ação abstrata.

Sua denominação provém da pena que ela comportava – o *sacramentum*[22] –, a qual, na época histórica,[23] era devida ao Estado pelo litigante que não demonstrasse, na fase

---

19 *Inst.*, IV, 12.

20 Além dessas cinco, haveria outras ações da lei? O problema é muito discutido. *Vide*, a propósito, Lévy-Bruhl, *Recherches sur les actions de la loi*, p. 15 e segs., Paris, 1960.

21 Nesse sentido, Arangio-Ruiz, *Cours de Droit Romain (Les Actions)*, pp. 6-7, Napoli, 1935, e, também, Murga Gener (*Derecho Romano Clasico – II: El Proceso*, p. 103, Zaragoza, 1983), que salienta que, nas ações declaratórias, "só se solicita do órgão judicial uma mera explicitação ou manifestação sobre a existência do direito que ponha fim a um estado de incerteza entre duas pessoas". Pugliese (*Azione – Diritto Romano*, in *Novissimo Digesto Italiano*, II, ristampa, p. 25, Torino, 1979), porém, aproxima as *actio sacramenti, iudicis postulatio* e *condictio* das ações que, modernamente, se classificam como *ações de conhecimento*.

22 Sobre o *sacramentum, vide* Gioffredi, *Diritto e Processo nelle antiche forme giuridiche romane*, p. 119 e segs., Roma, 1955.

23 Sobre época ou período histórico, *vide* capítulo VIII, nota 6.

Cap. XVIII · A TUTELA DOS DIREITOS SUBJETIVOS (AS AÇÕES DA LEI – *LEGIS ACTIONES*) | 207

apud iudicem, o direito que afirmara diante do magistrado (*in iure*).[24] O *sacramentum* variava conforme o valor do objeto da lide; quando este fosse inferior a 1.000 asses, era ele de 50 asses; quando igual ou superior a 1.000 asses, era de 500 asses.[25]

A *actio sacramenti* podia ser *in rem* (quando o objeto da lide fosse um direito real ou dissesse respeito ao poder do *pater familias* sobre uma das pessoas *alieni iuris* de sua família), ou *in personam* (quando se tratasse de direito de crédito).

Sobre a *actio sacramenti in rem* as *Institutas* de Gaio nos fornecem vários informes; o mesmo não ocorre, infelizmente, com relação à *actio sacramenti in personam*.

Examinemos, em primeiro lugar, a *actio sacramenti in rem*.[26]

Antes, porém, de descrevermos o procedimento dessa *actio*, uma observação: ela se aplicava tanto a coisas móveis quanto a imóveis. Em se tratando de coisa móvel, era necessário que fosse trazida à presença do magistrado; com relação a imóvel, a princípio[27] a ação se desenrolava no próprio imóvel, mas, posteriormente, bastava levar diante do magistrado um fragmento da coisa (assim, por exemplo, um torrão de terra) que a representasse.

Tomando a exemplo de Gaio (*Inst.*, IV, 16), imagine-se que Tício reivindicava um escravo que estava em poder de Mévio. Iam os três à presença do magistrado. Lá, o reivindicante – *Tício – trazendo consigo uma varinha (festuca, uindicta)*, segurava o escravo e pronunciava a seguinte fórmula, tocando-o simultaneamente com a *festuca*: "*Hunc ego hominem ex iure quiritium meum esse aio secundum suam causam. Sicut dixi, ecce tibi uindictam imposui*."[28] Mévio, por sua vez, fazendo os mesmos gestos, recita fórmula rigorosamente idêntica. Em seguida, tomando da palavra, dizia o magistrado: "*Mittite ambo hominem*."[29] Portanto, até aí, havia duas afirmações no mesmo sentido (a de Tício e a de Mévio, ambos asseverando que o escravo era seu, de onde resultava que não havia, propriamente, um autor e um réu), e a intervenção do Estado para que cessasse a luta

---

24 Vários autores – assim, por exemplo, *Arangio-Ruiz, Cours de Droit Romain (Les Actions)*, p. 11 e segs., Napoli, 1935, e Sohm, *Institutionen*, 14ª ed., § 48, p. 285 – veem, por isso, nessa *actio*, uma aposta entre os litigantes, chegando alguns (Arangio-Ruiz, *ibidem*) a traduzir *actio sacramenti* por ação por aposta. Contra essa interpretação, Jobbé-Duval, *Études sur l'Histoire de la Procédure Civile chez les Romains*, I, p. 20 e segs., Paris, 1896.

25 Em se tratando de litígio sobre a liberdade de um homem, o *sacramentum* era de 50 asses (Gaio, *Inst.*, IV, 14). Por outro lado, primitivamente (cf. Varrão, *De língua latina*, V, 180), o *sacramentum* – que, segundo alguns, significava *objeto consagrado* – era depositado *ad pontem* (perto da ponte), ou seja, junto aos pontífices. E, em vez de 50 ou de 500 asses, depositavam-se cinco ovelhas ou cinco bois, respectivamente. Sobre a significação primitiva da *actio sacramenti* os autores divergem. *Vide*, a propósito, Giffard, *Précis de Droit Romain*, I, 4ª ed., p. 99, nota 2, Paris, 1953.

26 A propósito, *vide* Max Kaser, *Zur legis actio sacramento in rem*, in Estudios de Derecho Romano en Honor de Álvaro D'Ors, II, pp. 671/706, Pamplona, 1987.

27 Cf. Aulo Gélio, *Noctes Atticae*, XX, 10, 9.

28 "*Eu digo que esse homem é meu conforme o direito dos quirites, segundo sua condição jurídica. Assim como disse, vê, coloquei sobre ele a varinha.*"

29 "*Larguem ambos o homem.*"

208 | DIREITO ROMANO – *José Carlos Moreira Alves*

simbólica entre os litigantes. Tício, então, perguntava a Mévio: *"Postulo anne dicas qua ex causa uindicaueris?"*[30] E Mévio lhe respondia: *"Ius feci sicut uindictam imposui."*[31] Ao que retrucava Tício: *"Quando tu iniuria uindicauisti, D aeris sacramento te prouoco."*[32] E dizia Mévio: *"Et ego te."*[33]

As partes, no entanto, não depositavam o *sacramentum*, mas se comprometiam solenemente com o magistrado a pagá-lo, no caso de derrota. Em garantia dessa promessa forneciam *praedes sacramenti* (isto é, pessoas que garantiam o pagamento do *sacramentum* ao Estado, se o vencido não o fizesse).

Como se aplicava à *actio sacramenti* a Lei *Pinaria* (em virtude da qual os litigantes, 30 dias depois do primeiro comparecimento à presença do magistrado, tinham de voltar a ele para que se escolhesse o *iudex*, o juiz popular),[34] era preciso resolver o problema da posse provisória da coisa em litígio. Com quem ficaria ela? O magistrado a entregava ao litigante que a possuía no início da demanda, e este devia fornecer ao adversário *praedes litis et uindiciarum* (isto é, fiadores para a restituição da coisa e de seus frutos); se não o fizesse, a posse da coisa – nas mesmas condições – era dada à outra parte.

Escolhido o *iudex* (na forma do nº 121), seguia-se a instância *apud iudicem*, com relação à qual, aqui, é necessário apenas fazer algumas considerações sobre a sentença do *iudex*. Nesta, o juiz popular se limitava a designar qual o *sacramentum* que lhe parecera *iustum* (legítimo). Assim, na hipótese do exemplo, poderia ele declarar: *Sacramentum Titii iustum est* (O *sacramentum* de Tício é legítimo). Daí decorria que os *praedes sacramenti* oferecidos por Tício ficavam liberados, e que Mévio deveria entregar ao Estado a quantia correspondente ao *sacramentum* (não o fazendo, seus *praedes sacramenti* é que deveriam pagar). Mas resta ainda um problema: como seria executada a sentença em favor de Tício? Três são as hipóteses a analisar:

a) se Tício estivesse na posse provisória da coisa, ele permaneceria com ela a título definitivo, e Mévio não poderia intentar outra ação para reavê-la, em virtude do princípio: *"Bis de eadem re ne sit actio"*[35] ou

b) se na posse provisória da coisa estivesse Mévio, ou a entregaria a Tício, ou se recusaria a fazê-lo (porque não queria entregá-la, ou porque – no caso, por exemplo, de destruição da coisa – não podia); ocorrida a segunda hipótese, a maioria dos autores julga que o vencido não podia ser forçado à restituição, cabendo ao vencedor voltar-se contra os *praedes litis et uindiciarum*, que responderiam pelo valor da coisa e de seus frutos; ou

---

30 *"Peço que digas a que título vindicaste."*
31 *"Exerci o direito, colocando a varinha."*
32 *"Porque vindicaste sem direito, desafio-te a um* sacramentum *de quinhentos asses."*
33 *"E eu a ti."*
34 Antes da Lei *Pinaria*, portanto, não havia o problema da posse provisória da coisa em litígio, a qual provavelmente ficava sob a guarda do magistrado.
35 Regra que proíbe intentar duas vezes uma ação com a mesma finalidade.

Cap. XVIII · A TUTELA DOS DIREITOS SUBJETIVOS (AS AÇÕES DA LEI – *LEGIS ACTIONES*) | **209**

c) se ambos os *sacramenta* fossem considerados *iniusta* (ilegítimos), os dois litigantes estavam obrigados a pagar o *sacramentum* ao Estado, ficando a coisa com o que estivesse na posse provisória dela.

Segundo parece, ainda no sistema das ações da lei,[36] os jurisconsultos criaram, para a reivindicação de coisa, o processo *per sponsionem*.[37] Representou ele um progresso com referência à *actio sacramenti*, que, no entanto, continuou a existir.[38]

Pelo processo *per sponsionem*, o réu – que era o possuidor – prometia pagar certa importância ao autor, mediante uma *sponsio* (promessa oral e solene), caso ficasse provado que a coisa não era sua. Essa quantia era, em geral, insignificante, e servia apenas para, indiretamente, dirimir-se a controvérsia sobre a propriedade de uma coisa. Com efeito, o *iudex* tinha somente de determinar se o autor podia, ou não, reclamar o pagamento da *sponsio* e, assim, indiretamente, estabelecia quem, em verdade, era o proprietário: o autor, ou o réu.[39]

Com relação à *actio sacramenti*, foram as seguintes as principais inovações introduzidas pelo processo *per sponsionem*:

a) em vez de dois *sacramenta* (um de cada litigante), bastava a *sponsio* feita pelo réu;

b) o réu – que era o possuidor – não precisava de provar a propriedade da coisa, uma vez que o ônus da prova se deslocava para o autor (na *actio sacramenti*, não havendo, rigorosamente, autor e réu, um e outro dos litigantes deviam provar a propriedade); e

c) não havia que dar a posse provisória da coisa a uma das partes; ela permanecia em poder do réu que era o seu possuidor.

Finalmente, uma questão: se o réu perdesse a demanda, mas se recusasse a restituir a coisa, que poderia fazer o autor? Segundo o que tudo indica, resolvia-se esse problema de modo indireto: a restituição da coisa ao autor, se este vencesse, era garantida mediante uma *satisdatio pro praedes litis et uindiciarum*.[40]

*　　*　　*

36　É essa a opinião comum dos autores. Contra, Keller, *Der Römische Zivilprocess und die Actionen*, 4ª ed., p. 104 e segs., Leipig, 1883; *vide*, porém, Naber, *De in rem actione legitima et per sponsionem*, in *Mélanges*, P. F. Girard, II, p. 311, Paris, 1912.

37　Sobre as questões relativas ao processo *per sponsionem*, *vide* Pugliese, *Il Processo Civile Romano (Le legis actiones)*, p. 357 e segs., Roma, 1962.

38　*Vide*, a propósito, Jobbé-Duval, *Études sur l'Histoire de la Procédure Civil*, I, p. 430 e segs., Paris, 1896.

39　Como a *sponsio* era meio indireto de obtenção de sentença para dirimir o litígio (daí denominar-se *sponsio preiudicialis*), observa Sohm (*Institutionen*, 14ª ed., § 50, p. 310) que a quantia prometida não era paga ao autor ainda que este vencesse a demanda.

40　Pormenores em Huvelin, *Cours Élémentaire de Droit Romain*, I, p. 64 e segs.

DIREITO ROMANO – *José Carlos Moreira Alves*

Quanto à actio sacramenti in personam[41] muito pouco sabemos a seu respeito, pois é quase totalmente ilegível a passagem das *Institutas* de Gaio[42] relativa a essa *actio*. As notícias que temos dela advêm de textos de Cícero, Valério Probo e Festo.

A *actio sacramenti in personam* (Gaio, IV, 95) era utilizada, com certeza, diante do tribunal dos centúnviros para a cobrança de créditos de dinheiro resultantes da *sponsio*.

Segundo parece, o autor, na presença do magistrado, pronunciava a fórmula *"Aio te mihi dare aportere"*,[43] não se sabendo, porém, se ele indicava o fundamento (*causa*) do seu crédito. Provavelmente, se o réu negasse a dívida, ocorria a *prouocatio*, dizendo o autor: *"Quando negas te sacramento quingenario prouoco."*[44] Para a designação do *iudex* observava-se o prazo de trinta dias estabelecido pela Lei *Pinaria*.

2 – Iudicis postulatio[45]

O palimpsesto de Verona, que nos conservou as *Institutas* de Gaio (*vide* nº 32), é também ilegível na passagem relativa à *iudicis postulatio*. Em 1933, no entanto, encontrou-se no Egito um pergaminho (PSI 1.182) que supriu essa lacuna.

Por ele sabemos[46] que:

a) a *iudicis postulatio* era uma ação especial;

b) não se tratava de ação abstrata, pois o autor devia indicar o fundamento (causa) do direito pleiteado;

c) segundo a Lei das XII Tábuas, era utilizada para a divisão de herança (*actio familiae erciscundae*) e para a cobrança de crédito decorrente da *sponsio*; com base na Lei *Licinia*, para a divisão de bens comuns (*actio communi diuidundo*);

d) era ação – ao contrário da *actio sacramenti* – que não estabelecia pena para o litigante temerário; e

e) o *iudex*, na *iudicis postulatio*, era nomeado imediatamente pelo magistrado, sem atender-se, portanto, ao prazo de trinta dias da Lei *Pinaria*.

---

41   *Vide*, a respeito, Lévy-Bruhl, *Le Sacramentum in personam, in Studi in Onore di Vincenzo Arangio--Ruiz*, II, p. 15 e segs., Napoli, sem data; e Pugliese, *Il Processo Civile Romano*, I (*Le Legis actiones*), p. 298 e segs., Roma, 1962.

42   IV, 15.

43   *"Digo que tu deves dar-me."*

44   *"Porque negas, desafio-te a um* sacramentum *de quinhentos asses."*

45   Os autores, em geral, denominam essa *actio iudicis arbitriue postulatio*, porque por meio dela se visava à designação de um *iudex* ou de um *arbiter*, conforme se depreende da fórmula: *"Quando tu negas, te praetor iudicem siue arbitrum postulo uti des"* (Gaio, *Inst.*, IV, 17). Gaio, no entanto, ao aludir a essa *actio* a denomina *Iudicis postulatio*, apenas.

46   *Vide*, a propósito, Monier, *Les Nouveaux Fragments des Institutes de Gaius (PSI1.182) et leur importance pour la connaissance du Droit Romain*, p. 27 e segs., Paris, 1933; Collinet, *Les Nouveaux Fragments des Institutes de Gaius* (PSI 1182), p. 15 e segs., extrato; e Arangio-Ruiz, *Les Noveaux Fragments des Institutes de Gaius, in Scritti di Diritto Romano*, III, p. 3 e segs., Napoli, 1977.

Cap. XVIII • A TUTELA DOS DIREITOS SUBJETIVOS (AS AÇÕES DA LEI – *LEGIS ACTIONES*) | **211**

Gaio, no novo fragmento, nos informa, também, como se processava a fase *in iure*, no caso de cobrança de crédito resultante de *sponsio*. Dizia o autor: *"Ex sponsione te mihi X milia sestertiorum dare oportere aio: id postulo aias an neges."*[47] Se o réu negasse a dívida, o autor retrucava:*"Quando tu negas, te praetor iudicem siue arbitrum postulo uti des."*[48]

3 – Condictio

A *condictio* era ação de procedimento mais simples e mais rápido do que o da *actio sacramenti*. Esses, provavelmente, os motivos de sua criação.

A *condictio* foi introduzida, em data incerta,[49] pela Lei *Silia* para a cobrança de crédito de dinheiro (*certa pecunia*), e, mais tarde, foi estendida, pela Lei *Calpurnia*, para sancionar prestações de coisa certa que não dinheiro (*de omni certa re*).[50]

Condicere significava, primitivamente, segundo Gaio,[51] *denuntiare (citar)*. A *condictio* era utilizada para tutelar créditos que o eram anteriormente pela *actio sacramenti in personam* e pela *iudicis postulatio*. Tratava-se de ação abstrata, pois o autor não precisava declarar o fundamento (*causa*) do crédito. Por outro lado, comportava o prazo de trinta dias da Lei *Pinaria* para a designação do *iudex*.[52]

Os novos fragmentos de Gaio, contidos no citado pergaminho PSI 1.182, nos revelam as fórmulas empregadas, na fase *in iure*, quando se tratava de cobrança de dinheiro. Assim, dizia o autor ao réu: *"Aio te mihi sesterciorum X milia dare aportere: id postulo aias aut neges."*[53] Se este negasse, declarava o autor:*"Quando tu negas, in diem tricensimum tibi iudicis capiendi causa condictio."*[54]

---

47 *"Eu digo que, por causa de uma* sponsio, *tu deves dar-me dez mil sestércios: Peço que confirmes ou que negues isso."*

48 *"Porque negas, peço-te, Pretor, que nomeies um Juiz ou um árbitro."*

49 Cf. Lévy-Bruhl, *Recherches sur les Actions de la loi*, p. 270 e segs., Paris, 1960.

50 Sobre a origem da *condictio*, vide Prichard, *The Origin of the "Legis Actio per Condictionem", in Synteleia*, Vincezo Arangio-Ruiz, vol. I, p. 260 e segs., Napoli, 1964.

51 *Inst.*, IV, 18.

52 Gaio, *Inst.*, IV, 17 b.

53 *"Eu digo que tu deves dar-me dez mil sestércios: peço que confirmes ou que negues isso."*

54 *"Porque negas, eu te convoco para comparecer dentro de trinta dias a fim de escolher um Juiz."*
Discute-se se, no sistema das ações da lei, já se aplicavam à *condictio* a *poena* (pena) e o *iusiurandum necessarium* (juramento necessário) que, no processo formulário, se encontram na *actio certae creditae pecuniae* (isto é, a *condictio* primitiva adaptada ao sistema *per formulas*).
Quanto à *poena*, ela era proporcional ao valor da causa (um terço dele) e se fazia por promessas trocadas entre o autor e o réu (a *sponsio e a restipulatio tertiae partis*), sem necessidade de garantia; o vencido pagava a quantia prometida ao vencedor. Quanto ao juramento necessário, era ele, apesar da denominação, o juramento que o autor, facultativamente, podia, *in iure*, solicitar do réu, que, por sua vez, podia escusar-se de fazê-lo deferindo-o ao autor: se o réu jurasse nada dever, ou se o autor, a quem o réu deferia o juramento, se negasse a jurar que este lhe devia a importância cobrada, era o réu liberado; se, porém, o réu se recusasse a jurar e a deferir o juramento ao autor, ou se o autor jurasse a existência do crédito, era o réu tratado como se tivesse ocorrido a *confessio in iure*.

B) *Ações executórias*

1 – *Manus iniectio*

A *manus iniectio* é a ação executória, por excelência, no sistema das ações da lei.

Alguns autores[55] pretendem que, primitivamente, ela – que seria a mais antiga das *legis actiones*[56] – era o único meio de proteção do direito subjetivo, e não, como ocorre posteriormente, uma simples ação executória destinada, principalmente, a fazer valer sentença prolatada pelo *iudex*.

Mas, o que é certo é que, já na Lei das XII Tábuas, a *manus iniectio* aparece como meio de execução em duas hipóteses:[57]

a) contra aquele (*iudicatus*) que, na *actio sacramenti*, na *iudicis postulatio* ou na *condictio*, foi condenado a pagar certa importância; e

b) contra aquele (*confessus*) que, na fase *in iure*, confessou ter o autor razão.[58]

A *manus iniectio* somente podia ser utilizada para a execução de quantia certa. Portanto, quando alguém era condenado a restituir alguma coisa, ou a fazer algo, ou a pagar importância incerta, era preciso que se reduzisse a condenação a quantia certa para que fosse possível a execução pela *manus iniectio*. Para isso, parece, utilizava-se de um processo sobre o qual, em verdade, quase nada sabemos: o *arbitrium liti aestimandae*.[59]

Tendo em vista as modificações sofridas pela *manus iniectio* no decurso de sua história, estudemo-la, primeiramente, como se apresentava na época a Lei das XII Tábuas, e, em seguida, em tempos posteriores a essa lei.

I – A *"manus iniectio"* na época da Lei das XII Tábuas

No tempo da Lei das XII Tábuas, a *manus iniectio* é um processo extremamente primitivo e rude.

O devedor, que tivesse confessado o débito *in iure* ou sido condenado ao seu pagamento, deveria solvê-lo dentro de trinta dias. Eram os *dies iusti*.[60] Decorrido esse prazo sem a solução da dívida, era ele conduzido pelo credor, de bom grado ou à força,

---

55 Assim, por exemplo, Huvelin, *Cours Élémentaire de Droit Romain*, I, p. 135 e segs.

56 Sobre essa questão, *vide* Cogliolo, *Storia del Diritto Privato Romano*, I, p. 224 e segs., Firenze, 1889. Em verdade, não há qualquer elemento certo que nos permita determinar qual era a mais antiga das ações da lei.

57 Cf. Lei das XII Tábuas, III, 1 (ed. Riccobono). Alguns autores, com base na existência da palavra *damnatus* na fórmula que Gaio nos transmitiu (*Inst.*, IV, 21), pretendem que havia ainda uma terceira hipótese em que a *manus iniectio* era aplicável: quando a obrigação decorria de uma *damnatio* (o que se verificava no *nexum* e no *legado per damnationem*). Sobre essa questão, *vide* Monier, *Manuel Élémentaire de Droit Romain*, I, 6ª ed., nº 112, p. 148.

58 Sobre a *confessio in iure* nas *legis actiones*, *vide* Scapini, *La Confessione nel Diritto Romano*, I (*Diritto Classico*), pp. 13 a 21, Torino, 1973.

59 *Vide*, a propósito, Kaser, *Das Altrömischer ius*, p. 203, Göttingen, 1949.

60 Lei das XII Tábuas, III, 1 (ed. Riccobono).

Cap. XVIII · A TUTELA DOS DIREITOS SUBJETIVOS (AS AÇÕES DA LEI – *LEGIS ACTIONES*) | 213

à presença do magistrado. Aí, o credor, segurando uma parte do corpo do devedor, pronunciava a fórmula solene:

"*Quod tu mihi iudicatus (siue damnatus) es sestertium X milia, quandoc non soluisti ob eam rem ego tibi sestertium X milium iudicati manum inicio.*"[61]

Para livrar-se da execução, ou o devedor pagava a dívida, ou apresentava um *uindex*[62], isto é, um parente ou um amigo que, em seu lugar, contestasse a legitimidade do pedido do autor, salientando, por exemplo, que a sentença condenatória era nula, ou, então, que a dívida já fora paga.

Se o devedor pagasse, a *manus iniectio* não prosseguia; se apresentasse *uindex*, o devedor ficava liberado, mas se instaurava processo, de que era parte o *uindex*, para verificar-se se sua alegação era verdadeira; se não o fosse, o *uindex* seria condenado a pagar o dobro da dívida primitiva.[63]

Podia ocorrer, no entanto, que nenhuma das duas hipóteses se verificasse: o devedor não pagava, nem apresentava *uindex*. Nesse caso, era ele adjudicado[64] ao credor, que o conduzia a casa onde, preso a cadeias com peso não inferior a quinze libras, e vivendo a suas expensas ou a do credor – quando teria direito, no mínimo, a uma libra de farinha –, ficava detido sessenta dias. Durante esse período, em que podia entrar em acordo com o credor, era este obrigado a levá-lo a três feiras sucessivas, onde, perante o magistrado, no *comitium*, se apregoava o valor da dívida, a fim de que, sabedores da ocorrência, parentes ou amigos do devedor lhe solvessem o débito.

Na falta de acordo com o credor e na ausência de pagamento da dívida, era o devedor morto, ou vendido, como escravo, no estrangeiro.

Se vários fossem os credores, determinava a Lei das XII Tábuas[65] que estes matassem o devedor e esquartejassem seu cadáver.[66]

---

61 "*Porque tu me deves por julgamento (ou por condenação) dez mil sestércios, e não pagaste, lanço sobre ti a mão por causa dos dez mil sestércios.*"

62 Sobre o *uindex*, na *manus iniectio*, *vide* Gauckler, *Étude sur le Vindex* (artigo publicado na *Nouvelle Revue historique de droit français et étranger*, ano de 1889, p. 12 e segs., do extrato).

63 Cf.*Lex Coloniae Genetiuae Iuliae*, LXI.

64 Há controvérsia sobre se a *addictio iudicati* já existia na época da Lei das XII Tábuas. *Vide*, a propósito, nossa tese de doutoramento "*Tertiis nundinis partis secanto*", p. 8, nota 1, Rio de Janeiro, 1958.

65 III, 6 (ed. Riccobono).

66 É o que estabelece, segundo a opinião dominante, a Lei das XII Tábuas (lll, 6): "Tertiis nundinis partis secanto. Si plus minusve secuerunt se fraude esto". Estudamos as diferentes explicações deste dispositivo em nosso trabalho "Tertiis nundinis partis secanto", Rio de Janeiro, 1958, a saber: as teorias sobre a divisão do corpo do devedor, do patrimônio do devedor, dos serviços do devedor, do produto da venda do devedor e da divisão mística do corpo do devedor. Vide, também, Jobbé-Duval, "Le morts malfaisants"; Larvae, Lemures, "d'apres le droit et les croyances populaires des Romains", p. 276 e segs., Paris, 1924, e Kaser, Das Rõmische Zivilprozessrecht, § 20, VLLI, I, pp.102-103, München, 1966. Novas interpretações desse dispositivo da Lei das XII Tábuas se encontram em estudos mais recentes. Assim, Françoisi ("Partes Secanto" tra Magia e Diritto, in Labeo, vol. 24 -1978 -, pp 263 a 275) sustenta que se tratava de um ritual mágico e se destinava a promover a fertilidade dos

II – A "manus iniectio" posteriormente à Lei das XII Tábuas

Na evolução da *manus iniectio* posteriormente à Lei das XII Tábuas, duas são as tendências que se observam:

a) aumento do número de casos a que ela se aplica; e

b) abrandamento de seus efeitos.

Quanto à primeira, leis posteriores à das XII Tábuas determinaram a utilização da *manus iniectio* em hipóteses em que não havia nem julgamento nem *confessio in iure*, mas em que se pretendia a cobrança de crédito a que se referiam certas leis. Assim, a Lei *Publilia* concedia ao *sponsor* (fiador), que tivesse pago a dívida, *manus iniectio* contra o devedor principal que não o reembolsasse dentro de seis meses; e a Lei *Furia de sponsu* – na hipótese de haver vários fiadores garantindo o pagamento de uma dívida, e de o credor cobrar de um deles mais do que a parte a que estava obrigado – dava ao fiador *manus iniectio* contra o credor. Nesses casos, a *manus iniectio* se dizia *pro iudicato* (como se tivesse sido julgado), em contraposição àquela que se empregava nas duas hipóteses previstas na Lei das XII Tábuas, a qual se denominava *manus iniectio iudicati*.

Demais, outras leis – como a Lei *Marcia*[67] – admitiram em certos casos que se intentasse a *manus iniectio pura*, isto é, aquela que não comportava ficção de julgamento (como ocorria na *manus iniectio pro iudicato*), mas a em que o autor devia declarar o fundamento do direito pleiteado.

Quanto à segunda tendência, há que salientar que, com a admissão das *manus iniectiones purae*, se introduziu uma inovação nesse processo: o réu não mais precisava lançar mão de um *uindex* para defendê-lo, mas podia fazê-lo pessoalmente. E, em virtude da Lei *Vallia*, dos fins do século III ou do início do século II a.C., todas as *manus iniectiones* se tornaram *purae*, salvo a do *iudicatus*, a do *confessus* (que eram os casos previstos na Lei das XII Tábuas) e a do *sponsor* na hipótese configurada na Lei *Publilia*.

Por outro lado, já nos fins da República, quando o réu não pagava o débito nem se defendia, o autor que contra ele intentara a *manus iniectio* não mais podia matá-lo ou vendê-lo como escravo, mas apenas conduzi-lo para sua casa, onde o réu, com o trabalho, pagaria a dívida.

2 – Pignoris capio

A *pignoris capio* se distingue das demais *legis actiones*, porque ela não se desenrola diante do magistrado (*in iure*). Por isso, e ainda porque não era necessária a presença

---

campos dos credores, pela crença antiga de que, sepultando-se as partes esquartejadas da vítima, se fertilizava o terreno com a força mágica existente no cotpo, no sangue ou nas cinzas do morto. Cannata ("Tertiis nundinis partis secanto", in Studi in Onore di Arnaldo Biscardvol IV, pp. 59 e 71, Milano, 1983) entende que esse preceito decenviral dizia respeito à execução da pena de talião. E Guarino ausculum Iuris, pp.l27-129, Napoli, 1985) dá notícia da tese do sueco Collinder, segundo a qual pars, nesse texto da Lei das XII Tábuas, significava pars uirilis, tendo assim o credor único o direito de castrar o devedor publicamente por esbirros (o que explicaria o plural secanto).

67   Essa lei permitia o emprego da *manus iniectio* pelo devedor que pretendia recuperar juros usuários.

Cap. XVIII · A TUTELA DOS DIREITOS SUBJETIVOS (AS AÇÕES DA LEI – *LEGIS ACTIONES*) | **215**

do adversário, e podia a *pignoris capio* realizar-se em *dias nefastos*, alguns jurisconsultos romanos não viam nela uma *legis actio*, com o que, porém, outra corrente – seguida por Gaio[68] – não concordava, porquanto, e isso bastava para caracterizar a *pignoris capio* como a ação da lei, eram pronunciadas palavras solenes (*certa uerba*).

A *pignoris capio* somente pode ser utilizada com relação a certos débitos. Assim:

a) pelo soldado contra o *tribunus aerarii* com referência ao soldo (*stipendium*);

b) pelo soldado de cavalaria contra as partes que estavam obrigadas a contribuir para a compra e a manutenção do cavalo;

c) pelo vendedor de animal destinado a sacrifício religioso contra o comprador, com relação ao preço;

d) pelo locador de um animal de carga contra o locatário, quanto ao aluguel, desde que este se destinasse a ser aplicado em sacrifício religioso; e

e) pelo publicano contra o contribuinte, com relação ao imposto (*uectigal*) devido.

Nos dois primeiros casos, a *pignoris capio* foi introduzida pelos costumes; nos demais, por lei.

As pessoas que podiam valer-se da *pignoris capio*, para tomar em penhor bens do devedor, deviam pronunciar palavras solenes cujo teor desconhecemos.

Por outro lado, é de notar-se que esse apossamento extrajudicial dos bens do devedor tinha por fim tão somente compeli-lo ao pagamento do débito, pois o credor não podia utilizar-se da coisa, mas apenas mantê-la em seu poder até a solução da dívida.

---

68   *Inst.*, IV, 29.

XIX

A TUTELA DOS DIREITOS SUBJETIVOS
(O PROCESSO FORMULÁRIO)

> **Sumário: 126.** A decadência das *legis actiones* e a introdução do processo formulário. **127.** Características do processo formulário. **128.** A fórmula – partes principais e acessórias. **129.** O desenrolar da instância. **130.** A execução da sentença. **131.** A *actio* e sua classificação. **132.** Meios complementares do processo formulário.

126. A decadência das *legis actiones* e a introdução do processo formulário – Segundo Gaio,[1] a causa da decadência das *legis actiones* e do consequente aparecimento do processo formulário foi o exagerado formalismo que fazia com que uma das partes perdesse a lide por qualquer lapso, mínimo que fosse, no cumprimento das formalidades então exigidas.

Por outro lado, Gaio[2] nos informa também – o que é confirmado, em parte, por Aulo Gélio[3] – que a substituição do sistema das ações da lei pelo processo formulário ocorreu em virtude das Leis *Aebutia* e *Iuliae Iudiciariae*. Ora, sabendo-se que a Lei *Aebutia* é do meado do Século II a.C. (a data exata de sua promulgação nos é desconhecida)[4] e as Leis *Iuliae Iudiciariae* são do tempo do imperador Augusto (foram promulgadas no ano de 17 a.C.), surge a seguinte questão: se a Lei *Aebutia* substituiu o sistema das ações da lei pelo processo formulário, por que a alusão às Leis *Júlias*, promulgadas mais de um século depois? Porventura, o alcance da Lei *Aebutia* foi mais limitado, tendo – como era, aliás, comum entre os romanos – iniciado a substituição que só se concluiu com as Leis *Júlias*? Daí o primeiro problema: o de se saber qual o alcance da Lei *Aebutia*. Mas, ao lado desse, há um segundo: o de se saber se houve – e quais foram – os precedentes que deram margem a que fosse promulgada a Lei *Aebutia*.

Estudemos, observando a ordem natural, em primeiro lugar o problema dos precedentes, e, em seguida, o do alcance da Lei *Aebutia*.

---

1 *Inst.*, IV, 30.

2 *Ibidem.*

3 *Noctes Atticae*, XVI, 10. Aulo Gélio, *porém*, não se refere às Leis *Júlias*, mas somente à Lei *Aebutia*.

4 Sobre a data da Lei *Aebutia*, *vide* Girard, *La date de la loi Aebutia*, e *Nouvelles observations sur la date de la loi Aebutia*, in *Mélanges de Droit Romain*, I, p. 67 e segs., Paris, 1912.

218 | DIREITO ROMANO – *José Carlos Moreira Alves*

Quanto aos precedentes, nenhum texto romano nos dá qualquer informação. O que há, a respeito, são conjecturas mais ou menos plausíveis, com base em fatos que são do nosso conhecimento. Exponhamos, sumariamente, essas conjecturas. Segundo Huscke,[5] a origem do sistema formulário se encontra no processo que se desenrolava diante do pretor peregrino; não podendo, nesse caso, ser aplicado o sistema das ações da lei (que só se empregava para dirimir conflitos de interesse entre cidadãos romanos), o pretor peregrino – diante das pretensões expostas livremente pelos litigantes, nem sempre em latim – redigiria instruções aos *recuperatores* (e nisso estaria o ponto de contato com a fórmula do processo formulário), que se baseariam nelas para julgar a causa. Há também a tese de Girard:[6] se, nos processos que eram presididos pelo pretor peregrino, este redigia instruções aos *recuperatores*, essa prática não foi criação sua, mas simples imitação do que se observava em certas províncias romanas (assim, na Sicília), e nesse costume, então, é que se acharia o precedente do processo formulário. Finalmente, a conjectura de Huvelin,[7] para quem, já na *iudicis postulatio* (principalmente na hipótese do *arbitrium liti aestimandae*) e na *condictio certae rei* (e possivelmente na *condictio certae pecuniae*), o magistrado redigia instruções ao juiz popular; delas nasceram as fórmulas do processo formulário.

Dessas teses, a de Huscke é a mais seguida.[8]

Quanto ao alcance da Lei *Aebutia* (e, consequentemente, ao papel das Leis *Iuliae Iudiciariae* na introdução do processo formulário), há três opiniões divergentes. Para alguns romanistas (assim, Bekker e Jobbé-Duval)[9] a Lei *Aebutia* estabeleceu apenas a *acumulação* do processo das ações da lei com a fórmula: 1º, os litigantes cumpriam as formalidades das ações da lei diante do magistrado; e 2º, em seguida, solicitavam ao magistrado uma *fórmula*, onde se fixava o ponto litigioso e se dava poder a juiz popular para condenar ou absolver o réu, conforme ficassem provadas, ou não, as alegações do autor. Para outros (Wlassak e Girard)[10] – e essa conjectura é a mais seguida pelos autores –, a Lei *Aebutia* deu aos litigantes o direito de escolher, para a solução do conflito, entre o sistema das *legis actiones* e o novo – o formulário. Por outro lado, Eisele e Cuq[11] entendem que a Lei *Aebutia* autorizou o emprego da fórmula apenas nos casos que até então davam margem à *condictio* (que foi, assim, abolida), pois essa *actio*, apesar de sua origem recente com relação às demais *legis actiones*, era

---

5   Cf. Girard, *Manuel Élémentaire de Droit Romain*, 8ª ed., p. 1.055, nota 3; e Sohm, *Institutionen*, 14ª ed., § 49, p. 397, nota 4.

6   *Manuel Élémentaire de Droit Romain*, 8ª ed., p. 1.055 e segs.

7   *L'arbitrium liti aestimandae et l'origine de la formule, in Mélanges Gérardim*, p. 319 e segs., Paris, 1907; e *Cours Élémentaire de Droit Romain*, I, p. 167 e segs.

8   *Vide*, a propósito, Carrelli, *La Genesi del Procedimento Formulare*, p. 66, Milano, 1946.

9   Jobbé-Duval, *La legis actio avec formule à l'époque de Cicéron, in Mélanges de Droit Romain dédiés à Georges Cornil*, I, p. 517 e segs., Gand-Paris, 1926.

10 Wlassak, *Römische Processgesetze*, I, § 10, p. 103 e segs., Leipzig, 1888; Girard, *Manuel Élémentaire de Droit Romain*, 8ª ed., p. 1.057.

11 Cuq, *Les Institutions Juridiques des Romains, L'Ancien Droit*, 1ª ed., p. 714, Paris, 1891. Modernamente, retomaram essa tese Kaser, *Die Lex Aebutia, in Studi Albertario*, I, p. 25 e segs., Milano, 1953 reproduzido em *Augeswählte Schriften*, II, pp. 443 a 476, Napoli, 1976; e Lévy-Bruhl, *Recherches sur les Actions de la loi*, p. 334, Paris, 1960.

Cap. XIX · A TUTELA DOS DIREITOS SUBJETIVOS (O PROCESSO FORMULÁRIO) | **219**

malvista pelos capitalistas romanos em virtude do prazo de trinta dias para a designação do juiz popular, o que retardava a solução do litígio. Num ponto, porém, as três teses estão de acordo: foram as Leis *Júlias* judiciárias que generalizaram, tornando-o obrigatório, o processo formulário, embora continuassem a admitir a existência das *legis actiones* em três casos:

a) nos processos que se desenrolavam diante do tribunal dos centúnviros (nos quais, na fase *in iure*, se observavam as formalidades da *actio sacramenti*);[12]

b) quando se tratava de *damnum infectum*;[13] e

c) nas hipóteses de jurisdição graciosa[14] com o emprego da *in iure cessio*.

127. Características do processo formulário – Assim como ocorria no sistema das ações da lei, no processo formulário continua a ser observado o *ordo iudiciorum priuatorum*: a instância se divide em duas fases sucessivas: 1ª, a *in iure* (diante do magistrado), e 2ª, a *apud iudicem* (perante o juiz popular).

No entanto, afora inovações no decurso da instância (e que oportunamente serão salientadas), o processo formulário se distingue nitidamente do sistema das ações da lei pelas seguintes características principais:

a) é menos formalista e mais rápido;

b) a fórmula – documento escrito – tira-lhe o caráter estritamente oral de que se revestiam as ações da lei;

c) maior atuação do magistrado no processo; e

d) a condenação se torna exclusivamente pecuniária.

No processo formulário não se encontra o formalismo rígido do sistema das ações da lei. Não se pronunciam palavras imutáveis; não se fazem gestos rituais – em consequência, não mais se perdem causas por desvios mínimos de formalidades. Por outro lado, não há mais que atender, para a designação do juiz popular, ao prazo de trinta dias da Lei *Pinaria*, o que torna esse processo, sem dúvida, mais rápido do que o das ações da lei.

É a fórmula, porém, o traço marcante do processo formulário; dela advém-lhe a própria denominação: processo *per formulas*. Trata-se – como veremos adiante – de um documento escrito onde se fixa o ponto litigioso e se outorga ao juiz popular poder para condenar ou absolver o réu, conforme fique, ou não, provada a pretensão do autor. No sistema das *legis actiones*, nada havia de semelhante: o juiz popular julgava a questão que as partes, oralmente, lhe expunham. No processo formulário, não: ele julga o litígio conforme está delimitado na fórmula, elaborada na fase *in iure*.

A atuação do magistrado no processo formulário é muito mais intensa do que nas ações da lei, onde ele quase se limitava a ser fiscal de formalidades.[15]

---

12 Cf. Gaio, *Inst.*, IV, 31.

13 Cf. Gaio, *ibidem*.

14 Cf. Gaio, *Inst.*, II, 24.

15 Basta atentar para a circunstância de que, no sistema das *legis actiones*, o magistrado não podia criar ações; só se utilizavam as existentes em virtude do *ius ciuile*; no processo formulário, porém, era possível ao magistrado conceder fórmulas que tutelassem situações não previstas no *ius ciuile*.

Mas, se é indiscutível essa maior atuação do magistrado no processo formulário, não há, no entanto, entre os autores, concordância sobre o exato papel que o magistrado desempenha no sistema *per formulas*. A controvérsia se deve, principalmente, à circunstância de que a fonte de informações de que dispomos sobre o processo formulário – o livro IV das *Institutas* de Gaio – o descreve sob o aspecto estático, deixando quase inteiramente esquecido o dinâmico (isto é, a descrição do desenrolar da instância). Em face disso, não temos informes precisos sobre pontos capitais desse processo, como: que era exatamente a *litis contestatio*? Qual a natureza da fórmula? E, conforme a resposta que se dê a essas interrogações, varia a solução de outro problema da maior importância para que se estabeleça a posição ocupada pelo magistrado no processo formulário. Esse problema é o de saber se o processo *per formulas* tinha natureza pública (e, nesse caso, a figura central seria a do magistrado, ficando as partes em plano secundário) ou privada (e a situação seria oposta: em primeiro plano, as partes; em segundo, o magistrado). Os romanistas, com referência a essa questão, se dividem.[16] Três são as correntes de opinião:

a) a mais antiga, que é encabeçada por Keller:[17] o processo formulário é de natureza eminentemente pública; as partes se limitam a expor o conflito, e cabe ao magistrado redigir a fórmula onde dá instruções ao juiz sobre o que irá julgar, concedendo-lhe também poder para condenar ou absolver o réu; em face disso, a *litis contestatio* é apenas um momento ideal com que se finaliza a fase *in iure*;

b) a defendida por Wlassak[18] – ainda hoje a dominante –, e que é diametralmente oposta à de Keller: o processo formulário é de natureza rigorosamente privada, mantendo caráter essencialmente arbitral; quem redige a fórmula é o autor (ou antes, o jurisconsulto que o assiste), tendo o réu o direito de fazer inserir nela certas cláusulas bem como de debater com o autor o ponto litigioso a ser fixado; a *litis contestatio* nada mais é do que o contrato formal celebrado exclusivamente pelas partes, que concordam em que o litígio, como delimitado na fórmula, seja julgado por um juiz popular; o magistrado, que passivamente assiste a essas discussões, se limita a autorizar o *iudicium* (isto é, a fórmula como documento concreto – *vide* o nº 128), e a ordenar ao juiz que julgue a causa (*iussus iudicandi*); e

c) a corrente intermédia, defendida, entre outros, por Arangio-Ruiz e Carrelli:[19] são falsas as posições radicais de Keller e Wlassak; ao contrário do que pretendem eles, a fórmula é elaborada pelas partes e pelo magistrado (cuja atuação é importante, tanto

---

16 *Vide*, a propósito, o amplo estudo de Carrelli, *La genesi del procedimento formulare*, Milão, 1946; e a síntese de Guarino, *L'Ordinamento Giuridico Romano*, 3a edição, nº 51, p. 137 e segs., Napoli, 1959.

17 As ideias de Keller foram expostas no livro *Ueber die Litiscontestation und Urtheil nach klass röm. Recht*, publicado em Zurich, em 1827, e reafirmadas na obra *Der Römische Zivilprozess un die Actionen*, 4ª ed., § 41, p. 167, Leipzig, 1883.

18 *Vide* Wlassak, *Die Litiskontestation in Formularprozess*, Leipzig, 1889; e Carrelli, *La genesi del procedimento formulare, passim*, Milano, 1946.

19 *Vide* Guarino, *L'Ordinamento Giuridico Romano*, nº 51, p. 141 e segs., Napoli, 1959; e Gioffredi, *Contributi allo Studi del Processo Civile Romano*, p. 65 e segs., Milano, 1947.

Cap. XIX • A TUTELA DOS DIREITOS SUBJETIVOS (O PROCESSO FORMULÁRIO) | **221**

assim que ele pode não conceder a fórmula); e mesmo a *litis contestatio* resulta do acordo de vontade das partes e também do magistrado sobre a fórmula a ser remetida ao juiz popular.

Finalmente, a condenação, no processo formulário, diversamente do que ocorria no sistema das ações da lei, era sempre pecuniária.[20] Ainda quando se tratasse de reivindicação de coisa, o réu – se não quisesse devolvê-la ao autor – seria condenado não a fazê-lo, mas apenas a pagar o valor da coisa.

128. A fórmula – partes principais e acessórias – É preciso, preliminarmente, esclarecer a diferença de significado que há entre *formula* e *iudicium*.[21] A *formula* é o esquema abstrato existente no Edito dos magistrados judiciários, o qual servia de modelo para que, num caso concreto, com as adaptações e as modificações que se fizessem necessárias, se redigisse o documento em que se fixava o objeto da demanda a ser julgado pelo juiz popular. Já o *iudicium* é esse documento que, num caso concreto, se redige[22] tomando por modelo a *formula*.[23]

---

20 *Vide*, sobre a origem desse princípio, a nota 29, abaixo.

21 A propósito, *vide* Carrelli, *La genesi del procedimento formulare*, p. 48, Milano, 1946, e Arangio-Ruiz, *Sulla scritura della formula nel processo romano, in Scritti di Diritto Romano*, IV, p. 135 (esse artigo, anteriormente, fora publicado também em *Iura*, I, p. 15 e segs.), Napoli, 1977.

22 Já houve quem negasse que, no processo formulário, houvesse esse documento escrito. Schlossman, em vários trabalhos (assim, em *Praescriptiones und Praescripta Verba – Wider die Schriftformel des römischen Formularprozesses*, Leipzig, 1907) procurou demonstrar que a fórmula, no processo formulário, era oral. Essa tese, no entanto, não encontrou ressonância na doutrina. É certo, porém, que Arangio-Ruiz (artigo citado na nota 21 acima, *in Iura*, p. 15 e segs.), modernamente, a segue. Dois documentos, porém, achados em Murécine, na Itália, provam que o *iudicium* era escrito. São duas *tabulae*, publicadas por Giordano em 1972, e que, com muitas outras, foram encontradas em Murécine, quando da construção, em 1959, da autoestrada entre Pompéia e Salerno (para pormenores, *vide* Lucio Bove, *Documenti Processuali dalle Tabulae Pompeianae di Murécine*, p. 1 e segs., Napoli, 1979). O teor delas na leitura de Wolf (*apud* Saconni, *Studi sulla litis contestatio nel processo formulare*, pp. 22-23, Napoli, 1982), é este: "*Tab. VII Ea res agetur de sponsione C(aius) Blossius Celadus iudex esto si parret C(aium) Marcium Satu[rninum] C(aio) Sulpicio Cinnamo HS I)) m d[are] oportere q(ua) d(e) r (e) agitur C(aius) Blossius Celadus iudex C(aium) Marcium Saturninum HS I)) m C(aio) Sulpicio Cinnamo cond[em]nato si non parret absolvito C(aius) Blossius Celadus iudex esto Tab. VI [Si par] ret C(aium) Marcium [Satur] ninum [C(aio)] Sulpicio Cinnam [o] HS I)) m m m [d]are oportere q(ua) [d(e) r(e) agi] tur C(aius) Blossius Celadus [i]udex [C(aium)] Marcium Satu[r]ninun[HS]m m CCI), [C(aio)] Sulpicio Cinnam[o con]demnato si non parret ap-solvito iudicare iussit P(ublius) Cossinius Priscus II vir [Actu]m Puteol[is] Fausto Cornelio Sul[la Feli]ce [Q(uinto)] Marcio Barea Sorano cos.*" Como se vê, trata-se de *iudicia* (fórmulas redigidas para o caso concreto) que dizem respeito a *actio certae creditae pecuniae*.

23 No edito, antes de ser apresentada a fórmula, o magistrado colocava uma cláusula – a que se dá a denominação de *edito em sentido estrito* – onde determinava as condições em que concederia ou denegaria a fórmula. Assim, por exemplo, com relação ao comodato (empréstimo de coisa infungível), rezava o edito em sentido estrito: "*Quod quis commodasse dicetur, de eo iudicium dabo*" (Quando alguém disser que houve comodato darei uma fórmula). E seguia-se o teor da fórmula. Sobre as relações entre o Edito e as fórmulas, *vide* Wlassak, *Edict und Klageform*, Jena, 1882.

222 | DIREITO ROMANO – *José Carlos Moreira Alves*

Um exemplo, para esclarecer.

No Edito do pretor urbano figurava a seguinte *formula* a ser utilizada pelo credor por quantia certa que pretendesse cobrar, judicialmente, do devedor seu crédito:

"Iudex esto. Si paret Numerium Negidium Aulo Agerio sestertium X milia dare oportere, iudex, Numerium Negidium Aulo Agerio sestertium X milia condemnato; si non paret, absoluito." (Seja juiz. Se ficar provado que Numério Negídio deve pagar a Aulo Agério dez mil sestércios, juiz, condena Numério Negídio a pagar a Aulo Agério dez mil sestércios; se não ficar provado, absolve-o).

Tratava-se, portanto, de um esquema abstrato, à semelhança dos formulários modernos, onde se encontram modelos de petições, de requerimentos, de escrituras.

Mas, se num caso concreto, Tício acionasse Caio para que este lhe pagasse dez mil sestércios que lhe devia, redigia-se, então, com base naquela fórmula, o documento escrito que iria fixar o objeto da demanda para que o juiz (na hipótese, L. Otávio) a julgasse. Esse documento era o *iudicium*, e assim rezaria:

"L. Octauius iudex esto. Si paret Caium Titio sestertius X milia dare oportere, iudex, Caium Titio sestertium X milia condemnato; si non paret, absoluito." (Que L. Otávio seja juiz. Se ficar provado que Caio deve pagar a Tício dez mil sestércios, juiz, condena Caio a pagar a Tício dez mil sestércios; se não ficar provado, absolve-o).

Note-se, no entanto, que os romanistas, em geral, se utilizam do termo *formula* para traduzir as duas ideias.

Por outro lado, observe-se que, na fórmula, as frases relativas à condenação e à absolvição do réu são condicionais (*si paret*, condemnato; *si non paret*, absoluito); que os verbos, no imperativo, estão na terceira pessoa do singular (*esto, condemnato, absoluito*), e, às vezes, do plural (assim, quando, na fase *apud iudicem*, funcionam os *recuperatores*, a cláusula inicial da fórmula tem este teor: *"Recuperatores sunto"*);[24] e que, para simbolizar autor e réu, se empregam dois nomes fictícios, mas expressivos: Aulo Agério, para o autor (pois o autor é quem age – *is qui agit*; daí, Agério); Numério Negídio, para o réu (pois o réu é quem nega – *is qui negat*; daí, Negídio).

Em virtude da importância da fórmula no processo formulário, os juristas romanos clássicos dedicaram-lhe especial atenção, e chegaram até, como se vê em Gaio,[25] a sistematizar-lhe os elementos componentes, distinguindo-os em partes principais (*partes formulae*) e partes acessórias (*adiectiones*).

---

24 Nos textos, às vezes, em vez de o verbo estar na terceira pessoa, encontra-se ele na segunda (*condemna, absolue*, em lugar de *condemnato, absoluito*). Segundo Schulz (*Classical Roman Law*, nº 30, p. 20), isso decorre de erro de alguns copistas que interpretaram mal as abreviações *c* e *a* que se achavam nos manuscritos de que copiavam. No mesmo sentido, Wenger, *Institutionen des Römischen Zivilprozessrechts*, p. 132, nota 18, München, 1925.

25 *Inst.*, IV, 39 e segs.

Cap. XIX · A TUTELA DOS DIREITOS SUBJETIVOS (O PROCESSO FORMULÁRIO) | 223

A) *Partes principais ("partes formulae")*

Segundo Gaio,[26] quatro são as partes principais da fórmula: a *demonstratio*, a *intentio*, a *adiudicatio* e a *condemnatio*.

A elas precede a cláusula onde se designa (*Iudex esto*) a pessoa (ou pessoas, no caso de *recuperatores*) que exercerá a função de juiz popular.[27]

Passemos à análise das quatro partes principais da fórmula, alterando, no entanto, a ordem da enumeração de Gaio, para melhor compreensão da matéria.

1 – A "intentio"

É a parte da fórmula na qual o autor expõe sua pretensão.[28] *Si paret Numerium Negidium Aulo Agerio sestertium X milia dare oportere* (Se ficar provado que Numério Negídio deve pagar dez mil sestércios a Aulo Agério), eis a *intentio*.

A *intentio* pode ser *certa* ou *incerta*. É *certa* quando o autor exprime exatamente o que pleiteia: *Si paret Numerium Negidium Aulo Agerio sestertium X milia dare oportere* (Se ficar provado que Numério Negídio deve pagar dez mil sestércios a Aulo Agério). É *incerta* em caso contrário: *quidquid Numerium Negidium Aulo Agerio dare facere oportere* (O que quer que seja que Numério Negídio deva dar ou fazer a Aulo Agério).

2 – A "demonstratio"

Nas fórmulas em que a *intentio* é *incerta*, o juiz popular, para poder – se for o caso – condenar o réu, necessita de elemento que lhe possibilite determinar o *quidquid* constante da *intentio*. Esse elemento é fornecido na parte da fórmula que se denomina *demonstratio*.

Assim, na fórmula: *"Quod Aulus Agerius de Numerio Negidio hominem Stichum emit, quidquid ob rem Numerium Negidium Aulo Agerio dare facere oportet...* (Porque Aulo Agério comprou o escravo Stico de Numério Negídio, o que quer que seja que por isso Numério Negídio deva dar ou fazer a Aulo Agério...), cuja *intentio* é *incerta*, a frase inicial *"Quod Aulus Agerius de Numerio Negidio hominem Stichum emit"* é a *demonstratio*.

3 – A "condemnatio"

A *condemnatio* é a parte da fórmula na qual se dá ao juiz popular poder para condenar ou absolver o réu.

No processo formulário, como já salientamos atrás, a condenação é sempre em dinheiro.[29] Portanto, ainda que o autor reivindique coisa sua que indevidamente se en-

---

26 *Ibidem.*

27 *Vide* Cícero, *in Verrem*, II, 2, 12, 31.

28 Gaio, *Inst.*, IV, 41.

29 Gaio, *Inst.*, IV, 48. Não se sabe qual seja a origem desse princípio. O que há, a respeito, são simples conjecturas (a propósito, *vide* Kaser, *Das römische Zivilprozessrecht*, § 54, p. 287 e nota 25, München, 1966).

contre na posse do réu, se este não quiser devolvê-la, o juiz somente poderá condená-lo a pagar a quantia equivalente ao valor da coisa.

Em face desse princípio, a *condemnatio* pode ser *certa* ou *incerta. Certa*, quando, sendo *certa* a *intentio*, na *condemnatio* se repete a pretensão do autor; por exemplo: *"Si paret Numerium Negidium Aulo Agerio sestertium X milia dare oportere, iudex, Numerium Negidium Aulo Agerio sestertium X milia condemnato; si non paret, absoluito"* (Se ficar provado que Numério Negídio deve pagar dez mil sestércios a Aulo Agério, condena, juiz, Numério Negídio a pagar dez mil sestércios a Aulo Agério; se não ficar provado, absolve-o). *Incerta*, quando se deixa ao juiz popular que determine o montante da condenação; nesse caso, a *condemnatio incerta* pode ser expressa, na fórmula, dos seguintes modos:

a) com a cláusula *quanti ea res est* (*erit* ou *fuit*) – a *condemnatio* com essa cláusula ocorre quando a *intentio* se refere a coisa que não dinheiro, e, em virtude dela, deve o juiz avaliar a coisa para condenar o réu a pagar o valor estimado; exemplo: *"... quanti ea res erit,tantam pecuniam, iudex*, Numerium Negidium *Aulo Agerio condemnato; si non paret, absoluitio"* (... condena, juiz, Numério Negídio a pagar a Aulo Agério quantia correspondente ao valor da coisa; se não ficar provado, absolve-o);

b) com a cláusula *eius* (subentendida a palavra *rei*) *condemnato* – é ela empregada quando a *intentio* se refere a quantia incerta; e

c) com a cláusula *quantum aequum uidetur* (quanto parece justo) – cláusula que se insere na fórmula quando o juiz deve determinar, de acordo com a equidade, o montante da quantia a ser paga pelo réu.

Por outro lado, quando a *condemnatio é incerta*, ela pode ser *cum taxatione* ou *infinita*. Diz-se que a *condemnatio é incertae pecuniae cum taxatione* quando se determina o máximo até o qual o juiz pode condenar o réu; exemplo: *"... iudex Numerium Negidium Aulo Agerio dumtaxat sestertium X milia condemnato; si non paret, absoluito"* (condena, juiz, Numério Negídio a pagar a Aulo Agério *somente até* dez mil sestércios; se não ficar provado, absolve-o). A *condemnatio é incertae pecuniae infinita*, quando na fórmula se dá plena liberdade ao juiz popular para fixar o *quantum* da condenação; exemplo: *"... quanti ea res erit, iudex, tantam pecuniam Numerium Negidium Aulo Agerio condemnato; si non paret, absoluito"* (... condena, juiz, Numério Negídio a pagar a Aulo Agério quantia correspondente ao valor da coisa; se não ficar provado, absolve-o).

4 – A *"adiudicatio"*

A *adiudicatio* é a parte da fórmula na qual se permite ao juiz adjudicar a coisa a algum dos litigantes.

Ela somente se encontra nas fórmulas das ações divisórias, que eram três: *a actio familiae erciscundae* (ação de divisão de herança), a *actio communi diuidundo* (ação de divisão de coisa comum) e a *actio finium regundorum* (ação de demarcação de limites).

Quando se salienta que essas partes, que acabamos de analisar, são as principais da fórmula, não se quer dizer com isso que todas elas existem necessariamente em qualquer fórmula, mas, sim, que são aquelas que, quando integram uma fórmula que se destina

Cap. XIX · A TUTELA DOS DIREITOS SUBJETIVOS (O PROCESSO FORMULÁRIO) | 225

à proteção de determinado direito subjetivo, não podem ser afastadas ou modificadas pelos litigantes.

A *intentio*, segundo a opinião dominante,[30] se encontra em toda e qualquer fórmula, acompanhada, ou não,[31] de outras partes principais. A *demonstratio* somente figura nas fórmulas em que a *intentio* é incerta. A *adiudicatio* integra apenas as fórmulas relativas às três ações divisórias (a *actio familiae erciscundae*, a *actio communi diuidundo* e a *actio finium regundorum*). Finalmente, a *condemnatio* é, em geral, parte integrante de todas as fórmulas, exceto daquelas que dizem respeito às *actiones praeiudiciales*, onde não teria razão de ser.[32]

B) *Partes acessórias ("adiectiones")*[33]

As partes acessórias são aquelas que somente se inserem na fórmula, a pedido de uma das partes, quando ocorrem determinadas circunstâncias.

São elas:

1ª – a *praescriptio*;

2ª – a *exceptio*; e

3ª – a *replicatio*, a *duplicatio*, a *triplicatio*.

Estudemo-las separadamente.

1 – A praescriptio

A *praescriptio* é parte acessória da fórmula que assim se denomina porque, quando inserida nela, é colocada em seu início (*prae* = antes; *scriptio* = a ação de escrever), antes da *demonstratio* e da *intentio*.

Há duas espécies de *praescriptiones*: a *praescriptio pro actore* (*praescriptio* em favor do autor) e a *praescriptio pro reo* (*praescriptio* em favor do réu).

---

30 Em sentido contrário manifesta-se De Visscher, *Les formules "in factum"*, in *Études de Droit Romain*, p. 363 e segs., Paris, 1931, para quem, nas *actiones in factum* (*vide* nº 131-A), não há *intentio*, existindo em seu lugar uma cláusula (que De Visscher denomina "elemento inicial"), onde se expõem os fatos que o juiz deve examinar para proferir a sentença. Contra a tese de De Visscher, *vide* Lenel, *Intentio in factum concepta?* In *Zeitschrift der Savigny-Stiftung für Rechtsgeschichte, Romanistische Abteilung*, vol. XLVIII (1928), p. 1 e segs.

31 Nas fórmulas das *actiones praeiudiciales* (aquelas em que o autor pretende apenas que o juiz declare a existência de uma qualidade ou de um fato; assim, por exemplo, declarar que determinada pessoa é, ou não, liberta), só há *intentio*. Bonjean (*Traité des actions*, II, 2ª ed., p. 250 e segs., Paris, 1845) conjectura, com base em Gaio, *Inst.*, III, 123, e em Paulo, *Sententiae*, V, 9, 1, que o teor dessa fórmula podia ser este: "*Iudex esto. An Dio, Erotis filius, Lucii Seii libertus sit, quaerito*" (Seja juiz. Verifique se Dio, Filho de Eros, é liberto de Lúcio Seio).

32 A *condemnatio* pode encontrar-se mesmo na fórmula de uma ação divisória, quando, então, o juiz, além de fazer as adjudicações cabíveis, deverá verificar – e, se for o caso, condenar – se uma das partes deve, ou não, indenizar a outra.

33 Quanto à redação das praescriptiones e das *exceptiones*, *vide* Mantovani, *Le formule del Processo Privato Romano*, 2a edição, Padova, 1999.

226 | DIREITO ROMANO – *José Carlos Moreira Alves*

O autor se serve da *praescriptio pro actore* em duas hipóteses:

a) para impedir que a ação abranja todo o seu direito; assim, por exemplo, se Caio deve a Tício 1.000 sestércios, em dez prestações de 100 sestércios, e não paga a segunda dessas prestações, Tício, ao cobrá-lo, judicialmente, deve ter o cuidado de fazer inserir na fórmula uma *praescriptio* onde se esclareça que a ação não diz respeito ao direito de crédito na sua totalidade (os 1.000 sestércios), mas apenas à segunda das prestações de 100 sestércios; e isso fazia para que o devedor não pudesse, depois, deixar de pagar as demais prestações, alegando, quando cobrado judicialmente, o efeito extintivo da *litis contestatio* (*vide* nº 129); e

b) para indicar a qualidade com que ele, autor, age; assim, se Caio, por meio de um escravo, promete pagar 1.000 sestércios a Tício, este, ao cobrá-los, judicialmente, se serve da *praescriptio* para salientar que o contrato foi celebrado com o escravo de Caio; e isso era necessário, porque na *intentio*, em vez do nome do escravo, figuraria o de Caio na posição de réu.

Já o réu se utiliza da *praescriptio pro reo* para impedir que a decisão a ser tomada, quanto ao litígio em causa, não prejulgue (isto é, não decida implicitamente) outra questão mais importante. Assim, quando alguém, alegando ser herdeiro do proprietário de uma coisa, a reivindica das mãos de outrem, este poderá valer-se da *praescriptio por reo*, para impedir que, com o julgamento dessa questão, se prejulgue outra mais importante: a relativa à própria herança.

Segundo Gaio,[34] em seu tempo (século II d.C.) as *praescriptiones pro reo* tinham caído em desuso, valendo-se os réus, em lugar delas, das *exceptiones* (exceções).

2 – A "*exceptio*"[35]

A *exceptio* (exceção) é parte acessória da fórmula pela qual o réu, invocando direito próprio ou determinada circunstância, paralisa o direito do autor. Por meio dela, portanto, o réu – e a *exceptio* só é concedida a ele – se defende indiretamente: não nega o direito invocado pelo autor, mas alega que não o observou com base em direito próprio ou pela ocorrência de certas circunstâncias.[36] Por exemplo: se Caio promete pagar a Tício 100 sestércios dentro de 30 dias, mas se, antes do término desse prazo, ajustam ambos, por um pacto, que o pagamento só poderá ser exigido após 60 dias a partir de então, e, isso não obstante, Tício, no trigésimo primeiro dia, cobra judicialmente a dívida de Caio, este se utiliza da *exceptio* para defender-se indiretamente: não nega que deve os 100 sestércios

---

34 *Inst.*, IV, 133.

35 Sobre a exceptio, *vide* Palermo, *Studi sulla "exceptio" nel diritto classico*, Milão, 1956.

36 Observa Palermo (ob. cit., p. 98 e segs.) que aos juristas romanos clássicos não foi estranho o conceito de reconvenção do direito processual moderno, e isso em face de, nos fins do século I d.C., se ter iniciado a assimilação da *exceptio à actio*, o que se verifica em alguns casos (como, por exemplo, na *exceptio compensationis* – exceção de compensação) em que a *exceptio* é mais uma *actio* do réu contra o autor do que simples meio de defesa.

Cap. XIX • A TUTELA DOS DIREITOS SUBJETIVOS (O PROCESSO FORMULÁRIO) | 227

a Tício, mas alega, defendendo-se de ainda não tê-los pago, a existência do pacto que lhe dá o direito de somente solver o débito 60 dias depois de sua celebração.

A *exceptio* não existia no sistema das ações da lei;[37] surgiu no processo formulário.

É ela redigida como cláusula condicional negativa, colocada após a *intentio*. Eis um exemplo em que o réu, numa cobrança de dívida, alega, em sua defesa (por meio da *exceptio*), que não a pagou porque o autor lhe perdoara, por pacto posterior, o débito:

"*Si paret Numerium Negidium Aulo Agerio sestertium X milia dare oportere, si inter Aulum Agerium et Numerium Negidium non conuenit ne ea pecunia peteretur in eam pecuniam Numerium Negidium Aulo Agerio condemnato; si non paret absoluito*" (Se ficar provado que Numério Negídio deve pagar 10.000 sestércios a Aulo Agério, *e se não houve acordo entre Aulo Agério e Numério Negídio no sentido de que não fosse cobrada essa quantia*, condena Numério Negídio a pagar essa importância a Aulo Agério; se não ficar provado, absolve-o).

Si inter Aulum Agerium et Numerium Negidium non conuenit ne ea pecunia peteretur é a exceção.

Portanto, o juiz, nesse caso, devia verificar: 1º) se realmente o réu devia ao autor 10.000 sestércios; e 2º) se tinha havido acordo entre eles no sentido de que a dívida não seria cobrada. Se verificasse verdadeira a primeira condição, e falsa a segunda, o juiz condenaria o réu; se ambas as condições fossem verdadeiras ou falsas, o absolveria.

Por outro lado, quando o réu não pedia a inclusão da *exceptio* na fórmula, não podia, em geral, alegar o fato, que deveria ter sido objeto dela, diante do juiz (pois este estava obrigado a julgar de acordo com os termos da fórmula), sendo, assim, condenado.[38]

As exceções admitem várias classificações. Eis as principais:

a) perpétuas ou *peremptórias* (quando podem ser alegadas a qualquer tempo, como é o caso de exceção invocada pelo réu com base em pacto de perdão de dívida) e *temporárias ou dilatórias* (quando somente podem ser alegadas até determinado momento, como é o caso de exceção com base em pacto que aumenta o prazo, para pagamento da dívida, de 30 dias para 60 dias); e

b) rei cohaerentes (as que podem ser invocadas por qualquer interessado, porquanto se vinculam à coisa objeto do litígio) e *personae cohaerentes* (as que apenas podem ser invocadas por determinada pessoa, visto como dizem respeito somente a ela).

3 – A replicatio, a duplicatio, a triplicatio

A *replicatio*, como acentua Keller,[39] é uma *exceptio* em favor do autor contra a *exceptio* do réu. A *replicatio* feita pelo autor está para a *exceptio*, alegada pelo réu, como esta

---

37 Cf. Gaio, *Inst.*, IV, 108.

38 Isso não ocorria, porém, nos *iudicia bonae fidei* (*vide* nº 131, C); demais, em não se tratando de *iudicia bonae fidei*, o magistrado, às vezes, concedia ao réu a *restitutio in integrum* (*vide* nº 132, B) para que pudesse reparar o seu lapso (cf. Gaio, *Inst.*, IV, 125).

39 *Der Römische Zivilprozess und die Actionen*, 4ª ed., § 37, p. 149, Leipzig, 1883.

para a *actio* do autor. Assim, por exemplo, se o réu invoca, na *exceptio*, um determinado pacto para não pagar o débito cobrado, o autor – se for o caso – poderá valer-se de uma *replicatio* para salientar que o pacto alegado foi revogado por outro posterior, que lhe dá o direito de haver a quantia cobrada. Por sua vez – e em hipóteses complexas a que alguns textos se referem[40] –, o réu podia responder à *replicatio* por meio de uma *duplicatio*; e o autor, mediante uma *triplicatio*,[41] e assim por diante se houvesse motivos a invocar para afastar a alegação, imediatamente anterior, do adversário.

129. O desenrolar da instância – A semelhança do que fizemos com relação ao sistema das ações da lei, estudaremos o desenrolar da instância no processo formulário, nas três seguintes etapas:

a) introdução da instância;

b) a instância *in iure*; e

c) a instância *apud iudicem*.

A) *Introdução da instância*

No processo formulário, a introdução da instância se dá, ainda, com a *in ius uocatio*. Mas há uma série de inovações.

Discutem os autores[42] se, no sistema *per formulas*, já era exigida a *editio actionis*, isto é, que o autor, extrajudicialmente, procurasse o réu e lhe comunicasse[43] a fórmula da ação que pretendia mover contra ele.[44]

O que se sabe é que, no processo formulário, ainda incumbia ao autor[45] providenciar que o réu comparecesse à presença do magistrado. Para isso, o autor devia procurar o réu, e tentar obter dele uma das seguintes atitudes:

a) ou que entrasse em acordo, e, mediante contrato verbal – a *stipulatio* –, lhe prometesse que, em certo dia, compareceria com ele à presença do magistrado, sob pena de, não o fazendo, pagar-lhe determinada quantia (a esse acordo se dava a denominação de *uadimonium*);[46] ou

---

40 Exemplos de *replicatio* e *duplicatio*, em Keller, *Der Römische Civilprocess und die Actionen*, 4ª ed., § 37, p. 152 e segs., Leipzig, 1883.

41 Gaio, *Inst.*, IV, 127 e 128.

42 *Vide*, a propósito, Volterra, *Instituzioni di Diritto Privato Romano*, p. 215.

43 Acentua Kaser (*Das römische Zivilprozessrecht*, § 30, p. 162, München, 1966) que essa comunicação (D. II, 13, 1, 1) podia ser feita oralmente ou por escrito.

44 Pormenores em Pugliese, *Il Processo Civile Romano*, II (*Il processo formulare*), tomo I, nº 49, p. 353 e segs., Milano, 1963; e em Murga Gener, *Derecho Romano Classico* II: El Proceso, 2a edição, pp. 249 a 252, Zaragoza, 1983.

45 Sobre a capacidade de ser parte e as pessoas que não a possuíam, *vide* Pugliese, *Il Processo Civile Romano*, II (*Il processo formulare*), tomo I, nº 49, p. 278 e segs., Milano, 1963.

46 Gaio, *Inst.*, IV, 184. A propósito do *uadimoniun vide* Fliniaux, *Le Vadimonium*, p. 37 e segs., Paris, 1908; Kaser, ob. cit., § 31, p. 167 e segs.; e Pugliese, *Il Processo Civile Romano*, II (*Il processo formulare*), nº 69 e segs., p. 398 e segs., Milano, 1963. Sobre os documentos que contêm tal acordo

Cap. XIX · A TUTELA DOS DIREITOS SUBJETIVOS (O PROCESSO FORMULÁRIO)   229

b) que lhe fornecesse um *index* (um terceiro que garantisse que o réu compareceria, em certa data, à presença do magistrado, ficando esse terceiro, em caso contrário, obrigado a pagar ao autor certa importância, já que contra ele o pretor concederia ao autor uma ação *in factum*); ou

c) que o réu comparecesse imediatamente, com ele, diante do magistrado.

Se o réu se recusasse a tomar uma dessas atitudes, o autor, teoricamente, poderia usar da força para conduzi-lo à presença do magistrado, mas, na prática, solicitaria ao magistrado – que a concederia – uma ação *in factum* (*vide* nº 131) contra o réu para que este fosse condenado a pagar-lhe uma multa.[47]

Por outro lado, poderia ocorrer que o réu, para não comparecer diante do magistrado, se ocultasse do autor. Nesse caso, o magistrado, a pedido do autor, o imitiria na posse dos bens do réu, e, se este, durante os quarenta dias seguintes, persistisse em permanecer escondido, o magistrado autorizaria o autor a vender os bens em cuja posse se encontrava.

B) *A instância "in iure"*

Para que se inicie a instância *in iure* é indispensável que os litigantes, em pessoa ou devidamente representados, estejam diante do magistrado.

As partes – ou apenas uma delas – podiam ser representadas por um *cognitor* ou por um *procurator. Cognitor* é o procurador constituído *in iure* (diante do magistrado), na presença do outro litigante, com termos solenes.[48] *Procurator* (bem como as pessoas consideradas em posição semelhante à dele: assim, os curadores, os tutores, os defensores) é um mandatário *ad litem* (para a lide), ao qual a parte, impossibilitada de comparecer *in iure*, outorga, sem solenidade, e ausente o adversário, mandato.[49] Quando as partes eram representadas por *cognitor* ou *procurator*, exigia-se do representante – salvo em se tratando do *cognitor* do autor – garantia (*cautio*) de que o representado acataria a decisão do litígio.

Iniciava-se a instância *in iure* com a *postulatio*: a exposição que o autor, oralmente e sem formalidades, fazia de sua pretensão. Em seguida, o autor realizava nova *editio actionis*, dando a conhecer ao magistrado, e, de novo, ao réu, a fórmula da ação que ele desejava obter.

Concedia-se, então, a palavra ao réu. Este podia adotar uma das seguintes atitudes:

a) reconhecer, de imediato, que o autor tinha razão (*confessio in iure*),[50] e satisfazer, ou não, a pretensão dele; ou

b) não se defender como convinha,[51] sendo considerado *indefensus*; ou

---

(*uadimonium*) e que foram encontrados em Murécine em 1959, *vide* Lucio Bove, *Documenti processuali dalle Tabulae Pompeianae di Murécine*, p. 21 e segs., Napoli, 1979.

47   Gaio, *Inst.*, IV, 46. Demais, não se sabe se a multa era fixa, ou variável. *Vide*, a propósito, Pugliesse, *Il Processo Civile Romano*, II (*Il processo formulare*), tomo I, nº 64, p. 380 e segs., Milano, 1963.

48   Gaio, *Inst.*, IV, 83.

49   Gaio, *Inst.*, IV, 84.

50   *Vide*, sobre as várias questões referentes à *confessio in iure*, Santi Di Paola, *Confessio in iure*, I, Milano, 1952, e Scapini, *La Confessione nel Diritto Romano*, I (*Diritto Classico*), Torino, 1973.

51   Assim, por exemplo, se, em se tratando de ação real, o réu não desse a garantia que se exigia, normalmente, de quem ocupasse essa posição no processo.

c) contestar as afirmações do autor.

Conforme a atitude assumida pelo réu, variavam as consequências.

Quando ocorria a *confessio in iure*, o litígio terminava no instante em que o réu satisfazia a pretensão do autor; mas, se não a satisfizesse, seria preciso distinguir as seguintes hipóteses: 1ª) se se tratasse de crédito de quantia certa, a *confessio in iure* equivaleria a julgamento, e, decorrido o prazo de trinta dias para cumpri-lo, o autor poderia proceder à execução sobre a pessoa ou os bens do réu; e 2ª) se se tratasse de crédito de quantia incerta ou de coisa que não dinheiro, a instância, segundo tudo indica, deveria prosseguir para que se apurasse, *apud iudicem*, o valor da condenação; e, se o réu se recusasse a dar o seu concurso para esse prosseguimento – a presença das partes era indispensável no processo formulário –, seria ele tratado da mesma maneira por que o era o *indefensus*.

Se o réu não se defendesse convenientemente (*indefensus*), seria necessário que se distinguissem três hipóteses: 1ª) se se tratasse de crédito de quantia certa, essa atitude equivaleria a julgamento contrário ao réu, e, decorrido o prazo de 30 dias para cumpri-lo, sem que o réu o fizesse, seguir-se-ia a execução sobre sua pessoa ou seus bens; 2ª) se se tratasse de crédito de quantia incerta, o magistrado poderia usar de meios de constrangimento para que o réu desse o seu concurso à instância (o magistrado imitiria o autor na posse dos bens do réu, e, se este persistisse em sua atitude, determinaria a venda desses bens para pagamento do débito); 3ª) se se tratasse de reivindicação de coisa (ação real), o magistrado se limitaria a imitir o autor na posse da coisa em litígio.[52]

Em regra, no entanto, o réu vinha à presença do magistrado para contestar as afirmações do autor, e podia defender-se de uma das duas seguintes formas:

a) negava o que o autor dizia, ou

b) reconhecia que o autor tinha o direito alegado, mas invocava elementos de fato ou de direito que paralisavam o direito do autor, e o excluíam da *condemnatio*.[53]

Contestada a pretensão do autor pelo réu,[54] seguia-se a etapa final da fase *in iure*, já agora com a participação ativa do magistrado. Os romanistas (os textos não são claros

---

52 E isso porque, em se tratando de ação real, o réu não estava obrigado a defender-se.

53 Nesse caso, o réu fazia inserir, na fórmula, uma *exceptio*.

54 Em certas hipóteses, o andamento normal da instância podia ser alterado pelo autor. Assim:
a) com a *interrogatio in iure*: em determinadas ações (por exemplo quando o credor de uma pessoa falecida acionava o herdeiro, pelo débito, podia interrogá-lo se ele era, ou não, o herdeiro), o autor podia dirigir ao réu, antes mesmo da *postulatio actionis*, uma *interrogatio in iure*, para ficar sabendo determinado pormenor; a resposta do réu – ainda que falsa – o vinculava, pois, contra ele, era tida como verdadeira; e
b) com o *iusiurandum in iure delatum*: na *actio certae pecuniae* (ação para a cobrança de dívida certa em dinheiro), e depois com referência a outras ações, o autor podia dirigir-se ao réu para que este jurasse se devia, ou não, o que lhe era exigido. O réu podia assumir uma das seguintes atitudes:
1) ou jurava que não;

Cap. XIX · A TUTELA DOS DIREITOS SUBJETIVOS (O PROCESSO FORMULÁRIO) | **231**

a respeito) discutem a sequência dos atos que, então, se realizavam, principalmente o momento em que era escolhido o juiz popular que funcionaria *apud iudicem*.

Segundo parece, a etapa final da fase *in iure* se desenrolava nesta ordem:

1º – confecção da fórmula;

2º – admissão ou denegação da *actio* pelo magistrado; e

3º – término da instância *in iure* com a *litis contestatio*.[55]

Quanto ao momento da escolha do juiz popular (com relação ao modo por que se procedia, *vide* nº 121, A), Wlassak entende que ele ocorria antes da confecção da fórmula (onde deveria constar o nome do juiz); Wenger julga que ele se verificava após a redação do *iudicium*, mas antes da *litis contestatio*; e Monier defende a tese de que ele se dava após a *litis contestatio*.

Analisemos, agora, a supramencionada sequência da etapa final da instância *in iure*.

Quanto à confecção da fórmula, segundo parece (a matéria é muito controvertida), em geral quem a redigia era o autor (ou melhor: o jurisconsulto que o assistia), que, as mais das vezes,[56] se limitava a copiar a fórmula que se encontrava no Edito, preenchendo os claros e substituindo os nomes convencionais (Aulo Agério e Numério Negídio) pelos do autor e do réu. Durante a redação da fórmula, o réu podia fazer inserir cláusula (ou cláusulas) em seu favor (como, por exemplo, a *exceptio*).

Redigida a fórmula, o magistrado ou concordava com ela e a concedia (*iudicium dare*), ou denegava a ação que o autor pretendia intentar (*denegatio actionis*).[57]

---

2) ou deferia o juramento ao autor;

3) ou não jurava, nem deferia o juramento ao autor.

55   *Vide*, a propósito, Monier, *Manuel Élémentaire de Droit Romain*, I, 6ª ed., nº 125, p. 162. Observa Sacconi (*Studi sulla litis contestatio nel processo formulare*, p. 31, Napoli, 1982) que as *Tabulae VI* e *VII*, encontradas em Murécine (*vide* nota 22, deste capítulo, *in fine*), confirmam a tese de Wlassak de que a *litis contestatio pressupunha*, em regra, a escolha do *iudex*. Por outro lado, enquanto Lucio Bove (*Documenti processuali dalle Tabulae Pompeianae di Murécine*, pp. 110-111, Napoli, 1979) entende que as duas *tabulae* dizem respeito a dois *iudicia* relativos aos mesmos litigantes, mas concernentes a diferentes relações de crédito, Sacconi (ob. cit., p. 29) sustenta que nessas *Tabulae*, talvez para o mesmo processo, há dois *iudicia* distintos: um, objeto da *litis contestatio* e que contém a *praescriptio* (e a *res agetur de sponsione*); o outro, sem a *praescriptio*, a ser entregue pelo magistrado ao *iudex*, que contém o *iussum iudicandi* (*iudicare iussit Publius Cossinius Priscus II Vir*). Mais recentemente, em 1985, Santoro (*Le Due Formule della Tabula Pompeiana*, 34, *in Annali del Seminario Giuridico della Università di Palermo*, vol. XXXVIII, p. 335 e segs.) considera que a primeira das duas fórmulas mencionadas é relativa a uma *actio* decorrente da *sponsio tertiae partis* da *actio certae creditae pecuniae*, ao passo que a segunda diz respeito a essa *actio certae creditae pecuniae*.

56   Isso não ocorria quando se tratava da ação *in factum* (*vide* nº 131, A).

57   Sobre a *denegatio actionis* no processo formulário, *vide* Antonio Metro, *La "Denegatio Actionis"*, pp. 65 a 173, Milano, 1972.

232 | DIREITO ROMANO – *José Carlos Moreira Alves*

Terminava a instância *in iure* com a *litis contestatio*, que, segundo a opinião dominante,[58] era um contrato judicial, pelo qual o autor e o réu concordavam em submeter o litígio, nos termos da fórmula, ao julgamento de um juiz popular, e acordo esse que se manifestava com a leitura (*edere iudicium*) da fórmula pelo autor ao réu, que a aceitava.

Grande era a importância da *litis contestatio* no processo formulário, em virtude dos efeitos que ela produzia, a saber:

a) efeito extintivo;

b) efeito criador; e

c) efeito fixador.

Quanto ao efeito extintivo,[59] a *litis contestatio* extingue o direito de ação (*actio*) referente à relação jurídica em litígio; assim, depois de ocorrida a *litis contestatio*, não se pode intentar outra ação de *eadem re* (a respeito da mesma relação jurídica), em virtude do princípio *bis de eadem re ne sit actio*. O *efeito* extintivo da *litis contestatio* pode produzir-se de duas maneiras diversas: *a) ipso iure* (de pleno direito), obtendo o réu do magistrado, na segunda ação, a *denegatio actionis*, com a simples prova de que a mesma relação jurídica já foi trazida a juízo, tendo ocorrido a *litis contestatio*; e *b) exceptionis ope*, isto é, por meio de exceção (*exceptio rei in iudicium deducta* = exceção de coisa trazida a juízo) inserida pelo réu, na ação nova, na fórmula, sendo, então, absolvido o réu na instância *apud iudicem* pela verificação da veracidade do fato, a que ela se refere, pelo juiz popular. Para que a *litis contestatio* produza o efeito extintivo *ipso iure* é necessário:

a) que se trate de *iudicium legitimum;*[60]e

b) que o objeto do litígio diga respeito a obrigação *iuris ciuilis* (obrigação reconhecida pelo *ius ciuile*).

---

58 É a tese de Wlassak, que se contrapõe à de Keller, segundo a qual a *litis contestatio* nada mais era que o momento conclusivo da instância *in iure*, sendo a fórmula uma simples instrução que ele transmitia ao juiz. Ampla análise dessas duas teorias se encontram em Carrelli, *La Genesi del Procedimento Formulare*, Milano, 1946; e Pugliese, *La "Litis Contestatio" nel Processo Formulare, in Scritti Giuridici Scelti*, I (*Diritto Romano*), p. 363 e segs., Milano, 1985.

59 Sobre a origem desse efeito, *vide* Meylan, *Origine de l'effet extintif de la litis contestatio in Mélanges de Droit Romain dédiés à Georges Cornil*, II, p. 83 e segs., Gand-Paris, 1926.

60 *Iudicium legitimum* é o processo (*iudicium*, nessa expressão, significa todo o processo, quer na fase *in iure*, quer na *apud iudicem*) que se instaura em Roma – ou no território que a circunda, até uma milha de distância –, no qual as partes são cidadãos romanos, e o litígio será dirimido por um só *iudex*, também cidadão romano. Cf. Gaio, *Inst.*, IV, 103 a 109. *Vide*, sobre o assunto, Bonifácio, *Iudicium legitimum e iudicium imperio continens, in Studi in Onore di Vincenzo Arangio-Ruiz*, II, p. 207 e segs., Napoli, sem data.

Cap. XIX · A TUTELA DOS DIREITOS SUBJETIVOS (O PROCESSO FORMULÁRIO) | **233**

Nos demais casos – quando se trate de *iudicium imperio continens*[61] ou em que o objeto do litígio diga respeito a obrigação *iuris honorarii* ou a direito real –, a *litis contestatio* produz o efeito extintivo, *exceptionis ope*.

Por outro lado, a *litis contestatio*, extinguindo o direito de ação (*efeito extintivo*), produz efeito criador: o de fazer surgir para o autor o direito de obter do juiz popular (ou juízes, conforme o caso) a condenação do réu, se verdadeiras as condições estabelecidas, para isso, na fórmula. Esse direito apresenta as seguintes características:

a) é um direito novo cujo fundamento é diverso do direito trazido a juízo; por exemplo: Caio intenta ação contra Tício para cobrar débito decorrente de delito (o fundamento do direito de crédito é a obrigação resultante do delito); ocorrida a *litis contestatio*, o fundamento do direito de Caio de, se tiver razão, ver condenado Tício decorre não mais da *obrigação resultante do delito*, mas, sim, da *litis contestatio* – e isso tinha grande importância prática, bastando considerar que os créditos decorrentes de obrigações resultantes do delito não se transmitiam aos herdeiros do credor, o mesmo não ocorrendo com o direito surgido da *litis contestatio*;[62] e

b) é, sempre, um direito de crédito de quantia certa, pois, como salientamos anteriormente, no processo formulário as condenações são em dinheiro.[63]

Finalmente, em virtude do *efeito fixador*, o *juiz*, ao julgar o litígio, deverá considerá--lo como existia no momento da *litis contestatio* e fora fixado na fórmula, desprezadas as modificações ocorridas depois da *litis contestatio*, mas antes da sentença. Em face desse princípio, houve entre os juristas clássicos controvérsia sobre se o juiz, paga a dívida após a *litis contestatio*, ainda assim deveria condenar o réu a pagá-la.[64]

Ocorrida a *litis contestatio*, seguia-se a instância *apud iudicem*.

C) A instância "apud iudicem"

Sobre o desenrolar da instância *apud iudicem*, no processo formulário, os textos são escassos.

Alguns autores – como Wlassak – julgam que o magistrado, independentemente da fórmula, mandava ao juiz (ou aos *recuperatores*) uma ordem (*decretum*), por escrito, para julgar o litígio (*iussum iudicandi*) em conformidade com a fórmula.[65] Outros, seguindo Keller, entendem que o *iussum iudicandi* se encontrava na frase *Octauius* (ou outro nome

---

61 *Iudicium imperio continens* é o processo em que falta um dos requisitos acima indicados. Cf. Gaio, *ibidem*.

62 Em outras palavras: ocorrida a *litis contestatio*, os herdeiros podiam continuar a ação intentada pelo falecido; se ainda não se tivesse verificado a *litis contestatio* quando do falecimento do autor, isso não seria possível.

63 *Vide* nº 127, *in fine*.

64 A propósito, *vide* o nº 131, C.

65 *Vide*, a propósito, a tese de Sacconi (*Studi sulla litis contestatio nel processo formulare*, p. 29, Napoli, 1982), relativa às duas *tabulae* (VI e VII) encontradas em Murécine e a que se fez alusão na nota 54, acima.

qualquer) *iudex esto*, que encabeçava a fórmula. E, ainda, há os que, com Kuebler, identificam o *iussum iudicandi* na ordem *condemnato... absoluito integrante da condemnatio*.[66]

Designado o *iudex*, nem por isso o magistrado deixava de interessar-se pela direção da causa, podendo – como acentua Scialoja[67] – constrangê-lo a cumprir exatamente o *iussum iudicandi*, dar-lhes instruções complementares ou, até, ordens que se fizessem necessárias em vista da natureza do processo (assim, ordenar o sequestro da coisa quando houvesse risco de ser subtraída). Não podia, porém, o magistrado interferir, para impedir a formação da livre convicção do *iudex*.

Na instância *apud iudicem* podia ocorrer, ainda, a *translatio iudicii* (transferência do processo). Isso sucedia quando, depois da *litiscontestatio*, uma das partes ou o juiz[68] falecia ou sofria *capitis deminutio*, ou, então, uma das partes tinha de substituir seu representante processual (*cognitor, procurator, tutor, curator*). Como se realizava essa *translatio*? Variam, a esse respeito, as opiniões dos romanistas, uma vez que os textos de que dispomos não são esclarecedores. Girard,[69] com base num texto muito lacunoso dos *Fragmenta quae dicuntur Vaticana*,[70] se manifesta, segundo antiga doutrina, no sentido de que, nesses casos, o magistrado, por autoridade própria, *cognita causa*, efetua as correções necessárias na fórmula. Duquesne[71] – e, em sua esteira, Emílio Costa[72] – entende que a *translatio iudicii* exige sempre que haja nova *litiscontestatio* depois de rescindida a anterior por meio da *in integrum restitutio* (*vide* nº 132, D); e acentua que, possivelmente, para evitar as consequências injustas e inaceitáveis da abolição pura e simples da *litiscontestatio* anterior (o que implicaria a extinção de todos os seus efeitos), o magistrado só rescindia formalmente essa *litiscontestatio*, transferindo todos os seus efeitos para a nova, e atribuindo a esta a data da anterior, razão por que é possível denominá-la *litiscontestatio repetita die* (*litiscontestatio* antedatada). Wenger,[73] que, de início, havia acolhido a solução proposta por Duquesne, aderiu, posteriormente, à de Wlassak, segundo a qual a *translatio iudicii*

---

66   *Vide*, a respeito, Carrelli, *La genesi del procedimento formulare*, p. 122 e segs., Milano, 1946.

67   *Procedura Civile Romana*, § 34, p. 183, Roma, 1936. *Vide*, também, Murga Gener, *Derecho Romano Clasico II: El Proceso*, p. 314, Zaragoza, 1983.

68   Acentua Emílio Costa (*Profilo Storico del Processo Civile Romano*, p. 135, nota 3, Roma, 1918) que Koschaker, em obra dedicada a esse tema – *Translatio iudicii*, Graz, 1905 – nega que a *mutatio iudicis* (mudança de *iudex*) desse margem à *translatio iudicii*.

69   *Manuel Élémentaire de Droit Romain*, 8ª ed., p. 1.074.

70   F. V. 341.

71   *La Translatio iudicii dans la procédure civile romaine*, Paris, 1910. A tese central dessa obra foi sintetizada pelo próprio Duquesne *em verbete* ("Translatio tudicii") que escreveu para o *Dictionnaire des Antiquités Grecques et Romaines de Daremberg-Saglio*, tomo V, pp. 403/404.

72   *Profilo Storico del Processo Civile Romano*, p. 133 e segs., Roma, 1918.

73   Wenger seguiu a tese de Duquesne nas *Institutionen des Römischen Zivilprozessrechts*, p. 174, editada em München, em 1925. Passou, porém, a adotar a de Wlassak, nas alterações que introduziu na citada obra de sua autoria, quando da tradução italiana feita por Orestano (*Istituzioni di Procedura Civile Romana*, pp. 179-180 e nota 36, Milano, 1938). Essa posição persiste na tradução americana de autoria de Harrison Fisk (*Institutes of the Roman Law of Civil Procedure*, § 17, p. 184, nota 36, New York, 1940).

Cap. XIX · A TUTELA DOS DIREITOS SUBJETIVOS (O PROCESSO FORMULÁRIO) | 235

se operava por um segundo ato das partes semelhante à *litiscontestatio*, mas cuja fórmula se declarava, por meio de uma *praescriptio*, que não se tratava de nova instauração da lide, mas, apenas, de mudança introduzida na relação processual já existente.

No dia aprazado,[74] as partes – em pessoa ou representadas – compareciam diante do juiz designado para julgar o litígio, e, provavelmente, lhe entregavam a fórmula.[75] Sem formalidades, autor e réu, com o auxílio mesmo de advogados, expunham suas razões. Seguia-se a fase probatória em que cada um dos litigantes procurava provar o que aduzira. Vigorava, para isso, o preceito: o ônus da prova incumbe a quem alega o fato (pelo que o autor tinha de provar o que afirmara na *intentio*, e o réu o que asseverara, por exemplo, na *exceptio*).[76] E o juiz admitia a produção de qualquer espécie de prova: documentos, testemunhas, juramento (*iusiurandum in iudicio delatum*).[77]

Feitas as provas, devia o juiz – e a instância *apud iudicem* podia perdurar, se se tratasse de *iudicium legitimum*, até dezoito meses, ou, se se tratasse de *iudicium imperio continens*, enquanto permanecesse no cargo o magistrado que admitia a *actio* –, depois de analisá-las e de formar livremente a sua convicção (aconselhando-se, se quisesse, com seus assessores ou com jurisconsultos), proceder de um dos dois seguintes modos:

a) não tendo chegado à conclusão de qual das partes tinha razão, abstinha-se de dar a sentença fazendo o juramento *sibi non liquere*[78] (e, nesse caso, os litigantes podiam voltar ao magistrado para que fosse escolhido outro juiz popular); ou

b) proferia, sem a observância de forma, a sentença.

Para sentenciar, estava o juiz rigorosamente adstrito, não – como atualmente – à lei, mas aos termos da fórmula: em síntese, a função do juiz, ao dar a sentença, era verificar a veracidade, ou não, dos fatos alegados pelo autor na *intentio* (bem como, se a fórmula as contivesse, na *exceptio, na replicatio, na triplicatio*), e condenar ou absolver o réu. Em virtude de estar o juiz circunscrito à rigorosa observância da fórmula, resultavam daí, para ele, as seguintes limitações (que, a princípio, deviam ser rígidas, mas que, a pouco e pouco, foram sofrendo atenuações):

---

74 Salienta Sacconi (*Studi sulla litis contestatio nel Processo formulare*, p. 30, nota 66, Napoli, 1982) que a *tabula XXIV* encontrada em Murécine atesta que, também no processo formulário, havia a *comperendinatio*. Assim, a partir do terceiro dia do acordo, *ex die perendino*, o juiz pode começar a ocupar-se da causa com base no acordo das partes que se obrigam a apresentar-se diante dele.

75 Gaio, *Inst.*, IV, 141.

76 A propósito, *vide* Pugliese, *L'Onere della Prova nel Processo Romano per "formulas", in Scritti Giuridici Scelti*, I (*Diritto Romano*), p. 179 e segs., Milano, 1985.

77 Sobre a *confessio apud iudicem* (a confissão perante o *iudex*, de que há raríssimas alusões nas fontes jurídicas), *vide* Scapini, *La Confessione nel Diritto Romano*, I (*Diritto Classico*), p. 139 e segs.,Torino, 1973. Ao que tudo indica, a *confessio apud iudicem* não era vinculatória para o *iudex*, mas mero elemento probatório.

78 A respeito, *vide* Javier Paricio (*Iurare sibi non Liquere, in Atti del III Seminario Romanistico Gardesano*, p. 413 e segs., Milano, 1988) que conclui que o juramento *sibi non liquere* podia servir ao jurado popular para eximir-se do dever de dar a sentença (juramento definitivo), ou podia servir para que ele adiasse o julgamento a fim de ter mais tempo para meditar (juramento provisório).

236 | DIREITO ROMANO – *José Carlos Moreira Alves*

a) somente podia condenar ou absolver o réu (e isso em virtude de a fórmula estabelecer: *si paret, condemnato; si non paret, absoluito* = se ficar provado, condene; se não ficar provado, absolva);

b) devia absolver o réu se a pretensão contida na *intentio* não fosse exata, porquanto não tinha ele o direito de retificá-la (assim, se, por engano, o autor reivindicava o escravo Stico, em vez do escravo Pânfilo, o réu era absolvido, e o autor tinha de mover outra ação para reivindicar Stico; assim – e nesse caso com resultado altamente prejudicial para o autor –, se houvesse uma *plus petitio* (pedido exagerado), o que podia ocorrer nas seguintes hipóteses: 1ª) *plus petitio re* – pedido a mais com relação ao objeto em litígio: Caio era credor de 1.000 sestércios, e na *intentio* afirmava que seu crédito era de 1.500 sestércios; 2ª) *plus petitio tempore* – quando o autor cobrava a dívida antes do vencimento; 3ª) *plus petitio loco* – quando o autor exigia o pagamento de dívida em local que não o convencionado; 4ª) *plus petitio causa* – quando o autor modificava a natureza da obrigação do réu; por exemplo: o devedor devia – cabendo-lhe a escolha – ou entregar o escravo Pânfilo ou pagar 1.000 sestércios, e o credor, acionando-o, afirmava na *intentio* que ele lhe devia 1.000 sestércios, desprezando o direito do réu de escolher a prestação que lhe conviesse, pois se tratava de obrigação alternativa. Em todas essas quatro hipóteses, o juiz tinha de absolver o réu, e – o que era mais –, tendo em vista o efeito extintivo da *litis contestatio*, não podia o autor intentar outra ação para fazer valer seu direito de crédito);

c) devia o juiz limitar-se a analisar a situação de fato no momento da *litis contestatio*, sem levar em consideração o que ocorrera posteriormente a ela, mas antes da sentença; e

d) não podia o juiz condenar o autor, pois a fórmula somente lhe dava poderes para condenar ou absolver o réu.

Como salientamos, essas limitações, a pouco e pouco, sofreram atenuações. Assim, nos *iudicia* de boa-fé (*vide* nº 131), o juiz tinha liberdade para avaliar o valor da condenação, e para levar em conta o ocorrido depois da *litis contestatio*, tomando em consideração aquilo que era conforme à boa-fé. Ainda no direito clássico, os sabinianos (defendendo tese contrária à dos proculeianos) julgavam que o juiz, em qualquer hipótese, devia considerar os fatos sucedidos após a *litis contestatio*, e, dessa forma, se o réu pagasse o débito depois dela, mas antes da sentença, o juiz deveria absolvê-lo.[79] Por outro lado, por cláusula adicional à fórmula (e que se denominava *iudicium contrarium*), dava-se ao juiz poder para condenar o autor. Demais, para que se evitasse a *plus petitio loco*, o magistrado, quando o autor tinha de cobrar judicialmente a dívida do réu em local diverso do convencionado, concedia a ação *eo quod certo loco*.

Proferida a sentença, produzia ela os seguintes efeitos:

a) se fosse condenatória, daria ao autor o direito de exigir do réu o pagamento do valor da condenação, direito esse que era protegido pela *actio iudicati* (pela qual, como veremos adiante, o autor procederia à execução da sentença quando o réu não a cumprisse espontaneamente); e

---

79 *Vide*, adiante, nº 131, C, *in fine*.

Cap. XIX · A TUTELA DOS DIREITOS SUBJETIVOS (O PROCESSO FORMULÁRIO) 237

b) fosse condenatória, fosse absolutória, produziria *res iudicata* (coisa julgada), impedindo que as partes litigassem, de novo, sobre a mesma relação jurídica.

O primeiro desses efeitos será estudado, pormenorizadamente, mais adiante, quando tratarmos da execução da sentença. Agora, analisaremos, apenas, o segundo: a produção da *res iudicata*.

No direito moderno, para que a sentença produza coisa julgada é preciso que ela seja irrecorrível (isto é, que contra ela não caiba recurso, ao mesmo juiz ou a outro, de cujo julgamento possa decorrer sua reforma). No processo formulário ocorria o mesmo? Em outras palavras: a sentença, no processo formulário, podia ser reformada? Colocada a questão nesses termos, a resposta será negativa: no sistema *per formulas* não havia a possibilidade de a sentença ser reformada pelo mesmo juiz ou por outro. No entanto, indiretamente podia a parte vencida chegar a resultado a que modernamente se atinge com os recursos. E isso por três meios:

a) a *intercessio* (isto é, o veto de um magistrado a ato ordenado por outro, igual ou inferior a ele), que não podia ser aplicada contra a sentença (o juiz popular não era magistrado), mas, sim, contra ato do magistrado judiciário (por exemplo, o cônsul podia paralisar, pela *intercessio*, a ordem do pretor, na execução de uma sentença, no sentido de que o autor levasse o réu preso para prestar-lhe serviços);

b) a *reuocatio in duplum*: o réu condenado, para obter o reconhecimento da nulidade do julgamento por vício de forma ou de fundo, podia intentar a *reuocatio in duplum* que o expunha à condenação *in duplum* (no dobro) se não conseguisse provar a procedência de sua pretensão; a *reuocatio in duplum* era um meio de ataque, ao contrário do que ocorria com a *infitiatio* (*vide* nº 130), que era meio de defesa do réu à *actio iudicati* intentada pelo autor para executar a sentença que lhe fora favorável;[80] e

c) a *restitutio in integrum*: em certos casos previstos no Edito, o descontente com o julgamento podia pedir ao pretor que lhe concedesse contra a sentença uma *restitutio in integrum* (*vide* nº 132), a qual, uma vez concedida, fazia com que se considerasse como não tendo havido julgamento algum, dando margem, então, a que se promovesse novo processo.

---

80 Há controvérsia sobre a natureza e a existência da *reuocatio in duplum* no direito clássico. A doutrina dominante – que é contestada por Biondi Biondi, que nega, durante toda a evolução do direito romano, sua existência autônoma diante da *infitiatio*; e por Orestano, que entende não ter existido a *reuocatio in duplum* no direito clássico – sustenta que esse meio processual já existia no direito clássico romano. A propósito, *vide* Biondi Biondi, *Appunti intorno alla sentenza nel processo civile romano, in Studi in onore di Pietro Bonfante*, vol. IV, pp. 92-94, Milano, 1930; Orestano, *L'Appello Civile in Diritto Romano*, 2ª ed., pp. 105-108,Torino, sem data; *Amelotti, La Prescrizione delle Azioni in Diritto Romano*, p. 146, Milano, 1958 (especialmente a nota 119, onde cita os autores menos recentes que se filiam à corrente dominante); L. Raggi, *Studi sulle Impugnazioni Civili nel Processo Romano*, I, p. 67 e segs., Milano, 1961; J. Gaudemet, *Institutions de l'Antiquité*, nº 500, p. 645, Paris, 1967; e M. Lobo de Costa, *A Revogação da Sentença (Perfil Histórico), in Revista da Faculdade de Direito da Universidade de São Paulo*, vol. LXXII, 1º fasc., p. 362 e segs.

238 | DIREITO ROMANO – *José Carlos Moreira Alves*

Portanto, por via de regra, a sentença, no sistema formulário, produzia coisa julgada logo após proferida pelo juiz popular.

Assim, se uma das partes quisesse litigar novamente sobre a mesma questão, a outra poderia impedi-la de obter novo julgamento, por meio de uma *exceptio* (a *exceptio rei iudicatae*), a ser inserida na fórmula da *actio* intentada pela segunda vez. Mas qual a razão dessa *exceptio rei iudicatae*, se – como já vimos anteriormente – a parte estava, nesses casos, protegida (*ipso iure* ou *exceptionis ope*) pelo efeito extintivo da *litis contestatio*? A explicação é simples: em certas hipóteses, o efeito extintivo da *litis contestatio* não impedia que as partes litigassem novamente sobre a mesma questão – por exemplo: Caio movia contra Tício ação para reivindicar uma coisa; com a *litis contestatio*, extinguia-se o direito de Caio de obter, novamente, ação para reivindicar de Tício a mesma coisa; no entanto, Tício, que, para fugir ao pagamento da condenação, restituíra a coisa a Caio, podia, alegando ser proprietário dela – e se discutiria exatamente o que já se discutira na primeira ação –, acionar Caio, posteriormente, para reivindicá-la, e Caio não podia invocar o efeito extintivo da *litis contestatio* porque esta extinguira apenas o direito dele, Caio, de reivindicar de novo a mesma coisa, mas não o direito de Tício de fazê-lo.

Por isso, desde os fins da república, o magistrado, com base na *res iudicata*, podia denegar ações em que isso ocorresse. A princípio, ficava ao seu arbítrio conceder ou denegar tais ações. Mas, já no século II a.C., a jurisprudência havia, para limitar o poder discricionário do magistrado nesse particular, estabelecido o modo e os requisitos necessários para a invocação, pela parte prejudicada, do princípio da autoridade da coisa julgada. Esse modo era a inserção, na fórmula da segunda ação, de uma *exceptio* (a *exceptio rei iudicatae uel in iudicium deductae*),[81] o que seria possível se se atendesse a dois requisitos:

a) que houvesse *identidade de questões* na ação primitiva e na nova (assim, o exemplo anterior, que não era alcançado pelo efeito extintivo da *litis contestatio*, o seria pelo princípio da autoridade da coisa julgada, pois a questão – direito de propriedade sobre a coisa – era a mesma nas duas ações); e

b) que houvesse *identidade jurídica de pessoas* – diz-se que é necessária a identidade *jurídica* dos litigantes, porque não se levava em consideração apenas a sua identidade física: por exemplo, se Caio cobrasse judicialmente uma dívida de Tício, e este fosse absolvido por demonstrar que o débito inexistia, se Caio falecesse, seu herdeiro não poderia mover outra ação contra Tício para cobrar a mesma dívida, porquanto, embora não houvesse identidade física do autor (Caio e o herdeiro), havia a identidade jurídica (ambos – Caio e o herdeiro – agiriam com a mesma qualidade: credor do mesmo crédito); nesse caso, Tício poderia valer-se, contra o herdeiro de Caio, da *exceptio rei iudicatae uel iudicium deductae*.

---

81 Há autores – como Palermo, *Studi sulla "exceptio" nel diritto classico*, p. 108, Milano, 1956 – que julgam que se tratava de duas exceções distintas: a *exceptio rei iudicatae* e a *exceptio in iudicium deductae*; a maioria dos romanistas, no entanto, entende que era uma só, resultante da fusão dessas duas. *Vide* Monier, *Manuel Élémentaire de Droit Romain*, I, 6ª ed., nº 132, p. 169.

Cap. XIX · A TUTELA DOS DIREITOS SUBJETIVOS (O PROCESSO FORMULÁRIO) | 239

130. A execução da sentença – Da sentença condenatória nascia, para o réu, a obrigação de cumprir o julgamento (*iudicatum facere oportere*). Para isso, havia o prazo de trinta dias. Se não a cumprisse, o autor intentava contra ele a *actio iudicati*, que, no processo formulário, substituiu a *manus iniectio* das ações da lei.[82]

A *actio iudicati*, em geral, terminava na instância *in iure*, pois, por via de regra, o réu, conduzido à presença do magistrado pelo autor, confessava o não cumprimento da sentença e, então, ou pagava o valor da condenação (terminando, assim, o litígio), ou não o pagava, hipótese em que o magistrado autorizava, de imediato, a execução da sentença.

Podia ocorrer, no entanto, que o réu, diante do magistrado, em virtude da *actio iudicati* contra ele intentada, alegasse que a sentença não existia ou que era nula, razão por que ele negava o débito decorrente do *iudicatum*. Nesse caso – e esse meio de defesa do réu anteriormente condenado era a *infitiatio*, que, como observa Orestano,[83] se aproximava da *exceptio* –, e depois de o réu oferecer garantias de que cumpriria a nova sentença que, porventura, declarasse improcedente sua alegação – e, então, a condenação corresponderia, normalmente, ao dobro da primeira[84] –, era designado um juiz popular, para, na instância *apud iudicem*, verificar se era, ou não, verdadeira a alegação do réu.

Em geral, no entanto, o réu confessava o não cumprimento da sentença, e ou pagava o valor da condenação, ou não o fazia. Na última hipótese, iniciava-se a execução, mediante *decretum* do magistrado.

A execução da sentença não cumprida pelo réu se fazia contra a sua própria pessoa ou contra seus bens. O autor solicitava do magistrado a concessão, ao mesmo tempo, das duas espécies, ou, então, apenas de uma delas (o que ocorria, necessariamente, nos casos em que não era possível proceder-se à execução sobre a pessoa do devedor, por haver este, por exemplo, morrido).

Estudemos separadamente – para melhor compreensão – cada uma dessas modalidades de execução.

A execução sobre a pessoa do réu (que era a única que os magistrados provinciais, quando a *actio iudicati* se processava diante deles, podiam conceder ao autor) se verificava com a ordem do magistrado para que o autor conduzisse o réu, preso, à sua casa, e lá o detivesse, em condição semelhante à de um escravo, para que o réu, com o valor de seu trabalho, pagasse a quantia a que fora condenado. Ocorrido isso, o réu seria libertado, continuando – se fosse ingênuo – a sê-lo. No processo formulário, portanto, não mais se admitia, como no tempo das ações da lei, que o autor matasse ou vendesse, como escravo, o réu. Demais, por uma Lei *Júlia*, da época do imperador Augusto, permitiu-se

---

82   Sobre a *actio iudicati, vide* Wenger, *Actio iudicati*, trad. Goldschmidt e Santa Pinter, Buenos Aires, 1954.

83   *L'Appello Civile in Diritto Romano*, pp. 103-104, Torino, sem data.

84   Conforme acentua Wenger (*Actio iudicati*, trad. Goldschmidt e Santa Pinter, p. 235, Buenos Aires, 1954), nem sempre o processo do *iudicatum* acarretava a condenação do dobro (*condemnatio dupli*).

240 | DIREITO ROMANO – *José Carlos Moreira Alves*

que o réu se subtraísse à execução sobre sua pessoa, desde que fizesse a *cessio bonorum*, isto é, cedesse todos os seus bens ao autor.[85]

Quanto à execução sobre os bens do réu (*uenditio bonorum*), seu processamento é mais complexo. Segundo tudo indica,[86] a *uenditio bonorum* foi criada pelo pretor Públio Rutílio Rufo, em 118 a.C.,[87] a princípio apenas contra o *iudicatus* (*réu condenado*, que não cumpre a sentença); mais tarde, foi estendida ao *confessus in iure* (o que confessava, *in iure* – diante do magistrado –, dívida certa em dinheiro, e que, por isso, se equiparava ao *iudicatus*) e ao *indefensus* (o que não se defendia convenientemente).

A execução sobre os bens do réu – e descrevemos seu procedimento quando eram vários os exequentes, pois é ele mais complexo do que o da hipótese de execução por um só exequente, à qual se aplicam todas as regras daquele, exceto as relativas à pluralidade de credores – se processava em quatro etapas consecutivas:

1ª – um dos credores requeria ao magistrado a imissão na posse dos bens do réu; o magistrado, por um *decretum*, a concedia, a título provisório, a fim de que os bens fossem conservados (*missio in bona rei seruandae causa*), evitando-se que o réu os dilapidasse.[88]

---

85 Com isso, o réu evitava a *infamia*, que decorria da venda dos bens do devedor insolvente (C. II, 11, 11).

86 Cf. Gaio, *Inst.*, IV, 35.

87 Carrelli, *Per una ipotesi sulla origine della bonorum uenditio, in Studia et Documenta Historiae et Iuris*, ano IV, fascículo 2, p. 428 e segs., procura demonstrar que a *bonorum uenditio* surgiu muito antes da época da pretura de Públio Rutílio Rufo.

88 Recaindo a execução sobre o patrimônio do devedor, este, até que os credores obtivessem a *missio in possessionem* de seus bens, poderia realizar negócios jurídicos que provocassem ou agravassem o seu estado de insolvência, prejudicando, assim, os credores. Daí o magistrado – e isso já ocorria no século I a.C. – ter procurado coibir a *fraus creditorum* (fraude contra credores), isto é, o ato ilícito praticado pelo devedor que, consciente de que causaria prejuízo aos credores, transferisse bens a terceiros. No direito clássico, existiam dois meios, concedidos pelo magistrado, para revogar os atos em fraude de credores: *a)* o *interdictum fraudatorium*, que se concedia contra o terceiro adquirente para obrigá-lo a restituir os bens que recebera do devedor; e *b)* um segundo meio, a respeito do qual os autores divergem (divergência que existe também sobre o seu campo de atuação em face da existência do *interdictum fraudatorium*): para alguns, seria uma *actio in factum*; para outros, a *restitutio in integrum*. No direito justinianeu, os dois meios do direito clássico se fundem numa ação que tradicionalmente se denomina *actio* Pauliana. Para que se pudessem utilizar esses meios revogatórios, era preciso que ocorressem os seguintes requisitos: *a)* o *euentus damni*, isto é, que da transferência dos bens do devedor resultasse prejuízo para seus credores; *b)* o *consilium fraudis*, ou seja, que o devedor tivesse consciência de estar causando prejuízo aos credores; e *c)* a *scientia fraudis*, isto é, que o terceiro adquirente tivesse conhecimento da fraude; esse requisito, porém, era, em geral, dispensado quando a aquisição tivesse sido a título gratuito. *Vide*, a respeito, entre outros, Maierini, *Della Revoca degli Atti Fraudulenti fatti dal debitore in pregiudizio dei creditori*, 4a edição, Firenze, 1912; Solazi, *La Revoca degli Atti Fraudulenti nel Diritto Romano*, 2 vols., 3ª ed., Napoli, 1945; e *Impallomeni, Studi sui Mezzi di Revoca degli Atti Fraudulenti nel Diritto Romano Classico*, Padova, 1958.

Cap. XIX · A TUTELA DOS DIREITOS SUBJETIVOS (O PROCESSO FORMULÁRIO) | **241**

Demais, nomeava um dos credores administrador provisório desses bens (era o *curator* bonorum), a quem incumbia divulgar editais para que se tornasse pública a imissão na posse, a fim de que:

a) outros credores do réu, tomando conhecimento do fato, viessem a ser admitidos na execução; e

b) amigos do réu, se quisessem, pagassem, em favor dele, o valor da condenação;

2ª – decorridos trinta dias (se o réu estivesse vivo) ou quinze dias (se morto),[89] o magistrado, por um segundo *decretum*, determinava que os credores se reunissem e escolhessem o *magister bonorum*, a quem caberia efetuar a venda, em leilão, dos bens;

3ª – dez dias após (se o réu estivesse vivo) ou cinco (se morto),[90] o *magister bonorum* procedia à venda, em leilão, dos bens do réu, em conjunto, ao licitante (a quem se dava a denominação de *emptor bonorum* – comprador dos bens) que se oferecesse a pagar a taxa de percentagem mais elevada com relação aos créditos dos credores do réu; e

4ª – realizada a venda, o produto dela era dividido entre os credores, pagando-se em primeiro lugar os privilegiados (assim, por exemplo, os cujos créditos estivessem garantidos por hipoteca) e, por fim, os quirografários (os cujos créditos não estivessem garantidos), aos quais cabia apenas o que sobrava depois de pagos os primeiros, e esse saldo era dividido entre eles em parcelas proporcionais ao valor do crédito de cada um.

Finalmente, resta saber em que situação ficavam, com a execução, o *emptor bonorum* (o que arrematara os bens do réu) e o próprio réu.

Quanto ao *emptor bonorum*, ele sucedia, *iure honorario* (pelo direito honorário), ao réu em seus bens, créditos e certas dívidas. Com relação aos bens, ele adquiria a propriedade pretoriana, e podia reaver os que se encontrassem em mãos de terceiros por meio do *interdictum possessorium* que o magistrado lhe concedia. Quanto aos créditos do réu, o *emptor bonorum* podia cobrá-los até judicialmente, caso em que o magistrado lhe concedia uma *ação com transposição de sujeito* (se o réu fosse vivo) ou uma *ação fictícia* (se o réu fosse morto, não sendo, assim, possível a utilização da *actio* com transposição de sujeito) (*vide* nº 131, A). Enfim, quanto às dívidas, ele se responsabilizava apenas por algumas, sendo controvertido entre os romanistas quais fossem elas.

O réu – que sofria a *infamia* – não se eximia das dívidas não pagas, caso o produto da venda não desse (o que geralmente, por certo, ocorreria) para pagar integralmente aos credores, que, nessa hipótese, podiam, depois, pagar-se mediante nova *uenditio bonorum*, com relação aos bens que o réu viesse a adquirir.

131. A *actio* e sua classificação[91] – São várias as classificações das diferentes *actiones* (ações), no processo formulário, conforme o critério sob o qual as encaremos. Analisaremos, apenas, as principais.

---

89 Sobre o motivo da diferença de prazos decorrentes da circunstância de o executado estar, ou não, morto, *vide* Gaio, *Inst.*, III, 79.

90 Cf. Gaio, *Inst.*, III, 79.

91 Para conhecer o teor das fórmulas das diferentes *actiones*, *vide* Mantovani, *Le Formules del Processo Privato Romano*, 2a ed., Padova, 1999.

A) *Quanto à origem da norma jurídica em que se baseia a "intentio"*

Segundo esse critério, as ações podem ser *ciuiles* (civis) e *honorariae* (pretorianas).

Ações civis são aquelas cuja *intentio* se baseia em norma do *ius ciuile* (daí dizer-se que possuem *intentio in ius*), e se reconhecem facilmente pelos termos em que essa parte da fórmula está redigida: se se trata de direito real a ser tutelado, lê-se a expressão *esse ex iure quiritium*; se de direito de crédito, o verbo *oportere*.

Ações pretorianas são aquelas cuja *intentio* se funda em norma do *ius honorarium*; nelas, em geral (e isso porque às vezes têm *intentio in ius* com modificações inseridas pelo magistrado), em vez do emprego da terminologia das ações civis, se descreve a situação que se pretende tutelar.

Por outro lado, e tendo em vista o meio técnico de que se utilizava o magistrado para obter o fim a que se propunha com as ações pretorianas, elas se enquadravam numa das três seguintes categorias:

a) actiones ficticiae (ações fictícias);

b) actiones com transposição de sujeito; e

c) actiones in factum

As ações fictícias são as ações pretorianas em que se determina ao juiz popular que julgue a questão considerando existente uma circunstância que, em realidade, não ocorre, e que, se existisse, seria a relação jurídica protegida por uma ação civil (por isso, na ação fictícia, sua *intentio* é *in ius*, e a ela se junta uma ficção). Exemplo: a *actio Publiciana*, que se concedia ao possuidor de boa-fé para recuperar a posse, que perdera, de uma coisa, antes de ter adquirido, sobre ela, por usucapião, direito de propriedade; nesse caso, a fórmula determinava ao juiz que, ao julgar a questão, considerasse o usucapião como já tendo ocorrido (e, portanto, o possuidor como se fosse proprietário) – eis como, segundo Gaio (IV, 36), se iniciava a fórmula da *actio Publiciana*:

"Iudex esto. Si quem hominem Aulus Agerius emit et si ei traditur est, anno possedisset, tum si eum hominem de quo agitur ex iure Quiritum eius esse oporteret..." (Seja juiz. Se, supondo que Aulo Agério tenha possuído por um ano o escravo que comprou e que lhe foi entregue, e que então esse escravo, objeto dessa ação, fosse seu pelo direito dos Quirites...).

As *actiones com transposição de sujeito* são aquelas que apresentam, na *intentio*, o nome de uma pessoa, e, na *condemnatio*, o de outra. Isso ocorre em caso de representação em Juízo (na *intentio* aparece o nome do titular do direito ou do dever jurídico e, na *condemnatio*, o do seu *procurator* ou *cognitor*), na *uenditio bonorum* (quanto à *actio Rutiliana*, na *intentio* figura o nome do executado e na *condemnatio*, em lugar dele, se coloca o do *bonorum emptor*) e nas ações que modernamente os autores denominam *actiones adiect*iciae qualitatis (aquelas que nascem de negócio jurídico, realizado por escravo ou *filius familias*, o qual gera, *iure honorario*, obrigação para o *pater familias*; nelas, na *intentio*, figura o nome do escravo ou do *filius familias*, e, na *condemnatio*, o do *pater fami- lias*). Um exemplo, para ilustrar: se L. Tício agisse como representante de P. Mévio, assim seria redigida a fórmula:

"Si paret Numerium Negidium Publio Mevio sestertium X milia dare oportere, iudex, N. Negidium L. Titio sestercium X milia condemnato. Si non paret, absoluito" (Se ficar provado que Numério Negídio deve pagar dez mil sestércios a Públio Mévio, juiz, condena Numério Negídio a pagar dez mil sestércios a Lúcio Tício; se não ficar provado, absolve-o).

As *actiones in factum* são aquelas em que, ao contrário das duas anteriores, não há *intentio in ius*, mas nessa parte da fórmula se descreve simplesmente fato que, se verdadeiro, determinará a condenação do réu.[92] Foi por intermédio delas principalmente que o magistrado tutelou situações não previstas no *ius ciuile*. Às vezes, a mesma relação jurídica era protegida por uma *ação civil (in ius)* e por uma *ação in factum*. Assim, por exemplo, o depósito, cuja fórmula da *actio in factum* tinha o seguinte teor:

"Si paret Aulum Agerium apud Numerium Negidium mensam argenteam deposuisse eamque dolo malo Numeri Negidii Aulo Agerio redditam non esse, quantum ea res erit tantam pecuniam, iudex, Numerium Negidium Aulo Agerio condemnato, si non paret, absoluito" (Se ficar provado que Aulo Agério depositou junto a Numério Negídio uma mesa de prata e que ela não foi restituída a Aulo Agério por dolo de Numério Negídio, juiz, condena Numério Negídio a pagar a Aulo Agério tanto quanto valer a mesa; se não ficar provado, absolve-o).

Por outro lado, nos textos há contraposição entre *actio directa* e *actio utilis*. A *actio directa* é uma *actio in ius* ou *in factum* que se destina a tutelar, diretamente, determinada relação jurídica. Já a *actio utilis*, que é sempre pretoriana, nada mais é do que uma *actio directa* (seja *in ius*, seja *in factum*) que o magistrado, por extensão (*utilitatis causa*), aplica a hipóteses que não são protegidas, sem essa extensão, pela *actio directa*. Assim, as *ações fictícias* ou as *com transposição de sujeito* são *actiones utiles*.[93]

B) *Quanto à natureza do direito subjetivo tutelado*

Sob esse critério, as ações podem ser *in rem* e *in personam*.

Gaio assim as conceitua:

"In personam actio est, qua agimus cum aliquo qui nobis uel ex contractu ex delicto obligatus est, id est cum intendimus dare facere praestare oportere. In rem actio est, cum aut corporalem rem intendimus nostram esse, aut ius aliquod nobis competere, ueluti utendi aut utendi fruendi, eundi agendi aquamue ducendi uel altius tollendi prospiciendiue; actio ex diuerso aduersario est negativa" (A ação *in personam* é aquela pela qual agimos contra quem se obrigou para conosco por contrato ou por delito, isto é, quando pretendemos que *nos devam dar ou fazer alguma coisa, ou responder por ela*. A ação é *in rem* quando

---

92   Por isso mesmo, a expressão *actiones in factum* pode ser traduzida por *ações redigidas em conformidade com o suporte fático* (*vide* o capítulo XVI, nota 1). A propósito, *vide* Schulz, *I principii del Diritto Romano*, trad. Arangio-Ruiz, p. 53, Firenze, 1946.

93   A contraposição entre a *actio directa* e a *actio utilis* aparece evidente neste exemplo: a *actio ex lege Aquilia* (*actio in ius e directa*) só se concedia, segundo o *ius ciuile*, ao proprietário da coisa danificada; o magistrado, porém, por meio de uma *actio utilis*, estendeu a mesma proteção ao usufrutuário.

244 DIREITO ROMANO – *José Carlos Moreira Alves*

pretendemos que uma coisa corpórea é nossa ou que temos algum direito sobre ela, como o de uso, usufruto, de passagem, de aqueduto, de elevar uma construção ou de vista; por seu lado, o adversário tem ação negatória contra nossa pretensão).[94]

Pela conceituação de Gaio, verifica-se que ela visa apenas às ações civis, e não às ações pretorianas. No entanto, e considerando-se que as ações *in rem* são as que tutelam direitos reais, e as *in personam* as que protegem direitos de crédito, essa classificação pode, logicamente, ser estendida às ações pretorianas. Assim, por exemplo, a *actio depositi in factum* é uma ação pretoriana *in personam*; a *actio Publiciana* é uma ação pretoriana *in rem*.

Às ações *in rem* os romanos denominavam *uindicationes*; às *in personam*, *condictiones*.[95]

C) *Quanto aos poderes atribuídos ao "iudex" para decidir o litígio*

Segundo esse critério, as ações se classificam em:

a) ações de direito estrito (*iudicia stricti iuris*);

b) ações arbitrárias; e

c) ações de boa-fé (*iudicia bonae fidei*).[96]

As *ações stricti iuris* são aquelas em que o *iudex* está rigorosamente adstrito a condenar ou a absolver o réu com base na verificação de ser verdadeira, ou não, a pretensão do autor, sem levar em consideração quaisquer outras circunstâncias. Assim, por exemplo, eram *ações stricti iuris* a *actio ex stipulatu* (ação decorrente de *stipulatio*), a *actio ex testamento* (ação decorrente de testamento).

As *ações arbitrárias* são aquelas em cuja fórmula está contida a cláusula arbitrária, pela qual o juiz, antes de condenar o réu, o convida a restituir a coisa ao autor, nas condições em que se encontrava no momento da *litis contestatio*. Com a cláusula arbitrária, compelia-se o réu indiretamente (pois a condenação, no processo formulário, era sempre em dinheiro) a restituir a coisa ao autor; com efeito, se o réu se recusasse a fazê-lo, o *iudex* o condenaria a pagar ao autor o valor que este, por juramento, atribuísse à coisa. Eis um exemplo de fórmula com cláusula arbitrária:

Iudex esto. Si paret fundum Cornelianum de quo agitur ex iure Quiritium Auli Agerii esse, neque is fundus Aulo Agerio restituatur, quanti ea res erit, tantam pecuniam Numerium Negidium Aulo Agerio condemnato; si non paret, absoluito (Seja juiz. Se ficar provado que o imóvel Corneliano, de que se trata, é, pelo direito dos Quirites, de Aulo Agério, e se

---

94 Gaio, *Inst.*, IV, 2 e 3.

95 Há certas ações – assim as três ações divisórias – que podem ser, em parte, ações *in rem*, e, em parte, ações *in personam*, pois, por meio delas, não só se atribuem direitos reais como também se protegem direitos pessoais. Alguns textos – que os autores, em geral, consideram interpolados – denominam essas ações *actiones mixtae*.

96 Ampla bibliografia sobre os *iudicia bonae fidei* se encontra em Carcaterra, *Intorno ai Bonae Fidei Iudicia*, p. 3, nota 1, Napoli, 1964.

Cap. XIX · A TUTELA DOS DIREITOS SUBJETIVOS (O PROCESSO FORMULÁRIO) | **245**

esse imóvel não for restituído a Aulo Agério, condena Numério Negídio a pagar a Aulo Agério tanto quanto valer o imóvel; se não ficar provado, absolve-o).

Neque is fundus Aulo Agerio restituatur era a cláusula arbitrária.

As *ações de boa-fé (iudicia bonae fidei)* são aquelas que dão ao *iudex* poder para apreciar, mais livremente, os fatos, porquanto deverá julgar *ex fide bona* (de acordo com a boa-fé).

Essa liberdade de apreciação do *iudex* se traduz, principalmente, nos seguintes poderes:

a) o de levar em consideração o dolo de um dos litigantes, ainda que o réu não tenha inserido, na fórmula, a *exceptio doli*,[97] ou ainda que o autor, em vez de agir mediante a *actio doli (vide* nº 113, B, II, B), se utilize da ação que protege a relação jurídica objeto do litígio;[98]

b) o de fazer, ao determinar o valor da condenação, a compensação dos créditos e débitos existentes entre autor e réu, desde que decorrentes da mesma causa (*ex eadem causa*); e

c) o de incluir, na condenação, o valor dos frutos e dos juros (não convencionados), que se computam não só no período de mora, mas também a partir da *litis contestatio*.

As ações de boa-fé eram em número limitado.[99] No direito clássico, não sabemos exatamente quais fossem, parecendo que seu número variou entre a época de Cícero[100] e a de Gaio.[101] Entre outras, eram de boa-fé, no processo formulário, as seguintes: *iudicia empti uenditi, locati conducti, negotiorum gestorum, mandati, depositi, fiduciae, pro socio*.

Por outro lado, discute-se se as ações que as fontes denominam *actiones in bonum et aequum conceptae* (e que são aquelas em cuja fórmula se dá ao juiz poder para fixar o valor da condenação de acordo com a equidade) eram, ou não, uma categoria diferente da relativa aos *iudicia bonae fidei*.[102] Entre as ações *in bonum et aequum conceptae*, temos a *funeraria*, a *sepulchri uiolati*, a *iniuriarum*, a *aestimatoria*.

Finalmente, é de salientar-se que, a princípio, é bem nítida a diferença de regime entre as ações de direito estrito e as ações de boa-fé. Mas, ainda no direito clássico, graças aos

---

97 É controvertido se o mesmo ocorria com as *exceptiones pacti, metus, rei iudicatae* (exceções baseadas na equidade), que se destinavam a paralisar o direito do autor pela invocação da existência de um pacto, de coação ou de coisa julgada. *Vide*, a propósito, Arias Ramos, *Derecho Romano*, I, 8ª ed., p. 194, nota 235.

98 Assim no caso de comprador que mova contra o vendedor a *actio empti*.

99 Sobre a origem dos *bonae fidei iudicia, vide* Wieacker, *Zum Ursprung der bonae fidei iudicia, in Zeitschrift der Savigny – Stiftung für Rechtsgeschichte – Romanistische Abteilung –*, vol. 80 (1963), p. 1 e segs.

100 *VideDe Officiis*, III, 17, 70.

101 *Vide Inst.*, IV, 62.

102 *Vide*, a respeito, Volterra, *Istituzioni di Diritto Privato Romano*, p. 231.

246 | DIREITO ROMANO – *José Carlos Moreira Alves*

sabinianos, ela se vai atenuando, com a admissão dos seguintes princípios na disciplina das ações de direito estrito:

a) computam-se, na condenação, os juros (não convencionados), a partir da *litis contestatio*;

b) se o réu satisfaz a pretensão do autor depois da *litis contestatio*, mas antes da sentença, deve ser absolvido (daí o princípio: *omnia iudicia absolutoria sunt*); e

c) a aposição da *exceptio doli*, na fórmula, alarga os poderes de apreciação do *iudex*.[103]

D) *Quanto à natureza da condenação*

De acordo com esse critério, as ações se classificam em penais (*poenales*), reipersecutórias (*rem persequentes*) e mistas (*mixtae*).

As ações penais são as que decorrem de um delito, e visam à condenação do réu a uma quantia, a título de pena privada.

As ações reipersecutórias são as que possibilitam ao autor o ressarcimento de um dano, ou a restituição daquilo com que o réu indevidamente se enriqueceu.

As ações mistas são aquelas que, segundo Gaio,[104] em parte são penais e, em parte, reipersecutórias, pois, por meio delas, se persegue não só uma pena, mas também a coisa ou o ressarcimento de um dano. Em realidade, no entanto, essa categoria decorre de equívoco de Gaio. As ações mistas ocorrem em certos casos em que o réu, negando infundadamente a pretensão do autor, é condenado a pagar o dobro do valor da coisa pleiteada pelo autor (*lis infitiando crescit in duplum*).

Ora, não se pode pretender, como o fez Gaio, que nessa condenação a metade seja correspondente ao valor da coisa, e a outra, a uma pena privada, o que lhe daria a natureza de ação mista (parte, reipersecutória; parte, penal), pois na ação mista a pena é uma sanção processual e não, como na ação penal, uma pena privada. Logo, não há que se dizer que a ação mista em parte é ação penal.

Com relação às ações penais e reipersecutórias, bem diferente é a disciplina de cada uma delas. Assim, as ações penais são intransmissíveis passivamente (só é réu o autor do delito, e não seus herdeiros), embora nem todas sejam intransmissíveis ativamente;[105] são noxais (quando o autor do delito é pessoa submetida ao poder do *pater familias*, este, se não quiser responder pelo prejuízo, pode eximir-se entregando o culpado ao ofendido – *noxae deditio*);[106] são oponíveis *in solidum* contra os corréus (isto é, havendo vários autores de delito, cada um deles responde pela totalidade da pena, e o pagamento por parte de um deles não exime os demais de pagar); são acumuláveis com uma ação reipersecutó-

---

103 Cf. Voci, *Istituzioni di Diritto Romano*, 3a edição, § 186, p. 634.

104 *Inst.*, IV, 9.

105 Transmitem-se, ativamente, por exemplo, as *actiones uindictam spirantes*.

106 Sobre as ações *noxais* e a *noxae deditio*, *vide* Biondi Biondi, *Actiones Noxales*, Cortona, 1925; e Pugliese, *Appunti in Tema di Azioni Nossali*, in *Scriti Giuridici Scelti*, I (*Diritto Romano*), p. 451 e segs., Milano, 1985.

Cap. XIX · A TUTELA DOS DIREITOS SUBJETIVOS (O PROCESSO FORMULÁRIO) | **247**

ria ou com outra ação penal;[107] são civis ou pretorianas. Já as ações reipersecutórias são transmissíveis passiva e ativamente, salvo exceções expressas; quando se trata de débitos contraídos por pessoas sujeitas ao poder do *pater familias*, podem ser movidas contra este, com a cláusula *de peculio et de in rem uerso*; são utilizáveis em regime de concurso eletivo com outras ações reipersecutórias; oponíveis *pro parte* ou *in solidum* contra os corréus, mas a solidariedade é, em regra, eletiva; são civis ou pretorianas.

E) *Quanto ao prazo para serem intentadas*

Sob esse critério, as ações dizem-se perpétuas (*perpetuae*) e temporárias (*temporales* ou *temporariae*).

No sistema das ações da lei não havia prazo para que se intentasse uma ação: todas eram perpétuas.

O mesmo, no entanto, não ocorria no processo formulário. O magistrado, no Edito, muitas vezes (sem que se possa dizer que havia princípio uniforme a respeito) estabelecia lapso de tempo, a partir da violação do direito, dentro do qual concederia a ação, não mais o fazendo depois de escoado esse prazo. Daí a distinção entre ações *perpetuae* e ações *temporales* ou *temporariae*.

No século I d.C., o jurisconsulto Cássio (D. XLIV, 7, 35) estabeleceu, a propósito, as seguintes regras:

a) todas as ações civis são perpétuas;

b) as ações pretorianas *rem persequentes* são perpétuas; e

c) as ações pretorianas penais prescrevem em um ano.

Na época de Gaio (século II d.C.), essas regras não mais eram integralmente verdadeiras, bastando salientar que havia, então, ações pretorianas penais que eram perpétuas.[108]

No fim do período clássico, segundo parece,[109] admitia-se que o réu, nas *actiones in rem*, pudesse opor a *exceptio* ou a *praescriptio longi temporis*, se tivesse possuído a coisa por 10 anos, entre presentes, ou 20, entre ausentes, com base em relação jurídica que pudesse justificar a aquisição do direito. O autor, portanto, nesses casos, deveria intentar a ação *in rem* antes de completados esses períodos.

132. Meios complementares do processo formulário – Para tutelar os direitos subjetivos ameaçados ou violados, nem sempre os magistrados observavam o *ordo iudiciorum priuatorum*. Havia certos meios – que dispensavam os litigantes de comparecer à presença do *iudex* – de que lançavam mão os magistrados judiciários para evitar que surgisse uma demanda, ou para melhor prepará-la, ou para assegurar os resultados já alcançados num pleito judicial. Esses meios complementares do processo formulário eram os seguintes: os interditos (*interdicta*), as estipulações pretorianas (*stipulationes*

---

107 Sobre o concurso de ações, *vide* Di Marzo, *Istituzioni di Diritto Romano*, 5ª ed., p. 99.

108 Gaio, *Inst.*, IV, 110 e 111.

109 Cf. Volterra, *Instituzioni di Diritto Privato Romano*, p. 233 e segs.

praetoriae), as imissões na posse ou detenção (*missiones in possessionem*) e as restituições *in integrum* (*restitutiones in integrum*).[110]

Estudemo-los separadamente.

A) *Os interditos ("interdicta")*[111]

Os interditos são ordens orais[112] que o pretor (ou o governador de província) dá, quando, a pedido de um dos litigantes, intervém num litígio para pôr fim a ele. Com os interditos, o magistrado tutelava situações de fato – que, no direito clássico, estão previstas no Edito[113] – que lhe pareciam justas,[114] baseando-se, para isso, no pressuposto de que fossem verdadeiros os fatos alegados pelo litigante que lhe solicitara a ordem.

Os interditos – cuja origem é remota e ainda não bem explicada[115] – podem classificar-se, quanto à natureza da ordem do magistrado, em *restitutórios, exibitórios* e *proibitórios*. Os interditos são restitutórios ou exibitórios quando o magistrado ordena a execução de um ato: que se restitua ou que se exiba alguma coisa. Os interditos são proibitórios quando o magistrado determina uma abstenção. Por outro lado, quanto ao número de pessoas a que se dirigem, os interditos são *simples* ou *duplos*, conforme a ordem emanada do magistrado se destine a um dos litigantes, ou a ambos (portanto, no simples, há um querelante e um querelado; no duplo, cada litigante é, ao mesmo tempo, querelante e querelado).

---

110 *Restitutio in integrum* significa reposição na situação anterior.

111 *Vide*, Schmidt, *Das Interdiktenverfahren der Römer*, Leipzig, 1853; Biscardi, *La Protezione Interditale nel Processo Romano*, Padova, 1938; Gandofi, *Contributo allo Studio del Processo interditale Romano*, Milano, 1955; e Gioffredi, *Contributi allo Studio del Processo Civile Romano*, p. 85 e segs., Milano, 1947.

112 As fórmulas dos diversos *interdicta* se encontram em Mantovani, *Le Formule del Processo Privato Romano*, 2a edição, Padova, 1999.

113 Segundo parece, no Edito o magistrado somente inseria a fórmula do interdito, não estabelecendo expressamente as condições para sua concessão. Eis, por exemplo, a fórmula do interdito de *tabulis exhibendis* (interdito para a exibição de testamento): *"Quas tabulas Lucius Titius ad causam testamenti sui pertinentes reliquisse dicitur, si hae penes te sunt aut dolo malo tuo factum est, ut desinerent esse, ita illi exhibeas"* (Se as tábuas que se diz que foram deixadas, com o testamento, por Lúcio Tício, se encontram em seu poder ou deixaram de estar aí por seu dolo, apresente-as a um tal).

114 Qual a razão por que, havendo as *actionesin factum*, pelas quais o pretor protegia essas situações novas, existiam também os interditos? Segundo a opinião mais aceita, o interdito era um expediente a que recorria o pretor quando ainda não ousava criar *actiones in factum*; no momento em que ele se arrogou esse poder, o interdito perdeu sua razão de ser, mas continuou a ser utilizado por força do hábito. Outra explicação em Cuq (*Manuel des Institutions Juridiques des Romains*, 2ª ed., p. 826 e segs.). A propósito, *vide*, também, Gioffredi, *Contributi allo Studio del Processo Civile Romano*, p. 85 e segs., Milano, 1947.

115 *Vide*, a propósito, Jobbé-Duval, *Études sur l'histoirie de la Procédure Civile chez les Romains*, I, p. 234 e segs., Paris, 1896.

Cap. XIX · A TUTELA DOS DIREITOS SUBJETIVOS (O PROCESSO FORMULÁRIO) | **249**

No período clássico, os interditos eram numerosos. Assim, por exemplo, permitiam ao *pater familias* reaver o *filius familias* (ou a mulher *in manu*) retido por um estranho; protegiam as coisas sagradas, religiosas ou públicas, e, principalmente, a posse.

Os interditos, em geral, não decidiam, definitivamente, o litígio; tutelavam, de modo provisório, situação preexistente. Eram eles ordens condicionais, que deveriam ser cumpridas se as alegações do litigante que os solicitara fossem verdadeiras, pois o pretor (ou governador de província), ao concedê-los, não examinava as circunstâncias alegadas, mas partia do pressuposto de que fossem verdadeiras. Em vista disso, o litigante contra quem se dirigia o interdito o acatava ou não, conforme entendesse que eram verdadeiros ou falsos os fatos que condicionavam a ordem do magistrado. Se o acatasse, o litígio terminaria definitivamente; caso contrário, iniciava-se um processo para que o *iudex* (ou os *recuperatores*) verificasse se os fatos que tinham dado margem ao interdito eram verdadeiros ou falsos, e, portanto, se houvera, ou não, desobediência à ordem do magistrado.

Dois eram os processos utilizados para esse fim:

a) o processo *per sponsionen*, que era o mais antigo e que, por estabelecer uma pena para o litigante temerário, Gaio[116] o denomina *cum poena*; e

b) o processo *per formulam arbitrariam*, mais recente, e somente aplicável em se tratando de interditos restitutórios ou exibitórios.

O processo *per sponsionem*, que era o único utilizável em caso de interdito proibitório, assim se desenrolava: os litigantes, antes de transcorrido um ano da obtenção do interdito, voltavam à presença do magistrado e, aí, aquele que não observara o interdito prometia (por uma *sponsio*) pagar ao outro certa importância, a título de pena, se ficasse provado que os pressupostos em que se baseara o magistrado para conceder a ordem eram verdadeiros, tendo assim, havido desobediência a ela; por sua vez, o que obtivera o interdito, em contraposição, por meio de uma *restipulatio*, se comprometia a pagar igual quantia caso se provasse o contrário. Além das fórmulas que continham essas duas promessas, redigia-se uma terceira (provavelmente denominada *iudicium secutorium*), na qual se estabelecia que, se o autor provasse que o interdito tinha sido desrespeitado, o réu lhe pagaria uma importância a título de indenização, a menos que, em vez disso, preferisse cumprir o que o interdito lhe ordenara. Essas três fórmulas eram remetidas ao *iudex* (ou aos *recuperatores*), que, apurados os fatos, condenaria ou absolveria o réu com referência a cada uma das três fórmulas; donde proferia o *iudex*, sempre, três sentenças – uma para cada fórmula. E se o réu fosse derrotado nesse pleito judicial, além de ter de pagar a quantia que prometera pela *sponsio*, ainda ficava obrigado a pagar a indenização, se não quisesse cumprir o ordenado no interdito.

Se o interdito que se pretendia ter sido desrespeitado fosse duplo, o processo *per sponsionen* se complicava ainda mais, pois, aí, se dirigia o interdito a ambos os litigantes, e, consequentemente, cada um deles ocuparia a posição de autor e de réu. Por isso, em

---

116 *Inst.*, IV, 141.

vez de uma *sponsio* e de uma *restipulatio*, havia duas *sponsiones* e duas *restipulationes* (a *sponsio* e a *restipulatio* de um dos litigantes; e a *restipulatio* e a *sponsio* correspondentes do outro litigante), e mais uma quinta fórmula que era a relativa à indenização devida por aquele dos litigantes que violara o interdito, e fórmula essa que os romanos denominavam *iudicium Cascellianum*. O *iudex* (ou os *recuperatores*) devia, pois, proferir cinco sentenças, uma para cada fórmula.

O processo *per formulam arbitrariam* era muito mais simples do que o *per sponsionem*. Entretanto, somente seria aplicável quando se tratasse de interdito restitutório ou exibitório, e desde que, imediatamente após ter o magistrado concedido um deles, se solicitasse a designação de um árbitro para apurar se os fatos alegados eram verdadeiros, ou não. Portanto, quando o interdito fosse proibitório, ou quando, em se tratando de interdito restitutório ou exibitório, não se fizesse esse pedido de imediato, apenas se poderia utilizar do processo *per sponsionem*. No processo *per formulam arbitrariam*, na fase *in iure*, redigia-se uma fórmula *in factum concepta*, em cuja *intentio* constavam os fatos em que se baseara o magistrado para conceder o interdito; seguia-se uma cláusula arbitrária (*vide* nº 131, C); e, finalmente, a *condemnatio*. Na fase *apud iudicem*, o juiz, verificando que os fatos contidos na *intentio* eram verdadeiros, convidava o réu a cumprir o ordenado no interdito, e, se este se recusasse a fazê-lo, o condenava a pagar uma quantia estimada, por juramento, pelo autor.

B) *Estipulações pretorianas ("stipulationes praetoriae")*[117]

Em certas hipóteses, a pedido de um interessado, o magistrado ordenava a alguém que se obrigasse, pela *stipulatio* (contrato verbal e solene), a pagar ao postulante determinada quantia, se ele, estipulante – ou terceiro –, fizesse ou deixasse de fazer algo, ou, então, se ocorresse certo acontecimento prejudicial ao postulante. Essa *stipulatio* denominava-se *stipulatio praetoria*.[118]

Em regra, a importância prometida não era determinada, mas determinável com base no prejuízo que viesse a sofrer o postulante.

Às vezes, o magistrado se satisfazia com simples promessa do estipulante (*nuda promissio*), mas, em geral, exigia que se dessem fiadores como garantia do cumprimento da obrigação assumida (*satisdationes*).

Com a celebração da *stipulatio praetoria*, surgiu uma obrigação *iuris ciuilis* (de Direito Civil), protegida pela ação que tutelava a *stipulatio*: a *actio ex stipulatu*. Se a obrigação não fosse cumprida, o postulante agia, com o emprego da *actio ex stipulatu*, contra o estipulante, para cobrar-lhe a quantia prometida.

Para compelir a parte à celebração da *stipulatio praetoria*, o pretor lançava mão de certos meios coercitivos indiretos: admitia, em favor do postulante, a *pignoris capio* (e,

---

117 Quanto às formulas das *stipulationes praetoriae*, *vide* Mantovani, *Le Formule del Processo Privato Romano*, 2a edição, Padova, 1999.

118 Era por meio de uma *stipulatio praetoria* que o usufrutuário prestava a *cautio usufructuaria* (*vide* capítulo XXV, nota 10).

às vezes, a *missio in possessionem*) de coisas da parte recalcitrante; concedia ou denegava ações.[119]

Em face da diversidade de objetivos que se atingiam com a utilização das *stipulationes praetoriae*, Ulpiano (D. XLVI, 5, 1, pr.) as distinguia em três espécies: 1ª) as *iudiciales* (que asseguravam o cumprimento de uma sentença judicial); 2ª) as *cautionales* (pelas quais se fornecia uma ação – a *actio ex stipulatu* – a situações que careciam dela); e 3ª) as *communes* (que se destinavam a ambos os fins).

C) Imissão na "possessio" ("missiones in possessionem")

A *missio in possessionem* é a autorização que o magistrado, nas hipóteses previstas no Edito, dá a alguém, que a solicita, para imitir-se na *possessio* de coisa alheia, com fim acautelatório (*missio in possessionem rei seruandae causa*), ou para compelir seu proprietário a realizar ato processual (assim, comparecer a juízo), ou a celebrar negócio jurídico (*stipulatio praetoria*).

Portanto, por meio dessas autorizações se atingiam diversas finalidades, variando, de acordo com estas, a eficácia das *missiones in possessionem*, que podiam outorgar ao favorecido apenas a detenção da coisa (o que ocorria quando a *missio in possessionem* era utilizada como providência acautelatória, *seruandi causa*), ou mesmo atribuir-lhe faculdade mais ampla do que a mera detenção,[120] como veremos, mais adiante, na parte especial, ao estudarmos os diferentes institutos jurídicos.

Se a autorização do magistrado tivesse por objeto a imissão na *possessio* de todo o patrimônio alheio, dizia-se *missio in bona* (ou *missio in bonorum possessionem*, e essa *missio*, utilizada principalmente no terreno do direito das sucessões, atribuía, na maior parte dos casos, ao favorecido, não a simples detenção, mas a posse defendida por interditos e ações fictícias); se apenas de uma coisa, *missio in rem*.

O imitido na *possessio* era protegido por interditos e por *actiones in factum*.[121]

D) Restituições "in integrum" ("restitutiones in integrum")

A restituição *in integrum*[122] era o ato do magistrado pelo qual ele considerava não realizado negócio jurídico ou formalidade processual, a que o *ius ciuile* reconhecia efeitos jurídicos, por considerar que esses efeitos eram contrários à equidade.

Assim sendo, a restituição *in integrum* era, dos meios complementares do processo formulário, o mais radical, pois tinha por não realizados negócios jurídicos legalmente celebrados, ou formalidades processuais regularmente observadas. Em virtude dela, retornava-se ao estado anterior ao da celebração do negócio jurídico ou do cumprimento da formalidade processual. Por isso, o magistrado denegava as ações civis que surgiam

---

119 Para se ter ideia de como procedia, nesse caso, o magistrado, *vide* capítulo XXV, nota 10.

120 Por isso, não se deve traduzir, genericamente, *missio in possessionem* por imissão na posse.

121 Sobre a *restitutiones in integrum, vide* Giuliano Cervenca, *Per lo Studio della Restitutio in Integrum (Problematica e Prospettive), in Studi in Onore di Biondi Biondi*, I, pp. 601 e segs., Milano, 1965.

122 *Vide* nota 110 deste capítulo.

desses negócios jurídicos, bem como concedia aquelas que, em virtude deles, tinham deixado de existir para o *ius ciuile*.

O magistrado, porém, por via de regra, só concedia a *restitutio in integrum* quando não havia meio normal para a reparação do prejuízo decorrente do negócio jurídico ou da formalidade processual.[123] Demais, em geral, o magistrado para concedê-la examinava os fatos (*causa cognita*), para verificar se a medida tinha, ou não, cabimento.

No direito clássico, havia, na parte inicial do Edito, uma lista das causas que davam margem à concessão da *restitutio in integrum*, e que eram as seguintes: *ob aetatem* (por causa de idade), *ob absentiam* (por causa de ausência), *ob capitis deminutionem* (por causa de *capitis deminutio*), *ob errorem* (por causa de erro), *ob metum* (por causa de coação), *ob dolum* (por causa de dolo) e *ob fraudem creditorum* (por causa de fraude contra credores). Mas o magistrado podia conceder a *restitutio in integrum* ainda quando ocorressem causas não previstas no Edito.

Por outro lado, a *restitutio in integrum* era concedida se solicitada dentro do prazo de um ano útil, a contar, porém, não da data da celebração do negócio jurídico ou do cumprimento da formalidade processual, mas daquela em que fosse possível a solicitação da providência (assim, por exemplo, quando o menor se tornasse maior; quando o ausente regressasse; quando o dolo fosse descoberto).

---

123 Isso, em geral, pois havia casos em que a concessão da *restitutio in integrum* se dava apesar da existência de outros meios de reparação (*vide*, por exemplo, no nº 113, a *restitutio in integrum propter metum*).

XX

A TUTELA DOS DIREITOS SUBJETIVOS (O PROCESSO EXTRAORDINÁRIO – A *COGNITIO EXTRAORDINARIA*)

> **Sumário: 133.** Origem da *cognitio extraordinaria.* **134.** Características da *cognitio extraordinaria.* **135.** O desenrolar da instância. **136.** Processos especiais. **137.** As ações e os demais remédios jurídicos no processo extraordinário.

133. Origem da *cognitio extraordinaria* – O processo extraordinário surgiu, em Roma, para dirimir questões de natureza administrativa ou policial. Não se tratando de matéria sujeita à jurisdição cível, os magistrados, para solucionar esses conflitos, não se atinham às regras do *ordo iudiciorum priuatorum* (*vide* nº 118), e, assim, mandavam citar, para comparecer à sua presença, a pessoa contra a qual alguém se queixara; a ausência do querelado não os impedia de conhecer do litígio e de decidi-lo; não se fazia mister a elaboração de fórmula nem a nomeação de *iudex* privado, pois todo o processo se desenrolava diante dos magistrados, que, afinal, decidiam a lide – enfim, os magistrados podiam empregar todos os meios, inclusive de coerção, para prontamente dirimir questões de ordem administrativa ou policial.

A aplicação desse processo *extra ordinem* (isto é, *extra ordinem iudiciorum priuatorum*, pois não obedecia ao *ordo iudiciorum priuatorum*) aos conflitos subordinados à jurisdição cível foi apenas questão de tempo.

Esse movimento começou no principado.[1]

De início, o processo *extra ordinem* só se aplicou à tutela de direitos subjetivos que tinham sido criados por constituições imperiais, e que constituíam o *ius extraordinarium* (*vide* nº 57, *in fine*), como o fideicomisso e as obrigações alimentares.

Em seguida, estendeu-se ele a litígios que poderiam perturbar a ordem social, e, em virtude disso, os magistrados passaram a ser competentes para julgar questões cíveis relacionadas com delitos que, pelo poder de polícia de que dispunham, lhes incumbia combater. Assim, por exemplo, o *praefectus urbi* tornou-se competente para decidir conflitos decorrentes de usurpações violentas ou clandestinas, queixas de banqueiros contra

---

1   A propósito da origem e da evolução da *cognitio extra ordinem* como procedimento de direito imperial independentemente da circunstância de se tratar de processo civil ou penal, *vide* Kaser, *Gli inizi della "cognitio extra ordinem"*, in *Antologia Giuridica Romanistica*, ed. Antiquaria, I, p. 171 e segs., Milano, 1968.

clientes, questões relativas à ingenuidade e à liberdade; e o *praefectus uigilum* passou a dirimir, *extra ordinem*, litígios entre locadores e locatários.

A par desses fatos, outro se acrescentou para o incremento da utilização do processo extraordinário: a circunstância de que o imperador, em virtude da *lex de imperio*, tinha poder para, *extra ordinem*, dirimir quaisquer questões cíveis ou criminais. É certo que, nos dois primeiros séculos depois de Cristo, os imperadores se utilizaram parcimoniosamente dessa faculdade, e, as mais das vezes, a pedido dos litigantes; mas, no século III, passaram eles a fazer uso intenso – delegando, em geral, para isso, poderes a funcionários imperiais – dessa prerrogativa; e explica-se essa reviravolta: era um dos meios empregados para apagar, de todo, do cenário político, as reminiscências do regime republicano.

Por outro lado, o processo extraordinário tinha encontrado nas províncias, em virtude de sua organização política, esplêndido campo de atuação, e nelas se foi generalizando a partir do século I d.C. Já houve mesmo quem sustentasse que, nas províncias, jamais se utilizou o processo formulário,[2] tese que, no entanto, vai contra os textos,[3] que pressupõem o emprego do processo formulário em todo o território do Império Romano.

Assim, a partir do início da era cristã, havia, no Império Romano, duas espécies de processo: o formulário e o extraordinário. A princípio, aquele teve predominância sobre este: o primeiro era o comum (ordinário); o segundo, o não comum (extraordinário). Paulatinamente, no entanto, mas sem que a denominação *extraordinário* deixasse de ser usada,[4] o processo *extra ordinem* foi sobrepujando o formulário, não só pelos motivos já indicados, como também pela preferência que a ele, em geral, davam os litigantes, por causa de sua celeridade (não havia as duas instâncias – a *in iure* e a *apud iudicem*; o processo se desenrolava todo diante do magistrado) e pela possibilidade de recurso contra a sentença (ao contrário do que ocorria no processo formulário, no *extra ordinem*, estando os magistrados colocados em escala hierárquica, da decisão do inferior cabia recurso ao superior). No século III d.C., essa evolução está concluída, com a substituição do processo formulário – que deixa de existir – pelo extraordinário. Não há indícios sérios, nas fontes, de que essa mudança decorreu de providência de ordem legislativa.[5]

---

2   *Vide*, a propósito, Monier, *Manuel Élémentaire de Droit Romain*, I, 6ª ed., nº 148, p. 184, nota 1.

3   Por exemplo, Gaio, *Inst.*, I, 6; e IV, 109.

4   Alguns autores modernos – como Wenger, *Institutionen des Römischen Zivilprozessrecht*, p. 246, nota 1, München, 1925 – consideram ambígua a expressão *extraordinaria cognitio*, e a substituem por outras que acentuam o caráter oficial desse processo. Wenger o denomina *amtliche Cognitionsverfahren* (processo de cognição oficial).

5   Vários autores – por exemplo, Schulin, *Lehrbuch des Geschichte des Römisches Rechts*, p. 592, Stuttgart, 1889 – consideram que foi uma constituição de 342 d.C. (C. II, 57, 1) que aboliu, definitivamente, as fórmulas do processo. Essa interpretação decorre, principalmente, do título onde se encontra essa constituição imperial: *De formulis et impetratione actionum sublatis* (sobre a supressão das fórmulas e da obtenção de ações). Parece, no entanto, mais adequada ao teor dessa constituição a interpretação de Boyer (*apud* Monier, *Manuel Élémentaire de Droit Romain*, I, 6ª ed., nº 148, p. 190, nota 2), segundo a qual ela abolia expressões formalistas e insidiosas, que constituíam verdadeiras armadilhas para os litigantes. Outra explicação em Girard, *Manuel Élémentaire de Droit Romain*, 8ª ed., p. 1.140, nota 1, *in fine*.

ap. XX • A TUTELA DOS DIREITOS SUBJETIVOS (O PROCESSO EXTRAORDINÁRIO – A *COGNITIO EXTRAORDINARIA*) | 255

O que é certo é que uma constituição de Diocleciano, de 294 d.C.,[6] dá a entender que, nessa época, já ocorrera a generalização da *cognitio extraordinaria*.

134. Características da *cognitio extraordinaria* – As principais características do processo extraordinário – das quais decorrem, como veremos adiante, várias e profundas alterações no desenrolar da instância – são as seguintes:

a) a ausência de divisão da instância em instância *in iure* e *apud iudicem*, correndo todo o processo diante de um funcionário do Estado, que o representa na distribuição da justiça; e

b) em decorrência disso:

I – o processo se desvincula do direito privado, passando a ser regido pelo direito público, pois nele não mais se verifica o que ocorria no processo formulário, em que o *iudex* era um particular escolhido, em regra, pelas partes, para dirimir o conflito de interesses;

II – desaparece a fórmula como instituto jurídico de natureza processual, uma vez que sua razão de ser resultava da própria estrutura do processo formulário;

III – há a possibilidade de recurso contra a sentença, porquanto quem a profere é um funcionário do Estado hierarquicamente subordinado a superiores, que podem rever o julgamento dele; e

IV – sendo o juiz representante do Estado, sua sentença pode ser executada com o emprego de força pública (*manu militari*).

Por outro lado, em virtude da extinção da fórmula, observa-se que:

a) não podem os magistrados criar ações para tutelar situações ainda não protegidas pelo direito objetivo; e

b) as questões (ao contrário do que ocorria no processo formulário, em que o *iudex* estava adstrito aos termos da fórmula) se julgam com base no direito objetivo.

Vê-se, portanto, que, dos três sistemas processuais romanos, é a *cognitio extraordinaria* o que mais se aproxima do processo moderno. Isso, aliás, é perfeitamente explicável se se tiver em vista que o processo moderno derivou, principalmente, do canônico, que, por sua vez, teve como fonte a *cognitio extraordinaria*.

135. O desenrolar da instância – Como fizemos com relação ao processo das ações da lei e formulário, analisaremos o andamento da instância na *extraordinaria cognitio*, nas etapas em que elas se desenrolam:

a) introdução da instância; e

b) instância diante do funcionário do Estado.

A) *Introdução da instância*

Os princípios que vigoraram quanto à introdução da instância, no processo extraordinário, foram os que mais sofreram variação no curso do tempo. Uma regra, porém,

---

6   C. III, 3, 2.

persistiu constante: a participação – ao contrário do que ocorria nos dois sistemas processuais anteriores – da autoridade pública no chamamento do réu a juízo.

Ainda no direito clássico, quando a *extraordinaria cognitio* era um processo especial em face do processo formulário, a citação do réu se fazia mediante a participação do magistrado, em virtude do seu direito de *euocatio*. Era, então, necessário distinguir três situações:

a) se o réu fosse domiciliado na localidade sobre a qual o juiz tinha jurisdição, este, por um de seus *lictores*, mandaria convidá-lo, oralmente, a comparecer a juízo para se defender;

b) se o réu habitasse local sob jurisdição de outro juiz, aquele diante do qual fora intentada a ação entregaria ao autor carta que, por intermédio do juiz da localidade onde residia o réu, chegaria até este; e

c) se o réu estivesse ausente ou se não soubesse onde ele morava, a citação se faria mediante editos lidos pelo *praeco*, e, depois, afixados em local público (o que se assemelha, portanto, à moderna citação por edital).

Ainda no principado, e por influência, segundo parece, do direito provincial, surgiu um novo meio de citação: a *denuntiatio ex auctoritate*, em que a citação era feita pelo próprio autor, mas após ter obtido a aquiescência, para isso, do juiz.[7]

Quando o processo extraordinário já suplantara o formulário, Constantino[8] criou um novo meio de citação: a *litis denuntiatio*.[9] Por esse sistema de citação, e para que se evitasse a falsidade que poderia ocorrer na citação privada, era necessário que a *denuntiatio* (citação) fosse anotada nos registros de um funcionário judiciário ou simplesmente administrativo, o qual atribuiria fé pública à citação. Infelizmente, as fontes não nos esclarecem sobre a forma pela qual o juiz intervinha na citação, motivo por que, por meio de conjecturas mais ou menos plausíveis, os autores modernos têm procurado suprir essa lacuna. A explicação mais provável é a de que o autor se apresentava diante do magistrado, e, depois de requerer sua intervenção, este designava um funcionário subalterno para acompanhar o autor, que citava o réu, cabendo àquele funcionário atestar *apud acta* que e como se fizera a *denuntiatio*. A partir da *denuntiatio*, corria, normalmente, prazo de quatro meses,[10] mas não se sabe com que finalidade.[11] A seu respeito só há conjecturas: possivelmente, tratava-se de prazo dentro do qual autor e réu deveriam comparecer perante o juiz para que se iniciassem os debates.

---

7 As informações que temos sobre esses meios de citação são escassas, pois foram eles empregados em época de que dispomos de poucos textos.

8 C. Th. II, 4, 2.

9 É muito controvertida a origem desse instituto (cf. Volterra, *Istituzioni di Diritto Privato Romano*, p. 253). Um exemplo concreto do processo da *litis denuntiatio* se encontra em Girard, *Textes de Droit Romain*, 6ª ed., p. 912 e segs.

10 C. Th. II, 6, 5.

11 Cf. Scialoja, *Procedura Civile Romana*, § 51, p. 264, Roma, 1936.

Cap. XX • A TUTELA DOS DIREITOS SUBJETIVOS (O PROCESSO EXTRAORDINÁRIO – A *COGNITIO EXTRAORDINARIA*) | 257

No início do século V d.C. – generalizando-se no curso dessa centúria –, modifica-se o sistema de citação: introduz-se a citação por *libellus conuentionis* (petição de citação).[12] Segundo parece,[13] o autor, por escrito (petição firmada por ele, ou – se não soubesse escrever – por um *tabularius*), expunha, sem maiores formalidades, sua pretensão, indicando o objeto da demanda e o fato em que se fundava para litigar com o réu; o juiz, a quem era dirigido o documento, examinava sumariamente o seu conteúdo, e ordenava (essa ordem se denominava *interlocutio, sententia* ou *praeceptum*) que se comunicasse o *libellus* ao réu, ou o indeferia, se julgasse a demanda evidentemente contrária ao direito. No caso de deferimento, o autor era obrigado a prestar caução de que, dentro de dois meses, faria a *litis contestatio*, sob pena de, não a fazendo, ter de pagar ao réu o dobro das custas cobradas dele; por outro lado, comprometia-se a levar a demanda até a sentença, pagando as custas, se julgada improcedente a ação. Seguia-se a citação do réu, que era realizada por funcionário do Estado, o *exsecutor*, que apresentava ao réu cópia do *libellus conuentionis*, recebendo dele as *sportulae* (custas) proporcionais ao valor da causa. Dentro de dez dias, a partir do recebimento do *libellus conuentionis*, o réu, se quisesse contestar a ação, deveria fornecer garantia de apresentar-se a juízo (*cautio iudicio sisti*), bem como refutar sumariamente a pretensão do autor num documento,[14] denominado *libellus contradictionis*,[15] que fazia chegar ao conhecimento do autor provavelmente por intermédio do *exsecutor*.

O prazo para que autor e réu comparecessem diante do juiz era, no direito pré-justinianeu e durante algum tempo no direito justinianeu, de dez dias. Justiniano, porém, elevou-o para vinte.[16]

B) *Instância diante do funcionário do Estado*

Na *extraordinaria cognitio*, ao contrário do que ocorria anteriormente, não é indispensável que ambas as partes (autor e réu) compareçam à presença do magistrado. Admite-se que o processo se desenrole apesar da *contumácia* (isto é, da ausência de um dos litigantes). Por isso, antes de examinarmos a hipótese, mais comum, do comparecimento dos litigantes a juízo, estudaremos sumariamente a em que se verifica a contumácia.

O não comparecimento a juízo pode ser do réu ou do autor.

---

12 E o processo que assim se inicia se denomina *processo por libelo*. *Vide*, a propósito, Steinwenter, *Neue Urkunden zum Byzantinischen Libellprozesse, in Festschrif für Gustav Hanausek*, p. 36 e segs. Graz, sem data; e Collinet, *La Procédure par Libelle*, p. 3,Paris, 1932, o qual salienta que o processo extraordinário passou por três fases: a "*cognitio extraordinaria*", em sentido estrito, *o processo por "litis denuntiatio"* (a partir de Constantino, e é o processo do Direito Teodosiano) e o *processo por libelo* (que era o processo existente no tempo de Justiniano).

13 Em verdade, pouco sabemos sobre a forma e o conteúdo do *libellus conuentionis*.

14 É possível que pudesse o réu, nesse documento, mover uma ação contra o autor no mesmo processo e juízo (*reconvenção*).

15 Um exemplo de *libellus contradictionis* se encontra num papiro – o P. Oxy 1881.

16 Nov. LIII, c. 3. *Vide*, também, Nov. LXXX, c. 10; e Nov. XCVI, c. 2, § 1.

DIREITO ROMANO – *José Carlos Moreira Alves*

A contumácia do réu ocorre em dois casos:

a) quando não é ele encontrado para que se faça sua citação; e

b) quando citado, deixa de comparecer à presença do juiz, no início da demanda, ou no seu andamento.

Na primeira hipótese, é ele citado mediante editos, normalmente em número de três, separados um do outro pelo espaço, no mínimo, de dez dias; ou, então, em lugar de três, por um só – o edito *peremptorium*, que, segundo Paulo (*Sententiarum ad filium libri*, V, 5 a 7), valia pelos três, e em cujo texto o juiz salientava sua eficácia peremptória. Se, apesar disso, o réu não comparecesse, o juiz decidiria a causa com base nos fatos apresentados pelo autor, condenando ou absolvendo o réu.

Na segunda hipótese, é preciso distinguir:

a) se o réu prestou, mediante fiadores, caução de que compareceria a juízo, o autor age contra os fiadores para obter a plena satisfação do que pleiteia (e isso porque a fiança era dada em valor correspondente ao da pretensão do autor), sendo certo, porém, que os fiadores poderiam eximir-se da obrigação, se compelissem o réu a apresentar-se ao juiz, ou se assumissem eles mesmos a defesa do réu, no processo;

b) se o réu não tivesse dado fiadores (em certos casos, admitia-se o simples juramento dele), o juiz podia mandar prender o réu; se não fosse possível a prisão, porque ele, por exemplo, se ocultara, fazia-se a citação tripla a que nos referimos atrás, e o juiz decidia o litígio com base nos elementos fornecidos pelo autor; e

c) se o réu, que comparecera a juízo no início da lide, deixasse de fazê-lo posteriormente, procedia-se à citação tripla, com intervalo de dez dias entre cada uma, e o juiz julgava com base nos dados apresentados pelo autor; nesses casos, o réu, ainda que fosse absolvido quanto ao objeto da demanda, seria sempre condenado ao pagamento das custas, a título de pena pela contumácia.

Além de contumácia do réu, havia a do autor. Ela podia ocorrer também em dois casos:

a) quando o autor, que tinha iniciado o processo com a citação, não comparecia a juízo, dentro de dois meses (prazo em que, por caução, se comprometera a vir diante do juiz para a *litis contestatio*); nessa hipótese, o réu apresentava-se ao magistrado, e, decorridos mais dez dias sem o comparecimento do autor, aquele seria absolvido da instância; e

b) quando o autor, depois da *litis contestatio*, não mais comparecia à presença do magistrado para o prosseguimento do processo; nessa hipótese, decorridos dois anos e meio, era ele citado por meio de três editos; se persistisse na mesma atitude, o juiz decidia o litígio com base nos elementos até então colhidos, podendo absolver ou condenar o réu, sendo, porém, o autor sempre condenado ao pagamento das custas, a título de pena pela contumácia.

Geralmente, no entanto, no dia aprazado, compareciam à presença do juiz o autor e o réu, pessoalmente ou representados por um *procurator* (a figura do *cognitor* já não existia no tempo de Justiniano).

Quando o litigante comparecia pessoalmente para defender-se numa ação real, estava ele dispensado da *cautio iudicatum solui* (promessa de cumprir a sentença).

Cap. XX • A TUTELA DOS DIREITOS SUBJETIVOS (O PROCESSO EXTRAORDINÁRIO – A *COGNITIO EXTRAORDINARIA*)

Se, porém, um deles (ou ambos) fosse representado por *procurator*, era preciso distinguir, para efeito de prestação da *cautio*:

a) o *procurator* do autor prestava a *cautio de rato* (promessa de que o representado ratificaria os atos por ele praticados), exceto se o mandato tivesse sido insinuado *apud acta*[17]ou se o representado tivesse confirmado o representante como *procurator* na presença do juiz; e

b) o *procurator* do réu prestava a *cautio iudicatum solui* (se o réu o constituíra antes da audiência perante o juiz, deveria ele ser garante – *fideiussor* – da promessa do *procurator*; se o réu estivesse ausente, o *procurator* prestava a *cautio iudicatum solui* e dava garante), salvo se tivesse sido constituído pelo réu, em juízo, como seu representante, caso em que a *cautio iudicatum solui* era prestada pelo próprio réu.

O processo se desenrolava numa série de debates orais (as *cognitiones*, porque se faziam sob a forma de contraditório), cujo número variava de acordo com a maior ou menor complexidade da questão.

Na primeira audiência, ocorriam a *narratio* e a *contradictio*, isto é, a exposição que, respectivamente, autor e réu faziam ao juiz. Na *contradictio*, o réu devia apresentar as exceções processuais que tinham caráter prejudicial com relação ao desenvolvimento ulterior da demanda (assim, por exemplo, a de incompetência do juiz, a de incapacidade do autor ou de seu *procurator*, a de irregularidade na forma do pedido do autor, a de falta de *cautiones*). As exceções que não tivessem esse caráter podiam ser invocadas posteriormente.[18]

Ocorria, então, a *litis contestatio*, que, formal e substancialmente, em muito diferia da *litis contestatio* do processo formulário. Na *extraordinaria cognitio*, a *litis contestatio* não mais é um *ato*, mas um *momento* no processo. É certo que se discute qual fosse o momento em que ela ocorria. Para alguns – assim Collinet e Monier –,[19] a *litis contestatio* se verificava no início da *narratio*. Segundo a opinião dominante, porém, a *litis contestatio* se dava quando o juiz, ouvidas a *narratio* e a *contradictio*, começava a informar-se do litígio.[20] Por outro lado, a *litis contestatio*, na *extraordinaria cognitio*, é simples sombra do que fora no processo formulário. Com efeito, o juiz, para apreciar a causa, deve colocar-se, em princípio, no momento, não em que ocorre a *litis contestatio* (como sucedia no processo formulário), mas em que o réu tinha sido citado; o efeito de interromper a prescrição se dá não com a *litis contestatio*, mas com a citação; desaparece – a matéria, porém, é controvertida, pois há autores[21] que sustentam o contrário – o efeito extintivo da *litis contestatio*, e isso em virtude de uma constituição de Justiniano,

---

17 Isto é, registrado em seus arquivos.

18 As exceções dilatórias, se eram levantadas depois da *litis contestatio*, implicavam para o advogado multa de uma libra de ouro; já as peremptórias podiam ser alegadas até na apelação.

19 Collinet, *La Procédure par Libele (Études Historiques sur le Droit Justinien*, vol. IV*)*, p. 215 e segs., Paris, 1932; e Monier, *Manuel Élémentaire de Droit Romain*, I, 6ª ed., nº 156, p. 197.

20 Entre outros, Scialoja, *Procedura Civile Romana*, § 52, p. 271 e segs., Roma, 1936.

21 *Vide*, a propósito, Scialoja, *Procedura Civile Romana*, § 5º, p. 271 e segs., Roma, 1936.

de 531 d.C.;[22] e, finalmente, não persistindo na *extraordinaria cognitio* o princípio de que toda condenação é pecuniária, não mais produz a *litis contestatio* o efeito criador (o de fazer surgir para o autor o direito de ver, provado o que alegara, a condenação do réu a pagar-lhe determinada quantia).

Outrossim, e em virtude de o juiz não estar obrigado, por causa da *litis constestatio*, a adstringir-se aos termos de uma fórmula para condenar ou absolver o réu, não existe, no processo extraordinário, em decorrência de constituições imperiais de Zenão e de Justiniano, o perigo, para o autor, resultante da *plus* ou da *minus petitio*. Nas hipóteses de *plus petitio re, loco* e *causa*, o autor podia, durante a demanda, retificar o pedido inicial; em caso de *plus petitio quantitate* (pretensão exagerada), era, porém, o autor condenado a pagar três vezes o valor do prejuízo que resultasse para o réu do pagamento das *sportulae*, ao *exsecutor*, correspondente ao valor excessivo do pedido do autor; e, na hipótese da *plus petitio tempore*, o réu é apenas absolvido da instância, podendo o autor renovar a ação depois de decorrido prazo duas vezes maior do que o necessário para propô-la pela primeira vez, e desde que tenha indenizado o réu das despesas com aquele processo. Em se tratando de *minus petitio*, se o autor, por erro, pediu menos do que aquilo a que tinha direito, podia o juiz condenar o réu no valor realmente devido.

Mas a *litis contestatio*, no processo extraordinário, é o ponto de partida do qual se conta o prazo de três anos que Justiniano estabeleceu para a perempção da instância.[23] Note-se, no entanto, que, embora perempta a instância, a ação não se extingue, podendo o autor movê-la, de novo, dentro do prazo de quarenta anos.

Depois da *litis contestatio*[24] ocorria o *iusiurandum calumniae*: os litigantes e seus advogados deviam jurar, sobre as Escrituras, que não estavam em juízo por mero espírito de chicana, mas que acreditavam defender um direito.

O que se seguia ao *iusiurandum calumniae* é duvidoso. Segundo a opinião dominante, procedia-se à produção de provas. Para outros autores, porém – assim, Collinet e Monier[25] –, antes da fase probatória e depois do *iusiurandum calumniae*, o advogado do autor tomava a palavra e discutia o aspecto jurídico da demanda: era a *postulatio simplex*; em seguida, o advogado do réu contestava as alegações do autor e apresentava o aspecto jurídico que lhe era favorável: era a *contradictio* ou *responsio*.

---

22 C. VIII, 40, 28. Contra, *Labbé, in Explication Historique des Institutes de l'Empereur Justinien de Ortolan*, 12a edição, apêndice I ao livro IV, p. 913 e segs., Paris, 1883.

23 Devia, pois, o litígio ser decido pelo juiz dentro de três anos a partir da *litis contestatio*, sob pena de a instância extinguir-se.

24 No processo extraordinário, a *translatio iudicii* (vide nº 123, C) parece ter sido simples incidente processual, não havendo necessidade de *in integrum restitutio* nem de nova *litiscontestatio* (cf. Duquesne, verbete "*Translatio iudicii*", in *Dictionnaire des Antiquités Grecques et Romaines de Daremberg-Saglio*).

25 Collinet, *La Procédure par Libelle (Études Historiques sur le Droit Justiniem)*, vol. IV, p. 214 e segs., Paris, 1932; e Monier, *Manuel Élémentaire de Droit Romain*, I, 6ª ed., nº 157, p. 198.

Cap. XX • A TUTELA DOS DIREITOS SUBJETIVOS (O PROCESSO EXTRAORDINÁRIO – A *COGNITIO EXTRAORDINARIA*) | 261

Exposta a questão ao juiz, fazia-se mister que cada um dos litigantes procurasse demonstrar a veracidade dos fatos que alegara. Daí a fase probatória, onde as partes produziam suas provas.

Na *extraordinaria cognitio*, ao contrário do que ocorria no processo formulário, não gozava o juiz de ampla liberdade para a avaliação das provas, pois os imperadores, em constituições imperiais, estabeleceram algumas regras em virtude das quais não só certas provas deveriam ser consideradas superiores a outras, como também a algumas não podia dar o juiz qualquer valor.

Como princípio geral, cabia ao autor – e o réu, com relação às exceções por ele apresentadas, fazia as vezes de autor – provar o que alegara, em consonância com o preceito segundo o qual o *ônus da prova incumbe a quem afirma*.

As provas – e isso porque, como acentua Scialoja,[26] a matéria é mais de lógica do que, propriamente, de direito – continuaram a ser as mesmas que no processo formulário, mas diverso foi o valor que se lhes atribuiu. Analisemo-las sumariamente:

a) prova testemunhal: no processo extraordinário decai sua importância (que era capital, no formulário), porquanto constituições imperiais dispuseram que:

1º – uma só testemunha não tem qualquer valor (*testis unus, testis nullus*);[27]e

2º – prova escrita não pode ser invalidada por prova testemunhal.[28] Justiniano, na *Novela XC*, elaborou um verdadeiro regulamento de prova testemunhal, estabelecendo normas que não existiam no direito clássico (assim, por exemplo: vale mais o testemunho de quem tem menos interesse na causa; a testemunha tem o dever de testemunhar, prestando, antes de suas declarações, juramento de que irá dizer apenas a verdade);

b) prova escrita (instrumenta, scripturae):[29] passa a ter, no processo extraordinário, grande importância; estabelece-se para ela uma escala de valor:

1 – no topo, encontram-se os documentos públicos redigidos por funcionários no exercício de suas funções, e os protocolos dos juízes e de certos funcionários administrativos: são os *acta* ou *gesta*, que têm fé pública para sempre, e que somente podem ser impugnados com a alegação de falsidade material ou ideológica;

2 – abaixo, vêm os *instrumenta publica* ou *instrumenta publice confecta*, isto é, os documentos redigidos, em praça pública, pelos notários ou pelos *tabelliones* (que não eram funcionários públicos, mas que gozavam de certa fé pública, pois estavam sujeitos à vigilância dos magistrados, no desempenho de suas funções); e

3 – finalmente, os instrumentos privados (*cautiones, chirographa*), que somente possuem valor se passados diante de testemunhas e devidamente subscritos por quem os redigira e por aquelas; todos esses documentos podem ser impugnados, quanto à sua

---

26 *Procedura Civile Romana*, § 54, p. 280, Roma, 1936.

27 C. IV, 20, 9.

28 C. IV, 20, 1.

29 *Vide* C. Th. XI, 30; D. 22, 4; C. IV, 21; e Nov. LXXIII.

legitimidade, pela parte contrária, devendo, então ser submetidos à perícia para a verificação de que foram, ou não, falsificados; para isso os peritos valem-se de processos ainda hoje utilizados, como a *comparatio litterarum* (comparação das letras) e a *manus collatio* (cotejo entre o documento impugnado e outro escrito pelo punho de quem deveria ter sido o autor do primeiro);

c) prova pericial: além da perícia empregada para a apuração de falsificação de documentos, as fontes aludem a algumas espécies de peritos: por exemplo, havia as *comadres*, que eram peritas a quem incumbia verificar se uma mulher estava, ou não, grávida;

d) juramento: torna-se prova de aplicação generalizada; admite-se o que modernamente se denomina *juramento supletório*: o juiz, sendo insuficientes as provas apresentadas, pode deferir o juramento a uma das partes, que, se o prestar, se exime de ter de produzir outra espécie qualquer de prova, pois se considera provado o fato objeto do juramento;

e) confissão: no processo extraordinário, valia como causa para a condenação, quer nas ações reais, quer nas pessoais (daí terem os compiladores no *Corpus Iuris Ciuilis* criado o princípio *confessus pro iudicato est*, que não era rigorosamente exato no processo formulário); por outro lado, ao que confessou era concedido prazo para ser executado; demais, nem sempre a confissão tinha força probante: assim, por exemplo, não era ela suficiente para transformar em colono um homem livre;

f) interrogatório em juízo: ao contrário do que ocorria no processo formulário, os interrogatórios eram admitidos em qualquer espécie de ação; demais, o próprio juiz podia informar-se de um aspecto da causa por meio de perguntas que fazia ao autor ou ao réu; e

g) presunção: é modo de prova indireta, como acentua Scialoja;[30] enquanto na prova temos a demonstração da existência de um fato mediante ato dirigido diretamente a isso, na presunção ocorre a indução da existência de um fato em virtude de circunstâncias, que, por si mesmas, não têm por finalidade essa demonstração; no processo extraordinário, o juiz podia valer-se, desde que a presunção fosse séria e estivesse em relação direta com o fato que se pretendia provar, das duas espécies de presunção que se conhecem:

1 – a *praesumptio hominis* (a que o juiz extrai, por si mesmo, dos elementos da demanda); e

2 – a *praesumptio iuris* (que é a estabelecida pela lei, e que pode ser: *iuris tantum*, quando admite prova em contrário; e *iuris et de iure*, quando é absoluta, não permitindo prova em contrário).[31]

Produzidas as provas, o juiz passava a dispor de todos os elementos necessários à decisão da demanda, isto é, à sentença definitiva, na qual, ao contrário do que ocorre na

---

30 *Procedura Civile Romana*, § 55, p. 290 e segs., Roma, 1936.

31 Observa Donatuti, *"Le Praesumptiones Iuris"*, in *Studi di Diritto Romano*, I, p. 422, Milano, 1976, que, nas fontes romanas, não se encontra a *praesumptio iuris et de iure* (nelas, todas as presunções *iuris* são *iuris tantum*), que aparece, pela primeira vez, na Glosa; e acrescenta que também os gregos a desconheceram.

Cap. XX • A TUTELA DOS DIREITOS SUBJETIVOS (O PROCESSO EXTRAORDINÁRIO – A *COGNITIO EXTRAORDINARIA*) | 263

sentença interlocutória (em que o juiz julga os incidentes levantados durante o processo), se decide a própria pretensão do autor.

Mas o juiz, em vez de sentenciar, podia – quando ficasse sem saber como julgar a causa – remeter os autos a magistrado superior a ele, inclusive ao imperador. Essa remessa se denominava *consultatio*.[32] Nesse caso, o juiz, dentro de prazos legais, redigia uma informação sobre o processo, e expunha suas dúvidas à autoridade destinatária. As partes podiam refutar o informe. Por fim, o juiz encaminhava ao superior sua informação, a refutação dos litigantes e os autos. Se o magistrado a quem se dirigia fosse o imperador, este, informando-se da causa, ou a decidia, ou a remetia a outro magistrado para que a julgasse.

Se o juiz, porém, não se valesse da *consultatio*, devia decidir o litígio, prolatando a sentença. Para isso, primeiramente, consultava seus assessores. Depois, e estando vinculado somente à observância da lei (decisão que a violasse seria nula), proferia a sentença, que era redigida e lida por ele, em audiência, diante dos oficiais do juízo e das partes (*recitare sententiam ex periculo* = ler a sentença do documento onde está escrita).[33]

Toda sentença devia conter a condenação ou a absolvição do réu; se houvesse reconvenção por parte deste, nela se decidiria a condenação ou absolvição do autor no que dizia respeito ao pedido reconvencional. Se o juiz condenasse o réu, devia procurar, o mais possível, satisfazer a pretensão do autor: assim, condenaria o réu a pagar a quantia devida, ou a restituir a própria coisa pleiteada pelo autor. Se não fosse possível condenar o réu a restituir a própria coisa (por estar, por exemplo, destruída), ou se se tratasse de obrigação de fazer (ninguém podia ser compelido a realizá-la), o juiz condenaria o réu a pagar o equivalente à coisa ou ao ato que deveria ter sido praticado. Por outro lado, na sentença, o juiz levava em consideração o fato de o réu, no decurso do processo, ter satisfeito a pretensão do autor; nesse caso, o réu era absolvido; demais, se o pedido do autor fosse exagerado, ou se se verificasse a veracidade de uma exceção, o juiz deveria diminuir a condenação a que estava sujeito o réu. A parte vencida era, sempre, condenada ao pagamento das custas.

Proferida a sentença, o vencido podia apelar dela para magistrado superior ao que a proferira, ou – se se conformasse – cumpri-la.

Se o vencido quisesse apelar da sentença[34] que lhe fora adversa, deveria ater-se aos seguintes princípios:

a) nem toda sentença é passível de apelação: anteriormente a Justiniano, o Código Teodosiano estabelecia, por via de regra, a proibição, sob penas severas, de se apelar de

---

32   *Vide* C. Th. II, 29 e XI, 30; D. XLIX, 1; e C. VII, 62.

33   A palavra *periculum* está aí empregada num significado especial: é a folha em que a sentença deve ser redigida (*vide*, a propósito, Scialoja, *Procedura Civile Romana*, § 56, p. 296, nota 1, Roma, 1936).

34   Sobre a apelação, *vide* Orestano, *L'Apello Civile in Diritto Romano*, 2ª ed., Torino, 1953.

sentenças interlocutórias ou preparatórias; Justiniano a manteve, permitindo, no entanto, a apelação contra qualquer sentença definitiva ou terminativa;[35]

b) não havia, antes de Justiniano, limite de graus de jurisdição, de modo que o número de apelações variava de acordo com o de juízes escalonados hierarquicamente entre o que primeiro decidira e o imperador (assim, por exemplo, se acima do juiz que proferira a sentença recorrida, mas antes do imperador, houvesse três juízes colocados em escala hierárquica ascendente, era possível apelar para o situado no primeiro grau dessa escala; da decisão dele, para o imediatamente superior; e o mesmo com relação ao terceiro juiz, de cuja decisão ainda cabia recurso para o imperador); Justiniano limitou a duas o número de apelações sucessivas;[36]

c) em regra, dever-se-ia apelar para o juiz imediatamente superior ao que proferira a sentença, mas em casos de especial importância a apelação podia dirigir-se diretamente ao imperador, observando-se, a respeito, regras específicas; e

d) a apelação se fazia de viva voz (o apelante dizia apenas *appello*) quando da leitura da sentença, ou por escrito (por meio de um *libellus appellatorius*) dentro de, a princípio, dois dias (ou três, no caso de representação por *procurator*) após proferida a sentença, e, sob Justiniano, dentro de dez dias.

Ao recorrer, o apelante se arriscava, pois, se a apelação fosse julgada improcedente, além de perder a demanda e de pagar as custas, era ele condenado a penas que variaram no tempo: sob Constantino, se fosse rico, a desterro por dois anos, confiscada metade de seus bens, e, se fosse pobre, a dois anos de trabalhos forçados nas minas; no tempo de Justiniano, cabia ao juiz estabelecer pena moderada contra o apelante temerário.[37]

O juiz recorrido, por via de regra, não podia recusar-se a receber a apelação, a menos que ela fosse ilegal. No caso de recusa, o apelante podia dirigir-se diretamente ao juiz superior, e, se este julgasse que a apelação deveria ter sido recebida, o juiz recorrido era punido; caso contrário, a punição incidia sobre o apelante.

A princípio, era o próprio juiz recorrido quem enviava ao juiz superior uma exposição sobre a causa (*relatio*), o *libellus refutatorius* do apelante e os autos; com Justiniano, essa remessa passou a ser feita pelo apelante.[38]

A apelação tinha efeitos *devolutivo* (o juiz superior tomava pleno conhecimento da causa julgada pelo magistrado recorrido) e *suspensivo* (suspendia-se a exequibilidade da sentença recorrida até que o juiz superior decidisse a apelação).

As partes, dentro de prazos que muito variaram no curso do tempo, deviam comparecer à presença do juiz que julgaria a apelação, e, aí, se verificava novo debate entre

---

35 C. Th. XI, 36, 18; 23; e 37; C. VII, 62, 36. As sentenças definitivas são as que decidem, total ou parcialmente, o mérito da causa; já as terminativas são as que põem termo ao processo sem decidir--lhe o mérito, isto é, o pedido do autor.

36 C. Th. XI, 83, 18; e C. VII, 70, 1.

37 C. VII, 62, 6, 4.

38 Nov. CXXVI.

elas, admitindo-se, no direito justinianeu, a possibilidade da produção de novas provas e da invocação de novos fatos. Por outro lado, o juiz superior podia reformar para pior (*reformatio ad peius*), contra o apelante, a sentença recorrida.

Se a sentença fosse confirmada, ela produzia efeitos a partir da data em que fora proferida, e não da data em que se julgara a apelação.

Passada em julgado a sentença – ou porque não se apelara, ou porque dela não mais cabia recurso –, o vencido, anteriormente a Justiniano, devia cumpri-la dentro de dois meses, e, no direito justinianeu, dentro de quatro meses (era o *tempus iudicati*). É possível, porém (as fontes não são muito explícitas a respeito), que esse prazo só fosse levado em consideração se o juiz, na sentença, não fixasse outro.

Se, decorrido o prazo para que o vencido cumprisse espontaneamente a sentença, isso não se tivesse verificado, o vencedor podia promover a execução da sentença pela *actio iudicati*, na qual – como sucedia no processo formulário – ou o *iudicatus* confessava que não dera execução à sentença, ou se defendia, alegando, por exemplo, que a sentença era nula, ou que já a cumprira. Na hipótese de defesa do *iudicatus*, a *actio iudicati* seguia o processo normal das ações, culminando com uma sentença, inapelável, julgando-a procedente, ou não.

No caso de confissão do *iudicatus*, ou de a *actio iudicati* ter sido julgada procedente, e persistindo o vencido em sua atitude de não cumprir espontaneamente a sentença que o condenara, podia o vencedor requerer, de imediato, um decreto de execução ao juiz.

A execução forçada da sentença se dirigia contra a própria pessoa do executado, ou contra seus bens.

No processo extraordinário, a execução sobre a pessoa do executado passou para plano secundário, transformando-se, em realidade, num simples meio de compeli-lo indiretamente a cumprir a sentença exequenda. Os imperadores Teodósio, Valentiniano e Arcádio, em 388 d.C.,[39] suprimiram as prisões privadas e estabeleceram que o executado deveria ser preso em cadeia pública, praticando crime de lesa-majestade o exequente que, em sua casa, mantivesse preso o executado. Apesar da gravidade da pena, essa proibição foi reiteradamente burlada, tendo Justiniano amenizado a punição em que deveria incorrer o infrator. Por outro lado, o executado podia livrar-se da execução sobre sua pessoa, fazendo a cessão de seus bens (*cessio bonorum*) em favor do exequente.

Por via de regra, portanto, lançava-se mão da execução sobre os bens do vencido. Nesse caso, variava o processo executório, conforme ocorressem, ou não, certas circunstâncias:

a) se a condenação fosse no sentido de restituir ou exibir coisa certa, o executado seria forçado a cumpri-la, empregando-se, se necessário, a força pública (*manu militari*); e

b) se a condenação versasse pagamento de uma quantia, a execução se faria por um dos seguintes modos:

---

39   C. Th. IX, 11, 1.

DIREITO ROMANO – *José Carlos Moreira Alves*

I – mediante o *pignus ex causa iudicati captum*, isto é, pela apreensão, feita pelos *apparitores* do juiz ou pelos *exsecutores*, de bens do executado, os quais, posteriormente, seriam vendidos em leilão, para pagamento ao exequente, e o excesso, se houvesse, restituído ao executado; ou

II – no caso de *cessio bonorum* ou de concurso de credores, por meio, inicialmente, da *missio in bona rei seruandae*, e, depois, da venda em leilão, não de todos os bens em conjunto (como ocorria na *bonorum uenditio* do processo formulário), mas dos bens a retalho (*distractio bonorum*), alienando-se apenas os bens cujo valor desse para o pagamento dos credores, e devolvendo-se o excedente, se houvesse, ao executado.

136. Processos especiais[40] – Há certos processos em que o andamento da instância sofre alterações. Isso ocorre no processo *per rescriptum principis* ou *per libellum principi oblatum*, e nos processos sumários.

A) *Processo "per rescriptum principis" ou "per libellum principi oblatum"*

Esse processo especial surgiu ainda no tempo em que vigorava o processo formulário.

Nele, resolviam-se questões que não estavam bem disciplinadas no direito vigente, ou que diziam respeito a normas locais.

O interessado se dirigia diretamente ao imperador, expondo a controvérsia, e solicitando sua solução. Em face disso, o imperador podia assumir uma das duas seguintes atitudes:

a) ou, com a assistência do *consistorium*, decidia o litígio com rescrito cuja eficácia se subordinava à veracidade das alegações do suplicante (o rescrito obtido graças à exposição de fatos falsos se denominava *obrepticium*; e o que se conseguia com a omissão de parte da verdade, *subrepticium* – ambos eram nulos);

b) ou dava instruções sobre certos pontos de direito, relativos à controvérsia, a um magistrado, a fim de que este, com base nelas, decidisse a questão.

B) *Processos sumários*[41]

Eram processos de tramitação mais rápida do que a normal, em virtude da circunstância de que, neles, o magistrado podia proferir a sentença com base em conhecimento sumário do feito (*summatim cognoscere*), não sendo necessária a plena produção de provas para seu convencimento. Nesses processos sumários, dirimiam-se, entre outras, controvérsias sobre alimentos e manumissões por testamento (assim, por exemplo, quando o testamento pelo qual se libertava um escravo era atacado com a alegação de ser falso, antes de se decidir a suspensão do *iudicium liberale* para julgar a questão da validade

---

40 A propósito, *vide* Wenger, *Institutionen des Römischen Zivilprozessrechts*, § 32, p. 307 e segs., München, 1925; e Costa, *Profilo Storico del Processo Civile Romano*, p. 193 e segs., Roma, 1918.

41 A esse respeito, *vide* Biondi, *"summatim cognoscere"*, in *Bullettino dell'Istituto di Diritto Romano*, XXX (1921), p. 220 e segs.; e Dieter Simon, *"summatim cognoscere – zwölf exegesen"*, in *Zeitschrift der Savigny-Stiftung – Romanistische Abteilung –*, vol. 83 (1966), p. 142 e segs.

Cap. XX • A TUTELA DOS DIREITOS SUBJETIVOS (O PROCESSO EXTRAORDINÁRIO – A *COGNITIO EXTRAORDINARIA*) | **267**

do testamento, procedia-se *summatim* – sumariamente – para se apurar se a alegação se fizera simplesmente *calumniae causa*).

Por outro lado, discute-se[42] se no direito justinianeu havia processo sumário, tomada essa expressão em outro sentido: no de que, embora igual ao processo ordinário no que dizia respeito à plenitude da produção de provas, se admitia a omissão de certos atos processuais e a redução de determinados prazos.[43]

137. As ações e os demais remédios jurídicos no processo extraordinário[44] – A substituição do processo formulário pela *extraordinaria cognitio* acarretou, em face das peculiaridades desta, uma série de modificações no que diz respeito às ações e aos outros meios de tutela judicial.

Tendo desaparecido a divisão da instância em *in iure* e *apud iudicem*, não havia mais razão para que, no processo extraordinário, se distinguissem as *actiones* dos outros meios complementares que, no processo formulário, eram concedidos pelo magistrado, independentemente da observância do *ordo iudiciorum priuatorum* (*vide* nº 132). Assim, desaparece a diferença entre os *interdicta* (interditos) e as *actiones* (ações). No processo extraordinário, o interdito é uma ação – a *actio utilis ex causa interdicti* – que se concede nos casos em que, no processo formulário, se utilizaria um interdito, e que visa a condenar o réu a exibir, restituir ou não fazer algo, sendo o processo mais rápido do que o normal. Os textos que, no *Corpus Iuris Ciuilis*, aludem à distinção entre ação e interdito têm mero valor histórico.[45] Por outro lado, a *restitutio in integrum*[46] não se baseia mais no *imperium* do magistrado, mas na lei, de modo que, nas hipóteses nesta previstas, tem o juiz, se requerida sua concessão, o dever de concedê-la por sentença.[47]

Quanto à ação, embora fosse ela no processo extraordinário – como é no moderno – a faculdade que tem alguém de requerer ao Estado a prestação, num caso concreto, de sua atividade jurisdicional, persistiu o princípio – à diferença do que sucede no processo moderno – de que essa faculdade só existe quando há uma ação específica para proteger determinada situação.

---

42 Cf. Scialoja, ob. cit., § 61, p. 312.

43 Antes de Justiniano, isso ocorria, pois o Código Teodosiano estabelecia, em certos casos, redução nos prazos da *litis denuntiatio*. No direito justinianeu, é possível que o mesmo sucedesse com relação aos interditos a cujo respeito os textos acentuam que seu processo deveria ser mais rápido do que o normal.

44 *Vide*, a propósito, o amplo trabalho de Collinet, *"La Nature des Actions, des Interdits et des Exceptions* dans l'Oeuvre de Justinien" (Études Historiques sur le Droit de Justinien, vol. V), Paris, 1947.

45 Cf. Czyhlarz, *Lehrbuch der Institutionen des Römischen Rechts*, 11ª/12ª ed., p. 384.

46 Sobre as características da *restitutio in integrum* no âmbito da *cognitio extra ordinem*, *vide* Giuliano Cervenca, *"Per lo Studio della Restitutio in Integrum"*, in *Studi in Onore di Biondi Biondi*, I, XX, p. 616 e segs., Milano, 1965.

47 Cf. Betti, *Istituzioni di Diritto Romano*, I, 2ª ed. (ristampa), p. 343 e segs.

268 | DIREITO ROMANO – *José Carlos Moreira Alves*

Demais, no processo extraordinário, as ações continuam a ser enquadradas em classificações que vinham do processo formulário, e das quais várias, com a supressão da fórmula, perderam o interesse prático (assim, por exemplo, a relativa às *actiones bonae fidei* e às *actiones stricti iuris*, cujo verdadeiro sentido, aliás, Justiniano parece não ter percebido exatamente).[48] Outras classificações, no entanto, conservam certo interesse prático, porque dizem respeito à natureza do direito material tutelado ou aos poderes do juiz (por exemplo, ações reais, pessoais e mistas; ações penais, reipersecutórias e mistas). E há, ainda, classificações que têm, na *extraordinaria cognitio*, grande importância, como:

a) ações perpétuas e *ações temporárias*: as perpétuas são as que, a partir de uma constituição de Teodósio, de 424 d.C.,[49] somente se podem intentar dentro de trinta ou quarenta anos; as temporárias, as que prescrevem em prazos mais curtos – em geral, em um ano;[50] e

b) ações gerais e *ações especiais*: classificação devida aos jurisconsultos bizantinos, e pela qual as ações gerais são as que tutelam uma série de relações jurídicas determinadas (assim, a *condictio certi generalis* tutela toda e qualquer espécie de crédito que tenha por objeto prestação de quantia certa); e as ações especiais são as que tutelam somente um tipo de relação jurídica (assim, por exemplo, a ação que tutela o contrato de compra e venda).

Finalmente, quanto às *exceptiones*, sofreram elas, no processo extraordinário, profunda alteração, em virtude do desaparecimento da fórmula. A *exceptio* deixa de ser uma cláusula escrita na fórmula e passa a designar, em geral, os meios de defesa indireta que, no processo formulário, justificariam sua invocação.

---

48 Daí ter incluído entre as ações de boa-fé, a *actio* de dote (que resulta de uma *stipulatio*, contrato de direito estrito) e a petição de herança (ação real).

49 C. VII, 39, 3.

50 Sobre a prescrição das ações no direito romano, *vide Amelotti, La Prescrizioni delle Azioni in Diritto Romano*, Milano, 1958; e Cornil, *Droit Romain*, p. 489 e segs., Bruxelles, 1921.

PARTE ESPECIAL

I
DIREITO DAS COISAS

XXI
OS DIREITOS REAIS E SUA CLASSIFICAÇÃO

Sumário: 138. O direito real e suas características. **139.** Os direitos reais na concepção dos juristas romanos. **140.** A classificação dos direitos reais. **141.** Sistemática da exposição.

138. O direito real e suas características – Modernamente, os direitos patrimoniais se distinguem em *direitos reais* e *direitos pessoais*.

No direito real, há uma relação material, direta, entre seu titular e a coisa; aquele exerce sobre esta um poder direto e imediato. No direito pessoal, não: o poder de seu titular atua sobre uma pessoa – o devedor –, que lhe deve uma prestação de conteúdo econômico. Em ambos se configura a relação jurídica: no direito real, ela se estabelece entre seu titular e todas as demais pessoas, que, indistintamente, estão obrigadas (*obrigação passiva universal*) a não praticar ato que o turbe no exercício de seu direito; no direito pessoal, a relação jurídica – que ressalta mais evidente do que no direito real – é a que existe entre o titular do direito subjetivo (o credor) e uma pessoa (o devedor) a quem incumbe a obrigação de dar, fazer ou não fazer algo.[1]

São as seguintes as características dos direitos reais:

a) atribuem ao titular poder direto sobre a coisa seu objeto;

b) são direitos absolutos, e que, portanto, impõem a toda e qualquer pessoa o dever de abster-se da prática de ato que turbe o titular deles;

---

1 Sobre a distinção entre os direitos reais e os direitos pessoais, *vide* Albertario, *Corso di Diritto Romano – Le Obbligazioni – Parte Generale* 1, p. 11 e segs., Milano, 1936; e Rigaud, *Le Droit Réel*, Toulouse, 1912.

c) estão protegidos por ações reais (*actiones in rem*) que se intentam não contra uma pessoa determinada e conhecida *a priori* (como sucede nos direitos pessoais, que somente podem ser violados pelo devedor), mas contra quem quer que tenha turbado a sua utilização;

d) outorgam ao titular a faculdade de sequela, isto é, de perseguir a coisa nas mãos de quem quer que a detenha; e

e) dão, enfim, ao titular a faculdade de preferência, isto é, o poder de afastar todos aqueles que reclamem a coisa com base ou em direito pessoal ou em direito real posterior ao dele.[2]

Ademais, vigora, em direito romano, o princípio de que os direitos reais constituem um *numerus clausus* (número fechado), isto é, só são direitos reais os criados pelas diferentes fontes de direito, não havendo assim a possibilidade de os particulares, por acordo de vontade, criarem direitos reais de tipo novo. Em outras palavras, os direitos reais são sempre típicos, limitando-se àqueles a que aludiremos no nº 140.

139. Os direitos reais na concepção dos juristas romanos – Os jurisconsultos romanos não conheceram estes dois conceitos – direito real e direito pessoal.[3] A própria denominação *ius in re* com a qual se designam os direitos reais não se encontra, com esse sentido, nas fontes.[4]

A distinção que hoje fazemos com base nos conceitos de direito real e de direito pessoal os romanos a faziam no plano processual, com a dicotomia *actio in rem – actio in personam* (ação real – ação pessoal). Aquela é uma ação *erga omnes* (contra todos), em que o autor afirma o seu direito sobre a coisa, e em que o réu surge como a pessoa que se colocou entre o autor e a coisa; esta é uma ação contra determinada pessoa (o devedor), e em que o autor reclama o cumprimento da obrigação que o réu deixou de adimplir. Na *actio in rem*, o réu somente é conhecido no momento em que há a violação do direito subjetivo, pois todos têm o dever de abstenção; na *actio in personam*, o réu somente poderá ser o devedor, que é o único obrigado a satisfazer o titular do direito subjetivo.

Partindo da distinção entre essas duas *actiones*, os autores do direito intermédio formularam os conceitos de direito real e de direito pessoal.[5]

140. A classificação dos direitos reais – No direito das coisas, estudaremos o que, modernamente, denominamos *direitos reais*. Para os romanos, seriam os direitos que, violados, dariam margem à utilização de actiones *in rem*.

Os direitos reais se agrupam em duas categorias:

a) de um lado, o mais amplo deles: o *direito de propriedade*; e

---

2 Cf. Arias Ramos, *Derecho Romano*, I, 8ª ed., p. 51.

3 Contra, Giuseppe Grosso, *I Problemi dei Diritto Reali nell'Impostazione Romana*, Torino, 1944.

4 *Vide*, a respeito, Villey, "*Le ius in re du droit romain classique au droit moderne*", in *Conférences Faites l'Institut de Droit Romain en 1947*, p. 187 e segs., Paris, 1950.

5 Cf. Villey, ob. cit., p. 195 e segs.

Cap. XXI · OS DIREITOS REAIS E SUA CLASSIFICAÇÃO | **271**

b) de outro, os diferentes *iura in re aliena*, isto é, direitos reais sobre coisa alheia (também denominados *direitos reais limitados*), e que, na sistemática moderna, se subdividem em duas classes:

1ª – *de gozo*; e

2ª – *de garantia*[6]

Como a concessão de *actiones in rem* a diferentes direitos subjetivos não se verificou nos mesmos períodos da evolução do direito romano, observa-se que variou o número de *iura in re aliena* no direito clássico e no direito justinianeu. Eram *iura in re aliena*, no direito clássico:

a) de *gozo*: as *seruitutes* (que abrangiam apenas o que mais tarde se denominou *servidões prediais*), o *ususfructus* (usufruto) e o *usus* (uso); e

b) de *garantia*: o *pignus datum* (penhor) e o *pignus conuentum* ou *hypotheca* (hipoteca).

No direito justinianeu, incorporaram-se aos *iura in re aliena* de *gozo* a *emphiteusis* (enfiteuse) e a *superficies* (superfícies); demais, a denominação *seruitutes* passou a abranger as servidões que vinham do direito clássico (passam, por isso, a chamar-se *servidões prediais*), e o *ususfructus* e o *usus* (bem como a *habitatio* – habitação –, as *operae seruorum* – serviços de escravos – e as *operae alterius animalium* – serviços de animais de outrem –, que surgem, como direitos reais autônomos, nesse período), que se agrupam na categoria das *servidões pessoais*.

---

6 Tradicionalmente, tem-se considerado que os direitos reais limitados se constituem de faculdades jurídicas que se desmembram do conteúdo do direito de propriedade; assim, o proprietário ficaria desfalcado daquelas faculdades que, com a constituição do direito real limitado, passaram a integrar o conteúdo deste (constituído o usufruto, o usufrutuário tem as faculdades de usar e gozar da coisa, ao passo que o proprietário, que até então as tinha, as perde). No entanto, salientam os autores modernos que o domínio não é a soma das faculdades jurídicas que formam o seu conteúdo, mas, sim, uma unidade orgânica distinta dessas faculdades, tanto que pode sofrer limitações de tal ordem que seu conteúdo se reduz a mero título jurídico, como sucede quando se constitui uma enfiteuse. Isso não obstante, o direito de propriedade persiste, e, com o desaparecimento dessas limitações, readquire, automaticamente, o seu conteúdo anterior. A esse fenômeno tem-se dado, a partir de *Pagenstecher*, a denominação de elasticidade da propriedade (*Elasticität des Eigenthums*), porquanto esse direito real, por ação de pressão exterior, tem suas faculdades jurídicas reduzidas, mas, no instante em que o elemento compressor desaparece, ele volta a apresentar o seu conteúdo com a amplitude originária, de modo automático, e, portanto, independentemente de qualquer ato que as reintegre nele, o que seria necessário se tivesse perdido tais faculdades. Por essa concepção – que nos parece a mais correta –, o direito real limitado não tem o seu conteúdo formado por faculdades jurídicas destacadas do direito de propriedade, mas tem conteúdo próprio, atuando sobre o domínio como elemento de compressão das faculdades jurídicas deste, seja em quantidade, seja em intensidade. Extinto o direito real limitado, desaparece o elemento compressor, e, automaticamente, as faculdades jurídicas da propriedade que persistiam, embora comprimidas, retornam ao seu estado normal.

141. Sistemática da exposição – Na exposição que se segue, examinaremos, em primeiro lugar, um instituto que não é sequer um direito, mas um simples fato – a posse (*possessio*). Seu estudo deve preceder ao dos direitos reais, porque a posse é elemento de grande importância na aquisição desses direitos.

Em seguida, analisaremos o mais amplo dos direitos reais – o direito de propriedade.

Finalmente, estudaremos os diversos *iura in re aliena*, na seguinte ordem:

a) servidões prediais;

b) usufruto e direitos análogos (uso, habitação, *operae seruorum* e *operae alterius animalium*);

c) enfiteuse e superfície; e

d) penhor e hipoteca.[7]

---

7   A propósito da matéria tratada neste capítulo, *vide* Grosso, *I Problemi dei Diritti reali nell'Impostazione Romana*, Torino, 1944.

XXII

A POSSE

Sumário: 142. Conceito e natureza jurídica da posse. **143.** Elementos da posse. **144.** Modalidades da posse. **145.** Objeto da posse. **145-A.** Composse. **146.** Início da posse. **147.** Permanência e término da posse. **148.** Origem e meios judiciais de proteção possessória. **149.** Posse de direitos.

142. Conceito e natureza jurídica da posse – A posse é o poder de fato, protegido juridicamente, que se exerce sobre uma coisa.[1]

Já os romanos a distinguiam claramente do direito de propriedade. No *Digesto* (XLI, 2, 12, 1; e XLIII, 17, 1, 2) leem-se: *nihil commune habet proprietas cum possessione* (a propriedade nada tem em comum com a posse) e *separata esse debet possessio a proprietate* (a posse deve ser apartada da propriedade).[2]

Com efeito, a posse é poder de fato sobre uma coisa; a propriedade é poder de direito. Em geral, posse e propriedade se apresentam reunidas: por via de regra, o proprietário (que tem poder de direito sobre a coisa) é também seu possuidor (tem poder de fato sobre ela). Mas, casos há – e aí a diferença ressalta nítida – em que posse e propriedade estão separadas: alguém se apodera de terreno alheio; o usurpador tem a posse (o poder de fato de utilizar-se da coisa), e o proprietário tem o direito de propriedade sobre o imóvel

---

1 São inúmeras as monografias dedicadas à posse. Além das obras clássicas de Savigny (*Das Recht des Besitzes*, 7ª ed., Wien, 1865) e Ihering (*Ueber den Grund des Besitzschultzes*, 2ª ed., Iena, 1869; e *Der Besitzwille, Iena*, 1889), consultem-se, para uma visão de conjunto, Bruns (*Das Recht des Besitzes im Mittelalter und in der Gegenwart*, 1848 – *neudruck*, Osnabrück, 1965), Randa (*Der Besitz nach oesterreichischem Rechte*, 4ª ed., Leipzig, 1895), Goldschmidt (*Grundlagen der Besitzlehre, in Vermischte Schriften, erster Band*, p. 252 e segs., Berlin, 1901), Kindel (*Die Grundlagen des römischen Besitzrechts*, Berlin, 1883), Bekker (*Das Recht des Besitzes bei den Römern*, Leipzig, 1880), Meischeider (*Besitz und Besitzschutz*, Berlin, 1876), Cuq (*Recherches sur la Possession à Rome*, separata, Paris, 1894), Dalmau y de Olivart (*La posesión, Barcelona*, 1884), Saleilles (*La Posesión – elementos que la constituyen y su sistema en el Código Civil del Imperio Alemán*, trad. Palencia, Madrid, 1909), Riccobono (*Corso di diritto Romano – Il Possesso – anno accademico 1933/1934*, Roma), Carcaterra (*Possessio – Ricerche di Storia e di Dommatica*, Roma, 1938) (há edição anastática de "*L'Erma di Bretschneider*", Roma, 1967), e Albertario (*Corso di Diritto Romano – possesso e quasi possesso*, Milano, 1946). Em português, veja-se Edmundo Lins, *Ensaio sobre a posse, in Estudos Jurídicos na Cathedra e na Judicatura*, p. 111 e segs., Rio de Janeiro, 1935; e Moreira Alves, *Posse*, vol. I (*Evolução histórica*), pp. 6 a 73, Rio de Janeiro, 1985.

2 *Vide*, ainda, D. XLI, 2, 52, pr.

274 | DIREITO ROMANO – José Carlos Moreira Alves

(o poder de direito sobre ele, o que lhe possibilita intentar contra o possuidor uma ação de reivindicação, para que lhe seja restituído o poder de fato sobre o terreno).

É certo que muitos autores (assim, por exemplo, Ihering e Lenz)[3] consideram a posse um direito – embora diferente do direito de propriedade –, e a enquadram, em geral, entre os direitos reais. Reputam-na um direito, porque, partindo de diferentes conceitos de direito subjetivo, entendem que a posse neles se inclui. Ihering define o direito subjetivo como o *interesse juridicamente protegido*; ora, a posse é um interesse, e como é protegida juridicamente – por meio, como veremos adiante, dos interditos possessórios –, é ela, para Ihering, um direito. E direito real, pois essa proteção se estende *erga omnes* (contra qualquer pessoa, só cedendo, em regra, diante da ação de reivindicação do proprietário da coisa).

Bonfante,[4] no entanto, demonstrou, a nosso ver, que a posse é um fato, e não um direito. Para que de uma relação entre pessoas surja um direito subjetivo, é preciso – acentua Bonfante – que ela seja *sempre garantida, e não apenas tolerada*; é necessário que a coação se constitua *diretamente* em defesa dessa relação, e não somente decorra *ex occasione* (por ocasião) da tutela de uma outra relação. A posse é apenas *tolerada*, e só é defendida *ex occasione*, tanto assim que somente é tutelada contra lesões determinadas, e, em tais hipóteses, o possuidor é protegido até contra o proprietário.[5] Exemplo: se alguém é possuidor de um imóvel e o proprietário dele o expulsa à força, aquele – porque a posse é tutelada contra essa lesão – pode recuperar a posse do imóvel, contra o proprietário dele, por intermédio de um interdito possessório; e o proprietário para reaver, outra vez, a posse sobre seu imóvel tem que intentar contra o possuidor uma ação de reivindicação, *contra a qual a posse não é defendida*. Por se tratar de defesa *ex occasione* é que a posse é protegida não por uma ação, mas por um meio extraordinário, que é o *interdito possessório*.[6]

Os jurisconsultos romanos, no período clássico, tiveram a noção exata de que a posse era um fato, tanto assim que salientaram que ela difere da propriedade, e que, em caso de aplicação do *postliminium* (*vide* nº 83), o beneficiado por essa ficção readquire os seus direitos, mas, não, a posse, porque ela é um fato (*res facti*).

---

3   Ampla relação de autores que defendem essa tese se encontra em Dalmau y de Olivart, *La Posesión*, nº 67, p. 89 e segs., Barcelona, 1884.

4   Nota à tradução de Fadda e Bensa às *Pandectas* de Windscheld (*Diritto delle Pandette*, vol. V, p. 395 e segs., Torino, 1930), e *Corso di Diritto Romano*, vol. III (*Diritti Reali*), p. 179 e segs., Roma, 1933.

5   Tanto isso é verdade que o possuidor que perde acidentalmente a coisa possuída não dispõe de meio de proteção concedido pelo direito para recuperá-la das mãos de terceiro, que dela se tenha apossado. É certo, porém, que, no direito romano, quando à posse de boa-fé se juntavam os demais requisitos para a aquisição da propriedade, o pretor, em caso de perda acidental da posse da coisa, concedia ao possuidor, para recuperá-la, a *actio Publiciana*. Mas, como salienta Albertario (*Corso di Diritto Romano – possesso e quasi possesso*, p. 50, Milano, 1946), essa posse é um verdadeiro direito, razão por que é estudada no capítulo relativo ao direito de propriedade (*vide* o capítulo XXIII, nota 9).

6   Cf. Albertario, *Corso di Diritto Romano – Possesso e Quasi Possesso*, p. 41 e segs., Milano, 1946.

Só no período pós-clássico é que – segundo demonstração de Albertario[7] – surgiu a ideia de que a posse seria um direito; daí, em alguns textos romanos, usar-se, ao aludir-se à contraposição entre posse e propriedade, das expressões *ius possessionis* (referindo-se à posse) e *ius dominii* (com relação à propriedade).

143. Elementos da posse[8] – Dos textos romanos, extrai-se que dois são os elementos da posse: um *elemento objetivo* (a que as fontes aludem com a expressão *possessio corpore*, e a que os autores modernos, desde a Idade Média, denominam, sinteticamente, *corpus*) e um *elemento subjetivo* (a que os textos se referem com a palavra *animus*).

Ocorre, no entanto, que nas fontes não há definição nem do *corpus* nem do *animus*. Daí os romanistas, desde a Idade Média, terem procurado, com base nas aplicações práticas do *corpus* e do *animus* a que se referem os textos, conceituar um e outro. Mas as divergências sobre essas conceituações são profundas.

Até os fins do século XIX, havia, quanto ao *corpus*, três teorias principais:

a) a dos glosadores: o *corpus* é o contato material com a coisa, ou são atos simbólicos que representam esse contato;

b) a de Savigny: o *corpus* é a possibilidade real e imediata de dispor fisicamente da coisa, e de defendê-la contra agressões de terceiro; e

c) a de Ihering: o *corpus* é a relação de fato entre a pessoa e a coisa, de acordo com sua destinação econômica; é o procedimento do possuidor, com referência à coisa, igual ao que teria normalmente o titular do respectivo direito.

Quanto ao *animus*, também a controvérsia data de longe, e, no século XIX, constituía o ponto capital da divergência das concepções de Savigny e de Ihering sobre a posse. Assim:

a) para Savigny, o *animus* que caracteriza a posse é o *animus domini* (a intenção de ser proprietário da coisa);

b) para Ihering, o *animus* nada mais é do que a intenção de deter a coisa (ao que os textos romanos aludem com a expressão *affectio tenendi*); *corpus* e *animus* não são elementos independentes: um não pode existir sem o outro, mantendo a mesma relação que há entre a palavra e o pensamento (este se incorpora naquela) – a posse, portanto, não é simples união do *corpus* e do *animus*, pois o *corpus* nada mais é que a exteriorização do *animus*; assim, o possuidor é aquele que – como acentua Matos Peixoto[9] – externa (*corpus*) e conscientemente (*animus*) trata a coisa como o faria o titular do direito.

Da síntese dessas teorias, verifica-se que, em virtude da diferença de conceituação de cada um dos elementos da posse – primordialmente do *animus* –, divergem, profundamente, as concepções de Savigny e de Ihering.[10]

---

7   *Corso di Diritto Romano – possesso e quasi possesso*, p. 40 e segs., Milano, 1946. Salienta Albertario que as duas teses (posse-fato e posse-direito), inconciliáveis no terreno dogmático, se conciliam no campo histórico: no direito clássico, a posse era um fato; no direito justinianeu, um direito.

8   Sobre essa matéria, *vide* o amplo trabalho de Matos Peixoto, *Corpus e animus na posse em direito romano*, Rio de Janeiro, 1936.

9   *Corpus e animus na posse em direito romano*, p. 221, Rio de Janeiro, 1936.

10   Aprofundada análise da teoria de Ihering se encontra em Kuntze, *Zur Besitzlehre. Für Wider Rudolf von Ihering*, Leipzig, 1890.

Essa divergência nasceu da circunstância de que, segundo as fontes romanas, nem todo poder de fato sobre uma coisa era considerado posse devidamente protegida pelo Estado. Mas – e em virtude disso o problema se torna mais complexo –, os textos, inclusive com relação ao poder de fato que não é posse por não ser tutelado pela lei, empregavam a expressão *possessio* acompanhada, ou não, dos adjetivos *ciuilis* e *naturalis*, não atribuídos sistematicamente a essas figuras os mesmos efeitos jurídicos.

Em face disso, era preciso determinar o conteúdo exato de cada uma das expressões *possessio, possessio naturalis* e *possesssio ciuilis*, bem como caracterizar quando haveria *posse* (isto é, o poder de fato exercido sobre uma coisa, e devidamente tutelado pelo Estado), e quando existiria, segundo a nomenclatura moderna, *detenção* (ou seja, o poder de fato exercido sobre uma coisa, sem proteção jurídica).

Savigny entendia que a expressão *possessio ciuilis* indicava a posse que reunia as condições necessárias ao usucapião (*possessio ad usucapionem*); que a palavra *possessio*, desacompanhada de *adjetivo*, designava a posse protegida pelos interditos (*possessio ad interdicta*); e que a expressão *possessio naturalis* variava de significado conforme fosse empregada em oposição a *possessio ciuilis* (e, então, abrangia tanto a simples detenção quanto a *possessio ad interdicta*), ou a *possessio* (caso em que designava a detenção).

Por outro lado, o que, para Savigny, distinguia a posse da detenção era a circunstância de que, na posse, havia o *animus domini* (a intenção de ser proprietário), o que não ocorria na detenção. Mas o próprio Savigny verificou que existiam casos em que, segundo os textos romanos, havia posse, apesar da inexistência do *animus domini*. Assim, eram possuidores, para o direito romano, o precarista, o credor pignoratício e o depositário de coisa litigiosa (*sequester*),[11] os quais possuíam sem ter *animus domini*, e que, portanto, deveriam logicamente ser detentores, como o eram, por exemplo, o locatário, o depositário, o comodatário. Para obviar a essa objeção, engendrou Savigny a teoria da posse derivada,[12] segundo a qual o precarista, o credor pignoratício e o depositário de coisa litigiosa teriam uma posse que lhes fora cedida pelo verdadeiro possuidor.[13]

---

11 Nicosia (*La Pretesa possessio del sequestratario, in Cunabula Iuris (Studi Storico Giuridici per Gerardo Broggini*, pp. 277/278, Milano, 2002) sustenta que os únicos textos que se pretende que atestam a posse do *sequester* (D. 41, 2, 39 e D. 16, 3, 17, 1) não a atestam, pois o primeiro nada contém a respeito e o segundo, na frase em que se afirma que o *sequester* possui, é incoerente quanto ao que é dito no mesmo texto, sendo que essa frase era originariamente negativa, e provavelmente a forma afirmativa resultou de equívoco do amanuense que transcreveu *nam* em vez de *nec*.

12 A denominação *posse derivada* é de Savigny; Brinz (*Lehrbuch der Pandekten*, I, 2ª ed., § 139, p. 518, Erlangen, 1873) propôs, em lugar dela, a expressão posse fiduciária (*anvertrauter Besitz*). Foi Rosshirt o primeiro autor a combater a posse derivada, em artigo (*"Zu der Lehre vom Besitz und inbesondere von der quasi possessio"*) publicado no vol. VIII do *Archiv für die civilistische Praxis*, p. 1 e segs.

13 Nessas hipóteses, entendiam os juristas romanos (D. 41, 2, 15, 5; 41, 2, 36; 41, 2, 3, 5; 41, 3, 16) que se cindia a relação possessória, e, assim, por exemplo, o devedor pignoratício ficava com a *possesio ad usucapionem* (posse para completar o usucapião), ao passo que ao credor pignoratício era atribuída a posse para os demais efeitos (*possessio ad reliquas causas*). A propósito, *vide* Gondim Neto, *Posse indireta*, p. 22 e segs., Recife, 1943.

Ihering combateu vibrantemente a concepção de Savigny, procurando demonstrar que ela não se coadunava com os textos, nos quais não se encontrava o menor traço da posse derivada, com a qual tentara Savigny resguardar sua teoria das objeções decorrentes dos casos de posse sem *animus domini*. Para Ihering, posse e detenção eram constituídos dos mesmos elementos: o *corpus* e o *animus*. O que as distinguia era a circunstância de a detenção ser o poder de fato sobre a coisa, ao qual a lei recusava o caráter de posse. Em outras palavras: havia posse sempre que ocorresse a detenção e a lei não lhe tirasse o caráter possessório, negando-lhe a proteção pelos interditos.

A teoria de Savigny é denominada *subjetiva* porque a distinção entre a posse e a detenção se baseia no elemento subjetivo: a existência, ou não, do *animus domini*;[14] a teoria de Ihering diz-se *objetiva* em virtude de essa distinção fundar-se num elemento objetivo: a existência, ou não, de preceito legal que transforme a posse em detenção, por lhe retirar o caráter possessório.

Ihering, para tornar mais clara a diferença entre sua concepção e a de Savigny, as traduziu em fórmulas algébricas. Para facilitar a compreensão, apresentamo-las como o fez Matos Peixoto:[15]

I – para Savigny:

$$P = C + A + a$$
$$D = C + A$$

II – para Ihering:

$$P = C + A$$
$$D = C + A - n$$

P é posse; D, detenção; C, *corpus* em sentido estrito, como elemento puramente material; A, *affectio tenendi* (isto é, a consciência de ter a coisa consigo, a vontade de deter a coisa); a, *animus domini*; n, dispositivo legal que transforma a posse em detenção por lhe retirar o caráter possessório.

Analisando-se essas fórmulas, verifica-se:

a) em ambas as teorias – quer na posse, quer na detenção – se encontram os fatores C + A (*corpus* em sentido estrito mais *affectio tenendi*);

b) no entanto, na de Savigny, C + A traduz o elemento objetivo[16] (relação material e *consciente* entre a pessoa e a coisa),[17] ou seja, o *corpus* em sentido amplo, tanto assim que,

---

14 Outros autores, embora sigam a teoria subjetiva, procuram evitar as objeções ao *animus domini*, caracterizando diversamente o *animus* que distinguiria a posse da detenção. Assim, ao lado da concepção do *animus domini*, surgiram as teses do *animus sibi habendi* ou *possidenti* (intenção de exercer dominação sobre a coisa); e a teoria causal (em que o *animus* é determinado pelo ato de que se origina a posse, isto é, pela *causa* da posse). Sobre essas teorias, *vide* Matos Peixoto, *Corpus e animus na posse em direito romano*, p. 20, e passim, Rio de Janeiro, 1936.

15 *Corpus e animus na posse em direito romano*, p. 223, Rio de Janeiro, 1936.

16 Portanto, se a relação entre a pessoa e a coisa for inconsciente, não há sequer detenção, pois não se configura o *corpus* em sentido amplo.

17 *Corpus* em sentido estrito é a relação puramente material com a coisa; *corpus* em sentido amplo é sinônimo de detenção (a propósito, *vide* Matos Peixoto, ob. cit., p. 222, nota 540, Rio de Janeiro, 1936).

278 | DIREITO ROMANO – *José Carlos Moreira Alves*

além de C + A, é necessária a presença de *a* (*animus domini*) para se ter configurada a posse; já na de Ihering C é o elemento objetivo e A (*affectio tenendi*) é o elemento subjetivo; e

c) na teoria de Savigny, a fórmula da posse difere da fórmula da detenção em virtude de um fator positivo (+ *a* = *animus domini*) que existe na posse, e não na detenção; na teoria de Ihering, a diferença decorre de um fator negativo (– *n*) que compõe a fórmula da detenção, e não a da posse; de onde se conclui que, enquanto a teoria subjetiva parte da detenção (esta se eleva a posse quando existe o *animus domini*), a teoria objetiva parte da posse (esta desce do degrau em que se encontra, passando a detenção, pela adjunção do elemento diferencial, o fator negativo "n").

* * *

Modernamente, entendem os romanistas que as teses de Savigny e de Ihering são falhas porque seus autores não atentaram para o fato de que a noção e as espécies de *possessiones* variaram durante a evolução do direito romano. E é essa evolução que explica a aparente contradição de textos redigidos em épocas diferentes, bem como a posse do precarista, do credor pignoratício e do depositário de coisa litigiosa.

No direito pré-clássico, distinguia-se a senhoria de fato (*possessio*) da senhoria de direito (*potestas, mancipium, dominium*),[18] o que não ocorria entre a posse e a detenção. A posse abarcava casos que vieram a ser abrangidos pela detenção quando aquela se estruturou – o que aconteceu no decorrer do período imperial – com base nos elementos objetivo (*possesio corpore*) e subjetivo (*animus possidendi*).

No tempo de Cícero,[19] a distinção entre posse e detenção ainda não existe como o demonstra a crítica que Paulo dirige a *Quinto Múcio*.[20] *Pégaso*,[21] *praefectus urbis* na época de Vespasiano, é o mais antigo jurista, que se conhece, que distinguiu, de modo geral, a detenção da posse. E se vai generalizando o entendimento[22] de que foi Labeão quem revelou o *animus* da posse, pois até ele só se consideravam nela os elementos materiais (senhoria e *causae possessionis*).

No direito clássico, os jurisconsultos romanos distinguiam três espécies de relação de fato entre a pessoa e a coisa:

---

18 Em sentido contrário, porém, Maschi, *Il Diritto Romano*, I, p. 450, Milano, 1966.

19 Conforme Cuq, *Recherches sur la possession à Rome sous la République et aux premiers siècles de l'Empire*, nº 33, p. 48, Paris, 1894.

20 D. 41, 2, 3, 23.

21 D. 6, 1, 9.

22 Nesse sentido, entre outros, Bozza, *Il Possesso – parte prima*, nº 24, p. 24, Napoli, 1936; Kaser, *Eigentum und Besitz in älteren Römischen Recht*, § 39, p. 328, nota 30, Köln-Graz, 1956; e Maschi, *Il Diritto Romano*, I, pp. 436, 458, 478, 479 e 480, Milano, 1966. Cannata ("*L'animo possidere*" nel *Diritto, in Studia et Documenta Historiae et Iuris*, 26 (1960), p. 71 e segs.), nega, porém, que o *animus*, ao menos até Paulo, constituísse elemento da posse.

Cap. XXII · A POSSE | **279**

a) a *possessio naturalis* (também designada nos textos por *possessio corpore, detentio, esse in possessionem*);

b) a *possessio* (que os autores modernos denominam *possessio ad interdicta*); e

c) a *possessio ciuilis.*

A *possessio naturalis* é a simples detenção (relação de fato com a coisa sem a intenção de assenhorar-se dela); têm-na os *filii familias*, os escravos, os imitidos pelo pretor *inpossessionem* de uma coisa para conservá-la, as pessoas que tinham o uso ou a guarda da coisa (o locatário, o depositário, o comodatário, o usufrutuário).

A *possessio* é aquela em que se conjugam o *corpus* e o *animus possidendi* (intenção de assenhorear-se completamente da coisa, tendo sobre ela poder de fato exclusivo e independente), e que é protegida pelos interditos possessórios.

A *possessio ciuilis* é aquela a que o *ius ciuile* atribui consequências jurídicas,[23] como a de conduzir à aquisição do direito de propriedade pelo usucapião (*vide* nº 154, III). Denomina-se também *possessio ex iusta causa*, porque se funda em uma *causa* reconhecida pelo *ius ciuile* – isto é, numa relação com o possuidor anterior, a qual, por si mesma, seria um ato capaz de justificar a aquisição da propriedade.

No direito justinianeu, há divergências entre os autores quanto à mudança de terminologia que se operou. Para uns – assim, Albertario[24] –, a *possessio ciuilis* mantém a mesma significação que no direito clássico (é a *possessio ex iusta causa*); já a expressão *possessio naturalis* passa a indicar tanto a detenção (*possessio naturalis* do direito clássico) quanto a *possessio* (a *possessio ad interdicta*, na terminologia moderna), sendo sempre protegida pelos interditos possessórios. Segundo outros autores – como Riccobono[25] – a *possessio naturalis* conserva o significado clássico; a noção de *possessio ciuilis* é que se alarga, abrangendo, também, a *possessio* (*possessio ad interdicta*).

Por outro lado, o *animus* que caracteriza a posse – e que no direito clássico era o *animus possidendi* – passa a ser, no direito justinianeu, o *animus domini* (intenção de ser proprietário).[26]

144. Modalidades da posse – A posse, além da distinção *possessio – possessio naturalis – possessio ciuilis* (que estudamos no número anterior), apresenta ainda outras modalidades, de que iremos examinar as principais:

a) *possessio bonae fidei* e *possessio malae fidei* (posse de boa-fé e posse de ma-fé);

b) *possessio iusta* e *possessio iniusta* (posse justa e posse injusta); e

c) *possessio ex iusta causa* e *possessio ex iniusta causa* (posse decorrente de causa jurídica e posse decorrente de causa não jurídica).

---

23   Note-se que os interditos possessórios não decorrem do *ius ciuile*, mas, sim, *do ius honorarium.*

24   A propósito, *vide* Albertario, *Corso di Diritto Romano, possesso e quasi possesso*, p. 66 e segs., Milano, 1946.

25   *Corso di Diritto Romano – Il Possesso – anno accademico* 1933/1934, p. 41, Roma, sem data.

26   Cf. Albertario, ob. cit., p. 27; e Monier, *Manuel Élémentaire de Droit Romain*, I, 6ª ed., nº 280, p. 391.

A expressão *possessio bonae fidei* é usada nos textos em dois sentidos. Em *sentido amplo*, é aquela em que o possuidor ignora que esteja lesando o proprietário da coisa. Quanto ao esbulho ou turbação da posse, o possuidor de boa-fé é protegido, pelos interditos possessórios, contra todos, inclusive o proprietário. Mas se perder acidentalmente a coisa, não dispõe ele de meio jurídico para reaver a posse. Se, porém, à posse de boa-fé se unirem os demais requisitos necessários para se adquirir a propriedade por usucapião – é a posse de boa-fé em sentido *restrito* –, passa ela a ser um verdadeiro direito, pois é protegida, mesmo em caso de perda acidental, pela ação *Publiciana*.[27] Já a *possessio malae fidei* é aquela em que o possuidor sabe que está lesando o proprietário da coisa, sendo protegida pelos interditos possessórios contra terceiros, mas não dando margem ao usucapião.

Para distinguirmos a *posse iusta* da *iniusta* é preciso levar em consideração a inexistência ou a existência dos *uitia possessionis* (vícios da posse), que são três: *ui* (violência), *clam* (clandestinidade) e *precario* (precariedade). Posse *iusta* é aquela que se iniciou sem a ocorrência de um desses três vícios; posse *iniusta* é aquela cujo início se deu por violência (*ui*), clandestinidade (*clam*) ou precariedade (*precario*). A posse *iusta* é protegida, pelos interditos possessórios, contra todos, inclusive contra o proprietário (mas cede à ação de reivindicação deste); a posse *iniusta* só é protegida contra terceiros, e não contra aqueles de quem se adquiriu a posse mediante a utilização de um dos três *uitia possessionis*.[28]

A *possessio ex iusta causa* (ou *ex iusto titulo*)[29] é aquela que, no direito clássico, se funda numa *causa iusta*, isto é, numa relação com o possuidor anterior que seria, por si mesma, capaz de justificar a aquisição da propriedade (o que não ocorre, em geral, de imediato, pelo fato de o possuidor precedente não ser o proprietário da coisa). A *causa*, nos textos, é indicada com a preposição *pro*, e o seu elenco foi feito pelo jurista Paulo (D. XLI, 2, 3, 21); assim, por exemplo, *pro donato* (posse decorrente de doação), *pro legato* (resultante de legado), *pro emptore* (proveniente de compra e venda). A *possessio ex iniusta causa* é aquela que se funda numa *causa iniusta*, isto é, capaz de impedir a transferência da propriedade, como, por exemplo, a doação entre cônjuges (*vide* n° 292, C). É controvertido se no final do direito clássico, ou se somente no direito justinianeu, a *possessio ex iusta causa* e a *possessio ex iniusta causa* equivalem à *possessio iusta* e à *possessio iniusta*.

145. Objeto da posse – Na época pré-clássica, a posse ou tinha por objeto, de início, coisas, pessoas e direitos, ou era senhoria de fato apenas sobre coisas corpóreas (*ager publicus*, imóveis privados, e, finalmente, coisas móveis).

No direito clássico, para que uma coisa possa ser objeto de posse, é necessário, em geral, que preencha os seguintes requisitos:

---

27 Cf. Albertario, ob. cit., p. 50. *Vide*, adiante, capítulo XXIII, nota 9.

28 Nas fontes nem sempre se empregam as expressões *possessio iusta* e *possessio iniusta* no sentido exposto no texto. *Vide*, a propósito, Albertario, ob. cit., p. 50 e segs., onde se analisa a provável alteração de sentido que sofreram esses termos ao longo da evolução do direito romano; e Moreira Alves, *Posse*, vol. I (*Evolução Histórica*), pp. 43 e 44, Rio de Janeiro, 1985.

29 Como acentua Albertario, *Corso di Diritto Romano – Possesso e Quasi Possesso*, p. 55, Milano, 1946, a denominação *possessio ex iusto titulo* é preferida no período justinianeu.

Cap. XXII · A POSSE 281

a) seja *in commercio*;

b) seja corpórea; e

c) tenha individualidade própria.

Em face disso, não podiam ser objeto de posse as coisas *extra commercium* (e isso é certo com relação às coisas *extra commercium diuini iuris*, mas, quanto às coisas públicas, apenas as de uso comum é que eram insuscetíveis de posse), nem os elementos constitutivos de um *corpus continuum* (como, por exemplo, os elementos constitutivos de uma estátua) ou de uma coisa composta (assim, os de um edifício).

Com referência ao requisito de que a coisa seja corpórea, os jurisconsultos clássicos acentuavam que *possideri autem possunt quae sunt corporalia* (podem possuir-se as coisas que são corpóreas)[30] e *nec possideri intellegitur ius incorporale* (nem se compreende que se possua um direito).[31]

No direito justinianeu, porém, esse último requisito não mais é observado, pois, ao lado da posse de coisa corpórea, surge a posse de direitos, como se verá mais adiante.[32]

145-A. Composse – É hoje opinião corrente a de que a *composse* – cuja existência, no período clássico, é indubitável – teve como modelo o condomínio.[33] Assim, a mesma coisa podia estar, ao mesmo tempo, na posse de várias pessoas, desde que cada uma delas lhe possuísse uma quota ideal (*pars pro indiuiso*), e não parte material. O que os romanos não admitiam era a *possessio in solidum*, ou seja, que várias pessoas possuíssem a mesma coisa sem recíprocas limitações.[34]

Ademais, além de a parte de cada um dos copossuidores ser representada por quota ideal (*pars pro indiuiso*), os jurisconsultos clássicos exigiam que o *animus possidendi* de cada um daqueles deveria voltar-se para uma *pars certa*, o que implica dizer que a parte ideal deveria ser determinada (*pars certa pro indiuiso*). Essa exigência, porém, deixou de ser feita no direito justinianeu;[35] nesse período, basta a vontade de possuir, com os outros copossuidores, a coisa por inteiro.[36]

---

30 D. XLI, 2, 3, pr.

31 D. XLI, 3, 4, 26.

32 Em verdade, porém, o que distingue a posse da coisa da posse de direito não é o seu objeto, mas o seu conteúdo: os poderes que o possuidor exerce sobre a coisa (mais amplos, no caso de posse da coisa; menos amplos, no caso de posse de direitos), como se verá adiante, no nº 149. A distinção entre ambas pelo seu objeto é feita no direito romano, por causa da inclusão – que nele se fazia – dos direitos na categoria das *res incorporales*.

33 Assim, entre outros, Ferrini, *Manuale di Pandette*, 4a edição, nº 249, p. 244, Milano, 1953; Perozzi, *Istituzioni di Diritto Romano*, I, § 120, p. 866; Bonfante, *Corso di Diritto Romano*, III, pp. 220-221, Roma, 1933.

34 D. XLI, 2, 3, 5: *plures eandem rem in solidum possidere non possunt*. A propósito, *vide* Wolf, *Des Mitbesitz nach dem B.G.B.*, in *Iherings Iahrbücher*, vol. XLIV, p. 152.

35 Isso decorre da interpolação – atualmente admitida pela generalidade dos romanistas – contida no D. 41, 3, 32, 2 (as palavras tidas como interpoladas são *mera subtilitate*).

36 Conforme Segrè, *Possesso "pro indiuiso" e azione di divisione tra compossessori*, in *Scritti Giuridici*, IV, pp. 524-525, Roma, 1939.

146. Início da posse – Em regra, os autores, em vez de se utilizarem da denominação *início da posse*, usam da expressão *aquisição da posse*. Sendo, no entanto, a posse um fato, é impróprio dizer-se que se adquire a posse, pois os fatos não se adquirem.[37] O que há, portanto, é realmente *início da posse*.[38]

No período pré-clássico, para que a posse surgisse era necessário que se conjugassem dois elementos objetivos: um de natureza puramente material (a senhoria de fato sobre a coisa) e outro de caráter jurídico (a *causa possessionis*). Até Labeão, que revelou a existência do elemento subjetivo (o *animus*), não era este levado em conta.

No direito clássico, a posse se inicia quando se conjugam o *corpus* e o *animus*, isto é, quando ocorre um ato material vinculado a uma certa vontade.

Como salientamos anteriormente, para que haja o *corpus* é preciso que se verifique um ato de apreensão material da coisa; a princípio, é mister que se entre em contato material com a coisa; posteriormente, os jurisconsultos – como se vê dos textos romanos – vão espiritualizando esse contato, e admitem, por exemplo, que haja tomada de posse com a simples entrega das chaves de um celeiro, ou que preencha o requisito do *corpus* aquele que armou a armadilha em que caiu o animal, antes mesmo de saber da existência da presa.

Quanto ao *animus*, vimos que Savigny entendia que era o *animus domini* (intenção de ser proprietário), ao passo que Ihering julgava que era a simples *affectio tenendi* (a consciência de ter a coisa consigo). Modernamente, no entanto, os romanistas são de opinião de que essas duas teorias não levaram em conta, no seu radicalismo, a evolução do direito romano. Assim, no direito clássico, o *animus* é o *animus possidendi* (intenção de assenhorear-se completamente da coisa, tendo sobre ela poder de fato exclusivo e independente), intenção essa que não se exige na *possessio naturalis* (a simples detenção), em que basta o elemento físico (o *corpus*). Já no direito pós-clássico, a pouco e pouco o *animus* passa a ser, para a posse, o elemento preponderante, e, no direito justinianeu, o *animus* exigido para a posse é o *animus domini* (a intenção de ser proprietário).

Por outro lado, demandando a posse a existência de vontade, há certas pessoas que, carecendo dela, não podem iniciar a posse por si mesmas; assim, no direito clássico, o infante e o escravo. No direito justinianeu, porém, permitiu-se que o infante, com a *auctoritas* do tutor, e os *infantiae maiores*, ainda sem ela, pudessem iniciar a posse. Demais, embora em regra seja o próprio possuidor que inicie por si a posse, admitiu-se, no direito clássico, que o *pater familias* a iniciasse desde que tivesse conhecimento disso, por intermédio de um *filius familias* ou de um escravo. E, a partir do tempo dos *Severos* – até então não era permitido –, os *patres familias* puderam iniciar a posse sobre uma coisa por

---

37 Um dos argumentos utilizados por Lenz (*Das Recht des Besitzes und seine Grundlagen*, p. 96, Berlin, 1860) para provar que a posse é um direito, e não um fato, é justamente o de que o fato não se adquire. Mas, evidentemente, não se pode demonstrar a natureza jurídica de um instituto com base numa impropriedade de expressão.

38 *Vide*, a propósito, Volterra, *Istituzioni di Diritto Privato Romano*, p. 396, nota 1. Note-se, ainda, que se lê no D. 41, 2, 44, pr.: "... *an confestim possidere inciperet*..." e "... *interiri possessionem*".

meio de terceiros que não estivessem submetidos, ao seu poder (*potestas*), mas tivessem a qualidade de seu *procurator omnium bonorum* (administrador geral de seus bens). No direito justinianeu, admitiu-se o início da posse não apenas por um *procurator omnium bonorum*, mas também por qualquer espécie de representante, e até por um gestor de negócios, desde que houvesse a ratificação da pessoa em favor de quem a posse era iniciada.

É de salientar-se, enfim, que o detentor não pode transformar a detenção em posse sob a alegação de que passou a ter o *animus possidendi* (assim, um locatário – que era simplesmente detentor da coisa – não podia, por si mesmo, transformar a detenção em posse, alegando que passara a ter o *animus possidendi*), pois, no direito romano, vigorava a regra de que *neminem sibi ipsum causam possessionis mutare posse* (a ninguém é dado, por si, mudar a causa de sua posse).[39]

147. Permanência e término da posse – Iniciada a posse, ela pode manter-se pelo próprio possuidor, ou por meio de terceiro (*corpore alieno*), inclusive pessoa estranha à família, como, por exemplo, um locatário.

No direito clássico, o desaparecimento de um dos dois elementos (o *corpus* e o *animus*), ou de ambos, necessários para que a posse se inicie, acarreta o seu término. Assim, termina a posse quando o possuidor abandona a coisa a terceiro; ou perde, contra a sua vontade, o poder de fato sobre a coisa; ou, embora continue a ter contato com a coisa, não mais a quer possuir.

Mas, mesmo no período clássico, os jurisconsultos admitiram certas atenuações a esse princípio. Nos casos que se seguem, embora, em verdade, não houvesse o *corpus*, ou mesmo o *animus*, não terminava a posse:

a) a ocupação clandestina do imóvel não acarretava a perda imediata da coisa pelo possuidor;

b) não terminava a posse se o possuidor se separasse brevemente da coisa;

c) não ocorria o término imediato da posse quando morria o locatário, por meio de quem o locador possuía;

d) em se tratando de *saltus hiberni et aestiui*, isto é, pastos que durante uma parte do ano não podiam ser utilizados pelo possuidor, nem por isso terminava a posse;

e) a loucura do possuidor não ocasionava o término da posse (e, se se tratasse de *possessio ciuilis*, o lapso de tempo necessário ao usucapião não era interrompido); e

f) na hipótese de fuga de escravo, não terminava a posse para o possuidor, nem se interrompia o decurso de tempo necessário à aquisição da propriedade por usucapião.

No direito justinianeu, não há apenas atenuações, como no direito clássico, mas, sim, a ideia de que a posse pode conservar-se *animo solo* (unicamente pelo *animus*), o que implica a afirmação de que a posse não terminava com a perda, apenas, do *corpus*. Daí, quando alguém caía prisioneiro de guerra, conservava a posse, ao contrário do que

---

39 D. XLI, 2, 3, 19. Sobre essa regra, *vide Perozzi, Istituzioni di Diritto Romano*, I, 2ª ed., § 120, pp. 864-865, nota 1.

284 | DIREITO ROMANO – *José Carlos Moreira Alves*

ocorria no direito clássico. No entanto, se uma pessoa fosse desapossada violentamente de uma coisa e se mostrasse impotente para recuperá-la, deixava de ser possuidora.

148. Origem e meios judiciais de proteção possessória – Antes de estudarmos os meios judiciais de proteção da posse, detenhamo-nos um pouco em dois problemas que a eles se prendem, e que têm obtido diferentes soluções dos romanistas:

a) qual o fundamento filosófico da proteção possessória?

b) qual a origem dessa proteção, no direito romano?

Quanto ao primeiro, os textos são omissos. Os juristas romanos não eram dados a abstrações filosóficas. Os romanistas modernos é que fizeram a indagação e a ela respondem de modo diverso. Assim, para salientarmos apenas as opiniões de Savigny e de Ihering, a posse, segundo Savigny, se protege (e isso ocorre até contra o proprietário da coisa) porque incumbe ao Estado coibir a violência, e a turbação da posse é delito contra a própria pessoa do possuidor; já, segundo Ihering, a proteção da posse é apenas um complemento necessário à tutela da propriedade.

Com referência à segunda questão, são duas as principais teorias que procuram explicar a origem da proteção possessória no direito romano.[40] Ambas concordam num ponto: o de que foi o pretor quem a criou, tanto assim que é ela tutelada pelos *interditos*. Mas ambas discordam quanto ao motivo que deu margem a que surgisse a proteção possessória. A primeira corrente – que vem de Niehbur,[41] foi defendida por Savigny, e retomada, modernamente, por Albertario – entende que a proteção possessória surgiu para tutelar aqueles que ocupavam o *ager publicus*; não sendo eles proprietários (o *ager publicus*, como veremos adiante, não era objeto de propriedade de particulares), não podiam defender-se, com os meios judiciais tuteladores da propriedade, contra os que tentassem turbar-lhes o uso da parcela do *ager publicus* que lhes fôra concedida. Daí o pretor ter-lhes protegido com os interditos que, posteriormente, se estenderam à tutela da posse em geral. Para a segunda teoria – defendida entre outros por Ihering –, a origem da proteção possessória se acha na faculdade que tinha o pretor de, nas ações de reivindicação, até a sentença final, atribuir a uma das duas partes litigantes a posse provisória da coisa litigiosa, e posse essa que o pretor, se fosse necessário, protegia com os interditos. Vários autores modernos se inclinam para essa segunda solução tendo em vista que muitos institutos jurídicos em Roma surgem graças a incidentes processuais, bem como o fato de que essa atribuição de posse provisória nas ações de reivindicação é, possivelmente, anterior à existência mesma do *ager publicus*. Nas fontes, porém, não há elementos seguros em favor de nenhuma das duas teses.

---

40 Não são, portanto, as únicas. Jobbé-Duval (*Études sur l'Histoirie de la Procédure Civile chez les Romains*, I, p. 423 e segs., Paris, 1896), por exemplo, entende que – ao contrário do que sustenta Ihering – os interditos possessórios surgiram não como providência preparatória da *legis actio sacramenti in rem*, mas, sim, para substituir essa *actio*, quando os litigantes estivessem de acordo com a substituição, por causa das vantagens que os interditos ofereciam: a delimitação do debate a uma questão determinada, o que implicava tornar a prova mais fácil.

41 *Histoire Romaine*, tomo III, trad. Golbéry, p. 200 e segs., Paris, 1834.

Passemos, agora, ao estudo dos meios judiciais de proteção da posse.[42]

Esses meios variam conforme se trate de *possessio ciuilis, possessio ad interdicta* e *possessio naturalis*,[43] e conforme o período de evolução do direito romano (direito clássico e direitos pós-clássico e justinianeu).[44]

A) *No direito clássico*

No direito clássico, a *possessio ciuilis* e a *possessio ad interdicta* eram protegidas por interditos possessórios; já a *possessio naturalis* (a detenção) o era, apenas indiretamente, com a utilização, pelo detentor, da *actio iniuriarum*, pois a turbação da posse era uma *iniuria praticada contra a pessoa do detentor.*

Analisemos, pois, os interditos possessórios.

Duas são as espécies de interditos que protegem a posse:

a) os *interdicta retinendae possessionis causa* (interditos destinados à conservação da posse); e

b) os *interdicta reciperandae possessionis causa* (interditos que visam à recuperação da posse).

Ambas as espécies apresentam um ponto em comum: resolvem as questões relativas à posse sem se ater ao problema da propriedade, aspectos, aliás, como já vimos, bem distintos no direito romano. Por isso, num interdito possessório pleiteado pelo possuidor contra o proprietário da coisa, este não podia defender-se alegando seu direito de propriedade. Para que o proprietário fizesse valer esse direito precisava mover contra o possuidor uma ação de reivindicação.

Estudemos, separadamente, cada uma dessas duas espécies de interditos possessórios.

1 – Interditos *retinendae possessionis causa*

Os interditos *retinendae possessionis causa* são dois, cada um deles designado com as primeiras palavras com que o Edito do Pretor se lhes referia:

---

42 A propósito, *vide*, entre outros Bruns, *Die Besitzklagen des römischen und heutigen Rechts*, Weimar, 1874 (há tradução para o espanhol: *Las Acciones Posesorias del Derecho Romano y del Actual*, trad. Carlos G. Roth, Córdoba, 1952).

43 De há muito se discute se, nas relações entre os copossuidores, se admitia a utilização dos interditos possessórios. Os autores mais antigos em geral se manifestavam pela afirmativa. Modernamente, porém, Albertario (*Corso di Diritto Romano – Possesso e Quasi Possesso*, p. 87, Milano, 1946) e Bozza (*Il Possesso – parte prima*, p. 207, Napoli, 1936) sustentam que a afirmativa é verdadeira para o direito justinianeu, mas não para o período clássico.

44 No direito pré-clássico, já existiam interditos possessórios, como resulta de passagem de Plauto (*Stichus*, 5, 4, 14 e 5, 5, 9, onde há alusão ao *interdito utrubi*), de Terêncio (*Eunuchus*, 2, 3, 37, em que se encontra referência à fórmula *ui uel clam uel precario*), de Cícero (*Pro Tullio*, 19, 44, *Pro caecina*, 13, 33, 16, 45 e 17, 49, as quais mostram que os interditos *unde ui* e *uti possidetis* já eram, no tempo do orador, muito antigos). A *Lex Agraria* de 111 a.C. (II, 18-19) se refere ao *interdito unde ui*.

a) o interdito *uti possidetis*; e

b) o interdito *utrubi*.

Ambos esses interditos são proibitórios e duplos: proibitórios, porque o pretor proibia que se fizesse alguma coisa; e duplos, porque essa proibição se dirigia a ambas as partes – ao possuidor e ao turbador da posse. Mas o interdito *uti possidetis* se destinava à proteção de coisas imóveis; o *utrubi*, à de coisas móveis.

O interdito *uti possidetis* só protegia possuidor cuja posse não fosse violenta, clandestina ou precária.

Quando o possuidor, turbado na sua posse por alguém, requeria ao pretor esse interdito, o magistrado se dirigia às duas partes litigantes, utilizando-se da seguintes fórmula:

"Uti nunc possidetis eum fundum, quo de agitur, quod nec ui nec clam nec precario alter ab altero possidetis, ita possideatis. Aduersus ea uim fieri ueto" (Continuai a possuir o imóvel, de que se trata, como agora o possui, desde que a posse não seja violenta, não seja clandestina ou não seja precária. Proíbo que se faça violência contra essa decisão).[45]

Ora, como apenas a posse que não era violenta, clandestina ou precária era protegida pelo interdito *uti possidetis*, daí decorria que ele – que, normalmente, era destinado à conservação da posse – podia, excepcionalmente, acarretar a recuperação da posse em favor de quem fora dela esbulhado. Com efeito, se o possuidor *ui, clam* ou *precario*, molestado pelo antigo possuidor que ele esbulhara e que tentava recuperar a posse, requeresse ao pretor um interdito *uti possidetis* contra o esbulhado, este poderia opor uma *exceptio uitiosae* possessionis (exceção de posse viciosa), e, demonstrado o vício da posse, recuperaria a coisa.

O interdito *utrubi* – que a princípio, segundo parece, só se usava para a conservação da posse de escravo, mas que, no decurso do direito clássico, se estendeu a todas as coisas móveis – não se aplicava também à posse violenta, clandestina ou precária, mas se distinguia do interdito *uti possidetis* em dois pontos:

a) só se destinava à conservação da posse de coisas móveis; e

b) protegia apenas o possuidor que, no ano em curso, tivesse estado mais tempo na posse da coisa (o que não era levado em consideração no interdito *uti possidetis*).

Eis o teor provável da fórmula existente no Edito Perpétuo:

"Utrubi uestrum hic homo, quo de agitur, nec ui nec clam nec precario ab altero fuit, apud quem maiore parte huiusce anni fuit, quo minus is eum ducat, uim fieri ueto" (De onde o escravo, de que se trata, esteve durante maior parte deste ano, sem violência,

---

45 *Vide* Festo, *De uerborum significatione, libri XX*, verbete *possessio*. No Edito Perpétuo, elaborado por Sálvio Juliano, essa fórmula foi redigida de modo mais conciso: *"Vti eas aedes, quibus de agitur nec ui nec clam nec precario alter ab altero possidetis, quo minus ita possideatis, uim fieri ueto"* ("Proíbo que se impeça por violência que continueis possuindo a casa de que se trata tal como a possuís sem violência, nem clandestinidade, nem precariedade, um do outro") (D. XLIII, 17, 1, pr.). *Vide*, a propósito, Huvelin, *Cours Élémentaire de Droit Romain*, I, p. 475 e segs.

Cap. XXII · A POSSE | 287

clandestinidade ou precariedade, proíbo a uma e outra partes façam violência para levar o escravo).[46]

Ora, como o escravo ficava na posse daquele que o possuía a maior parte do ano em que era requerido o interdito *utrubi*, isso quer dizer que esse interdito – embora os autores o incluam entre os *interdicta retinendae possessionis causa* – podia ser usado, indistintamente, para conservar ou para recuperar a posse. Com efeito, se alguém era possuidor e outrem o turbava na posse da coisa móvel, pelo interdito *utrubi* sua posse seria conservada, pois o outro não chegara a entrar nela; se, porém, o terceiro conseguisse despojar o possuidor da coisa, tornando-se possuidor dela, mesmo sem violência, clandestinidade ou precariedade, o antigo possuidor, se se utilizasse de imediato do interdito *utrubi*, recuperaria a posse, por ter possuído a coisa, no decorrer daquele ano, mais tempo do que o novo possuidor.

2 – Interditos *reciperandae possessionis causa*

Os interditos *reciperandae possessionis causa* eram os três seguintes:

1º – o interdirto *unde ui*;

2º – o interdito *de precario*; e

3º – o interdito *declandestina possessione*.

O interdito *unde ui* era destinado a reintegrar na posse aquele que dela fora despojado violentamente. Ele era utilizado apenas quando se tratava de imóveis, já que para o desapossamento violento de coisa móvel havia a proteção – como vimos atrás – do interdito *utrubi*.

O interdito *unde ui*, em realidade, se desdobrava em dois interditos, conforme a natureza da violência: se se tratasse de violência comum (*uis cottidiana*), havia, para a recuperação da posse, o interdito de *ui cottidiana*; se se tratasse de violência incomum (*uis armata*), o interdito de *ui armata*.

No interdito de *ui cottidiana*, a fórmula utilizada pelo pretor era a seguinte;

"Vnde in hoc anno tu illum ui deicisti aut familia tua deiecit, cum ille possideret quod nec ui nec clam nec precario a te possideret, eo illum quaeque ille tunc ibi habuit, restituas" (O imóvel do qual tu, ou teus escravos, com violência, expulsaste este indivíduo, que o possuía sem violência, ou clandestinidade, ou precariedade com relação a ti, devolve-o a ele, bem como tudo o que aí existia).[47]

Dessa fórmula, extraem-se os seguintes requisitos necessários a que alguém pudesse valer-se, para recuperar a posse, do interdito de *ui cottidiana*:

a) que o desapossado requeresse o interdito dentro do ano (*in hoc anno*) em que ocorreu a violência;

b) que se tratasse de imóvel;

---

46 *Vide* Riccobono, Fontes *Iuris Romani Anteiustiniani*, I (*Leges*, 2ª ed., nº 264, p. 385).

47 *Vide* Riccobono, ob. cit., nº 245-a, p. 370.

288 | DIREITO ROMANO – *José Carlos Moreira Alves*

c) que tivesse havido violência – praticada pelo desapossador ou seus escravos – contra o desapossado; e

d) que o desapossado não tivesse posse violenta, clandestina ou precária com relação ao desapossador.

Demais, por esse interdito se obtinha não só a recuperação da posse do imóvel, como também de todas as coisas móveis nele existentes.

No interdito de *ui armata*, a fórmula utilizada pelo pretor provavelmente era esta:

"Vnde tu illum ui hominibus coactis armatisue deiecisti aut tua familia, deiecit, eo illum quaeque ille tunc ibi habuit restituas" (Aquele que do imóvel tu, ou teus escravos, violentamente, com homens reunidos em bando ou armados, expulsaste, devolve-o, bem como tudo o que existia ali).[48]

Nessa fórmula observa-se que os requisitos para obter, por esse interdito, a recuperação da posse eram os seguintes:

a) que se tratasse de imóvel;

b) que tivesse havido *uis armata* por parte do desapossador ou de seus escravos.

Portanto, não se exigia que se requeresse esse interdito no ano do desapossamento (não havia prazo para isso) nem que o possuidor desapossado não tivesse posse violenta, clandestina ou precária com relação ao desapossador. E não se exigiam esses dois fatores porque se tratava de violência extraordinária.

A segunda espécie de interdito *reciperandae possessionis causa* era representada pelo interdito *de precario*. O *precarium* era uma convenção pela qual alguém permitia que outrem entrasse, precariamente, na posse de coisa de sua propriedade. A princípio, embora o proprietário pudesse a qualquer momento pedir a restituição da coisa (por isso é que a posse era precária), se o precarista se negasse a devolvê-la, não tinha o proprietário meio jurídico específico para obter, de imediato, a restituição. Em face disso, o pretor criou em favor do proprietário o interdito *de precario*.[49]

A terceira espécie de interdito *reciperandae possessionis causa* era o interdito *de clandestina possessione*. Apenas uma passagem (D. X, 3, 7, 5) alude a esse interdito, e, como o teor do texto é obscuro, autores há que contestam a sua existência no direito romano.[50] Para os que o admitem, ele servia, mesmo durante o direito clássico, para que

---

48 *Vide* Riccobono, ob. cit., nº 245-b, p. 379.

49 Fórmula em Riccobono, ob. cit., nº 258, p. 384. Vários autores (*vide* a respeito Randa, *Der Besitz nach österreichischen Rechte*, 4ª ed., § 7º, p. 214, Leipzig, 1895) negam que esse interdito tivesse caráter possessório. Para os que sustentam que se tratava de interdito possessório, a recusa do precarista à restituição transforma sua posse em viciosa, podendo o que a deu em *precario* – e que havia ficado simplesmente com a *possessio ad usucapionem* – reintegrar-se, por meio desse interdito, na posse plena da coisa (cf. Betti, *Istituzioni di Diritto Romano*, I, 2ª ed., p. 417, nota 76).

50 Entre outros, Kniep, *Vacua Possessio, erster Band*, pp. 375 e 470 e segs., Iena, 1886; e Ubbelohde, *Ausführliche Erlauterung der Pandecten nach Helfeld ein Commentar begründet von D. Christian Friedrich von Glück, fünfter Theil*, § 1.848, nº 8, p. 64 e segs., Erlangen, 1896. Weiss (*Istitutionen*

Cap. XXII · A POSSE | 289

o desapossado obtivesse a recuperação da posse de imóvel ocupado clandestinamente por terceiro.

B) *No direito pós-clássico e justinianeu*

No direito pós-clássico, constituições imperiais[51] vieram combater a violência, inclusive a usada para a autodefesa, estabelecendo penas privadas para os esbulhadores da posse. Delas, a mais célebre foi a editada em 389 d.C., por Valentiniano, Teodósio e Arcádio.[52] Ainda nesse período, com a implantação da *extraordinaria cognitio* e o consequente desaparecimento do processo formulário, os interditos se transformam em ações comuns (*actiones ex causa interdicti*), que se caracterizam pelo processo rápido e sumário, sendo provisórias as decisões que delas resultam. Por outro lado, nas fontes pós-clássicas, encontra-se a expressão *actio* (ou *interdictum*) *momentariae possessionis*,[53] que alguns romanistas[54] entendem fosse novo remédio possessório concedido a quem estivesse no imóvel na ausência do possuidor, para a proteção provisória até o retorno do ausente, ao passo que outros – e em maior número[55] – sustentam que essa *actio* nada mais era do que o interdito *unde ui*, que assim passou a ser designado em virtude da assimilação dos interditos pelas ações.[56]

No direito justinianeu, há várias inovações quanto à proteção possessória. Com relação aos interditos *retinendae possessionis causa*, o interdito *utrubi* – por aproximação ao interdito *uti possidetis* – passou a proteger o possuidor, de posse não viciosa, que estava possuindo no momento da turbação, e não, como no direito clássico, o que possuíra mais tempo no ano em que ocorrera a turbação. Quanto aos interditos *reciperandae possessionis causa*, houve a fusão dos interditos de *ui cottidiana* e de *ui armata* num só: o *interdito unde ui*, que pôde ser utilizado até um ano depois do desapossamento, e que não admitia, como defesa do desapossador, a *exceptio uitiosae possessionis*, o que vale dizer que o desapossado, por esse interdito, recuperava a posse ainda que a tivesse iniciado por ato de violência, clandestinidade ou precariedade, contra o desapossador. E o interdito

---

des römischen Privatrechts, 2ª ed., § 39, p. 154) observa que não se sabe se existiu o *interdictumde clandestina possessione*.

51   C. III, 39,4; C. IV, 3, lei única, § 3º; C. VIII, 4, 7 (*vide* nº 154, I, i).

52   C. Th. IV, 22, 3; e C. VIII, 4, 7.

53   C. VIII, 5, 1; e C. VIII, 4, 8. A propósito, *vide* Malafosse, *L'interdit Momentariae Possessionis*, Toulouse, 1947 (há edição anastática de "*L'Erma di Bretschneider*", Roma, 1967).

54   Entre outros, Monier, *Manuel Élémentaire de Droit Romain*, I, nº 283, p. 395; e *Giffard, Précis de Droit Romain*, I, nº 580, p. 345.

55   Assim, Bruns, *Die Besitzklagen des römischen und heutigen Rechts*, p. 84 e segs., Weimar, 1874; Kniep,*Vacua Possessio*, § 67, p. 428, Iena, 1886; Ruffini, *L'Actio Spolii*, p. 53 e segs., Torino, 1889; Wenger, *Institutionen des Römischen Zivilprozessrechts*, § 32, p. 318, München, 1925 (*Istituzioni di Procedura Civile Romana*, trad. R. Orestano, § 32, p. 327, Milano, 1938).

56   Em estudo mais recente (*"Possessio" "Possessor" "Possidere" nelle Fonti Giuridiche del Basso Impero Romano*, p. 91 e segs., Milano, 1962), Cannata observa que a natureza e o alcance da *actio* (ou *interdictum*) *momentariae possessionis* dão margem a uma série de problemas ainda hoje não resolvidos, embora seja certo o caráter provisório de sua proteção.

DIREITO ROMANO – *José Carlos Moreira Alves*

de precario, no direito justinianeu, segundo parece, nada mais é do que uma ação para pedir a devolução da coisa.

Demais, ao menos no direito justinianeu, a *possessio naturalis* (detenção), que, no direito clássico, não era protegida pelos interditos possessórios, passou a sê-lo em caso de violência.[57]

149. Posse de direitos[58]– Como o possuidor exerce, de fato, sobre uma coisa corpórea os mesmos poderes que, de direito, sobre ela exerce o proprietário (e a essa posse se dá a denominação de *possessio rei* – posse da coisa), o mesmo pode ocorrer com relação a outros direitos sobre a coisa, como, por exemplo, a servidão predial, o usufruto, o uso (e, nesse caso, se diz que há *possessio iuris* – posse de direito). Em verdade, logicamente, toda posse é posse de direito (*possessio iuris*), pois mesmo a *possessio rei* (posse da coisa) nada mais é do que o exercício dos poderes inerentes à propriedade, ou, em outras palavras, a posse do direito de propriedade. Os romanos, no entanto, fizeram a distinção entre a *possessio rei* e a *possessio iuris* (a qual perdura no direito moderno), porque, como identificavam a coisa objeto de direito de propriedade com o próprio direito de propriedade (que, por isso mesmo, se enquadrava entre as coisas *corpóreas* – *vide* nº 103, A), distinguiam, de um lado, a posse da coisa (*possessio rei*, que era o exercício de fato dos poderes inerentes ao direito de propriedade), e, de outro, a posse de direito (*possessio iuris*, que era o exercício de fato dos poderes inerentes a outros direitos reais que não o de propriedade).

Note-se, ainda, que, à semelhança do que ocorre na *possessio rei*, em que o possuidor pode ser, ou não, o proprietário da coisa, na *possessio iuris* o possuidor, também, pode ser, ou não, o titular do direito real (que não o de propriedade) cujos poderes ele exerce. Portanto, por exemplo, o usufrutuário (titular do direito de usufruto – *vide* o nº 165) que não era no direito romano possuidor da coisa em usufruto, mas simples detentor dela, passou a ser, todavia, quando surgiu a *possessio iuris*, possuidor do direito de usufruto.

* * *

---

57 D. 43, 16, 1, 9, interpolado como o demonstra Riccobono, *Le mie colpe, in Bullettino dell'Istituto di Diritto Romano*, vol. IL-L, 1947, pp. 41-42. Sobre a defesa possessória estendida à detenção, no direito pos-clássico, *vide*, também, Antonio d'Emilia, *Intorno alla configurazione del possesso romano e bizantino (Sintesi storico-dommatica), in Studi in memoria di Emilio Albertario*, vol. II, p. 535, Milano, 1953.

58 Sobre a posse de direitos no direito romano, *vide* Carcaterra, *Il Possesso dei Diritti nel Diritto Romano, Milano*, 1942; Manlio Sargenti, *Appunti sulla Quasi possessio e la Possessio, in Scritti in Onore di Contardo Ferrini Publicati in Occasione della sua Beatificazione*, vol. II, pp. 226 e 254, Milano, 1947; e Albertario, *Corso di Diritto Romano (Possesso e Quasi Possesso)*, Milano, 1946.

Mas a proteção do exercício de fato dos poderes inerentes a outros direitos sobre a coisa, que não o de propriedade, não é tão espontânea quanto a que ocorre com o exercício de fato dos poderes do direito de propriedade (*possessio rei*), porquanto:

a) o fato não tem exterioridade tão característica, como sucede com relação à propriedade; e

b) é ele menos frequente.

Por isso, em Roma, a posse de direitos somente surgiu depois de longa evolução, na qual é preciso distinguir o período clássico do período justinianeu.

A) *No período clássico*

Nesse período, a proteção do estado de fato se estende ao direito de usufruto, uso, habitação e às mais importantes espécies de servidões prediais. Mas esse estado de fato não é considerado *posse*, porquanto até o final do período clássico só se podem possuir as coisas corpóreas, e não as incorpóreas (assim, os *iura* = direitos).

Para proteger tais estados de fato, foram estendidos a eles, por via útil, os interditos possessórios, o que evidencia que eram protegidos *apenas como se fossem posse.*[59]

B) *No período justinianeu*

Na época de Justiniano, o panorama está totalmente modificado. O exercício de fato de qualquer direito real (por exemplo, o exercício de fato do direito de usufruto) é denominado *possessio*. Ao lado da *possessio rei* (exercício de fato do direito de propriedade) que vinha do direito clássico como sendo a *posse*, afirma-se a existência da *possessio iuris* (exercício de fato de outros direito sobre a coisa, que não o de propriedade).[60]

É de notar-se, no entanto, que o direito romano, mesmo no período justinianeu, não foi além: a *possessio iuris* se limitou àqueles direitos – e eram os reais limitados – que, no período clássico, o pretor protegia, como vimos, com interditos. Foram o direito intermédio e o moderno que admitiram a *possessio iuris* fora do campo dos direitos reais.[61]

---

59 Em alguns textos clássicos, encontra-se a expressão *quasi possessio* (assim, em Gaio, *Inst.*, IV, 139, onde Albertario – *Corso di Diritto Romano, Possesso e Quasi Possesso*, p. 193, Milano, 1946 – pretende seja um glosema) para aludir a essas situações de fato.

60 Daí – o que não ocorria no período clássico – poderem esses direitos ser objeto de *traditio*, de *usucapio*.

61 *Vide*, a propósito, Volterra, *Istituzioni di Diritto Privato Romano*, p. 404 e segs. É certo que, nas fontes, se encontram expressões como *possessio libertatis, possessio ciuitatis*, mas a tais situações de fato não se atribuía qualquer efeito ou proteção jurídica; assim, não se aplicava a esses estados de fato o usucapião, nem se concediam, para protegê-los, interditos possessórios.

XXIII

A PROPRIEDADE

Sumário: 150. Conceito. **151.** Origem e evolução histórica. **152.** Conteúdo do direito de propriedade e suas limitações. **153.** Condomínio. **154.** Modos de aquisição da propriedade. **155.** Extinção da propriedade. **156.** Proteção da propriedade.

150. Conceito – Os romanos não definiram o direito de propriedade. A partir da Idade Média é que os juristas, de textos que não se referiam à propriedade, procuraram extrair-lhe o conceito. Assim, com base num rescrito de Constantino (C. IV, 35, 21), relativo à gestão de negócios, definiram o proprietário como *suae rei moderator et arbiter* (regente e árbitro de sua coisa); de fragmento do *Digesto* (V, 3, 25, 11), sobre o possuidor de boa-fé, deduziram que a propriedade seria o *ius utendi et abutendi re sua* (direito de usar e de abusar da sua coisa);[1] e de outra lei do *Digesto* (I, 5, pr.), em que se define a liberdade, resultou a aplicação desse conceito à propriedade que, então, seria a *naturalis in re facultas eius quod cuique facere libet, nisi si quid aut ui aut iure prohibetur* (faculdade natural de se fazer o que se quiser sobre a coisa, exceto aquilo que é vedado pela força ou pelo direito).[2]

Ainda hoje os juristas se defrontam com o problema da conceituação do direito de propriedade. Ele reside, com relação ao direito vigente em cada país, na dificuldade de se resumirem, numa definição, os múltiplos poderes do proprietário. Quanto ao direito romano, a questão se torna ainda mais complexa em face das alterações por que passou a estrutura desse direito ao longo de uma evolução de mais de uma dezena de séculos. Para que se possa avaliar a intensidade dessas modificações, basta atentar para o fato de que, em épocas relativamente próximas, o conteúdo do direito de propriedade se reduz ou se alarga em face não só do regime político, mas também das exigências econômico-sociais.

Em vista disso, as definições que têm sido propostas pelos mais notáveis romanistas pecam, sempre, por incompletas. Mesmo o conceito formulado por Bonfante – e muito

---

1 Sobre essa definição e o sentido, nela – por não ser romana –, de *abuti (abutendi)* como abusar, *vide* Scialoja, *Teoria della Proprietà nel Diritto Romano*, I, p. 262 e segs., Roma, 1928.

2 Sobre esses conceitos, *vide* Carlo Longo, *Corso di Diritto Romano – Le cose – La proprietà e isuoi modi di acquisto*, p. 67 e segs., Milano, 1946.

difundido principalmente na literatura italiana –, segundo o qual a propriedade "é a senhoria mais geral sobre a coisa, seja em ato, seja pelo menos em potência",[3] reflete, como salienta Volterra,[4] a concepção que o autor tinha da propriedade romana primitiva (soberania do *pater familias* sobre a coisa), mas não se aplica exatamente à propriedade como se apresenta nos direitos clássico e pós-clássico.

O que distingue o direito de propriedade dos outros direitos reais (os *iura in re aliena*) é a circunstância – como acentua Carlo Longo[5] – de ser ele o direito real de conteúdo mais amplo, e o único autônomo.

151. Origem e evolução histórica – Nada de seguro sabemos sobre as origens do direito de propriedade em Roma. Os autores modernos que se ocuparam desse problema têm apresentado soluções diversas.[6]

Deixando de lado as várias teorias que procuram expor a gênese do direito de propriedade em tempos anteriores à existência da *ciuitas*, já que tudo se baseia em conjecturas mais ou menos plausíveis, o que é certo é que até onde, no passado mais longínquo, podemos chegar pelos textos de que dispomos, encontramos sempre um conceito unívoco de propriedade, e que se aplica tanto às coisas móveis quanto às imóveis; tanto às *res mancipi* quanto às *res nec mancipi*.

No período pré-clássico, os romanos só conheceram uma espécie de propriedade: a propriedade quiritária *(ex iure Quiritium)*.

No direito clássico, encontramos ao lado da propriedade quiritária três situações análogas à propriedade, as quais os romanistas, em geral, denominam *propriedade bonitária* (também chamada *pretoriana*), *propriedade provincial* e *propriedade peregrina*.[7] Vejamos, a seguir, os caracteres de cada uma delas.

---

3   *Istituzioni di Diritto Romano*, ristampa della X Edizione, § 80, p. 249.

4   *Istituzioni di Diritto Privato Romano*, p. 292 e segs.

5   *Corso di Diritto Romano – Le cose – La proprietà e i suoi modi di acquisto*, p. 74, Milano, 1946.

6   *Vide*, a propósito, Bonfante, *Histoire du Droit Romain*, trad. Carrère-Fournier, vol. I, p. 194 e segs., Paris, 1928, onde o problema é amplamente analisado.

7   Essa pluralidade, que não mais se encontra no direito moderno, decorre de peculiaridades do direito romano. Com efeito, a chamada *propriedade bonitária* é a situação análoga à propriedade reconhecida pelo *ius ciuile*, à qual o pretor, *iure honorario*, deu proteção (Gaio, *Inst.*, I, 54, aludindo à propriedade quiritária e à situação análoga tutelada pelo pretor, emprega a expressão *duplex dominium*). A denominada propriedade provincial decorre da circunstância de que, nas províncias, as terras constituíam o *ager publicus* (eram de propriedade do Estado), mas os particulares, em virtude de concessões que o Estado lhes fazia, exerciam sobre elas poderes semelhantes aos de um verdadeiro proprietário, tendo sua situação devidamente protegida pelas ações concedidas pelos magistrados provinciais. Finalmente, o que se denomina propriedade peregrina resultava da proteção que os magistrados romanos (pretor peregrino e governadores das províncias) davam à posse (que era uma verdadeira propriedade de fato) que os peregrinos sem o *ius commercii* – e que, portanto, não podiam ser proprietários *ex iure Quiritium* – tinham sobre as coisas; ou ao direito de propriedade de que gozavam em suas cidades e de acordo com suas leis, na medida em que tinham sido reconhecidas pelos romanos.

A) *Propriedade quiritária*

Seu titular era um cidadão romano, ou, então, um latino ou peregrino que tivesse o *ius commercii*. Seu objeto, coisa móvel ou imóvel; mas, em se tratando de imóveis, só eram suscetíveis de propriedade quiritária os situados na Itália ou nas províncias aonde se estendera o *ius Italicum*. É de notar-se, porém, que não podiam ser objeto de propriedade *ex iure Quiritium* os móveis ou imóveis de propriedade do povo romano, e, mais tarde, os do imperador. A aquisição das coisas suscetíveis de propriedade quiritária se fazia mediante a *mancipatio* (para as *res mancipi*), a *traditio* (para as *res nec mancipi*) e a *in iure cessio* (para ambas). A proteção judicial da propriedade quiritária se obtinha, principalmente, com a *rei uindicatio*, como veremos adiante.

B) *Propriedade bonitária*

A propriedade bonitária ou pretoriana (os textos romanos ao se referirem a ela empregaram as expressões *in bonis esse* ou *in bonis habere*) surgiu quando o pretor passou a proteger a pessoa que, comprando uma *res mancipi*, a recebia do vendedor por meio da simples *traditio*. Ora, a propriedade quiritária da *res mancipi* só se adquiria com a utilização de uma das formas solenes de aquisição da propriedade: a *mancipatio* ou a *in iure cessio*. Assim, a *traditio* não transferia ao comprador o domínio *ex iure Quiritium* sobre a *res mancipi*, e, em decorrência disso, o vendedor continuava a ter a propriedade quiritária sobre a coisa, podendo reivindicá-la do comprador. Essa situação era, sem dúvida, iníqua para este. O pretor, então, passou a protegê-lo com a *exceptio rei uenditae et traditae* (exceção de coisa vendida e entregue): quando o vendedor, alegando o domínio *ex iure Quiritium*, movia uma ação de reivindicação contra o comprador, este paralisava o direito daquele com a exceção que se referia à venda e à entrega da *res mancipi*. Tal proteção, no entanto, não tornava o comprador proprietário quiritário da *res mancipi*, o que só se verificava quando decorria o lapso de tempo necessário para que o comprador adquirisse a propriedade quiritária por usucapião (no direito clássico, um ano para as coisas móveis; e dois, para as imóveis). Enquanto não ocorria o usucapião, havia duas espécies de propriedade sobre a coisa: a quiritária (que era a do vendedor, que, no entanto, não podia utilizar-se da coisa nem obter sua restituição por meio da *rei uindicatio*) e a bonitária ou pretoriana (que era a do comprador, que usava da coisa, e que se defendia do vendedor, se preciso, mediante a *exceptio rei uenditae et traditae*).

Mas essa proteção só não bastava. Com ela, o comprador se defendia apenas do vendedor ou de terceiro a quem este tornasse a alienar a coisa, transferindo-a pela *mancipatio* ou pela *in iure cessio*. E isso somente enquanto o comprador estivesse na posse da coisa. Ora, outra situação poderia ocorrer: o comprador perder a posse da coisa, que passaria para as mãos ou do próprio vendedor ou de terceiro. Nesse caso, o comprador ficava desprotegido, pois a *exceptio rei uenditae et traditae* era apenas uma arma de defesa, e não de ataque, para a recuperação da posse da coisa. Essa situação foi sanada por um pretor de nome *Publício*, que criou, no seu edito, a *actio publiciana*, que era uma ação fictícia, porque na sua fórmula se considerava, por ficção, como já tendo o proprietário

DIREITO ROMANO – *José Carlos Moreira Alves*

pretoriano adquirido, por usucapião, o domínio quiritário. Com o emprego dessa ficção, podia ele reivindicar a coisa, ou do próprio vendedor, ou de terceiro.[8]

Essa dupla proteção (*exceptio rei uenditae et traditae e actio publiciana*), que, a princípio, só se concedia nos casos de venda de *res mancipi* seguida de *traditio*, se estendeu, posteriormente, a outras hipóteses, das quais as principais foram as seguintes:

a) a *bonorum possessio* (que será estudada no direito das sucessões);

b) a *bonorum emptio* (compra do patrimônio do executado; *vide* a *bonorum uenditio*, no n° 130, *in fine*);

c) a *adiudicatio* nos *iudicia imperio continentur* (*vide* n° 154); e

d) a *missio in possessionem damni infecti nomine ex secundo decreto* (*vide* n° 156).[9]

C) *Propriedade provincial*

Era uma espécie de propriedade que existia apenas com relação a imóveis que estavam situados nas províncias, às quais não tinha sido estendido o *ius Italicum* (caso contrário, como já salientamos, sobre esses imóveis haveria a propriedade quiritária). Nessas províncias, o proprietário do solo é o povo romano (se se trata de província senatorial) ou o príncipe (se se trata de província imperial); os particulares – fossem, ou não, cidadãos romanos – não podiam ter mais do que a posse (*possessio*) sobre esse solo, e assim mesmo mediante o pagamento do *stipendium* (para o povo romano, se província senatorial) ou do *tributum* (para o príncipe, se província imperial).

A essa *possessio* – que era alienável, transmissível aos herdeiros, e defensável por ação real concedida pelos magistrados provinciais – dão os romanistas modernos a denominação de *propriedade provincial*.

D) *Propriedade peregrina*

Já vimos que os peregrinos, que não possuíam o *ius commercii*, não podiam ter, sobre coisas imóveis ou móveis, a propriedade quiritária.

Se os peregrinos comprassem imóveis ou móveis suscetíveis de propriedade quiritária, eles somente poderiam ser possuidores delas, mas essa situação de fato (uma verdadeira propriedade de fato) foi sendo protegida pelo pretor peregrino (em Roma) e pelos governadores (nas províncias), que concediam aos peregrinos ações reais análogas

---

8 Se o vendedor, ao transferir a coisa – pela *traditio* – ao comprador, não fosse proprietário *ex jure Quiritium* dela, e depois da alienação adquirisse essa qualidade, e reivindicasse a coisa do comprador, este se defendia com a *exceptio doli* (exceção de dolo) (D. XXI, 2, 17).

9 Como já salientamos, sendo a posse de boa-fé, à qual se unem os demais requisitos para o usucapião, tutelada – mesmo em caso de perda acidental – pela *actio Publiciana*, é ela um verdadeiro direito. Mas, ao contrário do que pretendem alguns autores, não se trata de propriedade pretoriana, mas, sim, de direito relativo. Para demonstrá-lo, basta acentuar que, enquanto a propriedade pretoriana é defendida contra todos (inclusive o proprietário quiritário), a posse de boa-fé não é protegida, pela *actio Publiciana*, contra o proprietário *ex iure Quiritium*. Com efeito, se, adquirida a coisa a *non domino*, voltasse ela para a posse do verdadeiro proprietário, o comprador intentaria contra este a *actio Publiciana*, mas o réu a paralisaria com a *exceptio iusti dominii*.

às que protegiam a propriedade quiritária. Muitas dessas ações continham cláusula em que o magistrado ordenava ao juiz que julgasse a questão como se o peregrino fosse cidadão romano (portanto, ações fictícias).

Demais, como atesta Gaio (*Inst.*, II, 40), os peregrinos, em sua cidade, e na proporção em que o direito dela era reconhecido pelos romanos, tinham, com base nesse direito, propriedade sobre os seus bens.

* * *

No período pós-clássico, essas diferentes espécies de propriedade vão desaparecendo até que, no tempo de Justiniano, só vamos encontrar – como no direito moderno – uma única, disciplinada por normas que, no período clássico, se aplicavam a uma ou outra das diversas espécies. Assim, a propriedade, no direito Justinianeu, era transferida pela *traditio* (no direito clássico, isso ocorria com relação à propriedade pretoriana); estava sempre sujeita ao pagamento de impostos (no período clássico, só a propriedade provincial o estava); e sobre ela pesava uma série de limitações impostas por necessidade da administração pública (o que, no direito clássico, se dava com referência à propriedade provincial).

As causas que deram margem a essa unificação – com o consequente desaparecimento das várias espécies de propriedade do direito clássico – foram as seguintes:

a) a propriedade peregrina praticamente desapareceu quando Caracala, em 212 d.C., estendeu a cidadania romana a quase todos os habitantes do Império Romano;[10]

b) a propriedade provincial deixou de existir quando o imperador Diclesiano (285 a 305 d.C.) estendeu os impostos aos imóveis que até então gozavam de isenção por terem o *jus ltalicum* (o que lhes fazia suscetíveis de propriedade quiritária): e, a partir desse momento, o imposto não mais significava que o Estado é o proprietário do imóvel e o particular apenas possuidor dele, mas, sim, que se trata de contribuição que todos têm de prestar ao Estado para este fazer face às suas despesas; e

c) o desaparecimento das formas solenes de aquisição da propriedade quiritária *(mancipatio* e *in jure cessio)* e a fusão do *ius ciuile* com o *ius honorarium*, resultando de ambos esses fatos a extinção da propriedade pretoriana.[11]

152. Conteúdo do direito de propriedade e suas limitações – O conteúdo do direito de propriedade consiste no conjunto de poderes que o proprietário tem sobre a coisa.

A propriedade, que é o mais amplo dos direitos reais, em geral atribui ao seu titular, principalmente, as faculdades de usar, gozar e dispor da coisa (são os *iura utendi, fruendi, abutendi*, a que se referem os autores desde a Idade Média).

---

10   *Vide*, a propósito, o capítulo XI, nota 22.

11   No direito justinianeu, desaparecida a categoria das *res mancipi*, a *actio Publiciana* passou a ser usada somente no caso de alienação *a non domino* (daí ter sido interpolado o texto de Ulpiano que se encontra no D. 6, 2, I, pr.). A propósito, *vide* Biondi, *Istituzioni di Diritto Romano*,3ª ed., p. 272.

298 | DIREITO ROMANO – *José Carlos Moreira Alves*

Mas essas faculdades podem sofrer limitações de tal ordem que – como acentua Volterra[12] – o conteúdo do direito de propriedade se reduz a mero título jurídico (como sucede, por exemplo, quando há enfiteuse). Apesar disso, o direito de propriedade persiste, e, extinta a causa dessas limitações, ele automaticamente readquire o seu conteúdo. A esse fenômeno os autores modernos, a partir de Pagenstecher,[13] dão a denominação de *elasticidade do domínio.*

Essas limitações podem decorrer da vontade do proprietário, de causa natural, ou da lei.

Aqui, examinaremos apenas as limitações resultantes de causa natural ou da lei. As decorrentes da vontade do proprietário, estudá-las-emos ao tratar dos *iura in re aliena* (direitos sobre coisa alheia) e do direito das obrigações (assim, por exemplo, no caso de contrato de locação de coisas).

Como exemplo de limitações naturais, temos a de que o proprietário apenas pode utilizar o espaço aéreo sobre o imóvel, ou o seu subsolo, até onde possa economicamente, atingir. Trata-se, portanto, de limitações que são impostas ao homem pela fragilidade de suas forças.

Já as limitações resultantes da lei, sem dúvida as mais importantes, existiram no direito romano, desde o período pré-clássico. E isso com relação não apenas à propriedade dos imóveis, mas também à dos móveis (cujas limitações mais numerosas aparecem somente no período pós-clássico). Essas limitações são impostas em virtude ou do interesse dos particulares (são as decorrentes do *direito de vizinhança*) ou do interesse do Estado. Em face delas, o proprietário devia abster-se de certos usos da coisa *(non facere)* ou tolerar que outrem dela se utilizasse *(pati).*

Estudaremos, a seguir, as limitações resultantes da lei nos períodos pré-clássico, clássico e pós-clássico.

A) *Períodos pré-clássico e clássico*

Essas limitações se encontram, no período pré-clássico, estabelecidas na Lei das XII Tábuas, e se tornam mais numerosas no direito clássico. São elas as seguintes:

a) os proprietários de terrenos vizinhos, segundo a Lei das XII Tábuas,[14] não podem construir ou cultivar uma faixa de terra, em volta do imóvel, de dois e meio pés de largura, a qual – unida à deixada livre pelo vizinho – constitui o *ambitus* (nas cidades) ou o *iter limitare* (no campo), com cinco pés de largura;

b) o dono de um terreno deve permitir que os galhos das árvores do vizinho se projetem sobre o seu imóvel à altura não inferior a quinze pés (se isso não ocorrer, pode exigir que se cortem os galhos que estão a menos de quinze pés, e, em se recusando o vizinho, ele mesmo cortá-los);[15]

---

12 *Istituzioni di Diritto Privato Romano,* p. 290.
13 A respeito, *vide* Arndts, *Lehrbuch der Pandeklen,* 14a edição, § 130, nota 5, p. 233, Stuttgart, 1889.
14 VII, 1 (ed. Riccobono).
15 VII, 9 a-b *(idem).*

c) o proprietário de um terreno pode entrar, dia sim, dia não *(tertio quoque die)*, no imóvel do vizinho para recolher os frutos caídos de suas árvores;[16]

d) é o proprietário obrigado a manter conservada a estrada que confina com seu imóvel, sob pena de ter de permitir a passagem, inclusive de animais, pelo seu terreno;[17]

e) o proprietário de um imóvel que seja o único meio de acesso a local onde se encontra um sepulcro deve permitir a passagem *(iter ad sepulchrum)*, pelo seu terreno, das pessoas que para ali se dirijam;[18]

f) o dono do imóvel superior não pode fazer obras que provoquem invasão – portanto, *immissio* superior à normal[19] –, no terreno inferior, das águas que correm de um para o outro, sob pena de o proprietário deste mover contra ele, para obter a demolição das obras, a *actio aquae pluuiae arcendae*; nem o dono do imóvel inferior pode impedir a entrada natural das águas que vêm do terreno superior;

g) o proprietário de imóvel cortado por rio público está obrigado a permitir que qualquer pessoa se utilize das margens para passagem de barco ou para ancorá-lo;[20]

h) senatus-consultos dos dois primeiros séculos d.C.[21] proíbem, para que as cidades não se enfeiem com ruínas, a demolição de casas com o fito de venda do material de construção;

i) o proprietário de uma trave não pode – para que se evitem demolições – retomá-la, se empregada em construção de outrem, a não ser depois de a construção ser posta abaixo; a jurisprudência estendeu a proibição a todo material destinado a obras;[22]

j) constituições imperiais estabeleceram, para as cidades grandes, a altura máxima dos prédios (setenta pés, no tempo de Augusto; sessenta, no de Trajano);

l) não pode o dono de um imóvel, localizado dentro de uma cidade, sepultar, aí, mortos; e, fora dela, não pode até uma distância de sessenta pés de qualquer edifício;[23]

m) nas províncias, a propriedade – quer mobiliária, quer imobiliária – é sujeita a uma série de limitações impostas no interesse da administração pública; assim, por exemplo, os móveis (alimentos, animais, veículos) podem ser requisitados pelo Estado, e os imóveis estão sujeitos ao ônus de alojar tropas; e

n) uma constituição imperial de Antônio Pio[24] estabeleceu que o dono que maltratasse um escravo estaria obrigado a vendê-lo.

---

16   VII, 10 (ed. Riccobono), e D. XLIII, 28, 1, pr. e 1.

17   VII, 7 *(idem)*.

18   D.XI, 7, 12, pr.

19   No direito clássico, somente se proíbem as obras que acarretam *immissio* superior à normal, não as que desviam ou paralisam a corrente d'água *(vide* nº 156, A, d.).

20   D. I, 8, 5, pr.

21   São os seguintes: o *Hosidianum* (44 d.C.), o *Volusianum* (55 d.C.) e o *Acilianum* (122 d.C.).

22   Lei das XII Tábuas, VI, 8 (ed. Riccobono); e D. L. 16, 62.

23   Cícero, *De Legibus*, II, 24, 61.

24   Gaio, *Inst.*, I, 53.

B) *Período pós-clássico*

Nesse período, persistem as limitações existentes nos anteriores (algumas até mesmo agravadas), e surgem novas:

a) enquanto, no período clássico, as minas pertencem ao proprietário do terreno onde se encontram, no pós-clássico ele está obrigado a admitir escavações feitas por estranhos, cabendo-lhe um décimo do produto obtido (igual proporção é devida ao Estado);[25]

b) aumentam as limitações no que diz respeito a construções nas cidades (por exemplo: uma não pode distar da outra menos de 12 pés; e de 15, se se tratar de edifício público; 100 pés é a altura máxima dos edifícios);[26]

c) no direito justinianeu, a matéria relativa a águas que correm do terreno superior para o inferior sofre modificações; proíbe-se que o proprietário do imóvel superior faça construções que impeçam, além dos limites de sua necessidade de água, que ela flua para o terreno inferior, ou que se utilize da água em medida superior à das necessidades do imóvel;

d) o proprietário que não cultiva seu terreno perde a propriedade sobre ele em favor de quem o cultivou por mais de dois anos;[27]

e) por motivos de ordem pública ou privada, surgem várias normas que impedem que se alienem certas coisas;[28]

f) o proprietário de um imóvel não pode levantar construção que impeça que o vento atinja o terreno vizinho.[29]

Sobre duas limitações ao direito de propriedade – a desapropriação e a proibição ao uso anormal da propriedade – há grande divergência entre os romanistas. Quanto à primeira,[30] no direito clássico, embora os magistrados ou o imperador, em virtude do *imperium*, possam desapropriar imóveis por utilidade pública, não há norma alguma que discipline a expropriação; já no direito pós-clássico, regula-se a desapropriação por utilidade pública, declarando-se os magistrados competentes para efetivá-la, e estabelecendo-se o direito à indenização. Com referência à proibição do uso anormal da propriedade[31] – o que tem importância nas relações de vizinhança no que diz respeito,

---

25 D. VIII, 4, 13, 1 – que se julga interpolado –; e C.XI, 7 (6), 3.

26 C. VIII. 10. 12, que é a célebre constituição imperial de Zenão, onde estão compendiadas essas limitações sobre construções urbanas.

27 C. XI. 59. 8.

28 Cf. Voci, *Istituzioni di Diritto Romano*, 3ª ed., p. 214, Milano, 1954.

29 C III, 34, 14, 1.

30 Quanto ao problema da desapropriação no direito romano, *vide* D. Serrigny. *Droit Public et Administratif Romain*, II, nº 944 e segs., p. 247 e segs., Paris, 1862.

31 *Vide*, a respeito. Riccobono, *La teoria dell abuso di diritto nella dotrrina romana*, in *Bullettino dell'Istituto di Diritto Romano*, vol. V, N.S. (1939), p. l e segs. Por outro *lado*, acentua Luzzatto (*Procedura Civile Romana*, parte I, ristampa, p. 6 e segs., Bologna, sem data) que, em direito romano, não se pode sequer falar em questão relativa a abuso de direito, mas apenas em *atos emulativos*, que constituem um aspecto mais restrito do problema sobre o abuso de direito.

Cap. XXIII · A PROPRIEDADE | **301**

principalmente, às imissões de fumaça, de calor, de ondas sonoras de um imóvel para o vizinho, causando-lhe dano, sem trazer benefício para o primeiro – não há, nos textos romanos, norma geral proibitiva da prática desses atos.[32] Nas fontes, encontra-se até a enunciação de princípios opostos a essa probição.[33] Foi na Idade Média que surgiu o movimento tendente, dentro de certos limites, a impedir o uso anormal do direito de propriedade, quando com esse uso se visasse apenas a prejudicar o vizinho (atos que os juristas medievais denominaram *emulativos – atos ad aemulationem*).[34]

153. Condomínio – Diz-se que há comunhão jurídica, quando um direito pertence a duas ou mais pessoas. Essa comunhão ou surge sem que haja interferência da vontade dos sujeitos – é a *communio incidens* –, ou deriva da vontade deles – é a *societas*.

Havendo comunhão de direito de propriedade sobre coisa corpórea, há condomínio ou copropriedade (as fontes, para designar essa ideia, empregam as expressões *rem communem habere, rem communem esse, rem plurium esse*).[35]

Os romanistas divergem quanto à natureza jurídica do condomínio, tendo em vista a necessidade de conciliar a exclusividade que caracteriza o direito de propriedade e a pluralidade – existente no condomínio – de direitos de propriedade que vários titulares exercem sobre a mesma coisa. Para uns, no condomínio, há uma pluralidade de titulares e de direitos de propriedade sobre uma coisa indivisa, tendo cada condômino uma quota ideal dela. Para outros – como, a princípio, Windscheid, que depois abandonou tal tese –, a coisa pertence a todos os condôminos na sua totalidade, mas seu valor é dividido entre eles. Segundo Scialoja, o condomínio é uma relação de concorrência de várias propriedades sobre a mesma coisa. Ainda há os que, como Manenti (que tomou essa tese de autores antigos),

---

32 Bartosek (*Sul concetto di atto emulativo specialmente nel diritto romano, in Atti dei Congresso Internazionale di Diritto Romano e di Storia dei Diritto* – Verona, 27, 28, 29-IX-1948, vol. 3, p. 191 e segs., Milano, 1951) sustenta, porém, que não só os romanos conheceram a proibição geral da prática dos atos emulativos, mas constitui ela um dos princípios fundamentais do Direito Romano, com base no qual se construíram vários institutos jurídicos. Reconhece, porém, que os romanos não tinham expressões técnicas para abuso de direito e para atos emulativos.

33 Entre outros, D. L., 17, 55; D. L., 17, 151; D. XXXIX, 2, 24; 12; D. XLIII, 29, 3, 2.

34 A palavra *aemulatio* (que no latim clássico significa *competição*) somente no latim medieval é que vai designar atividade realizada com a intenção de prejudicar. Na glosa já se encontra a proibição dos atos de emulação: "*Quod aliis noceat et sibi non prosit non licet*" (O que prejudica os outros e não é útil para si não é lícito) (cf. Bonfante, *Corso di Diritto Romano*, II, I, ristampa, p. 344, Milano, 1966).

35 O condomínio diz-se *pro diviso* quando a coisa em condomínio está dividida materialmente entre os vários condôminos; diz-se *pro indiviso*, quando não há essa divisão material, tendo cada condômino apenas uma quota ideal da coisa. Assim, por exemplo, três pessoas são condôminas de uma gleba. Dir-se-á que esse condomínio é *pro diviso*, se, embora juridicamente persista a copropriedade, elas tiverem, de fato, dividido entre si a gleba em três partes, possuindo cada uma delas a que lhe coube nessa divisão material. Sobre a controvérsia relativa a ter ou não o Direito Romano admitido a propriedade distinta dos diversos pavimentos de um edifício (modalidade de *comunio pro diuiso*), *vide* Eduardo Marchi, *A Propriedade Horizontal no Direito Romano*, São Paulo, 1985.

302 | DIREITO ROMANO – *José Carlos Moreira Alves*

pensam que no condomínio a propriedade é uma só, mas os condôminos formam uma espécie de organização que se utiliza da coisa. Voigt defende a opinião de que o conjunto de condôminos constitui uma pessoa jurídica. E há também a tese de Perozzi, segundo a qual o condomínio é direito diferente do de propriedade, pois este é um meio para um fim econômico que é o gozo exclusivo e pleno de toda a coisa; se, no condomínio, várias pessoas têm poder sobre a coisa, nenhuma goza dela exclusivamente, o que demonstra que, aí, não há propriedade, mas, sim, um direito que se denomina *condomínio*.[36]

Abstratamente, todas essas opiniões são defensáveis. O problema, no entanto, é determinar, em face de um sistema jurídico vigente, qual a concepção que o inspirou.

Com relação ao direito romano, a opinião dominante é a de que, no período pré--clássico, vigorou a concepção de que, no condomínio, havia concorrência de direitos de propriedade sobre a coisa, sendo cada condômino proprietário de toda a coisa, mas tendo seu direito limitado pelo dos demais (tese de Scialoja); nos direitos clássico, pós-clássico e justinianeu, prevaleceu a concepção de que, no condomínio, há uma pluralidade de direitos de propriedade, tendo cada condômino uma quota ideal da coisa indivisa.

O condomínio foi disciplinado de maneira diversa em cada um dos períodos de evolução do direito romano: pré-clássico, clássico e justinianeu.

A) *Direito pré-clássico*

A elucidação de vários aspectos do condomínio no direito pré-clássico se deve à intuição genial de Bonfante, que reconstruiu as linhas mestras do instituto nesse período, antes de se acharem os novos fragmentos das *Institutas* de Gaio relativos ao *consortium inter fratres*,[37] os quais nos forneceram preciosas informações a respeito.

No direito pré-clássico, o condomínio se apresenta sob a forma de *consortium inter fratres*, isto é, comunhão universal de bens entre *os filii familias*, a qual se forma depois da morte do *pater familias*. Nesse *consortium*,[38] cada filho (ou seja, cada condômino) é proprietário, realmente, da totalidade dos bens, mas o poder de cada um é limitado pelo *ius prohibendi* (direito de veto) de qualquer um de seus irmãos (que são os demais condôminos). Assim, por exemplo, se um dos condôminos quiser vender um escravo comum, poderá fazê-lo sem ter necessidade de pedir consentimento aos demais; no entanto, qualquer dos outros condôminos pode impedir a alienação com o veto *(ius prohibendi)*. Há,

---

36 Sobre essas teses, *vide* Scialoja, *Teoria della Proprietà nel Diritto Romano*, I, p. 431 e segs., Roma, 1928; e G. Segré, *"Sulla natura della comproprietà in diritto romano", in Rivista Italiana per le Scienze Giuridiche*, VI (1888), p. 353 e segs.; e VIII (1889), p. 145 e segs. e p. 329 e segs. (esse artigo foi republicado *in Gino Segré, Dalla Radice Pandettistica alla Maturità Romanística – Scritti di Diritto Romano*, pp. 25 e 226, Torino, 1974).

37 Sobre esses fragmentos, *vide* Collinet, *Les Nouveaux Fragments des Institutes de Gaius* (PSI 1182), p. 9 e segs., extrato; Monier, *Les Nouveaux Fragments des Institutes de Gaius* (PSI I 182) *et leur importance pour la connaissance du Droit Romain*, p. 20 e segs., Paris, 1933; e Arangio-Ruiz, *Les Noveaux Fragments des Institutes de Gaius, in Scritti di Diritto Romano*, III, p. II e segs., Napoli, 1977.

38 *Vide*, a propósito, Gaudemet, *Étude sur le regime juridique de l'indivision en droit romain*, p. 10 e segs., Paris, 1934.

Cap. XXIII · A PROPRIEDADE | **303**

portanto, semelhança entre essa situação e o princípio da colegialidade que reinava entre os magistrados romanos (em que a decisão de um podia ser paralisada pelo veto de outro).

B) *Direito clássico*

No direito clássico, passa-se a entender o condomínio como pluralidade de propriedades por quotas ideais. Assim, cada condômino pode dispor – seja alienando-a, seja gravando-a de direito real – de sua quota ideal relativa à coisa comum; já com referência aos frutos que a coisa comum produz, cada condômino os recebe na proporção de sua quota.

Por outro lado, o condômino atua, com relação à coisa comum, como se fosse proprietário exclusivo dela, mas os outros condôminos podem opor-se, pelo veto *(ius prohibendi)*, contra inovações (construções ou demolições). E, se um dos condôminos renuncia à sua quota sobre a coisa, ela acresce à dos demais proporcionalmente: é o *ius adcrescendi* (direito de acrescer). Ora, tanto o *ius prohibendi* quanto o *ius adcrescendi* não se coadunam com a ideia, vigorante no direito clássico, de que no condomínio há pluralidade de propriedades por quotas ideais. O que significa, portanto, que elas eram reminiscências do condomínio do direito pré-clássico, as quais persistiram no período clássico. Foi com base na observação desse fato que – como já salientamos no início – Bonfante reconstruiu a figura do condomínio no direito pré-clássico, antes de serem descobertos os novos fragmentos de Gaio que vieram demonstrar a veracidade das conclusões a que chegara o grande romanista italiano.

A situação de indivisão da coisa comum é um estado transitório. Assim, o condômino tem o direito de requerer-lhe a divisão, por meio da *actio communi diuidundo*, na qual o juiz, se a coisa for divisível, adjudicará a cada condômino a parte correspondente à sua quota, e, se indivisível, determinará a venda a terceiro (dividindo-se o preço de acordo com as quotas) ou a adjudicação dela a um dos condôminos, indenizando este aos demais o valor de suas quotas.

C) *Direito justinianeu*

Embora tenha continuado a vigorar a concepção de que, no condomínio, havia pluralidade de propriedades por quotas ideais, Justiniano introduziu modificações na disciplina desse instituto. Assim, para que se fizessem construções na coisa comum, era necessário que se obtivesse, previamente, o consentimento de todos os condôminos; e, se se fizesse a construção sem esse consentimento prévio, qualquer um deles podia obter a demolição da obra por meio da *actio communi diuidundo*. E, mediante essa mesma ação, os condôminos podiam vencer a resistência de um ou de alguns deles contra a reparação de muro limítrofe ou de edifício comum.

Em face dessas inovações, verifica-se que, enquanto no direito clássico o condomínio era dominado por princípios individualistas (cada um faz livremente o que quer com a coisa comum, sendo, porém, limitado pelo *ius prohibendi* oposto por qualquer dos demais condôminos), no direito justinianeu se estabeleceu solidariedade entre os condôminos para a prática de certos atos com referência à coisa (tem-se em conta, portanto, o interesse coletivo dos condôminos).

304 | DIREITO ROMANO – *José Carlos Moreira Alves*

Demais, no direito justinianeu, a *actio communi diuidundo*, além de servir para obter a divisão da coisa comum, se emprega, ainda, para regular as relações jurídicas entre os condôminos, durante a vigência do condomínio.

154. Modos de aquisição da propriedade – Os modos de aquisição da propriedade são certos fatos aos quais a ordem jurídica atribui a eficácia de fazer surgir, para alguém, o direito de propriedade sobre uma coisa.

Gaio, em suas *Institutas*,[39] agrupa esses fatos em duas categorias:

a) modos de aquisição de direito civil *(iuris ciuilis)*; e

b) modos de aquisição de direito natural *(iuris naturalis)*.[40]

Os modos de aquisição da primeira categoria *(iuris ciuilis)* eram acessíveis apenas aos cidadãos romanos; os da segunda *(iuris naturalis)*, aos cidadãos romanos e aos estrangeiros. Na primeira, enquadravam-se a *mancipatio*, a *in iure cessio* e a *usucapio*; na segunda, a ocupação, a acessão, a especificação, a tradição e a aquisição de frutos.

Justiniano, nas *Institutas*,[41] seguiu essa divisão.

Os autores modernos, no entanto, preferem outra classificação – que não é romana, mas que, como acentua Volterra,[42] encontra certo apoio nos textos –, pela qual os modos de aquisição da propriedade são ou a *título originário* ou a *título derivado*. O modo de aquisição é a título originário quando não há conexão entre o direito de propriedade que surge dele e o direito de propriedade precedente; o modo de aquisição é a título derivado quando existe essa conexão (isto é, quando o direito de propriedade se adquire mediante a transferência dele feita pelo proprietário anterior).

Segundo alguns romanistas,[43] os jurisconsultos romanos até o direito justinianeu não concebiam a transferência do direito de propriedade *(translatio iuris)*, mas, apenas, a transferência da coisa *(translatio rei)*. Assim, não era o direito de propriedade, mas a coisa, que se transferia de uma pessoa a outra; esta, afirmando sua senhoria sobre a coisa, se tornava proprietária dela; aquela a perdia, por ter renunciado a ela. No direito justinianeu é que teria surgido a ideia de que o que se transfere é o próprio direito de propriedade. Contra essa tese, no entanto, há textos,[44] pertencentes ao período clássico, que aludem expressamente à transferência do direito de propriedade *(transferre dominium)*.

São modos de aquisição a título originário: a ocupação, a acessão, a especificação, a confusão, a comistão, a aquisição de tesouro, a aquisição de frutos, a *adiudicatio*, a *litis*

---

39 II, 65.

40 No D. XLI, 1,1, pr. (fragmento atribuído a Gaio), em vez de *ius naturale*, lê-se *ius gentium*.

41 II,1,11.

42 *Istituzioni di Diritto Romano*, p. 314.

43 Entre outros, Iglesias, *Derecho Romano*,1, 2ª ed., p. 196.

44 *Vide*, a propósito, Monier, *Manuel Élémentaire de Droit Romain*,1, 6ª ed., nº 284, p. 396, notas 4 e 5.

aestimatio e a aquisição *ex lege.* São modos de aquisição a título derivado: a *mancipatio,* a *in iure cessio* e a *traditio.*

Quanto ao usucapião *(usucapio),* discute-se em qual das duas categorias dever-se-á incluí-lo. Nós o estudaremos à parte, logo após os modos de aquisição a título derivado *(mancipatio, in iure cessio* e *traditio).*[45-46]

I – *Modos de aquisição a título originário*

A) *Ocupação*

A ocupação é a apreensão de uma coisa sem dono, com a intenção de fazê-la própria.

Primitivamente, a ocupação é o mais importante dos modos de aquisição da propriedade, tanto que os jurisconsultos romanos – assim Nerva (filho), cuja opinião nos foi transmitida por Paulo[47] – salientavam que o direito de propriedade decorrera da ocupação. À medida, porém, que a civilização vai progredindo, a importância desse modo de aquisição da propriedade regride, porque o círculo das coisas sem dono cada vez mais se reduz.

Para que ocorra a ocupação, é preciso que se verifiquem os três seguintes requisitos:

a) a apreensão de uma coisa;

b) a intenção de fazê-la própria; e

c) que a coisa seja sem dono.

---

45 Além dos modos de aquisição que iremos estudar adiante, há outros, como a sucessão universal e o legado, que serão examinados em outros lugares da parte especial deste livro.

46 Os autores modernos, em geral, colocam o usucapião entre os modos de aquisição originária. Observa, porém, Bonfante (*Corso di Diritto Romano*,II, 2, ristampa, pp. 275-276, Milano, 1968) que nem todos seus argumentos têm igual valia. Dizer-se que, no usucapião, falta a vontade do dono precedente, não sendo, portanto, uma alienação, não é argumento decisivo, pois nem todos os modos de aquisição derivada pressupõem a transmissão voluntária pelo proprietário anterior. Demais, se no usucapião não há sucessão jurídica (o novo proprietário não deriva seu direito do antigo), há, no dizer de Bonfante, uma sucessão cronológica e imediata: a coisa só muda de proprietário no exato momento em que ocorre o usucapião. Acentua, finalmente, Bonfante que a propriedade do usucapiente se prende à do proprietário anterior, pois se sujeita aos mesmos limites desta, perdurando o usufruto (D. 7,1,17, 2), o penhor, a hipoteca (D. 41, 3, 44, 5; D. 20, 1, 1, 2) e a servidão; além disso, as proibições de alienação impedem a aquisição por usucapião. Daí a razão por que os juristas romanos o colocaram junto da *mancipatio,* da *iure cessio,* da *traditio.* O que é certo, porém, é que a distinção entre modos de aquisição originária e modos de aquisição derivada não é –, como acentua Scialoja (*Teoria della Proprietà nel Diritto Romano*,II, nº 11, p. 15 e segs., Roma, 1928) – romana, mas, sim, moderna. E essa distinção moderna se faz, segundo a doutrina largamente dominante, com base na ocorrência, ou não, de sucessão de direitos, razão por que o usucapião é tido, geralmente, como modo de aquisição originária, visto como – e nem Bonfante o nega – por intermédio dele não há a referida sucessão (*vide,* a propósito, Moreira Alves, "O usucapião e o imposto de transmissão de bens imóveis", in *Revista do Serviço Público,* ano 39, vol. 110, nº 1 (jan./mar.,1982), p. 5 e segs.).

47 D. XLI, 2, 1, 1.

DIREITO ROMANO – *José Carlos Moreira Alves*

São coisas sem dono (*res nullius* em sentido amplo) aquelas que nunca o tiveram (*res nullius* em sentido estrito; por exemplo: os animais selvagens), ou aquelas cujo dono as abandonou, renunciando o seu direito de propriedade (*res derelictae*), ou aquelas que pertencem aos *hostes*, isto é, aos que estavam em guerra com Roma, ou, mesmo em tempo de paz, aos que não mantinham tratado de amizade com os romanos (*res hostium*).

Examinemos, sumariamente, cada uma dessas espécies de coisas sem dono.

Com relação às *res nullius* em sentido estrito, os textos aludem à *insula in mari nata* (ilha surgida no mar), às *res inuentae in litore maris* (as coisas encontradas à beira-mar) e – eram os casos mais frequentes, e, portanto, mais importantes – à caça (*aucupium*) e à pesca (*piscatio*). Detenhamo-nos nestas últimas categorias: caça e pesca. São objeto de caça as *ferae bestiae* (isto é, os animais selvagens, e que, consequentemente, se encontram em estado de liberdade natural) e os animais domesticados que perderam o hábito de regressar à casa do dono (*animus reuertendi*). Os juristas romanos discutiam sobre qual seria o momento em que ocorreria a aquisição da propriedade, por ocupação, dos animais caçados: alguns – como Trebácio[48] – entendiam que o caçador que tivesse ferido o animal de modo que pudesse apreendê-lo e que o estivesse perseguindo já adquirira a propriedade sobre ele, tanto que cometeria furto outro caçador que, durante essa perseguição, se apoderasse do animal; outros, porém – e essa a opinião que predominou no direito clássico e que foi acolhida no direito justinianeu –, julgavam que a aquisição da propriedade, nesses casos, só se verificava com a apreensão efetiva do animal ferido. Por outro lado, o caçador, por ocupação, adquiria a propriedade da coisa ainda que tivesse caçado o animal em terreno alheio e contra a vontade do dono (que poderia, apenas, obter judicialmente indenização pelos danos que, porventura, seu imóvel tivesse sofrido), salvo se o imóvel se destinasse especialmente à caça (isto é, quando ocorria o que modernamente se denomina *constituição de reserva de caça*).[49] O mesmo não sucedia, porém, com relação à pesca, pois, além dos casos de *reserva de pesca* em águas de propriedade privada, havia concessões exclusivas de pesca, em favor de certas pessoas, feitas, a título oneroso, pelo Estado (na hipótese de águas públicas) ou por particular (no caso de águas privadas).

Quanto às *res derelictae*, não o são as coisas perdidas, mas, sim, as abandonadas. Para que ocorra a *derelictio* (abandono), é necessário que haja um comportamento do proprietário da coisa que inequivocamente traduza a sua intenção de abandoná-la. Os jurisconsultos romanos, no início do principado, divergiam sobre o momento em que proprietário, que abandonara a coisa, perdia sua propriedade: segundo Próculo,[50] isso ocorria somente quando terceiro se apoderasse da coisa, fazendo-a sua por ocupação; para Sabino e Cássio,[51] a perda da propriedade se dava no instante mesmo em que se

---

48 D. XLI, I, 5, I.

49 Essa regra possivelmente já vigorava no direito clássico. É certo que Perozzi (*lstituzioni di Diritto Romano*, I, 2. ed., p. 683, nota 2) considera interpolados os textos, atribuídos a autores clássicos, que a ela se referem. G. Longo, *Diritto Romano*, vol. IV *(Diritto Reali)*, p. 151 e segs., Roma, 1941, combate a opinião de Perozzi.

50 D. XLI, 7, 2, 1.

51 D. XLVII, 2, 43, 5.

verificava o abandono – esta a opinião que prevaleceu no direito clássico,[52] e que foi acolhida no direito justinianeu:[53] Demais, segundo alguns autores modernos[54] – no que não são seguidos pela maioria dos romanistas –, a aquisição da propriedade das *res derelictae* não se verificava, no direito romano, por ocupação, mas, sim, por aquisição derivada paralela à *traditio* (haveria como que uma *traditio*) a pessoa indeterminada.[55-56]

Finalmente, com referência às *res hostium*, eram elas as que pertenciam aos povos que estavam em guerra com Roma, ou mesmo àqueles que, em tempo de paz, não tinham tratado de amizade com os romanos. Portanto, a *occupatio* das *res hostium* não ocorria apenas na guerra, mas podia – no último caso – verificar-se em tempo de paz. Elas se tornavam propriedade de quem as ocupasse em primeiro lugar, salvo se se tratasse de presa de guerra (isto é, do conjunto de bens apreendidos pelos exércitos romanos numa campanha ou numa batalha), a qual pertencia ao Estado Romano.

B) Acessão[57]

A acessão é um dos modos de aquisição da propriedade que ocorre quando duas coisas, natural ou artificialmente, se unem de maneira que, se separadas, não mais adquirem exatamente a individualidade anterior. Verificando-se essa união, o proprietário de uma delas – considerada a *principal* com relação à outra – torna-se proprietário, também, desta, pertença, ou não (se se tratar, por exemplo, de *res nullius*), a outrem.

---

52 D. XLI, 7, 2, I.

53 I, II, 1, 47.

54 Entre outros Bonfante, *Corso di Diritto Romano*, II, parte II, p. 255 e segs., Milano, 1968. Contra essa tese, *vide* Berger, *ln tema derelizione*, in Bullettino dell'Istituto di Diritto Romano, XXXII (1922), p. 155 e segs.

55 Por outro lado, no direito pós-clássico surgiu modalidade especial de *occupatio*: a do *ager desertus* (campo abandonado). Valentiniano, Teodósio e Arcádio (C. XI, 59, 8) determinam que, se o proprietário de um imóvel situado nas fronteiras do Império Romano o abandona e outrem o ocupa e o cultiva durante dois anos, ao fim desse prazo o proprietário não mais pode reaver o imóvel mediante *rei uindicatio* contra o possuidor, que se torna dono por *ocupação* (nesse caso, a ocupação não se dava, portanto, imediatamente, mas, apenas depois de decorridos os dois anos). Arcádio e Honório (C. IX, 59, 8), por sua vez, estabeleceram que, se o proprietário abandonasse o imóvel por não poder pagar os impostos, seria convidado a retornar a ele dentro de seis meses; se não o fizesse em tal prazo, quem quer que tomasse posse do imóvel, comprometendo-se a pagar os impostos, adquiria a propriedade dele.

56 No Digesto, há um título *Pro derelicto* (O. X LI, 7), que diz respeito ao usucapião de *res derelicta* (coisa abandonada). A opinião dominante entre os romanistas é a de que, quando a coisa, qualquer que fosse ela, houvesse sido abandonada pelo seu proprietário *(dominus)*, a aquisição de sua propriedade por outrem se fazia por meio da *occupatio*; já a coisa abandonada por quem dela não fosse o proprietário *(non dominus)* só passaria, por usucapião *(usucapio)*, à propriedade de terceiro, desde que este soubesse que a coisa fora abandonada, e o abandono tivesse realmente ocorrido. A propósito, *vide* Tomulescu, *Quelques petites études de droit romain*, in Bullettino dell'Istituto di Diritto Romano, terza serie – vol. XXI (1979), pp. 111-1114.

57 A propósito, *vide* Bechmann, *Zur Lehre vom Eigenthumserwerb durch Accession und von den Sachgesammtheiten*, 1867.

308 | DIREITO ROMANO – *José Carlos Moreira Alves*

Os jurisconsultos romanos – como sucedeu com outros institutos – não elaboraram doutrina sobre a acessão. Nos textos, encontramos, apenas, uma série de soluções a casos práticos em que ocorria o problema de se saber quem seria o proprietário do conjunto decorrente da união das duas coisas. Foram os intérpretes do direito romano que, a partir da Idade Média, com base nessas soluções fornecidas pelas fontes romanas, construíram a doutrina da acessão *(accessio)*[58] como modo de aquisição da propriedade.

Feita essa ressalva, é de salientar-se que, com referência à acessão, há, de pronto, duas questões a elucidar:

a) qual o critério para se considerar uma coisa principal com relação a outra?

b) qual a situação do dono da coisa que não é a principal, e que, pela acessão, passa para a propriedade de outrem?

Quanto à primeira, os romanos não formularam critério geral para distinguir a coisa principal da acessória. No entanto, da análise dos textos, verifica-se que, pelo menos no direito justinianeu, era provável que se considerasse coisa principal a que, individualmente, tivesse a mesma finalidade econômico-social do conjunto resultante da acessão.

Quanto à segunda, ela somente ocorre quando a coisa acessória, antes de verificada a acessão, é da propriedade de alguém (nos casos, por exemplo, de *insula in flumine nata* – ilha surgida num rio –, esse problema não se verifica, porque a coisa acessória não é de ninguém, isto é, trata-se de *res nullius*). Quando a coisa acessória tinha dono, e a acessão se verificava transferindo-se a propriedade dela para o proprietário da coisa principal, o *ius ciuile* não concedia àquele contra este ação para haver indenização pela perda da propriedade da coisa acessória; mas o pretor, pelo *ius honorarium*, protegia o ex-proprietário da coisa acessória, facultando-lhe os seguintes meios judiciais para obter indenização pela perda do seu direito de propriedade:

a) se o ex-proprietário da coisa estivesse na posse do conjunto resultante da acessão, o proprietário da coisa principal, que se tornara, por isso, proprietário desse conjunto, podia mover contra aquele ação de reivindicação para reaver o conjunto que era seu; nesse caso, o pretor admitia que o ex-proprietário da coisa acessória opusesse à fórmula da ação de reivindicação uma *exceptio doli* (exceção de dolo), pela qual o réu se escusava de entregar o conjunto ao reivindicante sob a alegação de que este não lhe indenizara o valor da coisa acessória; em face disso, e sabendo o autor que, se a exceção fosse julgada procedente, o réu seria absolvido, e ele não reaveria o conjunto em virtude do efeito extintivo da *litis contestatio* (*vide* nº 129, B), pagava, em geral, a indenização devida;

b) se o ex-proprietário da coisa acessória não estivesse na posse do conjunto (do qual seria possuidor o proprietário da coisa principal), o pretor, então, concedia àquele uma *actio in factum* contra este, para a obtenção da referida indenização.

Passemos, agora, a examinar as diferentes hipóteses, a que aludem os textos, nas quais pode ocorrer a acessão.

---

58 Note-se, aliás, que a palavra *accessio era* empregada pelos juristas romanos para designar a coisa acessória que se unia à principal (D. XXXIII, 8, 2; e D. XXXIV, 2, 19, 13).

Elas se agrupam em três categorias, a saber:

a) acessão de coisa imóvel a coisa imóvel;

b) acessão de coisa móvel a coisa imóvel; e

c) acessão de coisa móvel a coisa móvel.

A) *Acessão de coisa imóvel a coisa imóvel*

Nesse caso, a acessão decorre da união de coisa imóvel (considerada acessória) a outra coisa imóvel (considerada principal). Quatro são os tipos dessa acessão:

a) "Alluuio" (aluvião)

A aluvião ocorre quando as águas de um rio,[59] sem que se perceba, vão depositando num imóvel situado em suas margens terra retirada de outros imóveis por onde passa o rio. A esse acréscimo insensível de terra (que se torna objeto de propriedade do dono do imóvel a que acresce) os textos jurídicos romanos denominam *alluuio* (aluvião).[60]

b) "Auulsio" (avulsão)

A avulsão ocorre quando, em virtude da força das águas, se desprende de um imóvel à sua margem um bloco de terra que, levado pelas águas, se acrescenta a outro imóvel.

Nesse caso, exigiam os jurisconsultos romanos, para que houvesse acessão, que as árvores existentes nesse bloco de terra (a que davam o nome de *auulsio*) fixassem suas raízes nas terras do novo imóvel.

c) "Alueus derelictus" (leito abandonado)

Essa espécie de acessão sucede quando as águas de um rio abandonam o seu leito primitivo e formam outro.

Se o rio é particular, não há modificação quanto à propriedade de seu leito: o leito abandonado continua a ser do proprietário do imóvel por onde passava o rio, e o proprietário do outro imóvel em que as águas formaram novo leito não perde, por isso, o direito de propriedade sobre essas terras.

O mesmo não sucede, porém, em se tratando de rio público. Nesse caso, o *alueus derelictus* passa a ser do proprietário do imóvel onde ele se situa.[61] Se, porventura, servir de limite a dois imóveis, o *alueus derelictus* é atribuído aos proprietários dos imóveis situados às margens, em partes proporcionais determinadas pelo traçado ideal de uma linha, no meio do leito, amoldada às irregularidades do contorno das margens.

Note-se, finalmente, que o proprietário das terras por onde o rio formou seu novo leito não tem direito a qualquer indenização.

d) "Insula in flumine nata" (ilha surgida num rio)

Esse caso de acessão ocorre quando emerge uma ilha do leito de um rio público. Com efeito, em se tratando de rio particular, não há que se falar em acessão, pois o proprietário do

---

59 O rio pode ser público ou particular.

60 Cf. *Institutas* de Justiniano, II, 1, 20.

61 Como salienta Van Wetter (*Pandectes*, II, § 191, p. 58, Paris, 1909), isso se justifica pelo fato de os rios públicos se formarem em detrimento da propriedade privada.

310 | DIREITO ROMANO – *José Carlos Moreira Alves*

leito do rio – como salienta Pacchioni[62] – não se torna dono da ilha, mas continua a sê-lo. Em se tratando, porém, de rio público, a ilha, em rigor, deveria ser *res publica* (como era o leito), mas os jurisconsultos romanos nesse caso atribuíram a propriedade dela, da mesma forma que sucedia com o *alueus derelictius,* ao dono do imóvel por onde corria o rio, ou, na hipótese de águas limítrofes, aos proprietários dos imóveis situados nas margens em frente da ilha.

B) *Acessão de coisa móvel a coisa imóvel*

Aqui, a acessão resulta da união de coisa móvel (que é a acessória) a coisa imóvel (que é a principal). Três são os tipos dessa acessão encontrados nas fontes romanas:

a) *"Inaedificatio"*

Para os romanos, a *inaedificatio* era qualquer obra feita pelo homem (e não, apenas, as construções) e fixada, de modo estável, no solo.

O proprietário do solo se tornava, por acessão, dono das obras nele feitas por terceiro, ou com material de terceiro.

b) *"Plantatio"*

Ocorre a *plantatio* quando alguém que não é o proprietário do solo aí fixa uma planta de sua propriedade ou de outrem, ou quando o dono do solo faz o mesmo com planta alheia.

O proprietário do solo adquire a propriedade sobre a planta assim que se verifica a *coalitio* (isto é, lance a planta raízes no solo e por este seja alimentada).

c) *"Satio"*

Dá-se a *satio* quando alguém, usando de suas sementes ou das de outrem, semeia em terreno alheio, ou, então, quando o proprietário do solo semeia sementes que não lhe pertencem.

O proprietário do solo adquire, por acessão, a propriedade das sementes a partir do momento em que elas começam a germinar.

C) *Acessão de coisa móvel a coisa móvel*

Com referência a acessão de coisa móvel a coisa móvel, são os seguintes os casos a que os textos romanos aludem:

1 – *ferruminatio*;

2 – *textura*;

3 – *scriptura*; e

4 – *pictura*.

A *ferruminatio* – segundo a opinião dominante desde os glosadores, mas muitas vezes criticada[63] – é a união orgânica de dois objetos do *mesmo* metal (em que o acessório passa a ser parte integral do principal), sem a utilização de metal diferente para a

---

62 *Corso di Diritto Romano*, II, p. 284, Innsbruck, 1905.

63 Cf. Pampaloni, *Sopra il significato delle parole ferruminare e adplumbare nelle Pandette e sopra il fondamento giuridico dell'acquisto di proprietà per ferruminazone in diritto romano, in Scritti Giuridici*, I, p. 4 e segs., Pisa-Roma, 1941.

Cap. XXIII • A PROPRIEDADE | **311**

ligadura. Exemplo: uma estátua de bronze sem braço, a que se junte, a fogo, um braço de bronze para reconstituí-la. Da *ferruminatio* difere a *adplumbatio*, que – segundo aquela opinião dominante – é a união de dois objetos que se faz mediante ligadura de metal diverso. Em face dessa diferença, da *ferruminatio* decorre que o proprietário da coisa principal (a estátua, no caso do exemplo) se torna, por acessão, dono da acessória (o braço de bronze), ao passo que, com relação à *adplumbatio*, o mesmo não se verifica: aos proprietários delas é dado desfazer judicialmente a união.

A *textura* consiste na tecedura, em pano alheio, com fios de qualidade diferente; assim, por exemplo, um bordado, em veludo, com fios de seda. Segundo parece – a matéria é controvertida –, no direito clássico nem todos os jurisconsultos romanos entendiam que a *textura* fosse modo de aquisição, por acessão, da propriedade dos fios pelo dono do pano; no direito justinianeu,[64] é isso admitido.

Quanto à *scriptura*, sempre se julgou, no direito romano, que o escrito acede ao material sobre o qual se escreve; assim, se alguém escrevesse em material alheio, o escrito passava, materialmente (e não literariamente) a ser de propriedade do dono da matéria sobre a qual se escrevera.

A *pictura* é a representação de figuras, mediante o emprego de tintas, sobre tela alheia. No direito clássico, divergiam os juristas:[65] uns entendiam que as tintas acediam à tela, e, assim, o proprietário dela se tornava proprietário do quadro; outros eram de opinião contrária – o quadro passava à propriedade do pintor. Justiniano[66] seguiu a segunda opinião. Note-se, finalmente, que a *pictura* só se configura em telas móveis; as pinturas murais, por exemplo, passam a ser da propriedade do dono do imóvel em que foram feitas.

D) Especificação[67]

É modo de adquirir a propriedade que ocorre quando alguém, que não é o dono de uma coisa, nem age de acordo com ele, a transforma em outra de função diversa da primeira (*speciem facere ex aliena materia* – fazer coisa nova de matéria alheia).[68]

Nesse caso, quem será o dono da coisa nova? Quem a transformou? Ou o proprietário da matéria-prima?

No direito clássico, proculeianos e sabinianos discutiam a respeito.[69] Os proculeianos entendiam que o trabalho do especificador era mais importante, devendo, assim, ser ele o dono da coisa nova. Os sabinianos, ao contrário, defendiam a primazia da matéria-prima, atribuindo a propriedade da coisa nova ao dono daquela.

---

64 I. II. I. 26.

65 Gaio. *Inst.*, II, 77-78.

66 I. I, 33-34.

67 Sobre a especificação, *vide* Mayer-Maly, *Spezijikation: Leitfäue, Begriffsbildung, Rechtinstitut, in Zeitschrift der Savigny-Stiftung für Rechtsgeschichte – Romanistische Abteilung* – vol. 73 (1956), p. 120 e segs.

68 A denominação *especificatio* foi criada na Idade Média. Como acentua G. Longo. *Diritto Romano*, IV (*Diritti reali*, Roma, 1941), p. 178, ela já se encontra no *Brachylogus iuris ciuilis*, II, 5.

69 Gaio. *Inst.*, II, 79.

DIREITO ROMANO – *José Carlos Moreira Alves*

Justiniano[70] acolheu – e introduziu algumas modificações – opinião eclética que não sabemos quando se formou. Em face disso, as regras, que a respeito vigoraram no direito justinianeu, são as seguintes:

a) quando a coisa não pode ser restituída ao estado primitivo (assim; do vinho para a uva), é ela do especificador;

b) em caso contrário, é ela do dono da matéria-prima (por exemplo, pela fusão de um vaso de prata pode-se retornar à barra de prata que era a matéria-prima com a qual se construiu o vaso); e

c) em qualquer uma das duas hipóteses acima, se parte da matéria-prima era do especificador, a coisa nova seria sempre de sua propriedade.

Por outro lado, no direito justinianeu se estabelece que o especificador para adquirir, quando fosse o caso, a propriedade da coisa nova deveria ter agido de boa-fé quando da especificação.

Demais, em qualquer das três hipóteses acima enumeradas, o que perdeu seu trabalho, ou sua matéria-prima, tem direito a uma indenização, que assim se obtém judicialmente:

a) se a coisa estiver em poder da parte a que cabe indenização, pela aposição da *exceptio doli* à ação de reivindicação da coisa nova movida pela outra parte que adquiriu a propriedade dela;

b) se, porém, a coisa nova não está em poder de quem tem direito à indenização, os textos jurídicos romanos não nos informam qual o meio para obter-se, judicialmente, essa indenização.

E) *Confusão e comistão*

A confusão é a mistura de coisas líquidas; a comistão, a mistura de coisas sólidas, sem que – em ambos os casos – nenhuma delas se possa considerar absorvida pela outra, que seja a principal, nem o todo seja coisa diferente das que se misturaram.

Embora comumente se considerem modos de aquisição da propriedade em geral, não o são, porquanto:

a) se da mistura não surge coisa nova e se as coisas misturadas podem ser separadas (assim, na mistura de pedaços de prata e de chumbo), conserva cada um dos proprietários das coisas misturadas direito de propriedade sobre as que lhe pertencem, podendo, portanto, reivindicá-las;

b) se, sem acordo dos proprietários,[71] se trata de materiais diferentes e inseparáveis depois da mistura (como, por exemplo, uma liga de diversos metais), surge uma *communio pro indiuiso* (condomínio *pro indiuiso*) entre os proprietários das coisas que foram

---

70 I, II, I, 25.

71 Se os donos concordam na mistura, eles passam a ser condôminos do conjunto, mas esse condomínio não surge apenas em decorrência de comistão (ou de confusão), mas também do acordo de vontade entre eles; por isso, salienta Perozzi (*Istituzioni di Diritto Romano*, I, 2ª ed., § 91, p. 711)

misturadas, e que, assim, passam a ter quotas ideais sobre o todo, correspondentes à quantidade ou ao valor do seu material que entrou na mistura; e

c) se da mistura surge coisa nova (assim, da mistura de vinho e mel resultava uma bebida que os romanos denominavam *mulsum*), ocorre a *especificação*, e a aquisição da propriedade é regulada por ela.

Apenas num caso, segundo parece, a comistão era, no direito romano, modo de aquisição da propriedade. Isso se verificava numa hipótese relativa à mistura de moedas, a que se refere um texto do *Digesto* (XLVI, 3, 78), atribuído ao jurisconsulto Javoleno.[72] A hipótese era a seguinte: se alguém pagasse dívida com moedas alheias, contra a vontade, ou com desconhecimento, do dono delas, este continuaria a ser seu proprietário; se, porém, elas fossem misturadas com as moedas de quem as recebera, de modo que não se pudessem distinguir umas e outras, elas passavam para a propriedade do acipiente (nesse caso, portanto, a comistão era modo de aquisição da propriedade), tendo o antigo proprietário tão somente a *actio furti* contra aquele que, indevidamente, se utilizara delas para o pagamento do débito.

F) *Aquisição de tesouro*

É célebre a definição – de autoria de Paulo (D. XLI, 1, 31, 1) – de tesouro: "*Thesaurus est uetus quaedam depositio pecuniae, cuius non existat memoria, ut iam dominum non habeat*" (O tesouro é um velho depósito de dinheiro, do qual não resta lembrança, de modo que já não tem dono).[73]

Em rigor, não se pode dizer que o tesouro não tenha dono, porquanto a propriedade não se extingue pelo decurso do tempo, sem a utilização da coisa pelo seu proprietário. Os herdeiros do dono do tesouro seriam os proprietários dele. Ocorre, no entanto, que, em face dos textos romanos, os autores discutem se, em Roma, se considerava o tesouro uma *res nullius* (coisa de ninguém), ou uma coisa da qual não mais podia identificar-se quem fosse o dono, o sucessor do antigo proprietário.

Para que se caracterize o tesouro, são necessários os seguintes requisitos:

a) a impossibilidade – decorrente da vetustez da *depositio* (depósito) – de se determinar quem é o sucessor do antigo proprietário; e

b) que se trate de coisa móvel de certo valor (embora o texto de Paulo aluda apenas a dinheiro, outras fontes se referem à coisa móvel em geral).[74]

Não é preciso, para que se configure um tesouro, que ele esteja oculto num imóvel; poderá encontrar-se numa coisa móvel (por exemplo, num compartimento secreto de um armário).

---

que esse é um modo de aquisição independente, a que se pode dar a denominação de *comunhão voluntária por comistão* (ou *por confusão*).

72 Sobre a interpretação desse texto, *vide* Ascoli, "*Contributo alla teoria della confusione e commistone nel diritto romano*", *in Rivista Italiana per le Science Giuridiche*, IV (1887), p. 43 e segs.

73 Outras definições romanas de tesouro se encontram em D. IV, 1. 31, I; C. Th. X. 18. 2. e C. X. 15. 1.

74 *Vide*, a propósito, C. Longo, *Corso di Diritto Romano – Le cose – La proprietà e i suoi modi di acquisto*, ristampa, p. 121 e segs., Milano, 1946.

DIREITO ROMANO – *José Carlos Moreira Alves*

Com referência à aquisição da propriedade do tesouro, o direito romano variou muito, não nos permitindo o estado em que se encontram os textos traçar exatamente as etapas dessa evolução.

Segundo parece, os jurisconsultos, nos fins da república, consideravam o tesouro como parte integrante da coisa onde se encontrava. No início do principado, o tesouro provavelmente era tido como coisa vacante (isto é, cujo proprietário falecera sem deixar herdeiros), e, por isso, recolhido pelo *aerarium* (tesouro público); no tempo de Nero, é possível que o tesouro fosse recolhido pelo fisco (tesouro do príncipe). Já o imperador Adriano, por uma constituição imperial,[75] estabeleceu que o descobridor, sendo proprietário da coisa onde ele se encontrasse, adquiria sua propriedade integral; se o tesouro fosse encontrado, por acaso, em coisa alheia, sem que o descobridor estivesse encarregado de procurá-lo, adquiria a metade dele, sendo a outra metade do proprietário da coisa onde o tesouro estivera oculto; se, porém, o lugar onde se achasse o tesouro fosse sagrado ou religioso, o descobridor adquiria a propriedade integral. De Constantino a Justiniano, *constituições* imperiais[76] introduziram alterações nessa disciplina, mas Justiniano retornou aos princípios fixados por Adriano.

Com relação ao sistema de Adriano, acolhido por Justiniano, os romanistas divergem quanto à natureza da aquisição da propriedade, quer por parte do descobridor, quer por parte do proprietário da coisa onde se achou o tesouro. Quanto ao descobridor, alguns entendem que ele adquiria a propriedade da metade do tesouro por ocupação (seria necessária, portanto, a apreensão do tesouro, que se consideraria *res nullius*); outros, que se tratava de *inuentio* (invenção; achado), e, consequentemente, bastaria o simples achado, sem que houvesse mister a apreensão, para que o descobridor se tornasse proprietário da metade do tesouro. Com relação ao dono da coisa onde se encontrava o tesouro, a opinião dominante é a de que não adquiria a propriedade da metade do tesouro por acessão (se não teria que adquirir tudo, ficando obrigado a entregar a metade ao descobridor; e os textos declaram que o descobridor, imediatamente, se torna proprietário da metade), mas, sim, em virtude da lei – é um dos casos de aquisição *ex lege*.

G) *Aquisição de frutos*

Enquanto os frutos[77] estão pendentes, são eles partes integrantes das coisas que os produzem, e, consequentemente, pertencem ao proprietário delas.

Quando os frutos se destacam, tornam-se coisas independentes, mas, em regra, continuam a pertencer ao proprietário da coisa frutífera.

---

75 *Vide* I, II, 1, 39.

76 Constantino (C. Th. X, 18, 1) estabeleceu que a metade fosse do descobridor e a outra metade do fisco. Graciano, Valentiniano e Teodósio reduziram a um quarto a parte do descobridor (C. Th. X. 18, 2); mas o imperador Leão, em 474 d.C., retornou ao sistema de Adriano, sendo essa constituição imperial acolhida por Justiniano (C. X, 15, 1).

77 Sobre o conceito de *fruto*, *vide* n° 104.

Ocorre, no entanto, que, às vezes, quem adquire a propriedade sobre os frutos não é o proprietário da coisa frutífera, mas terceiro, em virtude de ser titular de direito real ou pessoal que lhe proporciona o gozo da coisa alheia, ou, então, de ser seu possuidor de boa-fé. Nesses casos, varia o fato jurídico que vai determinar a aquisição da propriedade sobre os frutos:

a) o enfiteuta e o possuidor de boa-fé (este, durante o direito clássico) adquirem a propriedade sobre os frutos mediante a simples *separatio*, isto é, a separação do fruto com relação à coisa frutífera, sem a intervenção do adquirente;

b) o usufrutuário,[78] pela *perceptio*, que é a apreensão voluntária dos frutos (portanto, se caírem, por força natural, frutos de uma árvore, e alguém os furtar antes da *perceptio* por parte do usufrutuário, os frutos são do proprietário do imóvel, e somente ele é que poderá mover contra o ladrão a *condictio furtiua*, ação que apenas se concede ao proprietário da coisa furtada);

c) o possuidor de boa-fé (no direito justinianeu), pela *consumptio*, que ocorre com a destruição por consumo, com a transformação, ou com a alienação do fruto; e

d) o locatário, mediante a *quasi traditio* (que nada mais é do que a percepção do fruto realizada com o consentimento do proprietário), que, ao contrário da *separatio*, da *perceptio* e da *consumptio*, não é modo de aquisição originária da propriedade, mas, sim derivada.

H) *"Adiudicatio"*

A propriedade podia ser adquirida mediante ato do juiz. Isso ocorria, em geral, apenas na *actio communi diuidundo* e na *actio familiae erciscundae*,[79] que eram ações divisórias em cuja fórmula constava a *adiudicatio*, cláusula que atribuía ao juiz poder para, por adjudicação, transferir a propriedade de uma coisa singular ou de parte de uma coisa comum aos interessados na divisão dela.

Por outro lado, a propriedade seria quiritária ou pretoriana, conforme a *adiudicatio* ocorresse, respectivamente, num *iudicium legitimum* ou num *iudicium imperio continens* (*vide* o capítulo XIX, notas 59 e 60).

I) *"Litis aestimatio"*

No processo formulário, como já salientamos, as condenações eram sempre pecuniárias. É certo que nas *actiones in rem* constava da fórmula a cláusula arbitrária (*vide*

---

78 Sobre a aquisição de frutos pelo usufrutuário, *vide* Max Kaser, *Zum Fruchterwerb des Usufruktuars, in Studi in Onore di* Gaetano Scherillo, vol. I, pp. 405 a 426, Milano, 1972.

79 Ao contrário do que ocorre nessas duas *actiones* em que a *adiudicatio* tem função constitutiva de direito de propriedade, na *actio finium regundorum*, que no direito clássico é usada para as controvérsias relativas a limites, a *adiudicatio* tem função meramente declaratória de direito de propriedade preexistente, não sendo, em geral (o oposto ocorria em casos raros; cf. Perozzi, *Istituzioni di Diritto Romano*, I, 2ª ed., p. 713), modo de aquisição da propriedade.

DIREITO ROMANO – *José Carlos Moreira Alves*

nº 231, C), pela qual o juiz somente condenaria o réu a pagar o valor da coisa, se este se recusasse a restituí-la ao autor.

Ora, se o réu se negasse a devolver a coisa objeto do litígio, e, em vez disso, pagasse ao autor a quantia em que ela havia sido avaliada, adquiria ele propriedade sobre a coisa que permanecia em seu poder? Os romanistas divergem a respeito,[80] pelo fato de que, se há texto (D. VI, 1, 46) no sentido de que o réu, nessa hipótese, se torna proprietário da coisa, outros (assim, por exemplo, D. XLI, 4, I) existem que declaram que a *litis aestimatio* era apenas *iusta causa usucapionis* (causa jurídica de usucapião),[81] dos quais decorre que a propriedade não se transferia pela *litis aestimatio*, mas somente depois de preenchidos os requisitos do usucapião.

Portanto, é controvertido se a *litis aestimatio* era, ou não, modo de aquisição da propriedade.

J) *Aquisição "ex lege"*

Não há dúvida de que, no fundo, toda aquisição da propriedade resulta da lei, pois é ela que outorga a determinados fatos – assim, a ocupação, a acessão e os demais que já estudamos – a eficácia de fazer surgir o direito de propriedade para alguém. Como, então, colocar-se entre os modos de aquisição da propriedade a aquisição *ex lege*?[82] Isso se explica porque há casos – como acentua Perozzi[83] – em que se adquire a propriedade por motivos estranhos à natureza e à função do domínio, com fundamento apenas na vontade do legislador. Assim, entre outras, são hipóteses de aquisição *ex lege* as seguintes:

a) uma constituição imperial de Marco Aurélio determinou que, se um dos condôminos, dentro de quatro meses, não pagasse ao outro as despesas que este fizera para reparar a casa comum, perdia sua quota em favor do que realizara as despesas;[84] e

b) Valentiniano, Teodósio e Arcádio[85] estabeleceram que o proprietário que invadisse violentamente imóvel seu mas na posse de terceiro perderia para o possuidor o direito de propriedade.[86]

II – *Modos de aquisição a título derivado*

---

80 A propósito, *vide* Carreli, *L'acquisto della proprietà per litis aestimatione/ processo civile romano*, Milano, 1934.

81 Alguns autores procuram afastar esses textos, alegando – o que, no entanto, não é convincente – que eles se refeririam apenas a casos de reivindicação feita contra quem não era dono (*a non domino*) ou em que o objeto do litígio era uma *res nec mancipi*.

82 Ocorre aqui o que sucede com as obrigações *ex lege* (*vide* o capítulo XXX, nota 13).

83 *Istituzioni di Diritto Romano*, I, 2ª ed., § 93, pp. 713-4.

84 D. XVII, 2, 52, 10.

85 C. VIII, 4, 7.

86 O proprietário, se quisesse recuperar a posse de seu imóvel, deveria recorrer aos remédios judiciais cabíveis, como a ação de reivindicação.

Em Roma, para que alguém transferisse o direito de propriedade sobre uma coisa a outrem, era mister que se utilizasse de um dos modos de aquisição a título derivado: a *mancipatio*, a *in iure cessio*, ou a *traditio*.

A propriedade, portanto, no direito romano – ao contrário do que ocorre em algumas legislações modernas como a francesa – não se transferia pelo simples acordo de vontade do transmitente e do adquirente.

Assim, no direito romano, quando alguém, por exemplo, comprava alguma coisa, a conclusão do contrato de compra e venda não o tornava proprietário, mas tão somente credor da obrigação que surgia para o vendedor de imiti-lo na posse da coisa e garantir-lhe seu gozo pacífico. Para que houvesse transferência do direito de propriedade sobre a coisa, era preciso que vendedor e comprador celebrassem um dos três negócios translativos de propriedade: a *mancipatio*, a *in iure cessio*, ou a *traditio*. Empregando a terminologia criada pelos glosadores, o contrato de compra e venda era o *titulus* (título) para a aquisição do direito de propriedade, ao passo que a *mancipatio*, a *in iure cessio* ou a *traditio* eram o *modus* (modo) de aquisição dela.

Esse princípio – que foi acolhido pelo direito brasileiro – persistiu no direito romano, inclusive no tempo de Justiniano. Riccobono, é certo, tentou demonstrar que, no direito justinianeu, a propriedade se transferia mediante o simples acordo de vontade do transmitente e do adquirente. Sua tese, no entanto, em face dos textos expressos em contrário, não encontrou eco na doutrina.[87]

Por outro lado, no direito clássico, a *mancipatio* se usava apenas para a transferência do direito de propriedade sobre as *res mancipi*; a *in iure cessio*, tanto para as *res mancipi* quanto para as *res nec mancipi*; e a *traditio*, somente para as *res nec mancipi*. No direito justinianeu, porém, desaparecidas a *mancipatio* e a *in iure cessio*,a *traditio* se tornou o único modo de transferência do direito de propriedade.

Passemos ao exame dos diferentes modos de aquisição a título derivado.

A) *"Mancipatio"* (mancipação)

A *mancipatio* é o modo derivado de adquirir a propriedade, *ex iure Quiritium*, das *res mancipi*. É um negócio jurídico solene, *iuris ciuilis* (por isso, somente podia ser utilizado por cidadão romano, ou por latinos ou peregrinos que tivessem *ius commercii*).

Gaio (*Inst.*, I, 119) nos descreve como se processava a *mancipatio*, no direito clássico: na presença de cinco testemunhas (cidadãos romanos púberes) e de um porta-balança *(libripens)*, aquele que vai adquirir a propriedade *(mancipio accipiens)* de uma *res mancipi* (se for coisa móvel, deve estar presente ao ato; se imóvel, representada por uma parte dele, como, por exemplo, por uma telha, por um torrão de terra) pronuncia a seguinte fórmula:

---

87 *Vide*, a propósito, Carlo Longo, *Corso di Diritto Romano – Le Cose – La proprietà e i suoi modi di acquisto*, p. 189, Milano, 1946.

"*Hunc ego hominem*" (isso, obviamente, se a *res mancipi* for um escravo) *ex iure Quiritum meum esse aio isque mihi emptus esto hoc aere aeneaque libra*" ("Digo que este escravo é meu conforme o direito dos Quirites, e que o comprei com este bronze e esta balança de bronze"); em seguida, bate num dos pratos da balança com uma peça de bronze *(raudusculum)*, e entrega essa peça, a título de preço, à pessoa do alienante *(mancipio dans)*.

Em vista do teor dessa fórmula (o que é corroborado, ainda, por outras fontes romanas), tudo indica que, primitivamente, a *mancipatio* era a forma pela qual os romanos realizavam a compra e venda real (isto é, a compra e venda em que há a troca, simultânea e imediata, da coisa vendida pelo preço, que, em épocas remotas, era representado por pedaços de bronze pesados na balança – uma vez que ainda não existia moeda cunhada pelo Estado – e efetivamente entregues ao alienante). No direito clássico, no entanto, como acentua Gaio (*Inst.*, I, 119), a *mancipatio* se tornou uma *imaginaria uenditio,* ou seja, um negócio abstrato, que tanto servia para transferir, a qualquer título (assim, por exemplo, em decorrência de uma compra e venda, ou de uma doação, caso em que a *mancipatio* era feita *nummo uno,* isto é, por preço irrisório), a propriedade de uma *res mancipi* quanto para transferir outros poderes sobre coisas[88] ou pessoas.

Empregada como modo de aquisição de uma *res mancipi,* seja a que título for (compra e venda, doação etc.), o principal efeito da *mancipatio* é a aquisição do *dominium ex iure Quiritium* pelo *mancipio accipiens.* Mas não é esse seu único efeito. Dela nasce, ainda, a obrigação para o *mancipio dans* de garantir o *mancipio accipiens* contra a evicção; assim, quando o *mancipio dans* não fosse o proprietário da coisa e o *mancipio accipiens* a perdesse em virtude de uma ação de reivindicação movida pelo verdadeiro dono dela, o *mancipio accipiens* teria contra o *mancipio dans* a *actio auctoritatis* para haver deste o dobro do preço pago pela coisa.

Por outro lado, e em virtude de princípio contido na Lei das XII Tábuas (*"cum nexum faciet mancipiumque uti lingua nuncupassit ita ius esto"),* as manifestações de vontade feitas pelas partes *(mancipio dans* e *mancipio accipiens),* simultaneamente com a prática das solenidades da *mancipatio,* e desde que estejam em estreita relação com o efeito alienatório da *mancipatio* (por exemplo, a declaração do *mancipio dans* de que reserva para si o direito de usufruto sobre a coisa alienada ao *mancipio accipiens),* são reconhecidas pelo *ius ciuile,* sendo obrigatórias, portanto, entre as partes. As fontes romanas destacam uma dessas manifestações de vontade que ocorria quando se transferia a propriedade sobre um imóvel pela *mancipatio,* e que consistia na declaração sobre a extensão dele: se o imóvel fosse menor do que o declarado, o *mancipio accipiens* poderia reclamar do *mancipio dans, pela actio de modo agri* – de caráter penal –, o dobro do valor da extensão que faltava ao imóvel.

---

88 Como, por exemplo, o usufruto: "*Hunc fundum meum esse aio ... deductu usu fructu*". (Digo que este imóvel é meu... Deduzido o usufruto.)

A *mancipatio* foi utilizada até o período pós-clássico (constituições imperiais de 355 e de 395 d.C. ainda se referem a ela).[89] No direito justinianeu, no entanto, em virtude de ter sido supressa a distinção entre as *res mancipi* e as *res nec mancipi*, desaparece a *mancipatio*, sendo os textos clássicos, que foram incluídos no *Corpus Iuris Ciuilis*, interpolados mediante a substituição de palavras ou expressões como *mancipatio* e *mancipio accipere* por, respectivamente, *traditio* e *traditionem accipere*.

B) *"In iure cessio"*

A *in iure cessio* é modo derivado de adquirir a propriedade quiritária não só das *res mancipi* como também das *nec mancipi*.

Embora haja muita controvérsia a respeito, a maioria dos romanistas julga que a *in iure cessio* surgiu depois da *mancipatio*.

Como a própria denominação *(in iure cessio)* indica, trata-se de modo de aquisição da propriedade que se desenrola diante do magistrado. Segundo Gaio (*Inst.*, II, 24) – no que é corroborado por Ulpiano (*Liher singularis regularum*, XIX, 9 e 10) –, a *in iure cessio* consiste num processo fictício de reivindicação: o adquirente, diante do magistrado, reivindica a coisa que deseja adquirir; dada a palavra ao alienante, ele não contesta a reivindicação feita pelo adquirente; diante dessa confissão simulada, o pretor adjudica a coisa ao adquirente, que, dessa forma, se torna proprietário *ex iure Quiritium*.[90]

A *in iure cessio*, além de ser utilizada como modo derivado de aquisição da propriedade, era usada, também, para a constituição de alguns direitos reais limitados sobre coisa alheia, como a servidão predial e o usufruto. Demais – como veremos no número 276-B –, servia, ainda, para a aquisição de poderes (como a *patria potestas* – pátrio poder) sobre pessoas.

A *in iure cessio* caiu em desuso no século IV d.C.; a última fonte que a menciona é uma constituição de Diocleciano,[91] do ano 293 d.C.

C) *"Traditio"*

Traditio significa entrega. Como modo de aquisição da propriedade, é ela a transferência da posse de uma coisa, feita por alguém (o *tradens*) a outrem (o *accipiens*), com a intenção de transferir-lhe a propriedade, e com base numa causa jurídica *(iusta causa)*.

No direito clássico, era modo de transferir a propriedade somente das *res nec mancipi*; sendo instituto do *ius gentium*, podia ser utilizada, também, por estrangeiros, não se limitando seu campo de atuação apenas à aquisição da propriedade quiritária.

---

89 C. Th.VIII, 12, 7; e C. Tb. XV, 14, 9.

90 LevyBruhl (*La Nature de l'in iure cessio in Quelques Problèmes du Très Ancien Droit Romain*, p. 114 e segs., Paris, 1933) é de opinião de que na *iure cessio* não havia uma comédia judicial, mas, sim, o abandono da coisa pelo alienante, em favor do adquirente, e devidamente ratificado pelo magistrado.

91 *Consultatio ueteris cujusdam jurisconsulti*, IV, 10.

320 | DIREITO ROMANO – *José Carlos Moreira Alves*

No direito justinianeu, não mais existindo *a mancipatio* nem a *in iure cessio*, a *traditio* se tornou, como salientamos anteriormente, o único modo de transferência da propriedade.

São os seguintes os requisitos da *traditio*:

a) a transferência da posse;

b) que a coisa seja suscetível de *traditio*;

c) a intenção do *tradens* e do *accipiens* de, respectivamente, transferir e adquirir a propriedade; e

d) a existência de causa jurídica *(iusta causa)*.

Não basta, portanto, a simples entrega da coisa (transferência dela das mãos de uma pessoa para as de outrem) para que ocorra a *traditio*, e isso porque esse ato, por si só, não significa que se esteja transmitindo a propriedade de uma coisa. Basta atentar para a circunstância de que o proprietário quando entrega a coisa ao locatário lhe transfere – no direito romano – apenas a detenção dela; já o devedor, ao entregar a coisa em penhor ao credor, lhe transmite a posse.

Passemos à análise de cada um dos requisitos da *traditio*.

1 – *Transferência da posse*

A transferência da posse é o elemento material da *traditio*; o elemento que lhe deu a denominação (*traditio* – entrega). A princípio, essa transferência se faz mediante a entrega efetiva da coisa pelo *tradens* ao *accipiens*. A pouco e pouco – sem que possamos, em face do estado das fontes, localizar exatamente as etapas dessa evolução dentro dos períodos de desenvolvimento do direito romano –, admite-se que a transferência da posse se vá espiritualizando, a ponto de se considerar que ela ocorre sem qualquer entrega material da coisa.

No direito justinianeu, essa evolução está concluída, e as formas espiritualizadas de transferência da posse – às quais os intérpretes do direito romano denominaram *traditio ficta*[92] – são as seguintes:

a) traditio symbolica – denominação dada pelos romanistas antigos a um grupo de modos de transferência de posse pela entrega, não propriamente da coisa cuja propriedade se quer transferir, mas de outra que a simboliza, ou, então, da prática de um ato material que substitua a entrega material da coisa; são *traditiones symbolicae*: 1°) *traditio clauium* (entrega das chaves de um armazém para a transferência da propriedade das mercadorias que nele estejam depositadas); 2°) *traditio instrumentorum* (entrega de documento escrito que prova a existência do negócio em que se baseia a transferência da propriedade); 3°) *signare trabes* (que consiste na aposição da marca nos objetos cuja propriedade assim se transfere); 4°) *appositio custodis* (colocação da coisa sob a custódia de um guarda);

---

92 *Vide*, a propósito, Biermann, *Traditio Ficta – Ein Beitrag zum heutigen Civilrecht auf geschichtlicher Grundlage*, Stuttgart, 1891.

b) traditio longa manu – designação dada pelos autores do direito intermédio, mas que se encontra no D. XLVI, 3, 79 – que ocorre quando se mostra, a distância, o imóvel cuja propriedade é objeto da transferência;

c) traditio breui manu – denominação criada também pelos autores do direito intermédio, mas que se encontra no D. XXIII, 3, 43, 1 – que se verifica quando o adquirente, que já é detentor da coisa, passa, pela simples vontade do alienante, a possuí-la como proprietário (por exemplo, se o adquirente era locatário – e, portanto, detentor da coisa – pela *traditio breui manu* passava a possuí-la como proprietário);

d) constitutum possessorium – expressão construída com base no D. XLI, 2, 17, 1 – que é a hipótese oposta à da *traditio breui manu*: o proprietário deixa de possuir a coisa como sua e passa a detê-la em nome do adquirente (por exemplo, o proprietário transfere a propriedade da coisa ao adquirente, passando a detê-la como locatário); e

e) traditio tacita – com a simples conclusão do contrato de *societas omnium bonorum* (sociedade de todos os bens), sem necessidade de entrega material, as coisas dos sócios se tornam comuns a todos.[93]

No direito justinianeu, apesar de continuar em vigor o princípio de que a propriedade não se transfere pelo simples acordo de vontade do *tradens* e do *accipiens*, há uma exceção a essa regra: Justiniano admite que as vendas e as doações a igrejas, obras pias e cidades transfiram a propriedade da coisa vendida, ou doada, sem necessidade de *traditio*.[94]

2 – Que a coisa seja suscetível de "traditio"

Para que a coisa seja objeto de *traditio*, é necessário que:

a) seja *res in commercio*;

b) seja corpórea (e isso porque somente são suscetíveis de entrega as coisas corpóreas); e

c) no direito clássico, seja *res nec mancipio*; no direito justinianeu, desaparecida a distinção entre *res mancipi* e *res nec mancipi*, não mais se observa essa exigência.

3 – A intenção do " tradens" e do "accipiens" de, respectivamente, transferir e adquirir a propriedade

Sobre esse requisito, há controvérsia. Alguns autores[95] pretendem que esse elemento não seja necessário à *traditio*; outros[96] julgam que a intenção que o *tradens* e o *accipiens* devem ter é a de transferir a posse e não a propriedade da coisa. Mas, outra, segundo parece, era a opinião dos jurisconsultos romanos, como se vê num texto atribuído a Gaio – D. XLI, 1, 9, 3 –, onde se dá especial relevo à *intenção da transferência da propriedade*.

---

93 D. XVII, 2, 1, 1, 2.

94 C. I, 2, 23, 4.

95 Entre outros, Betti, *Istituzioni di Diritto Romano*, I, 2ª ed. – *ristampa* – p. 397 e segs., e Jörs-Kunkel-Wenger, *Römisches Recht*, 2ª ed., p. 127 e segs.

96 Assim, Carlo Longo, *Corso di Diritto Romano – Le Cose – La Proprietà e i suoi modi di acquisto*, p. 187, Milano, 1946.

DIREITO ROMANO – *José Carlos Moreira Alves*

Por outro lado, o *tradens* devia ser o proprietário – e ter capacidade para alienar – da coisa a ser entregue. Admitiam-se, no entanto, exceções a essa regra, pois a *traditio* podia ser realizada por outras pessoas que não o proprietário, a saber:

a) seu representante legal ou voluntário (por exemplo, o *curator furiosi*; o *procurator omnium bonorum*);

b) o credor pignoratício, com relação à coisa apenhada; e

c) o fisco, o imperador e a imperatriz, com referência a qualquer coisa, ficando o proprietário dela com direito de receber indenização, se a reclamasse dentro de quatro anos.

Já o *accipiens* deve ter capacidade para adquirir a propriedade por *traditio*. Quando essa capacidade falta totalmente (no caso, por exemplo, de um escravo que receba a coisa para si), ou quando o *accipiens* não tem capacidade para adquirir a propriedade de certas coisas (assim, os funcionários provinciais, que não podiam adquirir bens nas províncias onde exerciam suas funções), a *traditio* é ineficaz para transferir a propriedade da coisa.

4 – A existência de causa jurídica ("iusta causa")[97]

Há controvérsia quanto ao significado de *iusta causa*, como requisito da *traditio*.

Segundo vários romanistas[98] – é a corrente mais antiga – *iusta causa* é o negócio jurídico que precede à tradição *(traditio)* (assim, por exemplo, o contrato de compra e venda que dá margem à *traditio*).[99] Outros[100] – principalmente alemães – entendem que a *iusta causa* é a simples intenção recíproca das partes de, respectivamente, alienar e adquirir a coisa.[101]

A nosso ver, a melhor doutrina é a que considera *iusta causa traditionis* a relação jurídica que o Estado reconhece como apta e suficiente para justificar a transferência da propriedade da coisa.[102] Assim, são *iustae causae traditionis* os negócios jurídicos que visam à transferência da propriedade, e que se reputam perfeitos e acabados com a ocorrência da *traditio* (por exemplo: a compra e venda real, isto é, aquela em que há a troca, simultânea e imediata, da coisa vendida pelo preço, e que, portanto, se reputa perfeita e acabada no instante mesmo em que se realizam as *traditiones* do preço e da coisa). Já em se tratando de negócios jurídicos de caráter obrigatório, que são aqueles dos quais nascem obrigações

---

97 Ulpiano, *Liber singularis regularum*, XIX, 7; Gaio, *Institutas*, II, 20; I, 2, 1, 40; e D. 41,1, 31.

98 *Vide*,a propósito, Perozzi, *Della Tradizione, in Scritti Giuridici*, I, p. 4 e segs., Milano, 1948.

99 Salienta Bonfante (*Corso di Diritto Romano*, vol. II, 2, ristampa, pp. 242-243, Milano, 1968) que essa doutrina não é exata, uma vez que há *iusta causa* ainda quando o contrato obrigatório, que é cumprido pela *traditio*, é inválido ou imaginário, tanto assim que dá margem à *conditio indebiti* (*vide* nº258), o que significa que houve transferência da propriedade. Ademais, em muitos casos, não há obrigação precedente, como ocorre na hipótese de compra e venda real.

100 *Vide*, além de Perozzi, citado na nota acima, Scialoja, *Teoria della Proprietà nel Diritto Romano*, II, p.171 e segs., Roma, 1928.

101 Essa teoria, na verdade, nega a *iusta causa* como requisito da *traditio*, e entra, portanto, em choque com os textos romanos que a exigem (Cf. Bonfante, ob. cit., pp. 243-244).

102 Nesse sentido, Biondi, *Istituzioni di Diritto Romano*, 3ª ed., p. 250.

Cap. XXIII · A PROPRIEDADE | **323**

que, posteriormente, se executam mediante a *traditio* (por exemplo: a compra e venda obrigatória que é o contrato do qual nasce para o comprador a obrigação de transferir a propriedade do preço, e para o vendedor a obrigação de transferir a posse da coisa), a *iusta causa traditionis* não é o próprio negócio jurídico obrigacional, mas o pagamento *(solutio)*, ou seja, a execução das obrigações precedentes que nasceram dele, e execução essa que se faz mediante a *traditio* (assim, da compra e venda obrigatória nasce, para o comprador, a obrigação de transferir a propriedade do preço ao vendedor; posteriormente, a execução dessa obrigação – a *solutio* – se faz mediante a *traditio* do preço).[103]

As fontes romanas, em vez de declararem quais são as *iustae causae traditionis*, estabelecem as *iniustae causae traditionis*, isto é, as que impedem a transferência da propriedade pela tradição (por exemplo: a doação entre cônjuges).[104]

III – *Usucapião ("usucapio")*

É modo de aquisição da propriedade sobre uma coisa pela sua posse prolongada por certo tempo, nas condições estabelecidas pela lei.[105]

Nos períodos pré-clássico e clássico,[106] o usucapião tinha por objetivo converter em proprietário de uma coisa quem não o era, ou porque a havia adquirido de quem não era o seu dono (*a non domino*), ou porque não se observara o modo de aquisição necessário para a transferência da propriedade sobre a coisa (assim, por exemplo, para transmitir-se o domínio de uma *res mancipi* era mister o emprego da *mancipatio* ou da *in iure cessio*; se, em vez de uma delas, se usasse da *traditio*, quem recebia a coisa não se tornava, de imediato, proprietário dela, o que só ocorreria, posteriormente, em virtude do usucapião).

No direito justinianeu, com o desaparecimento da *mancipatio* e da *in iure cessio*, resta como finalidade principal do usucapião a de transformar em proprietário aquele que adquiriu a coisa, de boa-fé, de quem não era seu dono.

Profundas foram as modificações sofridas pelo usucapião nos três períodos de evolução do direito romano: o pré-clássico, o clássico e o pós-clássico. Daí estudarmos a *usucapio* em cada um deles, separadamente.

A) *No direito pré-clássico*

O usucapião é um instituto antiquíssimo, anterior à Lei das XII Tábuas, que a ela alude ao estabelecer:

---

103 A propósito, *vide* Bonfante, *Corso di Diritto Romano*,vol. II, 2, ristampa, p. 244, Milano, 1968.

104 Acentua Arangio-Ruiz (*Istituzioni di Diritto Romano*, 13ª ed., p. 204) que a entrega da coisa a ser depositada não é *justa causa* para a *traditio*, modo de transferência da propriedade, porque, em se tratando de contrato de depósito, a coisa permanece na propriedade do depositante.

105 Para definições romanas, *vide* D. XLI, 3, 3 (interpolado); e Ulpiano, *Liber singularis regularum*, XIX, 8.

106 *Vide* Mayer-Maly, *Studien zur Frühgeschichte der Usucapio* I e II, *in Zeitschrift der Savigny-Stiftung-für Rechtsgeschichte-Romanistische Abteilung* – vols. 77 (1960), e 78 (1961), p. 16 e segs., e 221 e segs., respectivamente.

324 | DIREITO ROMANO – *José Carlos Moreira Alves*

"Usus auctoritas fundi biennium est, ceterarum rerum omnium annuus est usus".[107]

Em face desse preceito, verifica-se que, no direito pré-clássico, para ocorrer o usucapião era necessária a posse, por um ano, em se tratando de coisas móveis, e, por dois anos, com relação às coisas imóveis. Com efeito, *usus*, na Lei das XII Tábuas, significa *posse*,[108] e *auctoritas* era a garantia que o transmitente, pela *mancipatio*, dava ao adquirente contra a evicção, em virtude da qual este podia mover contra aquele a *actio auctoritatis* para obter o dobro do preço pago pela coisa, caso o transmitente não fosse dono dela e o adquirente a perdesse em decorrência de uma ação de reivindicação intentada pelo verdadeiro proprietário. Ora, decorrido o prazo de um ou de dois anos, a *auctoritas* deixava de existir, porque, ainda que o transmitente não fosse dono da coisa, o adquirente se tornava seu proprietário em virtude da *usucapio*, e não havia mais a possibilidade de evicção.

Além da posse e do intervalo de tempo, a Lei das XII Tábuas não estabelecia outros requisitos positivos para o usucapião, mas, sim, a proibição de certas coisas serem usucapidas, como, por exemplo, as *furtadas (res furtiuae)*.[109]

Posteriormente, a Lei *Atinia* (século II a.C.) permitiu que ocorresse o usucapião ainda que a coisa tivesse sido furtada, mas, depois, houvesse retornado – até por instantes – ao seu proprietário *(reuersio ad dominum)*; e a Lei *Plautia de ui* (século I a.C.) proibiu o usucapião de coisas de que alguém se apossasse com ato de violência *(res ui possessae)*.

Por outro lado, o usucapião era modo de aquisição, apenas, da propriedade quiritária, e somente utilizável por cidadão romano. Tanto assim que a Lei das XII Tábuas estabelecia que, com relação ao estrangeiro, a garantia *(auctoritas)* a que estava sujeito o alienante era perpétua:

"Aduersus hostium aeterna auctoritas esto."[110]

B) *No direito clássico*

No direito clássico, ao lado do usucapião vai surgir um instituto semelhante: a *longi temporis praescriptio*.

O usucapião era um modo de aquisição *iuris ciuilis*, aplicável somente às coisas suscetíveis de *dominium ex iure Quiritium* e em favor de cidadão romano. Ora, tais limitações fizeram surgir a necessidade de um instituto semelhante ao usucapião que se aplicasse a coisas insuscetíveis de propriedade quiritária, em favor de estrangeiros. Por isso, nas províncias, tomando, provavelmente, por modelo o direito grego, os magistrados provinciais criaram a *longi temporis praescriptio*. Por ela, quando o proprietário de um imóvel provincial o reivindicasse de quem o possuía por largo espaço de tempo, este se opunha à *rei uindicatio* com a *praescriptio*, que era um instituto processual semelhante à

---

107 VI, 3 (ed. Riccobono).

108 É a opinião dominante. A partir de Cuq, porém, autores há que sustentam, com diferentes interpretações, a distinção, no direito pré-clássico, entre *usus* e *possessio*. A respeito, *vide* Moreira Alves, *Posse*, I (*Introdução histórica*), 3a tiragem, nº 5, p. 15 e segs., Rio de Janeiro, 1999.

109 Cf. Gaio, *Inst.*, 11, 45.

110 VI, 4 (ed. Riccobono).

exceptio romana. Portanto, a *longi tempo ris praescriptio* era somente um meio de defesa, e não um modo de aquisição de propriedade; daí, se o possuidor, que podia defender-se com a *praescriptio*, perdesse sua posse, não dispunha de proteção judicial para recuperá--la, já que pela *longi temporis praescriptio* ele não se tornava proprietário da coisa.

Assim, no direito clássico, em campos de atuação diversos, encontramos, lado a lado, o usucapião e a *longi temporis prescriptio*: aquele como modo *iuris ciuilis* de aquisição de propriedade, utilizável apenas por cidadãos romanos, e tendo por objeto somente coisas suscetíveis de *dominium ex iure Quiritium*; esta, a princípio, aplicável apenas a imóveis provinciais e em favor de estrangeiros e romanos, mas, posteriormente (graças ao imperador Caracala),[111] se estende aos móveis, beneficiando, nesse caso, somente os estrangeiros, pois os romanos, mesmo em território provincial, podiam valer-se da *usucapio* com relação às coisas móveis.

No direito clássico, estabeleceram-se os seguintes requisitos para que ocorresse a *usucapio: res habilis, iusta causa, bona fides, possessio e tempus.*[112]

Quanto às *res habiles, eram todas aquelas que não*: 1º) as *res extra commercium*; 2º) as *res furtiuae*; 3º) as *res ui possessae*; 4º) as coisas insuscetíveis de posse; 5º) as coisas doadas a magistrados nas províncias em que exerciam suas funções; 6º) as *res mancipi* alienadas por mulher sob tutela legítima, sem a *auctoritas tutoris*; 7º) as coisas do Estado, do príncipe, da Igreja e das obras pias; 8º) as coisas do menor e do ausente; 9º) as coisas alienadas pelo possuidor de má-fé; e 10º) as coisas a respeito das quais havia proibição de alienar.

Com referência à *iusta causa* (causa jurídica), era ela a relação jurídica que, por si mesma, seria apta e suficiente para transferir a propriedade, se não tivesse havido vício de fundo (aquisição *a non domino*) ou vício de forma (ausência de *mancipatio* ou de *in iure cessio*). Os romanos não conheceram um conceito abstrato de *iusta causa*, mas *iustae causae concretas*, e indicadas, nas fontes, pela preposição *pro* seguida do nome da relação jurídica de que se tratava. Assim, as principais *iustae causae* [113] eram as seguintes: *pro emptore, pro donato, pro dote, pro legato, pro derelicto e pro suo.*[114] Discutiam os juristas clássicos se era necessário que a *iusta causa* fosse real, ou se bastava a crença, pelo possuidor, de que ela existia *(iusta causa putatiua)*; manifestaram-se pela necessidade de *iusta causa* efetiva Papiniano, Ulpiano, Celso e Paulo,[115] e, contra, Próculo, Nerácio e, provavelmente, Pompônio.[116]

---

111 D. XLIV, 3, 9.

112 Em realidade, todos esses requisitos se prendem à *possessio*, que deve ser: *justae causae* e *bonae fidei*; demais, deve perdurar por determinado prazo, e ter por objeto coisa suscetível de usucapião.

113 *Vide* as considerações feitas sobre *justa causa* na *traditio* (nº 154, 11, c, 4).

114 Essa expressão serve para designar qualquer *justa causa*,e, principalmente, as que não têm nome próprio.

115 Cf. D. XLI, 8, 3; D. XLI, 9, 1, 4; D. XLI, 8, I; D. XLI, 10, 5; XLI, 10, 4, 2.

116 Cf. D. XLI, 10, 5; D. XLI, 10, 4, 2.

DIREITO ROMANO – *José Carlos Moreira Alves*

Com relação à *bona fides* (também designada simplesmente *fides*), é ela – como o demonstrou Bonfante[117] – um conceito ético acolhido, sem modificação, pelo direito; é a crença do possuidor, ao entrar na posse da coisa, de que não está ferindo direito alheio. Em geral, a boa-fé se baseia num erro – o de que quem está transferindo a coisa é seu proprietário – que não precisa ser escusável. Para que se preencha o requisito da boa-fé, basta que ela exista no início da posse, pois vigorou, no direito romano, o princípio de que a má-fé superveniente não prejudica *(mala fides superueniens non nocet)*. A boa-fé se presume, cabendo à parte contrária demonstrar a sua inexistência.

Quanto à *possessio*, era necessário que ocorresse a *possessio ciuilis* ou *ad usucapionem*, e não, simplesmente, a detenção ou a *possessio ad interdicta* (*vide* nº 143, *in fine*). Além disso, a posse deve ser contínua: a interrupção faz que seja necessário recomeçar a contagem do tempo. A interrupção se denomina, nos textos, *usurpatio*. Quando há transferência de posse, pode ocorrer a *successio* ou a *accessio possessionis*; pela *successio possessionis*, o herdeiro continua a posse do falecido, com o mesmo título (*iusta causa*) e com a mesma qualificação de boa ou de má-fé; pela *accessio possessionis*, o sucessor a título singular do possuidor (por exemplo, o comprador) pode somar à sua posse a do alienante. A *accessio possessionis*, no direito clássico, existe indubitavelmente com relação à *longi temporis praescriptio*, mas é duvidoso que o mesmo sucedesse com o usucapião.

Com referência ao tempo, continua a ser de um ano para as coisas móveis, e de dois anos para as imóveis.

No direito clássico, encontramos, ainda, três formas anormais de usucapião: a *usucapio pro herede*, a *usureceptio ex fiducia* e a *usureceptio ex praediatura*. Nelas, não se exige nem a boa-fé nem a *iusta causa*; bastava a posse prolongada dentro de certo lapso de tempo. A *usucapio pro herede* ocorria quando alguém se apossava de uma herança no intervalo compreendido entre a morte do *de cuius* e a aceitação da herança pelo herdeiro, mantendo-se na posse por um ano, e adquirindo, assim, a qualidade de herdeiro. A *usureceptio ex fiducia* se dava quando quem havia transferido a propriedade de uma coisa a título de garantia do cumprimento de uma obrigação (*fiducia*) tornava a entrar na posse da coisa, readquirindo, depois de um ano (para qualquer espécie de coisa), a propriedade sobre ela. E a *usureceptio ex praediatura* ocorria quando, tendo o Estado vendido uma coisa que lhe fora dada em garantia, o antigo dono a readquiria por tê-la possuído por um ano (se coisa móvel) ou por dois anos (se coisa imóvel).

Finalmente, com relação à *longi temporis praescriptio*, demandava ela os seguintes requisitos:

a) iusta causa;

b) bona fides; e

c) posse por dez anos entre presentes (a princípio, quando proprietário e possuidor morassem na mesma cidade; depois, na mesma província), ou por vinte anos entre ausentes (no caso contrário).

---

117 *Essenza della "bona fides" e suo rapporto colla teorica dell'errore, in Scritti Giuridici Varii*, vol. II, p. 708 e segs., Torino, 1926, onde Bonfante examina as diferentes teses sobre a essência da boa-fé no direito romano.

C) *No direito pós-clássico*[118]

No período pós-clássico, Constantino, por meio de um rescrito,[119] introduziu, no direito romano, uma forma especial de usucapião: a *longissimi temporis praescriptio* (que os intérpretes denominam *usucapião extraordinário*). Por esse rescrito, quem tivesse possuído, por quarenta anos, de boa-fé, mas sem *iusta causa*, podia defender-se contra a *rei uindicatio* do proprietário com uma *exceptio* (exceção).

Justiniano, finalmente, introduziu nessa matéria várias inovações. A princípio, em 529 d.C., deu eficácia aquisitiva à *longi temporis praescriptio*. Depois, em 531 d.C., fundiu esse instituto com a *usucapio*, utilizando-se da denominação *usucapio* quando se tratava de coisas móveis, e *praescriptio*, quando de imóveis. Por outro lado, manteve os mesmos requisitos do usucapião do direito clássico, introduzindo, porém, as seguintes modificações:

a) as *res dotales* (coisas dotais) se tornam insuscetíveis de usucapião;

b) quanto à *iusta causa,* os juristas desses períodos a denominam *titulus,* inclinando--se Justiniano a admitir o *titulus putatiuus* (título putativo), quando o erro fosse escusável; e

c) quanto ao *tempus*, passa a ser de três anos para as coisas móveis, e, para as imóveis, de dez anos entre presentes (quando proprietário e possuidor residem no mesmo município), e de 20 anos entre ausentes (em caso contrário).

Demais, estabeleceu Justiniano que a *longissimi temporis praescriptio* teria eficácia aquisitiva, e que, portanto, quem possuísse uma coisa, de boa-fé, mas sem justo título, por trinta anos (ou por quarenta, em se tratando de coisas do fisco, da Igreja, de obras pias, do imperador ou da imperatriz), se tornaria proprietário dela.

155. Extinção da propriedade[120] – O proprietário perde o direito de propriedade por motivos que dizem respeito:

a) à sua pessoa;

b) à coisa objeto da propriedade; e

c) à relação existente entre ele e a coisa objeto da propriedade.

Com relação à pessoa do proprietário, a propriedade cessa quando ele morre, ou quando se torna incapaz de ser proprietário, em virtude de *capitis deminutio.*

Quanto à coisa objeto da propriedade, esta se extingue em duas hipóteses:

a) quando ocorre sua destruição material (por exemplo: o escravo falece); e

---

118 A propósito, *vide* Ernst Lévy. *Die Nachklassiche Ersitzung, in Bullettino dell lstituto di Diritto Romano*, vols. X e XI N. S. (1948), p. 352 e segs.

119 Cf. C. VII, 32, 9.

120 Há autores – como Ruggiero – Maroi (*Istituzioni di Diritto Privato*, I, 8ª ed., § 116, p. 572 e segs., Milano-Messina, 1950) – que distinguem extinção de perda da propriedade: na extinção, ocorre a destruição total do direito, que não mais existe para o titular nem para qualquer outra pessoa; na perda, verifica-se sua separação do atual titular, podendo seguir-se sua aquisição, derivada ou originariamente, por outra pessoa.

DIREITO ROMANO – *José Carlos Moreira Alves*

b) quando se verifica sua destruição jurídica (o que se dá quando a coisa continua a existir materialmente, mas deixa de ser suscetível de propriedade quiritária – assim, por exemplo, se o escravo é libertado, ou se a coisa é apreendida pelo inimigo).

Com referência à relação existente entre o proprietário e a coisa objeto da propriedade, perde-se a propriedade quando:

a) o proprietário a transfere a terceiro; e

b) o proprietário a perde sem que outrem a adquira de imediato, o que ocorre quando:

1º) o animal selvagem readquire sua liberdade natural;

2º) o animal domesticado perde o hábito de regressar à casa do dono; e

3º) a coisa é abandonada pelo dono, tornando-se *res derelicta* (*vide* nº 154, I, *a*).

Por outro lado, no direito clássico não se admitia *propriedade resolúvel*, isto é, que, quando da transferência do direito de propriedade, se estabelecesse que, ocorrido um termo ou uma condição, a propriedade, *ipso facto*, se extinguiria para o adquirente e renasceria para o alienante. No direito clássico, quando se apunha pacto dessa natureza à transferência do direito de propriedade, produzia ele efeito meramente pessoal entre o alienante e o adquirente; se aquele não retransferisse a coisa para este, estaria obrigado a indenizá-lo, mas o alienante não podia reavê-la do adquirente contra sua vontade, ou das mãos de terceiro (se o adquirente houvesse transferido o direito de propriedade a outrem).

No direito justinianeu (segundo alguns romanistas, isso já ocorria no direito clássico),[121] admite-se a propriedade resolúvel. Assim, o pacto de resolução passa a ter eficácia real: verificado o termo ou a condição, extingue-se, automaticamente, a propriedade do adquirente, e renasce a do alienante, que, pela *reiuindicatio*, pode reaver a coisa de quem quer que a tenha em seu poder.

156. Proteção da propriedade – Ampla é a proteção do proprietário, quer quando é privado da posse da coisa, quer quando alguém pretende subtrair-lhe uma das faculdades inerentes ao domínio.

Além da ação tuteladora, por excelência, do direito de propriedade – a *rei uindicatio* (utilizável quando o proprietário é privado da posse da coisa e intenta recuperá-la) –, da *actio negatoria* (de que se vale o proprietário para negar a existência de direito real de outrem sobre sua coisa) e dos diferentes meios de tutela dos direitos de vizinhança, dispõe, ainda, o proprietário dos interditos possessórios, de ações de caráter penal como a *actio furti* (ação de furto), e de ações outras, que não são também exclusivas do titular do direito de propriedade, como a *actio ad exhibendum* (ação de exibição de coisa).

Por outro lado, não apenas a propriedade quiritária é defendida judicialmente, mas também as situações análogas a ela – a chamada propriedade bonitária ou pretoriana, propriedade provincial e propriedade peregrina.

Estudaremos, a seguir, os principais meios de defesa de cada uma delas.

---

121 *Vide*, a propósito, Scialoja, *Teoria della Proprietà nel Diritto Romano*, II, p. 329 e segs., Roma, 1928.

Cap. XXIII · A PROPRIEDADE | 329

A) *Propriedade quiritária*

Os principais meios de proteção da propriedade quiritária são os seguintes:

a) a *rei uindicatio* (no caso de o proprietário ser desapossado da coisa);

b) a *actio negatoria* (para o proprietário negar a existência, em favor de outrem, de direito real sobre a coisa de sua propriedade); e

c) os meios que tutelam os direitos de vizinhança (a *cautio damni infecti*, a *operis noui nuntiatio*, o interdito *quod ui aut clam* e a *actio aquae pluuiae arcendae*).

Analisemo-los separadamente.

1 – A "rei uindicatio"

É, como já salientamos, o meio por excelência de proteção da propriedade. Trata-se de ação criada pelo *ius ciuile*.

No sistema das ações da lei, a *rei uindicatio* se processava por meio da *actio per sacramentum in rem*; no processo formulário, mediante a ação *per formulam arbitrariam* (cuja fórmula, nesse caso, dava ao juiz o poder de convidar o réu a restituir a coisa, o que permitia a este não sofrer a condenação pecuniária que lhe seria imposta se não fizesse a restituição); e, no processo extraordinário, o juiz condena o réu a restituir a coisa, executando-se a sentença, se preciso, mediante emprego de força *(manu militari)*.

Examinaremos, aqui, apenas as regras relativas a quem pode intentar a ação de reivindicação; contra quem ela se intenta; a quem incumbe a prova do domínio; e quais os efeitos do triunfo, nessa *actio*, do proprietário.

No direito clássico, pode intentar a ação de reivindicação apenas o proprietário quiritário; no direito justinianeu – desaparecidas as diferentes espécies de propriedade – qualquer proprietário. Mas é preciso que o dono tenha perdido a posse da coisa para terceiro. O *unus casus* (caso único) – a que aludem as *Institutas* de Justiniano[122] – em que o proprietário, embora na posse da coisa, poderia intentar ação de reivindicação contra terceiro, é muito controvertido, e, a nosso ver, jamais existiu no direito romano.[123]

---

122 *Inst.*, IV, 6, 2.

123 Em trabalho que escrevemos sobre esse multissecular enigma do direito romano (*Unus casus – Inst.*, IV, 6, 2 – Rio de Janeiro, 1964, publicado na revista *Verbum*, tomo XXIV (ano de 1967), pp. 333 a 393, e republicado em minha obra *Estudos de Direito Romano*, p. 165 e segs., Brasília, 2009; em tradução, para o espanhol, do Dr. Faustino Martinez, foi ele publicado no *Anuario Mexicano de Historia del Derecho*, XV-2003, pp. 717-768), procuramos demonstrar que: *a)* o *unus casus* não era do conhecimento comum dos jurisconsultos bizantinos – e dos maiores, como Teófilo e Estéfano – e, consequentemente, não tinha importância teórica ou prática no direito justinianeu; e *b)* a divergência entre os juristas bizantinos – que ainda dispunham de acesso às principais obras dos jurisconsultos clássicos (principalmente Teófilo que fora um dos compiladores do *Digesto*) – indica que a hipótese não vigorava no direito clássico. Diante dessas conclusões, a que chegamos pela análise de textos de jurisconsultos bizantinos, não há, a nosso ver, que hesitar na afirmação de que o *unus casus* era apenas uma opinião pessoal e equivocada do compilador do livro IV, título 6, § 2°, das *Institutas* de Justiniano.

O proprietário pode mover a ação de reivindicação, no direito clássico, apenas contra o que possui efetivamente a coisa, e não contra o que simplesmente a detém. No direito justinianeu, admite-se que o proprietário possa intentá-la contra o simples detentor, e, a título de pena, contra o que a possuía, mas, por dolo, cessou de possuí-la, bem como contra o que, embora jamais a tivesse possuído, se deixou dolosamente processar como se fosse seu possuidor.

Durante o processo de reivindicação, surge o problema de saber a quem incumbe o ônus da prova do direito de propriedade: se ao autor, ou se ao réu. No sistema das ações da lei, na *actio per sacramentum in rem*, a prova cabia a ambas as partes: autor e réu. Nos processos formulário e extraordinário, apenas o autor devia provar o direito de propriedade, prova difícil (*probatio diabolica*, no dizer dos autores medievais), pois, se a aquisição tivesse sido derivada, seria necessário provar não só que ele, reivindicante, era proprietário da coisa, mas, sucessivamente, que o eram todos os que haviam transferido a propriedade dela, de um para outro até o reivindicante. O que tornava possível a produção dessa prova era a circunstância de que, em virtude do usucapião, a cadeia sucessória de proprietários a estabelecer era limitada: alcançava apenas os proprietários que tinham transferido a propriedade da coisa dentro do espaço de tempo necessário para que se adquirisse a propriedade por usucapião.

Finalmente, quanto aos efeitos do triunfo do proprietário na ação de reivindicação – os quais variaram no processo formulário e no extraordinário – diziam eles respeito:

a) à restituição da coisa reivindicada;

b) à perda ou deterioração que ela, porventura, sofresse;

c) aos frutos por ela produzidos; e

d) às benfeitorias feitas, nela, pelo possuidor.

No processo formulário, como acentuamos no início, o juiz somente condena o réu a pagar o valor da coisa – avaliada, sob juramento, pelo próprio autor – se ele não quiser restituí-la ao autor.

Se o réu é possuidor de boa-fé e a perda ou deterioração da coisa ocorre depois da *litis contestatio*, ele só é responsável se o dano decorreu de dolo ou culpa; já o possuidor de má-fé, se culpado, é sempre responsável, e, se a perda ou deterioração da coisa se deu após a *litis contestatio*, ele responde até por caso fortuito.

Quanto aos frutos, o possuidor de boa-fé faz seus os que tiver percebido antes da *litis contestatio*; o possuidor de má-fé tem de devolver todos os frutos, ou indenizar o autor dos que não puder restituir.

Com relação às benfeitorias, o possuidor de boa-fé, pela *exceptio doli* (que justificava a retenção – *retentio* – da coisa), podia obter indenização pelas benfeitorias necessárias e úteis, mas não pelas voluptuárias; como sua defesa judicial, para obter essas indenizações,

---

Sobre essa matéria, *vide*, também, Henle, *Unus casus – eine Studio zu Justinians Institutionen*, Leipzig, 1915.

se fazia mediante uma *exceptio* (defesa indireta), era preciso que o possuidor estivesse na posse da coisa, pois, se a perdesse, não dispunha ele de meio judicial ofensivo para compelir o proprietário a indenizá-lo. O possuidor de má-fé não tem, no direito clássico, direito a ser indenizado por qualquer espécie de benfeitoria.

No processo extraordinário, como já vimos, o juiz pode condenar o réu a restituir a coisa, e, diante de sua recusa em fazê-lo, compeli-lo *manu militari*. Além disso, o juiz tem poderes para regular os créditos recíprocos entre o autor e o réu, razão por que pode dizer-se que, sob Justiniano, a ação de reivindicação tem caráter misto: sanciona o direito de propriedade e, também, direitos creditórios.

Por outro lado, o possuidor de má-fé é responsável pela perda ou deterioração, por culpa sua, da coisa, se ocorrida antes de iniciada a ação de reivindicação. Durante o transcorrer do processo, segundo tudo indica, tanto o possuidor de boa-fé quanto o de má-fé são responsáveis pela perda ou deterioração da coisa, inclusive por caso fortuito, salvo se provarem que, embora tivesse sido a coisa restituída ao dono, o dano se teria verificado.

Quanto aos frutos, o possuidor de boa-fé, no que diz respeito aos colhidos antes da *litis contestatio,* tem de devolver apenas os não consumidos: e, depois da *litis contestatio,* todos os colhidos ou que deveria ter colhido. Já o possuidor de má-fé é responsável por todos os frutos, desde a tomada de posse.

Enfim, com relação às benfeitorias, até o possuidor de má-fé (exceto o ladrão) tem direito de ser indenizado das necessárias (e, às vezes, das úteis), além de poder retirar *(ius tollendi)* as úteis não indenizadas e as voluptuárias, desde que tenha nisso interesse e não prejudique a coisa reivindicada.

2 – "*Actio negatoria*"

A *actio negatoria* é uma ação real civil pela qual o proprietário nega a incidência de direitos reais sobre sua coisa.

É controvertido se cabe ao autor provar a propriedade da coisa. É certo, porém, que não incumbe a ele o ônus da prova da inexistência do direito real limitado que ele contesta.

Por meio dessa ação, o proprietário obtém a cessação das turbações por parte do que se diz titular de direito real sobre a coisa dele, o qual, no direito clássico, podia ser compelido pelo pretor a prestar a *cautio de amplius non turbando*, isto é, a obrigar-se, mediante *stipulatio*, que não mais turbará o direito do autor.

3 – *Meios tuteladores dos direitos de vizinhança.*

Os principais desses meios são os seguintes:

a) a *cautio damni infecti;*

b) a *operis noui nuntiatio;*

c) o *interdictum quod ui aut clam;* e

d) a *actio aquae pluuiae arcendae.*

Estudemo-los separadamente.

a) "Cautio damni infecti"

A *cautio damni infecti* teve, a princípio, por objetivo proteger o proprietário de um imóvel contra o risco de a casa do vizinho cair; posteriormente, passou a protegê-lo, também, contra riscos oriundos de obras realizadas pelo vizinho.

Para essa proteção, o proprietário dispunha, no direito pré-clássico, de uma *legis actio* (ação da lei), que persistiu no direito clássico, e a que Gaio alude nas *Institutas*, IV, 31. Desde os fins da república, porém, o proprietário prefere a proteção que, nesses casos, lhe é proporcionada no Edito do pretor contra o *damnum infectum* (dano ainda não produzido; *dano futuro*): é a *cautio damni infecti*, por meio da qual o pretor, em favor do proprietário, exige do vizinho promessa *(cautio)* de reparar o dano eventual decorrente das obras que está realizando ou do desabamento possível de sua casa. Essa promessa *(cautio)* dá ao proprietário, caso lhe venham a ocorrer prejuízos em decorrência das obras ou do desabamento, o direito à *actio ex stipulatu* (ação decorrente da promessa que se fazia pela *stipulatio*), para a obtenção da reparação do prejuízo.

Podia suceder, no entanto, que o vizinho se recusasse a fazer essa promessa. Era preciso, então, distinguir duas hipóteses:

a) ameaça de desabamento de edifício: o proprietário, nesse caso, obtinha do pretor uma *missio in possessionem ex primo decreto* (que lhe dava a simples detenção do edifício); e, depois de certo tempo, persistindo o vizinho na recusa, o pretor concedia ao proprietário uma *missio in possessionem ex secundo decreto* (que lhe dava, no direito clássico, a propriedade pretoriana sobre o prédio, e, no direito justinianeu, a propriedade quiritária, que era a única então existente); e

b) obras do vizinho que possam causar prejuízo: o proprietário, nessa hipótese, obtinha do pretor que proibisse o vizinho de prosseguir na obra; se este continuasse, seria punido por desrespeito ao interdito.

b) "Operis noui nuntiatio"

Esse meio de proteção provém do direito pré-clássico, mas, segundo tudo indica, somente foi disciplinado pelo pretor.

A *operis noui nuntiatio* é a intimação do magistrado ao vizinho, para que se abstenha de realizar, em seu terreno, construção ou demolição que possa causar prejuízo àquele. Tal intimação apenas pode dirigir-se contra *opus nouum* (obra nova, seja construção, seja demolição), e tem por objetivo paralisar as obras; ou, então, obter do vizinho a *cautio damni infecti*, se quiser continuá-las.

Se o vizinho se recusar a paralisar a obra e a prestar a *cautio damni infecti*, o pretor concede ao proprietário o interdito *ex operis noui nuntiatione*, que o obrigará a demolir a obra e a reparar os danos causados.

É certo, porém, que, se o vizinho paralisar a obra, poderá obter do pretor que ponha abaixo a interdição (pela *remissio nuntiationis*), se o proprietário não demonstrar que tinha direito de interditar a obra.

c) "Interdictum quod ui aut clam"

Esse interdito – surgido na república – era concedido pelo pretor quando alguém, contra a proibição de outrem, ou clandestinamente, fazia obras que causavam prejuízo a este.

No direito clássico, esse interdito somente podia ser requerido quando as obras tinham sido feitas no terreno do prejudicado; no direito justinianeu, quer no terreno do prejudicado, quer no terreno de quem faz as obras (caso em que, em vez desse interdito, podia usar-se da *operis noui nuntiatio*).

O interdito *quod ui aut clam* devia ser requerido no ano que se seguia à conclusão da obra (ou à data de sua paralisação), e, por ele, se compelia o autor dela a demoli-la e a indenizar o prejuízo.

d) "Actio aquae pluuiae arcendae"

É uma ação civil já consignada na Lei das XII Tábuas.[124]

Dela se utilizava o proprietário de um imóvel rústico contra o vizinho que havia modificado o fluxo natural da água do seu imóvel para aquele.

O objeto da *actio aquae pluuiae arcendae* varia no direito clássico e no direito justinianeu.

No direito clássico, ela tem por objeto impedir que o vizinho faça obras que produzam crescimento de volume de água (e isso em decorrência da geografia da Itália, região de águas tormentosas) que corre para o imóvel do que se utiliza da ação. Já as obras que impedem que as águas cheguem a um imóvel não dão a seu proprietário essa *actio* contra o vizinho que as realizou.

A *actio aquae pluuiae arcendae,* no processo formulário (e, portanto, no direito clássico), é uma ação arbitrária, ou seja, ação em que o juiz somente condena o réu a pagar uma quantia em dinheiro, arbitrada, sob juramento, pelo autor, se ele não permitir que o autor ingresse no seu imóvel e destrua as obras, fazendo que as águas voltem a correr normalmente, e não com seu curso avolumado.

No direito justinianeu, em razão da topografia do Oriente – águas calmas e agricultura com irrigação artificial –, a *actio aquae pluuiae arcendae* é movida pelo proprietário de um imóvel contra o seu vizinho que realizou obras que impedem que as águas venham do imóvel deste para o seu. Nessa *actio*, o juiz condena o réu a parar as obras e a colocar as coisas no estado anterior.

B) *Propriedade bonitária ou pretoriana*

A propriedade bonitária ou pretoriana – conforme vimos ao tratar dela no nº 151, B, para onde remetemos o leitor – era protegida, principalmente, pela *actio publiciana* e pela *exceptio rei uenditae et traditae.*

---

124 Cf. D. XI, 7, 21, pr.

C) *Propriedade provincial e propriedade peregrina*

Não conhecemos bem os meios judiciais com que se protegiam a propriedade provincial e a peregrina.

Segundo parece, a propriedade provincial foi tutelada, primeiramente, por meio de interditos; depois, os governadores das províncias concederam aos seus titulares ação de reivindicação útil *(rei uindicatio utilis)*, bem como, com o mesmo caráter *(utilitatis causa)*, outras ações que protegiam o proprietário *ex iure Quiritium*.

Quanto à propriedade peregrina, o pretor peregrino – segundo Gaio, *Inst.*, IV, 37 –, pelo emprego de fórmulas com a ficção de que o estrangeiro era romano, a tutelava com as ações penais de dano e de furto. Possivelmente, utilizando-se do mesmo artifício, concedia ao estrangeiro outras ações que protegiam a propriedade quiritária.

XXIV

DIREITOS REAIS SOBRE COISA ALHEIA
(AS SERVIDÕES PREDIAIS)

Sumário: 157. Servidões prediais e servidões pessoais. **158.** Conceito de servidão predial. **159.** Origem e evolução das servidões prediais. **160.** Princípios que regem as servidões prediais. **161.** As espécies de servidões prediais. **162.** Modos de constituição das servidões prediais. **162-A.** Exercício da servidão predial. **163.** A extinção das servidões prediais. **164.** Meios de proteção judicial das servidões prediais.

157. Servidões prediais e servidões pessoais – A *seruitus* (servidão) é um dos direitos reais sobre coisa alheia (*iura in re aliena*).

Nos períodos pré-clássico e clássico, a *seruitus* só abrangia a servidão, que, no direito justinianeu, se denominou *predial* (*seruitus praediorum*). No período pós-clássico, a expressão *seruitus* se estendeu a outros direitos reais sobre coisa alheia (ao usufruto e direitos análogos: uso, habitação, *operae seruorum* e *operae alterius animalis*). Surgiu, então, a distinção entre a *seruitus praediorum* (servidão predial) e a *seruitus personarum* (servidão pessoal, que abrangia o usufruto e direitos análogos). A primeira era denominada *seruitus praediorum*, porque um imóvel servia a outro imóvel; a segunda *seruitus personarum*, porque nela o imóvel servia a uma pessoa.[1]

Essas duas espécies de servidão apresentam alguns pontos em comum: *a)* são ambas direitos reais sobre coisa alheia; e *b)* assemelham-se seus modos de constituição, de extinção e de defesa.

Mas as diferenças entre elas são muito mais sensíveis e profundas do que as semelhanças: *a)* as servidões prediais visam à utilidade objetiva de um imóvel (que se denomina *prédio dominante*, em contraposição ao que serve, que é o *prédio serviente*); as pessoais visam ao benefício pessoal de determinado indivíduo; e *b)* as servidões prediais se vinculam permanentemente ao imóvel em cujo benefício existem, sendo seu titular qualquer pessoa que seja proprietária dele; já as servidões pessoais são inseparáveis da

---

1   Sobre a origem bizantina da categoria *seruitus personarum, vide* C. Longo, "*La categoria delle "seruitutes" nel diritto romano*", *in Bullettino del'Istituto di Diritto Romano*, XI, p. 281 e segs. Modernamente, é pacífico esse entendimento (*vide* Jörs-Kunkel-Wenger, Römisches Recht, 2ª ed., § 83, p. 145). A respeito das servidões em geral, *vide* Elvers, *Die römische servitutenlehre*, Marburg, 1856; e Bund, "Begrif und Einteilung der Servituten in römischen Recht", *in Zeitschrift der Savigny- Stiftung für Rechtsgeschichte – Romanistische Abteilung –*, vol. 73 (1956), p. 155 e segs.

336 | DIREITO ROMANO – *José Carlos Moreira Alves*

pessoa a quem favorecem, e não duram permanentemente, mas, no máximo, até a morte do seu beneficiário.

Essas diferenças demonstram que as duas espécies de servidão – servidão predial e servidão pessoal – são substancialmente diversas. A classificação romana (que surgiu no período justinianeu) foi abandonada no direito moderno, a partir do Código Civil francês, de 1804.[2]

Analisaremos, primeiramente, as servidões prediais, e, depois, em outro capítulo, o usufruto e os direitos análogos.

158. Conceito de servidão predial – A servidão predial é um direito real sobre coisa alheia que acarreta limitação no uso de um imóvel (que se diz *serviente*) em favor de outro (que se denomina *dominante*).

O titular do direito de servidão é o proprietário – qualquer que seja – do prédio dominante,[3] estando o proprietário do prédio serviente – quem quer que seja – obrigado, em favor daquele, a não fazer algo no imóvel, ou a deixar que aquele o faça.[4]

159. Origem e evolução das servidões prediais – A servidão predial foi o primeiro direito real sobre coisa alheia que surgiu no direito romano.

A respeito de sua origem há muita controvérsia entre os autores.[5] Das várias teses, destaca-se a que remonta a Voigt, segundo a qual, primitivamente, as servidões prediais então existentes (as de passagem e a de aqueduto) davam a seu titular direito de propriedade sobre o caminho ou sobre o *riuus*,[6] que eram concebidos como entidades corpóreas. Não se tratava, portanto, de *ius in re aliena*, mas de verdadeiro direito de propriedade, sendo que, para constituí-lo, o proprietário do imóvel alienava ao beneficiário o caminho ou o *riuus*.[7]

---

2   Como acentua Volterra (*Istituzioni di Diritto Privato Romano*, p. 407, nota 2), isso ocorreu por motivo político, pois a expressão servidão pessoal poderia dar a entender a leigos que se tratava de submissão servil de homens, o que entrava em choque com os ideais da Revolução Francesa.

3   Os autores antigos – como acentua Elvers, ob. cit., p. 95 – entendiam que o titular da servidão predial era o prédio dominante, considerado como pessoa jurídica.

4   Sobre as servidões prediais, *vide*, entre outros, Biondi, *Le Servitù Prediali nel Diritto Romano* (Corso di Lezioni), Milano, 1946, e Solazzi, *Requisitti e Modi di Costituzioni delle Servitù Prediali*, Napoli, 1947; *Specie ed Estinzione delle Servitù Prediali*, Napoli, 1948; e *La Tutela e il Possesso delle Servitù Prediali*, Napoli, 1949; e Giuseppe Grosso, *Le Servitù Prediali nel Diritto Romano*, Torino, 1969.

5   Sobre as diferentes teorias, *vide* a síntese de Iglesias, *Derecho Romano*, I, 2ª ed., p. 254 e segs. A propósito da origem das servidões prediais, *vide*, para pormenores, Colognesi, *La Strutura della Proprietà e la Formazione dei "Iura Praediorum" nell'Età Republicana*, vols. I e II, Milano, 1969 e 1976.

6   *Riuus* é o canal descoberto por onde corre água (cf. D. XLIII, 21, 1, 2); quando o canal é subterrâneo, denomina-se *specus*; e, quando a água é conduzida por tubos, estes se chamam *fistulae*.

7   A propósito, *vide* a ampla análise dessa tese feita por Biondi – que a ela adere – em *Le Servitù Prediali nel Diritto Romano*, p. 31 e segs., Milano, 1946. No mesmo sentido, entre outros, Solazzi, *Requisiti e Modi di Costituzioni delle Servitù Prediali*, p. 4 e segs., Napoli, 1947. Contra, Arno, *Della Distinzione tra Servitù Rustiche ed Urbane*, p. 20 e segs., Torino, 1895.

Cap. XXIV · DIREITOS REAIS SOBRE COISA ALHEIA (AS SERVIDÕES PREDIAIS)

O que se sabe de certo, quanto às servidões prediais primitivamente, é que as mais antigas delas são as de passagem e de aqueduto, já existentes antes mesmo da Lei das XII Tábuas, e incluídas entre as *res mancipi*. Só mais tarde é que surgiram as demais servidões rústicas (assim, por exemplo, a *aquae haustus*, a *arenae fodiendae*) e as servidões urbanas (algumas de origem bastante remota, como a servidão de esgoto, surgida provavelmente depois do incêndio de Roma pelos gauleses, em 390 a.C., porque na reconstrução da Cidade Eterna não mais se observaram os espaços livres entre um prédio e outro).

Por outro lado, no direito clássico vigorava o princípio da *tipicidade das servidões*: não havia uma categoria geral e abstrata de servidão (*seruitus*), mas alguns tipos de servidão (*seruitutes*) reconhecidos pelo *ius ciuile*. Por isso, não se podiam criar, por via de regra, outras servidões que não as admitidas pelo *ius ciuile*.[8] É certo, porém, como salienta Biondi,[9] que a tipicidade das servidões prediais não foi regra considerada intransponível pelo pretor.

No direito justinianeu, desapareceu o princípio da tipicidade das servidões prediais, e, em face disso, os proprietários de imóveis passaram a poder criar novos tipos de servidão, estabelecendo livremente os poderes que seriam atribuídos ao dono do prédio dominante.[10]

160. Princípios que regem as servidões prediais – As servidões prediais são ônus que se impõem a um imóvel (o prédio serviente) em benefício de um outro (o prédio dominante).

Os princípios que as regem são os seguintes:

a) a servidão predial se estabelece para beneficiar objetivamente um imóvel, e não uma pessoa;[11] daí não se alterar a servidão quando muda o proprietário do prédio dominante;

b) embora seja discutível o sentido da regra *seruitutis perpetua causa esse debet*, que se encontra nas fontes, a expressão *perpetua causa*, segundo parece, significa que o prédio serviente deve ter condições objetivas para que seja possível a utilização permanente da servidão predial; assim, não pode ser constituída servidão predial para benefício passageiro em favor do prédio dominante;[12]

c) o prédio dominante e o serviente devem ser vizinhos, não sendo, no entanto, necessário que sejam contíguos (podem estar, pois, separados por uma via pública);

---

8   É essa a opinião dominante. No entanto, há autores (assim, por exemplo, Jörs-Kunkel-Wenger, Römisches Recht, 2ª ed., p. 44, § 82, nota 1) que a combatem, entendendo que não existiu no direito romano o princípio da tipicidade. *Vide*, a propósito, Solazzi, *Requisiti e Modi di costituzione delle Servitù Prediali*, p. 76 e segs., Napoli, 1947, que expõe a controvérsia e analisa os argumentos da doutrina dominante.

9   *Istituzioni di Diritto Romano*, 3ª ed., p. 281, nota 7.

10 Cf. Volterra, ob. cit., p. 412; e Biondi, *Le Servitù Prediali nel Diritto Romano*, pp. 44 e 45, Milano, 1946.

11 Por isso, como acentua Cornil (*Droit Romain*, p. 226, Bruxelles, 1921), não se pode constituir servidão predial que seja útil pessoalmente ao proprietário, sem sê-lo para o prédio dominante.

12 Segundo Perozzi ("*Perpetua Causa nelle Servitù Prediali Romane*", in *Scritti Giuridici*, II, p. 87 e segs., Milano, 1948), no que é seguido por vários autores (assim, Biondi, *Le Servitù Prediali nel Diritto Romano*, p. 156 e segs. Milano, 1946; e Rabel, "*Zu den Sogenannten Praetorischen Servituten*", in *Mélanges P. F. Girard*, II, p. 400, Paris, 1912), o único texto (D. VIII, 2, 28) que estabelece a *perpetua causa* como requisito para qualquer espécie de servidão é interpolado; no direito clássico, a *perpetua causa* só se exigia para as servidões de água.

338 | DIREITO ROMANO – *José Carlos Moreira Alves*

d) ninguém pode constituir servidão sobre imóvel que lhe pertença, pois a servidão predial é um direito real *sobre coisa alheia* (daí a regra que se encontra nas fontes, e que se aplica, aliás, a todos os direitos reais sobre coisa alheia: *nemini res sua seruit*);

e) a obrigação imposta ao proprietário do prédio serviente somente pode consistir num *não fazer (non facere)* ou num *tolerar que se faça (pati)*, e não num *fazer (facere)*; pretende-se ver exceção a essa regra na *seruitus oneris ferendi* (servidão de suportar peso), em que o proprietário do prédio serviente deve manter em bom estado a coluna em que se apóia o prédio dominante; no entanto, tem-se procurado demonstrar que, em realidade, a *seruitus oneris ferendi* não constitui exceção à regra, pois:

1º) se a solidez da sustentação interessa ao prédio dominante, a coluna é do prédio serviente, não sendo razoável que o proprietário daquele repare coisa que não é sua;

2º) a obrigação de manter a coluna de sustentação em bom estado não esgota o conteúdo da *seruitus oneris ferendi*, no qual o essencial é um *pati* (isto é, tolerar que o vizinho apóie o prédio na coluna ou parede de sustentação); e

3º) o *facere*, nessa servidão predial, é apenas aparente, pois o proprietário do prédio serviente está obrigado somente a manter sem alteração o estado da coluna ou parede de sustentação, e não a fazer algo novo;

f) a servidão predial é indivisível; assim, ela surge ou se extingue por inteiro, e não fracionadamente (é em virtude dessa regra que, se o proprietário do imóvel serviente se tornar condômino do imóvel dominante, nem por isso se extingue a servidão com base no princípio de que não se pode ter servidão sobre imóvel próprio); e

g) no direito clássico, o proprietário do prédio dominante não pode alienar, locar ou dar em usufruto, penhor ou arrendamento a servidão de que é titular; no direito justinianeu, admite-se a alienação, se consentida no título constitutivo da servidão ou se há o assentimento do proprietário do prédio serviente; bem como seja dada em usufruto ou em penhor a servidão predial rústica.[13]

161. As espécies de servidões prediais – As servidões prediais no direito romano se classificam em duas grandes categorias:[14]

---

13 Sobre a regra *Seruitus seruitutis esse non potest* que se encontra no D. XXXIII, 2, 1, vide Biondi, *Le Servitù Prediali nel Diritto Romano*, p. 130 e segs., Milano, 1946; Perozzi, *"Fructus Seruitutis Esse non Potest"*, in *Scritti Giuridici*, II, p. 167, Milano, 1948; e Solazzi, *Requisiti e Modi di Costituzione delle Servitù Prediali*, p. 17 e segs., Napoli, 1947.

14 Foram os comentadores – e não os jurisconsultos romanos – que criaram as distinções, que ainda hoje se conservam, segundo as quais as servidões podem ser:
a) contínuas e descontínuas, conforme sua utilização se faça sem necessidade de atividade do homem (ex.: servidão de aqueduto), ou mediante ela (ex.: servidão de passagem);
b) aparentes e não aparentes, conforme se manifestem, ou não, por obras permanentes e que se destinem ao seu exercício (exemplo: como servidão aparente, a servidão de aqueduto; como servidão não aparente, a servidão de vista); e
c) positivas e negativas, conforme consistam num *pati* (tolerar – exemplo: servidão de passagem), ou num *non facere* (não fazer – exemplo: servidão de vista).

Cap. XXIV · DIREITOS REAIS SOBRE COISA ALHEIA (AS SERVIDÕES PREDIAIS) | **339**

a) rústicas; e

b) urbanas.

O critério em que se baseia essa classificação é muito controvertido, porque as fontes romanas são omissas a respeito. Segundo parece, as servidões prediais são rústicas quando se destinam à utilização econômica do imóvel dominante; são urbanas quando visam a beneficiar um imóvel construído (um edifício).[15]

Das servidões prediais rústicas, umas são mais antigas e outras mais recentes. Aquelas eram as servidões de passagem – em uma de suas três modalidades: *iter* (servidão de passagem a pé, a cavalo ou em liteira); *actus* (servidão de passagem com rebanhos ou carro); e *uia* (cujo conteúdo exato é desconhecido, embora haja textos que indiquem que ela se constituía da acumulação dos direitos decorrentes do *iter* e do *actus*) – e a de aqueduto. As mais recentes eram mais numerosas: assim, por exemplo, a *seruitus aquae haustus* (dava o direito de tirar água do prédio serviente), a *seruitus pascendi* (atribuía o direito de apascentar gado no imóvel serviente), a *seruitus arenae fodiendae* (que dava direito de tirar areia do prédio serviente).

As servidões prediais urbanas são mais recentes do que as mais antigas servidões prediais rústicas. Elas podem ser agrupadas em três categorias:

1ª) *seruitutes aquarum* (servidões de águas), entre as quais encontramos a *seruitus stillicidii* e a *seruitus fluminis* (que davam direito de fazer escoar água da chuva, diretamente ou por meio de conduto, para o prédio serviente);

2ª) *seruitutes parietum* (servidões de paredes), entre as quais destacamos a *seruitus tigni immittendi* (que atribuía o direito de colocar trave no muro ou na parede do imóvel serviente) e a *seruitus proiciendi* (que dava o direito de avançar sobre o imóvel vizinho balcões, galerias ou telhados); e

3ª) *seruitutes luminum* (servidões de luzes), entre as quais se colocam, por exemplo, a *seruitus altius non tollendi* (que dava ao proprietário do imóvel dominante o direito de exigir do vizinho que não fizesse construções que ultrapassassem determinada altura) e a *seruitus ne luminibus, ne prospectui officiatur* (que dava ao proprietário do prédio dominante o direito de exigir do vizinho que não fizesse construções que diminuíssem a luz ou a vista do imóvel dominante).

162. Modos de constituição das servidões prediais – Para o estudo dos modos de constituição das servidões prediais, é preciso distinguir, de um lado, os direitos pré-clássico e clássico; e, de outro, o direito justinianeu.

A) *Direitos pré-clássico e clássico*

A princípio, como já acentuamos anteriormente, só existem algumas servidões rústicas, as quais se incluem entre as *res mancipi*. E, como *res mancipi*, elas se constituem

---

15 Sobre as diferentes teses, *vide* Arnó, *Della Distinzione tra Servitù Rustiche ed Urbane*, Torino, 1895; e Girard, *Manuel Élémentaire de Droit Romain*, 8ª ed., p. 387 e segs.

pelos modos de aquisição da propriedade das coisas dessa categoria: a *mancipatio* e a *in iure cessio*. Demais, podiam surgir, também, por usucapião, o que foi abolido por uma Lei *Scribonia*, que provavelmente é posterior ao ano 69 a.C.

Nos fins da República e início do principado, as servidões prediais passam – e quem no-lo informa é Gaio (*Inst.*, II, 17) – a ser consideradas coisas incorpóreas (*res incorporales*), e não mais podem ser objeto de posse (que, no direito clássico, só se aplicava às coisas corpóreas), o que vai acarretar, em consequência, a impossibilidade, para a constituição de servidões prediais, de modos de aquisição em que a posse é um dos elementos: assim, a *traditio* (tradição) e a *usucapio* (usucapião).

No direito clássico, é preciso distinguir os modos de constituição das servidões sobre imóveis itálicos (e modos que não podiam ser utilizados por estrangeiros) dos das servidões sobre imóveis provinciais.

Quanto aos imóveis itálicos, as servidões prediais podiam constituir-se pelos seguintes modos:

a) a *in iure cessio* – que é o modo normal de constituição, *inter uiuos, de servidões* –, pela qual o proprietário do prédio, que será o dominante, intenta contra o proprietário do prédio, que será o serviente, uma *uindicatio seruitutis ficticia*, e, não se defendendo este, surge para aquele o direito de servidão predial;

b) a *mancipatio*, que somente continua a ser utilizada para a constituição das quatro servidões prediais rústicas mais antigas (*res mancipi*);

c) a *deductio*, que é a reserva de servidão que se faz ao alienar-se um imóvel mediante a *mancipatio* ou a *in iure cessio* (quando se utiliza na alienação a *mancipatio*, basta, para que haja a *deductio*, a declaração do vendedor de que reserva para o imóvel vizinho servidão sobre o imóvel que está sendo alienado; quando se utiliza nessa alienação a *in iure cessio*, o adquirente, ao reivindicar ficticiamente a coisa, declarava, por exemplo, ao magistrado: "Aio hunc fundum meum esse ex iure Quiritium *deducta seruitute...*"[16] (Digo que este imóvel é meu, segundo o direito dos Quirites, deduzida a servidão...);

d) a *adiudicatio* feita pelo *iudex* numa ação divisória, desde que o *iudicium* fosse *legitimum*;

e) o legado *per uindicationem* (*vide* o nº 347, A), constituindo a servidão em favor do legatário, ou reservando a servidão, para o herdeiro, sobre o imóvel destinado ao legatário.

Com relação aos imóveis provinciais, e não podendo, *iure ciuile*, constituir-se sobre eles servidão, os magistrados judiciários das províncias, com base no *ius honorarium*, protegiam situações idênticas às decorrentes da servidão. Para constituí-las, utilizavam-se eles das *pactiones et stipulationes* (pactos e estipulações), que – segundo a opinião ainda dominante – consistiriam num pacto (acordo de vontade celebrado sem quaisquer

---

16   No lugar das reticências, caracterizava-se a espécie de servidão que se constituía.

Cap. XXIV · DIREITOS REAIS SOBRE COISA ALHEIA (AS SERVIDÕES PREDIAIS) | 341

formalidades) acompanhado de uma *stipulatio poenae* (estipulação de uma pena, no caso de inadimplemento da obrigação contraída por meio da *pactio*).[17]

É possível que, ainda no direito clássico, as *pactiones et stipulationes* fossem utilizadas em Roma e na Itália para a constituição das chamadas *servidões pretorianas*, porque sob a tutela do pretor (*tuitione praetoris*).[18]

B) *Direito justinianeu*

No direito justinianeu, o panorama, a respeito, se modificou. A *mancipatio* e a *in iure cessio* desapareceram. Persistiram como modos de constituição das servidões prediais o legado, a *adiudicatio* (sem a distinção de *iudicia*) e a *deductio* (sem qualquer formalidade, e, portanto, aplicável – o que não ocorria no direito clássico – à *traditio* do imóvel e às *pactiones et stipulationes*). Por outro lado, desaparecendo a distinção entre imóveis itálicos e provinciais, as *pactiones et stipulationes* se tornaram o modo mais comum para a constituição de servidões por ato *inter uiuos*. Demais, surgem dois novos modos de constituição: a *traditio seruitutis* e a *longi temporis praescriptio*. Pela *traditio seruitutis* adquiria-se servidão predial pelo fato de o proprietário de um imóvel tolerar (por isso a denominação *patientia* que se dá a essa *traditio*), *expressamente*, o exercício de determinada servidão pelo proprietário do prédio vizinho. A *longi temporis praescriptio* ocorria quando o proprietário de um imóvel, em favor deste e por longo tempo (dez anos entre presentes, e vinte entre ausentes), houvesse exercido, de fato, poder sobre o imóvel vizinho sem oposição do proprietário.[19]

162-A. Exercício da servidão predial – Constituída a servidão predial, o proprietário do prédio dominante (ou quem lhe tenha o gozo, a posse ou apenas a detenção, como o usufrutuário, o superficiário, o locatário) pode exercer todas as faculdades que integram

---

17 Essa interpolação vem de Teófilo, *Paraphrasis Institutionum*, II, 3, 4, e é seguida por vários romanistas (assim, por exemplo, Sohm, *Istitutionem*, 14ª ed., p. 446). Modernamente, alguns autores se manifestam contra ela. *Vide*, entre outros, Volterra, *Istituzioni di Diritto Romano*, p. 413, nota 1.

18 No *Digesto*, há textos que aludem a servidões que *praetorio iure constituuntur*, e a servidões *tuitione praetoris*, sendo, no entanto, matéria muito controvertida a natureza da tutela dispensada a essas servidões pelo pretor, bem como seus modos de constituição. A propósito, *vide* Rabel, "Zu den sogenannten praetorischen Servituten", in *Mélanges P. F. Girard*, II, p. 387 e segs., Paris, 1912; e Maschi, "Contributi allo studio delle servitù pretorie", in *Bulletino dell'Istituo di Diritto Romano*, vol. V, N. S. (1939), p. 274 e segs.

19 Discute-se se, no direito romano, se conheceu a constituição de servidão por destinação do *pater familias* (ou, mais exatamente, por destinação do proprietário). Constitui-se a servidão por destinação do *pater familias*, quando, havendo uma relação de subordinação correspondente à servidão entre dois prédios que pertencem ao mesmo proprietário, essa relação, tacitamente, se transforma em servidão no momento em que os dois imóveis passam a ter proprietários diferentes. Estudando amplamente essa questão, conclui Biondi (*Le Servitù Prediale nel Diritto Romano*, § 39, p. 244 e segs., Milano, 1946) que esse modo de constituição de servidão foi desconhecido nos direitos clássico e pós-clássico (inclusive no justinianeu). A criação dele – esclarece Biondi (ob. cit., p. 255) – deve-se ao pós-glosador Bártolo.

342 | DIREITO ROMANO – *José Carlos Moreira Alves*

o conteúdo desse direito.[20] O titular da servidão, porém, deve utilizar-se de seu direito de modo que cause o menor transtorno ao prédio serviente.[21] Assim, se foi estabelecido o lugar onde se deve exercer o direito de servidão (*locus seruitutis*) no prédio serviente, somente aí deverá ser exercitada a servidão; caso contrário, todo o prédio serviente está a ela sujeito.

Por outro lado, além das faculdades que formam o conteúdo da servidão, tem seu titular as que são indispensáveis ao exercício desse direito. Estas faculdades – que os comentadores do Direito Romano denominaram *adminicula seruitutis* – variam de acordo com a espécie da servidão: por exemplo, a servidão de tirar água implica a faculdade de ter acesso à fonte, como acentua o D. VIII, 3, 3, 3.

Pode também o titular da servidão realizar todas as obras (inclusive reparos) indispensáveis ao exercício de seu direito.

*   *   *

Apesar da existência da servidão, o proprietário do prédio serviente conserva sobre este seu direito de propriedade, embora limitado por aquele direito real. Por causa dessa limitação, ele, que tem – conforme a espécie da servidão existente – o dever de tolerar (*pati*) ou de não fazer algo (*non facere*), não pode praticar atos que prejudiquem a servidão.

163. A extinção das servidões prediais – As servidões prediais se extinguem quando ocorre um dos seguintes fatos:

a) a destruição do prédio dominante ou serviente;

b) um desses prédios sofre tal mudança em sua situação que deixa de ser possível o exercício da servidão predial (por exemplo, se o prédio serviente passa a ser coisa *extra commercium* – D. VII, 4, 24, 1 e 2);

c) o titular da servidão predial renuncia a ela (no direito clássico, era necessário que a renúncia se fizesse por meio da *mancipatio* ou da *in iure cessio*; no direito justinianeu, bastava a simples declaração da vontade de renunciar);

d) o não uso da servidão (por dois anos, no direito clássico; por dez – entre presentes – ou vinte anos – entre ausentes –, no direito justinianeu), quando se trata de servidões que se exercem por atuação positiva de seu titular (por exemplo, a servidão de passagem);[22]

---

20 Como salienta Pacchioni (*Manuale di Diritto Romano*, 3ª ed., p. 384), no ato constitutivo das diversas servidões se podia determinar, precisamente, o modo de seu exercício (é o que as fontes denominam *modus seruitutis*, como se vê, por exemplo, no D. VIII, 1, 4, 1 e 2). No direito clássico, em que vigorava o princípio da tipicidade das servidões, o *modus seruitutis* era o meio pelo qual a vontade das partes, sem alterar o tipo legal de uma servidão, lhe modificava o conteúdo. A esse propósito, *vide* as elucidativas observações de Biondi, *Le Servitù Prediali nel Diritto Romano*, p. 46 e segs., Milano, 1946.

21 D. VIII, 1, 9.

22 Somente o *iter ad sepulchrum* não se extinguia pelo não uso (D. VIII, 6, 4).

Cap. XXIV · DIREITOS REAIS SOBRE COISA ALHEIA (AS SERVIDÕES PREDIAIS) | **343**

e) a *usucapio libertatis*, que ocorre quando, em se tratando de servidões cujo titular tem o direito de impedir que o proprietário do prédio serviente faça alguma coisa (assim, a *seruitus altius non tollendi*), este pratica o ato que lhe é defeso, e o titular da servidão, dentro dos mesmos prazos assinalados para a ocorrência do *non usus* (não uso), não se opõe a esse ato; e

f) a *confusão*, que se dá quando o proprietário do prédio dominante se torna também proprietário do prédio serviente, ou *vice-versa*,[23] pois ninguém pode ter servidão sobre seu próprio imóvel.

164. Meios de proteção judicial das servidões prediais – O titular da servidão predial tem o seu direito tutelado, *iure ciuile*, por uma ação que, no direito clássico, era denominada *uindicatio seruitutis*, e, no direito justinianeu, *actio confessoria in rem*. É provável que, no direito clássico, ela somente pudesse ser intentada pelo proprietário *ex iure Quiritium* do prédio dominante contra o proprietário *ex iure Quiritium* do prédio serviente. No direito justinianeu, admitiu-se que ela fosse utilizada, também, pelo enfiteuta, pelo superficiário e pelo credor pignoratício, e intentada contra qualquer pessoa que se opusesse ao exercício da servidão predial. Por meio dela, o autor, se a sentença lhe fosse favorável, obtinha o reconhecimento do seu direito de servidão, indenização pelos danos sofridos, destruição das obras que se fizeram contra aquele direito, e – em certos casos – que o réu fosse obrigado a prestar a *cautio de amplius non turbando*, com a qual se comprometia, sob pena de pagar certa quantia, a não turbar, no futuro, o direito do autor.

Além disso, e à semelhança do que ocorria com a chamada propriedade pretoriana, o pretor concedia, em duas hipóteses, ação que as fontes ora denominam ação confessória útil, ora ação Publiciana:

a) àquele que houvesse adquirido do proprietário do prédio serviente, mas sem as formalidades requeridas pelo *ius ciuile* (isto é, não por meio da *mancipatio* ou da *in iure cessio*, mas, sim, de um pacto ou da *traditio*), a servidão predial; e

b) àquele que houvesse adquirido, de boa-fé, a servidão predial de alguém que não era o proprietário do prédio serviente.

Na segunda hipótese, a ação tinha eficácia relativa, pois, se utilizada contra o verdadeiro proprietário do prédio serviente, dispunha este da *exceptio dominii* (exceção de domínio) para paralisar a pretensão do autor.

No direito justinianeu, quando não mais existiam a *mancipatio* e a *in iure cessio*, essa *actio* continuou a ser utilizada na segunda hipótese.

Além disso, o pretor, com relação a algumas servidões (especialmente em matéria de passagem e de águas), concedia, já no direito clássico, interditos para proteger aquele que não era titular do direito de servidão, mas que, de fato, o exercia. Assim, entre outros, o interdito de *itinere actuque priuato* (que se concedia àquele que, *nec ui nec clam nec precario*, tivesse exercido, durante trinta dias do ano anterior, uma servidão de passagem,

---

23 D. VIII, 6, 1.

sendo impedido de continuar a utilizar-se dela).[24] No direito clássico, essa proteção era diferente da tutela possessória, tanto assim que se fazia por interditos que não os referentes à posse; aliás, isso se explica pelo fato de que a *seruitus* no direito clássico não era passível de posse (que só existia com relação a coisas corpóreas), razão por que Gaio se refere a esses interditos com a expressão *interdicta de quasi possessione* (*Inst.*, IV, 139). Já no direito justinianeu, sendo admitida a *possessio iuris*, os interditos referentes à servidão predial se dizem *ueluti possessoria* (D. VIII, 1, 20), estando abrangidos na proteção possessória.

---

24 Para as servidões urbanas só se conhece um interdito: o *de cloacis*, para permitir a limpeza ou a reparação de esgoto.

XXV

DIREITOS REAIS SOBRE COISA ALHEIA (USUFRUTO E DIREITOS ANÁLOGOS)

Sumário: A) Usufruto. **165.** Conceito. **166.** Origem e evolução. **167.** Sujeitos do direito de usufruto. **168.** Objeto. **169.** Faculdades do usufrutuário. **170.** Obrigações do usufrutuário. **171.** Modos de constituição. **172.** Extinção. **173.** Meios de proteção judicial. **B)** Uso. **174.** Conceito, evolução e regime jurídico. **C)** Habitação. **175.** Conceito, evolução e regime jurídico. **D)** *Operae Servorum* e *Operae Alterius Animalis*. **176.** Conceito, evolução e regime jurídico.

A) Usufruto

165. Conceito – Nas fontes,[1] encontramos a definição de usufruto (*usus fructus*) como *ius alienis rebus utendi fruendi salua rerum substantia* (direito de usar e desfrutar coisa alheia sem alterar a sua substância).

Embora alguns romanistas[2] defendam a tese de que esse conceito não é clássico, mas fruto de interpolação, tudo indica, no entanto, que ele já existia no direito clássico.[3]

O usufruto é um direito real, inalienável e limitado no tempo, que atribui ao seu titular as faculdades de uso e fruição de coisa alheia inconsumível, permanecendo inalterada a sua substância e destinação econômico-social.

De um lado, há o usufrutuário, que tem o direito de usar e de desfrutar da coisa em usufruto; de outro lado, o proprietário que, enquanto perdura o usufruto, não tem essas faculdades, mas que, extinto esse direito real, passa a tê-las.

Demais, o usufruto, sendo um direito temporário, no máximo perdura pelo tempo de vida do usufrutuário (nesse caso, diz-se que é *vitalício*). Se seu titular for pessoa jurídica, e não se estabelecer termo para o usufruto, ele se reputa – talvez apenas no direito justinianeu – constituído por cem anos.[4]

---

1 D. VII, 1, 1; I, II, 4, pr.; e Ulpiano, *Liber singularis Regularum*, 24, 26.

2 Assim, por exemplo, Di Marzo (*Istituzioni di Diritto Romano*, 5ª ed., p. 256, nota 2); e Perozzi (*Istituzioni di Diritto Romano*, I, 2ª ed., I, p. 780, nota 2), que julga interpolada apenas a parte final: *salua rerum substantia*.

3 Nesse sentido a opinião dominante. *Vide*, entre outros, Emílio Costa, *Storia del Diritto Romano Privato*, 2ª ed., p. 256, nota 5, Torino, 1925; e Volterra, *Istituzioni di Diritto Privato Romano*, p. 416, nota I.

4 Em dois textos atribuídos a Gaio (D. VII, 1, 56 e D. XXXIII, 2, 8), e tidos como interpolados (a propósito, *vide* Arangio-Ruiz, *Istituzioni di Diritto Romano*, 13ª ed., p. 242), alude-se aos cem anos, dando-se como razão desse prazo o representar ele o termo da vida de um homem longevo (*quia is finis vitae longaeui hominis est; qui finis vitae longissimus esset*).

DIREITO ROMANO – José Carlos Moreira Alves

166. Origem e evolução – O usufruto é de origem mais recente do que as servidões prediais. Provavelmente, ele surgiu por obra da jurisprudência, no século II a.C., quando se difundiu, em Roma, o casamento que não é acompanhado da *conuentio in manum*. Neste, ao contrário do que ocorria no casamento a que se segue a *conuentio in manum*, a mulher não ingressava na família do marido, e, consequentemente, não se tornava herdeira dele. Muitas vezes, enquanto vivo o marido, a mulher dispunha de recursos que ele lhe propiciava, mas, quando ele falecia, ficava reduzida à miséria. Para obviar a isso, surgiu o *usufruto*, possibilitando-se assim que o marido, antes de morrer, e sem nomeá-la, no testamento, herdeira, em prejuízo dos filhos, a designasse usufrutuária de certos bens. O usufruto, portanto, nasceu com certo caráter alimentício.

Discutem os autores sobre a natureza jurídica do usufruto, nos períodos pré-clássico e clássico. Alguns (assim, Kaser) defendem a tese de que o usufruto era um verdadeiro direito de propriedade, limitado, porém, aos frutos produzidos pela coisa alheia. Outros (como Riccobono), seguindo a mesma trilha, entendem que o usufruto era *pars dominii*, isto é, consistia numa parcela do direito de propriedade: o usufrutuário era proprietário nos limites do gozo da coisa, sem nenhum poder sobre a coisa mesma. Há ainda quem julgue (Perozzi, por exemplo) que o usufruto era direito de propriedade temporária sobre coisa cuja propriedade perpétua seria de outra pessoa.[5]

O que parece certo, no entanto, é que, já no direito clássico, o usufruto se distinguia do direito de propriedade, e era considerado como direito sobre coisa alheia (*ius in re aliena*).

No direito justinianeu, o usufruto e direitos análogos – que, até então, eram independentes das *seruitutes* – foram aproximados das servidões prediais, sendo enquadrados em categoria nova: a das servidões pessoais (*seruitutes personarum*).

167. Sujeitos do direito de usufruto – Podiam ser sujeitos do direito de usufruto as pessoas físicas e jurídicas; e quem o era se denominava *fructuarius* ou *usufructuarius*. Já o proprietário da coisa sobre a qual se exercia o usufruto era designado com a expressão *dominus proprietatis* (senhor da propriedade) ou *nudus dominus* (nu-proprietário).

168. Objeto – Se o usufruto, segundo o seu conceito, é o direito de usar e desfrutar coisa alheia, sem alterar a sua substância, isso quer dizer que seu objeto é constituído, apenas, pelas coisas inconsumíveis,[6] sejam móveis ou imóveis, animadas ou inanimadas.

No entanto, em virtude de um *senatusconsulto*, do início do principado, relativo a legados de todo o patrimônio ou de parcela dele,[7] admitiu-se que fossem objeto de usufruto as coisas consumíveis. Nesse caso, porém, o usufrutuário, mediante caução, se comprometia a restituir o equivalente à coisa consumível, quando da extinção do usufruto.

---

5 Para uma visão panorâmica das diferentes teorias, Iglesias, *Derecho Romano*, vol. I, 2ª ed., p. 256 e segs.; Jörs-Kunkel, Römisches Recht, 2ª ed., p. 146, nota 1; e Wesener, "*Iulians Lehre vom usus-fructus*", in *Zeitschrift der Savigny-Stiftung für Rechtsgeschichte*, vol. 81 (1964), p. 85 e segs.

6 Com efeito, como usar de coisa consumível – que são as que se consomem imediatamente com seu uso normal –, sem alterar sua substância?

7 *Vide* D. VII, 5, 1; e I. II, 4, 2.

Cap. XXV • DIREITOS REAIS SOBRE COISA ALHEIA (USUFRUTO E DIREITOS ANÁLOGOS) | **347**

Ao usufruto de coisa consumível os romanos deram a denominação de *quasi ususfructus*, o qual diferia do usufruto principalmente no seguinte:

a) o objeto do usufruto é coisa inconsumível; o do *quasi ususfructus* é coisa consumível;

b) no usufruto, o usufrutuário só tem a detenção da coisa que, quando da extinção do usufruto, deverá ser restituída ao proprietário; no *quasi ususfructus*, seu titular adquire direito de propriedade sobre a coisa (tanto que pode consumi-la), mas está obrigado a restituir, no tempo oportuno, o equivalente a ela.

169. Faculdades do usufrutuário – O usufrutuário, que não é possuidor, mas apenas detentor da coisa dada em usufruto, tem a faculdade de usar e fruir dela, sem alterar a sua substância ou a sua destinação econômico-social.

No direito clássico, não podia o usufrutuário alterar a substância da coisa nem sequer para introduzir nela melhoramentos; no direito pós-clássico, porém, com vistas, principalmente, ao fomento do cultivo da terra, admitiu-se que o usufrutuário pudesse melhorar-lhe a substância (por exemplo, podia abrir novas minas no terreno, ou fazer construções para ornamento da casa dada em usufruto).

Por outro lado, a coisa objeto do direito de usufruto é apenas a que existe no momento de sua constituição. Assim, o usufruto não se estende às acessões que não estão intimamente ligadas à coisa principal (se, por exemplo, surgisse uma ilha no meio de um rio que atravessava o terreno dado em usufruto, o usufrutuário não adquiria usufruto sobre ela).[8]

Sendo uma das faculdades do usufrutuário a de fruir da coisa, ele faz seus os frutos produzidos por ela. E os faz seus, se frutos naturais, quando os colhe; se frutos civis, dia a dia. Se, porventura, a coisa dada em usufruto for escravo (*seruus fructuarius*), tudo o que o servo conseguir com o seu trabalho ou com a utilização de bens do usufrutuário será deste; nos demais casos (como, por exemplo, o que o escravo receber de alguém, a título de doação), a coisa será do proprietário do escravo. Note-se, ainda, que os filhos que as escravas em usufruto dessem à luz não seriam do usufrutuário, mas, sim, do proprietário, porquanto os jurisconsultos romanos não os consideravam frutos, como o eram as crias de animais.

O direito de usufruto não é transmissível. Não pode, portanto, o usufrutuário aliená-lo a terceiro. O que ele pode fazer é ceder, gratuita ou onerosamente, a terceiro, o *exercício do direito de usufruto*, o que é diferente da cessão do próprio direito, tanto assim que, na cessão do exercício do direito de usufruto, o cedente continua a ser considerado, em face do proprietário da coisa, como usufrutuário, e se ele morrer o usufruto se extingue, ainda que o terceiro (o cessionário) continue a viver.[9]

---

8   Cf. Arndts, *Lehrbuch der Pandekten*, 14ª ed., § 179, pp. 332-3, Stuttgart, 1889.

9   Nos casos de cessão do exercício do direito de usufruto, os textos aludem à *locatio* (locação) ou à *uenditio* (venda) do usufruto. Isso quer dizer que o usufrutuário se obriga com relação ao locatário ou ao comprador (cujo direito – que é pessoal e contra o usufrutuário – é tutelado pelo pretor) a permitir que eles usem e desfrutem da coisa. *Vide*, a propósito, Volterra, *Istituzioni di Diritto Privato Romano*, p. 418.

348 | DIREITO ROMANO – *José Carlos Moreira Alves*

Finalmente, é de salientar-se que a existência do direito de usufruto sobre uma coisa não impede que o proprietário dela – que não pode usá-la ou fruí-la enquanto perdurar o usufruto – conserve certos poderes que não prejudicam o usufrutuário: pode o proprietário, por exemplo, adquirir direito de servidão predial em favor do imóvel dado em usufruto.

170. Obrigações do usufrutuário – São as seguintes as obrigações do usufrutuário:

a) conservar a coisa em bom estado (estando obrigado, até, a fazer a *modica refectio* – reparos ligeiros);

b) pagar os impostos e outros encargos sobre a coisa;

c) dar caução (*cautio usufructuaria*),[10] quando se constitui o usufruto, como garantia de que usará a coisa com o cuidado do *bonus pater familias*, e de que a devolverá, em perfeito estado, ao término do usufruto; o usufrutuário, porém, não é responsável por:

1º) deterioração natural da coisa;

2º) desgaste normal do uso; e

3º) perecimento de coisa exposta normalmente a riscos;[11] e

d) restituir a coisa ao proprietário quando se extinguir o usufruto.

171. Modos de constituição[12] – No direito clássico, o usufruto – como as servidões prediais – podia constituir-se *iure ciuile* (isto é, segundo o *ius ciuile*, que só se aplicava aos cidadãos romanos e às coisas suscetíveis de propriedade quiritária), mediante:

a) legado *per uindicationem* (*vide* o nº 347, A);

b) adjudicação (*adiudicatio*), nas ações divisórias;

c) *in iure cessio* (não pela *mancipatio*, pois o usufruto era *res incorporalis nec mancipi*); e

d) *deductio* (utilizável em alienações de coisa mediante *in iure cessio* ou *mancipatio*).

Com relação aos imóveis provinciais (e, portanto, não suscetíveis de propriedade quiritária), o usufruto sobre eles se constituía por meio de *pactiones et stipulationes*.[13]

No direito justinianeu, esse panorama se modificou. As *pactiones et stipulationes* substituíram a *in iure cessio*; a *deductio* pode ser utilizada com a *traditio*; e, como nesse período foi admitida a posse de direitos (*quasi possessio*), o usufruto (que, como *res incorporalis*, não podia ser objeto de posse no direito clássico) passou a poder constituir-se

---

10 Essa caução foi introduzida pelo pretor, e se fazia mediante *stipulatio*. Se o usufrutuário não quisesse dá-la, o pretor lhe negava os meios judiciais para imitir-se na detenção da coisa em usufruto; e, se ele já estivesse imitido nela, o pretor concedia ao proprietário a *rei uindicatio*, para reaver a coisa.

11 Sobre a responsabilidade por custódia a que alude um fragmento atribuído a Paulo (D. VII, 9, 2), e a controvérsia que há a esse respeito, *vide* Wesener, *"Custodia Haftung des Usufruktuars", in Synteleia Arangio-Ruiz*, vol. I, p. 191 e segs., Napoli, 1964.

12 Sobre pormenores desses modos, *vide* o nº 162, relativo às servidões prediais.

13 *Vide* nº 162, letra A, *in fine*.

Cap. XXV · DIREITOS REAIS SOBRE COISA ALHEIA (USUFRUTO E DIREITOS ANÁLOGOS) | **349**

mediante a *traditio* e a *longi temporis praescriptio*. Demais, nessa época, surgem casos de usufruto decorrentes da lei (por exemplo, sendo os bens dotais, no direito justinianeu, de propriedade da mulher, o marido tinha sobre eles usufruto legal).

172. Extinção – O usufruto pode extinguir-se por:

a) renúncia do usufrutuário (no direito clássico, a renúncia tinha de ser feita pela *in iure cessio*; no direito justinianeu, sem qualquer formalidade);

b) consolidatio (isto é, no caso de se confundir na mesma pessoa a titularidade da propriedade e do usufruto);

c) destruição da coisa ou alteração de sua destinação econômico-social;

d) não uso (non usus) da coisa (no direito clássico, por um ou dois anos, conforme se trate de coisa móvel ou imóvel; no direito justinianeu, por três anos para as móveis, e, para as imóveis, por dez anos – entre presentes – e por vinte anos – entre ausentes);

e) ocorrência do termo, se se tratar de usufruto constituído até uma determinada data;

f) morte do usufrutuário (se o usufruto não for a termo), ou, talvez apenas no direito justinianeu, quando o usufrutuário fosse pessoa jurídica, e o usufruto não fosse a termo, depois de cem anos de sua constituição; e

g) capitis deminutio do usufrutuário (no direito clássico, por qualquer dos três graus da *capitis deminutio*: a máxima, a média e a mínima; no direito justinianeu, se ocorresse a *capitis deminutio maxima* ou a *media*).

173. Meios de proteção judicial – O usufruto é protegido judicialmente por meio de uma *actio in rem* que as fontes designam como *uindicatio ususfructus* ou *petitio ususfructus*.[14] Vários romanistas entendem que essa *actio*, a princípio, apenas podia ser utilizada pelo usufrutuário contra o proprietário da coisa dada em usufruto; só posteriormente, mas ainda no período clássico, e por obra da jurisprudência, é que se admitiu fosse intentada contra qualquer pessoa que turbasse o exercício do usufruto. No direito justinianeu, a *uindicatio ususfructus* passou a ser denominada *confessoria ususfructus*.

Além disso, o pretor, no direito clássico, tutelava o usufruto, também, pelos interditos possessórios *uti possidetis* e *unde ui* estendidos a ele, graças à modificação em suas fórmulas, como interditos úteis.

*   *   *

B) Uso

174. Conceito, evolução e regime jurídico – No direito clássico, encontra-se, ao lado do usufruto, um direito análogo a ele: o uso (*usus*).

---

14 Discute-se se, no tempo das ações da lei, o usufruto era, ou não, tutelado pela *legis actio sacramento in rem*.

350 | DIREITO ROMANO – *José Carlos Moreira Alves*

O uso é direito real, intransferível, concedido a alguém (o usuário) para a utilização de coisa alheia inconsumível, sem alteração de sua substância ou de sua destinação econômico-social.

A princípio,[15] o usuário só tem o direito de usar a coisa, e não o de fruí-la (*uti potest, frui non potest*, diz Ulpiano, D. VII, 8, 2, pr.). A pouco e pouco, no entanto, a jurisprudência clássica vai aumentando os poderes que o uso concede ao usuário. Assim, passa-se a admitir que o usuário de uma casa possa não só habitá-la com sua família, mas, também, acolher nela hóspedes e libertos.[16]

No direito justinianeu, essas concessões são ainda mais amplas. Em se tratando de rebanho, o usuário pode usar o leite de que precisa para suas necessidades.[17] Admite-se que, entre outros poderes, possa o usuário alugar os cômodos, de que não necessite, existentes no imóvel sobre o qual tem direito de uso.[18]

À semelhança do usufruto, o usuário devia, no momento da constituição do direito de uso, dar caução (*cautio usuaria*) ao proprietário da coisa, como garantia de que a devolveria, em perfeito estado, ao término do *usus*. Mas, à diferença do usufruto, nem mesmo o exercício do direito de uso é passível de ser cedido a terceiros.

Com as restrições assinaladas, o direito de uso é regido pelos mesmos princípios que disciplinam o usufruto.

C) Habitação

175. Conceito, evolução e regime jurídico – Somente no direito justinianeu é que vamos encontrar a *habitatio* (habitação) como direito real autônomo,[19] intransferível, que atribui ao seu titular, temporariamente – no máximo, pela duração de sua vida – a faculdade de habitar casa alheia ou de alugá-la a terceiro.[20]

---

15 O uso surgiu, no direito romano, em época pouco posterior à em que se admitiu o usufruto, e com função mais marcadamente alimentar do que a deste. Possivelmente, nas origens, teve por objeto apenas coisas infrutíferas, diferenciando-se, então, qualitativamente, do usufruto: o usuário podia somente usar (*uti*) da coisa. Mais tarde permitiu-se direito de uso sobre coisas frutíferas, e, a partir de então, se inicia o processo – aludido no texto – de concessões ao usuário, razão por que a diferença entre o uso e o usufruto passa a ser quantitativa: o usufruto admite o gozo amplo da coisa usufruída, ao passo que o usuário apenas tem o gozo da coisa, objeto do direito de que é titular, para a satisfação imediata de necessidade atual. *Vide*, a propósito, Enrico Papa, "*Uso di Cosa Fruttifera*", *in Synteleia*, Vincenzo Arangio-Ruiz, vol. II, p. 684 e segs., Napoli, 1964.

16 D. VII, 8, 2 a 7.

17 D. VII, 8, 2, em que se considera interpolada a parte final relativa ao uso do leite (cf. Bonfante, *Corso di Diritto Romano*, vol. III, *Diritti Reali*, pp. 91-92, Roma, 1933).

18 Sobre o conteúdo do *usus* no direito clássico e no direito justinianeu, *vide* Riccobono, "*Sull'Usus*", *in Studi in Onore di Vittorio Scialoja*, I, p. 579 e segs., Milano, 1905.

19 Essa autonomia lhe foi atribuída por uma constituição imperial de 530 d.C. (C. III, 33, 13).

20 A faculdade que o titular da *habitatio* tem de alugar o imóvel sem também morar nele é o que o distingue do simples usuário de uma casa, o qual, desde que more nela, somente pode alugar os cômodos não necessários à sua família. E – como acentua Bonfante, *Corso di Diritto Romano*, vol. III, *Diritti Reali*, p. 93, Roma, 1933 – a *habitatio* difere do usufruto pelo fato de não se extinguir pelo *non usus* e pela *capitis deminutio* (D. VII, 8, 10; IV, 5, 10, ambos interpolados).

Cap. XXV · DIREITOS REAIS SOBRE COISA ALHEIA (USUFRUTO E DIREITOS ANÁLOGOS)

No direito clássico, quando o proprietário de uma casa concedia a alguém os poderes que, no direito justinianeu, eram abrangidos pela *habitatio*, os jurisconsultos romanos discutiam se tal concessão deveria ser enquadrada no usufruto ou no uso, ou seria um simples direito pessoal entre as duas partes (o titular desses poderes e o proprietário do imóvel).

Aplicam-se à *habitatio* as regras do usufruto, exceto as de extinção por *capitis deminutio* ou pelo *non usus* (não uso).

D) *Operae Servorum* e *Operae Alterius Animalis*

176. Conceito, evolução e regime jurídico – Também só no direito justinianeu é que as *operae seruorum* (serviços de escravos) e as *operae alterius animalis* (serviços de animal de outrem,[21] são direitos reais autônomos, pelos quais seus titulares têm o poder de usar dos serviços de escravos ou de animais alheios, e – segundo parece – até o de locá-los a terceiro.

No direito clássico, quando ocorriam tais situações, os juristas discutiam se deviam enquadrá-las no usufruto ou no uso, ou considerá-las simplesmente como direito pessoal existente entre as partes (o favorecido pelos serviços dos escravos ou dos animais e o proprietário deles).

Esses direitos, que se transferiam aos herdeiros, eram disciplinados pelas regras comuns às servidões pessoais, mas não se extinguiam pela morte ou *capitis deminutio* de seu titular, nem pelo não uso.

Nas *operae alterius animalis*, ao contrário do que ocorre no usufruto, as crias dos animais alheios não pertencem ao seu titular.[22]

---

21 Apenas um texto – D. VII, 9, 5, 3 – se refere às *operae alterius animalis*.

22 Os autores discutem a existência, no direito romano, de duas figuras como *iura in re aliena*; o *fructus sine usu* (direito de gozo dos frutos sem o direito de uso da coisa) e as servidões irregulares. Quanto ao *fructus sine usu*, alguns textos (Paul. Sent. III, 6, 24; D. VII, 1, 42, pr.; e D. VII, 8, 14, 1) negam a possibilidade de direito real que faculte ao seu titular a percepção de frutos de uma coisa, sem o uso dela; outros textos (D. VII, 8, 14, 3; e D. VII, 9, 5, 2), entretanto, o admitem. Por isso, alguns romanistas entendem que, no direito clássico, se admitia o *fructus sine usu*, ao passo que os compiladores do *Corpus Iuris Ciuilis* procuraram eliminar essa figura, mas o fizeram imperfeitamente. Outros autores defendem a tese oposta: o *fructus sine usu* seria criação do direito justinianeu. A opinião dominante, no entanto, é no sentido de que, no direito romano, não se admitiu o *fructus sine usu*.

Quanto às servidões irregulares (que são um misto de servidão predial e de servidão pessoal: por meio delas se atribuem a uma pessoa determinados poderes equivalentes ao de que dispõe o titular de uma servidão predial; em outras palavras – são servidões prediais estabelecidas não em favor de um imóvel, mas de uma pessoa certa, ainda que ela não seja proprietária do imóvel vizinho àquele que será o serviente, e servidões que estabelecem vínculo pessoal entre o concedente e o concessionário, e que se extinguem com a morte deste), alguns autores negam a existência delas no direito romano (assim Perozzi, *Istituzioni di Diritto Romano*, I, 2ª ed., p. 792, nota 3); outros pretendem que elas tenham sido admitidas, no direito romano, como *iura in re aliena*, pelos jurisconsultos do tempo de Justiniano (assim Volterra, *Istituzioni di Diritto Privato Romano*, p. 424; e Biondi, que analisa amplamente a questão em *Le Servitù Prediali nel Diritto Romano*, § 17, p. 112 e segs., Milano, 1946).

XXVI

DIREITOS REAIS SOBRE COISA ALHEIA (A ENFITEUSE E A SUPERFÍCIE)

Sumário: 177. Introdução. **A)** A Enfiteuse. **178.** Conceito, faculdades e obrigações do enfiteuta. Constituição, extinção e proteção judicial da enfiteuse no direito justinianeu. **179.** Origem e evolução histórica da enfiteuse. **B)** A Superfície. **180.** Conceito e disciplina da superfície no direito justinianeu. **181.** Origem e evolução histórica da superfície.

177. Introdução – Tanto a enfiteuse – que tem suas raízes no direito grego – quanto a superfície somente se enquadram entre os direitos reais, como *iura in re aliena*, no direito justinianeu. Ambas, cuja origem e evolução histórica são acidentadas e não bem conhecidas, eram no período clássico e no pós-clássico, antes de Justiniano, direitos meramente pessoais.

Passemos ao estudo de cada um desses dois institutos.

A) A Enfiteuse[1]

178. Conceito, faculdades e obrigações do enfiteuta. Constituição, extinção e proteção judicial da enfiteuse no direito justinianeu – No direito justinianeu, a enfiteuse é direito real, alienável e transmissível aos herdeiros, que atribui a alguém (o enfiteuta), mediante o pagamento de um *canon* anual, faculdades sobre imóvel de outrem (o concedente) análogas às de verdadeiro proprietário.

No direito justinianeu, como já acentuamos, a enfiteuse era concebida como direito real sobre coisa alheia. Só na Idade Média é que, em virtude das amplas faculdades do enfiteuta sobre o imóvel, surgiu a ideia de que a enfiteuse era modalidade de propriedade, inferior, porém, à do proprietário. Assim, criou-se a concepção de que o enfiteuta tinha o *domínio útil* sobre a coisa, e o proprietário, o *domínio direto*.

O enfiteuta tem as seguintes faculdades:

a) o uso e gozo amplo do imóvel[2] com a limitação de não deteriorá-lo;

---

1   *Enfiteuse*, em grego, significação *ação de plantar em*.

2   Discutem os autores sobre se o enfiteuta e o superficiário tinham *a possessio rei* (posse da coisa) ou a *quasi iuris possessio* (posse de direito), inclinando-se a maioria dos autores por essa segunda opinião. A propósito, *vide* Arndts, *Lehrbuch der Pandekten*, 14ª ed., § 195, nota 3, p. 367, Stuttgart, 1889.

b) a aquisição dos frutos que o imóvel produz, por simples separação;

c) a transmissão *inter uiuos* ou *mortis causa* do direito de enfiteuse;

d) a constituição de servidão predial (que onere ou que favoreça o imóvel) ou pessoal, a possibilidade de dá-lo em hipoteca, e de conceder subenfiteuse; e

e) a defesa judicial do direito de enfiteuse e dos direitos de servidão porventura existentes em favor do imóvel.

Em síntese, são faculdades semelhantes às do proprietário.

As obrigações do enfiteuta (e as faculdades a elas correspondentes existem em favor do proprietário do imóvel) são estas:

a) não deteriorar o imóvel;

b) suportar todos os ônus (como, por exemplo, os impostos) que recaiam sobre ele;

c) pagar o *canon* (*uectigal* ou *pensio*) anual – esse *canon* é de valor diminuto com relação ao rendimento do imóvel, e o seu não pagamento por três anos consecutivos dá ao proprietário o direito de despojar da enfiteuse o enfiteuta; e

d) dar preferência, quando quiser alienar o direito de enfiteuse, ao proprietário do imóvel (este tem, portanto, direito de preferência – *ius praelationis* ou *ius protimiseos* –, dentro de dois meses, tanto por tanto, em face de terceiro; se o proprietário, porém, não quiser utilizar-se da preferência, o enfiteuta está obrigado a pagar-lhe 2% do valor da alienação – é o que os juristas medievais denominam *laudêmio*).[3]

Por outro lado, a enfiteuse pode constituir-se: *a)* mediante contrato entre o proprietário do imóvel e o enfiteuta; *b)* por meio de legado do proprietário do imóvel; *c)* mediante a transmissão da enfiteuse já constituída, e transmissão, seja por ato *inter uiuos* (alienação feita pelo enfiteuta em favor de terceiro), seja por ato *mortis causa* (transmissão por herança ou por legado).

Ocorre a extinção da enfiteuse nos casos seguintes: *a)* renúncia do direito de enfiteuse pelo enfiteuta; *b)* destruição do imóvel; *c)* confusão (o enfiteuta se torna, também, proprietário do imóvel, ou *vice-versa*); *d)* decadência do direito de enfiteuse (o que pode suceder, a título de pena para o enfiteuta, quando ele não mantém o imóvel em bom estado, ou quando deixa de pagar, por três anos consecutivos, o *canon* ao proprietário, ou, enfim, quando o enfiteuta aliena o direito de enfiteuse sem consultar o proprietário para saber se ele quer utilizar-se do direito de preferência, caso em que a alienação é nula, e o enfiteuta perde o direito de enfiteuse).[4]

O enfiteuta, na defesa de seu direito, pode lançar mão de todas as ações de que dispõe o proprietário, estendidas, *utilitatis causa*, à proteção da enfiteuse (assim, a *rei*

---

3   Sobre a origem e o significado etimológico de *laudemium*, *vide* Joaquim da Silveira, *O Latim Laudemium*, *in Humanitas*, II, pp. 261-264.

4   A propósito, Voci, *Istituzioni di Diritto Romano*, 3ª ed., § 68, 3, pp. 260/261.

Cap. XXVI · DIREITOS REAIS SOBRE COISA ALHEIA (A ENFITEUSE E A SUPERFÍCIE) | **355**

uindicatio, a *actio confessoria*, a *actio negatoria* e os meios judiciais de defesa dos direitos de vizinhança), bem como dos interditos possessórios.[5]

179. Origem e evolução histórica da enfiteuse[6] – É muito complexa a origem da enfiteuse como direito real sobre coisa alheia. As fontes que possuímos a respeito não nos indicam, de modo seguro, como é que a enfiteuse se originou e evoluiu até o direito justinianeu.

Segundo parece, a enfiteuse do direito justinianeu – que, como vimos atrás, é direito real sobre coisa alheia – decorreu da fusão de duas espécies de arrendamento: o dos *agri uectigales* (arrendamento de origem romana) e o decorrente da concessão do *ius emphyteuticum* e do *ius perpetuum* (arrendamentos originários da parte oriental do Império Romano).

Estudemo-los.

I – *Arrendamento dos "agri vectigales"*

Ager publicus é a denominação que se dava às terras do Estado Romano. Elas assumiam designações diversas conforme fossem distribuídas a particulares (*ager adsignatus*), ou fossem vendidas (*ager quaestorius*), ou, por tolerância do Estado, pudessem ser ocupadas por particulares (*ager occupatorius*), ou fossem arrendadas pelo Estado (*ager uectigalis*).

Portanto, o *ager uectigalis* eram as terras que o Estado Romano, por longo lapso de tempo (cem ou mais anos) ou perpetuamente, arrendava a particulares, que se obrigavam a pagar um *canon* anual (denominado *uectigal*; daí a designação *ager uectigalis*). O mesmo faziam, com relação às suas terras, os municípios e as associações religiosas.

No direito clássico, os jurisconsultos discutiam a natureza jurídica desses contratos. Uns, em virtude da existência do *canon*, entendiam que se tratava de *arrendamento*; outros, em face da longa duração ou da perpetuidade, achavam que ocorria *compra* e *venda*; Gaio (*Inst.*, III, 145) nos informa que, no seu tempo, prevalecera a primeira opinião.

O arrendatário dos *agri uectigales*, que a princípio somente tinha direito pessoal contra o arrendador (Estado, município ou associação religiosa), passou a dispor de direito real sobre o imóvel a partir do momento em que o pretor lhe concedeu, para a

---

5 Os autores não são acordes quanto ao momento em que ocorre a decadência. É predominante a corrente segundo a qual ela ocorre no instante em que se dá sua causa. O *dominus* pode agir, ou não, contra o enfiteuta, e, em caso afirmativo, declarada a decadência, esta se tem como ocorrente desde o momento em que se deu sua causa. Se o *dominus* não exercita seu direito, a enfiteuse não cessa. Quanto à natureza dessa ação, há controvérsia: para uns, é a ação que deriva do contrato enfitêutico (Glück); para outros, é a *rei uindicatio* (Schmid); e Arndts admite a escolha de uma dessas duas ações. Sobre essas questões, *vide Segrè, Dell'Azione di Caducità Promossa contro l'Enfiteuta nel Diritto Romano e nel Diritto Civile Italiano, in Dalla Radice Pandettistica alla Maturità Romanistica – Scritti di Diritto Romano*, p. 417 e segs., Torino, 1974.

6 *Vide* Fuenteseca Degeneffe, *Primera Etapa Histórica del Ius emphyteuticum, in Estúdios Jurídicos in Memoriam del Professore Alfredo Calouge*, I, pp. 375/394, Salamanca, 2002.

defesa de seu direito, *actio in rem* análoga à *rei uindicatio*, e outras ações reais, como a confessória, a negatória e a Publiciana, estendidas *utilitatis causa*.

Por outro lado, enquanto durasse o arrendamento (mesmo que perpétuo) e o possuidor do *ager uectigalis* pagasse o *canon* anual, não poderia ser ele despojado do *ager uectigalis*, tendo, ainda, o direito de transmiti-lo, *inter uiuos* ou *mortis causa*, a terceiros.

II – O "ius emphyteuticum" e o "ius perpetuum"

De acordo com inscrições e papiros greco-egípcios, a Administração Imperial Romana, na parte oriental do Império, dava em arrendamento a particulares, por longo prazo, grandes áreas incultas, que se denominavam *saltus*. Esses contratos tomaram grande incremento a partir de Constantino, talvez em decorrência dos inúmeros confiscos verificados nessa época. Tratava-se de verdadeiras concessões da Administração Imperial, que eram reguladas pela *lex saltus* (ditada pelo imperador), que atribuía ao concessionário (o arrendatário) o direito, transmissível aos herdeiros, de possuir a terra, cultivá-la e adquirir seus frutos. Tudo isso mediante o pagamento de um *canon* anual.

Segundo parece, havia dois tipos de concessões dessa ordem: as que atribuíam o *ius emphyteuticum* e as que concediam o *ius perpetuum*. Não se tem certeza sobre quais as diferenças existentes entre essas duas espécies de concessão. Provavelmente, eram as seguintes:

a) o objeto do *ius emphyteuticum* eram as terras de propriedade privada do príncipe (*patrimonium principis*); o do *ius perpetuum* eram as terras do Estado;

b) o *ius emphyteuticum* se destinava à exploração produtiva da terra (e seu proprietário – o príncipe – podia aumentar o *canon*); já o *ius perpetuum* se destinava, apenas, à obtenção de uma renda fixa (daí o *canon* ser imutável);

c) o titular do *ius emphyteuticum*, tendo em vista a destinação da terra, era obrigado a cultivá-la; o mesmo não ocorria com o titular do *ius perpetuum*; e

d) o *ius emphyteuticum* era temporário (embora com duração por longo tempo); o *ius perpetuum* era perpétuo, e seu titular somente podia ser despojado da terra por disposição especial do imperador.

Essas duas espécies de concessão, nos fins do século IV ou início do século V d.C., se fundem numa só, que se denomina *emphyteusis*, e sua aplicação se estende às terras das cidades, das corporações (sobretudo da Igreja) e, enfim, dos particulares em geral.

Como ocorrera, no direito clássico, com relação à natureza jurídica do arrendamento dos *agri uectigales*, discute-se a natureza jurídica da *emphyteusis*: era compra e venda ou arrendamento? O imperador Zenão[7] resolveu a controvérsia, decidindo que não se tratava de compra e venda nem de arrendamento, mas, sim, de contrato *sui generis*: o contrato de enfiteuse.

---

7   C. IV, 66, 1.

Cap. XXVI · DIREITOS REAIS SOBRE COISA ALHEIA (A ENFITEUSE E A SUPERFÍCIE)

III – *Fusão do arrendamento dos "agri vectigales" e do contrato de enfiteuse*
Justiniano fundiu o arrendamento dos *agri uectigales* e o contrato de enfiteuse numa única instituição: a enfiteuse, como direito real sobre coisa alheia, disciplinada conforme vimos no início deste capítulo.

B) A Superfície

180. Conceito e disciplina da superfície no direito justinianeu – No direito justinianeu, a superfície é direito real, alienável e transmissível aos herdeiros, que atribui a alguém (o superficiário) amplo direito de gozo sobre edifício construído em solo alheio.[8]

O superficiário, com relação ao edifício, tem todos os poderes de proprietário. Apesar disso, a superfície, no direito romano, é *ius in re aliena* (o superficiário, portanto, não é proprietário do edifício), pois, mesmo no tempo de Justiniano, vigorava a regra *superficies solo cedit* (a superfície acede ao solo), pela qual tudo o que é construído sobre o solo pertence ao proprietário deste.[9]

As faculdades do superficiário[10] sobre o edifício são mais amplas do que as do enfiteuta sobre o imóvel, pois aquele não sofre as limitações que existem com referência a este: o superficiário pode, até, destruir o edifício, ou alienar seu direito de superfície à revelia do proprietário do solo, que não tem direito de preferência.

Ao contrário da enfiteuse, não era essencial, para a existência do direito de superfície, o pagamento de uma pensão anual (*solarium*). Tudo dependia do que se estabelecera quando da constituição do direito de superfície, a qual, por ato *inter uiuos*, podia ocorrer

---

8   VOCI (*Istituzioni di Diritto Romano*, 4ª edição, § 76, p. 325, Milano, 1994) sustenta que, no direito romano, não havia direito real de superfície sobre plantações, o que, segundo Salis (*La Superficie*, p. 3, Torino, 1949), só se admitiu no direito intermediário. Essa questão, porém, é controvertida, sendo certo, no entanto, que, nas fontes romanas, não há qualquer alusão a direito de superfície sobre plantação, limitando-se elas ase referir, como objeto dele, a *aedes, aedificia, insulae superficiariae*.

9   Biondi (*Le Servitù Prediali nel Diritto Romano*, p. 72 e segs., Milano, 1946), entre outros, defende a tese de que o superficiário, no direito romano justinianeu, era proprietário da superfícies, ocorrendo uma servidão predial entre o solo e a edificação: o imóvel serviente seria o solo; o imóvel dominante, a edificação. A opinião dominante, no entanto, se manifesta no sentido consignado no texto (assim, por exemplo, Jörs-Kunkel, *Römisches Privatrecht*, 2ª ed., § 90, p. 152; Sohm, *Istitutionen*, 14ª ed., § 71, p. 454 e segs.; Schwind, Römisches Recht, I – *Geschichte, Rechtsgang, System des Privatrechtes*, § 67, p. 240; *Pastori, Prospettiva Storica della Superficie nel Sistema del Diritti*, p. 491, Milano, 1979; e Stizia, *Studi sulla Superficie in Epoca Giustinianea*, p. 110, Milano, 1979).
A propósito dessa controvérsia, *vide*, também, Eduardo Marchi, *A Propriedade Horizontal no Direito Romano*, passim, São Paulo, 1985. Note-se, ademais, que nessa obra, que tem por objeto precípuo o exame da existência, ou não, no direito romano, da propriedade horizontal – questão muito controvertida –, seu autor sustenta a tese de que, já no período clássico, parte da jurisprudência, tendo à frente Labeão, admitia, excepcionalmente e observados certos limites, a propriedade horizontal; no direito justinianeu é que se observa, com apoio em fontes papirológicas, bizantinas e orientais, a tendência de admitir, amplamente e, portanto, sem as restrições impostas no período clássico, a figura da propriedade horizontal.

10   Sobre a natureza da posse do superficiário, *vide* nota 2.

DIREITO ROMANO – *José Carlos Moreira Alves*

por qualquer espécie de convenção entre o proprietário do solo e o superficiário: se a convenção traduzisse compra e venda, não haveria pagamento de anuidades, mas apenas do preço (*pretium*) de aquisição do direito de superfície; se assumisse a forma de doação, não existiria qualquer pagamento por parte do superficiário; o *solarium* a ser pago pelo superficiário somente haveria quando expressamente convencionado pelo proprietário do solo e pelo superficiário.[11]

O direito de superfície se extinguia nos mesmos casos em que a enfiteuse, exceção feita à *decadência*, porquanto, o superficiário não tinha as obrigações que, se não cumpridas pelo enfiteuta, acarretavam a extinção da enfiteuse por decadência.[12]

O superficiário dispunha, para a defesa de seu direito, de uma *actio de superficie in rem*.[13] Eram-lhe estendidos, *utilitatis causa*, os meios de proteção de que se podia valer o proprietário (assim, por, exemplo, a *actio confessoria*, a *actio negatoria*).

181. Origem e evolução histórica da superfície[14] – Nos direitos pré-clássico e clássico, tendo em vista o princípio de que tudo o que é construído sobre solo alheio adere a ele por acessão (*superficies solo cedit*), se alguém construísse, em solo alheio, um edifício, este seria de propriedade do dono do solo.

No entanto, durante o direito clássico, surgiu a necessidade de se permitir a particulares que edificassem em solo público, ficando com o gozo dos edifícios construídos, mediante o pagamento de uma anuidade. Assim ocorria quando os magistrados romanos permitiam a certas pessoas – como, por exemplo, aos banqueiros – que edificassem, ao longo de estradas ou em praças públicas, *tabernae* (lojas) onde exerceriam suas atividades. Conjectura-se – já que os textos silenciam a respeito – que essas concessões se faziam mediante contratos de arrendamento disciplinados pelo direito público.

Tais concessões, que a princípio eram dadas apenas pelo Estado, passaram a sê-lo, depois, pelos municípios e pelos particulares. Os particulares, para dá-las, celebravam, em geral, com a pessoa que iria construir o edifício, contrato de arrendamento, por prazo muito longo, e mediante contraprestação em dinheiro a cargo do arrendatário. Havia,

---

11 A superfície podia constituir-se, também, por adjudicação, por usucapião e por disposição de última vontade.

12 Note-se, porém, que o direito de superfície não se extinguia com a destruição do edifício, se, quando de sua constituição, o superficiário se tivesse reservado o direito de reconstruir.

13 Discute-se se essa *actio de superficie in rem* já existia no direito clássico. Beseler, Baviera e Albertario (cf. Pastori, *Prospettiva Storica della Superficie nel Sistema dei Diritti*, pp. 216-217, Milano, 1979) o negam. Atualmente, porém, ganha terreno a tese de que, ainda no período clássico, o superficiário dispunha dessa *actio* (*vide* Talamanca, *Istituzioni di Diritto Romano*, nº 100, p. 474). Pastori (ob. cit., pp. 216 a 231) sustenta, com forte argumentação, que, no direito clássico, se chegou a admitir a tutela real da superfície quando se tratasse de locação perpétua, mas somente no direito justinianeu é que "a natureza de direito real da superfície corresponde à configuração geral do instituto".

14 Sobre a origem e a evolução histórica do direito de superfície, *vide* Franco Pastori, *Prospettiva Storica del Diritto di Superficie*, in *Studi in Memoria di Guido Donatuti*, II, pp. 871 a 896, Milano, 1973, e *Prospettiva Storica della Superficie nel Sistema dei Diritti*, Milano, 1979.

Cap. XXVI • DIREITOS REAIS SOBRE COISA ALHEIA (A ENFITEUSE E A SUPERFÍCIE)   359

pois, direito pessoal do arrendatário contra o arrendador, embora transmissível – *inter uiuos* ou *mortis causa* – a terceiros.

Mas, por obra do pretor, esse direito, que era pessoal, vai tomar coloração de direito real, quando aquele magistrado concede – a princípio ao concessionário de solo público, e, mais tarde, ao de solo privado – um interdito (o interdito de *superficiebus*, semelhante ao *uti possidetis*)[15] contra quem quer que o turbasse no exercício do seu direito de gozo sobre o edifício; e é plausível que, ao término de um processo evolutivo de elaboração jurisprudencial, se haja outorgado, ainda no período clássico, ao superficiário uma *actio de superficie in rem*, mas apenas na hipótese de a concessão a ele ter sido perpétua (*locatio non ad modicum tempus*).[16]

Possivelmente, o direito clássico não passou daí. Somente no direito justinianeu, como já acentuamos, é que surge a superfície como instituto autônomo, e enquadrada entre os *iura in re aliena*.

---

15   D. XLIII, 18, 1, pr.
16   *Vide* a propósito, Pastori, *Prospettiva Storica della Superficie nel Sistema dei Diritti*, pp. 216 a 231, Milano, 1979.

XXVII

DIREITOS REAIS SOBRE A COISA ALHEIA (PENHOR E HIPOTECA)

> **Sumário: 182.** Conceito e espécies de garantias. **183.** Particularidades do sistema de garantias reais no direito romano. **184.** *Fiducia cum creditore*. **185.** A origem do penhor (*pignus datum*). **186.** A origem da hipoteca (*pignus obligatum*). **187.** Destino da *fiducia cum creditore*, do *pignus datum* e do *pignus obligatum* ou *hypotheca*. **188.** Princípios comuns ao penhor e à hipoteca. **189.** Pluralidade de credores hipotecários.

182. Conceito e espécies de garantias – As garantias são relações jurídicas que se ajuntam a uma obrigação, para assegurar-lhe o cumprimento.

Elas são sempre voluntárias e eventuais.

Sua existência é, em geral, subordinada à de uma obrigação, cujo cumprimento elas garantem. Têm, portanto, quase sempre, caráter acessório.[1]

Os intérpretes do direito romano – e não os jurisconsultos romanos – distinguiram duas espécies de garantia:

a) garantias reais, que são as que garantem o cumprimento de uma obrigação mediante a constituição, em favor do credor, de direito real sobre coisa do devedor; e

b) garantias pessoais, que surgem com a constituição, para garantia do cumprimento de uma obrigação, de outra relação jurídica obrigacional.

Por ora, estudaremos, apenas, as garantias reais.

183. Particularidades do sistema de garantias reais no direito romano – Ao contrário do que ocorre modernamente, as garantias pessoais, no direito romano, eram muito mais utilizadas do que as reais. Daí certas falhas no sistema romano de garantias reais, que hoje se nos afiguram graves – assim, por exemplo, a constituição de hipoteca mediante simples convenção; a falta de segurança na publicidade da hipoteca; a admissibilidade de hipoteca sobre todos os bens, presentes ou futuros, de uma pessoa –, não terem acarretado maiores problemas em Roma.

---

1 Dizemos "têm, portanto, *quase sempre*, caráter acessório", porque há hipóteses em que esse caráter não existe. Basta atentar para a circunstância de que nem todas as causas de extinção da obrigação acarretam a extinção do penhor que a garante: assim, por exemplo, quando a obrigação é extinta pela *litis contestatio* (*vide* nº 129, B), o penhor subsiste (cf. Biondi, *Istituzioni di Diritto Romano*, 3ª ed., p. 427).

362 | DIREITO ROMANO – *José Carlos Moreira Alves*

Por outro lado, há sensível diferença entre o sistema moderno de garantias reais e o romano. Hoje, por via de regra, o penhor tem por objeto coisa móvel, e acarreta, para o proprietário dela (o devedor), o seu desapossamento em favor do credor; já a hipoteca, em geral, tem por objeto coisa imóvel e não acarreta esse desapossamento. Em Roma, como garantias reais vamos encontrar a *fiducia cum creditore*, o penhor (*pignus datum*) e a hipoteca (*pignus obligatum, hypotheca*). A primeira – *fiducia cum creditore* – era a mais antiga delas e a forma mais primitiva de garantia real; demais, como veremos adiante, não era direito real sobre coisa alheia. As duas últimas – penhor e hipoteca – apresentavam, no direito romano, quase como diferença única a de que, no penhor (*pignus datum*), havia o desapossamento da coisa em favor do credor, enquanto na hipoteca (*pignus obligatum*) isso não ocorria. Ambos – penhor e hipoteca – se aplicavam, indistintamente, às coisas móveis e imóveis. Aliás, a semelhança desses dois institutos está retratada na própria designação que as fontes dão a eles: ao penhor, *pignus datum*;[2] à hipoteca, *pignus obligatum*.[3] Em ambas as expressões o substantivo é o mesmo (*pignus*); o adjetivo é que muda: *datum* ou *obligatum*. Só no direito justinianeu é que se torna corrente, para o *pignus obligatum* (hipoteca), a denominação *hypotheca*.

184. *Fiducia cum creditore*[4] – A garantia real mais antiga que se encontra no direito romano é a *fiducia cum creditore*.[5]

A *fiducia cum creditore* era um negócio jurídico pelo qual o devedor, ao transferir a propriedade (por meio da *mancipatio* ou da *in iure cessio*)[6] de uma coisa infungível ao credor, visando a garantir-lhe o cumprimento de uma obrigação, convencionava com

---

2   *Pignus* = coisa objeto do penhor; *datum* = dado, entregue – donde significar que a coisa era entregue, isto é, passava da posse do proprietário para a posse do credor, cujo crédito ela garantiria.

3   *Pignus* = coisa objeto do penhor; *obligatum* = obrigado, vinculado – donde significar que a coisa não passava para a posse do credor, mas que ficava vinculada a ele, como garantia de seu crédito.

4   Sobre a *fiducia* em geral, *vide* nº 230.

5   A opinião dominante é a de que a *fiducia* é a mais antiga forma de garantia do direito romano (assim, dentre outros, Ascoli, *Le Origini dell'ipoteca e L'interdetto Salviano*, p. 1, Livorno, 1889); há autores, no entanto (como Erbe, *Die Fiduzia*, pp. 2-3, Weimar, 1940), que entendem que a mais antiga foi o *pignus*, pois a *fiducia* pessupõe, tendo em vista sua estrutura, desenvolvimento jurídico incompatível com tempos muito remotos. A respeito da origem da *fiducia*, *vide* também, Alan Watson, *The origins of fiducia*, in *Zeitschrift der Savigny-Stiftung für Rechtsgeschichte – Romanistische Abteilung* –, vol. 79 (1962), p. 329 e segs. Sobre as diferentes questões relativas à *fiducia* em geral, e à *fiducia cum creditore* em particular, *vide* Carlo Longo, *Corso de Diritto Romano – La Fiducia*, Milano, 1946; Erbe, *Die Fiduzia in römischen Recht*, Weimar, 1940; Jacquelin, *De la fiducie*, Paris, 1891; Oertmann, *Die Fiducia in römischem Privatenrecht*, Berlin, 1890; e François Geny, *Étude sur la Fiducie*, Nancy, 1835.

6   A *fiducia* somente se constituía por meio da *mancipatio* ou da *in iure cessio*, razão por que apenas era acessível aos cidadãos romanos (Gaio, *Institutas*, II, 65).

Cap. XXVII · DIREITOS REAIS SOBRE A COISA ALHEIA (PENHOR E HIPOTECA) **363**

este, por um pacto (os romanistas o denominam *pactum fiduciae*)[7] a restituição da coisa, quando extinta a relação obrigacional.[8]

Assim sendo, não era a *fiducia cum creditore* um direito real sobre coisa alheia. Com efeito, a coisa dada em garantia do cumprimento da obrigação passava para a propriedade do credor; extinta a obrigação, o credor devia restituí-la, em virtude do *pactum fiduciae*, ao devedor.

Essa garantia real, porém, apresentava inconvenientes não só para o devedor como também para o credor:

a) para o devedor, porque ele tinha de transferir a propriedade da coisa ao credor, não podendo fruí-la enquanto não se extinguisse o débito: além disso, às vezes, o devedor era obrigado a transferir a propriedade de coisa de valor bem superior ao do débito, não podendo, portanto, utilizar-se dela para a obtenção de outros créditos; e, enfim, o devedor, para reaver a coisa, ficava, primitivamente, na dependência exclusiva da vontade do credor, pois não dispunha contra este de uma *actio* (ação) para compeli-lo à restituição da coisa; e, mesmo mais tarde, quando surgiu a *actio fiduciae*, era ela uma ação pessoal contra o credor, razão por que, se este alienasse a coisa a terceiro, em vez de restituí-la, o devedor, pela *actio fiduciae*, podia obter apenas indenização pelo não cumprimento do pacto de restituição da coisa (*pactum fiduciae*), e não a anulação da venda ao terceiro;

b) para o credor, porque, embora com a transferência da propriedade da coisa ficasse ele perfeitamente garantido, se ela recaísse na posse do devedor, este, ao fim de apenas um ano (mesmo se se tratasse de imóvel), recuperaria a propriedade sobre ela, mediante uma modalidade especial de usucapião denominada *usureceptio* (*vide* n° 154, III, B).

É certo que o inconveniente que a *fiducia cum creditore* apresentava para o credor e um dos que ela acarretava ao devedor (privá-lo do uso da coisa) podiam ser remediados se credor e devedor concordassem – o que, por certo, nem sempre ocorreria – em que a coisa continuasse na posse do devedor, a título de precário ou de locação. Assim, o devedor continuava a usar da coisa, e o credor não podia perdê-la pela *usureceptio*, porquanto a posse (ou a detenção) do devedor era a título de precário ou de locação, e não de propriedade.

Mas, para os outros inconvenientes, com relação ao devedor, não havia remédio jurídico.

185. A origem do penhor (*pignus datum*) – Com a finalidade de obviar a esses inconvenientes, surgiu, no direito romano, o penhor (*pignus datum*), modalidade de garantia real em que não há mais a transferência da propriedade da coisa do devedor ao credor, mas, apenas, a transmissão da posse da coisa. No penhor, o devedor continua proprietário da coisa, mas perde a posse dela que passa ao credor, que se torna titular do direito real de penhor (*ius in re aliena*).

---

7   Nas fontes, é ele designado com as expressões *lex pactum* e *pactum conuentum*.

8   Entre as fontes de conhecimento *da fiducia cum creditore*, destacam-se a *formula Baetica* e algumas tábuas enceradas descobertas em Pompéia em 1887 (ambas estão publicadas em Bruns, *Fontes iuris romani antiqui*, 6ª ed., *pars prior-leges et negotia*, p. 221 e segs., Friburgi et Lipsiae, 1893).

364 | DIREITO ROMANO – *José Carlos Moreira Alves*

Esse direito real é de origem recente no direito romano. Ele somente surge no início do século II a.C., quando o pretor dá proteção, mediante interditos, à posse do credor, bem como concede ação – a *actio pigneraticia* – ao devedor, para, extinta a dívida, obter a restituição da coisa, caso o credor não quisesse devolvê-la. Durante todo o direito clássico, o penhor é um instituto do *ius honorarium* (direito honorário ou pretoriano).

Mas, mesmo com o advento do penhor, persistiram dois dos inconvenientes, com relação ao devedor, da *fiducia cum creditore*: com a transferência da posse sobre a coisa, o devedor não poderia usá-la ou fruí-la, e, se ela fosse de valor bem superior ao do débito, não poderia ele dá-la em garantia para realizar outras operações, antes de extinto aquele débito.

186. A origem da hipoteca (*pignus obligatum*) – A terceira – e mais recente – espécie de garantia real que se conheceu no direito romano foi a hipoteca (*pignus obligatum*).

Sua origem é controvertida.[9]

Alguns autores, baseando-se principalmente na denominação *hypotheca*, julgam que a hipoteca passou do direito grego, onde ela existia de longa data, para o direito romano.

Outros vislumbram a origem da hipoteca nos *praedia subdita uel subsignata*, isto é, imóveis que eram dados em garantia a créditos do Estado ou do município, e que, se a dívida não fosse paga, seriam vendidos em favor do *aerarium*. Diziam-se *praedia subsignata* porque o devedor declarava, por escrito, no pé do instrumento do contrato, que o imóvel era dado em garantia.[10] Também os magistrados das cidades davam garantia dessa natureza, pela boa gestão do cargo, ao entrarem no exercício dele.

Segundo tudo indica, essas duas teorias são falhas: a primeira, porque o termo *hypotheca* só aparece nas fontes romanas muito tempo depois de existir em Roma a hipoteca; e a segunda, porque entre a hipoteca e os *praedia subdita uel subsignata* há diferenças substanciais (assim, por exemplo, na hipoteca não existe a *subsignatio* para dar-lhe publicidade), não se conhecendo nenhum texto que se refira à coisa hipotecada como *praedium subsignatum*.

É mais seguida uma terceira teoria que localiza a origem da hipoteca no arrendamento de imóveis rurais. Segundo essa tese, a hipoteca surgiu em virtude de o arrendatário de imóvel rural, para dar em penhor, como garantia do pagamento dos aluguéis, os bens móveis de que ele necessitava para explorar a terra (os *inuecta et illata*, que consistiam em gado, escravos, utensílios, máquinas agrícolas), ter de transferir a posse deles ao locador. Ora, se assim o fizesse, ficando, portanto, sem seus instrumentos de trabalho, como poderia ele explorar o imóvel para auferir meios com que pagasse

---

9   *Vide*, a respeito, Huvelin, *Cours Élémentaire de Droit Romain*, II, p. 364 e segs., e Monier, *Manuel Élémentaire de Droit Romain*, II, n° 231, p. 316.

10   Sobre a *subsignatio praediorum, vide* Herzen, *Origine de l'Hypothèque Romaine*, p. 77 e segs., Paris, 1899.

Cap. XXVII · DIREITOS REAIS SOBRE A COISA ALHEIA (PENHOR E HIPOTECA) | **365**

os aluguéis? Mesmo que o locador lhe permitisse reter os *inuecta et illata* a título de precário, sendo este revogável a qualquer momento, o locatário ficaria à mercê do locador. Para obviar a isso, só havia um caminho a seguir: a admissão de garantia real sem que o devedor fosse desapossado da coisa. E foi a solução. A princípio, admitiu-se que, por simples convenção, os *inuecta et illata* garantissem o pagamento dos aluguéis, embora continuassem na posse do locatário, concedendo o pretor – e isso deve ter ocorrido nos fins da República – um interdito (o *interdictum Saluianum*) ao credor para compelir o devedor, se não pagasse o aluguel, a transferir-lhe a posse dos *inuecta et illata*. Mas esse interdito não garantia suficientemente o credor, pois era dado apenas contra o devedor, e podia ocorrer que este tivesse alienado os *inuecta et illata* a terceiro. Por isso, um pretor de nome Seruius, ainda nos fins da República, criou uma ação real – a *actio Seruiana* – pela qual o credor podia entrar na posse dos *inuecta et illata* estivessem eles em poder ou do locatário, ou de terceiro. Mas interdito Salviano e ação Serviana só eram aplicáveis nos casos de arrendamento de imóveis rurais. Para estender a outros casos essa garantia real sem o desapossamento da coisa, foi preciso que, no meado do século I d.C., se concedesse, *utilitatis causa*, a ação Serviana a todas as espécies de crédito. Essa nova *actio* é denominada, nos textos dos diferentes períodos de evolução do direito romano, *actio Seruiana utilis, actio quasi Seruiana, actio hypothecaria*. Surgiu, assim, em Roma, a hipoteca, com a denominação, nos textos clássicos em geral, de *pignus obligatum* (em contraposição ao *pignus datum*, que era o penhor), e, mais tarde, no direito justinianeu, de *hypotheca*.

187. Destino da *fiducia cum creditore*, do *pignus datum* e do *pignus obligatum* ou *hypotheca* – Mesmo depois de criada a hipoteca, a *fiducia cum creditore* e o penhor continuaram a ser utilizados em Roma como garantia real. Mas a *fiducia* caiu em desuso no decorrer dos séculos IV e V d.C., com o desaparecimento da *mancipatio* e da *in iure cessio*, às quais se apunha o *pactum fiduciae*. Já o penhor subsistiu ao lado da hipoteca até o tempo de Justiniano, embora tenha sofrido fortemente a influência desta: assim, princípios da hipoteca passaram para o penhor, além do que este lhe tomou de empréstimo a ação real que a tutelava. Em virtude disso, muito se aproximaram penhor e hipoteca, embora ainda se distinguissem pela circunstância de que, além de o penhor ser mais utilizado para as coisas móveis, nele havia – ao contrário do que ocorria na hipoteca – o desapossamento da coisa do devedor em favor do credor.

188. Princípios comuns ao penhor e à hipoteca – Tendo em vista que a maioria dos princípios que regem o penhor são os mesmos que disciplinam a hipoteca, nós os estudaremos em conjunto, destacando, quando for o caso, aqueles que só se aplicam a um deles.[11]

---

11 Note-se que, no D. XX, 1, 5, 1, se lê que *inter pignus et hypothecam tantum nominis sonus differt* (entre o penhor e a hipoteca apenas a denominação difere).

DIREITO ROMANO – *José Carlos Moreira Alves*

Passemos à análise da constituição, função, objeto, conteúdo, proteção e extinção do penhor e da hipoteca.

A) *Constituição*

O penhor e a hipoteca podem constituir-se mediante:

a) simples convenção – note-se que o penhor e a hipoteca eram institutos do *ius honorarium* (direito honorário ou pretoriano) – celebrada entre o credor e o devedor; se se trata de penhor, segue-se à convenção (*contractus pigneraticius*) a tradição da coisa; se de hipoteca (que surge, no caso, do *pactum hypothecae*), não; demais, é necessário que o devedor seja proprietário da coisa, ou a tenha *in bonis*, ou seja titular de *iura in re aliena* (assim, a enfiteuse e a superfície) suscetíveis de serem dados em penhor ou em hipoteca;

b) ato *mortis causa* (legado ou fideicomisso);

c) disposição de lei: é o que se denomina penhor ou hipoteca legal, casos que já se encontram no direito clássico (por exemplo, o penhor do locador de uma casa sobre os *inuecta et illata* do locatário), mas que se tornam mais numerosos nos direitos pós- -clássico e justinianeu (quando surge o penhor legal constituído sobre o patrimônio integral do devedor; assim, o do pupilo ou do louco sobre os bens do tutor ou do curador; o da mulher sobre os bens do marido, para garantia da restituição dos bens dotais); e

d) ordem de uma autoridade – no processo extraordinário, uma das modalidades de execução forçada, como vimos, é o *pignus ex causa iudicati solui* (quando o réu condenado não quer cumprir a sentença, o juiz pode determinar a penhora de seus bens, para a venda oportuna em leilão, e o pagamento ao autor com o produto dela).

B) *Função*

Garantir o cumprimento de uma obrigação é a função do penhor e da hipoteca. Em consequência, ambos, em geral, são acessórios da obrigação. Donde decorre que:

a) em regra, só há penhor ou hipoteca se houver uma obrigação cujo cumprimento eles garantam (e se a obrigação é sob condição ou a termo, o mesmo sucede com o penhor ou a hipoteca);

b) extinta a obrigação, extingue-se o penhor ou a hipoteca, salvo em alguns casos raros em que isso não ocorre.[12]

c) as exceções, que podem paralisar o direito de crédito, paralisam também o penhor ou a hipoteca; e

d) ainda que o direito de crédito aumente ou diminua, o penhor ou a hipoteca o seguem, só se extinguindo com a extinção total daquele (e isso porque o penhor e a hipoteca são indivisíveis: enquanto persiste uma parte do direito de crédito, eles perduram na totalidade).

---

12 *Vide* nota 1 acima.

C) *Objeto*

A princípio, quando o penhor somente atribuía ao credor pignoratício o direito de possuir (*ius possidendi*) a coisa, apenas a que podia ser objeto de posse (*coisa corpórea*) é que era suscetível de penhor. Mais tarde – mas ainda no direito clássico –, obtendo o credor pignoratício o *ius distrahendi* (direito de vender o objeto do penhor), tudo aquilo que fosse alienável (inclusive direitos) passou a ser suscetível de penhor.

No direito clássico, portanto, além do penhor sobre coisa corpórea, já se admitia penhor sobre certos direitos: assim, o direito de crédito (*pignus nominis*), o próprio penhor (*pignus pignoris*) e o usufruto. No direito justinianeu também podiam ser objeto de penhor as servidões rústicas, a enfiteuse, a superfície.

Nessas condições, no direito justinianeu, podiam ser objeto de *pignus* (penhor ou hipoteca) as coisas corpóreas e incorpóreas, desde que alienáveis, a saber:

a) coisas corpóreas singulares ou coletivas (as coletivas, porém, somente eram suscetíveis de hipoteca);

b) coisas incorpóreas, sejam direitos reais (usufruto, servidões prediais rústicas – as urbanas não, sem que se saiba o motivo dessa impossibilidade –, a enfiteuse, a superfície e o próprio penhor, sendo que, neste último caso, temos o *pignus pignoris*, denominado pelos autores medievais *subpignus*),[13] sejam direitos pessoais (penhor sobre direito de crédito: *pignus nominis*);

c) todo o patrimônio de alguém, abrangendo os bens presentes e os futuros (é a chamada *hipoteca geral*); e

d) os frutos e as coisas futuras.

Com relação ao penhor sobre coisas incorpóreas, é mister que se deem explicações quanto ao penhor sobre penhor (*pignus pignoris*) e ao penhor sobre direito de crédito (*pignus nominis*). Com referência ao primeiro (*pignus pignoris*), o devedor – segundo parece, pois a matéria é controvertida[14] – dava em *pignus* ao credor o penhor que garantia um crédito seu contra terceiro; o credor garantido pelo *pignus pignoris* tinha direito, caso o devedor não lhe pagasse a dívida, de invocar em seu benefício o penhor que garantia o crédito do devedor contra terceiro, exercendo sobre ele todos os poderes que tinha o devedor; assim, se a dívida garantida pelo primeiro penhor estivesse vencida, podia o credor subpignoratício excutir esse penhor, para pagar-se. Quanto ao segundo (*pignus nominis*), o devedor dava em penhor ao credor um crédito contra terceiro, e, se o devedor não pagasse ao credor pignoratício, este podia alienar o crédito recebido em penhor, ou, caso a dívida correspondente a esse crédito estivesse vencida, exigir para ele o pagamento dela, utilizando-se das mesmas ações que teria seu devedor contra o terceiro.

---

13 Quando o *pignus* tem por objeto o usufruto, ele recai sobre o exercício deste, que era alienável, e não sobre o próprio direito de usufruto, que era inalienável.

14 *Vide*, a propósito, Girard, *Manuel Élémentaire de Droit Romain*, 8ª ed., p. 824, nota 3.

DIREITO ROMANO – José Carlos Moreira Alves

Por outro lado, é de salientar-se que, quando o penhor se estabelece sobre coisa incorpórea, não é ele um *ius in re aliena*, mas, sim, um outro direito de crédito – embora com conteúdo mais restrito do que o daquele de que ele derivou – de que é titular o credor em favor de quem se constituiu a garantia.

D) *Conteúdo*

O conteúdo do penhor ou da hipoteca são as faculdades que esses direitos dão ao seu titular, a saber:

a) o *ius possidendi* (direito à posse) com relação à coisa (no penhor, desde o instante de sua constituição; na hipoteca, a partir do momento em que o débito não é pago);

b) entrando o credor na posse da coisa, o direito de perceber os frutos produzidos por ela, compensando com o seu valor, em primeiro lugar, os juros do débito, e, depois, o próprio capital,[15] e isso a menos que tenha sido celebrado entre o credor e o devedor um pacto – denominado *antichresis* (anticrese)[16] –, pelo qual o credor percebe os frutos da coisa a título, apenas, de pagamento de juros; por outro lado, note-se que o penhor ou a hipoteca, sendo direitos que visam a garantir o pagamento de um crédito, não atribuem ao seu titular na posse da coisa do devedor a faculdade de usar dela, e, se o credor o fizer, incorrerá no delito de *furto do uso*;

c) se a dívida não fosse paga, o credor pignoratício ou hipotecário, a princípio, não tinha o direito de ficar com a coisa dada em garantia, nem de vendê-la, a fim de pagar-se; para isso, era preciso que, quando da constituição do penhor ou da hipoteca, houvesse um pacto entre credor e devedor que desse àquele uma dessas duas faculdades (*pactum de distrahendo pignore*, para poder vender a coisa, sem qualquer formalidade, pagando-se com o produto da venda e restituindo o restante,[17] se houver, ao devedor; e *lex commissoria*, para poder ficar, a título de pagamento, com a coisa dada em garantia); já no direito clássico, porém, se admitia que a faculdade de vender a coisa – *ius distrahendi* – fosse elemento natural do penhor ou da hipoteca, existindo, pois, sem qualquer pacto, mas podendo ser afastado se as partes expressamente o desejassem; quanto à *lex commissoria*, jamais foi considerada elemento natural do penhor ou da hipoteca, e, assim, para o credor ter direito de ficar com a coisa para ele era necessária a existência desse pacto, mas o imperador Constantino,[18] no princípio do período pós-clássico, proibiu a *lex commissoria*, permanecendo válido, no entanto, o pacto pelo qual o credor, não pago, depois de certo espaço de tempo, podia tornar-se proprietário da coisa a título de compra e venda, estimado o justo preço da coisa; e

d) a partir de uma constituição imperial de Gordiano,[19] o credor, mesmo depois de pago o débito em cuja garantia foi dada a coisa em penhor ou em hipoteca, tem a facul-

---

15   Isso apenas no direito pós-clássico (D. XXXVI, 4, 5, 21; C. IV, 24, 1 a 3; e C. VIII, 24, 2).

16   Palavra de origem grega. Em grego, significa "uso de uma coisa por outra".

17   O restante, que se restitui, denomina-se *superfluum, hiperoca*.

18   C. Th. III, 2, 1; e C. VIII, 34 (35), 3.

19   C. VII, 26 (27), 1.

Cap. XXVII · DIREITOS REAIS SOBRE A COISA ALHEIA (PENHOR E HIPOTECA)

dade de retê-la em seu poder (*ius retentionis*) até que o devedor pague outros débitos em favor do credor, mesmo que não garantidos – Gordiano criou, assim, um penhor legal: o *pignus Gordianum*.

E) *Proteção*

Como já salientamos no estudo da origem e evolução da hipoteca, o credor hipotecário para entrar na posse da coisa, se a dívida não tivesse sido paga, dispunha, a princípio, e apenas contra o devedor, do interdito Salviano. Posteriormente, foi concedida a ação Serviana para haver a coisa ou do devedor ou de terceiro (no caso de ela ter sido alienada pelo devedor a este). Mas o interdito Salviano e a ação Serviana só eram utilizáveis em caso de arrendamento de imóvel rural. Daí ter surgido, como extensão *utilitatis causa* da ação Serviana, para abranger todas as espécies de crédito, uma ação nova, denominada *actio Seruiana utilis*, ou *actio quasi Seruiana*, ou *actio pigneraticia in rem*, ou *actio hypothecaria*.

Em caso de penhor, não havia necessidade de ação para o credor entrar na posse da coisa, pois o penhor somente surge com o desapossamento da coisa em favor do credor.

De posse da coisa, tanto o credor pignoratício quanto o hipotecário têm a posse protegida pelo interdito Salviano ou – o que era mais geralmente usado – pela *actio Seruiana utilis*, ou *actio quasi Seruiana*, ou *actio pigneraticia in rem*, ou *actio hypothecaria*. Esses meios de proteção eram utilizados quando o credor pignoratício ou hipotecário perdia, por violência ou clandestinamente, sua posse para o próprio devedor ou terceiro.

Além desses remédios jurídicos, podia o credor pignoratício ou hipotecário utilizar-se, se necessário, dos interditos possessórios ou de outras ações – como a negatória e a confessória –, que lhe foram estendidas *utilitatis causa*.

Já o devedor, se o credor se negasse a restituir a coisa depois de paga a dívida, podia recuperá-la por meio da ação que protege o direito de propriedade: a *rei uindicatio*.

F) *Extinção*

Sendo o penhor e a hipoteca, em regra, direitos acessórios – dependentes do direito de crédito –, podem eles extinguir-se por via principal (isto é, independentemente da extinção do direito de crédito), ou por via acessória (em decorrência da extinção desse direito).

Por via principal, extinguiam-se o penhor e a hipoteca nos seguintes casos:

a) quando a coisa dada em penhor ou hipoteca fosse destruída ou se tornasse inalienável;

b) quando houvesse a renúncia do direito de penhor ou de hipoteca pelo seu titular;

c) quando ocorresse a confusão, ou seja, incidissem na mesma pessoa as qualidades de credor hipotecário ou pignoratício e de proprietário da coisa dada em penhor ou em hipoteca; e

d) por usucapião em favor de terceiro, quando este, com justo título e boa-fé, possuísse a coisa dada em penhor ou em hipoteca, por dez ou vinte anos (entre presentes ou entre ausentes, respectivamente); ou a possuísse, de boa-fé, sem justo título, por trinta ou quarenta anos.

370 | DIREITO ROMANO – *José Carlos Moreira Alves*

Por via acessória, extinguiam-se o penhor e a hipoteca quando a obrigação garantida se extinguisse. Note-se, no entanto, que, a partir da constituição de Gordiano que criou o *pignus Gordianum* (*vide*, neste número, letra D, *in fine*), a extinção somente ocorria quando todos os débitos do devedor para com o credor – mesmo os não garantidos pela coisa – estivessem extintos.

189. Pluralidade de credores hipotecários – Para finalizar, estudemos o problema da pluralidade de credores hipotecários, o qual não ocorre no penhor.

Na hipoteca, não havendo desapossamento da coisa pelo devedor, pode este dá-la em hipoteca a vários credores seus, ou, então, pode dá-la em penhor a um de seus credores, em hipoteca a outros.

Quando uma dessas situações ocorria, a posição dos credores podia ser de igualdade, ou não.

No primeiro caso, cada um dos credores tinha direito a uma quota da coisa hipotecada.

No segundo, vigorava a regra *prior tempore, potior iure* (primeiro no tempo, mais forte no direito), segundo a qual os credores eram colocados em escala decrescente, do mais antigo ao mais recente. Assim, se uma coisa foi hipotecada primeiro a Caio, e, depois, a Tício, este apenas tinha o direito de, se as dívidas não fossem pagas, pagar-se com o produto da venda da coisa, depois de integralmente satisfeito o crédito de Caio. Caio, portanto, podia haver do devedor (por meio de, até, uma das ações que já estudamos) a posse da coisa dada em hipoteca; vendê-la (a princípio, como vimos, se houvesse cláusula concedendo-lhe o *ius distrahendi*; depois, ainda sem ela); e pagar-se. Só se houvesse excesso entre o produto da venda da coisa e o crédito de Caio, Tício teria direito de pagar-se com ele.

Havia, no entanto, algumas exceções à regra *prior tempore, potior iure*. Eram elas as seguintes: a *sucessio in locum*, o *ius offerendi* e as hipotecas privilegiadas.

A *sucessio in locum* ocorria, entre outras hipóteses[20] – continuemos com o exemplo de Caio e Tício –, quando um terceiro, em lugar do devedor, pagava a Caio, sub-rogando-se na garantia hipotecária. Nesse caso, o terceiro passava a ocupar o lugar de Caio, e ficava, então, com um crédito contra o devedor, e crédito cuja garantia hipotecária era considerada anterior à de Tício.

O *ius offerendi* se verificava quando – ainda com o exemplo de Caio e Tício – Tício, se o devedor não houvesse pago a Caio, oferecia, em lugar do devedor, o pagamento. Quer Caio aceitasse – e, nesse caso, como seu crédito fora satisfeito, não haveria razão para que continuasse com a garantia hipotecária –, quer não, a hipoteca de Tício passava a ocupar o lugar da hipoteca de Caio.

---

20 Sobre os demais casos em que ocorria a *sucessio in locum*, *vide* Iglesias, *Derecho Romano*, I, 2ª ed., § 65, p. 294.

Finalmente, as hipotecas privilegiadas são aquelas que, embora constituídas posteriormente a outras não privilegiadas, têm preferência sobre estas. Entre outras, são hipotecas privilegiadas, no direito romano, as seguintes: as que garantem créditos do Fisco; a da mulher sobre os bens do marido, para garantia da restituição do dote; a de quem fornecer dinheiro para a conservação ou melhoria de coisa dada em hipoteca a outras pessoas. Demais, o imperador Leão, no ano 472 d.C. (C. VIII, 17, 11), criou uma hipoteca privilegiada, ao estabelecer que a hipoteca constituída mediante instrumento público, ou instrumento privado com a assinatura de três testemunhas, tem prioridade sobre hipotecas, ainda que constituídas anteriormente, mas que não preencham esses requisitos.

II

DIREITO DAS OBRIGAÇÕES

XXVIII

O CONCEITO DE OBRIGAÇÃO E A SISTEMÁTICA SEGUIDA NA EXPOSIÇÃO DO DIREITO DAS OBRIGAÇÕES

> **Sumário: 190.** Direitos pessoais. **191.** Conceito de obrigação. **192.** A evolução histórica da *obligatio* no direito romano. **193.** Sistemática da exposição.

190. Direitos pessoais – Conforme salientamos (*vide* nº 138), modernamente os direitos patrimoniais se distinguem em *direitos reais* e *direitos pessoais*; os juristas romanos, porém, não conheceram esses dois conceitos, porquanto a distinção que, atualmente, fazemos com base neles, os romanos a faziam no plano processual, com a dicotomia *actio in rem* – *actio in personam* (ação real – ação pessoal).

Estudados, nos capítulos anteriores, os direitos reais, passemos ao exame dos direitos pessoais, isto é, daqueles que, para os romanos, seriam os direitos que, violados, dariam margem à utilização de *actiones in personam*.

Nas relações jurídicas patrimoniais, ao direito pessoal corresponde a obrigação, matéria que – como acentua Saleilles[1] – constitui a obra-prima da legislação romana, e fonte de que se serviram todos os legisladores que a ela se seguiram.

191. Conceito de obrigação – Tanto no direito moderno quanto nas fontes romanas, a palavra *obrigação* (*obligatio*) é empregada, em geral, numa das três seguintes acepções:[2]

---

1   *Étude sur la Théorie Générale de l'Obligation d'après le premier projet de Code Civil pour l'Empire Allemand*, 3ª ed. (*noveau tirage*), § 2º, p. 2, Paris, 1925.

2   Na linguagem comum usa-se o termo *obrigação* para indicar qualquer dever jurídico, moral, religioso ou social.
Nas fontes romanas – como salienta Dernburg (*Pandekten*, II, 6ª ed., § 1, p. 1 e segs., nota 4, Berlin, 1900) –, encontra-se a palavra *obligatio* empregada como:
a) o ato de obrigar-se (D. L, 16, 19);
b) o débito (I. III, 13, pr.);

374 | DIREITO ROMANO – *José Carlos Moreira Alves*

a) relação jurídica obrigacional;

b) dever jurídico de conteúdo econômico;[3] e

c) direito subjetivo correspondente a esse dever jurídico de conteúdo econômico.

Para traduzir cada uma dessas três ideias, podem ser usadas, respectivamente, as expressões *relação jurídica obrigacional, obrigação* (ou *débito*) e *direito de crédito* (ou, simplesmente, *crédito*).

Considerada como *relação jurídica obrigacional*, a obrigação é a relação jurídica pela qual alguém (o devedor, o sujeito passivo) deve realizar uma prestação (isto é, dar, fazer ou não fazer algo), de conteúdo econômico, em favor de outrem (o credor, o sujeito ativo).

Encarada a relação jurídica obrigacional pelo seu aspecto dominante de poder (o direito subjetivo), temos o *direito de crédito* (algumas vezes, como acentuamos, também denominado *obrigação*); já pelo seu aspecto de dever (o dever jurídico), temos o *débito* ou *obrigação*.

Seguindo o uso comum dos autores, empregaremos, neste livro, a palavra *obrigação* para indicar ou a relação jurídica obrigacional ou o dever jurídico de conteúdo econômico,[4] e, para designar o direito subjetivo correlato a esse dever, usaremos as expressões *direito de crédito* ou apenas *crédito*.

192. A evolução histórica da *obligatio* no direito romano – Nas fontes, há dois textos que visam à conceituação da *obligatio*. Um deles – I. III, 13, pr. – a define com relação à pessoa do devedor:

Obligatio est iuris uinculum, quo necessitate adstrigimur alicuius soluendae rei secundum nostrae ciuitatis iura (A obrigação é um vínculo jurídico pelo qual estamos obrigados a pagar alguma coisa, segundo o direito de nossa cidade).[5]

---

3 Se a obrigação, segundo o entendimento dominante, é um dever jurídico de conteúdo econômico, nem todo dever jurídico se caracteriza como obrigação. Em geral, tem-se que o conteúdo econômico é o que distingue um do outro. Mas autores há – assim, por exemplo, Arangio-Ruiz (*Istituzioni di Diritto Romano*, 13ª ed., p. 284) e Arias Ramos (*Derecho Romano*, II, 8ª ed., p. 531, nota 392) – que entendem que o caráter patrimonial não pode servir de elemento de distinção, porque todo dever jurídico que é correlato a um direito patrimonial tem conteúdo econômico, mas nem sempre é obrigação, como, por exemplo, o dever jurídico de todos de se absterem de turbar o direito de propriedade de alguém. Por isso, Arias Ramos (ob. cit., II, pp. 531/532), embora considere que nada essencialmente diferencie a obrigação como dever jurídico dos demais deveres jurídicos, salienta que "se reserva a denominação técnica de *obrigações* para os deveres jurídicos que se desenvolvem fora do âmbito da família e que não se apresentam tampouco como um consequência dos direitos reais".

4 Em regra, quando empregamos impessoalmente a palavra obrigação, estaremos designando, com ela, a relação jurídica obrigacional; quando, porém, dela nos utilizarmos com referência a uma pessoa (o devedor), tomar-la-emos na acepção de dever jurídico de conteúdo econômico (débito).

5 A maioria dos autores considera essa definição clássica, e pretende que seu autor tenha sido o jurisconsulto Florentino. Alguns romanistas, porém, criticam essa tese. Albertario (*Le definizione dell'obbligazione romana*, in *Studi di Diritto Romano*, III, p. 16 e segs., Milano, 1936) entende que

Cap. XXVIII • O CONCEITO DE OBRIGAÇÃO E A SISTEMÁTICA DO DIREITO DAS OBRIGAÇÕES | **375**

O outro – um fragmento atribuído a Paulo, e que se encontra no *Digesto*, XLIV, 7, 3, pr. – a focaliza quanto ao seu objeto (isto é, como veremos adiante, quanto à prestação):

Obligatio num substantia non in eo consistit, ut aliquod corpus nostrum aut seruitutem nostram faciat, sed ut alium nobis obstringat ad dandum aliquid uel faciendum uel praestandum (A essência da obrigação não consiste em nos tornar proprietários ou em nos fazer adquirir uma servidão, mas em obrigar alguém a nos dar, fazer ou prestar alguma coisa).[6]

Até os fins do século passado, os romanistas julgavam que, durante toda a evolução do direito romano – do período pré-clássico ao justinianeu –, o conceito de *obligatio* se mantivera o mesmo que o resultante da interpretação (que vem dos autores medievais) desses textos do *Corpus Iuris Ciuilis*: o de a obrigação ser um vínculo jurídico em virtude do qual o devedor é compelido a realizar uma prestação de conteúdo econômico em favor de outrem. Ao devedor, portanto, incumbiria um dever jurídico – a *obligatio*.

Essa concepção, porém, foi abalada por duas teses que revolucionaram os estudos sobre a *obligatio* romana: a de Brinz, que veio à luz em 1874,[7] e a de Perozzi, publicada em 1903.[8]

Brinz negou à *obligatio* o caráter de dever jurídico, salientando que ela não consistia no dever de realizar uma prestação (dever esse que seria o *debitum*; Schuld, em alemão), mas, sim, na responsabilidade (*obligatio*; Haftung, em alemão) em que se incorria pelo inadimplemento desse dever; por isso, o objeto da obrigação, em vez de ser a prestação (isto é, um dar, um fazer ou não fazer algo), seria, primitivamente, o próprio corpo de devedor, e, mais tarde, o devedor como sujeito de um patrimônio, ou seja, como *pessoa econômica*.

---

os compiladores do *Corpus Iuris Ciuilis* definiram a *obligatio* adaptando um conceito clássico que dizia respeito a contrato verbal cuja obrigação do devedor tinha por objeto prestação de dar.

6   São numerosas as interpolações que os romanistas vislumbram nesse texto. *Vide*, a propósito, o *Index Interpolationum quae in Iustiniani Digestis inesse dicuntur*, tomo III, coluna 351 e segs., Weimar, 1935.

7   Já em 1853, Brinz se ocupava com o conceito de *obrigação*, como o demonstra sua crítica à definição proposta por Savigny, a qual se encontra nos *Kritische Blätter civilistischen Inhalts*, n° 3, pp. 3 a 11, Erlangen, 1853. Mas sua tese célebre só seria exposta no artigo *Der Begriff obligatio*, publicado no vol. I do *Zeitschrift für das Privat und Offentliche Recht der Gegenwart*, pp. 11 a 40. Mais tarde, em 1886, no *Archiv für die Civilistiche Praxis*, vol. 70, p. 371 e segs., Brinz publicou o artigo *Obligation und Haftung*. A propósito, *vide*, também, Cornil, *Debitum et Obligatio-Recherches sur la formation de la notion de l'obligation romaine*, in *Melanges* P. F. Girard, I, p. 199 e segs., Paris, 1912; e Pacchioni, *Concetto e Origini dell'Obligatio Romana*, in Savigny, *Le Obligazioni*, vol. I, trad. Pacchioni, p. 489 e segs., Torino, 1912.

8   O trabalho *Le Obbligazioni Romane* foi lido, como preleção, em 1902, mas publicado apenas no ano seguinte, acrescido de prefácio e notas. Foi ele republicado no vol. II dos *Scritti Giuridici*, p. 313 e segs., Milano, 1948. *Vide*, também, *Instituzioni di Diritto Romano*, II, 2ª ed., § 123, p. 1 e segs.

376 | DIREITO ROMANO – *José Carlos Moreira Alves*

Perozzi não negou que a *obligatio* fosse um dever jurídico; o que ele negou foi que o dever jurídico *obligatio* se distinguia dos demais deveres jurídicos que, tradicionalmente, não se incluíam entre as *obligationes*; para Perozzi, essa distinção não se poderia fazer dogmaticamente, mas, apenas, historicamente – a *obligatio* seria um conceito meramente histórico, surgido (com o caráter de *sujeição* do devedor ao credor) e desaparecido no direito romano, mas que se conservara até nossos dias pela força estática da tradição: a *obligatio* dormiria o sono da morte, encerrada em seu sarcófago romano.[9]

Em virtude da importância dessas teses, examinemo-las mais de perto.

Brinz, estudando a obrigação no direito romano, chegou à conclusão de que ela se decompunha em dois elementos – o *debitum* (débito; *Schuld*) e a *obligatio* (responsabilidade; *Haftung*) – que, além de surgirem em momentos diversos (o *debitum*, desde a formação da obrigação; a *obligatio* só posteriormente, caso o devedor não realize a prestação devida), são substancialmente diferentes: o *debitum* é um elemento não coativo (o devedor é livre para realizar, ou não, a prestação); a *obligatio* é um elemento coativo (se o devedor não realiza a prestação, surge para ele a responsabilidade decorrente do inadimplemento). Esses dois elementos podem referir-se a pessoas diferentes (assim, no antigo direito romano, havia o contrato de *praediatura*, em que o *debitum* cabia ao *manceps*, e a *obligatio* – que surgia se o *manceps*, que era o devedor, não efetuasse a prestação –, a um terceiro, o *praes*, que seria responsabilizado pelo inadimplemento por parte do *manceps*), ou a uma única pessoa (o que, geralmente, ocorria nas obrigações, nos períodos clássico e pós-clássico, nas quais devedor e responsável são uma pessoa só). Para Brinz, portanto, ao lado da *obligatio rei* (como sucede no penhor, em que a coisa empenhada responde pelo débito), existia a *obligatio personae* (primitivamente, era o próprio corpo do devedor que respondia pelo débito; mais tarde, a responsabilidade se deslocou para o patrimônio do devedor), abrangidas ambas num conceito único: *relação pela qual uma coisa ou uma pessoa é destinada a servir de satisfação ao credor por uma prestação*. De onde se verifica que, segundo Brinz, o elemento *responsabilidade patrimonial ou pessoal* não é eventual, nem é subordinado ao elemento *dever de prestação* (*debitum*) – como afirma a doutrina tradicional –, mas exatamente o oposto. Essa tese teve grande aceitação, e vários autores procuraram demonstrar que situação idêntica se verifica em outros direitos antigos (assim, por exemplo, no germânico, no assírio-babilônico, no longobardo)[10] e no próprio direito moderno.[11]

---

9   Sobre a tese de Perozzi, *vide* a lúcida análise de Albertario, *Corso di Diritto Romano – Le Obbligazioni – Parte Generale*, I, p. 59 e segs., Milano, 1936.

10   *Vide*, a propósito, Albertario, *Corso di Diritto Romano – Le Obbligazioni – Parte Generale*, I, p. 67 e segs., Milano, 1936; Pacchioni, *Sul concetto delle Obbligazioni*, in *Studi giuridici dedicati e offerti a Francesco Schupfer*, I, p. 203 e segs., Torino, 1898; e, quanto ao antigo direito germânico, Gierke, *Schuld und Haftung in älteren deutschen Recht*, Breslau, 1910.

11   A respeito, *vide* Pacchioni, *Diritto Civile Italiano, parte seconda (Dei Contratti in Generale)*, volume I (*Delle obbligazioni in generale*), nos 9 e segs.; p.14 e segs., Padova, 1939; e Serpa Lopes, *Curso de Direito Civil*, II, 3ª ed., p. 12 e segs., Rio de Janeiro-São Paulo, 1961.

Cap. XXVIII · O CONCEITO DE OBRIGAÇÃO E A SISTEMÁTICA DO DIREITO DAS OBRIGAÇÕES | **377**

Perozzi partiu da observação de que, dogmaticamente, o conceito de direito das obrigações se confunde com o de direito subjetivo: ambos nada mais são do que a faculdade concedida pelo direito objetivo a alguém de exigir de outrem certo comportamento. Assim sendo, como se explicaria que, tradicionalmente, o direito das obrigações, em vez de ser considerado o próprio direito subjetivo, fosse tido apenas como um dos ramos em que este se dividia? Ou, em outras palavras: por que, tradicionalmente, se distinguia a obrigação dos demais deveres jurídicos? Segundo Perozzi, a resposta a essas indagações se encontra na evolução histórica por que atravessou a *obligatio* no direito romano. Descrevendo-a, procurou Perozzi demonstrar que o conceito de obrigação surgiu nas relações entre as *gentes*, antes mesmo da constituição do Estado Romano. Decorria ela, a princípio, de um delito (*delictum*), pelo qual ficava o ofensor sujeito (*obligatus*) à vingança da vítima; depois, sendo a vingança substituída, em geral, por um acordo (*pactum*) entre vítima e ofensor, no sentido de este indenizá-la pela ofensa, passou a admitir-se que a obrigação (*obligatio*) deriva de um contrato (o acordo entre vítima e ofensor). Nesses tempos primitivos, ao se celebrar o *pactum*, o ofensor oferecia à vítima um terceiro como garante de que o cumpriria. E se o ofensor não cumprisse o pactuado, o terceiro é que seria responsabilizado por isso: o *debitum*, portanto, era do ofensor; a *obligatio* (responsabilidade), do terceiro. A pouco e pouco, porém, esses dois elementos se reuniram na pessoa do ofensor, que passou, assim, a ser garante de si mesmo. Fundado o Estado Romano, e sendo a *obligatio* encarada como situação anormal em que o ofensor ficava sujeito à vingança da vítima (se esta se negasse a celebrar o *pactum*), não mais se admitiu que se criassem outros delitos, que não os já existentes (o *furtum*, o *damnum iniuria datum*, a *iniuria* e os *rei bona rapta*) de que decorressem *obligationes*. O mesmo, porém, não sucedeu com os contratos, de que resultavam, também, *obligationes*; apenas no início do principado é que deixam de ser criados novos contratos, e a partir daí o direito romano não conhece um conceito genérico de *obligatio*, mas, sim, várias *obligationes* específicas, decorrentes dos delitos e contratos que então existiam. O conceito genérico de obrigação (*obligatio*) só iria surgir mais tarde, nos direitos pós-clássico e justinianeu, persistindo a distinção entre *obligatio* e os demais deveres jurídicos unicamente por força da tradição, pois já havia desaparecido a razão histórica da sua existência.[12]

Não obstante ainda haja a respeito muita controvérsia,[13] a maioria dos autores segue, atualmente, as seguintes tendências quanto ao conceito e à natureza da *obligatio* romana:

---

12 Daí, como salienta Perozzi (*Istituzioni di Diritto Romano*, II, 2ª ed., § 123, p. 14, nota 4), ter Justiniano (I, IV, 13, 5) denominado *obligatio* o dever de alguém restituir uma coisa ao proprietário dela, em virtude do direito de propriedade.

13 É extraordinariamente abundante a bibliografia sobre a *obligatio*. Indicaremos, apenas, algumas obras, onde o leitor encontrará amplas indicações bibliográficas: Albertario (*Corso di Diritto Romano – Le Obbligazioni – parte generale*, I, Milano, 1936), Betti (*La Struttura dell'Obbligazione Romana e il problema della sua genesi*, 2ª ed., Milano, 1955), Luzzato (*Sulle Origini e la Natura delle Obbligazioni Romane*, Milano, 1934), Marchi (*Storia e Concetto della Obbligazione Romana, I – Storia dell'Obbligazione Romana*, 1912), Pacchioni (*Delle Obbligazioni in generale*, vol. I da 2ª

a) a tese de Brinz é correta com relação aos tempos primitivos do direito romano, onde casos havia em que a uma pessoa cabia o débito (*Schuld*) e a outra, a responsabilidade (*Haftung*); mas não com referência aos períodos clássico e pós-clássico, quando isso não mais ocorre;

b) a teoria de Perozzi é aceitável no que diz respeito à circunstância de a obrigação romana ter surgido do delito (e só posteriormente do contrato), e à de no direito clássico não haver um conceito genérico de *obligatio*, mas várias *obligationes* específicas; mas é inaceitável no ponto em que pretende que não se possa distinguir o direito das obrigações do direito subjetivo em geral; e

c) no tocante à evolução histórica da obrigação no direito romano, teria sido ela a seguinte:

– quanto ao direito pré-clássico, os romanistas divergem sobre se a obrigação nasceu do delito (essa, a opinião da maioria) ou do contrato,[14] mas concordam em que ela estabelecia, a princípio, não um vínculo jurídico (isto é, *imaterial*), mas um vínculo material, em virtude do qual o devedor respondia pela dívida com o seu próprio corpo;[15] somente depois da lei *Poetelia Papiria* (326 a.C.) é que o patrimônio do devedor passou a responder pelo débito, como sucede no direito moderno;

– com relação ao direito clássico, a maioria dos romanistas defende a tese de que não havia um conceito genérico de *obligatio*, mas algumas relações jurídicas, reconhecidas pelo *ius ciuile*, decorrentes de certos atos lícitos (*contractus*) ou ilícitos (*delicta*), e denominadas *obligationes*; ao lado dessas, outras relações jurídicas havia (às quais os juristas romanos, em geral,[16] não davam o nome de *obligationes*, mas, sim, de *debita*), resultantes de atos lícitos (que não eram reconhecidos pelo *ius ciuile* como *contractus*) ou ilícitos (não capitulados pelos *ius ciuile* entre os *delicta*), as quais eram protegidas pelo pretor com *actiones in factum* ou *actiones ficticiae*; e a razão de não serem essas relações jurídicas consideradas *obligationes* era a seguinte: assim como o pretor não podia criar o *dominium* (propriedade quiritária) ou a *hereditas* (sucessão hereditária), mas apenas situações semelhantes como o *in bonis habere* (a chamada propriedade pretoriana) e a *bonorum possessio* (*vide* nº 310), o mesmo ocorria com a *obligatio* – *dominium, hereditas, obligatio* eram institutos do *ius ciuile*; *in bonis habere, bonorum possessio, debitum*, institutos do *ius honorarium*;[17] e

---

parte – *Diritto delle Obbligazioni* – da obra *Diritto Civile Italiano*, Padova, 1941) e Pastori (*Profilo dogmatico e storico dell'Obbligazione romana*, Milano – Varese, 1951).

14 Nesse sentido, entre outros, Betti (*La Struttura dell'Obligazione Romana e il problema della sua genesi*, 2ª ed., Milano, 1955), Biondi (*Istituzioni di Diritto Romano*, 3ª ed., § 85, p. 326) e De Visscher (*Les Origines de l'Obligation "ex delicto"*, in *Études de Droit Romain*, p. 257 e segs., Paris, 1931).

15 Alguns autores – assim, por exemplo, Huvelin (*Les Tablettes Magiques et le Droit Romain*, in *Études d'Histoire du Droit Commercial Romain*, p. 219 e segs., Paris, 1921; e *Magie et Droit Individuel*, in *L'Année Sociologique*, X – 1905-1906 –, p. 1 e segs.) – procuram demonstrar que a *obligatio*, no campo do direito, surgiu de ideias mágico-religiosas sobre o dever.

16 *Vide*, a propósito, Arangio-Ruiz, *Istituzioni di Diritto Romano*, 13ª ed., p. 288, nota 1.

17 Nesse sentido, Arangio-Ruiz, *Istituzioni di Diritto Romano*, 13ª ed., p. 286 e segs.; e Albertario, *Il Diritto Romano*, p. 178, Milano-Messina, 1940. Contra, Segré, *Obligatio, obligare, obligari nei testi*

Cap. XXVIII · O CONCEITO DE OBRIGAÇÃO E A SISTEMÁTICA DO DIREITO DAS OBRIGAÇÕES | 379

– com referência aos direitos pós-clássico e justinianeu, há a fusão das relações jurídicas *obligatio* e *debitum* (e isso em virtude do desaparecimento da distinção entre o *ius ciuile* e o *ius honorarium*) numa só, denominada genericamente *obligatio*; em face disso, em vez de se conhecerem – como no direito clássico – apenas algumas *obligationes*, passou-se a conceber, nos períodos pós-clássicos e justinianeu, um conceito genérico de *obligatio*: relação jurídica pela qual alguém deve realizar uma prestação, de conteúdo econômico, em favor de outrem.

193. Sistemática da exposição – Estudaremos as obrigações em duas seções distintas.

Na primeira, ocupar-nos-emos dos princípios que podem aplicar-se às diferentes relações obrigacionais, e que formam o que se denomina *teoria geral da obrigação*. Nessa análise, focalizaremos:

a) os elementos da obrigação;

b) suas modalidades;

c) suas causas geradoras (ou fontes);

d) seu conteúdo e seus efeitos;

e) os institutos jurídicos que lhe servem de reforço ou de garantia;

f) os modos por que se transmite; e

g) os fatos jurídicos que a extinguem.

Na segunda, examinaremos as diferentes obrigações, estudando:

a) os contratos;

b) os pactos;

c) a doação;

d) os quase contratos;

e) os delitos;

f) os quase delitos; e

g) as obrigações decorrentes da lei e da promessa unilateral.

---

della giurisprudenza classica e del tempo di Diocleziano, in Scritti Vari di Diritto Romano, p. 249 e segs., Torino, 1952.

A) TEORIA GERAL DAS OBRIGAÇÕES

XXIX

ELEMENTOS ESSENCIAIS E MODALIDADES DAS OBRIGAÇÕES

> **Sumário: 194.** Os elementos essenciais da obrigação. **195.** As diferentes modalidades de obrigações. **196.** Modalidades quanto ao objeto. **197.** Modalidades quanto aos sujeitos. **198.** Modalidades quanto ao vínculo.

194. Os elementos essenciais da obrigação – Na obrigação – cujo conceito, embora fazendo parte obviamente da teoria geral da *obligatio*, já examinamos, para maior clareza de exposição, no capítulo anterior – distinguem-se três elementos essenciais (requisitos), a saber:

a) os sujeitos ativo e passivo;

b) o vínculo existente entre eles; e

c) o objeto da relação jurídica.

Quanto aos sujeitos, encontramos sempre contrapostos, de um lado, o sujeito ativo (que é o titular do direito de crédito), e, do outro, o sujeito passivo (que é aquele a quem incumbe o dever jurídico de conteúdo patrimonial – o débito). Essas duas posições – sujeito ativo e sujeito passivo – podem ser ocupadas, cada uma, por uma ou mais pessoas físicas ou jurídicas. Por isso, há obrigações em que figuram:

a) um sujeito ativo e um sujeito passivo; ou

b) vários sujeitos ativos e um sujeito passivo; ou

c) um sujeito ativo e vários sujeitos passivos; ou

d) vários sujeitos ativos e vários sujeitos passivos.

Modernamente, ao sujeito ativo denominamos *credor*; ao passivo, *devedor*. No direito romano, as palavras *creditor* e *debitor*, a princípio, se limitavam a indicar os sujeitos ativo e passivo na relação obrigacional decorrente do mútuo (empréstimo de coisa fungível – *vide* nº 229); depois, passaram a designar, respectivamente, qualquer credor ou devedor.[1] Por outro lado, o termo *reus* se empregava, indiferentemente, para significar credor ou devedor, mas, em

---

1   Cf. D. L, 16, 11.

virtude das fórmulas da *stipulatio* (contrato verbal solene – *vide* nº 235), começou-se a usar, para a indicação do credor, a expressão *reus stipulandi*, e, para a do devedor, *reus promittendi*.

Com relação ao vínculo existente entre sujeito ativo e sujeito passivo, era ele, a princípio – como já salientamos (*vide* nº 92) –, puramente material (o devedor respondia pela dívida com seu próprio corpo); mais tarde, a partir da lei *Poetelia Papiria* (326 a.C.), passou a ser um vínculo jurídico (isto é, imaterial), respondendo, então, pelo débito, não mais o corpo do devedor, mas seu patrimônio.

Quanto ao objeto da obrigação, é ele – embora haja controvérsia a respeito – considerado tradicionalmente como sendo a *prestação*, cujo conteúdo se traduz num dar, ou num fazer, ou num não fazer algo.[2] As fontes romanas, referindo-se ao conteúdo da prestação, empregam as três seguintes palavras: *dare, facere* e *praestare*. *Dare*, por via de regra, designa a obrigação do devedor de transferir ao credor a propriedade de uma coisa, ou um direito real limitado sobre uma coisa.[3] *Facere*, em geral, indica a obrigação do devedor de realizar um ato qualquer que não transfira direito ao credor (assim, por exemplo, a obrigação de construir um muro), ou de omitir-se (no *facere*, portanto, inclui-se o *non facere*). Com referência ao sentido de *praestare*, há grande divergência entre os autores;[4] segundo parece – e essa tese é defendida, entre outros, por Biondi[5] – *praestare* serve para designar:

a) a assunção de responsabilidade, e isso nos casos em que, tendo o *dare* ou o *facere* se tornado impossíveis por dolo ou culpa do devedor, este, em lugar da prestação originária, passa a dever o valor, em dinheiro, correspondente ao dano causado ao credor (assim, a prestação primitiva é substituída pelo *praestare dolum* ou *culpam*);[6] ou

b) em sentido genérico, qualquer objeto da obrigação, seja um *dare*, seja um *facere*.[7]

Para que a prestação seja válida – do que depende, como é óbvio, a formação da *obligatio* –, é necessário que ela preencha os seguintes requisitos:

---

2 Vários autores entendem que a prestação, em vez de ser *objeto*, é *conteúdo* da obrigação. Para Savigny, o objeto da obrigação se encontra no ato que o devedor deve realizar; Brinz julga que, a princípio, era o próprio corpo do devedor, e, mais tarde, passou a ser seu patrimônio; segundo Hartmann, deve-se eliminar a ideia de prestação, e substituí-la pela de *finalidade, escopo*, porquanto o que distingue a obrigação dos direitos reais é que estes existem independentemente de qualquer escopo, ao passo que aquelas necessitam, para existir, de uma finalidade, subsistindo apenas enquanto ela não se realiza. Sobre o assunto, *vide* Albertario, *Corso di Diritto Romano – Le Obbligazioni – Parte Generale*, I, p. 182 e segs. Milano, 1936; e Espínola, *Sistema do Direito Civil Brasileiro*, vol. II, tomo I, 2a edição, p. 51, nota 22, Rio de Janeiro-São Paulo, 1944.

3 É de notar-se que a coisa devida não é o objeto da obrigação, mas, sim, o objeto da prestação. Daí dizer-se, também, que a obrigação tem dois objetos:
a) o *imediato*, que é a prestação; e
b) o *mediato*, que é a coisa devida, ou seja, o objeto da prestação.

4 A propósito, *vide* Mayr, *Praestare, in Zeitschrift der Savigny-Stiftung für Rechtsgeschichte, Romanistiche Abteilung*, vol. 42, pp. 198/227.

5 *Istituzioni di Diritto Romano*, 3ª ed., § 87, p. 337.

6 Segundo tudo indica, *praestare* deriva de *praes* e *stare* (estar garante).

7 Daí a origem do termo *prestação*, que, no direito moderno, designa qualquer objeto da obrigação.

I – ser possível física e juridicamente (há impossibilidade física quando a prestação diz respeito a coisa que nunca existiu, ou que deixou de existir, ou que não mais pode existir, ou, então, a ato que é impossível de ser praticado por qualquer homem; a impossibilidade jurídica decorre – como salienta Voci[8] – da circunstância de a coisa a que se refere a prestação não poder ser objeto do direito de propriedade de ninguém, ou de já pertencer ao credor; demais, a impossibilidade física ou jurídica da prestação[9] só impede que surja a obrigação quando for *originária* – isto é, já existia no momento da constituição da relação obrigacional –, *objetiva* ou *absoluta* – isto é, que o seja para toda e qualquer pessoa, e não apenas para o devedor – e *total*);

II – ser lícita (não atentar, portanto, contra o direito objetivo, nem contra os bons costumes);

III – ser determinada ou determinável (no momento da formação da obrigação, deve-se saber qual será a prestação – nesse caso, é ela determinada – ou, pelo menos, deve-se estabelecer uma circunstância que irá, posteriormente, determiná-la – e, então, se diz que ela é determinável); e

IV – representar interesse econômico para o credor (ser, portanto, avaliável em dinheiro; sobre esse requisito há muita controvérsia, existindo autores – como, por exemplo, Ihering e Kohler – que defendem a tese de que não é indispensável que a prestação represente interesse econômico para o credor; a maioria dos romanistas, porém, combate essa opinião).[10]

Note-se, finalmente, que, como demonstrou Albertario,[11] no direito romano clássico esses elementos foram rigidamente observados: não surgia a obrigação se a prestação não os contivesse todos. No direito justinianeu, entretanto, admitiram-se algumas exceções. Por isso, acentua Albertario que esses elementos, no direito clássico, eram requisitos da prestação, mas, no direito justinianeu, passaram a ser simplesmente regras susceptíveis de exceção.

195. As diferentes modalidades de obrigações – As obrigações podem apresentar-se sob várias modalidades.

Os juristas romanos não nos deixaram nenhuma classificação dessas modalidades. Desde a Idade Média, porém, os autores, com base nas fontes romanas, têm procurado classificá-las segundo seus elementos essenciais (objeto, sujeitos e vínculo).

Enumeremos – para examiná-las mais adiante – as principais dessas modalidades.

Quanto ao objeto (*prestação*), elas podem ser:

---

8   *Istituzioni di Diritto Romano*, 3ª ed., § 82, p. 325.

9   Sobre a origem da regra *impossibilium nulla obligatio*, vide Rabel, *Origine de la règle: Impossibilium nulla obligatio, in Mélanges Gerardin*, p. 473 e segs., Paris, 1907.

10 *Vide*, a respeito, a ampla refutação de Albertario (*Corso di Diritto Romano – Le Obbligazioni – Parte Generale*, I, p. 278 e segs., Milano, 1936) com base não só nas fontes, mas em argumentos de ordem dogmática; e Giorgi, *Teoria delle Obbligazioni*, I, 6ª ed., § 228, p. 253 e segs., nota 1, Firenze, 1903.

11 *Corso di Diritto Romano – Le Obbligazioni – Parte Generale*, I, p. 315 e segs., Milano, 1936.

384 | DIREITO ROMANO – *José Carlos Moreira Alves*

a) obrigações genéricas;

b) obrigações alternativas;

c) obrigações facultativas; e

d) obrigações divisíveis ou indivisíveis.

Quanto aos sujeitos, classificam-se em:

a) obrigações ambulatórias (também denominadas obrigações *propter* ou *ob rem*, ou obrigações com sujeito variável); e

b) obrigações parciais (outra denominação: obrigações fracionárias), cumulativas ou solidárias.

Quanto ao vínculo, dividem-se em:

a) obrigações civis ou honorárias; e

b) obrigações naturais.[12]

196. Modalidades quanto ao objeto – Analisemos, separadamente, as principais modalidades de obrigações quanto ao objeto (*prestação*).

A) *Obrigações genéricas*

As obrigações genéricas são aquelas que têm por objeto coisa determinada pelo gênero[13] (exemplo: alguém se obriga a entregar a outrem cinco sacos de trigo).

As obrigações genéricas se opõem às obrigações de *species* (estas têm por objeto uma coisa específica; por exemplo: alguém se obriga a entregar a outrem o *escravo* Pânfilo).

Nas obrigações genéricas, como a coisa apenas está determinada pelo gênero, é necessário que ocorra a escolha quanto à qualidade. Na hipótese do exemplo apresentado acima, o trigo pode ser de qualidade melhor, pior ou média. No direito romano, a escolha da qualidade cabe ao devedor, salvo acordo em contrário. Por outro lado, no direito clássico, quem escolhe pode dar (ou exigir, se for o credor) coisa da melhor ou da pior qualidade, a seu alvitre. Já no direito justinianeu, a coisa deve ser de qualidade média (*mediae aestimationis*).

---

12 Além dessas, que são as principais, há outras, como, por exemplo, quanto ao objeto, obrigações positivas (de dar coisa certa ou incerta, de prestação em dinheiro, de fazer algo) e obrigações negativas (de não fazer). Demais, há ainda modalidades acessórias, em que as obrigações se apresentam, acidentalmente, com certas peculiaridades que influem sobre seus efeitos (assim, por exemplo, as obrigações condicionais e as obrigações a termo, isto é, obrigações a que se apõe uma condição ou um termo).

13 Sobre as obrigações genéricas, *vide*, entre outros, Albertario, *Corso di Diritto Romano – Le Obbligazioni – Parte Generale*, I, p. 395 e segs., Milano, 1936; Scialoja, *Tribonianismi in materia di obbligazioni alternative e generiche, in Studi Giuridici*, II, p. 110 e segs., Roma, 1934; Sciascia, *Sulla irretrattabilità della scelta nelle obbligazioni alternative e generiche, in Scritti in Onore di Contardo Ferrini pubblicati in occasione della sua beatificazioni*, II, p. 255 e segs., Milano, 1947; e Vassalli, *Nuove osservazioni sulle obbligazioni alternative e generiche, in Studi Giuridici*, vol. III, tomo I, p. 471 e segs., Milano, 1960. Por outro lado, note-se a seguinte diferença de terminologia entre as ciências naturais e o direito romano: para aquelas, *genus* (gênero) é um conjunto de diferentes espécies (*species*), e *species* (espécie), um conjunto de indivíduos que apresentam caracteres comuns; para o direito romano, o gênero corresponde à espécie das ciências naturais, e a espécie, ao indivíduo.

Cap. XXIX · ELEMENTOS ESSENCIAIS E MODALIDADES DAS OBRIGAÇÕES | **385**

Quanto à extinção das obrigações genéricas, existe o princípio *genus non perit* (o gênero não perece). Assim, em geral, o devedor não se exonera da obrigação pelo perecimento fortuito da coisa, porquanto pode substituí-la por outra do mesmo gênero. Esse princípio, no entanto, não é absoluto, pois o gênero (*genus*) pode ser delimitado pelas partes com maior ou menor flexibilidade (por exemplo: cinco sacos de trigo; ou, mais restritamente, cinco sacos de trigo de certo armazém). Na última hipótese, se todo o trigo existente no armazém perecer por caso fortuito, o devedor fica liberado da obrigação.

B) *Obrigações alternativas*

As obrigações alternativas são aquelas em que o devedor, para liberar-se, deve realizar uma dentre duas ou mais prestações igualmente previstas no vínculo obrigacional (por exemplo: alguém se obriga a entregar a outrem o escravo Pânfilo ou dez moedas).[14]

A escolha da prestação a ser realizada cabe ao devedor, exceto se se estipular que ela será feita pelo credor ou por terceiro. Pode aquele a quem cabe a escolha (devedor ou credor, conforme o caso), em regra,[15] mudar de opinião até o instante do efetivo cumprimento da obrigação. Se, porém, houver demanda judicial, há que distinguir:

a) no direito clássico, se a escolha couber ao credor, pode ele alterá-la até a *litis contestatio* (*vide* nº 129, B); se ao devedor, durante a instância *apud iudicem* (*vide* nº 129, C), mas antes da sentença; e

b) no direito justinianeu, se ela couber ao credor, ele pode mudá-la até a citação (*vide* nº 135, A); se ao devedor, até o momento em que se exerça contra ele a *actio iudicati* (*vide* nº 135, B, *in fine*).

Quando a escolha cabe a terceiro, não há obrigação alternativa, mas, sim, obrigação condicional,[16] pois ela somente surge quando ocorre a condição (ou seja, a escolha pelo terceiro).

Salvo acordo em contrário, o cumprimento parcial da obrigação não extingue o *ius uariandi* (direito de mudar de escolha). Assim, se alguém estiver obrigado a entregar o escravo Pânfilo ou dez moedas, e já entregou duas moedas, pode arrepender-se da escolha, pedir a restituição delas, e entregar o escravo Pânfilo.

Quanto à extinção da obrigação por impossibilidade absoluta de uma das duas prestações a realizar,[17] variaram as soluções no direito clássico e no direito justinianeu:

a) no direito clássico, se uma das prestações se torna impossível, a obrigação se concentra na outra, ficando o devedor (se a escolha couber a ele, e independentemente de ter tido,

---

14 Consulte-se a mesma bibliografia da nota anterior (na obra de Albertario, citada ali, *vide* p. 318 e segs.).

15 Muitas vezes, porém, as expressões empregadas, ao se constituir a obrigação, impedem essa mudança de escolha. *Vide*, a propósito, D. XLV, 1, 112, pr.

16 Cf. D. XLV, 1, 141, 1.

17 No texto, examinamos apenas a hipótese de a obrigação alternativa se referir a duas prestações. Note-se, porém, que as mesmas regras se aplicam quando há mais de duas prestações, e todas, exceto uma, se tornam impossíveis.

386 | DIREITO ROMANO – *José Carlos Moreira Alves*

ou não, culpa) obrigado a efetuá-la; mas se a impossibilidade decorre de culpa do credor, o devedor pode intentar contra ele a *actio legis Aquiliae* para ressarcir-se do dano decorrente da impossibilidade de escolher entre as duas prestações; se, porém, a escolha couber ao credor, ocorrida a impossibilidade por culpa dele ou por caso fortuito, a obrigação se concentra na outra prestação, mas, se ocorrida por culpa do devedor, o credor pode optar entre a prestação que restou e o valor da que não mais pode realizar-se; note-se, finalmente, que, concentrando--se nesses casos a obrigação na outra prestação, se esta, por caso fortuito ou mesmo por culpa do devedor, se tornar também impossível, extingue-se simplesmente a obrigação; e

b) no direito justinianeu, há algumas modificações nessas regras: se a opção cabe ao devedor, e, por caso fortuito ou por sua culpa, uma das duas prestações se torna impossível, pode ele escolher entre efetuar a outra prestação ou pagar o valor da que se tornou impossível; por outro lado, se uma das prestações se torna impossível por culpa do devedor e com a outra, posteriormente, por caso fortuito, ocorre o mesmo, pode o credor intentar contra o devedor uma *actio doli* para ressarcir-se do prejuízo.

Demais, se, por erro, o devedor, em vez de realizar uma das duas prestações, as efetuasse ambas, discutiam os jurisconsultos romanos, no direito clássico, se a escolha da coisa a ser restituída caberia ao devedor ou ao credor (que se tornara o devedor da restituição). Justiniano[18] manifestou-se, segundo parece, pela primeira dessas opiniões.[19]

C) *Obrigações facultativas*[20]

As obrigações facultativas são aquelas em que o devedor está obrigado a realizar apenas uma prestação, mas em que lhe é facultado liberar-se da obrigação efetuando outra prestação.

Nos textos, há vários exemplos de obrigações facultativas. Assim, o D. XXXVI, 2, 19, pr., que alude à hipótese de um testador impor ao herdeiro designado no testamento a seguinte obrigação: *uxori meae penum heres dato; si non dederit, centum dato* (dê o herdeiro à minha mulher as provisões da dispensa; se não as der, dê-lhe cem moedas).

A obrigação facultativa difere, substancialmente, da alternativa. Na facultativa, uma só prestação é devida; a outra é simplesmente uma faculdade do devedor para exonerar-se da obrigação – daí dizer-se (regra que não se encontra, porém, nos textos romanos): *una res in obligatione est, altera in facultate solutionis*. Já na obrigação alternativa há duas ou mais prestações, mas o devedor se desobriga realizando aquela em que recair a escolha.

D) *Obrigações divisíveis e indivisíveis*

As obrigações são divisíveis quando a prestação pode ser fracionada sem se alterar sua função econômico-social; indivisíveis, em caso contrário.[21]

---

18 C. IV, 5, 10, 2.

19 *Vide*, a propósito, Volterra, *Istituzioni di Diritto Privato Romano*, p. 632; e Schwind, *Römisches Recht*, I, p. 254.

20 Grosso (*Obbligazioni – contenuto e requisiti della prestazione, obbligazioni alternative e generiche*, 3a ed., p. 227, Torino, 1966) considera a expressão *obrigação facultativa* não muito feliz, preferindo denominá-la *obrigações cum facultate alternativa*.

21 A complexidade dos problemas relativos a essa classificação – reconhecida desde o tempo dos glosadores – levou o célebre jurisconsulto francês Dumoulin a escrever a obra *Extricatio labyrin-*

Cap. XXIX · ELEMENTOS ESSENCIAIS E MODALIDADES DAS OBRIGAÇÕES | 387

Nos textos romanos, não há critérios abstratos para que se determine quando uma prestação (e, consequentemente, a obrigação) é divisível ou indivisível. Dos diferentes casos práticos a que se referem as fontes, podem extrair-se, pelo menos, diretrizes gerais a respeito, que são as seguintes:

a) as prestações que consistem em *dar* são, em geral, divisíveis;[22]

b) as prestações que consistem em *fazer* podem ser, em regra:

– indivisíveis, quando têm por objeto prestação de atividade unitária que visa a atingir resultado insusceptível de divisão (por exemplo: pintar uma tela a óleo); ou

– divisíveis, quando dizem respeito a obras que se medem por tempo ou por quantidade de trabalho (por exemplo: a obrigação de construir dez metros de muro); e

c) as prestações que consistem em *não fazer* são, geralmente, indivisíveis.

A importância dessa classificação varia se há, na obrigação, unidade de credor e de devedor, ou se há pluralidade de um ou de outro.

Na primeira hipótese, quando a obrigação é divisível, existe a possibilidade de a obrigação ser cumprida por parcelas: no direito clássico, o cumprimento parcelado da obrigação se admite se o credor concordar com ele; no direito justinianeu, se a obrigação é divisível, o credor tem o dever de consentir no seu cumprimento parcelado.[23]

Na segunda hipótese (pluralidade de credores ou de devedores), somente surge o problema de saber se a obrigação é divisível, ou não, quando ela se formou entre um credor e um devedor, e, posteriormente, ocorreu a pluralidade de credores ou de devedores (e isso pode suceder no caso, por exemplo, de o credor falecer, deixando três herdeiros, que passarão a ser, em seu lugar, os credores). Verificando-se essa pluralidade, é preciso distinguir as seguintes situações:

---

thi diuidui et indiuidui, onde, com a formulação de *dez chaves e de três fios como os de Teseu* (na linguagem do autor), tentou vencer as dificuldades do assunto. Ao invés de consegui-lo, sua obra – cujos princípios fundamentais foram resumidos por Pothier (*Traité des Obligations, in Oeuvres*, ed. Bugnet, vol. II, p. 146 e segs.,Paris, 1861) – ainda tornou mais intrincado o labirinto que pretendia desfazer.

22 A divisibilidade a que aludimos no texto não é a divisibilidade física da coisa, mas a jurídica (isto é, a divisibilidade dos direitos que se constituem sobre a coisa); por isso, uma prestação de dar pode ser divisível, embora seu objeto – a coisa – seja fisicamente indivisível, como ocorre na obrigação de transferir a propriedade sobre um escravo: o direito de propriedade pode idealmente dividir-se formando-se um condomínio *pro indiuiso*, embora a coisa materialmente seja indivisível.

Note-se, por outro lado, que a prestação é indivisível quando o *dare* diz respeito à constituição de certos direitos reais limitados como a servidão predial, o direito de uso, o direito de habitação; e isso porque a natureza desses direitos não se coaduna com a divisibilidade ideal.

23 Cf. D. XII, 1, 21, a respeito de cujas interpolações *vide* o *Index Interpolationum quae in Iustiniani Digestis inesse dicuntur*, tomo I, col. 162, Weimar, 1929, e *Supplementum* I, col. 179, Weimar, 1929. Essa norma se explica pelas condições econômicas existentes no tempo de Justiniano.

a) se a obrigação é divisível, cada credor (se a pluralidade for dele) terá direito a uma parte do crédito; ou cada devedor (se a pluralidade ocorrer com relação aos devedores) estará obrigado a realizar parte da prestação; e

b) se a obrigação é indivisível, no direito clássico aplicam-se as mesmas regras das obrigações solidárias (*vide* n° 197, B);[24] no direito justinianeu, porém, em virtude de inovações introduzidas por Justiniano, há princípios que se aplicam às obrigações indivisíveis, mas que não se coadunam com a estrutura das obrigações solidárias – são eles:

I – se há vários credores e um devedor, e um daqueles lhe exige o cumprimento de toda a prestação, o devedor, para realizá-la, pode exigir desse credor que lhe dê caução, com referência ao que excede sua parte, para garantir-se contra os demais credores;

II – se são vários os devedores e um só o credor, e este exige de um daqueles a prestação, o devedor pode solicitar-lhe prazo para chamar os outros devedores a contribuírem com sua parte na prestação; e mesmo que o devedor, sem tomar essa precaução, realize a prestação inteira, tem ele o direito de haver dos demais o valor de suas parcelas na prestação; e

III – quando, em virtude de inadimplemento, a obrigação originária se transforma em obrigação de ressarcir o dano, ela passa de indivisível a divisível.[25]

197. Modalidades quanto aos sujeitos – Passemos ao exame das principais modalidades de obrigações quanto aos sujeitos.

A) *Obrigações ambulatórias*

As obrigações ambulatórias, ou obrigações com sujeito variável, ou obrigações *ob* ou *propter rem* (denominação esta criada pelos autores medievais, pois não há nos textos romanos nome específico para essa modalidade de obrigação), são aquelas em que a posição do credor ou do devedor compete a quem, inicial ou sucessivamente, se acha em determinada relação com uma pessoa ou coisa, e compete enquanto perdura essa relação.[26] Por exemplo: Pânfilo, escravo de Tício, comete um delito e causa prejuízo

---

24 A propósito, *vide* Bonfante, *La solidarietá classica delle obbligazioni indivisibili*, in *Archivio Giuridico*, LXXXV, p. 144 e segs. republicado *in Scritti Giuridici Varii, III (Obbligazioni, Comunione e Possesso)*, p. 368 e segs., Torino, 1926, e Albertario, *Corso di Direitto Romano (Le Obbligazioni – Parte generale)*, I, p. 448 e segs.

25 Autores mais modernos, porém – assim, Pugliese (*Istituzioni di Diritto Romano com la collaborazione di Francesco Sitzia e Letizia Vacca, Parte terza (Il período postclassico e giustinianeo)*, n° 294.3, p. 979, Padova, 1988), Voci (*Istituzioni di Diritto Romano*, 4a ed., p. 420, Milano, 1994) e Talamanca (*Istituzioni di Diritto Romano*, n° 108, p. 527, Milano, 1990) –, são mais cautelosos a esse respeito, ou salientando a dificuldade de se saber da extensão das mudanças feitas no direito justinianeu, por se entender que já os juristas clássicos admitiam, às vezes, que a obrigação do devedor ou o direito do credor se limitasse a uma parte proporcional do débito ou do crédito, ou acentuando que não há solução única no caso de indivisibilidade da obrigação, existindo, como resulta dos textos, diversidade de opiniões entre os juristas clássicos.

26 O direito romano, como salienta Dernburg (*Das Bürgerliche Recht des Deutschen Reichs und Preussens*, III, 3ª ed., § 199, I, p. 579, Halle a. S., 1904), não conheceu os ônus reais (*Reallasten*),

Cap. XXIX · ELEMENTOS ESSENCIAIS E MODALIDADES DAS OBRIGAÇÕES | 389

a Caio; como o escravo não pode ser devedor em seu nome próprio (ele é coisa, e não pessoa física), o proprietário é que será o devedor da quantia correspondente ao dano; assim, enquanto Tício for dono de Pânfilo, ele será o devedor; se, porém, antes de ser ressarcido o prejuízo, o escravo passar à propriedade de outra pessoa, o débito se transmitirá a esta, deixando Tício de ser o devedor.

As obrigações ambulatórias, portanto, são uma exceção à regra de que a obrigação é limitada aos sujeitos entre os quais ela se constitui.

No direito romano, mesmo no tempo de Justiniano, as obrigações ambulatórias eram figuras excepcionais, e existiam em número limitado; eram apenas as reconhecidas pelo direito objetivo, pois não se admitia que a vontade individual criasse outras que não aquelas.[27]

B) *Obrigações parciais, cumulativas e solidárias*

Quando na relação jurídica obrigacional, em vez de um credor e de um devedor, há pluralidade de credores e/ou devedores, isto é, vários credores e um devedor, ou vários devedores e um credor, ou vários credores e vários devedores, as obrigações podem ser:

a) parciais (ou fracionárias);

b) cumulativas (ou solidárias cumulativas); e

c) solidárias (ou solidárias eletivas).

Por outro lado, a pluralidade de credores e/ou devedores pode ser originária (existir desde a formação da obrigação) ou sucessiva (a obrigação surge entre um credor e um devedor, mas, por fato superveniente, ocorre pluralidade de credores e/ou devedores: assim, por exemplo, quando o devedor originário falece, passando o débito para seus herdeiros).

Das três espécies supracitadas de obrigações com pluralidade de sujeitos, as duas primeiras (as obrigações parciais e as cumulativas) não apresentam singularidades que exijam sejam disciplinadas por princípios especiais; a última (as obrigações solidárias), sim.

As obrigações parciais são aquelas em que cada credor tem o direito (no caso de pluralidade de credores), ou cada devedor está obrigado (se a pluralidade for de devedores), a parte da prestação, e não a toda ela. Por exemplo, Tício deve cem moedas a Caio; Tício morre, deixando dois herdeiros aos quais se transmite o débito; cada um destes passará a dever cinquenta moedas a Caio, que, por sua vez, somente poderá cobrar de cada um cinquenta moedas. Em geral (como se vê do exemplo), as obrigações parciais decorrem da sucessão hereditária (já a Lei das XII Tábuas estabelecia que os débitos e

---

que existem nos direitos germânicos, e cujos conteúdo e estrutura são, ainda atualmente, muito controvertidos. *Vide*, a propósito dos ônus reais, Renaud, *Beitrage Zur Theorie der Reallasten*, Stuttgart, 1846: Endemann, *Lehrbuch des* Bürgerliche Rechts, II, 1, 8ª e 9a eds., § 108, p. 672 e segs., Berlin, 1905; Lent, *Sachenrecht*, 8ª ed., § 77, p. 238 e segs., München und Berlin 1960; e Barassi, *I Diritti Reali nel Nuovo Codice Civile*, p. 77 e segs., Milano, 1943.

27 Entre outras – além da hipótese objeto do exemplo dado no texto – eram obrigações ambulatórias: *a*) a obrigação de reparar o muro, quando há uma *seruitus oneris ferendi* (*vide* nº 160); e *b*) a obrigação que cabe ao enfiteuta, ao superficiário ou ao proprietário de pagar os impostos vencidos.

DIREITO ROMANO – *José Carlos Moreira Alves*

créditos do falecido se dividiam, *ipso iure*, entre os coerdeiros), e somente se verificam quando se trata de obrigações divisíveis (*vide* nº 196, D).

As obrigações cumulativas[28] são aquelas que em cada credor (no caso de pluralidade de credores) tem direito, ou cada devedor (na hipótese de pluralidade de devedores) está obrigado a toda a prestação, tantos quantos sejam os credores ou os devedores. Por exemplo: numa obrigação cumulativa em que há um credor e três devedores, sendo a prestação a de pagar cem moedas, cada devedor está obrigado a pagar as cem moedas ao credor, que, portanto, receberá trezentas moedas. No direito romano clássico, a hipótese típica de obrigação cumulativa era a obrigação *ex delicto* (isto é, a obrigação decorrente de ato ilícito): se duas pessoas, em virtude de ato ilícito, causavam prejuízo avaliável em cem moedas a uma terceira, tinha esta o direito de haver de cada um dos culpados cem moedas, recebendo, em consequência, duzentas moedas. Isso ocorria no direito clássico romano, porque esse pagamento tinha o caráter de punição (assim como, modernamente, se duas pessoas praticam um crime, cada uma é condenada a cumprir toda a pena, no direito romano clássico cada culpado pelo ato ilícito era condenado a pagar todo o valor do prejuízo). No direito justinianeu, as obrigações *ex delicto* deixam de ser cumulativas e passam a ser solidárias, às quais nos referiremos a seguir.[29]

As obrigações solidárias[30] são aquelas em que cada credor tem direito (quando há pluralidade de credores), ou cada devedor está obrigado (no caso de pluralidade de devedores), à prestação inteira, não cumulativamente (como nas obrigações cumulativas), mas, sim, eletivamente.[31] Por exemplo: Caio e Tício são credores solidários de Mévio; qualquer um dos dois credores pode exigir o pagamento de Mévio, que, efetuando a prestação solicitada, faz extinguir a relação obrigacional com referência a ambos os credores; ou, então, Caio e Tício são devedores solidários de Mévio, que pode escolher um dos dois para exigir do escolhido o pagamento de toda a dívida, e, feito o pagamento, se extingue a relação obrigacional, ou, finalmente, Caio e Tício são credores solidários de Mévio e Seio, devedores solidários – qualquer um dos dois credores pode escolher um dos dois devedores e exigir o pagamento de todo o débito, e, efetuado o pagamento pelo devedor escolhido ao credor que cobrou, a relação obrigacional entre os quatro (os dois credores e os dois devedores) se extingue.

Quando a solidariedade existe entre os credores, diz-se solidariedade ativa; quando entre os devedores, solidariedade passiva.[32]

---

28 Os romanos se referiam a elas como obrigações *in solidum*.

29 As obrigações cumulativas, no direito romano, também podiam resultar de testamento. Sobre o regime, a respeito, no direito clássico e no direito justinianeu, *vide* Albertario, *Corso di Diritto Romano* (*Le Obbligazioni solidali*), p. 21 e segs., Milano, 1948.

30 Sobre a ampla bibliografia relativa às obrigações solidárias, *vide* Peterlongo, *Intorno all'Unitá o Pluralità di Vincoli nela Solidarietá Contrattuale*, p. 1 e segs., nota 1, Milano, 1941.

31 Sobre se, na obrigação solidária romana, o vínculo é um só, ou se são tantos quantos os devedores ou credores, *vide* Branca, *Unum debitum et plures obligationes, in Studi in onore di Pietro de Francisci*, vol. III, p. 141 e segs., Milano, 1956.

32 Diz-se *mista* a solidariedade quando se conjugam as solidariedades ativa e passiva.

Cap. XXIX · ELEMENTOS ESSENCIAIS E MODALIDADES DAS OBRIGAÇÕES | **391**

Com relação aos diferentes aspectos das obrigações solidárias, vamos estudá-los na seguinte ordem:

a) as fontes da solidariedade;

b) os requisitos da solidariedade;

c) a disciplina das relações entre os devedores solidários e entre os credores solidários; e

d) a extinção da solidariedade.

I – *Fontes da solidariedade*

As obrigações solidárias podem nascer de um contrato, de um testamento ou da lei.

Com relação aos contratos que podem gerar obrigações solidárias,[33] o principal deles, no direito clássico, é a *stipulatio* (*vide* n° 235); além desse, são também fontes de obrigações solidárias os contratos de boa-fé (ou seja, os contratos consensuais e os contratos reais com exceção do mútuo – *vide* n°s 228 e segs., e 241 e segs.). Para que se tenha ideia de como a solidariedade surgia de um contrato como a *stipulatio* (contrato verbal que se celebrava mediante interrogação e resposta, em termos solenes, entre o futuro credor e o futuro devedor), damos, a seguir, estes exemplos:

1. de *solidariedade ativa* (dois credores – como poderiam ser três, quatro, ou mais – e um devedor): um dos credores pergunta ao devedor: *"Spondesne mihi centum dari?"* (Prometes dar-me cem moedas?); em seguida, o outro credor pergunta ao devedor: *"Spondesne mihi eosdem centum dari?"* (Prometes dar-me as mesmas cem moedas?); e o devedor responde a ambos: *"Vtrique uestrum centum dari spondeo"* (Prometo dar cem moedas a um ou a outro de vós); e

2. de *solidariedade passiva* (dois devedores – como poderiam ser três, quatro, ou mais – e um credor): o credor pergunta ao devedor Caio: *"Cai, centum dari spondes?"* (Caio, prometes dar cem moedas?); e ao devedor Mévio: *"Maeui, eosdem centum dari spondes?"* (Mévio, prometes dar as mesmas cem moedas?); e cada devedor separadamente responde: *Spondeo* (prometo); ou, então, ambos respondem ao mesmo tempo: *Spondemus* (prometemos).

Por outro lado, a solidariedade (ativa ou passiva) pode decorrer de um testamento, quando o testador inclui nele um legado *per damnationem* (*vide* n° 347, B). Eis um exemplo de solidariedade ativa: o testador ordena, no testamento, ao seu herdeiro que dê, a título de legado, cem moedas a Caio ou a Tício (os quais, com a morte do testador, se tornarão credores solidários do herdeiro): *Heres meus Caio aut Titio centum dato* (Que meu herdeiro dê cem moedas a Caio ou a Tício).

Finalmente, a solidariedade (ativa ou passiva) pode surgir em virtude da lei. Assim, por exemplo, os delitos, quando cometidos por várias pessoas ou contra várias

---

33 *Vide*, a propósito, Giuseppe Branca, *Intorno alle Fonti della Solidarietà Contrattuale, in Atti del Congresso Internazionale di Diritto Romano e di Storia del Diritto* (Verona, 27-28-29-IX-1948), III, p. 325 e segs., Milano, 1951.

392 | DIREITO ROMANO – *José Carlos Moreira Alves*

vítimas, geram, em virtude de disposição do direito justinianeu, obrigações solidárias (se cometidos por várias pessoas, surge a solidariedade passiva; se contra várias vítimas, a solidariedade ativa).

II – *Requisitos da solidariedade*

São os seguintes os requisitos da solidariedade:

a) pluralidade de credores e/ou devedores;

b) *idem debitum*, ou seja, a identidade de prestação (quanto aos devedores) ou de pretensão (quanto aos credores), embora, com referência a elementos acessórios, possa haver diferença de posição entre os sujeitos; assim, por exemplo, quanto aos devedores, o débito de um pode ser puro, e o de outro sob condição; e

c) *unitas actus* (isto é, que, ao mesmo tempo, sem que haja portanto intervalos, surja a obrigação solidária para todos os codevedores); esse requisito, porém, nem sempre foi exigido no direito clássico e no justinianeu.[34]

III – *Disciplina das relações entre os devedores solidários e entre os credores solidários*

Essas relações variaram no direito clássico e no direito justinianeu.

1 – *No direito clássico*

Nas obrigações solidárias, como já vimos, quando um devedor paga todo o débito e um credor recebe esse pagamento, extingue-se a relação obrigacional entre os vários devedores e os vários credores. Surgem, então, os dois seguintes problemas:

a) Quanto à solidariedade passiva, o devedor que pagou tem o direito de exigir (e a isso se dá a denominação de *direito* ou *ação de regresso*) dos demais codevedores que cada um lhe indenize uma quota proporcional ao débito? Exemplo: se são cinco os devedores solidários de uma dívida de cem moedas, o devedor que paga a totalidade do débito pode cobrar de cada um dos outros quatro uma quota de vinte moedas?

b) Quanto à solidariedade ativa, o credor que recebeu todo o pagamento poderá ser compelido pelos demais credores a entregar a cada um deles uma quota proporcional a todo o crédito? Exemplo: na hipótese de o devedor pagar as cem moedas a um dos cinco credores, os quatro restantes poderão exigir do que recebeu que lhes entregue, a cada um, vinte moedas?

No direito clássico, a resposta a essas indagações é negativa se entre os devedores ou os credores, conforme o caso, não existe uma relação interna de que decorra a obrigação de se fazer o rateio (assim, por exemplo, se os codevedores, ou os cocredores, estão vinculados porque existe, entre eles, um contrato de sociedade, o rateio deverá ser feito, sob pena de os prejudicados moverem, para a obtenção dele, a *actio pro socio* – que decorre daquele contrato – contra os beneficiados com o pagamento do débito; situação semelhante se verifica na hipótese de os cocredores ou codevedores serem coerdeiros e a solidariedade decorrer de testamento relativo a herança comum).

---

34   Cf. Albertario, *Corso di Diritto Romano – Le Obbligazioni Solidali*, p. 36 e segs., Milano, 1948.

Cap. XXIX · ELEMENTOS ESSENCIAIS E MODALIDADES DAS OBRIGAÇÕES | 393

Mas, no próprio direito clássico, certas disposições legais protegeram os cocredores ou codevedores prejudicados, quando não existia entre eles a relação interna a que aludimos, concedendo-lhes os três seguintes *beneficia*:

a) *beneficium cedendarum actionum*, pelo qual, em certas obrigações solidárias, o codevedor que paga todo o débito ao credor tem direito de pedir a este que lhe ceda a ação que protege o crédito, para movê-la contra os codevedores que não quiserem ratear o pagamento;

b) *beneficium diuisionis* (que foi criado pelo imperador Adriano), pelo qual, em certos casos – como, por exemplo, quando a dívida é garantida por vários *sponsores*, *fidepromissores* ou *fideiussores* (*vide* nº 214) –, um dos codevedores tem a faculdade de exigir do credor que, em vez da totalidade da dívida, somente lhe cobre uma quota proporcional ao débito, cobrando as quotas restantes dos demais codevedores; e

c) *beneficium excussionis* ou *ordinis*, segundo o qual o devedor solidário, em certas hipóteses, tem a faculdade de exigir do credor que cobre primeiro de outro codevedor, ficando, portanto, sua responsabilidade em segundo plano, e limitada, apenas, ao que não for pago pelo codevedor; esse *beneficium* só era concedido em casos especiais em que se afigurava injusta a posição de paridade entre os codevedores (por exemplo, o tutor gerente e o tutor não gerente eram tidos como devedores solidários, mas aquele gozava, com relação a este, do *beneficium excussionis* ou *ordinis*).[35]

2 – No direito justinianeu

No direito justinianeu, além de esses *beneficia* terem sua esfera de aplicação alargada (o *diuisionis*, por exemplo, foi estendido aos cotutores), foi admitida a *ação de regresso* (ou *direito de regresso*) com caráter geral, passando, assim, a ser uma consequência da solidariedade. E isso ocorreu porque a solidariedade romana, no tempo de Justiniano, se transformou na *mutua fideiussio* do direito grego, por obra da Novela XCIX. Ora, na *mutua fideiussio* quem pagava o débito por inteiro pagava, em parte, como garante dos demais devedores, razão por que tinha direito de regresso contra eles. Já na solidariedade romana, que vigorava no direito clássico, isso não ocorria: cada devedor o era pelo débito inteiro, e, se o pagasse, pagava o que devia, não tendo direito de regresso, como vimos, contra os demais codevedores.[36]

IV – Extinção da solidariedade

O problema a esse respeito se resume em saber se o modo de extinção da obrigação de um dos coobrigados se estende aos demais. Para sua solução é preciso distinguir:

a) quando o modo de extinção diz respeito à prestação, a obrigação solidária se extingue para todos os coobrigados (assim, o pagamento, a novação, a compensação, a

---

35 Sobre tutor gerente e tutor não gerente, *vide* nº 299, F.

36 *Vide*, a propósito, Bonfante, *Solidarietà o mutua fideiussione, in Scritti Giuridicivarii*, IV, p. 568 e segs., Roma, 1925.

394 | DIREITO ROMANO – *José Carlos Moreira Alves*

acceptilatio, a impossibilidade de efetuar a prestação em decorrência do caso fortuito – *vide* capítulo XXXIV); e

b) quando o modo de extinção diz respeito a situações ou a circunstâncias especiais com relação a um dos coobrigados, a obrigação solidária só se extingue para este, e não para os demais (assim, a *capitis deminutio*, a confusão, a transação, a restituição *in integrum* – *vide* capítulo XXXIV).

Finalmente, é de salientar-se que, no século XIX, fez-se, com base em estudos de dois romanistas alemães (Ribbentrop e Keller), uma distinção que teve grande acolhida: distinguiu-se a obrigação *correal* da obrigação *solidária*. Essa distinção nasceu do fato de que, em face de textos do *Corpus Iuris Ciuilis*, certas obrigações se extinguiam com relação a todos os codevedores quando ocorria a *litis contestatio* na ação movida pelo credor contra um dos devedores, em virtude do não cumprimento da obrigação solidária; ao passo que, com referência a outras obrigações solidárias, a *litis contestatio* não produzia tal efeito, extinguindo-se elas somente quando se realizava o pagamento efetivo do débito. Às primeiras deu-se a denominação de *obrigações correais*; às segundas, *obrigações solidárias*. Modernamente, no entanto, demonstrou-se que essa distinção é falsa, e que aquela diferença de tratamento decorre do fato de que, no direito clássico, a *litis contestatio* extinguia qualquer obrigação solidária para todos os codevedores; no direito justinianeu, porém, a extinção só se verifica com o pagamento efetivo, razão por que os compiladores do *Corpus Iuris Ciuilis* interpolaram os textos clássicos, mas esse trabalho, por negligência ou indiferença deles, não foi perfeito, permanecendo no *Corpus Iuris Ciuilis* textos com a doutrina clássica, ao lado dos interpolados.[37]

198. Modalidades quanto ao vínculo – Examinemos finalmente as modalidades das obrigações quanto ao vínculo.

A) *Obrigações civis e honorárias*

As obrigações civis são as sancionadas por uma *actio* (ação) criada pelo *ius ciuile*; as honorárias (também denominadas pretorianas), aquelas cuja *actio*, que as tutela, foi introduzida pelo pretor.

Nas *Institutas* de Justiniano,[38] salienta-se que essa é a mais importante das classificações da obrigação (*summa diuisio*). Isso é curioso, porquanto no tempo de Justiniano não mais existia a distinção entre o *ius ciuile* e o *ius honorarium*. Por outro lado, as *Institutas* de Gaio (escritas no período clássico, quando o *ius ciuile* se distinguia do *ius honorarium*) não fazem referência alguma a essa classificação.

---

37 Sobre essa distinção, *vide*, entre outros, Ribbentrop, *Zur Lehre von den Correal-Obligationen*, Göttingen, 1831: *Fitting, Die Natur der Correalobligationen*, Erlangen, 1859; Binder, *Die Korrea-lobligationen in römischen und in heutigen Recht*, Leipzig, 1899; Bonfante, *Il concetto unitario della solidarietà, in Scritti Giuridici Varii*, III, p. 209 e segs.,Torino, 1926; e Albertario, *Corso di Diritto Romano – Le Obbligazioni Solidali*, p. 75 e segs., Milano, 1948.

38 III, 13, 1.

Cap. XXIX · ELEMENTOS ESSENCIAIS E MODALIDADES DAS OBRIGAÇÕES | 395

Segundo tudo indica, a omissão das *Institutas* de Gaio se explica pela circunstância de que os jurisconsultos clássicos evitavam denominar *obligationes* as relações obrigacionais reconhecidas apenas pelo *ius honorarium* (às quais aludiam, em geral, com as expressões *debitum, teneri actione*), não tendo cabimento, portanto, que dissessem que as *obligationes* se classificavam em civis e honorárias. No tempo de Justiniano, porém, essa diferença de nomenclatura deixou de existir, perdurando, no entanto, com caráter meramente histórico, a ideia da distinção entre o *ius ciuile* e o *ius honorarium*, donde resultou a classificação das obrigações em civis e honorárias.

B) *Obrigações naturais*[39]

Tradicionalmente, conceituam-se as obrigações naturais como aquelas que, embora desprovidas de *actio* (ação), produzem certos efeitos jurídicos, cujos principais são os seguintes:

a) a *soluti retentio* (retenção do pagamento): se o devedor, que não pode ser compelido a cumpri-la por meio de uma *actio*, a cumpre espontaneamente, não poderá, depois, pretender a restituição do que pagou, pois tem o credor a faculdade de reter o pagamento;

b) em certos casos, a obrigação natural pode ser oposta a uma obrigação civil (expressão aqui usada genericamente para indicar obrigação protegida por *actio*), para efeito de *compensação* (*vide* nº 222, I);

c) admite a novação (*vide* nº 221, VI), sendo, nessa hipótese, substituída por uma obrigação civil (em sentido genérico); e

d) pode ser garantida por garantias pessoais (*vide* nos 213 e 215) ou reais (*vide* nos 182 a 189).

Essa modalidade de obrigação, porém, tem dado margem a imensa controvérsia desde os glosadores até os nossos dias. Duas são as principais causas dessa discussão:

1 – a existência de textos romanos que dão a denominação *obligatio naturalis* a obrigações que são tuteladas por *actiones* (ações); e

2 – a dificuldade em se distinguir quais as obrigações naturais existentes no direito clássico e quais as incluídas nessa categoria no período justinianeu.

---

39 A propósito, *vide*, entre outros, Vazny, *Naturalis Obligatio, in Studi in onore di Pietro Bonfante*, IV, p. 131 e segs., Roma, 1925; Burdese, *La Nozione Classica di Naturalis Obligatio*, Torino, 1955, e *Dubbi in Tema di "Naturalis Obligatio", in Studi in Onore di Gaetano Scherillo*, II, pp. 485 a 513, Milano, sem data; Pacchioni, *Diritto Civile Italiano, parte seconda*, vol. I (*Delle obbligazioni in generale*), 3a ed., p. 165 e segs. Padova, 1941, onde se encontra ampla bibliografia; Perozzi, *Istituzioni di Diritto Romano*, II, 2ª ed. (*reintegrazione*), § 127, p. 33 e segs.; Bonfante, *Il concetto dell'obbligazione naturale, in Scritti Giuridici Varii*, II, p. 30 e segs.,Torino, 1926; Albertario, *Corso di Diritto Romano – Le Obbligazioni (parte generale – obligationes civiles e honorariae – obligationes civiles e obligationes naturales – fonti delle obbligazioni)*, p. 45 e segs., Milano, 1947; Maschi, *La concezioni Naturalistica del Diritto e degli Istituti Giuridici Romani*, pp. 121 e 142, Milano, 1937; e Giovani E. Longo, *Ricerche sull'Obligatio*,Milano, 1962.

Os romanistas modernos têm procurado solucionar esse problema por meio do estudo das interpolações nos textos que aludem às *obligationes naturales*, a fim de determinar a disciplina dessa modalidade de obrigação nos direitos clássico e justinianeu. Mas os resultados a que têm chegado dessa análise ainda não apresentam uniformidade. Exporemos, a seguir, a tese que, em suas linhas gerais, vem conseguindo, a pouco e pouco, impor-se aos mais categorizados autores.

No direito clássico, só se denominavam *obligationes naturales* as relações obrigacionais entre o escravo e seu dono, ou entre aquele e um estranho; bem como as entre *filii familias*, ou entre um *filius familias* e seu *pater familias*.[40] Ora, como ao lado dessas obrigações (que eram desprovidas de *actio*, mas que produziam, pelo menos, alguns dos efeitos jurídicos a que aludimos atrás)[41] havia outras em que o mesmo ocorria, mas às quais não se dava a denominação de *obligationes naturales*, é lícito deduzir que os juristas clássicos não elaboraram um conceito abstrato de *obrigação natural*, mas conheceram apenas algumas *obligationes naturales* concretas.

No direito justinianeu, reconhecendo-se que a *obligatio naturalis* tinha fundamento em princípios inerentes à própria natureza humana (ou seja, em preceitos do *ius naturale*), estendeu-se a denominação *obligatio naturalis* não só a todas as relações obrigacionais que, embora desprovidas de *actio*, podiam produzir certos efeitos jurídicos, mas também a relações obrigacionais que tinham sua fonte no *ius naturale* e que, desde o direito clássico, eram tuteladas por *actiones* concedidas quer pelo *ius ciuile*, quer pelo *ius honorarium*.[42]

Por outro lado, Justiniano foi além, e atribuiu a alguns deveres morais e religiosos, decorrentes dos bons costumes ou de considerações de ordem ética, o efeito da *soluti retentio* (retenção do pagamento). Assim, por exemplo, o liberto que prestava *operae* ao seu patrono, por julgar, erroneamente, que a elas estava obrigado, não podia, ao tomar conhecimento de seu erro, pedir a restituição delas. A esses deveres (que não têm propriamente natureza obrigacional, mas aos quais se atribuía o efeito da *soluti retentio*) dá-se a denominação de *obrigações naturais impróprias*.

---

40 A propósito, *vide* Gradenwitz, *Natur und Sklave bei der naturalis obligatio, in Festgabe der Juristischen Fakultät zu Königsberg für ihrem* Senior Johann Theodor Schirmer, p. 139 e segs., e Mantello, *"Beneficium" Servile – "Debitum" naturale*, I, Milano, 1979.

41 Não se sabe, exatamente, quais desses efeitos já existiam no direito clássico e quais surgiram no período pós-clássico. *Vide*, a propósito, Burdese, *La Nozione Classica di Naturalis Obligatio*, p. 149, Torino, 1955.

42 Siber e Albertario (*vide*, a propósito, deste último, *Il Diritto Romano*, p. 180 e segs., Milano-Messina, 1940) julgam que a diferença da concepção da *obligatio naturalis*, no direito clássico e no direito justinianeu, decorre da circunstância de que a *obligatio naturalis* variou em função da mudança, naqueles dois períodos de evolução, sofrida pelo *ius naturale*. No direito clássico, o *ius naturale* se identifica com o *ius gentium*; daí a *obligatio naturalis* ser a *obligatio* que decorre de negócios jurídicos que podem ser realizados por romanos e estrangeiros (assim, por exemplo, o mútuo, a compra e venda), sendo, como a *obligatio ciuilis*, munida de *actio*. No direito justinianeu, a *obligatio naturalis* deixa de ser uma *obligatio iuris gentium* provida de ação, passando a ser a que decorre do *ius naturale*, distinto do *ius gentium* e do *ius ciuile*; por outro lado, nesse período, às vezes, a *obligatio naturalis* é munida de ação, mas, em geral, não o é.

XXX

AS FONTES DAS OBRIGAÇÕES

> **Sumário: 199.** Noções gerais. **200.** As fontes das obrigações no direito romano. **201.** A evolução, no direito romano, das fontes das obrigações. **202.** Sistemática de exposição.

199. Noções gerais – A expressão fonte da obrigação pode ser empregada, como acentua Stolfi,[1] em dois sentidos:

a) como norma jurídica que dá eficácia ao *uinculum iuris*, requisito da obrigação; e

b) como fato jurídico de que resulta o nascimento da obrigação.

No primeiro sentido, fonte da obrigação é unicamente a norma jurídica (lei em sentido amplo);[2] no segundo, qualquer fato que, sancionado pela ordem jurídica, dê nascimento a uma relação obrigacional.

Em outras palavras, todas as obrigações decorrem *mediatamente* de uma norma jurídica (lei em sentido amplo), e, *imediatamente*, de um fato jurídico (isto é, de um fato voluntário, ou não, a que a *norma jurídica* atribui o poder de fazer surgir uma obrigação). Um exemplo: do contrato de depósito – que é um acordo de vontades pelo qual alguém (o depositante) entrega uma coisa móvel a outrem (o depositário), obrigando-se este a devolvê-la àquele quando solicitado – nasce para o depositário a obrigação de restituir a coisa ao depositante; a *fonte imediata* dessa obrigação é um *fato jurídico voluntário* (o contrato), e a *fonte mediata* é a norma jurídica que estabelece que do contrato de depósito nasce um *uinculum iuris* entre depositário e depositante, pelo qual aquele está obrigado a devolver, quando solicitado, a coisa a este.

Ao estudar-se a teoria das *fontes das obrigações*, toma-se essa expressão no sentido de fato jurídico que dá nascimento à obrigação. Os juristas romanos, para traduzir tal ideia, se utilizavam da expressão *causa obligationum*.

200. As fontes das obrigações no direito romano – Três são as classificações de fontes da obrigação que se encontram nos textos romanos: duas atribuídas ao jurisconsulto Gaio; uma, das *Institutas* de Justiniano. Ei-las:

---

1   *Diritto Civile*, vol. III (*Le Obbligazioni in generale*), § 226, p. 111 e segs., Torino, 1932.

2   A lei em sentido amplo abrange todas as *fontes de produção em sentido amplo do direito objetivo* (*vide* nº 67), como, por exemplo, no direito romano, os *senatusconsultos* e as constituições imperiais.

398 | DIREITO ROMANO – *José Carlos Moreira Alves*

a) Gaio (*Institutas*, III, 88):

Nunc transeamus ad obligationes. Quarum summa diuisio in duas species diducitur: omnis enim obligatio uel ex contractu nascitur uel ex delicto (Agora, passemos às obrigações, cuja principal classificação é em duas espécies: toda obrigação ou nasce de contrato ou de delito);

b) Gaio (*Libro secundo aureorum*) (D. XLIV, 7, 1, pr.):

Obligationum aut ex contractu nascuntur aut ex maleficio aut proprio quodam iure ex uariis causarum figuris (As obrigações ou nascem de contrato ou de delito ou, por certo direito próprio, de várias figuras de causas); e

c) Justiniano (*Institutas*, III, 13, 2):

Sequens diuisio in quattuor species diducitur: aut enim ex contractu sunt aut quasi ex contractu aut ex maleficio aut quasi ex maleficio (A divisão seguinte as classifica em quatro espécies: ou nascem de um contrato ou como de um contrato ou de um delito ou como de um delito).

Verifica-se, portanto, que as três classificações dos textos jurídicos romanos divergem entre si, embora as duas primeiras sejam atribuídas ao mesmo autor – Gaio. Assim, segundo Gaio, nas *Institutas*, são duas as fontes das obrigações: o contrato e o delito; para o mesmo Gaio, porém, no *Liber secundus aureorum*, passam a três: o contrato, o delito, e um terceiro elemento genérico – as várias figuras de causas; e, para Justiniano, são quatro: o contrato, o quase contrato, o delito e o quase delito.

Por outro lado, Gaio, nas *Institutas*, capitula entre os contratos as obrigações contraídas *re, uerbis, litteris* e *consensu* (o que os autores modernos denominam, respectivamente, contratos reais, verbais, literais e consensuais); e, entre os delitos, os quatro seguintes: *furtum, rapina, damnum iniuria datum* e *iniuria*. Além disso, nas obrigações nascidas de contrato, enquadram-se algumas que não decorrem de acordo de vontades, como, por exemplo, as obrigações resultantes da tutela e as do herdeiro com relação ao legatário. Aliás, o próprio Gaio demonstra sentir a imperfeição da classificação que segue (a qual, possivelmente, já existia antes dele), pois, referindo-se à *repetição do pagamento indevido*, como obrigação decorrente de contrato, salienta: *Sed haec species obligationis non uidetur ex contractu consistere, quia is qui soluendi animo dat, magis distrahere uult negotium quam contrahere* (Mas esta espécie de obrigação não parece decorrer de um contrato, porque aquele que dá a coisa com a intenção de pagar antes quer extinguir o negócio do que contraí-lo).[3] Finalmente, observa-se que Gaio somente enquadra entre as *obligationes* (quer *ex contractu*, quer *ex delicto*) as relações obrigacionais reconhecidas pelo *ius ciuile*, e não aquelas admitidas pelo *ius honorarium*, às quais os juristas clássicos denominavam, em geral, *actione teneri* ou *debita*.

Já nos *Aureorum Libri* (que, conjeturalmente, os romanistas identificam com os *Rerum Cottidianarum Libri*),[4] atribuídos ao mesmo Gaio, o enquadramento das obri-

---

3   *Institutas*, III, 91, *in fine*.

4   Cf. Volterra, *Instituzioni di Diritto Privato Romano*, p. 451.

Cap. XXX · AS FONTES DAS OBRIGAÇÕES | **399**

gações, nas fontes de que emanam, é diverso, pois, quanto aos contratos, só se colocam entre eles os acordos de vontade; com relação aos delitos, persistem os quatro aludidos nas *Institutas*; e, nas várias figuras de causas, enquadram-se todos os atos lícitos, geradores de *obligationes*, que não são bilaterais (assim, por exemplo, a tutela, a gestão de negócios), bem como atos ilícitos que o *ius ciuile* não qualifica de *delicta*, mas contra os quais o pretor concede ação à vítima.

Enfim, outro é o panorama nas *Institutas* de Justiniano.[5] Aí, não há mais distinção entre *obligatio* (obrigação tutelada pelo *ius ciuile*) e *actione teneri* ou *debitum* (obrigação tutelada pelo *ius honorarium*), pois elas se fundiram sob a denominação genérica de *obligationes*. Por outro lado, nos contratos, estão os acordos de vontade que geram obrigações; nos quase contratos, os atos lícitos unilaterais de que resultam obrigações; nos delitos – e, nesse particular, conserva-se, por espírito de tradição, o que vinha do direito clássico –, as quatro figuras delituosas a que se referia Gaio em suas *Institutas*; e, nos quase delitos, os atos ilícitos contra os quais, no período clássico, o pretor concedia ação, na ausência de remédio jurídico dessa natureza fornecido pelo *ius ciuile*.

201. A evolução, no direito romano, das fontes das obrigações – Modernamente, os romanistas, embora sejam acordes em explicar a existência dessas três classificações como decorrente de um processo de evolução, divergem na interpretação dele.[6]

Segundo a opinião dominante,[7] a classificação de Gaio, nas *Institutas*, era incompleta, porque abrangia apenas os contratos (acordos de vontade) e os delitos (somente os quatro a que já nos referimos). Mais tarde, Gaio, numa obra, não de ensino, mas destinada à prática (os *Rerum Cottidianarum Libri* ou *Aureorum Libri*), tentou corrigir essa deficiência, criando um terceiro termo – as várias figuras de causas (*uariae causarum figurae*) –, onde agrupou os demais fatos jurídicos geradores de obrigações que não se enquadravam nos contratos nem nos delitos. Finalmente, Justiniano, julgando falha também a segunda classificação de Gaio, porquanto nas *uariae causarum figurae* se reuniam fatos jurídicos heterogêneos, adotou a quadripartição (contrato, quase contrato, delito, quase delito), colocando entre os quase contratos os atos lícitos que não se traduziam em acordos de vontade, e, entre os quase delitos, os atos ilícitos sancionados, no período clássico, pelo pretor. Essa classificação, no entanto, também era imperfeita, uma vez que,

---

5 A quadripartição das fontes das obrigações que se encontra nas *Institutas* de Justiniano se acha também num texto do *Digesto* (XLIV, 7, 5), atribuído a Gaio, o qual, porém, os romanistas, por via de regra, consideram interpolado.

6 Até Savigny, os autores não se preocupavam com esse problema. Savigny (*Le Obbligazioni*, trad. Pacchioni, II, § 51, p. 1, Torino, 1915), porém, supôs – sem atentar para o fato de que a contradição envolvia textos de um mesmo jurista (Gaio) – que a diversidade de classificação decorria de divergência de opiniões entre os jurisconsultos romanos.

7 Nesse sentido, entre outros, Pacchioni (*Diritto Civile Italiano, parte seconda, volume primo – Delle obbligazioni in generale* – p. 259 e segs., Padova, 1941) e Voci (*Istituzioni di Diritto Romano*, 3ª ed., § 78, p. 313 e segs.). Note-se que Voci, embora considerando os *Rerum Cottidianarum Libri* ou *Aureorum Libri* como reelaboração pós-clássica de uma obra de Gaio, entende que a fonte *uariae causarum figurae* é clássica.

400 | DIREITO ROMANO – *José Carlos Moreira Alves*

entre os quase contratos, havia atos que não tinham qualquer analogia com os contratos (assim, a obrigação do herdeiro quanto ao legatário), e não se justificava a distinção entre *delitos* e *quase delitos* numa época em que não mais havia atos ilícitos punidos por ações criadas pelo *ius ciuile*, e outros por ações concedidas pelo pretor.

Essa interpretação dominante é criticada por Albertario.[8] Entende o romanista italiano que a classificação de Gaio, nas *Institutas*, abrangia todas as *obligationes*, pois, no período clássico, apenas duas eram as fontes das obrigações: os *contratos* (*contractus* seria a contração de *negotium contractum*, e significaria negócio jurídico produtor de *obligatio*; daí a *negotiorum gestio*, onde não há acordo de vontades, ser capitulada entre os contratos) e os *delitos* (atos ilícitos geradores de *obligationes*). Assim, durante o período clássico, o contrato independia do acordo de vontades; e o delito, do dolo. Já a classificação tripartida, que se encontra nos *Rerum Cottidianarum Libri*, não era de autoria de Gaio, porque essa obra, em verdade, era uma paráfrase das *Institutas* daquele jurisconsulto elaborada no período pós-clássico, e na qual às categorias *contrato* e *delito* se acrescentou uma terceira: as *uariae causarum figurae*. Finalmente, no direito justinianeu – quando, com a fusão do *ius ciuile* com o *ius honorarium*, o termo *obligatio* passa a designar qualquer espécie de obrigação –, surge a classificação quadripartida, e, então, entre os *contratos* se enquadram apenas os acordos de vontade (por isso, a *negotiorum gestio*, que, nas *Institutas* de Gaio, era um contrato, não se apresenta mais como tal); entre os delitos, somente os atos ilícitos em que há dolo (donde, o *damnum iniuria datum*, que, nas *Institutas* de Gaio, era um delito, deixa de sê-lo, por ausência de dolo); entre os *quase contratos*, os atos lícitos, que não dependem de acordo de vontades (assim, por exemplo, a *negotiorum gestio*); e, entre os *quase delitos*, os atos ilícitos praticados sem dolo (por exemplo, o *damnum iniuria datum*).[9] Mas observa ainda Albertario[10] que a classificação das *Institutas* de Justiniano continua a ser incompleta, não abrangendo todas as fontes das obrigações reconhecidas pelo direito romano: além das quatro aludidas por Justiniano, havia também a *lei* e a declaração unilateral de vontade. Aliás, no *Corpus Iuris Ciuilis*, encontram-se textos – tidos como interpolados[11] – que se referem expressamente à *lex* (tomado esse termo em sentido amplo)[12] como fonte de obrigações.[13]

---

8   *Vide*, especialmente, *Corso di Diritto Romano, Le Obbligazioni, parte generale* (*obligationes ciuiles e honorariae – obligationes ciuiles e obligationes naturales – Fonti delle Obbligazioni*), p. 139 e segs., Milano, 1947.

9   Volterra, *Instituzioni di Diritto Privato Romano*, p. 452, entende que a diferença entre os *delitos* e os *quase delitos* repousa em fundamento puramente histórico: entre os delitos se enquadram os atos ilícitos de que, no período clássico, resultavam, por força do *ius ciuile obligationes*, e, entre os *quase delitos*, os atos ilícitos com relação aos quais o pretor concedia à vítima, contra o ofensor, ação que tinha como objeto a condenação deste ao pagamento de uma quantia a título de pena.

10 Ob. cit., p. 176.

11 Assim, por exemplo, D. XLIV, 7, 52.

12 *Vide* nota 2 deste capítulo.

13 Note-se que, aqui, a palavra *lex* (lei) não se aplica (*vide* nº 199) na acepção de norma jurídica que dá eficácia ao *uinculum iuris*, requisito da obrigação, mas, sim, como *fonte de obrigação no sentido*

Cap. XXX · AS FONTES DAS OBRIGAÇÕES | **401**

202. Sistemática de exposição – O estudo das diferentes fontes das *obligationes* será feito adiante, *na parte especial das obrigações*, quando, então, seguiremos a classificação de Justiniano, acrescida da lei e da declaração unilateral de vontade.

---

de fato jurídico que dá nascimento a relações obrigacionais. Como explicar esse duplo emprego do termo *lex*, ora como fonte mediata, ora como fonte imediata de obrigações? Com a palavra *lex*, como fonte imediata de obrigações, os textos romanos e os autores modernos designam, em realidade, fatos jurídicos que não se enquadram em nenhuma das fontes típicas das obrigações, e dos quais, ainda que não intervenha ato de quem ficará obrigado, mas por força exclusivamente da lei, resultam obrigações. A designação, sem dúvida, é imprópria, pois, como já vimos, a lei é fonte mediata de qualquer obrigação, quer resulte ela imediatamente de um contrato, quer de um desses fatos jurídicos atípicos. Por que, então, na primeira hipótese, se diz que a fonte da obrigação (no sentido de *causa obligationum*, fonte imediata) é um contrato, e, na segunda, em vez de se dizer que é ela o fato jurídico, salienta-se que é a lei? A explicação, que serve tanto para o direito romano quanto para o direito moderno, é esta: não tendo o legislador encontrado uma denominação específica para esses fatos jurídicos atípicos, de que decorrem obrigações, enquadrou essas hipóteses numa categoria genérica sob a denominação de obrigações decorrentes da lei (*ex lege*), como se – o que é inexato nesses casos – a lei fosse, ao mesmo tempo, fonte imediata e mediata da obrigação. Um exemplo, para esclarecer melhor: das relações de vizinhança decorrem certas obrigações para os proprietários dos imóveis vizinhos, como a de reparar, em comum, o muro divisório; ora, ocorrido o simples fato da destruição parcial do muro, sem a intervenção da vontade dos vizinhos, surge para ambos, por força da lei, a obrigação de consertá-lo; e essa obrigação se enquadra entre as decorrerentes da lei, quando, em verdade, a lei é apenas sua fonte mediata, sendo o fato atípico (destruição parcial do muro) a fonte imediata.

XXXI

CONTEÚDO E EFEITOS DA OBRIGAÇÃO

Sumário: 203. O conteúdo da obrigação. **204.** Os efeitos das obrigações. **205.** O não cumprimento da obrigação. **206.** O inadimplemento da obrigação resultante de culpa em sentido amplo. **207.** Caso fortuito, força maior e custódia. **208.** Efeitos do inadimplemento imputável ao devedor. **209.** Mora. **210.** Direito de retenção.

203. O conteúdo da obrigação – Encarada a relação obrigacional pelo seu aspecto dominante de poder (o *direito de crédito*), seu conteúdo, para o credor, consiste no poder de exigir do devedor a prestação. Se a focalizarmos, porém, quanto ao *dever jurídico* (*obrigação, débito*), seu conteúdo, para o devedor, é satisfazer a prestação.[1]

204. Os efeitos das obrigações – Do exame do conteúdo da obrigação decorre que o efeito imediato de toda e qualquer relação obrigacional é a rigorosa satisfação do seu objeto – a prestação. Saleilles[2] chega mesmo a acentuar que todos os efeitos da obrigação se resumem numa só palavra: *execução*.

Se o exato cumprimento da obrigação é o seu efeito imediato, daí resulta que:

a) o devedor, salvo consentimento em contrário do credor, somente se desonera da obrigação se efetuar, com todas as modalidades convencionais, a prestação devida;

b) o devedor deve realizar a prestação ao credor, ou a quem o represente; e

c) o credor pode recusar-se a receber, parceladamente, o que lhe é devido por inteiro.

O direito romano, porém, nem sempre se manteve fiel a essas consequências.

No período justinianeu,[3] admite-se o *beneficium dationis in solutum*,[4] que era uma dação em pagamento (*datio in solutum*) coativa, pela qual o devedor, independentemente do consentimento do credor, se eximia da obrigação; esse *beneficium* se concedia a devedor de quantia certa que, possuindo apenas imóveis, não encontrasse comprador que lhe oferecesse preço justo com que pagasse o débito, motivo por que podia, então,

---

1   Cf. Espínola, *Sistema de Direito Civil Brasileiro*, vol. II, tomo I, p. 227, Rio de Janeiro-São Paulo, 1944. *Vide*, também, nossa nota 2 do capítulo XXIX.

2   *Étude sur la Théorie Générale de l'Obligation d'après le premier projet de Code Civil pour l'Empire Allemand*, 3ª ed. (*nouveau tirage*), nº 14, p. 13 e segs., Paris, 1925.

3   Nov. IV, c. 3; e Nov. CXX, c. 6, 2.

4   A expressão não é romana, mas advém dos intérpretes do direito romano.

DIREITO ROMANO – *José Carlos Moreira Alves*

desobrigar-se com a entrega ao credor de um ou de alguns dos imóveis, pelo valor da avaliação por autoridade competente.

Por outro lado, alguns devedores somente podiam ser condenados *in id quod facere possunt* (naquilo que podem fazer), em virtude do *beneficium competentiae*,[5] cuja função variou no direito clássico e no direito justinianeu. No período clássico, o *beneficium competentiae* visava a evitar a execução pessoal do devedor: assim, se Tício – cujo patrimônio era de quatrocentas moedas – devesse cem moedas a Caio (com relação a quem gozava do *beneficium competentiae*) e trezentas e oitenta moedas a Mévio (com referência ao qual não se estendia o mesmo *beneficium*), pagaria as trezentas e oitenta moedas a Mévio, e Caio teria de contentar-se em receber as vinte moedas restantes, porque, gozando Tício do *beneficium competentiae* em relação a Caio, não poderia ser condenado, judicialmente, a pagar mais do que seu patrimônio permitia. No direito justinianeu, modifica-se a função do *beneficium competentiae*: o devedor que dispõe dele contra o credor não pode ser privado, para o cumprimento integral da obrigação, dos meios indispensáveis à sua subsistência. Entre outros, gozavam do *beneficium competentiae*:[6]

a) os soldados, com relação a todos os credores;

b) os ascendentes, os patronos e os maridos, com referência, respectivamente, aos descendentes, aos libertos e às mulheres;

c) o sócio, quanto a outro sócio, em se tratando de débitos decorrentes da sociedade;

d) o doador, com relação ao donatário, pelo cumprimento da doação.

Um rescrito de Marco Aurélio[7] – o qual introduziu, no direito romano, instituto que apresenta semelhança com a moderna concordata, em direito comercial – determinou que, quando o herdeiro, cuja herança fosse muito onerada de débitos, celebrasse, com os credores que representavam a maioria dos créditos (em valor, e não em número), pacto pelo qual eles consentissem em reduzir as quantias a que faziam jus, tal pacto, por decreto do pretor, se estenderia[8] aos credores ausentes e aos que com ele não tivessem concordado.

205. O não cumprimento da obrigação – Pode suceder que não se verifique o efeito imediato de uma obrigação, isto é, que não haja a rigorosa satisfação de seu objeto. Nessa hipótese, ocorre o *inadimplemento da obrigação*:

a) ou porque o devedor, embora possa realizar a prestação, não quer fazê-lo;

b) ou porque o devedor não pode efetuar a prestação, por se ter tornado, objetiva e totalmente, impossível.[9]

---

5   *Vide*, a propósito, Voci, *Instituzioni di Diritto Romano*, 3ª ed., p. 360 e segs.

6   *Vide*, a respeito, *Inst.*, IV, 6, 38. Note-se, ainda, que o *beneficium competentiae* apenas reduz a condenação; por isso, se o devedor, posteriormente, aumentar seu patrimônio, estará obrigado a solver a parte do débito que não foi paga.

7   D. II, 14, 8 a 10.

8   Essa extensão é atribuída por Guarino a Justiniano (*vide*, a respeito, Biondo Biondi, *Instituzioni di Diritto Romano*, 3ª ed., p. 406, nota 16, onde este autor salienta que, anteriormente, já havia duvidado do classicismo dela).

9   E não quando ocorre, apenas, dificuldade ou impossibilidade relativa à pessoa do devedor.

Cap. XXXI · CONTEÚDO E EFEITOS DA OBRIGAÇÃO | **405**

No primeiro caso, o devedor é sempre responsável pelos danos causados ao credor; no segundo, somente o será se a impossibilidade decorrer de ato ou omissão imputável a ele (*culpa em sentido amplo*, que abrange o *dolo* e a *culpa em sentido restrito*). O mesmo não ocorre, por via de regra, se a impossibilidade resultar de ato ou fato que não lhe seja imputável (*casus, casus fortuitus, uis maior*), quando, então, a relação obrigacional se extingue, desobrigando-se dela o devedor.

Por outro lado, pode suceder que o devedor não realize a prestação no tempo devido. Esse retardamento, em geral, se verifica ou porque o devedor não tenha satisfeito a prestação no tempo devido, ou porque o credor se tenha recusado a receber a prestação. Na primeira hipótese, ocorre a *mora debitoris*; na segunda, a *mora creditoris*. Em ambos os casos, a parte em mora (seja o devedor, seja o credor) é responsável pelos danos causados, com sua atitude, à outra parte. Por vezes, no entanto, a lei admite que o devedor, na defesa de seus direitos, retenha, sem incorrer em mora, a prestação a ser feita – é o que sucede quando há *direito de retenção*.

Examinaremos, a seguir, no direito romano,[10] as situações descritas:

a) o inadimplemento da obrigação resultante de ato ou omissão voluntária do devedor (culpa em sentido amplo, que abrange o dolo e a culpa em sentido restrito);

b) o inadimplemento da obrigação ocasionado por ato ou fato não imputável ao devedor (caso fortuito ou força maior);

c) a *mora debitoris*;

d) a *mora creditoris*; e

e) o direito de retenção.

Antes, porém, de estudá-las, é preciso fazer uma observação. O inadimplemento culposo (culpa em sentido amplo) não se enquadra na categoria dos delitos ou na dos quase delitos civis – isto é, aquelas que abrangem atos ilícitos que, em virtude da lei, geram a obrigação, para quem os praticou, de pagar uma pena privada (pena de conteúdo patrimonial) à vítima. Quando há o inadimplemento de uma obrigação, o que ocorre não é o nascimento de outra relação obrigacional, mas, apenas, a transformação da existente. Os atos ilícitos (e, note-se, a respeito deles os romanos não formularam uma noção abstrata), que são aqueles de que decorre para o autor a obrigação de indenizar, extracontratualmente, a vítima, serão estudados mais adiante, quando, nos capítulos XLIV e XLV, analisarmos os *delitos* e os *quase delitos*, que apresentam elementos de natureza objetiva e subjetiva:

I – *de natureza objetiva*

a) contrariedade ao direito (isto é, ato contrário às determinações do direito objetivo);

b) prejuízo da vítima; e

c) relação de casualidade entre o ato e o prejuízo;

---

10 Como se verá nos números seguintes, toda essa matéria é objeto de grande controvérsia entre os romanistas.

DIREITO ROMANO – José Carlos Moreira Alves

II – *de natureza subjetiva*

a) imputabilidade; e, em geral,

b) culpabilidade (em sentido amplo).

206. O inadimplemento da obrigação resultante de culpa em sentido amplo – A culpa em sentido amplo – isto é, a violação, imputável a alguém, de um dever jurídico, em decorrência de fato intencional, ou de falta de diligência – abrange:

a) o dolo – quando essa violação é intencional, deliberada; ocorre, na relação obrigacional, toda vez que o devedor assume, voluntariamente, atitude que impede o exato cumprimento da obrigação, ou que torna impossível a prestação; os romanos, em geral, designavam o dolo com a expressão *dolus malus*; e

b) a culpa em sentido restrito – quando tal violação decorre de negligência; é a falta voluntária do cuidado necessário para que se evite o inadimplemento de uma obrigação preexistente (e, nesse caso, se diz *culpa contratual*)[11] ou a lesão de direto real ou pessoal (hipótese em que se diz culpa *extracontratual*, também denominada *culpa aquiliana*, porque a lei romana que reprimiu a culpa extracontratual foi a *Lex Aquilia* – *vide* número 267).[12]

Com relação à *culpa* (em sentido restrito) *contratual*,[13] ela pode apresentar graus, conforme seja de maior ou de menor intensidade:

a) *culpa lata*: quando há negligência extrema do devedor, que ou não usa da mais elementar cautela, ou não prevê o que é previsível por todos; e

b) *culpa leuis*: que pode ser *in abstracto* (quando o devedor não se utiliza da diligência do *bonus pater familias* – tipo médio de *pater familias*), ou *in concreto* (quando, para se apurar se o devedor agiu com culpa em sentido restrito, se confronta sua atuação, não com um tipo abstrato como o *bonus pater familias*, mas, sim, com a atitude que o próprio devedor toma com relação às suas coisas ou aos seus interesses).

Os autores medievais ainda distinguiam outro grau de culpa: a *culpa leuissima* (nesse caso, o devedor, para não incorrer nela, necessita de agir com cuidado meticuloso, ou de prever fatos somente previsíveis por indivíduos muito atilados). Esse grau de culpa, porém, não é referido nos textos romanos, que aludem, apenas, à *culpa lata* e à *culpa leuis*.

Por outro lado, e conforme a culpa se manifeste no fazer ou no omitir-se, no escolher ou no vigiar, distingue-se a culpa em *culpa in faciendo* e *culpa in non faciendo* (também denominada *culpa in omittendo*), *culpa in eligendo* e *culpa in uigilando*.[14]

* * *

---

11 Observam os autores que essa expressão, embora tradicional, é imprópria, pois nem sempre a obrigação preexistente decorre de contrato (ela pode resultar, por exemplo, de um quase contrato ou de declaração unilateral de vontade – *vide* nos 256 e segs., e 274).

12 Essa distinção é combatida modernamente (*vide*, a propósito, Serpa Lopes, *Curso de Direito Civil*, II, 3ª ed., nº 315, p. 421 e segs., Rio de Janeiro-São Paulo, 1961).

13 O mesmo não ocorre com a culpa extracontratual.

14 Em direito romano, por via de regra, o devedor, quando se utiliza de outra pessoa para cumprir a obrigação, que, por culpa desta, não pode ser executada por se ter tornado impossível a prestação, só é responsável se incorreu, quanto ao auxiliar, em *culpa in eligendo* ou *in uigilando*.

Cap. XXXI · CONTEÚDO E EFEITOS DA OBRIGAÇÃO | **407**

Estudando-se a *culpa em sentido amplo*, no direito romano,[15] verifica-se que os romanistas são acordes em acentuar que, do direito clássico ao justinianeu, o devedor que, por dolo, não cumpre a obrigação, ou torna impossível a realização da prestação, responde sempre pelo dano que causa ao credor, ainda que entre eles se celebre o *pactum de non petendo dolo* (pacto para excluir a responsabilidade por dolo), pois esse pacto é nulo.

Se há a unanimidade de opiniões quanto à responsabilidade por dolo, o mesmo não sucede com referência à responsabilidade por culpa em sentido restrito.

Com efeito, vários autores modernos[16] defendem a tese de que, nos períodos pré--clássico e clássico, o devedor somente respondia por dolo ou por custódia (*vide* nº 207, *in fine*), ocorrendo, nesta última hipótese, o que modernamente se denomina *responsabilidade objetiva* (isto é, a em que o devedor responde pela simples ocorrência de dano para o credor, independentemente de ter ele resultado de dolo ou de culpa em sentido restrito de sua parte). Apenas no direito justinianeu é que surgiu a noção de *culpa em sentido restrito*, com suas gradações.

A *opinião dominante*,[17] no entanto, entende que, do direito clássico ao direito justinianeu, o devedor respondia por dolo ou culpa em sentido restrito. Quanto a esta, porém, era preciso distinguir entre o direito clássico e o direito justinianeu.

A) *No direito clássico*

No direito clássico, quanto à *culpa em sentido restrito*, há que separar as obrigações que eram tuteladas pelos *iudicia stricti iuris* das que o eram pelos *iudicia bonae fidei* (*vide* nº 131, C).

Quanto às primeiras, o devedor somente era responsabilizado quando a execução da obrigação se tornava impossível por ato positivo seu (*factum debitoris*), apreciado objetivamente. Por isso, se, por exemplo, Caio, por meio de uma *stipulatio* (*vide* nº 235), se obriga a entregar a Tício o escravo Stico, e, antes de cumprir a prestação, mata o escravo, é ele responsável pelo dano causado a Tício, que tem contra Caio ação (a *condictio certae rei*) para haver dele o valor do escravo morto. Se, porém, Caio, em vez de matar Stico, verifica que este se encontra doente, e, por não lhe medicar, determina sua morte, não responde Caio perante Tício, porque, sendo a obrigação sancionada por um *iudicium*

---

15 Entre outros autores, *vide* Hasse, *Die culpa des römischen Rechts* (*Neudruck der 2. Auflage von* A. Bethmann-Hollweg. Aalen, 1963); Arangio-Ruiz, *Responsabilità contrattuale in Diritto Romano* (*ristampa della II edizione*), Napoli, 1958); Pastori, *Il commodato nel Diritto Romano*, Milano, 1954 (onde se encontra, na p. 151 e segs., bem lançada síntese sobre a teoria da culpa no direito romano); e Betti, *Instituzioni di Diritto Romano*, I (*ristampa inalterata della seconda edizione*, Padova, 1947), § 80, p. 241 e segs. (com ampla referência bibliográfica).

16 Assim, por exemplo, Arangio-Ruiz, *Responsabilità Contrattuale in Diritto Romano* (*ristampa della II edizione*), p. 61 e segs., Napoli, 1958; e Luzzatto, *Caso fortuito e forza maggiore come limite alla responsabilità contrattuale. I* (*La responsabilità per custodia*), p. 70 e segs., Milano, 1938.

17 Ampla indicação de autores, que seguem essa corrente, em Pastori, *Il Commodato nel Diritto Romano*, p. 159 e segs., nota 1, Milano, 1954.

stricti iuris, estava ele obrigado estritamente a fazer o que prometera: entregar o escravo, e não cuidar dele. Para obviar a isso, é provável que o credor geralmente estipulasse com o devedor que este se comportaria como um *bonus pater familias*.

Com referência às obrigações sancionadas por *iudicia bonae fidei*, como o juiz popular, neles, podia apreciar amplamente o comportamento do devedor, levando em conta não só atos contra a *fides* (portanto, atos de má-fé, dolosos), mas também a conduta em que não houvesse diligência (por conseguinte, comportamento culposo em sentido restrito), o devedor era responsabilizado sempre que, por ação ou omissão, sua conduta fosse dolosa ou culposa (em sentido restrito). Mas surgia aí um problema: quando é que o devedor seria responsabilizado somente por dolo, e quando por dolo e por culpa em sentido restrito? Não é fácil responder a essa indagação, pois, além de os textos clássicos serem casuístas, foram eles objeto de várias interpolações pelos compiladores do *Corpus Iuris Ciuilis*. Nas fontes, há dois critérios para se saber se o devedor só responde por dolo, ou por dolo e culpa. Um – referido por maior número de textos – é aquele que estabelece que respondiam:

a) apenas por dolo, os devedores de obrigações sancionadas por ações que acarretavam para o réu, se condenado, a *infamia* (*vide* nº 86, D); e

b) por dolo e culpa, quando a condenação não implicava a *infamia*.

Pelo outro critério – que é provável fosse mais recente do que o primeiro –, eram responsáveis:

a) somente por dolo, os devedores para quem a relação obrigacional não trouxesse benefício (por exemplo, no contrato de depósito – *vide* nº 232); e

b) por dolo e culpa, quando da relação obrigacional resultasse vantagem para o devedor (assim, por exemplo, no contrato de comodato – *vide* nº 231).

B) *No direito justinianeu*

No direito justinianeu – embora várias das reformas que nele se encontram tenham surgido no período pós-clássico –, persiste a responsabilidade por dolo, mas o regime da culpa em sentido restrito apresenta modificações, a saber:

a) ao contrário do que ocorria no direito clássico (em que havia apenas a culpa em sentido restrito), no direito justinianeu existe a gradação *culpa lata* e *culpa leuis*;

b) equipara-se a *culpa lata* ao dolo (e, como sucedia com o dolo, o devedor é responsável por *culpa lata* em qualquer espécie de obrigação), embora, segundo parece, não se tenha reputado nulo o *pactum de non petenda culpa lata* (pacto pelo qual o credor eximia o devedor de responsabilidade por *culpa lata*);

c) por necessidade de ordem prática, alguns devedores, que, no direito clássico, apenas eram responsáveis por dolo, passaram a sê-lo, no direito justinianeu, também por *culpa leuis* – por exemplo, o mandatário;

d) estendeu-se às obrigações sancionadas por *iudicia stricti iuris* a responsabilidade por *culpa leuis* (exceção feita às decorrentes de *stipulatio*, cujo objeto fosse a *datio* de coisa certa, caso em que persistiu a responsabilidade apenas por *factum debitoris*); e

Cap. XXXI · CONTEÚDO E EFEITOS DA OBRIGAÇÃO | **409**

e) embora, pela regra geral, a *culpa leuis* deva ser apreciada *in abstracto*, estabelece-se que, nas hipóteses em que o devedor, ao cuidar dos interesses do credor, defende também interesse próprio (assim, por exemplo, o sócio na gestão dos negócios sociais), a *culpa leuis* deve ser apurada *in concreto*.

Mas, salvo quanto ao dolo, o devedor, por meio de convenção com o credor, podia ser eximido de responsabilidade,[18] tendo em vista que as regras acima, relativas à culpa em sentido restrito, eram meramente dispositivas (isto é, normas cuja aplicação pode ser afastada pela vontade das partes). Em contrapartida, e pelo mesmo motivo, o devedor podia, por pacto, obrigar-se a responder por todos os graus de culpa.

207. Caso fortuito, força maior e custódia – São várias, nos textos, as expressões (entre outras: *casus, casus fortuitus, uis, uis maior, uis cui resisti non potest, uis diuina, fatale damnum*) utilizadas para indicar que a impossibilidade objetiva do cumprimento da obrigação não decorre de ato ou de fato imputável ao devedor, razão por que a obrigação se extingue e o devedor se exime de responder por ela.[19]

Desde a glosa até hoje os autores discutem se, com base nos textos, é possível diferençar o *caso fortuito* (*casus, casus fortuitus*) da *força maior* (*uis, uis maior*). Muitas distinções têm sido propostas:[20]

a) alguns autores pretendem que o caso fortuito é fato do homem (como, por exemplo, a guerra, a rapina, a invasão) e a força maior é consequência de forças naturais (assim, um raio que destrua a coisa objeto da prestação devida);

b) outros entendem que o caso fortuito é o evento natural imprevisível, e a força maior é o fato humano a que não se pode resistir; e

c) ainda há os que defendem a tese de que caso fortuito e força maior abarcam eventos decorrentes do homem ou da natureza, mas se distinguem, porque:

1 – segundo alguns adeptos dessa corrente, no caso fortuito, é possível resistir a ele usando-se de grande diligência, ao passo que, na força maior, o acontecimento é irresistível (assim, um incêndio, uma guerra); e

2 – segundo outros, no caso fortuito, os acontecimentos não podem prever-se, nem evitar-se; já na força maior, eles são previsíveis, mas suas consequências inevitáveis.

Apesar da controvérsia que persiste entre os romanistas atuais, tudo indica[21] que os termos *casus fortuitus, uis maior* e similares fossem empregados nas fontes para designar diversas hipóteses (por exemplo: terremotos, incêndios, naufrágios, guerra), em que a

---

18 Note-se, porém, que o pacto que eximia o devedor de responsabilidade por dolo já cometido era válido, pois aí não há mais interesse do Estado em manter, preventivamente, a repressão ao ato doloso.

19 Entre outros, *vide* Luzzatto, *Caso fortuito e forza maggiore come limite alla responsabilità contrattuale*, I (*La responsabilità per custodia*), Milano, 1938 (com ampla referência bibliográfica).

20 *Vide*, a respeito, Sargenti, *Problemi della responsabilità contrattuale, in Studia et Documenta Historiae et Iuris*, vol. XX (1954), p. 127 e segs.

21 Assim, Sargenti, ob. cit., p. 130.

obrigação se extinguia por impossibilidade objetiva da prestação, e o devedor, a quem o fato danoso não podia ser imputado, se eximia, em consequência, de responsabilidade. Nem mesmo no direito justinianeu os jurisconsultos formularam um conceito abstrato que abrangesse todas as hipóteses, em que isso ocorria, referidas nos textos. É certo que do casuísmo das fontes pode-se inferir, de modo geral, que o caso fortuito (ou força maior) era o acontecimento decorrente da natureza ou de fato do homem, por via de regra imprevisível, a que o devedor não podia resistir, e que acarretava a impossibilidade objetiva da prestação. Note-se, no entanto, que o devedor não se eximia de responsabilidade se, por culpa sua, expusesse a coisa devida a perigo de ser destruída por caso fortuito (assim, por exemplo, se o vendedor colocasse o escravo vendido, e que deveria ser entregue posteriormente ao comprador, em trabalho perigoso).[22]

* * *

Por vezes, porém, o devedor tem sua responsabilidade agravada: ele responde (como, por exemplo, no comodato, na *locatio operis*, no *receptum nautarum, cauponum, stabulariorum*)[23] pelo furto da coisa que recebeu do credor e que a este deve restituir. Em se tratando de *receptum nautarum*, o capitão do navio responde, também, pelo perecimento ou avaria da coisa alheia que transporta, ainda que tenha ocorrido sem culpa sua, mas desde que não decorra de certos acontecimentos excepcionais (como naufrágio ou ataque de piratas) que as fontes enquadram na categoria do *damnum fatale*. Nesses casos, ocorre o que os autores denominam responsabilidade por *custódia*, matéria a respeito da qual – como se verá em seguida – quase tudo é controvertido.[24]

Com efeito, os romanistas dão diferentes interpretações ao significado desses casos em que o devedor tem sua responsabilidade agravada. Para uns – como Biondi[25] –, em todas essas hipóteses não há responsabilidade por caso fortuito ou por alguns casos fortuitos (o furto, por exemplo, é abrangido, normalmente, no caso fortuito), mas somente por furto, e – no caso do *receptum nautarum* – também por perecimento ou avaria: o que ocorre, aí, é apenas agravamento da responsabilidade do devedor: ele, pela natureza dessas relações obrigacionais, deve ter, com a coisa a restituir, *diligentia exactissima* (diligência excepcional). Outros autores – assim, Arias Ramos[26] – entendem que os romanos se utilizaram, em geral, para estabelecer a responsabilidade do devedor, de critério subjetivo, baseado na existência, ou não, de dolo, de culpa sem sentido restrito, e de caso fortuito; em certas hipóteses, porém, o devedor respondia com base em critério objetivo:

---

22 *Vide*, a propósito, Monier, *Manuel Élémentaire de Droit Romain*, II, 4ª ed., nº 168, p. 227.
23 *Vide*, respectivamente, os nos 231, 245 e 252, A.
24 Sobre o assunto, *vide*, entre outros, Paris, *La responsabilité de la custodia en Droit Romain*, Paris, 1926; e Krückmann, *Custodia, in Zeitschrift der Savigny-Stiftung für Rechtsgeschichte, Romanistische Abteilung*, vol. LXIV (1944), p. 1 e segs.
25 *Instituzioni di Diritto Romano*, 3ª ed., § 90, p. 352.
26 *Derecho Romano*, II, 8ª ed., § 193, p. 563 e segs.

Cap. XXXI · CONTEÚDO E EFEITOS DA OBRIGAÇÃO | 411

a ocorrência – independentemente de se levar em consideração o comportamento do devedor (saber se ele agira dolosa ou culposamente, ou se se verificara caso fortuito) – de certos acontecimentos (furto ou dano produzido por terceiro) que, quando o devedor não respondia por *custódia*, se enquadravam no caso fortuito. Outros, ainda, como Voci,[27] distinguindo, no caso fortuito, o *casus maior* (que ocorria, entre outras hipóteses, na de inundação, de furto ou de dano praticado com violência) e o *casus minor* (assim, nos casos de dano e de furto, sem violência), defendem a tese de que, quando o devedor é responsável pela *custódia*, algumas hipóteses de *casus minor* (dano e furto sem violência) não o eximem de responsabilidade, havendo, aí, responsabilidade objetiva, isto é, sem culpa (em sentido lato). Há também vários autores (nesse sentido, Schulz)[28] que pretendem que a *custódia*, no direito clássico, designava critérios de responsabilidade objetiva, mas, no direito justinianeu, passou a indicar critério de responsabilidade subjetiva.[29]

Por outro lado, não é pacífica a doutrina na determinação das relações obrigacionais em que o devedor respondia por custódia.[30] Como salienta Volterra,[31] são hipóteses seguras as do *fullo* (tintureiro), do *sarcinator* (alfaiate), do *horrearius* (guarda de celeiro), do comodatário, do *inspector*[32] no seu próprio interesse, do precarista e de depositário que se ofereceu espontaneamente; menos seguras as da *locatio conductio operis* e da *locatio conductio rei*; e incertas, a do credor pignoratício e a do vendedor. Demais, os autores modernos incluem no conceito de *custódia* a responsabilidade que o Edito do pretor estabelecia para o capitão de navio, o albergueiro e o dono de estábulo, no *receptum nautarum, cauponum, stabulariorum*.

E ainda se discutem as hipóteses em que o devedor, responsável pela *custódia*, respondia sem ter culpa em sentido lato; segundo parece, eram elas o furto, o *damnum iniuria datum* (*vide* nº 267) praticado por terceiro, e, possivelmente, a fuga de escravo.

208. Efeitos do inadimplemento imputável ao devedor[33] – Quando o devedor não cumpre a obrigação, o credor pode intentar contra ele a ação pessoal (*actio in personam*) que a sanciona.

---

27 *Istituzioni di Diritto Romano*, 3ª ed., § 86, p. 335 e segs.

28 *Classical Roman Law*, nº 885, p. 515 e segs.

29 Ampla análise dessas e de outras teses em Paris, ob. cit., p. I e segs.

30 A propósito, *vide* Antonino Metro, *L'Obbligazione di custodire nel Diritto Romano*, p. 93 e segs., Milano, 1966.

31 *Istituzioni di Diritto Privato Romano*, p. 624 e segs.

32 Pessoa a quem outra entregava uma coisa para que a avaliasse (*inspiciendum* ou *experiendum dare* – *vide* nº 248).

33 A propósito, *vide*, entre outros, Voci, *L'estensione dell'obbligo di risarcire il danno nel diritto romano classico, in Scritti in onore di Contardo Ferrini, pubblicati in occasione della sua beatificazione*, II, p. 361 e segs., Milano, 1947; e Condanari-Michler, *Ueber Schuld und Schaden in der antike, ibidem*, III, p. 28 e segs., Milano, 1948.

412 | DIREITO ROMANO – *José Carlos Moreira Alves*

No processo formulário, qualquer que fosse o objeto da prestação, a condenação a que estava sujeito o réu era, por via de regra,[34] pecuniária.[35] Já na *extraordinaria cognitio* (em que o juiz, ao condenar o réu, devia procurar satisfazer, o mais possível, à pretensão do autor, inclusive ordenando ao réu que restituísse a coisa pleiteada pelo autor), a condenação pecuniária ocorria quando essa possibilidade não existisse: assim, em caso de perecimento da coisa devida; ou quando se tratasse de prestação de fato pessoal do devedor (pois este não podia ser constrangido, pela força, a fazê-lo).

Para a condenação pecuniária do devedor, era necessário que se avaliasse o dano sofrido pelo credor (e o dano – como salienta Scialoja – consiste, em última análise, na falta de um elemento no patrimônio do credor, o qual ali estaria se o inadimplemento da obrigação não tivesse ocorrido).[36]

Essa avaliação podia ser feita:

a) pelo credor, por meio de juramento (*iusiurandum in litem*) (*vide* n° 131, C);

b) pelo juiz; ou

c) de antemão, pelas partes (assim, mediante uma *stipulatio poenae*) (*vide* n° 212, C).

Em geral, a avaliação do dano era feita pelo juiz.

Por outro lado, para estimar-se o dano, é preciso ter em consideração que ele se compõe de dois elementos:

a) o *damnum emergens* – que consiste na diminuição do patrimônio atual do credor, em decorrência imediata do inadimplemento da obrigação (por exemplo: Caio estava obrigado a dar um animal a Tício, mas deixa de fazê-lo porque, por culpa sua, o animal pereceu – o *damnum emergens* é o valor objetivo do animal);

b) o *lucrum cessans* – que consiste nas vantagens futuras que adviriam para o patrimônio do credor se a obrigação tivesse sido cumprida.

Para avaliar-se somente o *damnum emergens*, usa-se de critério objetivo: a *aestimatio rei* (isto é, avalia-se – sem levar em conta o interesse que o credor tem na prestação – o valor objetivo dela: *quanti ea res est ou erit*). Para estimar-se o dano global (o *damnum emergens* mais o *lucrum cessans*), utiliza-se de critério subjetivo: o *id quod creditoris* (ou *actoris*) *interest* (ou seja, determina-se o valor da prestação considerando o interesse que o credor tinha nela).

No direito romano, o devedor, a quem era imputado o dano pelo inadimplemento da obrigação, estava, a princípio, obrigado a ressarcir ao credor apenas o *damnum*

34　Mas havia atenuações a esse princípio. Assim, nas ações arbitrárias (*vide* n° 131, C).

35　E – como acentua Monier (*Manuel Élementaire de Droit Romain*, II, 4ª ed., p. 237, nota 1) – ao mesmo resultado se chegava no processo das ações da lei, tendo em vista que a ação executória (a *manus iniectio*) pressupõe execução por quantia certa, e, portanto, avaliação do objeto da prestação (*vide* n° 125, B,1).

36　Scialoja, *Negozi Giuridici*, 5ª ristampa, p. 368, Roma, 1950. Note-se, ademais, que – como observa Perozzi (*Istituzioni di Diritto Romano*, II, 2a ed.,§ 143, p. 156) – os romanos não compreenderam no conceito de dano os denominados danos morais.

emergens. No direito clássico, porém, em razão dos termos em que eram redigidas as diferentes fórmulas (e o juiz – como sabemos –, ao condenar o réu, tinha de ater-se a eles), a condenação do devedor às vezes abrange apenas o *damnum emergens*, e, em outras, o dano global (o *damnum emergens* mais o *lucrum cessans*) – assim, por exemplo, quando se tratava de uma *condictio certae rei*, o juiz se limitava a avaliar o *damnum emergens* no momento da *litis contestatio* (*quanti ea res est*); se de uma *actio in factum*, ou de uma *actio in exhibendum*, também o réu só era condenado ao *damnum emergens*, apurando--se, porém, o valor da coisa, não no dia da *litis contestatio*, mas no julgamento (*quanti ea res erit*); já se se tratasse da ação de boa-fé ou de *actio ex stipulatu* que sancionava uma *stipulatio incerti* (*vide* nº 235), o juiz popular condenava o réu ao *quanti interest* (isto é, ao *damnum emergens* mais o *lucrum cessans*). Por conseguinte, em geral – como salienta Voci[37] –, pode dizer-se que, no processo formulário:

a) quando a *intentio* da fórmula fosse *certa*, havendo, portanto, menção expressa da coisa a ser prestada pelo devedor, o juiz, por via de regra, somente podia condenar o réu (devedor) a pagar o *damnum emergens* (*quanti ea res est* ou *erit* – condenação no quanto a coisa vale ou valer); e

b) quando a *intentio* da fórmula fosse *incerta*, não mencionando, portanto, expressamente, uma coisa determinada, o campo de atuação do juiz era mais largo, podendo condenar o réu a pagar o *id quod actoris* (o credor) *interest* (o *damnum emergens* mais o *lucrum cessans*).

Essa diversidade de tratamento decorria, como salientamos, das fórmulas das diferentes ações. Substituído o processo formulário pelo extraordinário, ela não mais deveria persistir. Por isso, embora no *Corpus Iuris Ciuilis* não haja princípio geral neste sentido (é ele de criação medieval), observa-se, no direito justinianeu, tendência decisiva para que, nas diversas hipóteses, o ressarcimento abranja o *damnum emergens* e o *lucrum cessans*. É certo, também, que Justiniano[38] estabeleceu limite máximo para esse ressarcimento: o dobro do valor do objeto da obrigação, se este tivesse valor certo.

209. Mora[39] – O inadimplemento da obrigação não ocorre apenas quando, sendo ela exigível, o devedor não pode cumpri-la porque a prestação se tornou objetivamente impossível, mas também quando exigível a obrigação, e sendo possível a prestação, o devedor não a efetua. Nesta última hipótese, é preciso, ainda, distinguir se, não cumprida oportunamente a obrigação, o credor:

a) continua a ter interesse na prestação; ou

b) deixa de interessar-se por ela.

No segundo caso, os efeitos do retardamento são os mesmos que os do inadimplemento da obrigação por impossibilidade objetiva da prestação. No primeiro, porém, seus efeitos são mais limitados – daí o estudo da *mora*.

---

37 *Instituzioni di Diritto Romano*, 3ª ed., § 119, p. 413.

38 C. VII, 47, 1.

39 Sobre o significado desse termo no direito romano, *vide* Pernice, Labeo, II, 2, 1, 2a ed., p. 18 e segs., Halle, 1900.

414 | DIREITO ROMANO – *José Carlos Moreira Alves*

A mora é, por parte do devedor, o retardamento culposo (culpa em sentido lato) no cumprimento da obrigação; e, por parte do credor, o em aceitar[40] a prestação.[41] Portanto, como já salientamos anteriormente (*vide* nº 205), ela pode ser do devedor (*mora debendi* ou *mora debitoris*) ou do credor (*mora accipiendi* ou *mora creditoris*).

Estudemo-las separadamente.

A) *"Mora debendi"* ou *"mora debitoris"*

Três são as questões a serem estudadas com relação à mora do devedor:

a) o momento em que ela se inicia;

b) os efeitos que dela decorrem; e

c) o instante em que ela cessa.

Quanto à primeira questão, é ela muito controvertida, tendo em vista que não é pacífica a extensão das interpolações nos textos que se referem ao momento em que a mora do devedor se inicia. Segundo parece – e esta é a tese que, a pouco e pouco, se vem impondo[42] –, nos direitos pré-clássico e clássico, o devedor incidia em mora se não cumprisse a obrigação no momento em que ela se tornava exigível: se obrigação a termo ou sob condição, quando um ou outra – conforme o caso – ocorresse; se obrigação pura, no instante em que o credor solicitasse ao devedor seu cumprimento. No direito pós-clássico, embora se atingisse quase o mesmo resultado, estabeleceu-se o princípio geral de que a mora se inicia com a interpelação (*interpellatio*) judicial ou extrajudicial (quando se faz por ato oral ou escrito, sem que seja imprescindível a presença de testemunhas) do credor ao devedor para que este cumpra a obrigação; a essa regra só se admitiam exceções expressas, como a de que, se a obrigação fosse a termo, a ocorrência deste equivalia à interpelação (o que os autores medievais traduziram com a frase *dies interpellat pro homine*)[43] – em virtude disso, os intérpretes do direito romano distinguem

---

40 É controvertido se a mora do credor exige a culpa dele (sobre essa questão, *vide* F. Mommsen, *Beiträge zum Obligationenrecht*, III – *Die Lehre von der mora*, p. 162 e segs., Braunschweig, 1855). Pela afirmativa, manifesta-se Perozzi, *Istituzioni di Diritto Romano*, II (2ª ed. – *reintegrazione*), § 194, p. 439.

41 Sobre essa matéria, *vide*, entre outros, Niedermeyer, *Studie zu den wissenschaftlichen Grundlagen der Lehre von der Mora seit Sabinus, in Festschrift*, Fritz Schulz, *Erster Band*, p. 399 e segs., Weimar, 1951.

42 Assim, Monier, *Manuel Élémentaire de Droit Romain*, II, 4ª ed., nº 164, p. 222; os autores citados por Biondi, *Istituzioni di Diritto Romano*, 3ª ed., § 91, p. 356, nota 74; Schwind, *Römisches Recht*, I, p. 275 e segs.; Guarino, *Diritto Privato Romano*, nº 188, p. 602 e segs.; e Perozzi, *Istituzioni di Diritto Romano*, II (2ª ed. – *reintegrazione*, § 194, p. 435). Contra, Agostino Elefante, *La "mora ex re" e "l'interpellatio"*, *in Mnemeion Siro Solazzi*, p. 397 e segs., Napoli, 1964.

43 Como os autores divergem a respeito, exporemos abaixo, entre outras opiniões, as seguintes: *a)* segundo Huvelin (*Cours Élémentaire de Droit Romain*, II, p. 232 e segs.), para que o devedor incidisse em mora, era preciso que houvesse *interpellatio*, exceto se a obrigação decorresse de delito (como no caso de *furtum*); portanto, o princípio *dies interpellat pro homine* nunca foi admitido no direito romano; e b) de acordo com Biondi (*Istituzioni di Diritto Romano*, 3ª ed., § 91, p. 356 e segs.) sempre se exigiu, no direito romano, a *interpellatio* para que o devedor incidisse em mora, mas as exceções a esse princípio eram mais numerosas do que pretende Huvelin, pois independia

Cap. XXXI · CONTEÚDO E EFEITOS DA OBRIGAÇÃO | 415

a *mora ex re* (que independe de interpelação) da *mora ex persona* (que, para surgir, necessita da *interpellatio*).[44]

Os efeitos da *mora debendi* variam conforme ela ocorra com relação a obrigações sancionadas por *iudicia stricti iuris* ou por *iudicia bonae fidei* (*vide* nº 131, C).

Se se trata de obrigação sancionada por *iudicium stricti iuris*, é preciso distinguir se ela é relativa a dinheiro ou a coisa certa.

Se diz respeito a dinheiro, o devedor está obrigado a pagar apenas a quantia a que se obrigou – assim, por exemplo, se, mediante *stipulatio*, Caio deve a Tício 10.000 sestércios, e não os paga, incidindo em mora, ainda que seja acionado por Tício, será Caio condenado a pagar apenas os 10.000 sestércios, não tendo Tício direito a juros moratórios.[45] Justiniano, porém, estendendo o princípio defendido por Sálvio Juliano quanto ao legado *sinendi modo* (que gerava obrigações sancionadas por *iudicia stricti iuris*), admitiu juros moratórios com relação a todas as espécies de legado (*vide* nº 347).

Se a obrigação sancionada por *iudicium stricti iuris* se refere a coisa certa, duas questões devem ser consideradas:

a) o credor tem direito aos frutos produzidos pela coisa, durante a mora?

b) se a coisa perecer ou se avariar, depois da constituição da mora, o credor responde pelo dano, ainda que ele tenha sido causado por caso fortuito?

Quanto à primeira, o credor não tem, a princípio, direito aos frutos produzidos pela coisa, durante a mora; no Império,[46] porém, esse direito lhe é concedido quando ele aciona o devedor, mas a partir da *litis contestatio*. Quanto à segunda, vários autores modernos[47] distinguem o direito clássico do direito justinianeu: no direito clássico, o devedor está obrigado a ressarcir o dano sofrido pelo credor, em qualquer hipótese (com a *mora debitoris*, dá-se a *perpetuatio obligationis* – perpetuação da obrigação);[48] já no direito justinianeu, ele poderá exonerar-se se conseguir provar que, ainda quando a obrigação houvesse sido cumprida normalmente, a coisa teria perecido ou se danificado, igualmente, em poder do credor.

---

da *interpellatio* a mora, entre outros casos, quando a obrigação resultasse de delito, ou fosse a termo (daí o princípio *dies interpellat pro homine*, perfeitamente aplicável ao direito romano).

44 Note-se que, segundo Perozzi (*Istituzioni di Diritto Romano*, II, 2ª ed. – *reintegrazione*, 1949, § 193, p. 436), que cita, a propósito, Siber, os romanos usavam as expressões *mora ex re* e *mora ex persona* em sentido diverso do dado pelos intérpretes: *mora ex persona* (subentendendo-se *debitoris* – do devedor; isto é, mora decorrente da pessoa do devedor) traduz o retardamento culposo no cumprimento da obrigação; e *mora ex re* significa mora sem culpa (e, portanto, mora em sentido não técnico).

45 Cf. Gaio, *Institutas*, II, 280, quanto às obrigações decorrentes de legado *per damnationem* (*vide* nº 347, B).

46 D. XXII, 1, 7.

47 *Vide*, a propósito, Volterra, *Istituzioni di Diritto Privato Romano*, p. 627; e Monier, *Manuel Élémentaire de Droit Romain*, 4ª ed., nº 165, B, p. 224.

48 Essa expressão – *perpetuatio obligationis* – decorre de uma frase atribuída a Paulo (D. XLV, 1, 91, 3: "... *ueteres constituerunt, quotiens culpa intervenit debitoris, perpetuari obligationem*" – "os antigos estabeleceram que sempre que intervém culpa do devedor a obrigação se perpetua").

416 | DIREITO ROMANO – *José Carlos Moreira Alves*

Se se tratar de obrigação sancionada por *iudicium bonae fidei*, o devedor, desde o momento em que foi constituído em mora, responde – se o débito é de dinheiro – pelos juros moratórios, e – se o débito é de coisa certa – pelos riscos que a coisa sofre e pelos frutos que ela produz.

Finalmente, há cessação da mora quando o devedor oferece ao credor toda a prestação devida (*purgatio morae* – purgação da mora), ainda que este, sem justa causa, não queira aceitá-la (nessa hipótese, ocorre a*mora accipiendi*, e se extingue a *mora debendi*);[49] ou – esse é o caso de *quasi purgatio* – quando o débito originário se extingue (por exemplo, se ocorrer novação – *vide* nº 221, VI).[50]

B) *"Mora accipiendi"* ou *"mora creditoris"*

A *mora accipiendi* ou *moracreditoris* ocorre quando o credor, sem justa causa, se recusa a aceitar a prestação que lhe é oferecida integralmente pelo devedor, no lugar e tempo devidos.

A mora do credor produz os efeitos seguintes:

a) exime o devedor, exceto na hipótese de dolo, dos riscos pelo perecimento ou pela avaria do objeto da prestação;

b) dá ao devedor direito de ser ressarcido das despesas com a conservação da coisa devida; e

c) faz cessar a *mora debendi*, como salientamos acima.

Como a *mora creditoris* não exonera o devedor do cumprimento da obrigação, este, para libertar-se – e isso, segundo parece, ocorria apenas no direito justinianeu –, podia consignar o pagamento (*vide*, a propósito, o que escrevemos sobre o *pagamento por consignação* no nº 221, I, *e*).

A mora *accipiendi* era purgada quando o credor declarava ao devedor que estava pronto a receber a prestação devida e a lhe ressarcir os danos provenientes da mora.

210. Direito de retenção[51] – No direito justinianeu, pelo que é possível inferir das soluções casuístas das fontes, o direito de retenção (*ius retentionis*) é a faculdade – desde que não seja afastada por convenção ou proibida por dispositivo legal – que tem alguém de reter coisa alheia, que detinha ou possuía por título legítimo, até que seu dono satisfaça, em favor daquele, obrigação relativa a essa coisa.

---

49 A propósito, *vide* Magdelain, *Note sur la "Purgatio Morae"*, in *Mélanges Henry Levy Bruhl*, p. 199 e segs., Paris, 1959.

50 Cf. Perozzi, *Istituzioni di Diritto Romano*, 2ª ed. – *reintegrazione*, 1949, § 193, p. 438.

51 A propósito, *vide*, entre outros, Nardi, *Studi sulla ritenzione in Diritto Romano*, vol. I (Milano, 1947), vol. II (Milano, 1957) e vol. III (Milano, 1957).

Esse conceito decorre da circunstância de que, apesar da controvérsia que há entre os autores, a maioria deles entende que, no tempo de Justiniano, quatro eram os requisitos do direito de retenção:

a) que o retentor já detenha ou possua legitimamente coisa (móvel ou imóvel) alheia;

b) que tenha direito de crédito contra o dono dela;

c) que entre o crédito e a coisa haja conexidade; e

d) que inexista convenção que afaste o direito de retenção, ou dispositivo legal que o proíba.

Assim, por exemplo, o possuidor de boa-fé tem direito de retenção sobre a coisa possuída, enquanto seu proprietário não lhe ressarcir as despesas necessárias que fez com ela.

O direito de retenção – a respeito de cuja natureza (se direito real, ou se direito pessoal) os autores divergem – não atribuía ao seu titular a faculdade de pagar-se preferencialmente com o preço da coisa retida; o retentor podia apenas retê-la, não tendo a faculdade de seqüela (*vide* nº 138, *in fine*, letra *d*), mas sendo certo que ele dispunha da *actio furti*, e, se fosse injustamente desapossado, dos interditos possessórios.

Extinguia-se o direito de retenção por *via acessória* (quando se extinguisse o crédito de retentor), ou por *via principal* (por exemplo, quando houvesse o perecimento total da coisa; ou a perda da detenção pelo retentor; ou se este renunciasse o direito de retenção; ou se nele se confundissem as qualidades de retentor e de dono da coisa).

Segundo a opinião dominante, o direito de retenção – cuja primeira menção nas fontes é dos fins da república (D. XIV, 2, 2, pr.) – não existia no tempo das ações da lei, tendo surgido, graças ao pretor, na época do processo formulário: com vistas à eqüidade, quando se configuravam situações que justificassem a *retentio* (retenção), o pretor admitia que o retentor opusesse à *rei uindicatio*, destinada à recuperação da coisa retida, uma *exceptio doli generalis*.[52] No direito pós-clássico, vigorando a *extraordinaria cognitio*, o *ius retentionis* adquire feição própria – meio de defesa indireta – distinta da *exceptio doli*.

---

52 *Vide* Sohm, *Institutionen*, 14ª ed., § 53, p. 338, nota 12.

XXXII

REFORÇO E GARANTIA DAS OBRIGAÇÕES

> **Sumário: 211.** Conceito de reforço e de garantia das obrigações. **212.** Meios de reforço da obrigação. **213.** Garantia das obrigações. **214.** Fiança. **215.** Outras modalidades de garantia pessoal.

211. Conceito de reforço e de garantia das obrigações – O credor, para melhor assegurar-se de que a obrigação será cumprida, pode valer-se de dois meios:

a) de reforço da obrigação; ou

b) de garantia da obrigação.

Há reforço da obrigação quando entre o credor e o devedor se celebra uma obrigação acessória, com a finalidade de constranger o devedor a cumprir a obrigação principal.

Quanto às garantias das obrigações, já acentuamos anteriormente (*vide* nº 182) que são elas relações jurídicas que se ajuntam a uma obrigação, para assegurar-lhe o cumprimento. Essas garantias – que são sempre voluntárias e eventuais, e que, em geral, têm caráter acessório[1] – se dividem (e tal divisão é obra dos intérpretes do direito romano, e não dos jurisconsultos romanos) em duas categorias:

a) garantias reais, que são as que garantem o cumprimento de uma obrigação mediante a constituição, em favor do credor, de direito real sobre coisa do devedor; e

b) garantias pessoais, que surgem com a constituição, para garantia do cumprimento de uma obrigação, de outra relação jurídica obrigacional entre o credor e um terceiro, pela qual o credor, se o devedor não cumprir a obrigação principal, pode exigir, do terceiro, o cumprimento dela.

No capítulo XXVIII desta obra, tratamos das garantias reais; neste, ocupar-nos-emos – depois da análise dos meios de reforço da obrigação – das garantias pessoais.

212. Meios de reforço da obrigação – Há quatro meios de o credor obter o reforço da obrigação:

a) as arras;

b) o *constitutum debiti proprii*;

c) a cláusula penal; e

d) o *iusiurandum promissorium*.

Estudemo-los separadamente.

---

1   *Vide*, a propósito, a nota 1 do capítulo XXXVII.

420 | DIREITO ROMANO – *José Carlos Moreira Alves*

A) *Arras*[2]

Até o período justinianeu, as arras,[3] no direito romano, consistiam numa quantia em dinheiro ou numa coisa que uma das partes contratantes entregava à outra para a comprovação de que o contrato consensual[4] – em geral, o de compra e venda – estava concluído.[5] Sua função, portanto, era meramente *confirmatória* (daí os autores medievais e modernos dizerem *arrha confirmatoria*), devendo a quantia ou coisa ser, em virtude disso, restituída ao contratante que a entregara, independentemente da execução do contrato.

É certo, porém, que, na parte oriental do Império Romano – como, aliás, ocorria no direito grego[6] –, as arras eram usadas com função penal:[7] o contratante que não cumpre o contrato, se as deu, perde-as; se as recebeu, deve restituí-las em dobro. Às arras com função penal dá-se, desde a Idade Média, a denominação de *arrha poenitentialis*. Essas arras, sob certo aspecto, constituem reforço da obrigação, porquanto as partes contratantes, para não perdê-las ou para não restituí-las em dobro, são compelidas à execução da obrigação; mas, sob outro aspecto, permitem às partes contratantes, com sua perda ou restituição em dobro, rescindir unilateralmente o contrato, o que representa um enfraquecimento do vínculo obrigacional.[8]

Justiniano, em constituição de 528 d.C. (C. IV, 21, 17), atribuiu às arras função geral, estabelecendo que, nos contratos de compra e venda *cum scriptura*,[9] o contratante que tivesse

---

2   Selecionada indicação bibliográfica sobre as arras do direito romano se encontra em Cornil, *Die Arrha im justinianischen Recht, in Zeitschrift der Savigny-Stiftung für Rechtsgeschichte, Romanistische Abteilung*, vol. 48 (1928), pp. 52 a 54; *vide*, também, Talamanca, *L'Arra della Compravendita in Diritto Greco e in Diritto Romano*, Milano, 1953; Collinet, *Études Historiques sur le Droit de Justinien*, I, p. 85 e segs., Paris, 1912; Boyer, *Isidore de Sérville et la définition des arrhes, in Mélanges Henry Levy-Bruhl*, p. 49 e segs., Paris, 1959; e, principalmente sobre as arras no direito grego, Pringsheim, *The Greek Law of Sale*, p. 833 e segs., Weimar, 1950.

3   Em latim, além de *arrha* ou *arra*, encontramos *arrabo*, palavra de origem semita e introduzida no latim por via do grego, conforme já acentuava Varrão, *De Lingua Latina*, V, 175.

4   Sobre os contratos consensuais, *vide* capítulo XXXIX.

5   Cf. Gaio, *Inst.*, III, 139.

6   *Vide*, a propósito, Zulueta, *The Roman Law of Sale*, p. 22 e segs., Oxford, sem data.

7   Cf. *Livro Siro-romano*, § 51. Sobre essa passagem, *vide* as considerações de Esmein, *Mélange d'Histoire du Droit et de Critique*, p. 413 e segs., Paris, 1886.

8   Cf. Windscheid, *Lehrbuch des Pandektenrechts*, 9ª ed., II, § 325, p. 323, Frankfurt am Main, 1906.

9   No direito clássico, o contrato de compra e venda era consensual: reputava-se perfeito com o simples consentimento das partes (*vide* nº 242). Mas, mesmo no direito clássico, usava-se, com frequência, da redação de documento para fazer prova da existência do contrato de compra e venda, admitindo-se que, se as partes o quisessem, o contrato somente se formaria definitivamente com a redação desse escrito. No direito pós-clássico, os práticos passam a considerar que, se as partes contratantes convencionarem redigir o documento, o contrato só se reputará perfeito com a elaboração do escrito, podendo, portanto, os contratantes, antes disso, se arrependerem. Justiniano acolheu esse princípio (*Inst.*, III, 23, pr.). A partir de então, houve duas espécies de contrato de compra e venda: as *uenditiones cum scriptura* (em que as partes podiam arrepender-se antes da redação do documento) e as *uenditiones sine scriptura* (que continuavam a ser contratos consensuais perfeitos e acabados com o simples consentimento dos contratantes, que, assim, depois de consentirem, não podiam arrepender-se).

Cap. **XXXII** · REFORÇO E GARANTIA DAS OBRIGAÇÕES | **421**

dado as arras, se se arrependesse e não quisesse executar o contrato, as perderia em favor do outro; se, porém, fosse este quem se arrependesse, teria de restituí-las àquele, em dobro.

O alcance da inovação introduzida no direito romano por Justiniano é muito discutido, em face do teor das *Institutas* (III, 23, pr.) quando a ela aludem.[10] Alguns autores[11] entendem que, na compra e venda *sine scriptura*, as arras permaneceram, no direito justinianeu, com função confirmatória; já, na compra e venda *cum scriptura*, passaram a ter função penal (*arrha poenitentialis*). A maioria dos romanistas, porém, generaliza a aplicação das *arras penitenciais* aos contratos de compra e venda *cum scriptura* e *sine scriptura*.[12]

B) *"Constitutum debiti proprii"*[13]

O *constitutum* é um pacto pretoriano (foi o pretor quem concedeu ação para tutelá-lo; *vide* nº 252, B) pelo qual alguém promete ao credor o pagamento, em data determinada ou em certo lugar, de débito já existente.

A pessoa que faz essa promessa pode ser o próprio devedor a quem incumbia pagar o débito preexistente (e, nesse caso, ocorre o *constitutum debiti proprii*) ou um terceiro (e, aí, o *constitutum* se denomina *constitutum debiti alieni*).

O *constitutum debiti alieni* é uma das modalidades de garantia pessoal, e será por nós examinado mais adiante.

Já com referência ao *constitutum debiti proprii*, discutem os romanistas se ele era, ou não, meio de reforço da obrigação. A controvérsia decorre da circunstância de que, segundo alguns autores,[14] o *constitutum debiti proprii* tinha efeito novatório (*vide* nº 221, VI), extinguindo, assim, a obrigação anterior; outros romanistas,[15] porém, entendem que dele nascia uma obrigação nova, que não anulava nem absorvia a obrigação precedente, mas que com ela coexistia, podendo o credor escolher – se o devedor não efetuasse o pagamento prometido – entre a ação que protegia o crédito primitivo e a ação decorrente do *constitutum debiti proprii*, que era a *actio de pecunia constituta*, concedida pelo pretor.

---

10   A controvérsia sobre o exato alcance da inovação de Justiniano se explica em virtude da circunstância de que há, pelo menos aparentemente, uma contradição entre a constituição em que ele efetuou essa inovação (C. IV, 21, 17) – e que atribui às arras caráter penitencial apenas nos casos de arrependimento nas *uenditiones sine scriptura* – e as *Institutas* (III, 23, pr. 3), onde Justiniano, depois de salientar que nada inovou quanto às *uenditiones sine scriptura*, dá, em seguida, a entender que, quer nas *uenditiones cum scriptura*, quer nas *uenditiones sine scriptura*, as arras passaram a ter caráter penitencial.

11   Huvelin, *Cours Élémentaire de Droit Romain*, II, p. 93; Monier, *Manuel Élémentaire de Droit Romain*, II, 4ª ed., § 111, p. 142.

12   Entre vários outros, *vide* Arangio-Ruiz, *La compravendita in Diritto Romano*, I, p. 105 (*ristampa della seconda edizione*), Napoli, 1956; e Jörs-Kunkel, *Römisches Recht*, 2ª ed., § 117, p. 191, nota 18.

13   Sobre o *constitutum*, *vide* Roussier, *Le Constitut, in Varia – Études de Droit Romain*, III, p. 1 e segs., Paris, 1958; e Schulz, *Classical RomanLaw*, § 963 e segs., p. 560 e segs.

14   *Vide*, a propósito, Arias Ramos, *Derecho Romano*, II, 8ª ed., § 248, p. 644.

15   Nesse sentido, Schulz, *Classical Roman Law*, § 965, p. 561 e segs.

422 | DIREITO ROMANO – *José Carlos Moreira Alves*

Segundo parece, o *constitutum debiti proprii* só produzia efeito novatório quando fosse essa a vontade expressa dos pactuantes. Por isso, incluímo-lo entre os meios de reforço da obrigação.[16]

Demais, a princípio, o *constitutum debiti proprii* apenas podia ser convencionado quando o débito preexistente fosse de quantia certa, dando margem à utilização da *actio certae creditae pecuniae*; posteriormente, ainda no direito clássico, graças à jurisprudência, alargou-se a esfera de aplicação do *constitutum debiti proprii*: admitiu-se esse *constitutum* com referência à prestação de qualquer coisa fungível; Justiniano[17] foi além, permitindo que fosse objeto de *constitutum* qualquer espécie de coisa, mesmo a infungível.

C) *Cláusula penal*[18]

É a cláusula aposta a contrato ou a disposição testamentária pela qual o contratante ou o onerado que deixa de cumprir uma prestação se obriga a efetuar outra prestação – em geral, a pagar determinada quantia em dinheiro[19] –, a título de pena.

Essa pena – cujo valor podia ser superior ou inferior ao da obrigação principal – se estabelecia, por via de regra, por meio de uma *stipulatio* (*stipulatio poenae*), ou de um simples pacto quando o contrato principal fosse de *boa-fé* (e isso porque – como veremos mais adiante – os pactos que se apõem aos contratos de boa-fé são tutelados pela ação que decorre do contrato principal).

Entre as várias funções da cláusula penal, destacam-se duas:

a) reforço da obrigação, pois compele o devedor a cumprir a obrigação principal, para evitar a aplicação da pena; e

b) fixação prévia da responsabilidade do devedor no caso de não cumprimento da obrigação,[20] possibilitando que o credor acione o devedor pelo valor atribuído na cláusula, e não por quantia incerta a ser apurada judicialmente.[21]

No caso de inadimplemento da obrigação principal, o credor pode intentar contra o devedor a ação decorrente do contrato principal, ou a resultante da cláusula penal (*actio ex stipulatu*). No direito clássico, quando o contrato principal não era de *boa-fé*, o credor,

---

16   Ao contrário do que, à primeira vista, pode parecer, o *constitutum debiti proprii* tinha importância prática, pois, além de ser usado para dar eficácia a uma obrigação natural, era utilizado para que se estabelecesse prazo ou local de pagamento diversos dos convencionados na obrigação preexistente. Por outro lado, sobre as vantagens da utilização, pelo credor, da *actio de pecunia constituta*, decorrente do *constitutum debiti proprii*, *vide* Schulz, *Classical Roman Law*, § 966, p. 562 e segs.

17   Cf. C. IV, 18, 2, 1. *Vide*, a propósito, Schwind, *Römisches Recht*, I (*Geschichte, Rechtsgang, System des Privatrechtes*), p. 283.

18   A propósito, *vide*, entre outros, Perozzi, *Istituzioni di Diritto Romano*, II, 2ª ed. (*reintegrazione*, 1949), § 145, p. 171 e segs.; e Ferrini, *Manuale di Pandette*, 4ª ed., § 481, p. 476 e segs., Milano, 1953.

19   Mas pode ela ter outro conteúdo, como se verifica no D. XLV, 1, 126, 3.

20   Cf. *Inst.*, III, 15, 7.

21   Nesse segundo caso, a cláusula penal pode exercer a função de reforço da obrigação, quando a pena estabelecida é de valor superior ao do objeto da obrigação principal.

Cap. XXXII · REFORÇO E GARANTIA DAS OBRIGAÇÕES | **423**

conforme o convencionado com o devedor, ou tinha o direito de intentar contra este as duas ações cumulativamente (recebendo, em consequência, o valor das perdas e danos pelo inadimplemento da obrigação principal, e mais o valor da pena), ou tinha, apenas, de optar por uma das duas ações. Se, porém, o contrato principal fosse de *boa-fé*, não se admitia essa acumulação, devendo, pois, o credor escolher uma das ações. No direito justinianeu, surgiu a seguinte inovação: quando se tratava de cláusula penal aposta a contrato de *boa-fé*, admitia-se que o credor, depois de ter movido uma das duas ações de que dispunha, pudesse intentar a outra ação para haver a diferença a mais que teria obtido se, em vez da ação que escolhera, tivesse movido esta outra.[22]

D) *"Iusiurandum promissorium"*

O *iusiurandum promissorium* é – segundo a maioria dos autores – reforço de obrigação numa única hipótese: constituição imperial atribuída a Alexandre Severo (C. II, 27, 1), mas que parece interpolada,[23] estabeleceu que, se um menor de 25 anos contraísse obrigação sem a assistência de seu curador, perderia ele o direito de obter a *restitutio in integrum* se a confirmasse mediante juramento (*iusiurandum promissorium*).

Mas, em rigor, como salienta Biondi,[24] esse juramento é antes um meio de validar negócio jurídico impugnável do que modo de reforço de obrigação.

213. Garantia das obrigações – Tendo em vista que já estudamos as garantias reais, no direito das coisas (*vide* capítulo XXVIII), examinaremos, agora, apenas as garantias pessoais, que, no direito romano, eram as seguintes:

a) a princípio, obrigações acessórias que se constituíam *uerbis* (isto é, por palavras solenes) e a que denominamos modernamente *fiança*, da qual havia, em Roma, três espécies que surgiram sucessivamente: *sponsio, fidepromissio e fideiussio*;[25] e

---

22 *Vide*, a respeito, Ferrini, *Manuale di Pandette*, 4ª ed., § 483 e segs., p. 478 e segs., Milano, 1953.

23 Cf. Volterra, *Istituzioni di Diritto Romano*, p. 600.

24 *Istituzioni di Diritto Romano*, 3ª ed., § 119, p. 435.

25 Numa obra como a presente, que se ocupa do direito privado romano, não se devem incluir no texto, como espécie de garantia pessoal, a *praediatura* e a *uadiatura*. Não há dúvida de que os *praedes* (plural de *praes*) foram dos mais antigos garantes que se conheceram em Roma. Sua atuação, porém, se exerceu no terreno do direito público (o Estado exigia dos cidadãos, que com ele contratavam, a apresentação de um ou mais garantes – os *praedes*) e do processo judicial (como já salientamos ao tratar da tutela dos direitos subjetivos, o pretor exigia dos litigantes garantia de que cumpririam certas obrigações, como a restituição, na ação de reivindicação, da coisa e de seus frutos – daí os *praedes litis et uindiciarum* –, e o comparecimento a juízo – donde o *uadimonium*). Não se sabe como esses garantes se obrigavam com o credor; o que se sabe apenas é que os *uades*, para isso, deviam pronunciar palavras solenes. Por outro lado, os *praedes*, no início do principado, começam a ser substituídos pelos *fideiussores*; e, no direito justinianeu, não há mais traço daqueles garantes. Os *uades* desapareceram muito mais cedo, provavelmente pouco após a Lei *Aebutia* (146-129 a.C.).

424 | DIREITO ROMANO – *José Carlos Moreira Alves*

b) no direito clássico, o pretor e a jurisprudência introduziram novos tipos de garantia pessoal – *os quais não estavam sujeitos a formas solenes* –, a saber: o *mandatum pecuniae credendae*, o *constitutum debiti alieni* e o *receptum argentarii*.

Note-se, porém, que os jurisconsultos romanos não conheceram o conceito nem a própria categoria das garantias pessoais.[26] A noção, que eles elaboraram no período clássico e que mais se aproxima do conceito moderno de garantia, é a de *intercessio*.

* * *

O conceito de *intercessio* é mais amplo do que o de *garantia*. Com efeito, sendo a *intercessio* o ato pelo qual alguém responde, voluntariamente, por dívida alheia, ela pode ocorrer nas seguintes situações:

a) quando se constitui garantia real ou pessoal, ou quando existe a figura do devedor solidário – nesses casos, diz-se que há *intercessio cumulatiua*, pois estão obrigados tanto o devedor principal quanto aquele que *se obrigou por ele*;[27]

b) quando ocorre a extinção de uma obrigação em virtude de novação subjetiva (pela qual, com a substituição do devedor antigo pelo que *intercede*, a obrigação primitiva se extingue com o nascimento da obrigação de quem realizou a *intercessio*) – diz-se que, aí, se verifica a *intercessio priuativa*, pois o obrigado é apenas aquele que se obrigou por outrem; e

c) quando alguém assume uma obrigação, em nome próprio, a fim de que outrem, em cujo benefício a obrigação é contraída, não seja responsável por ela (assim, por exemplo, quando alguém, em seu nome, por meio de contrato de mútuo, toma uma quantia emprestada, destinando-a a terceiro, mas contraindo, para si, a obrigação de restituir aquela importância) – nessa hipótese, diz-se que há *intercessio tacita*.[28]

Os juristas romanos pouco se ocuparam com a *intercessio* em geral; deram-lhe atenção, apenas, no que dizia respeito ao *senatusconsulto* Veleiano, de, talvez, 46 a.C.[29]

Em decorrência desses *enatusconsulto*, proibiram-se para as mulheres as diferentes modalidades de *intercessio* em favor de quem quer que fosse.[30] Nessa proibição, porém,

---

26 Cf. Martino, *Le Garanzie Personali dell'Obbligazione*, I, p. 1, Roma, 1940; e Biondi, *Istituzioni di Diritto Romano*, 3ª ed., § 107, p. 417.

27 *Intercedere* significa *obrigar-se por alguém*, não podendo, portanto, ser traduzido por *interceder*, cujo sentido é diverso.

28 Há autores, como Perozzi (*Istituzioni di Diritto Romano*, 2ª ed., – reintegrazione, 1949 –, § 146, p. 180, nota 1), que não distinguem a *intercessio priuatiua* da *intercessio tacita*. Outros porém, e nesse sentido nos orientamos, o fazem (cf. Kuhlenbeck, *Die Entwicklungsgeschichte des Römisches Rechts*, II, § 77, p. 302; e Schwind, *Römisches Recht*, I, *Geschichte, Rechtesgang, System des Privatrechtes*, p. 284).

29 Essa data é controvertida. Há autores, como Girard (*Manuel Élémentaire de Droit Romain*, 8ª ed., p. 835, nº 3), que julgam que esse *senatusconsulto* surgiu entre o tempo de Cláudio e os primeiros anos do governo de Vespasiano.

30 Um edito de Augusto – confirmado por outro de Cláudio – já havia proibido que as mulheres realizassem a *intercessio* em favor de seus maridos (cf. D. XVI, 1, 2, pr.).

Cap. XXXII · REFORÇO E GARANTIA DAS OBRIGAÇÕES | **425**

não incidiam, por exemplo, doações feitas por uma mulher a alguém para que este pagasse dívidas, mas, sim, e apenas, atos constitutivos de obrigação, e isso porque, segundo parece,[31] o *senatusconsulto* Veleiano visava a proteger a mulher contra a facilidade de obrigar-se por outrem, crendo – já que nada despendia no momento em que se obrigava – que seu patrimônio não correria risco com a prática da *intercessio*.

Para tornar efetiva a proibição, concedeu o *senatusconsulto* Veleiano à mulher – bem como a todos que se obrigaram com ela – uma *exceptio* (a *exceptio senatusconsulti Veleiani*), com que se defendia da ação que lhe movesse o credor para cobrar o débito decorrente da *intercessio*.[32] Se a mulher, porém, por ignorar a existência dessa *exceptio* em seu favor, não se utilizasse dela para paralisar o direito do credor na ação de cobrança, poderia fazê-lo posteriormente, quando da execução da sentença, na *actio iudicati*. E mesmo que tivesse pago a quantia a que se obrigara pela *intercessio* poderia repeti-la se desconhecesse que dispunha daquela defesa.[33]

O *senatusconsulto* Veleiano, no entanto, protegia apenas a mulher, e não o terceiro beneficiado com a *intercessio*. Por isso, se se tratasse de *intercessio cumulativa*, o beneficiário respondia, perante o credor, como devedor principal; se de *intercessio priuatiua*, o pretor concedia ao credor, para cobrar do beneficiário, uma *actio utilis* (a *actio restitutoria*), como se a obrigação deste não se tivesse extinguido; e, se de *intercessio tacita*, o pretor dava ao credor a *actio institutoria* para acionar o beneficiário da *intercessio*, como se a obrigação tivesse sido contraída por este.

No direito justinianeu, introduziram-se, a propósito, algumas inovações:

a) declarou-se nula, *ipso iure*, a *intercessio* da mulher em favor de seu marido;[34]

b) estabeleceu-se a nulidade *ipso iure* para as *intercessiones* que não fossem feitas por meio de instrumento público, na presença de três testemunhas, o que se aplicava não só às *intercessiones* que já anteriormente eram excepcionalmente válidas, mas também às que podiam ser impugnadas mediante a *exceptio senatusconsulti Veleiani*;[35]

c) determinou-se que a mulher não podia invocar a proteção do *senatusconsulto* Veleiano se:[36]

– em instrumento público declarasse que fazia a *intercessio* em troca de contraprestação; e

---

31 A finalidade do *senatusconsulto* Veleiano é controvertida. Sobre o assunto, *vide*, entre outros, Gide, *Étude sur la condition privée de la femme*, 2ª ed., p. 154 e segs.; Girard, *Manuel Élémentaire de Droit Romain*, 8ª ed., p. 836, nota 2; e Schulz, *Classical Roman Law*, § 975, p. 569. No sentido do texto, Jörs-Kunkel, *Römisches Recht*, 2ª ed., § 113, p. 217.

32 Em alguns casos, não se concedia à mulher essa *exceptio*; assim, por exemplo, quando ela tivesse realizado a *intercessio* dolosamente, ou quando o credor fosse menor de 25 anos e o beneficiário da *intercessio* (o devedor) não pudesse pagar-lhe a dívida.

33 Se não o ignorasse, não havia o direito de repetição, pois a mulher, sem incidir na proibição do *senatusconsulto* Veleiano, podia pagar, efetivamente, o débito de terceiro.

34 Nov. CXXXIV, c. 8.

35 C. IV, 29, 23, 2 e 3.

36 Cf. C. IV, 29, 23, 1; e C. IV, 29, 22, 1.

DIREITO ROMANO – *José Carlos Moreira Alves*

– sendo maior, ratificasse a obrigação depois de decorridos, no mínimo, dois anos de a ter contraído.[37]

* * *

Por outro lado, a qualidade de obrigação acessória das garantias pessoais foi fruto de evolução, no direito romano. A princípio, o garante era o único responsável pela dívida: ele assumia a posição do devedor, de modo que, se este não cumprisse espontaneamente a obrigação, o credor somente podia acionar o garante.[38] No direito clássico, devedor e garante são considerados codevedores solidários, embora nesse período se vá acentuando o caráter acessório da obrigação do garante. Finalmente, no direito justinianeu, reconhece-se plenamente que a obrigação do garante tem a característica de obrigação acessória com relação à do devedor, que é a principal.

Estudemos, a seguir, as diferentes espécies de garantia pessoal, a começar pela fiança.

214. Fiança[39] – É a garantia pela qual alguém se obriga a responder por dívida alheia, caso o devedor não realize a prestação devida.

A fiança – que das espécies de garantia pessoal é a mais importante – se caracteriza por ser uma obrigação acessória à contraída anteriormente pelo devedor principal. Note-se, no entanto, que os jurisconsultos romanos, segundo parece,[40] entendiam que a obrigação do garante, com relação à do devedor, era acessória, não no sentido de que havia rigorosa dependência daquela com referência a esta,[41] mas, sim, no de que a obrigação do garante se anexava à do devedor. Por isso, as obrigações do devedor e do garante nasciam sucessivamente e não simultaneamente.

---

37 Discute-se se, no direito justinianeu, subsistia o princípio de que a mulher não podia invocar a proteção do *senatusconsulto* Veleiano se tivesse renunciado expressamente à *exceptio senatusconsulti Veleiani*, ou se essa renúncia era válida apenas para possibilitar à mulher a aquisição da tutela de seus descendentes, a qual não lhe seria conferida sem a renúncia. *Vide* ampla exposição da controvérsia em Vangerow, *Lehrbuch der Pandekten*, II, 7ª ed., § 581, p. 152 e segs., Marbug und Leipzig, 1876.

38 Isso, segundo parece, ocorria com as figuras primitivas de garante: o *praes* e o *uas* (*vide* nota 25 deste capítulo).

39 Vários autores – como, por exemplo, Arangio-Ruiz (*Istituzioni di Diritto Romano*, 5ª ed., p. 405) – dão à fiança a denominação *adpromissio*. Esse termo, porém, com o sentido de garantia, não se encontra nas fontes jurídicas romanas, onde se acham, apenas, os vocábulos *accessio* (com que, às vezes, se designa a fiança) e *accessiones* (para indicar os garantes). *Vide*, a propósito, De Martino, *Le garanzie personali dell'obbligazione*, I, p. 11, Roma, 1940.

40 Cf. De Martino, *Le garanzie personali dell'obbligazione*, I, p. 109, Roma, 1940.

41 E tanto isso é certo que, em alguns casos (*vide* Gaio, *Inst.*, III, 119), embora a obrigação principal fosse nula, a do garante era válida, o que não ocorreria se esta dependesse rigorosamente daquela, pois, se assim fosse, a obrigação do garante também seria nula, em virtude do princípio de que o acessório segue a condição do principal.

Cap. XXXII · REFORÇO E GARANTIA DAS OBRIGAÇÕES | 427

No direito clássico encontramos três espécies de fiança, que surgiram, uma após outra, na seguinte ordem:

a) a *sponsio* (em que o credor pergunta ao garante: *Idem mihi dari spondes?* – "Prometes dar-me o mesmo que o devedor prometeu?" –, ao que responde o garante: *Spondeo* – "Prometo");

b) a *fidepromissio* (em que ocorriam as mesmas pergunta e resposta, mas em que, em lugar do verbo *spondere*, se empregava *fidepromittere*); e

c) a *fideiussio* (à pergunta do devedor ao garante: "*Id fide tua esse iubes?*" – "Garantes, sob palavra, essa prestação?" –, seguia a resposta do garante: *Fideiubeo* – "Garanto, sob palavra").[42]

No direito justianieu subsiste apenas a *fideiussio*.

Qual a razão da existência, no direito clássico, dessas três espécies de fiança, e por que, delas, apenas a *fideiussio* sobreviveu na época de Justiniano? A explicação é de ordem histórica. Vejamo-la, examinando, mais de perto, a *sponsio*, a *fidepromissio* e a *fideiussio*.

* * *

Das três, a *sponsio*[43] – que é a mais antiga de todas – e a *fidepromissio* foram as que primeiro surgiram. A *sponsio* era um negócio jurídico do *ius ciuile*; a *fidepromissio*, um negócio jurídico do *ius gentium* – daí a única diferença substancial que existe entre elas: a *sponsio* só era acessível a cidadãos romanos; a *fidepromissio* o era a romanos e estrangeiros.

Ambas – *sponsio* e *fidepromissio* – apenas serviam para garantir débitos contraídos por *stipulatio* (*vide* nº 235),[44] e deviam surgir imediatamente após a constituição da obrigação principal (por isso, o credor perguntava ao garante: *Idem mihi dari spondes?* – "Prometes dar-me o mesmo que o devedor prometeu?"). Demais, a responsabilidade do *sponsor* e do *fidepromissor* não se transmitia a seus herdeiros, extinguindo-se, portanto, com sua morte.

Até o século III a.C. era penosa a situação do *sponsor* e do *fidepromissor*. Eles respondiam solidariamente com o devedor por todo o débito, e sendo, portanto, devedores solidários, podiam, a qualquer tempo, ser perseguidos judicialmente por toda a dívida. Pago o débito pelo fiador, extinguia-se a dívida para o devedor, e o *sponsor* ou o *fidepro-*

---

42 Discute-se muito se a fórmula da pergunta seria *ID fide tua esse iubes?* ou *IDEM fide tua esse iubes?* Sobre essa controvérsia – inclusive acerca da diferença de sentido, que se pretende ver, caso se adote uma ou outra fórmula – *vide* Perozzi, *Istituzioni di Diritto Romano*, II, 2ª ed. (*reintegrazione*, 1949), § 154, p. 224, nota 2.

43 Sobre a *sponsio*, *vide* Pastori, *Osservazioni intorno alla "sponsio"*, in *Studia et Documenta Historiae et Iuris*, vol. XIII-XIV, 1947-1948, p. 217 e segs.

44 Portanto, para que uma obrigação contraída *litteris* (*vide* capítulo XXXVIII), por exemplo, fosse suscetível de ser garantida por meio da *sponsio* ou da *fidepromissio*, era necessário, primeiro, que, mediante novação (*vide* nº 221, VI), se transformasse a obrigação *litteris* numa obrigação decorrente da *stipulatio*.

428 | DIREITO ROMANO – *José Carlos Moreira Alves*

missor não tinham ação para cobrar do devedor o que por ele pagaram. E, se houvesse vários fiadores, pagando um deles o débito, não dispunha de meios para cobrar dos demais as quotas proporcionais ao valor total da dívida.

Nos séculos III e II a.C. surgem várias leis para melhorar a situação dos fiadores, uma vez que, diante do pesado ônus que representava a fiança, raro, por certo, deveria ser quem se dispusesse a garantir, como *sponsor* ou *fidepromissor*, débito alheio. Essas leis[45] – todas de data incerta, não se sabendo, até, qual a exata ordem cronológica em que surgiram[46] – são as seguintes:

a) a Lei *Publilia*, que determinou que o *sponsor* (ela não se aplicava ao *fidepromissor*) que pagasse o débito ao credor teria ação penal[47] contra o devedor, para obter deste, caso não o reembolsasse da quantia paga dentro de seis meses, o dobro do valor do débito;

b) a Lei *Apuleia*, pela qual, se houvesse vários fiadores (*sponsores* ou *fidepromissores*) e um deles pagasse ao credor mais do que a quota a ele correspondente, poderia exigir dos demais, como se entre eles houvesse um contrato de sociedade, que o ressarcissem do que pagara em excesso;

c) a Lei *Furia*, que, aplicando-se apenas ao *sponsor* ou ao *fidepromissor in Italia acceptus* (*sponsor* ou *fidepromissor* constituídos na Itália), determinava que a garantia decorrente da fiança se extinguia no prazo de dois anos, bem como que, se houvesse vários fiadores, cada um deles responderia por quota igual à dos demais, sem se levar em consideração se um dos fiadores, por insolvência, não podia pagar sua quota;[48] e

d) a Lei *Cicereia*,[49] que dispôs que o devedor era obrigado a declarar ao que iria servir-lhe de *sponsor* ou de *fidepromissor* o objeto da obrigação a ser garantida e o número de garantes já existentes.[50]

---

45 Gaio, *Inst.*, III, p. 121 e segs.

46 Segundo parece, a mais antiga é a Lei *Publilia*, porquanto se aplica apenas à *sponsio* (donde se pode deduzir que ela é anterior ao aparecimento da *fidepromissio*); com certeza, sabemos somente – e quem nô-lo informa é Gaio, *Inst.*, III, 122 – que a Lei *Apuleia* é anterior à Lei *Furia*.

47 Gaio (*Inst.*, III, 127; e IV, 22) a denomina *actio depensi*; no processo das ações da lei, ela era intentada por meio da *manus iniectio*, para que fosse mais bem assegurado o ressarcimento do garante; no processo formulário (Gaio, *Inst.*, IV, 102 e 171), é ela uma *actio dupli aduersus infitiantem* (ação que pode acarretar contra o réu a condenação ao dobro).

48 Portanto, pela Lei *Furia*, o credor somente podia exigir de cada fiador o pagamento da quota por que este era responsável, e, se algum dos fiadores fosse insolvente, o prejudicado seria o credor.

49 Como salientam Huvelin (*Cours Élementaire de Droit Romain*, II, p. 343) e May (*Éléments de Droit Romain*, 15ª ed., § 218, p. 491, nota 6, Paris, 1923), é provável que essa lei tenha surgido para impedir que os credores, não declarando o valor do débito a garantir e o número de cofiadores já existentes, fraudassem a aplicação da Lei *Furia*.

50 Além dessas leis, Gaio (*Inst.*, III, 124) nos informa ainda que, em virtude de uma Lei *Cornelia* (proposta por Sila), se proibiu que alguém fosse garante – e essa lei se aplicava ao *sponsor*, ao *fidepromissor* e ao *fideiussor* – do mesmo devedor com relação ao mesmo credor, no mesmo ano, por quantia superior a vinte mil sestércios.

Cap. XXXII · REFORÇO E GARANTIA DAS OBRIGAÇÕES | **429**

Se essas leis melhoraram a situação dos *sponsores* e dos *fidepromissores*, por outro lado enfraqueceram, e muito, a garantia que a fiança representava para os credores. Por isso – e também por outros inconvenientes que a *sponsio* e a *fidepromissio* apresentavam[51] –, nos fins da república ou início do principado, surgiu e se desenvolveu, graças à jurisprudência,[52] a *fideiussio*.

A *fideiussio*, como a *fidepromissio*, era um negócio do *ius gentium*. Podia ser utilizada por estrangeiros e romanos. Embora nascida, também, de uma *stipulatio*, servia para garantia de qualquer espécie de obrigação[53] – e não apenas das decorrentes da *stipulatio* –, inclusive obrigações naturais e obrigações futuras. A responsabilidade do *fideiussor* não cessava depois de transcorridos dois anos, mas era perpétua, transmitindo-se com a morte do *fideiussor* a seus *herdeiros*. Em suma, não se aplicavam à *fideiussio* aqueles preceitos das Leis *Publília*, *Apuléia* e *Fúria* que tinham enfraquecido a garantia oferecida pela *sponsio* e pela *fidepromissio*. Por outro lado, o *fideiussor* não podia obrigar-se a realizar prestação superior à do devedor; inferior, sim.[54] E, com a extinção da obrigação principal, extinguia-se automaticamente a responsabilidade do *fideiussor*.[55]

Quanto às relações entre *fideiussores*, credor e devedor, variaram elas no direito clássico e no justinianeu.

No direito clássico, devedor e *fideiussor* eram responsáveis solidários pelo débito; por isso, o credor, à sua escolha, podia exigir o pagamento de um ou de outro. Se a escolha recaísse no *fideiussor*, ele não tinha propriamente *direito de regresso* (*vide* nº 197, B, 1, *b*) contra o devedor, mas a jurisprudência admitiu que ele se reembolsasse da quantia paga por meio ou da *actio mandati contraria* (se pagara a dívida a pedido do devedor), ou da *actio negotiorum gestorum contraria* (se a pagara espontaneamente, em lugar do devedor). Demais, na hipótese de haver cofiadores garantindo a mesma dívida, foram eles beneficiados, a partir de Adriano,[56] pelo *beneficium diuisionis*, em virtude do qual cada um respondia apenas pela quota do débito que lhe cabia, quota essa que aumentava se um dos cofiadores fosse insolvente.

---

51 A *sponsio* e a *fidepromissio* eram submetidas a regras arcaicas e rigorosas; apenas serviam para garantir obrigações *uerbis* (*vide* nos 234 e 236); a *sponsio* e a *fidepromissio* tinham de ser celebradas imediatamente após a constituição da obrigação principal; e a responsabilidade do *sponsor* e a do *fidepromissor* não se transmitiam a seus herdeiros.

52 Segundo Schulz, *Classical Roman Law*, § 858, p. 499, a *fideiussio* foi criada por Sérvio Sulpício ou por Labeão.

53 Discute-se, porém, se, no direito clássico, ela podia garantir o cumprimento de uma obrigação *ex delicto* (decorrente de delito). Em sentido afirmativo, Volterra, *Istituzioni di Diritto Privato Romano*, p. 597. Contra, Perozzi, *Istituzioni di Diritto Romano*, II (*reintegrazione*, p. 1949), § 154, p. 230 e segs.

54 O *fideiussor*, em vez de responder por todo o débito, podia responsabilizar-se apenas pela parte dele que não fosse paga pelo devedor. Nesse caso, ocorria o que se denomina *fideiussio indemnitatis*, sendo duvidoso, como acentua Bonfante (*Istituzioni di Diritto Romano*, *ristampa della*, X ed., § 145, p. 443), se se tratava de uma verdadeira *fideiussio* ou de uma *stipulatio* comum.

55 Cf. Schulz, *Classical Roman Law*, § 862, p. 500 e segs.

56 Gaio, *Inst.*, III, 121.

430 | DIREITO ROMANO – *José Carlos Moreira Alves*

No direito justinianeu, esse panorama se modifica. Firma-se o caráter acessório da *fideiussio*, pois Justiniano[57] concede ao *fideiussor* o *beneficium excussionis* ou *ordinis*, pelo qual o *fideiussor* só está obrigado a pagar o débito se o credor antes tivesse cobrado, mas em vão, do devedor. Demais, pelo *beneficium cedendarum actionum*,[58] o *fideiussor* que pagasse em lugar do devedor se sub-rogava na ação do credor contra o devedor, para reembolsar-se da quantia paga.

Portanto, em síntese, a princípio o *fideiussor* é responsável solidário com o devedor pelo débito; a pouco e pouco, no entanto, graças aos *beneficia* (*diuisionis*, *excussionis* ou *ordinis*, e *cedendarum actionum*) que lhe foram sendo atribuídos, a solidariedade desaparece.

215. Outras modalidades de garantia pessoal – Como já salientamos, ainda no direito clássico, graças ao pretor e à jurisprudência, criaram-se novos tipos de garantia pessoal, a saber:

a) o *mandatum pecuniae credendae*;

b) o *receptum argentarii*; e

c) o *constitutum debiti*.

Desses três tipos de garantia pessoal, o primeiro nada mais é do que uma aplicação especial do contrato de mandato, e os dois últimos são pactos pretorianos, isto é, acordos de vontade munidos de ação concedida pelo pretor.

Eles surgiram, no direito clássico, porque as três espécies de fiança (a *sponsio*, a *fidepromissio* e a *fideiussio*) apresentavam inconvenientes. Com efeito, nem mesmo a *fideiussio* era isenta deles, porquanto:

a) somente podia ser realizada pela *stipulatio*, exigindo, em conseqüência, a presença das partes; e

b) havendo solidariedade entre devedor principal e garante, no direito clássico, se o credor movesse ação contra o devedor, ocorrida a *litis contestatio*, ficava o garante liberado do débito, não podendo o credor, se necessário, cobrar-lhe, posteriormente, todo o débito ou parte dele, conforme o devedor, por falta de recursos, não o tivesse solvido total ou parcialmente.[59]

Tais desvantagens não ocorriam com os novos tipos de garantia pessoal.

Analisemo-los separadamente.

---

57 Nov. IV, c. 1.

58 Como salienta Schulz, *Classical Roman Law*, § 866, p. 501, no direito clássico, o *fideiussor* não gozava desse benefício.

59 Observa Schulz, *Classical Roman Law*, § 382, p. 501, que – ao contrário do que asseveram muitos romanistas – a recíproca não era verdadeira: se o credor movesse ação contra o *fideiussor*, a *litis contestatio* não extinguia o débito principal.

A) "Mandatum Pecuniae Credendae"

O *mandatum pecuniae credendae*, também denominado *mandatum qualificatum*,[60] é aquele pelo qual alguém (o mandante, que será o garante) determina a outrem (o mandatário, que será o credor) que empreste certa importância ou quantidade de coisas fungíveis a terceiros (o beneficiário, que será o devedor).

O *mandatum pecuniae credendae* surgiu graças à jurisprudência. É certo que houve, a respeito, divergência entre os jurisconsultos romanos: Sérvio, nos fins da república, não o tinha como válido, uma vez que era ele celebrado no interesse exclusivo do mandatário; Sabino, porém, e os juristas posteriores foram de opinião contrária, tendo em vista, como acentua Gaio (*Inst.*, III, 156), que, se não fosse o mandato, o credor não teria realizado o empréstimo.

Segundo parece, no direito clássico o *mandatum pecuniae credendae* era considerado – desde o momento em que foi admitido como válido – como um mandato igual a qualquer outro e, portanto, regido pelas regras comuns desse contrato. No direito justinianeu, é que passou a ser encarado como um mandato *sui generis*, sujeito a regras especiais, razão por que, como acentua Schulz,[61] a denominação moderna *mandatum qualificatum* só é correta com referência ao direito justinianeu, e não com relação ao direito clássico.

Com a execução do *mandatum pecuniae credendae*, verifica-se a existência de dois negócios diferentes: um – o mútuo, entre o mandatário e o terceiro (tutelado pela *actio ex mutuo*); outro – o mandato, entre o mandante (garante) e o mandatário (credor no mútuo), no qual este, para ser indenizado das despesas realizadas com o cumprimento do mandato (e, consequentemente, do não pagamento da dívida pelo devedor), podia mover contra aquele uma *actio mandati contraria* (*vide* nº 243).

O mandante, nesse caso, estava em posição semelhante à do *fideiussor*; mas, entre o *mandatum pecuniae credendae* e a *fideiussio*, havia acentuada diferença,[62] pois, ao contrário do que ocorria com a *fideiussio*, o *mandatum pecuniae credendae*:[63]

a) sendo um contrato consensual, de boa-fé, podia constituir-se entre ausentes, e atribuía obrigações ao mandante e ao mandatário sancionadas por ações recíprocas, de boa-fé;

b) precedia à constituição da obrigação a ser garantida, e, portanto, antes de ser executado (isto é, antes de o mandatário conceder o empréstimo), não se apresentava como garantia, podendo, assim, ser revogado pelo mandante, ou, então, ser objeto de renúncia por parte do mandatário, como um mandato qualquer; e

---

60 Os antigos romanistas empregavam a expressão *mandatum pecuniae credendae*; já os modernos criaram a denominação *mandatum qualificatum*.

61 *Classical Roman Law*, § 961, p. 558.

62 Aliás, os próprios juristas romanos os consideravam institutos diferentes, como se vê no D. XVII, 1, 62, 1.

63 Cf. Cuq, *Manuel des Institutions Juridiques des Romains*, 2ª ed., p. 653 e segs.

432 | DIREITO ROMANO – *José Carlos Moreira Alves*

c) celebrado o mútuo pelo mandatário, a obrigação do mandante com relação a este não era acessória à obrigação do que recebera o empréstimo (o devedor); ao contrário, eram obrigações diversas, podendo, por isso, o mandatário acionar o mandante pelo débito, antes de fazê-lo contra o devedor,[64] ou, então, agir contra o mandante apenas para cobrar-lhe a diferença entre o valor do mútuo e o que o devedor pagara.[65]

No direito justinianeu, verificou-se a equiparação, em vários aspectos, do *mandatum pecuniae credendae* com a *fideiussio*. Com efeito, concederam-se ao mandante:

a) o *beneficium diuisionis*, na hipótese de serem vários os mandantes;

b) a possibilidade de defender-se com as exceções relativas ao devedor; e

c) o *beneficium excussionis* ou *ordinis*.[66]

B) *"Receptum argentarii"*

O *receptum argentarii*[67] é um pacto pretoriano[68] pelo qual um banqueiro (*argentarius*)[69] se obriga a pagar uma dívida[70] que seu cliente irá contrair.

Por esse pacto, o banqueiro – e o *receptum argentarii*, como salienta Perozzi,[71] era um contrato profissional restrito à classe dos banqueiros – se obrigava a pagar, eventualmente, dívida de seu cliente, ou porque este tivesse, em depósito junto ao banqueiro, quantia que cobrisse o valor da importância objeto dessa garantia, ou porque o banqueiro, dessa forma, lhe concedia uma abertura de crédito.

O banqueiro, pelo *receptum argentarii*, não ficava obrigado perante o terceiro, que se tornara credor de seu cliente. O credor, no vencimento da dívida, se dirigia ao devedor, e este, se não pudesse pagá-la, convidava-o a cobrar do banqueiro; se o *argentarius* se recusasse a efetuar o pagamento do débito, seu cliente, o devedor, podia mover-lhe a *actio recepticia*, ação que – segundo parece[72] – era pretoriana *in factum* (*vide* nº 131, A).

---

64 Nesse caso, o mandatário devia ceder ao mandante a ação de que dispunha contra o devedor.

65 E isso porque a *litis contestatio* na ação movida pelo mandatário contra qualquer um dos dois não liberava o outro, por serem obrigações diversas, sancionadas por ações diferentes.

66 Nov. IV.

67 *Recipere* (do qual *receptum* é particípio passado), nessa expressão, significa encarregar-se *de, tomar a seu cargo, assumir a responsabilidade*.

68 Há controvérsia sobre se o *receptum argentarii* era um pacto pretoriano ou um contrato formal do direito civil. A maioria dos autores se inclina no primeiro sentido, sendo essa, também, a autorizada opinião de Lenel, *Das Edictum Perpetuum*, 3ª ed., p. 132 e segs.

69 Sobre a atuação dos banqueiros em Roma, *vide* Deloume, *Les Manieurs d'argent à Rome jusqa à l'Empire*, 2ª ed., Paris, 1892.

70 Objeto desse débito podia ser qualquer espécie de coisa fungível ou infungível.

71 *Istituzioni di Diritto Romano*, II, 2ª ed. (*reintegrazione*, 1949), § 156, nota 5.

72 Tendo em vista a controvérsia a que aludimos na nota 68 deste capítulo, os autores discutem se essa *actio* era pretoriana ou civil. O que se sabe, como certo, é que era uma ação perpétua, transmissível ativa e passivamente aos herdeiros (cf. Perozzi, *Istituzioni di Diritto Romano*, II, 2ª ed. – *reintegrazione*, 1949 – § 156, p. 236 e segs.).

Cap. XXXII · REFORÇO E GARANTIA DAS OBRIGAÇÕES | **433**

Justiniano, tendo em vista que o *receptum argentarii* somente era usado pelos banqueiros gregos,[73] fundiu esse pacto com o *constitutum debiti alieni*, como veremos em seguida.[74]

C) *"Constitutum debiti alieni"*

O *constitutum debiti alieni* é também um pacto pretoriano pelo qual alguém se obriga a pagar a outrem, em certo dia, débito preexistente de terceiro.[75]

Esse pacto – que se formava *solo consensu* (mediante apenas o acordo de vontades), não exigindo a presença das partes – era tutelado por uma ação concedida pelo pretor, desde o tempo de Cícero: a *actio pecuniae constitutae* (ou *actio* de *pecunia constituta*), que era ação pretoriana *in factum*.

O *constitutum debiti alieni* diferia do *receptum argentarii* principalmente nos seguintes pontos:

a) o *constitutum debiti alieni* podia ser celebrado entre quaisquer pessoas; já no *receptum argentarii*, uma das partes – o garante – seria, necessariamente, um banqueiro (*argentarius*); e

b) o *constitutum debiti alieni* apenas servia para garantir o pagamento de débito preexistente; o *receptum argentarii*, o de débito futuro.[76]

No direito justinianeu, Justiniano,[77] em virtude de o *receptum argentarii* ser usado apenas por banqueiros gregos, fundiu esse pacto com o *constitutum debiti alieni*, interpolando, por isso, os textos, que integraram o Digesto, relativos ao *receptum argentarii*. Por outro lado, Justiniano estendeu àqueles que garantissem débito de outrem, mediante o *constitutum debiti alieni*, os *beneficia diuisionis*[78] e *excussionis* ou *ordinis*.[79]

* * *

---

73 Cf. Monier, *Manuel Élémentaire de Droit Romain*, II, 4ª ed., § 149, p. 199.

74 Sobre o *receptum argentarii* no direito justinianeu, *vide* Collinet, *Études Historiques sur le Droit de Justinien*, I, p. 279 e segs., Paris, 1912.

75 No direito clássico, esse débito deveria ser de dinheiro ou de coisa fungível; no direito justinianeu, de qualquer espécie de coisa, mesmo infungível (*vide*, a propósito, Roussier, *Le Constitut, in Varia – Études de Droit Romain*, III, pp. 84 e 85, Paris, 1958). Demais, a obrigação preexistente podia ser decorrente de delito ou de contrato, ser civil ou pretoriana, e, até, ser simplesmente natural.

76 Vários autores salientam, ainda, como diferença entre os dois institutos jurídicos, a circunstância de que a *acto recepticia* era perpétua e transmissível aos herdeiros, ao passo que a *actio pecuniae constitutae*, a princípio, porque era uma ação penal, prescrevia em um ano e era intransmissível aos herdeiros (só mais tarde é que passa a ser transmissível a eles). É muito discutido, no entanto, se a *actio pecuniae constitutae* era, primitivamente, uma ação penal; pela afirmativa, Frezza, *Le Garanzie delle Obbligazioni*, I (*Le garanzie personali*), p. 229 e segs., Padova, 1962; contra, Perozzi (*Istituzioni di Diritto Romano*, II, 2ª ed. – *reintegrazione*, 1949 – § 157, p. 238, nota 3) e Roussier (*Le Constitut, in Varia – Études de Droit Romain*, III, p. 48, Paris, 1958).

77 C. IV, 18, 2; e *Inst.* IV, 6, 8.

78 C. IV, 18, 3.

79 Nov. IV, c. 1. Não gozavam, porém, desse *beneficium* os banqueiros que se obrigavam pelo *constitutum debiti alieni* (Nov. IV, c. 3, 1).

Assim, no direito justinianeu, encontramos, como garantias pessoais:

a) a *fideiussio*;

b) fundidos, num instituto só, o *constitutum debiti alieni* e o *receptum argentarii*; e

c) o *mandatum pecuniae credendae*.

XXXIII

TRANSMISSÃO DAS OBRIGAÇÕES

Sumário: **216.** Noções gerais. **217.** Cessão de crédito. **218.** Cessão de débito.

216. Noções gerais[1] – Há transmissão da obrigação quando às pessoas entre as quais ela se constituiu se sucedem outras, persistindo, porém, a mesma relação jurídica obrigacional.[2]

Portanto, a transmissão da obrigação ocorre quando há modificação de sujeito tanto em seu lado ativo (*transmissão de crédito*) quanto em seu lado passivo (*transmissão de débito*).[3]

A transmissão da obrigação pode realizar-se em virtude da morte de um de seus sujeitos, ou entre vivos (*inter uiuos*). Na primeira hipótese, dá-se-lhe a denominação de *sucessão hereditária*, ou, apenas, *sucessão*; na segunda, os autores, por via de regra, se utilizam, para designá-la, dos vocábulos *sucessão, transmissão* e *cessão* (este para indicar que a transferência decorreu de ato voluntário).[4]

---

1 Sobre a dogmática da transmissão das obrigações, *vide*, entre outros, Espínola, *Sistema do Direito Civil Brasileiro*, vol. II, tomo II, 2ª ed., p. 333 e segs., Rio de Janeiro-São Paulo, 1945; Barassi, *La Teoria Generale delle Obbligazioni*, I (*La Struttura*), § 84 e segs., p. 240 e segs., Milano, 1946; Pacchioni, *Diritto Civile Italiano, parte seconda*, vol. I (*Delle Obbligazioni in Generale*), 3ª ed., p. 341 e segs., Padova, 1941; Sintenis, *Das Practische Gemeine Zivilrecht*, II, 2a ed., § 128, p. 790 e segs., Leipzig, 1861; Arndts, *Lehrbuch der Pandekten*, § 193, p. 402 e segs., Stuttgart, 1889.

2 Quando há a substituição de uma pessoa por outra com referência a determinada relação jurídica, diz-se que ocorre *sucessão*, conceito esse a que aludimos na nota 3 do capítulo XVI, para onde remetemos o leitor.

3 Observa Pacchioni (*Diritto Civile Italiano, parte seconda*, vol. I (*Delle Obbligazioni in Generale*), p. 361 e segs., Padova, 1941) que, da análise da essência da cessão de crédito e da cessão de débito, se verifica que elas diferem profundamente, pois, na primeira, há a transferência de valores positivos do cedente ao cessionário, e, na segunda, o que ocorre é, apenas, a assunção do débito pelo cessionário, já que não é concebível transferência de valores negativos; por isso, segundo Pacchioni, é imprópria a expressão *cessão de débito*, devendo ser substituída por outra: *assunção de débito*. A maioria dos autores, porém, acentua o paralelismo entre a cessão de crédito e a cessão de débito, entendendo que, em ambas, há substituição de partes, permanecendo a mesma relação jurídica obrigacional.

4 Cf. Espínola, *Sistema do Direito Brasileiro*, vol. II, tomo II, 2ª ed., p. 334 e segs., Rio de Janeiro-São Paulo, 1945.

DIREITO ROMANO – *José Carlos Moreira Alves*

A sucessão *mortis causa* da obrigação foi admitida em todas as etapas de evolução do direito romano,[5] e o é no direito moderno. O mesmo, porém, não se verificou com a transmissão *inter uiuos*. Com exceção dos casos de *adrogatio* (*vide* nº 276, B) e de *in manum conuentio* (*vide* nº 278), em que se transferiam apenas créditos (e não débitos), a transmissão *inter uiuos* da obrigação, no direito romano, primitivamente, não era admitida, e, mais tarde (nos períodos clássico e pós-clássico), somente se alcançaram, na prática, os seus efeitos, por meio de expedientes indiretos.[6] Mesmo no direito moderno, se a transferência de crédito é permitida, a de débito nem sempre o é.

No direito das sucessões, estudaremos a sucessão *mortis causa* dos créditos e dos débitos. Agora, ocupar-nos-emos, apenas, com a transmissão *inter uiuos* da obrigação, examinando, em primeiro lugar, a cessão de crédito, e, depois, a de débito.

217. Cessão de crédito – No direito romano primitivo, a obrigação era intransmissível *inter uiuos*, ativa ou passivamente, em virtude do caráter estritamente pessoal da relação jurídica entre devedor e credor. Com efeito, como transferir-se o crédito ou o débito, se a obrigação vinculava a pessoa do devedor à do credor?

Mas, com a Lei *Poetelia Papiria* (326 a.C.), o devedor deixa de responder pelo débito com seu próprio corpo, passando a fazê-lo com seu patrimônio. A obrigação, em consequência, deixa de vincular o corpo do devedor ao credor. A partir de então não mais deveria haver a impossibilidade de transmissão de crédito ou de débito. No entanto, o direito romano, em todas as suas fases de evolução, conservou teoricamente o princípio da intransmissibilidade do crédito e do débito. Na prática, porém, alcançaram-se, economicamente, os resultados da transmissão da obrigação por meios indiretos.

Com referência à cessão de crédito, esses meios – que surgiram sucessivamente – foram os seguintes: a *nouatio* (novação), a *procuratio* (ou *cognitio*) *in rem suam* (procuração em causa própria) e a concessão de *actiones utiles* (ações úteis).

Estudemo-los, separadamente.

A) *"Novatio"*[7]

Pela novação ocorre indiretamente a cessão de crédito, quando a obrigação primitiva se extingue, e, em lugar dela, surge outra, porém entre o antigo devedor e um novo credor.

---

5   É certo que há autores – assim, Korosec (*apud* Monier, *Manuel Élémentaire de Droit Romain*, II, 4ª ed., § 193, p. 264, nota 3) – que entendem que, primitivamente, a morte do devedor ou do credor acarretava a extinção da obrigação. Outros restringem a intransmissibilidade *mortis causa* às obrigações *uerbis* (Giffard, *Précis de Droit Romain*, III, 3ª ed., § 401, p. 270 e segs.). A maioria dos autores, porém, se manifesta no sentido seguido no texto.

6   Contra o princípio da intransmissibilidade, *inter uiuos*, dos créditos, no direito romano, *vide* Gide (*Études sur la Novation et le Transport des Créances en Droit Romain*, p. 231 e segs., Paris, 1879), que, nesse particular, segue a opinião de Salpius, *Novation und Delegation nach römischen Recht*, § 54, pp. 341 e segs., Berlin, 1864.

7   Para pormenores sobre a *nouatio*, *vide*, adiante, nº 221, VI.

Gaio (*Inst.*, II, 38), aludindo à cessão de crédito, salienta:

Nam quod mihi ab aliquo debetur, id si uelim tibi deberi, nullo eorum modo, quibus res corporales ad alium transferuntur, id efficere possum, sed opus est, ut iubente me tu ab eo stipuleris; quae res efficit, ut a me liberetur et incipiat tibi teneri; quae dicitur nouatio obligationis (Se eu quiser que seja devido a ti o que outrem me deve, não posso empregar nenhum dos modos de alienar as coisas corpóreas, sendo mister que, à minha ordem, tu *estipules* com ele; donde resulta que ele se desobriga com relação a mim, sujeitando-se a ti; o que se denomina novação da obrigação).

Um exemplo. Caio é credor de Tício e quer ceder seu crédito a Mévio. Para isso, Tício, de comum acordo com Caio, promete, por uma *stipulatio*,[8] pagar a Mévio o que deve a Caio.

Com a *nouatio*, extingue-se a obrigação entre os primitivos devedor e credor, e surge nova obrigação entre aquele devedor e o novo credor. Não há, consequentemente, transmissão de obrigação, mas, sim, extinção da obrigação primitiva e nascimento de uma nova. É certo, porém, que, com isso, economicamente se atinge o mesmo resultado a que se chega com a efetiva cessão do crédito. Mas a *nouatio*, como meio indireto de transferir créditos, apresentava inconvenientes vários, a saber:

a) para que ocorresse, havia necessidade de que o devedor nela consentisse;

b) o crédito do novo credor não conservava sempre as mesmas características do crédito do antigo;[9]

c) as garantias do crédito primitivo se extinguiam com a *nouatio*; e

d) o devedor não podia opor contra o novo credor os meios de defesa de que dispunha contra o anterior.

Provavelmente por isso é que vai surgir, no direito clássico, um novo expediente para se obter, também de modo indireto, a transmissão dos créditos: a *procuratio* (ou *cognitio*) *in rem suam*.

B) *"Procuratio (ou cognitio) in rem suam"*

No processo formulário, o autor ou o réu podiam ser representados por um *cognitor* ou por um *procurator* (*vide* nº 129, B). Quando isso ocorria, o pretor inseria, na *intentio* da fórmula, o nome do autor ou do réu, mas, na *condennatio*, colocava o de seu representante (*cognitor* ou *procurator*).

---

8   Como acentua Czyhlarz (*Lehrbuch der Institutionen*, 11ª/12ª ed., § 102, p. 210), aquele que seria o novo credor (no caso do exemplo, Mévio) perguntava ao devedor (Tício): *Quod Caio debes id tu mihi spondes?* (O que deves a Caio prometes dar a mim?); ao que respondia o devedor: *Spondeo* (Prometo).

9   Com efeito, realizando-se a novação mediante a *stipulatio*, a obrigação daí resultante era sancionada por uma ação de direito estrito (*iudicium stricti iuris*), a *actio ex stipulatu*, ao passo que a obrigação primitiva (que, com a novação, se extinguira) podia ser sancionada por uma ação de boa-fé (*iudicium bonae fidei*), se ela tivesse decorrido de um contrato tutelado por ação dessa espécie, como, por exemplo, a *emptio uenditio* (contrato de compra e venda).

438 | DIREITO ROMANO – *José Carlos Moreira Alves*

Com base nisso – e, por isso, a *procuratio* (ou *cognitio*) *in rem suam* somente surgiu depois da introdução, no direito romano, do processo *per formulas* –, o credor nomeava a pessoa, a quem queria ceder o crédito, seu *cognitor* ou *procurator*, a fim de que esta cobrasse judicialmente do devedor a dívida, e a eximia, desde logo, da obrigação de prestar-lhe contas do desempenho do mandato. Não tendo o *cognitor* ou *procurator* que prestar contas do débito cobrado, atingia-se, assim, indiretamente, a cessão do crédito.

No direito clássico, esse meio indireto de transferir créditos se denominava *cognitio* ou *procuratio in rem suam*,[10] conforme a pessoa, a quem desejava o credor ceder o crédito, fosse seu *cognitor* ou *procurator*; no direito justinianeu, desaparecida a figura do *cognitor*, esse instituto passou a denominar-se exclusivamente *procuratio in rem suam*.

A *procuratio* (ou *cognitio*) *in rem suam* – embora, ao contrário do que ocorria com a *nouatio*, não exigisse o consentimento do devedor – também apresentava inconvenientes:

a) o mandato podia ser revogado pelo mandante ou extinguir-se com sua morte; ou, na *procuratio* (ou *cognitio*) *in rem suam* – mandato judicial –, sendo o credor o mandante e a pessoa, em favor de quem ele cedia o crédito, a mandatária, até que ocorresse a *litis contestatio* na ação movida pelo *procurator* (ou *cognitor*) *in rem suam* contra o devedor,[11] o *procurator* ou *cognitor* podia ter o seu mandato revogado pelo mandante (o credor), ou extinto, em decorrência de eventual morte deste; e

b) a *procuratio* (ou *cognitio*) *in rem suam* só atribuía direito autônomo ao *procurator* ou *cognitor* com a *litis contestatio*, exigindo-se, portanto, ao contrário do que se verificava na *nouatio*, a presença do magistrado.

Mas a evolução dos meios indiretos de transferência dos créditos não estava, ainda, terminada.

C) *O sistema das ações úteis*

Para obviar os inconvenientes da *procuratio* (ou *cognitio*) *in rem suam*, surgiu, no principado (mas só alcançou pleno desenvolvimento no direito justinianeu), o sistema de se concederem aos cessionários ações úteis (*actiones utiles*) (*vide* nº 131, A, *in fine*), que lhes permitiam assegurar-se, de modo autônomo e irrevogável, dos benefícios do crédito que lhes fora cedido.

Por esse sistema, quem quer que, por meio de convenção com o credor (venda, dote, doação etc.), se tornasse cessionário de um crédito podia cobrá-lo judicialmente

---

10 Segundo Schulz, *Classical Roman Law*, § 1.070, p. 627, nos textos clássicos a expressão é sempre *cognitor in rem suam*, e não *procurator in rem suam*. No sentido seguido por nós, manifesta-se a maioria dos autores.

11 Ocorrida a *litis contestatio*, a condenação do réu vai resultar não da relação jurídica obrigacional que deu margem à propositura da ação, mas do direito decorrente da própria *litis contestatio* (*vide* nº 129, B), celebrada entre o *procurator* (ou *cognitor*) e o réu (o devedor). Por isso, depois da *litis contestatio*, o credor não podia mais revogar o mandato judicial, nem sua morte extingui-lo.

Cap. XXXIII · TRANSMISSÃO DAS OBRIGAÇÕES | **439**

com a mesma ação de que dispunha o credor, mas estendida a ele, cessionário, *utilitatis causa* (ação útil). Assim, o cessionário, *suo nomine* (em seu próprio nome), e não em nome do credor – como ocorria na *procuratio* ou *cognitio in rem suam* –, cobrava, judicialmente, do devedor a dívida.

O sistema das ações úteis surgiu com um rescrito de Antonio Pio,[12] que concedeu a quem comprasse herança uma *actio utilis suo nomine* (ação útil em nome do próprio comprador) contra os devedores do falecido. Posteriormente, outras constituições imperiais dão – entre outros casos – *actiones utiles* a quem compra um crédito; ao marido em favor de quem se transfere, a título de dote, um crédito; ao legatário de crédito.[13] No tempo de Justiniano, a *actio utilis*, para cessão de crédito, é concedida de modo amplo, inclusive quando a transferência dele ocorre a título gratuito.[14]

Porém, o sistema das ações úteis apresentava um inconveniente grave: ao ceder o crédito, o credor não perdia a titularidade desse direito, de maneira que o devedor, antes da cobrança judicial por parte do cessionário, se liberava do débito se pagasse ao primitivo credor (o cedente). Segundo parece,[15] somente com Justiniano é que foi ele eliminado por notificação (*denuntiatio*), feita pelo cessionário, ao devedor; realizada a notificação, se o devedor pagasse ao antigo credor, não se eximiria de ter de pagar de novo ao cessionário.[16]

A partir desse momento, há, no direito romano, uma verdadeira cessão de crédito, pois – como salienta Girard[17] –, ocorrida a *denuntiatio*, o credor, embora continue titular do direito de crédito, não dispõe mais de ação para cobrar o débito, tendo-a, como ação útil, somente o cessionário, a quem unicamente devia o devedor pagar, para eximir-se da obrigação.[18]

Por outro lado, nos períodos pós-clássico e justinianeu, a cessão de crédito se difundiu tanto, e tantos foram os abusos cometidos contra os devedores, que providências foram tomadas no sentido de restringi-la. Assim, proibiram-se as cessões:

a) de crédito litigioso;[19]

---

12 D. II, 14, 15, pr.

13 Cf. C. IV, 39, 7; C. IV, 10, 2; e C. IV, 37, 18.

14 C. VIII, 53 (54), 33.

15 A providência, que eliminou esse inconveniente, é referida em duas constituições imperiais anteriores a Justiniano: uma, C. VIII, 16 (17), 4, de Alexandre Severo; outra, C. VIII, 41 (42), 3, de Gordiano. Mas, segundo tudo indica, foi inserida, nelas, por via de interpolação, pelos compiladores do *Corpus Iuris Ciuilis* (cf. Jörs-Kunkel, *Römisches Recht*, 2ª ed., § 127, p. 206 e segs.).

16 O mesmo ocorria quando o devedor já tivesse feito pagamento parcial ao cessionário.

17 *Manuel Élémentaire de Droit Romain*, 8ª ed., p. 781 e segs.

18 Note-se, entretanto, que mesmo o sistema das ações úteis não deixa de ser um meio indireto de cessão de crédito, pois, ao contrário do que ocorre modernamente, o cedente não deixava de ser credor, nem o cessionário se tornava titular do direito de crédito, mas, apenas, o cedente perdia a ação para cobrar a dívida, dispondo o cessionário, em contraposição, de *actio utilis* para essa cobrança.

19 C. Th. IV, 5, 1, pr.; C. VIII, 36, 2; e C. VIII, 36, 5.

440 | DIREITO ROMANO – *José Carlos Moreira Alves*

b) de crédito a um *potentior* (isto é, a pessoa de posição social elevada; ao grande proprietário que se subtraía à ação das leis, em virtude do enfraquecimento, nessa época, do poder central);[20] e

c) de crédito em favor de pessoa que era ou fora tutora ou curadora do devedor.[21]

Seguindo a mesma orientação, encontra-se constituição imperial de Anastácio, de 506 d.C.,[22] que estabeleceu que, no caso de alguém ter obtido a cessão de um crédito por valor inferior a ele, o devedor podia liberar-se da obrigação, reembolsando o cessionário do preço por que se fizera a cessão.[23]

Note-se, finalmente, que, não sendo o sistema das ações úteis incompatível com os outros dois meios de se obter indiretamente a cessão de crédito, continuaram eles a poder ser utilizados, e principalmente a *nouatio* o foi, pois ela apresentava uma vantagem sobre o sistema das ações úteis: ocorrida a cessão de crédito por meio da *nouatio*, o devedor não podia defender-se contra o cessionário, invocando exceções de que dispunha contra o credor primitivo.

218. Cessão de débito – Também quanto à cessão de débito, os romanos, para alcançá-la economicamente, apenas conheceram dois meios indiretos:

a) a *nouatio*, com mudança de devedor (denominada tecnicamente *expromissio*); e

b) a *procuratio* (ou *cognitio*) *in rem suam*, com relação ao devedor.

Por esses dois meios se atingia a finalidade prática da cessão de débito, da mesma forma por que, com eles, se alcançava a da cessão de crédito. É de notar-se, porém, que – ao contrário do que ocorria com a cessão de crédito, em que o assentimento do devedor apenas era necessário na *nouatio*, e não na *procuratio* (ou *cognitio*) *in rem suam* –, em ambos, para a cessão de débito, era mister a concordância do credor.[24]

No direito romano, em matéria de transmissão de débito, não se foi além.

---

20 C. Th. II, 13, 1; e C. II, 13, 2.

21 Nov. LXXV, 5.

22 C. IV, 35, 22.

23 Tendo em vista, porém, que essa constituição não se aplicava à cessão gratuita, os cessionários procuravam burlar o preceito, comprando parte do crédito e recebendo o restante a título gratuito. Justiniano (C. IV, 35, 23 e 24) eliminou a possibilidade de fraude, estabelecendo que, nesse caso, toda a cessão se reputava feita a título oneroso. Assim, o devedor para desobrigar-se deveria apenas reembolsar o cessionário daquilo que ele efetivamente despendera para a cessão do crédito.

24 Mesmo na *procuratio* (ou *cognitio*) *in rem suam* com relação ao devedor, o credor podia recusar-se a realizar a *litis contestatio* com o *procurator* (ou *cognitor*) do devedor, se não recebesse caução idônea para garantia do efetivo pagamento da dívida (cf. Gaio, *Inst.*, VI, 101). Demais, havia, na *procuratio* (ou *cognitio*) *in rem suam* para cessão de débito, risco para o próprio devedor. Com efeito, o cessionário do débito podia escusar-se de realizar a *litis contestatio com o credor*, não restando a este outra alternativa que não a de acionar o devedor para obter o pagamento do débito. *Vide*, a propósito, Guarino, *Diritto Privato Romano*, § 190, 6, p. 610 e segs.

XXXIV

EXTINÇÃO DAS OBRIGAÇÕES

Sumário: 219. Generalidades. **220.** A evolução, no direito romano, dos modos de extinção das obrigações. **221.** Modos de extinção *ipso iure* das obrigações. **222.** Modos de extinção *exceptionis ope* das obrigações.

219. Generalidades – Toda obrigação, acentua Sintenis,[1] sendo uma relação transitória, traz em si mesma a necessidade de extinguir-se. Com efeito, a relação obrigacional surge para, normalmente, extinguir-se mediante a execução da prestação que é seu objeto. Às vezes, porém, ela se extingue pela ocorrência de certos fatos que não o cumprimento da prestação.

Os modos de extinção da obrigação são os fatos jurídicos que extinguem o vínculo entre o credor e o devedor.[2]

No direito romano, tendo em vista a dicotomia *ius ciuile* – *ius honorarium*,[3] eles podem ser agrupados em duas categorias:

a) modos de extinção *ipso iure*; e

b) modos de extinção *exceptionis ope*.[4]

Os modos de extinção *ipso iure* eram aqueles que, de *pleno direito*, extinguiam a relação obrigacional. Eram reconhecidos pelo *ius ciuile* e, uma vez ocorridos, determinavam, definitivamente, a extinção do direito de crédito, e, em consequência, a liberação do devedor.

Os modos de extinção *exceptionis ope* – que surgiram com o processo formulário, quando se verificou o aparecimento da *exceptio* – eram aqueles que, admitidos pelo *ius honorarium*, possibilitavam ao devedor opor à ação intentada pelo credor para a cobrança

---

1   *Das Practische Gemeine Zivilrecht*, II, § 103, p. 385, Leipzig, 1869.

2   Sobre os modos de extinção da obrigação no direito romano, *vide* Solazzi, *L'Estinzione dell'Obligazione nel Diritto Romano*, vol. I, 2ª ed., Napoli, 1935.

3   *Vide*, a propósito, Czyhlarz, *Lehrbuch der Institutionem des Romischen Rechts*, 11ª/12ª, § 103, p. 214 e segs.

4   Os autores modernos adotam diferentes critérios para classificar os modos de extinção da obrigação. De acordo com a maioria dos romanistas, preferimos a classificação apresentada no texto, tendo em vista que ela, no direito romano, tem – como observa Biondi (*Istituzioni di Diritto Romano*, 3ª ed., § 101, p. 402) – uma razão de ser histórica: enquadra-se na antítese *ius ciuile* – *ius honorarium*.

442 | DIREITO ROMANO – *José Carlos Moreira Alves*

da dívida uma *exceptio perpetua* (*vide* nº 128, B, 2, *a*),[5] obtendo, assim, a absolvição. Com a ocorrência de um modo de extinção *exceptionis ope*, a obrigação, *iure ciuili* (de acordo com o direito civil), não se extinguia, mas, na prática, esse era o resultado alcançado, uma vez que a ação do credor, para a cobrança do débito, não prosperava diante da *exceptio* do devedor.

Essa distinção era muito importante no direito clássico, porque:

a) extinta, *ipso iure*, a relação obrigacional, se aquele que fora credor pretendesse, apesar da extinção, cobrar judicialmente do antigo devedor, este poderia, em juízo, alegar a extinção a qualquer momento: na fase *in iure*, ele obteria do magistrado a denegação da ação (*denegatio actionis*); na fase *apud iudicem*, obteria do juiz popular a absolvição, uma vez que, estando extinta a obrigação, nada mais devia o réu ao autor; em se tratando, porém, de extinção *exceptionis ope*, o devedor, salvo no caso de *iudicium bonae fidei* (*vide* nº 131, C), somente poderia paralisar o direito do credor se, no momento oportuno da fase *in iure*, fizesse inserir, na fórmula, a *exceptio* de que dispunha;

b) a extinção *ipso iure* era definitiva, não podendo a obrigação reviver; o mesmo não ocorria com a *exceptionis ope*, pois, como a *exceptio* apenas paralisava o direito do credor, podia ser ela neutralizada, às vezes, por uma *replicatio* (*vide* nº 128, B, 3) – em outras palavras: desde que fosse removido o obstáculo à ação do credor, seu direito de crédito voltava a ser exigível; e

c) a extinção *ipso iure* operava, em geral, com relação a todos os interessados; já a extinção *exceptionis ope* podia limitar-se a operar, tão somente, com referência a um ou a alguns dos interessados, como se verificará, adiante (nº 222, III), no exame do *pactum de non petendo*.

No direito justinianeu, desaparecido o processo formulário, e não se distinguindo mais, no plano processual, a *exceptio* das demais defesas de que podia lançar mão o réu (por isso, a *exceptio* podia ser oposta mesmo depois de ocorrida a *litis contestatio*),[6] a distinção perdeu, em muito,[7] a importância que tinha no direito clássico, a ponto de texto interpolado do *Digesto* (D. L., 17, 112)[8] equiparar as duas espécies de modos de extinção: *Nihi interest, ipso iure quis actionem non habeat an per exceptionem infirmetur* (não há diferença entre alguém não ter, de pleno direito, uma ação, e esta tornar-se ineficaz por uma exceção).

220. A evolução, no direito romano, dos modos de extinção das obrigações – Os autores divergem sobre como se processou, exatamente, essa evolução.

---

5   Cf. Scheurl, *Lehrbuch der Institutionen*, 3ª ed., § 127, p. 244, Erlangen, 1857.

6   *Vide* nota 18 do capítulo XX.

7   Note-se, porém, que – como salienta Serafini (*Istituzioni di Diritto Romano*, 8ª ed., vol. II, § 122, p. 77) –, tendo essa equiparação ocorrido apenas no plano processual, persistiram as distinções assinaladas nas letras *b* e *c*, no texto.

8   Cf. *Index Interpolationum quae in Iustiniani Digesti inesse dicuntur*, III, col. 596, Weimar, 1935.

Cap. XXXIV · EXTINÇÃO DAS OBRIGAÇÕES | 443

Segundo a opinião ainda hoje dominante,[9] nos primórdios do direito romano o vínculo obrigacional – que, para constituir-se, dependia da observância de formalidades rígidas – somente se extinguia se se realizasse ato igual e contrário (*actus contrarius*) ao que lhe dera nascimento.[10] *Solutio*, nesses tempos remotos em que a obrigação vinculava materialmente o corpo do devedor ao credor, não significava *cumprimento da obrigação*, mas o *rompimento do vínculo material que representava a obrigação* (*vide* nº 192), o que se obtinha, apenas, por meio do *actus contrarius*, e não com o simples fato de a prestação, sem mais formalidades, ter sido executada pelo devedor. Em outras palavras: o pagamento, pura e simplesmente, não tinha, para o devedor, eficácia liberatória. O *actus contrarius* às obrigações *uerbis* e *litteris* (*vide* nºs 234 e segs.) era a *acceptilatio* verbal ou literal (*vide* nº 221, II); às obrigações contraídas *per aes et libram* (assim, o *nexum*, o legado *per damnationem*), a *solutio per aes et libram* (*vide* nº 221, II).[11] Esses modos de extinção da obrigação eram *ipso iure*, pois, não existindo a *exceptio* no processo das ações da lei, não poderia haver, nessa época, modo de extinção *exceptionis ope*.

No direito clássico, o panorama, a respeito, se apresenta muito modificado. Já nos fins da república, *solutio* passa a significar o efetivo cumprimento da obrigação, independentemente da realização de *actus contrarius*. Apesar disso, não desaparecem aqueles antigos modos de extinção (a *acceptilatio* e a *solutio per aes et libram*), mas passaram a ser utilizados para extinguir a obrigação em casos em que não ocorresse a execução da prestação seu objeto[12] – por meio desses modos, dava-se a *imaginaria solutio* (cumprimento fictício da obrigação). No direito clássico, graças ao pretor e à jurisprudência, surgem novos modos de extinção das obrigações. Com efeito, além dos modos de extinção *exceptionis ope* que aparecem com a criação da *exceptio* (que só é admitida a partir do processo formulário), introduzem-se novos modos de extinção *ipso iure*. Isso se verifica até da enumeração dos modos de extinção *ipso iure* feita por Gaio, em suas *Institutas*,[13] no século II d.C.: *solutio, acceptilatio, solutio per aes et libram, nouatio* e *litis*

---

9   Entre outros, Di Marzo, *Istituzioni di Diritto Romano*, 5ª ed., p. 326; Biondi, *Istituzioni di Diritto Romano*, 3ª ed., p. 399; Grosso, II *Sistema Romano dei Contratti*, 2ª ed., p. 117 e segs., Torino, 1950; Sohm, *Institutionen*, 6ª ed., § 138, p. 394.

10   Alguns autores modernos (cf. Giffard, *Précis de Droit Romain*, II, 3ª ed., § 400, nota 2, p. 270) entendem que esse princípio é de origem pós-clássica. Contra essa tese – e a objeção é de Arangio--Ruiz (*Istituzioni di Diritto Romano*, 5ª ed., p. 392, nota 1) – há a circunstância de que uma glosa grega aos fragmentos egípcios de Gaio torna provável que seja genuíno o texto atribuído a Paulo no D. L, 17, 153, relativo a essa regra da correspondência de formas (e, sendo genuíno o texto, o princípio, obviamente, é clássico).

11   Certos autores – assim, Voci, *Istituzioni di Diritto Romano*, 3ª ed., § 91, p. 352; e Grosso, *Il Sistema Romano dei Contratti*, 2ª ed., p. 118, Torino, 1950 – admitem que, nesses tempos remotos, as obrigações *re contractae* (*vide* nos 228 e segs.) só se extinguem com uma *datio* em restituição.

12   E isso para a *remissão do débito*, que é o ato pelo qual o credor, de acordo com o devedor, renuncia seu direito de exigir deste o cumprimento da obrigação.

13   III, 168 e 181.

444 | DIREITO ROMANO – *José Carlos Moreira Alves*

contestatio. Essa relação, porém, é muito incompleta,[14] pois, no tempo de Gaio, já havia outros modos de extinção *ipso iure*, como: o *contrarius consensus*, a *confusio*, a morte, a *capitis deminutio* e o *concursus causarum*.

No período pós-clássico, admite-se, como modo de extinção *exceptionis ope*, a *praescriptio longi temporis*,[15] ao lado dos numerosos outros – pois eram todos os fatos que davam margem a que o devedor, por uma *exceptio perpetua*, paralisasse a ação do credor – já existentes no direito clássico.

Finalmente, no direito justinianeu, observam-se inovações no regime da extinção da obrigação:

a) desaparecem a *solutio per aes et libram* e a *acceptilatio literal*;

b) a *solutio* passa a ser empregada para indicar a extinção da obrigação, qualquer que tenha sido o modo em virtude do qual ela ocorrera;[16] e

c) substituído o processo formulário pela *extraordinaria cognitio*, há a equiparação, no plano processual – como salientamos atrás –, dos modos de extinção *ipso iure* e *exceptionis ope*.[17]

221. Modos de extinção *ipso iure* das obrigações – São vários os modos de extinção, *ipso iure*, das obrigações. Além da *solutio* (pagamento)[18] – que é o *fato extintivo próprio*, porque, por meio dele, a obrigação se extingue com a execução de seu objeto –, há os *fatos extintivos impróprios* (que extinguem a obrigação sem que se efetue a prestação),[19] a saber:

a) *solutio per aes et libram*;

b) *acceptilatio* verbal e literal;

c) *contrarius consensus*;

d) *confusio*;

e) *concursus causarum*;

f) *nouatio*;

g) *litis contestatio*;

h) morte;

i) *capitis deminutio*;

---

14   Tentativa de explicação das omissões da enumeração de Gaio se encontra em Biondi, *Istituzioni di Diritto Romano*, 3ª ed., § 101, p. 402.

15   Cf. Cuq, *Manuel des Institutions Juridiques des Romains*, 2ª ed., p. 612.

16   *Vide*, a respeito, Arangio-Ruiz, *Istituzioni di Diritto Romano*, 5ª ed., p. 392.

17   Também a enumeração dos modos de extinção das obrigações que se encontra nas *Institutas* de Justiniano, III, 29, é muito incompleta.

18   Juridicamente, pode-se empregar o termo *pagamento* em três acepções: 1) para indicar qualquer fato que, com a execução da prestação, ou sem ela, extingue a obrigação; 2) para designar a execução da prestação (seja um dar, seja um fazer, seja um não fazer) como modo de extinção da obrigação; e 3) para assinalar a execução de prestação pecuniária. No texto, empregamo-lo no segundo sentido.

19   *Vide*, a propósito, Guarino, *Diritto Privato Romano*, § 192, p. 615.

Cap. XXXIV · EXTINÇÃO DAS OBRIGAÇÕES | **445**

j) a impossibilidade, superveniente e objetiva, da prestação;

l) condição e termo resolutivos;

m) revogação do contrato; e

n) privação de crédito, a título de pena.

Com exceção do modo de extinção aludido na letra *j* (de que já nos ocupamos nos nᵒˢ 205 e 207, para onde remetemos o leitor), examinaremos, a seguir, os demais.

I – "Solutio"

A *solutio* (pagamento) é a execução da prestação devida, consistindo, portanto, num dar, num fazer ou num não fazer algo. É o modo normal de extinção das obrigações.

Seu estudo será feito com a análise dos seguintes aspectos:

a) quem pode efetuar o pagamento; *b)* a quem deve ser feito o pagamento; *c)* o objeto do pagamento; *d)* a imputação do pagamento; *e)* o pagamento por consignação; *f)* o tempo do pagamento; *g)* o lugar do pagamento; e *h)* a prova do pagamento.

a) Quem pode efetuar o pagamento

Normalmente, é o devedor quem realiza o pagamento. Se um terceiro, porém, quiser (mesmo que o devedor o ignore, ou contra a vontade dele), poderá solver o débito, em nome e por conta do devedor,[20] em virtude do princípio de que não é defeso a ninguém tornar melhor a situação de outrem.[21] Essa hipótese, no entanto, não poderá verificar-se nos casos em que a obrigação tenha de ser cumprida pessoalmente pelo devedor.

b) A quem deve ser feito o pagamento

O pagamento pode ser feito ao credor, a um procurador seu – geral ou especial –, ou a outra pessoa qualquer autorizada pelo próprio credor, ou pela lei,[22] a recebê-lo.[23]

Às vezes, no próprio ato constitutivo da obrigação é designado um terceiro – um *adstipulator* ou um *solutionis causa adiectus* (*vide* nota 6 do capítulo XXXVII) –, a quem o devedor, para liberar-se, poderá efetuar o pagamento.

c) Objeto do pagamento

O objeto do pagamento é a prestação a que se obrigou o devedor quando se constituiu a obrigação.

O devedor, para liberar-se da obrigação, tem de realizar exatamente aquilo a que se obrigou: um dar, um fazer, ou um não fazer algo.

Por isso, se o pagamento deve ser realizado de uma só vez, não pode o devedor – a menos que o credor nisso consinta – fazê-lo, parceladamente. É certo, porém, que, no

---

20 Cf. D. XLVI, 3, 38, 2.

21 Cf. D. XLVI, 3, 53.

22 Assim, por exemplo, estão legalmente autorizados a receber o pagamento o tutor, ou o curador, quando o credor é incapaz.

23 Note-se, porém, que o devedor não se libera se pagar à pessoa de quem o credor retirou a autorização para receber o pagamento.

446 | DIREITO ROMANO – *José Carlos Moreira Alves*

direito justinianeu,[24] quando o devedor só reconhecia parte da dívida, e queria pagá-la, o magistrado podia compelir o credor a recebê-la, limitando, assim, o litígio à parte contestada.

O credor não está obrigado a receber senão a coisa devida,[25] mas, se ele consentir em que o devedor efetue prestação diversa daquela a que se obrigou, ocorre o que os intérpretes modernos denominam *datio in solutum* (dação em pagamento); os jurisconsultos romanos, nesse caso, diziam: *aliud pro alio soluere* (pagar uma coisa por outra). Sobre a *datio in solutum*, discutiam, no direito clássico, sabinianos e proculeianos.[26] Entendiam aqueles que havia, nessa hipótese, *extinção ipso iure da obrigação*; estes, *extinção exceptionis ope* (o devedor disporia da *exceptio doli* para paralisar a *actio do credor*). A controvérsia foi decidida por Justiniano[27] em favor dos sabinianos.[28] Além disso, os jurisconsultos romanos tiveram que defrontar-se com um problema decorrente da *datio in solutum*: como se protegia o credor, se a coisa dada em pagamento fosse evicta?[29] As opiniões contidas nos textos romanos[30] não são acordes. Alguns romanistas[31] entendem que, no direito clássico, ocorria o ressurgimento da obrigação que se pretendera extinguir com a *datio in solutum*; e que, no direito justinianeu, o credor ficava equiparado ao *emptor* (comprador), dispondo contra o devedor de uma *actio utilis ex empto* para obter deste o ressarcimento de todo o prejuízo.

Por outro lado, há certos devedores que, com relação a qualquer credor ou a determinados credores, gozam do que, modernamente, se denominou *beneficium competentiae* (*vide* nº 204).

Além do *beneficium competentiae*, havia outra hipótese – em que os autores modernos vislumbram o único exemplo de *concordata* admitido no direito romano – na qual o devedor não estava obrigado, para liberar-se, a executar, integralmente, a prestação devida. Trata-se do caso a que se refere um rescrito de Marco Aurélio, do qual já nos ocupamos no nº 204, *in fine*.

---

24 D. XII, 1, 21 (interpolado; *vide*, a propósito, Perozzi, *Istituzioni di Diritto Romano*, 2ª ed., *reintegrazione*, 1949, II, § 188, p. 407, nota 3).

25 D. XII, 1, 2, 1.

26 Gaio, *Inst.*, III, 168.

27 *Inst.*, III, 29, pr.

28 Por outro lado, Justiniano admitiu, em certos casos, uma *datio in solutum necessaria* (isto é, que ocorria independentemente da concordância do credor), a que se dá a denominação de *beneficium dationis in solutum* (benefício de dação em pagamento). Assim, o devedor, que possuía somente imóveis e que não encontrava quem os comprasse para, com o produto da venda, pagar o débito, podia liberar-se da obrigação entregando ao credor, depois de avaliado justamente, um desses imóveis (ou vários, se fosse o caso) em *datio in solutum* (cf. Nov. IV, 3; e CXX, 6, 2).

29 Sobre a evicção, *vide* nº 242.

30 *Vide*, a propósito, D. XIII, 7, 24, pr.; D. XLVI, 3, 46, pr.; D. XLVI, 3, 98, pr.; C. VII, 45, 8; e C. VII, 44, 4.

31 Assim, entre outros, Emilio Costa, *Storia del Diritto Romano Privato*, 2ª ed., p. 341, Torino, 1925.

d) *Imputação do pagamento*

Quando o devedor tem vários débitos (de coisas fungíveis do mesmo gênero; em geral, dinheiro) com relação ao mesmo credor, e o pagamento por ele efetuado não é suficiente para cobri-los todos, tem ele a faculdade de indicar qual débito (ou débitos) pretende extinguir. Na ausência dessa declaração, e não se podendo presumir qual a dívida (ou dívidas) que ele desejou pagar, a escolha cabia, no direito romano clássico, ao credor. Se, porém, nem o devedor nem o credor tivessem declarado em que débito (ou débitos) se imputaria o pagamento, dever-se-ia observar, para isso, a seguinte ordem, baseada, em geral, na vontade presumida do devedor: pagavam-se, em primeiro lugar, os juros já devidos; o excedente era imputado no pagamento dos débitos vencidos, prevalecendo, entre esses, os mais gravosos, e, se todos o eram igualmente, os mais antigos; se, porém, todos os débitos apresentassem as mesmas características, fazia-se a imputação, proporcionalmente, em cada um deles.

No direito justinianeu, segundo tudo indica,[32] eliminou-se, praticamente, o direito de escolha do credor, observando-se a sequência – acima descrita – de preferência de débitos para a imputação do pagamento, sempre que o devedor se omitisse a respeito.

e) *Pagamento por consignação*[33]

O pagamento por consignação é o meio pelo qual, recusando-se o credor a receber a prestação devida ou havendo circunstância que impeça esse recebimento, o devedor se libera mediante o depósito da prestação a que se obrigou.

No direito romano, quando o credor se recusava a receber a prestação, ou a praticar ato indispensável para que ela pudesse ser executada (por exemplo, em se tratando de obrigação alternativa, proceder à escolha da prestação), o devedor podia fazer ao credor uma *oferta real* – isto é, efetiva, e não, simplesmente, promessa de pagar – da prestação, e, persistindo a recusa do credor, depositá-la *in publico* (num templo, num armazém, junto a um banqueiro, ou em outro local designado pela autoridade competente).[34]

Segundo parece, no direito clássico, esse depósito (*depositio in publico* ou *in aede*) não extinguia a obrigação, não tendo, portanto, para o devedor eficácia liberatória; dele resultavam, porém, alguns efeitos: não mais corriam juros contra o devedor, e, se uma coisa do devedor, a título de garantia pignoratícia, tivesse sido entregue ao credor, era ineficaz sua venda por parte do credor, sob a alegação de pagar-se pelo não cumprimento da obrigação.[35]

No direito justinianeu, segundo vários autores,[36] tal depósito passou a ter eficácia liberatória para o devedor, tornando-se, assim, modo de extinção da obrigação.

---

32 Nesse sentido, entre outros, Bonfante, *Istituzioni di Diritto Romano, ristampa della X Edizione*, p. 422, nota 1; e Perozzi, *Istituzioni di Diritto Romano*, II, 2ª ed. (*reintegrazione*, 1949), § 188, p. 409.

33 Sobre as origens do pagamento por consignação, *vide* Vigneron, *Offerre aut Deponere*, Liège, 1979.

34 Ampla indicação de textos romanos, a respeito, em Maynz, *Cours de Droit Romain*, II, 5ª ed., § 290, p. 554, nota 2, Bruxelles-Paris, 1891.

35 Cf. Biondi, *Istituzioni di Diritto Romano*, 3ª ed., § 102, p. 407.

36 *Vide*, a respeito, Biondi, *Istituzioni di Diritto Romano*, 3ª ed., § 102, p. 407 (inclusive nota 23).

f) Tempo do pagamento

Se não há prazo para que o devedor execute a prestação, é ela exigível imediatamente,[37] salvo se, pela sua natureza mesma, não for possível seu cumprimento imediato,[38] caso em que terá o devedor prazo razoável para a execução da prestação.

Se tiver sido fixado prazo, o crédito somente será exigível quando da ocorrência dele, podendo, em geral, o devedor pagar antecipadamente, porque se presume que a dilação foi estabelecida em seu favor.[39]

g) Lugar do pagamento[40]

O pagamento deve realizar-se no lugar convencionado pelas partes. Se, porém, nada foi estabelecido a respeito, os textos romanos não nos fornecem critérios precisos para a determinação de onde deverá ser executada a prestação, mas nos apresentam algumas soluções casuísticas, pelas quais pode-se saber, por exemplo, que, se a prestação – de *dare* ou de *facere* – fosse relativa a imóvel, o lugar de sua execução seria o local em que o imóvel estivesse situado.[41]

Consoante alguns romanistas,[42] no direito justinianeu surgiu a tendência de se conceder ao devedor a escolha do lugar do pagamento, quando ele não tivesse sido estabelecido pelas partes.

h) Prova do pagamento

No direito clássico, provava-se o pagamento, indiferentemente, por meio de testemunhas ou de escrito.

As tabuazinhas descobertas, em 1785, em Pompéia, na casa de Lúcio Cecílio Jucundo,[43] nos fornecem elementos para reconstituir como se fazia a prova, por escrito, no direito clássico.

Segundo tudo indica, a princípio, o credor não redigia – como atualmente – documento onde declarasse ter recebido o pagamento; o devedor (ou alguém por sua ordem) é que elaborava um documento (*testatio, professio*) onde salientava que o credor na presença de testemunhas – que o subscreviam – reconhecera ter recebido o pagamento.[44]

---

37 D. XIV, 1, 41, 1.

38 Assim, por exemplo, na hipótese de alguém se obrigar a construir uma casa.

39 Cf. D. XIV, 1, 41, 1. Note-se, porém, que o devedor não poderá fazê-lo se o prazo tiver sido convencionado no interesse do credor.

40 A propósito, *vide* o largo estudo de Leoni, *Solutionis Locus, in Studi Giuridici dedicati e offertia Francesco Schupfer* (*Diritto Romano*), I, p. 87 e segs., Torino, 1898.

41 Para as demais hipóteses, *vide* Volterra, *Istituzioni di Diritto Privato Romano*, p. 605.

42 Assim, Di Marzo, *Istituzioni di Diritto Romano*, 5ª ed., p. 332, nota 3, que se apoia em interpolações constantes nos seguintes textos do *Digesto*: XXII, 1, 32, pr.; e XLVI, 3, 39.

43 *Vide*, a propósito, as amplas informações de Girard (*Textes de Droit Romain*, 6ª ed., p. 865 e segs.), de Arangio-Ruiz (*Fontes Iuris Romani Anteiustiniani, pars tertia, negotia*, p. 400 e segs.) e de Krueger (*Histoire des Sources du Droit Romain, trad. Brissaud*, p. 319 e segs.).

44 Exemplos de *testationes* em Arangio-Ruiz, *Fontes Iuris Romani Anteiustiniani, pars tertia, negotia*, p. 405 e segs.

Tratava-se, portanto, como acentua Girard,[45] mais de um meio para facilitar a prova oral do que, propriamente, de um recibo, no sentido moderno. Mais tarde, mas ainda no direito clássico, surgiram – provavelmente por influência grega – verdadeiros recibos (os *chirographa*), passados pelo credor, ou por alguém a seu mando.[46]

A ambas essas espécies de documentos dava-se a denominação genérica de *apocha*.

No direito pós-clássico, generalizou-se o uso dos *chirographa*.

No tempo de Justiniano,[47] não mais se utilizava das *testationes*. O pagamento nessa época era provado por meio de testemunhas ou de *chirographa*. Os *chirographa*, no entanto, até 30 dias depois de passados pelo credor, podiam ser por ele impugnados, pela *querella non numeratae pecuniae*, se demonstrasse que, na realidade, não tinha havido pagamento algum. Por outro lado, com relação a débitos cuja existência se comprovasse por escrito, o pagamento deles somente podia ser provado por *chirographa*, ou, então, por cinco testemunhas que a ele tivessem presenciado.[48]

II – *"Acceptilatio" e "solutio per aes et libram"*

Estudada a *solutio*, examinaremos, agora, as duas formas solenes de extinção das obrigações, as quais – segundo a maioria dos autores – eram, primitivamente, as únicas existentes: a *acceptilatio* e a *solutio per aes et libram*.

a) Acceptilatio

A *acceptilatio* foi, a princípio, o modo solene de extinção das obrigações *uerbis contractae*. A maioria dos romanistas, porém, com base meramente em conjecturas (as fontes são totalmente omissas a respeito), entende que, ao lado da *acceptilatio verbal*, existia a *acceptilatio literal* para extinguir as obrigações *litteris contractae*.[49]

Quando a *solutio* passou a ser modo de extinção da obrigação, a *acceptilatio* se tornou meio de *remissão de débito*, isto é, ato pelo qual o credor, de acordo com o devedor, renuncia o direito de exigir deste o cumprimento da obrigação. Por isso, Gaio,[50] no século II d.C., salienta que a *acceptilatio* era uma *imaginaria solutio* (pagamento fictício); e assim descreve suas formalidades: à pergunta do devedor ao credor *quod ego tibi promisi, habesne acceptum?* (o que eu prometi, tu o recebeste?), respondia o credor, embora, na realidade, nada tivesse sido pago, *habeo* (tenho recebido).

---

45 *L'epigraphie latine et le Droit Romain, in Mélanges de Droit Romain*, I, p. 393, Paris, 1912.

46 Exemplos de *chirographa* em Arangio-Ruiz, *Fontes Iuris Romani Anteiustiniani, pars tertia, negotia*, p. 412 e segs.

47 Pormenores em Kaser, *Das römische Privatrecht*, II (*Die nachklassischen Entwicklungen*), § 274, p. 319 e segs, München, 1959.

48 C. IV, 20, 18; e Nov. XC, 2.

49 *Vide*, a propósito, Schwind, *Römisches Recht*, I, p. 292; e Volterra, *Istituzioni di Diritto Privato Romano*, p. 607.

50 *Inst.*, III, 169 a 171.

450 | DIREITO ROMANO – *José Carlos Moreira Alves*

Afora as obrigações *litteris contractae* – que, segundo a maioria dos autores, seriam objeto da *acceptilatio literal* –, até os fins da república não era possível, pela *acceptilatio*, extinguir débito que não fosse decorrente de obrigação *uerbis contracta*. Aquílio Galo,[51] porém, que foi contemporâneo de Cícero, criou uma fórmula pela qual a *acceptilatio* podia extinguir qualquer relação obrigacional, desde que esta, previamente, por novação (*vide*, adiante, VI), fosse transformada numa *stipulatio* (a *stipulatio aquiliana*, denominação dada em homenagem a seu criador).[52]

b) Solutio per aes et libram

Gaio, nas *Institutas*, III, 173 a 175, alude a outra forma de pagamento fictício (*imaginaria solutio*), a *solutio per aes et libram*, que, em seu tempo, era empregada para a remissão de determinados débitos, como os decorrentes de negócios *per aes et libram*,[53] ou de *iudicatum* (julgamento), ou de legado *per damnationem* (*vide* nº 347, B) quando tivesse por objeto quantidade certa de coisas fungíveis.[54]

Em se tratando de débito resultante de *iudicatum* ou de legado *per damnationem*, assim se procedia, segundo Gaio,[55] à *solutio per aes et libram*: o devedor, na presença do credor, de cinco testemunhas e o *libripens* (porta-balança), dizia:

Quod ego tibi tot milibus condemnatus sum, me eo nomine a te soluo liberoque hoc aere aeneaque libra. Hanc tibi libram primam postremamque expendo secundum legem publicam[56] (porque eu fui condenado a pagar-te tantos mil sestércios, eu me desligo de ti e me liberto por meio deste pedaço de bronze e desta balança. Eu peso para ti estas libras, da primeira à última,[57] segundo a lei); e, batendo na balança com um asse, o entregava ao credor, extinguindo-se a obrigação.

III – *"Contrarius consensus"*[58]

As obrigações *consensu contractae* (isto é, as decorrentes dos contratos consensuais: compra e venda, locação, mandato e sociedade – *vide* nºˢ 242 e segs.) podem extinguir-se

---

51 *Inst.*, III, 29, 2.

52 Sobre essa *stipulatio*, *vide* Sturm, *Stipulatio Aquiliana*, München, 1972.

53 Os autores modernos entendem que Gaio, aludindo a negócio *quod per aes et libram est*, se refere ao *nexum* (*vide* nº 227). Mas, como acentua Volterra, *Istituzioni di Diritto Privato Romano*, p. 607, essa indicação é puramente conjetural.

54 Cf. Gaio, *Inst.*, III, 175, *in fine*.

55 *Inst.*, III, 174.

56 Essa é a fórmula que se encontra no palimpsesto de Verona que nos conservou o texto das *Institutas* de Gaio. O pergaminho P.S.I. 1182 inclui, depois das palavras *"tot milibus"*, os vocábulos *sestertiorum iudicio* (cf. Girard, *Textes de Droit Romain*, 6ª ed., p. 314, nota 9).

57 Sobre a tradução das expressões *primam postremamque* por "da primeira à última", *vide* Monier, *Le sens vraisemblable de la seconde partie de la formule orale de la solutio per aes et libram, in Studi in onore di Pietro de Francisci*, vol. I, p. 33 e segs., Milano, 1956.

58 A propósito, *vide* Silber, *Contrarius Consensus, in Zeitschrift der Savigny-Stiftung für Rechtsgeschichte, Romanistiche Abteilung*, vol. 42, (1921), pp. 68/102.

Cap. XXXIV · EXTINÇÃO DAS OBRIGAÇÕES | **451**

pelo *contrarius consensus*,[59] ou seja, pelo acordo de vontade das partes contratantes no sentido de extinguir o vínculo obrigacional preexistente.[60]

Para que, por meio do *contrarius consensus*, se extingam essas obrigações, é preciso:

a) que o *contrarius consensus* se verifique antes que uma das partes contratantes tenha cumprido, ainda que parcialmente, sua prestação; e

b) que o *contrarius consensus* vise à extinção de todas as obrigações decorrentes do contrato consensual em causa, e não à de apenas algumas delas.[61]

IV – *"Confusio"*[62]

A obrigação se extingue pela *confusio* (confusão) quando as qualidades de credor e de devedor se reúnem na mesma pessoa. Isso ocorre, em geral, em virtude de sucessão hereditária: assim, por exemplo, Caio é devedor de Tício, e este o nomeia, em seu testamento, herdeiro; falecendo Tício, Caio, ao aceitar a herança, torna-se credor de si mesmo, extinguindo-se a obrigação pela *confusio*.[63]

---

59 Nas fontes, além da expressão *contrarius consensus*, encontram-se também *contraria uoluntas, dissensus, contrarius dissensus* (as duas últimas são falhas porque podem dar a entender que as partes contratantes manifestam, divergentemente, suas vontades). *Vide*, a propósito, D. XVII, 5, 3; D. XLVI, 3, 80; D. L, 17, 35; C. IV, 45, 1.

60 O *contrarius consensus* decorre do princípio constante no D. L. 17, 35: *"nudi consensus obligatio contrario consensu dissoluitur"* (a obrigação decorrente do nu consentimento se extingue mediante consentimento contrário).

61 Segundo alguns autores (assim, entre outros, Perozzi, *Istituzioni di Diritto Romano*, II, 2ª ed. – *reintegrazione*, 1949 – § 187, p. 405 e segs., e Iglesias, *Derecho Romano*, II, 2ª ed., p. 175), no direito clássico o *contrarius consensus* somente se aplicava ao contrato de compra e venda; no direito justinianeu, esse modo de extinção foi estendido a todos os contratos consensuais, embora, com relação aos contratos de locação, sociedade e mandato, a providência fosse supérflua, pois todos eles podem dissolver-se por vontade de uma das partes apenas.

62 *Vide*, a propósito, o amplo estudo de Cugia, *La confusione dell'obbligazione con cenni al nuovo codice civile*, Padova, 1943.

63 Conforme se verifica de um texto do *Digesto* relativo a mandato (D. XLVI, 1, 71, pr.), os jurisconsultos romanos justificavam a extinção da obrigação, por meio da *confusio*, ou pela impossibilidade de alguém ser, ao mesmo tempo, credor e devedor de si mesmo, ou porque havia uma espécie de pagamento que a pessoa, em quem se confundem as qualidades de credor e de devedor, se considera fazer a si mesma. Huvelin (*Cours Élémentaire de Droit Romain*, II, p. 307 e segs.) entende que a primeira justificativa era a mais antiga, produzindo-se a confusão apenas nos limites daquela impossibilidade (daí, se houvesse um credor e vários devedores solidários, e o credor sucedesse, em virtude de testamento, a um dos devedores, o crédito não se extinguia com relação aos demais, pois a impossibilidade em causa não existia entre o credor e os outros devedores; e, também em virtude desse princípio, vigorava a regra de que, desaparecida a causa que deu margem à extinção da obrigação pela *confusio*, renascia a relação obrigacional: assim, por exemplo, se o testamento, em virtude do qual se reuniam as qualidades de credor e de devedor de alguém, fosse anulado por uma *querella inofficiosi testamenti*, a obrigação ressurgia, conforme se vê no D. V, 2, 21, 2); já a segunda justificativa seria mais recente, e teria surgido por causa das consequências injustas a que, às vezes, conduzia a primeira (assim, na avaliação do ativo e do passivo do morto, para efeito de determinação da *quarta Falcidia* – *vide* nº 351 –, que se calculava tomando por base somente o

Também se diz que há *confusio* (os autores do direito intermédio a denominavam *confusio impropria*),[64] quando, na mesma pessoa, se reúnem as qualidades de devedor e de *fideiussor* da mesma obrigação, caso em que se extingue a *fideiussio* (*vide* nº 214), isto é, a obrigação de garantia.

V – "*Concursus causarum*"

Ocorre o *concursus causarum* (concurso de causas), quando o credor obtém a prestação que lhe é devida – e ela necessariamente será de *dar coisa certa* –, não pelo cumprimento da obrigação, mas por outra causa ou título.

Por exemplo: Caio promete doar a Tício o escravo Pânfilo; posteriormente, Mévio compra de Caio esse escravo, e, ao morrer, deixa Pânfilo, a título de legado, para Tício – dá-se, aí, o *concursus causarum*, extinguindo-se o débito de Caio para com Tício.

É muito controvertida a evolução que o *concursus causarum* sofreu no direito romano. Segundo parece, a princípio, verificando-se o *concursus causarum* – quer as duas causas fossem lucrativas,[65] quer fossem onerosas[66] –, extinguia-se a relação obrigacional, por não se admitir que ela pudesse ter por objeto da prestação coisa do credor.[67] Mais tarde[68] – e os romanistas discutem a atuação dos jurisconsultos romanos clássicos e pós-clássicos na formação dessa doutrina[69] –, a obrigação apenas se extinguia se ambas as causas fossem lucrativas.[70]

---

ativo: Tício era credor e herdeiro único de Caio, que, em testamento, tinha deixado legados a várias pessoas; ora, para se verificar se os legados não ultrapassavam a *quarta Falcidia*, se se levasse em conta que se tinha extinto, por confusão, o débito de Caio para com Tício, o ativo da herança seria maior, e, consequentemente, os legatários, em detrimento do herdeiro, corriam menos risco de ver os legados reduzidos por serem superiores à *quarta Falcidia*; por isso, considerava-se o crédito de Tício como existente e computável no passivo da herança, aparecendo a *confusio*, nesses casos, como uma espécie de pagamento).

64 Cf. Volterra, *Istituzioni di Diritto Privato Romano*, p. 614, nota 1.

65 No exemplo dado no texto, ambas as causas são lucrativas: o crédito de Tício decorre de uma promessa de doação (negócio jurídico gratuito), e ele, posteriormente, recebe a coisa devida (o escravo Pânfilo) por outra causa lucrativa: o legado (negócio jurídico gratuito).

66 Considerando-se, ainda, os elementos do exemplo contido no texto, seriam onerosas ambas as causas, se o crédito de Tício decorresse de um contrato de compra e venda (negócio jurídico oneroso), e se, posteriormente, ele, em virtude de um contrato também de compra e venda (negócio jurídico oneroso), mas celebrado com Mévio, viesse a tornar-se proprietário de Pânfilo.

67 Cf. Gaio, *Inst.*, IV, 4; *Nec enim quod nostrum est nobis dari potest* (O que é nosso não nos pode ser dado).

68 Isso, com certeza, no direito justinianeu.

69 Sobre essa controvérsia, *vide* a síntese das opiniões divergentes (de Di Marzo, Schulz e Beseler) em Arangio-Ruiz, *Istituzioni di Diritto Romano*, 13ª ed., p. 398, nota 1. A respeito dessa matéria, *vide*, também, Ferrini, *Intorno al "concursus causarum lucratiuarum"*, in *Opere*, III, p. 385 e segs., Milano, 1929.

70 Portanto, se uma das causas fosse onerosa, a obrigação não se extinguia. Assim, se Caio prometesse doar a Tício o escravo Pânfilo, e, posteriormente, Mévio – que comprara esse escravo de Caio – o

Cap. XXXIV · EXTINÇÃO DAS OBRIGAÇÕES | 453

VI – *"Nouatio"*[71]

O *nouatio* (novação) é modo de extinção, *ipso iure*, de uma obrigação precedente mediante a constituição de uma obrigação nova.[72]

Discutem os romanistas se a *nouatio* só se realizava mediante a utilização da *stipulatio* (*vide* nº 235), ou se, também, do antigo contrato *litteris* (*vide* nº 238), da *dotis dictio* (*vide* nº 236), da *litis contestatio* (*vide* nº 129, B), do *legatum debiti* (*vide* nº 348), do *constitutum debiti* (*vide* nº 212, B, e 215, C).[73]

O que é certo é que a *stipulatio*, era, pelo menos, o meio, por excelência, utilizado para ocorrer a novação,[74] tanto assim que Gaio, ao tratar desta,[75] somente alude à *stipulatio*. Demais, segundo tudo indica,[76] as características da novação se alteraram do direito clássico para os direitos pós-clássico e justinianeu em virtude da transformação por que passou a *stipulatio* ao longo desses períodos.

---

vendesse a Tício, este permaneceria com seu crédito contra Caio, que lhe deveria pagar o valor do escravo Pânfilo.

71 Para ampla notícia sobre as obras a respeito da novação em direito romano, *vide* a monografia de Bonifácio, *La Novazione nel Diritto Romano*, Napoli, 1950. São clássicas as obras de Salpius, *Novation und Delegation nach roemischem Recht*, Berlim, 1864, e de Salkowski, *Zur Lehre von der Novation nach roemischem Recht*, Leipzig, 1866.

72 Sobre o conceito de novação, *vide* Gaio, *Inst.*, III, 176 e D. XLVI, 2, 1, pr. (esse fragmento do *Digesto* é atribuído a Ulpiano, mas Schulz, *Sabinus-Fragmente in Ulpians Sabinus-Commentar*, p. 88, Halle a. d. S., 1906, é de opinião de que a parte inicial, que contém propriamente a definição de *nouatio*, foi reproduzida por Ulpiano de obra de outro jurisconsulto clássico, Sabino).

Por outro lado, e tendo em vista que, no direito clássico, as obrigações precedente e posterior deviam ter o mesmo objeto (*idem debitum*), os jurisconsultos romanos acentuavam que, na novação, o débito se transferia da obrigação anterior para a nova. Com base nisso, vários romanistas, principalmente alemães, do século passado defenderam a tese de que, na novação romana, não havia, como na moderna, *substituição* (isto é, não se criava obrigação nova para se extinguir obrigação precedente), mas, sim, *transformação* (a obrigação anterior se extinguia porque, sob a forma da *stipulatio*, seu conteúdo patrimonial se transferia para a obrigação nova). Para pormenores sobre a tese da *transformação, vide* Soriano Neto, *Da Novação*, Recife, 1935; e Gide, *De la Novation, in Études sur la Novation et le Transport des Créances en Droit Romain*, p. 1 e segs., Paris, 1879.

73 A opinião ainda hoje dominante é a de que o único ato novatório admitido no direito romano era a *stipulatio*. Vários autores, porém, entendem que, além da *stipulatio*, era, também e pelo menos, ato novatório, no direito romano, o antigo contrato *litteris* (nesse sentido, entre vários outros, Bonifacio, *La Novazione nel Diritto Romano*, 2a ed., p. 53 e segs., Napoli, 1959; e Weiss, *Institutionen des römischen Privatreches*, 2ª ed., § 109, pp. 398 e 399). A nosso ver, é certa a opinião dominante, pois, ainda que se demonstrasse que, no antigo contrato *litteris*, por um único ato, se criava uma obrigação nova para extinguir uma antiga, mesmo assim seria incerto (não há texto algum nesse sentido) que os romanos qualificassem isso de *nouatio*.

74 E explica-se facilmente: podendo a *stipulatio* ter qualquer conteúdo, era apta a produzir, na expressão dos textos (D. XLVI, 2, 1, pr.), a *prioris debiti in aliam obligationem transfusio atque translatio* (a transformação e conversão de um débito anterior em outra obrigação).

75 *Inst.*, III, 176 e segs.

76 *Vide*, a propósito, Bonifacio, *La Novazione nel Diritto Romano*, 2a ed., p. 150 e segs., Napoli, 1959.

454 | DIREITO ROMANO – *José Carlos Moreira Alves*

Analisemos, portanto, a novação no direito clássico, e, depois, nos direitos pós--clássico e justinianeu.

A) No direito clássico

Para que ocorresse a novação, no direito clássico, eram necessários os seguintes requisitos:

a) existência de obrigação anterior (prior obligatio): a obrigação anterior podia ser civil ou natural; pura, condicional ou a termo; e decorrer de qualquer das fontes das *obligationes* (assim, de contrato, de delito);[77]

b) constituição de obrigação nova (posterior obligatio) para substituir a precedente: se a obrigação nova fosse nula, porque as formalidades da *stipulatio* não tivessem sido observadas, ou porque uma das partes era estrangeira e não podia utilizar-se, para a criação de uma *obligatio*, do verbo *spondere*, a obrigação anterior permanecia intacta;[78] o mesmo não ocorria, porém, segundo Gaio,[79] se se tratasse de uma *stipulatio post mortem*, ou se a *stipulatio* tivesse sido celebrada com um *pupillus* (pupilo) ou com uma mulher sem a *auctoritas* do tutor (*vide* nº 229, C), casos em que, embora a obrigação nova não surgisse, a obrigação precedente se extinguia;[80]

c) permanência do mesmo débito (idem debitum): era indispensável, no direito clássico, para que ocorresse a novação, que as duas obrigações (a nova e a precedente) tivessem o mesmo objeto (*id quod debetur* – aquilo que é devido), não no sentido de mera equivalência, mas de identidade absoluta; em vista disso:

– os jurisconsultos romanos salientavam que a *nouatio* implicava extinção da obrigação preexistente porque o seu conteúdo era transferido para a obrigação nova; e

– na *stipulatio* novatória, a obrigação a ser extinta tem de ser expressamente referida; a *stipulatio* novatória é um negócio jurídico causal, e não abstrato;[81] note-se, porém, que, com a novação, se extinguem, por via de regra, as garantias reais ou pessoais existentes com relação à *prior obligatio*, bem como deixavam os juros de correr;[82]

d) ocorrência de algo novo (aliquid noui): para que houvesse novação, era mister que a obrigação nova modificasse, de alguma forma, a obrigação precedente; essa modificação, porém, não podia ferir o requisito do *idem debitum*, isto é, a obrigação nova

---

77   As fontes (D. XLVI, 1, 55; e D. XLVI, 2, 8, 2) admitem a novação de obrigação futura; nessa hipótese, a novação só se produz quando surge a obrigação que será novada, a qual, no momento mesmo em que nasce, se extingue.

78   Gaio, *Inst.*, III, 179.

79   *Inst.*, III, 176.

80   A obrigação nova podia ser condicional; *vide*, a propósito, Gaio, *Inst.*, III, 179.

81   Cf. Kaser, *Das Römische Privatrecht*, I, § 152, p. 542, München, 1955; Sohm, *Institutionen*, 14ª ed., § 80, p. 524; e Bonifacio, *La Novazione nel Diritto Romano*, p. 52 e segs., Napoli, 1959 (nessa obra, p. 53, nota 16, salienta Bonifacio que há autores – como Staehlin – que admitem *stipulatio* novatória abstrata).

82   D. XLVI, 1, 60; e D. XLVI, 2, 18.

não podia ter objeto diferente da obrigação anterior; em face disso, ocorria o *aliquid noui* nas seguintes hipóteses:

1 – quando, na obrigação nova, uma das partes (credor ou devedor) da obrigação precedente era substituída por terceiro – nesse caso, há o que se denomina *novação subjetiva*, podendo o substituído ser o credor[83] ou o devedor[84] (nesse último caso, se a troca do antigo devedor pelo novo se faz prescindindo da vontade daquele, há o que os intérpretes do direito romano denominam *expromissio*; se, porém, ela ocorre porque o antigo devedor, que por sua vez era credor de outrem, determina a este que se torne devedor do credor dele, o qual aquiesce nessa substituição, dá-se o que os antigos comentadores chamavam *delegatio*, em que há uma relação triangular: o credor é o delegatário; o antigo devedor, o delegante; e o novo devedor, o delegado); ou

2 – quando havia substituição da *causa debendi* (fonte da obrigação), isto é, quando a obrigação nova tinha *causa debendi* diferente da obrigação antiga (assim, por exemplo, a *causa debendi* de uma obrigação era um contrato de compra e venda; realizando-se a novação, a obrigação nova passava a ter outra *causa debendi*: a *stipulatio novatoria*; e isso era importante, porque, no caso do exemplo, a *prior obligatio* era sancionada por uma ação de boa-fé – a *actio ex empto* ou a *actio ex uendito* –, ao passo que a *posterior obligatio* o era por uma ação de direito estrito – a *actio ex stipulatu*),[85] ou, então, sendo a obrigação anterior *pura*, se acrescentava à nova um elemento acidental: termo ou condição – em ambas as hipóteses, ocorre o que se denomina *novação objetiva*.[86]

Quando esses quatro requisitos – todos eles *objetivos* – se conjugavam, ocorria, automaticamente, a novação; surgia a obrigação nova, e se extinguia a obrigação anterior. E é justamente isso o que caracteriza a *nouatio clássica*. Com efeito, tanto nos direitos pós-clássico e justinianeu quanto no direito moderno, somente se dá a novação quando as partes têm a *intenção de novar* (*animus nouandi*), seja ela expressa ou implícita no ato novatório. Já no direito clássico, o *animus nouandi* não era requisito da novação, que surgia, tão somente, da reunião dos quatro requisitos objetivos a que aludimos atrás.

B) *Nos direitos pós-clássico e justinianeu*

---

83 Por exemplo: Tício era o credor originário: o que seria o novo credor perguntava ao devedor: *Quod Titio debes mihi dari spondes?* (O que deves a Tício prometes dar-me?), e o devedor respondia: *Spondeo* (Prometo).

84 Assim, Caio era o devedor que seria liberado com a *novatio*; o credor, então, perguntava ao terceiro que ia substituir Caio: *Quod Titius mihi debet mihi dari spondes?* (O que Tício me deve prometes dar-me?), ao que respondia o terceiro: *Spondeo* (Prometo).

85 Sobre as ações de direito estrito e de boa-fé, *vide* o nº 131, C.

86 Embora haja autores que pensem o contrário (*vide*, a propósito, Bonifacio, *La Novazione nel Diritto Romano*, p. 108, Napoli, 1959), a maioria dos romanistas entende que, pela *stipulatio Aquiliana* (*vide* nº 221, II, *a*, *in fine*), era possível extinguir-se, com a criação de uma só, várias obrigações entre os mesmos credor e devedor. No sentido da opinião comum, *vide* Wlassak, *Die Aquilianische Stipulation*, in *Zeitschrift der Savigny-Stiftung für Rechtsgeschichte, Romanistiche Abteilung*, vol. XLII, p. 401.

No direito pós-clássico, como veremos adiante, o formalismo da *stipulatio* entrou em decadência. Enquanto, no período clássico, a obrigação decorria da *stipulatio* apenas proferidos os termos solenes ... *mihi dari spondes?"spondeo"* (... prometes dar-me? (Prometo), no direito pós-clássico, além dessas palavras rituais, passou-se a levar em consideração a vontade das partes, para se determinarem os efeitos da *stipulatio*.

A história da novação está intimamente ligada à transformação sofrida pela *stipulatio*. No direito clássico, a novação ocorria com a simples celebração da *stipulatio* novatória, independendo, portanto, da intenção das partes. No período pós-clássico, o panorama se modifica: o efeito novatório da *stipulatio* não decorre mais apenas das palavras solenes (*uerba*), mas, a pouco e pouco, vai depender da vontade das partes. Eis a gênese do *animus nouandi* (intenção de novar) como requisito da novação. Os jurisconsultos pós-clássicos, porém, se contentaram em estabelecer uma série de presunções para determinar a existência, ou não, do *animus nouandi* na *stipulatio*.[87]

Somente mais tarde, em 530 d.C., é que Justiniano, numa constituição imperial célebre – C. VIII, 41, 8 –, dispôs, para eliminar as presunções criadas no direito pós-clássico, que apenas haveria novação quando, da *stipulatio*, decorresse a inequívoca intenção das partes de novar. Com isso, deu-se absoluta preponderância à vontade das partes (*uoluntas*).

Fazendo-se do *animus nouandi* requisito da novação, não havia mais motivo para que – como ocorria no direito clássico, quando essa intenção não era levada em conta – se continuasse a exigir a existência do *idem debitum* nas obrigações precedente e posterior. E, embora as fontes não sejam categóricas a respeito, a doutrina dominante entende que, no direito justinianeu, as partes, desde que tivessem inequivocamente o *animus nouandi*,

---

87 Os romanistas discutem se isso ocorreu nos fins do direito clássico ou no direito pós-clássico. A causa da controvérsia se encontra na circunstância de Justiniano – especialmente nas *Inst.*, III, 29, 3a – salientar que os *ueteres* não eram concordes sobre as diversas presunções destinadas a determinar, na novação, a existência do *animus nouandi*. Ora, a expressão *ueteres* é usada normalmente por Justiniano para designar os jurisconsultos clássicos. Por isso, alguns autores (assim Emilio Costa, *Storia del Diritto Romano Privato*, 2ª ed., p. 433, Torino, 1925; e *Animus nouandi, in Studi Giuridici dedicati e offerti* a Francesco Schupfer, *Diritto romano*, p. 49, Torino, 1898) entendem que o *animus nouandi* já era exigido na fase final do direito clássico. A maioria dos romanistas, porém, acentuando que as genuínas fontes clássicas não dão apoio a essa tese, interpreta o termo *ueteres* como *jurisconsultos pós-clássicos*. Bonifacio (*La Novazione nel Diritto Romano*, p. 149 e segs., Napoli, 1959), com argumentação diversa, chega a esse mesmo resultado: Justiniano, com a palavra *ueteres*, quis aludir aos juristas clássicos, erro a que foi induzido Justiniano pelos jurisconsultos pós-clássicos, que, não percebendo a transformação por que havia passado a *nouatio* do direito clássico para o direito pós-clássico, julgavam que, no período clássico, já se exigia, para a novação, o *animus nouandi*. Sobre essa controvérsia, além da obra de Bonifacio, *vide* Scialoja, *Le interpolazioni dei testi delle Pandette e l'ipotese del Bluhme, Un esempio: animus nouandi, in Studi Giuridici*, vol. II, p. 289 e segs. Roma, 1934; Cornil, *Cause et conséquences de l'apparition tardivede l'animus novandi, in Mélanges Paul Fournier*, p. 87 e segs., Paris, 1929; e Pringsheim, *Zur Geschichte des "animus nouandi", in Studi in Onore di Vincenzo Arangio-Ruiz*, vol. I, p. 509 e segs., Napoli, s/ data.

Cap. XXXIV · EXTINÇÃO DAS OBRIGAÇÕES | **457**

poderiam extinguir uma obrigação com a criação de outra cujo objeto fosse diferente do da anterior.[88] Daí, no tempo de Justiniano, serem os seguintes os requisitos da novação:

a) existência de obrigação anterior (*prior obligatio*);

b) constituição de obrigação nova (*posterior obligatio*);

c) ocorrência de algo de novo (*aliquid noui*); e

d) intenção de novar (*animus nouandi*).

* * *

Antes de continuarmos o estudo dos diversos modos de extinção, *ipso iure*, das obrigações, é mister que distingamos a *nouatio* (novação) da *delegatio* (delegação).

A *delegatio* (delegação)[89] é um negócio jurídico pelo qual uma pessoa (o *delegante*) determina[90] a outra (o *delegado*) que prometa ou dê[91] algo a terceiro (o delegatário).

A *delegatio* é sempre um negócio jurídico abstrato (*vide* nº 109, B) que serve para que se alcancem diferentes fins:[92] realizar pagamento; fazer doação ou empréstimo; constituir dote.

É certo que, em muitos casos, por meio da *delegatio* se realiza a novação.[93] Assim, a novação subjetiva, com a substituição do devedor: Caio deve 1.000 sestércios a Mévio; Tício deve 1.000 sestércios a Caio; Caio, então, ordena a Tício que prometa a Mévio pagar-lhe 1.000 sestércios. Nesse exemplo, com a *delegatio*, há uma dupla novação, pois a obrigação nova (entre Tício e Mévio) extingue duas obrigações anteriores (a entre Caio e Tício e a entre Caio e Mévio).

---

88 Bonifacio (*La Novazione nel Diritto Romano*, p. 160, Napoli, 1959), porém, é de opinião de que, mesmo no direito justinianeu, o *idem debitum* persistiu como requisito da novação.

89 Sobre a *delegatio*, *vide*, entre outros, Salpius, *Novation und Delegation nach römischen Recht*, p. 27 e segs., Berlin, 1864; Gide, *De la Délégation in Études sur la Novation et le Transporte des Créances en Droit Romain*, p. 379 e segs., Paris, 1879; Rutsaert, *Études sur la Délégation en Droit Privé Romain*, Bruxelles-Paris, 1929; Cugia, *Indagini sulla Delegazione nel Diritto Romano con Cenni al Diritto Romano Comune e Moderno*, parte 1ª, Milano, 1947; e Sacconi, *Richerche sulla Delegazione in Diritto Romano*, Milano, 1971.

90 E isso até por gesto, cf. D. XLVI, 2, 17.

91 A delegação, portanto, pode realizar-se por meio de promessa ou de *datio*. Sobre a *delegatio dandi* e a *delegatio promittendi*, *vide* Sacconi, *Ricerche sulla Delegazione in Diritto Romano*, p. 3 e segs., Milano, 1971.

92 Sobre a eficácia liberatória da delegação, *vide* Biondi, *Appunti intorno agli effetti estintivi della delegazione nel diritto romano*, in *Studi in Onore di Ugo*, Enrico Paoli, pp. 97 a 104, Firenze, 1956.

93 *Vide* D. XLVI, 2, 11, pr., onde se encontra o célebre conceito atribuído a Ulpiano: *Delegare est uice sua alium reum dare creditori uel cui iusserit* (Delegar é dar, em seu lugar, outro devedor ao credor, ou a quem este ordenar).

458 | DIREITO ROMANO – *José Carlos Moreira Alves*

Mas nem sempre a *delegatio* implica novação, o que demonstra que aquela é um instituto jurídico independente desta.[94] Em diversas hipóteses, as pessoas que participam da *delegatio* não estão vinculadas por obrigações anteriores que se venham a extinguir pela obrigação que nasce entre delegado e delegatário. Por exemplo: Caio quer fazer uma doação a Tício, que, por sua vez, tem a mesma intenção com referência a Mévio; em face disso, Tício solicita a Caio que prometa doar a coisa a Mévio – surge, assim, uma obrigação entre Caio e Mévio, mas não há qualquer obrigação anterior que, por isso, se extinga. Demais, há casos em que se realiza a *delegatio* sem que surja sequer uma obrigação nova: assim, quando o delegante ordena ao delegado que faça um pagamento em favor do delegatário – é a *delegatio pecuniae*.[95]

A *delegatio*, em Roma, se realiza por dois atos sucessivos:

a) a ordem que o delegante dava ao delegatário, e a ela as fontes se referem ora com o termo *iussum*, ora com a palavra *mandatum*, para indicar, segundo parece,[96] duas situações diferentes: o *iussum* era um ato unilateral de que se utilizava o delegante quando entre ele e o delegado havia uma relação obrigacional; o *mandatum* era um contrato que visava a possibilitar a delegação, e que, portanto, se celebrava quando, entre os futuros delegante e delegado, não havia relação obrigacional; e

b) a realização, pelo delegado, do *iussum* ou do *mandatum*, que se fazia, em geral, mediante o emprego da *stipulatio*, e, às vezes, do contrato *litteris*, da *litis contestatio* ou do *constitutum*.

Observe-se, finalmente, que a *delegatio*, no direito romano, era muito utilizada, principalmente com a participação de um banqueiro como delegado, permitindo-se, assim, aos comerciantes que, por meio dos *argentarii* (banqueiros), realizassem pagamentos, ou fizessem empréstimos a terceiros, em diferentes locais, sem o deslocamento do delegante. Demais, como acentua Cuq,[97] pela *delegatio* se afastavam as regras do direito romano que não admitiam a representação direta, a promessa entre ausentes e a cessão direta de crédito.

VII – *"Litis contestatio"*

Quanto ao efeito extintivo, *ipso iure*, da *litis contestatio* com relação às obrigações objeto de lide, dele já nos ocupamos no nº 129, B, para onde remetemos o leitor.

---

94 *Vide* D. XXIV, 1, 3, 12. A distinção nítida entre a novação e a delegação foi posta em relevo por Salpius (cf. Gide, *De la Délégation in Études sur la Novation et le Transport des Créances en Droit Romain*, p. 381, nota 1, Paris, 1879).

95 Nesse caso, embora o pagamento efetuado pelo delegado extinga a obrigação anterior entre o delegante e o delegatário, não há novação porque a extinção se realizou por força do pagamento, e não da criação de obrigação nova.

96 Nesse sentido, Hubrecht, *Manuel de Droit Romain*, II, p. 221, Paris, 1943; contra, Rutsaert, *Études sur la Délégation en Droit Privé Romain*, p. 35 e segs., Bruxelles-Paris, 1919, para quem toda delegação supõe sempre a existência de contrato de mandato.

97 *Manuel des Institutions Juridiques des Romains*, 2ª ed., p. 621.

VIII – *Morte*

Em geral, a morte não extingue as obrigações, que se transmitem – ativa e passivamente – aos herdeiros do falecido. Há, no entanto, certas obrigações que são intransmissíveis, extinguindo-se com a morte de uma das partes: por exemplo, as obrigações decorrentes de delito (*obligationes ex delicto*) e as resultantes da *sponsio* ou da *fidepromissio*.[98]

Por outro lado, as relações jurídicas que se baseiam em considerações de ordem pessoal – como os contratos de mandato e de sociedade – deixam de produzir efeitos após a morte de uma das partes, embora as obrigações já nascidas sejam transmissíveis aos herdeiros.

IX – *"Capitis deminutio"*

A *capitis deminutio* – máxima, média ou mínima – acarreta a extinção, *iure ciuili* (segundo o direito civil), apenas dos débitos (e não dos créditos)[99] do que a sofria.

Com a extinção dos débitos do *capite minutus*, ficavam prejudicados os credores. Por isso veio o pretor em seu auxílio, ou decretando uma *restitutio in integrum* (pela qual se considerava não ocorrida a *capitis deminutio*, para efeito da cobrança dos débitos), ou concedendo-lhes *actiones utiles* contra a pessoa que recebera o ativo patrimonial do *capite minutus*, ou, enfim, imitindo-os na posse dos bens que tinham sido do *capite minutus*, para que os vendessem e, com o produto da alienação, se pagassem.

X – *A impossibilidade superveniente e objetiva da prestação*

Em geral, extingue-se a obrigação quando a prestação, sem dolo ou culpa do devedor, se torna objetivamente impossível (*vide* nos 205 e 207).

XI – *Condição e termo resolutivos*

Os contratos de boa-fé (*vide* nº 226, C) se extinguem com a ocorrência da condição ou do termo resolutivos a que estiverem subordinados.

XII – *Revogação do contrato*

Alguns contratos – assim, o de mandato e o de sociedade – são suscetíveis de revogação, isto é, deixam de produzir efeitos pela vontade de uma das partes.

---

98   Cf. Gaio, *Inst.*, III, 120.

99   O ativo do patrimônio do *capite minutus*, se a *capitis deminutio* fosse *maxima*, ia – exceção feita aos direitos patrimoniais de caráter puramente pessoal, como o usufruto e direitos análogos – para o Estado (se a perda do *status libertatis* ocorrera a título de pena), ou para os credores (se a perda do *status libertatis* resultara de venda *trans Tiberim*), ou para quem se tornasse seu proprietário (*dominus*); se a *capitis deminutio* fosse *media*, o ativo do patrimônio do *capite minutus* continuava a pertencer-lhe, não mais sendo regido, porém, pelas normas do direito romano, mas, sim, pelas da *ciuitas* a que se incorporara o *capite minutus*, ou pelas do *ius gentium*; finalmente, se a *capitis deminutio* fosse *minima*, o ativo do patrimônio do *capite minutus* passava a pertencer ao *pater familias* a cuja *potestas* ele se submetera.

460 | DIREITO ROMANO – *José Carlos Moreira Alves*

Mas – note-se – a revogação não extingue as obrigações que, anteriormente a ela, já tenham nascido desses contratos.

XIII – *Privação de crédito a título de pena*

Em certos casos, a obrigação se extingue a título de pena imposta pela lei. Assim, por exemplo, em virtude de um decreto de Marco Aurélio,[100] extinguia-se a obrigação quando o credor – que, em consequência, ficava privado de seu crédito –, sem o consentimento do devedor, se apossava da coisa devida.

222. Modos de extinção *exceptionis ope* das obrigações – Como já salientamos, os modos de extinção, *exceptionis ope*, das obrigações são muito numerosos. Por isso, estudaremos, apenas, os mais importantes:

a) a *compensatio*;

b) a *prescrição*; e

c) o *pactum de non petendo*.

Estudemo-los separadamente.

I – *"Compensatio"*

A compensação (*compensatio*),[101] no direito romano, é instituto que tem dado margem a infindáveis controvérsias.

É célebre a passagem do *Digesto*,[102] atribuída a Modestino, que assim se refere à compensação: *compensatio est debiti et crediti inter se contributio* (a compensação é o balanceamento do débito e do crédito entre si).

Com efeito, ocorre a compensação quando, sendo duas pessoas, ao mesmo tempo, credoras e devedoras uma da outra, se extinguem as duas obrigações até onde houver, entre elas, concorrência. Assim, por exemplo, se Caio deve 1.000 sestércios a Tício, que, por sua vez, deve 800 sestércios a Caio, ocorrida a compensação, extinguem-se os créditos – que são concorrentes – de 800 sestércios, continuando Tício credor apenas do saldo (200 sestércios).

Segundo a nomenclatura moderna, a compensação pode ser *facultativa* ou *forçada*. A compensação é facultativa (também denominada *convencional*) quando decorre do acordo de vontade das pessoas que, ao mesmo tempo, são credoras e devedoras entre si.[103] O mesmo não se dá com a compensação forçada, que pode ser *legal* ou *judicial*. É

---

100 D. XLVIII, 7, 7; e D. IV, 2, 13.

101 Sobre a *compensatio, vide* Eisele, *Die Compensation nach römischem und gemeinem Recht*, Berlim, 1876: Appleton, *Histoire de la compensation en Droit Romain*, Paris, 1895; e Solazzi, *La compensazione nel Diritto Romano*, 2ª ed., Napoli, 1950.

102 XVI, 2, 1.

103 Em verdade, essa espécie de compensação não é uma figura autônoma de modo de extinção das obrigações, uma vez que, nela, o que há é mútua remissão de débitos em virtude de motivo especial: a existência de créditos e débitos recíprocos.

Cap. XXXIV · EXTINÇÃO DAS OBRIGAÇÕES | **461**

legal quando a extinção das obrigações concorrentes resulta tão só da lei, independentemente, portanto, da vontade das partes – essa compensação opera *ipso iure* (de pleno direito; automaticamente). É judicial quando realizada pelo juiz, em virtude, geralmente, de reconvenção ou de *exceptio* oposta pelo réu.

No direito romano, desde cedo, admitiu-se a compensação facultativa,[104] que – segundo parece – se verificava mediante o emprego de *acceptilationes* ou de pactos de *non petendo* recíprocos.

O mesmo, porém, não sucedeu com a compensação forçada.

No direito pré-clássico não havia nem a compensação legal nem a judicial. Esta, aliás, não se coadunava com o processo das *legis actiones*, no qual vigorava – de modo quase absoluto[105] – o princípio da *unidade de questão*:[106] as partes não podiam colocar diante do juiz mais de uma questão de cada vez; assim, o réu deveria defender-se alegando a inexistência do débito, ou a sua extinção, e não invocando, como defesa indireta, seu direito de crédito contra o autor, para efeito de compensação. Ainda que quisesse defender-se dessa forma, não poderia fazê-lo, dada a inexistência, no processo das ações da lei, da reconvenção e da *exceptio* (exceção).

No direito clássico, o princípio da unidade de questão perde seu prestígio anterior, porquanto, no processo formulário, além de se admitirem as *exceptiones* (exceções), há as ações de boa-fé, em que o juiz, para proferir a sentença, leva em consideração não apenas as pretensões do autor, mas também as do réu.

Mas, mesmo no direito clássico, os jurisconsultos romanos não formularam conceito unitário de compensação. Em vez de uma figura única,[107] eles conheceram casos singulares de compensação judicial,[108] os quais, no tempo de Gaio,[109] eram os três seguintes:[110]

---

104 Com efeito, como salienta Cornil (*Droit Romain*, p. 282, Bruxelles, 1921), nada indica que, no direito romano, houvesse disposição contrária à compensação convencional.

105 Esse princípio só não se aplicava rigorosamente nas ações divisórias.

106 *Vide*, a propósito, as considerações de Ihering, *Geist des römischen Rechts auf den verchiedenen Stufen seiner Entwicklung*, III, 1, 8a ed., § 50, p. 15 e segs., Basel, 1954.

107 Vários autores – assim, por exemplo, Arangio-Ruiz, *Istituzioni di Diritto Romano*, 13ª ed., p. 399 – salientam que a *compensatio*, no direito clássico, era excepcional, porque, nesse período, havia sobretudo um sistema de ações, sendo que a circunstância de a fórmula ser redigida com referência a uma relação jurídica isolava os créditos e débitos particulares, impedindo sua apreciação conjunta. *Vide*, a propósito, Sêneca, *De Beneficiis*, VI, 5, 6.

108 Salientam Jörs-Kunkel, *Römisches Recht*, 2ª ed., § 125, p. 201 e segs., que os romanos – mesmo no tempo de Justiniano (o que é controvertido, como veremos mais adiante no texto) – sempre consideraram a *compensatio* como um fenômeno processual, o que explica o fato de tanto as *Institutas* de Gaio (IV, 61 e segs.) quanto as de Justiniano (IV, 6, 30) se ocuparem dela, não entre os modos de extinção das obrigações, mas ao aludirem ao *bonae fidei iudicium*.

109 *Inst.*, IV, 63 e segs.

110 A maioria dos autores entende que esses eram os únicos casos de compensação judicial admitidos na época de Gaio (nesse sentido, entre outros, Emilio Costa, *Storia del Diritto Romano Privato*, 2ª ed., p. 435, Torino, 1925 ; e Cornil, *Droit Romain*, p. 282, Bruxelles, 1921). Há romanistas, no

462 | DIREITO ROMANO – *José Carlos Moreira Alves*

a) a compensação nas ações de boa-fé: nas ações de boa-fé (*vide* nº 131, C), o juiz popular dispunha de ampla liberdade de apreciação dos fatos, uma vez que deveria julgar *ex fide bona* (de acordo com a boa-fé); por isso, ao determinar o valor da condenação, ele podia realizar – embora não estivesse obrigado a tanto[111] – a compensação dos créditos recíprocos entre autor e réu, mesmo que os objetos deles não fossem da mesma espécie, mas desde que tais créditos decorressem da mesma causa (*ex eadem causa*), isto é, da mesma relação jurídica;

b) a *compensatio argentarii*: o *banqueiro* (*argentarius*), quando ia mover ação para cobrar débito de cliente seu com o qual mantinha conta corrente, estava obrigado a agir *cum compensatione*, isto é, a efetuar, ele mesmo, a compensação dos créditos existentes entre ambos, sob pena de, não o fazendo, perder a demanda em virtude de *plus petitio* (*vide* nº 129, C), sem que, para isso, o réu tivesse, sequer, de fazer incluir uma *exceptio* na fórmula; feita a *compensatio* pelo banqueiro, somente o saldo era indicado na *intentio* da fórmula, da qual o teor – segundo Gaio[112] – era o seguinte: *Si paret Numerium Negidium Aulo Agerio HS X milia*[113] *dare oportere amplius quam Aulus Agerius Numerio Negidio debet* (Se ficar provado que Numério Negídio deve pagar a Aulo Agério 10.000 sestércios a mais do que Aulo Agério deve a Numério Negídio); por outro lado, nessas ações (fosse a *condictio certae pecuniae*, fosse a *condictio certae rei*), os créditos compensáveis podiam decorrer de causa diversa, mas tinham de ser, além de exigíveis, relativos a objeto da mesma espécie (*ex eadem specie*: dinheiro com dinheiro; vinho com vinho); e

c) a *deductio do bonorum emptor*: *bonorum emptor* é aquele que comprara, em bloco, o patrimônio do devedor insolvente; em virtude disso, podia o *bonorum emptor* mover as ações de que este dispunha contra seus devedores; se, porém, um deles fosse, ao mesmo tempo, credor do insolvente, o *bonorum emptor* só podia agir contra ele *cum deductione*, isto é, *na condemnatio* da fórmula se ordenava ao juiz que condenasse o réu apenas ao saldo dos créditos compensáveis (*in id quod superest*), ainda que o crédito do réu tivesse objeto de natureza diversa do autor (*ex dispari specie*), e não fosse exigível na ocasião.

Portanto, no tempo de Gaio, a compensação judicial se efetuava nas ações de boa-fé e – nos casos de *compensatio argentarii* e de *deductio do bonorum emptor* – até em ações de direito estrito.

Mas, ainda com referência à compensação no direito clássico, as *Institutas* de Justiniano (IV, 6, 30) nos dão a seguinte notícia:

Sed et in strictis iudicis ex rescripto diui Marci opposita doli mali exceptione compensatio inducebatur (Mas também nas ações de direito estrito, em virtude de um rescrito

---

entanto, que julgam que, além desses, havia outros casos de compensação no direito clássico nessa época (assim Eisele, ob. cit., § 3º, p. 35 e segs.: a propósito, *vide* Emilio Costa, ob. cit., p. 435, nota 3).

111 Acentuam Jörs-Kunkel, *Römisches Recht*, 2ª ed., § 125, p. 202, nota 7, que o juiz popular – por exemplo – não efetuaria a compensação se o crédito oposto não fosse líquido, pois a determinação de sua liquidez demandaria tempo, e com isso, retardar-se-ia o desfecho da demanda.

112 *Inst.*, IV, 64.

113 A importância variaria conforme o valor do saldo, no caso concreto.

do imperador Marco Aurélio, tendo sido oposta a exceção de dolo mau, admitia-se a compensação).

Esse texto tem dado margem a enorme controvérsia, porquanto – e isso em virtude de escassez de fontes a respeito, e do laconismo do informe de Justiniano – não se sabe, exatamente, como se realizava a compensação mediante o emprego da *exceptio doli*, em conformidade com o citado rescrito de Marco Aurélio.

A propósito, são várias as tentativas de explicação. A que acode, de pronto, da simples leitura do texto das *Institutas* – e que, aliás, é corroborada pela *Paraphrasis Institutionum* (IV, 6, 30) de Teófilo –, é a de que, inserindo o réu, na fórmula, a *exceptio doli*, o juiz, ao verificar sua procedência, efetuava a *compensatio*, condenando o réu a pagar apenas o saldo, se houvesse. Essa tese, no entanto, não é aceita pela maioria dos romanistas, porque, no processo formulário, sendo procedente a *exceptio*, o juiz tinha necessariamente de absolver o réu, e não, simplesmente, de reduzir o valor da condenação. Atualmente são duas as explicações que congregam mais adeptos. De acordo com a primeira,[114] o emprego da *exceptio doli* era tão somente meio indireto[115] de se conseguir a compensação: sabendo o autor que, se julgada procedente a *exceptio doli*, o réu seria absolvido, por certo efetuaria ele a *compensatio*, reduzindo sua pretensão – como ocorria na *compensatio argentarii* –, diante do pedido do réu de inserção, na fórmula, daquela *exceptio*; se, porém, o autor não procedesse à compensação, o juiz absolveria o réu. Consoante a segunda explicação,[116] a *compensatio*, pela *exceptio doli*, apenas se verificava – mesmo no direito clássico – no processo *extra ordinem* (processo extraordinário), em que não vigorava o princípio observado no processo formulário, segundo o qual o juiz, em face da procedência de uma *exceptio*, não podia diminuir o valor da condenação, mas somente absolver o réu. Dentro dessa orientação, Solazzi dá explicação engenhosa de como a *exceptio doli* seria usada para realizar-se a *compensatio*: no processo extraordinário, quando havia créditos compensáveis, à ação do autor para cobrar seu crédito opunha o réu reconvenção[117] para a cobrança, por sua vez, de seu crédito contra o autor; essas *mutuae petitiones* (ação e reconvenção) – às quais alude o D. XLIV, 8, 1, 4 – eram julgadas pelo mesmo juiz, o qual, não estando, como no processo formulário, vinculado à fórmula, mas, sim, ao direito objetivo (*vide* nº 135, B), podia fazer a compensação dos créditos pronunciando uma só sentença para dirimir o litígio; já a *exceptio doli*, a que se referem as *Institutas* de Justiniano, seria provavelmente utilizada pelo réu quando o juiz

---

114 Seguem essa tese, entre outros, Cornil (*Droit Romain*, p. 284, Bruxelles, 1921) e Emilio Costa (*Storia del Diritto Romano Privato*, 2ª ed., p. 436, Torino, 1925).

115 Van Warmelo, *Le Rescrit de Marc-Auréle à propos de la compensation, in Mélanges Henry Lévy-Bruhl*, pp. 340/1, Paris, 1959, procura demonstrar que o processo formulário tinha meios para efetuar a compensação entre duas obrigações recíprocas e desiguais pelo emprego da *exceptio doli*.

116 Nesse sentido, Pernice, *Labeo*, II, 1, 2ª ed., p. 307 e segs., Halle, 1895; e Voci, *Istituzioni di Diritto Romano*, 3ª ed., § 98, p. 362.

117 A reconvenção nada mais é do que a ação proposta pelo réu contra o autor no mesmo processo e juízo em que aquele é demandado.

464 | DIREITO ROMANO – *José Carlos Moreira Alves*

da ação movida pelo autor não era competente para julgar a reconvenção, e, nesse caso, oposta a *exceptio doli*, o juiz, ao dar a sentença, procedia à compensação dos créditos.[118]

No direito justinianeu, em constituição imperial do ano de 531 d.C. (C. IV, 31, 14) – a que se referem as *Institutas*, IV, 6, 30 –, Justiniano introduziu inovações na compensação, transformando-a num instituto jurídico autônomo e de caráter geral.

Nessa constituição, determinou Justiniano que a compensação se fizesse *ipso iure* (de pleno direito) em todas as ações qualquer que fosse sua natureza – ação real[119] ou pessoal. A interpretação dessa expressão *ipso iure* é muito controvertida. Segundo vários autores,[120] Justiniano teria introduzido, no direito romano, a compensação que, modernamente, se denomina *legal*, isto é, a que, por força da lei, ocorre pela simples circunstância de existirem créditos compensáveis.[121] Outros romanistas,[122] porém, entendem que, mesmo no direito justinianeu, a compensação não saiu do terreno processual; os termos *ipso iure*, em vez de significarem que a compensação passou a ser legal, indicariam, apenas, que o juiz – ainda que a compensação não tivesse sido expressamente pedida pelo réu, por meio, até, de *exceptio* – teria necessariamente que efetuá-la se tomasse conhecimento, no processo, da existência de créditos compensáveis.

Portanto, para os seguidores da primeira tese, a compensação, no direito justinianeu, se tornou modo de extinção, *ipso iure*, das obrigações; para os da segunda, não.

Por outro lado, para que ocorresse a *compensatio*, no direito justinianeu, eram necessários os seguintes requisitos:

a) que houvesse identidade jurídica dos sujeitos dos créditos e débitos recíprocos (assim, o *fideiussor* podia opor, em compensação, crédito do devedor principal);

b) que os créditos a se compensarem fossem, além de líquidos ou de liquidez facilmente apurável, válidos e, dentro de certos limites, exigíveis (podia opor-se, em

---

118 Cf. Solazzi, *La Compensazione nel Diritto Romano*, 2ª ed., p. 142, Napoli, 1950; *vide*, nessa mesma obra, p. 98 e segs., síntese das diferentes teses que procuram explicar o rescrito de Marco Aurélio.

119 É difícil saber como se fazia a compensação em uma ação real (assim, por exemplo, numa ação de reivindicação) no direito justinianeu, porquanto, na *extraordinaria cognitio*, ao contrário do que ocorria no processo formulário, a condenação nem sempre era pecuniária, podendo o réu ser condenado a restituir a própria coisa objeto do litígio. Cornil (*Droit Romain*, p. 633, Bruxelles, 1921) entende que a compensação, nas ações reais, ocorria não para impedir a restituição total da coisa reivindicada, mas, sim, para diminuir ou extinguir as condenações pecuniárias acessórias proferidas, por exemplo, numa ação de reivindicação contra o possuidor de má-fé que consumisse os frutos da coisa.

120 Assim, Biondi, *Istituzioni di Diritto Romano*, 3ª ed., § 105, p. 414; Voci, *Istituzioni di Diritto Romano*, 3ª ed., § 98, p. 303; e Solazzi, *La Compensazione nel Diritto Romano*, 2ª ed., p. 171, Napoli, 1950.

121 Essa interpretação é confirmada pela *Paraphrasis Institutionum*, IV, 6, 30, de Teófilo, e atualmente vem conquistando, cada vez mais, adeptos, embora nos primeiros anos do século XX tenha sido muito combatida (*vide*, a propósito, Cornil, *Droit Romain*, p. 634 e segs., Bruxelles, 1921).

122 Entre outros, Cuq, *Manuel des Institutions Juridiques des Romains*, 2ª ed., p. 631; Scheurl, *Lehrbuch der Institutionen*, 3ª ed., § 130, p. 250, Erlangen, 1857; e Gehardt, *Römisches Recht*, 2ª ed., § 148, p. 339, Hannover, 1912.

Cap. XXXIV · EXTINÇÃO DAS OBRIGAÇÕES | **465**

compensação, uma obrigação natural, que não era exigível), não importando, porém, que resultassem de causas diversas (*ex dispari causa*); e

c) que seus objetos fossem homogêneos (isto é, que as prestações das obrigações a ser compensadas tivessem, como objeto, coisas fungíveis e da mesma espécie).

II – *Prescrição*

Outro modo de extinção, *exceptionis ope*, das obrigações é a *prescrição*.

Pela prescrição, extingue-se a ação quando aquele que pode intentá-la deixa de fazê-lo dentro de certo lapso de tempo. Assim, o réu pode defender-se com uma *exceptio*, alegando a prescrição, se posteriormente houver a tentativa de exercício da ação prescrita. Dessa forma, se prescrevesse a ação do credor, e este, apesar disso, tentasse cobrar judicialmente o crédito, o devedor opunha à ação que lhe era intentada uma *exceptio*, invocando a prescrição.

No direito pré-clássico, todas as *legis actiones* eram perpétuas isto é, imprescritíveis.[123] O mesmo sucedia, no direito clássico, com a quase totalidade das ações civis;[124] já com relação às ações pretorianas, algumas eram perpétuas, mas a grande maioria prescrevia dentro de um ano útil.[125] Portanto, conforme as ações que as sancionassem fossem perpétuas ou prescritíveis, as obrigações podiam ser exigidas sempre ou apenas dentro do prazo prescricional.

No direito pós-clássico, Teodosiano II,[126] em 424 d.C., estabeleceu, no Oriente,[127] que as ações então perpétuas (as temporárias continuaram a obedecer, quanto à prescrição, aos preceitos antigos) se extinguiam – dispondo o réu, para isso, da *exceptio* ou *longi temporis praescriptio* – ao fim de 30 anos, a partir do momento em que a ação podia ser intentada (com relação a crédito, do instante em que este fosse exigível), e desde que não houvesse suspensão ou interrupção da prescrição. A essa regra há algumas poucas exceções: por exemplo, as ações do fisco para a cobrança do imposto sobre imóveis são imprescritíveis;[128] as ações da Igreja ou das *piae causae* (*vide* nº 98, C) prescrevem somente em 40 anos.[129]

---

123 *Vide*, a propósito, Amelotti, *La Prescrizione delle Azioni in Diritto Romano*, p. 23, Milano, 1958.

124 Segundo Amelotti (ob. cit., p. 25), a única exceção era o *praeiudicium ex lege Cicereia*, a que alude Gaio, *Inst.*, III, 123.

125 Sobre os sistemas de contagem do ano útil, *vide* Girard, *Manuel Élémentaire de Droit Romain*, 8ª ed., p. 773, o qual adere à tese de que o ano útil consiste no prazo de 365 dias contados continuamente, a partir não do momento em que o crédito se torna exigível, mas do instante em que o credor pode agir sem obstáculo de parte do devedor ou do magistrado, bem como sem impedimento de ordem pessoal. No mesmo sentido, Huvelin, *Cours Élémentaire de Droit Romain*, II, p. 311. *Vide*, a propósito, D. XLVI, 3, 1.

126 C. VII, 39, 3.

127 Em 448 d.C., essa prescrição foi admitida, também, no Ocidente (cf. Nov. Valent. XXVI).

128 C. VII, 39, 6.

129 A propósito, *vide* Amelotti, ob. cit., p. 240 e segs.

Assim, em geral, decorridos 30 anos, a ação pessoal estava prescrita. Mas – e essa é questão muito controvertida[130] – a extinção da ação pessoal acarretava, também, a do direito de crédito por ela sancionado? Vários autores pretendem que, depois dos 30 anos, a obrigação se converteria em obrigação natural, e salientam ainda que o credor, embora não mais pudesse exigir judicialmente o crédito por meio da *actio*, continuava a poder valer-se dele como *exceptio* (exceção), que era imprescritível. A maioria dos romanistas, porém, rejeita essa tese, entendendo que, extinta a ação, se extinguia, também, o direito de crédito. A nosso ver, tem razão Amelotti,[131] ao distinguir, quanto aos efeitos, a prescrição das ações honorárias no direito clássico e a *longi temporis praescriptio* no direito pós--clássico; com relação àquelas os textos romanos são claros no sentido de que a extinção da ação implicava a do próprio direito; com referência a estas, as fontes não apresentam elementos decisivos para pôr fim à controvérsia, embora haja indícios de que também ocorria a extinção do direito.

III – *"Pactum de non petendo"*

O *pactum de non petendo* é o acordo de vontade entre o credor e o devedor pelo qual aquele se compromete a não exigir deste o cumprimento de uma obrigação.[132]

O *pactum de non petendo*, portanto, é um dos meios de se efetuar remissão de débito. Mas, à diferença dos outros modos de extinção da obrigação pelos quais se atinge esse mesmo resultado (a *solutio per aes et libram* e a *acceptilatio*), o *pactum de non petendo* opera, em geral,[133] *exceptionis ope*; demais, não exige quaisquer formalidades,[134] e serve para extinguir qualquer espécie de obrigação.

Em se tratando, por via de regra, de modo de extinção *exceptionis ope* – e isso porque, por ser uma simples convenção, o *ius ciuile*, em princípio, não lhe reconhece eficácia para extinguir, *ipso iure*, relação obrigacional –, se o credor, apesar da existência do *pactum de non petendo*, acionar o devedor para obter o cumprimento da obrigação, este opõe à ação a *exceptio pacti*,[135] que pode ser *dilatória* ou *peremptória*: dilatória, se o pacto tem eficácia limitada no tempo, isto é, se, por ele, o credor se obrigou apenas a

---

130 Cuidada síntese dessa controvérsia se encontra em Vangerow, *Lehrbuch der Pandekten*, I, 7ª ed., § 151, p. 232 e segs., Marburg und Leipzig, 1876.

131 Ob. cit., p. 64 e segs., e p. 262 e segs.

132 Sobre o assunto, *vide*, entre outros, Rotondi, *Di alcune riforme giustinianee relative al pactum de non petendo, in Scritti Giuridici*, II, p. 307 e segs., Milano, 1922; Segrè, *Sull'Efficacia del "pactum de non petendo", in Scritti Varii di Diritto Romano*, p. 115 e segs.,Torino, 1952; e De Martino, *Le Garanzie Personali dell'Obbligazione*, I, p. 192 e segs., Roma, 1940.

133 Dizemos *em geral* porque, como se verifica no D. II, 14, 17, 1, o *pactum de non petendo* tinha efeito extintivo *ipso iure* com relação às obrigações decorrentes dos delitos de *furtum* e de *iniuria*.

134 A remissão do débito pode ser feita até tacitamente, como ocorre, por exemplo, quando o credor restitui ao devedor o documento que prova a existência da dívida. Demais, o *pactum de non petendo* pode ser celebrado entre ausentes.

135 Nas ações de boa-fé, essa *exceptio* era subentendida (cf. *Digesto*, XVIII, 5, 3).

Cap. XXXIV · EXTINÇÃO DAS OBRIGAÇÕES | **467**

não exigir a prestação até certa data; peremptória, se sua eficácia é limitada no tempo, por ter o credor, no pacto, renunciado, para sempre, seu direito de crédito.[136]

Por outro lado, no direito clássico, o *pactum de non petendo* não beneficiava o herdeiro do devedor (salvo disposição em contrário: a *mentio heredis*), nem o codevedor solidário, mas, sim, e apenas, o *fideiussor*. No direito justinianeu,[137] e isso dependia da intenção das partes,[138] o *pactum de non petendo* podia ser *in personam* (quando o credor renunciava o direito de, apenas com relação ao devedor, exigir a prestação) ou *in rem* (quando essa renúncia se estendia, também, ao herdeiro do devedor, ao codevedor solidário e ao *fideiussor*).

---

136 Se, posteriormente ao *pactum de non petendo*, credor e devedor tivessem celebrado outro pacto – o *pactum de petendo* –, em sentido contrário ao primeiro, o credor dispunha da *replicatio pacti* contra a *exceptio pacti* do réu. Note-se, ainda, que, se o *pactum de non petendo* tivesse sido extorquido mediante o emprego de dolo, o credor podia opor à *exceptio pacti* a *replicatio doli*.

137 Sobre o *pactum de non petendo* no direito justinianeu, *vide* Rotondi, *Di alcune riforme giustinianee relative al "pactum de non petendo"*, in *Scritti Giuridici*, II, p. 307 e segs.

138 D. II, 14, 7, 8 (sobre as interpolações apontadas nesse texto, *vide Index Interpolationum, supplementum*, I, col. 26), Weimar, 1929.

B) PARTE ESPECIAL DAS OBRIGAÇÕES

XXXV

CONTRATO

Sumário: 223. Conceito de contrato no direito moderno e no direito romano. **224.** Os requisitos do contrato. **225.** Efeito do contrato. **226.** Classificação dos contratos. **227.** O *nexum*.

223. Conceito de contrato no direito moderno e no direito romano – Na parte especial das obrigações, estudam-se as diferentes fontes das *obligationes*.

Nesse estudo, como salientamos no nº 202, seguiremos a classificação que se encontra nas *Institutas* de Justiniano (contrato, quase contrato, delito, quase delito), acrescida da lei e da declaração unilateral de vontade.

* * *

Difere o conceito de contrato no direito moderno e no direito romano.

No direito moderno, o contrato – que é uma categoria geral e abstrata – é o acordo de vontade de duas ou mais pessoas que visa a constituir, a regular, ou a extinguir uma relação jurídica. Portanto, não apenas no campo do direito das obrigações encontramos a figura do contrato, mas também em todos os setores do direito privado (como, por exemplo, no direito de família), e até no direito público interno e internacional. É certo, porém, que, ao lado do *contrato em sentido amplo* (acordo de vontade de duas ou mais pessoas que visa a constituir, a regular, ou a extinguir uma relação jurídica em geral), há o denominado *contrato obrigatório* (*contratto obbligatorio*, dos italianos; *Schuldvertrag* ou *obligatorischer Vertrag*, dos alemães), que é o acordo de vontade de duas ou mais pessoas que se destina apenas a criar, modificar ou extinguir uma relação jurídica obrigacional.[1]

---

1   Waechter, *Pandekten*, II, § 144, p. 343, Leipzig, 1881, aos contratos obrigatórios que criam, modificam ou extinguem relações jurídicas obrigacionais, denomina *obligatorische Verträge in weitern Sinne* (contratos obrigatórios em sentido amplo) e os subdivide em *contratos obrigatórios em sentido estrito* (*obligatorische in engern Sinne*, que são os que criam ou modificam relações jurídicas obrigacionais) e *contratos liberatórios* (*liberatorische*, que são os que extinguem relações jurídicas obrigacionais). Também Puchta (*Vorlesungen über das heutige römische Recht*, II, 6ª ed., § 250, p. 68) subdivide tais contratos em *obrigatórios* (que dão nascimento a obrigações) e *liberatórios* (que extinguem obrigações).

470 | DIREITO ROMANO – *José Carlos Moreira Alves*

Quanto aos contratos obrigatórios (aos quais, em geral, nos referimos somente com o termo *contrato*), o direito moderno, ao lado dos contratos *típicos* ou *nominados* (acordos de vontade que se ajustam a um dos tipos de contrato descritos na lei), admite amplamente os *contratos atípicos* ou *inominados* (acordos de vontade que não se amoldam, estritamente, a nenhum dos tipos estabelecidos na lei, mas que se destinam a constituir relações jurídicas obrigacionais merecedoras de tutela, segundo a ordem jurídica). Assim, modernamente, todo acordo de vontade lícito pode gerar, modificar ou extinguir obrigações.

Em síntese, no direito moderno:

a) o contrato (isto é, o *contrato obrigatório*) é uma espécie – indubitavelmente a mais importante – do *contrato em sentido amplo*;

b) o contrato não se restringe aos acordos de vontade que se enquadram rigidamente em tipos estabelecidos na lei, mas constitui uma categoria geral; e

c) contrato e convenção (acordo de vontades) se confundem.

O mesmo não ocorre no direito romano,[2] onde a noção de contrato (*contractus*) é mais restrita:

a) primeiro, porque, durante toda a evolução do direito romano, só se enquadram entre os contratos os acordos de vontade que se destinam a criar relações jurídicas obrigacionais (e não, como no direito moderno, a criar, regular ou extinguir relações jurídicas em geral); e

b) segundo, porque, em Roma, nem todo acordo de vontade lícito gera obrigações: contrato (*contractus*) e pacto (*pactum, conuentio*) eram acordos de vontade, mas, ao passo que aquele produzia obrigações, este, em regra, não.[3]

---

2 Sobre o conceito de contrato, no direito romano, é muito rica a literatura, especialmente a italiana. Entre outros trabalhos, *vide* Pernice, *Parerga III – Zur Vertragslehre der römischen Juristen, in Zeitschrift der Savigny-Stiftung für Rechtsgeschichte, Romanistische* Abteilung, IX (1888), pp. 195 a 260; Perozzi, *Le Obbligazioni romane, in Scritti Giuridici*, II, p. 337 e segs.; nota 1, Milano, 1948; Albertario, *Corso di Diritto Romano, Le Obbligazioni – parte generale*, p. 144 e segs., Milano, 1947; Bonfante, *Sulla genesi e l'evoluzioni del "contratus", Il contratto e la causa del contratto e Sui "contractus" e sui "pacta", in Scritti Giuridici Varii*, III, p. 107 e segs.,Torino, 1926; Lauria, *Contractus, delictum, obligatio, in Studia et Documenta Histoirae et Iuris*, IV (1938), p. 163 e segs.; Rotondi, *Natura contractus, in Scritti Giuridici*, II, p. 159 e segs., Milano, 1922; Riccobono, *Corso di Diritto Romano (Stipulationes, contractus, pacta)*, p. 262 e segs., Milano, 1935; Voci, *La Dottrina Romana del Contratto*, Milano, 1946 (nessa obra o autor desenvolve amplamente as ideias contidas no artigo *La Dottrina del Contratto nei Giuristi Romani dell'Età Classica, in Scritti di Diritto Romano in onore di Contardo Ferrini*, p. 385 e segs., Milano, 1946); Grosso, *Il Sistema Romano dei Contratti*, 2ª ed., Torino, 1950; Archi, *Indirizzi e Problemi del Sistema Contrattuale nella Legislazione da Constantino a Giustiniano, in Scritti di Diritto Romano in onore di Contardo Ferrini*, p. 661 e segs.; e Astuti, *I Contratti Obbligatori nella Storia del Diritto Italiano, parte generale*, vol. I, Milano, 1952; e Federico Fernández de Buján, Sistema Contractual Romano, 3ª ed., Madrid, 2007.

3 Analisando os vocábulos *contrahere* e *contractus* em face das fontes, salienta Voci (*La Dottrina del Contratto nei Giuristi Romani dell'Età Classica, in Scritti di Diritto Romano in onore di Contardo Ferrini*, p. 387, Milano, 1946) que:

a) *contrahere* não significa concluir *contrato*, mas *vir a ser parte de uma relação jurídica*;

b) *contractus*, somente em textos pós-clássicos ou interpolados, indica negócios, que não são acordos de vontade, ou relações que não nascem de acordos de vontade; e

Cap. XXXV · CONTRATO | **471**

Portanto, o direito romano somente conheceu os *contratos obrigatórios* que geram obrigações e não acolheu – pelo menos até o tempo de Justiniano – o princípio, existente no direito moderno, de que todo acordo de vontade lícito, ainda que não se amolde a um dos tipos de contrato descritos na lei, pode produzir relações jurídicas obrigacionais.

Do direito clássico ao justinianeu, o sistema contratual romano sofreu alterações profundas, observando-se, nessa evolução, uma constante: o alargamento gradativo do círculo de acordos de vontade a que a ordem jurídica concede a eficácia de gerar obrigações.

No direito clássico,[4] os juristas, em vez de conceberem o *contrato* como uma categoria geral e abstrata, conheciam apenas alguns tipos de contrato (*contractus*), em que – segundo a concepção romana – não é o acordo de vontade (elemento subjetivo pressuposto no contrato) que faz surgir a obrigação, mas, sim, um elemento objetivo (observância de formalidades, ou entrega da coisa: *forma* ou *datio rei*).[5] O simples acordo de vontade (*pactum, conuentio*) não gera obrigação, sendo tutelado, não por uma *actio*, mas, indiretamente, por uma *exceptio*: daí a máxima *nuda pactio obligationem non parit*,

---

c) em alguns textos clássicos – embora raros –, *contractus* designa relações jurídicas tuteladas por ações *in factum*, isto é, pretorianas.

Por outro lado, como acentua Pernice (*Parerga III – Zur Vertragslehre der römischen Juristen, in Zeitschrift ser Savigny-Stiftung für Rechtsgeschichte, Romanistische Abteilung*, IX (1888), pp. 195 e 196), a palavra *contractus* não se encontra no Edito do Pretor, onde, ao contrário, aparece, algumas vezes, *contrahere*. Aliás (*vide* Schulz, *Classical Roman Law*, § 799, p. 466), o primeiro texto jurídico onde ocorre o vocábulo *contractus* é uma passagem do livro *De dotibus*, de autoria do jurisconsulto Sérvio Suplício, citada por Aulo Gélio (*Noctes Atticae*, IV, 4, 2).

4   O conceito de contrato, no direito romano clássico, é muito controvertido.

Segundo a opinião tradicional – que é a dominante –, mesmo no direito clássico, o acordo de vontade é elemento constitutivo do contrato.

Esse entendimento tem sido, porém, combatido por alguns autores modernos, principalmente italianos.

Assim, Perozzi (*Le Obbligazioni Romane, in Scritti Giuridici*, II, p. 337 e segs., nota 1, Milano, 1948) defende a tese de que, para os juristas clássicos, o acordo de vontade não era requisito do contrato (só o foi no direito justinianeu), uma vez que, nesse período, *contractus* era qualquer *negotium*, tendo, ou não, por base acordo de vontade, o qual, reconhecido pelo *ius ciuile* ou pelo *ius honorarium*, fosse capaz de gerar obrigações. Já Albertario (*Corso di Diritto Romano – Le obbligazioni – parte generale*, p. 144 e segs., Milano, 1947) – acolhendo tese defendida por Arangio--Ruiz, segundo a qual a *obligatio* e o *contractus* são institutos somente do *ius ciuile* – entende que, no direito clássico, o *contractus* é um negócio jurídico, independente de acordo de vontade, que faz surgir relação jurídica obrigacional reconhecida pelo *ius ciuile*.

Em favor da teoria tradicional, porém, manifesta-se, entre outros, Riccobono (*vide Corso di Diritto Romano – Stipulationes, Contractus, Pacta*, p. 262 e segs., Milano, 1935; e *La Formazione della teoria generale del contractus, in Studi in onore di Pietro Bonfante*, I, p. 125 e segs., Milano, 1930).

5   Nos contratos, diante do elemento objetivo, o acordo de vontade (elemento subjetivo) é mero pressuposto de fato, colocado em segundo plano. A explicação disso é simples: a tipicidade rígida implica o desconhecimento do princípio de que todo acordo de vontade lícito gera obrigação, uma vez que dela decorre que o acordo de vontade somente cria obrigações entre as partes se se orientar no sentido da formação de um negócio jurídico que o direito objetivo reconheça especificamente.

472 | DIREITO ROMANO – *José Carlos Moreira Alves*

sed parit exceptionem (o pacto nu não gera obrigação, mas, sim, exceção).[6] Portanto, contrato e acordo de vontade (*pactum, conuentio*) não se confundem, no direito clássico.

Mas, ainda no período clássico, e, depois, no pós-clássico, esse esquema rígido (contrato = acordo de vontade + elemento objetivo que faz surgir a obrigação) sofre atenuações. Já no tempo de Gaio, ao lado das *obligationes re, uerbis* e *litteris* (isto é, obrigações nascidas de contratos que seguiam esse esquema), há quatro contratos consensuais, em que a obrigação nasce apenas do *consensus* (consentimento, acordo de vontade): *obligationes consensu* (obrigações decorrentes do acordo de vontade). Por outro lado, graças à jurisprudência, ao pretor e ao imperador, certos *pactos* (os *pactos uestidos*, na pitoresca linguagem dos autores medievais: *pactos adjetos, pretorianos* e *legítimos*) passam a gerar obrigações, embora os juristas romanos não os enquadrem entre os *contractus* (contratos). Possivelmente no direito pós-clássico, a tipicidade contratual sofre abalo com a admissão da categoria dos *contratos* inominados, isto é, contratos atípicos, que formam uma categoria abstrata, e que têm, em comum, a unidade de ação que os tutela e o fato gerador da obrigação: a execução, por um dos contratantes, de sua prestação faz nascer, para o outro, a obrigação de efetuar a contraprestação.

No direito justinianeu, o panorama está inteiramente modificado: os juristas bizantinos, em vez de considerarem – como os clássicos – que a obrigação nasce do elemento objetivo (forma ou *datio rei*), e não do acordo de vontade, entendem que é deste que resulta a obrigação – o acordo de vontade, de mero pressuposto de fato dos contratos, passa a ser seu elemento juridicamente relevante. Por isso, Teófilo, na *Paraphrasis Institutionum* (III, 14, 2), define o *contrato* com palavras semelhantes às empregadas pelos juristas clássicos ao conceituarem o *pacto*. Mas isso significa que, no tempo de Justiniano, vigorava o princípio – existente no direito moderno – de que todo acordo de vontade lícito gera obrigação? Essa matéria é muito controvertida. Alguns autores (assim, Riccobono e Santifilippo)[7] respondem afirmativamente, por entenderem que uma constituição do imperador Leão, de 472 d.C. (C. VIII, 37, 10), acabou, totalmente, com o formalismo da *stipulatio*, resultando daí que todo acordo de vontade, sem quaisquer formalidades, tinha eficácia como sendo *stipulatio*, não havendo, assim, mais lugar para os pactos nus (isto é, acordos de vontade que não geram obrigação). Outros romanistas, porém, como Rotondi e Astuti,[8] respondem negativamente, salientando que, mesmo no direito justi-

---

6   Cf. D. II, 14, 7, 4: ... *nuda pactio obligationem non parit, sed parit exceptionem* (... o pacto nu não gera obrigação, mas, sim, exceção). Esse texto, segundo Perozzi (*Le Obbligazioni Romane, in Scritti Giuridici*, II, p. 414, nota 1, Milano, 1948) – no que é seguido por Rabel (*Grundzüge des römischgen Privatrechts, in Enzyklopädie der Rechtswissenchaft* de Holtzendorff, I, 7ª ed., p. 458, nota 4, München-Leipzig-Berlin, 1915) –, é totalmente interpolado. Mas, *vide*, a propósito, Sanfilippo, *Alla Ricerca dei Nuda Pacta, in Atti del Congresso Internazionale di Diritto Romano e di Storia del Diritto*, Verona, 1948, vol. III, p. 335, nota 5, Milano, 1951.

7   Riccobono, *Corso di Diritto Romano – Stipulationes Contractus Pacta*, p. 31 e segs., Milano, 1935; e Sanfilippo, *Alla ricerca dei "nuda pacta", in Atti del Congresso Internazionale di Diritto Romano e di Storia del Diritto*, Verona, 1948, III, p. 337 e segs., Milano, 1951.

8   Rotondi, *Natura contractus, in Scritti Giuridici*, II, p. 266 e segs., Milano, 1922; e Astuti, *I Contratti Obbligatori nella Storia del Diritto Italiano, parte generale*, I, p. 142 e segs., Milano, 1952.

Cap. XXXV · CONTRATO | **473**

nianeu, persiste a categoria dos pactos nus e, sob certo aspecto, a tipicidade contratual, pois os juristas bizantinos continuam a entender que cada contrato tem uma figura própria e autônoma, embora admitam que os contratantes possam introduzir, nos casos concretos, mudanças, supressões ou acréscimos nos tipos contratuais, desde que sejam compatíveis com a natureza do contrato típico (*natura contractus*); em outras palavras: no direito justinianeu, ao invés da rede rígida de tipos contratuais que se encontra no período clássico, há uma rede mais elástica.

224. Os requisitos do contrato – Nos contratos, distinguimos requisitos (elementos essenciais) genéricos e específicos. Os requisitos genéricos são aqueles que existem necessariamente em todo e qualquer contrato; os requisitos específicos são os elementos essenciais de, apenas, determinado contrato.

Sendo o contrato um negócio jurídico, seus requisitos genéricos são os mesmos do negócio jurídico em geral: capacidade e legitimação das partes, manifestação de vontade isenta de vícios (que, nos contratos, se traduz no acordo de vontade dos contratantes – *conuentio*) e objeto lícito, possível, determinado ou determinável. Por isso, remetemos o leitor ao nº 111, onde analisamos esses elementos essenciais.

225. Efeito do contrato – O efeito do contrato, no direito romano, é fazer nascer obrigações. Assim, por exemplo, do contrato de compra e venda decorre a obrigação do vendedor de entregar a coisa vendida e a do comprador de pagar o preço.

Consequentemente, o contrato cria um vínculo jurídico entre as partes contratantes. Surge, então, um problema: poderá o contrato projetar seu efeito sobre terceiro que não participou da formação dele? Em outras palavras: é válido o contrato em favor de terceiro, ou a ser cumprido por terceiro?

Analisemos essa questão em face do direito romano.

A) *Contrato em favor de terceiro*

Contrato em favor de terceiro é aquele em que uma das partes contratantes convenciona com a outra que esta cumprirá obrigação em favor de terceiro.[9]

Nos direitos pré-clássico e clássico, o contrato em favor de terceiro é nulo,[10] não produzindo efeito quer com relação às partes contratantes, quer com referência ao terceiro. Não produz efeito entre os contratantes, porque, segundo antiga concepção romana, a parte que obtivera da outra a promessa de cumprir a obrigação em favor de terceiro não tinha, quanto a esse cumprimento, interesse pecuniário evidente. Não produz efeito em favor do terceiro, porque ele não participou diretamente da formação do contrato.

---

9   *Vide*, entre outros, Pacchioni, *I Contratti a favore di terzi* (*Studi di Diritto Romano, Civile e Commerciale*), 3ª ed., Padova, 1933; e Wesenberg, *Verträge zugunsten Dritter*, Weimar, 1949 (onde o autor estuda o contrato em favor de terceiro no direito romano, no direito intermédio e no direito moderno).

10 Cf., a título exemplificativo, Gaio, *Inst.*, III, 103; e D. XLIV, 7, 11.

474 DIREITO ROMANO – José Carlos Moreira Alves

Na prática, no entanto, criou-se um meio indireto de compelir a parte contratante, que se obrigara a cumprir a obrigação em favor do terceiro, a fazê-lo. Obteve-se isso por meio da cláusula penal (*stipulatio poena*). Assim, por exemplo, Tício, em vez de limitar-se a perguntar a Caio "prometes dar 1.000 sestércios a Mévio?", indagava: "Prometes dar 1.000 sestércios a Mévio? Se não deres, prometes a mim 2.000 sestércios?" O contrato que se formava com a resposta afirmativa de Caio era nulo com relação a Mévio (o terceiro), que não poderia, portanto, exigir de Caio seu cumprimento; mas não era nulo com relação a Tício (uma das partes contratantes), que tinha interesse pecuniário evidente (receber a pena convencionada), caso não fosse cumprida a obrigação, hipótese em que poderia Tício exigir de Caio, com base na *stipulatio poenae*, os 2.000 sestércios. Ora, em face disso, Caio, por certo, preferiria dar 1.000 sestércios a Mévio a dar 2.000 a Tício.

Demais, o princípio da nulidade do contrato em favor de terceiro – discute-se se isso ocorreu ainda no direito clássico, ou apenas no direito pós-clássico – sofreu uma atenuação: ele seria válido entre as partes contratantes quando, independentemente de *stipulatio poenae*, uma delas tivesse interesse próprio no cumprimento da obrigação.[11]

Somente no direito justinianeu – e assim mesmo em certos casos, como, por exemplo, quando alguém celebrava contrato em favor de seu próprio herdeiro, ou quando o pai constituía dote para a filha, estabelecendo que, dissolvido o casamento, o dote seria restituído à filha ou aos netos – é que se admitiu que o terceiro tivesse ação contra a parte contratante para compeli-la a cumprir a obrigação decorrente do contrato em favor daquele. Mas discutem os romanistas se esses casos indicam que o direito justinianeu reconheceu validade ao contrato em favor de terceiro, ou se apenas, por motivo de eqüidade, concedeu, em certas hipóteses, ação ao terceiro beneficiário.

B) *Contrato a ser cumprido por terceiro*

Contrato a ser cumprido por terceiro é aquele em que um dos contratantes promete ao outro fato a ser realizado por terceiro. Exemplo: Caio, por meio de uma *stipulatio*, promete a Tício que Mévio lhe pagará 1.000 sestércios.

As fontes só aludem a contrato a ser cumprido por terceiro com relação a contratos verbais, que eram contratos sancionados por *iudicia stricti iuris* (*vide* n° 131, C). Por elas, verifica-se que o contrato verbal a ser cumprido por terceiro era nulo, não produzindo efeito com relação às partes contratantes, nem com referência ao terceiro.[12]

---

11 Em textos do *Corpus Iuris Ciuilis*, atribuídos ao período clássico (assim, D. XLV, 1, 38, 20), verifica-se que se admitia que o contrato em favor de terceiro fosse válido entre as partes contratantes quando uma delas tivesse interesse próprio no cumprimento da obrigação (por exemplo: se um tutor, depois de ter começado a gerir a tutela, cede a administração a seu cotutor, e o faz prometer, por *stipulatio*, que este guardará fielmente os bens do pupilo, a *stipulatio* é válida, pois interessa ao cedente essa boa administração, uma vez que responde perante o pupilo pela gestão má do cotutor). *Vide*, também, *Inst.*, III, 19, 29.

12 *Inst.*, III, 19, 3.

Essa nulidade, no entanto, podia ser contornada, se – tomando ainda o exemplo acima – Caio prometesse, não o fato de terceiro (que Mévio pagaria os 1.000 sestércios), mas, sim, um fato próprio (que ele, Caio, procuraria obter de Mévio que este desse 1.000 sestércios a Tício); nessa hipótese, se Mévio se recusasse a dar os 1.000 sestércios a Tício, Caio responderia pelo não cumprimento da obrigação.[13]

Outro meio indireto para se obter o resultado era – como já vimos quanto ao contrato em favor de terceiro – o da aposição ao contrato de uma cláusula penal; nesse caso, embora o contrato principal não deixasse de ser nulo, o promitente – Caio, na hipótese do exemplo – envidaria esforços para que o terceiro efetuasse a prestação, a fim de não incorrer na pena (*poena*) convencionada.[14]

Por outro lado, e embora os textos a respeito sejam omissos com relação aos contratos sancionados por *iudicia bonae fidei* (*vide* nº 131, C), conjecturam os autores[15] que, quanto a estes, dispondo o juiz de poder para interpretar amplamente a intenção das partes contratantes, entenderia ele sempre não que os contratantes houvessem tido intenção de celebrar um ato nulo, mas, sim, que a promessa de fato de terceiro significava promessa de um dos contratantes de obter, em favor do outro, uma prestação de terceiro.[16]

226. Classificação dos contratos – Modernamente, os autores classificam os contratos quanto a vários critérios. Destes, estudaremos apenas os que são necessários para o exame que, em seguida, faremos do sistema contratual romano.

A) *Quanto às obrigações deles decorrentes*

Segundo esse critério, os contratos podem ser *unilaterais, bilaterais* (ou *sinalagmáticos*) e *bilaterais imperfeitos.*

---

13 *Inst.*, III, 19, 3.

14 *Inst.*, III, 19, 21; e D. XLV, 1, 38, 2.

15 Assim, Girard, *Manuel Élémentaire de Droit Romain*, 8ª ed., p. 484; Hubrecht, *Manuel de Droit Romain*, II (*Les Obligations*), p. 29, Paris, 1943; e Iglesias, *Derecho Romano*, II, 2ª ed., p. 31 e segs., Barcelona, 1953.

16 Podia alguém celebrar contrato em favor de seu herdeiro ou a ser cumprido por este? Em face do princípio de que era nula a *stipulatio* que se celebrasse para produzir efeito depois da morte de um dos contratantes (Gaio, *Inst.*, III, 10), procurou-se ladear esse obstáculo por meio de *stipulationes pridie quam moriar* (para a véspera do dia em que eu morrer) ou *pridie quam morieris* (para a véspera do dia em que tu morreres). Com isso, em realidade, se celebrava contrato a favor do herdeiro, ou a ser cumprido por ele. Esses subterfúgios, no entanto, como nos informa Gaio (*Inst.*, III, 100), foram considerados nulos. Por isso, imaginaram os juristas clássicos outro meio indireto de se obter o mesmo resultado: *stipulatio* em que se prometesse para o momento da morte (*cum moriar; cum morieris* – quando eu morrer; quando tu morreres). Admitiu-se, no direito clássico, a validade dessas *stipulationes*, pelas quais se celebrava, respectivamente, contrato em favor do herdeiro ou a ser cumprido por ele. Justiniano foi além: considerou válidas as *stipulationes post mortem* (para depois da morte), *pridie quam moriar* (na véspera do dia em que eu morrer) e *pridie quam morieris* (na véspera do dia em que tu morreres) (cf. C. VIII, 37, 11; e D. XLV, 1, 45, 2, texto interpolado); e, por constituição de 531 d.C. (C. IV, 11, 1), admitiu *stipulatio* diretamente em favor do herdeiro.

Contrato unilateral[17] é aquele do qual decorrem obrigações apenas para um dos contratantes. Exemplo: o contrato de mútuo (empréstimo de coisa fungível, do qual resultam obrigações somente para o mutuário – *vide* nº 229).

Contrato bilateral ou sinalagmático é aquele do qual nascem obrigações recíprocas para os contratantes. Exemplo: contrato de compra e venda (de que resultam obrigações tanto para o vendedor quanto para o comprador).[18]

Contrato bilateral imperfeito é aquele que, no momento de sua formação, é unilateral (pois dele decorrem obrigações apenas para um dos contratantes), mas que, eventualmente, no decurso de sua execução, dá margem a que surjam obrigações para a outra parte contratante. Exemplo: o contrato de depósito (quando esse contrato se constitui, nascem dele obrigações somente para o depositário; posteriormente, se a conservação da coisa depositada acarretou despesas ao depositário, surge, para o depositante, a obrigação de ressarci-las).

B) *Quanto aos ônus e vantagens*

Consoante esse critério, os contratos podem ser *onerosos* e *gratuitos*.

Contrato oneroso é aquele em que, reciprocamente, os contratantes têm ônus e vantagens. Exemplo: o contrato de compra e venda (em que o comprador tem o ônus de pagar o preço, mas a vantagem de receber a coisa comprada; e o vendedor tem o ônus de entregar a coisa, mas a vantagem de receber o preço).

Contrato gratuito é aquele em que uma das partes contratantes só tem ônus, e a outra, apenas vantagem. Assim, o contrato de comodato (empréstimo de coisa infungível, em que o comodante só tem ônus porque nada recebe pelo empréstimo da coisa, e o comodatário só tem vantagem porque usa da coisa emprestada sem estar obrigado a realizar contraprestação em favor do comodante).

Note-se que, em geral, os contratos bilaterais são onerosos, e os unilaterais são gratuitos. Mas essa identidade não é perfeita, pois há contratos unilaterais que são onerosos, como, por exemplo, em certas circunstâncias que examinaremos mais adiante, o contrato de mútuo (*vide* nº 229).

---

17 Note-se que o contrato unilateral – como, aliás, qualquer contrato – é um negócio jurídico bilateral (pois depende do acordo de vontade das partes contratantes). À primeira vista poderá parecer paradoxal dizer-se que um negócio jurídico bilateral (o contrato) pode ser unilateral (contrato unilateral). Não há, no entanto, nada que estranhar, se se tiver em mente que não só as figuras classificáveis, mas também os critérios em que se baseiam ambas as classificações, são diversos:

a) quanto à formação, o negócio jurídico é unilateral ou bilateral;

b) quanto às obrigações decorrentes dos contratos, são estes (negócios jurídicos bilaterais) unilaterais, bilaterais e bilaterais imperfeitos.

18 Nas fontes (assim, por exemplo, D. XLIV, 4, 5, 4; e D. XIX, 1, 25), admite-se, com relação a contrato bilateral e com base na *bona fides*, que um dos contratantes se recuse a cumprir a sua prestação, enquanto o outro, culposamente, for inadimplente. Foram, porém, os intérpretes do direito romano que elaboraram a doutrina da *exceptio non adimpleti contractus* (segundo a qual, nos contratos bilaterais, o inadimplente não pode compelir o outro contratante a realizar a prestação que lhe incumbe). A propósito, *vide* Kreller, *Römisches Recht*, II (*Grundlehren des Gemeinen Rechts*), pp. 343 e 344, Wien, 1950.

C) Quanto à ação que os tutela

De acordo com esse critério, os contratos podem ser de *boa-fé* (*bonae fidei*) e de *direito estrito* (*stricti iuris*) – denominações essas, que, segundo a doutrina dominante, datam do direito pós-clássico.

Contrato de boa-fé é aquele assegurado por ação de boa-fé (*iudicium bonae fidei; vide* nº 131, C) – exemplo: contrato de compra e venda.

Contrato de direito estrito é aquele tutelado por ação de direito estrito (*iudicium stricti iuris; vide* nº 131, C) – exemplo: a *stipulatio*.

Nos contratos de boa-fé – e isso porque, sendo de boa-fé a ação que os tutela, o juiz tem campo de apreciação mais amplo –, as obrigações deles decorrentes são mais elásticas e alcançam os limites (ainda que não manifestados expressamente pelos contratantes) que a lealdade (*bonafides*) estabelece nos contratos. Já dos contratos de direito estrito – e isso porque, neles, o juiz está obrigado a julgar estritamente de acordo com o fixado na fórmula – resultam obrigações cujos limites estão rigidamente predeterminados pelas partes contratantes.

D) Quanto à constituição

Quanto à constituição, os contratos podem ser *reais, verbais, literais* e *consensuais*.[19]

Em rigor, essa classificação – apesar da opinião em contrário de vários romanistas[20] – não é romana, mas criação dos intérpretes do direito romano. Ela se baseia num texto célebre de Gaio (*Inst.*, III, 88 e 89): *Nunc transeamus ad obligationes... Et prius uideamus de his quae ex contractu nascuntur. Harum autem quattuor genera sunt: aut enim re contrahitur obligatio aut uerbis aut litteris aut consensu* (Passemos, agora, para as obrigações... E, primeiro, vejamos as que nascem do contrato. Quatro são as espécies delas: ou a obrigação se contrai pela coisa, ou pelas palavras, ou pela escrita, ou pelo consentimento). Portanto, Gaio[21] não se referia propriamente aos contratos, dizendo que eles se constituíam *re, uerbis, litteris* ou *consensu*, mas, sim, às obrigações.[22]

---

19 Sobre a evolução dessa classificação, do direito clássico ao justinianeu, *vide* Ruggiero, *La classificazione dei contratti e l'obbligazione letterale nel diritto classico e nel giustinianeo, in Studi in onore di Silvio Perozzi*, p. 371 e segs., Palermo, 1925; e Lübtow, *Betrachtungen zum gajanischem Obligationenschema, in Atti del Congresso Internazionale di Diritto Romano e di Storia del Diritto,* Verona (1948), vol. III, p. 241 e segs., Milano, 1951.

20 Assim, por exemplo, Volterra, *Istituzioni di Diritto Privato Romano*, p. 460; e Voci, *Istituzioni di Diritto Romano*, 3ª ed., § 100, p. 369.

21 Segundo Álvaro D'Ors (*Re et uerbis, in Atti del Congresso Internazionale di Diritto Romano e di Storia del Diritto*, Verona (1948), vol. III, p. 277), essa classificação foi criação de Gaio. Em sentido oposto, citando Pernice, manifesta-se Lübtow, *Betrachtungen zum Gajanischem Obligationenschema*, nos citados *Atti*, vol. III, p. 241.

22 Como acentua Biondi, *Istituzioni di Diritto Romano*, 3ª ed., § 111, p. 347 e segs., essa classificação antes se refere à *obligatio* do que ao *contractus*; em outras palavras: Gaio não diz – como o fazem os intérpretes modernos – que o contrato se conclui *re, uerbis, litteris, consensu* (contratos reais,

478 | DIREITO ROMANO – *José Carlos Moreira Alves*

Foram os intérpretes do direito romano que criaram as expressões contrato real, verbal, literal e consensual. Assim, contrato real é o que se constitui com a entrega de uma coisa; verbal, o que se constitui com a prolação de palavras solenes; literal, o que se constitui mediante a utilização de forma escrita; e consensual, o que, para constituir-se, demanda apenas o consentimento das partes.

O contrato de depósito, por exemplo, é um contrato real, porque, para constituir-se, não basta que depositante e depositário concordem em celebrá-lo, mas é necessário ainda que o depositante entregue ao depositário a coisa objeto do depósito.

* * *

Ao tratarmos, nos capítulos seguintes, dos contratos no direito romano, observaremos a ordem dessa classificação: contratos reais, contratos verbais, contratos literais e contratos consensuais.

Antes, porém, de iniciarmos esse estudo, examinaremos uma figura muito controvertida – o *nexum* –, a respeito do qual se discute até se era, ou não, um contrato.

227. O *nexum* – O *nexum* é um negócio jurídico arcaico sobre o qual há muita controvérsia, em virtude de os informes a respeito dele nos terem sido transmitidos por autores literários,[23] e, por isso mesmo, serem imprecisos. Demais, há que salientar que, segundo se verifica de um texto célebre de Varrão (*De Lingua Latina*, VII, 105), os próprios jurisconsultos romanos do século I a.C. já não tinham noção exata do *nexum*.

Dele, com certeza, sabemos apenas:

a) que, como a *mancipatio* (*vide* nº 154, II, *a*), se celebrava *per aes et libram*; e

b) que era extremamente penosa a situação dos *nexi* (devedores).

Tudo o mais é conjetura dos autores modernos, que, note-se, têm demonstrado verdadeira atração pelo tema.[24]

---

verbais, literais e consensuais, na nomenclatura moderna), mas que a obrigação se contrai *re, uerbis, litteris, consensu*.

23 Esses textos – e os jurídicos que fazem alusão, de algum modo, ao *nexum* – foram recolhidos e analisados por Roby, em apêndice (intitulado *Nexum*) ao livro V de sua obra *Roman Private Law in the times of Cicero and of the Antonines*, vol. II, pp. 296 a 310, Cambridge, 1902.

24 É amplíssima a bibliografia sobre o *nexum*. Larga análise das teses de romanistas alemães até os meados do século XIX se encontra em Danz, *Lehrbuch der Geschichte des römischen Rechts*, II, § 160, pp. 8 a 106, Leipzig, 1846. Entre os trabalhos mais recentes sobre o *nexum*, vide Pacchioni *Nexum – Impressioni e Reminiscenze, in Mélanges* P. F. Girard, II, p. 319 e segs., Paris, 1912; Angelo Segrè, *Il nexum, in Archivio Giuridico*, CII, p. 28 e segs.; Noailles (*Nexum, in Fas et Jus – Études de Droit Romain*, p. 91 e segs., Paris, 1948); Lübtow (*Zum Nexumproblem, in Zeitschrift de Savigny--Stiftung für Rechtsgeschichte*, vol. XLVII – 1950 – *Romanistische Abteilung*, p. 112 e segs.); Dulckeit (*Zur Rekonstruktion der Nexum-formel, in Studi in Onore di Vicenzo Arangio-Ruiz*, I, p. 75 e segs.,Napoli, s/data); e Imbert (*Fides et Nexum, in Studi in Onore di Vicenzo Arangio-Ruiz*, I, p. 339

Cap. XXXV · CONTRATO | **479**

Sobre os problemas fundamentais – que era o *nexum*? qual sua natureza jurídica? –, há, em síntese,[25] duas correntes de opinião:

a) a tradicional, iniciada por Huschke[26] nos meados do século XIX, e segundo a qual o *nexum* era um contrato de mútuo, celebrado *per aes et libram*, com força executiva, sendo, por isso, sancionado pela *manus iniectio*, independentemente de julgamento (*iudicatum*);[27] e

b) a que – principalmente a partir do artigo de Mitteis, *Ueber das Nexum*, publicado em 1901[28] – entende que o *nexum* era um ato *per aes et libram* pelo qual o devedor (ou este e sua família) se vendia (*automancipação*), ou se dava em penhor (*autoempenhamento*), ao credor, para garantir o cumprimento de uma obrigação; não era, portanto, o *nexum* um contrato de mútuo, pois não gerava obrigações, mas as pressupunha; por ele, passava a ter o credor poder (semelhante ao do dono com relação ao escravo) sobre o devedor – e, se fosse o caso, sobre os membros de sua família –, e poder esse que (os adeptos dessa corrente divergem a respeito) lhe era atribuído imediatamente após a celebração do *nexum*, ou somente a partir do instante em que a obrigação não era cumprida.

Dessas correntes, a primeira – que atribui natureza contratual ao *nexum* – foi a dominante até o início do século XX; posteriormente, embora os autores que a integram divirjam quanto aos pormenores, predomina a segunda.

---

e segs., Napoli, s/data). Abundante referência bibliográfica em Kaser, *Das Römische Privatrecht*, I, § 43, p. 148, nota 1, München, 1955.

25 Note-se, no entanto, que – como salienta Noailles (*Nexum, in Fas et Jus – Études de Droit Romain*, p. 98, Paris, 1948) –, nos pormenores, nenhum dos autores aceita as conclusões de seus predecessores; cada um procura trazer uma solução nova ao problema do *nexum*.

26 Em 1846, na obra *Über das Recht des Nexum*, publicada em Leipzig.

27 Segundo essa corrente, o *nexum* primitivamente era um contrato de mútuo celebrado *per aes et libram*, e sancionado – independentemente de ação para obter um *iudicatum* (julgamento) – pela *manus iniectio*. Na presença das partes, de cinco testemunhas e do *libripens* (porta-balança), pesavam-se os lingotes de bronze que iam ser entregues ao mutuário pelo mutuante, que, com a prolação, na *nuncupatio*, de uma *damnatio* contra aquele, lhe criava a obrigação de restituir os lingotes; e, para que essa obrigação se extinguisse, era necessário que se realizasse uma cerimônia inversa, pronunciando o devedor uma fórmula (possivelmente a que se encontra em Gaio, *Inst.*, III, 174) que o desligava da *damnatio*. Posteriormente, quando surge a moeda, a pesagem dos lingotes de bronze se torna fictícia, e, então, o *nexum* muda de caráter, passando a servir – como ocorreu com a *mancipatio* no terreno dos direitos reais – para tornar obrigatórios os acordos de vontade que visavam a fazer surgir dívida de dinheiro; e, se o devedor não cumprisse a prestação, ele seria submetido, sem julgamento, à *manus iniectio*, servindo o *nexum* de título executório para isso, o que deixou de ocorrer a partir da Lei *Poetelia Papiria* (326 a.C.), que lhe retirou a força executória, e fez que ele entrasse em decadência.

28 *Zeitschrift der Savigny-Stiftung, für Rechtsgeschichte, Romanistische Abteilung*, volume XXII (1901), p. 96 e segs. Em resposta ao artigo de Mitteis, no ano seguinte, na mesma revista, escreveram Bekker, Mommsen e Lenel. *Vide*, também, Eisele, *Zum Streit um des Nexum, in Studien zur römischen Rechtsgeschichte*, p. 1 e segs.,Tübingen, 1912.

XXXVI

CONTRATOS REAIS

Sumário: 228. Conceito e espécies. **229.** Mútuo. **230.** Fidúcia. **231.** Comodato. **232.** Depósito. **233.** Penhor.

228. Conceito e espécies – Os contratos reais são aqueles que, para se perfazerem, necessitam, além do acordo de vontade das partes contratantes (*conuentio*), da efetiva entrega de uma coisa.[1]

O conceito de contrato real variou das *Institutas* de Gaio para as de Justiniano.

Gaio (*Inst.*, III, 90-91) inclui na categoria dos contratos reais apenas o *mutuum* (mútuo), acentuando que também pela *solutio indebiti* (pagamento do que não é devido) *re contrahitur obligatio* (contrai-se obrigação pela entrega da coisa), embora não seja a *solutio indebiti um contractus* (contrato), porque, nela, as partes antes querem distratar do que contratar.

Nos *Aureorum Libri*, atribuídos ao mesmo Gaio – mas a respeito dos quais se discute se eram obra de Gaio *destinada* à prática, ou se se tratava de uma paráfrase de suas *Institutas*, elaborada no período pós-clássico[2] –, incluem-se entre os contratos reais, além do mútuo, o comodato, o depósito e o penhor.[3]

O mesmo se verifica nas *Institutas* de Justiniano (III, 14), onde se consignam quatro contratos reais: mútuo, comodato, depósito e penhor.

Qual a razão dessa diversidade?

Segundo parece, até o tempo de Gaio só havia contrato real quando uma das partes contratantes transmitia à outra a propriedade de uma coisa fungível, obrigando-se esta a restituir-lhe o equivalente – e isso só ocorria no mútuo. Mas, por obra do próprio Gaio ou de jurisconsultos pós-clássicos (conforme se considerem os *Aureorum Libri* trabalho de Gaio, ou simples paráfrase pós-clássica de suas *Institutas*), o conceito de contrato real se alarga: o contrato é real ainda que, com a entrega da coisa, não se transmita a propriedade, mas apenas a posse ou a detenção; demais, não é imprescindível que a restituição

---

1   Sobre essa categoria de contratos, *vide* Brasielo, *Obbligatio Contracta, in Studi in onore di Pietro Bonfante*, II, p. 541 e segs., Milano, 1930.

2   V*ide*, a propósito, Schulz, *History of Roman Legal Science*, p. 167 e segs.; Wenger, *Die Quellen des Römischen Rechts*, § 76, nº 508, nota 201, *in fine*; e Kaser, *Römische Rechtsgeschichte*, § 42, p. 173.

3   Cf. D. XLIV, 7, 1, 2-6.

seja do equivalente, mas pode ser da própria coisa entregue – daí enquadrarem-se entre os contratos reais; além do mútuo, o comodato, o depósito e o penhor.

Por outro lado, verifica-se que nem as *Institutas* de Gaio nem as de Justiniano colocam, entre os contratos reais, a *fiducia*, ao contrário do que se observa na obra de vários dos maiores romanistas modernos.[4]

Teriam os jurisconsultos romanos incluído a *fiducia* entre os contratos reais?

Os autores divergem a esse respeito. A maioria responde afirmativamente, e procura explicar a omissão das *Institutas* de Gaio e de Justiniano salientando que – quanto a Justiniano – a *fiducia* já havia desaparecido em seu tempo, e – com relação a Gaio – que ele não a enquadrara entre os contratos reais porque a natureza contratual da *fiducia* se obscurecia em virtude de ser ela usada, principalmente, como garantia.[5] Há romanistas, no entanto, que negam fosse a *fiducia* considerada pelos romanos como contrato (*contractus*), e defendem a tese de que estes viam nela antes um pacto (*pactum fiduciae*), que se apunha à *mancipatio* ou à *in iure cessio*, do que *propriamente* um contrato (*contractus*).[6]

O problema é muito complexo. Basta atentar para esta circunstância: só sabemos (como salientamos atrás) que, no direito clássico ou, pelo menos, no pós-clássico, o comodato, o depósito e o penhor eram contratos reais, graças a textos dos *Aureorum Libri*, incluídos no *Digesto*;[7] ora, com relação à *fiducia* não dispomos sequer dessa fonte de informação, pois, tendo ela desaparecido no direito pós-clássico (*vide* nº 230), os compiladores do *Corpus Iuris Ciuilis* procuraram apagar dos textos clássicos ou pós-clássicos, de que se utilizaram, toda e qualquer alusão à *fiducia*;[8] assim, em verdade, não temos elementos seguros para saber se a *fiducia* – como sucedeu com o comodato, o depósito e o penhor – chegou a ser considerada *contrato real* pelo próprio Gaio (se os *Aureorum Libri* são de sua autoria), ou pelos juristas pós-clássicos (se essa obra é apenas uma paráfrase das *Institutas* de Gaio).

---

4 Assim, entre outros, Girard, *Manuel Élémentaire de Droit Romain*, 8ª ed., p. 552 e segs.; Bonfante, *Istituzioni di Diritto Romano, ristampa della X Edizione*, § 157, p. 471 e segs.; Volterra, *Istituzioni di Diritto Privato Romano*, p. 486 e segs.; e Schwind, *Römische Recht*, I, p. 305 e segs.

5 *Vide*, a propósito, Albertario, *Corso di Diritto Romano – Le Obbligazioni – parte generale (obligationes ciuiles e honorariae – obligationes ciuiles e obligationes naturales – fonti delle obbligazioni)*, p. 191, Milano, 1947. Albertario, porém, *ibidem*, discorda dessa explicação, e presume que Gaio tivesse incluído a *fiducia* entre os contratos reais, mas que, posteriormente, com o desaparecimento dela no período pós-clássico, houvesse sido supressa do único manuscrito das *Institutas* de Gaio que nos chegou.

6 A respeito, *vide* Grosso, *Il Sistema Romano dei Contratti*, 2ª ed., p. 127, Milano, 1950. Erbe, *Die Fiduzia in römischen Recht*, § 6, p. 20 e segs., Weimar, 1940, nega a natureza contratual da *fiducia*, a qual, no entanto, é defendida vigorosamente por Carlo Longo, *Corso di Diritto Romano, La Fiducia*, p. 7 e segs., Milano, 1946.

7 XLIV, 7, 1, 2-6.

8 Sobre os textos clássicos que se referiam à *fiducia*, e à descoberta das interpolações que sofreram (obra, principalmente, de Lenel), *vide* C. Longo, *Corso di Diritto Romano – La Fiducia*, p. 5 e segs., Milano, 1946.

Cap. XXXVI · CONTRATOS REAIS | **483**

Mas, tendo em vista que – como acentua Grosso[9]–, com a extensão do conceito de contrato real ao comodato, ao depósito e ao penhor, nada impedia que o mesmo se verificasse com a *fiducia*, estudá-la-emos entre os contratos reais.

229. Mútuo – O mútuo[10] (nas fontes: *mutuum, mutui datio*) é o contrato pelo qual alguém (*mutuo dans*: mutuante) transfere a propriedade de coisa fungível a outrem (*mutuo accipiens*: mutuário), que se obriga a restituir outra coisa da mesma espécie, quantidade e qualidade.[11]

Trata-se de contrato real, unilateral, gratuito,[12] de direito estrito (*stricti iuris*).

São requisitos (elementos essenciais) específicos do mútuo os três seguintes:

a) o acordo de vontade entre o mutuante e o mutuário, no sentido de que este se obrigue a restituir àquele coisa da mesma espécie, quantidade e qualidade da que lhe foi dada em mútuo;

b) como seu objeto, coisa das que se pesam, se medem ou se contam (*quae pondere, numero, mensura continentur*);[13] ou

c) *datio* da coisa (elemento real), e *datio* no sentido de transferência do direito de propriedade sobre a coisa, efetuada pelo mutuante em favor do mutuário; sem a *datio*, o simples acordo de vontade não dá vida ao mútuo, mas cria apenas um pacto nu (*nudum*

---

9   *Il Sistema Romano dei Contratti*, 2ª ed., p. 131, Milano, 1950.

10 Sobre o *mútuo, vide*, entre outros, Huschke, *Die Lehre des Römischen Rechts von Darlehen*, Stuttgart, 1882 (reimpresso, em 1965, em Amsterdam); C. Longo (*Corso di Diritto Romano – Il mutuo*, Milano, 1933); Viard (*La "mutui datio", première partie, Paris*, 1939); e Seidl (*Der Eigentumsübergang beim Darlehen und Depositum irregulares, in Festschrift Fritz Schulz*, I, pp. 373 e 379. Weimar, 1951.

11 Quanto às origens do mútuo, quase nada sabemos. Possivelmente (cf. Longo, *Corso di Diritto Romano – Il mutuo*, p. 6, Milano, 1933), a princípio era considerado um mero pacto, sem eficácia obrigatória e, portanto, desprovido de *actio ex contractu* (ação decorrente de contrato). Assim, nesses tempos primitivos, para que o empréstimo fosse sancionado por *actio* era necessário que se recorresse à *sponsio*: o mutuário devia prometer, pela *sponsio*, que restituiria o equivalente à coisa dada em empréstimo; aí, o mutuante teria ação (decorrente não do mútuo, mas da *sponsio*) para compelir o mutuário à restituição do equivalente. Alguns autores – como Girard (*Manuel Élémentaire de Droit Romain*, 8ª ed., p. 539 e segs.) – supõem que o mutuante, ainda que o mútuo, primitivamente, não fosse considerado um contrato, não estava totalmente desprotegido, pois, se o mutuário não pudesse ser compelido à restituição do equivalente ao que recebera, se enriqueceria injustamente, em prejuízo do mutuante. Assim, segundo esses romanistas, desde tempos muito remotos, com base no princípio de que ninguém podia enriquecer-se com prejuízo de outrem, reconhecia-se a responsabilidade extracontratual do mutuário, e concedia-se ao mutuante uma *condictio sine causa*. Em época ainda remota, provavelmente por obra dos jurisconsultos republicanos, o mútuo de mero *pactum* passou a ser enquadrado entre os contratos, evolução que – consoante tudo indica, e ao contrário do que ocorreu com os outros contratos reais – só se processou no campo do *ius ciuile*, sem a interferência do pretor.

12 É o mútuo, por natureza, um contrato gratuito, mas pode ser acompanhado – como veremos adiante – de uma *stipulatio* relativa a juros.

13 Cf. Gaio, *Inst.*, III, 90; e D. XII, 1, 2, 1. Segundo tudo indica, não podiam ser, no direito romano, objeto de mútuo as coisas que têm individualidade própria, ainda que os contratantes as levassem em consideração somente pelo gênero (por exemplo: qualquer escravo).

pactum): ou o *pactum de mutuo dando*, ou o *pactum de mutuo accipiendo*, ou o *pactum de mutuo dando et accipiendo* (os dois primeiros, unilaterais; o último, bilateral);[14] por outro lado, se a *datio* consiste na transferência do direito de propriedade sobre a coisa mutuada, daí decorrem estas consequências:

– para constituir-se o mútuo, é necessário que o mutuante seja proprietário da coisa;[15] e

– que seja capaz de aliená-la.

Além disso, para que se formasse o mútuo, era mister, a princípio, que o mutuante entregasse efetivamente a coisa ao mutuário; posteriormente, por exigências naturais do crédito, admitiu-se que o mútuo podia constituir-se sem a entrega efetiva da coisa (mas mediante a *traditio breui manu* ou a *traditio longa manu* – vide nº 154, II, *c*), e por intermédio, não do mutuante e do mutuário, mas de pessoas que agiam por delegação deles – assim, havia contrato de mútuo nas seguintes hipóteses, em que, propriamente, o mutuante não transferia a propriedade da coisa ao mutuário:

1 – Tício autorizava Caio a cobrar de Mévio quantia que este lhe devia, bem como a retê-la a título de mútuo (Tício seria, portanto, o mutuante, e Caio, o mutuário);

2 – Tício desejava doar certa importância a Caio; dirigia-se a Mévio, e, por contrato de mútuo, lhe tomava emprestada aquela quantia, mas, em vez de recebê-la, solicitava a Mévio que a entregasse diretamente a Caio (nesse caso, com relação ao contrato de mútuo, Mévio seria o mutuante e Tício, o mutuário); e

3 – Tício entregava uma coisa a Caio para que este a vendesse e retivesse o preço a título de mútuo (nesse caso, Tício seria o mutuante, e Caio, o mutuário).

Quanto aos efeitos do contrato de mútuo, sendo ele, no direito romano, um contrato rigorosamente unilateral, gera obrigações apenas para o mutuário, que tem de restituir coisa da mesma espécie, quantidade e qualidade da recebida em mútuo.[16] Se se recusar a essa restituição, o mutuante pode utilizar-se de uma das seguintes ações:

a) a *actio certae creditae pecuniae* (se a coisa objeto do mútuo é dinheiro); e

b) a *condictio certae rei* (denominada, no direito justinianeu, *condictio triticaria* – se a coisa objeto do mútuo não é dinheiro).[17]

---

14 *Vide*, a propósito, C. Longo, *Corso di Diritto Romano – Il mutuo*, p. 23, Milano, 1933.

15 Com relação ao mutuário, é de notar-se que o *senatusconsulto* Macedoniano (D. XIV, 6), no tempo do imperador Vespasiano (69 a 79 d.C.), proibiu que se fizesse empréstimo de dinheiro (ainda que dissimulado em empréstimo de outra coisa fungível) aos *filii familias*. Se se infringisse esse *senatusconsulto*, o credor, quando acionasse o *pater familias* ou o *filius familias*, veria seu direito paralisado pela *exceptio senatusconsulti Macedoniani* (exceto em certas circunstâncias, como por exemplo, se todos cressem que o *filius familias* era pessoa *sui iuris*).

16 Por isso, no direito romano não se pode falar em obrigações eventuais do mutuante. Se, por culpa deste, o mutuário sofresse algum prejuízo (assim, por exemplo, se a coisa objeto do mútuo contivesse vício oculto que causasse dano ao mutuário), este somente poderia obter o ressarcimento do prejuízo por via extracontratual, por meio da *actio doli* (ação de dolo), ou da *actio Legis Aquiliae* (ação de dano aquiliano).

17 A propósito, *vide* Collinet, *Sur le bysantinisme du nom de la "condictio triticaria"*, in *Studi in onore di Silvio Perozzi*, p. 241 e segs., Palermo, 1923.

Cap. XXXVI · CONTRATOS REAIS | **485**

Mas note-se uma particularidade. O mútuo, como acentuamos de início, é um contrato de direito estrito; daí decorre que o mutuante só está obrigado a restituir coisa igual, em espécie, quantidade e qualidade, à que recebeu, e não mais do que lhe foi entregue.[18] Por isso, se o mutuante e o mutuário convencionassem que este pagaria àquele juros pelo empréstimo, para que o mutuante tivesse ação contra o mutuário caso este se negasse ao pagamento, seria necessário que, além do contrato de mútuo, eles celebrassem uma *stipulatio* relativa aos juros (a *stipulatio usurarum*, que era sancionada por uma *actio ex stipulatu*, isto é, ação decorrente da *stipulatio*). Se, em vez de celebrarem a *stipulatio usurarum*, apusessem simplesmente um *pactum*, relativo aos juros, ao contrato de mútuo, o mutuante não teria ação para cobrá-los do mutuário, se este se recusasse a pagá-los, porque do simples *pactum* (*nudum pactum* – *vide* nº 251) não resultava nenhuma ação.[19]

O contrato de mútuo com a *stipulatio usurarum* era muito comum em Roma. Daí as diversas disposições que, no curso da evolução do direito romano, encontramos sobre os juros. Já a Lei das XII Tábuas fixava a taxa legal máxima de juros, ao mês ou ao ano (não se sabe ao certo),[20] em 1/12 do capital (8,33%). Posteriormente, várias leis se ocuparam dos juros, inclusive para proibir a sua cobrança (assim, a *Lex Genucia*, de 342 a.C., que proibiu a cobrança de juros, mas que teve duração efêmera). No final da república, a taxa legal máxima era 12% ao ano, o que persistiu até Justiniano, que a fixou em 6% ao ano, embora admitisse que, de acordo com a utilidade que os credores e os devedores poderiam tirar do dinheiro de que se viam privados ou que recebiam, ela pudesse variar para mais ou para menos. E a sanção à infringência desses dispositivos também variou no decurso do tempo: a princípio – e essa regra foi confirmada, em 386 d.C., por Valentiniano, Teodósio e Arcádio[21] –, podia o mutuário mover contra o mutuante ação para compeli-lo a devolver, em múltiplo (o quádruplo, provavelmente segundo a Lei das XII Tábuas),[22] a quantia paga, em excesso, a título de juros; Justiniano,[23] porém, enfraqueceu a sanção, mandando que se imputassem no capital os juros pagos além da taxa legal, e, se ainda restasse saldo, que se restituísse ao mutuário.

Por outro lado, a partir do século III d.C., a legislação imperial estabeleceu que a acumulação de juros não pagos não podia exceder o montante do capital mutuado, podendo ser repetida a soma paga, a título de juros, acima desse limite;[24] Justiniano

---

18 O mutuário, no entanto, podia obrigar-se a restituir menos do que recebera, pois, nesse caso, se considerava que tinha havido doação da diferença.

19 *Vide*, a respeito, De Villa, *Le "Vsurae ex Pacto" nel Diritto Romano*, Roma, 1937.

20 A propósito, *vide* Danz, *Lehrbuch der Geschichte des römischen Rechts*, II, § 164, p. 124 e segs., Leipzig, 1846; Girard, *Manuel Élémentaire de Droit Romain*, 8ª ed., p. 548; e Scialoja, *Vnciarum Fenus, in Studi Giuridici*, II, p. 287 e segs., Roma, 1934.

21 C. Th. II, 33, 2.

22 VIII, 18, *b* (ed. Riccobono).

23 C. IV, 32, 26, 4.

24 D. XII, 6, 26, 1; e C. IV, 32, 10.

DIREITO ROMANO – *José Carlos Moreira Alves*

foi além, e estabeleceu[25] que, ainda quando os juros fossem sendo pagos, deixariam de ser devidos no momento em que atingissem importância igual à do capital objeto do mútuo. Quanto ao *anatocismo* (palavra de origem grega que significa juros sobre juros; os romanos também usavam, para designar a mesma ideia, da expressão latina *usurae usurarum* – juros de juros), a convenção que o estabelecia – e por força da qual os juros não pagos eram incorporados ao capital e passavam, consequentemente, a render juros – já era proibida por um *senatusconsulto* do tempo da república;[26] Justiniano estendeu essa proibição à capitalização dos juros pagos.[27]

Os limites legais para a cobrança de juros não se aplicavam a uma espécie de mútuo denominada *foenus nauticum* ou *pecunia traiecticia*,[28] que nada mais é do que o contrato[29] pelo qual alguém emprestava certa soma em dinheiro a um capitão de navio ou a um mercador para que a transportasse por via marítima (enfrentando os riscos da navegação), ou em espécie, ou convertida em mercadorias, a fim de que, no porto de destino, este realizasse operações comerciais com o próprio dinheiro transportado, ou com as mercadorias em que o convertera.[30] Embora esse instituto seja objeto de grande controvérsia entre os romanistas (é ele de origem grega, mas não se sabe – as fontes não são claras a respeito – se o direito romano o acolheu como era praticado na Grécia),[31] tudo indica, que, no *foenus nauticum*, como o risco da perda do dinheiro ou da mercadoria corria por conta do mutuante (e não do capitão do navio ou do mercador), e como esse risco era grande em virtude da precariedade da navegação antiga, se admitiu, a título de compensação, que, para a estipulação de juros, não era necessária, como no mútuo, a celebração de *stipulatio usurarum*, mas bastava um simples *pactum*, que seria tutelado

---

25 Nov. CXXI, c. 2.

26 Cícero, *ad. Att.* V, 21, 13.

27 C. IV, 32, 28.

28 *Vide*, a propósito, o estudo de Huvelin sobre esse instituto, nos *Études d'Histoire du Droit Commer- cial Romain*, pp. 196 a 218, Paris, 1929; *vide* também, De Martino, *Sul "Foenus Nauticum", Ancora sul "Foenus Nauticum" e Sulla "actio pecuniae traiecticiae"*, in "Diritto e Societá nell'antica Roma", pp. 3 a 30, 31 a 44 e 200 a 220, respectivamente, Roma, 1982; e Biscardi, *Actio Pecuniae Traiecticiae*, 2ª ed., Torino, 1974. Outras referências bibliográficas em Biondi (*Istituzioni di Diritto Romano*, 3ª ed., nota 2).

29 Exemplo concreto desse contrato no D. XLV, 1, 122.

30 Salienta Huvelin (*Études d'Histoire du Droit Commercial Romain*, p. 196, Paris, 1929) que, a princípio, o *foenus nauticum* servia como instrumento do comércio de importação, pois o capitão do navio recebia o dinheiro no porto de partida, conservava-o até o porto de chegada, e, aí, adquiria mercadorias para trazer para o lugar de onde saíra. Mais tarde, passou a servir ao comércio de exportação: o capitão, com o dinheiro emprestado, comprava, no porto de partida, mercadoria para vender no porto de destino. Finalmente, serviu o *foenus nauticum* para as necessidades da própria navegação: o dinheiro emprestado podia ser usado no reparo do navio, no seu aprovisionamento, ou no pagamento de sua tripulação.

31 Savigny – no que é combatido por Huvelin, *Études d'Histoire du Droit Commercial Romain*, p. 204 e segs., Paris, 1929 – chega a defender a tese de que o *foenus nauticum* não é contrato de mútuo, mas, sim, contrato inominado do tipo *dout des* (*vide* nº 248).

pela própria ação que sancionava o *foenus nauticum*.[32] Demais, permitiu-se que, aí, a taxa de juros pudesse exceder o máximo admitido para o mútuo.[33]

230. Fidúcia – A fidúcia é o contrato pelo qual alguém (o fiduciário) recebe de outrem (o fiduciante) a propriedade sobre uma coisa infungível,[34] mediante a *mancipatio* ou a *in iure cessio*,[35] obrigando-se, de acordo com o estabelecido num *pactum* aposto ao ato de entrega, a restituí-la ao fiduciante, ou a dar-lhe determinada destinação.

Trata-se de contrato real, bilateral imperfeito, de boa-fé.

No direito pré-clássico, embora muito utilizada, a fidúcia, mediante a *mancipatio* ou a *in iure cessio*, transmitia a propriedade sobre a coisa do fiduciante ao fiduciário, mas o *pactum* aposto a esse ato de alienação, e pelo qual se comprometia o fiduciário a restituir a coisa ao fiduciante ou a dar-lhe determinada destinação, era um *nudum pactum* (pacto nu), e, portanto, desprovido de *actio* (assim, o fiduciante tinha de confiar apenas na *fides* do fiduciário, pois não dispunha de ação para compeli-lo a restituir a coisa ou a dar-lhe a destinação convencional). Segundo parece – a matéria é muito controvertida[36] –, foi o pretor, no direito clássico, quem sancionou esse *pactum* (denominado pelos autores modernos *pactum fiduciae*), mediante uma *actio in factum*. Posteriormente, nos fins da república, surgem duas ações *in ius* (o que significa que o *ius ciuile* reconhecia a fidúcia como um *contractus*) transmissíveis ativa e passivamente:[37]

a) a *actio fiduciae directa* (que era concedida ao fiduciante quando o fiduciário não restituía a coisa ou não lhe dava o destino combinado); e

b) a *actio fiduciae contraria* (concedida ao fiduciário no caso de o fiduciante se negar ao cumprimento das obrigações que eventualmente surgissem para ele).[38]

Os requisitos específicos do contrato de fidúcia são os seguintes:

---

32 Cf. D. XXII, 2, 7.

33 Discute-se, com base principalmente no C. IV, 32, 26, 2, se Justiniano alterou, ou não, essa regra.

34 A maioria dos autores entende que apenas as coisas infungíveis que fossem *res mancipi* podiam ser *objeto da fiducia*. C. Longo (*Corso di Diritto Romano – La Fiducia*, p. 27, Milano, 1946) é de opinião, porém (e com bons argumentos), de que as *res nec mancipi* também podiam sê-lo.

35 E não mediante a *traditio* (*vide*, a propósito, Erbe, *Die Fiduzia in Römischen Recht*, p. 12 e segs., Weimar, 1940).

36 A respeito, *vide* C. Longo, *Corso di Diritto Romano – La Fiducia*, p. 14 e segs., Milano, 1946.

37 Essa é a opinião unânime na doutrina, como acentua Burdese, *La menzioni degli eredi nelle "fiducia cum creditore"*, in *Studi in onore di Siro Solazzi*, p. 324, Napoli, 1948.

38 A *actio contraria* é, a princípio, uma *actio in factum* concedida pelo pretor ao contratante a que cabe exigir do outro, nos contratos bilaterais imperfeitos, o cumprimento de obrigações eventuais. Denomina-se *actio contraria* porque era concedida à maneira de apêndice da ação civil decorrente do contrato, e na qual as posições das partes se invertiam: o réu passava, na *actio contraria*, a autor. Mais tarde, a *actio contraria* se torna independente da *actio* resultante do contrato, a qual passa a designar-se, então, *actio directa*. Sobre a *actio contraria*, *vide* o amplo estudo de Schwarz, *Die Konträrklagen*, in *Zeitschrift der Savigny-Stiftung für Rechtsgeschichte, Romanistische Abteilung*, LXXI (1954), pp. 111 a 220.

DIREITO ROMANO – *José Carlos Moreira Alves*

a) a *entrega da coisa ao fiduciário* – por ela o fiduciante, por via da regra, transfere, mediante a *mancipatio* ou a *in iure cessio*, a propriedade da coisa ao fiduciário; como essa transferência tem de fazer-se necessariamente por meio da *mancipatio* ou da *in iure cessio*, a fidúcia só pode ser celebrada por cidadãos romanos e com relação a coisas que estejam na propriedade quiritária deles;[39] demais, a coisa tem de ser infungível, não importando, contudo, que seja *res mancipi* ou *res nec mancipi*;[40] e

b) o *acordo de vontade* (que é o que os romanistas modernos denominam *pactum fiduciae*) entre fiduciante e fiduciário no sentido de que este restitua àquele a coisa ou lhe dê uma determinada destinação; daí verifica-se que é preciso distinguir o *contractus fiduciae* (que é o ato de alienação da coisa e o *pactum fiduciae* a ele aposto) do *pactum fiduciae* (que é apenas um dos requisitos do *contractus fiduciae*); além disso, o *pactum fiduciae* só tem eficácia pessoal, o que significa que para o fiduciante ser novamente proprietário da coisa é necessário que, por um dos modos de aquisição da propriedade, o fiduciário lhe transfira o domínio sobre a coisa.

Por outro lado, a fidúcia, quer no direito pré-clássico, quer no clássico, quer no pós-clássico, era empregada para alcançarem-se diferentes objetivos patrimoniais, ou não. No terreno patrimonial, como nos informa Gaio (*Inst.*, II, 59-60; e III, 201), havia a *fiducia* contraída *cum creditore pignoris iure* e a *fiducia* contraída *cum amico, quo tutius nostra res apud eum sint*. A primeira era utilizada com objetivo de constituição de garantia real; por ela, o credor de uma obrigação preexistente se tornava proprietário, mediante a *mancipatio* ou a *in iure cessio*, de uma coisa do devedor, obrigando-se aquele, pelo *pactum fiduciae*, a restituí-la a este, depois de paga a dívida. A segunda servia para colocar-se, em segurança, uma coisa junto a um amigo, que, pelo *pactum fiduciae*, se comprometia a restituí-la (retransferindo, portanto, a propriedade sobre a coisa), quando solicitado pelo fiduciante. Além desses dois casos referidos por Gaio, a fidúcia, no campo patrimonial, era ainda utilizada para que se atingissem outras finalidades: assim, por exemplo, para realizar-se uma doação por interposta pessoa.[41]

Quanto aos efeitos, o contrato de fidúcia gera sempre obrigações para o fiduciário, e, eventualmente, obrigações para o fiduciante (por isso, é um contrato bilateral imperfeito).

São obrigações do fiduciário:

a) conservar a coisa (e isso porque, embora o fiduciário se torne proprietário dela, está obrigado, em virtude do *pactum fiduciae*, a restituí-la ao fiduciante);

b) responder por perda ou avaria da coisa, resultante de dolo ou culpa seus; e

---

39 É certo, porém, que alguns romanistas defendem a tese de que a fidúcia, no direito clássico, era um contrato *iuris gentium*, podendo, portanto, ser celebrado por estrangeiros. Essa opinião, todavia, é refutada com bons argumentos por C. Longo, *Corso di Diritto Romano – La Fiducia*, p. 23 e segs., Milano, 1946.

40 *Vide* nota 34 deste capítulo

41 *Vide*, a propósito, C. Longo, *Corso di Diritto Romano – La Fiducia*, p. 75 e segs., Milano, 1946.

Cap. XXXVI • CONTRATOS REAIS | **489**

c) restituir a coisa ao fiduciante ou dar-lhe a destinação convencionada, conforme o estabelecido no *pactum fiduciae*.

São obrigações eventuais do fiduciante:

a) ressarcir as despesas do fiduciário com a conservação da coisa; e

b) indenizar o fiduciário dos danos que, porventura, a coisa lhe tenha causado.

Além de poder dispor da *actio fiduciae contraria*, o fiduciário tem o direito de reter a coisa (*ius retentionis* – direito de retenção), até que o fiduciante cumpra suas obrigações.

O contrato de fidúcia, no início do direito pós-clássico, entra em decadência, mas ainda em 395 d.C. (C. Th. XV, 14, 9) uma constituição imperial alude a ele. Com o desaparecimento da *mancipatio* e da *in iure cessio*, a fidúcia deixa de existir, por volta do século V. d.C.[42]

231. Comodato[43] – O comodato (*commodatum*) é o contrato pelo qual alguém (o comodante) entrega uma coisa móvel inconsumível, ou imóvel, a outrem (o comodatário), para que, gratuitamente, use dela por algum tempo, e depois a restitua.[44]

No direito clássico e pós-clássico, é um contrato real, bilateral imperfeito, gratuito e de boa-fé.

No direito pré-clássico e início do clássico, embora muito utilizado, não era o comodato sequer um negócio jurídico (portanto, era um ato que não produzia efeitos jurídicos; o comodatário não podia ser compelido, judicialmente, a restituir a coisa ao comodante). Para evitar os abusos, o pretor intervém, e passa a conceder ao comodante ação *in factum* contra o comodatário que, dolosamente, se nega a restituir a coisa entregue em comodato. Posteriormente, no século I d.C., é reconhecido pelo *ius ciuile* como contrato real; passa, então, a ser sancionado por ações *in ius ex fide bona*[45] – embora aquela ação *in factum*, a que aludimos, tenha persistido ao lado destas –, a saber:

a) a *actio commodati directa* (que é concedida em favor do comodante e contra o comodatário que não cumpriu suas obrigações); e

b) a *actio commodati contraria* (já o pretor concedia um *iudicium contrarium* ao comodatário contra o comodante que se recusasse a cumprir as obrigações que eventualmente – pois o comodato, como salientamos atrás, é um contrato bilateral imperfeito – tivessem surgido para ele).

---

42 A respeito, *vide* Erbe, *Die Fiduzia in Römischen Recht*, p. 204, Weimar, 1940.

43 Sobre o comodato, *vide* Ferrini, *Storia e teoria del contratto di commodato nel diritto romano, in Opere*, III, p. 81 e segs., Milano, 1929; Zannini, *Spunti Critici per una Storia del Commodatum*, Milano, 1983 e Paola Blavaschi, Ricerche sul Precarium, Milano, 2006.

44 Segundo acentua Arangio-Ruiz (*Istituzioni di Diritto Romano*, 13ª ed., p. 313 e segs.), primitivamente o comodato era denominado *utendum dare*; só no tempo de Juliano é que foi usado, oficialmente, no Edito Perpétuo, o termo *commodatum*.

45 *Vide*, a propósito, Segrè, *Sull'Età dei Giudizi di Buona Fede di Commodato e Pegno, in Scritti Varii di Diritti Romano*, p. 61 e segs.,Torino, 1952; Biondi, *Iudicia Bonae Fidei*, I, p. 260 e segs., Palermo, 1920; e Voci, *La Dottrina Romana del Contratto*, p. 75 e segs., Milano, 1946.

490 DIREITO ROMANO – *José Carlos Moreira Alves*

São requisitos específicos do comodato os seguintes:

a) a *entrega da coisa ao comodatário*: sendo contrato real, ele só se conclui com essa entrega, pela qual o comodante transfere apenas a *detenção* sobre a coisa, razão por que não é necessário ser proprietário dela para dá-la em comodato (até mesmo o ladrão pode fazê-lo);

b) *que a coisa objeto do comodato seja móvel inconsumível,*[46] *ou imóvel;* e

c) a *gratuidade*: o comodato é contrato essencialmente gratuito; se o empréstimo da coisa for oneroso, não há comodato, mas, sim, locação de coisa.

Quanto aos efeitos, gera o comodato sempre obrigações para o comodatário, e, eventualmente, obrigações para o comodante.

São obrigações do comodatário:

a) usar da coisa em conformidade com sua natureza e destinação, e de acordo com o convencionado com o comodante (se o comodatário se utilizar dela para outro fim que não o estabelecido, cometerá *furtum* – no direito justinianeu, *furtum usus*, furto de uso –,[47] sendo passível da acumulação da *actio commodati directa* e da *actio furti*, a primeira para ressarcir o prejuízo decorrente daquele uso, e a segunda para pagar uma *poena*; demais, responde pela perda ou avaria da coisa ainda que ocorrida por caso fortuito);

b) conservar a coisa; variando sua responsabilidade,[48] conforme:

1 – se o comodato é celebrado no interesse exclusivo do comodatário, este responde, no direito clássico, pela *custodia* (sendo, portanto, responsável inclusive pelo furto da coisa); no direito justinianeu, pela *culpa leuis* (culpa leve);

2 – se o comodato é celebrado no interesse exclusivo do comodante, o comodatário só responde por dolo; e

3 – se o comodato é celebrado no interesse comum do comodante e do comodatário, este responde por *culpa in concreto*;

c) restituir a coisa ao comodante com todos os seus frutos, no tempo e no lugar convencionados (se nada tiver sido acordado quanto ao prazo, o comodante só poderá exigir a restituição depois de um prazo razoável para utilização da coisa pelo comodatário).

São obrigações eventuais do comodante:

a) ressarcir as despesas necessárias para a conservação da coisa (as necessárias para sua utilização – por exemplo: a alimentação do animal dado em comodato – correm por conta do comodatário); e

---

46 Admite-se, porém, o comodato de coisa consumível por natureza, quando emprestada para que o comodatário, sem consumi-la, se utilize dela para ostentação (*ad pompam* ou *ad ostentationem*) (cf. D. XIII, 6, 3, 6).

47 Cf. Di Marzo, *Istituzioni di Diritto Romano*, 5ª ed., p. 357.

48 A respeito, *vide* Luzzatto (*Caso Fortuito e Forza Maggiore come Limite alla Responsabilità Contrattuale – I – La responsabilità per custodia*, p. 72 e segs., Milano, 1938); Biondi (*Istituzioni di Diritto Romano*, 3ª ed., § 119, p. 467) e Pastori (*Il Commodato nel Diritto Romano*, p. 166 e segs., Milano, 1954).

Cap. XXXVI · CONTRATOS REAIS | 491

b) indenizar os prejuízos sofridos pelo comodatário em decorrência de dolo do comodante (assim, por exemplo, se o animal dado em comodato estava doente – o que era do conhecimento do comodante –, e transmitiu o mal aos animais do comodatário).

Se o comodante se negar a cumprir qualquer dessas obrigações a que eventualmente está sujeito, o comodatário, além de dispor da *actio commodati contraria*, pode negar--se a restituir a coisa antes do cumprimento da obrigação pelo comodante; tem, pois, o comodatário direito de retenção (*ius retentionis*).

232. Depósito – Como acentua C. Longo,[49] o contrato de depósito se apresenta numa configuração normal – o *depósito ordinário*, a que se alude quando se diz simplesmente *depósito* – e em algumas configurações especiais.

Iniciaremos pelo *depósito ordinário*; em seguida, analisaremos as figuras especiais de depósito.

* * *

O depósito (nas fontes: *depositum, depositio*)[50] é o contrato pelo qual uma pessoa (*deponens* – depositante) entrega a outra (*depositarius* – depositário) coisa móvel infungível para que esta, gratuitamente, a guarde, e a restitua quando solicitada pela primeira.

Nos direitos clássico e pós-clássico, é um contrato real, bilateral imperfeito, gratuito[51] e de boa-fé. No direito pré-clássico, no entanto, era um ato sem valor jurídico. Por isso, para atingir-se a finalidade que se alcançava, nos direitos clássico e pós-clássico, com o contrato de depósito, usava-se, nos tempos primitivos, da *fiducia cum amico* (*vide* nº 230). Mas já a Lei das XII Tábuas[52] tratava o depositário infiel como *fur nec manifestus*,[53] concedendo contra ele uma *actio in duplum*, isto é, uma ação que visava à condenação no dobro do valor da coisa dada em depósito. Posteriormente, nos fins da república, o pretor interveio, e concedeu ao depositante, quando o depositário se recusava sem motivo a restituir a coisa, uma *actio in factum*, para obter indenização equivalente ao valor da coisa (tratava-se, portanto, de uma *actio in simplum*);[54] e ao depositário, para fazer valer seus direitos eventuais com relação ao depositante, concedeu o pretor um *iudicium contrarium*. No início do principado, graças à jurisprudência, foi o depósito colocado entre os *contractus* (e isso porque foi reconhecido pelo *ius ciuile*), passando a ser sancionado por ações *in ius ex fide bona*: a *actio depositi directa*,[55] em favor do depositante, e que

---

49 *Corso di Diritto Romano – Il Deposito*, p. 1, Milano, 1946.

50 *Depositum* também é usado para designar a coisa dada em depósito (cf. D. XVI, 3, 1, pr.).

51 No direito justinianeu, porém, como salientaremos mais adiante, admitiu-se que o contrato de depósito fosse oneroso.

52 Tab. VIII, 19 (ed. Riccobono).

53 *Vide* nº 264.

54 A fórmula dessa *actio* se encontra em Gaio, *Inst.*, IV, 47.

55 Sua fórmula se acha em Gaio, *ibidem*.

DIREITO ROMANO – José Carlos Moreira Alves

acarretava, para o depositário, a *infamia*; e a *actio depositi contraria* – que alguns romanistas julgam só ter surgido no direito pós-clássico[56] –, em favor do depositário. Mas, ao lado dessas ações, persistiu a *actio in factum* criada pelo pretor.[57]

São requisitos específicos do depósito os seguintes:

a) a entrega da coisa ao depositário: por ela – que é indispensável para que surja o contrato –, o depositante não transfere a propriedade ou a posse, mas apenas a detenção sobre a coisa, razão por que não é necessário que seja seu proprietário para dá-la em depósito;

b) que a coisa objeto do depósito seja móvel e infungível; e

c) a gratuidade: no direito clássico, a gratuidade é elemento essencial do contrato de depósito; no direito justinianeu, porém, admite-se que haja contrato de depósito ainda que o depositante se obrigue a pagar ao depositário uma quantia módica.[58]

Quanto aos efeitos, o contrato de depósito gera sempre obrigações para o depositário, e, eventualmente, obrigações para o depositante.

São obrigações do depositário:

a) manter a coisa sob sua guarda: não pode o depositário usar da coisa, sob pena de cometer furto[59] (no direito justinianeu: *furtum usus* – furto de uso);

b) restituir a coisa quando for, a qualquer tempo, solicitado pelo depositante: essa restituição deve ser feita com todos os frutos que a coisa produziu durante o tempo em que esteve depositada; e

c) responder pela perda ou avaria da coisa, se – no direito clássico – uma ou outra decorreu de dolo do depositário; no direito justinianeu, se de *culpa lata* (que foi assimilada ao dolo); por outro lado, ainda que as partes tenham acordado a exclusão da responsabilidade do depositário em caso de dolo (e isso por meio do *pactum de dolo non praestando*), é nulo esse pacto; demais, o depositário, se convencionar com o depositante, pode ter sua responsabilidade agravada, respondendo por *custodia* (sendo, portanto, responsável pelo furto da coisa).[60]

São obrigações eventuais do depositante:

a) ressarcir o depositário das despesas com a conservação da coisa; e

b) indenizar o depositário dos danos que, porventura, a coisa depositada lhe tenha causado.

---

56   Cf. Volterra, *Istituzioni di Diritto Privato Romano*, p. 489.

57   Sobre a história do contrato de depósito, *vide* Rotondi, *Contribuiti alla storia del contratto di deposito nel diritto romano, in Scritti giuridici*, II, p. 1 e segs., Milano, 1922.

58   Cf. D. XIII, 6, 5, 2 (interpolado).

59   Cf. Gaio, *Inst.*, II, 196.

60   Sobre a responsabilidade do depositário, *vide* Pernice, *Labeo*, II, 2, 1, 2a ed., pp. 211 a 217, Halle, 1900.

Até que o depositante cumpra sua obrigação eventual, o depositário tem o direito, no período clássico, de reter a coisa (*ius retentionis*);[61] no tempo de Justiniano, porém, esse direito foi retirado.[62]

Demais, no direito justinianeu, admitindo-se, como já salientamos, o contrato de depósito oneroso, era esse contrato bilateral perfeito, sendo obrigação do depositante pagar a quantia módica acordada com o depositário.

Ao lado da figura típica de depósito (*depósito regular*), que acabamos de estudar, havia, no direito romano, três outras espécies de depósito, a saber:

a) o depósito necessário (também denominado *depósito miserável*);

b) o depósito irregular; e

c) o sequestro.

Estudemo-las, separadamente.

A) *Depósito necessário (ou miserável)*

É o depósito que alguém é constrangido a fazer em virtude de situação excepcional, quando ocorre alguma calamidade pública ou privada (como, por exemplo, incêndio, naufrágio, desabamento), sem ter tempo, portanto, de escolher depositário de confiança.

Em virtude disso, se o depositário não devolvesse a coisa ao depositante, o pretor concedia a este uma *actio in duplum*, para obter a condenação do depositário no dobro do valor da coisa.

B) *Depósito irregular*[63]

O depósito irregular[64] é o contrato pelo qual alguém transfere a propriedade de uma coisa fungível a outrem, que se obriga a restituir, quando solicitado, coisa da mesma espécie, quantidade e qualidade da que lhe foi entregue.

Assim sendo, quem recebe a coisa se torna proprietário dela, reduzindo-se suas obrigações à de restituir outra da mesma espécie, quantidade e qualidade.

Em Roma, o caso mais frequente de depósito irregular era o depósito bancário, em que o banqueiro, que recebia o dinheiro em depósito, se obrigava, quando o solicitasse o depositante, a restituí-lo, com juros. É certo que, por muito tempo, os jurisconsultos romanos consideraram que tais operações não configuravam contrato de depósito, mas, sim, contrato de mútuo.[65] No entanto, segundo parece, alguns jurisconsultos clássicos, por

---

61 *Mosaicarum et Romanarum Legum Collatio*, X, 2, 6.

62 IV, 31, 14,1; C. IV, 34, 11; e *Inst.*, IV, 6, 30. *Vide*, a propósito, Schwind, *Römisches Recht*, § 78, p. 304.

63 Sobre o depósito irregular, *vide* Bonifacio, *Ricerche sul deposito irregulare in diritto Romano in Bulletino dell'Istituto di Diritto Romano*, vols. VIII e IX N. S. (1948), p. 80 e segs.

64 Essa denominação é de origem medieval; o adjetivo *irregularis* tem sua origem, provavelmente, no direito canônico (cf. Bonifacio, ob. cit., p. 81).

65 *Mosaicarum et Romanarum Legum Collatio*, X, 7, 9; e D. XII, 1, 9, 9.

494 DIREITO ROMANO – *José Carlos Moreira Alves*

influência dos costumes do mundo helênico[66] e por não se conciliar a rigidez da disciplina do contrato de mútuo (que era, como vimos, de *direito estrito*) com a maleabilidade das operações bancárias, passaram a admitir que, nessas operações bancárias, se configurava o contrato de depósito.[67] No direito justinianeu esse contrato é considerado de depósito, e os juros podem ser convencionados mediante simples pacto adjeto a ele.[68]

C) *Sequestro*

O sequestro (nas fontes: *sequestratio, sequestrum, sequestre*) ocorre quando duas ou mais pessoas entregam uma coisa[69] em depósito a outrem (que se denomina *sequester*), para que a guarde, e a restitua a um dos depositantes que se encontrem em determinada situação (assim, por exemplo, quando se trata de coisa sobre a qual os depositantes litigam, o depositário deverá entregá-la àquele que vencer o litígio).[70]

O sequestro difere do depósito nos seguintes pontos:

a) o depositário é mero detentor da coisa depositada; o *sequester* é possuidor dela (*possessio ad interdicta*);

b) o depositário deve restituir a coisa quando o depositante lhe solicitar; o *sequester* só a devolve quando a circunstância estabelecida se verifica; e

c) ao contrário do que ocorre com o depositário, o *sequester* não devolve a coisa a todos os depositantes, mas apenas àquele que se encontra na situação convencionada (e este, para obter a restituição da coisa caso o *sequester* se negue a fazê-lo, dispõe da *sequestrataria actio*).[71]

233. Penhor – A palavra *pignus* (penhor) pode ter diferentes significados:

a) contrato de penhor;

b) coisa empenhada; e

c) direito real de garantia.

Nós a empregaremos, aqui, na primeira acepção; as demais foram examinadas no capítulo XXVII.

---

66 A propósito, *vide* Collinet, *Études Historiques sur le Droit de Justinen*, I, p. 114 e segs., Paris, 1912.

67 Assim, Papiniano (D. XVI, 3, 24; e D. XVI, 3, 25, 1) e Ulpiano (D. XVI, 3, 1, 34). Vários romanistas (como, por exemplo, Schwind, *Römisches Recht*, § 78, p. 305), no entanto, consideram que o depósito irregular é criação justinianeia. Segrè (*Sul Deposito Irregolare in Diritto Romano, in Scritti Vari di Diritto Romano*, p. 200 e segs.,Torino, 1952) julga que pelo menos Papiniano já havia reconhecido a figura do depósito irregular.

68 E isso porque, sendo o contrato de depósito um contrato de boa-fé, os pactos a ele adjetos são sancionados com as mesmas ações que resultam do contrato de depósito.

69 Os textos – como observa Volterra (*Istituzioni di Diritto Privato Romano*, p. 490, nota 2) – não confirmam, nem infirmam, a tese daqueles que asseveram que, ao contrário do depósito regular, o sequestro podia ter coisa imóvel como objeto.

70 Sobre o conceito de sequestro, *vide* D. XVI, 3, 6.

71 D. IV, 3, 9, 3. Nos textos também se encontram as expressões *sequestrataria depositi actio* e *actio depositi* para designar essa *actio*; Di Marzo (*Istituzioni di Diritto Romano*, 5ª ed., p. 361) defende a tese de que essas expressões foram criadas pelos compiladores do *Corpus Iuris Ciuilis*.

O penhor é o contrato pelo qual alguém transmite a posse de coisa móvel ou imóvel a outrem, para garantir obrigação preexistente própria ou alheia de que este é o credor – *credor pignoratício*, pois seu crédito passa a ser garantido pelo *pignus* (penhor) –, o qual se obriga a restituir a coisa ao primeiro, quando se extinguir essa obrigação.

Trata-se de contrato real, bilateral imperfeito, gratuito e de boa-fé.

Do contrato de penhor decorrem:

a) um direito real limitado (o *pignus datum*) (*vide* nº 185) em favor daquele que é credor da obrigação preexistente; e

b) uma nova relação obrigacional entre o credor e o devedor da obrigação preexistente,[72] na qual há inversão de posições com referência à obrigação garantida: o credor nesta (*o credor pignoratício*) é o devedor naquela, e vice-versa.

Foi o pretor quem, primeiro, sancionou a *conuentio pignoris* (convenção de penhor) com uma *actio in factum* concedida ao que entregara a coisa, para reavê-la do credor pignoratício, se este se recusasse a devolvê-la depois de extinta a obrigação garantida pelo *pignus datum*. Discutem os romanistas[73] se, já no direito clássico ou apenas no direito justinianeu, passou o contrato de penhor a ser tutelado também por duas *actiones in ius ex fide bona*: a *actio pigneraticia directa* (concedida em favor do que entregou a coisa e contra o credor pignoratício que não cumpriu sua obrigação) e a *actio pigneraticia contraria* (em favor do credor pignoratício e contra o que entregou a coisa e que se recusa a cumprir as obrigações que, eventualmente, tenham surgido para ele).[74]

São requisitos específicos do contrato de penhor os seguintes:

a) entrega da coisa ao credor pignoratício, que se torna possuidor dela (*possessio ad interdicta*);

b) acordo de vontade das partes contratantes que visa à constituição de garantia real para crédito preexistente; e

c) existência de obrigação anterior a garantir.

Quanto aos efeitos, gera o contrato de penhor sempre obrigações para o credor pignoratício, e, eventualmente, para o devedor que entrega a coisa em penhor.

São obrigações do credor pignoratício:

a) conservar a coisa (note-se que, embora seja possuidor dela, não pode usá-la, a menos que haja convenção em contrário);

b) restituir a coisa, uma vez extinta a obrigação preexistente que deu a margem ao contrato de penhor;

c) se o débito preexistente não for pago, e a coisa dada em penhor for vendida pelo credor pignoratício (*vide*, a propósito, o nº 188, D, *c*), este se paga com o produto dessa

---

72 Isso, se a pessoa que entrega a coisa a título de penhor é o devedor na obrigação preexistente.

73 Sobre o assunto, *vide* Biondi, *Iudicia Bonae Fidei*, I, p. 259 e segs., Palermo, 1920; Voci, *Istituzioni di Diritto Romano*, 3ª ed., § 104, p. 380, Milano, 1954; Costa, *Storia del Diritto Romano Privato*, 2ª ed., p. 369 e segs., Torino, 1925; e Giffard, *Précis di Droit Romain*, II, 3ª ed., p. 101 e segs., Paris, 1951.

74 Essas duas ações não se devem confundir com a *actio pigneraticia in rem* (*vide* nº 188, E), de que dispunha *erga omnes* (contra todos) o titular do direito real de penhor.

496 | DIREITO ROMANO – *José Carlos Moreira Alves*

venda, mas, se houver excesso (o que ocorre quando o produto da venda é superior à dívida garantida pelo penhor), está ele obrigado a restituí-lo ao devedor que lhe entregou a coisa em penhor; e

d) embora seja muito discutido entre os romanistas modernos, o credor pignoratício, segundo parece, era responsável, no direito clássico, pela *custodia* da coisa;[75] no direito justinianeu, devia ter a diligência de um *bonus pater familias* com relação aos seus próprios bens.[76]

São obrigações eventuais do devedor que entrega a coisa em penhor:

a) reembolsar o credor pignoratício das despesas necessárias que tenha feito com a coisa;

b) indenizá-lo dos danos que, porventura, a coisa dada em penhor lhe tenha causado; e

c) responder pelas obrigações contraídas pelo credor por causa da venda da coisa.

---

75 D. XIII, 7, 13, 1; e C. VIII, 13, 19. *Vide*, a propósito, Di Marzo, *Istituzioni di Diritto Romano*, 5ª ed., p. 362 e segs.; Iglesias, *Derecho Romano*, II, 2ª ed., p. 62; Costa, *Storia del Diritto Romano Privato*, II, 2ª ed., p. 369, Torino, 1925; e Jörs-Kunkel, *Römisches Recht*, 2ª ed., § 138, p. 224.

76 D. XIII, 7, 14 (interpolado). *Vide*, a respeito, Schwind, *Römisches Recht*, I, § 73, p. 249.

XXXVII

CONTRATOS VERBAIS

> **Sumário: 234.** Conceito e espécies. **235.** *Stipulatio.* **236.** *Dotis dictio e promissio iurata liberti.*

234. Conceito e espécies – Os contratos verbais são aqueles que se constituem mediante a prolação de palavras solenes.

Referindo-se às *uerbis obligationes*, Gaio (*Inst.*, III, 92) salienta que são elas as que se celebram mediante uma pergunta e uma resposta (*uerbis obligatiofit ex interrogatione et responsione*), o que se verifica com a *stipulatio*. Mas adiante (*Inst.*, III, 95-*a* e 96 – textos quase ilegíveis no palimpsesto da biblioteca da Catedral de Verona, e reconstituídos com base no Epitome Gai II, 9, 3),[1] Gaio alude a outras obrigações que podem contrair-se sem pergunta precedente (*aliae obligationes quae nulla praecedente interrogatione contrahi possunt*), isto é, que surgem apenas da declaração daquela das partes que quer obrigar-se (*uno loquente*): são elas a *dotis dictio* e a *promissio iurata liberti*, a respeito das quais muito pouco sabemos. Nessas duas figuras, como a obrigação surge *uno loquente*, não há acordo de vontade (*conuentio*) e, consequentemente, não são elas, verdadeiramente, *contractus* (contratos). Ora, se, como acentuamos atrás (*vide* nº 223), no direito clássico o contrato pressupõe o acordo de vontade (*conuentio, pactum*), como explicar-se que Gaio aluda, entre as *obligationes quae ex contractu nascuntur* (as obrigações que nascem do contrato), à *dotis dictio* e à *promissio iurata liberti*? Os autores divergem a esse respeito. Alguns (assim, Grosso)[2] julgam que, a princípio, as obrigações se classificam em *obligationes re, uerbis, litteris, consensu*, nelas se enquadrando negócios jurídicos que não eram *contractus* pela ausência de acordo de vontade; no direito clássico, a essa classificação se sobrepôs a dicotomia *contractus-delictum*, e aquelas quatro espécies de *obligationes* foram colocadas na categoria do *contractus*, em oposição à do *delictum*; daí a alusão incidente – e sobre seus termos não estamos bem informados por causa da lacuna do manuscrito de Verona – feita por Gaio à *dotis dictio* e à *promissio iurata liberti*, que pertenciam à classificação primitiva (*obligationes uerbis*), mas que, em rigor (como ocorria com o pagamento do indevido, que Gaio – *Inst.*, III, 91 – expressamente exclui da categoria do *contractus*),

---

1   É o epítome das *Institutas* de Gaio insertos na *Lex Romana Visigothorum* (*vide* nº 37, *in fine*), e pelo qual eram conhecidas as *Institutas* de Gaio até a descoberta, no início do século XIX, do palimpsesto da biblioteca da Catedral de Verona.

2   *Il Sistema Romano dei Contratti*, 2ª ed., p. 51, Torino, 1950.

498 | DIREITO ROMANO – *José Carlos Moreira Alves*

não eram contratos. Outros (como Volterra e Guarino)[3] entendem que a estrutura dessas duas figuras era conforme à primitiva concepção romana, segundo a qual não era o acordo de vontade, mas a prolação de palavras solenes que tinha, exclusivamente, a eficácia de fazer surgir a obrigação; no direito clássico, considerando-se a *conuentio* (acordo de vontade) requisito do contrato, os juristas romanos vislumbram o acordo de vontade no fato de a promessa de uma das partes fazer-se diante da outra, cujo silêncio implicava concordância com o nascimento do vínculo obrigatório.

Além da *stipulatio*, da *dotis dictio* e da *promissio iurata liberti*, alguns autores modernos incluem, entre os contratos verbais, o *nexum*, a *uadiatura*, a *praediatura* e o *iudicium*. Não seguiremos, porém, essa orientação. O *nexum* – como já salientamos (*vide* nº 277) – é um instituto sobre o qual, com certeza, pouco sabemos, havendo dúvida, até, sobre se era, realmente, um contrato. A *uadiatura* e a *praediatura* (*vide* nota 25 do capítulo XXII) dizem respeito, não ao direito privado, mas ao direito público e ao processo. Enfim, quanto ao *iudicium* – isto é, segundo a opinião dominante, a fórmula que o autor, com a autorização prévia do magistrado, propõe ao réu, que a aceita, para submeter o litígio ao *iudex priuatus*, e acordo que se concluiria com a *litis contestatio* –, os autores, que o enquadram entre os contratos, não especificam se se trata de contrato verbal ou literal,[4] e Gaio, embora aluda à *litis contestatio* como causa de extinção da obrigação trazida a juízo e de criação de *noua obligatio* (*vide* os efeitos extintivo e criador da *litis contestatio*, no nº 129, B, *in fine*), não coloca o *iudicium* entre os contratos, nada indicando, demais, que os juristas romanos vislumbrassem nele natureza contratual.

Em face do exposto, analisaremos, em seguida, apenas as *uerbis obligationes* referidas por Gaio: a *stipulatio*, a *dotis dictio* e a *promissio iurata liberti*.

235. Stipulatio – A *stipulatio*,[5] além de ser o contrato verbal por excelência, é o mais importante dos contratos no direito romano. Graças à simplicidade e – no período clássico – à natureza de negócio jurídico abstrato (a causa – *vide* nº 108, B – não era levada em consideração; a obrigação surgia exclusivamente da prolação das palavras solenes), a esfera de aplicação da *stipulatio* é muito ampla, servindo ela para tornar obrigatória

---

3   Volterra, *Istituzioni di Diritto Privato Romano*, p. 461 e segs.; Guarino, *Diritto Privato Romano*, § 152, pp. 473 e segs.

4   *Vide*, a propósito, Grosso, *Il Sistema Romano dei Contratti*, 2ª ed., p. 146, Torino, 1950.

5   Sobre a *stipulatio*, *vide*, entre outros, Riccobono, *Corso di Diritto Romano* (*Stipulationes – contractus – pacti*, Milano, 1935); Pastori, *Appunti in Tema di Sponsio e Stipulatio*, Milano, 1961; Kniep, *Gai Institutionum Commentarius Tertius* (§§ 82-225) – (*Obligationenrecht*), p. 88 e segs., Jena, 1917; Voci, *La Dottrina Romana del Contratto*, p. 36 e segs., p. 132 e segs., Milano, 1946; Grosso, *Il Sistema Romano dei Contratti*, 2a ed., p.143 e segs., Torino, 1950; Dühll, *Zur römischen Stipulatio*, in *Zeitschrift der Savigny-Stiftung für Rechtsgeschichte, Romanistische Abteilung*, LXVIII (1951), p. 191 e segs.; Lévy-Bruhl, *La "Congruentia" dans la stipulation*, in *Archives de Droit Privé*, vol. XVI (1953), *dédié à Fritz Pringsheim*, p. 49 e segs.; e Monier, *L'adstipulatio et la stipulatio "primitive"*, na mesma revista, p. 123 e segs.

qualquer convenção sobre coisa certa ou incerta, fato ou abstenção.[6] Aliás, foi por causa da *stipulatio* que os romanos não sentiram os inconvenientes da tipicidade contratual rígida (*vide* nº 223): por meio dela facilmente se dava eficácia obrigatória a qualquer *conuentio* (acordo de vontade).

A *stipulatio* sofreu, ao longo da evolução do direito romano, profundas modificações, e sobre seu alcance há grande controvérsia entre os autores modernos.

A *stipulatio*, no direito clássico, é um contrato verbal e abstrato que se celebra por meio de perguntas e respostas, em termos orais e solenes, entre os futuros credor (*stipulator; stipulans; reus stipulandi*) e devedor (*promissor; reus promittendi*).[7]

Originariamente, a pergunta e a resposta se faziam na forma da *sponsio*, que era ato solene oral, em que se empregava o verbo *spondere*:

– *Centum mihi dari spondes?* (Prometes dar-me cem?)[8] – *Spondeo* (Prometo).

A *stipulatio*, que, celebrada com a prolação dessa fórmula, se dizia *sponsio*,[9] era, então, um instituto do *ius ciuile*, somente acessível, portanto, a cidadão romano.[10]

Mais tarde, ao lado da forma verbal *spondes? spondeo*, admitiu-se o emprego de outras expressões como *dabis? dabo; promittis? promitto; fidepromittis? fidepromitto; fi-*

---

6   Daí distinguirem-se: *a*) *stipulatio certa*, quando tem por objeto um *dare*: *stipulatio certae pecuniae* e *stipulatio certae rei*; e *b*) *stipulatio incerta*, nas demais hipóteses. Note-se, por outro lado, que, segundo vários autores (entre outros, Di Marzo, *Istituzioni di Diritto Romano*, 5ª ed., § 88, p. 367; e Cuq. *Manuel des Institutions Juridiques des Romains*, p. 416 e segs.), a princípio somente podiam ser objeto da *stipulatio* quantia ou coisa certa; mais tarde é que se admitiu, como seu objeto, um *incertum* (um fazer ou um não fazer). Demais, entre as várias aplicações da *stipulatio*, destaca-se a *adstipulatio*, que era uma *stipulatio* acessória que se podia celebrar, até, com outra fórmula que não a utilizada na *stipulatio* principal (cf. Gaio, *Institutas*, III, 112). Pela *adstipulatio* designava-se um *adstipulator*. O *adstipulator* e o *stipulator* eram cocredores, embora, no fundo, o *adstipulator* agisse como mandatário do *stipulator*; como cocredor, o *adstipulator* podia receber o pagamento do devedor, liberá-lo do débito mediante a *acceptilatio*, ou agir contra ele em juízo; do que recebia era obrigado o *adstipulator* a dar conta ao *stipulator* que dispunha, para compeli-lo a isso, da *actio mandati*; no tempo de Gaio (*Institutas*, III, 117), a *adstipulatio* se destinava quase exclusivamente a evitar a ineficácia da obrigação a ser executada depois da morte do *stipulator*, porquanto, morto este, o *adstipulator* podia exigir do devedor a execução da obrigação (inclusive em juízo), fazendo reverter o pagamento em favor dos herdeiros do *stipulator*. Não se confunde com o *adstipulator* o *adiectus solutionis causa*, que também era designado por uma *stipulatio* (*mihi aut Titio dari spondes?* prometes dar a mim ou a Tício?), mas que não tinha direito de crédito próprio, podendo apenas receber o pagamento da dívida, e não exigi-la em juízo, ou dispor do crédito. As relações entre o *stipulator* e o *adiectus solutionis causa* eram sancionadas pela *actio mandati*.

7   *Vide*, a propósito, D. XLV, 1, 5, 1.

8   Observa Schulz (*Classical Roman Law*, § 805, p. 473) que, nos textos, se encontra, nessa fórmula, *dare* ou *dari*; o termo correto, segundo ele, é *dari*, sendo *dare* fruto, provavelmente, de engano de escriba.

9   É certo, porém, como adverte Perozzi (*Istituzioni di Diritto Romano*, II, 2ª ed. – *reintegrazione* –, § 153, p. 209), que a palavra *stipulatio* serve também para designar a pergunta e a resposta com o verbo *spondere*.

10 Cf. Gaio, *Institutas*, III, 93. À única exceção a essa regra alude Gaio, nas *Institutas*, III, 94.

deiubes? fideiubeo; facies? faciam.[11] E, com o crescimento de intercâmbio comercial entre romanos e estrangeiros, estendeu-se a estes, graças ao *ius gentium*, o uso da *stipulatio* nas novas formas verbais.

No direito clássico, a *stipulatio* apresenta os seguintes requisitos:

a) oralidade: sendo contrato verbal, a obrigação surge com a simples prolação das palavras solenes (daí ser a *stipulatio* contrato *abstrato*);[12] em virtude disso, não podem celebrar a *stipulatio* nem o mudo, nem o surdo;[13] demais, as palavras solenes podem ser proferidas em grego, desde que ambas as partes o compreendam;[14]

b) presença das partes: sendo orais a pergunta e a resposta que constituem a *stipulatio*, ela não pode realizar-se *inter absentes* (entre ausentes);[15]

c) unitas actus (unidade do ato): não há *stipulatio* se a resposta não ocorre imediatamente após a pergunta; e

d) conformidade rigorosa entre a pergunta e a resposta: na resposta, em que o *promissor* tem de utilizar-se do mesmo verbo empregado pelo *stipulator* (é nula, no direito clássico, a *stipulatio* em que à indagação *dabis?* se responde *quid ni?*), está ele obrigado a aderir integralmente à pergunta do *stipulator* (em vista disso, se o *stipulator* perguntar ao *promissor* se este promete dar-lhe 100, e o *promissor* responde obrigando-se apenas a 50, a *stipulatio* é nula).[16]

Há, no *Digesto*, vários textos[17] que contêm atenuações à rigidez desses requisitos. Assim, admite-se, para o emprego de língua outra que não a latina, porém não compreendida por um dos contratantes, a presença de intérprete; considera-se válida a *stipulatio* em que, entre a resposta e a pergunta, ocorre *aliquod momentum* (algum intervalo de tempo); igualmente válida reputa-se a *stipulatio* em que à pergunta *dabis?* se responde *quid ni?*; e, na hipótese de divergência, entre a pergunta e a reposta, sobre quantia, entende-se válida a *stipulatio* pela importância menor. Esses textos, embora atribuídos a autores clássicos, são – segundo a maioria dos romanistas[18] – interpolados, o que significa que essas atenuações não ocorreram no direito clássico.

---

11   *Vide* Gaio, *Institutas*, III, 92.

12   *Vide* nº 109, B.

13   Gaio, *Institutas*, III, 105. O louco, o *infans* e o *infantiae proximus* não podiam celebrar a *stipulatio* porque não compreendiam o que faziam (Gaio, *Institutas*, III, 106 e 109).

14   Para sua validade bastava que as partes compreendessem a língua em que se proferiam a pergunta e a resposta (cf. Gaio, *Institutas*, III, 93; e *Inst.*, III, 15, 1). Isso só não se aplicava à forma verbal *Spondes? Spondeo* (cf. Gaio, *ibidem*). Se se admitiam, para a celebração da *stipulatio*, outras línguas que não o latim e o grego, era controvertido, segundo Ulpiano (D. XLV, 1, 1, 2); a propósito, *vide* Kaser, *Das Römische Privatrecht*, I, § 128, p. 451, nota 14, München, 1955.

15   Cf. Gaio, *Institutas*, III, 136.

16   Cf. Gaio, *Institutas*, III, 102.

17   D. XLV, 1, 1, 6; D. XLV, 2, 6, 3; D. XLV, 1, 1, 2; D. XLV, 1, 1, 4.

18   Entre outros, Di Marzo, *Istituzioni di Diritto Romano*, 5ª ed., § 88, p. 366; e Guarino, *Diritto Privato Romano*, § 153, p. 479.

Mas, já no período clássico, graças ao pretor, abrandou-se o caráter de contrato abstrato que tinha a *stipulatio*. Com efeito, o pretor, em certos casos, veio em auxílio do *promissor* com a *exceptio doli* (assim, se o *promissor* se obrigara, por meio da *stipulatio*, a restituir importância que deveria receber – mas que, em verdade, não recebeu – do *stipulator*, a título do empréstimo, o pretor lhe concedia a *exceptio doli* para opor-se à *actio ex stipulatu* do *stipulator*), ou com a *exceptio pacti* (e isso para que se fizessem valer pactos celebrados antes ou depois da *stipulatio*, e que lhe alteravam, de certa forma, o conteúdo). Desse modo, *iure praetorio*, levava-se em consideração, na *stipulatio*, a causa.[19]

Por outro lado, a partir dos fins da república,[20] vai ocorrer um fato que irá acarretar, no direito pós-clássico, profundas alterações no regime jurídico da *stipulatio*: o emprego, na prática, de documento escrito (*cautio, cautio stipulatoria, instrumentum, scriptura*; em grego: *chirographum*), para provar a celebração da *stipulatio* e seu conteúdo.[21] Era documento meramente probatório, e não constitutivo da obrigação; por isso, se se demonstrasse, por testemunhas, que não tinha ocorrido a *stipulatio*, não surgia obrigação alguma. Isso, no plano teórico. No terreno prático, porém, a situação era diversa. Nesse documento, como é natural, as partes se preocupavam mais em descrever o conteúdo da *stipulatio* do que as formalidades de sua celebração oral, circunstância essa que constava de uma cláusula (*Rogauit Titius, spopondit Maeuius*),[22] presumindo-se, até prova em contrário, que os requisitos da *stipulatio* tinham sido observados. Chegou-se mesmo a admitir[23] que, se na *cautio* constasse que uma das partes na presença da outra tinha pronunciado palavras pelas quais se obrigara a efetuar uma prestação, se presumia que as palavras do devedor haviam sido proferidas em resposta à pergunta do credor, tendo ocorrido, portanto, a celebração da *stipulatio*. Perdia-se, assim, a pouco e pouco, a ideia de que a obrigação surgia *uerbis* (isto é, da prolação de palavras solenes), passando-se a dar mais valor ao consentimento (*consensus*) das partes contratantes. Por outro lado, não seria fácil, por certo, na prática forense, invalidar a *cautio* que, ao contrário do que em verdade sucedera, atestasse a celebração da *stipulatio*.[24] Desse modo – o que foi agravado pela influência dos povos orientais aos quais tinha sido, em 212 d.C., estendida a cidadania romana[25] –, gradativamente se vai dando preponderância ao documento, e, consequentemente, declina, para plano secundário, a solenidade oral.

---

19 *Vide*, nº 109, *B*.

20 *Vide*, Cícero, *Pro A. Caecina*, XVIII, 51; e *ad Herennium* (obra que a crítica moderna não mais atribui a Cícero), II, 9, 13.

21 Exemplo de documento dessa espécie se encontra no D. XLV, 1, 126, 2.

22 D. II, 14, 7, 12.

23 C. VIII, 37, 1; e *Pauli sententiarum ad filium libri*, V, 7, 2.

24 E não seria fácil até porque, quando se redigia documento para provar o conteúdo da *stipulatio*, se descurava, em geral, da presença de testemunhas.

25 Os povos orientais, por via de regra, conheciam, em seus sistemas jurídicos, obrigações decorrentes de contratos escritos.

502 | DIREITO ROMANO – *José Carlos Moreira Alves*

Contra essa antinomia entre a teoria e a prática surgem constituições imperiais – inclusive de Diocleciano[26] – que procuram dar ênfase à característica de contrato verbal da *stipulatio*.

Mas isso não foi bastante para impedir que essa evolução (vários autores dizem degeneração)[27] prosseguisse, fazendo com que a *stipulatio* passasse:

a) da forma oral à escrita; e

b) de negócio jurídico abstrato a negócio jurídico causal.

Em 472 d.C., uma constituição imperial de Leão, o Filósofo,[28] elimina toda a solenidade da *stipulatio* (*sollemnia uel directa uerba*), e determina que ela poderia ser celebrada com o emprego de quaisquer palavras (*quibuscumque uerbis*), sem a observância da forma de pergunta e resposta, desde que houvesse a manifestação da intenção concorde das partes em realizá-la. A interpretação do alcance dessa constituição não é pacífica.[29] A maioria dos autores[30] entende que, apesar dela, a *stipulatio* continua a ser contrato verbal, exigindo-se a presença das partes. Mas o que é certo é que, com a eliminação dos termos solenes da *stipulatio*, o elemento gerador da obrigação se desloca dos *uerba* (palavras solenes) para o *consensus* (intenção concorde das partes em estipular).

O passo final nessa evolução foi dado por Justiniano, ao enfraquecer, decididamente, o último dos requisitos da *stipulatio* clássica, o qual, em verdade, persiste apenas teoricamente: a presença das partes. Em constituição imperial de 531 d.C.,[31] estabelece Justiniano que a afirmação, contida na *cautio*, de que as partes estiveram presentes ao ato estipulatório somente cede diante da prova de que ao menos uma delas, durante todo o dia em que se declarava ter sido celebrada a *stipulatio*, estivera ausente da cidade em que o ato teria ocorrido.

Dessa forma, embora a *stipulatio* pudesse, ainda, celebrar-se oralmente (nas *Institutas* ela continua a ser capitulada como contrato verbal),[32] o era, as mais das vezes, por escrito, não sendo necessária a observância de nenhum dos requisitos exigidos no direito clássico, bastando que as partes não se ausentassem todo o dia em que se afirmava, na *cautio*, que a *stipulatio* ocorrera.

---

26 C. IV, 64, 3; e C. IV, 2, 6.

27 Assim, por exemplo, Kaser, *Das Römische Privatrecht*, I, § 128, p. 451, München, 1955. Aliás, dizem *degeneração* os autores que entendem que as transformações sofridas pela *stipulatio* no direito pós-clássico resultaram principalmente de influências orientais. Segundo Riccobono (*Corso di Diritto Romano – Stipulationes, contractus, pacta*, § 7º, p. 14 e segs., Milano, 1935), porém, houve apenas evolução da *stipulatio*, que – como ocorreu com o próprio direito romano – evolui de formas primitivas e rigorosas para outras mais largas, livres e universais.

28 C. VIII, 37, 10. A essa constituição se referem, interpretando-a, as *Institutas* de Justiniano, III, 15, 1, *in fine*.

29 Cf. Riccobono, *Corso di Diritto Romano – Stipulationes, contractus, pacta*, § 22, p. 78, Milano, 1935; e Windscheid, *Lehrbuch des Pandektenrechts*, II, 4ª ed., § 312, p. 197, nota 2, Düsseldorf, 1875.

30 Entre outros, Girard, *Manuel Élémentaire de Droit Romain*, 8ª ed., p. 520; e Di Marzo, *Istituzioni di Diritto Romano*, 5ª ed., § 88, p. 366.

31 C. VIII, 37, 14.

32 III, 15.

Na *stipulatio* justinianeia, segundo a opinião dominante, se encontra o germe do princípio de que todo acordo de vontade lícito gera obrigação. Divergem, porém, os autores – como já salientamos no nº 223 – sobre se, no direito justinianeu, se verificou, ou não, a assimilação de todo e qualquer pacto nu pela *stipulatio*.

* * *

Quanto às ações que sancionam a *stipulatio*, é preciso distinguir as três fases por que passou o processo civil romano.

No sistema das ações da lei, o *stipulator* dispunha, a princípio,[33] da *actio per iudicis postulationem* (*vide* nº 152, 2); mais tarde, também da *condictio certae pecuniae* (quando se tratava de quantia certa) e da *condictio de omni certa re* (em se tratando de coisa certa).

No processo formulário, segundo a opinião dominante,[34] a *stipulatio* é sancionada pela *actio ex stipulatu*, que se denomina especificamente, se o objeto for quantia certa, *actio certae creditae pecuniae*; se quantia ou coisa certas, *actio ex stipulatu certi*; se quantia ou coisa incertas, ou se se tratar de um *facere* (fazer) ou de um *non facere* (não fazer), *actio ex stipulatu incerti*.

Na *cognitio extraordinaria*, no tempo de Justiniano, essas denominações – e há muita controvérsia a respeito[35] – se alteram: quando a *stipulatio* tem por objeto quantia ou coisa certas (*certum*), a ação que a sanciona se designa com o termo *condictio*; se quantia ou coisa incertas, ou se um *facere* ou um *non facere* (*incertum*), denomina-se *actio ex stipulatu*.

236. *Dotis dictio* e *promissio iurata liberti* – Gaio, como acentuamos no nº 234, coloca, entre as *obligationes* que nascem *uerbis*, as decorrentes da *promissio iurata liberti* e da *dotis dictio*, que se caracterizam pelo fato de prescindirem, para sua formação, da *interrogatio* (interrogação).

A *dotis dictio* é a promessa solene de dote que somente pode ser feita por certas pessoas: a mulher, seu pai (ou avô paterno), ou o devedor de um deles, por sua ordem. A *dotis dictio*, que podia ter como objeto coisas móveis ou imóveis, caiu em desuso quando uma constituição de Teodósio II,[36] de 428 d.C., reconheceu como eficazes para a constituição do dote *qualiacumque uerba* (quaisquer palavras) (*vide* nº 252, C, *b*).

A *promissio iurata liberti* é a promessa pela qual o liberto se obriga a prestar certas *operae* ou a fazer donativos ao seu antigo proprietário. Segundo Gaio,[37] era essa a única hipótese, no direito romano, em que se reconhecia eficácia obrigatória ao juramento

---

33 Cf. Gaio, IV, 17-a.

34 *Vide*, a propósito, Volterra, *Istituzioni di Diritto Privato Romano*, p. 467 e segs.

35 Volterra, *Istituzioni di Diritto Privato Romano*, p. 468, nota 2.

36 C. Th. III, 13, 4.

37 *Institutas*, III, 96.

(*iusiurandum*). Demais, não se sabe se a ação que sancionava a *promissio iurata liberti* – a *actio* ou *iudicium operarum* – era civil ou pretoriana. Alguns autores[38] entendem que, primitivamente, o escravo, antes de ser libertado, prometia realizar certas *operae* ou fazer donativos, depois de sua libertação, em favor do dono; esse juramento era obrigatório, pois, nesses tempos remotos, todo juramento era sagrado; mais tarde, quando o juramento se secularizou, vai surgir a necessidade de que ocorram dois juramentos: um, anterior à libertação; e outro, posterior a ela – o primeiro persiste como sobrevivência do período primitivo, tanto assim que os juristas clássicos não mais compreendiam a razão de ser desse juramento; o segundo é que vai conceder ao antigo proprietário a *actio* ou *iudicium operarum*, na hipótese de o liberto não cumprir as obrigações decorrentes da *promissio iurata liberti*.

---

38 Entre outros, Girard (*Manuel Élémentaire de Droit Romain*, 8ª ed., p. 526 e segs. – com ampla indicação de fontes); Huvelin (*Cours Élémentaire de Droit Romain*, II, p. 51 e segs.); Kneip (*Gai, Institutionum Commentarius Tertius*, §§ 88-225 – *Obligationenrecht*, nº 19, p. 162 e segs., Jena, 1917).

XXXVIII

CONTRATOS LITERAIS

Sumário: 237. Conceito e espécies. **238.** O antigo contrato literal romano. **239.** Os contratos literais dos estrangeiros: *chirographa* e *syngraphae*. **240.** Docontrato literal do direito justinianeu.

237. Conceito e espécies – Os contratos literais são aqueles em que as obrigações resultam da escrita.[1]

São eles, em geral, mal conhecidos, dada a escassez de fontes a seu respeito.[2]

Gaio, nas *Institutas* (III, 128 a 134), alude ao antigo contrato literal romano (*nomen transcripticium*)[3] e aos contratos literais dos estrangeiros (*chirographa e syngraphae*). Justiniano (*Institutas*, III, 21) se refere ao contrato literal do direito justinianeu.

Estudemo-los separadamente.

---

1 Variam as explicações de como, para os romanos, a obrigação podia decorrer da escrita. Segundo Huvelin (*Cours Élémentaire de Droit Romain*, II, p. 60 e segs.), a escrita, desde cedo, foi conhecida em Roma, mas pouco divulgada; depois da Lei das XII Tábuas, surgiram, no direito romano, os contratos literais, em virtude de um duplo fenômeno psicológico que se observa nos povos antigos: 1) a atribuição de caráter sobrenatural à escrita (os homens primitivos não compreendem como é que os sinais podem ter significado); e 2) a dificuldade, para a mentalidade primária, de separar a parte material da escrita (as letras, as tábuas de cera, o papiro) da espiritual (isto é, as ideias que os sinais gráficos traduzem), razão por que considera a redação de uma convenção como sendo a própria convenção. De acordo com Perozzi (*Istituzioni di Diritto Romano*, II, 2ª ed., – *reintegrazione* 1949 –, § 163, p. 263), outra é a explicação: quer na *transcriptio a persona in personam*, quer na *transcriptioa re in personam*, havia um *nomen transcripticium*, que era uma espécie de mútuo atestado, mediante presunção *iuris et de iure* (isto é, presunção que não admite prova em contrário), pela escrita; não conhecendo os juristas clássicos o conceito de presunção, viam eles, na escrita, a razão de ser da *litterarum obligatio*.

2 As jurídicas são apenas Gaio (*Institutas*, III, 128 a 134; Epítome, II, 9, 12), Justiniano (*Institutas*, III, 21) e Teófilo (*Paraphrasis Institutionum*, III, 21). Entre as fontes não jurídicas, destacam-se Cícero (*Pro Q. Roscio Comoedo oratio, passim*) e Pseudo Ascônio (*In C. Verrem*, II, 1, 91).

3 Os autores, em geral – assim entre outros, Bonfante, *Istituzioni di Diritto Romano, ristampa della X Edizione*, § 155, p. 469; e Muirhead, *Introduction Historique au Droit Privé de Rome*, trad. Boucart, sect. 53, p. 351, Paris, 1889 –, dão, com base em Gaio (*Institutas*, III, 128), a esse contrato a denominação *nomen transcripticium*. Essa nomenclatura, porém, não é pacífica. Autores há – como Accarias, *Précis de Droit Romain*, 4ª ed., II, § 578, p. 218, Paris, 1891– que empregam, para designá-lo, o termo *transcriptio*; outros – assim, Demangeat, *Cours Élémentaire de Droit Romain*, II, 3ª ed., p. 328, Paris, 1876 – o denominam *expensilatio* (que Muirhead, ob. cit., sect. 53, p. 352, salienta ser o nome vulgar do antigo contrato literal romano); e, finalmente alguns – como Guarino, *Diritto Privato Romano*, p. 488 – sinonimizam *expensilatio* e *nomen transcripticium*.

238. O antigo contrato literal romano[4] – Para que se possa compreender o antigo contrato literal romano, é necessário que se tenha noção de como os *patres familias* contabilizavam as operações relativas a seu patrimônio.

Desde os últimos séculos da república, todo *pater familias* possuía, para a escrituração das operações que diziam respeito a seu patrimônio, pelo menos dois livros diferentes: os *aduersaria* (uma espécie de *borrão*, onde se faziam os lançamentos diários) e o *codex accepti et expensi* (em que, mensalmente, se passavam a limpo os lançamentos registrados, dia a dia, nos *aduersaria*). O *codex accepti et expensi*, segundo a opinião dominante,[5] era um livro-caixa, constituído de páginas (ou colunas), colocadas uma ao lado da outra, onde se lançavam numa – denominada, por isso, *expensum* (pago) – os pagamentos efetuados pelo *pater familias* (operação chamada *expensilatio*), e noutra – designada *acceptum* (recebido) – os recebimentos (e essa operação se denominava *acceptilatio*). Para saber a situação real de sua caixa (*arca*), bastava ao *pater familias* subtrair o total do *acceptum* do total do *expensum* (*dispungere* = fazer exame da receita e da despesa).

Esses lançamentos de operações de caixa realmente efetuados (entrada e saída efetiva de dinheiro) se denominavam *nomina arcaria*, e deles não resultavam obrigações, mas, sim, prova de obrigações preexistentes. Ao lado dos *nomina arcaria*, havia outra espécie de lançamento, os *nomina transcripticia*, que eram registros de operações fictícias de caixa, dos quais decorriam obrigações.

Conhecidas essas noções sobre a técnica de contabilidade em Roma, passemos à análise do antigo contrato literal romano (*nomen transcripticium*).[6]

---

4   Sobre o assunto, *vide*, entre outros, Savigny, *Ueber den Literalcontract der Römer, in Vermische Schriften*, I, p. 205 e segs., Berlin, 1850; Danz, *Lehrbuch der Geschichte des Römischen Rechts*, II, § 162, Leipzig, 1846 (onde se encontra ampla análise das teses existentes até seu tempo); Kniep, Gaio, *Institutionum Commentarius Tertius*, §§ 88-225 (*Obligationenrecht*), n° 29, p. 200 e segs., Jena. 1917; Rein, *Das Römische Privatrecht und der Zivilprozess*, p. 320 e segs., Leipzig, 1836; Baron, *Istituzioni di Diritto Romano e Procedimento Civile Romano*, 1ª parte, trad. Semeraro, §§ 19 e 120, p. 548 e segs., Roma, 1915; Gide, *Du Contrat qui se forme litteris, in Études sur la Novation et le transporte de créances en Droit Romain*, p. 185 e segs., Paris, 1879; Cuq. *Les Institutions Juridiques des Romains, L'Ancien Droit*, p. 670 e segs., Paris, 1891; Roby, *Roman Private Law in the times of Cicero and of the Antonines*, II, p. 279 e segs., Cambridge, 1902; e Sacconi, *Richerche sulla delegazione in Diritto Romano*, p. 139 e segs., Milano, 1971.

5   Sobre a tese divergente, que considera esse livro como de contas correntes, com lançamentos de débitos e de créditos de terceiro, *vide* Cuq, *Les Institutions Juridiques des Romains, L'Ancien Droit*, p. 670, nota 1, Paris, 1891; e Girard, *Manuel Élémentaire de Droit Romain*, 8ª ed., p. 527, nota 6.

6   A exposição que se segue no texto é da opinião ainda hoje quase pacífica – embora haja autores que façam ressalvas ponderáveis a ela (cf. Cuq, ob. cit., p. 71 e segs., nota 7) – sobre a estrutura do antigo contrato literal romano. Note-se, porém, que essa tese, segundo a qual o antigo contrato literal romano se constituía por meio de duplo lançamento de atos fictícios no livro-caixa (*codex accepti et expensi*), é, em realidade, mera conjectura (apresentada, pela primeira vez, por Keller, em 1841 – cf. Gide, *Du Contrat qui se forme litteris, in Études sur la Novation et le Transport des Créances en Droit Romain*, p. 198, Paris, 1879), porquanto os textos romanos não aludem a esses lançamentos duplos. Em nossos dias, Bonifácio, *La Novazione nel Diritto Romano*, p. 55 e segs., Napoli, 1959, entende que o antigo contrato literal romano não se relaciona, de forma alguma,

Cap. XXXVIII · CONTRATOS LITERAIS | 507

Esse contrato, que era de direito estrito (*stricti iuris*) e que pertencia ao campo do *ius ciuile*,[7] se celebrava por meio dos *nomina transcripticia* (registros de operações fictícias de caixa). No tempo de Gaio,[8] as obrigações *litterarum* podiam surgir de dois modos diversos:

a) da *transcriptioa persona in personam*;[9]

b) da *transcriptio a re in personam*.

Pela *transcriptio a persona in personam* se substituía um devedor por outro. Ela assim se realizava: Tício, por exemplo, sem receber de Caio as cem moedas que este lhe devia, fazia na página (ou coluna) do *acceptum* o seguinte lançamento – *Acceptum a Caio centum* (Recebidas de Caio cem moedas); e, de imediato, embora sem emprestar as cem moedas a Mévio – que, em geral,[10] as devia a Caio –, registrava na página (ou coluna) do *expensum* – *Expensum Maeuio centum* (Pagas a Mévio cem moedas), tornando-se Mévio, assim, devedor de Tício.

Mediante a *transcriptio a re in personam*, transformava-se uma obrigação, que não resultara de contrato *litteris*, em obrigação decorrente deste.[11] Para isso, Tício, embora nada tendo recebido de Caio, que lhe devia cem moedas em virtude de contrato de compra e venda, fazia este lançamento na página (ou coluna) do *acceptum* – *Acceptum a Caio centum ex causa emptionis* (Recebidas de Caio cem moedas em virtude de compra); e, em seguida, na página (ou coluna) do *expensum* – *Expensum Caio centum* (Pagas a Caio cem moedas).

O antigo contrato literal romano – que podia constituir-se entre ausentes[12] – era um negócio jurídico abstrato (*vide* nº 109, 8), sendo suscetível de termo, mas não de condição.[13] Segundo tudo indica, somente podia ter como objeto porção certa de dinheiro.

Por outro lado, há grande controvérsia entre os autores sobre certas particularidades desse contrato:

a) exigir-se-ia o consentimento do devedor para a validade da *transcriptio*? Alguns romanistas – como Perozzi[14] –, com base no silêncio de Gaio a respeito, se inclinam

---

com o livro-caixa (*codex accepti et expensi*, segundo a opinião dominante), mas que a *litterarum obligatio* nasce de documento do devedor.

7   Os sabinianos (cf. Gaio, *Institutas*, III, 133) admitiam, porém, que os peregrinos pudessem obrigar--se pela *transcriptioa re in personam*, mas não pela *transcriptio a persona in personam*.

8   *Institutas*, III, 128 e segs.

9   Sobre a *transcriptio a persona in personam*, *vide* Sacconi, *Ricerche sulla Delegazione in Diritto Romano*, pp. 132 a 185, Milano, 1971.

10   Mas isso nem sempre ocorre, como o demonstram os exemplos formulados por Gide (*Du Contract qui se forme litteris, in Études sur la Novation et le transporte de créances en Droit Romain*, p. 195 e segs., Paris, 1879).

11   Assim, uma obrigação decorrente de um contrato de boa-fé (como, por exemplo, o de compra e venda), e, portanto, sancionada por um *iudicium bonae fidei* (*vide* nº 131, C), se transformava em obrigação resultante de contrato de direito estrito (o antigo contrato literal romano), sendo, consequentemente, sancionada por um *iudicium stricti iuris* (*vide* nº 131, C).

12   Cf. Gaio, *Institutas*, III, 138 (segundo Krueger – *Gai Institutiones*, 3ª ed., em colaboração com Studemund, Berlin, 1891, p. 133 –, esse § 138 é um glosema, redigido com base na parte final do § 136).

13   Cf. *Fragmenta quae dicuntur Vaticana*, 329.

14   *Istituzioni di Diritto Romano*, II, 2ª ed. (*reintegrazione*, 1949), § 163, p. 264.

508 | DIREITO ROMANO – *José Carlos Moreira Alves*

pela negativa; outros (nesse sentido, Mitteis)[15] sustentam que era necessário o *iussum* (ordem) do devedor; e há os que entendem – assim Huvelin[16] – que, primitivamente, o consentimento do devedor não era exigido, mas que, com o decorrer do tempo, se passou a requerer, pelo menos, o seu assentimento tácito; e

b) o devedor, em seu *codex accepti et expensi*, deveria, necessariamente, registrar a operação? A opinião dominante,[17] com base em Gaio (*Institutas*, III, 137) e em Cícero (*Pro Q. Roscio Comoedo* I, 2), responde negativamente.

Quanto às ações que sancionavam as obrigações decorrentes desse contrato, eram elas as seguintes:

– no sistema das *legis actiones*, a princípio, presumivelmente, a *actio sacramenti in personam*; mais tarde, também a *actio per condictionem*; e

– no processo formulário, a *actio certae pecuniae*.

O antigo contrato literal romano caiu em desuso no principado, em época posterior à de Gaio (século II d.C.), quando, aliás, já se encontrava em decadência. No século IV d.C., um escoliasta de Cícero – cujo nome é desconhecido, sendo, em geral, denominado Pseudo Ascônio – salienta que, em seu tempo, esse contrato não mais existia.[18]

239. Os contratos literais dos estrangeiros: *chirographa* **e** *syngraphae* – Gaio,[19] logo após tratar da controvérsia entre os juristas romanos sobre se o *nomen transcripticium* podia ser utilizado pelos estrangeiros, acentua que as *litteratum obligationes* parecem nascer, também, dos *chirographa* e das *syngraphae*, isto é, de declarações escritas pelas quais alguém se obriga a efetuar, em favor de outrem, uma prestação, sem que se celebre, para isso, a *stipulatio*.

Além da observação de que essa espécie de obrigações era própria dos estrangeiros, nada mais nos informa Gaio sobre os *chirographa* e as *syngraphae*.

Como já salientamos, ao tratar da *stipulatio* (*vide* n° 235), era comum em Roma, desde os fins da república, redigir-se documento que atestasse a celebração de um contrato. Esse escrito, no entanto, tinha apenas valor probatório. Já nas províncias helênicas, conheciam-se documentos geradores de obrigação. É a eles, sem dúvida, que Gaio se refere, tanto que:

a) coloca os *chirographa* e as *syngraphae* em contraposição ao *nomen transcripticium* (o antigo contrato literal dos romanos);

b) acentua que essas declarações escritas não aludiam à celebração de *stipulatio* (senão, a obrigação surgiria da *stipulatio*, e o documento teria eficácia meramente probatória); e

c) informa que esse tipo de obrigação era próprio somente dos estrangeiros.

Portanto, os *chirographa* e as *syngraphae* não eram institutos de direito romano, mas, sim, de direito grego.[20]

---

15 Cf. Perozzi, ob. cit., II, § 163, p. 264 e segs., nota 5.

16 *Cours Élémentaire de Droit Romain*, II, p. 65.

17 Assim, entre outros, Hubrecht, *Manuel de Droit Romain*, II, p. 88, Paris, 1943.

18 *In V. Verrem*, II, 60.

19 *Inst.*, III, 134.

20 Cf. Schupfer, *Singrafe e Chirografi in Rivista Italiana per le Scienze Giuridiche*, vol. VII (1889), p. 347. Nesse artigo, Schupfer se ocupa, longamente, dos *chirographa* e das *syngraphae*.

Cap. XXXVIII · CONTRATOS LITERAIS | 509

Por outro lado, não se sabe, exatamente, qual a diferença entre os *chirographa* e as *syngraphae*. Gaio nada nos esclarece a respeito. É a Pseudo Ascônio, escoliasta de Cícero, que devemos a notícia[21] de que os *chirographa* eram documentos que atestavam o que realmente se passara entre as partes, sendo redigidos em uma só via que ficava em poder do credor; quando às *syngraphae*, elas atestavam até o que não ocorrera entre as partes, e eram redigidas em duas vias, subscritas pelos contratantes, que ficavam, cada um, com uma via.

Tendo em vista as informações de Gaio e de Pseudo Ascônio, e os exemplos concretos de *chirographa* e *syngraphae* que se encontram em papiros descobertos no Egito, discutem os autores modernos se ambos esses documentos eram simplesmente probatórios – pelo menos as *syngraphae* – de obrigações.

As *syngraphae* desapareceram depois da constituição de Caracala, de 212 d.C., que estendeu a cidadania a quase todos os habitantes do Império (*vide* nº 84). Já os *chirographa* subsistiram até, inclusive, o tempo de Justiniano, penetrando nos usos romanos, como, principalmente, meio de prova da celebração da *stipulatio*, e deram margem à configuração do contrato literal do direito justinianeu, como veremos a seguir.

240. Do contrato literal do direito justinianeu – Justiniano, nas *Institutas* (III, 21), depois de salientar que não mais se usava do antigo contrato literal romano (*nomen transcripticium*), informa que, em seu tempo, havia uma outra espécie de contrato literal:

Plane si quis debere se scripserit, quod numeratum ei non est, de pecunia minime numerata post multum temporis exceptionem opponere non potest: hoc enim saepissime constitutum est. Sic fit, ut et hodie, dum queri non potest, scriptura obligetur: et ex ea nascitur condictio, cessante scilicet uerborum obligatione. (Se, entretanto, alguém tiver escrito que deve quantia que não recebeu, não poderá, depois de longo intervalo de tempo, opor exceção de não lhe ter sido entregue o dinheiro; o que foi muitas vezes estabelecido em constituições imperiais. Assim ocorre que o devedor, não podendo mais excepcionar, se obriga pelo escrito, e daí nasce uma *condictio*, desde que não haja obrigação verbal).

Para que se possa compreender o que era o contrato literal do direito justinianeu, é mister que se tenham noções sobre o que comumente se denomina *querela non numeratae pecuniae*.[22]

* * *

---

21 *In* C. Verrem, II, 1, 91.

22 Sobre a *querela non numeratae pecuniae*, *vide*, entre outros, Hugo Krueger, *Querela non numeratae pecuniae*, in Zeitschrift der Savigny-Stiftung für Rechtsgeschichte, Romanistische Abteilung, 58, p. 1 e segs.; Levy, *Die Querela non numeratae pecuniae – Ihr Aufkommen und Ausbau*, in Zeitschrift der Savigny-Stiftung für Rechtsgeschichte, Romanistische Abteilung, 70, p. 214 e segs.; Lemose, *Querela non numeratae pecuniae et Contradictio*, in Studi in onore di Siro Solazzi, p. 470 e segs., Napoli, 1948, Collinet, *La Nature des querelae des origines à Justinien*, in Studia et documenta historiae iuris, XIX, p. 251 e segs., e *Études Historique sur le Droit de Justinien*, I, p. 59 e segs., Paris, 1912; e Brasielo, *In tema di categorie contrattuali* in Studia et documenta historiae iuris, X, p. 101 e segs.

510 | DIREITO ROMANO – *José Carlos Moreira Alves*

No direito romano, para que alguém se obrigasse a restituir uma quantia que lhe fora emprestada, era mister que se celebrasse contrato de mútuo, ou *stipulatio*. Pelo mútuo – que era contrato real –, da simples entrega do dinheiro surgia a obrigação, para quem o recebera, de, mais tarde, restituir o equivalente; pela *stipulatio* – contrato verbal –, o mesmo ocorria mediante interrogação e resposta verbais e solenes.

Mas, desde os fins da república, usou-se de documento (*instrumentum, cautio, chirographum*), para provar a celebração do mútuo ou da *stipulatio*. Em vista disso, era possível ocorrer casos em que, antes do recebimento da quantia, ou até depois dele, se redigisse *chirographum* que atestasse a existência do mútuo ou da *stipulatio*, e que, consequentemente, servisse de prova para o credor exigir do devedor a restituição da quantia assinalada, a qual, no entanto, em verdade, ou não fora entregue ao que se confessara devedor, ou o fora, mas em montante inferior ao consignado no documento.[23] Quando uma dessas hipóteses se verificava, o devedor, a princípio, ficava desprotegido, devendo dar ao credor o que constasse do *chirographum*; mas, já no direito clássico, concederam-se-lhe dois meios de proteção:

a) a *exceptio doli* (exceção – portanto, meio de defesa – com a qual ele se opunha à ação do credor, obtendo, se fosse o caso, a absolvição);[24] e

b) a *condictio sine causa* (meio de ataque, porque se tratava de ação que o devedor movia contra o credor para reclamar o *chirographum*, ou para obter sua liberação).[25]

Essa proteção, entretanto, muitas vezes de nada adiantava para o devedor, pois a este cabia, em ambas as hipóteses, a produção de uma prova diabólica: a de não haver recebido (ou de haver recebido menos) a quantia consignada no *chirographum*.

Em face disso, uma série de constituições imperiais – das quais a primeira, segundo parece, é a de Caracala, no início do século III d.C.[26] – criou um sistema complexo de tutela para o devedor, pelo qual o ônus da prova se inverteu: passou para o credor, que deveria provar que, realmente, entregara ao devedor a quantia constante no *chirographum*.

---

23 Como salienta Giffard, *Précis de Droit Romain*, II, 3ª ed., § 271, p. 176, empréstimo fictício era meio, em geral, para que um *humilior* obtivesse proteção de um poderoso (*potens*); e os empréstimos inferiores aos consignados no *chirographum* decorriam do fato de que a diferença entre o dinheiro a que aludia o escrito e o efetivamente entregue correspondia a juros usurários.

24 Cf. Gaio, *Inst.*, IV, 116-a.

25 *Vide*, a propósito, Cuq. *Manuel des Institutions Juridiques des Romains*, 2ª ed., p. 434.

26 C. IV, 30, 4. Por outro lado, é de salientar-se que Perozzi, *Istituzioni di Diritto Romano*, II, 2ª ed. – *reintegrazione*, 1949 – § 153, p. 214, entende que a *querela non numeratae pecuniae* só surgiu no direito pós-clássico. A maioria dos autores, porém, não segue essa opinião; *vide*, entre outros, Rabel, *Grundzüge des römischen Privatrechts, in Enzyklopädie der Rechtswissenchaft in systematischer Bearbeitung*, begründet von Holtzendorft, I, 1ª ed., § 66, p. 462, München-Leipzig-Berlin, 1915; e Monier, *Manuel Élémentaire de Dront Romain*, II, 4ª ed., § 93, p. 115.

Cap. XXXVIII · CONTRATOS LITERAIS | 511

Sobre esse sistema, a que geralmente se dá a denominação de *querela non numeratae pecunia*,[27] há grande controvérsia, a começar do que se deve compreender pela expressão *querela non numeratae pecuniae*.[28]

A nosso ver, Collinet[29] demonstrou que a expressão *querela non numeratae pecuniae* não era a designação que os romanos davam a todo esse sistema de proteção do devedor, mas apenas a um dos meios de tutela que o constituíam. Em virtude das referidas constituições imperiais, dispunha o devedor, conforme a situação em que se encontrasse, dos seguintes meios de proteção:

a) se era acionado pelo credor, podia opor-lhe a *exceptio non numeratae pecuniae*,[30] que consistia na afirmação do devedor de que nada recebera (ou que recebera menos) do consignado no *chirographum*; se o credor não conseguisse provar a veracidade do documento, o devedor seria absolvido (no processo extraordinário, porém, se o credor provasse que lhe entregara quantia inferior à assinalada no documento, o devedor seria condenado apenas a devolver a importância que efetivamente lhe fora entregue);

b) se o devedor não quisesse esperar pela ação que lhe moveria o credor, dispunha contra este de uma *condictio incerta* (dita *condictio cautionis*), para obter a restituição do escrito (*cautio, chirographum, instrumentum*) que alegava não corresponder à verdade, cabendo, ainda nesse caso, a prova do contrário ao credor; e

---

27 Cf. Lemosse, *Querela non numeratae pecuniae et contradictio, in Studi in onore di Siro Solazzi*, p. 471.

28 De acordo com Collinet, *La nature des "querelae" des origines à Justinien, in Studia et documenta historiae iuris*, 19, p. 281 e segs., seis são as teorias que procuram explicar o que era a *querela non numeratae pecuniae*: *a*) a *querela non numeratae pecuniae* é uma espécie de ação independente (Vínio, Heinécio, Glück); *b*) a *querela non numeratae pecuniae* é a denominação dada ao sistema que abarca a *condictio cautionis*, a *exceptio non numeratae pecuniae* e a *contestatio* ou *denuntiatio* (Huscke, Girard, Bruggi); *c*) a *querela non numeratae pecuniae* se identifica com a *exceptio non numeratae pecuniae* e com a *contestatio* (Schrader, Gneist, Cuq); *d*) a *querela non numeratae pecuniae* se identifica com a *exceptio non numeratae pecuniae* e com a *condictio cautionis* (May); *e*) a *querela non numeratae pecuniae* se identifica apenas com a *condictio cautionis*; e *f*) a *querela non numeratae pecuniae* é posta em movimento por meio somente da *contestatio* ou *denuntiatio* (Donelo, Cujácio, Pernice).

29 Ob. cit., p. 282 e segs.

30 Não se sabe se a *exceptio non numeratae pecuniae* substitui a *exceptio doli*, ou se ambas coexistiram (cf. D. Marzo, *Istituzioni di Diritto Romano*, 5ª ed., p. 370). Pernice (*Parerga IV – Der sogenannte Realverbalcontract, in Zeitschrift der Savigny-Stiftung für Rechtsgeschichte, Romanistische Abteilung*, XIII (1892), p. 283) conjetura que o devedor, no processo formulário, deveria valer-se, nessa hipótese, da *exceptio doli*; no processo extraordinário, da *exceptio non numeratae pecuniae*. Em outras palavras: a *exceptio doli* era instituto do processo formulário; a *exceptio non numeratae pecuniae*, do processo extraordinário. *Vide*, ainda, sobre a *exceptio non numeratae pecuniae*, Kreller, *Zur Geschichte der "exceptio non numeratae pecuniae", in Studi in onore di Salvatore Riccobono* II, p. 285 e segs., Palermo, 1936; e Cimna, *De non Numerata Pecunia*, Milano, 1984.

c) podia, ainda, o devedor fazer, ao próprio credor ou ao magistrado competente,[31] um protesto (que as fontes denominam *querela non numeratae pecuniae; contestatio; denuntiatio*),[32] o que, efetuado dentro de certo prazo, dava ao devedor a possibilidade, em qualquer tempo (daí dizer-se que a *querela* perpetua a *exceptio non numeratae pecuniae*), de utilizar-se dessa *exceptio*, quando o credor lhe intentasse ação.[33]

O devedor podia usar desses meios de proteção[34] somente com referência a empréstimo de dinheiro, e dentro de certo prazo (a princípio, um ano a partir da pretensa entrega da quantia a restituir; depois, no tempo de Diocleciano, cinco anos).[35]

Posteriormente, os imperadores Justino e Justiniano introduziram, nesse sistema, algumas modificações:

a) o prazo para a utilização desses meios de tutela passa a ser de dois anos;[36]

b) tais modos de proteção se estendem a empréstimos de coisas determinadas pelo gênero, e, possivelmente, de coisas de qualquer natureza;[37]

c) eles não se aplicam às *cautiones discretae* (isto é, aos escritos que acentuam, claramente, que foram elaborados porque, anteriormente, a quantia neles consignada foi, em realidade, entregue ao devedor);[38]

d) o devedor, que, falsamente, nega ter recebido a coisa assinalada no escrito, é condenado a pagar o dobro do que realmente deve;[39]

e) concede-se ação – a ser intentada dentro de 30 dias – análoga à *querela non numeratae pecuniae* ao credor que, sem ter efetivamente recebido o pagamento da dívida, passou recibo dele;[40] e

---

31 Segundo alguns autores, esse protesto podia ser feito ao credor ou ao magistrado: segundo outros, apenas ao credor (*vide*, a propósito, Collinet, *La Nature des "querelae" des origines à Justinien, in Studia et documenta historiae iuris*, XIX, p. 282).

32 Segundo Collinet, ob. cit., p. 289 e segs., a *contestatio* (ou *denuntiatio*) era a forma normal da *querela non numeratae pecuniae*, e, por meio dela, o devedor protestava, extrajudicialmente, por escrito, ao credor. Ao lado dessa forma normal, havia, também, formas anormais – aludidas, pela primeira vez, numa constituição imperial de 528 d.C. (C. IV, 30, 14, 4, 5 e 6) –, pelas quais o devedor dirigia o protesto às autoridades competentes.

33 Embora os textos sejam omissos a respeito, é provável que a *querela non numeratae pecuniae* também perpetuasse a *condictio cautionis*.

34 Como salientam vários autores, assim, entre outros, Monier, *Manuel Élémentaire de Droit Romain*, II, 4ª ed., § 93, p. 115; e Girard, *Manuel Élémentaire de Droit Romain*, 8ª ed., p. 535, esses meios de proteção provavelmente, de início, foram usados apenas nos processos que se desenrolavam *extra ordinem*, e se generalizaram com o desaparecimento do processo formulário.

35 *Epitome Codicis Hermogeniani Wisigothica*, I, 1.

36 C. IV, 30, 14, pr.

37 C. IV, 30, 14, pr.

38 C. IV, 30, 13.

39 Nov. XVIII, 8.

40 C. IV, 30, 14, pr. e 2.

Cap. XXXVIII · CONTRATOS LITERAIS | **513**

f) dá-se ao marido, que reconheceu inexatamente que o dote lhe fora entregue, o direito de contestar, dentro de certo prazo,[41] após a dissolução do matrimônio, esse recebimento.[42]

* * *

Dadas essas noções, voltemos ao contrato literal do direito justinianeu.

Como se verifica das *Institutas*, III, 21[43] – passagem transcrita anteriormente –, Justiniano declara que, em seu tempo, ainda havia *obligationes litterarum* quando, tendo escoado o prazo (dois anos) para a utilização dos meios de tutela que acabamos de expor,[44] existia escrito pelo qual alguém, que nada recebera de outrem, se dizia seu devedor por certa importância. E isso porque – salienta Justiniano –, não mais podendo o devedor libertar-se, estava obrigado a pagar em virtude da *scriptura*. Esse é o contrato literal do direito justinianeu.

Grande parte dos romanistas julga que Justiniano, ao fazer essa afirmativa, incidiu em erro, confundindo a formação do contrato com a prova, porquanto o que, em verdade, aí ocorre é que, com a prescrição dos meios de tutela do devedor, o documento não pode mais ser impugnado, ficando o devedor irremediavelmente obrigado a pagar a quantia nele consignada.[45]

Outros autores,[46] no entanto, procuraram justificar a assertiva de Justiniano, salientando que o raciocínio do imperador foi o seguinte: a declaração escrita de alguém, no sentido de que deve a outrem quantia que não recebeu deste, o obriga por si mesma, mas, dentro do prazo de dois anos, o devedor pode eximir-se da obrigação, valendo-se, para isso, da *querela non numeratae pecuniae*, ou da *exceptio non numeratae pecuniae*, ou da *condictio cautionis*. Assim sendo, essa obrigação decorre do escrito.

---

41 Um ano, segundo o C. V, 15, 3; esse prazo foi alterado, variando em certos casos, pela Nov. C.

42 C. V, 15, 3; e Nov. C.

43 É de notar-se, porém, que, no *Digesto*, não há alusão à *obligatio litterarum*.

44 As *Institutas* se referem apenas à *exceptio non numeratae pecuniae*, mas a regra, por certo, se estendia à *querela non numeratae* e à *condictio cautionis*.

45 Girard (*Manuel Élémentaire de Droit Romain*, 8ª ed., p. 533), que endossa essa crítica, conjetura que tal confusão foi feita conscientemente por Justiniano, para conservar, não obstante o desaparecimento do *nomen transcripticium*, a classificação de Gaio – *obligatione re, uerbis, litteris et consensu*.

46 Assim, Di Marzo, *Istituzioni di Diritto Romano*, 5ª ed., p. 370 e segs. *Vide*, também, Appert, *Essai sur l'évolution du contrat littéral*, in *Revue Historique de Droit Français et Étranger*, 1932, p. 655 e segs.

XXXIX

CONTRATOS CONSENSUAIS

Sumário: 241. Conceito e espécies. **242.** Compra e venda. **243.** Mandato. **244.** Sociedade. **245.** Locação.

241. Conceito e espécies – Os contratos consensuais são aqueles que, para se constituírem, dependem tão somente do consentimento (*consensus*) das partes contratantes.

São eles de origem, até certo ponto, recente (sua existência é atestada no tempo de Quinto Múcio Scévola, que viveu, aproximadamente, de 140 a 82 a.C.),[1] tanto assim que só integraram o sistema de *ius ciuile* depois dos contratos reais e formais (verbais e literais).

Como salienta Voci,[2] os contratos consensuais representam o primeiro sinal de reação da vontade (*uoluntas*) contra o formalismo. Além de independerem de forma, são eles contratos sinalagmáticos perfeitos ou imperfeitos,[3] e sancionados, todos, por *iudicia bonae fidei* (ações de boa-fé).

Os contratos consensuais são os quatro seguintes:

a) compra e venda (*emptio uenditio*);

b) mandato (*mandatum*);

c) sociedade (*societas*); e

d) locação (*locatio conductio*).

Deles, o segundo (o mandato) é sinalagmático imperfeito; os demais são sinalagmáticos perfeitos.[4]

Estudemo-los separadamente.

---

1   Cf. Cícero, *De Officis*, III, 17, 70. Trata-se de Quinto Múcio Scévola, que foi *Pontifex Maximus* (e não de seu primo Quinto Múcio Scévola, o áugure); sobre esse jurisconsulto, *vide* Lepointe (*Quintus Mucius Scévola*, tomo I: *sa vie et son oeuvre juridique; ses doctrines sur le droit pontifical* – Paris, 1926) e Kunkel (*Herkunft und Soziale Stellung der Römischen Juristen*, p. 18, nº 28, Weimar, 1952).

2   *La Dottrina Romana del Contratto*, nº 47, p. 165, Milano, 1946.

3   Segundo Astuti (*I contratti obbligatori nella storia del diritto italiano, parte generale*, vol. I, p. 39, Milano, 1952), o que caracteriza os contratos consensuais, em face dos contratos formais e reais, é sua bilateralidade.

4   Sobre a *exceptio non adimpleti contractus, vide* a nota 18 do capítulo XXXV.

516 | DIREITO ROMANO – *José Carlos Moreira Alves*

242. Compra e venda – A compra e venda (*emptio uenditio*) é o contrato pelo qual uma das partes (*uenditor* – vendedor) se obriga a transmitir a posse de uma coisa e a garantir seu uso pacífico (*habere licere*) a outra (*emptor* – comprador), que, em contraposição, se compromete a transferir àquela a propriedade de uma soma de dinheiro.[5]

Trata-se de contrato consensual, de boa-fé, oneroso e bilateral (ou sinalagmático) perfeito.

* * *

Muito têm discutido os romanistas sobre as origens do contrato consensual de compra e venda.[6]

Primitivamente, havia em Roma a venda à vista, celebrada – quando se tratava de *res mancipi*[7] – por meio da *mancipatio* (*vide* nº 154, II, *a*), e executada, de pronto, com a troca imediata da coisa pelo preço. Essa operação procedia, sem dúvida, da troca, que preexistiu à venda, pois esta depende da existência da moeda, desconhecida em tempos muito remotos. Mas a venda à vista, realizada pela *mancipatio*, não é compra e venda contratual, geradora de obrigações; é, sim, translatícia da propriedade da coisa e do preço, pertencendo, por isso, à teoria dos modos de aquisição do domínio – os autores modernos dão-lhe várias denominações, como, por exemplo, *venda manual, venda real*. Ela não produz obrigações para as partes, exceto as decorrentes de culpa do vendedor, e estas resultantes não da existência de um contrato, mas de um delito.

Por outro lado, não se pode negar que, mesmo nos primórdios do direito romano, ao lado da compra e venda à vista, tenha existido a compra e venda a crédito, em que a entrega da coisa não é seguida, imediatamente, do pagamento do preço, ou em que este é feito parceladamente. Essa compra e venda a crédito, porém, não era ainda um contrato consensual (cuja origem é mais recente), e os romanistas, tendo em vista que o simples acordo de vontade (pacto nu) não gerava, no direito romano, obrigações, divergem quanto à indentificação do expediente a que recorreram os romanos para dar eficácia jurídica a essa compra e venda a crédito. Entendem uns – como Voigt[8] – que, primitivamente, o acordo de vontade entre comprador e vendedor estava protegido pelo princípio de lealdade que se

---

5 Sobre a *emptio uenditio, vide,* entre outros, Arangio-Ruiz, *La compra-vendita in diritto romano,* 2 vol., Napoli, 1956 (*ristampa inalterata della seconda edizione*); Carlo Longo, *Corso di Diritto Romano* (*parte generale; fatti giuridici – negozi giuridici – atti illeciti; parte speciale: la compra-vendita,* Milano, s/ data); Zulueta, *The Roman Law of Sale,* Oxford, 1949 (reprodução fotografada da 1ª ed., de 1945); e *Studies in the Roman Law of Sale* (*dedicated to the memory of Francis de Zulueta*), Oxford, 1959. Sobre esse contrato no direito grego, *vide* Pringsheim, *The Greek Law of Sale,* Weimar, 1950.

6 A propósito, *vide* Ferrini, *Sull'origine del contratto di vendita in Roma, in Opere,* III, p. 49 e segs., Milano, 1929.

7 Quanto ao regime primitivo da compra e venda de *res nec mancipi*, embora não disponhamos de textos a respeito, tudo indica que se celebrava unicamente com a troca imediata da coisa pelo preço (*vide,* a propósito, Carlo Longo, ob. cit., p. 153 e segs.).

8 *Apud* Girard, *Manuel Élémentaire de Droit Romain,* 8ª ed., p. 569.

Cap. XXXIX · CONTRATOS CONSENSUAIS | **517**

observava rigidamente nos tempos mais recuados; assim, graças à moral, esse pacto vinculava comprador e vendedor. Outros – como Pernice[9] – julgam que, a princípio, a compra e venda a crédito era um contrato real, que, portanto, se perfazia com a entrega de coisa, só se transformando, posteriormente, em contrato consensual. Já Ihering[10] e Girard[11] defendem a tese de que, para dar eficácia à compra e venda a crédito, os romanos se utilizavam, de início, de duas *stipulationes*: uma, pela qual o comprador se tornava credor da coisa; outra, mediante a qual o vendedor passava a ser credor do preço.

Vinculados a esse problema, surgem dois outros: como e quando os romanos deixaram de lado o simples expediente para dar eficácia jurídica à compra e venda a crédito e passaram a concebê-la como contrato consensual.

Também a respeito dessas duas questões os autores não são acordes.

Quanto à primeira, entendem uns (nesse sentido, Girard)[12] que essa transformação ocorreu em virtude de movimento que fez subentender, progressivamente, as duas *stipulationes* (a do comprador e a do vendedor), quando elas não tivessem sido celebradas ou se o tivessem sido irregularmente. Outros – entre os quais Collinet e Giffard[13] – julgam que a compra e venda consensual nasceu das relações entre comerciantes, e que foi o pretor peregrino, quem, em nome da *bona fides* (boa-fé), pela primeira vez, deu eficácia ao contrato consensual de venda, nas operações de comércio internacional.

Com referência à segunda, opinam alguns romanistas (como Karlowa)[14] que o contrato consensual de compra e venda surgiu, como o demonstram textos de Plauto e de Catão, antes dos fins do século III a.C. Entendem outros – assim, Girard[15] – que isso somente ocorreu depois do advento da Lei *Aebutia* (meados do século II a.C.), pois a compra e venda consensual era sancionada por *iudicia bonae fidei*, e essas ações só te- riam sido admitidas no sistema jurídico romano em época posterior à daquela lei. O que se sabe de certo, a esse respeito, é que, segundo informação de Cícero, no tempo de Quinto Múcio Scévola, o Pontífice (140 a 82 a.C.), já existia, em Roma, o contrato consensual de compra e venda.[16]

* * *

Três são os elementos constitutivos do contrato de compra e venda:

a) a coisa (*res* ou *merx*);

---

9 *Labeo*, I, reimpressão, p. 456 e segs., Aalen, 1963.

10 *Geist des römischen Rechts auf den verchiedenen Stufen seine Entwicklung, dritter Teil, erst Abteilung*, 8ª ed., § 54, p. 201, Basel, 1954 (trad. francesa, vol. IV, § 64, p. 195).

11 *Manuel Élémentaire de Droit Romain*, 8ª ed., p. 569 e segs.

12 *Manuel Élémentaire de Droit Romain*, 8ª ed., p. 570, nota 2.

13 Precis de droit Romain, II, 3a ed., nº 72, p. 53 (e nota 3).

14 *Apud* Girard, ob. cit., pp. 570 e 571, nas notas.

15 Ob. cit., p. 571 e segs.

16 *De Oficiis*, III, 17, 70.

DIREITO ROMANO – *José Carlos Moreira Alves*

b) o preço (*pretium*); e

c) o consentimento das partes contratantes (*conuentio*).

Analisemo-los separadamente.

A) *A coisa ("res* ou *merx")*

A coisa objeto do contrato de compra e venda pode ser corpórea ou incorpórea, existir presentemente ou apenas vir a ter existência no futuro.[17]

Com relação às coisas corpóreas,[18] embora os textos não sejam expressos a respeito, podiam elas ser fungíveis ou infungíveis.

Quanto às coisas incorpóreas, era possível, no direito romano, haver compra e venda de servidões prediais a constituir-se (as já constituídas somente podiam ser alienadas com o prédio dominante), de usufruto a constituir-se (o constituído era, como salientamos no nº 169, intransmissível, apenas podendo ser cedido, gratuita ou onerosamente, seu exercício), e, no direito justinianeu, de enfiteuse e de superfície. Com referência ao direito de crédito, embora haja textos que se refiram à compra e venda dele,[19] em realidade o que ocorria era a cessão de crédito (*vide* nº 217).[20]

Por outro lado, também as coisas futuras são susceptíveis de compra e venda. Há duas espécies de *emptio uenditio* de coisa futura:

a) a *emptio rei speratae* (compra da coisa esperada – denominação que não é romana, mas vem dos autores medievais): ela ocorre quando a compra e venda se celebra sob a condição suspensiva de que a coisa futura venha a existir – por exemplo: Tício compra por 10.000 sestércios os peixes que a rede dos pescadores, que está lançada, colher, sob a condição de que seja pescado algum peixe (portanto, se não vier nenhum peixe na rede, não se torna eficaz o contrato de compra e venda, e Tício, consequentemente, não fica obrigado a pagar os 10.000 sestércios; se, porém, vier algum peixe – pouco ou muito, não importa –, realiza-se a condição, e Tício fica obrigado a efetuar o pagamento do preço); e

b) a *emptio spei* (compra da esperança, denominação também medieval): nela, o comprador se obriga a pagar o preço independentemente de a coisa vir a existir (por exemplo: Tício compra o lanço da rede nos pescadores, obrigando-se a pagar 10.000 sestércios, venha, ou não, peixe nela).

B) *O preço ("pretium")*

O preço deve consistir em dinheiro.[21] É certo que, no direito clássico, sabinianos e proculeianos discutiam a respeito: entendiam os primeiros que qualquer coisa (ainda que

---

17 Além dessas coisas, também as pessoas livres sujeitas à *patria potestas* (quanto às pessoas submetidas à *manus* há dúvida) podiam ser objeto de venda (*vide* nº 278, A).

18 Note-se que entre as coisas corpóreas se encontrava o escravo.

19 Assim, por exemplo, D. XVIII, 4, 4; D. XVIII, 4, 6; D. XVIII, 4, 17; D. XVIII, 4, 19; e D. XVIII, 4, 23.

20 Cf. Carlo Longo, *Corso di Diritto Romano (parte generale: fatti giuridici – negozi giuridici – atti illeciti; parte speciale; la compra-vendita)*, p. 186, Milano, s/data.

21 Gaio, *Institutas*, III, 141; e *Inst.*; III, 23, 2.

Cap. XXXIX · CONTRATOS CONSENSUAIS | **519**

não fosse dinheiro) podia representar o preço; defendiam os segundos a opinião de que apenas o dinheiro é que podia ser o preço no contrato de compra e venda.[22] Justiniano[23] acolheu a tese dos proculeianos.

Por outro lado, o preço deve ser *certo* e *verdadeiro*.

Preço certo quer dizer preço determinado no momento da formação do contrato de compra e venda, ou, pelo menos, determinável posteriormente, mas com base em elementos objetivos fixados quando da celebração da *emptio uenditio* (assim, por exemplo, Tício se obriga a pagar pela coisa o maior valor que ela alcançar no mercado em determinado dia). No direito clássico não se admitia que o elemento para a fixação posterior do preço fosse o *arbitrium* (arbítrio) de uma da partes contratantes ou de terceiro; no direito justinianeu foi isso permitido se se tratasse de *arbitrium* de terceiro (e não de um dos contratantes).

Preço verdadeiro é o preço real, isto é, não simulado. Se o preço for fictício ou irrisório não há compra e venda, mas, sim, doação indireta, que será válida se não for proibida, e se preencher todos os requisitos necessários à existência da doação.

Finalmente, no direito justinianeu,[24] exigiu-se, ainda, que o preço, além de certo e verdadeiro, fosse *justo*. Com efeito, Justiniano, interpolando duas constituições atribuídas a Diocleciano (C. IV, 44, 2; e C. IV, 44, 2)[25] e uma de Graciano (C. Th. 3, 1, 4 = C. IV, 44, 15), estabeleceu que, se alguém vendesse coisa imóvel por preço inferior à metade do seu valor justo, daria margem ao que, na Idade Média, se denominou *laesio enormis* (lesão enorme), podendo o vendedor requerer ao juiz a rescisão da venda, salvo se o comprador preferisse pagar o que faltava para alcançar o justo valor da coisa. Mas – note-se –, só se configurava a lesão enorme quando se tratava de venda de imóvel.[26]

C) *O consentimento das partes contratantes* ("*conventio*")

Como ocorre, com todos os contratos, o consentimento das partes contratantes (*conuentio*) é elemento essencial da compra e venda. Demais, sendo a *emptio uenditio* um contrato consensual, para que se repute perfeito basta que haja o consentimento das partes. E para se determinar, exatamente, quando se dá esse consentimento – e, em

---

22 Cf. Gaio, *Institutas*, III, 141.

23 *Inst.*, III, 23, 2.

24 A propósito, *vide* Albertario, *Iustum Pretium e Iusta Aestimatio, in Studi di Diritto Romano*, vol. III (*Obbligazioni*), p. 403 e segs., Milano, 1941; sobre as origens clássicas dos *iustum pretium*, citando autores, *vide* De Francisci, "*Iustum Pretium*", *in Studi in Onore di Ugo Enrico Paoli*, pp. 211 e 217, Firenze, 1956.

25 Quanto à controvérsia sobre a interpolação, ou não, dessas duas constituições, *vide* Sirks, *La Laesio Enormis en Droit Romain et Bysantin, in Tijdscrift voor Rechtsgeschiedenis – Revue d'Histoire du Droit*, vol. LIII (1985), p. 291 e segs.

26 Sobre a *laesio enormis*, *vide* Hacke, *Zu den Wurzeln der Anfechtung wegen laesio enormis, in Zeitschrift der Savigny-Stiftung für Rechtsgeschichte, Romanistiche Abteilung*, vol. 98 (1981), pp. 147 a 161.

consequência, quando se reputa perfeito o contrato de compra e venda – usava-se, em Roma, geralmente, das *arras*, em função confirmatória (*vide* nº 212, A).

* * *

Antes de estudarmos as obrigações do vendedor e do comprador, devem ser ressaltadas as duas seguintes características da compra e venda romana:

a) dela – e o mesmo se verifica no direito civil brasileiro – não decorre nenhum direito real, mas, apenas, obrigações entre as partes contratantes: o vendedor deve transferir a posse da coisa; o comprador deve pagar o preço; reciprocamente, um tem o direito de exigir do outro somente o cumprimento da obrigação (ou, na hipótese de inadimplemento, a indenização pelos danos sofridos), não adquirindo, porém, com a simples celebração da *emptio uenditio*, direito de propriedade sobre a coisa ou sobre o preço, o que só irá dar-se com a ocorrência de um dos modos de aquisição do domínio,[27] e isso porque os romanos conheceram apenas o que modernamente se denomina *contrato obrigatório* (*vide* nº 223); e

b) ao contrário do que ocorre no direito civil brasileiro, o vendedor, em Roma, não se obrigava a transferir a propriedade da coisa vendida, mas, somente, sua posse[28] – é certo, porém, que, em virtude das garantias, criadas pela jurisprudência e pelo direito honorário (*ius honorarium*), para o cumprimento da obrigação de transferir a posse pacífica da coisa, dificilmente se encontra hipótese em que o vendedor se exima de responder por elas sem ter de transferir a propriedade da coisa vendida; além disso, quando esta fosse *res nec mancipi*, e da propriedade do vendedor, a simples *traditio* (tradição) da coisa ao comprador lhe transmitia o direito de propriedade sobre ela (note-se, porém, que certos textos do *Corpus Iuris Ciuilis* – assim, as *Institutas*, II, 1, 41, que declaram que se tratava de norma do *ius gentium*, já vigente no tempo da Lei das XII Tábuas – salientam que, embora tivesse ocorrido a *traditio*, a propriedade da coisa só se transferia ao comprador depois de ter este pago o preço, ou dado ao vendedor garantias de que o pagaria; sobre esse princípio há grande controvérsia entre os autores,[29] mas – como o demonstrou Carlo Longo – essa regra entra em choque com vários textos clássicos, razão por que é provável que seja norma introduzida no direito pós-clássico, e confirmada pelas *Institutas* de Justiniano).[30]

* * *

---

27 Assim a *mancipatio*, a *in iure cessio*, a *traditio*, a *usucapio*.

28 Essa a razão por que o D. XVIII, 1, 28, salienta que (embora o vendedor responda pela evicção) pode vender-se coisa alheia.

29 A esse respeito, *vide* Meylan, *Le paiement du prix et le transfert de la propriété de la chose vendue en droit romain classique*, in *Studi in onore di Pietro Bonfante*, I, p. 443 e segs., Milano, 1930; e Archi, *Il Transferimento della Proprietà nella Compravendita Romana*, Padova, 1934.

30 A propósito, *vide* Volterra, *Istituzioni di Diritto Privato Romano*, p. 508, nota 1.

Cap. XXXIX · CONTRATOS CONSENSUAIS | **521**

Sendo a compra e venda um contrato bilateral perfeito, ela gera obrigações, desde o momento de sua celebração, para ambas as partes contratantes – o vendedor e o comprador.

Analisemo-las.

São as seguintes as obrigações do vendedor:

a) a de conservar a coisa até o momento de sua entrega ao comprador; nesse ínterim, o vendedor responde pelo perecimento ou deterioração da coisa quando tenha agido com dolo ou com culpa (no direito justinianeu, com *culpa lata* ou com *culpa leuis in abstracto*);[31] se o perecimento ou a deterioração da coisa se verificar por caso fortuito, quem os suporta – como se verá adiante – é o comprador;

b) a de transferir a posse pacífica da coisa (*uacuam possessionem tradere*) ao comprador;

c) a de responder pela evicção:[32] há evicção quando o comprador é vencido em ação de reivindicação em que terceiro recupera a coisa vendida demonstrando que já era proprietário dela antes da compra e venda, ou em ação em que o terceiro prova ser titular de certos direitos reais limitados (como o usufruto e o penhor)[33] sobre a coisa vendida, os quais excluem sua posse pacífica pelo comprador; a princípio, o comprador, quando isso ocorria, não dispunha de ação contra o vendedor, exceto se na venda, por se tratar de *res mancipi*, tivesse ocorrido a *mancipatio*, da qual resultava a *actio auctoritatis*, que propiciava ao comprador obter a condenação do vendedor para pagar-lhe o dobro do valor da coisa; em vista disso, desde tempos remotos, utiliza-se, nas vendas em que não se usava da *mancipatio*, da seguinte prática: celebrava-se uma *stipulatio* (*vide* nº 235) entre o vendedor e o comprador, pela qual aquele prometia a este pagar-lhe, se ocorresse a evicção, ou o dobro do preço da coisa (*stipulatio duplae*), ou o valor do prejuízo sofrido com a evicção (*stipulatio habere licere*); mas, para que isso sucedesse, era necessário que houvesse o acordo de vontades entre comprador e vendedor; mais tarde, no tempo do imperador Trajano,[34] aumentou-se a proteção ao comprador, estabelecendo-se que, se o vendedor não quisesse celebrar a *stipulatio*, seria compelido a fazê-lo pelo comprador, que dispunha, para isso, da própria

---

31 Alguns textos salientam que o vendedor era responsável pela *custodia*; mas a maioria dos autores modernos (assim, entre outros, C. Longo, ob. cit., p. 209; e Paris, *La responsabilité de la custodia en Droit Romain*, p. 109 e segs., Paris, 1926), no entanto, entende que a palavra *custodia*, neles, não está empregada em sentido técnico mas apenas em sentido vulgar (isto é, no de guarda da coisa, cuja posse tem o vendedor a obrigação de transferir; e, nesse caso, se o vendedor não é diligente em guardar a coisa, ele responde por *culpa* – responsabilidade comum, e não responsabilidade por *custodia em sentido técnico*).

32 A propósito, *vide*, entre outros, Girard, "*Études historiques sur la formation du système de la garantie d'eviction en droit romain e l'auctoritas" et l'action "auctoritatis", Inventaire d'interpolations, in Mélanges de Droit Romain*, II, p. 3 e segs. e 155 e segs., Paris, 1923, respectivamente; e Kaser, *Das Ziel der 'actio empti' nach Eviktion, in Zeitschrift der Savigny-Stiftung für Rechtsgeschichte, Romanistische Abteilung*, LIV (1934), p. 162 e segs., e *Die römische Evictionshaftung nach Weiterverkauf, in Ausgewählte Schriften*, II, pp. 329 a 340, Camerino, 1976.

33 Mas, não, se há servidão predial, pois, se esta diminui o valor do imóvel, não impossibilita sua posse pacífica (*habere licere*). Se, porém, o vendedor vendeu o imóvel como livre de servidões prediais (*uti optimus maximus*), ou de certa servidão predial, ele responde por evicção.

34 D. XIX, 1, 11, 8.

522 | DIREITO ROMANO – *José Carlos Moreira Alves*

actio empti que resultava do contrato de compra e venda, e mais: se se tratasse de coisa de grande valor, o vendedor seria compelido a celebrar a *stipulatio duplae*,[35] e, se de coisa de pequeno valor, a *stipulatio habere licere*; posteriormente, ocorreu nova evolução: ainda que não houvesse sido celebrada a *stipulatio*, o comprador, na hipótese de evicção, poderia mover a *actio empti* contra o vendedor para se ressarcir do prejuízo decorrente dela (com isso – e tendo em vista que a *actio empti* decorria do próprio contrato de compra e venda – a responsabilidade por evicção passou a ser uma das obrigações que a *emptio uenditio* gerava para o vendedor);[36] assim, no direito clássico, a proteção ao comprador evicto se fazia por intermédio de três ações: 1) da *actio auctoritatis* (se tivesse havido a *mancipatio*); 2) da ação decorrente da *stipulatio duplae* ou da *stipulatio haberelicere* (se se tivesse celebrado, além do contrato de compra e venda, uma dessas duas *stipulationes*); e 3) da *actio empti habere licere*); finalmente, no direito justinianeu, deixa de existir a *actio auctoritatis* em decorrência do desaparecimento da *mancipatio* (*vide* nº 154, II, *a, in fine*), e a *stipulatio habere licere* não tem mais razão de ser, porque, pela simples *actio empti*, o comprador atinge o mesmo resultado (obtém o ressarcimento do prejuízo decorrente da evicção); restam, então, ao comprador duas ações: a resultante da *stipulatio duplae* (quando o vendedor a celebrara espontaneamente, ou quando o comprador o tinha compelido a isso, o que podia fazer desde o tempo do imperador Trajano) para a obtenção do dobro do valor da coisa, e a *actio empti* (quando não se celebrava a *stipulatio duplae*) para a obtenção apenas do ressarcimento do prejuízo sofrido; demais – note-se –, para que o comprador possa obter a condenação do vendedor, é necessário que o tivesse notificado, quando do litígio, de que decorreu a evicção, para que viesse assumir a defesa, e isso para que não alegue que a evicção ocorreu porque o comprador não se defendeu convenientemente contra o terceiro; e

d) a de responder pelos vícios ocultos (vícios redibitórios) da coisa:[37] a princípio, o vendedor não respondia por esses vícios,[38] a não ser que, entre ele e o comprador,

---

35 D. XXII, 2, 37, 1.

36 Quando isso ocorre, a responsabilidade por evicção pode ser excluída, ou pela vontade dos contratantes (por meio do *pactum de non praestanda euictione*), ou, em casos especiais, pela lei (assim, por exemplo, C. VIII, 44 (45), 27; D. XX, 5, 12, 1). Sobre a eficácia do *pacto de non praestanda euictione, vide* Ricca-Barberis, *Altro ancora sull'efficacia de "pactum de non praestanda euictione", in Studi in onore di Pietro de Francisci,* vol. II, p. 13 e segs., Milano, 1956.

37 *Vide,* a propósito, entre outros, Arangio-Ruiz, *La compravendita in Diritto Romano,* II, p. 353 e segs., Napoli, 1956; Carlo Longo, ob. cit., p. 231 e segs.; Zulueta *The Roman Law of Sale,* p. 46 e segs., Oxford, s/data; Monier, *Manuel Élémentaire de Droit Romain,* II, 4ª ed., nos 123 e segs., p. 157 e segs.; Jörs-Kunkel, *Römisches Recht,* 2ª ed., § 144, p. 233 e segs.; e Impallomeni, *L'Editto degli Edili Curuli,* Padova, 1955.

38 Se ocorresse a *mancipatio* e o vendedor houvesse declarado que o imóvel tinha superfície superior à verdadeira, ou que o imóvel era *uti optimus maximus* (isento de servidões prediais), e isso não fosse exato, o comprador dispunha, respectivamente, da *actio de modo agri* (*vide* nº 154, II, *a*) e da *actio auctoritatis.* Mas ambas essas hipóteses – como acentua Carlo Longo, ob. cit., p. 231 – não são propriamente exemplos de casos em que há responsabilidade por vícios redibitórios, tanto assim que as duas ações citadas se baseiam não na ideia de garantia inerente à venda, mas, sim, na existência de um delito.

Cap. XXXIX · CONTRATOS CONSENSUAIS | **523**

tivesse sido celebrada – para que este fosse garantido contra a evicção e os vícios redibitórios – uma *stipulatio duplae*, ou uma *stipulatio habere licere*; já no tempo de Cícero, o comprador, se o vendedor sabia da existência do vício redibitório, podia, por meio da própria *actio empti* (que era um *iudicium bonae fidei*), obter, quando a coisa apresentasse o vício, a devolução do preço mediante a restituição da coisa, ou, se lhe conviesse, apenas a redução do preço; por outro lado, desde época provavelmente anterior à em que viveu Plauto (século III a.C.), os *edis curuis* (magistrados a quem incumbia o policiamento dos mercados em Roma, e o julgamento dos litígios – e por isso tinham o *ius edicendi* – ali ocorridos), visando a reprimir as fraudes cometidas pelos vendedores (em geral, estrangeiros) contra os compradores de animais ou de escravos, vieram em auxílio destes, estabelecendo, em síntese, em duas rubricas do seu Edito (*de mancipiis uendendis* – sobre a venda de escravos; e de *iumentis uendendis* – sobre a venda de *iumenta*), o seguinte:

1 – a obrigação do vendedor de escravos e de *iumenta* (animais de sela e de carga, que se domam pelo dorso – *dorso domantur*) de tornar públicos os vícios de suas mercadorias (assim, por exemplo, doenças, existência de responsabilidade por prejuízos causados pelo animal ou pelo escravo, defeitos de caráter do escravo – como ser dado à fuga, ou ser vadio);

2 – a obrigação do vendedor de escravos (discute-se se ela existia, também, com relação ao de animais)[39] de celebrar *stipulatio duplae*, em favor do comprador, para garanti--lo contra os vícios silenciados por aquele; nesse caso, se o vendedor não prestasse essa garantia, o comprador podia, nos dois meses seguintes à venda, restituir a coisa, obtendo a devolução do preço, pela *actio redhibitoria*,[40] ou, então, se quisesse ficar com o escravo ou animal, pedir a redução do preço, utilizando-se da *actio quanti minoris* (também denominada *actio aestimatoria*),[41] dentro de seis meses; e

3 – ao lado dessa garantia decorrente da *stipulatio duplae*, ou mesmo em sua falta, podia o comprador – se o vício redibitório surgisse depois da entrega da coisa (animal ou escravo) – exigir, pela *actio redhibitoria*, exercitável dentro dos seis meses úteis[42] seguintes à compra, a devolução do preço mediante a restituição da coisa, ou, dentro de um ano útil depois da compra, por meio da *actio quanti minoris* (ou *actio aestimatoria*), pedir a redução do preço.[43]

---

39   *Vide* Jörs-Kunkel, *Römisches Recht*, 2ª ed., § 144, p. 234, nota 11.

40   Segundo vários autores (assim, Girard, *Manuel Élémentaire de Droit Romain*, 8ª ed., p. 600, nota 4), a *actio redhibitoria* acarretava condenação *in simplum* ou *in duplum*, conforme, respectivamente, o vendedor restituísse, ou se recusasse a fazê-lo, o preço e acessórios; Monier (*Manuel Élémentaire de Droit Romain*, II, 4ª ed., § 124, p. 161), porém, acentua que estudos modernos indicam que a condenação que resultava da aplicação normal da *actio redhibitoria* era sempre *in simplum*, dela decorrendo uma verdadeira *restitutio in integrum*.

41   É certo que há autores – como Schulz, *Classical Roman Law*, § 932, p. 538 – que consideram absurda a existência, nesse caso, da *actio quanti minoris*.

42   Isto é, deduzidos os dias em que o comprador não podia agir (assim, por exemplo não se computava no prazo o tempo em que o comprador estivera ausente a serviço do Estado – *reipublicae causa* –, ou em que o vendedor se afastara de seu *domicilium*).

43   Há autores (entre outros, Monier, *Manuel Élémentaire de Droit Romain*, II, 4ª ed., § 124, p. 161; e Schulz, *Classical Roman Law*, § 931, p. 537) que entendem que a *actio quanti minoris* somente surgiu no direito justinianeu.

524 | DIREITO ROMANO – *José Carlos Moreira Alves*

Note-se que, no direito edilício, a responsabilidade do vendedor – ao contrário do que acontecia no *ius ciuile* – ocorria ainda que ele desconhecesse os vícios da coisa, bem como, com relação aos animais, a princípio se aplicava apenas aos *iumenta*, estendendo--se, posteriormente, e por interpretação extensiva, aos outros animais; essa defesa, de que dispunham compradores de animais ou de escravos nos mercados de Roma, passou, a pouco e pouco, a ser utilizada, com expansão do Edito edilício, no território da Itália, e, possivelmente, nas províncias senatoriais;[44] discute-se se, no direito clássico, ela já se aplicava à compra e venda de qualquer coisa (e não apenas à de animais ou de escravos), entendendo a opinião dominante[45] que sua extensão às coisas em geral somente ocorreu no tempo de Justiniano, quando, não mais havendo distinção entre *ius ciuile* e *ius honorarium* (do qual fazia parte o Edito dos *edis curuis*), o comprador dispunha da *actio empti* para:

1 – na função de ação redibitória, e dentro de seis meses úteis a partir da data em que se revelou o vício, reaver o preço, mediante a restituição da coisa; ou

2 – na função de ação *quanti minoris* (ou *aestimatoria*) e dentro de um ano útil a partir da data em que se revelou o vício, obter a redução do preço.

Quanto às obrigações do comprador, são elas as seguintes:

a) a de – no prazo, se houver, ou imediatamente depois da celebração do contrato, na hipótese contrária – pagar o preço, mediante a transferência do direito de propriedade sobre as moedas ao vendedor, sem o que não poderá exigir deste o cumprimento de suas obrigações; demais, e independentemente de ser constituído em mora, é o comprador obrigado a pagar juros sobre o preço desde o dia em que a coisa vendida lhe foi entregue;[46]

b) a de ressarcir o vendedor das despesas pela conservação da coisa, caso não tenha sido entregue antes, por culpa do comprador; e

c) a de suportar os riscos pelo perecimento ou avaria da coisa vendida: ao contrário do que seria normal supor (e até o que ocorre modernamente), no direito romano, se a coisa perecesse ou sofresse avaria, por caso fortuito, antes de sua entrega pelo vendedor, ao invés de ser rescindida a compra e venda (correndo o risco por conta do vendedor, segundo a regra *res perit domino* – a coisa perece para o proprietário), estava o comprador obrigado a pagar o preço ajustado, exceto se houvesse convenção expressa em contrário; além de ser controvertido se essa regra já existia no direito clássico, ou se apenas surgiu no direito justinianeu (a grande maioria dos autores se manifesta no primeiro sentido),[47] são diversas as explicações para justificá-la:

---

44 A propósito, *vide* Schulz, *Classical Roman Law*, § 927, p. 536.

45 Assim, entre outros, Carlo Longo, *Corso di Diritto Romano* (*parte generale: fatti giuridici – negozi giuridici – atti illeciti; parte speciale, la compra-vendita*), p. 234 e segs., Milano, s/data; e Schulz, *Classical Roman Law*, § 933, p. 538.

46 Esse princípio, segundo Voci (*Istituzioni di Diritto Romano*, 3ª ed., § 109, p. 388), surgiu posteriormente ao tempo de Diocleciano.

47 A propósito, *vide* Carlo Longo, ob. cit., p. 211 e segs.

Cap. XXXIX · CONTRATOS CONSENSUAIS | 525

1 – segundo Girard,[48] o motivo que a determinou é histórico: reminiscência do período em que – e isso está em conformidade com sua tese sobre a origem da compra e venda consensual – havia uma dupla *stipulatio*, sendo as obrigações das partes independentes umas das outras;

2 – consoante Saleilles,[49] a razão de ser dessa regra se encontra nas características econômicas da compra e venda: troca de um valor oscilante (coisa) por um valor estável (moeda);

3 – para outros,[50] a explicação se acha no fato de ser muito raro o risco de injustiça advindo desse princípio; e

4 – de acordo com C. Longo,[51] porque os romanos achavam eqüitativo que a procrastinação do momento da prestação não prejudicasse, quanto aos riscos, a posição que o vendedor teria se a troca da coisa pelo preço houvesse ocorrido – como era comum – logo após a conclusão do contrato.

Em compensação, porém, os frutos e as acessões referentes à coisa vendida pertencem, a partir do dia da compra e venda, ao comprador.

Do contrato de compra e venda decorrem duas ações:

a) a *actio empti*, em favor do comprador; e

b) a *actio uenditi*, em favor do vendedor.

Ambas essas ações são de boa-fé: *iudicia bonae fidei*.

* * *

Muitas vezes, as partes contratantes apunham ao contrato de compra e venda, no momento de sua constituição (*in continenti*), pactos de que resultavam – ora para uma, ora para outra – direitos e obrigações.

Tendo em vista que a compra e venda (*emptio uenditio*) é contrato sancionado por *iudicia bonae fidei*, e que os pactos adjectos, *in continenti*, a contratos dessa natureza tinham eficácia obrigatória (*vide* nº 252, A), tais pactos criavam relação obrigacional entre o comprador e o vendedor.

Os principais pactos adjectos ao contrato de compra e venda são os seguintes:

a) *lex comissoria* (denominado modernamente *pacto comissório*): a fórmula empregada nos textos (assim, D. XVIII, 3, 2) para designar esse pacto é esta: *si ad diem pecunia soluta non sit, ut fundus inemptus sit* (se, no prazo, não for pago o preço, que o imóvel seja tido como não comprado); segundo parece,[52] a princípio esse pacto encerrava condição suspensiva com referência à venda (era o pacto pelo qual

---

48 *Manuel Élémentaire de Droit Romain*, 8ª ed., p. 583.

49 *Étude sur la Théorie Générale de l'obligation d'après le premier projet de code civil pour l'empire allemand*, 3ª ed., nº 183, p. 202, Paris, 1925.

50 Cf. Girard, *Manuel Élémentaire de Droit Romain*, 8ª ed., p. 582.

51 Ob. cit., p. 211.

52 Nesse sentido, Carlo Longo, ob. cit., p. 204; e Volterra, *Istituzioni di Diritto Privato Romano*, p. 509.

a *emptio uenditio* somente produzia seus efeitos se o comprador pagasse o preço no prazo convencionado); posteriormente, porém, a *lex comissoria* passou a atribuir ao vendedor a faculdade de rescindir a venda se o comprador não efetuasse o pagamento no instante devido: em virtude, portanto, desse pacto, a venda era pura, mas com pacto resolutivo sob condição suspensiva (hoje – *vide* nº 112, A – diríamos: venda sob condição resolutiva); nos casos concretos, para se saber se se deveria considerar o pacto como encerrando condição suspensiva, ou atribuindo ao vendedor a faculdade de rescindir a venda, era necessário (segundo textos provavelmente interpolados) interpretar a vontade dos contratantes;

b) in diem addictio[53] (modernamente denominado *pacto* de melhor *comprador*): é o pacto pelo qual o vendedor se reserva a faculdade de vender a coisa a terceiro que, dentro de certo prazo, apresentar condições melhores para a aquisição dela do que as do comprador (que, no entanto, tinha preferência com relação ao terceiro; isto é, podia fazer sua a oferta deste); segundo parece,[54] os jurisconsultos clássicos, a princípio, consideravam que esse pacto encerrava condição suspensiva com relação ao contrato de compra e venda, mas Sálvio Juliano, no tempo do imperador Adriano (e, depois dele, outros juristas), passou a reputar, nesse caso, o contrato de compra e venda como puro, tendo o vendedor, no entanto, se surgisse oferta melhor de terceiro, a faculdade de rescindir a venda (tratava-se, portanto, de compra e venda com pacto resolutivo sob condição suspensiva, ou, em linguagem moderna, compra e venda sob condição resolutiva); e os compiladores justinianeus introduziram, mediante interpolações, a regra de que, para se saber se se tratava de compra e venda sob condição suspensiva ou de compra e venda com pacto resolutivo sob condição suspensiva, era preciso interpretar a vontade das partes contratantes;

c) pactum displicentiae (denominação dada no direito intermédio ao pacto a que os romanos aludiam com a expressão *pactum ut si res displicuerit intra certum diem inempta si* – pacto segundo o qual a coisa seja reputada não vendida, se, dentro de certo prazo, não agradar): é o pacto[55] pelo qual o comprador se reserva o direito de, dentro de certo prazo, rescindir a compra e venda se a coisa não lhe agradar – nesse caso, a compra e venda é pura, mas com pacto resolutivo sob condição suspensiva potestativa; por outro lado, o *pactum displicentiae* difere do *pactum si res placuerit* (pacto *se a coisa agradar*),[56] segundo o qual[57] a compra e venda só produz seus efeitos se, dentro de certo prazo, o comprador declarar que a coisa lhe agrada – nessa hipótese, portanto, há compra e venda sob condição suspensiva potestativa; e

---

53 Sobre a *in diem addictio, vide* Fontette, *Recherches sur l'in diem addictio, in Studi in onore di Pietro de Francisci*, vol. III, p. 541 e segs., Milano, 1956.

54 Nesse sentido, Carlo Longo, ob. cit., p. 202 e segs.; e Volterra, *Instituzioni di Diritto Privato Romano*, p. 509. Contra, Biondi, *Istituzioni di Diritto Romano*, 3ª ed., p. 482, nota 104.

55 Pelo número de textos a ele referentes, devia ser um pacto muito usado na prática.

56 A ambos o Código Civil brasileiro (art. 509) dá a denominação de *venda a contento*.

57 O único texto que a ele alude são as *Institutas*, III, 23, 4.

Cap. XXXIX · CONTRATOS CONSENSUAIS | 527

d) pactum de retrouendendo (expressão criada pelos autores do direito intermédio; sua denominação moderna é *pacto de retrovenda*):[58] esse pacto, que nas fontes é inominado, é aquele pelo qual o vendedor se reserva a faculdade de, dentro de certo prazo, reaver a coisa vendida, mediante a restituição do preço recebido do comprador; por outro lado, os autores divergem não só quanto aos textos que aludiriam a esse pacto, como também quanto à sua estrutura jurídica; assim – e isso a título de exemplo –, enquanto Arangio--Ruiz[59] salienta que não se sabe, exatamente, se esse pacto era considerado como adjeto ao contrato de compra e venda, ou se se tratava de convenção autônoma, Carlo Longo,[60] apoiando-se em três textos (D. XIX, 5, 12; C. IV, 54, 2; e C. IV, 54, 7), acentua que, segundo parece, os romanos o reputavam como pacto resolutivo sob condição suspensiva (hoje diríamos: pacto que encerra condição resolutiva), e, portanto, a venda, ocorrida a condição, se resolvia, não havendo, assim, revenda do comprador para o vendedor primitivo, razão por que seria falha a denominação *pactum de retrouendendo*.[61]

243. Mandato – O mandato (*mandatum*)[62] é o contrato pelo qual alguém (*mandans, mandator* – mandante) encarrega outrem (*is qui mandatum accepit* – mandatário), que aceita, de realizar, gratuitamente, atividade em favor dele, mandante, ou de terceiro.

Trata-se de contrato consensual, de boa-fé, gratuito e bilateral imperfeito.

O mandato, segundo tudo indica, não existia na época das *legis actiones* (ações da lei). Sua presença, porém, é atestada nos fins da república.[63]

Antes de entrarmos na análise do mandato, é mister distingui-lo de uma figura afim – a *procuratio*.[64] Na *procuratio*, que tem raízes na antiga família romana, o *procu-*

---

58 Vários autores empregam as expressões *pactum de retrouendendo* e *pactum de retroemendo* como sinônimas (assim, entre outros, Carlo Longo, ob. cit., p. 205, e Arangio-Ruiz, *La compra-vendita in Diritto Romano*, II, p. 403, Napoli, 1956; o mesmo ocorria entre os autores antigos como salientam Carlo Longo, *ibidem*, e Matos Peixoto, *Em Defesa de Clóvis Beviláqua*, p. 67 e segs., Fortaleza, 1959). Alguns autores, no entanto, como Biondi (*Istituzioni di Diritto Romano*, 3ª ed., § 121, p. 481) e Arias Ramos (*Derecho Romano*, II, 8ª ed., p. 622), distinguem um do outro, salientando que, no *pactum de retroemendo*, é ao comprador que se reserva o direito de, dentro de certo prazo, devolver a coisa, recuperando o preço; mas nenhum deles cita qualquer texto romano onde se encontre pacto dessa natureza.

59 *La compra-vendita in Diritto Romano*, II, p. 403, Napoli, 1956.

60 Ob. cit., p. 205.

61 Há romanistas, porém – como Perozzi (*Istituzioni di Diritto Romano*, II, 2ª ed., § 164, p. 287, nota) e Buckland (*A Manual of Roman Private Law*, 2a ed., § 111, p. 287, Cambridge, 1953) –, que defendem a tese de que o *pactum de retrouendendo*, no direito romano, não implicava resolução da venda, mas era simples pacto de revenda (promessa de revenda), pelo qual o comprador, em certas circunstâncias, ficava obrigado a revender a coisa ao vendedor. Sobre o *pactum de retrouendendo*, no direito romano, *vide* nosso livro *A Retrovenda*, 2ª ed., nº 7, pp. 38 a 46, São Paulo, 1987.

62 Sobre o contrato de mandato, *vide*, entre outros, Arangio-Ruiz, *Il mandato in Diritto Romano*, Napoli, 1949; e Watson, *Contract of Mandate in Roman Law*, Oxford, 1961.

63 Cícero, *Pro Roscio Amerino*, XXXVIII, 111; e *Ad. C. Herennium*, II, 13, 19.

64 Sobre a *procuratio* em relação ao mandato, nos direitos clássico e justinianeu, *vide* Frese, *Das Mandat in seiner Beziehung zur Prokuratur, in Studi in onore di Salvatore Riccobono*, IV, p. 399 e segs. Palermo, 1936; e Arangio-Ruiz, *Il Mandato in diritto Romano*, p. 44 e segs., Napoli, 1949.

528 | DIREITO ROMANO – *José Carlos Moreira Alves*

rator – em geral, um liberto – é o senhor de fato[65] do patrimônio que se encontra sob sua administração, tanto que, com relação a ele, tem poderes amplos.[66] Mas a *procuratio* é um instituto mais social do que, propriamente, jurídico. Segundo parece, o *procurator* verdadeiro era munido de mandato (tanto assim que o gestor de negócios era um *falsus procurator*), mas se distinguia do mandatário por cuidar *prolongadamente* dos negócios de outrem, e não *por um só momento*.[67] Já o mandato, que surgia graças ao *ius gentium* (*vide* nº 66, *in fine*), é, no direito clássico, caracterizado pelo princípio da *exata determinação da missão confiada ao mandatário*; apenas no final desse período é que vai surgir a figura do *mandato geral* (isto é, aquele em que não se precisa qual será a atividade a ser desenvolvida pelo mandatário). Portanto, no direito clássico, coexistem a *procuratio* e o mandato, mas os textos não explicam bem a relação entre esses dois institutos. No direito pós-clássico, *procuratio* e mandato se fundem, surgindo, por isso, as figuras do *uerus procurator* (procurador constituído por mandato) e do *falsus procurator* (procurador a quem não se outorgou mandato e que, portanto, age espontaneamente, como *negotiorum gestor* – *vide* nº 254).[68]

Quanto aos requisitos do mandato, é de notar-se:

a) o acordo de vontade das partes contratantes pode ser efetuado por declaração expressa[69] ou tácita; pessoalmente ou por meio de mensageiro (*nuntius*) ou de carta;[70]

b) o objeto do mandato (isto é, a atividade a ser realizada pelo mandatário) deve ser lícito, possível e determinado; demais, pode ele consistir na prática de um negócio jurídico (por exemplo, a compra de uma coisa), ou de um fato material (assim, a lavagem de uma roupa), ou, então, de uma série de fatos materiais (como, por exemplo, a administração de um patrimônio);

c) o mandatário deve agir gratuitamente; gratuidade, aliás, em que repousa o critério para distinguir o mandato de outros contratos afins;[71] e

---

65   Cícero, *Pro A. Caecina*, XX, 57, alude a ele com *paene dominus* (quase dono).

66   Com efeito, pode ele, sem autorização especial, alienar, constituir penhor; mas – note-se – não pode doar ou realizar alienações dolosas. *Vide*, a propósito, Solazzi, *Le facoltà del "procurator bonorum" nel diritto romano-ellenico*, in *Scritti di Diritto Romano*, II, p. 579 e segs., Napoli, 1957; e Bonfante, *Facoltà e decadenza del procuratore romano*, in *Scritti Giuridici Varii*, III, p. 250 e segs., estudo esse publicado, primeiramente, nos *Studi Giuridici dedicati e offertia Francesco Schupfer I, Diritto Romano*, p. 3 e segs., Torino, 1898.

67   Essa é a tese de Scialoja, que Bonfante (ob. cit. na nota anterior, p. 11, *in Studi Giuridici dedicati e offerti a Francesco Schupfer*, I, *Diritto Romano*, Torino, 1898) acolhe.

68   *Falsus* nessa expressão (cf. Arangio-Ruiz, *Il Mandato nel Diritto Romano*, p. 78, Napoli, 1949) é empregado no sentido *do que não é*, como *falsum testamentum*, no D. 50, 16, 221, significa *testamentum quod non est* (testamento que não existe).

69   Para que se constitua o *mandatum* é suficiente um gesto (*nutum*) de significação inequívoca.

70   D. XVII, 1, 1, 1.

71   Assim, a lavagem gratuita de uma roupa é objeto de mandato; se remunerada, de *locatio conductio operis* (cf. Gaio, *Institutas*, III, 162).

d) a atividade do mandatário – segundo as *Institutas* de Gaio (III, 155) – deve ser desenvolvida no interesse do mandante ou de terceiro, não havendo mandato, se apenas no interesse do mandatário; os *Libri rerum cottidianarum*,[72] atribuídos a Gaio, e as *Institutas* de Justiniano[73] distinguem várias hipóteses, salientando que apenas não há mandato quando este só interessa ao mandatário.[74-75]

O mandato, quanto aos efeitos, gera obrigação para o mandatário, e, eventualmente, para o mandante (por isso, é ele contrato bilateral imperfeito).

As obrigações do mandatário se resumem em duas:

a) *cumprir fielmente o mandato*: no direito clássico, o mandatário só é responsável por dolo; no direito justinianeu, também por *culpa leuis* apreciada *in abstracto* (*vide* nº 206); e

b) *prestar contas ao mandante*: deve, assim, transferir ao mandante tudo o que a ele, mandatário, coube com a execução do mandato – dessa forma, na hipótese de mandato para a celebração de um contrato com terceiro, está o mandatário obrigado a transferir ao mandante os direitos e as obrigações daí resultantes, e isso porque, não se admitindo em regra, no direito romano, a representação direta (*vide* nº 11, B), os créditos adquiridos pelo mandatário e os débitos por ele contraídos não criavam, sem essa transferência, vinculação entre o mandante e o terceiro (credor ou devedor do mandatário).[76]

As obrigações do mandante são eventuais, e surgem quando o mandatário, para cumprir o mandato, tem despesas ou prejuízos; é preciso, no entanto, para que o mandatário tenha direito a haver as suas despesas ou a indenização pelos seus prejuízos, que tenha cumprido fielmente o mandato,[77] salvo se se verificar uma das seguintes hipóteses:

a) se o descumprimento do mandato é parcial e a operação que deveria ser realizada é divisível – assim, por exemplo, se o mandato fosse para que o mandatário caucionasse metade da dívida de terceiro, e ele desse caução para todo o débito, a eventual obrigação do mandante (quanto a despesas ou à indenização por prejuízo) se reduzia à proporção em que fora cumprido o mandato (na hipótese do exemplo, à metade);

b) em alguns casos em que o descumprimento do mandato é parcial, e a operação indivisível – assim, por exemplo, o mandante determina ao mandatário que compre uma coisa por 10.000 sestércios, e ele a adquire por 15.000; poderá o mandatário forçar o mandante a ficar com a coisa pelos 10.000 sestércios (perdendo, portanto, os 5.000

---

72 D. XVII, 1, 2.

73 D. III, 36, pr. a 6.

74 E isso porque – como acentua Arangio-Ruiz (*Instituzioni di Diritto Romano*, 13ª ed., p. 352) – se configuraria, nesse caso, apenas um *consilium* (conselho) não gerador de obrigações.

75 Era válido, porém, o *mandatum in rem suam* (também denominado *procuratio in rem suam*) (mandato ou procuração em causa própria), em que o interesse era do mandatário, mas por meio do qual, como vimos nos nos 217, B, e 218, o mandante indiretamente cedia ao mandatário o débito ou crédito.

76 Em alguns textos (assim, D. XIV, 3, 19, pr.; XVII, 1, 10, 5; e XIX, 1, 13, 25), alude-se à concessão, nesses casos, de *actiones utiles* do terceiro contra o mandante ou desse contra aquele, conforme o caso.

77 No caso de excesso na execução do mandato, *vide* Gaio, *Institutas*, III, 161.

530 | DIREITO ROMANO – *José Carlos Moreira Alves*

que pagou a mais, porém, recebendo os 10.000, a título de despesas)? Na prática, esse problema só surgiria se a coisa, em verdade, valesse menos do que os 10.000 sestércios por que fora comprada. No direito clássico, as opiniões, a respeito, divergiam: os sabinianos negavam esse direito ao mandatário; os proculeianos defendiam opinião oposta.[78] Justiniano acolheu a tese dos proculeianos;[79]

c) na hipótese de o mandatário comprar a coisa por menos do que o ordenado pelo mandante, está este obrigado a ficar com ela pelo preço inferior.[80]

O mandato é sancionado por duas ações: a *actio mandati directa* (concedida ao mandante contra o mandatário) e a *actio mandati contraria* (exercitável pelo mandatário contra o mandante).[81] Ambas são ações de boa-fé, mas somente a primeira acarreta a *infamia* para o réu, se condenado.[82]

Extingue-se o mandato:

a) pelo seu integral cumprimento, ou pela impossibilidade, objetiva e absoluta, de executá-lo;

b) pelo advento de termo;

c) pela vontade concorde das partes;

d) pela vontade unilateral dos contratantes (quando do mandante – a *reuocatio* –, somente produz efeito a partir do momento em que o mandatário toma conhecimento dela; quando do mandatário – a *renuntiatio* –, este responde pelos prejuízos que sofrer o mandante se a renúncia for intempestiva, ou não se basear em justa causa);[83] e

e) pela morte do mandante ou do mandatário (e isso porque o mandato é contrato *intuitu personae*): se a morte é do mandante, seus herdeiros respondem pelos atos praticados pelo mandatário na ignorância de que o mandante morreu; se quem falece é o mandatário, seus herdeiros devem praticar os atos de urgência para que o mandante não sofra prejuízo.[84]

---

78 Gaio, *Institutas*, III, 161.

79 *Inst.*, III, 26, 8.

80 Cf. Gaio, *Institutas*, III, 161. *Vide*, a propósito, Pringsheim, *Eine Absichtliche Textkuerzung in Gai Ver.*, 3, 161, *in Studi di Storia e Diritto in onore di Enrico Besta, per il XL anno del suo insegnamento*, I, p. 325 e segs., Milano, 1939.

81 Segundo Biondi (*Iudicia Bonae Fidei*, p. 59 e segs., Palermo, 1920) – e Grosso, *Il Sistema Romano dei Contratti*, 2ª ed., p. 157, Torino, 1950, o segue –, os juristas clássicos não falam em *iudicium contrarium*, nem em *actio contraria*, com relação ao mandato; a *actio mandati contraria* é criação justinianeia.

82 Sobre essas ações, *vide*, entre outros, Biondi, *Iudicia Bonae Fidei*, p. 59 e segs., Palermo, 1920; e Kreller, *Krittische Digestenexegesen zur Frage des Drittschadensersatzes, in Zeitschrift der Savigny--Stiftung für Rechtsgeschichte, Romanistiche Abteilung*, LXVI (1948), p. 58 e segs.

83 Quanto à *reuocatio, vide* Gaio, *Institutas*, III, 159, e D. XVII, 1, 15; e quanto à *renuntiatio, vide Inst.*, III, 26, 11; D. XVII, 1, 22, 11; e D. XVI, 1, 23 a 25.

84 Segundo a teoria dominante (entre outros, Arangio-Ruiz, *Il mandato in Diritto Romano*, p. 142 e segs., Napoli, 1949), no direito clássico, em virtude do princípio *obligatio ab heredis persona incipere non potest* (a abrigação não pode principiar pela pessoa do herdeiro), eram nulos os *mandata post mortem*, isto é, os mandatos a ser cumpridos depois da morte de uma das partes pelos herdeiros

Cap. XXXIX · CONTRATOS CONSENSUAIS | **531**

244. Sociedade – A sociedade é o contrato pelo qual duas ou mais pessoas (*socii*) se obrigam a colocar, em comum, bens ou esforços (*operae*) para alcançar um fim patrimonial lícito que lhes seja proveitoso.[85]

Trata-se de contrato consensual, de boa-fé, oneroso e bilateral perfeito.

O contrato de sociedade (*societas*), no direito romano, se apresenta sob uma das seguintes espécies:

a) societas omnium bonorum: aquele em que os sócios colocam em condomínio todos os seus bens presentes e futuros para a consecução de um fim patrimonial comum;[86]

b) societas uniuersorum quae ex questu ueniunt: o em que os sócios, conservando seu patrimônio, põem em comum o produto de seu trabalho e os rendimentos de seus bens (portanto, nessa *societas*, não se compreendem os bens presentes, nem os futuros adquiridos a título gratuito); no direito clássico, quando os sócios não declaram a espécie de sociedade existente entre eles, presume-se que seja esta (D. XVII, 2, 7 e 9);

c) societas unius rei: contrato da sociedade em que os sócios visam à realização de uma operação única, que pode, até, não ter caráter patrimonial;[87] e

d) societas alicuius negotiationis: aquele em que os sócios têm em vista a realização de uma série de operações de natureza comercial (assim, por exemplo, uma sociedade de mercadores de escravos).

Há grande controvérsia sobre a origem do contrato de sociedade. Segundo vários autores,[88] o *consortium inter fratres* (*vide* nº 153, A), a que alude o fragmento de Gaio contido no P.S.I. 1182, é o germe não só da *societas omnium bonorum*, mas também das demais espécies de contrato de sociedade. Outros romanistas,[89] no entanto, julgam que as diferentes espécies de *societas* têm origens diversas: a *societas omnium bonorum* decorreria do *consortium inter fratres*; a *societas uniuersorum quae ex questu ueniunt* e a *societas alicuius negotiationis*, de associações comerciais; e a *societas unius rei*, da *politio* (figura em que há a associação do capital e do trabalho: o proprietário de um imóvel

---

do mandatário, ou – se fosse o caso – em favor dos herdeiros do mandante. No direito justinianeu, porém, admite-se a validade desses mandatos – C. IV, 11, 1; e C. VIII, 37 (38), 11. É certo que há autores (assim, Sanfilipo, *Mandatum post mortem, in Studi in onore di Siro Solazzi*, p. 554 e segs., Napoli, 1948) que, com base na circunstância de que Gaio (*Institutas*, III, 158) só se refere explicitamente à nulidade do *mandatum post mortem* com relação ao mandatário, admitem sua validade quando diz respeito ao mandante.

85 Sobre o contrato de sociedade, *vide*, entre outros, Arangio-Ruiz, *La societá in Diritto Romano*, Napoli, 1950; Szlechter, *Le contrat de société en Babylonie en Gréce et à Rome*, Paris, 1947; Leist, *Zur Geschichte der Römischen Societas*, Jena, 1981; e Wieacker, *Societas Hausgemeinschaft und Erwerbsgesellschaft*, Weimar, 1936.

86 A respeito, *vide*, entre outros, Poisnel, *Recherches sur les Sociétés Universelles chez les Romains*, Paris, 1879 (*extrait de la Novelle Revue historique de droit français et étranger*).

87 Por exemplo, a sociedade para a exploração de um imóvel.

88 Assim, Costa, *Storia del Diritto Romano Privato*, 2ª ed., p. 381, Torino, 1925.

89 Entre outros, Pernice, *Parerga*, I, *in Zeitschift der Savigny-Stiftung für Rechtsgeschichte Abteilung*, vol. III, p. 48 e segs.; e Ferrini, *Manuale di Pandette*, 4ª ed., nº 571, p. 543, Milano, 1953.

532 | DIREITO ROMANO – *José Carlos Moreira Alves*

chama um agricultor perito – *politor* – para melhorar sua produção, mediante participação nos rendimentos auferidos).

São os seguintes os requisitos do contrato de sociedade:

a) oacordo de vontades: tratando-se a *societas* de contrato consensual, esse acordo pode realizar-se sem quaisquer formalidades, inclusive entre ausentes, mediante *nuntius* (mensageiro) ou carta; no direito clássico, havia dúvida sobre se o acordo de vontades sob condição podia fazer surgir a *societas*, o que foi admitido por Justiniano;[90]

b) a contribuição, pelos sócios, de bens ou de esforços (operae): os sócios, conforme o que convencionaram, devem colocar, em comum, bens (sejam coisas corpóreas, sejam coisas incorpóreas – assim, por exemplo, dinheiro, direito de crédito) ou *operae* (atividade manual ou intelectual);

c) a affectio(ou animus) societatis (a intenção de ser sócio): segundo alguns romanistas,[91] esse requisito somente surgiu no direito pós-clássico; outros[92] defendem a tese de sua existência já no direito clássico, salientando – como o faz Girard[93] – que, não havendo a *affectio societatis*, não se configura sociedade, mas situação de indivisão; e

d) fim patrimonial lícito e proveitoso a todos os sócios: por isso, é ineficaz[94] o acordo de vontade pelo qual um, ou alguns dos sócios, só aufere os lucros, e os demais apenas sofrem as perdas – nessa hipótese há o que os textos denominam *societas leonina* (sociedade leonina).[95]

Quanto aos efeitos do contrato de sociedade, há que se distinguirem as obrigações que existem entre os sócios e as que se estabelecem entre estes e terceiros (não sócios).

Entre os sócios, são as seguintes as obrigações decorrentes do contrato de sociedade:

a) a de realizar a contribuição convencionada: essa obrigação se cumpre de modo diverso, conforme a contribuição diga respeito a bens (coisas corpóreas) ou a *operae*; em muitos casos – e isso ocorria na *societas omnium bonorum* –, formava-se um patrimônio social integrado pelos patrimônios dos sócios, não se sabendo, porém, se tudo o que os sócios possuíam quando da celebração do contrato de sociedade se transferia automaticamente para o patrimônio social (como dão a entender certos textos), ou se era necessário que os bens de que se constituíam os patrimônios dos sócios deviam ser transferidos ao patrimônio social mediante a utilização – conforme a natureza deles – da *mancipatio*, da *in iure cessio*, da *traditio*, da cessão de direitos;

b) a de garantir sua contribuição com referência à evicção e aos vícios redibitórios;

c) na ausência de disposição em contrário no contrato de sociedade, cabia a qualquer um dos sócios, como mandatário ou *negotiorum gestor* dos demais, gerir os negócios, decorrendo daí as duas seguintes obrigações:

---

90   C. IV, 37, 6.

91   Assim, Perozzi, *Istituzioni di Diritto Romano*, 2ª ed. (*reintegrazione*, 1949), § 166, p. 300, nota 1.

92   Nesse sentido, Biondi, *Istituzioni di Diritto Romano*, 3ª ed., § 123, p. 493.

93   *Manuel Élémentaire de Droit Romain*, 8ª ed., p. 613.

94   *Vide* Gaio, *Institutas*, III, 149; e *Inst.*, III, 25, 1 e 2.

95   D. XVII, 2, 29, 2.

Cap. XXXIX · CONTRATOS CONSENSUAIS | 533

1 – os lucros ou as perdas resultantes dessa gestão deviam ser trazidos à caixa comum, para serem partilhados pelos outros sócios – é a *communicatio lucri et damni*, cuja proporção (que podia ser desigual quando diferentes fossem as contribuições dos sócios) era a expressa no contrato de sociedade; no silêncio do contrato, eram iguais as participações dos sócios nos lucros e nas perdas (qualquer que fosse a contribuição de cada um deles);[96] e

2 – na gestão dos negócios sociais, o sócio, segundo parece,[97] respondia, no direito clássico, apenas por dolo; no direito justinianeu, também por *culpa in concreto*.

Quanto às obrigações entre os sócios e terceiros (não sócios) há que se considerar que, no direito romano, ao contrário do que ocorre no direito moderno, o contrato de sociedade não dá margem à constituição de uma pessoa jurídica – a *societas* –, distinta das pessoas físicas que são os sócios.[98] Em vista disso, não se configuravam, no direito romano, obrigações entre, de um lado, a *societas* (sociedade), e, de outro, os terceiros, mas entre estes e o sócio com quem realizavam negócios. Assim, três hipóteses podiam ocorrer, pois a relação obrigacional se estabelecia:

a) ou entre um dos sócios (na gestão dos negócios sociais) e terceiros;

b) ou entre todos os sócios e terceiros;

c) ou entre alguns dos sócios e terceiros.

Na primeira hipótese, a relação obrigacional surgia somente entre o sócio e o terceiro (ou terceiros), mas, para efeito da participação nos lucros ou nas perdas decorrentes dessa operação, nascia uma relação interna entre esse sócio e os demais, a qual se fundava na *negotiorum gestio* (gestão de negócios) ou no *mandatum* (mandato) – e, por isso mesmo, tutelada, respectivamente, pela *actio negotiorum gestorum* ou pela *actio mandati* –, conforme entre o sócio, que se obrigara perante o terceiro, e os demais sócios houvesse, ou não, mandato.

Na segunda, a obrigação contraída com terceiro (ou terceiros) por todos os sócios era, por via de regra, parcial (*vide* nº 197, B), podendo, porém, ser solidária, em certos casos (quando, por exemplo, se celebrasse uma *stipulatio* para fazer surgir a solidariedade – *vide* nº 197, B, 1 –; ou, então, quando a lei a estabelecesse, o que ocorria em se tratando de banqueiros associados).[99]

Enfim, na terceira hipótese, as regras das duas anteriores se aplicavam para disciplinar as relações obrigacionais entre o terceiro (ou terceiros) e os sócios contratantes, e entre estes e os demais sócios.

---

96 Gaio, *Institutas*, III, 150; e D. XVII, 2, 29, pr.

97 Há controvérsia a respeito. No sentido do texto, Perozzi, *Istituzioni di Diritto Romano*, II, 2ª ed. (*reintegrazione* 1949), § 166, p. 303; e Schwind, *Römisches Recht*, I, p. 323.

98 Embora haja controvérsia a respeito, vários autores (assim, por exemplo, Eliachevitch, *La Personnalité juridique en Droit Romain*, p. 305 e segs., Paris, 1942) entendem que as *societates publicanorum* (sociedades dos publicanos) faziam exceção a essa regra, pois eram dotadas de personalidade jurídica. Sobre a questão da personalidade jurídica dessa sociedade, *vide* Cimma, *Ricerche sulle Societá di Publicani*, Milano, 1981, p. 163 e segs.

99 D. II, 14, 9, pr.; II, 14, 25, pr.; e IV, 8, 34, pr.

534 | DIREITO ROMANO – *José Carlos Moreira Alves*

Por outro lado, as obrigações que decorrem do contrato de sociedade, sendo iguais para todos os sócios, são sancionadas por uma ação única – a *actio pro socio*, que é de boa-fé, e que acarreta, se procedente, a infâmia para o réu, embora não possa este ser condenado em quantia superior aos seus recursos (ele goza do *beneficium competentiae* – *vide* nº 204).[100]

Extingue-se o contrato de sociedade, segundo texto atribuído a Ulpiano (D. XVII, 2, 63, 10), em virtude de causas referentes às pessoas, às coisas, à vontade, à *actio* (ação) (*societas soluitur ex personis, ex rebus, ex uoluntate, ex actione*). Analisemo-las:

a) extinção em razão das pessoas: tendo em vista que o contrato de sociedade é celebrado *intuitu personae* (levando-se em conta as pessoas dos contratantes), ele se extingue com a morte de um dos sócios, podendo-se, estabelecer, no contrato de sociedade, que esta persistirá com os sócios sobreviventes[101] (mas, note-se, no direito romano não se podia convencionar que a sociedade continuaria com os sobreviventes e o herdeiro, ou herdeiros, do sócio falecido);[102] demais, ocorre, também, a extinção desse contrato com a *capitis deminutio* (*minima, media* ou *maxima*, no tempo de Gaio; no de Justiniano, apenas a *media* e a *maxima*)[103] de um dos sócios, ou com a completa ruína de um deles (quando, por exemplo, se verifica a *bonorum uenditio*, ou a *bonorum cessio*, ou o confisco);[104]

b) extinção em razão das coisas: a extinção do contrato de sociedade se dá, ainda, quando a finalidade social se realiza integralmente, ou se torna impossível; ou quando há o completo perecimento do patrimônio social, ou, então, todas as coisas que o compõem se tornam *extra commercium*;[105]

c) extinção em razão da vontade dos sócios: também se extingue o contrato de sociedade quando ocorre o termo a que ele se subordina; ou, a qualquer momento (mesmo que haja termo que ainda não ocorreu), por vontade de todos os sócios, ou de um único sócio (aqui, há a *renuntiatio*) – nesta hipótese, se a *renuntiatio* é fraudulenta, ou intempestiva, ou sem justa causa, a sociedade continuará a existir entre os demais sócios; e

d) extinção em razão de ação (ex actione): o contrato de sociedade, finalmente, pode extinguir-se quando um dos sócios, pela *actio pro socio*, pleiteia a liquidação geral da sociedade.

Em todos esses casos, o contrato de sociedade cessa de gerar novas obrigações. Para o cumprimento das obrigações já existentes entre os sócios, há a *actio pro socio*; e, se existem bens a dividir entre eles, utiliza-se, para a divisão judicial, da *actio communi diuidundo*.

---

100 A propósito, *vide Inst.*, IV, 16, 2; e IV, 6, 38.

101 *Inst.*, III, 25, 5; e D. XVII, 2, 65, 9 (que Perozzi – *Istituzioni di Diritto Romano*, II, 2ª ed. – *reintegrazione* 1949 –, § 166, p. 303, nota 6 – julga interpolado).

102 D. XVII, 2, 35, pr.; XVII, 2, 52, 9; e XVII, 2, 59, pr.

103 Cf. Perozzi, ob. cit., II, § 166, p. 303; *vide* também Gaio, *Institutas*, III, 153; e D. XVII, 2, 63, 10 (interpolado).

104 *Inst.*, III, 25, 7 e 8.

105 Cf. Schwind, *Römisches Recht*, I, p. 323.

Cap. XXXIX · CONTRATOS CONSENSUAIS | **535**

245. Locação – A locação (*locatio conductio*)[106] é o contrato pelo qual alguém, mediante remuneração (*merces*), se obriga a proporcionar a outrem o uso, ou o uso e o gozo, de uma coisa (*locatio conductio rei*), ou a prestar-lhe um serviço (*locatio conductio operarum*), ou a realizar-lhe uma obra (*locatio conductio operis*).[107]

Trata-se de contrato consensual, de boa-fé, oneroso e bilateral perfeito.

Ao passo que, modernamente, graças à obra dos jurisconsultos do direito intermédio, conhecemos três figuras distintas de *locatio conductio* (a *locatio conductio rei* – locação de coisa; a *locatio conductio operarum* – contrato de trabalho; e a *locatio conductio operis* – contrato de empreitada), no direito romano, como decorre do conceito que fixamos acima, somente se conhecia um tipo de *locatio conductio*, embora com três finalidades diversas. Tanto assim é que os juristas romanos trataram, sob a denominação única de *locatio conductio*, das três hipóteses que correspondem, no direito romano, às três categorias distintas que são a *locatio conductio rei*, a *locatio conductio operarum* e a *locatio conductio operis*.[108]

Por outro lado, a terminologia moderna difere da romana. Atualmente, na *locatio conductio rei* (locação de coisa), *locator* (locador) é quem entrega a coisa para uso – ou uso e gozo – de outrem; na *locatio conductio operarum* (contrato de trabalho), *locator* é quem presta o serviço; e, na *locatio conductio operis* (contrato de empreitada), *locator* é quem realiza a obra: o empreiteiro. Para os romanos, porém, se o *locator* – como ocorre no direito moderno – é, na *locatio conductio rei*, quem entrega a coisa para uso (ou uso e gozo) de outrem, e, na *locatio conductio operarum*, quem presta o serviço, já na *locatio conductio operis* o locador, em vez de ser o empreiteiro, como o é atualmente, é o dono da obra, porquanto, segundo os jurisconsultos romanos, na *locatio conductio operis* o objeto do contrato não é a atividade do empreiteiro, mas o material que o dono da obra entrega a ele para que realize a obra contratada.[109]

Segundo tudo indica,[110] das três finalidades da *locatio conductio* (*re, operarum* e *operis*), a mais antiga é a *locatio conductio rei*, dela derivando as outras duas.

Na *locatio conductio* (seja *rei*, seja *operarum*, seja *operis*), as obrigações recíprocas do locador (*locator*) e do locatário (*conductor*) são sancionadas, respectivamente, pela *actio conducti* (em favor do locatário – *conductor*) e pela *actio locati* (em favor do locador – *locator*). Ambas as ações são *ciuiles* e de boa-fé (*vide* nº 131, A e C).

---

106 Como salienta Volterra (*Istituzioni di Diritto Romano*, p. 511, nota 1), a expressão *locatio conductio* designa bem os vários aspectos desse contrato: *locare* significa *colocar num lugar*; e *conducere, levar consigo*.

107 Sobre a *locatio conductio*, *vide* a indicação bibliográfica que se encontra em Kaser, *Das Römische Privatrecht*, I, § 13, p. 468 e segs., München, 1955. Sobre o objeto da *locatio conductio*, *vide* Molnàr, *Object of locatio conductio*, in *Bulletino dell'Istituto di Diritto Romano "Vittorio Scialoja"*, terza serie, vol. XXIV (1982), pp. 127 e 142.

108 Cf. Gaio, *Institutas*, III, p. 142 e segs.; e D. XIX, 2.

109 D. XVIII, 1, 20.

110 Cf. Biondi, *Instituzioni di Diritto Romano*, 3ª ed., § 122, p. 482 e segs.

DIREITO ROMANO – *José Carlos Moreira Alves*

Passemos à análise de cada uma das três finalidades da *locatio conductio*.

I – *"Locatio conductio rei"*[111]

Pela *locatio conductio rei*, o locador (*locator*) se obriga a proporcionar o uso e gozo de uma coisa ao locatário (*conductor*),[112] que, por sua vez, se compromete a pagar-lhe um aluguel (*merces*).

Da *locatio conductio rei* não nasce direito real para o locatário, que, com a entrega da coisa pelo locador, se torna simplesmente detentor dela (*possessio naturalis*), não gozando, portanto, por via de regra, sequer da proteção dos interditos possessórios.[113]

Três são os elementos essenciais da *locatio conductio rei*:

a) res (coisa): *qualquer coisa corpórea, móvel* ou *imóvel*, desde que inconsumível (as consumíveis por natureza, somente se se considerarem inconsumíveis por destinação: *ad pompam uel ostentationem*),[114] pode ser objeto da *locatio conductio rei*; o mesmo pode ocorrer, também, com o exercício de alguns direitos reais sobre coisa alheia (*iura in aliena*), como, por exemplo, o usufruto, a superfície;

b) merces (aluguel):[115] a *merces* consiste, a princípio, em dinheiro, e não em coisa (essa exigência, no entanto, segundo alguns autores, só se fez em época tardia),[116] embora sempre se tivesse admitido uma exceção: na parceria rural (*colonia partiaria*), o locatário do imóvel pode obrigar-se a entregar ao locador uma quota dos frutos (*pars quota*) produzidos pelo imóvel;[117] demais, a *merces* deve ser determinada desde o momento da formação da *locatio conductio rei*, admitindo-se, porém, no direito justinianeu, sua fixação por terceiro, que, se não o fizesse, determinaria a ineficácia do contrato;[118] e

c) consensus (acordo de vontade): as partes contratantes – locador e locatário – têm de estar de acordo (mas sua manifestação de vontade não está subordinada a qualquer formalidade) quanto à coisa e ao aluguel.

---

111 A propósito, *vide* Emilio Costa, *La Locazione di cose nel diritto romano*, Torino, 1915.

112 Quando a locação tinha por objeto uma casa, o locatário se denominava *inquilinus*; quando se tratava de terras, *colonus*.

113 D. X, 3, 7, 11. Ao locatário, porém, excepcionalmente, se concede o *interdictum de ui armata*, quando, em virtude do emprego de armas, é ele expulso do imóvel locado (D. XLIII, 16, 12 e 18).

114 As coisas consumíveis, em virtude de contrato, podem ser transformadas em inconsumíveis; assim, por exemplo, quando um confeiteiro empresta a outro um bolo para exposição (*ad pompam uel ostentationem*).

115 Às vezes os textos, em vez de *merces*, empregam a palavra *pretium*.

116 *Vide* Monier, *Manuel Élémentaire de Droit Romain*, II, 4ª ed., nº 19, p. 171. Por outro lado, no tempo de Gaio (*Institutas*, III, 144), os juristas discutiam se havia *locatio conductio rei* quando uma pessoa entregava a outra uma coisa para usar, e esta àquela outra coisa também para uso: Justiniano (*Inst.*, III, 24, 2) acolheu a tese de que, aí, se configurava um contrato inominado.

117 A propósito da natureza da *merces* na *locatio conductio*, *vide* C. Longo, *Sulla natura della "merces" nella "locatio conductio"*, in *Mélanges P. F. Girard*, II, p. 105 e segs., Paris, 1912.

118 *Vide*, a respeito, Iglesias, *Derecho Romano*, II, 2ª ed., p. 75.

Cap. XXXIX · CONTRATOS CONSENSUAIS | **537**

Sendo a *locatio conductio rei* um contrato sinalagmático perfeito, dele resultam obrigações para o locador (*locator*) e para o locatário (*conductor*).

São obrigações do locador (*locator*):

a) entregar a coisa (*praestare rem*), mediante simples *traditio*, ao locatário;

b) propiciar ao locatário o uso e gozo da coisa enquanto perdurar a locação: na hipótese de evicção ou de vícios ocultos da coisa, o locador está obrigado a indenizar o locatário, sendo que, quanto aos vícios, ele, no direito clássico, só responde pelos de que tem conhecimento, mas, no direito justinianeu, também responde pelos que ignora;[119] por outro lado, se a impossibilidade do uso e gozo da coisa decorre de culpa do locador, está ele obrigado a indenizar o locatário no *id quod interest* (*vide* nº 208); se, porém, de caso fortuito, ele se exime do ressarcimento, mas não tem direito de receber a *merces*, ou se já a recebeu, está obrigado a restituí-la;[120] e enfim, durante a locação, não pode o locador introduzir modificação na coisa que a faça imprópria, ou menos idônea, ao uso e gozo por parte do locatário;

c) reembolsar o locatário das despesas necessárias e úteis feitas com a coisa locada;[121]

d) suportar os encargos públicos (assim, em se tratando de imóvel, o imposto sobre ele) que incidem sobre a coisa.[122]

São obrigações do locatário (*conductor*):

a) pagar a *merces* estabelecida no contrato – o locatário, porém, se exime dessa obrigação quando, em virtude de certos acontecimentos (como, por exemplo, uma inundação ou um terremoto) fica impedido de usar e gozar da coisa; por outro lado, se o uso e o gozo da coisa ficam reduzidos, diminui proporcionalmente a *merces* a ser paga ao locador; demais, com relação ao arrendamento de imóveis rústicos, admitia-se a *remissio mercedis* (por ela, nas colheitas más, diminuía-se equitativamente a *merces* a ser paga pelo arrendatário, havendo a compensação nas colheitas abundantes);[123]

b) usar da coisa segundo sua destinação normal;

c) responder por dolo, culpa e *custódia* (em virtude desta, o locatário é responsável pelo furto da coisa);[124] e

d) restituir a coisa, no término da locação:[125] no direito clássico, se o locatário, sem justa causa, restituísse a coisa antes de findo o prazo contratual, estava obrigado a pagar ao locador o valor da *merces* até o término do contrato; no direito justinianeu, na mesma hipótese, sua responsabilidade se restringe ao dano efetivamente causado ao locador.

Extingue-se a *locatio conductio rei* nos seguintes casos:

---

119 Cf. Monier, ob. cit., II, nº 129, p. 171.

120 D. XIX, 2, 23.

121 D. XIX, 2, 55, 1.

122 A propósito, *vide* Van Wetter, *Pandectes*, IV, § 417, p. 103, Paris, 1910.

123 D. XIX, 2, 15, 4.

124 C. IV, 65, 28.

125 D. XIX, 2, 48, 1.

538 | DIREITO ROMANO – *José Carlos Moreira Alves*

a) quando a coisa é destruída ou se torna *res extra commercium* (*vide* nº 105, A);

b) quando se extingue o direito do locador sobre a coisa objeto da *locatio conductio rei* (assim, por exemplo, se o locador é usufrutuário da coisa locada, extinto o usufruto antes do término do prazo contratual, extingue-se a *locatio conductio rei*);

c) quando ocorre o termo fixado no contrato (note-se que, se as partes não dispuserem o contrário, ocorre a *relocatio tacita*, isto é, *a locatio* é prorrogada tacitamente por prazo indeterminado se se tratar de prédio urbano, ou por um ano, se de prédio rústico);[126]

d) quando não há prazo para a vigência do contrato de locação de coisa, ele termina a qualquer tempo, sem aviso prévio, pela vontade unilateral das partes contratantes (locador ou locatário); e

e) quando ocorre o distrato; ou se verifica a rescisão, por parte do locador ou do locatário, o que se admite nas seguintes hipóteses:

1 – quanto ao locador, se este alega necessitar do imóvel para nele residir, ou para reformá-lo;[127] se não recebe, por dois anos, o aluguel;[128] ou se a coisa não está sendo usada normalmente, ou está sendo estragada;[129] e

2 – quanto ao locatário, se a coisa apresenta defeito que impeça, limite ou dificulte seu uso;[130] se há perigo em continuar a usar da coisa;[131] ou se o locador retarda a entrega da coisa locada.[132]

Por outro lado, não se extingue a *locatio conductio rei* com a morte de um dos contratantes, pois as obrigações se transferem aos herdeiros;[133] nem quando a coisa locada é vendida, pois, embora o novo proprietário (uma vez que o locatário não tem direito real) exija a entrega da coisa locada, o locatário continua a dispor, contra o locador, da *actio conducti* para ser ressarcido do dano decorrente da privação do uso da coisa – por isso mesmo, era comum o locador, ao vender a coisa locada, convencionar com o comprador que este respeitaria a locação.[134]

E, a menos que haja disposição contratual em contrário, a sublocação é permitida.[135]

II – "*Locatio conductio operis*"

Na *locatio conductio operis*, o *locator* entrega ao *conductor* uma coisa (ou coisas) para que sirva de objeto do trabalho que este se obrigou a realizar para aquele – assim,

---

126 D. XIX, 2, 13, 11.
127 C. IV, 65, 3.
128 D. XIX, 2, 54, 1.
129 C. IV, 65, 3.
130 D. XIX, 2, 25, 2.
131 D. XIX, 2, 13, 7.
132 D. XIX, 2, 24, 4.
133 *Inst.*, III, 24, 6.
134 D. XIX, 2, 25, 1.
135 C. IV, 65, 6.

Cap. XXXIX · CONTRATOS CONSENSUAIS | 539

por exemplo, a lavagem, pelo *conductor*, da roupa do *locator*; ou a construção de casa para este, com os materiais por ele fornecidos ao *conductor*.

Para que haja, em direito romano, a *locatio conductio operis*, é imprescindível que a coisa objeto do trabalho a ser realizado pelo *conductor* lhe seja entregue pelo *locator*, pois, se for o próprio *conductor* que fornecer também o material, não há, segundo a maioria dos jurisconsultos romanos (cf. Gaio, *Institutas*, III, 147), *locatio conductio operis*, mas, sim, *emptio uenditio* (compra e venda).

Na *locatio conductio operis*, o *conductor* – que deve observar as normas técnicas necessárias para que sua obra chegue a bom termo – se obriga, não ao trabalho, abstração feita do seu resultado, mas ao resultado final da obra a realizar; por isso, salvo se o contrato se celebrou tendo em vista as qualidades pessoais do *conductor*, ele não está obrigado a fazê-la pessoalmente.[136] Mas a obra deve ser efetuada dentro do prazo previsto no contrato, ou, se nada tiver sido convencionado a respeito, no espaço de tempo que normalmente é preciso para concluí-la.

Quanto à responsabilidade do *conductor* relativamente à coisa recebida do *locator*, ele, em certas hipóteses (assim, se é tintureiro, ou alfaiate), responde, até, por *custodia* (*vide* nº 207); nas outras, apenas por dolo e culpa em sentido restrito. Além disso, ele responde pelos danos decorrentes de imperícia profissional. Sua responsabilidade, porém, em regra (exceto em caso de dolo), cessa no momento em que o *locator*, depois de examinar a obra, a aprova (*adprobatio operis*).[137]

Por outro lado, salvo disposição em contrário das partes contratantes, o pagamento da *merces* se efetua no término da obra. E, se a coisa entregue pelo *locator* ao *conductor* causar dano a este, tem ele direito a ser indenizado.

III – *"Locatio conductio operarum"*[138]

Em virtude da *locatio conductio operarum*, o *locator* está obrigado a prestar serviços ao *conductor*; nela – ao contrário do que ocorre na *locatio conductio operis* –, o *locator* se obriga à prestação de serviços, abstração feita de seu resultado final (*locare operas suas*): assim, por exemplo, a hipótese do operário contratado para trabalhar, a dia, para o *conductor*.

A prestação das *operae* deve ser efetuada pessoalmente pelo *locator*, extinguindo-se o contrato com sua morte; já se é o *conductor* quem falece, suas obrigações se transmitem aos herdeiros.

---

136 Donde, a não ser na hipótese da exceção a que alude o texto, sua morte não extinguir a *locatio conductio operis*.

137 Segundo alguns autores (assim, Monier, *Manuel Élémentaire de Droit Romain*, II, 4ª ed., nº 131, p. 175), é provável que, no direito clássico, quando o *conductor* se eximia de suas obrigações em virtude da ocorrência de caso fortuito, o *locator* não lhe devia a *merces* convencionada; no direito justinianeu, porém, o pagamento dela, nessa hipótese, era devido.

138 A propósito, *vide*, entre outros, De Robertis, *I rapporti di lavoro nel Diritto Romano*, Milano, 1946.

540 | DIREITO ROMANO – *José Carlos Moreira Alves*

Note-se, finalmente, que, na *locatio conductio operarum*, o *locator* está obrigado a prestar ao *conductor*, não qualquer espécie de trabalho, mas apenas aqueles serviços que os escravos costumam fazer, e que são, em geral, manuais.[139] Por isso, com relação às artes liberais[140] (assim, por exemplo, a medicina), não são elas objeto de *locatio conductio operarum*, pois estão – como salienta Biondi[141] – fora do campo contratual, sendo sancionadas, pelo pretor ou pelo imperador, por meio da *cognitio extraordinaria*.

* * *

É, ainda, as mais das vezes, pela *actio locati* e pela *actio conducti* que se sancionam as obrigações decorrentes da *Lex Rhodia de iactu*.[142]

Em virtude dos princípios reunidos sob essa denominação (*Lex Rhodia de iactu*), os proprietários de mercadorias lançadas ao mar (*iactus*), em momento de perigo,[143] devem ser indenizados por todos – pelo armador do navio[144] e pelos donos das mercadorias salvas. Assim, os prejudicados com o *iactus* têm contra o armador do navio a *actio locati*, e este, por seu turno, dispõe, contra os donos das mercadorias poupadas, da *actio conducti*[145] – mediante o emprego dessas duas ações, os prejuízos são divididos, proporcionalmente, entre o armador e os donos das mercadorias salvas e perdidas.

---

139 Isso se explica – segundo parece – pelo fato de que a *locatio operarum* resultou da *locatio conductio rei*. Com efeito, quando esta tinha por objeto um escravo, o *conductor* podia usar os serviços dele; daí chegou-se a admitir que um homem livre pudesse dar em locação serviços materiais como os que os escravos, comumente, prestavam.

140 *Vide*, a respeito, Bernard, *La rémunération des professions libérales en Droit Romain Classique*, Paris, 1935.

141 *Istituzioni di Diritto Romano*, 3ª ed., § 122, II, p. 488 e segs.

142 Sobre a *Lex Rhodia de iactu*, *vide*, entre outros, Huvelin, *Études d'Histoire du Droit Commercial Romain*, p. 184 e segs., Paris, 1943; e De Robertis, *Lex Rhodia Critica e anticritica su D. 14, 2, 9, in Studi in onore di Vicenzo Arangio-Ruiz nel XLV anno del suo insegnamento*, III, p. 155 e segs., Napoli, s/data.

143 Essa era a hipótese típica; com relação às demais, *vide* Huvelin, ob. cit., p. 184 e segs.

144 Este, na proporção do valor do navio.

145 Enquanto os proprietários das mercadorias salvas não pagam sua quota de sacrifício, o armador do navio tem direito de retenção sobre as suas mercadorias.

XL

CONTRATOS INOMINADOS

Sumário: 246. Conceito. **247.** Evolução histórica. **248.** A teoria dos contratos inominados no direito justinianeu. **249.** Os principais contratos inominados.

246. Conceito – Contratos inominados[1] é a denominação que já os comentadores bizantinos[2] davam à convenção sobre duas prestações correlativas, a qual não é obrigatória por si mesma, mas, apenas, a partir do momento em que uma das partes efetua sua prestação.

Se, por exemplo, Caio e Tício acordam na troca do escravo Pânfilo pelo escravo Stico, que, respectivamente, lhes pertencem, antes que um deles realize sua prestação – a entrega de seu escravo ao outro –, a convenção é um simples pacto nu, não gerando, portanto, obrigações (*vide* nº 250); no instante, porém, em que um deles efetua a prestação, nasce, para o outro, a obrigação de realizar a contraprestação.[3]

Quando se denominam essas convenções *contratos inominados*, não se pretende, com isso, significar que elas não tenham ou não possam ter nome próprio – a *permutatio* (permuta, troca) é um contrato inominado que sempre teve esse *nomen iuris* (denominação jurídica) –, mas, sim, que são contratos atípicos, isto é, contratos não reconhecidos (ao contrário do que ocorria, por exemplo, com a *emptio uenditio*, o *mandatum*) como figuras singulares.

---

1   Sobre os contratos inominados, *vide*, entre outros, Accarias, *Théorie des Contrats Innommés et explication du titre de praescriptis uerbis au Digeste*, Paris, 1866; Pernice, *Parerga, III – Zur Vertragslehre des römischen Juristen in Zeitschrift der Savigny-Stiftung für Rechtsgeschichte, Romanistische Abteilung*, IX (1888), p. 248 e segs.; Grosso, *Il Sistema Romano dei Contratti*, 2ª ed., p. 177 e segs.,Torino, 1950; Voci, *La Dotrina Romana del Contratto*, p. 231 e segs., Milano, 1946; Astuti, *I Contratti Obbligatori nella Storia del Diritto Italiano, parte generale*, I, p. 60 e segs., Milano, 1952; Kaser, *Das römische Privatrecht*, I, § 135, pp. 484 (em a nota 2, há ampla bibliografia sobre o assunto) e segs., München, 1955, e II, § 269, p. 302 e segs., München, 1959; e Giffard, *Les idées d'Ariston sur les contrats innommés* (D. 2, 14, 7), *in Conférences faites à l'Institut de Droit Romainen1947*, p. 69 e segs., Paris, 1950.

2   Essa denominação, em grego, se encontra num escólio de Estéfano às *Basílicas* XXIII, 1, 1 (passagem correspondente ao D. XII, 1, 11), e num papiro, o P.S.I 55, publicado por Vassalli (*Studi Giuridici*, III, 1, p. 327 e segs., Milano, 1960).

3   *Vide*, a propósito, Wächter, *Pandekten*, II, § 184, p. 347 e segs., Leipzig, 1881.

542 DIREITO ROMANO – *José Carlos Moreira Alves*

Os contratos inominados – e sua posição com referência ao princípio romano da tipicidade contratual já foi assinalada no nº 223 – formam uma categoria abstrata, onde se enquadram convenções do mais variado conteúdo, as quais, sancionadas por ações comuns, geram obrigações quando ocorre a mesma *causa*: uma das partes realiza sua prestação para obter, da outra, a contraprestação.

No direito justinianeu, essa categoria contratual é admitida amplamente. Sua origem, no entanto, como veremos a seguir, é muito controvertida.

247. Evolução histórica – No direito romano clássico, o simples acordo de vontades (*conuentio, pactum*) não gerava obrigação – era um pacto nu (*vide* nº 251), pois não se conhecia a categoria abstrata do *contractus*, mas, apenas, diferentes contratos típicos.

No entanto, que sucederia se Caio, tendo acordado com Tício a troca do escravo Pânfilo pelo escravo Stico, efetuasse sua prestação (entregasse a Tício o escravo Pânfilo), recusando-se, posteriormente, Tício a realizar a contraprestação (entrega a Caio do escravo Stico)? O simples acordo de vontade não gerava obrigações, e, portanto, Caio, em virtude dele, não dispunha de ação alguma para compelir Tício a cumprir o que prometera. Por outro lado, Tício, tornando-se proprietário do escravo Pânfilo, sem, por sua vez, transferir a propriedade do escravo Stico a Caio, enriquecera-se em detrimento deste. Por isso, já no início do período clássico, concedeu-se àquele que efetuara sua prestação, sem obter a contraprestação respectiva, uma das duas seguintes ações:

a) a *condictio ob rem dati* ou *condictio ob causa datorum* (ação civil, mais tarde denominada *condictio causa data causa non secuta*), com a qual o autor obtinha a restituição da coisa que entregara à outra parte; ou

b) a *actio de dolo* (ou *actio doli* – *vide* nº 113, B, II, B), com a qual o autor, se a prestação consistia num *facere* (fazer), ou se era impossível a restituição da coisa dada, obtinha indenização.

Por essas ações, entretanto, não se atribuía eficácia obrigatória à convenção, pois, o autor, nelas, não podia exigir do réu a execução do acordo de vontades, mas apenas obter a restituição da coisa ou a indenização.

Como e quando se passou dessa etapa para aquela – que se encontra no direito justinianeu –, na qual se deu eficácia obrigatória a esses acordos de vontades, criando-se, assim, a categoria dos contratos inominados?

A esse respeito, é grande a controvérsia entre os autores. Em síntese, há três correntes de opinião:

a) a *tradicional*, hoje abandonada em virtude das conclusões a que se chegou pelo estudo das interpolações;

b) a *moderada*, que, atualmente, ainda é a dominante; e

c) a *radical*, cujas conclusões são diametralmente opostas às da tradicional.

O problema – que não existia para a corrente tradicional, despreocupada da questão das interpolações – consiste, em última análise, em determinar a extensão das interpolações sofridas pelos textos, relativos aos contratos inominados, insertos no *Corpus Iuris Ciuilis*, que é a fonte primordial para o estudo dessa matéria.

Segundo a corrente tradicional, na formulação apresentada por Accarias,[4] a categoria dos contratos inominados se constituiu em três etapas, durante o direito clássico. Na primeira, com relação às convenções dos tipos *do ut des* e *do ut facias* (*vide* nº 248), concedeu-se à parte que, unilateralmente, executasse o acordo de vontade, a *condictio ob rem dati*, também denominada *condictio causa data causa non secuta*; na segunda, nas hipóteses em que não fosse possível a utilização dessa *condictio* (assim, nas convenções dos tipos *facio ut des* ou *facio ut facias* – *vide* nº 248 –, ou, ainda, nas dos tipos anteriores, em que a coisa entregue não pudesse ser restituída), deu-se à parte que efetuara a prestação a *actio de dolo*, e, subsidiariamente (quando não se pudesse usar dela),[5] uma *actio in factum*; enfim, na terceira etapa – quando, realmente, vai surgir a categoria dos contratos inominados –, graças inicialmente a Labeão (século I, d.C.), concedeu-se àquele que executara a convenção uma ação civil – a *actio praescriptis uerbis* (por meio da qual o autor visava à execução do contrato pelo réu) –, a qual sancionou, a princípio, apenas as convenções dos tipos *do ut des* e do *ut facias*, mas que, já no tempo dos Severos, tinha sido estendida às dos tipos *facio ut des* e *facio ut facias*.[6]

A corrente moderada – a que pertencem, entre outros, Bonfante,[7] Astuti,[8] Jörs--Kunkel[9] – entende que, já no direito clássico, em casos esporádicos (principalmente com relação àquelas convenções a respeito das quais era incerto se se enquadravam, ou não, num dos contratos típicos,[10] ou se podiam ser incluídas em mais de um deles),[11] se concedia ação para sancionar essas convenções executadas unilateralmente. Mas esclarece que os jurisconsultos clássicos divergiam sobre essa *actio*: alguns julgavam que tais convenções deviam ser tuteladas por *actiones in factum* (*vide* nº 131, A); outros – com base na existência de uma ação civil *in ius* no Edito, para sancionar o contrato estimatório – admitiam que, nessas hipóteses, se agisse *praescriptis uerbis*, isto é, com a *actio*

---

4 *Théorie des Contrats innommés et explication du titre praescriptis uerbis au Digesto*, p. 34 e segs., Paris, 1866.

5 Assim, nos casos em que – note-se que a *actio de dolo* acarretava a *infamia* ao réu, se condenado – havia, entre as partes, relação que impedia o exercício de uma ação infamante (por exemplo: o réu era ascendente do autor). Cf. Accarias, ob. cit., p. 47, nota 1.

6 Os autores anteriores a Accarias – assim, por exemplo, Mühlenbruch, *Doctrina Pandectarum, editio noua*, § 344, p. 333 e segs., Bruxelles, 1838; Warnkoenig, *Commentarii Iuris Romani Privati*, II, § 669 e segs., p. 326 e segs., Leodii, 1825; e Burchardi, *Lehrbuch des Römischen Recht, Zweiter Theil, Dritte Abteilung*, § 265, p. 798 e segs., Stuttgart, 1846 – eram acordes em que, no processo formulário, havia uma ação (a *actio praescriptis uerbis*) para a execução dos contratos inominados, categoria essa que existiria, portanto, no direito clássico.

7 *Istituzioni di Diritto Romano, ristampa della X Edizione*, p. 500 e segs.

8 *I Contratti Obbligatori nella Storia del Diritto Romano, parte generale*, vol. I, p. 62 e segs., Milano, 1952.

9 *Römisches Recht*, 2ª ed., § 152, p. 244 e segs.

10 Assim, por exemplo, a *permutatio* (permuta, troca); *vide*, nº 249.

11 Por exemplo, o *aestimatum* (contrato estimatório); *vide*, nº 249.

544 | DIREITO ROMANO – *José Carlos Moreira Alves*

praescriptis uerbis,[12] assim denominada porque, na *demonstratio*, se descrevia o fato que iria ser submetido ao *iudex*. No direito pós-clássico, essa *actio* se estendeu a outras convenções executadas unilateralmente. É no direito justinianeu, porém, que se estabelece a categoria dos contratos inominados, como se encontra disciplinada no *Corpus Iuris Ciuilis*.

A corrente radical – em que se incluem, entre outros, Perozzi[13] e, com ressalvas, Giffard[14] – concorda com a anterior no que diz respeito ao fato de que apenas no tempo de Justiniano é que se estabeleceu a categoria dos contratos inominados, mas discorda quanto ao panorama, a propósito, no direito clássico. Para os autores que integram essa corrente de opinião, somente no direito justinianeu é que, criando-se a categoria dos contratos inominados, surgiu uma ação civil para sancioná-los: a *actio praescriptis uerbis*. No direito clássico, com relação aos *noua negotia* (novos negócios, isto é, convenções atípicas), os jurisconsultos procuravam enquadrá-los nos contratos típicos a que se assemelhavam, para aplicar-lhes as ações deles; quando essa aproximação não fosse possível – e somente nas hipóteses em que os *noua negotia* podiam ser capitulados, por certos aspectos, num contrato típico, e, por outros, em outro contrato típico –, tais convenções eram sancionadas por *actiones in factum* (segundo alguns adeptos dessa corrente),[15] ou por uma *actio ciuilis incerti* (segundo outros).[16]

248. A teoria dos contratos inominados no direito justinianeu– No *Corpus Iuris Ciuilis*, encontra-se, principalmente em textos interpolados,[17] a teoria, devidamente estruturada, dos contratos inominados.

Incluem-se na categoria dos contratos inominados todas as convenções que, sendo executada a prestação de uma das partes contratantes, não se enquadram em nenhum dos contratos típicos.

---

12 Há dúvida sobre a boa latinidade dessa expressão. Segundo vários autores que seguem essa corrente – assim, Jörs-Kunkel, *Römisches Recht*, 2ª ed., § 152, p. 244, nota 4 – tal expressão não é clássica; no direito clássico, dizia-se *praescriptis uerbis agere*.

13 *Istituzioni di Diritto Romano*, II, 2ª ed. (*reintegrazione*, 1949), § 178, p. 354 e segs. No mesmo sentido, Beseler, *Beiträge zur Kritik der römischen Rechtsquellen, Zweites Heft*, p. 156 e segs., Tübingen, 1911.

14 *Précis de Droit Romain*, II, 3ª ed., § 245, p. 160; e *"Precarium, condictio incerti" et "actio praescriptis uerbis, in Studi in onore di Salvatore Riccobono*, II, p. 277 e segs., Palermo, 1936.

15 Assim, por exemplo, Voci, *La Dottrina Romana del Contratto*, p. 240 e segs., Milano, 1946, que defende a tese de que tais *actiones in factum* não constavam do Edito, mas eram concedidas pelo pretor casuisticamente (em outras palavras: não eram *edictales*, mas *decretales*, porque concedidas mediante *decretum* do pretor, caso a caso).

16 Giffard, *Précis de Droit Romain*, II, 3ª ed., § 245 e segs., p. 160 e segs.

17 Observam alguns romanistas modernos que os compiladores do *Corpus Iuris Ciuilis* não dispuseram de tempo para elaborar a teoria dos contratos inominados tal como ali se encontra. Ela teria sido obra da Escola de Berito (*vide* nº 38), da qual alguns professores – segundo nos informam escólios às *Basílicas* – comentaram a *actio praescriptis uerbis*. Tratar-se-ia, assim, de uma teoria pós-clássica. Aliás, o próprio método empregado ao formulá-la é diferente do utilizado pelos juristas clássicos: estes, ao contrário dos jurisconsultos pós-clássicos, não sistematizavam, mas analisavam caso a caso. *Vide*, a propósito, Monier, *Manuel Élémentaire de Droit Romain*, II, 4ª ed., § 142, p. 188 e segs.

Cap. XL · CONTRATOS INOMINADOS | 545

Um texto do *Digesto* (XIX, 5, 5), atribuído a Paulo, mas que é interpolado,[18] procura colocar as infinitas hipóteses em que pode ocorrer contrato inominado numa das quatro categorias, que, com base na diferença de conteúdo da prestação e da contraprestação decorrentes da convenção, o seguinte esquema comporta:

a) do *ut des* (dou para que dês) – tipo de contrato inominado em que a prestação e a contraprestação a efetuar dizem respeito à *datio* de uma coisa;[19] por exemplo: a troca de um escravo por outro;

b) do *ut facias* (dou para que faças) – tipo de contrato inominado em que a prestação se refere à *datio* de uma coisa, e a contraprestação a um comportamento; por exemplo: dá-se uma coisa a alguém, para que liberte um escravo;

c) facio ut des (faço para que dês) – tipo de contrato inominado em que a prestação consiste num comportamento, e a contraprestação numa *datio*; por exemplo: Caio liberta um escravo para que Tício lhe pague certa quantia; e

d) facio ut facias (faço para que faças) – tipo de contrato inominado em que a prestação e a contraprestação dizem respeito a comportamento; por exemplo: Caio liberta um escravo para que Tício liberte outro.

Desse esquema – que tem sido muito criticado,[20] até por não esgotar, no direito justinianeu, todas as hipóteses em que, segundo os textos, há contrato inominado[21] –, verifica-se que dois são os requisitos do contrato inominado:

1 – o acordo de vontades (*conuentio*) sobre uma prestação e uma contraprestação; e

2 – a *causa* (expressão que os textos empregam no sentido de *realização, por uma das partes, de sua prestação*, ou, em outras palavras, de *execução unilateral* do acordo de vontades).

Quanto ao requisito do acordo de vontade *sobre uma prestação* e *uma contraprestação* (os romanistas, para designá-lo, empregam, em geral, a expressão *convenção*

---

18 Cf. *Index Interpolationum quae in Iustiniani Digestis inesse dicuntur*, I, coluna 371 e segs.,Weimar, 1929.

19 Com o termo *datio*, os textos designam a transferência da propriedade sobre uma coisa, mediante a tradição.

20 *Vide*, a propósito, Voci, *La Dottrina Romana del Contratto*, p. 279, Milano, 1946, que, entre outras críticas, salienta o fato de que essa classificação se faz com base, não em critério intrínseco, mas meramente extrínseco: o critério temporal. Com efeito, na hipótese do *ut manumittas* (dou uma coisa, para que liberes um escravo), se a *datio* (transferência da propriedade sobre a coisa) preceder a manumissão, o contrato se enquadra no tipo *do ut facias*; se ocorrer, porém, o contrário, inclui-se no tipo *facio ut des*.

21 Os textos enquadram na categoria dos contratos inominados toda convenção – mesmo que não se inclua em um dos quatro tipos assinalados (*do ut des*; *do ut facias*; *facio ut des*; *facio ut facias*) – em que haja dúvida sobre se se ajusta a um ou a outro contrato típico. *Vide*, a respeito, por exemplo, D. 19, 5, 1, 1.

sinalagmática),[22] alguns autores – assim, Voci,[23] Monier[24] e Volterra[25] – o negam, entendendo que há contratos inominados em que o acordo de vontade seria no sentido de apenas uma das partes realizar a prestação,[26] e citam, para demonstrar a assertiva, hipótese como a do *inspiciendum* ou *experiendum dare*, em que uma das partes entrega à outra uma coisa para que esta a avalie.

Quanto às ações que sancionam o contrato inominado, são elas, no direito justinianeu, as três seguintes:

a) a *actio praescripitis uerbis*[27] – que é a ação que se destina à execução do contrato;[28] por ela, a parte que realizou a prestação obtém, da outra, ou a contraprestação, ou – se isso não for possível – indenização correspondente ao valor pecuniário do interesse do autor em obter a contraprestação;[29]

b) a *condictio ob rem dati* (ou *condictio causa data, causa non secuta*) – ação que visa à rescisão do contrato: por meio dela, a parte que realizou uma *datio* reclama a restituição da coisa (ou indenização por ela, no caso de impossibilidade de restituição), ou a parte que efetuou o comportamento (nos contratos inominados dos tipos *facio ut des* ou *facio ut facias*) reclama indenização;[30]

c) a *condictio propter poenitentiam* (ou *condictio ex poenitentia*) – alguns textos do *Digesto*[31] acentuam, com relação a certos casos, que o que realizou a prestação pode, antes de a contraprestação ser efetuada, arrepender-se e pedir, por meio dessa *condictio*, a revogação do contrato; segundo romanistas modernos, a *condictio propter poenitentiam*

---

22 Assim, entre outros, Girard, *Manuel Élémentaire de Droit Romain*, 8ª ed., p. 624; e Hubrecht, *Manuel de Droit Romain*, II, p. 143, Paris, 1943.

23 *La Dottrina Romana del Contrato*, pp. 239 e 246 e segs.

24 *Manuel Élémentaire de Droit Romain*, II, 4ª ed., § 140, p. 184.

25 *Istituzioni di Diritto Privato Romano*, p. 539 e segs.

26 A afirmação de Voci (*La Dottrina Romana del Contrato*, p. 239 e 246 e segs.) de que é falsa a assertiva, da doutrina tradicional, de que os contratos inominados têm o requisito comum de serem bilaterais, e isso porque os autores que seguem a doutrina tradicional não aludem à bilateralidade do contrato inominado, mas ao acordo de vontades (Girard, *Manuel Élémentaire de Droit Romain*, 8ª ed., p. 624, por exemplo, escreve *convention synalagmatique*), como também em vista dos exemplos de Voci para ilustrar sua tese.

27 Para designar essa *actio*, encontram-se também no *Corpus Iuris Ciuilis* outras expressões como: *actio ciuilis, actio in factum, actio ciuilis in factum, actio ciuilis incerti, actio incerti*.

28 Segundo as *Institutas* de Justiniano, IV, 6, 28, é ela ação de boa-fé, nas hipóteses de *permutatio* e de *aestimatum* (*vide* nº 249, A e B).

29 "... *quanti interest mea illud de quo conuenit accipere*" acentua o D. XIX, 5, 5, 1.

30 Alguns autores (assim, Di Marzo, *Istituzioni di Diritto Romano*, 5ª ed., p. 391) entendem que, nessa hipótese, a ação cabível era a *actio doli*. Mas, como acentua Voci (*La Dottrina Romana del Contrato*, p. 281, nota 1), no direito justinianeu a *actio doli*, que formalmente continuava a existir (cf. D. XIX, 5, 2), na prática tinha sido posta de lado pela *actio praescriptis uerbis*, conforme se deduz do D. II, 14, 7, 2.

31 Por exemplo: D. XII, 4, 3, 2.

é criação de Justiniano, sendo discutível, porém, se ela podia ser usada com relação a qualquer contrato inominado ou se apenas com referência às hipóteses expressamente referidas no *Digesto*.

Do exame dessas ações, verifica-se a ocorrência, quanto aos contratos inominados, de um fato que não sucede com os contratos típicos: nos contratos inominados – como se dá no direito moderno – a parte prejudicada com o inadimplemento pode escolher entre mover uma ação para a execução do contrato (a *actio praescriptis uerbis*) ou intentar uma ação para a rescisão do contrato (a *condictio ob rem dati*); nos contratos típicos, não – as ações que os sancionam dão margem, apenas, à execução do contrato, não dispondo, portanto, dessa opção a parte prejudicada.

249. Os principais contratos inominados – Dos diversos contratos inominados – seu número é indefinido, pois neles se enquadram todas as convenções, que não sejam contratos típicos, executadas unilateralmente –, examinaremos, a seguir, os principais.

A) *"Permutatio" (permuta, troca)*

É o contrato inominado – o mais importante do tipo *dout des* – pelo qual uma das partes transfere a propriedade de uma coisa, para receber, da outra parte, a propriedade de outra coisa. No direito clássico,[32] sabinianos e proculeianos divergiam sobre a natureza jurídica da *permutatio*: aqueles pretendiam enquadrá-la na *emptio uenditio* (contrato de compra e venda); estes entendiam que a permuta se distinguia da compra e venda, devendo ser sancionada por uma *actio in factum*. No direito pós-clássico prevaleceu a tese dos proculeianos,[33] e, no tempo de Justiniano, a permuta está colocada entre os contratos inominados.

B) *"Aestimatum"(contrato estimatório)*

O *aestimatum* é contrato inominado – que ora se capitula no tipo *facio ut des*, ora no *facio ut facias* – pelo qual uma das partes (fabricante ou atacadista) entrega à outra (vendedor a retalho) mercadoria para vender, obrigando-se esta, se não ocorrer a venda, a restituí-la, ou, em caso contrário, a pagar preço previamente determinado.

---

32 Gaio, *Institutas*, III, 141.

33 Quando se tornou dominante a tese dos proculeianos, os jurisconsultos romanos procuraram estabelecer os pontos diferenciais entre a permuta e a compra e venda (*vide*, a propósito, Gaio, *Institutas*, III, 141; *Inst.*, III, 23, 2; D. XVIII, 11, pr. e 1; e fragmento do D. XIX, 4). Entre outras diferenças, destacam-se as seguintes:

a) na compra e venda, há preço, o que não ocorre na permuta;

b) a compra e venda surge do simples acordo de vontades (*nudo consensu*); a permuta, da execução, por uma das partes, de sua prestação; e

c) na compra e venda, o vendedor se obriga a transferir, apenas, a posse pacífica da coisa vendida; na permuta, ambas as partes se obrigam a transferir a propriedade sobre as coisas objeto da troca.

548 | DIREITO ROMANO – *José Carlos Moreira Alves*

O estado em que se encontram as fontes sobre o *aestimatum* (textos do *Corpus Iuris Ciuilis*) não nos permite conhecer sua disciplina no direito clássico. Segundo alguns romanistas,[34] é possível que no Edito do pretor houvesse uma ação civil para sancioná-lo.

Na época de Justiniano, o *aestimatum* – de grande utilização na prática – está enquadrado entre os contratos inominados.

C) *Doação com encargo*

Na doação com encargo, o doador impõe ao donatário, ao qual transfere a propriedade de uma coisa, a execução de uma prestação (encargo ou modo – *vide* nº 112, C) em seu favor ou de terceiro.

No tempo de Justiniano, a doação com encargo é contrato inominado do tipo *do ut facias*.

D) *"Transactio" (transação)*

A transação[35] – a que os jurisconsultos romanos se referiam com o substantivo *transactio* ou com o verbo *transigere* – é a convenção pela qual as partes, mediante concessões recíprocas, regulam, de novo, uma relação já existente entre elas e a cujo respeito há controvérsia, a fim de pôr termo a uma lide ou evitá-la.[36]

No direito clássico, essa convenção, por si só, era um pacto nu, não gerando, portanto, obrigações para as partes. Por isso, e para tornar obrigatória a observância do convencionado, celebrava-se esse acordo de vontades por meio da *stipulatio*.

Na época de Justiniano, a transação está enquadrada entre os contratos inominados.

E) *"Precarium" (precário)*[37]

O precário é a convenção pela qual alguém (*precario dans*) concede a outrem (*precario accipiens*), gratuitamente, o amplo uso e gozo de uma coisa, obrigando-se este a restituí-la, quando aquele o solicitasse.

Instituto antiqüíssimo, durante todo o período clássico é simples relação de fato, não gerando, portanto, obrigações entre as partes. Assim, se o *precario accipiens*[38] se negasse a restituir a coisa, o *precario dans*, para reavê-la, somente dispunha, *iure ciuili*, da ação de reivindicação (*rei uindicatio*), não tendo ação de restituição por inadim-

---

34 Assim, entre outros, Monier, *Manuel Élémentaire de Droit Romain*, II, 4ª ed., § 143, pp. 190 e 191.

35 *Vide*, sobre o assunto, Peterlongo, *La Transazione nel Diritto Romano*, Milano, 1936.

36 Entre outros textos, *vide* C. II, 4, 6.

37 Sobre o assunto, *vide* Scialoja, *Sopra il precarium nel Diritto Romano*, in *Studi Giuridici*, I, p. 1 e segs., Roma, 1933; e Levy, *Vom römischen Precarium zur germanischen Landleihe*, in *Zeitschrift der Savigny-Stiftung für Rechtsgeschichte, Romanistische Abteilung*, LXVI (1948), p. 1 e segs.; e Paola Biavaschi, Ricerche sul Precarium, Milano, 2006.

38 O *precario accipiens* (precarista), como salientamos no nº 143, tem posse sobre a coisa objeto do precário.

plemento de relação obrigacional. O pretor, porém – não só para atender às hipóteses em que o *precario dans* não fosse proprietário da coisa, mas também para evitar que o proprietário tivesse (o que ocorria na *rei uindicatio*) o ônus da prova do direito de propriedade sobre a coisa –, concedia ao *precario dans* um interdito especial: o *interdictum de precario*.

No direito justinianeu, o precário está enquadrado entre os contratos inominados, sendo, conseqüentemente, sancionado pela *actio praescriptis uerbis*.[39]

---

39 Sobre a origem dessa *actio*, no tocante ao *precarium, vide* Giffard, "*Precarium, Condictio Incerti*" et "*Actio Praescriptis Verbis*", *in Studi in onore di Salvatore Riccobono*, II, p. 277 e segs.

XLI

PACTOS

Sumário: **250.** A evolução do conceito de *pactum*. **251.** Pactos nus e pactos vestidos (*pacta nuda* e *pacta uestita*). **252.** Os diferentes *pacta uestita*.

250. A evolução do conceito de *pactum* – Os autores modernos, embora não concordem nos pormenores, entendem que o conceito de *pactum* variou nas diferentes etapas de evolução do direito romano.[1]

No tempo da Lei das XII Tábuas[2] – que é o mais remoto de que temos, a respeito, notícia –, *pactum*, como ocorre nos verbos *pacere* e *pacisci*, traz em si a ideia de celebração de paz, e pode ser conceituado, conforme salienta Grosso,[3] como o *acordo de vontades que visa a extinguir um vínculo jurídico entre as partes, para eliminar a pretensão de uma delas contra a outra*. Assim, por exemplo, na hipótese de *membrum ruptum* (sobre o sentido dessa expressão, *vide* o nº 266), se, entre a vítima e o ofensor, houvesse um *pactum*, o ofensor, indenizando a vítima, afastava de si a aplicação da pena de talião.[4] Portanto, nessa época, o *pactum* não tem eficácia positiva (isto é, não faz surgir entre as partes uma relação obrigacional), mas, apenas, eficácia negativa (ou seja, extingue um vínculo jurídico existente entre elas).

---

1 Sobre *pactum, vide*, entre outros, Riccobono, *Corso di Diritto Romano (Stipulationes, contractus, pacta)*, Milano, 1935; Grosso, *Il Sistema Romano dei Contratti*, 2ª ed., p. 186 e segs.,Torino, 1950; Lombardi, *Richerce in tema de "ius gentium"*, p. 193 e segs., Milano, 1946; Sanfilippo, *Alla ricerca dei "nuda pacta"*, in Atti del Congresso Internazionale di Diritto Romano e di Storia del Diritto (Verona, 1948), III, p. 33 e segs.; Astuti, *I Contratti Obbligatori nella Storia del Diritto Italiano, parte generale*, I, p. 65 e segs., e 133 e segs., Milano, 1952; Bonfante, *Sui "contractus" e sui "pacta"*, in Scritti Giuridici Varii, III, p. 135 e segs., Torino, 1926; Magdelain, *Le consensualisme dans l'édit du préteur*, Paris, 1958, e Volterra, *Istituzioni di Diritto Privato Romano*, p. 572 e segs.

2 A respeito de *pactum*, no direito pré-clássico, *vide* De Visscher, *Pactes et religio*, in Archives de Droit Privé (vol. XVI *dédié à Fritz Pringsheim*), Atenas, 1953, p. 138 e segs.; Peterlongo, *La Transazione nel Diritto Romano*, p. 145 e segs.; e Perozzi, *Istituzioni di Diritto Romano*, II, 2ª ed. – reintegrazione 1949 –, § 181, p. 367 e segs.

3 *Il Sistema Romano dei Contratti*, 2ª ed., p. 187.

4 Tábua VIII, 2 (ed. Riccobono).

DIREITO ROMANO – *José Carlos Moreira Alves*

No direito clássico, o pretor, de início, e coerente com o princípio que vinha da Lei das XII Tábuas, continuou a reconhecer apenas eficácia negativa ao *pactum*: por ele, as partes não podiam criar, entre si, relação obrigacional nova, mas, sim, acordar na renúncia, total ou parcial, de uma delas mover contra a outra a *actio* (ação) decorrente de relação jurídica anterior. E se, apesar disso, a parte, que renunciara intentar a *actio*, a movesse contra a outra, o pretor concedia a esta (que seria a ré) a *exceptio pacti conuenti* (exceção de pacto), que impedia fosse ela condenada pelo juiz popular. Portanto, para sancionar o *pactum* – alcançando-se o fim a que se visara com a *celebração* dele –, bastava a concessão desse meio de defesa indireta que era a *exceptio*.

Mas, também no direito clássico, atribui-se ao *pactum* – ao lado dessa eficácia puramente negativa – eficácia positiva, admitindo-se que as partes de uma relação obrigacional, por meio de cláusula a ela adjecta, lhe modifiquem os efeitos: é o que os glosadores denominaram *pacta adiecta* (pactos adjectos). Como veremos adiante (nº 252), ao passo que os pactos adjectos aos contratos sancionados por *iudicia stricti iuris* (*vide* nº 131, C) eram protegidos pela *exceptio*, os apostos aos contratos sancionados por *iudicia bonae fidei* (*vide* nº 131, C), no momento da sua celebração (os chamados *pacta in continenti*), eram tutelados pela própria ação que sancionava o contrato cujos efeitos ele modificara.[5]

Por outro lado, a pouco e pouco, e paralelamente com o desenvolvimento da teoria do *contractus* (contrato), que, como já salientamos (*vide* nº 223), pressupõe sempre um acordo de vontades, os juristas clássicos começam a analisar os elementos que constituem os pactos, dando especial atenção ao acordo de vontades que neles se contém. Por isso, ao lado do sentido restrito (que é o primitivo) da palavra *pactum* (acordo de vontades para pôr fim a uma controvérsia, ou para renunciá-la), surge um sentido amplo: qualquer acordo de vontades não formal. Essa a razão por que os jurisconsultos do século III d.C. – como observa Volterra[6] – empregam o termo *pactum* (ou *pactio*) para indicar, genericamente, acordo de vontades (o que, tecnicamente, designavam com o vocábulo *conuentio*). Demais, esses mesmos juristas, aproximando o *pactum* do *contractus*, esclarecem que em ambos há o acordo de vontades, mas que se distinguem porque no *contractus* o acordo de vontades se agrega a um elemento objetivo (*causa*), gerando, por isso, *obligationes* (obrigações), e sendo sancionado por uma *actio* (ação); ao passo que, no *pactum*, há apenas o acordo de vontades sem a *causa*, não decorrendo dele *obligationes* (obrigações), e sendo sancionado somente por uma *exceptio* (exceção). Daí a célebre assertiva que se atribui a Ulpiano (D. III, 14, 7, 4):

Nuda pactio obligationem non parit, sed parit exceptionem (O pacto nu não gera obrigação, mas exceção).[7]

---

5   Assim, por exemplo, um *pactum in continenti* adjecto a um contrato de compra e venda (a *emptio uenditio* era sancionada por *iudicia bonae fidei*) era protegido pelas ações que sancionavam esse contrato: a *actio empti* em favor do comprador; e a *actio uenditi*, em favor do vendedor.

6   *Istituzioni di Diritto Privato Romano*, p. 577.

7   Sobre esse texto, *vide* nota nº 6 do capítulo XXXV.

Cap. XLI · PACTOS | **553**

É certo, porém, que – conforme acentuamos no nº 223 – essa distinção rígida entre *contractus* e *pactum* sofre atenuações, nos períodos clássico e pós-clássico. Assim, o pretor, com relação a certos pactos, em vez de sancioná-los apenas com a *exceptio*, os tutela com a concessão de *actiones in factum* (*vide* nº 131, A): é o que os glosadores irão denominar *pactos pretorianos*, que, por não serem reconhecidos pelo *ius ciuile* como geradores de *obligationes* (obrigações), não se enquadram entre os contratos (*contractus*) (*vide*, a propósito, nº 191, *in fine*, letra c). Já na época imperial, surgem os pactos que os autores medievais chamarão *pactos legítimos*, que são pactos reconhecidos e tutelados por constituições imperiais, por meio da *condictio ex lege*; e que geram *obligationes* (obrigações), não se incluindo, porém, entre os *contractus* apenas por força da tradição.

No direito justinianeu – e aqui nos limitamos a repetir o que escrevemos no nº 223, *in fine* –, o panorama está inteiramente modificado: os juristas bizantinos, em vez de considerarem – como os clássicos – que a obrigação nasce do elemento objetivo (*forma* ou *datio rei*), e não de acordo de vontades, entendem que é deste que resulta a obrigação; o acordo de vontades, de mero pressuposto de fato dos contratos, passa a ser seu elemento juridicamente relevante. Por isso, Teófilo, na *Paraphrasis Institutionum* (III, 14, 2), define o *contrato* com palavras semelhantes às empregadas pelos juristas clássicos ao conceituarem o *pacto*. Mas isso significa que, no tempo de Justiniano, vigorava o princípio – existente no direito moderno – de que todo acordo de vontade lícito gera obrigação? Essa matéria é muito controvertida. Alguns autores (assim, Riccobono e Sanfilippo) respondem afirmativamente, por entenderem que uma constituição do imperador Leão, de 472 d.C. (VIII, 37, 10), acabou, totalmente, com o formalismo da *stipulatio*, resultando daí que todo acordo de vontades, sem quaisquer formalidades, tinha eficácia como sendo *stipulatio*, não havendo, assim, mais lugar para os pactos nus (isto é, acordos de vontades que não geram obrigação). Outros romanistas, porém (como Rotondi e Astuti), respondem negativamente, salientando que, mesmo no direito justinianeu, persiste a categoria dos pactos nus, e, sob certo aspecto, a tipicidade contratual, pois os juristas bizantinos continuam a entender que cada contrato tem uma figura própria e autônoma, embora admitam que os contratantes possam introduzir, nos casos concretos, mudanças, supressões ou acréscimos nos tipos contratuais, desde que sejam compatíveis com a natureza do contrato típico (*natura contractus*).

251. Pactos nus e pactos vestidos (*pacta nuda* e *pacta uestita*) – Se se examinar o *Corpus Iuris Ciuilis*, sem a preocupação de se procurar descobrir – pelo estudo das interpolações – a evolução histórica da teoria dos pactos, verificar-se-á que, nele, as convenções, sem forma, que não se enquadram entre os contratos típicos ou entre os contratos inominados, se designam, genericamente, pelas expressões *pacta, pactiones, pacta conuenta*.

Por outro lado, como essas convenções, em regra, não geram – ao contrário do que ocorre com os contratos – obrigações, tendo em vista que não são sancionadas por *actiones*, os textos as denominam também *pacta nuda* ou *pactiones nudae* (pactos nus, isto é, pactos desprovidos de ação).

DIREITO ROMANO – *José Carlos Moreira Alves*

Os *pacta nuda*, porém, apesar de não criarem obrigações, por não serem sancionados por *actiones*, não são totalmente despidos de eficácia jurídica: as partes que os celebram podem, para protegerem-se uma da outra, valer-se da *exceptio* (exceção). Assim, se Caio, por meio de uma *stipulatio*, se obrigasse a pagar a Tício certa quantia, mas, posteriormente, mediante um *pactum*, Tício o eximisse do pagamento, caso se arrependesse e acionasse Caio para obter o cumprimento da obrigação, este neutralizaria a *actio* mediante a defesa indireta que lhe propiciava a *exceptio pacti conuenti* (exceção de pacto).

Mas, como se observa nos textos do *Corpus Iuris Ciuilis*, nem todos os *pacta* são *nuda*; ao lado destes, há pactos – meros acordos de vontades – aos quais, em virtude da jurisprudência, do pretor ou de constituições imperiais, se concederam, para sancioná--los, *actiones*, e, isso não obstante, não foram incluídos nunca por força da tradição, entre os contratos típicos.

Em vista disso, muitos romanistas, utilizando-se de expressões que remontam aos glosadores,[8] distinguem duas espécies de pactos:

a) os pactos nus (*pacta nuda*); e

b) os pactos vestidos (*pacta uestita*).

Os pactos nus são os despidos de *actiones* (ações), dando ensejo apenas *a exceptiones* (exceções). Os pactos vestidos são os sancionados por *actiones* (ações), e, por sua vez, conforme a ação que os tutele decorra da atuação da jurisprudência, do pretor ou de constituições imperiais, distinguem-se em *pacta adiecta* (pactos adjectos), *pacta praetoriana* (pactos pretorianos) e *pacta legitima* (pactos legítimos).

Sobre os pactos nus nada mais é preciso dizer além do que já se escreveu. Passemos, portanto, ao exame do que, tradicionalmente, se denomina *pactum uestitum* (pacto vestido).

252. Os diferentes *pacta uestita* – Como salientamos, três são as espécies de pactos que se enquadram na categoria dos *pacta uestita*:

a) os pactos adjetos (*pacta adiecta*);

b) os pactos pretorianos (*pacta praetoriana*); e

c) os pactos legítimos (*pacta legitima*).

Estudemo-los separadamente.

A) *Pactos adjectos*[9]

Os pactos adjectos são aqueles que se apõem a um contrato para reduzir as obrigações do devedor (*ad minuendam obligationem*), ou para ampliá-las (*ad augendam obligationem*).

---

8   A propósito, *vide* Bussi, *La Formazione dei Dogmi di Diritto Privato nel Diritto Comune* (*Diritti reali e diritti di obbligazione*), p. 234 e segs., Padova, 1937.

9   A esse respeito, *vide*, entre outros, Viard, *Les pactes adjoints aux contrats en Droit Romain classique*, Paris, 1929; Biondi, *Iudicia Bonae Fidei*, p. 22 e segs., Palermo, 1920; e Grosso, *Efficacia dei patti nei "bonae fidei iudicia"*, Torino, 1928.

Cap. XLI · PACTOS | **555**

Esses pactos – como todos em geral – podiam fazer-se valer pela *exceptio*. Na realidade, porém, a *exceptio* protegia o devedor nos pactos *ad minuendam obligationem*, fossem apostos no momento da celebração do contrato (pactos *in continenti*), fossem apostos depois (pactos *ex interuallo*); mas não permitia ao credor, por ser apenas meio de defesa, compelir o devedor ao cumprimento do pacto *ad augendam obligationem* (assim, por exemplo, o pacto que estabelecia pagamento de juros).

No entanto, nos contratos sancionados por *iudicia bonae fidei* (*vide* nº 131, C), se o pacto – *ad minuendam obligationem* ou *ad augendam obligationem* – fosse aposto ao contrato no momento de sua celebração (*in continenti*), era ele tutelado pela ação de boa-fé que sancionava o contrato, tendo em vista que, graças à jurisprudência, se entendia que eles deviam ser levados em consideração pelo juiz popular para condenar ou absolver o réu. Essa regra, que, a princípio, só se aplicava aos contratos sancionados por *iudicia bonae fidei*, se estendeu, em época tardia, e com exceções, a pactos *in continenti* apostos a contratos tutelados por *iudicia stricti iuris*.

Portanto, apenas os pactos adjectos *ex interuallo* é que continuaram a ser eficazes somente em virtude da *exceptio*, que, em se tratando de pacto *ad augendam obligationem*, era – demonstramo-lo acima – inútil ao credor para exigir do devedor seu cumprimento.

Como exemplo de pactos adjectos, temos, entre outros, os que se apõem ao contrato de compra e venda (*vide* nº 242, *in fine*).

B) *Pactos pretorianos*

Os pactos pretorianos são aqueles para cuja eficácia o pretor concedia ações pretorianas.

Além dos pactos pretorianos que serviam para a constituição de direitos reais (como, por exemplo, o *pactum hypothecae* – *vide* nº 188, A, *a*), havia os que geravam relações obrigacionais (no direito clássico, *debita*; nos direitos pós-clássico e justinianeu, *obligationes* – *vide* nº 192, *in fine*, *c*), destacando-se, entre estes, os seguintes:

a) o *constitutum*;

b) os *recepta*; e

c) o *iusiurandum uoluntarium*.

O *constitutum*, que é colocado pelos autores entre os pactos pretorianos embora nenhum texto romano o designe como *pactum*, é o acordo de vontades pelo qual alguém promete pagar, em determinada data ou em certo lugar, dívida preexistente, sua ou alheia, ao credor dela. Se se trata de débito alheio, diz-se *constitutum debiti alieni*; se de dívida própria, *constitutum debiti proprii*. De ambos nos ocupamos, respectivamente, nos nºs 215, C, e 212, B, para onde remetemos o leitor.

Quanto aos *recepta*, três são suas espécies, as quais, de comum, têm apenas – segundo a maioria dos romanistas[10] – o nome, *receptum* (de *recipere* – *receber, encarregar-se de*):

---

10 Cf. Monier, *Manuel Élémentaire de Droit Romain*, II, 4ª ed., nº 149, p. 197.

556 | DIREITO ROMANO – *José Carlos Moreira Alves*

a) receptum arbitrii: quando duas pessoas em litígio concordam em decidi-lo por um árbitro por elas escolhido, isso será possível mediante a utilização de dois pactos distintos:

– um, entre os litigantes, que é o *compromissum* (pelo qual as partes acordam na escolha do árbitro, estabelecem o objeto do litígio, e se comprometem a acatar a decisão, fixando uma *poena* para a hipótese contrária), que, no direito justinianeu, é um *pactum legitimum* (*vide*, adiante, letra C, *a*); e

– outro, entre as partes litigantes e o árbitro – esse pacto é o *receptum arbitrii*, pelo qual o árbitro se compromete a dirimir a controvérsia dentro de certo prazo; o *receptum arbitrii* era sancionado pelo pretor com meios administrativos – como, por exemplo, multa – fundados em seu *imperium*;

b) recepta nautarum, cauponum, stabulariorum: o capitão de navio, o albergueiro e o dono de estábulo, com relação às mercadorias, às bagagens, ou aos animais que recebiam, respectivamente, no navio, no albergue ou no estábulo, respondiam por *custodia* (*vide* nº 207), concedendo o pretor ao prejudicado uma *actio in factum*; discutem os autores se essa responsabilidade decorria de pacto expresso entre as partes, sendo provável que, no direito clássico, ela existisse independentemente de acordo explícito;[11] e

c) receptum argentarii: desse pacto – que, no direito justinianeu, se fundiu, num único instituto, com o *constitutum debiti alieni* – já tratamos no nº 215, B.

O *iusiurandum uoluntarium* (juramento voluntário) ocorre quando, havendo controvérsia entre duas pessoas, uma propõe à outra que jure sobre a existência, ou não, do fato a respeito do qual se discute; se a pessoa provocada a fazer o juramento jurar, o pretor lhe concede, conforme o caso, uma *exceptio iusiurandi*[12] ou uma *actio in factum* contra a outra, se esta não quiser acolher o juramento. Trata-se, portanto, de pacto pretoriano, pois pressupõe acordo de vontades sancionado por ação pretoriana.

C) *Pactos legítimos*

Os pactos legítimos são os sancionados por ações decorrentes de constituições imperiais, e que, por força da tradição, não foram enquadrados entre os contratos.

Os principais pactos legítimos são os seguintes:

a) o *compromissum*;

b) o *pactum dotis*; e

c) o *pactum donationis*.

O *compromissum*[13] é a convenção pela qual duas ou mais pessoas concordam em submeter um litígio entre elas à decisão de um árbitro. No direito clássico, sendo essa convenção um simples pacto nu, obtinha-se eficácia obrigatória para ela celebrando-a

---

11 Nesse sentido, Monier, ob. cit., nº 149, p. 198 (e nota 5).

12 Assim, por exemplo, se uma pessoa jurasse não dever nada a outra, e esta, apesar disso, lhe movesse uma *actio* para reclamar o cumprimento da obrigação.

13 A propósito, *vide*, entre outros, Talamanca, *Ricerche in tema di "compromissum"*, Milano, 1958.

Cap. XLI · PACTOS | **557**

por meio de *stipulatio*. No direito justinianeu, o *compromissum* se torna pacto legítimo: Justiniano,[14] em 530 d.C., estabeleceu que, se as partes litigantes tivessem concordado, por escrito, com o laudo, ou, em caso contrário, não o impugnassem dentro de 10 dias, seu cumprimento poderia ser imposto aos litigantes vencidos, mediante uma *actio in factum*.

O *pactum dotis* é a promessa de dote, a que Teodósio II e Valentiano III, em 428 d.C.,[15] deram eficácia obrigatória, ao concederem ao marido, para exigir sua execução, a *condictio ex lege*.

O *pactum donationis* é a promessa de doação, a qual foi sancionada (transformando-se em pacto legítimo), graças a Justiniano, em 530 d.C.,[16] pela *condictio ex lege* – ação pela qual se exigia o cumprimento dessa promessa.

---

14 C. II, 55, 5.

15 C. Th. III, 13, e; e C. V. 11, 6.

16 C. VIII, 53, 35; e *Inst.*, II, 7, 2.

XLII

A DOAÇÃO

Sumário: 253. Conceito, requisitos e estrutura jurídica. **254.** A disciplina jurídica da doação *inter uiuos*. **255.** A doação *mortis causa* e outras figuras de doação.

253. Conceito, requisitos e estrutura jurídica – A doação, no direito romano, é o ato pelo qual alguém (doador) diminui voluntariamente seu patrimônio e aumenta o de outrem (donatário).[1]

Quanto a seus requisitos, os autores divergem.

Segundo vários romanistas modernos,[2] eles variaram do direito clássico para o justinianeu. No direito clássico, eram dois: *a*) a diminuição voluntária do patrimônio do doador; e *b*) o aumento do patrimônio do donatário. No direito justinianeu, além desses dois requisitos, há um terceiro: o *animus donandi* (a intenção efetiva de doar).

Entretanto, continua dominante[3] a tese de que, também no direito clássico, se exigia, ao lado da diminuição voluntária do patrimônio do doador e do aumento do patrimônio do donatário, o *animus donandi*.

Já a estrutura jurídica da doação sofreu acentuadas modificações durante a evolução do direito romano.

Com efeito, até Constantino, a doação não possuía estrutura jurídica própria – ela não era um negócio jurídico típico, mas, apenas, *causa* de vários atos abstratos, no campo patrimonial. Daí os textos salientarem que tais atos, nesse caso, eram realizados *donationis causa*, isto é, com a finalidade de atribuir a alguém uma entidade patrimonial, sem contrapartida. Esse fim podia ser atingido por meio de negócios jurídicos e até de atos materiais. Assim, entre aqueles, a *mancipatio*, a *traditio*, a *stipulatio*, a *acceptilatio*, o *pactum de non*

---

1   Sobre doação, *vide*, entre outros, Biondi, *Sucessione Testamentaria – Donazioni* (vol. X do *Trattato di Diritto Romano diretto da Emílio Albertario*), p. 631 e segs., Milano, 1943; Archi, *La Donazione (Corso di Diritto Romano)*, Milano, 1960; Ascoli, *Trattato delle Donazioni*, 2ª ed., Milano, 1935 (obra de direito civil italiano, mas com amplas referências ao direito romano); Savigny, *Sistema del Diritto Romano Attuale*, vol. V (trad. Scialoja), § 142 e segs.; p. 1 e segs., Torino, 1893; e Jörs--Kunkel, *Römisches Recht*, II, § 153, p. 245 e segs., nota 1 (com boa indicação bibliográfica).

2   Assim, entre outros, Jörs-Kunkel, *Römisches Recht*, II, § 153, p. 246, nota 2; Schwind, *Römisches Recht*, § 81, p. 330; e Di Marzo, *Instituzioni di Diritto Romano*, 5ª ed., p. 417.

3   *Vide*, entre outros, Perozzi, *Istituzioni di Diritto Romano*, 55, 2ª ed. – *reintegrazione* 1949 – § 326, p. 722, nota 1; e Biondi, *Istituzioni di Diritto Romano*, 3ª ed., p. 736.

petendo: pelos dois primeiros, transferia-se a propriedade sobre uma coisa, gratuitamente, ao donatário; pela *stipulatio*, o doador se obrigava, verbalmente, a realizar doação ao donatário; e, por intermédio, da *acceptilatio* e do *pactum de non petendo*, ocorria remissão de dívida. Entre os atos materiais, temos, a título de exemplo, a realização de uma construção em terreno alheio, com a intenção de não se exigir pagamento do proprietário do solo.

Constantino, em constituição imperial provavelmente de 323 d.C.,[4] vai delinear a doação como negócio jurídico típico, ao estabelecer, como requisitos para que ela seja válida, os três seguintes:

a) a redação de ato escrito na presença de testemunhas;

b) a tradição da coisa (*corporalis traditio*), realizada – em se tratando de doação de imóvel – diante dos vizinhos; e

c) a *insinuatio*, isto é, a transcrição do ato escrito em arquivo público.

Embora não seja pacífica a interpretação dessa constituição,[5] tudo indica que, pela reforma de Constantino, só há doação, em sentido técnico, quando se reúnem esses três requisitos. Portanto, a doação deixou de abarcar todos os atos que, anteriormente, podiam realizar-se *donationis causa*, abrangendo apenas os que transferiam direito de propriedade ou constituíam direitos reais limitados, pois somente nessas hipóteses era possível preencher-se o requisito da *corporalis traditio*.

Posteriormente, Justiniano introduziu modificações na reforma de Constantino, não mais exigindo a *corporalis traditio*, e estabelecendo a necessidade do ato escrito e da *insinuatio apud acta* (inscrição do ato de doação em Registro especial) apenas em caso de doação de valor superior a 500 sólidos.[6] Com isso, alargou-se o círculo das doações, admitindo-se as três seguintes espécies:

a) *doações reais* (as que implicam a transferência de direito de propriedade, ou a constituição de direito real limitado);

b) *doações obrigatórias* (aquelas pelas quais surge a obrigação de o doador realizar prestação em favor do donatário); e

c) *doações liberatórias* (as que importam a renúncia, pelo doador, de direito que tenha contra o donatário – por exemplo: remissão de dívida).

Demais, Justiniano estabeleceu que a mera convenção entre doador e donatário é suficiente para que surja *doação obrigatória*: a doação se enquadra, nesses casos, entre os pactos legítimos (*vide* nº 252, C).

* * *

---

4 *Fragmenta quae dicuntur Vaticana*, 249; C. Th. VIII, 12, 1; e C. VIII, 53, 25. Sobre o problema relativo à data dessa constituição, *vide* Biondi, *Sucessione Testamentaria – Donazioni* (vol. X do *Tratatto di Diritto Romano diretto da Emílio Albertario*), p. 646 e segs., nota 1, Milano, 1943.

5 A propósito, *vide* Archi, *La Donazione – Corso di Diritto Romano*, p. 236, Milano, 1960.

6 A princípio, como se verifica no C. VIII, 53, 54, o limite era mais baixo: 300 sólidos. Depois (C. VIII, 53, 36, 3), passou para 500.

Cap. XLII · A DOAÇÃO | **561**

Examinada a estrutura jurídica da doação, podemos enfrentar as duas seguintes questões:

a) Qual a colocação da *donatio* no sistema jurídico romano?

b) Sendo as doações atos de liberalidade, mas abrangendo esses atos outros que não apenas as doações, como distinguir-se a doação dos demais atos de liberalidade?

Quanto à primeira questão, grande é a divergência entre os autores, tendo em vista, principalmente, que as fontes não nos proporcionam orientação sistemática digna de ser seguida.[7] Alguns romanistas antigos[8] – no que foram seguidos por pandectistas alemães[9] – a enquadravam entre os contratos. Savigny,[10] porém, combateu essa colocação, salientando que a doação não era, no direito romano, negócio jurídico típico, mas simplesmente causa de qualquer negócio jurídico patrimonial. Também no século XX não estão os romanistas de acordo a respeito do enquadramento da doação na sistemática de suas obras: alguns a colocam no capítulo referente aos atos jurídicos em geral, ou ao negócio jurídico em particular;[11] outros[12] a estudam no direito das obrigações; outros,[13] ainda, a analisam no direito das coisas; e há os que a examinam à parte.[14] Preferimos – tendo em vista que, pelo menos no direito justinianeu, se encontra a doação obrigatória como pacto legítimo – estudá-la no direito das obrigações, logo após a análise dos pactos.

Com referência ao segundo problema, são os seguintes – como acentua Biondi[15] – os traços distintivos entre a doação e os demais atos de liberalidade:

a) a doação se restringe à esfera patrimonial (em consequência, a manumissão de um escravo, embora possa implicar liberalidade, não é doação);

b) a doação atribui ao donatário um direito (esse o motivo por que a constituição do *precarium* a alguém não é doação: pelo precário não se concede ao precarista qualquer direito); e

---

7   Assim, por exemplo, as *Institutas* de Justiniano (II, 7) a colocam entre os modos de aquisição do domínio, o que, evidentemente, é falho – como o demonstrou Savigny, *Sistema del Diritto Romano Attuale*, trad. Scialoja, vol. IV, p. 1 e segs., Torino, 1889 –, pois a doação, por si só, não transmite o direito de propriedade.

8   *Vide*, a respeito, Mühlenbruch, *Doctrina Pandectarum, editio noua* (Bruxellis, 1838), § 440, p. 416.

9   Entre outros, Windscheid, *Lehrbuch des Pandektenrechts*, II, 8ª ed., § 365 e segs., p. 505 e segs., Frankfurt a. M., 1900.

10 *Sistema del Diritto Romano Attuale*, trad. Scialoja, vol. IV, p. 2, Torino, 1889.

11 Rabel, *Grundzüge des römischen Privatrechts, in Enzyklopädie der Rechtswissenchaft in systematischer Bearbeitung, begründet von Holtzendorff*, I, 7ª ed., § 121, p. 512 e segs, München-Leipzig-Berlin, 1915.

12 Assim, May, *Éléments de Droit Romain*, 11ª ed., § 169 e segs., p. 280 e segs., Paris, 1913.

13 *Vide* Scheurl, *Lehrbuch der Institutionem*, 3ª ed., § 87, p. 117 e segs., Erlagen, 1857.

14 Perozzi, *Istituzioni di Diritto Romano*, II, 2ª ed., – *reintegrazione*, 1949 –, § 236 e segs., p. 718 e segs.

15 *Istituzioni di Diritto Romano*, 3ª ed., § 124, p. 735 e segs.

DIREITO ROMANO – José Carlos Moreira Alves

c) a doação é *causa* que ocorre com relação a atos abstratos, e não a atos típicos (por isso, o comodato e o testamento, embora impliquem liberalidade, não são doação: são atos típicos).

254. A disciplina jurídica da doação *inter uiuos* – A partir do século III a.C. até Justiniano, a doação – a princípio, apenas sob certos aspectos, por ser meramente *causa*; depois, de modo autônomo, quando ela se transforma em negócio jurídico típico – foi objeto de disciplina jurídica, que, aliás, varia conforme se trate de doação *inter uiuos* ou de doação *mortis causa*.

Ocupar-nos-emos, neste item, da doação *inter uiuos*; no seguinte, da doação *mortis causa*.

No século III a.C., as liberalidades são malvistas, razão por que disposições legais e costumes procuram restringir as doações.

Assim, em 204 a.C., a Lei *Cincia de donis et muneribus*[16] estabelece:

a) a proibição de os advogados receberem dinheiro ou presentes para a defesa de causa;[17] e

b) a proibição de doações superiores a uma taxa (*ultra modum*) que não se sabe qual fosse,[18] o que, no entanto, não se aplicava a doações entre certas pessoas (as *personae exceptae*)[19] como, por exemplo, os cognados até o 5º grau; os afins em 1º grau; os noivos; os cônjuges; liberto e patrono; cognados de qualquer grau, quando um faz ao outro doação a título de constituir dote.[20]

A Lei *Cincia de donis et muneribus* é, quanto à segunda dessas proibições, uma *lex imperfecta*, ou seja, que não impunha pena a ser aplicada ao infrator, nem cominava a nulidade do ato praticado contra esse preceito. Não se sabe como, no sistema das ações da lei, se fazia valer essa proibição;[21] é certo, porém, que, no processo formulário, o pretor

---

16 Trata-se de um plebiscito (a qualificação *Lex* vem do fato da equiparação dos plebiscitos às leis – *vide* nº 19, *in fine*) proposto e feito aprovar pelo tribuno da plebe M. Cíncio Alimento. Seu texto não chegou até nós, mas dela temos amplas referências nos *Fragmenta quae dicuntur Vaticana* (§§ 206 a 316).

17 Tácito, *Annales*, XI, 5.

18 As conjeturas a respeito não têm qualquer base nos textos. Há autores (assim Krueger, *Unmäsige Schenkung, in Zeitschrift der Savigny-Stiftung für Rechtsgeschichte, Romanistische Abteilung*, LX, nº 80) que defendem a tese de que a Lei *Cincia de donis et muneribus* não estabelecia uma taxa precisa.

19 *Vide*, a propósito, os *Fragmenta quae dicuntur Vaticana*, 289 a 309.

20 Savigny (*Lex Cincia de donis et muneribus, in Vermischte Schriften*, I, p. 330, Berlin, 1850) não encontra razão para explicar as proibições dessa lei numa época em que os romanos eram tão parcimoniosos. Observa, porém, Biondi (*Successione Testamentaria – Donazioni – Trattato di Diritto Romano diretto da Emilio Albertario*, X, p. 636, Milano, 1943) que Cícero (*De Officiis*, II, 15, 54), referindo-se à época da Lei *Cíncia*, salienta que muitos dilapidaram seus patrimônios com atos de liberalidade inconsiderados.

21 Sobre as conjeturas, a propósito, *vide* Monier, *Manuel Élémentaire de Droit Romain*, II, 4ª ed., § 152, p. 203, nota 4.

Cap. XLII · A DOAÇÃO | **563**

concedia ao doador, contra o donatário que lhe intentasse ação para obter a execução de *donatio* proibida, uma *exceptio* (exceção) – a *exceptio legis Cinciae*.[22] Assim, de acordo com o direito civil (*ius ciuile*), a doação, mesmo proibida, era eficaz (o donatário dispunha de ação para compelir o doador a executá-la), mas, segundo o direito honorário (*ius honorarium*), não o era, em face da concessão ao doador da *exceptio legis Cinciae*, que paralisava a pretensão do donatário.

Em face da contraposição entre a eficácia, *iure ciuili*, da doação e a possibilidade de opor-se a ela a *exceptio legis Cinciae*, os jurisconsultos romanos, no período clássico, criaram a figura da *donatio perfecta* (doação perfeita, no sentido de completa, definitiva), isto é, doação a que o doador não pode eximir-se de executá-la, ou, se executada, desfazê-la.[23] A *donatio perfecta* ocorre nestas hipóteses:

a) doação entre pessoas a que a Lei *Cincia de donis et muneribus* isenta da proibição por ela estabelecida (*personae exceptae*); assim, por exemplo, doação entre cognados até o 5º grau; e

b) doação entre *personae non exceptae*, mas que, por ter sido executada, não dá margem a que o doador se arrependa, utilizando-se da *exceptio legis Cinciae* (o motivo por que essa doação é *perfecta* é facilmente explicável: a *exceptio* é meio de defesa – e não de ataque – que se opõe à *actio*; ora, para fazer valer a proibição da Lei *Cincia*, o *doador*, que se arrependeu, só dispõe da *exceptio legis Cinciae* para opor à ação do donatário, que não irá intentá-la, uma vez que ela visa a obter o que já foi realizado: a execução da doação).

A doação *perfecta* era irrevogável. O mesmo não ocorria, porém, com a doação *imperfecta*, uma vez que o doador – e para isso dispunha da *exceptio legis Cinciae* – podia recusar-se a executá-la. Ambos esses princípios, entretanto, foram atenuados, ainda no direito clássico:

a) no tempo de Sétimo Severo e de Caracala,[24] retirou-se aos herdeiros do doador a faculdade de usar da *exceptio legis Cinciae* para não executar a doação; em outras palavras: com a morte do doador, a doação se torna *perfecta*; e

b) admitiu-se que fosse revogável a doação *perfecta*, ao arbítrio do doador, quando se realizasse entre patrono (doador) e liberto (donatário).

---

22 Note-se, porém, que, se o doador, celebrada a *mancipatio* ou a *in iure cessio* (modos de aquisição do direito de propriedade), houvesse transferido, também, a posse da coisa, a doação permanecia firme, pois, para desfazê-la, o doador não podia utilizar-se da *exceptio*, que era meio de defesa, e não de ataque. O mesmo não ocorria, porém, se, apesar de celebrada a *mancipatio* ou a *in iure cessio*, ainda não tivesse havido a transferência da posse; nesse caso, para obtê-la, o donatário tinha de mover ação contra o doador, que, pela *exceptio legis Cinciae*, a neutralizava.

23 Doação *imperfecta*, portanto, é aquela que o doador pode eximir-se de cumprir (assim, por exemplo, a doação que ainda não foi executada, entre *personae non exceptae*).

24 *Fragmenta quae dicuntur Vaticana*, 266 e 294.

Por outro lado, nos fins da república ou no início do principado, proibiram-se[25] as doações entre cônjuges[26] – pessoas *exceptae* segundo a Lei *Cincia de donis et muneribus* –, sob pena de nulidade. Com isso, segundo tudo indica, pretendeu-se, principalmente, evitar situações de constrangimento ou de pressão imoral entre marido e mulher (assim, por exemplo, que um dos cônjuges fizesse doação ao outro, para que não houvesse divórcio).[27] Em 206 d.C., porém, um *senatusconsulto*, por proposta de Sétimo Severo e de Caracala (a *oratio diui Antonini*),[28] atenuou essa proibição, estabelecendo que a doação se tornaria válida se o cônjuge doador falecesse sem mudar de vontade.

No período pós-clássico, possivelmente em 323 d.C., foi a Lei *Cincia de donis et muneribus* – de que decorrera o conceito de *donatio perfecta*, com base no qual se construíra a doutrina clássica da doação – revogada pela constituição de Constantino que, como salientamos no item anterior, transformou a doação, de causa, em negócio jurídico típico.

Com essa constituição, cai o sistema clássico de limitações à doação, passando-se a exigir, porém, para que ela se constitua, a observância de formalidades que visam à publicidade:

a) a redação de ato escrito (com a indicação do doador, do donatário e da coisa doada) na presença de testemunhas;

b) a tradição da coisa (*corporalis traditio*), realizada – em se tratando de doação de imóvel – diante dos vizinhos; e

c) a *insinuatio*, isto é, a transcrição do ato escrito de doação em arquivo público pela autoridade – que tenha o *ius acta conficiendi* – do lugar do domicílio do doador.[29]

É certo, porém, que os textos pós-clássicos continuam a referir-se a expressões utilizadas com relação à Lei *Cincia de donis et muneribus*: *donatio perfecta, exceptio, exceptae personae*. Mas o que, em verdade, ocorre é que os jurisconsultos pós-clássicos, com termos advindos do direito clássico, exprimem ideias diversas. Com efeito, abolido o sistema de restrições sobre o qual se construíra o conceito clássico de doação, as exigências se concentram na *forma*; daí, por exemplo, ao passo que, no direito clássico, *donatio perfecta* é a doação que o doador não pode eximir-se de executar, ou, se executada, desfazer, no direito pós-clássico *donatio perfecta* é aquela que se realiza com a observância das formalidades legais.

---

25 A origem dessa proibição, ao que tudo indica, é costumeira. *Vide* D. XXIV, 1, 1. Há autores (assim, Di Marzo, *Istituzioni di Diritto Romano*, 5ª ed., § 98, p. 420), no entanto, que entendem que tal proibição teve origem na Lei *Iulia et Papia Poppaea*, no tempo de Augusto.

26 Sobre a proibição de doação entre cônjuges, *vide* Mario Lauria, *Il Divieto delle Donazioni fra Coniungi, in Studi e Ricordi*, pp. 341 a 374, Nápoli, 1983.

27 D. XXIV, 1, 1; e D. XXIV, 1, 3, pr.

28 D. XXIV, 1, 32.

29 A *insinuatio* para as doações entre as pessoas *non exceptae* já tinha sido tornada obrigatória pelo pai de Constantino, o imperador Constâncio Cloro (C. Th. III, 5, 1).

Com Justiniano, quando a doação não excede o valor de 500 sólidos, não se exigem as formalidades requeridas por Constantino; e até nas que são superiores a esse valor (com exceção de alguns casos, como, por exemplo, as doações feitas pelo imperador ou pela imperatriz, ou as destinadas a finalidades pias, em que se dispensam as formalidades), só há necessidade de se observarem os requisitos da redação do ato escrito e da *insinuatio*, para que a doação não seja nula no que exceder aos 500 sólidos.

Por outro lado, estabelece ainda Justiniano que:

a) o doador pode revogar a doação *perfecta* (no sentido que essa expressão adquire no direito pós-clássico: doação realizada com a observância das formalidades legais), se ocorrer ingratidão do donatário (seja liberto, ou ingênuo) para com o doador;[30] e

b) a simples convenção entre doador o donatário é pacto legítimo, e, portanto, obrigatório para o doador.[31]

255. A doação *mortis causa* e outras figuras de doação – A doação *mortis causa*[32] é aquela que requer, para ter eficácia definitiva, que o doador morra antes que o donatário, ou ao mesmo tempo em que este.[33]

Em vista disso, salientam os juristas romanos[34] que, na doação *mortis causa*, o doador se prefere ao donatário, mas prefere este a seus próprios herdeiros.

A doação *mortis causa* – que, como a doação *inter uiuos*, podia ser real, obrigatória ou liberatória – foi sempre considerada, no direito romano, simples *causa* (daí realizar-se, por exemplo, por meio da *mancipatio*, da *traditio*, da *stipulatio*, da *acceptilatio*, do *pactum de non petendo*), não chegando a configurar-se, nem mesmo no direito justinianeu, como negócio jurídico típico.

Por outro lado, a doação *mortis causa* podia ocorrer quando o doador tinha em vista a simples consideração de sua morte a qualquer tempo, ou quando o doador levava em conta a possibilidade de sua morte em situação de perigo iminente (assim, por exemplo, em caso de doença grave, de viagem perigosa, de guerra).

Segundo a maioria dos autores,[35] a doação *mortis causa*, em ambos esses casos, já existia no direito clássico, tendo possivelmente a segunda hipótese (doação *mortis causa* em vista de perigo iminente) surgido anteriormente à primeira (doação *mortis causa* por simples cogitação da morte). Há autores,[36] porém, que pretendem que somente aquela

---

30 Assim, no caso de injúria grave ao doador, ou no de atentado à sua vida. *Vide*, C. VIII, 55, (56), 10.

31 *Vide* nº 252, C.

32 Sobre a doação *mortis causa*, entre outros. Amelotti, *La "Donatio Mortis Causa", in Diritto Romano*, Milano, 1953 (com ampla bibliografia); Di Paola, *Sulla Struttura della "Donatio mortis causa", in Studi in onore di Pietro de Francisci*, vol. IV, p. 161 e segs., Milano, 1956; e Senn, *Études sur le Droit des Obligations*, I (*Études d'un acte juridique causal: la donation à cause de mort*), Paris, 1914.

33 D. XXXIX, 6, 26.

34 D. XXXIX, 6, 35, 2; e *Inst.*, II, 7, I.

35 Assim, Amelotti, ob. cit., p. 10 e segs.

36 Nesse sentido, Di Paola (*apud* Amelotti, ob. cit., p. 10).

existiu no direito clássico; esta surgiu apenas no direito pós-clássico ou no direito justinianeu.

Quer na doação *mortis causasola cogitationis mortalitatis*, quer na doação *mortis causa* em vista de perigo iminente, o donatário:

a) ou recebia de imediato a liberalidade, ficando o doador com a faculdade de revogá-la se ele não falecesse na situação de perigo, ou se o donatário morresse antes dele (a princípio, o devedor, para ter essa faculdade, deveria estabelecê-la por *stipulatio* ou *pactum fiduciae*; mais tarde, graças aos sabinianos, admitiu-se que ela se considerava implícita na doação, concedendo-se ao doador, para torná-la efetiva, uma *condictio*);

b) ou tinha esse recebimento subordinado a uma condição suspensiva: a de o doador morrer antes dele a qualquer tempo, ou na situação de perigo iminente em vista da qual se fizera a doação.

No direito justinianeu – ao lado dos dois casos de revogação aludidos na letra *a*, que já existiam no direito clássico, e que só se aplicavam à hipótese de doação *mortis causa* em que o donatário recebeu de imediato a liberalidade –, surge um terceiro que pode ser aplicado também à doação *mortis causa* sob condição suspensiva: a mudança de vontade do doador (as doações *mortis causa*, portanto, passam a ser revogáveis pelo simples arbítrio do doador).

Para concluir, estabeleçamos as diferenças existentes entre a doação *mortis causa* e institutos afins (doação *inter uiuos* e legado).

A doação *mortis causa*, ao contrário do que ocorre com a doação *inter uiuos*, depende, para ter eficácia definitiva, de que o doador morra antes, ou ao mesmo tempo, que o donatário. Além disso, não está ela sujeita às restrições da Lei *Cincia de donis et muneribus*, nem, nos direitos pós-clássico e justinianeu, à *insinuatio*.

Com referência ao legado, a doação *mortis causa*, a princípio, dele se diferencia nitidamente. Com efeito, ao contrário do que ocorria com o legado, a doação *mortis causa* não era feita em testamento, razão por que o doador não precisava ter capacidade para testar; ela independia da adição de herança, sendo perfeita desde a morte do doador; e a ela não se aplicavam as leis caducárias, nem a lei Falcídia. Posteriormente, porém, essas distinções se vão abrandando: já antes do tempo de Justiniano, as limitações das leis caducárias e da Lei *Falcidia* passam a ser aplicadas à doação *mortis causa*, em virtude, respectivamente, de um *senatusconsulto* a que se refere o D. XXXIX, 6, 35, pr., e de uma constituição de Sétimo Severo.[37] No direito justinianeu, acentua-se a aproximação entre o legado e a doação *mortis causa*, embora – como o próprio Justiniano[38] o reconhece – persistam diferenças entre eles: a doação *mortis causa* continua a independer do testamento; exige acordo de vontade entre doador e donatário; produz efeitos em vida do doador; e este pode renunciar o poder de revogá-la. Nada disso ocorre com o legado.

* * *

---

37 C. VI, 50, 5; e C. VIII, 56 (57), 2.

38 *Inst.*, II, 7, 1.

Além da doação *mortis causa*, há outras espécies de doação – e estas *inter uiuos* – que merecem referência. Assim, a doação universal, a remuneratória e a modal (*sub modo*).

A doação universal é a que tem como objeto todo o patrimônio do doador ou uma quota dele. No direito clássico,[39] para que a doação universal fosse eficaz, era necessário que se transferisse, do doador ao donatário, a propriedade de coisa por coisa, bem como se cedessem regularmente os créditos e as ações. No direito justinianeu,[40] admite-se que a doação universal possa realizar-se por um ato único. Por essa doação, não ocorria sucessão universal, e, assim, o donatário não respondia, perante terceiros, pelos débitos do doador; se, porém, se obrigasse com este a responder por seus débitos, a menos que houvesse *delegatio* (*vide* nº 221, VI, *in fine*) – quando a responsabilidade seria direta do donatário para com o terceiro –, o que sucedia era o seguinte: os credores iam contra o doador, e este, por sua vez, se voltava contra o donatário.[41] Note-se, finalmente, que, se o doador não cumprisse a doação, e, por isso, fosse acionado pelo donatário, seria condenado apenas a entregar o ativo do seu patrimônio (sendo, portanto, deduzidos os débitos – *aere alieno deducto*).

A doação remuneratória é aquela que o doador realiza para recompensar alguém que o tenha beneficiado. Ela não se confunde com o negócio jurídico bilateral oneroso, porque não encerra uma contraprestação, tendo em vista que se trata de compensação a benefício não avaliável em dinheiro,[42] ou de remuneração que, socialmente, não se reputa como contraprestação. Como exemplo de doação remuneratória, temos a feita pelo doador a quem lhe salvou a vida, a qual, aliás, é, no direito justinianeu, irrevogável.[43]

A doação modal (ou doação *sub modo*) é aquela em que o doador, em seu favor ou no de terceiro, impõe ao donatário um ônus (modo ou encargo – *vide* nº 112, C). Para a realização da doação *sub modo*, utiliza-se, em geral – caso contrário, o doador não dispunha de meio eficaz para compelir o donatário a cumprir o encargo –, de um *pacto fiduciae* inserto na *mancipatio*, ou de uma *stipulatio* em separado, pelos quais o donatário prometia, para a hipótese de não cumprimento do ônus, restituir a coisa doada, ou pagar uma pena. No direito justinianeu, a doação *sub modo*, quando efetuada pelo doador a prestação, se enquadrava na categoria dos contratos inominados, dispondo o doador, portanto, das ações que sancionavam as obrigações deles decorrentes. Por outro lado, quando o encargo é estabelecido em favor de terceiro, este, para obter sua execução pelo

---

39 *Fragmenta quae dicuntur Vaticana*, 263.

40 C. VIII, 53 (54), 25, 3 e 4.

41 C. IV, 6, 2; e C. VIII, 53 (54), 22.

42 *Pauli sententiarum ad filium libri*, V. 11, 6.

43 Roberto Reggi (*in Tema di donazione remuneratoria, in Studi in onore di Pietro de Francisci*, vol. III, pp. 246-7, Milano, 1956) salienta que, no direito justinianeu, a doação remuneratória é, sem qualquer dúvida, uma verdadeira doação, não estando sujeita à revogação por ingratidão.

donatário, tem uma *actio utilis*,[44] sendo discutível, porém, se isso já ocorria no direito clássico, ou se somente no direito justinianeu.[45]

---

44 C. VIII, 54 (55), 3, 1.

45 Para Biondi (*Successione Testamentaria, Donazioni – Trattato di Diritto Romano diretto da Emilio Albertario*, p. 712, Milano, 1943), essa *actio utilis* surgiu no direito clássico; para Bonfante (*Istituzioni di Diritto Romano, ristampa della X Edizione*, § 182, p. 536), no direito justinianeu.

XLIII

OS QUASE CONTRATOS

Sumário: 256. Generalidades. **257.** A gestão de negócios. **258.** O enriquecimento sem causa e as *condictiones*. **259.** A tutela. **260.** A *communio incidens*. **261.** O legado.

256. Generalidades – Como já salientamos anteriormente (*vide* nº 201), na categoria das *obligationes quasi ex contractu*, as *Institutas* de Justiniano[1] enquadraram obrigações que decorrem de atos lícitos que não se traduzem em acordo de vontades, contrapondo-se às *obligationes ex contractu* (obrigações resultantes de contrato).

A denominação *quase contrato* (*obligatio ex quasi contracto*) – e o mesmo ocorre com quase delito (*obligatio ex quasi delicto*) – não se encontra no *Corpus Iuris Ciuilis*, onde, sistematicamente, a expressão empregada é *obligatio quasi ex contractu* (e *obligatio quasi ex delicto*, na hipótese de *quase delito*). Foram os autores bizantinos – contemporâneos de Justiniano, ou a ele posteriores – que se serviram, em grego, de expressão correspondente a *obligatio ex quasi contractu* (e, no caso de *quase delito*, a *obligatio ex quasi delicto*),[2] o que legitima a utilização de *quase contrato* (e, igualmente, de *quase delito*), para designar essas figuras.

Enumeram as *Institutas* de Justiniano[3] como *quase contratos* os seguintes:

a) a gestão de negócios;

b) a tutela;

c) a *communio incidens*;

d) o legado; e

e) o pagamento indevido.[4]

---

1   *Inst.*, III, 27.

2   A propósito, *vide* Albertario (*Ancora sulle fonti dell'obbligazione romana, in Studi di Diritto Romano*, III, p. 138, Milano, 1936); Schwind (*Römisches Recht*, I, § 82, p. 334); e Voci (*Istituzioni di Diritto Romano*, 3ª ed., § 78, p. 318, nota 6). Textos de autores bizantinos que demonstram tal assertiva são indicados em Ferrini (*Manuale di Pandette*, 4ª ed., § 519, p. 509, nota 3, Milano, 1953), e – mais amplamente – em Kaser (*Das Römische Privatrecht*, II, § 260, p. 263, nota 6, München, 1959).

3   *Inst.*, III, 27.

4   O D. XI, 1, 11, 9 (texto tido como interpolado, segundo se vê no *Index Interpolationum quae in Iustiniani Digestis inesse*, I, col. 144, Weimar, 1929, e *Supplementum*, I, col. 173, Weimar, 1929) alude, também, à *interrogatio in iurecomo* sendo quase contrato.

570 | DIREITO ROMANO – *José Carlos Moreira Alves*

Estudemo-los separadamente, alterando em parte a ordem seguida por Justiniano.

257. A gestão de negócios – A gestão de negócios (*negotiorum gestio*) é a gestão de um ou mais negócios feita por alguém (o *negotiorum gestor*) em favor de outrem (o *dominus negotii*), sem que haja mandato ou outra causa qualquer pela qual ela deva ser realizada.[5]

São muito controvertidas a origem e a evolução da *negotiorum gestio* no direito romano. Em síntese, discute-se sobre:

a) qual a ação ou quais as ações que, de início, sancionaram a *negotiorum gestio*; e se a origem delas se encontra no *ius ciuile* ou no *ius honorarium*;

b) quais os casos, a princípio, enquadrados na *negotiorum gestio*, e como esse instituto se estendeu a pouco e pouco até tomar a configuração espelhada no conceito acima fixado;[6] e

c) se essa evolução se conclui no direito clássico, ou se, ao contrário, a *negotiorum gestio* só se delineou, como instituto autônomo, no período justinianeu.[7]

A opinião ainda hoje dominante[8] é a de que a *negotiorum gestio* surgiu como instituto do *ius honorarium*, limitando-se, de início, à gestão dos *negotia absentis* (negócios

---

5 Sobre a *negotiorum gestio*, *vide*, entre outros, Wlassak, *Zur Geschichte der Negotiorum Gestio*, Jena, 1879; Pacchioni, *Della Gestione degli Affari Altrui*, 3ª ed., Padova, 1935; Segrè, *Sulle formule relative alle negotiorum gestio e sull'editto e il iudicium de operis libertorum*, in *Scritti Vari di Diritto Romano*, p. 1 e segs., Torino, 1952; Arangio-Ruiz, *Il mandato in Diritto Romano*, p. 3 e segs., Napoli, 1949; Voci, *La Dottrina Romana del Contratto*, p. 295 e segs., Milano, 1946; Kaser, *Das Römische Privatrecht*, I, § 137, p. 489 e segs., München, 1955; e Guarino, *Diritto Privato Romano*, § 176, p. 558 e segs. (com ampla bibliografia).

6 Quanto às questões abrangidas nessas letras *a* e *b*, assim, respectivamente, sintetiza Volterra (*Istitu- zioni di Diritto Privato Romano*, p. 544, nota 2) o estado em que se encontra, atualmente, a doutrina:

a) segundo alguns autores, as duas *ações negotiorum gestorum* (a *directa* e a *contraria*) são criações do *ius ciuile*; o pretor, mediante a concessão de *actiones in factum*, as teria estendido a algumas hipóteses especiais; para outros romanistas, as duas originariamente são pretorianas (*in factum*), tendo posteriormente passado a civis de boa-fé; enfim, há os que entendem que a *actio negotiorum gestorum directa* é criação do *ius ciuile*, e a *actio negotiorum gestorum contraria*, do pretor; e

b) alguns romanistas – como Wlassak – julgam, com base nos termos do Edito do pretor, que, de início, esse magistrado teria tutelado a *negotiorum gestio* em caráter geral, abrangendo nela até o mandato e a tutela; outros entendem que a identificação teria sido apenas da *negotiorum gestio* com a *procuratio*; e há os que – assim, Arangio-Ruiz – defendem a tese de que, enquanto o *ius ciuile* concedia uma *actio in ius ex fide bona* para as relações entre o procurador e o *dominus negotii*, o pretor dava uma *actio in factum* para aquele que, espontaneamente, substituísse outrem em processo judicial; posteriormente, a jurisprudência teria estendido a *actio in ius ex fide bona* a todos os casos em que alguém espontaneamente gerisse negócio alheio, embora apenas os juristas do tempo de Justiniano é que, distinguindo as hipóteses da *procuratio* e da *negotiorum gestio*, teriam classificado esta entre os quase contratos, delineando-a como instituto autônomo.

7 Sustenta a origem justinianeia da *negotiorum gestio*, entre outros, Frese (*vide*, a propósito, Guarino, *Diritto Privato Romano*, § 176, p. 558, nota 7).

8 A respeito, *vide* Iglesias, *Derecho Romano*, II, 2ª ed., § 91, p. 111 e segs.; e Arangio-Ruiz, *Il Mandato in Diritto Romano*, p. 44, Napoli, 1949.

Cap. XLIII · OS QUASE CONTRATOS | **571**

do ausente). Mas, mesmo entre os autores que seguem essa tese, discute-se se o pretor concedeu uma *actio in factum directa* e outra *contraria* (*vide* nº 131, A, *in fine*) (a primeira em favor do *dominus negotii*, e a segunda, do *negotiorum gestor*), ou se apenas esta última. A pouco e pouco, no decurso do direito clássico, a *negotiorum gestio* se foi estendendo a outras hipóteses que não apenas à gestão dos *negotia absentis*, até que, com caráter geral, e ainda no período clássico, foi acolhida pelo *ius ciuile*, sendo, então, sancionada por duas ações civis de boa-fé: a *actio negotiorum gestorum directa* e a *actio negotiorum gestorum contraria*.

Para que ocorra a *negotiorum gestio* – ao menos nos direitos pós-clássico e justinianeu, quando indubitavelmente a *negotiorum gestio*, já totalmente distinta do mandato e da *procuratio* (*vide* nº 243), está devidamente delineada como relação jurídica obrigacional decorrente da atividade unilateral do gestor –, é necessário que se preencham os seguintes requisitos:

a) *gestão de negócio alheio*: elemento objetivo que se traduz no imiscuir-se alguém em negócio alheio, praticando um ato ou uma série de atos de conteúdo variável (com efeito, o ato pode ser simplesmente material: tratamento de escravo doente; ou se tratar de negócio jurídico, como, por exemplo, constituir-se o gestor em fiador do terceiro); demais, deve ser o negócio alheio (*negotium alienum*), não havendo *negotiorum gestio* se se gerir negócio próprio, ainda que indiretamente redunde em proveito de terceiro, como na hipótese de o *negotiorum gestor* e o *dominus negotii* serem sócios ou coerdeiros;

b) *animus negotia aliena gerendi*: elemento subjetivo[9] pelo qual basta, para que haja a *negotiorum gestio*, que o gestor realize sua atividade com a intenção de obter, por meio dela, resultado em proveito de terceiro, não importando – como se vê das fontes[10] – que ele saiba, ou não, quem é o *dominus negotii*;

c) *negotium utiliter coeptum*: que a atividade do gestor, ao empreender a *negotiorum gestio*, seja útil ao *dominus negotii*, não se exigindo, porém, que essa utilidade decorra

---

9 Nos textos romanos, há contradições quanto a esse elemento. Por isso, alguns autores – assim, Arangio-Ruiz, *Istituzioni di Diritto Romano*, 13ª ed., p. 359 – entendem que o *animus negotia aliena gerendi* é criação justinianeia, bastando, no direito clássico, para que ocorresse a *negotiorum gestio*, o fato objetivo da gestão: outros – como Bonfante, *Istituzioni di Diritto Romano, ristampa della X Edizione*, § 170, p. 515 – defendem opinião contrária: os jurisconsultos clássicos exigiam o *animus negotia aliena gerendi*, mas Justiniano tendeu a eliminá-lo, pois concedia a *actio negotiorum gestorum* em algumas hipóteses em que esse *animus* não ocorria. Opinião intermediária é a de Rabel (*Negotium alienum und animus, in Studi in onore di Pietro Bonfante*, IV, p. 281 e segs., Milano, 1930) – seguida por Jörs-Kunkel, *Römisches Recht*, 2ª ed., § 154, p. 248 –, segundo a qual, para se saber, no direito clássico, se o negócio era alheio, se utilizava preponderantemente de critérios objetivos, recorrendo-se, porém, em casos duvidosos, a elementos subjetivos, como, por exemplo, verificar se o gestor tivera a intenção de gerir negócio alheio. Mas esse elemento subjetivo – de acordo com a tese de Rabel – nunca se concebeu como independente, nem mesmo no tempo de Justiniano, quando ele adquiriu maior importância.

10 *Vide*, por exemplo, D. III, 5, 5, 1; D. III, 5, 44 (45), 2; e D. X, 3, 14, 1.

da gestão já realizada – o que se requer é o *negotium utiliter coeptum* (negócio iniciado utilmente), e não *negotium utiliter gestum* (negócio gerido utilmente);[11] por outro lado, a utilidade inicial se afere objetivamente, pela verificação de a atividade do gestor ter sido, ou não, igual à que um indivíduo normal, na mesma situação, teria realizado em seu próprio proveito; e

d) espontaneidade da gestão: não há gestão de negócios se o gestor realiza sua atividade em cumprimento de obrigação com o *dominus negotii* (como, por exemplo, se há mandato expresso ou tácito);[12] note-se, no entanto, que ocorre a *negotiorum gestio* se o gestor realiza o ato de gestão crendo, erroneamente, ser mandatário do *dominus negotii*.

Se a gestão de negócios foi levada a efeito contra a vontade do *dominus negotii* (*prohibente domino*), discutem os jurisconsultos clássicos[13] se o gestor tem, ao menos, uma *actio utilis* para reaver o dinheiro gasto em proveito objetivo do *dominus negotii*. Justiniano[14] dirime a controvérsia, decidindo negativamente, exceto se a proibição (*prohibitio*) ocorreu, dolosamente, depois de o gestor ter realizado as despesas.

Por outro lado, a *negotiorum gestio* pode ser ratificada pelo *dominus negotii*. Nesse caso, ela se transformará em mandato? A questão tem sido amplamente debatida pelos romanistas. Logicamente, a resposta seria negativa, pois, se afirmativa, teríamos que, na hipótese, o contrato de mandato se formaria depois de sua execução. Mas os textos romanos são contraditórios a respeito e – como salienta Huvelin[15] – parecem indicar que, segundo os juristas romanos, haveria mandato apenas com relação ao gestor, a quem se concedia a *actio mandati contraria* para cobrar, do *dominus negotii*, as despesas realizadas com a *negotiorum gestio*.

Da gestão de negócios – embora seja atividade unilateral do gestor – decorrem obrigações para o *negotiorum gestor* e para o *dominus negotii*, as quais se amoldam, por analogia, às resultantes do contrato de mandato.

São obrigações do *negotiorum gestor*:

a) conduzir a termo a gestão, não podendo deter-se sequer pelo fato de ter o *dominus negotii* falecido;[16]

b) restituir ao *dominus negotii*, finda a gestão, as coisas objetos dela, bem como entregar-lhe todas as vantagens (como, por exemplo, os frutos) advindas da *negotiorum gestio*, cedendo-lhe as ações surgidas com a gestão; e

---

11 Assim, há *negotiorum gestio* quando alguém trata de escravo alheio doente, e este, posteriormente, vem a falecer.

12 Observam Jörs-Kunkel, *Römisches Recht*, 2ª ed., § 154, p. 248, nota 7, que, no direito clássico, era irrelevante que o gestor, ao realizar a gestão, tivesse em vista exigir do dono do negócio ressarcimento das despesas efetuadas; os textos que declaram o contrário são interpolados.

13 D. XVII, 1, 40; e D. III, 5, 7, (8), 3.

14 C. II, 18 (19), 24.

15 *Cours Élémentaire de Droit Romain*, 55, p. 221 e segs.

16 D. III, 5, 20 (21), 2.

c) ter a diligência do *bonus pater familias*, uma vez que ele responde até por culpa leve.[17]

São obrigações do *dominus negotii*:

a) ressarcir o *negotiorum gestor* das despesas ou dos prejuízos havidos com a *negotiorum gestio*; e

b) liberar o gestor das obrigações contraídas no interesse dele, *dominus negotii*.

As obrigações decorrentes da gestão de negócios são sancionadas por duas ações: a *actio negotiorum gestorum directa* (em favor do *dominus negotii*) e a *actio negotiorum gestorum contraria* (em favor do *negotiorum gestor*). Sobre essas ações, há – como salientamos de início – muita controvérsia.

258. O enriquecimento sem causa e as *condictiones* – O enriquecimento sem causa ocorre quando uma pessoa, sem que haja causa jurídica para isso, se locupleta em detrimento de outrem.

As *Institutas* de Justiniano (III, 27, 6) enquadram entre os quase contratos a *indebiti solutio* (pagamento do indevido), que é uma das hipóteses de enriquecimento sem causa, na qual o que recebeu indevidamente está obrigado a restituir aquilo que lhe foi pago. Ao lado da *indebiti solutio* (pagamento do indevido), há outros casos de enriquecimento sem causa em que se reconheceu, no direito romano, a obrigação de restituir o que foi recebido sem causa jurídica. Essas hipóteses também devem ser colocadas entre os quase contratos.

Em todos os casos de enriquecimento sem causa concede-se – pelo menos no direito justinianeu – uma *condictio* (ação abstrata e de direito estrito) acompanhada de designação alusiva à hipótese em apreço (assim, por exemplo, *condictio indebiti, condictio causa data causa non secuta, condictio ob turpem causam*).

Por outro lado, sobre a evolução da noção de enriquecimento sem causa e das ações que o atacaram no direito romano, há grande divergência entre os autores. Das teorias que procuram explicá-la, duas são as principais: a primeira defendida, entre outros, por Pernice[18] e Girard;[19] a segunda, por Perozzi,[20] Monier[21] e Iglesias.[22]

Segundo Pernice e Girard, os romanistas, desde épocas remotas, levaram em consideração, combatendo-o, o enriquecimento sem causa. Por isso, as obrigações *re* (que

---

17 Em certas hipóteses em que a gestão é realizada em momentos graves para o *dominus negotii*, o gestor só responde por dolo ou por culpa (*vide*, nesse sentido, D. XIX, 5, 3, 9, texto que se suspeita interpolado). Em outros casos, porém, como, por exemplo, quando o gestor realizava negócios que sabia não ser costume do *dominus* efetuar, o *negotiorum gestor* respondia até por caso fortuito (D. III, 5, 10).

18 Labeo, III, 1, *neudruck*, p. 211 e segs., Aalen, 1963.

19 *Manuel Élémentaire de Droit Romain*, 8ª ed., p. 651 e segs.

20 *Istituzioni di Diritto Romano*, II, 2ª ed. – reintegrazione, 1949 –, § 179, p. 360 e segs.

21 *Manuel Élémentaire de Droit Romain*, II, 4ª ed., § 157, p. 211.

22 *Derecho Romano*, II, 2ª ed., § 92, p. 116 e segs.

correspondem, na técnica moderna, às obrigações decorrentes dos contratos reais), antes de serem sancionadas por outras ações, o foram pela *condictio* com base justamente no princípio de que não deve subsistir inatacável o enriquecimento sem causa. Huvelin[23] – que adere a essa corrente – julga que esse princípio decorre de ideia moral e religiosa – que se encontra na Grécia e em Roma, desde tempos remotíssimos – que se traduz na *lei de partilha* (*Lei de Nemesis*, segundo os gregos), pela qual a vida de cada pessoa é uma trama de bens e de males que o Destino tece previamente, de modo que o homem, ao nascer, recebe sua porção de bem e de mal em proporção de equilíbrio invariável; daí, quando os bens aumentam, necessariamente para o restabelecimento do equilíbrio, crescerão os males: quem é feliz hoje será infeliz amanhã; e a recíproca é verdadeira. Demais, para essa corrente de opinião defendida por Pernice e Girard, no processo das ações da lei o enriquecimento sem causa era atacado, de início, pela *actio sacramenti in personam*, e, mais tarde, quando surgiram as Leis *Silia* e *Calpurnia*, pela *condictio certae pecuniae* ou pela *condictio certae rei* (ambas, modernizações da *actio sacramenti in personam*), conforme se tratasse de enriquecimento sem causa por quantia certa ou por coisa certa. No processo formulário (e, portanto, no direito clássico), ao lado das *condictiones certae pecuniae* e *certae rei*, surge a *condictio incerti* para as hipóteses em que o enriquecimento decorre de um *incertum* (por exemplo, de um negócio jurídico, da constituição de um direito real). Ainda no período clássico, verifica-se que os juristas procuram elaborar a teoria do enriquecimento sem causa, tanto assim que Gaio – e possivelmente se valeu de exemplo anterior a ele – aproxima (*vide* nº 228) a *indebiti solutio* do contrato de mútuo (*mutuum*). Infelizmente, porém, são penumbrosos os pormenores dessa evolução no direito clássico. Enfim, no direito justinianeu, as diferentes *condiciones* que resultam de enriquecimento sem causa – as *condictiones sine causa* em sentido amplo – são classificadas em: *condictio indebiti, condictio ob causam datorum* (ou *causa data causa non secuta*), *condictio ob turpem causam, condictio ob iniustam causam* e *condictio sine causa* em sentido estrito.

Já de acordo com a segunda corrente de opinião, a evolução da teoria do enriquecimento sem causa se processou de modo diverso. No direito pré-clássico, o enriquecimento sem causa não era atacado por qualquer espécie de ação. No direito clássico, apenas em algumas hipóteses – como, por exemplo, na *indebiti solutio* – se concederam *condictiones* contra o enriquecimento sem causa. Somente no tempo de Justiniano é que a *condictio* – em diferentes modalidades – passa a sancionar o princípio genérico de que não deve haver enriquecimento sem causa; cria-se, então, a *condictio incerti*, e classificam-se as diversas *condictiones*.[24]

---

23 *Cours Élémentaire de Droit Romain*, II, p. 198 e segs.; e *Les Tablettes magiques et le droit romain, in Études d'Histoire du Droit Commercial Romain*, p. 222 e segs., Paris, 1929.

24 Observa Perozzi (*Istituzioni di Diritto Romano*, II, 2ª ed. – *reintegrazione* 1949 – § 179, p. 360, nota 2), porém, que, mesmo no direito justinianeu (assim, por exemplo, no D. XII, 6, 33), existem hipóteses em que não há ação contra o enriquecimento sem causa.

Passemos, agora, à análise das diferentes *condictiones* que, no direito justinianeu, sancionavam a obrigação de restituir decorrente do enriquecimento sem causa.[25]

I – *"Condictio indebiti"*

Era a *condictio* que sancionava a obrigação resultante da *indebiti solutio* (pagamento do indevido). A *indebiti solutio* ocorria quando alguém, crendo erroneamente que estava obrigado com relação a outrem, efetuava prestação para liberar-se da obrigação que não existia entre essas duas pessoas.[26]

Por outro lado, para que se configure a *indebiti solutio* (e, consequentemente, surja a obrigação sancionada pela *condictio indebiti*), é preciso que se preencham os seguintes requisitos:

a) que tenha havido *solutio*, isto é, o cumprimento de prestação para extinguir uma suposta relação obrigacional;

b) que essa *solutio* seja indevida porque:

– ou entre o *soluens* (o que pagou) e o *accipiens* (o que recebeu) nunca existiu relação obrigacional, ou, se existiu, já fora extinta; ou

– a prestação realizada não é *objeto da relação* obrigacional existente;[27]

c) que a *solutio* decorra de erro de fato escusável;[28]

d) que o *accipiens* esteja de boa-fé, pois, se de má-fé, se configura o *furtum*, e, então, a ação cabível é a *condictio furtiua* (*vide* nota nº 34 deste capítulo); e

e) que a *solutio* não se refira a obrigação que – embora inexistente – seja sancionada por ação em que o réu *infitiando crescit in duplum* (isto é, ação em que a condenação, se o réu falsamente negar a dívida, é do dobro do realmente devido), ou a obrigação eliminável por meio de *exceptio perpetua* (exceção perpétua).[29]

---

25 Como observa Meumann, *La Théorie de l'enrichissement illegitime en droit justinien, in Studi in onore di Salvatore Riccobono*, IV, p. 453 e segs., Palermo, 1936, essas diferentes *condictiones sine causa* (em sentido amplo) se distinguem, segundo a origem da falta de justificativa do enriquecimento, em *condictio indebiti, condictio causa data causa non secuta, condictio ob turpem causa, condictio ob iniustam causam, condictio sine causa* (em sentido estrito) e *condictio furtiva*.

26 A teoria da *pressuposição* (*Voraussetzung*), de Windscheid (*vide*, a propósito, *Die Lehre des römischen Rechts von der Voraussetzung*, Düsseldorf, 1850; e *Lehrbuch des Pandektenrechts*, I, 8ª ed., § 97, p. 435 e segs., Frankfurt a. M., 1900), que é uma *condição não plenamente desenvolvida*, embora não seja romana (como o demonstrou Segrè, *Alcune osservazioni sulla teoria della presupposizione nei riguardi del Diritto romano e del Diritto moderno, in Scritti Giuridici*, I, p. 364 e segs., Cortona (Arezzo), 1930), foi formulada com base em que o fundamento da *condictio indebiti*, da *condictio ob causam datorum* e da *condictio sine causa* seria a *pressuposição*, em virtude da qual o negócio jurídico somente tem eficácia se a razão determinante da manifestação de vontade se verificar.

27 É de notar-se que não há *indebiti solutio* se se cumpre obrigação natural.

28 O erro de direito somente favorecia os soldados, as mulheres, os rústicos e os púberes menores de 25 anos.

29 Cf. *Fragmenta quae dicuntur Vaticana*, 266; e D. XII, 6, 26, 3.

DIREITO ROMANO – *José Carlos Moreira Alves*

Demais, pela *condictio indebiti*, o *accipiens*, como tem de estar de boa-fé, só responde pelo que efetivamente se enriqueceu com o pagamento indevido. Assim, se ele recebeu, por *indebiti solutio*, um escravo, e o *manumitiu*, está obrigado não a ressarcir o valor do escravo, mas apenas a restituir ao *soluens* o que ele conserva sobre o escravo manumitido: os direitos de patrono. Portanto, nem sempre o empobrecimento do *soluens* é igual ao enriquecimento do *accipiens*. E isso produz – como acentua Huvelin[30] – grave dificuldade quanto ao processo da *condictio indebiti*: esta é, conforme o objeto da *solutio* tenha sido *res certa*, ou *pecunia certa*, ou *incertum*, a *condictio certae rei*, ou a *condictio certae pecuniae*, ou a *condictio incerti*; ora, nas duas primeiras hipóteses, havendo a possibilidade de o empobrecimento do *soluens* ser maior do que o enriquecimento do *accipiens* (ou, então, o contrário), como seria possível a redação *certa* da fórmula? Essa questão ainda não foi devidamente elucidada.

II – *"Condictio causa data causa non secuta"*

Dessa *condictio* já tratamos quando do estudo dos contratos inominados (*vide* nº 248, *in fine*). Aqui, há apenas que acrescentar que ela podia ser utilizada em situações em que não se configurasse contrato inominado, mas de que resultasse enriquecimento sem causa – assim, por exemplo, quando alguém recebia coisa a título de dote e o casamento não se celebrava.

III – *"Condictio ob turpem causam"*

Concedia-se a *condictio ob turpem causam* quando alguém realizava prestação para que o *accipiens* não praticasse ato desonroso para o próprio *accipiens*, ou para que cumprisse seu dever jurídico. Se, porém, o *soluens* participasse do ato torpe, não teria direito a utilizar-se dessa *condictio*.[31]

IV – *"Condictio ob iniustam causam"*

A *condictio ob iniustam causam* é aquela que tem por fim a restituição do que foi dado a alguém em virtude de causa reprovada pela lei.[32] Assim, por exemplo, dispõe dessa *condictio* aquele que pagou em virtude de *stipulatio* celebrada mediante o emprego de coação.

V – *"Condictio sine causa"* (em sentido estrito)

A *condictio sine causa* em sentido estrito – conforme salienta Volterra[33] – é aquela que sanciona obrigação decorrente de enriquecimento sem causa que se dá quando alguém entrega a outrem dinheiro ou coisa para a obtenção de finalidade que não existe ou que não se pode realizar (assim, por exemplo, manumitir homem que é livre), ou então, para objetivo que vem a faltar.[34]

---

30   *Cours Élémentaire de Droit Romain*, II, p. 206 e segs.
31   *Vide*, por exemplo, D. XII, 5, 4, 1 a 3; e D. XII, 5, 3.
32   D. XII, 5, 6.
33   *Istituzioni di Diritto Privato Romano*, p. 550.
34   Além dessas *condictiones*, há, ainda, a *condictio furtiua*, que, em decorrência de coisa furtada, se concede ao proprietário desta contra o ladrão ou seus herdeiros. Nesse caso, porém, como acentua

Cap. XLIII · OS QUASE CONTRATOS | **577**

259. A tutela – Também a tutela – da qual resultam, como veremos adiante (nº 299), relações obrigacionais entre tutor e tutelado – foi incluída, no direito justinianeu, entre os "quase contratos".[35]

260. A *communio incidens* – Denomina-se *communio incidens* o condomínio que decorre não de convenção entre duas ou mais pessoas – como sucede com o que resulta de contrato de sociedade –, mas de fato material (por exemplo, da comistão – *vide* nº 154, I, *d*), ou de dispositivo legal, ou de ato de liberalidade *inter uiuos* ou *mortis causa* (assim, no caso de doação em favor, conjuntamente, de várias pessoas).

Quanto às relações obrigacionais entre os comunheiros – como a divisão de prejuízos e de vantagens, e o reembolso de despesas com a coisa comum –, as *Institutas* de Justiniano (III, 27, 3) reputam-nas decorrentes de quase contratos, o que significa que a *communio incidens* é enquadrada, no direito justinianeu, entre os quase contratos.

Essas obrigações foram reguladas da mesma forma que as que surgem entre sócios em virtude de contrato de sociedade. Demais, no momento em que um dos comunheiros o desejasse, a *communio incidens* podia ser dissolvida pela *actio communi diuidundo*, ou, em hipótese de herança, pela *actio familiae erciscundae*, ações essas utilizáveis, também, para que os comunheiros, sem a dissolução da *communio incidens*, exigissem, entre si, o cumprimento das obrigações resultantes dessa situação de indivisão.

261. O legado – É igualmente o legado incluído, no direito justinianeu,[36] entre os quase contratos, tendo em vista – como expressamente o declaram as *Institutas* – que as obrigações do herdeiro para com o legatário (e isso ocorre nos legados *per damnationem* e *sinendi modo* – *vide* nº 347, B e C) não resultam nem de contrato (pois não há acordo de vontade entre o testador, o herdeiro e o legatário), nem de delito.

Volterra (*Istituzioni di Diritto Privato Romano*, p. 551, nota 1), a obrigação surge do delito (*delictum*), e, consequentemente, a relação jurídica tutelada por essa *condictio* não pode ser capitulada entre os quase contratos, segundo o critério adotado por Justiniano.

35 *Inst.*, III, 27, 2.
36 *Inst.*, III, 27, 5.

XLIV

OS DELITOS

Sumário: **262.** Distinção entre delito público e privado. **263.** Os delitos privados. **264.** O *furtum*. **265.** A *rapina (ui bona rapta)*. **266.** A *iniuria*. **267.** O *damnum iniuria datum*.

262. Distinção entre delito público e privado – Os jurisconsultos romanos classificam os atos ilícitos (*vide* nº 205) em duas categorias:

a) delitos públicos; e

b) delitos privados.[1]

Delito público é a violação de norma jurídica que o Estado considera de relevante importância social. Assim, por exemplo, são delitos públicos a *perduellio* (atentado contra a segurança do Estado), o *parricidium* (assassínio de homem livre). O Estado punia os autores dos delitos públicos com *poena publica* (pena pública), imposta por Tribunais especiais (como as *Quaestiones Perpetuae*), e que consistia na morte, ou na imposição de castigos corporais ou em multa que revertia em benefício do Estado.[2]

Delito privado é a ofensa feita à pessoa (assim, as lesões corporais) ou aos bens do indivíduo. Quando isso ocorre, o Estado não toma a iniciativa de punir o ofensor, mas assegura à vítima o direito de intentar contra este uma *actio* para obter sua condenação ao pagamento de determinada quantia, como pena (*poena priuata*). No direito clássico, essa *poena priuata* tem o mesmo caráter punitivo que a *poena publica*. No direito justinianeu, porém, ela passa, em verdade, a configurar-se como ressarcimento do dano sofrido pela vítima, embora continue a denominar-se *poena*.

---

1 Sobre delito privado (ou delito civil), também denominado, no direito moderno, ato ilícito, *vide* nº 263.

2 Segundo se verifica dos textos, os jurisconsultos clássicos, em geral (e não invariavelmente, como pretende Albertario, *Delictum e crimen, in Studi di Diritto Romano*, III, p. 143 e segs., Milano, 1936; e *Maleficium, in Studi in onore di Silvio Perozzi*, p. 223 e segs., Palermo, 1925), designavam o delito público com o termo *crimen*, e o delito privado com os vocábulos *delictum* e *maleficium* (este, empregado mais raramente). A propósito, *vide*, entre outros, Segrè, *Obligatio, obligare, obligari nei testi della giurisprudenza classica e del tempo di Diocleziano, in Scritti Vari di Diritto Romano*, p. 355 e segs., Torino, 1952; Lauria, *Contractus, delictum, obligatio, in Studia et Documenta Historiae et Iuris*, ano IV (1938), p. 182 e segs.; Schulz, *Classical Roman Law*, § 976, p. 573; e Brasiello, *La Repressione Penale in Diritto Romano*, p. 42, nota 6, Napoli, 1937.

580 | DIREITO ROMANO – *José Carlos Moreira Alves*

Grande, pois, é a diferença entre o direito romano e o direito moderno, com relação aos delitos. Atualmente, delito é violação de norma penal (isto é, de norma cuja infringência o Estado reputa como fator de desequilíbrio social), punida, em consequência de ação movida, em geral, por órgão estatal – o Ministério Público –, com pena privativa da liberdade individual, ou com multa em favor do Estado. Já os ilícitos civis (ainda, por força da tradição, denominados também *delitos civis*) são aqueles atos de que decorre, para seu autor, a obrigação de indenizar, extracontratualmente, a vítima: neles não há que falar em pena, mas em ressarcimento de dano. Por outro lado, alguns dos delitos privados do direito romano – assim, por exemplo, o *furtum* (furto) – são enquadrados, atualmente, entre os delitos, e não entre os atos ilícitos civis.

263. Os delitos privados – Dos delitos públicos e privados, iremos estudar apenas os últimos, porquanto somente deles é que decorrem *obligationes*.[3]

Durante toda a evolução do direito romano, os jurisconsultos não conheceram a categoria geral e abstrata do *delictum* (delito privado), mas apenas alguns *delicta* (delitos privados), dos quais resultavam *obligationes* para quem os cometia. Eram eles os quatro seguintes: *furtum, rapina (ui bona rapta), iniuria* e *damnum iniuria datum*.

Outros atos ilícitos, no direito clássico, eram sancionados pelo *ius honorarium*: o pretor concedia à vítima *actiones in factum* (*vide* nº 131, A). Desses atos ilícitos não surgiam *obligationes* (obrigações reconhecidas pelo *ius ciuile*), mas, sim, deveres jurídicos de conteúdo patrimonial, a que os textos se referem, geralmente, com a expressão *actione teneri*. No direito pós-clássico, desses atos ilícitos passam a decorrer *obligationes*, e, no tempo de Justiniano, são alguns deles enquadrados entre os quase delitos (*obligationes quase ex delicto*), de que nos ocuparemos no capítulo seguinte.

Dos *delicta* (*furtum, rapina (ui bona rapta), iniuria* e *damnum iniuria datum*) e dos atos ilícitos de que se ocupava o pretor, nasciam *actiones poenales* (ações penais), que apresentavam as seguintes características:

I – eram, a princípio, intransmissíveis ativa ou passivamente, podendo, portanto, ser intentadas apenas pela vítima contra o ofensor, e não pelos herdeiros daquela, ou contra os herdeiros deste; posteriormente, esse princípio sofreu restrições: elas passaram a transmitir-se ativamente (isto é, aos herdeiros da vítima), exceção feita às ações que os intérpretes do direito romano denominam *uindictam spirantes*, que sancionam delitos em que a ofensa é personalíssima (por exemplo: a *actio iniuriarum*);[4] e passivamente (ou

---

3   Os delitos públicos constituem objeto do que os romanistas modernos denominam "Direito Penal Romano". Entre outros autores que se ocupam dos delitos públicos, *vide* Landucci, *Storia del Diritto Romano dalle origini fino alla morte di Giustiniano*, I, § 381 e segs., p. 777 e segs., Verona-Padova, 1898; Mommsen, *Römisches Strafrecht*, Leipzig, 1899 (há tradução francesa de J. Duquesne, *Le Droit Pénal Romain*, 3 vols., Paris, 1907); Ferrini, *Diritto Penale Romano*, Milano, 1909; Emilio Costa, *Crimini e pene da Romolo a Giustiniano*, Bologna, 1921; Falchi, *Diritto Penale Romano*, 3 vols., Padova, 1932 a 1937; e Brasiello, *La Repressione Penale in Diritto Romano*, Napoli, 1937.

4   Cf. Gaio, *Institutas*, IV, 112.

seja, contra os herdeiros do ofensor) – o que, segundo vários romanistas,[5] só ocorreu no tempo de Justiniano –, na medida em que esses herdeiros lucraram com o delito cometido pelo falecido;

II – admitiam o regime da noxalidade,[6] ou seja, se o delito fosse praticado por *filius familias* ou escravo, com o desconhecimento – ou até contra sua vontade – do *pater familias*, ou se um seu animal causasse prejuízo a terceiro, a vítima do delito podia intentar a ação penal contra o *pater familias*, a quem era facultada esta alternativa:

a) ou se deixava acionar e pagava a pena pecuniária a que fosse condenado; ou

b) para livrar-se disso, abandonava o *filius familias* (que se tornava pessoa *in mancipio* – vide nº 86, B), o escravo ou o animal, em favor da vítima, que, com relação aos dois últimos, passava a ser seu proprietário (o regime da noxalidade, quanto aos escravos e animais, persiste no direito justinianeu; com referência ao *filius familias*, Justiniano[7] revogou esse regime, estabelecendo que a ação penal devia ser proposta diretamente contra o *filius familias*);

III – não se extinguiam com a *capitis deminutio* do ofensor, nem, no caso de ser ele escravo, com sua manumissão;

IV – podiam ser cumuladas com ações reipersecutórias (ações reais ou pessoais); assim, era possível à vítima intentar, além da ação penal (com que visava à punição do ofensor), outra ação para obter a restituição da coisa ou o ressarcimento do prejuízo; note-se, no entanto, que, no direito justinianeu, como a pena privada perde seu caráter estritamente punitivo, passando a ter, como finalidade preponderante, a função de ressarcir o dano, essa cumulação sofre restrições;[8]

V – se vários fossem os autores, cada um deles estava obrigado a pagar à vítima o valor total da pena objeto da condenação, e isso pelo mesmo motivo por que, modernamente, quando diversas pessoas cometem um crime, a pena não se divide entre elas, mas cada uma tem de cumpri-la totalmente; e

VI – as que sancionavam os *delicta* (delitos privados reconhecidos pelo *ius ciuile*) eram perpétuas; já as pretorianas só eram concedidas dentro de um ano, a partir da ocorrência do ato ilícito reprimido pelo pretor.

264. O *furtum* – Do exame dos textos romanos, verifica-se que o conceito de *furtum*[9] sofreu – desde o período anterior à Lei das XII Tábuas até a definição, atribuída a Paulo, que se encontra no D. XLVII, 2, 1, 3 – acentuada evolução.

---

5   *Vide*, a propósito, Voci, *Risarcimento e pena privata nel diritto romano classico*, § 40, p. 193 e segs., Milano, 1939.

6   A respeito, *vide*, entre outros, a exaustiva monografia de Visscher, *Le Régime Romain de la Noxalité*, Bruxelas, 1947; e Girard, *Les actiones noxales, in Melanges de Droit Romain*, II, p. 309 e segs., Paris, 1923.

7   *Inst.*, IV, 8, 7.

8   *Vide* Biondi, *Istituzioni di Diritto Romano*, 3ª ed., § 94, p. 371.

9   Sobre o *furtum*, *vide*, entre outros, Pampaloni, *Studi sopra il delitto di furto, in Scritti Giuridici*, I, p. 559 e segs., Pisa-Roma, 1941; Huvelin, *Cours Élémentaire de Droit Roman*, II, p. 18 e segs. (onde expõe, resumidamente, as teses desenvolvidas em sua monografia *Études sur le "furtum" dans le*

582 | DIREITO ROMANO – *José Carlos Moreira Alves*

Anteriormente à Lei das XII Tábuas, segundo parece, só se punia o *fur manifestus*, isto é, aquele que era preso com a coisa furtada em suas mãos, ou em cuja casa era ela encontrada por meio da *perquisitio lance licioque* (busca a que a vítima do furto procedia na casa do suspeito como ladrão, trajando ela, apenas, um pequeno calção que lhe cobria a parte inferior do tronco, e tendo nas mãos um prato, ritual antiquíssimo e que, no tempo de Gaio, já se afigurava ridículo).[10] Nessa época remota não havia o conceito abstrato do delito de *furtum*. O que interessava precipuamente era a descoberta da coisa; daí bastar o simples fato, sem outras considerações, de se encontrar a coisa furtada em poder de uma pessoa, ou em casa, para que esta – que até podia não ter sido o ladrão – fosse punida como *fur manifestus*.

Com a Lei das XII Tábuas, ao lado do *furtum manifestum* pune-se, também, o *furtum nec manifestum*, isto é, aquele em que o ladrão, tendo-se apoderado clandestinamente da coisa, é descoberto sem a utilização da *perquisitio lance licioque*. Demais, segundo Gaio,[11] a Lei das XII Tábuas punia, ainda, o *furtum conceptum* e o *furtum oblatum*, concedendo à vítima, respectivamente, a *actio furti concepti* e a *actio furti oblati*. Essa informação tem dado margem a grande controvérsia entre os romanistas. Das diferentes interpretações, destaca-se aquela segundo a qual, nessa época remota, a *actio furti concepti* seria concedida contra aquele em cuja casa fosse descoberta, sem o emprego da *perquisitio lance licioque*, a coisa furtada; e a *actio furti oblati* seria dada, nessa hipótese, e se fosse o caso, ao dono da casa contra aquele que lhe havia entregue a coisa, objeto do furto.[12] Mas – saliente-se –, há autores (como Huvelin)[13] que, embora em frontal contradição com Gaio, chegam a negar a existência dessas ações no tempo da Lei das XII Tábuas.

Admitindo-se o *furtum nec manifestum*, tornou-se necessário determinar quais os atos que se enquadravam nele, para se saber quem se capitulava como *furnec manifestus*. Daí, como se observa em vários textos do *Digesto* (assim, por exemplo, D. XLI, 2, 3, 18; e XLI, 3, 38), os esforços – e, consequentemente, as divergências – dos jurisconsultos clássicos para construírem a noção abstrata de *furtum*.

No século II d.C., Gaio,[14] procurando conceituar o *furtum*, escreve:

Furtum autem fit, non solum cum quis intercipiendi causa rem alienam amouet, sed generaliter cum quis rem alienam inuito domino contrectat (Ocorre o furto não só quando alguém subtrai coisa alheia para apropriar-se dela, mas também, em geral, quando alguém, contra a vontade do dono, retém coisa alheia).

---

    très ancien droit romain, I. *Les Sources*, Paris, 1915); Schulin, *Lehrbuch des Geschichte des Römischen Rechts*, p. 320 e segs., Sttutgart, 1889; Visscher, *Le "Fur manifestus" e L'Enquete "lance et licio" et les actiones "concepti et oblati"*, in *Études de Droit Romain*, p. 137 e segs., e 217 e segs., respectivamente, Paris, 1931.

10 *Institutas*, III, 193. Sobre diferentes interpretações desse ritual, *vide* Emilio Costa, *Storia del Diritto Romano Privato*, 2ª ed., p. 315, nota 1, Torino, 1925; e Huvelin, *Cours Élémentaire de Droit Romain*, II, p. 19.

11 *Institutas*, III, 91.

12 Cf. Monier, *Manuel Élémentaire de Droit Romain*, II, 4ª ed., nº 36, p. 48.

13 *Cours Élémentaire de Droit Romain*, II, p. 20.

14 *Institutas*, III, 195.

Cap. XLIV · OS DELITOS | **583**

No *Digesto*,[15] encontra-se a célebre definição que é atribuída a um jurisconsulto do século III d.C. – Paulo –, mas que, segundo a opinião atualmente dominante,[16] é, em parte, interpolada:

Furtum est contrectatio rei fraudolosa lucri faciendi gratia uel ipsius rei uel etiam usus eius possessionisue (O furto é o apoderamento, com fraude e com intenção de lucro, da própria coisa, de seu uso, ou de sua posse).[17]

Dessa definição, extraem-se os elementos constitutivos – alguns dos quais, ao menos, no direito justinianeu – do *furtum*:

a) a *contrectatio rei*: é o elemento material do furto; *contrectatio* é termo técnico[18] em virtude do qual esse delito, em Roma, abrange não apenas o que modernamente se entende como furto (subtração, para si ou para outrem, de coisa alheia móvel), mas outras figuras delituosas modernas, como a apropriação indébita e certas formas de estelionato (assim, por exemplo, cometia *furtum*, em Roma, o depositário ou comodatário que vendesse a coisa alheia recebida em depósito ou em comodato – atualmente, esse delito não seria de furto, mas de apropriação indébita); por outro lado, como se verifica da parte final da definição (*uel ipsius rei uel etiam eius possessionisue*) – a qual a maioria dos autores[19] julga interpolada –, o *furtum* podia ter por objeto:

1 – a coisa (*ipsius rei*), que seria sempre móvel (os imóveis não eram objeto de *furtum*, embora, como nos informa Gaio, alguns jurisconsultos romanos antigos tivessem pretendido que eles pudessem sê-lo);[20]

2 – o uso da coisa (*usus eius*); assim, cometia furto o depositário que, sem consentimento do dono da coisa entregue em depósito, se utiliza dela; e

3 – a posse da coisa (*possessionisue*): espécie curiosa de *furtum*, pois quem podia cometê-la era apenas o próprio dono da coisa, quando, por exemplo, tendo-a dado em penhor, a subtraísse do credor pignoratício (que sobre ela tinha posse), antes do pagamento da dívida.

Além disso, também podia ser objeto de *furtum* (embora a definição atribuída a Paulo seja omissa a respeito) a pessoa livre, como o *filius familias*, a *uxor in manu* (*vide* nº 279), o *iudicatus*, o *auctoratus* (sobre os dois últimos, *vide* nº 86, B); demais, para configurar-se a *contrectatio*, era necessário que ela ocorresse contra a vontade do dono da coisa (*inuito domino*);

---

15 D. XLVII, 2, 1, 3.

16 Assim, entre outros, Schwind, *Römischen Recht*, I, p. 341; Pampaloni, *Studi sopra il delitto di furto (Furto di possesso e furto di uso), in Scritti Giuridici*, I, p. 743 e segs., Pisa-Roma, 1941; e Kaser, *Das Römische Privatrecht*, I, § 143, p. 514 e nota 10, München, 1955.

17 Outra definição, também atribuída a Paulo, é a que se lê em *Pauli sententiarum ad filium libri*, II, 31, 1: *"Fur est qui dolo malo rem alienam contrectat"* (Ladrão é aquele que, com dolo, se apodera de coisa alheia). Aqui, porém, se define não o *furtum* (furto), mas o *fur* (ladrão).

18 *Vide*, a propósito, a explicação de Schulz, *Classical Roman Law*, § 992, p. 579.

19 Nesse sentido, os autores citados na nota 16 deste capítulo. É de opinião contrária, entre outros, Emílio Costa, *Storia del Diritto Romano Privato*, 2ª ed., p. 322, Torino, 1925.

20 *Institutas*, II, 51. *Vide*, também, D. XLVII, 2, 25, pr.

584 DIREITO ROMANO – *José Carlos Moreira Alves*

b) o *animus furandi* (intenção de cometer o furto), elemento subjetivo implícito no termo *fraudulosa* (*contrectatio rei fraudulosa*) que se encontra nessa definição atribuída a Paulo;[21] e

c) o *animus lucri faciendi* (a intenção de obter proveito), que deveria existir conjuntamente com o *animus furandi*; em virtude de se exigir o *animus lucri faciendi* (o que, segundo vários autores modernos, só foi requerido no direito justinianeu, tendo ingressado, na definição de Paulo por via de interpolação),[22] não havia *furtum* se alguém se apoderasse de coisa alheia para destruí-la.

* * *

Como se observa da exposição acima, os jurisconsultos romanos distinguem várias espécies de *furtum*.

Segundo Gaio,[23] os jurisconsultos clássicos divergiam a respeito. Sérvio Sulpício e Masúrio Sabino admitiam quatro espécies de *furtum*: *manifestum, nec manifestum, conceptum* e *oblatum*. Labeão, porém, no que foi seguido por Gaio, entendia que apenas o *manifestum* e o *nec manifestum* eram espécies de *furtum*, porquanto o *conceptum* e o *oblatum*[24] seriam modalidades de ação inerentes ao *furtum*, e não espécies dele.

No direito justinianeu, de acordo com a opinião dominante,[25] o *furtum* também se distinguia em: *furtum rei, furtum usus* e *furtum possessionis*, conforme se tratasse de furto de coisa, de seu uso, ou de sua posse.

---

21 Segundo Albertario, *Animus furandi, in Studi di Diritto Romano*, II, p. 211 e segs., Milano, 1941, o *animus furandi* é criação dos jurisconsultos pós-clássicos: no direito clássico, o elemento subjetivo do *furtum* era o *dolus malus*; no direito pós-clássico, o *animus furandi* e o *animus lucri faciendi*. Essa tese, porém, entra em choque com Gaio, *Institutas*, II, 500; III, 208; e IV, 178. Vários autores (assim, entre outros, Schwind, *Römisches Recht*, I, § 83, p. 341 e segs.; e Di Marzo, *Istituzioni di Diritto Romano*, 5ª ed., § XCV, p. 407 e segs.) entendem que, no direito clássico, eram expressões sinônimas *dolus malus, affectus furandi* e *animus furandi*.

22 Assim, entre outros, Huvelin, *Cours Élémentaire de Droit Romain*, II, p. 25; Iglesias, *Derecho Romano*, II, 2ª ed., p. 130 (que entende que o *animus lucri faciendi*, expressão justinianeia, é o próprio *animus* ou *affectus furandi*); Schwind, *Römisches Recht*, I, § 83, p. 341 e segs. (no mesmo sentido de Iglesias). Contra, Perozzi, *Istituzioni di Diritto Romano*, II, 2ª ed. – reintegrazione, 1949 –, § 171, p. 321, nota 1; Emilio Costa, *Storia del Diritto Romano Privato*, 2ª ed., p. 321, nota 4, Torino, 1925; e, mais recentemente, G. Longo, *L'elemento soggettivo nel delitto di furto, in Studi in onore di Pietro de Francisci*, vol. III, p. 251 e segs., Milano, 1951. Por outro lado, Albertario (*Animus furandi in Studi di Diritto Romani*, III, p. 211 e segs., Milano, 1936), embora julgue que o *animus lucri faciendi* seja um conceito pós-clássico, o distingue do *animus furandi*, que, para ele, também é criação pós-clássica.

23 *Institutas*, III, 183.

24 Consoante informação de Gaio (*Institutas*, III, 186 e 187), o furto se diz *conceptum* quando, na presença de testemunhas, se procura e se encontra a coisa furtada em poder de alguém; e *oblatum* quando a coisa furtada, oferecida por alguém a outrem, é encontrada em poder deste, tendo-lhe sido oferecida com essa intenção (por isso, o que recebera a coisa tinha ação contra o que, com tal intenção, lha entregara, ainda que este não fosse o ladrão).

25 *Vide* os autores indicados na nota 16 deste capítulo.

Cap. XLIV · OS DELITOS | **585**

A vítima do *furtum* dispunha de duas espécies de ações:

a) ação penal (que tendia à condenação do ladrão a uma pena pecuniária); e

b) ação reipersecutória (que se destinava à recuperação da coisa, ou à obtenção do equivalente em dinheiro).

Essas duas espécies de ações podiam ser intentadas simultaneamente.

Estudemo-las.

A) *Ação penal*

Há várias ações penais, conforme a espécie de *furtum* que sancionam. Demais, foram elas disciplinadas diferentemente durante a evolução do direito romano.

No direito pré-clássico, por força da Lei das XII Tábuas, se se tratava de *furtum nec manifestum*, concedia-se à vítima ação para que obtivesse a condenação do réu no dobro do valor da coisa furtada; na hipótese, porém, de *furtum manifestum*, era preciso distinguir:

a) se praticado por homem livre púbere, o magistrado o entregava (*addictio*) à vítima, na condição – não se sabe ao certo[26] – de escravo ou *addictus* (*vide* nº 86);[27]

b) se cometido por homem livre impúbere, este seria apenas chicoteado, não sofrendo, portanto, a *addictio*; e

c) se o ladrão fosse escravo, além de ser açoitado, era precipitado da rocha Tarpeia.

Nas duas primeiras hipóteses, porém, o ladrão podia subtrair-se dessas penas se, com a concordância da vítima, pagasse a esta determinada quantia a título de resgate.

Demais, segundo informação de Gaio,[28] que – como salientamos atrás – tem dado margem a grande controvérsia entre os romanistas, a Lei das XII Tábuas, nos casos de *furtum conceptum* e de *furtum oblatum*, concedia à vítima a *actio furti concepti* e a *acti furti oblati* para a condenação do réu no triplo do valor da coisa furtada.

No direito clássico, o pretor, conservando as *actiones furti nec manifesti, furti concepti* e *furti oblati*, criou três ações – das quais as duas primeiras se destinavam à condenação do réu no quádruplo do valor da coisa furtada; quanto à terceira, desconhece-se qual fosse a pena a que ela visava –, a saber:

a) *actio furti manifesti*, quando se tratasse de *furtum manifestum*;

b) *actio furti prohibiti*, contra a pessoa que se negasse a permitir a *perquisitio lance licioque*; e

---

26 Salienta Gaio (*Institutas*, III, 189) que os *ueteres* já discutiam a esse respeito. A propósito, *vide* Kniep, *Gai Institutionum Commentarius Tertius*, § 88-225 (*Obligationenrecht*), nº 69, p. 440 e segs., Jena, 1917.

27 Note-se que a Lei das XII Tábuas – VIII, 12 e 13 (ed. Riccobono) – permitia que se matasse impunemente o ladrão surpreendido, em *furtum*, à noite (*fur nocturnus* – ladrão noturno), ou que tentasse, mesmo que o *furtum* estivesse sendo cometido de dia, defender-se com o uso de arma.

28 *Institutas*, III, 191.

586 | DIREITO ROMANO – *José Carlos Moreira Alves*

c) actio furti non exhibiti, contra o que impedisse que a coisa furtada, encontrada com ele, fosse recuperada pela vítima.

Ainda no direito clássico, nos fins da república e durante o principado, admite-se – embora o *furtum*, até no direito justinianeu, seja enquadrado entre os delitos civis – que certos furtos acompanhados de circunstâncias agravantes sejam punidos, por ações públicas exercitáveis por funcionários imperiais, com penas corporais, como se fossem delitos públicos (*crimina*).[29]

No direito pós-clássico, desaparece a multiplicidade de ações que existe no direito clássico, persistindo apenas – inclusive no direito justinianeu – duas: a *actio furti manifesti* e a *actio furti nec manifesti* (esta concedida também contra todos os que, conscientemente, tivessem recebido ou ocultado coisa furtada).[30] Ambas essas ações, que eram infamantes, podiam ser utilizadas não somente pelo proprietário, mas ainda por quem tivesse interesse em que a coisa não fosse furtada (assim, por exemplo, o titular de direito real limitado sobre ela), contra o próprio ladrão, seus cúmplices, ou acobertadores.

B) *Ação reipersecutória*

A vítima, além de dispor das ações penais, podia valer-se, na qualidade de proprietário ou de contratante, de outras ações – por exemplo: a *rei uindicatio*, a *actio depositi* – para recuperar a coisa, ou para ressarcir seu prejuízo. Demais, o proprietário da coisa dispunha, ainda, de ação pessoal, a *condictio ex causa furtiua*, ou, abreviadamente, *condictio furtiua*,[31] que, por não ser ação penal, podia ser intentada contra os herdeiros do ladrão, não sendo necessário sequer que o réu estivesse na posse da coisa furtada.[32]

265. A *rapina (ui bona rapta)*[33] – A *rapina* é o furto com violência (roubo).

A princípio, ela não constituía figura autônoma de delito, mas devia ser espécie qualificada de furto, tanto assim que Gaio[34] salienta que quem a cometia era tido como *improbus fur* (ladrão malvado).

No século I a.C., a *rapina* se tornou delito autônomo, graças ao pretor M. Terêncio Lúculo, que, em 76 a.C., introduziu em seu Edito uma ação especial, de caráter infamante, a *actio ui bonorum raptorum*, para sancionar o roubo realizado por quadrilha armada, ou não. Essa *actio* – que, por ação da jurisprudência ou por outro Edito, foi estendida a qualquer furto com violência, ainda que cometido por uma pessoa apenas –, se intentada pela vítima dentro de um ano, acarretava a condenação do réu no quádruplo (*in*

---

29 A propósito, *vide* Monier, *Manuel Élémentaire de Droit Romain*, II, 4ª ed., § 40, p. 54.

30 *Institutas* de Justiniano, IV, 1, 3-4 e 11.

31 Alguns autores (assim, Di Marzo, *Istituzioni di Diritto Romano*, 5ª ed., p. 410) entendem que a expressão *condictio furtiua* é justinianeia.

32 Como, por exemplo, se a coisa tivesse perecido por caso fortuito.

33 A propósito, *vide* Balzarini, *Ricerche in Tema di Danno Violento* e *Rapina nel Diritto Romano*, Padova, 1969.

34 *Institutas*, III, 209.

quadruplum) do valor da coisa roubada; se intentada depois de decorrido esse prazo, reduzia-se ao próprio valor da coisa roubada (*in simplum*).

Sobre a natureza da *actio ui bonorum raptorum* discutiam os jurisconsultos clássicos.[35] Alguns entendiam que era ela ação mista: em parte, penal (o correspondente a três vezes o valor da coisa roubada); em parte, reipersecutória (a quarta parte que restava para completar o quádruplo, e que correspondia à indenização pelo dano decorrente da *rapina*). Outros, no entanto, se manifestavam pelo caráter puramente penal dessa *actio*, razão por que admitiam que a vítima, além de intentá-la contra o autor da *rapina*, dispunha também contra ele da *reiuindicatio* e da *condictio furtiua*.

No direito justinianeu, considerou-se[36] a *actio ui bonorum raptorum* ação mista, distinguindo-se, no quádruplo a que era condenado o autor da *rapina*, uma parte correspondente ao valor da coisa, e as três restantes, à pena.

266. A *iniuria* – Em acepção ampla, significa *ato que é praticado sem que se tenha direito*, sendo, portanto, elemento essencial de qualquer delito.

Em acepção estrita, *iniuria*[37] designa figura particular de delito, que se apresenta quando há ofensa à integridade física ou moral de alguém.

Já a Lei das XII Tábuas – segundo informação de Gaio[38] e de Paulo[39] – punia o delito de *iniuria* com as seguintes penas:

a) *de composição legal* (isto é, penas pecuniárias impostas pela lei ao autor da *iniuria*):

1 – no valor de 300 asses, na hipótese de os *fractum* (osso fraturado), sendo a vítima homem livre;

2 – no valor de 150 asses, no caso de os *fractum*, sendo a vítima escravo; e

3 – no valor de 24 asses, quando se tratasse de outras espécie de lesões;

b) *de talião* (ou seja, a faculdade de a vítima produzir no ofensor a mesma lesão que este fez: olho por olho, dente por dente), na hipótese de *membrum ruptum*; a pena de talião, porém, podia ser afastada se a vítima concordasse (*composição voluntária*) em receber do ofensor uma indenização.[40]

---

35 Cf. Gaio, *Institutas*, IV, 8.

36 *Institutas* de Justiniano, IV, 2, pr., e IV, 6, 19.

37 Sobre a *iniuria*, *vide*, entre outros, Pugliese, *Studi sull' "Iniuria"*, I, Milano, 1941; Pernice, *Labeo*, II, 1, 2ª ed., p. 19 e segs., Halle, 1895; Ihering, *Actio injuriarum*, trad. Meulenaere, Paris, 1888; Santi Paola, *La Genesi Storica del delitto di "Iniuria", in Annali del Seminario Giuridico (Università di Catania)*, vol. I (1946-1947) (*nuova serie*), pp. 268 a 294; Lavaggi, *"Iniuria" e "Obligatio ex delicto", in Studia et Documenta Historiae et Iuris*, vol. XIII-XIV (1947-1948), p. 141 e segs.; e Manfredini, *Contributi allo Studio dell' "Iniuria" in Età Repubblicana*, Milano, 1977.

38 *Institutas*, III, 223.

39 *Mosaicarum e Romanarum Legum Collatio*, II, 5, 5.

40 Pugliese, *Studi sull "iniuria"*, I, p. 5 e segs., Milano, 1941, defende a tese de que *membrum ruptum* e os *fractum* eram delitos diferentes da *iniuria*.

Esses dispositivos da Lei das XII Tábuas têm dado margem a controvérsia entre os romanistas modernos:

a) discute-se o significado de *membrum ruptum* (para uns, é a perda ou amputação total de um membro; para outros, qualquer lesão corporal que não seja fratura de osso, pois, nesse caso, ocorria os *fractum*);[41] e

b) não há concordância sobre quais seriam as outras lesões abrangidas também no delito de *iniuria*, e para as quais a pena cominada era de 25 asses.

O que se sabe com certeza é que – segundo Paulo[42] – o ofensor podia ser compelido, pela vítima, a pagar as penas impostas pela Lei das XII Tábuas, mediante a utilização da *actio iniuriarum legitima ex lege XII Tabularum*.

No direito clássico, o pretor, com o auxílio da jurisprudência, atua, com relação ao delito de *iniuria*, em dois sentidos:

1 – amplia o conceito desse delito, fazendo-o abranger não só as lesões corporais, mas também as ofensas à honra alheia (inclusive o insulto, e a atuação de alguém para provocar que outrem seja declarado *infamis*, ou para fazê-lo cometer atos contrários aos bons costumes); e

2 – cria a *actio iniuriarum*,[43] que visa a fazer condenar o autor da *iniuria* em quantia a ser avaliada pelo juiz popular, conforme a maior ou menor gravidade do delito (trata-se, portanto, de *actio iniuriarum aestimatoria*, que é pretoriana e *in bonum et aequum concepta* – vide nº 131, C); demais, é ação infamante e intransmissível ativa e passivamente.[44]

Ainda no direito clássico, inicia-se o movimento de passagem da *iniuria* do campo dos delitos privados para o terreno dos delitos públicos. Isso, segundo parece, se deu a partir da Lei *Cornelia* de *iniuriis*, na época de Sila, a qual admitiu que a vítima, se quisesse, e se a *iniuria* fosse grave (*iniuria atrox*), poderia obter o julgamento do réu pelas *Quaestiones Perpetuae* (tribunais que julgavam delitos públicos, impondo, consequentemente, penas públicas).

Desde o principado, estabeleceu-se que, quando a vítima preferisse a repressão criminal da *iniuria*, perderia o direito de mover contra o ofensor a *actio iniuriarum aestimatoria*,[45] princípio esse que persistiu no direito justinianeu.[46]

---

41 *Vide*, a propósito, Girard, *Manuel Élémentaire de Droit Romain*, 8ª ed., p. 429, nota 2.

42 *Pauli sententiarum ad filium libri*, V, 4, 6.

43 Sobre as questões que se discutem a respeito da *actio iniuriarum*, *vide* Volterra, *Istituzioni di Diritto Privato Romano*, p. 562.

44 Na *iniuria*, antes se pune a ofensa do que, propriamente, o dano por ela causado.

45 Cf. D. XLVII, 10, 6.

46 Cf. *Inst.*, IV, 4, 10. Por outro lado – note-se –, a *iniuria* feita a uma pessoa pode projetar-se sobre outra. Assim, por exemplo, a *iniuria* aos *filii familiae* ou à *uxor* é *iniuria* também ao *pater familias* ou ao marido. Quanto ao escravo, por via de regra, não podia sofrer *iniuria*, salvo se lhe fizessem ofensas muito graves (como torturá-lo), hipótese em que o pretor concedia a seu dono (que se reputava ter sido atingido pela ofensa ao escravo) *actio iniuriarum* contra o ofensor.

267. O *damnum iniuria datum* – Esse delito – abreviadamente designado nos textos pela expressão *damnum iniuria* – consiste em alguém causar, culposamente, dano em coisa alheia, animada ou inanimada.[47]

Na Lei das XII Tábuas – e Ulpiano (D. IX, 2, 1, pr.) salienta que o mesmo ocorria com outras leis anteriores à*Lex Aquilia* –, há disposições concernentes a danos causados em coisa alheia, as quais concedem ao proprietário da coisa danificada ações, a saber:

a) *actio de pauperie* (contra o proprietário do animal que danificou coisa alheia);[48]

b) *actio de pastu pecoris* (contra o proprietário do animal que pasta em terreno alheio);[49] e

c) *actio de arboribus succisis* (contra o que cortou árvores alheias).[50]

Mas são disposições casuísticas, não se podendo dizer que se encontra na Lei das XII Tábuas, como delito autônomo, o *damnum iniuria datum*.

Como figura delituosa autônoma, o *damnum iniuria datum* surge, inequivocamente, com a Lei *Aquilia*, que é um plebiscito de data desconhecida (possivelmente do século III a.C.).[51] Essa lei continha três capítulos, que estabeleciam:

a) o primeiro, que quem mata escravo ou animal alheio, que vive em rebanho, está obrigado a pagar ao dono o valor máximo alcançado pelo escravo ou pelo animal, no ano anterior ao da morte;

b) o segundo, que o *adstipulator* (*vide* nota 6 do capítulo XXXVII), que em fraude contra o credor (o *stipulator*) extingue o crédito mediante a *acceptilatio* (*vide* nº 221, II, *a*), fica obrigado a pagar o seu valor (*quanti ea res est*) a este; e

c) o terceiro, que quem causa qualquer espécie de dano a coisa alheia animada (exceto a morte, caso a que se refere o capítulo primeiro da Lei *Aquilia*) ou inanimada, está obrigado a indenizar seu proprietário do valor máximo alcançado pela coisa nos 30 dias anteriores ao em que ocorreu o dano.[52]

Desses três capítulos, apenas o primeiro e o terceiro – que eram os que se referiam a danos causados em coisas – vigoram no direito justinianeu; o segundo de há muito tinha caído em desuso.[53]

---

47 Ampla informação bibliográfica sobre o *damnum iniuria datum* em Guarino, *Diritto Privato Romano*, § 183, p. 585, nota.

48 D. IX, 1, 1, pr.

49 D. XIX, 5, 14, 3.

50 Gaio, *Institutas*, IV, 11. Sobre essa *actio, vide* Fliniaux, *L'action de arboribus succisis, in Studi in onore di Pietro Bonfante*, I, p. 525 e segs., Milano, 1930.

51 Sobre o que se sabe a respeito da data da lei *Aquilia, vide* Mommsen, *Römisches Strafrecht*, p. 826, nota 4, Leipzig, 1899.

52 Gaio, *Institutas*, III, 210 a 219, nos dá pormenorizadas informações sobre o conteúdo dos três capítulos da *Lex Aquilia*.

53 *Inst.*, IV, 3, 12.

590 | DIREITO ROMANO – *José Carlos Moreira Alves*

Para que, de acordo com a Lei *Aquilia*, se configurasse o *damnum iniuria datum*, era necessário, como se verifica dos textos dos jurisconsultos clássicos, que se conjugassem os três seguintes requisitos:

a) a *iniuria*: que o dano decorresse de ato contrário ao direito; não cometia, portanto, *damnum iniuria datum* quem causasse dano a coisa alheia por estar exercendo direito próprio, ou por agir em legítima defesa ou em estado de necessidade;

b) a *culpa*: que o dano resultasse de ato positivo do agente (e não simplesmente de omissão), praticado com dolo ou culpa em sentido estrito;[54] e

c) o *damnum*: que a coisa sofresse lesão em virtude de ação direta do agente exercida materialmente contra ele (os autores medievais traduziam essa exigência dizendo que era necessário que o dano fosse *corpore corpori datum; corpore*, para indicar que o dano devia ser causado diretamente pelo agente, e não indiretamente, como ocorreria – e aí, por isso, não se configurava o *damnum iniuria datum* – na hipótese de alguém entregar arma a escravo alheio, que, com ela, se matasse; e *corpori*, para designar que o ato do agente devia atingir materialmente a coisa alheia, razão por que não se configuraria o *damnum iniuria datum* se alguém abrisse uma jaula, possibilitando, assim, a fuga do animal alheio ali preso).

As obrigações decorrentes do *damnum iniuria datum* eram sancionadas pela *actio legis Aquiliae*, de caráter penal, que só podia ser intentada pelo proprietário da coisa que sofrera o dano, e que implicava, para o ofensor, se confessasse, a condenação ao pagamento do valor do prejuízo causado (abrangendo o *lucrum cessans* e o *damnum emergens*), e, se negasse a prática do *damnum iniuria datum*, a condenação *in duplum* (pagamento do dobro daquele valor).

Ainda no direito clássico, o pretor e a jurisprudência – tendo em vista que, pelos termos restritos da Lei *Aquilia*, muitos fatos causadores de dano não se incluíam na sua conceituação de *damnum iniuria datum* – alargaram o círculo dos que eram reprimidos com as penas decorrentes do *damnum iniuria datum*. Assim, com a concessão de *actiones legis Aquiliae utiles* (sobre as *actiones utiles, vide* nº 131, A, *in fine*) ou de *actiones in factum*, sancionaram-se hipóteses em que o dano era causado sem que ocorresse o requisito *corpore corpori*, e em que ele resultava de simples omissão, desde que esta se vinculasse a ato anteriormente realizado pelo ofensor (por exemplo: era responsabilizado o médico que, depois de iniciado o tratamento do escravo, abandonasse o doente, e este viesse a falecer).

Demais – e discute-se quando isso ocorreu[55] – estendeu-se, mediante a concessão de ações fictícias (*vide* nº 131, A), a tutela da Lei *Aquilia* (que só se dava ao proprietário da coisa danificada) ao possuidor de boa-fé, ao usufrutuário, ao usuário, ao credor pignoratício e ao locatário.[56]

---

54 Gaio, *Institutas*, III, 211.

55 *Vide*, a propósito, Biondi, *Istituzioni di Diritto Romano*, 3ª ed., § 129, p. 514, nota 23.

56 Mas não ao comodatário (cf. D. IX, 2, 11, 9).

Cap. XLIV · OS DELITOS | **591**

No direito justinianeu, a *actio legis Aquiliae* – que, como acentua Biondi,[57] é concedida à vítima de qualquer dano sobre coisa produzido, culposamente, por outrem – foi incluída entre as ações mistas (*vide* nº 131, D), por se entender que era ela, parcialmente, reipersecutória (na parte em que a condenação correspondia ao valor atual da coisa), e, parcialmente, penal (na parte em que a condenação excedia o valor atual da coisa, ou por ter sido mais valiosa no último ano ou nos 30 dias anteriores à ocorrência do dano, ou por ter sido o réu condenado *in duplum*).[58]

Mas nem mesmo no direito justinianeu onde se observa a tendência de se tornar a *actio legis Aquiliae* remédio jurídico, de caráter geral, para os danos praticados em coisa alheia, chegou-se a conceber o ato ilícito como figura autônoma, como ocorre no direito moderno – graças à construção dos autores do direito intermédio, elaborada sobre textos romanos –, em que, por exemplo, o Código Civil brasileiro, no art. 186, estabelece genericamente: "Aquele que, por ação ou omissão voluntária, negligência, ou imprudência, violar direito e causar dano a outrem, ainda que exclusivamente moral, comete ato ilícito."

---

57   *Istituzioni di Diritto Romano*, 3ª ed., § 129, p. 514.
58   *Vide*, a respeito, Schulz, *Classical Roman Law*, § 1.009, p. 590.

XLV

OS QUASE DELITOS

Sumário: 268. A categoria dos quase delitos. **269.** Análise dos diferentes quase delitos.

268. A categoria dos quase delitos – No direito clássico, como vimos, o *ius ciuile* reconhecia como fontes de *obligationes* apenas quatro atos ilícitos – os *delicta*.

Mas, evidentemente, não podiam os romanos deixar de levar em consideração a existência de inúmeros outros atos ilícitos, como, por exemplo, os cometidos no curso de processo judicial, ou a violação de sepultura. Nesses casos, o pretor concedia à vítima uma *actio in factum* contra o autor do ato ilícito, para que aquela obtivesse deste, se condenado, o pagamento de uma *poena* (pena), em dinheiro. Essas *actiones in factum*, pelo seu caráter penal, somente podiam ser intentadas contra quem praticara o ato ilícito, e não contra seus herdeiros.

Quando surge a classificação tripartida das fontes das obrigações, a que aludem os *Aureorum libri*[1] (atribuídos a Gaio, mas que vários autores modernos julgam ser paráfrase pós-clássica de suas *Institutas*), quatro desses atos ilícitos – sem que se saiba o motivo por que isso ocorreu apenas com quatro, e não com todos os reprimidos pelo pretor[2] – são enquadrados entre as *uariae causarum figurae*. São eles:

a) si iudex litem suam fecerit;

b) effusum et deiectum;

c) positum et suspensum; e

d) receptum nautarum, cauponum, stabulariorum.

Nas *Institutas* de Justiniano (IV, 5), esses quatro atos ilícitos representam uma das categorias – a dos *quase delitos*[3] – da classificação quadripartida das fontes das obrigações.

---

1 D. XLIV, 7, 4-6; e D. L. 13, 6.

2 Os demais atos ilícitos de que se ocupava o pretor – e ainda outros em menor número previstos em constituições imperiais – continuaram, nos direitos pós-clássico e justinianeu, a ser sancionados por diferentes ações. Assim, por exemplo, a *corruptio serui*, segundo as *Institutas* de Justiniano, IV, 6, 23, dava margem a uma *actio in duplum*. *Vide*, a propósito, Girard, *Manuel Élémentaire de Droit Romain*, 8ª ed., p. 459 e segs.

3 Sobre essa expressão, *vide* nº 256.

DIREITO ROMANO – José Carlos Moreira Alves

269. Análise dos diferentes quase delitos – Examinaremos, separadamente, cada um dos quase delitos.

A) "Si iudex litem suam fecerit"

A expressão *si iudex litem suam fecerit* é de significado duvidoso. Segundo parece,[4] refere-se ao juiz não que se deixou corromper,[5] mas que, por agir dolosamente,[6] ou negligentemente, sentenciou mal, prejudicando uma das partes litigantes. É possível que, no direito clássico, ela abrangesse apenas a hipótese do juiz que, *dolosamente*, sentenciara mal,[7] tendo sido estendida, no direito justinianeu, aos casos em que o juiz assim agira *por negligência*.[8]

Por meio da ação que lhe era concedida, a vítima obtinha a condenação do juiz para ressarci-la do prejuízo sofrido.

B) "Effusum et deiectum"

Quando se derramava um líquido (*effusum*) ou se lançava uma coisa (*deiectum*) de um edifício sobre a via pública, concedia-se contra o *habitator* (o morador do edifício) – tivesse, ou não, culpa na prática de um desses atos – ação cuja condenação variava conforme a natureza do dano. Assim, se ele era causado numa coisa, o *habitator* respondia pelo dobro do valor do prejuízo; se resultava ferido um homem livre, cabia ao juiz – pois a ação correspondente se concebia *in bonum et aequum* (*vide* nº 131, C) – determinar o valor da indenização; e, se o homem livre atingido falecesse, a indenização, a ser paga pelo *habitator*, era fixada em 50.000 sestércios (equivalentes a 50 áureos, no tempo de Justiniano), e a *actio*, nessa hipótese, era popular.[9]

C) "Positum et suspensum"

A qualquer pessoa que verificasse que tinha sido colocado ou pendurado objeto em edifício, havendo possibilidade de cair e causar dano aos transeuntes, concedia-se ação – a *actio de positis et suspensis*, criada pelo pretor como ação popular – contra o *habitator* (tivesse, ou não, culpa na colocação do objeto), para obrigá-lo a pagar, a título de pena, 10.000 sestércios (equivalentes a 10 áureos, no tempo de Justiniano).

---

4 Nesse sentido, entre outros, Volterra, *Istituzioni di Diritto Romano*, p. 570; e Biondi, *Istituzioni di Diritto Romano*, 3ª ed., § 132, p. 520.

5 O juiz que se deixasse corromper já era punido, segundo a Lei das XII Tábuas – Tábua IX, 3 (ed. Riccobono) –, com a pena capital. Posteriormente, ocuparam-se desse crime a *Lex Cornelia de sicariis* (D. XLVIII, 8, 1, 1) e constituições de Caracala e de Constantino (C. VII, 49, 1 e 2).

6 Donde se vê que é falha a tese – seguida, entre outros, por Pothier (*Traité des Obligations*, nº 116, *in Oeuvres de Pothier*, ed. Bugnet, volume II, p. 57, Paris, 1861), Kaser (*Das Römisches Privatrecht*, II, § 271, p. 310, München, 1959) e Albertario (*vide* nº 201, *in fine*) – de que nos *quase delitos* estão enquadrados os atos ilícitos culposos.

7 Cf. D. V, 1, 15, 1.

8 Cf. Biondi, *Istituzioni di Diritto Romano*, 3ª ed., p. 520, nota 39.

9 Portanto, podia ser intentada por qualquer cidadão romano.

D) *"Receptum nautarum, cauponum, stabulariorum"*

O intendente de um navio, hospedaria ou estábulo era responsável, ainda que não houvesse convenção nesse sentido, pelos furtos e danos, praticados por seus prepostos, com relação às coisas de seus clientes.

Os clientes prejudicados dispunham – além, no caso de furto, de ação penal contra o ladrão – de ação *in factum* contra o intendente do navio, hospedaria ou estábulo, para obter condenação *in duplum* (no dobro).[10]

---

10 A responsabilidade do intendente do navio, hospedaria ou estábulo se reputava decorrente de *culpa in eligendo* (culpa no escolher).

XLVI

AS OBRIGAÇÕES *EX LEGE* E A DECLARAÇÃO UNILATERAL DE VONTADE

> **Sumário: 270.** A lei e a declaração unilateral de vontade como fontes de obrigação. **271.** As *obligationes ex lege* (obrigações decorrentes da lei). **272.** A declaração unilateral de vontade.

270. A lei e a declaração unilateral de vontade como fontes de obrigação – Como salientamos anteriormente (*vide* nº 201, *in fine*), os contratos, os quase contratos, os delitos e os quase delitos não esgotam, no direito romano, as fontes das obrigações. Além dessas, há ainda a lei e a declaração unilateral de vontade.

À lei, como fonte de obrigação (isto é, aqueles fatos jurídicos que não se enquadram em nenhuma das fontes típicas das obrigações, e dos quais, ainda que não intervenha ato de quem ficará obrigado, mas por força exclusivamente da lei, resultam obrigações), aludem alguns poucos textos romanos. Já com relação à declaração unilateral de vontade, as fontes são omissas a respeito. Analisemos, separadamente, essas duas fontes de obrigações.

271. As *obligationes ex lege* (obrigações decorrentes da lei) – Segundo parece,[1] a categoria das *obligationes ex lege* (e *lex*, nessa expressão, não significa apenas lei em sentido técnico, mas todas as fontes de produção, em sentido amplo, do direito objetivo, a ela equiparadas, como os *senatusconsultos* e as constituições imperiais) não foi conhecida dos jurisconsultos clássicos. Os raros textos[2] que a ela se referem são, segundo os romanistas modernos, interpolados. Em face disso, salienta Albertario que ela só surgiu no direito justinianeu, embora não tenha sido incluída, nas *Institutas* de Justiniano, entre as fontes das obrigações.[3]

---

1. *Vide*, a propósito, Albertario, *Corso di Diritto Romano (Le Obbligazioni – parte generale – obligationes civiles e honorariae; obligationes civiles e obligationes naturales; fonti delle obbligazioni)*, p. 176 e segs., Milano, 1947. Para o estudo dogmático das *obligationes ex lege*, *vide*, entre outros, Van Wetter, *Pandectes*, IV, § 500 e segs., p. 400 e segs., Paris, 1910; e Emilio Costa, *Storia del Diritto Romano Privato*, 2ª ed., p. 411 e segs., Torino, 1925.

2. D. XIII, 2, 1; D. XLIV, 7, 41, pr.; e D. XLIV, 7, 52, pr. e 5.

3. Ob. cit., pp. 176 e 177.

598 | DIREITO ROMANO – *José Carlos Moreira Alves*

Isso, no entanto, não significa que, no direito clássico, não houvesse deveres jurídicos de conteúdo patrimonial decorrentes da lei que não se enquadrassem em nenhuma das fontes da *obligationes*. Com efeito, em textos clássicos há referência a deveres jurídicos que surgem, acessoriamente, por força da lei, da relação jurídica de propriedade (assim, o dever do proprietário de um imóvel de não alterar, em detrimento do vizinho, o fluxo natural de água que corre para o imóvel deste), ou da simples detenção de coisa (como, por exemplo, o dever do detentor de uma coisa de exibi-la a quem pretender intentar ação com referência a ela; e a esse devedor corresponde a *actio ad exhibendum* – ação para a exibição de coisa), ou da relação jurídica de família (assim, o dever do pai de dotar a filha). Esses deveres jurídicos existiram no direito clássico, mas os jurisconsultos romanos não os denominavam tecnicamente *obligationes*; serviam-se, para designá-los, de termos processuais, como *actione teneri*, sendo sua fonte muitas vezes indicada com a palavra *actio*.

No direito justinianeu, esses deveres jurídicos de conteúdo patrimonial passam a ser enquadrados entre as *obligationes*, surgindo, assim, a categoria das *obligationes ex lege*, que eram sancionadas – quando a lei que as criava não estabelecia ação específica – por uma ação geral: a *condictio ex lege*, como salienta um texto interpolado (D. XII, 2, 1) colocado no título *De condictione ex lege* (Sobre a *condictio ex lege*).

272. A declaração unilateral de vontade – Com certeza,[4] sabemos que, apenas em duas hipóteses, a declaração unilateral de vontade criava, no direito romano, obrigação para o promitente: no *uotum* e na *pollicitatio*.

O *uotum*[5] era a promessa feita, por alguém, a uma divindade.[6] Se o promitente – e a obrigação se transmitia a seus herdeiros – não realizasse a prestação, conjectura-se (as fontes não nos informam quem era parte legítima para acioná-lo) que os sacerdotes do culto da divindade favorecida pela promessa pudessem intentar-lhe ação, no processo *extra ordinem*.[7]

Quanto à *pollicitatio*, segundo a opinião ainda hoje dominante,[8] era ela a declaração unilateral de vontade pela qual alguém prometia realizar obra (*facere opus*) para uma *ciuitas* (cidade), ou dar-lhe determinada quantia (*dare pecuniam*). Em geral, a promessa era feita quando alguém se candidatava a cargo público na *ciuitas*, ou quando o obti-

---

4   Sobre a *dotis dictio* e a *promissio iurata liberti*, *vide* nº 236.

5   *Vide*, a propósito, D. L. 12, 2, pr. *Cícero* (*De legibus*, II, 16, 41) também alude ao *uotum*.

6   Há autores (assim, Cuq., *Manuel de Institutions Jurisdiques des Romains*, 2ª ed., p. 385) que – com base no fato de que o único texto do *Digesto*, que se refere a esse instituto, se encontra no título referente às promessas feitas em favor das cidades – julgam que, no principado, só eram obrigatórios os *uota* que interessassem às *ciuitates*.

7   Alguns romanistas (como Pernice e Ferrini – cf. Emilio Costa, *Storia del Diritto Romano Privato*, 2ª ed., p. 410, nota 1, Torino, 1925), porém, negam a obrigatoriedade do *uotum*.

8   Nesse sentido, entre outros, Di Marzo, *Istituzioni di Diritto Romano*, 5ª ed., p. 396 e segs.; e Kaser, *Das Römisches Privatrecht*, I, § 140, p. 540 e segs., München, 1955; e II, § 265, IV, p. 291 e nota 44, München, 1959.

Cap. XLVI · AS OBRIGAÇÕES *EX LEGE* E A DECLARAÇÃO UNILATERAL DE VONTADE | **599**

nha – *pollicitatio ob honorem decretum uel decernedum*. Mas havia *pollicitatio*, também, quando o promitente desejava realizar ato *exclusivamente de liberalidade* – nessa hipótese, os autores a denominam *pollicitatio non ob honorem*. A *pollicitatio ob honorem decretum uel decernedum* era sempre obrigatória, podendo ser exigida no processo *extra ordinem*. Já a *pollicitatio non ob honorem* só era exigível, em geral, se se tivesse iniciado a obra prometida; se, porém, a promessa houvesse sido feita em ocasião de calamidade pública, para auxiliar a *ciuitas*, era obrigatória para o promitente, ainda que este não tivesse dado início à obra.

Vem conseguido alguns adeptos a tese de Albertario,[9] segundo a qual a *pollicitatio* foi disciplinada diferentemente, no direito clássico e no direito justinianeu. Para Albertario – e essa parte de sua teoria é que tem encontrado maior resistência[10] –, a *pollicitatio*, no direito clássico, era um negócio jurídico bilateral (exigia-se a aceitação da promessa pelo beneficiário),[11] tornando-se negócio jurídico unilateral apenas no direito justinianeu; por outro lado, a dicotomia *pollicitatio ob honorem-pollicitatio non ob honorem* é clássica, tendo sido substituída, no direito justinianeu, por outra: *pollicitatio ob iustam causam-pollicitatio sine causa*, em que *pollicitatio ob iustam causam* (que é sempre obrigatória) é a promessa a uma *ciuitas* de construção de obra pública, ou de auxílio por ocasião de calamidade pública (em outras palavras: a promessa que visa, em geral, à finalidade de utilidade pública ou de beneficência); as restantes promessas à *ciuitas* (e são elas, obviamente, raras, pois é difícil não se encontrar numa *pollicitatio* destinação ao bem público) se enquadram entre as *pollicitationes sine causa*, e só eram obrigatórias se a obra tivesse sido iniciada.[12]

---

9   *La Pollicitatio, in Studi di Diritto Romano*, III, p. 239 e segs. Seguem-no entre outros, Voci, *Istituzioni di Diritto Romano*, 3ª ed., § 117, p. 409 e segs.; e Iglesias, *Derecho Romano*, II, 2ª ed., § 90, p. 109 e segs.

10   A propósito, *vide*, Roussier, *La "Pollicitatio pecuniae", in Studi in Onore di Vincenzo Arangio-Ruiz*, II, p. 34 e segs., Napoli, s/data.

11   Cuq, *Manuel des Institutions Juridiques des Romains*, 2ª ed., p. 384, nota 4, seguindo Brini, entende que a *pollicitatio*, se não exige acordo formal, supõe aceitação tácita, uma vez que o projeto de doação a uma cidade era comunicado aos magistrados, ao Senado e ao povo. Biondi (*Istituzioni di Diritto Romano*, 3ª ed., § 133, p. 521), porém, tem como duvidoso que fosse necessária a aceitação.

12   Em vários textos do *Digesto* (assim, por exemplo, XXI, 1, 19, pr. e 2) e em alguns do Código (por exemplo, II, 4, (33), (34), emprega-se *pollicitatio* por *pactum, pactio, conuentio* (acordo de vontades). Segundo tudo indica, trata-se de uso pós-clássico, pois os textos em que isso ocorre sofreram interpolações (a propósito, *vide* Albertario, *La Pollicitatio, in Studi di Diritto Romano*, III, p. 242 e segs., Milano, 1936).

III

DIREITO DE FAMÍLIA

XLVII

NOÇÕES INTRODUTÓRIAS

Sumário: 273. O objeto do estudo do direito de família romano. **274.** Do direito romano ao moderno: a evolução da família *proprio iure*.

273. O objeto do estudo do direito de família romano – Modernamente, o termo *família* é empregado, em geral, em dois sentidos:

a) *em sentido amplo*, ele abrange o conjunto de pessoas vinculadas por parentesco consanguíneo, quer na linha reta, quer na colateral (*vide* nº 85); e

b) *em sentido estrito*, ele abarca os cônjuges e seus filhos (portanto, as pessoas ligadas pelo casamento – os cônjuges, que não são parentes em virtude do matrimônio; e as vinculadas por parentesco consanguíneo, mas restritas a pais e filhos).

É da *família em sentido estrito* que se ocupa, principalmente, o direito de família moderno. À *família em sentido amplo* ele alude vez por outra, abrangendo nesse termo, conforme a natureza das relações de que se ocupa, um círculo maior ou menor de parentes consanguíneos.[1]

Em direito romano,[2] porém, a questão se complica, pois, juridicamente, têm de ser levados em consideração cinco grupos[3] de pessoas vinculadas pelo parentesco ou pelo casamento:

---

1   A propósito, *vide*, entre outros, Ruggiero-Maroi, *Istituzioni di Diritto Privato*, I, 8ª ed., § 48, p. 234 e segs., Milano-Messina, 1950.

2   Para melhor compreensão da exposição que se segue no texto, *vide* o nº 85, onde se salienta (nota 27 do capítulo XI) que o vocábulo *família*, nas fontes, é empregado em outras acepções que não as que ora estudamos (a esse respeito, *vide*, também, Heumann-Seckel, *Handlexikon zu den Quellen des Römischen Rechts*, 9ª ed., verbete *família*, Jena, 1907).

3   Com a palavra *grupo* designamos não necessariamente *organismo com estrutura própria* (a *família comuni iure* e o *conjunto de cognados em sentido restrito* não o eram), mas *complexo de pessoas vinculadas pelo parentesco*.

602 | DIREITO ROMANO – *José Carlos Moreira Alves*

a) a *gens*, cujos membros, que se denominavam *gentiles*, julgavam descender de um antepassado comum, lendário e imemorável, do qual recebiam o nome gentílico (e era esse nome, e não, necessariamente, o parentesco consanguíneo, que os unia);

b) a *família comuni iure*, conjunto de pessoas que, sendo agnadas (isto é, ligadas por parentesco agnatício – *vide* nº 85), estariam sujeitas à *potestas* de um *pater familias* comum, se ele fosse vivo;

c) o *conjunto de cognados em sentido estrito*,[4] isto é, aqueles que, não sendo agnados uns dos outros, estavam ligados apenas pelo parentesco consanguíneo;

d) a *família proprio iure*, o complexo de pessoas que se encontravam sob a *potestas* de um *pater familias*;[5] e

e) a *família natural* (denominação devida a romanistas modernos),[6] agrupamento constituído apenas dos cônjuges e de seus filhos, independentemente de o marido e pai ser, ou não, *pater familias* da mulher e dos descendentes imediatos.

O estudo do direito de família romano[7] tem como objeto, principalmente, a *família proprio iure* e a *família natural*. Da *gens*, da *família comuni iure* e do *conjunto de cognados em sentido estrito*, ele se ocupa incidentemente.

Assim, enquanto no direito de família moderno a atenção se volta para a *família em sentido estrito* (que corresponde ao que os romanistas, em geral, denominam *família natural*), no direito de família romano estuda-se não apenas a *família natural*, mas tam-

---

4   *Cognado em sentido estrito* para indicar os cognados que não são também agnados. Com efeito, quem é agnado (com exceção do filho adotivo e da mulher casada *sine manu*) é igualmente cognado, mas a recíproca não é verdadeira, pois há cognados – e é a esses que nos referimos com a expressão *cognados em sentido estrito* – que não são agnados (assim, por exemplo, o tio materno e o sobrinho). Note-se – como observa Biondi (*Istituzioni di Diritto Romano*, 3ª ed., § 144, p. 548 e nota 32) – que, em virtude da progressiva substituição da *agnatio*, se verifica uma certa oscilação na terminologia usada pelos juristas clássicos: *cognados* (assim, D. XXXVIII, 10, 4, 2, texto atribuído a Modestino) se torna expressão genérica, distinguindo-se a *cognatio ciuilis* (que corresponde à *agnatio*) da *cognatio naturalis* (que corresponde à antiga *cognatio*); por outro lado, Gaio (*Institutas*, III, 10) se refere aos agnados como *legitima cognatione iuncti* (unidos por cognição legítima); Paulo (D. XXXVIII, 10, 2) salienta que são *cognati* os que a Lei das XII Tábuas denominava *adgnati*; e Ulpiano (D. XXXVIII, 8, 1, 4) acentua que *cognationem facit etiam adoptio* (a adoção também cria a cognação).

5   Sobre a distinção entre a *família comuni iure* e a *família proprio iure*, *vide* D. L. 16, 195, 2 (texto atribuído a Ulpiano).

6   Os romanistas, porém, nem sempre usam essa expressão para designar apenas os cônjuges e seus filhos. Alguns (assim, entre outros, Salkowski, *Lehrbuch der Institutionem und der Geschichte des Römischen Privatrechts*, 6ª ed., § 42, I, p. 136, Leipzig, 1892; e Czyhlarz, *Lehrbuch der Institutionem des Römischen Rechtes*, 11ª e 12ª ed., § 30, p. 56, Wien-Leipzig, 1911) se utilizam dela para indicar a família cognatícia (que abrange todos os parentes consanguíneos). No sentido empregado no texto, *vide* Carlo Longo, *Corso di Diritto Romano* (*Diritto di Famiglia*), p. 139, Milano, 1946.

7   Sobre o direito de família romano, *vide*, entre outros, Fadda, *Diritto delle Persone e della Famiglia*, Napoli, 1910; Bonfante, *Corso di Diritto Romano, I – Diritto di famiglia, ristampa*, Milano, 1963 (obra que continua fundamental para o estudo dessa matéria); Giannetto Longo, *Diritto Romano, III – Diritto di famiglia*, Roma, 1940; e Carlo Longo, *Corso di Diritto Romano – Diritto di Famiglia*, Milano, 1946.

Cap. XLVII · NOÇÕES INTRODUTÓRIAS | **603**

bém a *familia proprio iure*: aquela constituída pelo casamento; esta fundada na *potestas* (poder) do *pater familias*.

Em vista disso, analisaremos o direito de família romano em três capítulos:

– no primeiro, examinaremos a *familia proprio iure*, analisando a *potestas* do *pater familias*;

– no segundo, estudaremos a *familia natural*, examinando sua constituição pelo casamento, bem como as relações pessoais e patrimoniais entre os cônjuges, e os pais e os filhos, independentemente da *potestas* do *pater familias*; e

– no terceiro, como ocorre no direito moderno, analisaremos os institutos da tutela e da curatela.

274. Do direito romano ao moderno: a evolução da família *proprio iure* – Do confronto dos cinco complexos familiares que se distinguem no direito romano com as duas acepções em que o termo *família* é empregado no direito moderno, verifica-se que, entre a *família natural romana* e a *família moderna em sentido estrito*, não há diferenças substanciais: ambas se constituem pelo casamento, e em ambas há relações pessoais e patrimoniais entre os cônjuges, e pais e filhos. O mesmo, porém, não ocorre quanto, de um lado, à *família moderna em sentido amplo*, e, de outro, à *gens*, à *familia comuni iure*, ao *conjunto de cognados em sentido estrito* e à *familia proprio iure*. Com efeito, hoje todo parente consanguíneo (quer pelo lado paterno, quer pelo materno) pertence à *família em sentido amplo*; em Roma, não: em virtude da *potestas do pater familias* e da distinção entre parentesco agnatício e cognatício, os *gentiles* – que tinham o mesmo nome gentilício e que julgavam descender de um antepassado lendário – constituíam a *gens*; os agnados, que estariam sujeitos a um *pater familias comum*, se vivo, formavam a *familia comuni iure*; os *cognados em sentido estrito* integravam um complexo à parte, mas levado em consideração pela ordem jurídica; e os agnados que se achavam submetidos à *potestas* de um *pater familias* constituíam, com este, a *familia proprio iure*.

Ora, se desaparecida a *potestas* majestática do *pater familias* e se abolido o parentesco agnatício, as pessoas que, em Roma, se distribuíram por esses quatro agrupamentos (*gens, familia comuni iure, conjunto de cognados em sentido estrito* e *familia proprio iure*) passariam a constituir, como atualmente, uma *família em sentido amplo* (conjunto de parentes consanguíneos).

Mas, durante toda a evolução do direito romano, observa-se apenas – pelo gradativo enfraquecimento da *potestas* do *pater familias* e pela progressiva substituição do parentesco agnatício pelo cognatício – a tendência para se chegar à família moderna em sentido amplo. Mesmo no tempo de Justiniano não se atinge essa equiparação, pois, se nessa época é abolido o parentesco agnatício,[8] também é certo que a *potestas* do *pater familias*, embora acentuadamente enfraquecida, ainda é, ao contrário do que sucede no direito moderno, o poder que submete ao *pater familias*, enquanto vivo, seus

---

8   Nov. CXVIII.

604 | DIREITO ROMANO – *José Carlos Moreira Alves*

descendentes. O direito romano não chegou a conhecer o instituto da *maioridade*, pelo qual, no direito moderno, o filho, ao atingir uma idade determinada, se desvincula do pátrio poder. Por isso, ainda no direito justinianeu, depois de abolido o parentesco agnatício, vamos encontrar, em contraposição à *família moderna em sentido amplo*, dois complexos familiares:

a) o conjunto de cognados (parentes consanguíneos em geral) que não se encontram sujeitos à *potestas* do mesmo *pater familias*; e

b) a *familia proprio iure* (embora com sua estrutura muito abalada em decorrência do enfraquecimento da *potestas* do *pater familias*), constituída do *pater familias* e dos descendentes submetidos à sua *potestas*.[9]

Para que se tenha uma visão geral dessa evolução, estudemos as etapas por que ela passou – direito pré-clássico, direito clássico e direito pós-clássico e justinianeu –, tomando como elemento central da exposição a *familia proprio iure* (à qual – seguindo Perozzi – nos referimos, por antonomásia, com o termo *família* simplesmente), que foi o organismo básico da estrutura familiar romana, e que, por isso, embora em decomposição, não desapareceu enquanto perdurou o sistema jurídico romano.

A) *Direito pré-clássico*

A família, no direito pré-clássico,[10] se caracteriza por ser rigidamente patriarcal, e por constituir um agrupamento que goza de relativa autonomia em face do Estado. Sêneca[11] assim se referiu a ela: *(maiores nostri) domum pusillam rem publicam esse iudicauerunt* (os nossos antepassados julgaram que o lar doméstico era uma pequena república). O Estado, em verdade, não interfere nas questões surgidas no seio da família, as quais são soberanamente decididas pelo *pater familias*, com a assistência, em certos casos, de um conselho familiar.

Por outro lado, na família, distinguem-se duas categorias de pessoas:

a) o chefe absoluto – o *pater familias* (pessoa *sui iuris*, isto é, independente), que é aquele que não tem, na linha masculina, ascendente vivo a que esteja sujeito; e

b) as pessoas a ele subordinadas – os *filii familias* (pessoas *alieni iuris*), categoria que abrange a esposa do *pater familias*, seus descendentes (inclusive adotivos) e mulheres.

Os poderes do *pater familias* sobre as pessoas a ele submetidas se designam, a princípio, com uma única palavra: *manus*. Mais tarde, criam-se denominações específicas para indicar sua *potestas* sobre determinadas espécies de pessoas que constituem a família: a *manus maritalis* (ou *potestas maritalis*) traduz o poder marital (dele sobre sua esposa ou

---

9   *Agens* já desaparecera no principado; a *familia comuni iure*, com a extinção da *agnatio*.

10   Sobre a família romana nesse período, *vide*, entre outros, Kaser, *Das Römische Privatrecht*, I, § 11, p. 44 e segs., München, 1955, e *La Famiglia Romana Arcaica in Conferenze Romanistiche (Università degli Studi di Trieste)*, I, p. 39 e segs., Milano, 1960; Cuq, *Les Institutions Juridiques des Romains*, L'Ancien Droit, p. 152 e segs., Paris, 1891; Cornil, *Ancien Droit Romain*, p. 31 e segs., Bruxelles-Paris, 1930; e Voci, *Qualche Osservazioni sulla Famiglia Romana Arcaica, in Studi di Diritto Romano*, I, pp. 199 a 209, Padova, 1985.

11   *Epistolae ad Lucilium*, V, 47, 14.

Cap. XLVII · NOÇÕES INTRODUTÓRIAS | **605**

dele sobre as esposas dos sujeitos à sua *patria potestas*); a *patria potestas*, o pátrio poder (dele sobre seus descendentes ou adotados); a *potestas* (a expressão *dominica potestas* não é romana, mas moderna), o poder sobre os escravos; e o *mancipium*, o poder sobre as pessoas *in mancipio* (*vide* nº 85, B).

São absolutos os poderes do *pater familias* sobre as pessoas e coisas a ele submetidas.[12] É ele o chefe militar da família, seu sacerdote e juiz; tem poder de vida e de morte sobre todos os membros da família – pode, até, expor os filhos, ao nascerem; ou, depois, vendê-los, no estrangeiro, como escravos. Todo o patrimônio da família lhe pertence; daí, tudo o que as pessoas, que lhe são submetidas, adquirem passa a pertencer a ele. Somente ingressa na família quem o *pater familias* quiser: até os filhos de sua esposa ele deverá reconhecê-los como seus.[13] E para que uma pessoa *alieni iuris* saia de sua família é necessário que o *pater familias* o consinta, pela emancipação ou pela extinção da *manus maritalis*.

Não há, em Roma, o que modernamente se denomina *maioridade*. No período histórico, morto o *pater familias*, a família se divide em tantas quantas forem os *filii familias* que passam a *patres familias*, que ficaram sem ascendente masculino vivo a que estejam sujeitos.[14] Em tempos mais remotos – conjetura Bonfante,[15] com base em outros direitos primitivos e na estrutura do direito hereditário romano – é possível que essa divisão não ocorresse, verificando-se apenas, quando falecia o *pater familias*, sua substituição por um dos *filii familias* previamente designado por ele, permanecendo indivisível o agrupamento familiar.

Os autores procuram explicar essas características por diferentes concepções sobre a família romana primitiva. Sumner Maine[16] defende a tese de que era ela um agrupamento patriarcal, baseado no vínculo de sangue. Fustel de Coulanges,[17] dando especial relevo à religião, vê nela um agrupamento de pessoas ligadas por um culto: o dos mortos – crença segundo a qual os antepassados continuavam a viver no túmulo, transformados em deuses tutelares da família, mas necessitando dos cuidados de seus descendentes, que os mantinham enterrados junto ao lar comum. Meyer[18] entende que a família romana surgiu da cisão de grupos sociais mais amplos do que ela, guardando-lhes as características.

---

12 Gallo (*Osservazioni sulla signoria del pater familias in epoca arcaica, in Studi in onore di Pietro de Francisci*, vol. II, p. 195 e segs., Milano, 1956) sustenta a tese de que os vários poderes patrimoniais e pessoais concentrados nas mãos do *pater familias* no período clássico resultaram de uma única e indistinta senhoria existente nas origens.

13 Essa é a opinião comum entre os autores (*vide*, entre outros, Declareuil, *Paternité et Filiation legitimes, in Mélanges P. F. Girard*, I, p. 326 e segs., Paris, 1912). Sobre a opinião contrária de Perozzi, *vide* nossa nota 1 do capítulo XLVIII.

14 D. L. 16, 195, 2.

15 *Corso di Diritto Romano*, I, (*Diritto di Famiglia*), reimpressão, p. 11 e segs., Milano, 1963.

16 As passagens de Sumner Maine, relativas a essa tese, se acham amplamente indicadas em Bonfante, *Teorie vecchie e nuove sulle formazioni sociali primitive, in Scritti Giuridici Varii*, I (*Famiglia e successione*), p. 21 e segs., nota 2, Torino, 1926.

17 *La Cité Antique*, 19ª ed., p. 39 e segs., Paris, 1905.

18 Sobre a tese de Meyer, *vide* Bonfante, *Teorie vecchie e nuove sulle formazioni sociali primitive, in Scritti Giuridici Varii*, I (*Famiglia e successione*), p. 26 e segs., Torino, 1926.

606 | DIREITO ROMANO – *José Carlos Moreira Alves*

Arangio-Ruiz[19] a concebe como órgãos com finalidade precipuamente econômica. Bonfante[20] a caracteriza como verdadeiro organismo político. E Kaser,[21] por último, procura explicar as particularidades da família, em Roma, pela vida rural nos tempos primitivos.

Apesar das críticas que tem sofrido[22] – algumas das quais não convenientemente superadas –, a teoria que, a nosso ver, ainda melhor explica as peculiaridades da família no direito pré-clássico é a de Bonfante: a família romana primitiva é um organismo político. Essa tese está, aliás, em consonância com outra defendida pelo genial romanista italiano: a de que a *gens* era um agrupamento de famílias, com caráter político (dada sua finalidade de manutenção da ordem e de proteção contra inimigos externos), tendo precedido ao próprio Estado. Este, quando surge, entra em luta com a *gens*, e, para destruí-la, provavelmente fortalece as diferentes famílias que compõem as diversas *gentes*, respeitando-lhes a organização política. Com isso, a *gens* entra em decadência e, então, o Estado, vencido o inimigo maior, começa a enfraquecer a família, retirando-lhe a pouco e pouco as características de um pequeno Estado dentro do Estado.

Em favor da tese de Bonfante, há uma série de semelhanças entre a organização, em Roma, do Estado e a da família, as quais, por certo, não são simplesmente obra do acaso. O *pater familias* desempenha, na família, as funções do rei no Estado; sobre as pessoas a ele sujeitas tem poder de vida e de morte; sobre as coisas que constituem o patrimônio familiar dispõe do *mancipium* que mais se aproxima da soberania do que, propriamente, do direito de propriedade. E, assim como o cidadão não pode estar vinculado a dois Estados, ninguém pode pertencer, ao mesmo tempo, a duas famílias.

B) *Direito clássico*

No direito clássico, a evolução da família decorre, principalmente, da atuação, nos fins da república, do pretor, e, no principado, dos imperadores e jurisconsultos.[23]

Como observa Cuq,[24] essa evolução se caracteriza por três fatos:

---

19 Cf. Bonfante, ob. cit., na nota anterior, p. 44 e segs.

20 A propósito, *vide Corso di Diritto Romano*, I (*Diritto di Famiglia*) p. 8 e segs.; *La "gens" e la "familia" e Teorie vecchie e nuove sulle formazioni sociali primitive*, ambos em *Scritti Giuridici Varii*, I (*Famiglia e successione*), p. 1 e segs. e 18 e segs., Torino, 1926, respectivamente; e *La progressiva diversificazione del diritto pubblico e privato*, in *Scritti Giuridici Varii*, IV (*Studi Generali*), p. 28 e segs., Roma, 1925.

21 *Das Römische Privatrecht*, I, § 11, p. 44 e segs., München, 1955; e *La Famiglia Romana, Arcaica*, in *Conferenze Romanistiche (Università degli Studi di Trieste)*, I, p. 39 e segs., Milano, 1960.

22 Como, por exemplo, a de Voci, *Esame delle tesi del Bonfante sul la famiglia romana arcaica*, in *Studi in Onore di Vicenzo Arangio-Ruiz nel XLV anno del suo insegnamento*, I, p. 101 e segs., Napoli, s/data. *Vide*, também, os autores citados por Gallo, *Osservazioni sulla signoria del pater familias in epoca arcaica*, in *Studi in onore di Pietro de Francisci*, vol. II, p. 196, nota 1, Milano, 1956.

23 *Vide*, a propósito, Monier, *Manuel Élémentaire de Droit Romain*, I, 6ª ed., nos 189 e segs., p. 251 e segs.

24 *Manuel des Institutions Juridiques des Romains*, 2ª ed., p. 131.

a) a decadência da família *proprio iure* e, portanto, dos direitos decorrentes da *agnatio*;

b) a importância progressiva da família natural (baseada no casamento e no vínculo de sangue), graças ao relevo que, a pouco e pouco, se vai dando à *cognatio*; e

c) a regulamentação, pela lei, das relações de família.

Nos fins da república, o pretor, no âmbito do *ius honorarium*, inicia a adaptação da família às novas condições sociais de Roma. Assim, para permitir ao *pater familias* que se utilize melhor dos serviços das pessoas a ele sujeitas (*alieni iuris* e escravos), concede a terceiros ação contra o *pater familias* com referência a negócios jurídicos que ele realize por meio de *alieni iuris* ou de escravo. Sob a influência de concepções filosóficas, o pretor estabelece, *iure honorario*, mediante a *bonorum possessio unde cognati* (*vide* nº 324), direito de sucessão entre cognados, quando não há agnados.

No principado, desaparecem os últimos vestígios da *gens*,[25] e, com ela, as derradeiras características de organismo político que a família lhe herdara. A partir do século I a.C., verifica-se, também, a decadência do casamento seguido da *conuentio in manum* (isto é, aquele em que o marido adquire a *manus* – poder marital – sobre a mulher, e esta, por isso mesmo, se desvincula totalmente da família de origem, para ingressar na do marido, como se sua filha fosse), e a generalização do casamento em que não há a *conuentio in manum*; desse fato decorrem as seguintes consequências:

a) a mulher continua vinculada ao seu *pater familias* de origem; e, se *sui iuris*, seus *bens* lhe pertencem, não ingressando no patrimônio da família do marido;

b) admitem-se obrigações recíprocas entre marido e mulher;

c) a mãe liga-se por laços mais estreitos com seus filhos;

d) os *senatusconsultos* Tertuliano e Orficiano criam sucessão hereditária civil entre mãe e filho, aperfeiçoando, com relação a essas pessoas, o direito de sucessão – criado pelo pretor – entre cognados; e

e) dá-se à mãe, quando o pai ou o tutor tem má conduta, a guarda de seus filhos.[26]

De outra parte, os imperadores, por meio de constituições imperiais, restringem a *patria potestas* (pátrio poder), chegando a permitir que o filho peça proteção, contra o pai, ao Estado, mediante a utilização do processo *extra ordinem* (extraordinário). As providências dos imperadores podem assim sintetizar-se:

a) em virtude de constituições imperiais, no século II d.C., o pai só tem direito, com relação aos filhos, à *modica castigatio* (castigo moderado), e o que mata o filho, sem motivos imperiosos e sem observância das formalidades tradicionais, se expõe a severas punições;[27]

---

25 Gaio, *Institutas*, III, 17.

26 Cf. D. XLIII, 30, 1, 3; D. XLIII, 30, 3, 5; e C. V, 49, 1.

27 Assim, D. XLVIII, 9, 5.

608 | DIREITO ROMANO – *José Carlos Moreira Alves*

b) no começo do principado, a venda do filho pelo pai (a da mulher, que se encontrava sob a *manus* do marido, sempre foi condenada pelos costumes) desaparece, e somente no período pós-clássico é que, por influência de usos orientais e em virtude da miséria decorrente de crises econômicas, se volta a admitir a venda de crianças recém-nascidas;

c) segundo parece, isso porque no principado surge a ideia de que aos direitos decorrentes do pátrio poder correspondem deveres, a Lei *Júlia*,[28] no tempo de Augusto, obriga o pai a dotar a filha; e, a partir do século II d.C., constituições imperiais o compelem a prover as necessidades dos membros de sua família.[29]

Também a ação dos jurisconsultos, como salientamos atrás, se faz sentir nessa evolução. Graças a eles, admite-se que o *filius familias* possa obrigar-se por delitos e contratos, tendo, porém, os credores de esperar que o *filius familias* possua patrimônio, ou por se tornar *pater familias* por morte daquele a que está sujeito, ou por passar a *sui iuris* por emancipação, ou por constituir um pecúlio embora permanecendo na situação de pessoa *alieni iuris*.[30] É certo que, em contrapartida, no tempo de Vespasiano, o *senatusconsulto* Macedoniano restringiu a capacidade jurídica do *filius familias*, ao proibir que terceiros lhe emprestassem dinheiro.

Ainda no principado, surge uma exceção à regra de que tudo o que fosse adquirido por *alieni iuris* passava a pertencer ao *pater familias*. Essa exceção foi o *peculium castrense*, constituído de bens que não ingressavam no patrimônio familiar, mas que, ao contrário, eram do *filius familias* que, na qualidade de soldado, os havia adquirido. De início, Augusto (ou, segundo alguns autores, Júlio César) permite que os *filii familias* testem os bens adquiridos no serviços militar. Os imperadores Nerva e Trajano confirmam esse direito.[31] Mais tarde, admite-se que os *filii familias* possam transferir *inter uiuos* esses bens. Em face disso, os jurisconsultos concluem que o *peculium castrense* pertence ao filho durante sua vida, mas se este falecer sem deixá-lo, em testamento, a alguém, o *pater familias* o adquirirá *iure peculii* (por direito de pecúlio, e não por direito sucessório).

C) *Direito pós-clássico e justinianeu*

Essa evolução prossegue no direito pós-clássico.

Constantino,[32] em 319 d.C., pune com as penas do *parricidium* o pai que mata o filho que não seja recém-nascido. Em 374 d.C.,[33] o infanticídio é reprimido como se fosse homicídio.

---

28 Não é, porém, pacífico que da Lei *Júlia* decorresse para o pai a obrigação de dotar a filha; autores há que entendem que, até o Baixo Império, não havia mais do que um dever moral de constituir o dote. A propósito, *vide* Monier, *Manuel Élémentaire de Droit Romain*, I, 6ª ed., nº 190, p. 254.

29 Entre outros textos, *vide* D. XXV, 3, 5, 5 a 9.

30 D. XLVI, 4, 8, 4.

31 *Inst.*, II, 12, pr.

32 C. Th. IX, 15, 1; e C. IX, 17, 1.

33 C. IX, 16, 7 (8).

Cap. XLVII · NOÇÕES INTRODUTÓRIAS | 609

Além do pecúlio castrense, passam a integrar o patrimônio dos *filii familias* o *peculium quasi castrense* (que surge com Constantino, abrangendo, no início – 326 d.C. –, os bens por eles adquiridos no exercício de cargo na Corte; depois – 422 d.C. –, abarcando os decorrentes da advocacia; e, enfim – 472 d.C. –, englobando os provenientes de qualquer cargo público ou eclesiástico) e os *bens adventícios* (os que resultavam da sucessão materna, e que, a partir de Constantino, passaram a pertencer aos *filii familias*).

Ainda nesse período, admitiu-se que a filha – o que já se verificava com o filho – poderia obrigar-se por contrato; o que, aliás, era consequência do fato de, no direito pós-clássico, ter desaparecido a incapacidade relativa das mulheres púberes.

No direito justinianeu, ocorrem dois fatos de suma importância na evolução da família romana:

a) dá-se o triunfo do parentesco cognatício sobre o agnatício (este, abolido por Justiniano, na Novela 118), daí resultando que a família passa a fundar-se no parentesco cognatício; e

b) firma-se o princípio de que aquilo que o filho ou a filha adquirem o fazem para si (embora ainda se mantenham os diferentes tipos de pecúlio e os bens adventícios, o que é certo é que, nessa época, se modificam, em favor do filho ou da filha, suas regras de composição, administração e disposição).

XLVIII

A FAMÍLIA *PROPRIO IURE*

Sumário: 275. Os aspectos a estudar. **276.** Ingresso na família *proprio iure* pela sujeição à *patria potestas*. **277.** A *patria potestas*. **278.** Ingresso na família *proprio iure* pela sujeição à *manus*. **279.** Os efeitos da *conuentio in manum* e a *manus*. **280.** A extinção da *patria potestas*. **281.** A extinção da *manus*.

275. Os aspectos a estudar – Como já salientamos, a família *proprio iure* é o conjunto de pessoas submetidas à *potestas* do *pater familias*.

Para estudá-la, é mister que se examinem os seguintes aspectos:

a) o ingresso nela, pela submissão à *patria potestas* ou à *manus*;

b) as relações pessoais e patrimoniais entre o *pater familias* e as pessoas sujeitas à sua *potestas* (seja à *patria potestas*, seja à *manus*); e

c) a saída, dessa família, dos *filii familias* mediante a extinção da *patria potestas* ou da *manus*.

Analisemo-los nos números que se seguem.

276. Ingresso na família *proprio iure* pela sujeição à *patria potestas* – O ingresso na família *proprio iure* se dá pela sujeição à *patria potestas*, quando ocorre:

a) procriação em justas núpcias (*iustae nuptiae*);

b) adoção em uma de suas formas: *adoptio* ou *adrogatio*; ou

c) legitimação.

Estudemo-los separadamente.

A) *Procriação em justas núpcias*

É este o modo normal de admissão na família *proprio iure*. A criança nascida de justas núpcias, seja seu pai *pater familias* ou *filius familias*, ingressa na família paterna pelo simples fato do nascimento,[1] caindo sob a *patria potestas* do *pater familias*.[2]

Nasce de justas núpcias a criança que vem à luz depois de 182 dias[3] de contraído o casamento legítimo por seus pais, ou a que nasce até 300 dias após a dissolução desse consórcio.[4] Com relação ao pai – ao contrário da mãe, cuja maternidade é certa –, presume-se que a criança nascida dentro desse espaço de tempo seja seu filho: *pater uero is est, quem nuptiae demonstrant* (o pai é aquele que as núpcias atestam),[5] diz Paulo (D. II, 4, 5).[6] Mas admite-se que ele, mediante prova de – entre outros motivos – enfermidade, ausência, impotência,[7] destrua essa presunção.[8]

Por outro lado, como observa Bonfante,[9] se a criança não nasce dentro desse limite de tempo, quem afirma a paternidade deverá prová-la contra quem – e este, em geral, será o marido – a nega.[10]

---

1 Segundo Perozzi (*Tollere Liberum, in Scritti Giuridici*, III, p. 95 e segs., Milano, 1948), o uso (*tollere liberum*) – que perdurou até o império – de o *pater familias*, sendo o recém-nascido colocado a seus pés, levantá-lo do chão (demonstrando, com isso, querê-lo como filho), ou deixá-lo onde se encontrava (hipótese em que a criança era exposta), não tinha qualquer relevância jurídica para a legitimidade do recém-nascido, pois, se o *pater familias* o levantava do solo, ele não se tornava *filius familias* por isso, mas já o era pelo fato do nascimento, e, se o *pater familias* o deixava jazer no chão, estava o chefe da família usando a faculdade de expor o *filius familias* (*ius exponendi*). No mesmo sentido, Lanfranchi, *Ricerche sulle Azioni di Stato nella Filiazione in Diritto Romano*, II (*1° c. d. presunzione di paternità*), pp. 3 a 35, Bologna, 1964.

2 Não é correta – como demonstra Kniep, *Gai Institutionum Commentarius Primus*, § 51, p. 246 e segs., Jena, 1912 – a tese de Pernice (*Labeo*, I, p. 159, *neudruck*, Aalen, 1963), segundo a qual o pai da criança, ainda que fosse *filius familias*, adquiria sobre ela a *patria potestas*, embora esse poder fosse exercido pelo *pater familias*.

3 D. XXXVIII, 16, 3, 12; e D. I, 5, 12.

4 Excepcionalmente, o imperador Adriano – conforme nos informa Aulo Gélio, *Noctes Atticae*, III, 16, 23 – declarou legítima uma criança nascida onze meses após a morte de seu pai. Outro caso, também excepcional, é narrado por Plínio, o Velho, *Historia Naturalis*, VII, 5, 38 a 40. Justiniano, porém, na Novela XXXIV, cap. 2, acentua que a viúva que der à luz uma criança onze meses depois de morto o marido incide nas penas daquela que se casa antes de decorrido o ano de luto (*vide* nota nº 74 do Capítulo XLIX).

5 Sobre se esse princípio é, ou não, clássico, *vide* Solazzi, *"Pater is est quem nuptiae demonstrant"*, in IVRA, VII (1956), p. 131 e segs. *Vide*, também, Schulz, *Classical Roman Law*, p. 143, que, a propósito, se manifesta pela negativa. Pela afirmativa, Lanfranchi, *Ricerche sullie Azioni di Stato nella Filiazione in Diritto Romano*, II (*1° c. d. presunzione di paternità*), pp. 47 a 52, Bologna, 1964.

6 Note-se, porém, que a criança se submete à *patria potestas* de quem a possui sobre seu pai no momento da concepção. Assim, se, ao ser concebida, seu pai está sob a *patria potestas* do que será seu avô, este terá pátrio poder sobre ela, ainda que, por ocasião do nascimento, o pai esteja emancipado ou tenha sido adotado por outro *pater familias* (cf. *Inst.* I, 12, 9).

7 D. I, 4, 6, 6.

8 Mas – note-se – a presunção não cai ainda que a mãe, confessando o adultério, declare que o filho não é de seu marido (cf. D. XXII, 3, 29, 1).

9 *Corso di Diritto Romano*, I (*Diritto di Famiglia*), reimpressão, p. 368, Milano, 1963.

10 Até o tempo de Marco Aurélio, não havia a obrigação de o pai declarar à autoridade pública o nascimento do filho. Esse imperador foi quem estabeleceu tal obrigação, determinando que a

Cap. XLVIII · A FAMÍLIA *PROPRIO IURE* | 613

B) *Adoção*

A adoção é o ato jurídico pelo qual alguém ingressa, como *filius familias*, em família *proprio iure* que não é a sua de origem.

A adoção, conforme o adotado seja *alieni iuris* ou *sui iuris*, se distingue em *adoptio* (adoção em sentido estrito) e *adrogatio* (ad-rogação).[11]

* * *

A *adoptio* (também denominada *datio in adoptionem*) é o ato jurídico pelo qual um *alieni iuris* ingressa na família do adotante como seu filho ou neto.[12]

No direito clássico[13] – conforme se vê em Gaio (*Institutas*, I, 132 a 135) –, o processo para adotar-se era complexo, dividindo-se em duas fases:

a) a em que o *alieni iuris* se desvinculava de sua família de origem; e

b) a em que o *alieni iuris* era submetido à *patria potestas* do adotante.

Para que o *alieni iuris* se libertasse de sua família de origem, valeram-se os jurisconsultos romanos do preceito da Lei das XII Tábuas que rezava: *si pater filium ter uenum duit, a patre filius liber esto* (se o pai vender o filho três vezes, seja o filho livre do pai).[14] Assim, para realizar-se a adoção, o *pater familias*, depois de combinar com um amigo, lhe mancipava *pro forma* o filho que se tornava, com relação a este, pessoa *in mancipio* (*vide* nº 86, B); em seguida, o adquirente o manumitia, voltando o filho a submeter-se à *patria potestas* de seu *pater familias* de origem. De novo, efetuavam-se essas mesmas operações. Na terceira vez, logo após a *mancipatio pro forma*, o filho – porque se tinham verificado as três vendas – se libertava da *potestas* do *pater familias*, e o adquirente, com referência a quem o filho era pessoa *in mancipio*, ou não o manumitia (pois, se o manumitisse, o filho não voltaria à *patria potestas* do *pater familias*), ou o remancipava *pro forma* ao *pater familias* (e, desse modo, o filho se tornava, com relação ao que fora seu *pater familias*, pessoa *in mancipio*). Se o *alieni iuris* que iria ser adotado fosse, em vez de

---

declaração (*natalis professio*) se fizesse, dentro de 30 dias a partir da *lustratio* (cerimônia religiosa que se realizava no nono ou no oitavo dia após o nascimento, conforme se tratasse de criança do sexo masculino ou feminino) diante, em Roma, do *praefectus aerarii*, e, nas províncias, dos *tabularii publici*, os quais a anotavam em registros públicos. Sobre essa matéria, *vide* Emilio Costa, *Storia del Diritto Privato*, 2ª ed., p. 75 e segs., Torino, 1925; Cuq, *Les d'Auguste sur les déclarations de naissance*, in *Mélanges Paul Fornier*, p. 119 e segs., Paris, 1929; e Schulz, *Roman Registers of births and birth certificates*, in *Bulettino dell'Istituto di Diritto Romano*, vols. XIV-XV N. S. (1951), p. 170 e segs.

11 D. I, 7, 1.

12 E como neto, mesmo se o adotante não tivesse filhos. Por outro lado, a *adoptio in fratrem* (adoção como irmão) era proibida (C. IV, 24, 7).

13 Sobre os textos de Cícero (*Brutus* 68, 241; e *Pro Cluentio* 26, 72) que aludem a um *Staienus* que se adotou a si mesmo e se tornou Aelius Paetus, *vide* D'Orgeval, *"Qui se ipsum adoptat"*, in *Studi in onore di Pietro de Francisci*, II, p. 29 e segs., Milano, 1956.

14 Gaio, *Institutas*, I, 132.

614 | DIREITO ROMANO – *José Carlos Moreira Alves*

filho, uma filha ou um neto ou neta do *pater familias*, bastava para libertá-los do poder deste uma única *mancipatio pro forma*.[15]

Para completar-se a adoção – e essa é a segunda fase –, recorria-se à *in iure cessio* (*vide* nº 154, II, *b*): na presença do magistrado – o pretor, em Roma; o governador, nas províncias –, o adotante propunha contra o que tinha o adotado *in causa mancipii* (seu próprio *pater familias*, ou o amigo se não tivesse havido a *remancipatio*) a reivindicação do *alieni iuris* como se seu filho fosse; o réu não a contestava, e diante dessa confissão simulada, o magistrado fazia a *addictio* (adjudicação) do adotando ao adotante, nascendo, em favor deste, legalmente, a *patria potestas*.[16]

No direito justinianeu, o processo de adoção se simplificou: o *pater familias*, o adotante e o adotado dirigiam-se à autoridade judicial competente, e, diante desta, os dois primeiros faziam declaração concorde no sentido da adoção, a ela aderindo o adotando com o simples silêncio.

Quanto aos requisitos para a adoção, é preciso distinguir o período clássico do justinianeu.

No direito clássico, exigia-se, para a adoção, o acordo de vontades do *pater familias* e do adotante. O princípio de que a adoção imita a natureza não era levado em consideração pelos jurisconsultos clássicos, para quem era ela meio de ingresso na família *proprio iure* mediante submissão à *patria potestas*. Por isso, a mulher – que era incapaz de ser titular da *patria potestas* – não *podia adotar*,[17] o mesmo não ocorrendo, porém, com homem que não pudesse gerar, ou que não fosse casado. Por outro lado, no tempo de Gaio,[18] discutia-se se o adotante tinha, ou não, de ser mais velho que o adotado.

No direito justinianeu, vigora a regra *adoptio naturam imitatur* (a adoção imita a natureza), e, em virtude disso, se torna necessária a observância de requisitos para que ela se assemelhe à paternidade natural: o adotante deve ser, no mínimo, 18 anos mais velho que o adotando;[19] e não podem adotar os que são incapazes de gerar, como os castrados.[20] Demais, além do consentimento do *pater familias* e do adotante, é preciso ainda o do adotando.

Finalmente, com relação aos efeitos da adoção, eles também variaram no direito clássico e no direito justinianeu.

No direito clássico, a adoção só produz efeitos com referência ao *alieni iuris*, que passa, como adotado para a nova família; se ele, porém, tiver filhos ou netos (ainda que

---

15 A essa interpretação chegaram os jurisconsultos clássicos por entenderem que, tendo a Lei das XII Tábuas se referido apenas ao *filius*, as três vendas não seriam necessárias para os demais descendentes que não filhos.

16 Essa forma de realizar-se a *adoptio* foi a utilizada durante todo o direito clássico, embora nas províncias orientais – como se vê de papiros descobertos no Egito – se efetuassem, nesse período, adoções mediante contrato, sem a intervenção de autoridade pública.

17 Cf. Gaio, *Institutas*, I, 104.

18 *Institutas*, I, 106.

19 *Inst.*, I, 11, 4.

20 *Inst.*, I, 11, 9.

apenas concebidos), estes continuarão na família de que saiu o adotado. Portanto, com a adoção, o adotado rompe os laços que o prendiam à família de origem, perdendo seus direitos sucessórios nela. Em compensação, ele, ao ingressar na família do adotante, embora em geral não traga patrimônio (o *alieni iuris*, por via de regra, não possui bens), adquire os mesmos direitos sucessórios que os descendentes agnatícios do novo *pater familias*. É certo, no entanto, que, se o adotante privá-lo desses direitos sucessórios (por emancipá-lo ou por deserdá-lo), o adotado ficará sem eles, quer quanto à família de origem (da qual, com a adoção, se desligou), quer quanto à do adotante (por ter sido emancipado ou deserdado). Mas o pretor, no âmbito do direito honorário, corrigiu, em parte, essa situação, permitindo que o adotado – e isso porque a adoção não rompe o parentesco cognatício – concorresse, caso tivesse sido emancipado pelo adotante antes de seu pai natural falecer, à sucessão deste, na qualidade de cognado.

No direito justinianeu, por motivo de ordem sucessória, encontramos duas espécies de adoção:

a) a *adoptio plena*: aquela em que o adotante é ascendente, pelo lado paterno ou pelo lado materno, do adotado; e

b) a *adoptio minus plena*: aquela em que o adotante é um estranho.[21]

Os efeitos da *adoptio plena* são substancialmente os da adoção clássica; mas Justiniano[22] estabeleceu que, se o adotado for emancipado, volta a ter direitos sucessórios na família do seu pai natural.

Quanto à *adoptio minus plena*, o adotado não se desvincula de sua família de origem, nem, tampouco, ingressa na do adotante; entre adotante e adotado apenas se estabelece um vínculo pelo qual este, se o adotante morrer *ab intestato* (isto é, sem deixar testamento), tem direito de suceder nos bens como *heres suus* (*vide* nº 323). Mas o adotado não tem sequer direito à legítima (*vide* nº 330) com relação ao pai adotivo, que, por isso, pode não contemplá-lo em seu testamento.[23]

* * *

Pela *adrogatio* (ad-rogação) um *pater familias* ingressa, na posição de *filius familias* (ele sofre, portanto, uma *capitis deminutio minima*, passando de pessoa *sui iuris* a *alieni iuris*), na família de outro *pater familias*.[24]

---

21 As expressões *adoptio plena* e *adoptio minus plena* são devidas aos comentadores do direito romano.

22 C. VIII, 47 (48), 10 1a, 1b e 1c.

23 Demais, como a *adoptio minus plena* não confere ao adotante a *patria potestas* sobre o adotado, admite-se que a mulher, para consolo da perda de seus próprios filhos (*ad solacium amissorum liberorum*) (*Inst.*, I, 11, 10; e C. VIII, 47 (48), 5), adote.

24 Sobre a *adrogatio, vide*, entre outros, Bonfante (*Corso di Diritto Romano*, I – *Diritto di Famiglia* – reimpressão, p. 20 e segs., Milano, 1963), Dessertaux (*Études sur les Effets de l'Adrogation, Dijon*, 1892 – trata-se de um *extrait de la Revue bourguignonne de l'Enseignement supérieur*, année 1892), Lavaggi (*Una riforma ignorata di Giustiniano: Adrogatio plena e minus plena; e L'arrogazione dei libertini* – ambos em *Studia et Documenta Historiae et Iuris*, ano XII, 1946, p. 45 e segs., e 115 e

No direito pré-clássico, tendo em vista que, com a ad-rogação, uma família era absorvida por outra – o ad-rogado, ao ingressar na família do ad-rogante, levava para ela o seu patrimônio e todas as pessoas que se achavam submetidas a sua *potestas* –, o que, principalmente nos tempos primitivos, interessava ao Estado (havia alteração no número de famílias que o constituíam) e à própria religião (extinguia-se o culto doméstico da família absorvida), a *adrogatio* tem de ocorrer diante do comício por cúrias (*vide* n°s 11 e 19, A), presidido pelo Pontífice Máximo. Este interrogava o ad-rogante, para saber se ele, realmente, queria ser *pater familias* do ad-rogado; o ad-rogado, para verificar se efetivamente pretendia tornar-se *filius familias* do ad-rogante; e o povo, reunido em comício, para ver – segundo parece[25] – se ele concordava em que se realizasse a *adrogatio*.

Nos fins da república – e, portanto, no início do direito clássico –, entrando em decadência os comícios por cúrias (*vide* n° 19, A), a *adrogatio* passa a celebrar-se na presença dos 30 lictores que representam aquela assembleia popular reduzindo-se as indagações do Pontífice Máximo a duas: ao ad-rogante e ao ad-rogado.

Mas, quer diante do povo reunido em comícios por cúrias, quer na presença, apenas, dos 30 lictores, a ad-rogação somente podia realizar-se em Roma (onde esses comícios se reuniam), o que, como é óbvio, era um inconveniente sério para os habitantes das províncias.

A partir do século III d.C., surge, ao lado da *adrogatio* realizada diante dos lictores, outra forma de ad-rogação que não apresenta o inconveniente daquela: a *adrogatio* por rescrito do imperador (em que continua necessário o consentimento expresso do ad--rogado), que é a única que persiste no tempo dos imperadores cristãos.[26]

Os requisitos para a *adrogatio* variaram muito durante a evolução do direito romano.

No direito pré-clássico e no início do clássico, quando as mulheres e os impúberes não podiam ser ad-rogados,[27] os pontífices – a quem incumbia verificar se nada havia contra a ad-rogação pretendida – foram estabelecendo, a pouco e pouco, requisitos sem

---

segs., respectivamente) e Janeau (*Constantin et la prohibition d'adroger les "naturales", in Conférences faites à l'Institut de Droit Romain en 1947*, p. 131 e segs., Paris, 1950).

25 Não é improvável, como decorre da exposição de Aulo Gélio, *Noctes Atticae*, V, 19, que o povo, a princípio, votasse a favor da ad-rogação ou contra ela.

26 C. VIII, 47 (48), 2; e VIII, 47 (48), 6.

Por outro lado, textos literários aludem à ad-rogação testamentária, cujo exemplo mais célebre é o de Otávio (mais tarde, Augusto), adotado por Júlio César em seu testamento. Os jurisconsultos romanos silenciam totalmente sobre essa forma de ad-rogação, que, aliás, apresenta singularidades: não é meio de aquisição da *patria potestas* pelo ad-rogante (que já morreu, quando ela produz seus efeitos); e é acessível às mulheres. Sobre as diferentes teses que procuram explicar esses textos, *vide* Bonfante, *Corso di Diritto Romano*, I – *Diritto di Famiglia*, reimpressão, p. 26 e segs., Milano, 1963. A propósito dessa matéria, *vide* ainda Prevost, *Les Adoptions politiques à Rome sous la République et le Principat*, Paris, 1949; Henne, *A propos du testament de César, in Droits de l'Antiquité et Sociologie Juridique (Mélanges Henri Lévy-Bruhl)*, p. 141 e segs., Paris, 1959; J. Paoli, *Le testament "calatis comitiis" et l'adrogation d'Octave, in Studi in onore di* Emilio Betti, III, p. 546 e segs., Milano, 1962; e Lemosse, *L'adoption d'Octave et ses rapports avec les règles traditionnelles du Droit Civil, in Studi in memoria di* Emilio Albertaro, I, p. 371 e segs., Milano, 1953.

27 Gaio, *Institutas*, I, 101-102.

Cap. XLVIII · A FAMÍLIA *PROPRIO IURE* | **617**

os quais eles se opunham à *adrogatio*. Assim – como acentua Cícero[28] –, não se permitia, em seu tempo, a *adrogatio* por pessoas que ainda pudessem ter esperança de formar prole, ou que tivessem filhos nascidos de casamento legítimo. Demais, além da idade do ad-rogante – que não podia ser mulher, nem *filius familias* –, levava-se em conta a importância da *gens* e do culto familiar do ad-rogado. Esses requisitos, porém, não eram absolutos, podendo ceder diante de motivos justos.

Na época de Gaio, discutia-se se o ad-rogante podia ser incapaz de gerar, e se ele tinha de ser mais velho do que o ad-rogado.[29]

Antonino, o Pio, em cartas aos pontífices – segundo informação de Gaio (*Institutas*, I, 102) –, autorizou a ad-rogação de impúberes, havendo justa causa (*iusta causa*) e observados certos requisitos.[30]

No direito pós-clássico, admitiu-se que a mulher fosse ad-rogada,[31] e – a título excepcional – permitiu-se que aquela que tivesse perdido seus filhos ad-rogasse uma pessoa *sui iuris*.[32] Os imperadores cristãos proibiram a ad-rogação, pelo pai, dos filhos nascidos de concubinato (*naturales liberi*).

No tempo de Justiniano, em virtude do princípio de que a ad-rogação devia imitar a natureza,[33] e do fato de que a *adrogatio* passou a ser encarada, não como meio de aumentar o poder de uma família, mas de dar filhos a quem não os tivesse, exigiam-se, para que ela se realizasse, os seguintes requisitos (que, no entanto, podiam ser dispensados por motivos justos):

a) o ad-rogante, que não pode ser castrado, nem ter filho legítimo,[34] deve ser 18 anos mais velho do que o ad-rogado, e ter, no mínimo, 60 anos de idade[35] (ou, então, achar-se gravemente enfermo);

b) em regra, o ad-rogado não deve ser mais rico que o ad-rogante;[36]

c) não pode ser ad-rogado quem já o foi por outra pessoa; e

---

28 *De domo sua*, XIV.

29 *Institutas*, I, 106.

30 Esses requisitos, em síntese, eram os seguintes: *a*) os magistrados competentes deviam apurar, preliminarmente, se o ad-rogante era idôneo e se a *adrogatio* seria vantajosa para o impúbere (D. I, 7, 17, 2; *Inst.*, I, 11, 3); *b*) os parentes do impúbere deviam ser consultados (C. VIII, 47 (48), 2); *c*) era mister que o tutor (ou tutores) do impúbere desse sua *auctoritas* (C. V., 59, 5); *d*) o ad-rogante, quando da realização da *adrogatio*, devia dar caução às pessoas que seriam herdeiras do ad-rogado, se não houvesse a ad-rogação, para garantir-lhes a entrega dos bens do ad-rogado, na hipótese de ele morrer antes de atingir a puberdade (*Inst.*, I, 11, 3).

31 Gaio, *Institutionum Epitome*, I, 5, 2.

32 C. VIII, 47 (48), 5.

33 *Inst.*, I, 11, 4.

34 D. I, 7, 17, 3.

35 D. I, 7, 15, 2.

36 D. I, 7, 17, 4.

618 | DIREITO ROMANO – *José Carlos Moreira Alves*

d) não podem ser ad-rogadas várias pessoas,[37] nem liberto de outrem (salvo se seu *patronus* consentir).[38]

Além do efeito comum com a adoção – aquele segundo o qual o ad-rogado ingressa como *alieni iuris* na família do ad-rogante, sofrendo, assim, *capitis deminutio minima* –, a ad-rogação, por se aplicar a pessoa *sui iuris*, apresenta dois efeitos que não resultam da adoção:

a) as pessoas que estão sujeitas à *patria potestas* ou à *manus* do ad-rogado passam para o poder do ad-rogante, tornando-se todos (ad-rogado e as pessoas anteriormente submetidas a ele) agnados e *gentiles* do ad-rogante e de seus agnados e *gentiles* – assim, a família do ad-rogante absorve a do ad-rogado; e

b) o ad-rogante se torna proprietário, por sucessão *inter uiuos* a título universal, dos bens do ad-rogado – com exceção dos direitos que se extinguem com a *capitis deminutio minima*, como o usufruto e o uso –, não respondendo, porém, pelos débitos deste, senão os hereditários;[39] o pretor, no entanto, concedia aos credores do ad-rogado:

1 – ou uma *actio utilis* contra o próprio ad-rogado, considerando como não ocorrida a *adrogatio* (*rescissa capitis deminutione*);[40] e, se o ad-rogado não se defendesse, podiam os credores vender os bens que ele teria se não tivesse havido a ad-rogação;

2 – ou uma *actio de peculio* contra o ad-rogante.[41]

No direito justinianeu, o ad-rogante passou a ter sobre os bens do ad-rogado os mesmos direitos que o pai possuía com relação aos do filho: o ad-rogante adquiria sobre eles apenas o usufruto; a nua propriedade era do ad-rogado.

Por outro lado, quanto à *adrogatio* de impúbere, produzia ela (e isso para evitar que a ad-rogação se convertesse, para o ad-rogante, em especulação) certos efeitos patrimoniais em favor do ad-rogado ou de sua família de origem.[42]

---

37 D. I, 7, 15, 3.
38 D. I, 7, 15, 3; e D. XXXVIII, 2, 49.
39 E isso porque, de acordo com o *ius ciuilie*, o ad-rogante se tornava o herdeiro.
40 Gaio, *Institutas*, III, 84.
41 D. XV, 1, 42.
42 Esses efeitos eram os seguintes: *a*) se o ad-rogado morresse impúbere, e sob a *potestas* do ad-rogante, este estava obrigado a entregar os bens do *adrogatus* àqueles que seriam seus herdeiros se não tivesse ocorrido a ad-rogação; *b*) chegando o ad-rogado à puberdade, sob a *potestas* do ad-rogante, tinha aquele, se descontente com a ad-rogação, o direito (D. I, 7, 32, pr. e 33) de provar que ela lhe era prejudicial, e de obter, assim, a *in integrum restitutio* (demais, alcançada a puberdade pelo ad--rogado, a caução – *vide* nota nº 30 deste Capítulo – dada pelo ad-rogante era liberada, conforme se verifica do D. I, 7, 20); *c*) se o ad-rogante fosse emancipado, antes de alcançar a puberdade, era preciso distinguir se a emancipação decorrera de motivo justo ou não: na primeira hipótese, o ad-rogado podia recuperar todos os bens existentes no momento da *adrogatio* e os que ele, posteriormente, adquirira para o ad-rogante; na segunda, além desses direitos, tinha ele ainda o de, por ocasião da morte do ad-rogante, eventualmente, recolher a quarta parte dos bens deste (*Inst.*, I, 11, 3; D. X, 2, 2, 1; e D. XXXVII, 6, 1, 21) (era a *quarta diui Pii* ou *quarta Antonina*, assim denominada porque foi criada por Antonino, o Pio); e *d*) se o ad-rogado fosse deserdado antes

C) *Legitimação*

Legitimação (*legitimatio*),[43] em direito romano, é o ato pelo qual os filhos nascidos de concubinato (*naturales liberi* – *vide* nº 294) adquirem a condição de filhos legítimos.[44]

A *legitimatio* somente foi admitida no direito pós-clássico[45] quando, em virtude da influência do cristianismo, é combatido o concubinato, surgindo a concepção de que é indigna a condição dos *naturales liberi*.

Há, no direito romano, três processos de legitimação:

a) a *legitimatio per subsequens matrimonium* (legitimação por casamento subsequente);

b) a *legitimatio per rescriptum principis* (legitimação por rescrito do príncipe); e

c) a *legitimatio per oblationem curiae* (legitimação por oblação à cúria).

A legitimação por casamento subsequente surgiu, em 335 d.C., graças a Constantino,[46] mas em caráter excepcional, pois somente foi admitida com relação aos filhos naturais já havidos quando da promulgação dessa constituição imperial. Com Anastácio, em 517 d.C.,[47] a *legitimatio per subsequens matrimonium* tornou-se instituto permanente. O sucessor de Anastácio, Justino, em 519 d.C.,[48] aboliu essa forma de legitimação, a qual, no entanto, foi restaurada definitivamente, em 529 d.C., por Justiniano,[49] que estabeleceu, para que ela ocorresse, os seguintes requisitos:

a) que a mãe – em vez da exigência que havia até então de ela ser ingênua[50] – fosse livre;[51]

b) que, por ocasião da concepção da criança, fosse possível a realização do casamento de seus pais[52] – o que impedia a legitimação dos filhos adulterinos ou incestuosos;[53]

c) que o filho consentisse na legitimação, ou que, pelo menos, a ela não se opusesse;[54] e

---

de atingir a puberdade, teria ele direito à *quarta diui Pii*, independentemente de a deserdação ter sido justa ou não.

43 Sobre essa matéria, *vide*, entre outros, Bonfante, *Corso di Diritto Romano*, I – *Diritto di Famiglia* –, reimpressão, p. 371 e segs., Milano, l963; e Kaser, *Das Römisches Privatrecht*, II, § 230, p. 157, München, 1959.

44 A *legitimatio* se aplica apenas aos *liberi naturales*, e não aos *uulgo quaesiti* (também denominados *uulgo concepti* ou *spurii*) (*vide* nº 294).

45 Portanto, em época em que a família agnatícia já havia perdido muito de sua antiga importância.

46 A Constituição imperial em causa se perdeu; a ela alude o imperador Zenão (C. V, 27, 5), em 477 d.C., que a renovou.

47 C. V, 27, 6.

48 C. V, 27, 7.

49 C. V, 27, 10; C. V, 27, 11; e *Inst.*, I, 10, 13.

50 C. V, 27, 5.

51 *Inst.*, I, 10, 13; e C. V, 27, 10.

52 *Inst.*, I, 10, 13; e C. V, 27, 11.

53 Derrogando esse princípio, Justiniano (Nov. XVIII, cap. 11; e Nov. LXXVIII, caps. 3 e 4) admitiu que os filhos de escrava podiam ser legitimados, se o dono dela (e pai deles) a libertasse e a esposasse.

54 Por isso, os loucos, os infantes, os ausentes podiam ser legitimados por casamento subsequente. *Vide* D. I, 16, 11; e Nov. LXXXIX, cap. 11.

620 | DIREITO ROMANO – *José Carlos Moreira Alves*

d) que se redigisse instrumento dotal (*instrumentum dotale*) para indicar que houvera a substituição do concubinato pelo matrimônio legítimo.[55]

A legitimação por rescrito do príncipe[56] somente foi criada por Justiniano, nas Novelas.[57] Aplicava-se apenas aos casos em que a legitimação por casamento subsequente não era possível em virtude de morte, de ausência, de indignidade ou de tomada de ordens sacras ocorrida com a mãe. Provado que o pai não tinha filhos legítimos, que o filho a ser legitimado havia consentido nisso, e que o casamento de seus pais era possível quando de sua concepção, podia requerer a *legitimatio per rescriptum principis*:

a) o próprio pai; ou

b) o filho, após a morte do pai, desde que este houvesse salientado, no testamento, ser seu desejo legitimá-lo.[58]

Por outro lado, estabeleceu Justiniano[59] que, para verificar-se a legitimação por rescrito do príncipe, era preciso que não existisse filho legítimo.

Finalmente, a *legitimatio per oblationem curiae* se prende a uma constituição imperial de Teodósio II e Valentiniano III,[60] do ano 443 d.C., com fins administrativos e fiscais. Com efeito, tendo em vista que, nesse tempo, as cúrias municipais, em razão de seus pesados encargos (como, por exemplo, a responsabilidade da arrecadação de impostos e as despesas com jogos e espetáculos públicos), necessitavam de decuriões, os citados imperadores estabeleceram que o pai, não tendo filho legítimo, podia testar ou doar seu patrimônio, em parte ou no todo, aos *liberi naturales*, desde que – sendo o filho homem – o inscrevesse entre os decuriões, ou – se se tratasse de filha – a desse em casamento a um decurião. Com o tempo, esse ato foi tomando o caráter de legitimação, e, em 470 d.C., por uma constituição de Leão e Antêmio,[61] esses filhos passaram a ter o direito de suceder *ab intestato* (isto é, na ausência de testamento) a seu pai. Apesar disso, porém, e ao contrário do que ocorria com a *legitimatio per subsequens matrimonium* (e, mais tarde, com a *legitimatio per rescriptum principis*), o pai, na legitimação por oblação à cúria, não adquiria pátrio poder sobre o filho legitimado, nem este passava a ter todos os direitos do filho legítimo. Justiniano introduziu modificações nos efeitos da *legitimatio per oblationem curiae*: concedeu ao pai a *patria potestas* (pátrio poder) sobre o filho legitimado, e estabeleceu, entre ambos, direito recíproco de sucessão.[62] Demais, admitiu a legitimação por oblação à cúria ainda que o pai tivesse filhos legítimos; e permitiu que ela se fizesse

---

55 *Inst.*, I, 10, 13; C. V, 27, 10 e 11; Nov. LXXXIX, cap. 8.

56 Sobre sua origem, *vide* Janeau, *De l'adrogation des liberi naturales à la legitimation par rescrit du Prince*, Paris, 1947.

57 Nov. LXXIV, cap. 2, 1; e LXXXIX, caps. 9 e 10.

58 Note-se que, ainda nessa hipótese, a legitimação é *per rescriptum principis*, e não – como pretendem alguns autores – outra modalidade de legitimação, a *legitimatio per testamentum*.

59 Nov. LXXIV, cap. 1; e Nov. LXXXIX, caps. 9 e 10.

60 C. V, 27, 3.

61 C. V, 27, 4.

62 Nov. LXXXIX, cap. 11.

Cap. XLVIII · A FAMÍLIA *PROPRIO IURE* | 621

por testamento.[63] Mas, mesmo no direito justinianeu, a *legitimatio per oblationem curiae* vinculava apenas pai e filho, e não este e a família de seu pai.[64]

277. A *patria potestas*[65] – A *patria potestas* (pátrio poder) é o conjunto de poderes que o *pater familias* tem sobre seus *filii familias*.

Segundo Gaio[66] – e isso é exato, pois, nos tempos históricos, não se encontra em nenhum outro povo instituto jurídico com características semelhantes –, a *patria potestas* é uma instituição exclusiva do direito romano.

A princípio, os poderes do *pater familias* enfeixados na *patria potestas* são absolutos: o *pater familias* pode ser comparado a um *déspota*. A pouco e pouco, porém – e essa tendência se avoluma decididamente a partir do início do período pós-clássico –, os poderes constitutivos da *patria potestas* se vão abrandando, até que, no direito justinianeu – mudado o ambiente social, alteradas fundamentalmente as funções e a estrutura da família romana, e sobrepujado o parentesco agnatício pelo cognatício –, a *patria potestas* se aproxima do conceito moderno de pátrio poder (poder educativo e levemente corretivo), embora conserve – o que a afasta deste – duas características antigas:

a) a vitaliciedade (mesmo no período justinianeu não se conhece, no direito romano, o instituto da maioridade: enquanto vivo o *pater familias*, estão sujeitos à *patria potestas seus filii familias*); e

b) a titularidade, não pelo pai natural, mas pelo ascendente masculino mais remoto.

A *patria potestas* atribui ao *pater familias* poderes sobre:

a) a pessoa dos *filii familias*; e

b) os bens adquiridos pelos *filii familias*.

Analisemo-los separadamente.

A) *Poderes sobre a pessoa dos "filii familias"*

Os poderes do *pater familias* sobre a pessoa dos *filii familias* são os seguintes:

a) o *ius uitae et necis*: o *pater familias* podia punir os *filii familias* como bem entendesse, inclusive com a morte;

b) o *ius noxae dandi*: quando o *filius familias* cometia ato ilícito (*delictum*) contra terceiro, o *pater familias* podia eximir-se da responsabilidade de indenizar a vítima entregando-lhe, como pessoa *in mancipio* (vide nº 86, B), o *filius familias* culpado;

c) o *ius uendendi*: podia o *pater familias* vender seus *filii familias*, que, no direito clássico, não se tornavam escravos do comprador, mas, sim, pessoas *in mancipio*; no direito

---

63 C. V, 27, 9.

64 C. V, 27, 9; e Nov. LXXXIX, 4.

65 Sobre a *patria potestas, vide* Voci, *Storia della "patria potestas da Augusto a Diocleziano" e "La Patria Potesta da Costantino a Giustiniano", in Studi di Diritto Romano,* II, pp. 399 a 463 e 467 a 543, Padova, 1985.

66 *Institutas,* I, 55.

622 | DIREITO ROMANO – *José Carlos Moreira Alves*

pós-clássico, porém admite-se – tendo em vista a calamitosa situação econômico-social dessa época – que o *filius familias vendido* passe a ser escravo do adquirente; e

d) o poder de expor ou de manter os *filii familias* recém-nascidos.

Esses poderes, que – como salientamos atrás – eram, a princípio, absolutos, foram sofrendo, no decurso do tempo, atenuações.

Assim, com relação ao *ius uitae et necis* – que, no período clássico, por imposição dos costumes (*mores maiorum*), o *pater familias* não exercia sem fazer-se assistir, previamente, por um *consilium domesticum* (conselho familiar) –, a reação a ele começa no século I d.C., quando Trajano determina que o *pater familias* que maltratasse seu *filius familias* estava obrigado a emancipá-lo;[67] e, no D. XLVIII, 8, 2, salienta-se que o filho não podia ser morto pelo *pater familias* sem antes ser ouvido – são providências que, embora não visem a extinguir o *ius uitae et necis*, mas a reprimir abusos, demonstram que ele não é mais encarado como poder absoluto do *pater familias*. O *ius uitae et necis* vai desaparecer com os imperadores cristãos: Constantino[68] pune, com a pena do *parricidium*, o pai que mata o filho, e Valentiniano e Valente[69] estabelecem que, quando o *filius familias* comete delito grave (*enorme delictum*), deve ser ele enviado à autoridade judiciária competente, que o punirá, pois o poder punitivo do *pater familias* não mais abrange punições severas.

O *ius noxae dandi*, a partir do século IV d.C., cai, pouco a pouco, em desuso, e é abolido, finalmente, por Justiniano.[70]

Quanto ao *ius uendendi*,[71] desde o tempo de Constantino, é admitido apenas com relação aos recém-nascidos (a venda do *filius familias* era proibida),[72] admitindo-se, porém, que, com o reembolso do preço pago pelo comprador, ou com a entrega de um escravo para substituir o *filius familias*, este recupere a liberdade. Justiniano[73] ainda admite a venda tão somente dos recém-nascidos, reduzindo, porém, seu campo de aplicação e atenuando seus efeitos: essa venda só é válida se motivada por miséria extrema do *pater familias* (se isso não ocorre, a venda é nula), e o *filius familias* pode recuperar a liberdade se ele, o *pater familias*, ou terceiro restituir ao comprador o preço, ou der, em troca, um escravo.

Valentiniano, Valente e Graciano,[74] em 374 d.C., proíbem que se mate recém-nascido, sob pena de suplício capital; e, com relação à exposição de recém-nascidos (que Constantino considerava lícita, estabelecendo que acarretava apenas a perda da *patria potestas* sobre o exposto), a reputam, naquele mesmo ano, ilícita.[75] Ambas essas

---

67   D. XXXVII, 12, 5.
68   C. Th. IX, 15, 1; C. IX, 17, 1.
69   C. Th. IX, 13, 1; C. IX, 15, 1.
70   *Inst.*, IV, 8, 7.
71   *Vide*, a propósito, Vanzetti, *Vendita ed esposizione degli infanti da Constantino a Giustiniano, in Studia et Documenta Historiae et Iuris*, vol. 49 (1983), pp. 225 a 260.
72   *Fragmenta quae dicuntur Vaticana*, 33.
73   Cf. C. IV, 43, 2.
74   C. IX, 16, 7.
75   C. VIII, 51 (52), 2.

Cap. XLVIII · A FAMÍLIA *PROPRIO IURE* | **623**

constituições foram acolhidas por Justiniano, que, possivelmente,[76] puniu a exposição do recém-nascido com a pena do homicídio.

B) *Poderes sobre os bens adquiridos pelos "filii familias"*

Originariamente, os *filii familias* eram incapazes de ter patrimônio – *qui in potestate alterius est, nihil suum habere potest* (aquele que está sob poder de outrem nada pode ter de seu), acentua texto de Gaio.[77] Tudo aquilo que os *filii familias* adquirissem ingressaria no patrimônio da *familia proprio iure*, do qual era titular o *pater familias*.

Desde cedo, porém, o *pater familias* entregava ao *filius familias* pequena quantia ou alguns bens (*peculium* – pecúlio), para que este os administrasse, no exercício de uma profissão, ou no comércio. O domínio desse pequeno patrimônio continuava a ser do *pater familias*, que, a qualquer momento e a seu arbítrio, podia tomá-lo do *filius familias*. Morto o filho, o pai, automaticamente, recuperava os bens que constituíam esse pecúlio, a que os autores modernos dão a denominação de *peculium profecticium*, isto é, *profectum a patre* (saído do *pater familias*).

No início do principado, a incapacidade patrimonial dos *filii familias* sofre uma exceção com a admissão do *peculium castrense*, a partir de Augusto, e que era constituído com os bens que os *filii familias* adquiriram, inicialmente na qualidade de soldados (soldo, presa de guerra), e, mais tarde, por ocasião da prestação do serviço militar, ainda que os bens nada tivessem que ver com esse serviço (como, por exemplo, os que o *pater familias* doava ao filho que partia para servir no exército romano).[78] Com relação ao *peculium castrense* – salienta um texto atribuído a Ulpiano (D. XIV, 6, 2) –, o *filius familias* faz as vezes de *pater familias*, podendo dispor, em vida, desses bens; ou manumitir escravos que se tornam libertos dele, *filius familias*, e não de seu *pater familias*; ou fazer *donationes mortis causa* (doações *mortis causa*). Porém, se o filho morrer antes que o *pater familias*, sem fazer testamento com relação ao *peculium castrense*, o *pater familias* o adquire, não *iure hereditatis* (por direito sucessório), mas *iure peculii* (isto é, por direito próprio, como se fosse titular desses bens).

No direito pós-clássico, surge outra espécie de pecúlio – o *peculium quasi castrense* (pecúlio quase castrense), criado por Constantino,[79] que estendeu as regras do pecúlio castrense aos bens adquiridos pelo *filius familias* como funcionário da corte; posteriormente, essa concepção abrangeu ainda bens adquiridos pelo *filius familias* como ocupante de qualquer cargo público, ou como advogado, ou como eclesiástico, bem assim os obtidos por doações feitas pelo imperador ou pela imperatriz.[80]

---

76 *Vide*, a propósito, Carlo Longo, *Corso di Diritto Romano* (*Diritto di Famiglia*), p. 99 e segs., Milano, 1946.

77 *Institutas*, II, 87. *Vide*, também, Gaio, *Institutas*, II, 96.

78 Sobre o *peculium castrense*, *vide* Fitting, *Das Castrense Peculium in seiner geschichtlichen Entwickelung und heutigen Gemeinrechtlichen Geltung*, Halle, 1871; e Guarino, *L'oggetto del "castrense peculium"*, in *Bulletino dell'Istituto di Diritto Romano*, vol. VII, N. S. (1941), p. 41 e segs.

79 C. Th. VI, 36, 1.

80 A propósito, *vide* Archi, *In tema di peculio quasi castrense*, in *Studi de Storia e Diritto in onore di Enrico Besta por il XL anno del suo insegnamento*, I, p. 119 e segs., Milano, 1939.

624 | DIREITO ROMANO – *José Carlos Moreira Alves*

Graças, ainda, a Constantino,[81] o *pater familias*, quanto aos bens (*bona materna*) que o filho adquire da mãe por sucessão testamentária ou *ab intestato*, é apenas formalmente proprietário deles, tanto que não pode dispor desses bens. Esse regime foi estendido, por imperadores posteriores a Constantino, a bens provenientes, a título gratuito (herança, legado ou doação), dos ascendentes maternos (*bona materni generis*) do *filius familias*, bem como às doações esponsalícias – a todos esses bens dá-se a denominação *bona aduenticia*.

No direito justinianeu, a incapacidade patrimonial do *filius familias* deixa, em realidade, de existir. Com efeito, com exceção dos bens provenientes do *pater familias* ou dos adquiridos com eles – e que são ambos de propriedade do *pater familias* –, os obtidos pelo *filius familias*, por meio de seu trabalho ou de ato de liberalidade de terceiro, lhe pertencem, dispondo o *pater familias*, sobre estes bens, apenas de usufruto legal,[82] e, por vezes – assim, por exemplo, na hipótese de alguém fazer uma doação ao *filius familias*, com a cláusula de que o *pater familias* não terá direito de gozar dos bens doados –, nem mesmo disso.

Demais, na Nov. CXVIII, Cap. 1, Justiniano equiparou, para efeito de capacidade de ter herdeiro legítimo, o *filius familias* ao *pater familias*, porquanto determinou que os bens daquele (e, portanto, integrantes dos pecúlios castrense e quase castrense, e dos *bona aduenticia*) fossem herdados primeiro por seus descendentes, e, só na falta destes, pelos ascendentes (classe a que pertencia o *pater familias*).

* * *

Por outro lado, tendo em vista o princípio de que tudo o que os *filii familias* e os escravos adquiriam ingressava no patrimônio do *pater familias*, este (note-se que, em geral, não se admitia, em direito romano, a representação direta – *vide* nº 111, B) se valia de ambos para adquirir direitos reais e pessoais.

Ora, quanto aos direitos pessoais, os créditos passavam a integrar o patrimônio do *pater familias*, mas, segundo o *ius ciuile*, este não respondia pelos débitos contraídos pelos *filii familias* ou pelos escravos. Com isso, tanto os credores quanto o *pater familias* eram prejudicados:

a) aqueles, porque os *filii familias*, embora respondessem *ciuiliter* (civilmente) por esses débitos, não dispunham, muitas vezes, enquanto estivessem na condição de *filius familias*, de patrimônio para fazer face ao pagamento; e, com relação aos escravos, porque estes, nessa hipótese, só se obrigavam *naturaliter* (isto é, somente surgia para o escravo uma obrigação natural insuscetível, portanto, de ser cobrada judicialmente); e

---

81   C. Th. VIII, 18, 1.

82   C. VI, 61, 6. Note-se, porém, que esse usufruto dava ao *pater familias* poderes mais amplos do que os decorrentes do usufruto convencional.

Cap. XLVIII · A FAMÍLIA *PROPRIO IURE* | **625**

b) este, porque, diante desse estado de coisas, os terceiros se recusavam a celebrar negócios jurídicos onerosos com *filii familias* ou com escravo, não podendo ele, consequentemente, utilizá-los para esse fim.

O pretor, porém, pôs termo a essa situação, concedendo aos credores dos *filii familias* e dos escravos certas ações – denominadas pelos juristas medievais *actiones adiecticiae qualitatis* – contra o próprio *pater familias*.

Essas ações – que podiam ser intentadas contra o *pater familias* para a cobrança de débitos contraídos por seus escravos, *filii familias*, pessoas *in manu* ou pessoas *in mancipio* – são as seguintes:

a) a *actio de peculio et de in rem verso*;

b) a *actio tributoria*;

c) a *actio quod iussu*;

d) a *actio exercitoria*; e

e) a *actio institoria*.

De origem pretoriana, todas elas eram *actiones* com transposição de sujeito (*vide* nº 131, A): na *intentio* constava o nome da pessoa sob a *potestas* do *pater familias* (e, se se tratasse de escravo, inseria-se na fórmula, ainda, uma ficção de liberdade); e, na *condemnatio*, o do *pater familias*.

Assim, por exemplo, na *actio exercitoria* a fórmula[83] podia ser a seguinte:

Si paret Titium magistrum Aulo Agerio HS. X. M. dare oportere, iudex Numerium Negidium exercitorem Aulo Agerio HS. X. M. condemna, si non paret absolue (Se ficar provado que o capitão de navio, Tício, deve a Aulo Agério dez mil sestércios, juiz, condena o armador Numério Negídio a pagar a Aulo Agério dez mil sestércios; caso contrário, absolve-o).

Quando a pessoa sob *potestas*, com base no pecúlio que recebera do *pater familias*, contraía obrigação com terceiro, este podia intentar contra o *pater familias* a *actio de peculio aut de in rem verso*,[84] respondendo o *pater familias* na proporção do que enriquecera com a operação,[85] ou, se não houvera enriquecimento, ou este fora parcial, até o valor do ativo do pecúlio.[86] Em virtude disso, embora para a *actio de peculio aut de in rem uerso* houvesse apenas uma fórmula, esta encerrava duas *condemnationes*, em face das quais o juiz devia condenar o *pater familias* pelo enriquecimento decorrente do dé-

---

83   Cf. Keller, *Der Römische Zivilprocess und die actionen*, 4ª ed., § 32, p. 125, Leipzig, 1871.

84   Palavras extraídas da frase de *peculio deque eo quod in rem domini uersum est* (sobre o pecúlio e sobre aquilo que tiver revertido em proveito do *dominus*). Cf. Du Caurroy, *Institutes de Justinien nouvellement expliquées*, 5ª ed., nº 1.251, p. 425, Bruxelles, 1834.

85   Os romanos só consideravam que havia enriquecimento quando o proveito não se agregava ao pecúlio da pessoa sob *potestas*, mas ingressava no restante do patrimônio do *pater familias*, excluído o pecúlio.

86   O pecúlio era levado em conta como se encontrava no dia do julgamento; o juiz avaliava o seu ativo, deduzindo, para determiná-lo, as dívidas da pessoa sob *potestas* com relação ao *pater familias*.

bito da pessoa sob *potestas*, e, se não tivesse havido enriquecimento, ou se este houvesse sido par- cial, pelo restante até o valor do ativo do pecúlio.[87] Os romanistas discutem se era possível ao pretor conceder essa fórmula com ambas as *condemnationes* ou apenas com uma delas,[88] ou, ao contrário, se somente com as duas *condemnationes*. A maioria se inclina pela primeira tese.[89] Demais, quando houvesse vários credores, não se estabelecia concurso entre eles, mas vigorava o princípio *occupantis est melior condicio*, pelo qual o credor que primeiramente obtém a condenação (*ad sententiam iudicis uenit*) se satisfaz integralmente, em detrimento dos outros credores.

Por outro lado, se a pessoa sob *potestas*, com o conhecimento do *pater familias* mas sem ser seu preposto, comerciasse com parte do pecúlio e se tornasse insolvente, o pretor, a pedido de um dos credores, ordenava ao *pater familias*, mediante *decretum*, que distribuísse os bens do pecúlio destinados a esse comércio (as coisas necessárias a ele, e os créditos decorrentes das operações mercantis) entre os credores – inclusive o próprio *pater familias* se tivesse qualquer crédito contra a pessoa sob *potestas* –, na proporção de seus créditos, como ocorre na falência moderna. Se o *pater familias*, nessa distribuição, prejudicasse um dos credores, este dispunha contra ele da *actio tributoria*, para obter o complemento da quota que lhe era devida.

Nas hipóteses em que se podia intentar contra o *pater familias* as ações *exercitoria*, *institoria* e *quod iussu*, este, porque consentira em que a pessoa sob *potestas* se obrigasse com o terceiro, respondia por todo o débito – sua responsabilidade, portanto, era *in solidum*.

A ação *exercitoria* era concedida quando, sendo o *pater familias* armador de navio (*exercitor*) e a pessoa sob *potestas* capitão do barco (*magister nauis*), a obrigação era contraída por esta em virtude de comércio marítimo.

A ação *institoria* era usada quando o *pater familias* colocava a pessoa sob *potestas* à frente do comércio *terrestre*, na qualidade de seu preposto (*institor*).[90]

A ação *quod iussu* – e essa denominação vem das duas primeiras palavras utilizadas no edito – era intentada contra o *pater familias* quando este tinha autorizado (*iussum*,

---

87 Esse é o sistema exposto por Gaio (*Institutas*, IV, 74) e por Justiniano (*Inst.*, IV, 7, 4); para o entendimento divergente de Paulo e Ulpiano (D. XV, 3, 19), *vide* Ortolan, *Explication historique des Instituts de l'empereur Justinien, livres III et IV des Instituts*, 12ª ed., nº 2.212, p. 684, Paris, 1883.

88 Assim, por exemplo, o credor poderia agir apenas *de peculio*, quando não tivesse havido enriquecimento por parte do *pater familias*.

89 Exposição das diferentes teses em Solazzi, *Peculio e "in rem uerso" nel diritto romano, in Scritti di Diritto Romano*, I, p. 247 e segs., Napoli, 1955. Os autores mais antigos entendiam que havia duas ações distintas (a *actio de peculio* e a *actio de in rem uerso*), *o que entra em choque com os textos, citados na nota nº 87 deste Capítulo, de Gaio e Justiniano* (a propósito, *vide* Du Caurroy, ob. cit., nº 1251, p. 425).

90 Sobre as ações *exercitoria* e *institoria*, *vide* Pugliese, in *Tema di "actio exercitoria", in Scritti Giuridici Scelti*, II (*Diritto Romano*), pp. 505 a 542, Camerino, 1985; e Giannetto Longo, "*Actio exercitoria. Actio institoria. Actio quasi institoria*", in *Studi in Onore di Gaetano Scherilo*, II, pp. 581 a 626, Milano, s/data.

Cap. XLVIII • A FAMÍLIA *PROPRIO IURE* | **627**

aí, significa autorização, consentimento, e não ordem) a pessoa sob *potestas* a contrair obrigação com terceiro.[91]

As ações *exercitoria, institoria* e *quod iussu* eram perpétuas; o mesmo ocorre com a *tributoria* e *de peculio et de in rem verso*, quando se agia de *in rem verso*, pois, se se agisse *de peculio*, ela prescrevia um ano útil depois do momento em que o pecúlio, sem fraude do *pater familias* (assim, por exemplo, quando a pessoa sob *potestas* falecia), deixara de existir.

No tempo de Justiniano,[92] nas hipóteses – com exceção do caso em que se agisse *de peculio* – em que se concediam as *actiones adiecticiae qualitatis*, o credor podia agir diretamente contra o *pater familias*, com a *condictio*, como se a relação obrigacional tivesse nascido pessoalmente entre ambos.

Resta, enfim, explicar o motivo da denominação *actiones adiecticiae qualitatis*. Todas as pessoas sob *potestas* obrigavam o *pater familias, iure honorario* (por força do direito honorário), a responder pelos débitos anteriormente aludidos; mas, delas, os escravos e as pessoas *in mancipio* só se obrigavam a si mesmos, com relação ao terceiro, *iure naturali* (isto é, a obrigação do escravo ou pessoa *in mancipio* com terceiro era meramente *natural – obligatio naturalis*), ao passo que os *filii familias* se obrigavam com os terceiros, *iure ciuile* (por força do *ius ciuile*), embora, muitas vezes, enquanto na condição de *alieni iuris*, não dispusessem de patrimônio para fazer face ao pagamento do débito. Ora, com referência às obrigações contraídas pelos *filii familias*, o credor podia escolher um dentre dois devedores: o *filius familias, iure ciuili* (em virtude do *ius ciuile*); ou o *pater familias, iure honorario* (em decorrência do *ius honorarium*). Daí a denominação *actiones adiecticiae qualitatis* que os intérpretes do direito romano deram a essas ações contra o *pater familias*.

278. Ingresso na família *proprio iure* pela sujeição à *manus* – A mulher, pela *conuentio in manum*,[93] ingressava na família do marido, sujeitando-se à *manus* (poder marital) deste, ou – se ele fosse *alieni iuris* – de seu *pater familias*.[94]

A *conuentio in manum* ocorria[95] por um dos três seguintes modos:

a) a *confarreatio*: era uma cerimônia religiosa, com formalidades bastante complexas, realizada na presença do supremo sacerdote de Júpiter (o *Flamen Dialis*), do

---

91 Pouco importava a forma de que se revestisse essa autorização.

92 *Inst.*, IV, 7, 8.

93 Sobre a *conuentio in manum, vide*, entre outros, Kniep, *Gai Institutionum Commentarius Primus*, p. 174 e segs., Jena, 1911; Chamoun, *Manus*, p. 15 e segs., Rio de Janeiro, 1950; Bonfante, *Corso di Diritto Romano*, I (*Diritto di Famiglia*), *ristampa della I edizione*, p. 57 e segs., Milano, 1963; e Volterra, *Nuove Ricerche sulla "conventum in manum", in Atti della Accademia Nazionale dei Lincei, Classe di Scienzi Morali – Memorie*, vol. XII, série 8ª, pp. 251 a 355, Roma, 1966.

94 Como Bonfante demonstrou cabalmente (ob. cit., p. 67 e segs.), o titular da *manus* é o marido, se *sui iuris*, mas, se *alieni iuris*, seu *pater familias*.

95 Gaio, *Institutas*, I, 110.

628 | DIREITO ROMANO – José Carlos Moreira Alves

Sumo Pontífice e de 10 testemunhas, na qual – em síntese – os noivos, simbolizando sua vontade de viverem em comum, dividiam e comiam um bolo (o *panis farreus* – donde derivou a denominação *confarreatio*), havendo a prolação de certas palavras solenes, e a observância de determinados ritos religiosos;

b) a *coemptio*:[96] era cerimônia em que, utilizando-se dos ritos da *mancipatio*, se celebrava uma venda fictícia, provavelmente (os textos não são claros a respeito)[97] da mulher, por si mesma, ao marido;[98] e

c) o *usus*: modo de aquisição da *manus* que se assemelhava ao usucapião (*vide* nº 154, III), pois o marido, pelo *usus*, adquiria a *manus* sobre a mulher se vivesse em comum com ela durante um ano inteiro; a mulher, porém, podia evitar a *conuentio in manum* pelo *usus* se, durante o ano, se afastasse da casa do marido três noites consecutivas (era a *usurpatio trinoctii*).

Desses modos de aquisição da *manus* – e os autores divergem, profundamente, sobre a ordem em que eles surgiram[99] –, o primeiro a cair em desuso foi o *usus*, que, no tempo de Gaio (século II d.C.),[100] já era simples reminiscência histórica; a *confarreatio* persistiu mais tempo, possivelmente até a implantação do cristianismo como religião oficial do Império Romano; e a *coemptio* desaparece inteiramente no século IV d.C.

279. Os efeitos da *conuentio in manum* e a *manus* – A "*conuentio in manum*" – pela qual se adquiria a *manus* (poder marital) – produzia efeitos quanto à pessoa da mulher e quanto aos seus bens.

Quanto à pessoa da mulher, eram esses efeitos os seguintes:

a) a mulher ingressa na família do marido *in loco filiae* (como se fosse filha dele, e consequentemente, com relação aos seus próprios filhos, é considerada como irmã deles – *in loco sororis*),[101] tornando-se, assim, para todos os efeitos, sua parenta agnada; em

---

96 Como salienta Gaio (*Institutas*, I, 114), havia duas espécies de *coemptio*: a *coemptio matrimonii causa* (que era associada ao casamento) e a *coemptio fiduciae causa* (que, em virtude de *pactum fiduciae*, era utilizada para que se atingissem indiretamente fins não permitidos pelo rigor do *ius ciuile*, que não estava mais de acordo com a evolução social). Os fins, a que se visava com a *coemptio fiduciae causa*, eram: *a*) permitir a mulher que mudasse de tutor (a denominada *coemptio tutelae euitandae causa*) (*vide* nº 301); *b*) permitir à ingênua que fizesse testamento (*coemptio testamenti faciendi causa*) (*vide* nº 315, A); e *c*) permitir à mulher – herdeira ou legatária – livrar-se do encargo de continuar o culto doméstico (*sacra priuata*) do *de cuius* (*coemptio sacrorum interimendorum causa*).

97 Sobre a *Coemptio*, *vide* Düll, *Studien zur Manusehe, in Festschrift für Leopold Wenger, erster Band*, p. 211 e segs., München, 1944; e Falchi, *Osservazioni sulla natura della "coemptio matrimonii causa" nel diritto preclassico, in Studia et Documenta Historiae et Iuris*, vol. 50 (1984), p. 355 a 382.

98 Sobre as diferentes interpretações (e reconstituições de textos) a respeito da *coemptio*, *vide* Bonfante, ob. cit., p. 62 e segs.

99 *Vide*, a propósito, Lévy-Bruhl, *Nouvelles Études sur les Très Ancien Droit Romain*, p. 63 e segs.

100 Cf. Gaio, *Institutas*, I, 111.

101 Sobre a condição do filho nascido antes de ocorrer o *usus* (uma das formas de *conventio in manum*), pelo decurso de um ano sem a *usurpatio trinoctii*, *vide* Lévy-Bruhl, *La condition des enfantes nés avant la formation de le manus, in* IVRA, VII (1956), p. 120 e segs.

Cap. XLVIII · A FAMÍLIA *PROPRIO IURE* | **629**

virtude disso, ela se desvincula da família de origem, deixando de ser agnada, também para todos os efeitos, dos membros desta, embora continue cognada deles (e isso porque o parentesco consanguíneo não se extingue com a *conuentio in manum*);

b) assim sendo, a mulher sofre uma *capitis deminutio minima*: se é *sui iuris*, torna-se *alieni iuris*; se *alieni iuris*, continua a sê-lo, porém na família do marido;

c) o marido (ou seu *pater familias*) adquire a *manus*, passando a ter sobre a mulher poderes semelhantes aos que possui com relação aos seus *filii familias*:[102]

1 – o *ius uitae et necis* (direito de vida e de morte): segundo parece, o marido (ou o *pater familias* dele) para exercer o *ius uitae et necis* devia ouvir o tribunal *domesticus*, de que participavam, também, os parentes cognados da mulher, até o sexto grau;

2 – o *ius uendendi* (direito de vender): como salienta Gaio,[103] a mulher *in manu* podia ser objeto de *mancipatio* (mas, segundo parece, só nas hipóteses de venda fictícia, e não de venda efetiva);[104] e

3 – o *ius noxae dandi*: a mulher *in manu* – e a informação também é de Gaio[105] – podia sofrer o abandono noxal, por parte do marido (ou, se fosse o caso, de seu *pater familias*).

Já com relação aos bens da mulher, os efeitos eram estes:

a) se a mulher é *sui iuris*, todos os seus bens – exceto os direitos que se extinguem com a *capitis deminutio minima* de seu titular, como, por exemplo, o usufruto e o uso – passam a integrar o patrimônio do seu novo *pater familias*, verificando-se, pois, uma das hipóteses de sucessão universal *inter uiuos*; por outro lado, como ocorria com a *capitis deminutio minima* da mulher, seus débitos, para o *ius ciuile*, se extinguiam, mas o pretor, para impedir que seus credores fossem prejudicados, concedia-lhes uma *actio utilis* (em cuja fórmula se continha a ficção da não ocorrência da *conuentio in manum*) contra a mulher, e, se ela fosse condenada, seus bens seriam objeto de execução;

b) se a mulher é *alieni iuris*, não possui bens, e, consequentemente, nada transmite ao novo *pater familias*; é certo, porém, que – como veremos no nº 293 *a* – ela pode trazer dote para o marido.

Por outro lado, à semelhança do que ocorria com o *filius familias*, tudo aquilo que a mulher *in manu* adquirisse, adquiria para o titular da *manus* (o marido ou seu *pater familias*); demais, tinha ela capacidade para obrigar-se pelos delitos que cometesse, mas não podia obrigar-se civilmente.

É provável, enfim, como se verifica de um texto de Plauto,[106] que a mulher *in manu* pudesse ter pecúlio.

---

102 Essa é a opinião dominante. Gide (*Étude sur la condition privée de la femme*, 2ª ed., p. 118 e segs., Paris, 1885), no entanto, entende que a *manus* não atribuía direitos sobre a pessoa da mulher, mas apenas sobre seus bens.

103 *Institutas*, I, 117 e 118.

104 Cf. Puchta, *Cursus der Institutionem, Dritter Band*, 4ª ed., nº 285, p. 160 e segs., Leipzig, 1857.

105 *Institutas*, IV, 80.

106 *Casina*, II, 2, 28 e 29 (ed. Lindsay, Oxford, 1955). *Vide*, também, Padelletti-Cogliolo, *Storia del Diritto Romano*, 2ª ed., p. 175, nota *c*, Firenze, 1886.

630 | DIREITO ROMANO – *José Carlos Moreira Alves*

280. A extinção da *patria potestas* – O pátrio poder ao contrário do que ocorria na Grécia e sucede nos tempos modernos, era, por via de regra, *potestas* vitalícia do *pater familias*. Assim, qualquer que fosse a idade dos *filii familias*, estavam eles sujeitos ao *pater familias*: o direito romano não conheceu o instituto da maioridade.

Em certos casos – além, obviamente, da morte ou da *capitis deminutio* sofrida pelos *filii familias* –, a *patria potestas* se extinguia. São causas de extinção da *patria potestas* (cujo número foi aumentado no decurso do tempo) as seguintes:

a) a morte do pater familias: morto o *pater familias*, seus filhos e filhas[107] se tornam pessoas *sui iuris*, sendo que os filhos (as filhas não, pois, como salientamos no nº 85, elas não podem ser *patres familias*) vão formar tantas famílias – das quais serão seus *patres familias* – quantos são eles;[108] por outro lado, os netos e netas, os bisnetos e bisnetas do *pater familias* morto só se tornarão pessoas *sui iuris* se seus pais (ou, no caso dos bisnetos, pais e avôs) já tiverem anteriormente, morrido ou sido excluídos da família (por emancipação, por exemplo), e isso porque uma pessoa só se torna *sui iuris* quando não tem, dentro da família, ascendentes masculinos a que esteja submetida;[109]

b) a perda, pelo pater familias, da liberdade ou da cidadania: a *patria potestas* não pode ser exercida pelo escravo (que não tem sequer personalidade jurídica),[110] nem pelo estrangeiro (é ela *ius proprium ciuium romanorum* – direito próprio dos cidadãos romanos);[111]

c) em certos casos de indignidade cometida pelo pater familias, e taxativamente estabelecidos no direito objetivo: nos direitos pós-clássico e justinianeu, perde a *patria potestas* (e, segundo parece, o filho não sofre *capitis deminutio minima*) o pai que expõe sua prole,[112] ou que abandona sua filha à prostituição,[113] ou que contrai casamento incestuoso;[114]

d) o acesso dos filii familias a certas dignidades: no direito clássico, extingue-se a *patria potestas* sobre os *filii familias* que têm acesso à dignidade de *Flamen Dialis* (sacerdote de

---

107 Conjectura-se que, primitivamente, as filhas, morto o *pater familias*, continuavam na condição de pessoas *alieni iuris*, sob o poder dos agnados, ou (na ausência destes) dos *gentiles*. Com o tempo, porém, a mulher, nessa hipótese, passou a ser *sui iuris*, embora sujeita à tutela legítima de seus agnados, ou – na falta destes – dos *gentiles*.

108 Cf. D. L, 16, 195, 2.

109 *Vide*, a propósito, Gaio, *Institutas*, I, 127.

110 Se, porém, o *pater familias* se torna escravo por ter sido aprisionado pelo inimigo (*captiuitas*), a *patria potestas* não se perde, mas se suspende: se o pai recupera a liberdade, e retorna, readquire-a *ipso iure*, em decorrência do *postiiminium*. Na hipótese, porém, de o pai morrer no cativeiro, discutia-se, na época de Gaio (*Institutas*, I, 129), se o filho se tornava *sui iuris* quando aquele caíra prisioneiro, ou quando morrera. Segundo parece (*vide*, a propósito, Bonfante, *Corso di Diritto Romano*, I – *Diritto di Famiglia*, reimpressão, p. 179, Milano, 1963), a solução que prevaleceu foi a primeira.

111 Não sofre *capitis deminutio minima* o *filius familias* que se liberta da *patria potestas* em virtude de morte, perda de liberdade ou de cidadania do *pater familias*.

112 C. VIII, 51 (52), 2, 1.

113 C. XI, 41 (40), 6.

114 Nov. XII, Cap. 2.

Cap. XLVIII · A FAMÍLIA *PROPRIO IURE* | **631**

Júpiter), ou à de vestal;[115] no direito justinianeu, essa extinção ocorre com o acesso dos *filii familias* ao patriciado,[116] à posição de bispo, de cônsul e de outras funções públicas;[117] e

e) a emancipação: é o ato pelo qual o *pater familias* liberta o *filius familias* (ou a *filia familias*) do seu pátrio poder, tornando-se o emancipado pessoa *sui iuris*. Anteriormente à Lei das XII Tábuas, não se admitia a emancipação; ela só foi possível – como já salientamos ao tratar da adoção (*vide* nº 276, B) – graças a expediente imaginado pelos juristas romanos com base na interpretação do princípio, constante da Lei das XII Tábuas,[118] de que, se o pai vendesse o filho três vezes, por ocasião da terceira venda o filho ficaria livre do pátrio poder. Esse dispositivo, que se destinava a diminuir os poderes absolutos do *pater familias*, foi utilizado pelos jurisconsultos romanos para possibilitar ao pai a emancipação do filho, por três *mancipationes* (vendas solenes) fictícias, como descrevemos no nº 277, B. Quanto às filhas, netos, netas, bisnetos, bisnetas – já que a Lei das XII Tábuas exigia as três vendas solenes apenas para o *filius* (filho) –, bastava, para a emancipação uma só *mancipatio*. Assim, realizadas as três vendas (ou, se fosse o caso, apenas uma), o *filius familias* ficava livre do pátrio poder, mas se tornava pessoa *in mancipio* (*vide* nº 86, B) do adquirente. Podia, então, ocorrer uma de duas situações: ou o adquirente, por meio da *manumissio uindicta* (*vide* nº 83, D, 1, *a*), libertava o filho emancipado, tornando-se, em consequência, seu patrono (até com os direitos sucessórios daí decorrentes); ou o remancipava (o revendia solenemente) ao seu antigo *pater familias*, que, recebendo o filho emancipado como pessoa *in mancipio*, o manumitia *vindicta*, passando, assim, a ser patrono dele. Esse formalismo somente foi posto de lado pelo imperador Anastácio, ao estabelecer, em 502 d.C., que, a pedido do *pater familias* e com o consentimento do *filius familias* (ou *filia familias*), podia emancipar-se este, embora não presente, por rescrito do príncipe, o qual se depositava nos arquivos públicos;[119] a essa emancipação denomina-se *emancipação anastasiana*. Ainda no direito pós-clássico, na parte oriental do Império Romano, se realizava, segundo parece,[120] a emancipação mediante simples declaração escrita do pai diante do magistrado competente: é o que, em grego, se chama *apoceryxis* (*abdicatio*, em latim).[121] No tempo de Justiniano, a antiga forma de emancipar foi abolida,

---

115 Gaio, *Institutas*, I, 130, e III, 114; Aulo Gélio, *Noctes Atticae*, I, 12, 9.

116 *Inst.*, 1, 12, 4.

117 X C X, 32 (31), 67 (66); e Nov. LXXXI, Cap. III.

118 Tábua IV, 2 *b* (ed. Riccobono).

119 C. VIII, 48 (49), 5.

120 Nesse sentido, Cuq. *Manuel des Institutions Juridiques des Romains*, 2ª ed., p. 152, nota 9; Düll, *Iudicium domesticum, abdicatio und apoceryxis, in Zeitschrift der Savigny-Stiftung für Rechtsgeschichte, Römanistische Abteilung*, LXII, p. 106 e segs.; e Kaser, *Das Römisches Privatrecht*, II, § 228, p. 151, München, 1959.

121 A *apoceryxis* (*abdicatio*) era o ato pelo qual o pai expulsava da família o filho indigno de pertencer a ela. Instituto do direito grego, sempre foi repudiado pelo direito romano. A propósito, *vide*, para pormenores, Perozzi, *Istituzioni di Diritto Romano*, I, 2ª ed. – *reintegrazione* 1949 –, § 54, p. 455, nota 2; Emilio Costa, *Storia del Diritto Romano Privato*, 2ª ed., p. 99 e segs.,Torino, 1925; e Düll, *Iudicium domesticum, abdicatio und apoceryxis in Zeitschrift der Savigny-Stifung für Rechtsgeschichte, Römanistische Abteilung*, LXII, p. 71 e segs. Consulte-se, também, o C. VIII, 45 (46), 6.

mas, além da *emancipação anastasiana*, que subsiste, permitiu-se que o *pater familias* emancipasse o *filius familias* (ou a *filia familias*), com o consentimento deste, mediante declaração ao magistrado competente, devidamente registrada nos arquivos públicos. Note-se, ainda, que, nas duas formas de emancipar existentes no direito justinianeu, o *pater familias*, embora não mais seja patrono do emancipado (pois não há mais *mancipationes*, nem manumissão), conserva o direito de ser seu tutor, e de lhe herdar os bens; por outro lado – e, ao contrário do que ocorria anteriormente, quando o emancipado saía de sua família de origem, perdendo todos os seus direitos nela, inclusive o sucessório –, no direito justinianeu, a emancipação apenas liberta o *filius familias* da *patria potestas*, não acarretando para o emancipado a perda dos seus direitos sucessórios com relação ao antigo *pater familias* ou aos outros membros da família de origem, razão por que, em certos casos, o *pater familias* pode ser obrigado a emancipar o filho, no interesse deste.

281. A extinção da *manus* – A *manus* podia extinguir-se por modos:

a) diretos – por meio da *remancipatio* ou da *difarreatio*; e

b) indiretos – em virtude da morte, da *capitis deminutio maxima* ou da *capitis deminutio media* do marido (se fosse *sui iuris*) ou da mulher.

Como salientamos adiante (*vide* nº 286), a *manus* é independente do casamento. Portanto, embora nos textos romanos não haja referência direta a essa consequência, é de supor-se que o divórcio dissolvesse o matrimônio, mas não extinguisse a *manus*, o que só ocorria quando se verificasse um desses modos diretos ou indiretos.

Analisemo-los.

A) *Modos diretos de extinção da "manus"*

A *remancipatio*, segundo tudo indica,[122] apenas extinguia a *manus* que fora obtida pela *coemptio* ou pelo *usus*. Assim como a emancipação, a *remancipatio* resultou do preceito da Lei das XII Tábuas segundo o qual o pai que vendesse solenemente o filho três vezes perdia a *patria potestas*. Ora, como a mulher *in manu* estava *in loco filiae* do marido, este (se fosse *sui iuris*; se *alieni iuris*, seu *pater familias*) mancipava *pro forma*, uma vez – o que, como já acentuamos anteriormente, era o bastante para libertar a filha do poder paterno –, a mulher a um amigo, libertando-se ela, assim, da *manus*, passando a ser pessoa *in mancipio* do adquirente, que, por sua vez, e isso em virtude de um *pactum fiduciae* prévio, ou a manumitia *vindicta* (caso em que se tornava patrono da mulher), ou a remancipava – o que geralmente devia suceder, como o demonstra a expressão *remancipatio* – ao marido (ou a seu *pater familias*, se ele fosse *alieni iuris*), com o que ela não recaía sob sua *manus* mas se tornava pessoa *in mancipio*; em seguida, o marido (ou, se fosse o caso, seu *pater familias*) a manumitia *vindicta*, passando a ser, assim, patrono da mulher.

---

122 A respeito, *vide* Rein, *Das Römisches Privatrecht und der Zivilprozess*, 1ª ed., p. 210, Leipzig, 1836.

Cap. XLVIII · A FAMÍLIA *PROPRIO IURE* | **633**

A *difarreatio* era o modo direto de extinção da *manus* obtida pela *confarreatio*.[123] Tendo em vista que, por meio da *confarreatio*, a *manus* se adquiria mediante cerimônia religiosa pela qual a mulher ingressava no culto da família do marido, era preciso que, por cerimônia inversa (por isso, a denominação *difarreatio*), ela daí fosse excluída, extinguindo-se dessa forma a *manus*.

B) *Modos indiretos de extinção da "manus"*

Por via indireta, a morte do marido (se *sui iuris*) ou da mulher, além de dissolver o casamento, extingue a *manus*. Se, no entanto, o marido fosse *alieni iuris*, sua morte rompia o matrimônio, mas a mulher continuava *in manu do pater familias* dele.

Demais, e ainda por modo indireto, a *manus* se extinguia quando o marido (se *sui iuris*), ou a mulher, sofresse *capitis deminutio maxima* ou *media*. Entretanto, se o marido fosse *alieni iuris*, a mulher continuava sob a *manus* do *pater familias* dele. Além disso, se a *capitis deminutio maxima* ocorresse por captura do marido (se *sui iuris*) pelo inimigo, o casamento se dissolvia, mas a *manus* ficava em suspenso, readquirindo-a o esposo, em virtude do *postiliminium*, se conseguisse escapar e retornar.

---

123 Sobre a controvérsia acerca do texto de Dionísio de Halicarnasso (*Romanarum Antiquitatum quae supersunt*, II, 25) que dá a entender que a *confarreatio* era indissolúvel, *vide* Chamoun, *Manus*, p. 59 e segs., Rio de Janeiro, 1950.

XLIX

A FAMÍLIA NATURAL

Sumário: 282. A família natural e o casamento. **283.** A posição dos jurisconsultos romanos quanto ao matrimônio. **284.** Conceito de casamento. **285.** A natureza jurídica do casamento. **286.** O casamento e a *conuentio in manum*. **287.** Esponsais. **288.** Requisitos do casamento. **289.** Nulidade do casamento. **290.** A formação do casamento. **291.** Relações pessoais entre os cônjuges. **292.** Relações patrimoniais entre os cônjuges – o dote. **293.** A filiação e as relações entre pais e filhos. **294.** Dissolução do casamento. **295.** Segundas núpcias. **296.** Concubinato.

282. A família natural e o casamento – A família natural, como salientamos atrás (*vide* nº 273), é o agrupamento constituído apenas dos cônjuges e de seus filhos, independentemente de o marido e pai ser, ou não, *pater familias* da mulher e dos descendentes imediatos.

Portanto, quando se estuda a família natural, não se levam em consideração (são eles objeto da análise da *familia proprio iure*) os efeitos jurídicos decorrentes da *patria potestas* e da *manus*.

A família natural tem por base o casamento. Por isso, neste capítulo estudaremos, quase exclusivamente, o casamento e as relações jurídicas – dele resultantes – entre os cônjuges, e pais e filhos. Mas, no item final, tendo em vista que, no período justinianeu, o concubinato gera relações jurídicas especialmente entre os concubinos e seus descendentes imediatos, será ele, também, objeto de exame.

283. A posição dos jurisconsultos romanos quanto ao matrimônio – Não existe, no direito romano, disciplina orgânica do casamento.

Da jurisprudência clássica, dois títulos, apenas, de obras que versavam o matrimônio chegaram até nós – *De nuptiis*, de Nerácio Prisco,[1] e *Liber singularis de ritu nuptiarum*, de Modestino.[2] Mas como esses livros se perderam, quase nada sabemos sobre seu conteúdo.

Os textos que possuímos mostram que os jurisconsultos clássicos, por via de regra, trataram do casamento apenas incidentemente, quando estudavam institutos a ele relacionados. Assim, Gaio dele se ocupa, nas *Institutas*,[3] ao analisar o pátrio poder; e, nas

---

1 Cf. Aulo Gélio, *Noctes Atticae*, IV, 4, 4.

2 C. D. XXIII, 2, 42 e 50; e D. L, 17, 197 (onde se repete parte do fragmento citado em primeiro lugar).

3 I, 55 e segs.

636 | DIREITO ROMANO – *José Carlos Moreira Alves*

obras sobre o *ius ciuile* e *ad edictum* (*vide* nº 32), geralmente se alude ao matrimônio em conexão com o dote.[4]

A jurisprudência clássica – como se vê no *Digesto* – se limitou à solução de questões práticas sobre o casamento, sem se preocupar com o seu estudo dogmático.

Mesmo os títulos a ele consagrados no Código Teodosiano e no *Corpus Iuris Ciulis* são, no dizer de Gaudemet,[5] tardios, incompletos e não muito coerentes ensaios de sistematização. Basta atentar para o fato de que, nas *Institutas*, embora haja um título específico sobre o casamento – o *De Nuptiis*[6] –, os compiladores o definem no título relativo ao pátrio poder: *De Patria Potestate.*[7]

O primeiro esboço de código matrimonial, em Roma, surge apenas com a Novela XXII, que, posteriormente, foi complementada pelas LXXIV e CXVII. Mas – como acentuamos – não passa de esboço.

284. Conceito de casamento – No *Corpus Iuris Ciulis*, há duas definições de casamento.[8] Uma se encontra no *Digesto*,[9] e é atribuída a Modestino; a outra, nas *Institutas*,[10] e é provavelmente de autoria de Ulpiano.[11]

Segundo Modestino, *nuptiae sunt coniunctio maris et feminae et consortium omnis uitae, diuini et humani iuris communicatio* (as núpcias são a união do homem e da mulher, o consórcio de toda a vida, a comunicação do direito divino e humano). Para as *Institutas*, *nuptiae autem siue matrimonium est uiri et mulieris coniunctio, indiuiduam consuetudinem uitae continens* (núpcias, ou matrimônio, são a união do homem e da mulher, a qual encerra comunhão indivisível de vida).

Na opinião de vários autores, ambas essas definições são interpoladas.[12]

Principalmente a primeira tem sido objeto de acaloradas críticas. Hruza,[13] sem entrar no problema de interpolação, chega a afirmar que ela encerra tantas inverdades quantas palavras. Bonfante,[14] segundo parece, foi o primeiro a suspeitar fosse ela inter-

---

4   Cf. Orestano, *La Struttura Giuridica del Matrimonio Romano del Diritto Classico al Diritto Gius-tinianeo*, L, § 10, p. 34, Milano, 1951.

5   *Iustum Matrimonium, in Revue Internationale des Droits de l'Antiquité*, tomo II (1949), p. 309.

6   I, 10.

7   I, 9.

8   Isso apenas com relação às fontes jurídicas. Nas literárias, principalmente nas obras dos retores (*vide*, a propósito, Lanfranchi, *Il Diritto nei retori romani*, p. 216 e segs., Milano, 1938), há vários conceitos sobre casamento.

9   D. XXIII, 2,1.

10   *Inst.*, I, 9, 1.

11   Cf. Lanfranchi, *Il Diritto nei retori romani*, p. 214, nota 1, Milano, 1938; e Bonfante, *Corso di Diritto Romano*, I (*Diritto di Famiglia*), reimpressão, p. 263, Milano, 1963.

12   Cf. Giannetto Longo, *Diritto Romano*, III (*Diritto di Famiglia*), p. 86, Roma, 1940.

13   *Beiträge zur Geschichte des Griechieschen und Römischen Familienrechtes*, II (*Polygamie und Pellikat nach Griechieschen Rechte*), p. 8, Erlanten-Leipzig, 1894.

14   *Corso di Diritto Romano*, I (*Diritto di Famiglia*), reimpressão, p. 263, Milano, 1963.

polada. Sollazi[15] nega taxativamente sua genuinidade. Outros há, no entanto – e essa é a corrente que, a pouco e pouco, vai predominando –, que a consideram clássica. Assim, Albertario,[16] Volterra,[17] Lanfranchi.[18]

Num ponto, porém, a opinião da grande maioria dos autores é concorde: as duas definições focalizam apenas a essência do casamento sob o aspecto social, não lhe determinando, portanto, a natureza jurídica.[19]

285. A natureza jurídica do casamento – Diante das circunstâncias aludidas nos itens anteriores, não é de admirar a existência de multissecular controvérsia sobre a natureza jurídica do casamento romano.[20]

Ela se inicia com os glosadores, que, abstendo-se de definir o casamento,[21] o caracterizaram, a princípio, como contrato sem fundo patrimonial (*contractus personarum*), em contraposição aos *contractus rerum* (contratos obrigatórios de fundo patrimonial).[22] No entanto, segundo parece,[23] os últimos glosadores, sob a influência dos canonistas, passaram a considerá-lo um *actus legitimus* (ato jurídico), à semelhança da adoção e da ad-rogação.

Os pós-glosadores retornaram à tese de que o casamento romano era um *contractus personarum*.

Mais tarde, os representantes franceses da Escola Culta – dentre outros, Cujácio, Duareno e Hotomano – o classificaram como *species societatis* (espécie de sociedade), doutrina ardorosamente defendida por Donelo.[24]

Os jurisconsultos dos séculos XVII e XVIII, em sua quase totalidade, consideraram o casamento romano um contrato, fixando-se, geralmente, no de sociedade.[25]

---

15   *"Consortium omnis vitae", in Scritti di Diritto Romano*, III, p. 313 e segs., Napoli, 1960.

16   *La Definizione del Matrimonio secondo Modestino, in Studi di Diritto Romano*, I (*persone e famiglia*), p. 181 e segs., Milano, 1933.

17   Cf. Lanfranchi, *Il Diritto nei retori romani*, p. 214.

18   Ob. cit., p. 214 e segs.

19   *Vide*, a propósito, entre outros, Di Marzo, *Istituzioni di Diritto Romano*, 5ª ed., § XXXV, p. 154 e segs.; e Solazzi, "*Consortium omnis vitae*", *in Scritti di Diritto Romano*, III, p. 313, Napoli, 1960. Carlos Castello (*La Definizione di Matrimonio secondo Modestino, in Atti del Colloquio Romanistico--Canonistico – febbraio*, 1978, pp. 267 a 298, Roma, 1979), porém, sustenta que "a definição de Modestino, acolhida em D. XXIII, 2, 1, tem relevância jurídica tanto na antiga Roma pagã, desde os tempos iniciais, quanto na obra legislativa realizada por Justiniano".

20   Para pormenores sobre o histórico dessa controvérsia, *vide* Orestano, *La Struttura Giuridica del Matrimonio Romano dal Diritto Classico al Diritto Giustiniano*, I, § 8° e segs., p. 22 e segs., Milano, 1951.

21   Cf. Rasi, *Il diritto matrimoniale nei glossatori, in Studi di Storia e Diritto in onore di Carlo Calisse*, I, p. 143, Milano, 1940.

22   Sobre as origens da teoria contratualista do casamento, *vide* Orestano, "*Un errore che ha fatto storia: il matrimonio fra i contratti*", *in "Diritto" Incontri e Scontri*, pp. 315 a 337, Bologna, 1981.

23   Cf. Rasi, ob. cit., p. 146.

24   *Commentarius de iure ciuili lib.* XIII, caps. 18 e 21.

25   *Vide*, entre outros, Strúvio, *Syntagma Iurisprudentiae secundum ordinem Pandectarum concinnatum, Coloniae Agrippinae*, 1709, p. 536; Voet, *Commentarius ad Pandectas*, tomo II, Parisiis, 1829,

DIREITO ROMANO – *José Carlos Moreira Alves*

Entretanto, de longa data alguns autores – raros, é certo – criticavam a teoria contratualista. As objeções já existiam no tempo de Donelo, que procurava refutá-las.[26]

No início do século XIX, o jurisconsulto alemão Glueck, analisando a definição de casamento atribuída a Modestino, atacou vigorosamente a tese de que o matrimônio romano seria um contrato.[27] Fora a palavra *coniunctio* que induzira os juristas a reputar o casamento um contrato – mais precisamente contrato consensual, porquanto se aperfeiçoa com o simples consentimento: *consensus facit nuptias*. Entretanto, essa classificação não era adotada pelos romanos, pois seus jurisconsultos jamais usaram a expressão *contractus* para designar ato jurídico de natureza pessoal. Aliás, esse vocábulo latino se refere sempre a coisa que seja objeto de comércio, e evoca a ideia de uma obrigação que pressupõe um devedor e um credor, e que, uma vez cumprida, extingue necessariamente a relação jurídica surgida entre ambos. Nada disso ocorria no casamento.

Mas, por causa de Savigny, a crítica de Glueck não conseguiu destruir a teoria tradicional. No *Sistema do Direito Romano Atual*,[28] propôs Savigny nova definição de contrato: "Contrato é o acordo de muitas pessoas sobre uma manifestação comum de vontade destinada a reger suas relações jurídicas." Assim, ao passo que os autores da época reputavam o contrato obrigatório como gênero (e isso porque a definição de contrato só a ele se aplicava), Savigny, com seu conceito, fez passar o contrato obrigatório de gênero a espécie, e, na noção genérica de contrato, enquadraram-se, também, os acordos de vontade que estabeleciam relações jurídicas no seio da família, como o matrimônio. Pondera Savigny que, adotada sua definição, o casamento será naturalmente um contrato sem necessidade de – como geralmente pretendiam os autores – ser ele posto ao lado da compra e venda e da sociedade, como contrato consensual que, por singular inadvertência, os juristas romanos teriam olvidado. Mas o próprio Savigny reconhecia que seu conceito de contrato era desconhecido dos romanos, que aplicaram as expressões *pactio*, *pactum* e *conuentio* apenas aos contratos obrigatórios.

Ainda no século XIX, Ortolan, retomando, talvez inconscientemente, ideia já exposta por Vacário – o célebre fundador da Universidade de Oxford –, defendeu a tese de que o casamento romano seria um contrato real.[29]

Era esse o panorama doutrinário, quando, em 1889, Manenti publicou o livro *Della inopponibilità delle condizioni ai negozi giuridici e in ispecie delle condizioni opposte al matrimonio*, onde – sem prever que se tornaria célebre por isso – salientou que, para a constituição do casamento romano, havia a necessidade do estabelecimento de fato, entre

---

p. 568; e sobre a natureza do casamento romano pré-clássico, vide Ricardo Astolfi, *Il Matrimonio nel Diritto Romano Preclassico*, Seconda Edizione, Cedam, 2002.

26 *Commentarius de iure ciuili lib.* XIII, cap. 18, 2.

27 *Commentario alle Pandette*, XXII, trad. D'Ancora, p. 143 e segs.

28 *Sistema del Diritto Romano Attuale*, III, trad. Scialoja, § 140, p. 406, Torino, 1891.

29 *Législation Romaine, Explication Historique des Instituts de l'Empereur Justinien*, II, 12ª ed., nº 99, p. 80, Paris, 1883.

Cap. XLIX · A FAMÍLIA NATURAL | **639**

os nubentes, da comunhão de vida, bem como da existência do consentimento deles, que consistia, não no acordo inicial de vontade, mas no contínuo, a que as fontes, por causa mesmo dessa continuidade, dão a denominação de *affectio maritalis*.[30]

Com base nessa ideia, Bonfante, ainda nos fins do século XIX,[31] formulou uma tese revolucionária sobre a natureza jurídica do casamento romano.

Para que se possa compreender a teoria construída por Bonfante, é preciso ter conhecimento das noções que se seguem.

Modernamente, a palavra *casamento* se emprega em duas acepções diversas:

a) para indicar o *ato* inicial que dá nascimento à união legítima entre o homem e a mulher; e

b) para designar a *relação jurídica* que, depois do *ato inicial*, se estabelece entre o marido e a mulher.

Por isso, como acentua Vassali,[32] no direito moderno, ao lado do *ato jurídico* "matrimônio" (ato que dá início ao estado de marido e de mulher), há a *relação jurídica* "matrimônio"(o próprio estado de marido e mulher). Em consequência, o ato inicial, ato jurídico "matrimônio", e a relação jurídica "matrimônio", ou – como também salienta Vassali[33] – o *status* do cônjuge, são nitidamente distintos. Do ato inicial – em que o homem e a mulher, observadas as solenidades legais, manifestam à autoridade competente a vontade de se casarem – surge o *status* de cônjuge, que os vincula (independentemente de terem, ou não, vida em comum, e de quererem, ou não, continuar casados) até a morte de um deles, ou – nos países que o admitem – o divórcio.

Segundo a teoria estruturada por Bonfante, o mesmo não ocorre com o casamento romano em nenhuma das suas etapas de evolução. O matrimônio, em Roma, era uma situação de fato que se iniciava, sem quaisquer formalidades, com o simples acordo de vontade do homem e da mulher, e que perdurava apenas enquanto persistia a intenção

---

30 Ob. cit., p. 42 e segs. Antes de Ferrini, porém, como procurei demonstrar em "*J. E. Labbé e a natureza jurídica do casamento romano*", artigo publicado na *Revista da Faculdade de Direito da USP*, vol. LXXIV (1979), pp. 109 a 117, esse romancista francês, em 1883 (em trabalho intitulado *De la nature du mariage*, e publicado em apêndice à 12ª edição da obra de Ortolan, *Explication Historique des Instituts de l'Empereur Justiniem*, vol. II, pp. 684 a 687, Paris, 1883), já sustentava que, no direito romano, "o casamento não se forma num dado momento como um contrato; não, ele supõe condições múltiplas que podem realizar-se uma após outras e chegar, em seguida, a concorrer em conjunto"; e acrescentava: "Ele começa a existir pela reunião dessas condições, ele se prolonga por sua permanência, ele se dissolve pela cessação de uma delas". Por isso, ao tratar do divórcio e do repúdio, salientava que esses institutos como se apresentavam no direito romano eram o resultado da natureza, ali, do matrimônio: "Ela (a faculdade de divórcio ou de repúdio) decorreu antes, como uma consequência, da natureza do casamento, da necessidade da permanência das vontades que o constituem, da igualdade de posição dos cônjuges na ausência da *manus*" (ob. cit., p. 686).

31 *Istituzioni di Diritto Romano*, cuja primeira edição é de 1896 – *vide* § 58, p. 137 e segs.

32 *Lezioni di Diritto Matrimoniale*, I, § 21, p. 48, Padova, 1932.

33 Ob. cit., § 17, p. 37.

640 | DIREITO ROMANO – *José Carlos Moreira Alves*

dos cônjuges em permanecerem casados, dissolvendo-se, de imediato, no momento em que um deles (ou ambos) deixasse de tê-la. Assim, ao contrário do que se verifica no direito moderno, em que basta o consentimento inicial para que surja o *status* de cônjuge que perdura – ainda que os esposos não mais o desejem – até a morte ou o divórcio, no direito romano o matrimônio se iniciava com o acordo de vontades do homem e da mulher no sentido de se casarem e só perdurava enquanto esse acordo persistisse: não era suficiente, para que o *status* de cônjuge se mantivesse, o consentimento inicial, mas, sim, o continuado. Por outro lado, e à semelhança do que sucedia com a posse, dois eram os elementos constitutivos do casamento romano: o elemento subjetivo (a *affectio maritalis*, isto é, a intenção contínua de os cônjuges permanecerem casados) e o elemento objetivo (ou seja, a convivência, a vida em comum). Em face disso, assim define Bonfante o casamento romano: "É a convivência do homem e da mulher com a intenção de serem marido e mulher.[34]

Embora essa tese ainda hoje tenha muitos adeptos,[35] vários romanistas,[36] mais recentemente, não a repudiando de todo, a têm, na verdade, alterado substancialmente. Assim, Volterra[37] e Orestano[38] se insurgem contra o elemento objetivo (a convivência, a vida em comum), entendendo que não era ele requisito para a existência do casamento, pois há textos que demonstram que este perdura apesar de os cônjuges viverem separados por espaço de tempo mais ou menos prolongado; para ambos esses autores, apenas a *affectio maritalis* (elemento subjetivo) seria imprescindível para que houvesse matrimônio.[39]

---

34 *Istituzioni di Diritto Romano*, 1ª ed., § 58, p. 137 (definição inalterada na última edição dessa obra, que é a *ristampa della X edizione*, 1946, § 58, p. 180).

35 E isso mesmo entre os autores de origem germânica; *vide*, a propósito, Kaser, *Das Römisches Privatrecht*, I, § 17, p. 63 e segs., München, 1955, e II, § 215, II, p. 108, München, l959; Wolff, *Doctrinal trends in Postclassical Roman Marriage Law, in Zeitschrift der Savigny-Stifung für Rechtsgeschichte, Römanistische Abteilung*, LXVII (1950), p. 261 e segs.; Schwind, *Römisches Recht*, I, § 48, p. 176 e segs. Também Garcia Garrido (*Minor Annis XII Nupta in Labeo Rassegna di Diritto Romano* ano 3, 1957, pp. 86 a 88), adota essa tese. Ainda recentemente, em 1980, Carlo Gioffredi (*Per la Storia del Matrimonio Romano, in Nuovi Studi di Diritto Greco e Romano*, pp. 115 a 144, Roma, 1980) defende a mesma orientação, e salienta que "não se deve dar ao elemento vontade a veste quase de um dogma, porque se introduziria um dogma num instituto que, como o matrimônio romano, não é dogmático" (ob. cit., p. 144).

36 Martinez (*Nuptiae et matrimonium, in Estudios Jurídicos en homenaje al Profesor Ursicino Alvarez Suárez*, pp. 57 a 67, Madrid, 1978) chega a dizer que a posição de Volterra e de Orestano é acolhida pela "quase totalidade dos romanistas atuais".

37 *La concéption du mariage d'après les juristes romains*, p. 49 e segs., Padova, 1940. Para uma visão sintética da tese de Volterra, *vide Istituzioni di Diritto Privato Romano*, pp. 647 a 652 e 656 a 658.

38 *La Struttura Giuridica del Matrimonio Romano dal Diritto Classico al Diritto Giustinianeo*, I, § 29 e segs., p. 85 e segs., Milano, 1951.

39 Sobre a *affectio maritalis*, *vide* G. Longo, *Affectio maritalis, in Bulletino dell'Istituto di Diritto Romano*, vol. V. N. S. (1939), p. 119 e segs.

Por outro lado, Volterra[40] e D'ercole,[41] salientando que a teoria dominante é certa (ressalvada, quanto a Volterra, a objeção contra o elemento objetivo) no que diz respeito ao período clássico, defendem a tese de que, nos direitos pós-clássico e justinianeu, por influência do cristianismo, a estrutura jurídica do casamento se modificou profundamente – o matrimônio, como ocorre no direito moderno, passa a fundar-se na vontade inicial dos nubentes, desta decorrendo o vínculo conjugal, que, ao contrário do que se verificava no direito clássico, independe da vontade contínua (*affectio maritalis*) dos cônjuges de serem marido e mulher; e vínculo esse que só se dissolve com a morte ou com o divórcio.

Enfim, há que se fazer referência à tese de Rasi, que, em 1946, no livro *Consensus facit nuptias*, combateu vigorosamente a teoria dominante, por entender que, também no direito romano, o casamento era um *uinculum iuris* (vínculo jurídico) surgido de vontade inicial manifestada em *stipulatio* (contrato verbal), sendo a construção doutrinária da *affectio maritalis* uma bela, mas absurda, utopia do mundo romanístico. Doze anos depois, em 1958, na obra *La conclusione del matrimonio nella dottrina prima del Concilio di Trento*,[42] Rasi, reconhecendo que errara ao afirmar que, no direito romano, o casamento nascia de um contrato (a *stipulatio*), reafirma sua posição contrária à doutrina dominante, e acentua que o matrimônio romano, como a teoria mais moderna reconhece, não é, ao menos a partir do direito pós-clássico, uma relação de fato, mas, sim, um *uinculum iuris* (que só se dissolve com a morte, ou com manifestação de vontade contrária à inicial), originado, senão de verdadeiro contrato, do consentimento dos nubentes.

A nosso ver, a diferença que existe entre o casamento moderno e o romano é esta:

– no direito moderno, em geral, o casamento surge de ato consensual rigidamente solene, celebrado diante de autoridade competente; e só se dissolve, por via de regra, pela morte, ou – nos países que o admitem – pelo divórcio (e, neste caso, desde que se verifique um dos motivos previstos em lei): em vista disso, a *relação matrimonial*, uma vez surgida, não pode dissolver-se, sem mais, pela simples vontade de um dos cônjuges (daí falar-se, apropriadamente, em vínculo conjugal);

– no direito romano, não: para que surgisse o casamento, bastava a vontade inicial (*consensus*) dos nubentes, sem quaisquer formalidades (apenas a partir do direito pós-clássico é que, em algumas hipóteses – *vide* o nº 291 –, se exige certo formalismo), e o matrimônio perdurava até que um dos cônjuges desejasse rompê-lo, pois, como veremos

---

40 *La conception du mariage d'après les juristes romains*, p. 58 e segs., Padova, 1940 X. *Vide* também, entre outros trabalhos de Volterra, *La conception du mariage à Rome*, in *Revue Internationale des Droits de l'Antiquité*, 3ª série, tomo II (1955), pp. 365 a 379; *Una misteriosa Legge attribuita a Valentiniano I*, in *Studi in Onore di Vincenzo Arangio-Ruiz nel XLV anno del suo insegnamento*, vol. III, p. 139 e segs., Milano, s/data; *Lezioni di Diritto Romano – Il matrimonio Romano* (*Anno Academico 1960-1961*), pp. 121 a 156 e 285 a 340, Roma, s/data; e *Matrimonio* (*dir. rom.*), in *Enciclopedia del Diritto*, XXV, p. 726 e segs., Milano, 1975.

41 *Il consenso degli sposi e la perpetuità del matrimonio nel diritto romano e nel Padri della Chiesa*, in *Studia et Documenta Historiae et Iuris*, V (1939), p. 18 e segs.

42 P. 7 e segs.

642 | DIREITO ROMANO – *José Carlos Moreira Alves*

adiante (no nº 295), em Roma, sempre se admitiu o divórcio por vontade unilateral (mesmo no direito justinianeu, se um dos cônjuges repudiasse o outro sem motivo, ele poderia sofrer sanções, mas o casamento se dissolvia), a qualquer tempo, sem formalismo, e independentemente da existência de motivos fixados, previamente, em lei; daí a expressão *affectio maritalis* para significar não que fosse necessário que os cônjuges tivessem a intenção contínua (e, portanto, idêntica à vontade inicial) de serem marido e mulher, mas que o casamento perdurava enquanto eles (ou um deles) não praticassem ato contrário ao que dera início ao casamento: o divórcio.[43]

---

43 Em favor dessa tese (já sustentada neste livro desde sua primeira edição, em 1966, e que procuramos demonstrar, pormenorizadamente, no artigo *A natureza jurídica do casamento romano no direito clássico, in Revista da Faculdade de Direito da Universidade de São Paulo*, vol. 90, nos 3 a 47, São Paulo, 1995) – que afasta os elementos objetivo (convivência, vida em comum) e subjetivo (*affectio maritalis* – vontade contínua) e que só considera como requisito para a existência do casamento o consentimento inicial dos nubentes que tenham entre si *conubium* –, podemos arrolar, entre outras (pois o caráter desta obra não permite maiores digressões a respeito), as seguintes circunstâncias: *a*) também com relação ao contrato de sociedade (que não se pode pretender fosse uma relação de fato dependente de vontade contínua dos sócios), os textos usam de expressões como *affectio societatis, si in eadem voluntate perseuerat* (se persevera na mesma vontade), *manet autem societas eo usque donec in eodem consensu perseuerant* (persiste a sociedade enquanto os sócios perseveram no mesmo consentimento), *tandiu societas durat, quamdiu consensus partium integer perseuerat* (a sociedade persiste por tanto tempo quanto persevera íntegro o consentimento das partes) – e isso porque, como ocorria com o casamento, o contrato de sociedade podia extinguir-se, a qualquer tempo, pela vontade unilateral dos sócios (*vide* o nº 244, *in fine*), e, consequentemente, só perdurava enquanto todos o desejassem: *b*) o louco, no direito romano, não podia casar-se por estar impossibilitado de manifestar o consentimento inicial, mas – salientam os textos (assim, por exemplo, Paulo, *Sententiarum ad filium libri*, II, 19, 7; e D. I, 6, 8 pr.) –, se a loucura surgir depois de contraído o matrimônio, este, apesar dela, perdura, o que demonstra inequivocamente que o pretenso consentimento contínuo (*affectio maritalis*) não era requisito para a existência do casamento, pois requisito (ou elemento essencial) é aquele sem o qual não há o ato, e, em consequência, não admite exceções; *c*) há textos (D. XXIV, 2, 7; e XXIV, 3, 2) que declaram, taxativamente, que, embora um dos cônjuges tenha enviado o *libellus diuortii* ao outro, se houver arrependimento dentro de breve espaço de tempo, o casamento – apesar de ausência da *affectio maritalis*, ao menos no momento em que um deles remeteu o *libellus diuortii* – persiste; princípio esse que é incompatível com a tese de *affectio maritalis*. Note-se, aliás, que Perozzi (*Istituzioni di Diritto Romano*, I, 2ª ed. – *reintegrazione*, 1949 –, § 39, p. 324 e segs.), depois de afirmar que o casamento romano é um *status*, salienta que não há requisitos para sua conservação, mas apenas para seu nascimento e para sua dissolução; e mais: que o casamento persiste ainda que haja ausência de vontade (como na hipótese do louco), só se dissolvendo (além, obviamente, da circunstância da morte) se há uma vontade contrária a que ele perdure. Em 1970, Robleda (*El Matrimonio en Derecho Romano*, p. 130 e segs., Roma, 1970) apresentou uma série de observações que o levaram a duvidar da tese de que, no direito romano clássico, o consentimento contínuo fosse elemento essencial do casamento. Di Salvio (*Matrimonio e Diritto Romano, in Index*, vol. 2 – 1971 –, pp. 376 a 386) criticou essas observações, sustentando a tese do consentimento continuado. Robleda, no mesmo ano (*Sobre el Matrimonio en Derecho Romano, in Studia et Documenta Historiae et Iuris*, XXXVII – 1971 –, p. 337 e segs.), replicou, salientando que o próprio crítico havia terminado por admitir que há dificuldades para a aceitação da tese que defendia. Volterra (*Precisazioni in Tema di Matrimonio Clássico, in Bulletino dell'Istituto di Diritto Romano "Vittorio Scialoja"*, vol. LXXXVIII (1975), p.

Cap. XLIX · A FAMÍLIA NATURAL | **643**

286. O casamento e a *conuentio in manum* – Afirma-se, tradicionalmente, que, no direito romano, havia duas espécies de casamento: o casamento *cum manu* e o casamento *sine manu*. O primeiro seria aquele em que o homem (ou, se *alieni iuris*, seu *pater familias*) adquire a *manus* (poder marital) sobre a mulher, que, assim, se desvincula da família de origem e ingressa, com seus bens, na de seu marido, como se fosse filha dele (*loco filiae*): dessa forma, se a mulher, antes de casar, for *alieni iuris* (por estar subordinada à *potestas* de seu *pater familias* originário), continua a sê-lo na família do marido, depois do casamento *cum manu*; se *sui iuris*, torna-se, ao casar, *alieni iuris*. Já na segunda espécie – o casamento *sine manu* –, o marido não adquire a *manus* sobre a mulher, que, em virtude disso, conserva, além de seus bens, o *status familiae* anterior ao casamento.

Segundo tudo indica,[44] porém, não havia no direito romano, propriamente, duas espécies de casamento. O conceito de casamento era um só. O que ocorria era a possibi-

---

245 e segs.) também atacou as observações de Robleda. Em 1977, Josef Huber (*Der Ehekonsens in Römischen Rechts*, Roma, 1977) seguiu a orientação de Robleda. Volterra, em 1980 (*Ancora Sulla Struttura del Matrimonio Classico, in De Justitia et Iure Festgabe für Urich von Lübtow*, pp. 142 a 153, Berlin, s/data), voltou à carga, trazendo mais um texto (C. V. 17, 6) para sustentar sua posição, texto esse que tem sido interpretado diferentemente, por não o terem os intérpretes examinado sob a ótica da tese do consentimento continuado. Mais recentemente, em 1986, Pugliese (*Istituzioni di Diritto Romano*, II, nº 111, p. 429), embora seguindo a posição de Volterra, acentua que o tratamento dado ao matrimônio do *furiosus* demonstra "o caráter não rigoroso da orientação jurisprudencial que exigia a vontade matrimonial contínua". Nesse mesmo sentido, em 1989, se manifesta Talamanca (*Istituzioni di Diritto Romano*, I, nº 40, p. 140).

44 A propósito, *vide* Volterra, *Ancora sulla manus e sul matrimonio, in Studi in onore di Siro Solazzi*, p. 675 e segs., Napoli, 1948; *Nuove Osservazioni sulla "conuentio in manum", in Atti del Congresso Internazionale di Diritto Romano e di Storia, del Diritto*, Verona, 1948, III, p. 29 e segs., Milano, 1951; *La Conuentio in Manum e il Matrimonio Romano, in Rivista Italiana per le Scienze Giuridiche*, série III – *anno* XXII (1968), vol. XII (único), *dell'intera collez*, vol. XCV, pp. 205 a 226; Garcia Garrido, *"Conuentio in Manum" y matrimonio, in Anuario de Historia del Derecho Español*, tomo XXVI (1956), pp. 781 a 787; e Pugliese, *Istituzioni di Diritto Romano*, I, nº 37, pp. 106 a 109. Bozza (cf. Volterra, *La Convento in Manum e il Matrimonio Romano, in Rivista Italiana per le Scienze Giuridiche*, série III – anno XXII (l968), p. 205), no entanto, só admite essa tese no último período da República e na época do direito clássico; Cantarella (*Sui Rapporti fra Matrimonio e "Conuentio in Manum", in Rivista Italiana per le Scienze Giuridiche*, série III, *anni* XII-XVI (1959/1962), vol. X (único), pp. 181 a 228), só exclui dela a *confarreatio*, que teria sido um casamento religioso, o único no direito arcaico; e Tomulescu (*Les Rapports entre le Mariage et la Manus, in Revue Internationale des Droits de l'Antiquité*, 3ª série, tomo XVIII (1971), pp. 723 a 733, sustenta que, até o século II a.C., os modos de aquisição da *manus* foram ao mesmo tempo modos de formação do casamento, mas, a partir desse século, surgiu o casamento *sine manu*, o que implica dizer que o casamento existe sem a *manus*, que passa a ser elemento externo que se ajuntava, ou não, a ele. Mais recentemente, Gian Luigi Falchi (*Osservazioni sulla natura della "Coemptio matrimonii causa" nel Diritto Preclassico, in Studia et Documenta Historiae et Iuris*, vol. L, 1984, pp. 355 a 382) entende que, antes da Lei das XII Tábuas, a *conuentio in manum* era efeito necessário de todo casamento, e se produzia com o decurso de um ano de vida conjugal, ou imediatamente se o casamento tivesse sido contraído pela *confarreatio* ou pela *coemptio*; depois, até o 1º século antes de Cristo, as núpcias produziam a *conuentio in manum*, mas as partes podiam excluir esse efeito com a *usurpatio trinoctii*; posteriormente, a *manus* cai em desuso e o *usus* é ab-rogado, sendo que a *confarreatio*

644 DIREITO ROMANO – *José Carlos Moreira Alves*

lidade de ele ser acompanhado de um ato solene – a *conuentio in manum* (vide nº 279) –, pelo qual o marido (ou seu *pater familias*) adquiria a *manus* sobre a mulher.[45] Quando isso se verificava, dava-se o que, tradicionalmente, se denomina casamento *cum manu*; em caso contrário – isto é, quando o matrimônio não era seguido da *conuentio in manum* –, tinha-se o que tradicionalmente se chama casamento *sine manu*.

Assim sendo, casamento e *conuentio in manum* são institutos independentes, e com finalidades distintas: o casamento visa a criar a sociedade conjugal; a *conuentio in manum* – que talvez pudesse ocorrer ainda que não houvesse casamento[46] – tem por fim o ingresso da mulher em família diversa da sua de origem.

A *conuentio in manum* – e as consequências que ela acarretava – já foi estudada no Capítulo XLVIII (*vide* os nos 278 e 279). Agora, ocupar-nos-emos apenas do casamento, independentemente da *conuentio in manum*.

287. Esponsais[47] – Os esponsais (*sponsalia*) são a convenção pela qual duas pessoas de sexo diverso (ou seus *patres familias*, por elas) se comprometem a contrair, no futuro, casamento.[48]

Os esponsais, no decurso da evolução do direito romano, sofreram acentuada transformação: no direito clássico, sua importância é quase exclusivamente social; nos períodos pós-clássico e justinianeu, aumentam seus efeitos jurídicos, sendo os *sponsi* (prometidos), sob certos aspectos, equiparados aos cônjuges.[49]

Primitivamente,[50] nas cidades do Lácio (*Latium*), os esponsais eram celebrados por meio da *sponsio* (negócio jurídico verbal e solene, donde as denominações *sponsalia* – esponsais; *sponsa* – a mulher prometida; e *sponsus* – o homem prometido), e tinham eficácia jurídica plena, tanto assim que, se uma das partes não cumprisse o convencionado (em geral, o *pater familias* do *sponsus* ou da *sponsa* que rompia os esponsais), a outra dispunha de ação judicial (a *actio ex sponsu*) contra aquela, para obter indenização. Esse

---

sobrevive como rito nupcial relevante para efeitos sacros, e a *coemptio* se torna negócio solene com uso diversificado.

45 Discute-se se no direito romano arcaico a *conuentio in manum* acompanhava, ou não, sempre o casamento. A maioria dos autores (assim entre outros, Bonfante, *Corso di Diritto Romano*, I – *Diritto di Famiglia, ristampa* da 1ª ed., p. 57 e segs., Milano, 1963; e, mais recentemente, Pugliese, *Istituzioni di Diritto Romano*, I, nº 37, pp. 106 a 109, e Talamanca, *Istituzioni di Diritto Romano*, I, pp. 132 e 133) se manifesta em sentido afirmativo.

46 Cf. Gaio, *Institutas*, II, 139, segundo a interpretação dada por Volterra, *Nuove Osservassioni sulla convenctio in manum, in* ob. cit., vol. III, pp. 31/34.

47 Sobre esponsais, *vide* Gaudemet, *L'originalité des fiançailles romaines, in* IVRA, VI (1955), p. 47 e segs.; e Corbett, *The Roman Law of Marriage*, p. 1 e segs., Oxford, 1930.

48 No período histórico, os esponsais se celebravam, por via de regra, entre o *pater familias* da mulher e o futuro genro (ou, se este fosse *alieni iuris*, seu *pater familias*).

49 Sobre os efeitos dos esponsais no direito clássico, *vide* Volterra, *Ricerche interno agli sponsali in diritto romano, in Bulletino dell'Istituto di Diritto Romano*, vol. XL, p. 87 e segs.

50 E o sabemos graças à informação do jurisconsulto clássico Sérvio Sulpício Rufo conservada por Aulo Gélio, *Noctes Atticae*, IV, 4.

Cap. **XLIX** · A FAMÍLIA NATURAL | **645**

sistema perdurou no Lácio até o ano de 90 a.C., quando se estendeu a cidadania romana às últimas cidades dessa região que ainda não a tinham.[51]

Também em Roma, em épocas remotas, é muito provável[52] que os esponsais fossem regidos pelos mesmos princípios observados nas demais cidades do Lácio. No entanto, desde muito cedo ocorreu, nela, a decadência desse instituto, pois, no período histórico do direito romano, os esponsais não obrigam o *sponsus* ou a *sponsa* a casar; ao contrário, qualquer um deles pode livremente rompê-los, sem que haja, contra si ou contra seu *pater familias*, sanção alguma. Vigora o princípio de que os casamentos devem ser livres.[53] Assim, se se apusesse uma *stipulatio poenae* (cláusula penal) aos esponsais, para que a parte que os rompesse ficasse obrigada ao pagamento da pena, essa cláusula, na prática, não tinha eficácia, pois o direito de se cobrar judicialmente a pena podia ser paralisado por uma *exceptio doli*[54].

No direito pós-clássico, no entanto, observa-se uma tendência[55] que traduz como que um retorno ao regime dos tempos primitivos em que o *sponsus* ou a *sponsa* (ou o *pater familias* de um ou de outro, conforme o caso) que rompesse os esponsais sofria sanção de ordem patrimonial. Com efeito, embora no direito pós-clássico a *stipulatio poenae* aposta aos esponsais continue a ser ineficaz, acolhe-se, no direito romano, o costume oriental das arras esponsalícias (soma em dinheiro que, por ocasião da conclusão dos esponsais, um dos *sponsi* entrega ao outro),[56] e, se o *sponsus* e a *sponsa* trocam arras esponsalícias entre si, aquele que, sem justa causa, romper os esponsais perde as arras que deu, e está obrigado, a princípio, a restituir as que recebeu em quádruplo, e, mais tarde – provavelmente por modificação introduzida por Justiniano –, em dobro. A mesma tendência se observa, também, em duas constituições[57] de Constantino, de, respectivamente, 319 e 336 d.C., relativas à *sponsalicia largitas* (liberalidade esponsalícia), e pelas quais todas as doações entre *sponsus* e *sponsa* eram feitas sob a condição tácita de haver restituição no caso de não ser celebrado o casamento. E aquele dos *sponsi* que se recuse a casar não pode pedir a restituição do que doou, embora esteja obrigado a devolver o que recebeu. Demais, se os esponsais tivessem sido celebrados *interueniente osculo* (ocorrendo beijo),[58] um dos noivos, por morte do outro, só estava obrigado a restituir a metade do que este lhe doara.

---

51 Cf. Bonfante, *Corso di Diritto Romano*, I (*Diritto de Famiglia*), reimpressão p. 308, Milano, 1963.

52 Como se infere de Varrão, *De lingua latina*, VI, 70 e 71, e (nesse sentido, *vide* Volterra, *Istituzioni di Diritto Privato Romano*, p. 663) da forma *spondes? spondeo* a que alude o texto de Sérvio Sulpício Rufo (citado na nota nº 50), a qual só podia ser utilizada por cidadão romano (*vide* nº 235).

53 Cf. C. VIII, 38 (39), 2.

54 D. XLV, 1, 134, pr.

55 Possivelmente por influência do Cristianismo.

56 Sobre as arras esponsalícias, *vide* Riccobono, *Arra Sponsalicia secondo la const. 5 Cod. de sponsalibus V-1, separata*.

57 C. V, 3, 15; e C. V, 3, 16.

58 Alusão a ritos em uso na Igreja do Ocidente e do Oriente. *Vide*, a propósito, Volterra, *Istituzioni di Diritto Privato Romano*, p. 665 e segs.

646 | DIREITO ROMANO – *José Carlos Moreira Alves*

Por outro lado, para que se realizem os esponsais, basta o simples acordo de vontade das partes, sem a observância de formalidades. Se é o *pater familias* quem os celebra em favor do *filius familias*, é preciso, para fazê-lo, que tenha o consentimento deste; se em favor de *filia familias*, não é necessário o assentimento expresso dela, mas apenas sua concordância tácita.

Para os esponsais, levam-se em conta, geralmente, os mesmos requisitos e impedimentos do matrimônio, exceção feita a alguns impedimentos temporários (como, por exemplo, a hipótese de uma menina menor de 12 anos que, por isso, não pode casar, mas que pode contrair esponsais desde que já tenha atingido idade que lhe permita compreender o ato, a qual, no mínimo, segundo textos provavelmente interpolados, é de sete anos), que não impossibilitam a celebração dos esponsais.

Quanto aos efeitos, os esponsais, embora não obriguem as partes a contrair casamento, produzem, entre outros, os seguintes:

a) geram uma *quasi adfinitas* entre cada um dos *sponsi* e os parentes do outro (decorrendo, daí, impedimentos para casamento, bem como isenção do dever de prestar depoimento, em juízo, contra o *sponsus* ou os futuros sogro e sogra);

b) a conclusão de outros esponsais ou de casamento antes do rompimento dos esponsais anteriores acarreta, para o *sponsus* ou a *sponsa* que assim procedeu, a infâmia (bem como para o *pater familias* dele, se este agiu a seu mando), sanção essa que, possivelmente, só surgiu no direito pós-clássico; e

c) no direito pós-clássico, a infidelidade da *sponsa* é punida com as penas do adultério.

Enfim, rompem-se os esponsais nas seguintes hipóteses:

a) com a morte de um dos *sponsi*;

b) com a superveniência de impedimento para o matrimônio;

c) com a concordância do *sponsus* e da *sponsa*; e

d) com a simples declaração de um dos *sponsi* (*repudium*), sendo importante, nesse caso, no direito pós-clássico, em virtude dos princípios sobre as arras esponsalícias e a *sponsalicia largitas*, a verificação da existência ou não de justa causa, a qual ocorreria, por exemplo, quando se tivesse conhecimento de impedimento matrimonial até então ignorado, ou quando a *sponsa* tivesse má conduta, ou quando houvesse diferença de religião entre o *sponsus* e a *sponsa*.

288. Requisitos do casamento – Para que o casamento, em Roma, fosse legítimo – *matrimonium iustum* ou *legitimum*[59] –, era necessária a observância de certos requisitos a que alude Ulpiano:

---

59 Ambas as expressões – ao contrário do que pretendem alguns romanistas – são clássicas, como o demonstra, com abundância de exemplos, Di Marzo, *Istituzioni di Diritto Romano*, 5ª ed., p. 161, nota 2. *Vide*, também, Lanfranchi, *Le definizioni e il concetto del matrimonio nei retori romani, in Studia et Documenta Historiae et Juris*, ano II (1936), p. 156.

Iustum matrimonium est, si inter eos qui nuptias contrahunt conubium sit, et tam masculus pubes quam femina potens sit, et utrique consentiant, si sui iuris sunt, aut etiam parentes eorum, si in potestate sunt (O casamento é legítimo se entre os que o contraem existe *conubium*, e se o homem é púbere e a mulher é núbil, e se um e outro, se são *sui iuris*, consentem, ou, se *alieni iuris*, também seus pais).[60]

Eram, portanto, três esses requisitos: consentimento, puberdade e *conubium*. Os primeiros, absolutos, pois a sua ausência impedia o casamento com qualquer pessoa; o último, também, se tomado em sentido lato (*conubium est uxoris iure ducendae facultas* – o *conubium* é a faculdade de casar-se legitimamente com uma mulher).[61] Em sentido estrito, *conubium* é requisito relativo, porquanto abrange impedimentos que ocorrem apenas entre certos indivíduos (*conubium habere cum aliquo* – ter connubium com alguém).[62]

Estudemo-los separadamente.

A) *Consentimento*

No direito romano primitivo, segundo a opinião dominante,[63] exiga-se apenas o consentimento de pessoas *sui iuris*; por isso, se os nubentes fossem *alieni iuris*,[64]

---

60 Ulpiano, *Liber singularis regularum*, V. 2.

61 Ulpiano, *Liber singularis regularum*, V. 3. Volterra (*La Nozione Giuridica del Conubium, in Studi, in Memoria di Emilio Albertario*, II, pp. 347 a 384, Milano, 1953; *Lezioni di Diritto Romano – Il Matrimonio Romano*, pp. 157 a 182, e 341 e 342, *Anno Accademico* 1960-1961, Roma, s/data; e *Matrimonio (Dir. Rom), in Enciclopedia del diritto*, XXV, pp. 733 a 735, Milano, 1975), fiel à sua tese sobre a natureza jurídica do casamento romano no direito clássico, sustenta que, nessa época, *conubium* é um requisito positivo (o de o homem e a mulher, um em relação ao outro, terem capacidade, reconhecida pelo ordenamento jurídico romano, de constituir entre si uma relação conjugal legítima), não se conhecendo, então, os impedimentos matrimoniais como os que há no direito moderno. Só no direito pós-clássico e no direito justianeu é que, com a mudança da concepção da natureza jurídica do casamento, se deixa de aludir ao *conubium*, porque se passa a admitir socialmente que há capacidade geral para casar, que apenas é afastada se ocorrer um impedimento legal. Talamanca (*Istituzioni di Diritto Romano*, I, nº 39, p. 138, Milano, 1989), aludindo aos *requisitos de validade do casamento*, observa que os romanos não sistematizaram o que denominamos como tais, mas os reuniram na categoria do *conubium* (capacidade de contrair matrimônio *in concreto* com outra pessoa), embora essa construção não tenha sido usada de modo generalizado, "e não pareça ter deixado traço sobre a concreta disciplina dos vários impedimentos matrimoniais".

62 A distinção entre *conubium* em sentido lato e em sentido estrito é feita, entre outros, por Girard (*Manuel Élémentaire de Droit Romain*, 8a ed., pp. 171 e 172) e Nardi (*La Recíproca Posizione Successoria de Coniugi privi di Conubium*,p. 10, Milano, 1938).

63 Assim, entre outros, Bonfante, *Corso di Diritto Romano*, I (*Diritto de Famiglia*), reimpressão, p. 269, Milano, 1963; Girard, *Manuel Élémentaire de Droit Romain*, 8ª ed., p. 168; e C. Longo, *Corso di Diritto Romano (Diritto de Famiglia)*, p. 161, Milano, 1946.

64 Ferrini, *Manuale di Pandette*, 4a ed., nº 713, p. 686, Milano, 1953, cita, a propósito, passagens de Plauto.

somente seus *patres familias* consentiam no matrimônio, podendo, em consequência, constrangê-los a se consorciarem. Já nos períodos clássico e pós-clássico, cabia sempre aos nubentes manifestar o consentimento[65], só se fazendo mister o do *pater familias* se um deles – ou ambos – fosse *alieni iuri*.[66] Mas o valor dessas declarações de vontades é diverso: o daqueles é indispensável; o deste pode, às vezes, ser suprido.[67]A mulher *sui iuris*, entretanto, se sujeitava à *auctoritas tutoris* (*vide* nº 300),[68] e, mesmo depois de abolida a *tutela mulierum* (*vide* nº 300), ela devia, até completar 25 anos, pedir consentimento, para casar, a seu pai – se vivo, e, por exemplo, a tivesse emancipado –, ou a sua mãe, ou a outros parentes.

B) *Puberdade*

A puberdade em ambos os sexos se verificava, no direito pré-clássico, por meio de exame individual. Todavia, para a mulher fixou-se, desde cedo, a nubilidade aos 12 anos.[69] E, embora já proposta pelos proculeianos, somente com Justiniano[70] se estabeleceu a idade de 14 anos para o início da puberdade no homem.[71]

---

65 Entende Solazzi (*La nozze della minorenne e Il divorzio della "filia familias"*, *in*, respectivamente, *Scritti di Diritto Romano*, II, p. 154 e segs., Napoli, 1957, e III, p. 1 e segs., Napoli, 1960) que, mesmo no direito clássico, para o casamento da *filia familias*, somente era necessário o consentimento de seu *pater familias*.

66 Para o casamento do neto, se o avô fosse vivo, além do seu consentimento, era necessário o do pai, em virtude da regra *nemini inuito heres suus adgnascitur*, segundo a qual ninguém deve ter herdeiro contra sua vontade (*Inst.*, I, 11, 7).

67 D. XXIII, 2, 19 (texto interpolado, segundo Moriaud, *Du consentement du père de famille au mariage en droit classique, in Mélanges P. F. Girard*, II, p. 291 e segs., Paris, 1912).

68 A propósito, *vide* Schulin, *Lehrbuch der Geschichte des Römischen Rechtes*, § 50, p. 203; Corbett, *The Roman Law of Marriage*, p. 24 e segs., Oxford, 1930; e Ferrini, *Manuale di Pandette*, 4ª ed., nº 713, p. 686, Milano, 1953.

69 Marcel Durry (*Le Mariage des Filles Impubères dans la Rome Antique, in Revue Internationale des Droits de l'Antiquité*, 3ª série, tome II (1955), pp. 263 a 273; e *Sur le Mariage Romain – Autocritique et Mise au Point, in Revue Internationale des droits de l'Antiquité*, 3ª série, tomo III (1956), pp. 227 a 243) sustenta que, já reconhecendo a medicina antiga que a mulher somente se tornava púbere entre 13 e 14 anos, ela se considerava, no direito romano, *nubilis* (ou seja, apta ao casamento) antes de alcançada a puberdade. Sobre essa tese, com exame sob o ângulo estritamente jurídico, *vide* Garcia Garrido, *Minor Annis XII Nupta, in Labeo* (*Rassegna di Diritto Romano*), *anno III* (1957), pp. 76 a 88.

70 Para pormenores, *vide* nº 94, A.

71 Consoante o D. XXIII, 3, 39, 1, o *castratus* (castrado), ao contrário do *spado* (impotente), não podia contrair casamento; segundo a maioria dos autores, porém, essa distinção somente surgiu no direito justinianeu, pois, no período clássico, os *spadones* – e esse termo abrangia, então, todos os casos de impotência *coeundi* ou *generandi* (impotência para copular ou para procriar) – não estavam impedidos de casar (a propósito, *vide* Bonfante, *Corso di Diritto Romano*, I – *Diritto di Famiglia*, reimpressão, p. 266 e segs., Milano, 1963). Contra a tese de ter sido esse texto interpolado, *vide* os autores citados por Danilo Dalla, *L'incapacità Sessuale in Diritto Romano*, p. 266, nota 97, Milano, 1978.

Cap. XLIX · A FAMÍLIA NATURAL | **649**

C) *Conubium*

Em acepção lata, *conubium* compreende alguns requisitos absolutos que se referem:

a) à liberdade (os escravos não podem contrair *matrimonium iustum*; a união entre escravos ou entre escravo e pessoa livre se denomina *contubernium*, e não produz efeito jurídico, sendo simplesmente uma união natural);

b) à cidadania (só é legítimo o casamento com estrangeiro se ele tiver o *ius conubii*);[72]

c) ao serviço militar (segundo vários autores, até 197 d.C., não podiam os soldados consorciar-se enquanto em serviço);[73] e

d) à monogamia (é certo que Júlio César e, mais tarde, Valentiniano I quiseram admitir a poligamia no direito romano, mas tais tentativas não vingaram).[74-75]

Em sentido estrito, *conubium* abrange circunstâncias impeditivas de casamento legítimo[76] entre certas pessoas, e que dizem respeito a:

---

72 É de notar-se – como acentua Mommsen, *Römisches Strafrecht*, p. 693, nota 1, Leipzig, 1899 – que o casamento contraído segundo um direito estrangeiro (o ateniense, por exemplo), embora não seja casamento legítimo para o direito romano, o é para aquele sistema jurídico (no caso, o ateniense). Daí não se dever, para essas hipóteses, empregar, como o fazem vários romanistas, a expressão *matrimonium iuris gentium* (casamento segundo o *ius gentium*).

73 Trata-se de matéria muito controvertida, havendo autores que negam a existência desse impedimento no direito romano – assim, Mispoulet, *Études d'Institutions Romaines*, p. 229 e segs., Paris, 1887; Emilio Costa, *Storia del Diritto Romano Privato*, 2ª ed., p. 47, Torino, 1925; e Stella Maranca, *Il Matrimonio dei Soldatti Romani*, Roma, 1903.

74 A propósito, *vide* Volterra, *Una misteriosa legge attribuita a Valentiniano I, in Studi in onore di Vincenzo Arangio-Ruiz*, III, p. 139 e segs., Napoli, s/data. Gualandi (*Intorno ad una legge atribuita a Valentiniano I, in Studi in onore di Pietro de Francisci*, vol. III, p. 175 e segs., Milano, 1956), examinando amplamente os textos que aludem à lei de Valentiniano I, que autorizava a bigamia, conclui que todos eles derivam de uma passagem da História Eclesiástica de Sócrates, o Escolástico, e que a lei por ela noticiada não existiu. Manfredini (*Valentiniano I e la Bigamia, in Studi in Onore di Cesare Sanfilippo*, vol. VII, pp. 363 a 386, Milano, 1987) porém, sustenta que essa lei misteriosa permitiria o repúdio por causa da esterilidade do cônjuge, o que teria possibilitado a Valentiniano contrair segundas núpcias (bigamia sucessiva e não simultânea). Assim, não dizia ela respeito à possibilidade de dois casamentos coexistentes.

75 Deixamos de incluir entre esses requisitos o *tempus lugendi* (período em que a viúva não podia contrair novas núpcias – era, a princípio, o compreendido nos 10 meses após a dissolução do casamento; mais tarde, no século IV d.C., passou a ser de 12 meses; essa proibição, de início, era fundada em princípios religiosos, mas, posteriormente, veio a ter por base razões biológicas: impedir a *turbatio sanguinis*, isto é, que se ficasse sem saber quem teria sido o pai da criança que, porventura, a mulher desse à luz nesse espaço de tempo), tendo em vista que, ainda quando a viúva desrespeitasse essa proibição e se casasse de novo antes de decorrido o *tempus lugente*, esse casamento seria válido. A propósito, *vide* Robleda, *Matrimonio inexistente o nulo em Derecho Romano, in Studi in Memoria di Guido Donatuti*, III, p. 1.131, Milano, 1973.

76 No direito moderno – e tal nomenclatura vem do direito canônico – esses fatos impeditivos se denominam *impedimentos matrimoniais*. Os juristas romanos, porém, ainda para indicar que entre duas pessoas havia circunstâncias que impediam fosse contraído o casamento, salientavam

I – parentesco;

II – afinidade;

III – condição social; e

IV – motivos de ordem prática ou política.

Analisemo-los, de *per se*.

I – *Parentesco*

O parentesco, tanto agnatício quanto cognatício, em linha reta ou colateral, impede o casamento. Em linha reta, não podem consorciar-se os parentes até o infinito. Na colateral, segundo o direito pré-clássico, até o sexto grau. No entanto, mesmo antes dos fins da república, os primos coirmãos podiam casar. No império, só se impedia o matrimônio de parentes colaterais, se um deles estivesse afastado um grau apenas do antepassado comum. Essa regra sofreu duas derrogações: permitiu-se o casamento entre tio paterno e sobrinha, visando-se ao imperador Cláudio e Agripina; e, por influência do cristianismo, proibiu-se o dos primos germanos. A primeira dessas exceções desapareceu em 342 d.C.; a segunda, com Justiniano.

II – *Afinidade*

A afinidade não foi impedimento durante a república. No império, estavam proibidos de casar os afins na linha reta. No período pós-clássico, impediu-se o casamento de cunhados.

III – *Condição social*

Até a Lei *Canuléia* (445 a.C.) – que acabou com tal impedimento –, proibia-se o matrimônio entre patrício e plebeu.

Por outro lado, como salientamos no nº 86, A, discute-se se os libertos, desde os tempos primitivos, não podiam casar com ingênua, tendo Augusto abolido esse impedimento, embora o mantivesse com relação ao matrimônio entre libertos e pessoas pertencentes à ordem senatorial (senadores e seus descendentes agnatícios até o terceiro grau); ou se aquela incapacidade não existia até o tempo de Augusto, que a criou com referência apenas ao casamento entre libertos e pessoas da classe senatorial.

Demais, a legislação de Augusto estabeleceu impedimento matrimonial entre ingênuos (e, por consequência, senadores e seus descendentes agnatícios, até terceiro grau) e prostitutas, adúlteras, alcoviteiras e libertas que tivessem sido manumitidas por pessoa que exercesse a alcovitice.

É certo que se discute se o casamento contraído apesar da existência desses impedimentos era nulo, ou se apenas ineficaz para impedir as penas estabelecidas para o celibato (*vide* nº 335).

Tais condições, atenuadas sensivelmente por Justino e Justiniano, foram, afinal, abolidas por este.

IV –*Motivos de ordem prática ou política*

Disposições legais, no império, criaram alguns impedimentos ao matrimônio legítimo:

---

que entre elas não existia *conubium* (assim, por exemplo, com relação a parentesco, *vide* Gaio, *Institutas*, I, 59; e Ulpiano, *Liber singularis regularum*, V, 6).

Cap. XLIX · A FAMÍLIA NATURAL | **651**

a) segundo a Lei *Julia de adulteriis*, a mulher condenada por adultério não pode, no direito clássico, contrair outro casamento; no direito justinianeu, não pode casar apenas com seu cúmplice;

b) conforme *senatusconsulto* do tempo de Marco Aurélio, o tutor, seus descendentes ou ascendentes, com a pupila antes da prestação de contas, e de ela atingir 25 anos; regra que, no direito pós-clássico, se aplicou ao curador;[77]

c) de acordo com mandatos imperiais, o funcionário romano com mulher nascida ou domiciliada em sua província;[78]

d) a partir de uma constituição de Constantino,[79] não podiam consorciar-se raptor e raptada, tivesse ela consentido, ou não, no rapto;[80]

e) por motivos políticos, Valentiniano e Valente proibiram o matrimônio de provincianos com mulher bárbara, e de *gentilis* com provinciana, impedimento, porém, que não foi acolhido por Justiniano;

f) em virtude de constituições de imperadores cristãos, não era permitido o consórcio entre cristão e judeu; e

g) a partir dos imperadores cristãos, eram impedimentos de casamento o voto de castidade e as ordens superiores, não sendo, também, permitido, no direito justinianeu, o matrimônio de padrinho com afilhado.

* * *

Era possível, em certas hipóteses, obter-se a dispensa do impedimento.

Isso ocorria raramente durante a república, e sempre por meio de deliberação do povo ou do Senado. O mais antigo exemplo que se conhece emana do *senatusconsulto* que autorizou a liberta Ispala Fecênia a consorciar-se com um ingênuo.[81]

No império, as dispensas se tornam mais freqüentes, cabendo ao imperador fazer tais concessões.[82] Uma constituição do imperador Zenão, inserida no Código (V, 8, 2), proíbe a autorização de casamento entre irmãos, declarando nula, nesse caso, a dispensa conseguida sub-repticiamente.

---

77   Exceto, como observa Cuq (*Manuel des Institutions Juridique des Romains*, 2ª ed., p. 163), se o pai desse sua filha como noiva ao tutor ou curador, ou a destinasse a um deles, por testamento.

78   A propósito, *vide* Aldo Dell'Oro (*Il Divieto del Matrimonio fra funzionario romano e donna della Provincia*, in *Studi in Onore di Biondo Biondi*, II, pp. 525 a 540, Milano, 1965; e Volterra (*Sull' Unione Coniugale del Funzionario della Provincia*, in *Festschrift für Erwin Seidl*, pp. 169 a 178, Köln, s/data).

79   C. Th. IX, 24, 1.

80   Essa proibição foi confirmada por Justiniano na Nov. CXLIII.

81   Cf. Maynz, *Cours de Droit Romain*, III, 5ª ed., § 305, p. 12, Bruxelles-Paris, 1891.

82   *Vide*, por exemplo, D. XXIII, 2, 31; e C. V, 6, 7.

652 | DIREITO ROMANO – *José Carlos Moreira Alves*

289. Nulidade do casamento – Se o casamento for contraído sem que se preencham os requisitos para a sua validade, é ele nulo.[83]

Em Roma, o casamento nulo não produz, em regra, nenhum efeito.[84]

Não conheceram os romanos a distinção – existente em nosso direito – entre casamento nulo e anulável. Quando inválido o casamento, era radicalmente nulo, como, aliás, demonstram as próprias expressões latinas usadas nos textos: *non est matrimonium,*[85] *nuptiae consistere non possunt*[86] e *contrahi non potest.*[87]

A nulidade podia ser invocada a todo o tempo e por qualquer interessado.[88]

---

83 Cf. Gaio, *Institutas*, I, 64; Ulpiano, *Liber Singularis Regularum*, V, 7; e *Inst.*, I, 10, 12. Sobre a questão da nulidade do casamento no direito romano, há muita controvérsia. Gaudemet e Watson (cf. Volterra, *Iniustum Matrimonium, in Studi in Onore di Gaetano Scherillo*, II, p. 441, Milano, s/data) consideram que a expressão, encontrada nos textos, *iniustum matrimonium* não significa matrimônio inválido em oposição à expressão *iustum matrimonium* (que seria o casamento válido), mas designa apenas o casamento irregular, que, por isso mesmo, sofre sanções, como a de o filho dele nascido não ficar sujeito à *potestas* do pai. Já Volterra (ob. cit., pp. 441 a 470), em consonância com sua tese sobre a natureza jurídica do casamento romano, sustenta que, no direito clássico (quando o matrimônio era mero fato jurídico, e este ou existe ou não existe, não admitindo que se lhe ponha a questão da validade, que é posterior à da existência e que só se pode colocar em face de ato jurídico), o *iustum matrimonium* era o casamento existente, ao passo que o *iniustum matrimonium* era o casamento inexistente; a distinção entre o casamento válido e o casamento inválido só veio a surgir quando se alterou, no direito romano, a natureza jurídica do matrimônio, que passou a decorrer de um ato jurídico inicial. Robleda (*Matrimonio Inexistente o nulo en Derecho Romano, in Studi in Memoria di Guido Donatuti*, III, pp. 1.131 a 1.155, Milano, 1973) é de opinião de que, embora o casamento no direito romano sempre tenha resultado de um ato jurídico inicial, podia ser ele inexistente (nos casos de demência, simulação e coação, todos por ausência de vontade) ou nulo (nas hipóteses de falta de observância das formalidades para sua celebração, quando excepcionalmente exigidas; de ausência de *conubium*; e de celebração *contra mandata*). A nosso ver, *iustum matrimonum* era o casamento válido, ao passo que o *iniustum matrimonium* era o casamento nulo por falta de observância dos requisitos exigidos para que fosse ele *iustum* (*vide* nº 288). Não produzindo o casamento nulo, em regra, nenhum efeito, não há razão para construir-se, com base nos textos romanos, a distinção teórica entre casamento inexistente e casamento nulo.

84 Sobre se os romanos conheceram o *casamento* putativo (aquele, que embora nulo, é contraído de boa-fé, e, por isso, produz efeitos jurídicos), há entre os romanistas três correntes de opinião: *a*) os romanos não conheceram o *matrimonium putatiuum*; *b*) o germe dessa teoria já se encontra no direito romano, embora não tenha sido, em momento algum, formulada; e *c*) a existência do casamento putativo no direito romano pode ser induzida dos textos que aludem a casos de reconhecimento de efeitos de matrimônios nulos, contraídos de boa-fé por uma ou ambas as partes. A nosso ver, como procuramos demonstrar em *Os efeitos da boa-fé no casamento nulo, segundo o Direito Romano*, Rio de Janeiro, 1959 (republicado em meus *Estudos de Direito Romano*, p. 29 e segs., Brasília, 2009), têm razão os adeptos da segunda das citadas correntes.

85 D. XXIII, 2, 66.

86 D. XXIII, 2, 53.

87 Paulo, *Sententiarum ad filium libri*, II, 19, 6.

88 Os vícios da vontade – o erro, o dolo e a coação – acarretariam, em Roma, a nulidade do matrimônio? O consentimento devia ser sério, tanto assim que o casamento simulado era nulo: *simulatae nuptiae nullius momenti sunt* (D. XXIII, 2, 30). As fontes, entretanto, são omissas quanto

Cap. XLIX · A FAMÍLIA NATURAL | **653**

Quando, apesar da existência do impedimento, se contraía o matrimônio, além de ele ser nulo, cominavam-se, em alguns casos, penas aos nubentes.

As uniões de parentes ou afins em grau impeditivo de casamento se denominavam *nuptiae incestae uel nefariae*, constituindo incestos. Duas eram as espécies de incesto: o *incestum iure gentium* (incesto segundo o *ius gentium*), no caso de casamento entre parentes ou afins na linha reta; e o *incestum iure ciuili* (incesto segundo o *ius ciuile*), se se tratasse de matrimônio entre parentes ou afins na linha colateral. No primeiro, tanto o homem quanto a mulher eram punidos; no segundo, apenas o homem era castigado.[89] As penas eram pessoais (a princípio, a deportação; no tempo de Justiniano, a morte) e patrimoniais (assim, por exemplo, o dote e qualquer doação entre os nubentes, feita antes do consórcio, eram confiscados).

Violada a interdição de casamento entre tutor e antiga pupila, e curador e curatelada menor de 25 anos, perdia o homem o direito de receber da mulher qualquer coisa em testamento, não sendo, no entanto, verdadeira a recíproca.[90] Demais, eram considerados infames – e talvez punidos corporalmente – o tutor, ou curador, ou filho de um deles, se fosse quem contraíra o casamento.

Se o funcionário romano casasse com mulher oriunda de sua província, ou ali domiciliada, seriam nulas as liberalidades testamentárias que lhe fossem feitas por ela, sendo válidas em caso inverso.[91]

Justiniano – revogando a decisão de Valentiniano, Valente e Graciano de que, no fim de cinco anos, a união do raptor com a raptada era inatacável – puniu o rapto com a pena de morte.[92]

---

aos efeitos do erro e do dolo sobre a validade do consórcio. O que há a respeito, portanto, é mera conjectura, variando, geralmente, conforme a concepção dos autores acerca da natureza jurídica do matrimônio. Quanto à coação, a matéria é muito controvertida. Vários romanistas – entre os quais se destaca Bonfante (*Corso di Diritto Romano*, I – *Diritto di Famiglia* – reimpressão, p. 269 e segs., Milano, 1963) – entendem que o casamento contraído sob coação é nulo, sendo, todavia, irrelevante o temor reverencial, a que aludiria o D. XXIII, 2, 22. Outros juristas (assim, Sanfilippo, *Il Metus nei Negozi Giuridici*, pp. 65 a 74, Padova, 1934) julgam que tal exceção existia no direito clássico, mas não no período justinianeu; há, ainda, os que pensam que, nesse particular, sucedia o inverso – o casamento *cogente patre* era nulo no direito clássico, e válido na época pós-clássica (assim, Schulz e Lübtow, cf. Orestano, *La Struttura Giuridica del Matrimonio Romano dal diritto classico al diritto giustinianeo*, I, p. 219, nota 576, Milano, 1951). Mas, contrários a essas teorias, existem autores de renome, como Carlo Longo (*Corso di Diritto Romano – Diritto di Famiglia*, p. 162 e segs., Milano, 1946) e Orestano (ob. cit., I, nº 73, p. 220 segs.), para os quais o matrimônio, apesar da coação, era sempre válido. A nosso ver, têm razão Carlo Longo e Orestano (cf. nosso trabalho *Os efeitos da boa-fé no casamento nulo, segundo o Direito Romano*, p. 19, Rio de Janeiro, 1959, republicado em meus *Estudos de Direito Romano*, p. 54/55, Brasília, 2009).

89 D. XLVIII, 3, 38, 2.

90 D. XXIII, 2, 63.

91 D. XXIII, 2, 63.

92 *Inst.*, IV, 18, 8; e Nov. CXLIII e CL.

DIREITO ROMANO – *José Carlos Moreira Alves*

Valentiniano II, Teodósio I e Arcárdio infligiram as penas do adultério à união entre cristão e judeu.[93]

Eram atingidos pela infâmia o homem ou a mulher *sui iuris* que contraíssem segundas núpcias antes da dissolução das primeiras, ou o *pater familias* que consentisse no matrimônio de filho casado. No direito justinianeu, a bigamia acarreta a pena de morte.[94]

Por outro lado, embora a nulidade seja, em regra, insanável, o casamento nulo pode, no direito romano, por vezes convalescer.

Assim, a união de uma pessoa impúbere se transforma em matrimônio legítimo no momento em que, persistindo ainda a vida em comum, ela atinge a puberdade.[95] Com a morte do pai, ou consentindo ele posteriormente no enlace, o mesmo sucede com o consórcio contraído sem o seu assentimento.[96] A ligação do magistrado com mulher de sua província, ou ali domiciliada, passa a matrimônio válido quando aquele deixa o cargo.[97] O senador e a liberta, que vivem em comum, se consideram casados no instante em que ele perde a dignidade senatorial; o que ocorre, também, com relação ao filho adotivo do tutor e à pupila, quando o primeiro é emancipado. Com a libertação do escravo e da escrava, cessa o contubérnio e surge o matrimônio.

É provável que o casamento nulo convalescesse, também, com a obtenção da dispensa do impedimento que lhe acarretara a nulidade.[98]

A validação não tem efeito retroativo. O matrimônio somente existe no momento em que cessa o impedimento. Os filhos havidos até então são considerados ilegítimos.[99]

É de ressaltar-se, enfim, como vimos atrás, que Valentiniano, Valente e Graciano[100] estabeleceram que o casamento entre raptor e raptada seria inatacável depois de decorridos cinco anos. Justiniano[101] revogou esse dispositivo.

---

93 C. 1, 9, 6.

94 *Paraphasis Institutionum*, I, 10, 6 e 7. Sobre a história da bigamia como crime, *vide* Volterra, *Perla Storia del Reato di bigamia in Diritto Romano, in Studi in Memoria di Umberto Ratti*, pp. 389 a 447, Milano, 1934. Sustenta ele, ao contrário da doutrina que entende que foi Diocleciano que transformou a bigamia em crime autônomo, que isso só ocorreu posteriormente, quando o casamento romano passa a fundar-se na vontade inicial dos cônjuges, pois, antes, o matrimônio posterior não podia coexistir com o anterior, mas o dissolvia.

95 D. XXIII, 2 e 4.

96 D. I, 5, II; e D. XLVIII, 5, 13, 6.

97 D. XXIII, 2, 65, 1.

98 Mackeldey, *Manuel de Droit Romain*, trad. Beving, 3ª ed., nº 547, p. 255, Bruxelles, 1846; e Maynz, *Cours de Droit Romain*, III, 5ª ed., nº 323, p. 77, Bruxelles-Paris, 1891.

99 Argumento extraído do D. XXIII, 2, 65, 1, *in fine*.

100 C. Th. IX, 24, 3.

101 *Inst.*, IV, 18, 8.

Cap. XLIX · A FAMÍLIA NATURAL | 655

290. A formação do casamento – Juridicamente, para que se forme o casamento romano, basta o preenchimento dos requisitos aludidos no nº 288.

Por outro lado, ao contrário do que ocorre atualmente, no direito romano, até o período pós-clássico, não eram requeridas quaisquer formalidades para que os nubentes manifestassem seu consentimento inicial.[102-103-104-105]

No direito pós-clássico, entretanto, uma constituição imperial de Teodósio II e Valentiniano I, de 428 d.C.,[106] atesta que, nessa época, se exigiam formalidades para a celebração do matrimônio, pois somente nos consórcios entre pessoas da mesma categoria social é que bastava o simples consentimento dos nubentes, testemunhado por amigos do casal, para que se formasse o casamento. Posteriormente, em 458 d.C., o imperador Maioriano[107] – como o demonstrou Brandileone[108] – determinou que era necessária à formação do matrimônio a elaboração de um instrumento dotal, toda vez que o homem, a pedido da mulher, lhe tivesse feito uma *sponsalicia largitas* (liberalidade esponsalícia). Demais, constituições de Zenão (de 477 d.C.), de Anastácio (de 517 d.C.) e de Justiniano (de 529 e 530 d.C.)[109] tornaram necessária a existência do instrumento dotal para a conversão de um concubinato em casamento. Justino fez igual exigência para o matrimônio com decaída que se regenerou.[110] Já Justiniano, na Novela LXXIV, cap. 4, estabeleceu, para o consórcio dos membros da classe dos *ilustres* ou dos de classe superior, que o consentimento dos nubentes deveria manifestar-se no instrumento dotal; se se tratasse de pessoas da classe dos *honestiores*, em tal documento ou num certificado subscrito por testemunhas e firmado pelo *defensor ecclesiae*. E na Novela CXVII, 4, ratificou os casamentos dos grandes dignitários do Estado, aí compreendidos os *ilustres*, contraídos sem a observância daquela formalidade, se tais consórcios tivessem sido celebrados antes que os nubentes pertencessem à citada classe social.

---

102 As solenidades – como a *dextrarum iunctio*, a tomada de auspícios, a *deductio uxoris in domum mariti* –, que se realizavam quando da celebração do casamento, não eram necessárias à sua validade. Igualmente, as prescrições da Lei *Aelia Sentia* a que alude Gaio (*Institutas*, I, 29), ou as da Lei *Iunia* a que se refere Ulpiano (*Liber singularis regularum*, III, 3) – em ambos os casos exigem-se testemunhas para a obtenção da cidadania, e não para que o matrimônio seja válido.

103 Salienta Perozzi, *Instituzioni di Diritto Romano*, I, p. 324, nota, 2ª ed., *reintegrazione*, 1949, que é fantástica a tese de Kniep de que tenha existido matrimônio realizado *censu*.

104 Observa Orestano (*Sul matrimonio presunto in Diritto Romano, in Atti del Congresso Internazionale di Diritto Romano e di Storia del Diritto – Verona* 27 – 28 – 29 – IX – 1948, vol III, p. 50 Milano, 1951) que, se fosse necessária uma forma *adsubstantiam* para a criação da relação matrimonial, não se explicaria a presunção de casamento que é atestada por Modestino, no D. 23, 2, 24.

105 Sobre a irrelevância da consumação no casamento, *vide* Danilo Dalla, *L'incapacità Sessuale in Diritto Romano*, p. 234 e segs., Milano, 1978.

106 C. Th. III, 7, 3; e C. V, 4, 22.

107 Nov. Maioriani, VI, 9.

108 A propósito, *vide* Orestano, ob. cit., I, p. 468 e segs.

109 C. V, 27, 5; C. V, 27, 6; C. V, 27, 10; e C. V, 27, 11.

110 C. V, 4, 23, 1 *a*.

DIREITO ROMANO – *José Carlos Moreira Alves*

Nessas hipóteses, as formalidades acima referidas eram essenciais à validade do casamento, e, se não observadas, o matrimônio era nulo.

291. Relações pessoais entre os cônjuges – No direito romano pré-clássico, as relações pessoais entre marido e mulher eram reguladas, apenas, pela moral.

A pouco e pouco, no entanto, a lei, os costumes e o pretor vão atribuindo ao casamento efeitos pessoais entre os cônjuges; e, graças à atividade dos jurisconsultos, define-se a posição da mulher. Surge, desde então – como observa Cuq[111] –, uma espécie de poder marital.[112]

Segundo a Lei *Pompeia de parricidiis*, o assassínio de um dos cônjuges pelo outro é considerado *parricidium* (parricídio).[113] Não se admite, no direito clássico, que, na constância do casamento, seja intentada *actio furti* (ação de furto)[114] entre eles. A ambos se dispensa de prestar testemunho contra o outro. É lícito à esposa reivindicar a liberdade do marido, ainda que ele pretenda passar por escravo.

Com base na legislação de Augusto, fixam-se princípios que deixam entrever a tendência – contrária ao que até então ocorria – de se atribuírem aos cônjuges iguais direitos e deveres recíprocos. Assim, a mulher, ao casar com um senador, se eleva à posição do marido e adquire o título de *clarissima*.[115] Qualquer que seja sua *origo* (domicílio de origem), a esposa passa a ter o domicílio do esposo,[116] a quem, aliás, incumbe protegê-la e mantê-la. Dispõe o marido da *actio iniuriarum* contra os que lhe ofendam a mulher;[117] e a representa, em juízo, como mandatário presumido. A esposa deve respeito ao esposo, e ambos estão obrigados à fidelidade, embora esse dever seja sancionado diferentemente conforme a violação parta dela ou dele.[118]

Em época posterior a Adriano, pode o marido (cujo casamento não foi seguido da *conuentio in manum*) retomar sua mulher com o uso dos interditos de *uxore exhibenda* e de *uxore ducenda*, de quem a detenha contra a vontade dela.

No direito justinianeu, se um dos cônjuges pratica um crime contra o outro, seu estado é circunstância agravante da pena.[119] Firma-se, nesse período, a regra geral de que eles, embora possam acusar-se criminalmente, não podem propor,[120] um contra o outro, ação penal (por delito privado) ou infamante.

---

111 *Manuel des Institutiones Juridiques des Romains*, 2ª ed., p. 167.

112 E isso – tendo em vista que estamos tratando da família natural – independentemente da manus.

113 D. XLVIII, 9, 1.

114 D. XXV, 2, 1; D. XLVII, 2, 36, 1; e D. XLVII, 2, 52, pr. e 4.

115 D. I, 9, 1, 1; e C. V, 4, 10. No direito pós-clássico, a regra segundo a qual a mulher se eleva, com o casamento, à posição do marido se generaliza (C. XII, 1, 13).

116 D. V, 1, 65; e C. XII, 1, 13.

117 D. XLVII, 10, 1, 3.

118 A propósito, *vide* Carlo Longo, *Corso di Diritto Romano – Diritto di Famiglia*, p. 178 e segs., Milano, 1946.

119 D. XLVIII, 19, 28, 8.

120 Cf. C. 5, 21, 2, interpolado na parte final.

292. Relações patrimoniais entre os cônjuges – o dote – Quanto às relações patrimoniais entre os cônjuges, há que estudar:

a) o regime de bens no casamento;

b) as doações nupciais (*donatio ante nuptias* e, no direito justinianeu, *donatio propter nuptias*);

c) as doações entre cônjuges; e

d) a *intercessio pro marito*.

Analisemos esses itens separadamente.

A) *O regime de bens no casamento*

Em direito romano, quando ao casamento não se segue a *conuentio in manum*, os patrimônios do marido e da mulher são distintos. Há integral independência econômica entre os cônjuges: os romanos jamais conheceram o sistema da autorização marital para que a mulher pudesse praticar atos de conteúdo econômico.[121]

Mas esse regime de separação absoluta de bens foi, desde cedo, amenizado pela instituição do dote, que, embora não tendo surgido para ser utilizado quando o casamento não era seguido da *conuentio in manum*,[122] é, neste, como observa Girard,[123] imitação voluntária e parcial das consequências normais do matrimônio em que, seguindo-se a *conuentio in manum*, os bens da mulher *sui iuris* passam a integrar o patrimônio da família do marido.

Portanto, desde épocas remotas o regime de bens adotado, principalmente no casamento a que não se seguia a *conuentio in manum*, foi o *dotal*,[124] em que a mulher (se *sui iuris*), seu *pater familias* (se ela for *alieni iuris*) ou um terceiro (seja ela *sui iuris*, seja *alieni iuris*) transfere ao marido (ou, se *alieni iuris*, a seu *pater familias*) bens – o dote (*dos* ou *res uxoriae*) – para ajudá-lo na sustentação dos ônus decorrentes do matrimônio (*ad sustinenda onera matrimonii*). Os demais bens da mulher, que não integram o dote e que continuam a pertencer-lhe, são denominados, nos textos, *bona extra dotem, bona praeter dotem*, ou *bona parapherna* (bens parafernais),[125] e, em geral, são administrados

---

121 Discute-se se, no direito romano, se concedeu aos cônjuges direito recíproco a alimentos. No direito clássico – segundo tudo indica (*vide* Carlo Longo, ob. cit., p. 187) – impõe-se a negativa; quanto ao direito justinianeu, entende Bonfante (mas a matéria é controvertida) que a mulher tem direito a alimentos, mas o marido não.

122 O dote – apesar da tese contrária de Bechmann (*Das römischen Dotalrecht*, I, p. 39, Erlangen, 1863) – existia, sem dúvida, mesmo no casamento seguido da *conuentio in manum*, quer a mulher fosse *sui iuris*, quer fosse *alieni iuris*.

123 *Manuel Élémentaire de Droit Romain*, 8ª ed., p. 182.

124 Sobre o dote, *vide*, entre outros, Bechmann, *Das römische Dotalrecht*, 2 vols., Erlangen, 1863/1867; Czyhlarz, *Das römische Dotalrecht*, Giessen, 1870; Gradenwitz, *Zu Natur der "dos" in Mélanges Gerardin*, p. 281 e segs., Paris, 1907; Gide, *Du caractère de la dot en Droit Romain*, in *Étude sur la condition privée de la femme*, 2ª ed., p. 499 e segs., Paris, 1885; Pellat, *Textes sur la dot traduits et commentés*, Paris, 1953; Londres da Nóbrega, *A restituição do dote no Direito Romano*, Rio de Janeiro, 1955 (com ampla bibliografia sobre o dote em geral).

125 *Vide*, a propósito, *Fragmenta quae dicuntur Vaticana*, 254; D. XXXIX, 5, 31; D. XXIII, 3, 9, 3; e C. V, 14, 8.

pelo marido (ou, se *alieni iuris*, pelo seu *pater familias*), que age, com relação a eles, como mandatário da mulher, devendo restituir-lhos quando da dissolução do casamento.

Segundo Ulpiano,[126] distinguem-se três espécies de dote:

a) dote profectício (*dos profecticia*): o que é constituído pelo *pater familias* da mulher (*dos a patre profecta* – dote vindo do pai);

b) dote adventício (*dos aduenticia*): o que provém da própria mulher, ou de outra pessoa que não seu *pater familias* (assim por exemplo, de sua mãe, de um irmão, ou de estranho à sua família); e

c) dote receptício (*dos receptícia*): que é um dote adventício com relação ao qual quem o constitui estabelece que, quando o casamento se dissolver, o marido está obrigado a devolver-lhe os bens dotais.

No direito justinianeu, tendo-se transformado em obrigação o antigo dever moral de certos parentes próximos da mulher[127] de constituir-lhe dote, os textos aludem à dos *necessaria* (dote necessário).

Por outro lado, pode ser objeto de dote qualquer elemento patrimonial. Assim, o direito de propriedade; a nua propriedade; a posse de boa-fé; os direitos reais limitados (como o usufruto), que não os de garantia; o direito de crédito contra a pessoa que constitui o dote, ou contra terceiro; a extinção de direito real limitado (assim, o usufruto, a servidão predial) sobre imóvel do marido (ou, se *alieni iuris*, de seu *pater familias*); e a remissão de dívida do esposo (ou, se for o caso, de seu *pater familias*). Não podiam, no entanto, ser objeto de dote os direitos de garantia (a fiança, o penhor, a hipoteca), por não serem, em si mesmos, elementos patrimoniais, mas, sim, meios de defesa destes.

Em face dos diferentes direitos que podem ser objeto de dote, sua constituição varia conforme a natureza do direito a ser transmitido ao marido (ou, se *alieni iuris*, ao *pater familias*). Ulpiano[128] acentua que o dote pode constituir-se mediante:

a) a *dotis datio*;

b) a *dotis dictio*; e

c) a *dotis promissio*.

Pela *dotis datio*, há a constituição real do dote, isto é, segundo a opinião dominante,[129] a transmissão efetiva ao marido (ou, se *alieni iuris*, a seu *pater familias*) dos elementos patrimoniais que são seu objeto (direito de propriedade, nua propriedade, posse de boa-fé, direitos reais limitados, créditos, remissão de dívida, extinção de direitos reais limitados). Mas – note-se – a constituição real do dote se realiza com os meios normais pelos quais se transmitem os elementos patrimoniais que o integram; assim, por exemplo, se se quiser transmitir, a título de dote, o direito de propriedade sobre uma *res mancipi*, é preciso – se

---

126 *Liber singularis regularum*, VI, 3 e 4.

127 A esse respeito, *vide* Bonfante, *Corso di Diritto Romano*, I, *ristampa*, p. 405 e segs., Milano, 1963.

128 *Liber singularis regularum*, VI, 1 e 2.

129 Cf. Bonfante, ob. cit., p. 417.

Cap. XLIX · A FAMÍLIA NATURAL | **659**

o ato ocorrer no direito clássico – que se lance mão da *mancipatio* ou da *in iure cessio*, que são os modos pelos quais, normalmente, se transfere o direito de propriedade sobre as *res mancipi*; já para a remissão de dívida, a título de dote, é mister que se proceda à *acceptilatio* (*vide* nº 221, II, *a*).

Mediante a *dotis dictio* e a *dotis promissio*, há somente a constituição obrigatória do dote (ou seja, quem vai dotar se obriga a transferir, posteriormente, os elementos patrimoniais objeto do dote ao marido, ou, se for o caso, a seu *pater familias*). Ambas – a *dotis dictio* e a *dotis promissio* – são promessas verbais; pela *dotis dictio* (*vide* nº 236), apenas a mulher, seu pai ou avô paterno, ou, então, um devedor deles por sua ordem, se obriga, em termos sacramentais, a transferir os elementos patrimoniais objeto do dote;[130] pela *dotis promissio*, qualquer pessoa assume tal obrigação, por meio de uma *stipulatio* (*vide* nº 235). A partir, porém, do tempo de Teodósio II,[131] a constituição obrigatória do dote passou a realizar-se, não mais pela *dotis dictio* ou pela *dotis promissio*, mas por uma simples convenção (a *pollicitatio dotis*),[132] desprovida de formalidades, entre quem vai dotar e o futuro marido (ou, se *alieni iuris*, seu *pater familias*). Além disso, no direito pós-clássico, surge a prática de se redigirem instrumentos dotais (isto é, documentos escritos de constituição de dote), os quais – como já salientamos (nº 290) – são, em certas hipóteses, requisitos para a validade do casamento.

Por outro lado, ao se constituir o dote, pode-se estabelecer para ele um valor venal, que, quando da dissolução do casamento, será restituído – nesse caso, diz-se que há *dotis aestimatio uenditionis causa* (avaliação do dote para venda), pois, para os romanos, aí ocorre como uma venda dos bens dotais, constituindo-se em dote seu preço.[133] Ou, então, pode dar-se a *dotis aestimatio taxationis causa* (a avaliação do dote para fixação do valor), hipótese em que se avaliam os bens dotais não para que se constitua em dote o preço deles, mas para que se estabeleça, previamente, a indenização que o marido pagará, quando da restituição do dote, pelos bens dotais perecidos ou deteriorados.[134]

Segundo a teoria amplamente dominante.[135] sempre coube, no direito romano, ao marido (ou, se *alieni iuris*, a seu *pater familias*) a propriedade do dote.

No direito pré-clássico, o esposo, como proprietário dos bens dotais, podia, durante o casamento, utilizar-se deles como bem lhe aprouvesse; e, ao dissolver-se o matrimônio

---

130 Apesar da opinião em contrário de Maynz (*Cours de Droit Romain*, III, 5ª ed., p. 24, nota 13, Bruxelles-Paris, 1891) – que, no particular, segue Bechmann –, a maioria dos romanistas entende que a *dotis dictio* pode ocorrer mesmo depois de contraído o casamento.

131 C. Th. III, 13, 4; C. V, 11, 6.

132 Note-se que *pollicitatio*, nessa expressão, não está empregada em sentido técnico, como promessa unilateral (*vide* nº 272).

133 Podia pactuar-se, no entanto, a restituição, não do preço, mas de coisa da mesma espécie (D. XXIII, 3, 18; e D. XXIV, 3, 66, 3), ou, então, dar-se ao marido uma alternativa: devolver a coisa, ou seu preço (D. XXIII, 3, 10, 6; e D. XXIII, 3, 11).

134 D. XXIII, 3, 69, 7; e C. V, 12, 21.

135 Sobre a controvérsia a respeito dessa matéria, *vide* Bonfante, ob. cit., p. 443.

660 | DIREITO ROMANO – *José Carlos Moreira Alves*

(quer por divórcio, quer pela morte da mulher), continuava ele a ser proprietário do dote, já que não estava obrigado a restituí-lo, exceto se se tratasse de *dos recepticia* (dote receptício). Mas, no fim desse período, em virtude do aumento do número de divórcios, surgiu o seguinte problema: ocorrido o divórcio, o dote não era devolvido à mulher, que, assim, além de, muitas vezes, ficar sem meios de subsistência, não podia valer-se daqueles bens dotais para constituir novo dote, na hipótese de tornar a casar-se. Para que se evitassem esses inconvenientes, passou-se, ao se constituir o dote, a exigir do marido que, mediante *stipulatio* (a *cautio* ou *stipulatio rei uxoriae*), se obrigasse a restituir o dote quando o matrimônio se dissolvesse.[136] Nessa *stipulatio*, fixavam-se as condições de devolução: a hipótese em que ocorreria (se, somente, em caso de divórcio, ou se, também, de morte); o prazo em que se verificaria; a pessoa em favor de quem ela se daria. Assim, dissolvido o casamento, se o marido se negasse a devolver o dote, essa obrigação era sancionada pela *actio ex stipulatu* (ação decorrente da *stipulatio*).

No direito clássico, para atender às hipóteses em que, por imprevisão, não se havia celebrado a *cautio* ou *stipulatio rei uxoriae*,[137] surgiu – e sua origem é muito controvertida[138] – a *actio rei uxoriae*,[139] que permitia à mulher (ou, se *alieni iuris*, a seu *pater familias*, com o consentimento expresso ou tácito dela) exigir do marido, a título de pena, a restituição de parte – que era fixada pelo juiz popular – dos bens dotais, se a dissolução do casamento resultasse de divórcio. Já nos fins da república, a mulher (ou, se *alieni iuris*, seu *pater familias*, com o consentimento expresso ou tácito dela), pela mesma ação, podia pedir a devolução de parte do dote, ainda que o casamento se tivesse dissolvido por morte do marido.[140] Apesar da existência da *actio rei uxoriae* – e discute-se se ela, no direito clássico, era ação de boa-fé (*iudicium bonae fidei*) ou ação *in bonum et aequum concepta* –, persistiu a *actio ex stipulatu* (se, obviamente, tivesse sido celebrada a *cautio* ou *stipulatio rei uxoriae*), por apresentar, sobre aquela, as seguintes vantagens: a *actio ex stipulatu* é a ação de direito estrito (*vide* nº 131, C), e, consequentemente, a restituição

---

136 *Vide*, a propósito, Aulo Gélio, *Noctes Aticac*, IV, 3.

137 Com a evolução dos contratos inominados (*vide* nos 246 e segs.), ainda no principado (C. V, 12, 6) quando, ao se constituir o dote, se estabelecesse, mediante simples *pactum*, a restituição dele no caso de dissolução do casamento, a obrigação do marido de devolvê-lo era sancionada pela *actio praescriptis verbis*; no direito justinianeu, essa hipótese é enquadrada entre os contratos inominados do tipo *dout des*.

138 A propósito, *vide* Bonfante, ob. cit., p. 464 e segs.

139 Sobre essa *actio*, *vide* Max Kaser *Die Rechtsgrundlage der "actio rei uxorial" in Ausgewählte Schriften*, I, pp. 345 a 387, Camerino, 1976.

140 Cf. Girard, *Manuel Élémentaire de Droit Romain*, 8ª ed., p. 1.012 e segs. Por outro lado, se o marido deixasse em seu testamento um legado em favor da mulher, tendo como objeto o dote (*legatum dotis*), ela devia, em virtude do *edictum de alterutro*, optar pelo recebimento do legado, ou pela restituição do dote. Demais, note-se que, se o casamento se dissolvesse por morte da mulher, se se tratasse de dote profectício, e se o pai que a constituíra estivesse vivo, este poderia, pela *actio rei uxoriae*, obter a restituição do dote. Não, porém, se se tratasse de dote adventício, ou de dote profectício, cuja pessoa que o constituíra já tivesse falecido antes da mulher – nessas hipóteses, o marido continuava proprietário dos bens dotais.

Cap. XLIX · A FAMÍLIA NATURAL | **661**

do dote deve fazer-se nos termos exatos da *cautio* ou *stipulatio rei uxoriae*, sem maiores delongas, e sem a possibilidade – salvo se se estabelecera o contrário – de o marido reter parte dos bens dotais; já a *actio rei uxoriae* – fosse ação de boa-fé (como entende a doutrina dominante), fosse ação *in bonum et aequum concepta* (*vide* nº 131, C) – não compelia o marido a devolver, sempre de imediato, os bens dotais (a restituição das coisas fungíveis podem realizar-se em três parcelas anuais; as infungíveis é que devem ser devolvidas de pronto),[141] e, além disso, nela o juiz popular não ordenava a devolução de todos os bens dotais, mas apenas daqueles que julgasse ser equitativo restituir, prática que fez surgir a figura das *retentiones*, que eram as retenções, relativas a bens dotais, a que tinha direito o marido: assim, a *retentio propter res donatas* (retenção de bens dotais correspondentes às coisas por ele doadas à mulher), a *retentio propter res amotas* (retenção para fazer face às coisas subtraídas dele por sua mulher), a *retentio propter impensas* (retenção pelas despesas necessárias ou úteis – estas, se com o consentimento da mulher – realizadas em benefício dos bens dotais), a *retentio propter liberos* (retenção em favor dos filhos, na razão de 1/6 dos bens dotais por filho, não podendo exceder, qualquer que seja o número de filhos, a metade do dote) e a *retentio propter mores* (retenção de 1/6 dos bens dotais, se a mulher cometera adultério; 1/8 na hipótese de faltas mais leves).[142] Demais, na *actio rei uxoriae*, o marido gozava do *beneficium competentiae*, não podendo, portanto, ser condenado além da medida de suas possibilidades de pagar (*in quantum facere potest*).

Em virtude dessas duas ações, modificou-se a situação do marido com referência aos bens dotais. Apesar de continuar a ser considerado proprietário do dote, estava obrigado, quando da dissolução do casamento, a restituí-lo total ou parcialmente. Por isso, a partir de Augusto, e para se protegerem os bens dotais – que constituíam um patrimônio que poderia reverter à mulher ou a seu *pater familias* –, criaram-se restrições à livre administração deles pelo marido. Assim, a *Lex Iulia de adulteriis* (18 a.C.)[143] proibiu-lhe alienar os imóveis dotais localizados na Itália, a menos que houvesse o consentimento da mulher.

No direito justinianeu, além de ser possível regular-se, por meio de *pacta de reddenda dote*, a restituição do dote de modo diferente do estabelecido na lei,[144] aumentam consideravelmente essas limitações à ação do marido sobre os bens dotais. Com efeito, Justiniano estabelece que o esposo não pode hipotecar os imóveis dotais ainda que obtenha o consentimento da mulher; estende a proibição da alienação dos imóveis dotais aos situados nas províncias (salientando, porém, que elas seriam válidas se a mulher as autorizasse); e constitui em favor da esposa, a título de garantia da restituição do dote,

---

141 Quanto à controvérsia sobre a restituição dos frutos dos bens dotais, *vide* Londres da Nóbrega, *A restituição do dote no Direito Romano*, pp. 195 e segs., Rio de Janeiro, 1955.

142 Isso, se o marido não preferisse intentar o *iudicium de moribus* (a cujo respeito há muita controvérsia), que podia acarretar a perda total do dote para a mulher.

143 Gaio, *Institutas*, II, 63; Paulo, *Sententiarum ad filium libri*, II, 21 *b*, 2; e *Inst.*, II, 8, pr.

144 Sobre os pactos dotais, *vide* Burdese, *In tema di convenzioni dotali*, in *Bulletino dell'Istituto di Diritto Romano*, LXII (1959), p. 157 e segs.

662 | DIREITO ROMANO – José Carlos Moreira Alves

hipoteca tácita privilegiada sobre todos os bens do marido.[145] Além disso, dispõe Justiniano que o marido é responsável pela deterioração dos bens dotais ocorrida em virtude de *culpa leuis in concreto*.

Por outro lado, é abolida, no direito justinianeu, a *actio rei uxoriae*, e concedida, em qualquer hipótese de dissolução do casamento, à mulher ou a seus herdeiros uma ação que os textos ora denominam *actio ex stipulatu* (pois, segundo Justiniano, ainda que não tivesse havido a celebração da *cautio rei uxoriae*, esta se presumiria ou seria tácita), ou *actio dotis*, ora, finalmente, *actio de dote*.[146] Em tal ação – que era de boa-fé –, Justiniano fundiu as normas que, no direito clássico, se aplicavam à *actio ex stipulatu* e à *actio uxoriae*, daí resultando que:

a) a *actio ex stipulatu* (ou *dotis* ou *de dote*) é concedida em qualquer hipótese de dissolução do casamento;

b) não tem ela o caráter personalíssimo da antiga *actio rei uxoriae*, sendo, portanto, transmissível aos herdeiros da mulher;

c) o marido, quando a mulher (ou seus herdeiros) lhe move essa *actio*, não tem mais direito às *retentiones*;

d) quanto ao momento da restituição, está o marido obrigado a devolver, imediatamente, os imóveis, mas dispõe do prazo de um ano para restituir as coisas móveis; e

e) goza o marido sempre do *beneficium competentiae* (*vide* nº 204).

B) *Doações nupciais*[147]

Era usual, em Roma, desde os tempos mais remotos, que o noivo, por ocasião dos esponsais, doasse à noiva bens, em geral, de pequeno valor. Essa prática, que, durante séculos, não teve expressão econômica, era regida pelos princípios comuns às doações.

Nos séculos III e IV d.C., porém, por influência dos costumes das regiões orientais do império, elas passaram a ser vultosas. Em face disso, era comum que o noivo doasse bens à noiva com a condição de que o casamento se realizasse; não se celebrando o matrimônio, ele podia recuperá-los. Às vezes, no entanto, não se estabelecia essa condição, ou porque o noivo declarava que a doação se fazia por mera liberalidade, ou porque ele nada dizia – em ambas as hipóteses, os bens se transmitiam definitivamente ao patrimônio da noiva (ou, se *alieni iuris*, de seu *pater familias*), ainda que não se contraíssem núpcias.

---

145 Em 530 d.C. (C. V, 13, 1, 1, *b*), estabeleceu Justiniano que a hipoteca legal da mulher sobre os bens do marido deveria ser considerada como existente desde o dia do casamento, donde resultou que a mulher passou a ter preferência sobre os credores hipotecários do marido, cujas hipotecas se tivessem constituído durante a constância do matrimônio. Em seguida, em 531 d.C. (C. VIII, 17, 12), Justiniano aumentou a proteção aos bens dotais, ao dispor que se constituía em favor da mulher hipoteca legal privilegiada sobre os bens do marido; em face disso, ela passou a ter preferência até sobre os credores hipotecários do esposo, cujas hipotecas eram anteriores ao casamento.

146 C. V, 13, 1.

147 *Vide*, entre outros, Brandileone, *Sulla Storia e la natura della donatio propter nuptias*, Bologna, 1892.

Demais, celebrando-se o casamento, a mulher, por via de regra, entregava ao marido, a título de dote, os bens doados juntamente com outros, regulando-se ambos, quanto à restituição em caso de dissolução do matrimônio, pelas normas do dote.

De qualquer forma, esses usos não bastavam. Era mister que se legislasse sobre o destino de tais doações – então denominadas *sponsalitiae largitates* ou *donationes ante nuptias* –, quer na hipótese da não celebração do matrimônio, quer na de sua dissolução.

Constantino,[148] em 319 d.C., deu o primeiro passo nesse sentido, ao estabelecer que as doações nupciais se faziam sob condição tácita de que o casamento se realizaria; se a condição não se verificasse, era preciso distinguir:

a) se isso ocorrera porque o noivo não quisera contrair o matrimônio, não podia ele recuperar os bens doados; ou

b) se o casamento não se efetuara por causa da noiva ou de seu *pater familias*, ou, então, da morte de um dos noivos, o noivo (ou seus herdeiros – estes limitados ao pai, à mãe e aos filhos de matrimônio precedente) podia reavê-los.

Posteriormente, em 336 d.C., ainda Constantino[149] reduziu o direito dos herdeiros do noivo à metade, se, nos esponsais, tivesse havido o beijo esponsalício (*osculo inte-rueniente*); em contrapartida, estendeu o direito de recuperar os bens doados a todos os herdeiros do noivo, qualquer que fosse o grau de parentesco.

Em 368 d.C., constituição de Valentiniano, Valente e Graciano[150] determinou que, se a mulher morresse antes do marido, as doações nupciais reverteriam a ele.

Alguns anos depois, em 382 d.C., Teodósio I[151] estabeleceu – e nisso se percebe a tendência em se considerar que a *donatio ante nuptias* se destinava aos filhos – que, se a viúva contraísse novas núpcias, passaria a ter sobre os bens doados apenas o direito de usufruto, ficando os filhos do primeiro leito – ou aquele deles que ela escolhesse – com a nua propriedade. Em 458 d.C., Maioriano[152] aboliu o direito da viúva de escolher o filho que ficaria com a nua propriedade dos bens doados. Alguns anos depois, em 463 d.C., Leão e Líbio Severo[153] reconheceram à viúva, mesmo que não contraísse segundas núpcias, apenas direito de usufruto sobre a *donatio ante nuptias*, e confirmaram em favor dos filhos do primeiro leito – mantendo o disposto na constituição de Maioriano, de 458 d.C. – a nua p ropriedade desses bens.

Assim, até a metade do século V d.C., a *donatio ante nuptias*, por morte do marido, revertia inteiramente em proveito da viúva, se ela não tivesse filhos, ou, se os possuísse, se não contraísse segundas núpcias. Em 452 d.C., porém, Valentiniano III[154] estabeleceu que, na ausência de filhos, a viúva ficava com a metade dos bens decorrentes da *donatio*

---

148 C. Th. III, 5, 2; e C. V, 3, 15.

149 C. Th. III, 5, 6.

150 C. Th. III, 5, 9.

151 C. Th. III, 8, 2; e C. V, 9, 3.

152 Nou. Maioriani, VI, 8.

153 Nou. Severi, I.

154 Nou. Valentiniani, XXXV, 8.

664 DIREITO ROMANO – *José Carlos Moreira Alves*

ante nuptias, passando o restante aos pais do marido. Nessa época, surge a prática de se determinar, nos instrumentos nupciais, por meio de pactos (*pacta de lucranda donatione*), a parte que ficaria com a mulher, na hipótese de o marido morrer antes dela, sem ter recebido de volta a doação nupcial a título de dote. Isso – como salienta Bonfante[155] – teria tornado letra morta a restrição imposta por Valentiniano III, não fora o aparecimento, ainda nesse tempo, da tendência de se estabelecer relação entre o dote e a *donatio ante nuptias*, a qual se traduz nas seguintes disposições: o imperador Leão,[156] em 468 d.C., estabelece que, proporcionalmente, o proveito pactuado, em favor da mulher, sobre a *donatio ante nuptias* seja igual ao pactuado, em favor do homem, sobre o dote; Valentiniano III,[157] alguns anos antes, em 452 d.C., no Ocidente, já havia determinado que o montante da *donatio ante núptias* fosse idêntico ao do dote; e Justino,[158] por volta de 527 d.C., não obstante a proibição de doação entre os cônjuges, admite que a doação nupcial seja aumentada durante a constância do casamento.

Com Justiniano – que, conforme observa Bonfante,[159] se esforçou por dar fisionomia definitiva às doações nupciais, acolhendo ou reformando disposições de seus predecessores, e, muitas vezes, inovando –, acentua-se a relação entre a doação nupcial e o dote.

Assim, entre outras providências, acolheu Justiniano, no Código,[160] as duas constituições de Constantino, de 319 e de 336 d.C.; estabeleceu para o *pater familias* do homem a obrigação de constituir a doação nupcial; exigiu que dote e doação nupcial tivessem montante rigorosamente igual; determinou que o marido administrasse os bens doados, não podendo alienar os imóveis ou hipotecá-los, nem mesmo, por via de regra, com o consentimento da mulher; e – segundo parece, embora não haja nenhuma constituição imperial que o expresse – concedeu à mulher, para garantia da doação nupcial, hipoteca legal sobre os bens do marido.

Demais, tendo Justiniano admitido não só que se pudessem aumentar as doações nupciais durante a constância do casamento, mas também que fossem feitas depois de contraído o matrimônio (e isso apesar da proibição de doações entre cônjuges), a denominação *donatio ante nuptias* foi substituída por outra; *donatio propter nuptias* (doação por causa das núpcias).

C) *Doações entre cônjuges*[161]

---

155 *Corso di Diritto Romano*, I (*Diritto di Famiglia*), reimpressão, p. 527, Milano, 1963.

156 C. V, 14, 9.

157 Nou. Valentiniani, XXXV (XXXIV), 9.

158 C. V, 3, 19.

159 Ob. cit., nº 528.

160 C. V, 3, 15; e C. V, 3, 16.

161 A propósito, *vide*, entre outros. Dumont, *Les Donations entre époux en Droit Romain*, Paris, 1928; Aru, *Le Donazioni fra coniugi in Diritto Romano*, Padova, 1938; Ascoli, *Trattato delle Donazioni*, 2ª ed., § 47 e segs.; p. 451 e segs., Milano, 1935; Archi, *La Donazioni (Corso di Diritto Romano)*, p. 195 e segs.; Scherillo, *Sulle Origini del Divieto delle Donazioni fra Coniugi, in Studi di Storia e Diritto in onore di Arrigo Solmi*, I, p. 171 e segs., Milano, s/data; Scuto, *Il divieto delle donazioni tra coniugi e le donazioni indirette, in Studi in onore di Vincenzo Arangio-Ruiz nel XLV anno del suo insegnamento*, III, p. 439 e segs., Napoli, s/data.

As doações entre cônjuges somente podem ocorrer em casamento que não é seguido da *conuentio in manum*, porque, quando o marido adquire a *manus* sobre a mulher, todos os bens dela passam a integrar o patrimônio da família dele.

Até os fins da república, as doações entre os cônjuges eram válidas, tanto assim que a Lei *Cincia de donis et muneribus*, de 204 a.C., incluía os esposos entre as *personae exceptae* (*vide* n° 254). A partir dessa época, porém, e sem que se saiba exatamente a origem dessa norma,[162] foram tais doações proibidas, sob pena de nulidade. Os textos[163] não são concordes na justificação desse princípio.

É certo que, em virtude da *interpretatio* dos jurisconsultos romanos, nem todas as doações entre cônjuges são nulas. Assim, não o são as que não implicam enriquecimento para o donatário (por exemplo, as doações da mulher para que o marido pudesse organizar jogos públicos), nem as que se fazem durante o casamento para serem executadas depois de sua dissolução.

A proibição de doações entre cônjuges foi atenuada por uma *oratio* de Sétimo Severo e Antonio Caracala,[164] a qual estabeleceu que elas se tornavam válidas se o cônjuge doador morresse, na constância do casamento, sem revogá-las.[165]

D) A *"intercessio pro marito"*

Sobre a proibição de a mulher *intercedere* em favor, a princípio, do marido – o que só podia verificar-se quando o casamento não era seguido da *conuentio in manum*, e com relação aos bens parafernais –, e, depois, de qualquer pessoa, já a estudamos no n° 213, para onde remetemos o leitor.

293. A filiação e as relações entre pais e filhos – Três são as categorias de filhos que se encontram no direito romano:

a) os *iusti* (ou *legitimi*), isto é, os procriados em *iustae nuptiae* (*vide* n° 277, A),[166] os adotivos e, no direito pós-clássico, os legitimados (*vide* n° 277, C);

---

162 Um texto atribuído a Ulpiano (D. XXIV, 1, 1) declara que é ela de origem costumeira. Os autores modernos (como Bonfante, *Corso di Diritto Romano*, I – *Diritto di Famiglia*, ristampa, p. 290, Milano, 1963), porém, parecem inclinar-se – considerando esse fragmento interpolado – pela tese de que a proibição foi introduzida pela Lei *Iulia et Papia Poppaea*, do tempo de Augusto. A proibição não devia ser conhecida na época em que Quinto Múcio estabeleceu a presunção que guardou seu nome (*praesumptio muciana*, D. 24, 1, 51), pela qual se presume que os bens adquiridos pela mulher durante o casamento, e dos quais ela não pode declinar sua procedência, lhe tenham sido dados pelo marido. Sobre essa presunção, *vide* Max Kaser, "Praesumptio Muciana", in *Ausgewälte Schriften*, I, pp. 313 a 327, Camerino, 1976.

163 A propósito, *vide* D. XXIV, 11; D. XXIV, 1, 2; e D. XXIV, 1, 3.

164 Como salienta Volterra (*Istituzioni di Diritto Privato Romano*, p. 824), não se sabe, em verdade, se se trata de uma *oratio* de Sétimo Severo e de Caracala, ou de duas *orationes* distintas desses imperadores, ou de uma *oratio* e de constituições imperiais sucessivas.

165 D. XXIV, 1, 32, pr. e 2.

166 Os quais, no direito clássico, se denominavam *naturales liberi*, e se contrapunham aos adotivos, que, nesse período, eram chamados, simplesmente, *iusti* ou *legitimi*.

b) os *uulgo quaesiti* (também denominados *uulgo concepti* ou *spurii*), que são os filhos gerados de união ilegítima; e

c) os *naturales liberi*, que, no direito pós-clássico, são os filhos nascidos de concubinato (*vide* n° 297).

Dessas categorias, as duas primeiras existem no direito clássico; a terceira surge, apenas, no direito pós-clássico.

Quanto aos filhos *legitimi* (ou *iusti*)[167] que seguem a condição do pai –, há relações, que independem da *patria potestas*, entre eles e seus pais. Pais e filhos – que são ligados pelo parentesco consanguíneo (*cognatio*) – têm, entre si, direitos e deveres. Para o filho que não observe o dever moral de respeito e reverência (*obsequium, pietas*), há até sanções que são impostas, em caso de insultos ou maus-tratos, pelos *praefectus urbi*.[168] Os genitores, sem a autorização do pretor, não podiam ser citados em juízo por seus filhos.[169] A estes também não era lícito intentar contra os pais ação infamante.[170] Além disso era proibido deporem uns contra outros em juízo.[171] Por outro lado, os pais, com relação aos filhos, gozavam do *beneficium competentiae* (*vide* n° 204).[172] Entre ambos, reciprocamente, havia direito a alimentos (que surge, no principado, com caráter excepcional, e, a pouco e pouco, se vai tornando um instituto estável);[173] a pagamento de resgate; e a sucessão hereditária.[174]

---

167 O pai dá ao filho seu nome patronímico. Em Roma, o nome do cidadão era constituído de três elementos: o prenome, o nome gentílico e o cognome. Entre o nome gentílico e o cognome acrescentava-se a filiação paterna e, em seguida, a designação da tribo em que a pessoa era eleitora. Assim, o nome completo de Cícero era este: Marcus Tullius *Marci filius Cornelia tribu* Cicero; em que Marcus era o prenome; Tullius o nome gentílico; *Marcifilius*, a filiação paterna; *Cornelia tribu*, a tribo em que Cicero votava; e Cícero, o cognome.

168 D. XXVII, 10, 4; e D. XXXVII, 15, 1.

169 D. II, 4, 4, 1 e 2.

170 D. XXXVII, 15, 2.

171 C. IV, 20, 6.

172 D. XXXVII, 15, 17, 1.

173 A propósito, *vide* Albertario, *Sul Diritto agli alimenti in Studi di Diritto Romano*, I, p. 251 e segs., Milano, 1933; e Sachers, *Das Recht auf Unterhalt in der römischen Familie der klassischen Zeit, in Festschrift* Fritz Schulz, *erster Band*; p. 310 e segs., Weimar, 1951.

174 Se o pai se negava a reconhecer como legítimo o filho já nascido quando se dera o divórcio, a mãe devia intentar contra ele uma ação que o pretor lhe concedia: a *actio de liberis agnoscendis* (que era uma *actio praeiudicialis* – *vide* n° 421). Em virtude do *senatusconsulto* Planciano, do século I D.C., dispõe a mulher (ou seu *pater familias*), para forçar o pai a reconhecer a paternidade do filho ainda não nascido no momento em que ocorreu o divórcio, de uma ação *extra ordinem* – a *actio de partu agnoscendo*. Para que ela pudesse utilizar-se dessa *actio*, era preciso que notificasse o ex-marido, dentro de 30 dias depois do divórcio, de que se achava grávida; e o homem podia protestar que o filho não era seu, ou enviar três pessoas para servirem de guardiães de sua ex-esposa (*custodes uentri*), ou, enfim, omitir-se (hipótese em que o ônus da prova se invertia, cabendo a ele demonstrar a ilegitimidade da criança); qualquer que fosse, porém, a atitude do ex-marido, ele podia, posteriormente, contestar fosse a criança seu filho legítimo. Se a mulher não notificasse o ex-marido, ou se recusasse a ser custodiada pelas pessoas enviadas pelo ex-esposo, perdia a *actio*

Cap. **XLIX** · A FAMÍLIA NATURAL | **667**

Com relação aos filhos *uulgo quaesiti* (ou *uulgo concepti* ou *spurii*), não têm eles, juridicamente, pai. Não há no direito romano a possibilidade de o pai natural reconhecê--los, ou legitimá-los.[175] Como acentua Gide,[176] duas são as regras que se aplicam aos filhos *vulgo quaesiti*:

a) com referência ao pai, são estranhos a ele, não havendo, portanto, entre ambos quaisquer direitos ou deveres; e

b) com relação à mãe – de quem eles seguem a condição –, têm os mesmos direitos que os filhos legítimos.

Em virtude desses dois princípios, os *vulgo quaesiti* nascem *sui iuris* (pois não estão sujeitos a ascendentes masculinos); entram na família materna e gozam ali de todos os direitos decorrentes do parentesco consanguíneo (*cognatio*). Sua mãe tem o dever de educá-los. Entre mãe e filhos há reciprocamente direito a alimentos e direitos sucessórios.

Finalmente, quanto aos *naturales liberi* – que, como salientamos, eram, no direito pós-clássico, os filhos nascidos de concubinato –, além de poderem, pela *legitimatio* (legitimação) (*vide* nº 277, C), tornar-se filhos legítimos, estavam sujeitos a regime especial; entre pai e *naturales liberi* há, reciprocamente, direitos a alimentos, e direito restrito de sucessão *ab intestato*; demais, a capacidade, de ambos, de dar ou receber, um do outro, liberalidade *inter vivos* ou *mortis causa* sofre restrições.

294. Dissolução do casamento[177] – No direito romano, o casamento pode dissolver--se em decorrência de:

a) morte de um dos cônjuges;

b) perda do *conubium*; e

c) divórcio.

Se, pelo matrimônio, há a união do homem e da mulher, a morte de um deles obviamente o dissolve.

---

de partu agnoscendo, mas o filho continuava a ter, a qualquer tempo, a possibilidade de obter o reconhecimento de sua condição de filho legítimo, por meio de uma *actio praeiudicialis*. Outro *senatusconsulto* – do qual desconhecemos a denominação – estendeu, no tempo de Adriano, os preceitos do *senatusconsulto* Planciano à hipótese em que o filho tivesse nascido durante o casamento; e a jurisprudência os aplicou ao caso de o filho ter nascido depois de morto o pai (aí, a ação era conhecida contra o *pater familias* sob cuja *potestas* cairia a criança). Segundo parece, Justiniano fundiu ou confundiu (a observação é de Bonfante, *Corso di Diritto Romano*, I – *Diritto di Famiglia, ristampa*, p. 369, Milano, 1963) as duas ações – a *actio de liberis agnoscentis* e a *actio de partu agnoscendo*.

175 A legitimação só se aplicava aos *naturales liberi* (filhos nascidos de concubinato). Os *uulgos quaesiti* – que não podiam pleitear, judicialmente, seu reconhecimento pelo pai – podiam, no entanto, ser adotados por este.

176 *De la condition de l'enfant naturel et de la concubine dans la legislation romaine, in Étude sur la condition privée de la femme*, 2ª ed., p. 567, Paris, 1885.

177 Sobre dissolução do casamento, *vide* Corbett, *The Roman Law of Marriage*, p. 211 e segs., Oxford, 1930.

668 | DIREITO ROMANO – *José Carlos Moreira Alves*

Quanto à perda do *conubium*, quer se tome este termo em sentido lato ou estrito (*vide* nº 289, C), pode ela, em certos casos, acarretar a dissolução do casamento. Perde o *conubium* (em acepção lata) o cônjuge que sofre *capitis deminutio maxima* (perda do *status libertatis*) ou *capitis deminutio media* (perda do *status ciuitatis*), ou, então – segundo vários autores, como, por exemplo, Perozzi[178] –, que vai prestar serviço militar. Nessas hipóteses, a *capitis deminutio maxima*,[179] a *capitis deminutio media*[180] e a prestação de serviço militar – esta, objeto de controvérsia[181] – acarretam a dissolução do casamento. De outra parte, perde-se o *conubium* (em acepção estrita) quando ocorre a superveniência de impedimento matrimonial (isto é, depois de contraído o casamento, surge circunstância que, se existente antes, impediria sua celebração), o que pode dar-se nas seguintes hipóteses:

a) adoção de um cônjuge pelo tutor ou curador do outro;

b) adoção do genro ou da nora pelo sogro;

c) a mulher de senador ou os pais dela passam a dedicar-se à *ars ludicra* (espetáculos públicos); e

d) nomeação a senador do marido de uma liberta, ou do pai da esposa de um liberto.

Se qualquer desses casos ocorresse antes do casamento, haveria impedimento matrimonial; verificando-se depois de ele contraído, qual a consequência? Segundo tudo indica – os textos a respeito não são muito claros –, a única dessas hipóteses em que o casamento sempre se dissolvia (e nesse sentido se manifestam Teófilo, *Paraphrasis*

---

178 *Istituzioni di Diritto Romano*, I, 2ª ed., *reintegrazione*, 1949, § 41, p. 345, nota 2.

179 *Istituzioni di Diritto Romano*, I, 2ª ed., *reintegrazione*, 1949, § 41, p. 345, nota 2.

180 No direito clássico, a deportação dissolve o casamento; no justinianeu, não (Nov. XXII, cap. 13).

181 Salienta Perozzi (passagem citada na nota 75 do capítulo L) que, segundo os papiros B. G. U. 140 e Cattaoui, *recto*, cessava, com o serviço militar, o casamento precedente, e os filhos nascidos durante esse período eram ilegítimos. Scialoja (*Il papiro giudiziario Cattaoui e il matrimonio del soldati romani*, in *Bulletino dell'Istituto di Diritto Romano*, VIII (1895), p. 165), entretanto, julga mais provável que esses documentos indiquem apenas que os soldados, enquanto na milícia, não podiam coabitar com suas esposas, sob pena de se considerarem ilegítimos os filhos dados à luz nessa época. Com efeito, na república, uma passagem de Tito Lívio (*Ab Vrbe. Condita*, XXI, 41, 16) atesta que, nesse caso, perdurava o casamento. Durante o império, entendem alguns romanistas – a matéria é controvertida – que os soldados estavam, sob alguns imperadores, impedidos de contrair matrimônio, mas, como observa Orestano (*La Struttura del Matrimonio Romano dal Diritto Classico al Diritto Giustinianeo*, I, p. 101, Milano, 1951), nada faz supor que o consórcio preexistente se dissolvesse com a prestação do serviço militar. A interpretação de Scialoja se coaduna, a nosso ver, com a informação de Herodiano (*apud* Modica, *Papirologia Giuridica*, p. 84, nota 193, Milano, 1914), segundo a qual Sétimo Severo permitiu aos soldados que vivessem em comum com suas esposas (o que era proibido em virtude da disciplina militar, como atestam vários autores literários – assim, por exemplo, Sérvio, *Ad Aen.*, VIII, 668). Esse fato, consoante Mispoulet (*Études d'Institutions Romaines*, p. 240, Paris, 1887), é comprovado pelas pesquisas de Williams nas ruínas de *Lambaesis*, na Argélia.

Cap. XLIX · A FAMÍLIA NATURAL | **669**

Institutionum, I, 10, 2, e as Basílicas, XXVIII, 4, 24) era a da letra *b*: adoção do genro[182] ou da nora pelo sogro. Nos casos das letras *a* e *c* – embora haja autores que entendem o contrário[183] – não se dava a dissolução do matrimônio: no da letra *a*, porque, nessa hipótese, a adoção é que era nula, como o declaram as Basílicas XXVIII, 4, 24; no da letra *c*, porque essa circunstância era apenas motivo para que o marido repudiasse a mulher. Quanto à hipótese da letra *d*, os juristas clássicos discutiam se nela se dissolvia, ou não, o matrimônio; Justiniano, porém, se declara pela negativa.[184]

Também o divórcio[185] acarreta, no direito romano, a dissolução do casamento.

Inicialmente, é preciso esclarecer o significado de dois termos que se encontram nos textos: *diuortium* e *repudium*. Os autores divergem a respeito. Alguns – como Bonfante[186] e Gianneto Longo[187] – entendem que, até a época dos imperadores cristãos, *diuortium* (divórcio) indica a ruptura do casamento (quer seja pela vontade de ambos os cônjuges, quer seja pela vontade de um deles), ao passo que *repudium* (repúdio) significa o ato pelo qual se manifesta a vontade de dissolver o casamento; a partir dos imperadores cristãos, porém, *diuortium* passa a designar o rompimento do matrimônio pela vontade comum de ambos os esposos, e *repudium*, a ruptura unilateral do casamento. Outros romanistas – e essa é a opinião dominante[188] – julgam que, comumente no direito clássico e constantemente no direito pós-clássico, os textos empregam *diuortium* para indicar o divórcio bilateral, e *repudium* para designar o divórcio unilateral.

Nos tempos primitivos, segundo parece, o divórcio foi raro, em virtude da severidade de costumes. O marido não repudiava a mulher a não ser nos poucos casos admitidos pelos costumes.[189]

---

182 Sobre a adoção do genro, *vide* Minieri, *L'Adozione nel Genero, in Labeo* (*Rassegna di Diritto Romano*), vol. 28 (1982), pp. 278 a 284.

183 Sobre toda essa matéria, *vide* nossa tese *Os efeitos da boa-fé* no casamento nulo, segundo o Direito Romano, nº 10, p. 20 e segs., Rio de Janeiro, 1959 (republicada nos meus *Estudos de Direito romano*, p. 57 e segs., Brasília, 2009).

184 C. V, 4, 28.

185 Sobre o divórcio, *vide*, entre outros, Corbett, *The Roman Law of Marriage*, p. 218 e segs., Oxford, 1930; Levy, *Der Hergang der römischen Ehescheidung*, Weimar, 1925; Bonfante, *Corso di Diritto Romano*, I (*Diritto di Famiglia*), *ristampa*, p. 338 e segs., Milano, 1963; e Forzieri, *La Legislacione imperiale del IV-V secolo in tema divorzio, in Studia et Documenta Historiae et Iuris*, vol. 48 (1982), pp. 289 a 317.

186 *Corso di Diritto Romano*, I (*Diritto di Famiglia*), *ristampa*, p. 332 e segs., Milano, 1963.

187 *Diritto Romano*, vol. III (*Diritto di Famiglia*), p. 142, Roma, 1940.

188 Cf. Volterra, *Istituzioni di Diritto Privato Romano*, p. 671.

189 É possível – segundo a opinião dominante (cf. Bonfante, ob. cit., p. 344) – que várias fontes romanas salientem que o primeiro divórcio ocorrido em Roma foi o de Spúrio Carvílio Ruga, ocorrido mais de quinhentos anos após a fundação da cidade, em virtude do fato de que teria sido esse o primeiro divórcio cuja causa – esterilidade da mulher – não fora até então reconhecida pelos costumes.

670 | DIREITO ROMANO – *José Carlos Moreira Alves*

Com a relaxação dos costumes, nos fins da república, os divórcios se tornam frequentes. No entanto, e apesar de o aumento de divórcios concorrer para a diminuição da natalidade legítima, Augusto, que procurou combatê-la, não legislou proibindo-o, ou estabelecendo as causas que o justificassem. Limitou-se a determinar, na *Lex Iulia de adulteris* (de 18 a.C.), que o *diuortium* deveria ser feito na presença de sete testemunhas, e comunicado (oralmente ou por escrito) ao outro cônjuge por meio de um liberto. Discute-se, modernamente, se essas formalidades eram, ou não, essenciais para que houvesse o *diuortium*. A opinião dominante[190] se manifesta pela negativa.

Foram os imperadores cristãos – e isso como reflexo da doutrina da Igreja sobre a indissolubilidade do matrimônio – que começaram a combater o divórcio, sem, no entanto, chegarem a proibi-lo.[191]

Assim, Constantino – C. Th. 3, 16, 1 – admitiu, em 331 d.C., que o marido ou a mulher pudessem repudiar o outro cônjuge quando ocorressem certas causas (por exemplo, se a mulher fosse declarada culpada por adultério ou por envenenamento: ou, com relação ao marido, se réu de homicídio, envenenamento ou violação de sepulcro). Se se verificasse o repúdio sem a existência de uma das causas admitidas, o cônjuge que repudiara o outro sofria sanções: se o marido, era ele obrigado a restituir o dote e a não contrair segundas núpcias; se a mulher, perdia ela, em favor do esposo, o dote e as doações nupciais, além de sofrer a pena de deportação.

A essa constituição imperial – cujo sistema, segundo parece,[192] foi temporariamente ab-rogado por Juliano, o Apóstata – seguiram-se outras (a de Honório e Constantino II – C. Th. III, 16, 2 – de 421 d.C.; e a de Teodósio II – Nov. Theod. XII –, de 439 d.C.), observando a mesma orientação.

Mas isso apenas com relação ao repúdio; o divórcio pelo consentimento comum dos cônjuges continuou absolutamente livre até Justiniano.

No direito justinianeu, distinguem-se quatro espécies de divórcio:

a) diuortium ex iusta causa: é o divórcio realizado por um dos cônjuges, em virtude de o repudiado ter cometido atos que legitimamente justifiquem o repúdio; a relação dessas causas (*iustae causae*), quer quanto ao marido (assim, por exemplo, conspirar contra o imperador; manter concubina no lar conjugal ou notoriamente na mesma cidade onde está domiciliado com sua esposa), quer quanto à mulher (por exemplo: adultério, frequência a espetáculo público contra a vontade do esposo), se encontra na Novela CXVII;

b) diuortium bona gratia: é o divórcio decorrente da vontade de ambos os cônjuges, ou apenas de um, e justificado por causas legítimas (de que nenhum deles é culpado), como, por exemplo, esterilidade, impotência incurável, voto de castidade;

c) diuortium sine iusta causa: é o repúdio de um dos cônjuges pelo outro, sem qualquer das causas legítimas (*iustae causae*) que o justifique; e

---

190 Cf. Rasi, *Consensus facit nuptias*, p. 134, Milano, 1946.

191 *Vide*, a propósito, De Martino, *Chiesa e Stato di fronte al Divorzio nell'Età Romana, in Nuovi Studi di Economia e Diritto Romano*, pp. 9 a 28, Roma, 1988.

192 A propósito, *vide* Volterra, ob. cit., p. 673.

d) diuortium communi consensu: é o divórcio realizado de comum acordo por ambos os cônjuges sem que ocorra uma das *iustae causae*.

Quando um dos cônjuges se divorcia do outro sem *iusta causa*, ou quando dá *iusta causa* para que o outro o repudie, é ele punido – segundo as Novelas CXVII, CXXVII e CXXXIV – com penas pecuniárias (assim, por exemplo, para a mulher, a perda do dote; para o marido, a perda das doações nupciais) e corporais (de acordo com a Novela CXXXIV, quer para o homem, quer para a mulher, clausura perpétua em convento).

Por outro lado, estabeleceu Justiniano, na Nov. CXVII, cap. 10, que – exceto se o *diuortium communi consensu* tivesse decorrido de voto de castidade feito pelos dois cônjuges – a eles se aplicariam as sanções do divórcio sem *iusta causa*. Esse regime, porém, foi abolido pelo sucessor de Justiniano, Justino II (Nov. CXL).

295. Segundas núpcias[193] – Durante toda a época pagã, as segundas núpcias não só foram admitidas – com a restrição, apenas, para a mulher, da observância do *tempus lugendi* (*vide* nota nº 75 deste capítulo) –, mas também favorecidas indiretamente, porquanto as Leis *Iulia et Papia Poppaea*, do tempo de Augusto, estabeleciam, no terreno sucessório, restrições aos viúvos e divorciados que, dentro de certo lapso de tempo, não tornassem a casar.

Essa situação se modificou com os imperadores cristãos, que, movidos pela doutrina da Igreja que não via com bons olhos as segundas núpcias, legislaram no sentido não de impedi-las diretamente, mas de fazê-lo por via oblíqua, com o estabelecimento de uma série de restrições e de incapacidades para o cônjuge bínubo, visando, principalmente, a salvaguardar os interesses dos filhos do primeiro leito.[194]

Justiniano, na Novela XXII, onde estabeleceu vários preceitos que seguiram a trilha dessa orientação, chegou a admitir, como lícita (ao contrário do que dispunham as leis matrimoniais de Augusto), a cláusula aposta a testamento, pela qual o testador deixa à viúva bens sob a condição de que ela não se torne a casar.

296. Concubinato – Há concubinato quando, entre homem e mulher, se estabelece uma união extraconjugal estável.[195]

Segundo a opinião dominante, o concubinato no período republicano era mera união de fato, ignorada pelo direito, embora, provavelmente, quando se tratasse de mulher ingênua de elevada categoria social, seu *pater familias*, no âmbito familiar, a punisse com as penas do *stuprum*.[196] Ora, se em Roma, como já salientamos (*vide* nº 290), até o

---

193 A propósito, *vide* Corbett, *The Roman Law of Marriage*, pp. 249 a 251, Oxford, 1930.

194 Cf. Voci, *Istituzioni di Diritto Romano*, 3ª ed., § 136, p. 474.

195 Sobre o concubinato há ampla referência bibliográfica em Castello, *in Tema di Matrimonio e Concubinato nel Mondo Romano*, Milano, 1940; e em Tomulescu, *Justinien et le Concubinat*, *in Studi in Onore di Gaetano Scherillo*, I, pp. 299 e 300, Milano, s/ data. *Vide*, também, Plassard, *Le concubinato romain sous le Haut Empire*, Toulouse, Paris, 1921.

196 Castello, ob. cit., p. 193.

672 | DIREITO ROMANO – *José Carlos Moreira Alves*

direito pós-clássico, não se exigiam, para a formação do casamento, quaisquer formalidades, como saber-se se homem e mulher que viviam, de modo estável, em comum, eram marido e mulher, ou, apenas, concubinos? A diferença entre cônjuges e concubinos – como acentua Gide[197] – era tão manifesta na sociedade romana quanto na moderna: ela se fazia pela posse de estado – em outras palavras, presumiam-se cônjuges o homem e a mulher que vivessem na posse do estado de casados, como, aliás, ocorre ainda hoje, pois o estado de cônjuge, na sociedade atual, se exterioriza, principalmente, pela posse do estado de casado, e não pela celebração de atos solenes diante de um juiz competente ou da apresentação, a cada passo, de certidão de casamento.

Foi em virtude das leis matrimoniais do tempo de Augusto (*Lex Iulia et Papia Poppaea de maritandis ordinibus* e *Lex Iulia de adulteriis*) que o concubinato passou a ser levado em consideração pelo direito, ainda que de maneira indireta. Com efeito, embora essas leis – segundo parece[198] – não se tenham ocupado do concubinato, proibiram, por um lado, o casamento entre senadores (e, em determinados casos, quaisquer cidadãos ingênuos – *vide* nº 288, C, III) e mulher de certas categorias sociais (como, por exemplo, as atrizes), e, por outro, consideraram crime, punido como *stuprum* ou *adulterium*,[199] as relações extraconjugais de homem com mulher *ingenua et honesta* (ingênua e que não pertencesse a categoria social inferior); em face disso, quando homem e mulher (esta, ingênua e de categoria social elevada) viviam em comum, presumia-se que fossem casados, pois, em caso contrário, estariam cometendo crime; de outra parte, senador (ou, em determinados casos, qualquer cidadão ingênuo) e mulher de certas categorias sociais inferiores não podiam casar-se legitimamente, mas, sim, viver em comum, sem praticar crime – essas uniões extraconjugais lícitas eram as hipóteses em que se configurava o concubinato.[200]

É certo, porém, que, no direito clássico, o concubinato não produzia efeitos jurídicos de qualquer natureza.

Esse panorama se modifica no direito pós-clássico, sob os imperadores cristãos, que transformam o concubinato em instituto jurídico, e que, para combatê-lo em favor da família legítima, inferiorizam a condição da concubina e de seus filhos (os *liberi naturales* – *vide* nº 293), procurando, de outra parte, estimular os concubinos a contrair matrimônios legítimos. Assim, Constantino[201] proíbe que se façam doações à concubina e aos filhos

---

197 *De la condition de l'enfant naturel et de la concubine dans la législation romaine, in Étude sur la condition privée de la femme*, p. 55 segs., Paris, 1885.

198 Sobre a controvérsia referente às relações do concubinato com a legislação matrimonial de Augusto, *vide* Bonfante, ob. cit., p. 316 e segs.

199 Como observa Bonfante (ob. cit., p. 315), essas palavras, nas fontes, se empregam promiscuamente, e não têm o significado moderno de violência e de infidelidade conjugal, mas, sim de relação extraconjugal ilícita.

200 Note-se que, na sociedade romana, o concubinato não era considerado – até o advento do cristianismo – imoral, tanto assim que pessoas ilustres (como, por exemplo, Vespasiano) viviam em concubinato.

201 C. Th. IV, 6, 2 e 3.

naturais, e admite, em caráter excepcional, a legitimação por casamento subseqüente. Mais tarde, Teodósio II e Valentiniano III,[202] encerrando uma série de constituições imperiais a respeito, permitem pequenas doações à concubina. Anastácio,[203] em 517 d.C., torna estável o instituto da legitimação por casamento subsequente.

No direito justinianeu, deixam de ser crime as relações extraconjugais com mulher ingênua e de categoria social elevada; mas – e não se sabe se esse regime surgiu com Justiniano, ou se já existia no tempo dos imperadores cristãos[204] –, exigem-se certos requisitos para que haja concubinato:

a) que os concubinos tenham atingido idade conjugal;

b) que, com relação a eles, não existam os impedimentos matrimoniais relativos ao parentesco e à afinidade; e

c) que o concubinato seja rigorosamente monogâmico (daí quem tem esposa não pode ter concubina, nem o concubino pode ter mais do que uma só concubina).

Além de se admitirem, no direito justinianeu, doações à concubina e aos *liberi naturales*, estão estes – como salientamos no nº 293 – sujeitos a regime especial no que diz respeito às relações entre pai e filhos; demais, pela *legitimatio* (seja a *legitimatio per subsequens matrimonium*, seja a *legitimatio per rescriptum principis*, seja a *legitimatio per oblationem curiae*), os *liberi naturales* podem adquirir a condição de filhos legítimos.

Apesar desse tratamento jurídico,[205] o concubinato, no direito justinianeu, não chega – como acentua Brugi[206] – a transformar-se em matrimônio de grau inferior.

No Oriente, o instituto do concubinato foi abolido por Leão, o Filósofo (886-912 d.C.);[207] no Ocidente, ele caiu em desuso no século XII d.C.

---

202 C. Th. IV, 6, 7 e 8.

203 C. V, 27, 6.

204 Cf. Bonfante, ob. cit., p. 323.

205 Observa Bonfante (*Nota sulla riforma giustinianea del concubinato, in Studi in onore di Silvio Perozzi*, p. 283 e segs., Palermo, 1923), que Justiniano assim procedeu, possivelmente, porque pretendeu acabar com o concubinato, não mediante perseguição da concubina e de seus filhos, mas pela elevação dele a uma forma de casamento morganático, até absorvê-lo no matrimônio legítimo.

206 *Istituzioni di Diritto Privato Giustinianeo*, II, § 110, p. 243, Verona-Padova, 1901.

207 Nov. Leon., XCI.

L

TUTELA E CURATELA

Sumário: 297. A incapacidade de fato, a tutela e a curatela. **298.** A evolução da tutela e da curatela. **299.** A tutela dos impúberes. **300.** A tutela das mulheres. **301.** A curatela dos loucos. **302.** A curatela dos pródigos. **303.** A curatela dos púberes menores de vinte e cinco anos.

297. A incapacidade de fato, a tutela e a curatela – Ao estudarmos a capacidade de fato (n°s 93 e segs.), vimos que eram absolutamente incapazes os *infantes* (nos direitos pré-clássico e clássico, os que não sabiam falar; no direito pós-clássico, as crianças até sete anos), os *infantiae proximi* (mas isso apenas no direito pré-clássico) e os *doentes mentais* (*furiosi, dementes* e *mentecapti*), exceto nos intervalos de lucidez (o que, segundo a opinião dominante, somente podia ocorrer com os *furiosi*). Já relativamente incapazes eram as *crianças saídas da infância* (e, portanto, os *infantiae proximi* – nos direitos clássico e pós--clássico – e os *pubertati proximi*), as *mulheres* (até o século IV d.C., quando se tornam capazes), os *pródigos* e, no período pós-clássico (no clássico, eram capazes), os *púberes, de ambos os sexos, menores de 25 anos.*

Os absolutamente incapazes, porque não têm vontade,[1] não podem praticar, por si só, ato algum que produza efeito jurídico. Os relativamente incapazes não podem realizar, por si sós, atos que diminuam seu patrimônio (*vide*, a propósito, o n° 95).

Quando os absoluta ou relativamente incapazes são *alieni iuris*, sua incapacidade não acarreta dificuldades quanto à administração de bens, pois essas pessoas não os possuem (o patrimônio da família é do *pater familias*, e os incapazes não dispõem de pecúlio); além disso, estão subordinadas ao *pater familias*, que provê as suas necessidades.

O mesmo não sucede quando são eles *sui iuris*. Nesse caso, quem irá cuidar de seus interesses patrimoniais?[2] Essa questão foi resolvida, no direito romano, por meio de dois institutos jurídicos: a tutela e a curatela. A tutela, exercida pelo tutor; a curatela, pelo curador.

---

1 Gaio, *Institutas*, III, 106 a 109.

2 No direito romano (*vide*, a propósito, Bonfante, *Corso di Diritto Romano, I, Diritto de Famiglia*, reimpressão, p. 551 e segs., Milano, 1963), a tutela e a curatela visam aos atos patrimoniais e não à vigilância sobre a pessoa do incapaz.

298. A evolução da tutela e da curatela[3] – No direito moderno, por via de regra, a tutela e a curatela existem para a proteção dos incapazes de fato. Ser tutor ou curador é um *munus publicum* (encargo público). Trata-se, pois, de encargo, e não de vantagem; tanto assim que não se pode, a não ser em casos expressos na lei, recusar o exercício da tutela ou da curatela.

Bem diversa era a situação no direito romano pré-clássico, onde tanto a tutela quanto a curatela eram institutos – segundo parece[4] – de proteção, não ao incapaz, mas a seus futuros herdeiros, que, como tutores ou curadores, velavam pelo patrimônio que viria a ser deles, e exerciam, em vez de um dever, um verdadeiro poder (*potestas*). Por isso, no direito pré--clássico, eram tutores ou curadores os parentes agnados mais próximos do incapaz,[5] ou, na falta deles, os *gentiles* mais chegados[6] – em outras palavras: seus herdeiros. Com relação à tutela, foi a Lei das XII Tábuas[7] que deu, pela primeira vez, ao *pater familias* o direito de, em seu testamento, designar pessoa que não fosse *heres* (herdeira) do incapaz para ser tutor, o que destacou a tutela da *hereditas* (herança). Tutela e curatela, nesses tempos remotos, eram institutos de direito privado, não interferindo nelas o Estado.

No direito clássico, ainda persistem vestígios dessa concepção. Assim, nesse período, há textos jurídicos onde se assevera que o tutor, com relação aos bens do tutelado, se considerava como se fosse seu proprietário (*domini loco habetur*).[8] Embora no direito clássico a tutela e a curatela tivessem deixado de ser institutos de proteção aos herdeiros do incapaz, passando a proteger o próprio incapaz (donde, nessa época, a tutela e a curatela serem tidas como *munus publicum* – encargo público – e, por isso, não mais se poder, exceto nas hipóteses taxativamente enumeradas em lei, recusar a exercê-las), na definição de tutela que se encontra no *Digesto*,[9] e que se atribui ao jurisconsulto clássico Sérvio (contemporâneo

---

3 Além dos inúmeros trabalhos de Solazzi sobre tutela e curatela que se encontram reunidos em *Scritti di Diritto Romano*, vols. I (Napoli, 1955), II (Napoli, 1957) e III (Napoli, 1960), *passim, vide*, Bonfante, *Corso di Diritto Romano, I, Diritto di Famiglia*, reimpressão, p. 551 e segs. (com ampla bibliografia), Milano, 1963; Kaser, *Das Römische Privatrecht*, I, § 20 e segs., p. 74 e segs., § 85 e segs., p. 299 e segs., München, 1955, e II, § 231 e segs., p. 141 e segs., München, 1959; Gianneto Longo, *Diritto Romano*, III (*Diritto di Famiglia*), p. 249 e segs., Roma, 1940; e Perozzi, *Istituzioni di Diritto Romano*, I, 2ª ed., *reintegrazione*, 1949, § 55, p. 459 e segs.

4 A tese segundo a qual a tutela e a herança estão, a princípio, intimamente vinculadas foi sugerida por Bonfante (*Corso di Diritto Romano*, I, *Diritto de Famiglia*, reimpressão, p. 554, Milano, 1963); entre os vários autores que a seguem, *vide* Betti, *Istituzioni di Diritto Romano*, I, *ristampa* da 2ª ed.), § 39, p. 65 e segs.

5 Gaio, *Institutas*, I, 155; e Ulpiano, *Liber singularis regularum*, XI, 3.

6 A propósito, *vide* Costa, *Storia del Diritto Romano Privato*, 2ª ed., p. 103, nota 2, Torino, 1925.

7 Tab. V, 3 (ed. Riccobono).

8 D. XLI, 4, 7, 3; e D. XLVII, 2, 57, 4.

9 D. XXVI, 1, 1, pr.; e *Inst.*, I, 13, 1 (onde, em vez da palavra *uis*, que se encontra no texto do *Digesto*, se lê *ius*). Segundo Kuebler, *Die Vormundschaftliche Gewalt in Römischen Recht, in Studi di Storia e Diritto in onore di Enrico Besta per il XL anno del suo insegnamento* I, nº 75 e segs., Milano, 1939, *ius* nessa definição – como se vê em Teófilo, *Paraphrasis Institutionum*, I, 13, 1 – foi alteração introduzida pelos compiladores, e não erro de copista; na definição original de Sérvio, o termo usado era *uis*.

de Cícero), encontramos as duas concepções: a antiga, representada pelas palavras iniciais *uis ac potestas*, que traduzem *poder*; e a clássica, nos termos *ad tuendum eum*, que indicam que a tutela se destinava à proteção do incapaz. Eis a definição de Sérvio:

Tutela est, ut Seruius definit, uis ac potestas in capite libero ad tuendum eum, qui propter aetatem sua sponte se defendere nequit, iure ciuili data ac permissa (A tutela é, como define Sérvio, a força e o poder sobre o homem livre, dados e permitidos pelo direito civil, para proteger aquele que, por causa da idade, não se pode defender por si mesmo).[10]

Por outro lado, nos direitos pré-clássico e clássico, a tutela e a curatela se distinguiam nitidamente:

a) a tutela se aplicava a incapazes por fato normal (idade: impúberes; e sexo: mulheres); a curatela, a incapazes por causa anormal (assim, doenças mentais: *furiosi, dementes*; prodigalidade: pródigos); e

b) na tutela, o tutor podia administrar os bens do tutelado de dois modos diversos: ou agindo como seu representante indireto (*negotium gerere*), ou integrando a vontade do incapaz (*auctoritatis interpositio*); já na curatela, o único meio de o curador administrar os bens do incapaz era o primeiro (*negotium gerere*).[11]

No direito pós-clássico, surge a curatela dos púberes menores de 25 anos, na qual não se respeitam essas distinções. Com efeito, nesse caso, o fator de incapacidade é normal (idade), e o curador pode utilizar-se dos dois modos de administração: o *negotium gerere* e a *auctoritatis interpositio*.

299. A tutela dos impúberes – Para estudar a tutela dos impúberes, devemos examiná-la sob os seguintes aspectos:

a) espécies de tutela e designação do tutor;

b) capacidade para ser tutor, e escusas para não sê-lo;

c) administração, pelo tutor, dos bens do impúbere;

d) poderes e obrigações do tutor;

e) ações e garantias contra o tutor;

f) pluralidade de tutores; e

g) cessação da tutela dos impúberes.

---

10 É possível – e essa é a teoria dominante – que, em sua definição, Sérvio aludisse também à tutela das mulheres, e, nesse caso, o teor original dela seria o seguinte: *"... ad tuendum eum (eamue) qui propter aetatem (uel sexum)"*. Como, no tempo de Justiniano, já não mais havia a *tutela mulierum*, os compiladores suprimiram a referência a ela. Há autores, porém, como Arangio-Ruiz (*Istituzioni di Diritto Romano*, 13ª ed., p. 495 e segs., nota 2), que entendem que essa definição dizia respeito, apenas, à tutela legítima, sendo interpoladas as palavras *ad tuendum eum, qui propter aetatem sua sponte se defendere nequit*.

11 Assim, a curatela visa à gestão do patrimônio do incapaz; a tutela tem em vista, também, a assistência do tutor aos atos jurídicos que o tutelado celebra. Em virtude disso, talvez, a máxima (D. XXXVI, 2, 12 a 14; e D. XL, 1, 13) *tutor datur personae, curator rei* (o tutor se dá à pessoa; o curador, à coisa).

678 | DIREITO ROMANO – *José Carlos Moreira Alves*

Analisemo-los separadamente.

A) *Espécies de tutela e designação do tutor*

Três são as espécies de tutela de impúberes, conforme seja tutor alguém designado pelo *pater familias* em testamento, ou um herdeiro legítimo do impúbere, ou pessoa nomeada pelo magistrado competente:

a) a *tutela testamentária*;

b) a *tutela legítima*; e

c) a *tutela honorária* (também denominada *tutela dativa* ou *tutela atiliana*).

* * *

Na tutela testamentária, é tutor quem for designado pelo *pater familias*, em testamento, para exercer a tutela sobre o impúbere que, com sua morte, se tornará *sui iuris*.[12]

A princípio, só há tutor testamentário se o testamento em que foi feita sua designação for válido. Desde o início do principado, porém, admite-se que o tutor testamentário seja designado em codicilo (*vide* nº 343) confirmado por testamento; e os magistrados, por via de regra, quando o nome do tutor consta de testamento ineficaz, ou sua designação se faz em testamento de quem não possui sobre o impúbere a *patria potestas* (assim, por exemplo, sua mãe), o ratificam, e – o que é de notar-se – essa tutela não se reputa *honorária*, mas, sim, *testamentária*, razão, por que ela – ao contrário do que ocorre com a tutela honorária – prevalece sobre a *legítima*. No direito justinianeu, permite-se[13] que a mãe do impúbere, sem que seja necessária a ratificação do magistrado competente, designe, em testamento, tutor para o filho que ela instituiu herdeiro; e que o pai, desde que o magistrado confirme a designação, faça o mesmo com relação a filho natural, se lhe deixou legado ou lhe fez doação.[14]

* * *

Na falta de tutor testamentário, a tutela é deferida ao herdeiro legítimo presumido do impúbere (isto é, àquele que seria seu herdeiro legítimo se este morresse quando a tutela é deferida) – é a tutela legítima.

Assim, segundo a escala sucessória constante na Lei das XII Tábuas (*vide* nº 324), era tutor legítimo o *adgnatus proximus*, e, na falta dele, os *gentiles*.

Com relação aos filhos emancipados e aos libertos, os quais não tinham agnados, os jurisconsultos romanos, interpretando a Lei das XII Tábuas, firmaram o princípio de que a tutela sobre eles se concederia ao seu herdeiro presumido: o *patronus*. Quanto ao filho emancipado, era, ainda, de verificar-se se ele fora, ou não, remancipado a seu antigo *pater*

---

12 Os que continuarão *alieni iuris* não necessitam de tutela, por ficarem sob a *potestas* do novo *pater familias*.

13 C. V, 28, 4.

14 C. V, 29, 4.

familias (*vide* nº 281, E): em caso afirmativo, o *pater familias manumissor* seria o tutor *legítimo*; em caso negativo, o terceiro, *manumissor*, seria o tutor (e se denominava *tutor fiduciário*).

No principado, desaparecida a instituição da *gens*, o mesmo sucede por via de consequência com a tutela dos *gentiles*. No dominato, o imperador Anastácio, em 498 d.C.,[15] determina que, embora o impúbere tenha agnados de grau de parentesco mais afastado do que o de seus irmãos emancipados (que, em virtude da emancipação, são somente seus cognados), a tutela legítima seja concedida a estes, e não àqueles.

No direito justinianeu, abolido o parentesco agnatício, segue-se, para a designação do tutor legítimo, a escala sucessória estabelecida nas Novelas CXVIII e CXXVII (*vide* nº 327).

*   *   *

Somente na falta de tutor testamentário e de tutor legítimo é que se nomeava tutor honorário (também denominado tutor atiliano ou dativo).[16]

A tutela honorária (ou atiliana ou dativa), segundo parece, só surgiu no século II a.C., ao ser instituída por uma lei *Atilia* (provavelmente anterior ao ano 186 a.C.),[17] e se aplicava apenas em Roma. Mais tarde, a tutela honorária foi estendida pela Lei *Iulia et Titia*[18] às províncias.

De início, quem nomeia o tutor honorário, em Roma, é o pretor urbano, assistido pela maioria dos tribunos da plebe;[19] nas províncias, é o seu governador, mediante proposta dos magistrados municipais.[20] No principado, Cláudio[21] atribuiu a nomeação do tutor honorário aos cônsules, sendo controvertido se o pretor urbano teria continuado competente para isso.[22] Marco Aurélio e Lúcio Vero[23] criaram um pretor especialmente para nomear tutores honorários: o *praetor tutelaris*. Esses magistrados tinham também a mesma competência em território da Itália; no tempo de Adriano, igualmente a tiveram, ali, os *iuridici*.[24]

---

15 C. V, 30, 4.

16 Segundo vários autores (assim, por exemplo, Volterra, *Istituzioni di Diritto Privato Romano*, p. 101), a denominação *tutela datiua* é justinianeia.

17 Antes, na falta de tutor testamentário e de tutor legítimo, é provável que, a pedido da mãe ou de parentes do impúbere, o cônsul (e, mais tarde, o pretor) designasse, por força de seu *imperium*, alguém para ser tutor do impúbere.

18 Como salienta Bonfante (*Corso di Diritto Romano*, I, *Diritto de Famiglia*, ristampa da 1ª ed., pp. 576 e 577, nota 2, Milano, 1963), essa lei, se realmente é uma única (o que é duvidoso), seria de 131 a.C.

19 Gaio, *Institutas*, I, 185.

20 Gaio, *ibidem*.

21 Suetônio, *De uita Caesarum, Diuus Claudius*, XXIII.

22 *Vide*, a propósito, Bonfante, ob. cit., p. 577 e segs.

23 Capitolino, *Historiae Augustae Scriptores, M. Antoninus Philosophus*, X.

24 *Fragmenta quae dicuntur Vaticana*, 232.

680 | DIREITO ROMANO – *José Carlos Moreira Alves*

No direito justinianeu, a competência para nomear tutor honorário era, em Constantinopla, do *praefectus urbi* e do pretor; nas províncias, dos *defensores ciuitatis* se os bens dos impúberes não ultrapassassem quinhentos sólidos de ouro, e, se superiores, do governador em pessoa ou por meio do *defensor ciuitatis* a quem aquele dava ordem expressa nesse sentido.[25]

Por outro lado, qualquer pessoa – inclusive o impúbere – podia solicitar ao magistrado competente a nomeação de tutor honorário. No principado, Sétimo Severo[26] estabeleceu que a mãe do impúbere, para não perder seus direitos sucessórios com relação aos bens do filho, tinha a obrigação de pedir a nomeação de tutor para ele; e a mesma obrigação incumbia, sob pena de castigos corporais, aos libertos do pai do impúbere.[27]

Enfim, é de salientar a existência de um tutor especial – o *tutor praetorius* – que era nomeado pelo magistrado para que o impúbere pudesse realizar um ato que não podia fazer com o tutor permanente (assim, por exemplo, na hipótese de o impúbere litigar judicialmente com seu tutor permanente). O *tutor praetorius* foi substituído, no direito pós-clássico, por um *curator* (curador) especial.[28]

B) *Capacidade para ser tutor, e escusas para não sê-lo*

A princípio, quando a tutela se exercia em favor do tutor, e não do tutelado, para que alguém fosse tutor – testamentário ou legítimo (a tutela honorária somente surgiu mais tarde) – bastava que reunisse os três seguintes atributos:

a) fosse livre;

b) fosse cidadão romano; e

c) fosse *pater familias*.[29]

Estavam, assim, excluídos, como incapazes de exercer a tutela, os escravos, os estrangeiros, as mulheres e os *filii familias*.

Quando, porém, a tutela passa a ser um instituto de proteção ao incapaz, exigem-se outros requisitos para que alguém possa ser tutor. Isso começa a verificar-se com a tutela honorária, que, desde sua criação, foi encarada como um *munus publicum*. Assim, o magistrado, ao escolher alguém para tutor honorário, não se prende apenas às exigências antigas (ser livre, ser cidadão romano e ser *pater familias*), mas cuida também em que seja pessoa púbere[30] e idônea, com qualidades indispensáveis para proteger o patrimônio do incapaz. Daí o pretor admitir que mesmo o *filius familias* que preencha

---

25 *Inst.*, I, 20, 4 e 5; e C. I, 4, 30.

26 D. XXVI, 6, 2, 2; e D. XXXVIII, 17, 2, 23 e 24.

27 D. XXVI, 6, 2, 1.

28 C. V, 62, 21.

29 A propósito, *vide* Bonfante, ob. cit., p. 585 e segs.

30 Gaio, *Institutas*, I, 157. Perozzi (*Istituzioni di Diritto Romano*, I, 2ª ed., *reintegrazione*, 1949, § 57, p. 466 e segs., nota 6) entende que, no direito clássico, o impúbere podia ser tutor, pois as passagens de Gaio em contrário são decorrentes de glosema, ou de erro do copista do manuscrito veronense. Essa tese, no entanto, não encontrou ressonância na doutrina.

tais requisitos possa ser designado tutor; e, no direito pós-clássico, o mesmo se dá com a mãe e a avó do impúbere, as quais, desde que se comprometam, sob juramento, a não tornar a casar, podiam ser tutoras do filho ou do neto impúberes.[31] Essas exigências se estendem da tutela honorária para as tutelas testamentária e legítima, razão por que, no direito pós-clássico, existem várias incapacidades para ser tutor (testamentário, legítimo ou honorário, indistintamente), as quais, no tempo de Justiniano, são as seguintes:

a) ser escravo (salvo se designado para tutor em testamento, pois se entende que, implicitamente, o escravo foi manumitido nesse testamento, passando, assim, a ser homem livre, depois de morte do testador);

b) ser louco;

c) ser surdo-mudo;

d) ser cego;

e) ser menor de vinte e cinco anos;

f) ser soldado;

g) ser bispo;

h) ser monge;

i) ser mulher (exceto, quanto aos descendentes, a mãe e a avó que jurassem não contrair novo matrimônio);

j) ser inimigo capital do pai do incapaz;

l) ser excluído pelo pai ou pela mãe do incapaz, em testamento, para ser tutor;

m) oferecer-se espontaneamente (ou até a pagar) para ser tutor do incapaz; e

n) ser credor ou devedor do incapaz.[32]

Por outro lado, a pessoa a quem cabe ser tutor (testamentário, legítimo ou honorário) pode, em certos casos, eximir-se de sê-lo.

Assim, quem foi indicado em testamento para ser tutor testamentário pode eximir--se da tutela por declaração solene, feita na presença de testemunhas, de que não quer exercer a tutela – é o que se denomina *abdicatio tutelae*.

Aquele a quem cabe a tutela legítima pode transferi-la a terceiro – que se torna o *tutor cessicius* –, mediante *in iure cessio*, sendo certo que ele voltará a ser o tutor legítimo se o *tutor cessicius*, antes que o impúbere atinja a puberdade, falecer ou sofrer *capitis deminutio*.

Já a pessoa designada pelo magistrado para exercer a tutela honorária somente poderá eximir-se dela, por ser considerada *munus publicum*, se alegar motivos graves que a impeçam de desempenhá-la (*excusationes* – escusas), ou se indicar outra pessoa mais apta para o exercício da tutela (é o que se denomina *potioris nominatio*).

---

31 C. Th. III, 17, 4; e C. V, 35, 2.

32 Se um desses motivos ocorre depois de iniciada a tutela, o tutor se exime dela.

682 | DIREITO ROMANO – *José Carlos Moreira Alves*

As *excusationes*, a princípio, só diziam respeito à tutela honorária. Mas, ainda no direito clássico, elas foram admitidas para o não desempenho da tutela testamentária. E o mesmo ocorreu, a partir do século IV d.C. (já no direito pós-clássico), com a tutela legítima.

As diferentes escusas admitidas variaram no tempo, pois foram surgindo, a pouco e pouco, graças à atuação dos magistrados e a rescritos imperiais que visavam a casos particulares. As mais importantes dessas *excusationes* podem enquadrar-se nos seguintes grupos:

a) quanto a razões de ordem pessoal: idade superior a 70 anos, pobreza extrema, saúde precária, ignorância;

b) quanto a razões de família: ter o tutor três, quatro ou cinco filhos, conforme, respectivamente, fosse domiciliado em Roma, na Itália, ou numa província; já estar ele exercendo três tutelas, ou três curatelas;

c) quanto a razões decorrentes de função pública ou de interesse público: ser magistrado, ser membro do *consilium principis*; e

d) quanto a razões de privilégio: ser veterano do exército, ou atleta coroado, ou gramático, ou retórico, ou sacerdote, ou médico.

Com referência à *potioris nominatio*, foi ela admitida, apenas, na tutela honorária, tendo desaparecido no direito pós-clássico, pois não se encontram traços seus no *Corpus Iuris Ciuilis*.

C) *Administração pelo tutor dos bens do impúbere*

Nas origens, quando a tutela existe em favor do tutor, este – provavelmente[33] – não se limita, apenas, a administrar os bens do pupilo, mas cuida também de sua pessoa, fazendo as vezes de seu *pater familias*.

Desde muito cedo, porém, essa situação se modifica: a guarda e a educação do tutelado passam a ser exercidas por sua mãe[34] ou por parentes;[35] e ao tutor cabe, além do provimento de meios patrimoniais para o sustento e a educação do pupilo, a administração de seus bens.

A administração pelo tutor dos bens do tutelado se fazia mediante a utilização de um dos dois seguintes processos:

a) a *negotiorum gestio* (gestão de negócios); e

b) a *auctoritatis interpositio* (interposição da *auctoritas*).

Na *negotiorum gestio*, o tutor age como *negotiorum gestor* (gestor de negócios) do pupilo. Assim, por conta do tutelado, mas em seu próprio nome – portanto, como representante indireto (*vide* nº 111, B) –, o tutor, gerindo o patrimônio do pupilo, adquire bens, torna-se credor ou devedor; de outra parte, quando, em juízo, na defesa dos interesses

---

33 A propósito, *vide* Girard, *Manuel Élémentaire de Droit Romain*, 8ª ed., p. 226; e Giffard, *Précis de Droit Romain*, I, 4ª ed., § 472, p. 226 e segs.

34 C. V, 49, 1.

35 C. V, 49, 2.

Cap. L · TUTELA E CURATELA | **683**

patrimoniais do pupilo, vale-se, no processo formulário, da fórmula com transposição de sujeito: na *intentio*, figura o tutelado como credor ou proprietário da coisa em litígio, e, na *condemnatio*, aparece o tutor como a pessoa em favor de quem deverá o réu, se condenado, cumprir a sentença. Dessa forma, estando bens, créditos e débitos em nome do tutor, ao terminar a tutela por ter o pupilo atingido a puberdade, aquele está obrigado a prestar contas a este, transferindo-lhe, pelos meios comuns de transmissão de direitos, bens, créditos e débitos.

Na *auctoritatis interpositio*, o panorama é bem diverso. O pupilo realiza o ato, e o tutor o assiste como *auctor*, isto é, adere ao ato, dando a sua aprovação.[36] A *auctoritas* não se confunde com a autorização moderna, pois, enquanto esta pode ser concedida antes de praticado o ato, ou depois (aí, a título de ratificação), a *auctoritas* tem de ser interposta no momento mesmo em que ele se realiza;[37] nos contratos entre ausentes, é suficiente que o tutor esteja presente à proposta do pupilo, sendo que, no direito justinianeu, se admite que a *auctoritas* seja concedida por escrito.[38] Por outro lado, a princípio, a *auctoritas* se concedia, solenemente, mediante – é provável[39] – a pergunta *auctor es?* e a resposta *auctor sum*; no direito clássico, pode ser concedida com quaisquer palavras ou atos; e, no direito justinianeu, não há traço algum de exigência de formalidades para a concessão da *auctoritas*.

Quando o impúbere estava ausente (*absens*), ou era *infans* (infante) – e, segundo parece, no direito pré-clássico, *infantiae proximus* –, o tutor não tinha alternativa, devendo gerir os interesses do tutelado pela *negotiorum gestio*. Quando, porém, se tratava de (a partir, possivelmente, do direito clássico) *infantiae proximus*, ou, então, de *pubertati proximus*, podia o tutor escolher um dos dois processos: a *negotiorum gestio* ou a *auctoritatis interpositio*.

Por outro lado, a princípio, a *auctoritatis interpositio* apresentava manifestas vantagens sobre a *negotiorum gestio*, a saber:

a) pela *negotiorum gestio*, ao contrário do que ocorria quando se utilizava da *auctoritatis interpositio*, o tutor, por agir como representante indireto do pupilo, não podia praticar certos atos que este devia realizar pessoalmente, como, por exemplo, a aceitação da herança ou a alienação por *mancipatio*;

b) a *negotiorum gestio* implicava o uso, quando do término da tutela, de uma série de operações complexas para a transmissão, do ex-tutor para o ex-pupilo, dos direitos e obrigações, que aquele, por conta deste, adquirira ou contraíra durante a tutela; e

c) em vista disso, o processo da *negotiorum gestio* fazia o tutelado correr o risco de, terminada a tutela, ser prejudicado por se encontrar o tutor (contra quem somente

---

36 Note-se que, ao contrário do que ocorre na *tutela mulierum* (*vide* nº 300), o tutor do impúbere era, no direito clássico, livre para negar a *auctoritas*.

37 *Inst.*, I, 21, 2.

38 D. XXVI, 8, 9, 6, que, geralmente, se considera interpolado.

39 *Vide* D. XXVI, 8, 3.

DIREITO ROMANO – *José Carlos Moreira Alves*

dispunha de ações pessoais) em estado de insolvência, nada tendo para transferir-lhe dos direitos adquiridos com a gestão de seu patrimônio.

Nos direitos clássico e pós-clássico, porém, esses inconvenientes da *negotiorum gestio* foram afastados graças a expedientes, à atuação do pretor e dos jurisconsultos e às constituições imperiais. Assim quando se tratava de ato que somente aumentasse o patrimônio do pupilo, mas que tivesse de ser realizado pessoalmente por ele, o tutor lançava mão de um dos escravos do tutelado, pois tudo o que o escravo adquire o faz para seu senhor; o *ius honorarium* admitia que o tutor, como *bonorum possessor*, aceitasse a herança deferida ao *infans*; Teodósio II e Valentiniano III, em constituição imperial de 426 d.C. (C. IV, 30, 18, 2), permitiram que o tutor, *iure ciuili*, aceitasse a herança que fora deferida ao pupilo; desde o direito clássico, admitia-se que o tutor, gerindo os negócios do pupilo, adquirisse diretamente para este a propriedade de uma coisa, por modo de aquisição baseado na posse (assim, por exemplo, a *traditio*, que – *vide* nº 154, II, *c* –, no direito justinianeu, não mais existindo a *mancipatio* nem a *in iure cessio*, se tornou o único modo de transferência da propriedade); e, provavelmente ainda no período clássico,[40] por meio de *actiones utiles* (*vide* nº 131, A, *in fine*) concedidas, no término da tutela, ao ex-pupilo e contra ele, podia o mesmo demandar ou ser demandado, diretamente, com relação a créditos e a débitos surgidos da gestão do tutor.

Não mais apresentando aqueles inconvenientes, a *negotiorum gestio* (que não exigia a presença do pupilo para a realização dos negócios jurídicos) suplanta, no direito pós--clássico, a *auctoritatis interpositio*.

D) *Poderes e obrigações do tutor*

Quanto aos poderes do tutor, observa-se, no direito romano, que eles, de absolutos que eram no início, vão, a pouco e pouco, sendo restringidos, e, paralelamente, vai surgindo, cada vez em maior número de casos, a necessidade de o tutor obter para a prática de certos atos a autorização do magistrado.

Nos tempos primitivos, quando a tutela existe em favor do tutor, este se comporta, com relação aos bens do impúbere, como se fosse seu proprietário: *loco domini* (D. XXVI, 7, 27). Pode, portanto, o tutor praticar todos os atos – inclusive alienações a título gratuito – que quiser.

Mas, já no direito pré-clássico, surge uma restrição a esse poder: quando o tutor move uma *legis actio* (ação da lei) contra o pupilo, o pretor designa, para proteger os interesses do impúbere no pleito judicial, e somente para isso, um outro tutor; o *tutorpraetorius*.

---

40 Solazzi, *Le Azioni del pupillo e contro il pupillo per i negozi conclusi dal tutore, in Scritti di Diritto Romano*, I, p. 393 e segs., Napoli, 1955 (no mesmo sentido, Schulz, *Classical Roman Law*, nº 301, p. 175), acha que os textos que aludem a essas *actiones utiles* (D. XXI, 2, 4, 1; e D. XXVI, 7, 9, pr.) são interpolados.

No direito clássico, as limitações se avolumam. De início, e graças à atuação da jurisprudência clássica, não pode o tutor dispor, gratuitamente, dos bens do impúbere, a menos que obtenha autorização do magistrado. Nos fins do século II d.C., um *senatus-consulto* do tempo de Severo e Caracala (a *Oratio Seueri*, de 195 d.C.)[41] proibiu o tutor de alienar, a título oneroso, os *praedia rustica uel suburbana* (imóveis rurais) do impúbere, exceto em casos especiais (como, por exemplo, o de o imóvel estar em ruínas), mediante a autorização do magistrado, ou do príncipe.

No direito pós-clássico, uma constituição imperial de Constantino[42] estende, em 335 d.C., essa proibição às alienações, a título oneroso, de imóveis urbanos, bem como de bens móveis preciosos, como, por exemplo, joias.

Finalmente, no tempo de Justiniano, o tutor está sujeito à vigilância do magistrado inclusive para a prática de atos de gestão de menor importância, como a colocação de capitais ou o recebimento do pagamento de créditos; por outro lado, é nula a alienação de bens feita contra aquelas proibições; e mesmo quanto aos atos que o tutor pode praticar sem autorização do magistrado, se danosos ao impúbere, tem este a possibilidade de obter da autoridade judiciária competente a *restitutio in integrum*.

Com referência às obrigações do tutor, elas podem ser agrupadas em:

a) obrigações no início da tutela;

b) obrigações durante a tutela; e

c) obrigações no término da tutela.

No início da tutela, o tutor está obrigado, já no direito clássico, a elaborar o inventário dos bens do impúbere sob pena de, não o fazendo, seu comportamento ser considerado doloso, podendo-se provar o valor dos bens do pupilo por qualquer meio, inclusive pelo juramento deste.[43] Demais, o tutor legítimo e o tutor honorário designado por magistrados municipais (o mesmo não ocorria com o tutor testamentário, pois o escolhido pelo *pater familias* é presumivelmente pessoa honrada e solvável; nem com o tutor honorário designado pelo pretor, em Roma, porque a escolha dele era feita depois de investigações) estão obrigados – obrigação que é disciplinada provavelmente no tempo do imperador Cláudio[44] – a prometer, mediante *stipulatio* garantida por caução, que manterão intacto o patrimônio do impúbere (*satisdatio rem pupilli saluam*). Na época de Trajano, concedeu-se ao pupilo uma *actio utilis* (denominada *actio subsidiaria*)[45] contra o magistrado que não exigiu a *satisdatio rem pupilli saluam*, ou que nomeou tutor inidôneo.[46] Desde 396 d.C.,[47]

---

41 D. XXVII, 9, 1, pr. a 2.

42 C. Th. III, 30, 3; C. V, 37, 33; e D. V, 72, 4.

43 D. XXVI, 7, 7, pr.

44 *Vide*, a propósito, Girard, ob. cit., p. 238.

45 D. XXVII, 8, 1; e *Inst.*, I, 24, 2. Brugi, *Dell'azione sussidiaria in Teofilo*, I, 24, 2, *in Mélanges P. F. Girard*, I, p. 143 e segs., Paris, 1912, defende a tese de que essa denominação não é clássica.

46 D. XXVII, 8, 1, 10 e 11; e *Inst.*, I, 24, 2.

47 C. V, 37, 24.

a elaboração desse inventário se torna obrigação legal, devendo processar-se na presença do magistrado. No tempo de Justiniano,[48] basta que o inventário se faça por ato público, mas, se o tutor não elaborá-lo, será destituído da tutela e declarado *infamis* (infame).

Durante o exercício da tutela, o tutor se obriga a bem gerir o patrimônio do pupilo. E ele deve fazê-lo, já no direito clássico, como um *bonus pater familias* cuidaria de seus próprios bens; por isso, é ele responsável não só por dolo, mas também por todos os atos e omissões incompatíveis com um *bonus pater familias* (culpa apreciada abstratamente).[49] No direito justinianeu,[50] sua responsabilidade se atenua, pois se passa a exigir que ele administre os bens do impúbere com o mesmo cuidado que gere seus próprios bens: portanto, o tutor só responde por dolo ou por *culpa leuis in concreto* (assim, se o tutor for displicente com relação a seus bens, não será responsabilizado se o for também com referência ao patrimônio do pupilo).

No término da tutela, o tutor (ou, se for o caso, seus herdeiros) tem a obrigação de prestar contas ao ex-pupilo, transferindo-lhe todos os direitos e obrigações que, pela *negotiorum gestio*, adquiriu ou contraiu em seu nome, mas por conta do então tutelado.

E) *Ações e garantias contra o tutor*

No direito justinianeu – quando a tutela é instituto de proteção ao tutelado (*vide* nº 298) –, as relações entre tutor e tutelado são sancionadas por três meios diferentes:

a) a *accusatio suspecti tutoris*;

b) a *actio rationibus distrahendis*;

c) a *actio tutelae* (*directa*, em favor do tutelado; *contraria*, em favor do tutor).

Deles, os dois primeiros são mais antigos; o terceiro – que é um *iudicium bonae fidei* – é mais recente.

Para melhor compreensão dessa matéria, examinemos, a seguir, como é que surgiram e evoluíram a *accusatio suspecti tutoris*, a *actio rationibus distrahendis* e a *actio tutelae*.

Segundo tudo indica, originariamente, tendo em vista o caráter arcaico da tutela (pelo qual era ela um direito do tutor, e não instituto de proteção ao tutelado), não surgiam entre tutor e tutelado obrigações, não sendo, portanto, aquele responsável por danos causados aos bens deste.

Mas, já na Lei das XII Tábuas,[51] encontram-se duas ações para proteger o pupilo contra atos fraudulentos do tutor:

a) a *accusatio suspecti tutoris*; e

---

48 A propósito, *vide* Cuq, *Manuel des Institutions Juridiques des Romains*, 2ª ed., p. 214.

49 Essa matéria é muito controvertida, pretendendo vários autores (assim, por exemplo, Bonfante, ob. cit., p. 623 e segs.) que o tutor, no direito clássico, só respondia por dolo. Mas, como observa Monier (*Manuel Élémentaire de Droit Romain*, I, 6ª ed., nº 234, p. 328), há contra essa tese textos (assim, *Mosaicarum et Romanarum legum colatio*, X, 2, 3) difíceis de ser afastados.

50 *Vide* Monier, ob. cit., nº 235, p. 329.

51 Tab. VIII, 20 *a* e 20 *b* (ed. Riccobono).

b) a *actio rationibus distrahendis.*

A *accusatio suspecti tutoris*, que podia ser intentada durante a tutela, se destinava a afastar o *tutor suspectus* (isto é, o tutor que cometera o *crimen suspecti tutoris* – gestão dolosa, malversação ou fraude com relação ao patrimônio do pupilo). Essa *accusatio* – que, no direito pré-clássico e possivelmente também no direito clássico,[52] se utilizava apenas contra o tutor testamentário – era uma ação penal pública (daí a denominação *accusatio*), e, portanto, possível de ser movida por qualquer pessoa,[53] exceto pelo tutelado. No direito justinianeu,[54] até o magistrado, *ex officio*, podia iniciá-la.

Por outro lado, a *accusatio suspecti tutoris*, já no direito clássico, se processava *extra ordinem*, e o magistrado, em vez de proferir uma sentença, emitia um *decretum*.

No direito clássico, a *accusatio suspecti tutoris* – que acarretava a *infamia* (*vide* nº 86, D) – era utilizada quando havia, por parte do tutor, gestão dolosa, malversação ou fraude com referência ao patrimônio do tutelado. Se procedente a *accusatio*, o tutor testamentário (que, a princípio – como ocorria com o tutor legítimo –, era inamovível) não era destituído das funções de tutor, mas apenas suspenso delas, que passavam a ser exercidas por um *tutor praetorius*.[55] Somente com um *senatusconsulto* posterior à época de Cláudio,[56] é que o tutor testamentário deixou de ser inamovível, pois passou a ser substituído definitivamente, quando afastado de suas funções, por um tutor dativo (isto é, nomeado pelo pretor).

Ainda no principado, segundo parece,[57] surgiu, ao lado da *accusatio suspecti tutoris*, uma *postulatio*, que se destinava a afastar o *tutor suspectus*, sem que incorresse em *infamia*, quando fosse ele negligente ou omisso na gestão dos bens do impúbere.

No direito justinianeu, fundem-se o *accusatio suspecti tutoris* e essa *postulatio*, e surge uma *accusatio suspecti tutoris* que pode ser intentada contra o tutor que age dolosa ou culposamente, acarretando a *infamia* apenas na hipótese de dolo;[58] demais, por meio dela, qualquer espécie de tutor pode ser destituído, sendo substituído por um tutor dativo.

Já a *actio rationibus distrahendis* – que era uma ação penal privada –, a princípio, provavelmente,[59] só podia ser intentada contra o tutor legítimo quando este subtraísse

---

52 *Vide* Solazzi, *Sull "actio rationibus distrahendis"*, in *Scritti di Diritto Romano*, II, p. 304, Napoli, 1957; e Kaser, *Das Römische Privatrecht*, I, § 88, p. 308, München, 1955.

53 No direito clássico, mesmo as mulheres ligadas por parentesco, ou até por afeição, podiam intentá-la; provavelmente, apenas no direito justinianeu, é que se estendeu essa faculdade a qualquer mulher, ainda que estranha ao tutelado.

54 Cf. Bonfante, ob. cit., p. 613.

55 Cf. Bonfante, ob. cit., p. 615.

56 Gaio, *Institutas*, I, 182.

57 Nesse sentido, Bonfante, ob. cit., p. 615.

58 C. V, 43, 9 (interpolado).

59 Nesse sentido, entre outros, Jörs-Kunkel, *Römisches Recht*, 2ª ed., § 191, 1, p. 302.

DIREITO ROMANO – *José Carlos Moreira Alves*

bens do pupilo. Essa *actio* especial se explica pelo caráter arcaico da tutela: o tutor, por subtração de bens do tutelado, não podia ser punido por *furtum*; daí surgir a *actio rationibus distrahendis*, mediante a qual o tutor era condenado a pagar o dobro do valor da coisa retirada do patrimônio do pupilo. Posteriormente, quando se admite que o tutor possa cometer *furtum* contra o tutelado, este passa a dispor contra o tutor de duas ações: da *actio rationibus distrahendis* e da *actio furti*.[60]

Os autores não são acordes em que, nos direitos pré-clássico e clássico, a *actio rationibus distrahendis* fosse passível de ser intentada apenas durante a tutela,[61] ou somente no seu término,[62] ou durante a tutela e depois dela.[63] Para os que defendem a tese de que, exclusivamente ou não, a *actio rationibus distrahendis* podia ser movida contra o tutor durante a tutela, o pretor designava um *tutor praetorius* para intentá-la em favor do impúbere.[64]

Por outro lado, e esse princípio persiste até no direito pós-clássico, é o tutor legítimo inamovível, razão por que, ainda que condenado na *actio rationibus distrahendis*, não era ele destituído das funções de tutor, mas suspenso do exercício da tutela pelo magistrado que o proibia de gerir o patrimônio do pupilo.[65]

No direito justinianeu, a *actio rationibus distrahendis* se transforma em ação mista (*vide* nº 131, D); demais, pode ela ser intentada contra qualquer espécie de tutor, mas apenas após o término da tutela.[66]

* * *

Com a evolução da tutela, o tutor – que, como vimos, a princípio não era obrigado a administrar os bens do pupilo, tanto assim que só respondia por gestão dolosa, malversação, fraude ou subtração de bens – passa, a pouco e pouco, a ter o dever de gerir o patrimônio do impúbere no interesse deste, que, assim, vai poder exigir do tutor, ao término da tutela, prestação de contas.

Daí ter surgido, nos fins da república, a *actio tutelae*, que permite ao pupilo defesa mais ampla contra o tutor.

A *actio tutelae* era um *iudicium bonae fidei* (*vide* nº 131, C) que, do direito clássico ao justinianeu, acarretava a *infamia*.

---

60 Cf. Perozzi (*Istituzioni di Diritto Romano*, I, 2ª ed., *reintegrazione*, 1949, § 59, p. 497 e segs.

61 Assim, Solazzi, *Tra "l'actio rationibus distrahendis" e "l'actio tutelae"*, in *Scritti di Diritto Romano*, II, p. 287, Napoli, 1957.

62 Nesse sentido, Kaser, *Das Römische Privatrecht*, I, § 88, p. 309, München, 1955.

63 Monier, *Manuel Élémentaire de Droit Romain*, I, 6ª ed., nº 234, p. 327 (inclusive nota 8).

64 E isso com base em Gaio, *Institutas*, I, 184.

65 A propósito, *vide* Solazzi, *Sull'actio rationibus distrahendis*, in *Scritti di Diritto Romano*, II, p. 207, Napoli, 1957.

66 *Vide*, a respeito, Monier, ob. cit., I, nº 235, p. 329.

Cap. L · TUTELA E CURATELA | **689**

De início, a *actio tutelae* podia ser intentada apenas contra o tutor dativo; posteriormente, alcançou o tutor testamentário, mas é incerto se, já no direito clássico, podia ser movida contra o tutor legítimo.[67]

Por outro lado, a princípio, a *actio tutelae* apenas era utilizada contra o tutor que efetivamente administrasse os bens do pupilo; logo, porém, por atuação da jurisprudência, se alargou o sentido de *gerere* (gerir, administrar), e pode ser réu, nessa *actio*, o tutor que tratasse de negócio, mínimo que fosse, do pupilo.[68] Mas o tutor, que se omitisse no administrar o patrimônio do impúbere (*tutor cessans*), estava fora do alcance da *actio tutelae*; é certo que, com relação ao tutor dativo, isto foi obviado pelo pretor que, ao nomeá-lo, o obrigava a iniciar a administração dos bens do pupilo; quanto ao tutor testamentário, no tempo de Marco Aurélio (antes, isto só se verificava mediante decisões especiais dos cônsules), estabeleceu-se que esse tutor, desde que não se tivesse escusado da tutela, era responsável pelos danos decorrentes da não administração (*periculum cessationis* – risco da inércia), e contra ele se concedia, não a *actio tutelae directa*, mas uma *actio tutelae utilis* (*vide* nº 131, A, *in fine*).

A *actio tutelae* somente podia ser intentada no término da tutela, e por meio dela o ex-pupilo visava a obter do ex-tutor:

a) que lhe prestasse contas;

b) que lhe transmitisse as coisas adquiridas com seus bens, durante a tutela; e

c) que o indenizasse dos danos causados por seu comportamento contrário ao exigido.

Por sua vez, o ex-tutor dispunha, contra o ex-pupilo, da *actio tutelae contraria*,[69] para a obtenção:

a) do ressarcimento das despesas feitas para o então pupilo;

b) do pagamento dos honorários que, porventura, o testador (se se tratasse de tutor testamentário) ou o magistrado (se se tratasse de tutor dativo) lhe tivesse concedido; e

c) da liberação da responsabilidade pelos débitos assumidos com terceiros, para o então pupilo.[70]

---

67 Kaser, *Das Römische Privatrecht*, I, § 88, p. 310, München, 1955, acha possível essa extensão ainda no direito clássico; Solazzi, *Tra "l'actio rationibus distrahendis" e "l'actio tutelae"*, in Scritti di Diritto Romano, II, p. 293, Napoli, 1957, porém, entende que, no direito clássico, o tutor legítimo prestava contas, não por meio da *actio tutelae*, mas em processo *extra ordinem*.

68 Cf. D. XXVI, 7, 5, 1 a 3. Assim, por exemplo, considerava-se que fizera ato de gestão o cotutor que entregasse a administração dos bens do impúbere a outro cotutor.

69 Cf. Kaser, ob. cit., I, § 88, p. 411. Como salienta Volterra, *Instituzioni di Diritto Privato Romano*, p. 107, alguns autores, sem fundamento, pretendem que a *actio tutelae contraria* seja criação justiniane ia.

70 Podia ocorrer que alguém, de boa ou de má-fé, sem ser tutor, se conduzisse como se o fosse (*falsus tutor*), – a isso os jurisconsultos clássicos davam a denominação de *protutela*. Seus atos não tinham eficácia jurídica, e os terceiros de boa-fé que com ele houvessem feito operações tinham a possibilidade de obter do pretor a *restitutio in integrum* (*vide* nº 132, D). Por outro lado, os ro-

690 | DIREITO ROMANO – José Carlos Moreira Alves

Além dessas ações e dos meios de proteção a que aludimos na letra D, atrás (como a *satisdatio rem pupilli saluam* e a *actio subsidiaria*), o pupilo, com relação a seu crédito contra o tutor, era garantido pelo *priuilegium inter personales actiones*, graças ao qual ele preferia a todos os credores quirografários do tutor; e, ao menos desde a época de Constantino,[71] por hipoteca tácita sobre os bens do tutor, a partir da data em que se iniciara a tutela. Demais, Justiniano, segundo parece,[72] admitiu que o pupilo reivindicasse, como se ele tivesse adquirido, os imóveis comprados, com seus bens, pelo seu tutor.

F) *Pluralidade de tutores*

Era possível que o impúbere tivesse, ao mesmo tempo, vários tutores. Isso ocorria quando eram dois ou mais os parentes chamados à tutela legítima, ou os tutores designados em testamento (tutores testamentários) ou os nomeados pelo magistrado (tutores dativos).[73]

Verificada a pluralidade de tutores – e não havendo o testador (em caso de tutor testamentário) ou o magistrado (na hipótese de tutor dativo) determinado a divisão, entre os cotutores, do exercício da administração dos bens do pupilo –, todos eles, em princípio, deviam exercer conjuntamente a tutela, quer por meio da *auctoritatis interpositio*, quer mediante a *negotiorum gestio*. É certo, porém – como observa Lecomte[74] –, que essa administração em comum, pelas dificuldades práticas que acarretava (assim, por exemplo, um dos cotutores podia opor-se à realização de um negócio aprovado por todos os demais, impedindo-a), não era bem vista no direito clássico, razão por que o pretor propendeu para colocar a gestão dos bens do pupilo nas mãos de um só dos cotutores, ou dividindo entre os cotutores a gestão do patrimônio do impúbere, obrigando-os a escolher aquele que administraria, ou ele mesmo dividindo entre os cotutores a gestão do patrimônio do impúbere, o que era conveniente quando havia bens em lugares diversos.[75] Demais, os textos demonstram que, no direito clássico (ou ao menos no direito pós-clássico a partir do século V d.C.) – ainda quando o pretor não intervinha –, bastava, em se tratando de tutela testamentária, que um dos coautores assistisse o menor, dando-lhe a *auctoritas*, para que o ato praticado fosse válido; e, no tempo de Justiniano, o mesmo se observa com relação às tutelas legítima e dativa.

---

manistas modernos, em geral, entendem que a *actio protutelae* e o *contrarium iudicium tutelae*, a que aludem textos do *Digesto* e do Código, e concedidos, respectivamente, em favor do impúbere e do *protutor* para as relações estabelecidas entre ambos, são criações justinianeias; no direito clássico, havia, para isso, a *actio negotiorum gestorum* em favor do impúbere contra o *protutor*, e o *contrarium iudicium negotiorum gestorum* em favor do *protutor* contra o impúbere.

71 C. Th. III, 30, 1; C. V, 37, 20.

72 D. XXVI, 9, 2, que os romanistas modernos, em geral, consideram interpolado.

73 Sobre essa matéria, que ainda não está devidamente estudada, *vide* Lecomte, *La pluralité des tuteurs en Droit Romain*, Paris, 1928; Lévy, *Haftung mehrerer Tutoren, in Zeitschrift der Savigny-Stiftung für Rechtsgeschichte, Römanistiche Abteilung*, XXXVII (1916), p. 14 e segs.; e Bonfante, *Corso di Diritto Romano*, I (*Diritto di Famiglia*), *ristampa* da 1ª ed., p. 633 e segs., Milano, 1963.

74 Ob. cit., p. 74.

75 Jörs-Kunkel, *Römisches Recht*, 2ª ed., § 190, 3, p. 302 e segs.

Quanto à responsabilidade dos cotutores,[76] é preciso distinguir:

a) tutores gerentes (isto é, os que efetivamente administram o patrimônio do pupilo);

b) tutores *cessantes* (ou seja, aqueles que, sem determinação do testador ou do magistrado, se omitem com referência à administração dos bens do pupilo); e

c) tutores não gerentes (aqueles que legitimamente foram eximidos da gerência do patrimônio do impúbere).

Quando todos os tutores são gerentes, ou *cessantes*, são eles responsáveis solidários; se alguns dos cotutores são gerentes, e outros *cessantes*, a princípio estes não são responsáveis, e, mesmo mais tarde, quando passam a ter responsabilidade, somente respondem subsidiariamente depois dos cotutores gerentes; demais, quando um (ou alguns dos cotutores) não é gerente, porque legitimamente foi eximido da gerência (assim, por exemplo, quando o testador nomeava alguém tutor, apenas a título de deferência, pois o isentava dos encargos da função – era o *tutor honoris causa datus*; ou quando o magistrado eximia alguns dos cotutores da administração dos bens do pupilo), é ele, no direito clássico, isento de responsabilidade, mas, no direito justinianeu, passa a responder subsidiariamente.

Por outro lado, segundo parece,[77] no direito clássico, a solidariedade entre os cotutores é eletiva quando contra eles é intentada a *actio tutelae* (assim, movida a *actio tutelae* contra um dos cotutores, não é possível intentá-la, posteriormente, contra outro), mas é cumulativa quando contra eles é intentada a *actio rationibus distrahendis* (por isso, essa *actio* podia ser movida, pelo todo, contra cada um dos cotutores solidários); no direito justinianeu, quer se trate de *actio tutelae*, quer de *actio rationibus distrahendis*, a solidariedade é, em geral, eletiva.

Quando a solidariedade é eletiva, o cotutor contra o qual se intentava a ação dispunha, já no período clássico, do *beneficium cedendarum actionum* (que, porém, não era concedido aos cotutores *cessantes*) e do *beneficium excussionis*;[78] no direito justinianeu acrescenta-se em favor de qualquer dos cotutores o *beneficium diuisionis* (*vide* nº 197, B, III).

G) *Cessação da tutela dos impúberes*

A tutela dos impúberes cessa para o pupilo quando ele falece, ou sofre *capitis deminutio*, antes de atingir a puberdade, ou quando – e essa é a hipótese mais comum – ele se torna púbere.

Já para o tutor, a tutela cessa não só nestes casos, mas em vários outros, cujos principais são os seguintes:

a) quando o tutor morre, ou sofre *capitis deminutio* (*maxima* e *media*, e, em se tratando de tutela legítima, também *mínima*);

b) quando se verifica incapacidade superveniente para ser tutor, ou há, nas hipóteses em que é admissível, a *excusatio a coepta tutela* (escusa de tutela iniciada);

---

76 Para pormenores, *vide* Bonfante (que, em linhas gerais, segue Lévy), ob. cit., p. 633 e segs.

77 Essa matéria não é pacífica entre os autores. *Vide*, a propósito, Lecomte, ob. cit., p. 158 e segs.

78 Sobre ambos esses *beneficia*, *vide* nº 197, B, III.

692 | DIREITO ROMANO – *José Carlos Moreira Alves*

c) quando se dá a destituição do *tutor suspectus*; e

d) quando – em se tratando de designação de tutor testamentário sob condição ou a termo resolutivo – ocorre a condição ou o termo.

300. A tutela das mulheres – Até o século IV d.C., a mulher *sui iuris*, no direito romano, enquanto impúbere, está sujeita à tutela dos impúberes; alcançada a puberdade, à tutela das mulheres púberes (*tutela mulierum*), que é perpétua, e da qual, desde tempos remotos, apenas estavam isentas – segundo Gaio[79] – as vestais, *in honorem sacerdotii* (em honra do sacerdócio).

Se, no direito pré-clássico, a *tutela mulierum* se explica pela estrutura familiar primitiva (*vide* nº 299), no período clássico ela não encontra justificativa que não seja especiosa. Daí estas palavras de Gaio:

Feminas uero perfectae aetatis in tutela esse fere nulla pretiosa ratio suasisse uidetur; nam quae uulgo creditur, quia leuitate animi plerumque decipiuntur et aequum erat eas tutorum auctoritate regi, magis speciosa uidetur quam uera (Parece que nenhuma razão séria aconselha se sujeitem à tutela as mulheres púberes, porquanto aquela que comumente se aceita, segundo a qual são elas muitas vezes ludibriadas por causa da fraqueza de espírito, e por isso mesmo é equitativo submetê-las à *auctoritas* do tutor, antes parece especiosa do que verdadeira).[80]

Em virtude disso – e a história da *tutela mulierum*, já o afirmou Bonfante,[81] não é a da sua transformação, mas, sim, da sua dissolução, por não se adaptar esse instituto às finalidades de uma sociedade mais evoluída –, existe, no período clássico, uma série de princípios que se aplicam a essa tutela e não à dos impúberes, e que mostram o seu processo de degenerescência.

Assim, na *tutela mulierum*, há várias espécies de tutores, alguns dos quais escolhidos pela mulher. Além do tutor testamentário (que remota à Lei das XII Tábuas, e que era designado, em testamento, pelo *pater familias* da mulher), do tutor legítimo (segundo a Lei das XII Tábuas, os agnados, e, na falta destes, os *gentiles*)[82] e do tutor dativo (que surgiu depois dos dois primeiros, e que era nomeado pelo magistrado, com base nas Leis *Atilia* e *Iulia et Titia*), há ainda:

---

79 *Institutas*, I, 145, onde Gaio atribui a exceção à Lei das XII Tábuas. Apesar desse texto, Volterra (*Istituzioni di Diritto Privato Romano*, p. 108, nota 1) entende que a vestal não podia ser considerada *sui iuris*, porque submetida à *potestas* do *Pontifex Maximus*.

80 *Institutas*, I, 190.

81 *Corso di Diritto Romano*, I, *Diritto di Famiglia, ristampa* da 1ª ed., p. 560 e segs., Milano, 1963.

82 O tutor legítimo podia ser um impúbere, um louco ou um mudo. Nesses casos, a mulher, para a prática de certos atos (assim, por exemplo, a constituição de dote), podia solicitar ao pretor urbano lhe nomeasse um tutor, o que, porém, não fazia cessar a tutela legítima (a propósito, *vide* Gaio, *Institutas*, I, 178 a 181; e Ulpiano, *Liber singularis regularum*, XI, 20 e 21). Demais, por meio de interpretação da Lei das XII Tábuas, a tutela legítima da liberta era concedida ao seu manumissor e aos filhos dele, e a da emancipada a quem a emancipara (em geral, o *pater familias*).

Cap. L · TUTELA E CURATELA | **693**

a) o *tutor cessicius*: aquele a quem o tutor legítimo cede, pela *in iure cessio*, a tutela; com a morte ou a *capitis deminutio do tutor cessicius*, a tutela retorna ao tutor legítimo; e, se é este quem falece ou sofre *capitis deminutio*, o *tutor cessicius* perde a tutela, que passa ao agnado que se encontra em grau mais próximo da mulher depois daquele que deixou de ser o tutor legítimo;[83]

b) o *tutor optiuus*: aquele que a mulher – em virtude de concessão que o marido, que tem sobre ela a *manus*, lhe faz em testamento – escolhe, ao se tornar *sui iuris* com a morte do esposo; conforme o marido tivesse, no testamento, outorgado a ela a faculdade de tomar por tutor quem quisesse, podendo mudá-lo quantas vezes o entendesse, ou, então, apenas uma ou duas, dizia-se que a opção era plena (*optio plena*), ou limitada (*optio angusta*);

c) o *tutor praetorius*: o designado pelo pretor, a pedido da mulher, para assisti-la na prática de ato em que não poderia fazê-lo seu tutor permanente (assim, por exemplo, em juízo, quando ela litigasse com o seu tutor permanente); e

d) o *tutor fiduciarius*: aquele que a mulher obtém por meio de expediente, criado pelos jurisconsultos, com base na *fiducia*: a mulher, com o assentimento de seu tutor, e sem se casar, se submetia, mediante a *coemptio* (dita *coemptio tutelae euitandae causa*),[84] à *manus* de um homem que, em virtude de um *pactum fiduciae*, a mancipava (isto é, a vendia solenemente) a quem ela quisesse; este, recebendo-a como *in mancipio*, a manumitia *uindicta* (*vide* nº 83, *D*, 1, *a*), tornando-se, então, seu *tutor fiduciarius*.[85]

Por outro lado, o tutor da mulher, ao contrário do que ocorre na tutela dos impúberes, não administra os bens dela (por isso, entre a mulher e seu tutor não há as ações, decorrentes da tutela, que existem entre o tutor e o impúbere), mas se limita a dar a *auctoritas*[86] a certos atos, a saber:

a) a *propositura* de uma *legis actio* (ação da lei), ou, no processo formulário, de um *iudicium legitimum*;[87]

b) os atos jurídicos que se realizam pela utilização de uma *legis actio* (assim, a *in iure cessio* e a *manumissio uindicta*);

c) contrair obrigação;

d) realizar qualquer negócio de direito civil (*iuris ciuilis*), como, por exemplo, a *acceptilatio* e a constituição de dote;

e) alienar *res mancipi*; e

f) dar-se *in manum* (*conuentio in manum*).

---

83 Cf. Ulpiano, *Liber singularis regularum*, XI, 6 e 7.

84 Cf. Gaio, *Institutas*, I, 114 a 115.

85 Gaio, *Institutas*, I, 115.

86 O tutor da mulher somente atua mediante a *auctoritatis interpositio*, e não a *negotiorum gestio*.

87 A mulher podia, sem a *auctoritas* do tutor, agir em juízo quando se tratasse de *iudicium imperio continens* (*vide* nota 442), ou de processo *extra ordinem* (extraordinário).

694 | DIREITO ROMANO – *José Carlos Moreira Alves*

Do exame dessa relação,[88] verifica-se que a mulher necessita da *auctoritas* do tutor para a prática dos antigos atos *iuris ciuilis* (assim, a *legis actio*, o *iudicium legitimum*, a *obligatio*, o *negotium ciuile*, a alienação de *res mancipi*, a *conuentio in manum*), mas não para a dos atos que, a pouco e pouco, no direito clássico, foram sendo introduzidos pelo *ius honorarium* e pelo *ius gentium*, e que são, sem dúvida, os mais numerosos e importantes. O que – aliado à circunstância de que, se o tutor (com exceção do legítimo) se recusar a dar a *auctoritas* para os atos em que a mulher dela precisa, o magistrado pode compeli-lo a dá-la – é sinal evidente de que a *tutela mulierum*, no direito clássico, está em franca decadência. Aliás, a isso favorecem, também, as restrições que, no principado, surgem à tutela das mulheres púberes: Augusto, nas leis caducárias, concede o *ius liberorum* (pelo qual a mulher se livra dessa tutela) às ingênuas que dessem à luz três filhos, e às libertas que tivessem quatro; e, no tempo de Cláudio,[89] desaparece a figura do tutor legítimo, na *tutela mulierum*.

Nos fins do século IV d.C. já não se encontram vestígios[90] da *tutela mulierum*,[91] da qual não há qualquer referência no *Corpus Iuris Ciuilis*.

301. A curatela dos loucos – Ao estudarmos a alienação mental como fator de incapacidade de fato (*vide* nº 94, C), salientamos que os romanistas divergem quanto ao sentido a atribuir aos três termos que mais comumente designam, nas fontes, os alienados mentais: *furiosi*, *dementes* e *mentecapti*. Ainda hoje, não se sabe, com certeza, a diferença de sentido entre eles.[92] A opinião mais comum é a de que os *furiosi* eram os loucos com intervalos de lucidez; os *dementes* (ou *mentecapti*) os que sofriam de loucura contínua sem tais intervalos.

Os autores, que seguem essa explicação,[93] entendem que, no direito pré-clássico, tendo em vista os termos da Lei das XII Tábuas,[94] somente havia a curatela dos *furiosi*;

---

88   Essa relação nos é apresentada, em suas linhas gerais, por Ulpiano, *Liber singularis regularum*, XI, 27.

89   Gaio, *Institutas*, I, 171.

90   Sobre os últimos vestígios da *tutela mulierum*, *vide* Puchta, *Cursus der Institutionen*, vol. II (*System und Geschichte des Römischen Privatrechts*), 8ª ed., cuidada por Krueger, § 302, p. 427, nota *q*, Leipzig, 1875.

91   Textos dessa época e de período posterior a esse aludem, com referência às províncias, à sobrevivência, pelo costume, de uma espécie de tutela – a *quasi tutela* –, da qual não há qualquer referência no *Corpus Iuris Ciuilis*, mas que era mencionada nas *Institutas* de Gaio (I, 193): *Apud peregrinos non similiter ut apud nos in tutela sunt feminae; sed tamen plerumque quasi in tutela sunt; ut ecce lex Bithynorum, si quid mulier contrahat, maritum auctorem esse iubet aut filium eius puberem* (Entre os peregrinos as mulheres não estão sob tutela como entre nós; mas, em geral, estão sob uma espécie de tutela – *quasi in tutela* –; assim, a lei dos bitínios determina que, para a mulher contrair obrigação, o marido, ou um filho dela, *púbere*, deve dar a *auctoritas*).

92   Sobre as diferentes teses a respeito, *vide* Bonfante, *Corso di Diritto*, I (*Diritto di Famiglia*), ristampa da 1ª ed., p. 643 e segs., Milano, 1963.

93   *Vide*, por exemplo, Girard, *Manuel Élémentaire de Droit Romain*, 8ª ed., p. 242.

94   Tab. V, 7 a 7*a* (ed. Riccobono).

Cap. L · TUTELA E CURATELA | **695**

no direito clássico é que, graças ao pretor, teria ocorrido a extensão da curatela aos *dementes* (ou *mentecapti*).

Modernamente, no entanto, vários romanistas[95] se inclinam para outra tese: no direito pré-clássico, a palavra *furiosus* designava qualquer alienado mental; portanto, a *curatela furiosi* abrangia todas as espécies de alienação mental, não tendo havido qualquer extensão dela, no direito clássico, aos dementes, que nela já incidiam desde os tempos mais remotos; no direito pós-clássico, surgiu o conceito de intervalo de lucidez, decorrendo daí a distinção entre os *furiosi* e os *dementes* (ou *mentecapti*).

Ainda segundo esses autores, no direito clássico, surgida a curatela, sem interdição judicial do louco (ao contrário do que ocorre no direito moderno), mas em consequência da simples manifestação da loucura, o alienado mental ficava sob curatela até que se curasse ou morresse, não se levando em consideração os intervalos de lucidez. No direito justinianeu, Justiniano, decidindo controvérsia existente entre os jurisconsultos do período pós-clássico,[96] determinou que, nos intervalos de lucidez, os atos praticados pelo louco eram válidos, ficando em suspenso, durante esses espaços de tempo, a curatela; mas, cessando o intervalo de lucidez, o louco recaía, *ipso iure*, na curatela.

Por outro lado, no direito pré-clássico, a curatela se exerce em favor não do louco, mas do curador, que, sendo em geral o parente agnado mais próximo deste, será seu herdeiro depois de sua morte, e, portanto, tem interesse em bem conservar-lhe o patrimônio. No direito clássico, a curatela se transforma em instituto de proteção ao próprio louco, razão por que – como sucedeu com a tutela – ela passa a ser um encargo público (*munus publicum*), aplicando-se ao curador as regras da tutela quanto às escusas, aos motivos de destituição e à caução (esta não se aplica, porém, ao curador indicado no testamento do *pater familias*, por se presumir que este somente proporia, para exercer a curatela, pessoa idônea).

No direito pré-clássico, em face da Lei das XII Tábuas, apenas havia a curatela legítima: o curador do louco seria seu parente agnado mais próximo, e, na falta de agnados, os *gentiles*. No direito clássico, no entanto, até porque nem sempre os parentes preenchiam os requisitos para ser curador, a curatela legítima é substituída pela curatela dativa: o pretor, por via de regra, nomeia o indicado, para isso, no testamento do *pater familias* do louco; não havendo testamento, ou nele não existindo cláusula a esse respeito, era nomeado o parente agnado (na falta de agnados, os *gentiles*) mais próximo, se o pretor o julgasse apto a bem exercer a curatela; se isso não ocorresse, ele designava quem lhe parecesse ter tal aptidão. E, embora o curador – parente, ou não, do louco – seja sempre

---

95 A propósito, *vide* Solazzi, *I lucidi intervalli del furioso*, e *Furor vel dementia, in Scritti di Diritto Romano*, II, pp. 545 e 623 e segs., Napoli, 1957, respectivamente; Bonfante, ob. cit., p. 648 e segs.; e Rabel, *Grudzüge des Römischen Privatrechts, Enzyklopädie der Rechtswissenschaft de Holtzendorf*, I, 7ª ed., § 23, 2, p. 426, München-Leipsig-Berlin, 1915.

96 Nesse sentido, Solazzi (*I lucidi intervalli del furioso, in Scritti di Diritto Romano*, II, p. 543 e segs., Napoli, 1957), para quem os *antiqui* (antigos), a que alude Justiniano no C. V, 70, 6, pr., e no C. VI, 22, 9, são os juristas pós-clássicos, e não os clássicos, como pensam outros autores.

nomeado pelo pretor, se é parente continua a dizer-se que a curatela é legítima; se não, que a curatela é dativa. Essa distinção entre curatela legítima e curatela dativa, que é mais nominal do que verdadeira, somente vai desaparecer, segundo parece, com Justiniano, época em que todos os curadores são dativos.

O curador administra os bens do louco[97] pela *negotiorum gestio*, porquanto, não tendo este vontade, não pode aquele valer-se da *auctoritatis interpositio*. A princípio, o curador tem os mais amplos poderes sobre os bens do curatelado, podendo até aliená--los; mas, já no século III d.C., esses poderes, à semelhança do que se deu na tutela dos impúberes, estão restringidos.

As obrigações recíprocas entre curador e curatelado decorrentes da *negotiorum gestio* são sancionadas pelas *actiones negotiorum gestorum* (ações de gestões de negócios), discutindo os autores se eram elas diretas ou úteis.[98]

302. A curatela dos pródigos[99] – Como já salientamos anteriormente (*vide* nº 94, D), primitivamente só era pródigo o que gastava desordenadamente os bens que, na qualidade de herdeiro legítimo, recebera como herança de seu pai; protegiam-se, assim, por meio da prodigalidade, apenas os bens familiares. No direito clássico, o conceito se amplia: pródigo passa a ser aquele que gasta desordenada e loucamente seus haveres, qualquer que seja a procedência deles. Dessa modificação do conceito de prodigalidade decorreu a seguinte consequência: se, a princípio, somente os ingênuos podiam ser interditados como pródigos, pois apenas eles recebiam, por herança, a título de herdeiros legítimos, bens familiares, no direito clássico, como a noção de prodigalidade abrange bens de qualquer origem, podem ser declaradas pródigas as demais pessoas, como, por exemplo, os libertos e os filhos eman-cipados (que não recebem, a título de herdeiro legítimo, bens familiares).

Ao contrário do que ocorre com o louco (que o é em virtude de doença), para que alguém se considere, juridicamente, pródiga é necessário que seja interditado[100] – e essa interdição remonta à Lei das XII Tábuas[101] – por *decretum* (decreto) do magistrado competente (em Roma, o pretor), resultando, daí, as duas consequências que se seguem:

a) a pródigo perde a administração de seus bens (a qual passa a seu curador), e o *ius commercii*;[102] e

b) tornando-se relativamente incapaz, o pródigo não pode praticar, por si só, atos que lhe diminuam o patrimônio, mas apenas os que o aumentem (*vide* nº 95).

---

97 Alguns autores (assim, Girard, ob. cit., p. 243) julgam que, a princípio, o curador cuidava da pessoa e dos bens do louco; mais tarde, apenas dos bens. Outros (como Bonfante, ob. cit., p. 650), porém, entendem que sempre a missão do curador foi prevalentemente patrimonial, sendo o louco dei-xado aos cuidados dos parentes próximos ou do cônjuge (e, em casos extremos, seria segregado da sociedade).

98 *Vide*, a propósito, Cuq, *Manuel des Institutions Juridiques des Romains*, 2ª ed., p. 224, nota 2.

99 Indicação bibliográfica em Jörs-Kunkel, *Römisches Recht*, 2ª ed., § 193, p. 205, nota 2.

100 A fórmula clássica do *decretum* de interdição se encontra em Paulo, *Sententiarum ad filium libri*, III, 4 a 7.

101 D. XXVII, 10, 13; e *Inst.*, I, 23, 3.

102 É por isso que o pródigo – que pode casar – não pode fazer testamento.

Era designado curador do pródigo o agnado mais próximo, e, na falta de agnados, os *gentiles*. Na ausência de ambas essas categorias (e, portanto, de *curator legitimus*), cabia ao magistrado – que podia levar em consideração nome indicado, em testamento, pelo *pater familias* do incapaz[103] – nomear pessoa idônea (*curator honorarius*)[104] para exercer a curatela do pródigo.

O curador do pródigo – que tinha poderes semelhantes aos do *curator furiosi* – administrava-lhe os bens pela *negotiorum gestio*, e não mediante a *auctoritatis interpositio*.[105]

Extinguia-se a curatela do pródigo quando este falecesse, ou quando deixasse de ser incapaz por prodigalidade. Na última hipótese, embora um texto atribuído a Ulpiano[106] declare que a curatela cessa *ipso iure* (automaticamente), a maioria dos autores[107] entende que era necessário que o magistrado revogasse o *decretum* pelo qual se interditara o pródigo.[108]

As obrigações recíprocas (entre curador e curatelado) que resultavam dessa curatela eram sancionadas pelas ações *negotiorum gestorum* (ações de gestões de negócios).

303. A curatela dos púberes menores de vinte e cinco anos – Somente no direito pós-clássico é que se encontra, no direito romano, a curatela geral e permanente dos púberes menores de 25 anos.[109]

Longa foi a evolução – iniciada nos fins do período pré-clássico – por que passou esse instituto.

Até o início do século II a.C., alcançada a puberdade, o homem se tornava plenamente capaz, e a mulher passava da tutela ao impúbere para a *tutela mulierum*. Ora, se numa sociedade pouco evoluída a inexperiência dos jovens está protegida pelo número diminuto de negócios jurídicos admissíveis e pela publicidade de que eles se revestem, o mesmo

---

103 Cf. D. XXVII, 10, 16, pr.; e D. XXVI, 3, 1, 3. Assim sendo, não existia, propriamente, a figura do curador testamentário. Voci (*Istituzioni di Diritto Romano*, 3ª ed., § 25, p. 120), porém, admite a existência, no direito justinianeu, de curatela testamentária. Contra a admissão de curatela testamentária no direito justinianeu se manifesta Tomulescu, *Justinien et les Prodiques (quelques Problèmes), in Accademia Romanistica Constantiniana, Atti 1º Convegno Internazionale*, pp. 385 e 386. Perugia, 1975.

104 D. XXVII, 10, 13.

105 Não encontra base nas fontes – como acentuam Jörs-Kunkel, *Römisches Recht*, 2ª ed., § 193, p. 305, nota 4 – a opinião de que os atos realizados pelo pródigo são válidos se acompanhados do consentimento de seu curador.

106 D. XXVII, 10, 1, pr.

107 Tomulescu – *Justinien et le Prodiques (quelques Problèmes), in Accademia Romanistica Constantiniana, Atti 1º Convegno Internazionale*, pp. 379 a 389, Perugia, 1975 – sustenta que, no direito justinianeu, não só não havia necessidade de decreto de interdição, sendo suficiente a nomeação do curador, mas também não era necessário decreto para fazer cessar a interdição, o que, aliás, já ocorria no direito clássico.

108 Nesse sentido, entre outros, Bonfante, ob. cit., p. 660.

109 Bibliografia em Bonfante, ob. cit., p. 667, nota 1.

não ocorre – e isso se dá, em Roma, a partir do século II a.C. – quando o meio social sofre profundas transformações socioeconômicas. Por isso, pouco antes de 191 a.C., surge a Lei *Laetoria*,[110] pela qual, considerando-se que o desenvolvimento intelectual só se completava aos 25 anos, se punia a *circunscriptio adulescentium*, isto é, as manobras dolosas destinadas a prejudicar os homens púberes que ainda não tivessem alcançado aquela idade. Embora se discuta sobre as sanções criadas por essa lei, a maioria dos autores[111] entende que ela concedia um *iudicium publicum* ou *persecutio publica* (ação pública) contra o que praticara a *circunscriptio adulescentium*; e ao menor de 25 anos dava uma *actio priuata* (ação privada) para rescindir o ato que o prejudicara. Por outro lado, sabe-se, com certeza, que, no processo formulário, o pretor concedia ao púbere menor de 25 anos, quando a outra parte exigia judicialmente o cumprimento do negócio jurídico celebrado entre ambos, uma *exceptio* (a *exceptio legis Laetoriae*), pela qual o excipiente conseguia sua absolvição.

A Lei *Laetoria*, embora não tivesse tornado incapaz de fato o homem púbere menor de 25 anos, criou, para este, ao protegê-lo, um problema: em geral procurava-se não celebrar negócio jurídico com esses menores, pois se receava incorrer nas sanções daquela lei.

Esse receio aumentou quando o pretor, nos fins da república, se dispõe a conceder aos púberes menores de 25 anos a *restitutio in integrum propter aetatem*, pela qual, por via de regra,[112] se rescindia o negócio jurídico sempre que o menor, ainda que não se configurasse a *circunscriptio adulescentium*, alegava lesão por inexperiência, dentro de um ano útil, no direito clássico, ou, no direito justinianeu, de 4 anos – ambos os prazos a contar do momento em que ele completasse 25 anos.

Em vista disso, e para que permitisse que, na prática, esses menores celebrassem com terceiros negócios jurídicos, resguardando-se estes, pelo menos em parte, das sanções da Lei *Laetoria* e da rescisão decorrente da *restitutio in integrum propter aetatem*, admitiu-se que o magistrado, quando o menor o solicitasse, designasse alguém para ser seu curador num determinado negócio (*curator ad certam causam*). Com isso, e embora a presença do curador trouxesse para o terceiro apenas uma garantia de fato, tornava-se mais difícil a aplicação das sanções da Lei *Laetoria* ou a rescisão pela *restitutio in integrum propter aetatem*.

Ainda no direito clássico, Marco Aurélio[113] – e sobre a extensão da reforma por ele introduzida há muita controvérsia – foi, segundo tudo indica,[114] mais adiante, e permitiu aos púberes menores de 25 anos que solicitassem da autoridade competente a nomeação de um curador permanente. Tratava-se, porém, de curador facultativo (o menor não estava obrigado a pedi-lo), que não dispunha da administração legal (*negotiorum gestio*) dos

---

110 Sobre a denominação *Lex Laetoria* (e não *Lex Plaetoria*, como vários autores a designam), *vide* Schulz, *Classical Roman Law*, nº 323, p. 191.

111 A propósito, *vide* Monier, *Manuel Élémentaire de Droit Romain*, I, 6ª ed., nº 239, p. 333.

112 Observa Bonfante (ob. cit., p. 669) que, às vezes, o pretor se restringia a obter uma composição eqüitativa (*ad bonum et aequum*), sem rescindir o negócio jurídico.

113 Capitolino, *Historiae Augustae Scriptores*, M. *Antonius Philosophus*, X.

114 A propósito, *vide* Bonfante, ob. cit., 670; e Albertario, *I testi letterari in materia di capacità di agire del "minor XXV annis"*, in *Studi et Documenta Historiae et Iuris*, II (1936), p. 170 e segs.

bens do menor (este continuava a ser capaz de fato), e que se limitava, por via de regra, a assistir o menor quando da celebração de negócios jurídicos até que este completasse 25 anos de idade.[115]

É possível que, nos fins do período clássico,[116] em virtude da decadência da *tutela mulierum*, fossem também as mulheres púberes, até atingirem 25 anos, colocadas sob curatela, tendo, porém, nessa hipótese, o curador poderes para administrar o patrimônio delas.[117]

Apenas no direito justinianeu é que, segundo a opinião dominante, surge a curatela obrigatória para os púberes menores de 25 anos, embora, em certos casos, se admita que eles não tenham curador, o que parece indicar que Justiniano, pelo menos teoricamente, continuou a considerá-los capazes de fato.[118] Esta curatela é regida pelos princípios (note-se que sobre eles os autores também não são concordes)[119] seguintes:

a) o púbere de menos de 25 anos – homem ou mulher – pode escolher quem será seu curador, embora tenha de ser este nomeado pelo magistrado (que também pode confirmar o nome proposto para curador pelo pai do menor, em testamento);

b) o púbere menor de 25 anos, para contrair débito ou alienar bens, necessita de que o curador dê o *consensus*, que tem a mesma função que a *auctoritas* do tutor;

c) o curador (e se admite a pluralidade deles), que, para declinar da curatela – que é *munus publicum* –, precisa apresentar um dos motivos de escusa admissíveis, pode administrar os bens do púbere menor de 25 anos, ou se limitar a dar o *consensus* nos negócios jurídicos em que é ele requerido; tem a mesma responsabilidade que o tutor; e – quando administra os bens do menor – pode aliená-los, exceto as coisas imóveis, ou móveis de valor.

Por outro lado – e esse instituto surgiu no tempo do imperador Aureliano,[120] embora só tenha sido definitivamente disciplinado por Constantino[121] –, o púbere menor de 25 anos, que demonstrasse ter boa conduta e ser maior de 18 ou 20 anos (conforme se tratasse de mulher ou, de homem, respectivamente), poderia obter do imperador a *uenia aetatis* pela qual se lhe permitia celebrar – sem a assistência do curador, e sem a possibilidade de valer-se, posteriormente, da *restitutio in integrum propter aetatem* – negócio jurídico que não fosse doação ou alienação de coisa imóvel, ou móvel de valor.[122]

---

115 Essa é a opinião dominante (*vide*, entre outros Bonfante, ob. cit., p. 670; e Solazzi, *La minore età nel Diritto Romano*, p. 110 e segs., Roma, 1912).

116 *Fragmenta quae dicuntur Vaticana*, 110.

117 *Fragmenta quae dicuntur Vaticana*, 201 e 202.

118 Monier, ob. cit., I, nº 240, p. 335.

119 A propósito, *vide* Bonfante, ob. cit., p. 679 e segs.

120 C. II, 44 (45), 1.

121 C. II, 44 (45), 2; e C. II, 17, 1.

122 No direito romano, designava-se *curator* não apenas nas hipóteses consignadas no texto, mas também em outras situações, como, por exemplo, para cuidar de certas massas de bens (assim, a herança jacente, o patrimônio do devedor sob execução): era o *curator bonorum*; ou para assegurar o direito sucessório do ser concebido mas ainda não nascido: era o *curator uentris*.

IV

DIREITO DAS SUCESSÕES

LI

INTRODUÇÃO AO DIREITO DAS SUCESSÕES

> **Sumário: 304.** Conceito e espécies de sucessão. **305.** A sucessão universal *inter uiuos*. **306.** A sucessão *mortis causa* e o direito das sucessões. **307.** A evolução da *successio* no direito romano, segundo Carlo Longo e Bonfante. **308.** Características da *successio mortis causa* no *ius ciuile*. **309.** A origem da sucessão *mortis causa* no direito romano. **310.** *Hereditas* e *bonorum possessio*. **311.** Plano de exposição.

304. Conceito e espécies de sucessão – Entre as modificações sofridas pelos direitos subjetivos destaca-se a *sucessão*, que consiste na substituição de uma pessoa por outra em determinada relação jurídica. Essa substituição pode decorrer:

a) de ato jurídico *inter uiuos* – e, nessa hipótese, diz-se que se trata de sucessão *inter vivos*; ou

b) da morte – e, nesse caso, ocorre a sucessão *mortis causa*.

Por outro lado, a sucessão pode ser *universal* (quando se dá com relação a uma *uniuersitas iuris* – assim, o patrimônio de pessoa falecida –, ou a uma quota dessa universalidade), ou *singular* (quando ocorre com referência a uma determinada relação jurídica, ou a um conjunto de relações jurídicas que a lei não considera como unidade).

Tanto a sucessão *mortis causa* quanto a *inter uiuos* podem ser *universal* ou *singular*.

A sucessão singular *inter uiuos* já foi estudada no direito das coisas e no das obrigações; agora, ocupar-nos-emos, primeiramente, da sucessão universal *inter uiuos*, e, depois, da sucessão *mortis causa* universal e singular.

305. A sucessão universal *inter uiuos* – Como salienta Biondi,[1] no direito romano, enquanto as hipóteses de sucessão singular *inter uiuos* são inúmeras, as de sucessão universal *inter uiuos* são raras, e taxativamente expressas em lei.

---

1   *Diritto Ereditario Romano, parte generale (Corso di Lezioni)*, p. 21, Milano, 1954.

702 | DIREITO ROMANO – *José Carlos Moreira Alves*

No direito romano clássico, eram reconhecidas pelo *ius ciuile* – e todas ligadas à singular estrutura que a família romana apresenta (*vide* nº 274) – três hipóteses em que ocorria a sucessão universal *inter uiuos*:

a) a *adrogatio*, em que, ao ser um *pater familias* adotado por outro, este se torna seu sucessor universal, recebendo, com as limitações que analisaremos em seguida, o patrimônio do adotado;[2]

b) a *conuentio in manum*, na qual o mesmo sucede quando uma mulher *sui iuris*, pela *conuentio in manum*, se submete à *manus* do marido (ou, se for o caso, de seu *pater familias*);[3]

c) a redução à escravidão, pela qual, se uma pessoa *sui iuris* se torna, em Roma, escrava (assim, por exemplo, o maior de 21 anos que, sabendo-se livre, se deixa vender como escravo, para locupletar-se com o preço obtido), seu proprietário recebe, com as restrições que veremos, seu patrimônio, a título de sucessor universal *inter uiuos*.

Nessas três hipóteses, dá-se fenômeno semelhante ao da sucessão universal *mortis causa*, embora não ocorra equiparação perfeita entre esta e a sucessão universal *inter uiuos*.

Com efeito, se em ambas o ativo se transmite ao sucessor, na sucessão universal *inter uiuos*, ao contrário do que se verifica na sucessão universal, *mortis causa*, o passivo (isto é, os débitos) não se transfere ao sucessor; em outras palavras: as dívidas se extinguem – e se discute o motivo disso[4] – quando ocorre a sucessão universal *inter uiuos*.[5]

É certo que, graças ao pretor, os credores do ad-rogado, da mulher ou do escravo foram protegidos contra a extinção, reconhecida pelo *ius ciuile*, dos seus créditos; contra a pessoa que sofrera a *capitis deminutio*, o pretor concedeu aos credores uma ação *rescissa capitis deminutione*, pela qual aquela respondia pelos débitos anteriores à ad-rogação ou à *conuentio in manum*, nos limites do patrimônio por ela trazido; e contra o senhor do escravo deu o pretor aos credores uma *actio utilis* para a obtenção do pagamento dos créditos até o valor do patrimônio que pertencera ao escravo.

Por outro lado, o pretor criou alguns casos de sucessão universal vinculados com a execução dos bens do devedor insolvente. São eles:

a) a venda dos bens que o devedor ocultou com intenção fraudulenta;

b) a venda de todo o patrimônio que o devedor, em virtude da Lei *Iulia*, cedeu; e

c) a venda dos bens do devedor que, condenado, não cumprir a sentença (*iudicatus*).[6]

---

2   Gaio, *Institutas*, III, 83.

3   Gaio, *idem, ibidem*.

4   Análise das diferentes teses a respeito se encontra em Bonfante, *Corso di Diritto Romano*, VI (*Le successioni, parte generale*), p. 22 e segs., Città di Castello, 1930.

5   Note-se, porém, que as obrigações *ex delicto* (decorrentes de delito) não se extinguem: o credor pode mover contra o *pater familias* sucessor a ação noxal, e este ou se exime da responsabilidade entregando ao credor, como pessoa *in mancipio*, aquele que sofreu a *capitis deminutio* (o ad-rogado, ou a mulher *in manu*, ou o escravo), ou responde pelo dano causado pelo ato ilícito.

6   Sobre essas hipóteses, *vide* Gaio, *Institutas*, III, p. 78 e segs.

Cap. LI · INTRODUÇÃO AO DIREITO DAS SUCESSÕES | **703**

Nesses casos de *bonorum uenditiones*, o pretor, de início, imite os credores na posse dos bens do devedor; em seguida, são eles levados a leilão e vendidos a quem se oferecer a pagar aos credores maior percentual com relação ao valor das dívidas. A este é vendido, em conjunto, todo o patrimônio do devedor, e o comprador (o *bonorum emptor*) se torna seu sucessor a título universal. Como essas hipóteses não eram reconhecidas pelo *ius ciuile*, mas apenas admitidas pelo *ius honorarium*, não há propriamente sucessão, já que o *bonorum emptor* não ocupa a mesma situação que o devedor insolvente, mas adquire nova posição jurídica, embora análoga àquela – tanto assim que ele não se torna proprietário quiritário das coisas que integravam o patrimônio do devedor, mas somente – e até que ocorra o usucapião[7] – proprietário pretoriano; bem como para exigir dos devedores do devedor insolvente o pagamento dos créditos não dispõe o *bonorum emptor* das ações civis de que aquele gozava, mas de ações úteis, com transposição de sujeito (*vide* nº 131, A).[8]

No direito clássico – pelo menos em face dos textos que chegaram até nós – não havia outras hipóteses de sucessão universal *inter vivos*.

No direito justinianeu, com exceção das hipóteses de redução à escravidão e de *adrogatio*, os demais casos de sucessão universal *inter uiuos* existentes no período clássico desaparecem.

De fato, Justiniano[9] aboliu expressamente as hipóteses de *bonorum uenditio*; e a *conuentio in manum* já havia desaparecido anteriormente.

Aliás, mesmo com relação à *adrogatio*, o panorama do direito justinianeu é bem diverso do do direito clássico, pois, no tempo de Justiniano, o *pater familias* não é mais titular dos bens adquiridos pelo *filius familias*, mas tem sobre eles apenas usufruto, o que quer dizer que, nessa época, o ad-rogante não se torna, por sucessão universal, proprietário dos bens do ad-rogado, mas somente usufrutuário deles: em verdade, em vez de sucessão universal, há aquisição de direito de usufruto.

306. A sucessão *mortis causa* e o direito das sucessões – A sucessão *mortis causa*, singular ou universal, é objeto do direito das sucessões, isto é, uma das partes em que, modernamente, se divide o direito civil, e na qual se disciplinam as relações jurídicas de uma pessoa depois de sua morte.[10]

A sucessão *mortis causa* universal tem por objeto a herança; a singular, o legado.[11]

---

7   Gaio, *Institutas*, III, 80.

8   Gaio, *Institutas*, III, 81.

9   *Inst.*, III, 12, pr.

10 Nas *Institutas* de Gaio e de Justiniano, a sucessão *mortis causa*, universal ou singular, é incluída entre os modos de aquisição, no final do livro II e início do livro III.

11 O fideicomisso, que também será estudado no direito das sucessões (nos 355 e segs.), quando é *particular* corresponde ao legado (sucessão *mortis causa* singular), quando é universal corresponde à herança (sucessão *mortis causa* universal).

704 | DIREITO ROMANO – *José Carlos Moreira Alves*

Quanto à palavra *herança* (*hereditas*), além de designar o fato simplesmente da sucessão universal *mortis causa*, pode ser empregada em dois sentidos:

a) no objetivo, designando o patrimônio de uma pessoa que faleceu – *hereditas*, ao menos nos direitos pós-clássico e justinianeu, se usa, nessa acepção, como *universitas iuris* (universalidade de direito); ou

b) no subjetivo, significando o direito subjetivo de que alguém (*heres* – o herdeiro) é titular com relação a esse patrimônio; *hereditas*, nesse sentido, se utiliza como *ius sucessionis* (direito de sucessão).[12]

No número seguinte, exporemos as teses de Carlo Longo e Bonfante, e verificaremos que, segundo esses autores (e a maioria dos romanistas os acompanha), *hereditas*, no direito clássico, não era empregada, em sentido objetivo como *universitas iuris*, o que só foi ocorrer no direito pós-clássico, quando teria surgido a distinção entre sucessão singular e sucessão universal.

Por outro lado, em síntese, são objeto da *hereditas* em sentido objetivo[13] todas as relações jurídicas (inclusive algumas de caráter extrapatrimonial) (*vide* n° 308) de que era titular o falecido, exceto as que são intransmissíveis por força de lei expressa, ou de sua extinção pela morte de seu titular. Assim, quanto às relações jurídicas patrimoniais, são elas, em regra, transmissíveis ao herdeiro; excetuam-se, porém, pelo seu caráter personalíssimo, o usufruto, o uso, a habitação, as obrigações do *sponsor* e do *fideipromissor*, e as obrigações decorrentes do delito (são estas sempre intransmissíveis do lado passivo – o débito –, mas nem sempre do lado ativo – o crédito); demais, com a morte de um dos contratantes, extingue-se, por via de regra, o contrato de sociedade e o de mandato. Intransmissíveis, também, são as relações jurídicas familiares, como, por exemplo, a tutela; e as de direito público, como a magistratura desempenhada pelo falecido.

* * *

Para que se verifique a sucessão universal *mortis causa* (denominada também sucessão hereditária), é necessário que se preencham requisitos de duas espécies:

a) requisitos subjetivos; e

b) requisitos objetivos.

Os requisitos subjetivos – isto é, circunstâncias que se referem à pessoa do falecido e à do herdeiro – são:

a) capacidade para ter herdeiros;

b) capacidade para ser herdeiro; e

c) capacidade para aceitar a herança.

Das duas primeiras, tendo em vista que diferem conforme se trate de *hereditas* deferida por testamento (sucessão testamentária) ou em virtude da lei (sucessão *ab intestato*), ocupar-nos-emos nos dois próximos capítulos; da terceira, no Capítulo LV, n° 335.

---

12   A ambos os sentidos alude um texto atribuído a Africano (D. L. 16, 208). A propósito, *vide* Fadda, *Concetti Fondamentali del Diritto Ereditario Romano*, *parte prima*, § 7, p. 11/12, Napoli, 1900.

13   A *hereditas* em sentido objetivo era também denominada *familia pecuniaque, bona*, quando se queria aludir apenas a relações jurídicas patrimoniais.

Cap. LI • INTRODUÇÃO AO DIREITO DAS SUCESSÕES | **705**

Já os requisitos objetivos – circunstâncias, independentes das pessoas do falecido ou do herdeiro, que possibilitam a ocorrência da sucessão – são estes:

a) a morte de alguém;

b) a delação da herança (isto é, chamamento, para aceitar a herança, feito a uma ou mais pessoas capazes de suceder); e

c) a aceitação da herança pela pessoa a quem foi ela deferida.

Quando se trata de sucessão universal *mortis causa*, há que se levar em conta a existência de duas figuras:

a) o falecido (geralmente denominado *de cuius*, o que nada mais é do que a abreviatura da frase *is decuius hereditate agitur* – aquele de cuja sucessão se trata); e

b) o herdeiro (*heres*).

Com referência à sucessão singular *mortis causa* (legado), três são as pessoas a considerar:

a) o disponente (que é o *decuius*);

b) o onerado (em geral, o herdeiro, embora, no direito romano, como se verá no Capítulo LVI, nem sempre o seja); e

c) o beneficiário (que é o legatário).

307. A evolução da *successio* no direito romano, segundo Carlo Longo e Bonfante – Até os fins do século passado, os romanistas eram acordes em que, durante toda a evolução do direito romano – à semelhança do que ocorre no direito moderno –, *successio* (sucessão) designava a transferência de direitos de uma pessoa para outra, dividindo-se em sucessão *mortis causa* e sucessão *inter uiuos*; sucessão universal e sucessão singular.

Com relação à *hereditas* (uma das espécies de sucessão: a sucessão universal *mortis causa*), duas eram as principais teorias que procuravam conceituá-la:

a) segundo alguns autores,[14] na *hereditas* havia a continuação da personalidade (jurídica ou patrimonial – os adeptos dessa corrente se dividiam a esse respeito) do *de cuis* na pessoa do herdeiro que representava o falecido; e

b) consoante outros romanistas,[15] *a hereditas* consistia na aquisição, pelo herdeiro, de uma *universitas iuris* (isto é, do patrimônio do *de cuius* considerado como unidade distinta dos elementos patrimoniais e extrapatrimoniais que a compõem).

No início deste século, porém, iniciou-se movimento contrário a essas concepções.

Em artigos publicados em 1902 e em 1903,[16] Carlo Longo procurou demonstrar que, no direito clássico, os juristas romanos não conheciam a *successio in singulas res* (suces-

---

14 Assim, entre outros, Sintenis, *Das practische gemeine Civilrecht, dritter Band*, § 158, p. 312, Leipzig, 1851; Dernburg, *Pandekten, dritter Band*, 6ª ed., § 55, p. 96, Berlin, 1901; e De Crescenzio, *Sistema del Diritto Civile Romano*, II, 2ª ed., § 214, p. 5, Napoli, 1869.

15 Por exemplo, Schirmer, *Handubeh des Römischen Erbrechts, erster Theil*, § 1º, p. 7 e § 2º, p. 10, Leipzig, 1863.

16 *L'origine della successione particolare nelle fonti di diritto romano, in Bulletino dell'Istituto di Diritto Romano*, XV (1902), p. 127 e segs., e 224 e segs.; XVI (1903), p. 283 e segs.

são singular), uma vez que essa expressão foi introduzida nos textos clássicos por via de interpolação realizada pelos compiladores do *Corpus Iuris Ciuilis*. No direito clássico, *successio* designava, apenas, a sucessão universal; e tanto *successio* quanto as expressões equivalentes *successio in locum* ou *successio in ius*, ou ainda *successio in locum et ius*, não significavam, no período clássico, sucessão em direitos, mas, sim, na posição jurídica anteriormente ocupada por outrem.

Posteriormente, Bonfante[17] – no que foi apoiado por Carlo Longo – foi além, ao chegar à conclusão de que também a concepção de sucessão universal era estranha aos jurisconsultos clássicos, que, consequentemente, desconheciam a noção de *hereditas* como *universitas iuris*; apenas no direito pós-clássico – é nos comentários às *Institutas* de Gaio que se encontram nos fragmentos de Autun, do século V d.C., que isso ocorre pela primeira vez, nas fontes de que dispomos –, quando se fez a distinção entre sucessão universal e sucessão singular, surge a figura da *hereditas* como *universitas iuris*.

Em síntese, as teses de Carlo Longo e de Bonfante conduzem ao resultado que se segue.

No direito clássico, o vocábulo *successio* designava apenas o que os bizantinos denominaram *successio in uniuersum ius* ou *successio in uniuersitatem*, e hoje nós chamamos de sucessão universal. Assim, para os juristas clássicos, não havia sucessão singular ou sucessão universal, pois *successio*, para eles, significava somente o fato de uma pessoa substituir outra na posição jurídica por esta ocupada até então; e, em virtude dessa substituição, por via simplesmente de consequência, a pessoa que passava a ocupar a posição jurídica da outra se tornava titular, também, de seu patrimônio.[18] Isso, obviamente, não se verificava com a aquisição a título singular. Por outro lado, *successio*, nessa acepção, podia ocorrer tanto *mortis causa* quanto *inter uiuos* (*vide* nº 306).

Somente nos direitos pós-clássico e justinianeu é que – segundo esses mesmos autores – desaparece o conceito clássico de *successio*, surgindo a concepção, recolhida pelo direito moderno, de que a *successio* implica a transferência de direitos de uma pessoa para outra, donde distinguir-se a *successio in ius* (sucessão singular) da *successio in uniuersum ius* (sucessão universal). Por isso mesmo, os compiladores do *Digesto* tiveram de interpolar as duas seguintes passagens, em que se conceitua a *hereditas*:

D.L. 16, 24 (texto atribuído a Gaio) – *Nihil est aliud hereditas quam successio in uniuersum ius quod defunctus habuit;*[19] e

---

17 Entre outros estudos de Bonfante, *vide "La formazione scolastica della dotrina dell'uniuersitas", in Scritti Giuridici Varii, I, famiglia e sucessione*, p. 307 e segs., Torino, 1926.

18 Daí, igualmente:

a) o herdeiro tornar-se, por um ato único, titular do complexo de direitos do *de cuius*;

b) haver a passagem para o herdeiro de direitos que, de outra forma, são intransmissíveis (assim, por exemplo, se transfere o imóvel dotal que é inalienável); e

c) transferirem-se para o herdeiro os débitos do *de cuius* (ainda que superiores ao ativo – a herança diz-se, então, *hereditas damnosa*), bem como os direitos deste exatamente como o eram sob sua titularidade (D. L, 17, 59).

19 "A *hereditas* não é outra coisa senão a sucessão no complexo de direitos que teve o falecido".

Cap. LI · INTRODUÇÃO AO DIREITO DAS SUCESSÕES | 707

D.L. 17, 62 (texto atribuído a Juliano) – *Hereditas nihil aliud est, quam successio in uniuersum ius quod defunctus habuerit.*[20]

Em seu teor original, ambos esses textos traziam a expressão *successio in ius* (sucessão na situação jurídica), pois não havia, no direito clássico, distinção entre sucessão universal e sucessão singular; somente quando surgiu essa distinção foi que se tornou necessária a inclusão do adjetivo *uniuersum* (*successio in uniuersum ius*) para caracterizar a espécie de sucessão que era a *hereditas*. Daí encontrar-se, em textos que escaparam à vigilância dos compiladores, a expressão clássica *succedit in ius*, como, por exemplo, no D. XLI, 3, 4, 15 (texto atribuído a Paulo) – *Heres, qui in ius defuncti succedit...*[21]

Assim sendo, surgiu, também, no direito pós-clássico a concepção de que a *hereditas*, em sentido objetivo, era uma *universitas iuris* (universalidade de direito).

* * *

Essas teses, embora criticadas por alguns autores[22] que entendem que já no direito clássico *hereditas* significava, em sentido objetivo, *universitas iuris*, ainda hoje são seguidas pela maioria dos romanistas.

308. Características da *successio mortis causa* no *ius ciuile* – Expostas as teses de Carlo Longo e de Bonfante sobre a evolução da *successio*, é preciso, ainda, para que se possa bem compreender o direito romano das sucessões, que se analisem, neste e nos próximos números, os seguintes aspectos da sucessão *mortis causa* em Roma:

a) suas características no direito clássico;

b) as tentativas de explicação delas por meio da origem da *successio mortis causa* no direito romano;

c) a evolução da sucessão *mortis causa*:

– no direito clássico, onde se distingue a *hereditas* (sucessão *mortis causa* reconhecida pelo *ius ciuile*) da *bonorum possessio* (sucessão *mortis causa* no âmbito do *ius honorarium*);

– no direito pós-clássico, em que, com a fusão do *ius ciuile* com o *ius honorarium*, há a aproximação cada vez mais acentuada entre a *hereditas* e a *bonorum possessio*; e

– no direito justinianeu, no qual, embora formalmente ainda se distinga a *bonorum possessio* da *hereditas*, na realidade ambas se regem pelos mesmos princípios.

Passemos, pois, ao exame desses aspectos da sucessão *mortis causa* no direito romano.

* * *

---

20 A mesma tradução constante na nota antecedente.

21 "O herdeiro que sucedeu na situação jurídica do falecido..." *Vide*, também, D. XXXVII, 1, 3 (texto atribuído a Ulpiano).

22 Entre outros, Voci, *Diritto Ereditario Romano*, I (*Introduzione, parte generale*), p. 168 e segs., Milano, 1960.

708 DIREITO ROMANO – *José Carlos Moreira Alves*

No direito clássico, a sucessão *mortis causa*, no âmbito do *ius ciuile*, apresenta as seguintes características que não mais se verificam no direito moderno:

a) entre as duas espécies de delação da herança – a testamentária e a *ab intestato* (*vide* os Capítulos LII e LIII) – observa-se acentuada prevalência da primeira, havendo, entre os autores, controvérsia sobre se esse fenômeno existe, ou não, desde as origens de Roma;

b) em face dessa prevalência, os *sui heredes* (*vide* nº 323) são tratados, com relação aos outros herdeiros, de modo especial, pois, desde épocas remotas, se houver testamento, os *sui heredes* têm de constar dele ou na posição de herdeiros instituídos ou como deserdados; e, mais tarde, passam a ter direito a uma quota (a *portio debita* ou *legitima*) da herança (*vide* nº 330);

c) as duas espécies de delação da herança – a testamentária e a *ab intestato* – são inconciliáveis, o que se traduz no brocardo *nemo pro parte testatus pro parte intestatus decedere potest* (ninguém pode falecer em parte *testatus*, e, em parte, *intestatus*); daí as seguintes consequências:

– se o testador instituir Tício herdeiro, por exemplo, de dois terços da herança, e nada dispuser sobre a terça parte restante, esta não será recolhida pelos herdeiros legítimos do testador, mas, sim, por Tício (o herdeiro instituído no testamento);

– quando o testador institui herdeiro apenas para uma coisa determinada (*ex re certa*), este receberá todo o restante da herança;

– havendo coerdeiros, se um (ou alguns) deles renuncia à sua quota hereditária, a ela não são chamados os herdeiros legítimos do testador, mas ela acresce às quotas dos demais coerdeiros, ainda que estes não o queiram, ou o testador tenha declarado o contrário;

– o herdeiro não pode aceitar uma parte da herança e renunciar outra; há, pois, impossibilidade de aceitação parcial (*pro parte*); e

– se alguém é instituído herdeiro sob condição resolutiva ou a termo resolutivo, pelo rigor da lógica deveria perder a qualidade de herdeiro quando ocorresse a condição ou o termo, abrindo-se, então, a sucessão *ab intestato*; isso, no entanto, não é admitido no direito romano, em virtude da regra *semel heres semper heres*;[23] por essa razão, e para que o testamento não fique ineficaz, considera-se a disposição que contém a condição resolutiva ou o termo resolutivo como *non scripta* (não escrita); portanto, as consequências do princípio *nemo pro parte testatus pro parte intestatus decedere potest* são, por vezes, frontalmente colidentes com a vontade do testador;

d) a herança, que no direito moderno é constituída somente de elementos patrimoniais (direitos reais, créditos, débitos), é integrada, no direito romano, também de elementos extrapatrimoniais; dessa forma, constituem-na:

– como elementos patrimoniais, a maior parte das relações jurídicas patrimoniais de que participava o *de cuius*, excluídas apenas algumas – por se extinguirem com a morte do titular –, como o usufruto, o uso, a habitação, as obrigações do *sponsor* e do

---

23 "Uma vez herdeiro, sempre herdeiro."

Cap. LI · INTRODUÇÃO AO DIREITO DAS SUCESSÕES | 709

fideipromissor, as obrigações *ex delicto* (do lado passivo, sempre; do ativo, algumas vezes), o contrato de sociedade, o contrato de mandato; e

– como elementos extrapatrimoniais, o *ius sepulchri*, os direitos e deveres decorrentes do patronato, o encargo do culto familiar (*sacra*);

e) o herdeiro, com relação aos débitos do *de cuius*, responde, ao contrário do que sucede no direito moderno, *ultra uires hereditatis* (além das forças da herança), sendo, portanto, prejudicado sempre que o passivo da herança for superior ao ativo, caso em que pagará o excedente dos débitos com seus próprios bens; demais, como acentua Bonfante,[24] a princípio, o testador, por meio de legados, podia esgotar totalmente o ativo da herança, deixando ao herdeiro apenas o título de *heres* (herdeiro), com o que constitui seu "apanágio incindível": os débitos e as responsabilidades de ordem não patrimonial (assim, por exemplo, os encargos do culto familiar).[25]

Como veremos nos capítulos que se seguem, essas características – que estão, obviamente, sincronizadas com todas as normas que disciplinam o direito romano das sucessões – foram atenuadas em suas consequências mais iníquas, graças, de início, à atuação do pretor, e, posteriormente, às constituições imperiais, que se sucederam do período clássico até o tempo de Justiniano.

309. A origem da sucessão *mortis causa* no direito romano – Foi Bonfante quem, com o método naturalístico (*vide* nº 59), procurou explicar essas características – cujas consequências iníquas não estavam mais de acordo com as tendências do direito clássico – como sobrevivências, por força da inércia da tradição, das origens da sucessão *mortis causa* no direito romano.

Até o aparecimento da tese de Bonfante, dominava amplamente, entre os autores, a teoria de que, desde os primórdios, a sucessão hereditária romana era um sistema de transmissão *mortis causa*, a título universal, do patrimônio no seio da família; a sucessão normal era a *ab intestato*, e o verdadeiro *heres* era o *suus heres*, que não precisava de ser designado em testamento, e que adquiria a herança independentemente de aceitação; somente na falta de *suus heres* é que se lançava mão do testamento, pelo qual o testador adotava um estranho que o sucederia na qualidade de filho; posteriormente, a adoção se separou da instituição de herdeiro.

Para Bonfante,[26] porém, essa teoria não explica muitos dos princípios (*vide* nº 309) que, no direito clássico, eram mera sobrevivência de uma época anterior em que o caráter da sucessão hereditária era bem diverso do da existente no período clássico. Em seu entender – e essa tese já tinha sido vagamente aventada por Scialoja –, a sucessão hereditária decorreu da primitiva sucessão na soberania sobre o grupo familiar; a princípio,

---

24 *Le critiche al concetto dell'originaria eredità sovrana, in Scritti Giuridici Varii*, I (*famiglia e successione*), p. 211, Torino, 1926.

25 Cf. Gaio, *Institutas*, II, 224.

26 A propósito, *vide Corso di Diritto Romano*, VI (*Le successioni, parte generale*), p. 71 e segs., Città di Castello, 1930.

ao contrário do que ocorria no direito clássico, com a morte do *pater familias* não havia cisão da família em outras tantas quantos fossem seus filhos homens, mas ela continuava una sob o poder daquele dos filhos a quem o *pater familias*, no testamento, dera o título de *heres*; ora, o *heres*, ao falecer o *pater familias*, assumia sua posição jurídica, e, assim, apenas por via de conseqüência, também a titularidade do seu patrimônio. Mais tarde, quando declina a função política do organismo familiar; a transmissão patrimonial, que era secundária na sucessão primitiva, passa para o primeiro plano. Com isso – salienta Bonfante – explicam-se:

a) a prevalência – que, para ele, é originária – da sucessão testamentária sobre a sucessão *ab intestato*;

b) a necessidade da instituição solene de herdeiro para a validade do testamento; e

c) os princípios, que ainda sobrevivem no direito clássico, mas que são incompatíveis com a sucessão de caráter patrimonial:

– a ineficácia da *institutio heredis ex re certa*;

– a impossibilidade de o herdeiro aceitar apenas parte da herança;

– a circunstância de o título de herdeiro ser inalienável e intransmissível para os próprios herdeiros do *heres*;

– a regra *nemo pro parte testatus pro parte intestatus decedere potest*; e

– a incapacidade do *filius familias* para fazer testamento.

A teoria de Bonfante – que teve grande acolhida entre os romanistas italianos, o mesmo não sucedendo, porém, entre os alemães e os franceses –, embora brilhante, é suscetível de objeções que ainda não foram convenientemente afastadas. Ei-las:

a) a mulher *sui iuris*, desde tempos remotos, tem capacidade para testar, apesar de não poder ser *pater familias*, e, consequentemente, transmitir a soberania sobre o grupo familiar;

b) a posição proeminente, entre os herdeiros, dos *sui heredes*, desde a mais extrema antigüidade; e

c) a inexistência, no direito romano, de qualquer vestígio de primogenitura, o que – se exata a teoria de Bonfante – seria indispensável, pois, na falta de testamento, a lei teria de indicar qual o membro da família que assumiria a posição de *pater familias*.

Mais recentemente, Solazzi,[27] fundando-se em disposições da Lei das XII Tábuas,[28] pretende que, originariamente, havia diferença entre *heredem esse* (ser herdeiro) e *familiam habere* (ter a herança); somente os *sui* (vide nº 323) seriam herdeiros (*heredes*), em virtude da lei ou de testamento; já o *adgnatus* e os *gentiles*, que sucediam *ab intestato*, não seriam *heredes*, mas apenas receberiam a herança (*familiam habere*). Assim, a *hereditas* teria caráter extrapatrimonial (por ela se transmitiria a soberania sobre o grupo familiar), ao passo que o *familiam habere* teria caráter patrimonial.

---

27 Sobre essa tese, *vide* Biondi, *Diritto Erediario Romano*, *parte generale* (*Corso di Lezioni*), § 22, p. 50, Milano, 1954.

28 Tab. V, 4 e 5 (ed. Riccobono).

Cap. LI · INTRODUÇÃO AO DIREITO DAS SUCESSÕES | **711**

Mais próxima, ainda, de nossos dias é a tese de Lévy-Bruhl,[29] segundo o qual o *heres* (herdeiro) era apenas o chefe espiritual dos *sui*, indicado pelo *pater familias* em seu testamento; já a divisão dos bens era feita, de início, em partes rigorosamente iguais entre os *sui*, não podendo interferir nisso o *pater familias* por disposição testamentária. Posteriormente, quando surge a *mancipatio familiae* (*vide* nº 313), pôde o *pater familias* distribuir, como queria, seus bens, para depois de sua morte.

Todas essas teorias – como aliás ocorre, em geral, com os problemas referentes às origens dos institutos jurídicos – são conjecturais.

310. *Hereditas* e *bonorum possessio* – No direito romano clássico, à *hereditas* (sucessão universal *mortis causa* reconhecida pelo *ius ciuile*) se contrapõe a *bonorum possessio* (sucessão universal *mortis causa* disciplinada pelo *ius honorarium*).[30]

Assim como há, no tocante ao *ius ciuile*, a sucessão testamentária, a sucessão *ab intestato* e a sucessão legítima contra o testamento válido (também denominada sucessão necessária formal e material), existe, no concernente ao *ius honorarium*, a *bonorum possessio secundum tabulas* (a *bonorum possessio* de acordo com o testamento), a *bonorum possessio ab intestato* e a *bonorum possessio contra tabulas* (*bonorum possessio* contra o testamento).

Portanto, no direito sucessório clássico, ocorre o mesmo paralelismo que – como vimos anteriormente – se verifica no direito das coisas (propriedade quiritária e propriedade pretoriana) e no direito das obrigações (*obligatio* e *debitum*).

Note-se, no entanto, que, como o pretor não podia criar um verdadeiro direito sucessório (*praetor heredes facere non potest* – o pretor não pode fazer herdeiros),[31] há nítida diferença entre o *bonorum possessor* – a respeito de quem os juristas clássicos diziam que estava *loco heredis* (em lugar de herdeiro) ou que era *uelut heres* (como se fosse herdeiro)[32] – e o *heres* (herdeiro civil). Assim, por exemplo:

a) o *bonorum possessor* dispõe, contra os devedores do *de cuius*, apenas das ações do herdeiro concedidas por via útil (eram, em geral, *actiones ficticiae*), e isso porque na *bonorum possessio* não há, em rigor, *successio* (o *bonorum possessor*, à diferença do *heres*, não substitui o *de cuius* na posição jurídica por este então ocupada);

b) o *bonorum possessor* – ao contrário do que ocorre com o herdeiro – não adquire a propriedade quiritária sobre os bens hereditários, mas apenas a propriedade pretoriana (posteriormente, por usucapião, pôde ele transformar-se em proprietário quiritário desses bens);

---

29   *Heres, in Revue Internationale des Droits de l'Antiquité*, III (1949), p. 137 e segs.

30   Sobre a *bonorum possessio, vide* Pastori, *La definizione della "bonorum possessio", in Studi in onore di Pietro de Francisci*, vol. III, p. 597 e segs., Milano, 1956.

31   Gaio, *Institutas*, III, 32.

32   Assim, Gaio, *Institutas*, III, 32.

c) o *heres* adquire a herança *ipso iure*, ou mediante simples declaração de vontade independente de prazo: o *bonorum possessor* somente obtém a *bonorum possessio* se a requerer ao magistrado dentro de certo prazo, que, em geral, é de cem dias; e

d) a *bonorum possessio* pode ser obtida por meio de representante; o *heres* não pode ser representado na aquisição da herança.

Muito se discute sobre a origem das *bonorum possessiones*.[33] Tendo em vista que, no direito clássico, se encontram *bonorum possessiones* que:

a) confirmam o *ius ciuile* (*bonorum possessio iuris ciuilis confirmandi gratia*) – nesse caso, o pretor concede a *bonorum possessio* a quem já é chamado à herança pelo *ius ciuile* (assim, por exemplo, quando é outorgada a *bonorum possessio unde liberi* – vide nº 324 – aos *sui heredes*, que também são chamados à *hereditas ab intestato* pelos *ius ciuile*);

b) suprem lacunas do *ius ciuile* (*bonorum possessio iuris ciuilis suplendi gratia*) – nesta hipótese, o pretor procura impedir que alguém faleça sem sucessão (por exemplo, na falta de herdeiros civis, o pretor concede a *bonorum possessio* aos cognados do *de cuius*, ou – se estes inexistirem, ou não a requererem no prazo devido – ao cônjuge sobrevivente); e

c) vão contra os preceitos do *ius ciuile* (*bonorum possessio iuris ciuilis emendandi uel corrigendi uel impugnandi gratia*) – aí, o pretor concede a *bonorum possessio* a pessoas que, por iniquidade do *ius ciuile*, não são chamadas à *hereditas* (como, por exemplo, quando, havendo filhos emancipados do *de cuius* – os quais pelo *ius ciuile* não são chamados à *hereditas* –, o pretor concede a eles, conjuntamente com os *sui*, a *bonorum possessio unde liberi* – vide nº 324); alguns romanistas[34] – cuja tese, aliás, encontra apoio em assertiva de Justiniano, nas *Institutas*[35] – pretendem que as *bonorum possessiones* (que já existem nos fins da república) surgiram para corrigir as iniquidades do *ius ciuile*, no terreno sucessório. A opinião dominante,[36] porém, se manifesta no sentido de que as mais antigas *bonorum possessiones* que se conhecem são as que se destinavam a confirmar o *ius ciuile*. Mas os autores que seguem a corrente dominante divergem, por sua vez, quanto ao motivo que levou o pretor a criar a *bonorum possessio iuris ciuilis confirmandi gratia*; a esse respeito, duas são as teses principais:

a) segundo alguns,[37] o pretor criou a *bonorum possessio iuris ciuilis confirmandi gratia* para forçar o herdeiro, chamado em primeiro lugar, a aceitar a herança sem maiores delongas, com receio de que o pretor concedesse a herdeiros mais afastados a *bonorum possessio*; assim, evitava-se que a herança permanecesse longo tempo vacante; e

---

33 A propósito, *vide* Danz, *Lehrbuch der Geschichte des römischen Rechts, zweiter Theil*, § 150, p. 43 e segs., Leipzig, 1846.

34 Como, por exemplo, Savigny, *Ueber das Interdict Quorum bonorum, in Vermischte Schriften*, II, p. 230 e segs.

35 III, 9, pr., Berlin, 1850.

36 Cf. Arnò, *Diritto Ereditario* (*anno accademico* 1937-1938 – XVI), p. 203, Torino, s/data.

37 Assim, Löhr, segundo Arnò, ob. cit., p. 205.

Cap. LI · INTRODUÇÃO AO DIREITO DAS SUCESSÕES | **713**

b) para outros (e esses são em maior número),[38] essa *bonorum possessio* surgiu para que se determinasse, nos litígios sobre a herança, quem a possuiria durante o processo, ficando na posição mais favorável de réu (e, portanto, dispensado do ônus da prova).

Surgida a *bonorum possessio iuri ciuilis confirmandi gratia*, seguiu-se o aparecimento da *bonorum possessio iuris ciuilis supplendi gratia*, e, finalmente, o da *bonorum possessio iuris ciuilis emendandi vel impugnandi vel corrigendi gratia*.

Por outro lado, a princípio, as *bonorum possessiones*, nas hipóteses em que não havia coincidência do *bonorum possessor* com o *heres* (herdeiro civil), são *sine re* (ou *sine effectu*), ou seja, o *bonorum possessor* é defendido contra qualquer pessoa, exceto contra o *heres*, que pode haver a herança do *bonorum possessor* movendo-lhe uma ação: a *hereditatis petitio* (petição de herança); assim, somente se não houver *heres*, ou se este permanecer inativo, é que o *bonorum possessor*, pela *usucapio pro herede*, adquire definitivamente os bens hereditários.

Mais tarde – e isso principalmente por atuação, não do pretor, mas dos imperadores –, a *bonorum possessio*, nesses casos, passa a ser *cum re* (ou *cum effectu*), ou seja, aquela em que o *bonorum possessor* é protegido também contra o *heres*.

Demais, as *bonorum possessiones* se distinguiam, ainda, em *bonorum possessiones edictales* e *bonorum possessiones decretales*: aquelas eram as previstas no Edito, e, portanto, concedidas de plano pelo magistrado quando legitimamente requeridas; estas, as que não constavam do Edito, mas que o magistrado, diante do caso concreto, devidamente examinado (*causae cognitio*), concedia, mediante *decretum*, às pessoas que as haviam solicitado.

Em certas hipóteses, a *bonorum possessio* era conhecida provisoriamente, extinguindo-se com a ocorrência de uma condição ou de um termo. Por exemplo:

a) a *bonorum possessio furiosi nomine* concedida ao curador de um *furiosus*, e que se extinguia se este morresse sem recuperar a razão; se, ao contrário, o *furiosus* se curasse, podia aceitá-la ou recusá-la;

b) a *bonorum possessio ventris nomine*, que o pretor concedia, em favor do nascituro, à mulher grávida; nascida a criança, ou verificado que não haveria nascimento, essa *bonorum possessio* se extinguia; e

c) a *bonorum possessio* concedida ao herdeiro que fora instituído sob condição suspensiva, e que se extinguia quando ocorria a condição.

* * *

No direito pós-clássico – e isso em virtude do desaparecimento da distinção entre o *ius ciuile* e o *ius honorarirum*; entre, consequentemente, a propriedade quiritária e a propriedade pretoriana; e entre as *actiones ficticiae* e as ações diretas –, a diferença entre a *bonorum possessio* e a *hereditas*, que até então era de natureza substancial, passa a ser de

---

38 Entre outros, Girard, *Manuel Élémentaire de Droit Romain*, 8ª ed., p. 844.

714 DIREITO ROMANO – *José Carlos Moreira Alves*

caráter formal: ao passo que o *heres* adquire a herança mediante simples ato de aceitação, o *bonorum possessor* obtém a *bonorum possessio* por meio de concessão do magistrado. Essa diferença se atenua mais quando, a partir de Constâncio, se passa a realizar a *aditio* (aceitação da herança) diante de autoridade judiciária (*apud acta*); por fim, confunde-se a obtenção da *bonorum possessio* com a *aditio hereditatis* (aceitação da herança).

No direito justinianeu, embora os textos que se encontram no *Corpus Iuris Ciuilis* ainda se refiram ora à *bonorum possessio* ora à *hereditas* (o que, como demonstrou Biondi, é apenas reminiscência histórica, e não direito vigente no tempo de Justiniano),[39] e não haja uma constituição imperial que, taxativamente, equipare a *bonorum possessio* à *hereditas*, a equiparação, na realidade, está realizada, continuando-se somente a dar denominação exclusiva de *bonorum possessio* às hipóteses de concessão provisória e à sucessão legítima dos cônjuges.[40]

311. Plano de exposição – Estudadas as noções fundamentais sobre a *successio*, a *hereditas* e a *bonorum possessio*, examinaremos, nos próximos capítulos, os demais aspectos do direito sucessório romano, observando a seguinte sistemática:

1 – a delação da herança, que pode ser feita por testamento ou por lei (daí, no Capítulo LII, tratar-se da sucessão testamentária; e, no LIII, da sucessão *ab intestato*);

2 – as restrições à liberdade de testar – o que será objeto do Capítulo LIV: sucessão necessária formal e material;

3 – a aceitação e a renúncia da herança (quer quanto à *hereditas*, quer quanto à *bonorum possessio*), matéria do Capítulo LV; e

4 – no Capítulo LVI, o legado (em que há a aquisição, a título singular, de bens hereditários) e o fideicomisso, em suas duas modalidades:

a) fideicomisso particular; e

b) fideicomisso universal.

---

39   Ob. cit., § 55, pp. 148 e segs.
40   Cf. Volterra, *Istituzioni di Diritto Privato Romano*, p. 737.

LII

SUCESSÃO TESTAMENTÁRIA

Sumário: 312. O testamento e a sucessão testamentária. **313.** Formas de testamento. **314.** Capacidade para testar (*testamenti factio actiua*). **315.** Capacidade para ser instituído herdeiro (*testamenti factio passiua*). **316.** Conteúdo do testamento – a instituição de herdeiro. **317.** Pluralidade de herdeiros. **318.** Substituições. **319.** Ineficácia do testamento. **320.** Revogação do testamento. **321.** Abertura do testamento.

312. O testamento e a sucessão testamentária – A sucessão testamentária[1] ocorre quando a *hereditas* (herança civil) é deferida por meio de testamento.

Os textos apresentam duas definições de testamento (*testamentum*). Uma, atribuída a Ulpiano:[2]

Testamentum est uoluntatis nostrae iusta sententia de eo, sollemniter factum, ut post mortem nostram ualeat (O testamento é a declaração, conforme o direito, da nossa vontade, feito de forma solene para que valha depois de nossa morte).

Outra, atribuída a Modestino:[3]

Testamentum est uoluntatis nostrae iusta sententia de eo quod quis post mortem suam fieri uelit (O testamento é a declaração de nossa vontade, conforme o direito, a respeito daquilo que cada qual quer que se faça depois de sua morte).

Além disso, há, nas *Institutas* de Justiniano,[4] a definição de testamento pela etimologia fantasiosa[5] da palavra *testamentum*:

---

1   Sobre a sucessão testamentária, *vide*, entre outros, Biondo Biondi, *Successione Testamentaria – Donazioni* (*Trattato di Diritto Romano diretto da Emilio Albertario, X*), Milano, 1943, com ampla informação bibliográfica sobre diferentes questões relativas a essa matéria; e Voci, *Diritto Ereditario Romano*, II (*parte speciale – successione ab intestato; successione testamentaria*), Milano, 1963. *Vide*, também, Danz, *Lehrbuch der Geschichte des römischen Rechts*, II, § 138 e segs., p. 1 e segs., Leipzig, 1846, com relação à bibliografia alemã anterior a 1846.

2   *Liber Singularis regularum*, XX, 1.

3   D. XXVIII, 1, 1.

4   II, 10, pr.

5   Salienta Biondi (*Obbietto e metodi della scienza giuridica romana, in Scritti di Diritto Romano in onore di Contardo Ferrini pubblicati dalla R. Università di Pavia*, p. 326, Milano, 1946) que os juristas romanos, com etimologias, que por vezes fazem sorrir, procuravam tão somente dar elementos úteis a uma noção jurídica precisa.

716 | DIREITO ROMANO – *José Carlos Moreira Alves*

Testamentum ex eo appellatur, quod testatio mentis est (*testamentum* vem de *testatio mentis*, testemunho da vontade).

Esses conceitos, no entanto, não caracterizam o que é essencial ao testamento romano: *a instituição de herdeiro*. Por isso, são falhos.

No direito romano, *testamento é o ato solene de última vontade que contém a instituição de herdeiro*.

Para que do testamento decorra a sucessão testamentária, são necessários os seguintes requisitos:

a) que o testamento seja feito de acordo com as formas exigidas;

b) que o testador tenha capacidade para fazê-lo (o que os autores modernos denominam *testamenti factio actiua*);

c) que a pessoa a ser instituída *herdeira* tenha capacidade para sê-lo (o que, modernamente, se designa com a expressão *testamenti factio passiua*);

d) que haja a instituição de herdeiro; e

e) que o testamento seja eficaz, e não tenha sido revogado pelo testador.

Estudemo-los, a seguir.

313. Formas de testamento – Com relação ao testamento romano, distinguimos duas espécies de formas:

a) as normais; e

b) as anormais (que, determinadas por situações fora do comum, são mais ou são menos rigorosas do que as normais).

A) *Formas normais de testamento*

Essas formas variaram nos três períodos em que se divide a evolução do direito romano: o pré-clássico, o clássico e o pós-clássico.

No direito pré-clássico, havia três formas normais de testamento, das quais as duas primeiras eram mais antigas e a última, mais recente: o testamento *calatis comitiis*, o testamento *in procinctu* e o testamento *per aes et libram*.

O testamento *calatis comitiis*, que era utilizado em tempo de paz, se fazia diante dos comícios por cúrias, sob a presidência do Sumo Pontífice (ou, às vezes, segundo parece, do *Rex Sacrorum*), os quais se reuniam duas vezes por ano: provavelmente, em 24 de março e em 24 de maio. Como os textos são parcos de informes sobre essa forma primitiva de testamento, há controvérsia entre os romanistas acerca do conteúdo desses testamentos e do papel desempenhado, para sua feitura, pelo povo reunido nos comícios. Quanto ao conteúdo, pretendem alguns autores – como Schulin[6] – que não se tratava,

---

6 *Lehrbuch der Geschichte des Römischen Rechtes*, § 95, p. 458, Sttutgart, 1889. Essa tese Schulin a desenvolveu em obra anterior à citada: *Das griechische Testament verglichen dem römischen*, publicada em 1882.

propriamente, de testamento, mas, sim, de *adrogatio* (*vide* nº 227, B, *in fine*), em que uma pessoa era ad-rogada, para herdar como filho do ad-rogante; outros – assim, Lenel[7] – entendem que era um testamento que se referia não à totalidade dos bens do testador, mas apenas a alguns de seus bens;[8] e, finalmente, a maioria defende a tese de que se tratava verdadeiramente de testamento, em que se designava herdeiro para assumir a posição jurídica do testador, depois de sua morte. Quanto ao papel desempenhado pelo povo, alguns – como Girard[9] – entendem que, a princípio, o povo votava o testamento como se fosse lei, e, mais tarde, essa votação passou a ser mera formalidade; outros autores,[10] porém, julgam que o povo servia apenas como testemunha. O testamento *calatis comitiis* caiu em desuso no século II a.C.

O testamento *in procinctu*, que era utilizado na guerra, se fazia diante do povo – que atuava como testemunha – reunido em ordem de batalha. Essa forma de testamento entrou em desuso no século I a.C.

O testamento *per aes et libram*, como já salientamos, é mais recente do que os outros dois. Surgiu ele, segundo Gaio,[11] da necessidade em que se encontrava alguém, às portas da morte, de, em tempo de paz, testar fora dos dois dias por ano em que se reuniam os comícios por cúrias. O testamento *per aes et libram* – em que há, no campo dos direitos sucessórios, a aplicação da *mancipatio* (*vide* nº 154, II, *a*) – passou por duas fases: a primeira consubstanciada na *mancipatio familiae* (de origem primitiva);[12] a segunda, no testamento *per aes et libram* propriamente dito (que, conforme texto de Cícero – *De oratore*, I, 53 –, parece já existir em 149 a.C.). A *mancipatio familiae* não era, a bem dizer, uma forma de testamento, mas, sim, um expediente de que se valia a pessoa próxima de morrer e que queria testar, não podendo utilizar-se do testamento *calatis comitiis* nem do *in procinctu*. Esse expediente era o seguinte: a pessoa, que quer testar, aliena, pela *mancipatio* (modo solene de aquisição do direito de propriedade sobre as *res mancipi*, de que participam um *libripens*, com a balança, e cinco testemunhas), seu patrimônio por preço fictício (*uno nummo* – por um dinheiro) a um terceiro (o *familiae emptor* – comprador da herança), que, tornando-se proprietário desses bens, se compromete (e

---

7   *Zur Geschichte der Heredis Instituto*, in *Essays in Legal History* (edited by Vinogradoff, London, 1913), p. 120 e segs. Sobre a tese de Lenel, *vide* a crítica de Bonfante, *Teorie vecchie e nuove sull'origine dell'eredità*, in *Scritti Giuridici Varii*, I, p. 487 e segs.,Torino, 1926.

8   Portanto, para Lenel, o testamento *calatis comitiis* somente continha legados, e não instituição de herdeiro.

9   *Manuel Élémentaire de Droit Romain*, 8ª ed., p. 852. No mesmo sentido, *vide* Ihering. *Geist des römischen Rechts auf den verschiedenen Stufen seiner Entwicklung*, I, 5ª ed., § 11, *b*, p. 145 e segs., Basel, s/data (na trad. francesa, vol. I, 3a ed., § 13, p. 147 e segs., Paris, 1886).

10   Entre outros, Rubino, *Ueber den Entwickelungsgang der römischen Verfassung*, I, p. 244, nota 2, Cassel, 1839. *Vide* sobre essa controvérsia, Kniep, *Gai Institutionum Commentarius Secundus*, § 97-298 (*Testamentarisches Erbrecht*), p. 92, Jena, 1912.

11   *Institutas*, II, 102.

12   Segundo Lévy-Bruhl (*Nature de la mancipatio familiae, in Festschrift* Fritz Schulz, I, p. 260, Weimar, 1951), *a mancipatio familiae* foi criada antes da Lei das XII Tábuas.

718 | DIREITO ROMANO – *José Carlos Moreira Alves*

o testador tem de confiar em sua palavra) a transferi-los, depois da morte do testador, para a pessoa (ou pessoas) por este designada. O *familiae emptor*, portanto, embora Gaio[13] saliente que *heredis locum obtinebat* (ocupava o lugar de herdeiro), era antes um executor do testamento do que um herdeiro. Mais tarde, na segunda etapa da evolução dessa forma de testamento, surge, propriamente, o testamento *per aes et libram*, em que há a instituição de herdeiro. Conserva-se a *mancipatio* apenas por amor à tradição,[14] mas ela é uma simples formalidade, passando a ser o ato mais importante a *nuncupatio*, pela qual o testador dá a conhecer as disposições testamentárias, inclusive a instituição de herdeiro. Gaio[15] assim descreve a solenidade em que se faz o testamento *per aes et libram*:

Eaque res ita agitur: qui facit testamentum, adhibitis, sicut in ceteris mancipationibus, V testibus ciuibus Romanis puberibus et libripende, postquam tabulas testamenti scripserit, mancipat alicui dicis gratia familiam suam; in qua re his uerbis familiae emptor utitur: familiam pecuniamque tuam endo mandatela tua custodelaque mea esse aio, et ea quo tu iure testamentum facere possis secundum legem publicam, hoc aere, et ut quidam adiiciunt aeneaque libra, esto mihi empta, deinde aere percutit libram, idque aes dat testatori uelut pretii loco; deinde testador tabulas testamenti tenens ita dicit: Haec ita ut in his tabulis cerisque scripta sunt, ita do ita lego ita testor itaque vos quirites testimonium mihi perhibetote; et hoc dicitur nuncupatio: nuncupare est enim palam nominare, et sane quae testator specialiter in tabulis testamenti scripserit, ea uidetur generali sermone nominare atque confirmare (E isso se faz assim: o testador, presentes, como nas outras mancipações, cinco testemunhas, cidadãos romanos púberes, e o *libripens*, depois de escrever nas tábuas do testamento, mancipa ficticiamente sua herança a alguém; nesse ato o *familiae emptor* usa destas palavras: Eu declaro ser o teu patrimônio hereditário,[16] sujeito às tuas determinações e em minha custódia, e assim o compro com este bronze – E (como alguns acrescentam) com esta balança de bronze – para que possas fazer testamento válido segundo a lei pública; toca em seguida a balança com o bronze, e o entrega ao testador a título de preço; depois, o testador, tendo nas mãos as tábuas do testamento, diz: Eu assim dou, assim lego e assim testo os meus bens como escrevi nestas tábuas e sobre esta cera, e assim vós, Quirites, sois testemunhas; chama-se a isso *nuncupatio*: *nuncupare* significa *nomear em público*, pois, sem dúvida, o testador declara e confirma com palavras gerais o que escreveu pormenorizadamente nas tábuas do testamento).

Embora Gaio, nessa descrição, não se refira ao que modernamente se denomina *testamento nuncupativo* (aquele em que o testador, com a *nuncupatio*, declara oralmente o teor das disposições testamentárias), a quase totalidade dos autores admite a existência do testamento *per aes et libram oral*, que teria precedido o testamento *per aes et libram*

---

13 *Institutas*, II, 103.
14 Cf. Gaio, *Institutas*, II, 105.
15 *Institutas*, II, 104.
16 Tradução que, segundo Biondi (*Istituzioni di Diritto Romano*, 3ª ed., p. 655), deve ser dada à expressão *familiam pecuniamque*.

Cap. LII · SUCESSÃO TESTAMENTÁRIA | 719

escrito,[17] sendo certo que este tem sobre o primeiro duas vantagens: a de ser mais fácil de provar, e a de, nele, poder o testador deixar em segredo as disposições testamentárias.

O testamento *per aes et libram* já era utilizado nos fins da república, e persistiu nos primeiros séculos do principado.[18]

No direito clássico, surge o que se denomina, modernamente, *testamento pretoriano*. Ele nasce da atuação do pretor com referência ao testamento *per aes et libram*. Verificando que, nessa espécie de testamento, a *mancipatio* era mera formalidade mantida pelo respeito à tradição, e que dos atos que integravam a *nuncupatio* o verdadeiramente essencial era a apresentação, pelo testador, das tábuas escritas às cinco testemunhas, ao *libripens* e ao *familiae emptor*, o pretor passou a considerar, como testamento válido *iure honorario*, o escrito apresentado a sete testemunhas, e ao qual estivessem apostos os selos delas.[19] Mas o pretor, como já salientamos, *heredes facere non potest* (não pode criar herdeiros), porquanto *heres* (herdeiro) somente era a pessoa a quem o *ius ciuile* atribuía tal título com os direitos dele decorrentes. O que o pretor podia fazer era conceder a *bonorum possessio secundum tabulas* (posse dos bens segundo as tábuas do testamento) à pessoa designada como sendo o herdeiro, nas *tabulae* (tábuas). A princípio, a *bonorum possessio secundum tabulas* era *sine re* (portanto, se o herdeiro legítimo – por exemplo: um filho do testador – reclamasse a herança por meio da *petitio hereditatis ab intestato*, alegando que aquele testamento não era reconhecido como válido pelo *ius ciuile*, o pretor não protegia o *bonorum possessor*, que perdia a herança para o herdeiro legítimo), mas, posteriormente, o imperador Antonino Pio[20] admitiu que o *bonorum possessor* se defendesse da *petitio hereditatis ab intestato* do herdeiro legítimo com a *exceptio doli mali*; assim, mantendo-se o *bonorum possessor* na posse dos bens contra a pretensão do herdeiro legítimo, a *bonorum possessio secundum tabulas* passou a ser *cum re*.

No direito pós-clássico, essas formas de testamento caem em desuso e são substituídas por outras:

a) de testamento privado (que derivam do testamento *per aes et libram* e do testamento pretoriano, e em que não há a interferência de autoridade pública); e

b) de testamento público (que surgem nesse período, e em que há a participação de autoridade pública).

---

17   *Vide*, a propósito, Volterra, *Istituzioni di Diritto Privato Romano*, p. 742.

18   Exemplos concretos de testamentos *per aes et libram* encontram-se em Girard, *Textes de Droit Romain*, 6ª ed., p. 805 e segs.

19   Ainda no direito clássico, segundo a opinião dominante, Juliano ou Giordiano (a matéria é controvertida) reconhece validade *iure praetorio* às disposições orais de última vontade proferidas diante de sete testemunhas.

    Guarino (*Forma orale e scritta nel testamento romano*, in *Studi in onore di Pietro de Francisci*, vol. II, p. 55 e segs., Milano, 1956), porém, defende a tese de que, durante todo o período clássico, o *testamento pretoriano* foi exclusivamente testamento escrito. A propósito, *vide*, ainda, em posições contrapostas, Archi ("*Testamentum Civile*", "*Testamentum Praetorium*", in *Studi in Onore di Ugo Enrico Paoli*, pp. 11 a 37, Firenze, 1956) e Voci (*Testamento Pretorio*, in *Studi di Diritto Romano*, I, pp. 409 a 453, Padova, 1985).

20   Gaio, *Institutas*, II, 120; e *Mosaicarum et romanarum legum collatio*, XVI, 3, 1.

720 | DIREITO ROMANO – *José Carlos Moreira Alves*

São testamentos privados: o testamento nuncupativo, o testamento ológrafo e o testamento *tripertitum*. São testamentos públicos: o *testamentum apud acta conditum* e o *testamentum oblatum principi*.

O testamento nuncupativo é também (à semelhança do testamento pretoriano) uma simplificação do testamento *per aes et libram*; mas, à diferença do testamento pretoriano, é uma forma de testamento reconhecida pelo *ius ciuile*, e portanto, a pessoa nele designada para receber é *heres* (herdeiro), e não, simplesmente, *bonorum possessor*. O testamento nuncupativo se faz por declaração oral do testador, na presença de, a princípio, cinco testemunhas (e isso porque, das sete exigidas no testamento pretoriano, duas eram o *familiae emptor* e o *libripens*, as quais, com a desnecessidade da *mancipatio* para a celebração do testamento nuncupativo, deixam de ser exigidas), e, posteriormente, de sete.[21]

O testamento ológrafo (*ológrafo* é palavra que vem do grego, e que significa *escrito inteiramente pela mão do autor*) é o totalmente redigido, de próprio punho, pelo testador, e que é válido mesmo sem ser feito na presença de testemunhas. Essa forma de testamento foi admitida, no direito romano, por uma constituição de Valentiniano III,[22] mas não foi acolhida por Justiniano no *Corpus Iuris Ciuilis*.

O testamento *tripertitum* – que foi criado, em 439 d.C., pelos imperadores Teodósio II e Valentiniano III – é assim denominado porque, como salienta Justiniano,[23] tem suas formalidades provenientes de três fontes: do *ius ciuile antiquum*, do *ius honorarium* e de constituições imperiais. Com efeito, do *ius ciuile antiquum* decorre a necessidade de que esse testamento seja feito de uma só vez, sem interrupção (*uno contextu*); do *ius honorarium*, a presença de sete testemunhas e a aposição de seus selos; e de constituições imperiais, a *subscriptio* do testador e das testemunhas.[24] Em face disso, pode-se conceituar o *testamento tripertitum* como o testamento escrito e apresentado a sete testemunhas, que a ele apõem, juntamente com a do testador, suas *subscriptiones*, e, em seguida, apenas as testemunhas colocam nele seus selos.

Dos testamentos públicos, o *apud acta conditum*,[25] segundo parece, consiste numa declaração verbal que o testador faz ao juiz ou à autoridade municipal, que a reduz a termo (isto é, a escrito oficial); e o *principi oblatum*[26] é aquele em que o testador apresenta ao

---

21 *Inst.*, II, 10, 14.

22 Nov. Valent., XXI (XX), 2, 1.

23 *Inst.*, II, 10, 3.

24 Não sendo mais, nessa época, os testamentos *redigidos* em tábuas com cera, que se fechavam, e em que, portanto, havia uma parte exterior e outra interior, mas sendo escritos em folhas de pergaminho ou de papiro, as testemunhas e o testador – ou uma oitava testemunha, no caso de o testador não poder escrever –, antes de aporem seus selos no documento, redigiam frases mais ou menos longas, em que o sujeito é o nome da testemunha ou do testador, e o predicado é o verbo *subscribere*. Assim sendo, a *subscriptio* é bem diferente da simples assinatura que se encontra nos documentos modernos.

25 *Vide*, a propósito, C. VI, 23, 19.

26 C. VI, 23, 19.

Cap. LII · SUCESSÃO TESTAMENTÁRIA | **721**

príncipe testamento por escrito, que é confiado ao *magister libellorum*, para conservá-lo no seu arquivo.

B) *Formas anormais de testamento*

Ao lado das formas normais de testamento, temos, no direito romano, formas anormais, empregadas excepcionalmente, e, por isso mesmo, com a observância – conforme o caso – de formalidades ou mais ou menos rigorosas do que as das formas normais.

Requerem formalidades mais simples do que as normais – e isso por motivos de ordem prática ou a título de favor – os seguintes testamentos:

a) o *testamentum ruri conditum* (testamento feito no meio rural): para sua feitura, Justiniano,[27] em vez de sete testemunhas, exige apenas cinco;

b) o *testamentum pestis tempore* (testamento em tempo de peste): Diocleciano[28] admite que, quando o testador está atacado de doença contagiosa, as testemunhas não se coloquem na sua presença imediata;

c) o *testamentum parentum inter liberos* (testamento de pais para filhos): sua regulamentação, iniciada pelo imperador Constantino, somente foi concluída por Justiniano,[29] que estabeleceu que, quando os pais, em documento escrito por eles mesmos, estabelecessem a sucessão de seus bens em favor de seus filhos, não havia necessidade de testemunhas; e

d) o *testamentum militum* (testamento dos soldados): é o mais importante dessa categoria de testamento, pois, com relação a ele, não há apenas dispensa de formalidades, mas, sim, de importantes regras de fundo que disciplinavam a sucessão hereditária em Roma; dessa forma, o soldado de terra ou de mar – a princípio, durante o serviço ativo, sendo o *testamento* feito nessa ocasião válido até um ano após a baixa; depois, com Justiniano,[30] apenas quando em campanha – pode testar sem a observância de quaisquer formalidades; quanto a regras de fundo, há que notar:

1 – não se aplica ao *testamentum militum* o princípio *nemo partim testatus partim intestatus decedere potest* (ninguém pode falecer em parte *testatus*, e, em parte, *intestatus*); e

2 – o soldado pode revogá-lo por simples manifestação de vontade, instituir herdeiro para coisa determinada (instituição *ex certa re*), e fazer vários testamentos, que coexistirão.

Já por motivo de maior segurança, os seguintes testamentos exigem mais formalidades do que as dos testamentos normais:

a) o testamento do cego, que – disciplinado primeiramente por Justino (cujas disposições foram confirmadas por Justiniano),[31] pois no período clássico não apresentava qualquer peculiaridade – exige a presença de sete testemunhas e de um *tabularius* (ou,

---

27 C. VI, 23, 31.

28 C. VI, 23, 8.

29 Nov. CVII.

30 *Inst.*, II, 11, pr.

31 C. VI, 22, 8.

722 | DIREITO ROMANO – *José Carlos Moreira Alves*

na sua falta, de uma oitava testemunha), perante o qual o testador faz suas declarações de última vontade, que, redigidas pelo *tabularius*, devem ser lidas por ele e confirmadas pelo testador, diante das testemunhas;

b) o testamento do analfabeto: no direito clássico, o analfabeto somente podia fazer testamento oral; no período pós-clássico, admite-se que seu testamento seja redigido na presença de uma oitava testemunha, que o subscreve em lugar do testador;[32] e

c) o testamento do surdo-mudo: segundo Justiniano,[33] deve ser escrito, de próprio punho, pelo surdo-mudo.

314. Capacidade para testar (*testamenti factio actiua*) – Para que alguém possa fazer testamento, é preciso que tenha:

a) aptidão para testar (isto é, que, em sua capacidade jurídica, se inclua a faculdade de fazer testamento); e

b) capacidade de fato para testar.

O primeiro desses dois requisitos exige que o testador o possua desde a confecção do testamento até a ocasião de sua morte, ininterruptamente;[34] o segundo, apenas na feitura do testamento.

Passemos à análise desses requisitos.

A) *Aptidão para testar*

Em princípio, têm essa aptidão todos os cidadãos *sui iuris*.

Daí resulta que, por via de regra, não podem testar os estrangeiros,[35] os *filii familias*, as pessoas *in manu*, as pessoas *in mancipio*, os escravos. Mas, no decurso da evolução do direito romano, houve atenuações a esse respeito. Os estrangeiros a quem era atribuído o *ius comercii* (*vide* nº 84, A) podiam testar. Augusto concedeu aos *filii familias* a faculdade de fazer testamento com relação ao pecúlio castrense; Justiniano o admitiu, também, com referência ao pecúlio quase castrense.[36] Já os escravos – que não eram pessoas físicas, mas aos quais (*vide* nº 83, B), a pouco e pouco, se foi atribuindo a aptidão de ter alguns direitos, embora,

---

32 C. VI, 23, 21, 1.

33 C. VI, 22, 10.

34 Se, depois de feito o testamento, o testador sofrer uma *capitis deminutio*, o testamento se torna *irritum*, salvo se se tratar de aprisionamento em guerra e se aplicar a ficção da Lei *Cornélia* ou o *postiminium* (*vide* nº 83, A, 1).

Por outro lado, se o testador tivesse a *testamenti factio actiua* no momento da confecção do testamento e no instante da morte, ainda que não a possuísse no intervalo, o pretor concedia a *bonorum possessio secundum tabulas* – que, nessa hipótese, era *cum re* – ao herdeiro instituído, se não houvesse herdeiros legítimos (Gaio, *Institutas*, II, 147 e segs.). No tempo de Justiniano, o testador, nesse caso, devia confirmar o testamento (D. XXXVII, 11, 11, 2 – interpolado, segundo Perozzi, *Instituzioni di Diritto Romano*, II, 2ª ed. – *reintegrazione*, 1949, p. 505, nota 3 da p. 504).

35 Note-se, porém, que o estrangeiro, se não podia testar segundo o direito romano, podia fazê-lo validamente em conformidade com sua lei nacional.

36 *Inst.*, II, 12, pr. Mas os *filii familias* nunca puderam testar os *bona aduenticia*.

Cap. LII · SUCESSÃO TESTAMENTÁRIA | 723

teoricamente, haja persistido, durante todo o direito romano, sua condição de *res* (coisa) –, se eram *serui publici* (escravos do Estado), podiam testar, no direito clássico,[37] a metade dos bens que integravam seu pecúlio; no direito pós-clássico,[38] os *serui cubicularii* (escravos cujo serviço se restringia às peças da casa) do imperador tinham a faculdade de testar.

Entre os cidadãos romanos *sui iuris*, havia alguns que não possuíam aptidão para testar, por não poderem realizar as formalidades indispensáveis à feitura do testamento ou por proibição legal, a título de pena.

No primeiro caso, encontra-se, com relação aos testamentos *calatis comitiis* e *in procinctu*, a mulher,[39] que não podia fazê-los por não participar dos comícios por cúrias, nem ir à guerra.[40] Quando surgiu a *mancipatio familiae* (e, posteriormente, o testamento *per aes et libram* propriamente dito), essa incapacidade deveria ter deixado de existir, mas – e possivelmente para que os bens que elas herdassem de seu *pater familias* não fossem testados a estranhos à família – as ingênuas, que podiam normalmente celebrar, com a *auctoritas* do tutor, a *mancipatio* (e que, portanto, deveriam poder fazer a *mancipatio familiae*, e, mais tarde, o testamento *per aes et libram* propriamente dito), continuaram incapazes de testar; o mesmo, no entanto, não ocorria com as libertas, porquanto seus bens não tinham pertencido a uma família. Em virtude disso, os jurisconsultos romanos criaram um expediente para permitir às ingênuas que testassem seus bens. Foi ele a *coemptio testamenti faciendicausa* (*coemptio* para fazer testamento), que assim se processava: a ingênua, com a *auctoritas* de seu tutor, se vendia por meio da *mancipatio* a um terceiro que, por um *pactum fiduciae*, se obrigara previamente a manumiti-la, já que a recebia como pessoa *in mancipio*; ocorrida a manumissão, o terceiro se tornava *tutor fiduciário* da mulher, que, por sua vez (por se ter desvinculado da família de origem, e, portanto, seus bens, com a morte dela, não mais se destinarem aos que tinham sido seus agnados), com a *auctoritas* desse tutor, podia fazer testamento. Note-se, porém, que a mulher, para se valer desse expediente, precisava, antes, da *auctoritas* de seu tutor para vender-se por meio da *mancipatio* ao terceiro; ora, se se tratasse de tutor legítimo (por conseguinte, um dos herdeiros presumidos da mulher), dificilmente daria a *auctoritas*; por isso, o pretor, muitas vezes, em caso de recusa da *auctoritas* pelo tutor legítimo, o compelia a dá-la. Somente com um *senatusconsulto* do tempo de Adriano[41] é que cessa a incapacidade da ingênua para fazer testamento: a partir de então, ela pode testar, sem precisar da *coemptio testamenti faciendi causa*, mas, apenas, da *auctoritas* de seu tutor. E o pretor, quando a ingênua fazia testamento sem a *auctoritas* do tutor, concedia – se não se tratasse de tutor legítimo – à pessoa designada no testamento a *bonorum possessio*

---

37 *Vlpiani liber singularis regularum*, XX, 16.

38 C. XII, 5, 4, 2.

39 As vestais, porém, desde os mais remotos tempos tinham plena capacidade testamentária.

40 Contra a assertiva do texto – que é a da doutrina dominante – *vide* Volterra, *Sulla capacità delle donne a far testamento in Bullettino dell'Istituto di Diritto Romano*, vol. VII, N. S. (1941), p. 74 e segs.

41 Gaio, *Institutas*, I, 115, *a*, e II, 112-113.

724 | DIREITO ROMANO – *José Carlos Moreira Alves*

secundum tabulas.[42] Com a extinção da tutela das mulheres púberes, verificada no século IV d.C., a mulher – ingênua ou liberta – passa a ter plena capacidade para testar.

Além da mulher, também o surdo e o mudo eram, a princípio, incapazes de testar, uma vez que o mudo não podia pronunciar as palavras da *nuncupatio*, e o surdo, ouvi--las. Quando surgem as formas escritas de testamento, o surdo e o mudo, desde que obtenham autorização do imperador, podem testar.[43] No tempo de Justiniano,[44] apenas os surdos-mudos de nascença são incapazes de fazer testamento.

Por outro lado, por proibição legal, a título de pena, não tinham aptidão para testar:

a) desde o direito pré-clássico, os *intestabiles*, porque o testamento exigia a presença de testemunhas e eles (*vide* nº 86, C) não podiam realizar ato que necessitasse de testemunhas;

b) no direito clássico, os latinos junianos (*vide* nº 84, B);[45] e

c) no direito pós-clássico, os apóstatas, os maniqueus e algumas categorias de heréticos (*vide* nº 86, F).

B) *Capacidade de fato para testar*

Como ocorre com relação ao exercício, pela própria pessoa, de um direito subjetivo, além da capacidade jurídica de testar (aptidão para testar), é preciso, para fazer testamento, capacidade de fato para testar.

É de observar-se, porém, que, quanto à incapacidade de fato para elaborar testamento, não se pode lançar mão, para supri-la, de tutor ou curador, pois o ato de testar, sendo personalíssimo, somente pode ser realizado pelo próprio testador, e, se este não tem capacidade de fato para testar, não poderá fazer testamento. Essa regra, entretanto, não se aplicava à mulher (que podia em certos casos testar com a *auctoritas* do tutor), dada a natureza especial de sua incapacidade de fato (*vide*, a propósito, nº 301).

Não tinham capacidade de fato para testar (ainda que possuíssem capacidade jurídica para fazê-lo), as seguintes pessoas:

a) os impúberes;[46]

b) os loucos,[47] com exceção dos *furiosi*, quando em intervalos de lucidez, momentos em que, como já salientamos (*vide* nº 302), eles recuperavam a capacidade de fato;

c) os pródigos;[48] e

d) aqueles que tinham dúvida quanto ao seu próprio *status* (assim, por exemplo, o escravo manumitido no testamento de seu proprietário, se não sabe, com certeza, que

---

42 Gaio, *Institutas*, II, 118-122.

43 D. XXVIII, 1, 7.

44 VI, 22, 10.

45 Gaio, *Institutas*, I, 23.

46 *Ulpiani liber singularis regularum*, XX, 22.

47 *Ulpiani liber singularis regularum*, XX, 13.

48 *Ulpiani liber singularis regularum*, XX, 13; e D. L, 17, 40.

Cap. LII • SUCESSÃO TESTAMENTÁRIA | 725

este faleceu, e, em consequência, ele ficou livre, enquanto perdura a dúvida quanto ao seu *status*, não pode testar).[49]

315. Capacidade para ser instituído herdeiro (*testamenti factio passiua*) – Em princípio, podem ser instituídos herdeiros no testamento:[50]

a) a pessoa física;

b) o nascituro;

c) a pessoa jurídica; e

d) a divindade.

Quanto à pessoa física, pode, em geral, ser instituído herdeiro, em testamento, o cidadão romano – ou o estrangeiro[51] que tenha o *ius commercii* –, ainda que não seja *sui iuris*, porquanto se trata de aquisição.

Mesmo o escravo que tivesse proprietário, *com capacidade para ser instituído herdeiro*, poderia sê-lo num testamento de pessoa outra que não seu dono; nessa hipótese, os bens integrantes da herança passariam para o patrimônio do proprietário do escravo. Demais, se o dono do escravo o manumitisse em seu testamento, podia, ali, instituí-lo herdeiro.

Há, no entanto, cidadãos romanos (ou estrangeiros com o *ius commercii*) que não podem ser instituídos herdeiros (não possuem, portanto, a *testamenti factio passiua*). São eles:

a) as mulheres (que, primitivamente, tinham plena capacidade para suceder por testamento), na hipótese prevista na Lei *Vocônia*, de 969 a.C.: elas não podiam ser instituídas herdeiras em testamento de cidadão que estivesse inscrito na primeira classe do censo (na qual estavam enquadrados os possuidores de patrimônio não inferior a 100.000 asses); essa lei, porém, caiu em desuso na época imperial;

b) as pessoas incertas (aquelas que o testador, ao fazer o testamento, não pode determinar precisamente, como, por exemplo, instituir herdeiro o primeiro indivíduo que vier ao funeral do testador);[52]

c) os *intestabiles* (*vide* nº 86, C);

d) a partir dos imperadores cristãos, os heréticos, os apóstatas e os maniqueus (*vide* nº 86, F); e

e) no direito pós-clássico, perdia a capacidade de suceder por testamento a viúva que, dentro de um ano da morte do marido, tornasse a casar;[53] Justiniano impôs a mesma pena àquela que, nesse ano, desse à luz filho ilegítimo.[54]

---

49   D. XXVIII, 1, 14 e 15.

50   Pormenores em Bonfante, *Corso di Diritto Romano*, VI (*Le successioni, parte generale*), p. 305 e segs., Città di Castello, 1930; e Biondi, *Successione Testamentaria – Donazioni* (*Trattato di Diritto Romano diretto da Emilio Albertario*, X), § 42 e segs., p. 103 e segs., Milano, 1943.

51   Os estrangeiros sem *ius commercii* podiam, no entanto, suceder, validamente, por testamento, a outro estrangeiro, segundo sua lei nacional. Já os apátridas, por não pertencerem a nenhuma comunidade política juridicamente organizada, não podiam ser herdeiros.

52   Sobre o fundamento da incapacidade da pessoa incerta, *vide* Bonfante, *Corso di Diritto Romano*, VI (*Le successioni – parte generale*), p. 309 e segs., Città di Castello, 1930.

53   C. V, 9, 1.

54   Nov. XXXIX, 2.

726 | DIREITO ROMANO – *José Carlos Moreira Alves*

Com relação ao nascimento, a jurisprudência romana, no direito clássico, foi admitindo gradativamente que pudessem ser instituídos herdeiros os *postumi* (os nascidos depois da confecção do testamento) *sui*, os *postumi aquiliani*, os *postumi Vellaeiani primi*, os *postumi Vellaeiani secundi* e os *postumi Iuliani* (*vide*, a propósito de cada uma dessas classes, o nº 329). Quanto aos *postumi alieni* (os que nasciam fora da família do testador), não tinham eles, segundo o *ius ciuile*,[55] *testamenti factio passiua*, mas o pretor lhes concedia a *bonorum possessio secundum tabulas*;[56] Justiniano[57] estabeleceu que qualquer *postumus* (inclusive o *alienus*) tinha *testamenti factio passiua*.

Com referência à pessoa jurídica, a maioria dos autores[58] entende que, desde tempos remotos, o *populus Romanus* (Estado Romano) podia ser instituído herdeiro. O mesmo, porém, não ocorria com os municípios, as *ciuitates* e as colônias, que eram considerados, a princípio, como *personae incertae* (pessoas incertas) e, portanto, incapazes de ser instituídos herdeiros.[59] É certo, todavia, que, quanto aos municípios, um *senatusconsulto*, ainda no direito clássico, admitiu que eles pudessem ser instituídos herdeiros por seus libertos.[60] De Constantino a Justiniano, reconheceu-se a *testamenti factio passiua* às *ciuitates*, às Igrejas, às *operae piae*. Justiniano[61] estendeu-a a todas as corporações lícitas.

Finalmente, quanto às divindades, lê-se no *Liber singularis regularum* (XXII, 6), atribuído a Ulpiano, que não podem instituir-se herdeiros os deuses, exceto aqueles a quem *senatusconsulto* ou constituição imperial o permita.[62] Por outro lado, no tempo de Justiniano[63] era possível instituir-se herdeiro a Cristo (caso em que se entendia que a instituição era feita em favor da Igreja do local onde morava o testador), a um arcanjo, ou a um mártir (nessas duas hipóteses, se a instituição fosse feita sem a especificação de uma Igreja, considerava-se a instituição feita em favor da Igreja do local onde morava o testador, dedicada ao arcanjo ou ao mártir mencionado no testamento; não havendo nenhuma nessas condições, favoreciam-se outras Igrejas, designadas na legislação justinianeia).

A *testamenti factio passiua* tem de existir em três momentos diversos:

a) no da confecção do testamento;

b) no da abertura dele; e

c) no da adição (isto é, aceitação) da herança.

---

55 Gaio, *Institutas*, I, 147; e II, 241-242.

56 D. XXXVII, 11, 3; e *Inst.*, III, 9, pr.

57 C. VI, 48, 1; e *Inst.*, III, 9, pr.

58 Contra, Bonfante, *Corso di Diritto Romano*, VI (*Le successioni – parte generale*), p. 317 e segs., Città di Castello, 1930.

59 *Vlpiani liber singularis regularum*, XXII, 5.

60 *Vlpiani liber singularis regularum*, XXII, 5.

61 C. VI, 48, 1, 10.

62 *Vide* lista exemplificativa em *Vlpiani liber singularis regularum*, XXII, 6.

63 C. I, 2, 25 (26).

Cap. LII · SUCESSÃO TESTAMENTÁRIA | **727**

A perda temporária da *testamenti factio passiua* em algum dos intervalos desses três momentos não prejudicava o herdeiro.[64]

316. Conteúdo do testamento – a instituição de herdeiro – O testamento pode conter diferentes disposições, como:

a) a instituição de herdeiro;

b) manumissões;

c) designação de tutor;

d) legados (*vide* nos 345 a 354);

e) fideicomissos (*vide* nos 355 a 358);

f) *adsignatio libertorum* (isto é, a divisão do patronato, morto o *pater familias*, entre seus filhos).

Dessas disposições, a que é imprescindível[65] que nele se encontre é a *instituição de herdeiro* (*heredis institutio*):[66] não existe testamento sem a *heredis institutio*, nem esta sem aquele; demais, nula a *heredis institutio*, nulo será todo o testamento (princípio esse, porém, que sofreu atenuações no curso do tempo).[67]

O testador pode instituir herdeiro único ou vários herdeiros. Neste número, estudaremos, apenas, a instituição de herdeiro único (hipótese mais simples, e na qual poderemos analisar os princípios que regem, em geral, a *heredis institutio*); no seguinte, trataremos da instituição de vários herdeiros.

Para instituir herdeiro no testamento, o testador tem de observar duas espécies de regras:

a) as de forma; e

b) as de fundo.

As regras de forma[68] dizem respeito ao lugar, no testamento, onde deve ser inserida a *heredis institutio*, bem como aos termos com que o testador institui o herdeiro. Quanto ao lugar, a instituição de herdeiro, no direito clássico, devia ser feita à testa do testamento, sendo que as disposições inseridas antes dela eram nulas, salvo se se tratasse de deserdação,[69] de fideicomisso[70] ou – segundo os proculeianos[71] – de designação de tutor; no direito jus-

---

64 Cf. Voci, *Diritto Ereditario Romano*, I (*introduzione, parte generale*), p. 391 e segs., Milano, 1960.

65 Gaio, *Institutas*, II, 229; *Vlpiani liber singularis regularum*, XXIV, 15; D. XXVIII, 4, 3; e D. XXIX, 7, 10.

66 A propósito, *vide*, entre outros, Vismara, *Appunti intorno alla "heredis institutio", in Studi di Storia e Diritto in onore di Enrico Besta*, III, p. 303 e segs., Milano, 1939; e Vogel, *Ueber die bedingte Erbeinsetzung von sui heredes nach ius ciuile, in Zeitschrift der Savigny-Stiftung für Rechtsgeschichte, Romanistiche Abteilung*, LXVIII (1951), p. 490 e segs.

67 Pormenores em Vismara, ob. cit., p. 303 e segs.

68 Já no direito clássico essas regras não se aplicavam ao *testamentum militum* (testamento dos soldados).

69 D. XXVIII, 5, 1, pr.

70 *Vlpiani liber singularis regularum*, XXV, 8.

71 Gaio, *Institutas*, II, 231.

728 | DIREITO ROMANO – *José Carlos Moreira Alves*

tinianeu, porém, admitiu-se que se colocasse a instituição de herdeiro em qualquer parte do testamento.[72] Com referência aos termos empregados na *heredis institutio*, primitivamente eram – em latim – sacramentais e imperativos; admitia-se apenas uma fórmula: *Titius* (ou outro nome qualquer, conforme o herdeiro se chamasse Tício, ou não) *heres esto* (que Tício seja herdeiro); no direito clássico, os jurisconsultos permitem, também, o uso das fórmulas *Titium heredem esse iubeo* (ordeno que Tício seja herdeiro)[73] e *Titius hereditatis meae dominus esto* (que Tício seja dono da minha herança),[74] não podendo, no entanto, sob pena de nulidade do testamento, serem empregadas outras, como, por exemplo, *Ticium heredem esse uolo* (quero que Tício seja o herdeiro);[75] no direito pós-clássico, o imperador Constâncio[76] estabeleceu, em 339 d.C., que a *heredis institutio* poderia ser feita com quaisquer termos, desde que exprimissem, claramente, a vontade do testador. Por outro lado, uma constituição de Teodósio II, de 439 d.C., demonstra que, antes dessa data, já se admitia a utilização do grego para a instituição de herdeiro.[77]

As regras de fundo são duas:

a) a instituição de herdeiro deve ser feita *in perpetuum* (daí o brocardo *semel heres, semper heres* – uma vez herdeiro, sempre herdeiro); e

b) o herdeiro deve ser instituído para receber toda a herança, e não apenas uma parte dela, em virtude do princípio *nemo partim testatus partim intestatus decedere potest* (ninguém pode falecer em parte *testatus* e, em parte, *intestatus*).

Dessas duas regras decorrem importantes consequências.

Da primeira, resulta que a instituição de herdeiro não admite todas as modalidades do negócio jurídico, pois algumas delas ferem o princípio *semel heres, semper heres*, como ocorre com a condição resolutiva (*vide* nº 112, A) e o termo final (*vide* nº 112, B).[78] As únicas modalidades admitidas, com relação à *heredis institutio*, são a condição suspensiva (*vide* nº 112, A) e o termo com prazo incerto.[79] Note-se, no entanto, que, para favorecer o testamento (e isso porque o testador, estando morto, não poderá, obviamente, fazer outro), se entendia que, quando a instituição de herdeiro era subordinada a modalidade não permitida (por exemplo, a uma condição resolutiva), o testamento não deixava, por

---

72   *Inst.*, II, 20, 34; e *Inst.*, I, 14, 3.

73   Gaio, *Institutas*, II, 117.

74   D. XXVIII, 5, 49 (48), pr.

75   Gaio, *Institutas*, II, 117.

76   C. VI, 23, 15. Essa constituição é atribuída erroneamente, no Código, a Constantino.

77   Nov. Theod., XVI, 8 (com algumas alterações foi inserida no C. VI, 23, 21, 6).

78   Também não era admitido o termo inicial, mas as razões dessa proibição (que não se prendem à regra *semel heres, semper heres*) nos são desconhecidas.

79   Assim, se o testador declarasse: *Que Caio o seja meu herdeiro, quando Tício morrer.* Trata-se de termo, porque a morte de Tício é acontecimento futuro e objetivamente certo, mas de termo com prazo incerto, pois não se sabe, de antemão, quando é que Tício irá morrer. E se admitia a *heredis institutio* a termo com prazo incerto, porque vigorava no direito romano (D. XXXV, 1, 75), a regra *dies incertus condicionem in testamento facit* (o prazo incerto, no testamento, se reputa condição).

Cap. LII · SUCESSÃO TESTAMENTÁRIA | **729**

isso, de ser válido, mas se tinha, como *non scripta* (não escrita), a cláusula proibida.[80] Por outro lado, eram importantes as consequências decorrentes de uma *heredis institutio* subordinada à condição suspensiva (modalidade permitida). Assim, por exemplo, a seguinte instituição de herdeiro – *Caius heres esto, si nauis ex Africa uenerit* (que Caio seja herdeiro, se o navio chegar da África); nessa hipótese, Caio somente se tornará herdeiro se chegar da África o navio, resultando, daí, que a abertura da sucessão testamentária é retardada (e, consequentemente, a da sucessão *ab intestato* que se verificará no caso de o herdeiro instituído sob condição falecer antes que ela se realize, ou, então, de a condição se frustrar) até que ocorra ou se fruste a condição. Enquanto a condição está pendente, a herança é considerada vacante, pois não se abrem nem a sucessão testamentária nem a sucessão *ab intestato*. É certo, porém, que o pretor, no direito clássico, concedia, nessa hipótese, ao herdeiro instituído, uma *bonorum possessio secundum tabulas* provisória, desde que ele desse caução às pessoas que, se ele morresse antes de verificar-se a condição, ou se esta se frustrasse, seriam herdeiras em seu lugar (eram os herdeiros legítimos).[81]

Da segunda das regras de fundo anteriormente referidas, decorria a consequência de que não era admissível a instituição de herdeiro para coisa determinada (*ex re certa*) – assim por exemplo, esta *heredis institutio: Titius heres esto ex fundo Manliano* (que Tício seja herdeiro do imóvel Manliano). Mas, apesar disso, se se fizesse instituição de herdeiro para coisa certa, nem por essa circunstância o testamento era considerado nulo, pois, a título de favorecer o testamento, se reputava simplesmente não escrita a instituição para coisa certa, e o herdeiro era considerado como instituído para receber toda a herança (se fosse um só) ou parte proporcional dela (se fossem vários os herdeiros).[82] No direito pós-clássico,[83] quando eram diversos os herdeiros instituídos, e um deles (ou, então, todos) o era para coisa certa, procurou-se respeitar, em parte, a vontade do testador: embora toda a herança fosse dividida entre eles, deveria caber àquele (ou àqueles, se fosse o caso), que fora instituído *ex re certa*, essa coisa, em sua quota hereditária. No direito justinianeu, vai-se mais longe: Justiniano[84] determina que o herdeiro *ex re certa* seja considerado como legatário (isto é, aquele que não é instituído herdeiro, mas a quem o testador deixa certos bens – *vide* n° 345), embora com situação excepcional, pois, se os demais herdeiros testamentários não quiserem, ou não puderem, aceitar a herança, esta, em vez de ir para os herdeiros legítimos (excluída a coisa a ser entregue ao herdeiro *ex re certa*), irá toda para o herdeiro *ex re certa*, o que significa que não houve equiparação completa entre esse herdeiro e o legatário propriamente dito.

317. Pluralidade de herdeiros – O testador pode instituir um ou – e isto para diminuir a possibilidade de morrer *intestatus* – vários herdeiros.

---

80 Exceção feita, no entanto, a algumas modalidades, como, por exemplo, a condição puramente potestativa (*Tício seja herdeiro, se Mévio quiser*); nesse caso, o testamento era nulo.

81 Sobre as condições impossíveis ilícitas e torpes apostas aos negócios jurídicos de última vontade, *vide* n° 112, A.

82 Cf. D. XXVIII, 5, 1, 4; XXVIII, 5, 9, 13.

83 *Epitome codicis Gregoriani*, III, 8, 1, 1.

84 C. VI, 24, 13.

730 | DIREITO ROMANO – *José Carlos Moreira Alves*

A pluralidade de herdeiros pode ocorrer nas duas seguintes hipóteses:

a) quando os herdeiros são instituídos simultaneamente: *Caius et Titius heredes sunto* (Caio e Tício sejam herdeiros); ou

b) quando os herdeiros são instituídos sucessivamente, um em substituição ao outro, se o anterior não quiser, ou não puder, aceitar a herança: *Titius heres esto. Si Titius heres non erit, Caius heres esto* (Tício seja o herdeiro. Se Tício não o for, que o herdeiro seja Caio).

Estudaremos, neste número, apenas a primeira hipótese. A segunda será analisada no seguinte, sob a epígrafe *Substituições*.

O testador, como vimos, pode instituir vários herdeiros simultaneamente.

Quando isso ocorre, dois são os problemas que podem apresentar-se:

a) como dividir a herança entre os herdeiros? e

b) qual o destino a ser dado à parte (ou às partes) da herança que um (ou alguns) dos herdeiros não quis, ou não pôde, aceitar?

Ambas as questões, porque dizem respeito à aquisição da herança, serão estudadas mais adiante, no capítulo próprio: o LV.

Por ora, examinaremos, apenas, dois aspectos, cujo conhecimento é indispensável para a solução dos problemas supramencionados, e que se referem à delação da herança por testamento, objeto deste capítulo. São eles:

a) a maneira pela qual os romanos consideravam a herança para efeito de divisão; e

b) a circunstância de que os vários herdeiros podiam ser instituídos *disiunctim* (separadamente) ou *coniunctim* (conjuntamente).

Os romanos consideravam a herança como uma unidade, que denominavam *as*, e que se dividia em doze partes iguais (*unciae* – onças). Cada uma dessas frações tinha denominação específica, a saber:[85]

1/2 do *as*   *uncia* (uma onça);
2/12 do *as* (ou 1/6) .... *sextans* (duas onças);
3/12 do *as* (ou 1/4).............................. *quadrans* (três onças);
4/12 do *as* (ou 1/3) .... *triens* (quatro onças);
5/12 do *as*...................................... *quincunx* (cinco onças);
6/12 do *as* (ou 1/2).............................. *semis* (seis onças);
7/12 do *as*...................................... *septunx* (sete onças);
8/12 do *as* (ou 2/3).............................. *bes* (oito onças);
9/12 do *as* (ou 3/4).............................. *dodrans* (nove onças);
10/12 do *as* (ou 5/6)............................. *dextans* (dez onças); e
11/12 do *as*..................................... *deunx* (onze onças).

Note-se, porém, que o testador (*vide* nota 81 do Capítulo LV) podia dividir a herança, no testamento, em maior ou menor número de frações do que as doze onças de que se constituía o *as*.

---

85   *Inst.*, II, 14, 5.

Cap. LII · SUCESSÃO TESTAMENTÁRIA | **731**

Por outro lado, quando vários eram os herdeiros instituídos, eles poderiam sê-lo *disiunctim* ou *coniunctim* (e, até, alguns *disiunctim* e outros *coniunctim*).

Os herdeiros eram instituídos *disiunctim* quando cada um o era por quota diferente, e em frase diversa. Assim, por exemplo, na seguinte instituição de vários herdeiros – *Caius pro triente heres esto, Titius pro quadrante heres esto, Maeuius pro reliqua parte heres est* (Que Caio seja herdeiro de quatro onças; que Tício seja herdeiro de três onças; e que Mévio seja herdeiro do restante) –, cada um deverá receber uma parte da herança, diferente da do outro, bem como é instituído herdeiro em frase distinta.

Mas os herdeiros também podiam ser instituídos *coniunctim*, o que se fazia por uma destas três modalidades:

a) coniunctim re et uerbis (conjuntamente pela coisa e pelas palavras): quando os herdeiros eram instituídos para a mesma parte da herança (*coniunctim re*), e na mesma frase (*coniunctim uerbis*); exemplo: *Caius et Titius ex semine heredes sunto, Maeuius ex altero semine heres esto* (Que Caio e Tício sejam herdeiros da metade do *as*; que Mévio seja herdeiro da outra metade), onde Caio e Tício eram herdeiros *coniunctim re et uerbis*;

b) coniunctim re tantum (conjuntamente, apenas pela coisa): quando os herdeiros eram instituídos para a mesma parte da herança (*coniunctim re*), mas em frases distintas (*disiunctim uerbis*); exemplo: *Caius ex semisse heres esto, Titius ex parte qua Caius instituitur, heres esto, Maeuius ex altero semisse heres esto* (Que Caio seja herdeiro da metade da herança; que Tício seja herdeiro da metade da parte que couber a Caio; e que Mévio seja herdeiro da outra metade da herança); onde Caio e Tício eram *herdeiros coniunctim re tantum*; e

c) coniunctim uerbis tantum (conjuntamente, apenas pelas palavras): quando os herdeiros eram instituídos na mesma frase (*coniunctim uerbis*), mas para partes diferentes da herança (*disiunctim re*); exemplo: *Caius pro triente heres esto et Titius pro quadrante heres esto, Maeuius pro reliqua parte heres esto* (Que Caio seja herdeiro de quatro onças do *as* e que Tício seja herdeiro de três onças do *as*; que Mévio seja herdeiro da parte restante); onde Caio e Tício eram herdeiros *coniunctim uerbis tantum*.

318. Substituições – A substituição (*substitutio*) ocorre quando dois ou mais indivíduos são instituídos herdeiros sucessivamente, de onde resulta que o seguinte (*heres substitutus*) substitui o anterior se este não quiser ou não puder aceitar a herança.

Três são as espécies de substituição, no direito romano:

a) substituição vulgar (*uulgaris substitutio*);

b) substituição pupilar (*pupillaris substitutio*); e

c) substituição quase pupilar (também denominada *substituição exemplar – ad exemplum pupillaris substitutionis*).

As duas primeiras já existiam no direito clássico; a última surgiu no direito justinianeu.

Estudemo-las separadamente.

A) *Substituição vulgar*

A substituição vulgar – que tinha essa denominação por ser a mais comumente utilizada – é a instituição condicional de um herdeiro (*heres substitutus*) para substituir outro instituído em primeiro lugar, se este não quiser (*casus uoluntatis*) ou não puder (*casus impotentiae*) aceitar a herança. Assim, por exemplo: *Caius heres esto; si Caius heres non erit, Stichus heres esto* (Que Caio seja o herdeiro; se Caio não for o herdeiro, que o seja Tício).[86]

Por esse conceito, verifica-se que a substituição vulgar apresenta as seguintes características:

a) é uma instituição de herdeiros (logo, aplicam-se a ela as regras de forma e de fundo da *heredis institutio*); e

b) é uma instituição de herdeiro sob condição suspensiva, decorrendo disso estas consequências:

1 – em geral, para que a situação do substituído seja definida dentro de espaço razoável de tempo (senão, o *substitutus* tem de esperar até que o instituído renuncie a herança, ou se torne incapaz de aceitá-la, ou morra), o testador estabelece uma *cretio* (isto é, fixa, no testamento, prazo – em geral, de cem dias, e a partir da data em que o instituído souber da instituição e em que puder deliberar – para que o herdeiro instituído aceite a herança, sob pena de, não o fazendo, ela passar para o substituto); e

2 – só haverá a delação da herança ao substituto se ocorrer a *condição* (ou seja, se o instituído não quiser ou não puder aceitar a herança);[87] essa regra, porém, comporta duas exceções:

a) existe um caso[88] em que o substituto substitui o instituído sem a ocorrência da condição: é a hipótese de um devedor insolvável, em fraude contra os credores, instituir herdeiro um de seus escravos, e colocar, como substituto, um homem livre; aí, a herança é deferida primeiro ao substituto, e somente se este não quiser, ou não puder, aceitá-la é que ela o será ao escravo, para que o testador não fique *intestatus*; e

b) há, nos textos, alguns casos de concurso entre o instituído e o substituto (isto é, a herança se divide entre ambos, apesar de não ter ocorrido a condição para que o substituto seja o herdeiro); assim, por exemplo, quando o testador institui herdeiro um homem que ele julgava ser livre (mas que era escravo), dando-lhe como substituto um homem livre; Tibério, a propósito, decidiu[89] que, se o proprietário do escravo lhe tivesse dado ordem para aceitar a herança, ele receberia apenas a metade dela, cabendo a outra metade ao substituto.[90]

---

86 Cf. *Inst.*, II, 15, pr.

87 Se o testador só estabelecesse a substituição para uma dessas duas situações (ou para o *casus uoluntatis*, ou para o *casus impotentiae*), é controvertido se a substituição ocorreria se se desse qualquer uma delas. Segundo parece (C. VI, 24, 3), a questão se resolvia com a interpretação da vontade do testador.

88 D. XXVIII, 5, 58 (57).

89 *Inst.*, II, 15, 4.

90 Outras hipóteses em Girard, *Manuel Élémentaire de Droit Romain*, 8ª ed., p. 881, nota 1.

Cap. LII · SUCESSÃO TESTAMENTÁRIA | **733**

A posição do *heres substitutus* é independente da do herdeiro instituído; daí, por exemplo, decorre que, não só a instituição de herdeiro pode ser pura e a substituição condicional (ou vice-versa), mas também pode o testador estabelecer:

a) um substituto para um herdeiro instituído; ou

b) vários substitutos para um herdeiro instituído; ou

c) um substituto para vários herdeiros instituídos; ou

d) vários substitutos para vários herdeiros instituídos.

Por via de regra, o testador, para que diminua, ainda mais, a possibilidade de morrer *intestatus*, coloca, como último substituto, um escravo, porque, se o instituído e os outros substitutos não quiserem ou não puderem aceitar a herança, o escravo – se sobreviver ao *de cuius* – está obrigado a fazê-lo, uma vez que é *herdeiro necessário* (*vide* nº 332), e, portanto, herdeiro que não pode recusar a herança.

A substituição vulgar produz os seguintes efeitos:

a) quando a herança é deferida ao substituto, este a recolhe, em geral, com os encargos que a onerariam se fosse aceita pelo instituído;[91]

b) a substituição exclui o *direito de acrescer* (assim, se há três herdeiros instituídos e um substituto, e se um dos instituídos não aceita sua parte da herança, ela não acrescerá à dos outros dois instituídos, mas será deferida ao substituto);[92] e

c) o substituto de um substituto reputa-se substituto do instituído (*substitutus substituto est substitutus instituto*); assim, como o substituto não recebe a herança de quem ele substitui, mas – colocado na posição do herdeiro instituído – diretamente do *de cuius*, basta que ele sobreviva a este, e não àquele a quem substituiu.

Finalmente, a substituição vulgar se extingue quando o herdeiro instituído aceita a herança, ou quando, se isso não ocorre, o substituto (ou substitutos) não quer, ou não pode, aceitá-la.

B) *Substituição pupilar*[93]

Para que se possa bem compreender o caráter da substituição pupilar (e ela assim se denomina porque é feita com relação ao filho *pupillus* – isto é, que se encontra sob a tutela dos impúberes), nos direitos clássico e pós-clássico, é preciso traçar a provável evolução histórica desse instituto.[94]

---

91 Quanto aos encargos, era preciso, a princípio, verificar se eles tinham sido impostos *nominatim* ao instituído ou genericamente ao herdeiro: os primeiros não oneravam o substituto; os segundos, sim. Severo e Caracala, porém, estabeleceram (D. XXX, 74) que o substituto respondia por todos os encargos impostos ao herdeiro, exceto se outra fosse a vontade do testador.

92 D. XXXVII, 11, 2, 8.

93 *Vide*, a propósito, Vázny, *La sostituzione pupillare nella giurisprudenza classica, in Bulletino dell' Istituto di Diritto Romano*, vol. V, N. S. (1939), p. 68 e segs.; e *Note critiche ed esegetiche alle sostituzione pupillare, in Bulletino dell'Istituto di Diritto Romano*, vol. VI, N. S. (1940), p. 31 e segs. *Vide*, também, *La Pira La Sostituzione pupillare, in Studi in onore di Pietro Bonfante*, III, p. 273 e segs., Milano, 1930.

94 Quanto a essa evolução, seguimos, em suas linhas gerais, a exposição de Girard, *Manuel Élémentaire de Droit Romain*, 8ª ed., p. 881 e segs.

734 | DIREITO ROMANO – *José Carlos Moreira Alves*

A substituição pupilar – que decorre de duas circunstâncias: *a*) da *patria potestas* (pátrio poder); e *b*) da repugnância que tinham os romanos de morrer *intestati* – é um instituto muito antigo, de origem costumeira.[95]

Segundo tudo indica, a princípio havia a substituição pupilar quando o *pater familias*, em seu testamento, instituía herdeiro um filho impúbere, designando-lhe um substituto para a hipótese de o filho falecer impúbere.

A pouco e pouco, no entanto, o *pater familias*, por prudência, começou a estabelecer a substituição em dois casos:

a) quando o filho morresse antes de se tornar herdeiro;

b) quando o filho, que tivesse sobrevivido ao pai (o testador), falecesse antes de atingir a puberdade (hipótese em que não poderia fazer testamento, porque o impúbere não tem *testamenti factio actiua*) (*vide* nº 315, B).

Dessa forma, no testamento do *pater familias* encontrava-se uma dupla substituição (*duplex substitutio*): uma substituição vulgar (na hipótese de o filho morrer antes de se tornar herdeiro) e uma substituição pupilar (se o filho sobrevivesse ao testador, mas falecesse antes de alcançar a puberdade).

Nos fins da república, o costume de se estabelecer essa *duplex substitutio* estava tão difundido que, num processo judicial em que o substituto interessado se chamava *Curius* (daí ter-se denominado esse processo *causa curiana*),[96] se sustentou – o que, posteriormente, se transforma em regra – que, embora no testamento só se determinasse a substituição pupilar, estava implícita a substituição vulgar.

Mas a *duplex substitutio* acarretava certas dúvidas, como, por exemplo, a de saber se, tendo o filho sobrevivido ao pai, mas morrido antes de atingir a puberdade, os bens adquiridos por ele, com a colaboração de seu tutor, entre a morte do pai e a sua, iriam, ou não, para o substituto. A essa indagação – e o problema era muito debatido no tempo de Cícero[97] – os juristas clássicos acabaram por responder afirmativamente: os bens do impúbere, qualquer que fosse a origem deles, integravam a herança a ser deferida ao substituto. Dessa solução – pela qual, até certo ponto, a substituição pupilar passa a ser inde- pendente da sucessão do pai – extraíram-se as seguintes consequências:

a) o pai não era obrigado a instituir, como seu herdeiro, o filho para que pudesse instituir-lhe um herdeiro;[98]

b) o testamento do pai, em que este instituía um herdeiro para si e outro para o filho, disciplinava duas heranças; por isso, no fundo, o que havia eram dois testamentos, e não um apenas, tanto que Gaio salienta nas *Institutas*:[99]

---

95   *Inst.*, II, 16, pr.; e D. XXVIII, 6, 2, pr.

96   Cf. Cícero, *De oratore*, I, 39, 180 e II, 32, 140 e 141; *Brutus* 52, 194 a 198; e *De inuentione* II, 42, 122.

97   *De inuentione* II, 21, 62 a 64.

98   Gaio, *Institutas*, II, 182.

99   II, 180. *Vide*, também, D. XVIII, 4, 2, 2.

Cap. LII · SUCESSÃO TESTAMENTÁRIA | 735

Quam ob rem duo quodammodo sunt testamenta, aliud patris aliud filii, tamquam si ipse filius sibi heredem instituisset; aut certe unum est testamentum duarum hereditatum (Por isso há, de certo modo, dois testamentos, um do pai, outro do filho, como se o próprio filho instituísse herdeiro para si; ou, por certo, há um só testamento relativo a duas heranças).

Mas, teoricamente, o testamento era um só, embora se admitisse que fosse feito em documentos separados (e o que encerrava a substituição pupilar se denominava *secundae tabulae*, ou *inferiores tabulae*).[100]

Apesar da admissão dessas consequências, não se chegou ao extremo de considerar totalmente independentes a sucessão do pai e a do filho, continuando-se a exigir que:

a) se o herdeiro instituído para o pai e para o filho aceita ou repudia a herança do pai, não pode assumir atitude diversa (repudiar ou aceitar) quanto à herança do filho;[101]

b) o escravo, que é *herdeiro necessário* (*vide* nº 332) do pai, também o é do filho; e

c) o pai não pode fazer testamento para os bens do filho, sem elaborar o seu próprio testamento; e, se o do pai não produz efeitos, o do filho também não os produzirá.[102]

Em face desses princípios, verifica-se que, nos direitos clássico e pós-clássico, a substituição pupilar foge ao conceito comum de substituição testamentária; antes, trata-se de nova figura jurídica, de grande originalidade, que apresenta duas anomalias[103] com relação ao direito sucessório romano:

a) implica duas heranças sucessivas; e

b) admite, apesar do caráter personalíssimo do ato de fazer um testamento, que o *pater familias*, sob certo aspecto, elabore o testamento do filho.

C) *Substituição quase pupilar*

A substituição quase pupilar (também denominada *exemplar* porque se formou *ad exemplum* da pupilar)[104] é uma instituição de herdeiro feita pelo ascendente para seu descendente alienado mental, na hipótese de este falecer sem recuperar a razão.

Até Justiniano, o *pater familias* somente podia inserir em seu testamento a substituição quase pupilar se obtivesse do imperador autorização para fazê-lo.[105] Com Justiniano,[106] não há mais necessidade disso: a substituição quase pupilar se torna instituto estável.

Embora a maioria dos princípios que regem a substituição pupilar se aplique à quase pupilar, há diferenças marcantes entre elas, a saber:

---

100 Gaio, *Institutas*, II, 180; D. XXVIII, 6, 2, 4; e XXVIII, 6, 38, 3.

101 D. XXX, 2, 59; D. XXVIII, 6, 10, 3; e C. VI, 30, 20.

102 D. XXVIII, 6, 10, 4. Essa regra não se aplicava ao *testamentum militum* (testamento dos soldados).

103 *Vide*, a propósito, Biondi, *Successione Testamentaria – Donazioni* (*Trattato di Diritto Romano diretto da Emilio Albertario*, X), p. 261 e segs., Milano, 1943.

104 *Inst.*, II, 16, 1.

105 D. XXVIII, 6, 43, pr.

106 C. VI, 26, 9.

a) a substituição pupilar se baseia na *patria potestas*; a quase pupilar, na afeição, tanto que pode ser feita por qualquer ascendente,[107] homem ou mulher, tenha, ou não, a *patria potestas* sobre o alienado mental, desde que este haja sido instituído herdeiro, ao menos, da legítima (*vide* nº 330); e

b) ao contrário do que ocorre na substituição pupilar, a escolha do substituto do alienado mental deve recair em um de seus descendentes; na falta destes, em irmão ou irmã dele; e somente na ausência dos últimos é que poderá ser designado substituto um estranho.

319. Ineficácia do testamento – Um testamento não produz seus efeitos (*ineficácia em sentido amplo*) quando é ineficaz em sentido estrito, ou quando é inválido, ou quando foi revogado (*vide* nº 320).

A ineficácia em sentido estrito não se confunde – como salientamos no nº 113, para onde remetemos o leitor – com a invalidade.

É ineficaz, em sentido estrito, o testamento que, embora válido, não produz seus efeitos em virtude de o herdeiro (ou herdeiros) instituído não ter aceito a herança, por um dos seguintes motivos:

a) ter morrido antes do testador (que, apesar disso, não fez novo testamento);

b) ter falecido depois de morto o testador, mas antes de aceitar a herança (exceção feita nos casos em que se admitiu a *transmissio hereditatis* – *vide* nº 334, C, 2);

c) ter perdido a *testamenti factio passiua*, quando da abertura do testamento, ou da aceitação da herança;

d) ter-se frustrado – no caso de *heredis institutio* condicional – a condição; e

e) ter renunciado a herança.

Nesses casos, os textos, em geral, dizem que o testamento é *desertum* ou *destitutum*.

O testamento é inválido quando nulo ou anulável.

Testamento nulo é aquele que, de acordo com o *ius ciuile*, não produz, *ipso iure* (automaticamente), efeitos, em decorrência de certas causas – originárias (existentes no momento da confecção do testamento) ou supervenientes (ocorridas depois de feito o testamento) – que o invalidam.

As causas originárias são as seguintes:

a) defeitos de forma do testamento (por exemplo: número de testemunhas inferior ao exigido);

b) falta de *testamenti factio actiua* (portanto, incapacidade do testador para testar);

c) ausência de *testamenti factio passiua* (isto é, incapacidade de o herdeiro instituído ser herdeiro); e

d) preterição, no testamento, de um *suus heres*, que somente pode deixar de ser contemplado, se houver, no testamento, uma cláusula que o deserde.

---

107 Note-se que, na hipótese de o alienado mental ter vários ascendentes, Justiniano não esclarece qual deles tem preferência para estabelecer a substituição quase-pupilar.

Por via de regra, os textos romanos – embora não se encontre neles terminologia constante – se utilizam, para designar o testamento nulo, das seguintes denominações: nas hipóteses das letras, *a*, *b* e *c*, *testamentum non iurefactum;* na da letra *d*, *testamentum nullius momenti* ou *testamentum inutile.*

As causas supervenientes, que acarretam a nulidade do testamento, são estas:

a) a ocorrência de *capitis deminutio* (*maxima, media* ou *minima*) com relação ao testador, desde que este não recuperasse, antes de morrer, o *status* de que gozava quando da feitura do testamento, pois, se isso se verificasse, o pretor considerava o testamento válido *iure honorario* (embora continuasse nulo para o *ius ciuile*), e concedia ao herdeiro instituído a *bonorum possessio secundum tabulas;* e

b) o surgimento, depois da confecção do testamento, de um *suus heres* (*postumus* – vide nº 329) do testador, o qual não tinha sido instituído herdeiro, ou deserdado, no testamento.

Na hipótese da letra *a*, diz-se que o testamento é *irritum;* na da letra *b*, que o testamento é *ruptum.*

Demais, a nulidade pode ser total ou parcial. É total quando, ocorrendo certas causas de nulidade (assim, o defeito de forma ou a incapacidade do testador), todo o testamento é nulo; é parcial quando a nulidade se limita a uma ou a algumas disposições testamentárias (por exemplo, no caso de falta de instituição dos *ceteri sui*, isto é, das filhas ou dos netos – de ambos os sexos – nascidos do filho do testador).

Note-se, porém, que a nulidade da *heredis institutio* acarretava, a princípio, a invalidade de todo o testamento; Justiniano, rematando uma longa série de providências parciais do pretor e da legislação imperial contra essa regra, estabeleceu, no direito das Novelas,[108] que a nulidade da *heredis institutio* não implicava a das outras disposições testamentárias.

Finalmente, diz-se – usando-se terminologia moderna – que o testamento é anulável quando o pretor concede contra o testamento válido *iure ciuile* (segundo o *ius ciuile*), para que ele não produza efeitos, certos meios pretorianos, como a *denegatio actionis* e a *exceptio doli*; ou, então – e isso no próprio terreno do *ius ciuile* –, quando o testamento é inoficioso, e, portanto, impugnável pela *querela inofficiosi testamenti* (vide nº 330).

320. Revogação do testamento – O testador pode, quando quiser, revogar seu testamento[109] – nesse caso, o *testamentum* se diz *ruptum.* Mas, se ele tem irrestrita liberdade para proceder à revogação, está, por outro lado, adstrito à observância de certas formalidades que variaram no *ius ciuile antiquum*, no *ius honorarium* e no direito da época imperial.

Estudemos, pois, essas três etapas, separadamente.

A) *No "ius ciuile antiquum"*

---

108 Nov. I, 1, 2; Nov. CXV, 3, 15; e Nov. CXV, 4, 9.

109 D. XXXIV, 4, 4.

No *ius ciuile antiquum*, o único meio pelo qual o testador podia revogar seu testamento era a feitura de novo testamento. Dessa regra singela, decorriam três graves inconvenientes:

a) o novo testamento revogava, sempre e totalmente, o anterior; portanto, se o testador, depois de fazer seu testamento, quisesse introduzir nele qualquer modificação, não bastava que elaborasse novo testamento declarando, genericamente, que mantinha as disposições do primeiro com exceção das alterações expressas, mas era preciso que repetisse tudo aquilo que se encontrava no primeiro e que ele, testador, desejava continuasse a prevalecer;

b) se o novo testamento era ineficaz (em sentido amplo), o primeiro não tornava a reviver ainda que o testador declarasse, no novo testamento, que, se este fosse, por qualquer circunstância, ineficaz (em sentido amplo), reviveria o primeiro – e isso, aliás, em consequência da regra da letra *a*, acima; e

c) se alguém, uma vez, fizesse testamento, não mais poderia, por meio direto, revogá-lo, para que sua sucessão se abrisse "ab intestato", porquanto, para revogar um testamento era preciso fazer outro; é certo, porém, que havia um meio indireto para que o testador transformasse sua sucessão de testamentária em *ab intestato*: era elaborar novo testamento propositalmente nulo, pois este revogaria o anterior, e, sendo nulo, abrir-se-ia, depois da morte do testador, a sucessão *ab intestato*.

B) *No "ius honorarium"*

O pretor, com a concessão de *bonorum possessiones*, evita que ocorram os dois últimos inconvenientes da revogação do testamento no *ius ciuile antiquum*.

Com efeito, partindo do princípio de que o pretor somente concede a *bonorum possessio secundum tabulas* quando o testamento foi escrito e apresentado a sete testemunhas, que a ele apuserem seus selos, permite-se que o testador torne sem efeito seu testamento sem fazer outro (e, consequentemente, que sua sucessão se transforme de testamentária em *ab intestato*): o pretor – ao contrário do que ocorre com o *ius ciuile* – considera revogado o testamento quando o testador o destrói, ou rompe os selos das testemunhas, ou apaga o nome do herdeiro instituído; assim sendo, ele concede a *bonorum possessio ab intestato* aos herdeiros legítimos do testador. Entretanto, o *ius honorarium* não revogava, como já salientamos várias vezes, o *ius ciuile*; daí o testamento tido como revogado pelo pretor continuava a ser válido para o *ius ciuile*, e o herdeiro instituído nele podia, por meio da *hereditatis petitio*, recuperar a herança que, em virtude da *bonorum possessio ab intestato*, se encontrava na posse do herdeiro legítimo. Mas isso só ocorreu a princípio, quando essa *bonorum possessio ab intestato* era *sine re*; mais tarde, em época anterior à de Gaio (século II d.C.), ela passou a ser *cum re*, e o *bonorum possessor* teve sua posse defendida (pela *exceptio doli* oposta à *hereditatis petitio*) até contra o herdeiro testamentário.

Por outro lado, o pretor também admitiu que o testador, revogando o novo testamento, fizesse – desde que essa fosse sua vontade[110] – reviver o primeiro: quando o tes-

---

110 D. XXXVII, 11, 11, 2.

Cap. LII · SUCESSÃO TESTAMENTÁRIA | 739

tador destrói o segundo testamento (ou o danifica) para que o primeiro torne a produzir efeitos, o pretor concede a *bonorum possessio secundum tabulas* ao herdeiro instituído no primeiro; essa *bonorum possessio secundum tabulas* era, de início, *sine re* (portanto, o herdeiro instituído no novo testamento, que era o válido para o *ius ciuile*, podia retomar, mediante o uso da *hereditatis petitio*, os bens do *bonorum possessor*); mais tarde, e com certa resistência (tanto assim que, no tempo de Gaio, isso só ocorre quando essa *bonorum possessio secundum tabulas* era concedida ao herdeiro instituído no primeiro testamento que fosse, também, o herdeiro legítimo),[111] ela se torna *cum re*.

Mas, mesmo com essas inovações do *ius honorarium*, persistia o primeiro dos inconvenientes da revogação do testamento do *ius ciuile antiquum*: o de não se poder introduzir modificação no primeiro testamento, sem ter de repetir, integralmente, as cláusulas cuja permanência em vigor se desejava. Só no direito da época imperial é que se afastou esse inconveniente.

C) *No direito da época imperial*

Na época imperial, ainda durante o direito clássico, foi possível introduzir, no testamento, sem a elaboração de outro, alterações em legados, por meio de codicilo (*vide* nº 343). Com relação à *heredis institutio*, um rescrito de Severo e Caracala[112] estabeleceu que, se num segundo testamento, o testador designasse alguém herdeiro para uma determinada coisa (*ex re certa*) – ou para parte da herança –, o testamento anterior se reputava *ruptum* (*vide* nº 320), mas o herdeiro instituído no segundo teria de contentar-se, apenas, com as coisas que lhe tinham sido testadas, estando obrigado a restituir o restante da herança, a título de fideicomisso (*vide* nº 355), ao herdeiro instituído no primeiro testamento – em outras palavras: admite-se, indiretamente, que o testador, no segundo testamento, alterasse a instituição de herdeiro, sem repetir o que, a respeito, constava do primeiro.

Por outro lado, no direito pós-clássico, surgem meios para revogar o testamento, sem a elaboração de outro. Assim, uma constituição de Teodósio II e Honório, do ano de 418 d.C.,[113] estabeleceu que, no fim de 10 anos da confecção de um testamento, este perdia, de pleno direito, sua eficácia. Justiniano,[114] embora não admitindo mais essa revogação de pleno direito, determinou que, no término daquele prazo, o testamento podia ser revogado mediante simples declaração do testador na presença de três testemunhas, ou de autoridade pública (*apud acta*).

Demais, uma constituição de Teodósio II e Valentiniano III, de 439 d.C.,[115] acolhida no *Corpus Iuris Ciuilis*,[116] prescreveu que um testamento inacabado (*imperfectum*) podia

---

111 *Institutas*, II, 148 e 149.
112 D. XXXVI, 1, 30 (29).
113 C. Th. IV, 4, 6.
114 C. VI, 23, 27, 2.
115 Nov. Theod. II, 16, 7.
116 C. VI, 23, 21, 2º.

740 | DIREITO ROMANO – *José Carlos Moreira Alves*

revogar testamento anterior, desde que aquele chamasse à sucessão do testador os herdeiros legítimos, e tivesse sua existência atestada por cinco testemunhas.

Tem razão, pois, Huvelin,[117] ao afirmar que, no direito pós-clássico, ao contrário do que ocorria no direito clássico, um testamento podia ser revogado sem que se fizesse outro, bem como novas disposições testamentárias podiam ser estabelecidas sem a revogação das anteriores.

321. Abertura do testamento – Desde o momento em que se introduziu em Roma o testamento por escrito, a abertura das *tabulae testamenti* (tábuas do testamento) era, depois da morte do testador, o ato preliminar indispensável à sua execução.

Até o ano 6 d.C., a abertura do testamento era simples ato privado, e, em consequência, despido de solenidades. A partir desse ano, em virtude da Lei *Iulia de uicesima hereditatum* (que criou o imposto de 5% sobre o patrimônio hereditário), passou-se a exigir a observância de certas formalidades, que, a pouco e pouco, para garantir a autenticidade e a conservação do testamento, foram sendo aperfeiçoadas pelo Edito do pretor e pela legislação imperial. Assim, de 3 a 5 dias depois da morte do testador, se presentes os interessados (se ausentes, esse prazo corria a partir do momento em que tivessem chegado),[118] em público (provavelmente no lugar da arrecadação do imposto), na presença, se possível das testemunhas que subscreveram o testamento (ou, então, da maioria delas), e depois que estas tivessem reconhecido como seus os selos apostos às *tabulae testamenti*, era o testamento aberto e lido em voz alta (*recitatio*), redigindo-se, afinal, documento descritivo de todos esses atos. Quanto à destinação das *tabulae testamenti* depois da *recitatio*, não se sabe, exatamente, qual era, porque os textos são contraditórios: segundo Paulo,[119] o testamento, depois de a autoridade pública apor, a ele, selo, era conservado em arquivo público (*in archiuum*), onde podia ser consultado; já Ulpiano[120] declara que o testamento – a menos que o juiz julgue que deva ser depositado em arquivo público (*in sede*) – era entregue, depois de partilhada a herança, ao herdeiro que recebera a maior quota hereditária, ao qual cabia fornecer cópia do testamento aos interessados.

Essas formalidades continuam em vigor no tempo de Justiniano, embora, nessa época, já tivesse caído em desuso o imposto criado pela Lei *iulia de uicesima hereditatum*.

---

117 *Cours Élémentaire de Droit Romain*, I, p. 674.
118 *Pauli Sententiarum ad filium libri*, IV, 6, 3.
119 *Sententiarum ad filium libri*, IV, 6, 1.
120 D. X, 2, 4, 3.

LIII

SUCESSÃO *AB INTESTATO* OU LEGÍTIMA

Sumário: 322. Noções preliminares. **323.** A sucessão *ab intestato* dos ingênuos: o sistema do *ius ciuile antiquum*. **324.** A sucessão *ab intestato* dos ingênuos: o sistema do *ius honorarium*. **325.** A sucessão *ab intestato* dos ingênuos: o sistema da época imperial. **326.** A sucessão *ab intestato* dos ingênuos: o sistema das Novelas CXVIII e CXXVII. **327.** A sucessão *ab intestato* dos libertos.

322. Noções preliminares – Se não houver testamento, ou se ele for ineficaz em sentido estrito, ou nulo, abre-se a sucessão *ab intestato* (sucessão de alguém que faleceu *intestatus*),[1] denominada, modernamente, sucessão legítima (porque a herança é deferida às pessoas designadas na lei).[2]

No estudo da sucessão *ab intestato*, é mister que se analisem os quatro seguintes aspectos:

a) o momento de sua abertura;

b) as pessoas cujo falecimento dá ensejo a que ela se abra;

c) aqueles que, a título de herdeiro, são chamados a essa sucessão; e

d) o modo por que se verifica esse chamamento.

A abertura da sucessão *ab intestato*, porque depende da inexistência, ou da ineficácia em sentido estrito, ou da invalidade do testamento, nem sempre ocorre no momento em que falece o *de cuius*. Quando, por exemplo, o testamento é ineficaz em sentido estrito porque o herdeiro testamentário não aceita a herança, essa renúncia só se conhece algum tempo depois da morte do *de cuius*, porquanto, para que ela se verifique, é preciso, primeiro, que se abra o testamento a fim de que se saiba quem é o herdeiro.

Somente o cidadão romano é que, com sua morte, dá ensejo à abertura da sucessão *ab intestato*, uma vez que essa sucessão foi organizada pelo *ius ciuile*, cujos preceitos só se

---

1   *Intestatus* é o que morre sem deixar testamento eficaz.

2   Sobre a sucessão *ab intestato* ou legítima, entre outros, Schirmer, *Handbuch des Römischen Erbrechtes, erster Theil (Die allgemeinen Lehren und das Intestaterbrecht enthaltend)*, Leipzig, 1863; Voci, *Diritto Ereditario Romano*, II (*parte speciale – successione ab intestato; successione testamentaria*), 2ª ed., p. 3 e segs., Milano, 1963; Girard, *Manuel Élémentaire de Droit Romain*, 8ª ed., p. 893 e segs.; e Kaser, *Das Römische Privatrecht*, I, § 166 e segs., p. 580 e segs., München, 1955; e II, § 287 e segs., p. 355 e segs., München, 1959.

aplicavam aos cidadãos romanos. A sucessão *ab intestato* dos estrangeiros é disciplinada pela sua lei nacional, e não pelo direito romano.[3] Por outro lado, a princípio, além de cidadão romano, é necessário que o *de cuius* seja *sui iuris*; a partir do século IV d.C., começa-se a admitir a sucessão *ab intestato* do *filius familias* (pessoa *alieni iuris*), no tocante ao pecúlio, e Justiniano, na Novela CXVIII, admitindo que o *filius familias* possa ter herdeiros *ab intestato*, o equipara, nesse particular, ao *pater familias*.[4]

São herdeiros legítimos (*heredes legitimi*) os chamados pela lei para receber a herança do que morreu *intestatus*.[5] Durante a evolução do direito romano, esses herdeiros variaram, tendo em vista a circunstância de que o fundamento pelo qual se dava a delação legítima da herança era a afeição, decorrente do parentesco, que se presumia existir entre o *de cuius* e a pessoa que iria sucedê-lo. Ora, como já salientamos anteriormente, o parentesco agnatício foi a pouco e pouco perdendo terreno para o cognatício, que, no tempo de Justiniano, substituiu integralmente o primeiro. Em face disso, e para se saber quem é que recebe a herança do que faleceu *intestatus*, distinguem-se quatro sistemas de sucessão *ab intestato* surgidos sucessivamente no decurso da evolução do direito romano:

a) o sistema do *ius ciuile antiquum*;

b) o sistema do *ius honorarium*;

c) o sistema da época imperial (principado e dominato); e

d) o sistema das Novelas CXVIII e CXXVII, de Justiniano.

Por outro lado, conforme o falecido fosse ingênuo ou liberto, eram diferentes as pessoas chamadas, a título de herdeiro, à sucessão *ab intestato*. Por isso, ao analisarmos nos próximos números (324 a 328) esses quatro sistemas, fa-lo-emos primeiro com relação à sucessão *ab intestato* do ingênuo, e, depois, com referência à do liberto.

Enfim, para que se saiba como os *heredes legitimi* eram chamados à sucessão *ab intestato*, é necessário que se distingam:

a) a *successio ordinis* (sucessão de classe);

---

3 *Vide*, a propósito, Voci, *Diritto Ereditario Romano*, I (*Introduzione – parte generale*), p. 365, Milano, 1960.

4 A incapacidade de o *filius familias* ter herdeiros na sucessão *ab intestato*, a qual se prolongou por tanto tempo, se explica pelo fato de que o *filius familias* somente possuía, como patrimônio, os pecúlios castrense e quase castrense e os *bona aduenticia* (*vide* n° 277, B) que – com algumas exceções –, até o tempo de Justiniano, se *transmitiam*, com a morte do *alieni iuris*, ao *pater familias*, não a título de sucessão *ab intestato*, mas *iure peculii* (*por direito de pecúlio*, isto é, por direito próprio que o *pater familias* tinha de receber os bens integrantes dos pecúlios dos *filii familias*, quando da morte destes, sem testamento). Justiniano é que admitiu, genericamente, quanto aos pecúlios e *bona aduenticia*, que eles se transmitissem, depois da morte do *filius familias*, por sucessão *ab intestato*, aos seus herdeiros legítimos. Pormenores em Bonfante, *Corso di Diritto Romano*, VI (*Le successioni – parte generale*), p. 287 e segs., Città di Castello, 1930; e em Voci, *Diritto Ereditario Romano*, I (*Introduzione – parte generale*), p. 366, Milano, 1960.

5 Na sucessão *ab intestato*, para que alguém sucedesse ao *de cuius*, era necessário que, ininterruptamente, tivesse capacidade de ser herdeiro desde o momento da delação da herança até o de sua adição (aceitação).

Cap. LIII · SUCESSÃO *AB INTESTATO* OU LEGÍTIMA | **743**

b) a *successio graduum* (sucessão de graus); e

c) a *successio in locum* (que modernamente se denomina *direito de representação*).

Ordines (plural de *ordo, inis*) são as classes em que a lei divide os parentes do *de cuius* que podem ser chamados à sucessão. A *successio ordinis* se verifica na hipótese em que, se os integrantes de uma classe (*ordo*) não se tornam herdeiros, são chamados, para receber a herança, os da classe subsequente. *Gradus* (plural de *gradus, us*), na expressão *successio graduum*, são os graus de parentesco entre as pessoas que integram a mesma classe (*ordo*) na escala sucessória e o *de cuius*. Assim, ocorre a *successio graduum* quando, não adquirindo a herança o parente mais próximo do *de cuius*, é chamado à sucessão o parente – pertencente à mesma classe (*ordo*) – que se segue a este na proximidade de grau de parentesco com o *de cuius*. Já a *sucessio in locum* se dá quando, por força da lei, os descendentes substituem, na escala sucessória, o ascendente que herdaria do *de cuius* se não tivesse falecido[6] ou sofrido *capitis deminutio* (*maxima, media* ou *minima*)[7] antes de aberta a sucessão deste. Assim, por exemplo, se Caio tem dois filhos – Tício e Mévio –, e se, antes de ele falecer, morre um destes (Tício), deixando, por sua vez, dois filhos, (Primus e Secundus), haverá *successio in locum* se a lei estabelecer que, por ocasião da morte de Caio, sua herança será dividida ao meio, cabendo uma das metades ao filho que lhe sobreviveu (Mévio) e a outra aos dois netos (Primus e Secundus), que a repartem entre si, uma vez que foram chamados à sucessão representando seu pai (Tício). Quando a lei admite a *successio in locum*, a partilha dos bens que constituem a herança se faz *per stirpes* (por estirpes); em caso contrário, *per capita* (por cabeças), isto é, a herança se divide em tantas partes quantos os herdeiros.

Estudadas essas noções, passemos à análise, em primeiro lugar, da sucessão *ab intestato* do ingênuo, e, depois, à do liberto.

323. A sucessão *ab intestato* dos ingênuos: o sistema do *ius ciuile antiquum* – Esse sistema decorre de um dispositivo da Lei das XII Tábuas que vigorou, com modificações (introduzidas no principado e no dominato), até as Novelas CXVIII e CXXVII, de Justiniano.

Reza, a propósito, a Lei das XII Tábuas:

Si intestato moritur, cui suus heres escit, adgnatus proximus familiam habeto. Si adgnatus nec escit, gentiles familiam [habento] (Se alguém morrer sem testamento, não tendo *suus heres*, que o agnado mais próximo fique com a herança. Se não houver agnado, que os *gentiles fiquem com a herança*).[8]

Com certeza – o que há são apenas conjecturas mais ou menos plausíveis de autores modernos –, nada sabemos sobre o sentido primitivo deste preceito da Lei das XII

---

6   Gaio, *Institutas*, III, 2.

7   D. XXXVIII, 6, 1, 4.

8   Tab. V, 4 e 5 (ed. Riccobono).

744 | DIREITO ROMANO – *José Carlos Moreira Alves*

Tábuas. O que conhecemos é a interpretação que lhe davam os jurisconsultos romanos dos períodos clássico e pós-clássico.[9] E é ela que exporemos a seguir.

No *ius ciuile antiquum*, havia três classes (*ordines*) de herdeiros designados na lei (*heredes legitimi*): os *sui heredes*, os *adgnati* e os *gentiles*.

Os *sui heredes*[10] eram as pessoas que estariam sob o pátrio poder ou a *manus* do *de cuius*, se este ainda estivesse vivo.[11] Assim, eram *heredes sui* – e essa posição se apurava no momento em que se abria a sucessão *ab intestato* – os filhos vivos, inclusive se adotivos, e não emancipados, do *de cuius*, seus netos (se o pai deles, que era filho do *de cuius*, estivesse morto ou tivesse sofrido *capitis deminutio maxima, media* ou *minima*);[12] seus bisnetos (se o mesmo tivesse ocorrido com o avô e o pai deles); sua mulher *in manu*; as mulheres *in manu* de seus filhos – e, se fosse o caso, de seus netos – mortos; e o póstumo, isto é, o filho que, ao falecer o *de cuius*, está no ventre da esposa deste, desde que nasça vivo posteriormente (aplica-se, nesse caso, o brocardo *postumus suus conceptus pro iam nato habetur* – o póstumo *suus* concebido já se tem por nascido). Não era, portanto, o parentesco cognatício que dava a posição de *heres suus* (tanto que o filho emancipado não era *heres suus* do *pater familias*), mas sim o agnatício. Entre os *heredes sui* se admitia a *successio in locum*; quando esta não ocorria, eles sucediam *per capita*. Por outro lado – e além de a Lei das XII Tábuas não fazer distinção, para que fossem *heredes sui*, entre o homem e a mulher –, os *heredes sui* adquiriam a herança automaticamente, sem que fosse necessária, portanto, a aceitação; e não podiam renunciá-la, ainda que o quisessem.

Na falta de *heredes sui*, é chamado à sucessão *ab intestato* o *adgnatus proximus* (ou, se for o caso, os *adgnati proximi*), isto é, o parente agnado do *de cuius* em grau mais próximo, o que se apura, não no momento da morte do *de cuius*, mas quando se sabe, com certeza, que este morreu *intestatus*. Assim, tendo o *de cuius* irmãos e sobrinhos, seus *adgnati proximi* são os irmãos (seus parentes, na linha colateral, em segundo grau), e não os sobrinhos (seus parentes, na linha colateral em terceiro grau). Por outro lado, a Lei das XII Tábuas, para que se estabelecesse quem era (ou quais eram) o *adgnatus proximus* (ou os *adgnati proximi*), não fazia distinção entre o homem e a mulher (dessa forma, irmão e irmã – solteira ou casada que não estivesse *in manu* do marido – concorriam à sucessão *ab intestato* como *adgnati proximi*); nos fins da república,[13] porém, estabeleceu-se que

---

9   *Vide*, entre outros, Gaio, *Institutas*, III, p. 1 e segs.; *Vlpiani liber singularis regularum*, XXVI; *Epitome Gai*, II, 8; *Inst.*, III, 1, 2; D. XXXVIII, 16; e C. VI, 55 e 58.

10   O significado de *heres suus* é muito controvertido. *Vide*, a propósito, entre outros, Lévy-Bruhl, *Nouvelles Études sur le Très Ancien Droit Romain*, p. 33 e segs.; e Lepri, *Ancora qualche parola e proposito di "sui" e di "agnati"*, in *Studi in onore di Siro Solazzi*, pp. 299 e segs., Napoli, 1948.

11   Ulpiano, *Liber singularis regularum*, XXVI, 1, assim os conceitua: *liberi qui in potestate sunt ceterique qui liberorum loco sunt* (os filhos que estão sob a *potestas*, e os restantes que estão na posição de filhos).

12   Isso, porém, não sucedia se o filho tivesse sido aprisionado pelo inimigo (*captiuitas*).

13   Gaio, *Institutas*, III, 14; e Ulpiano, *Liber singularis regularum*, XXVI, 6.

Cap. LIII · SUCESSÃO *AB INTESTATO* OU LEGÍTIMA | **745**

as mulheres somente concorriam como agnadas se fossem irmãs do *de cuius*.[14] Demais, com referência à sucessão do *adgnatus proximus*, há as seguintes particularidades:

a) na classe dos agnados, só sucede ao *de cuius* o *adgnatus proximus* (ou, se for o caso, os *adgnati proximi*); se ele (ou eles) renunciar à herança – e pode fazê-lo porque não é um *suus heres* –, ou falecer antes de aceitá-la, não é chamado a recebê-la, em seu lugar, o agnado de grau de parentesco mais próximo do *de cuius* depois daquele, nem a classe seguinte dos *heredes legitimi* – os *gentiles* –, porquanto, aqui, não há a *successio graduum*, nem a *successio ordinis*;[15] nessa hipótese, a herança se torna vacante (*vide* nº 337);

b) quando há vários *adgnati proximi*, eles sucedem *per capita* (entre eles não há *sucessio in locum*, em virtude do princípio de que os agnados de grau de parentesco mais próximo do *de cuius* excluem os de grau mais afastado: assim, se Caio tem, como *adgnati proximi*, dois irmãos – Tício e Mévio –, e se, no instante em que se abre para estes a sucessão *ab intestato*, um deles – Tício – está morto, os filhos de Tício não concorrerão, representando o pai, com seu tio Mévio, que será, no caso, o *adgnatus proximus*, pois seus sobrinhos estão em grau de parentesco mais afastado do *de cuius* do que ele);[16] e

c) a mulher *sui iuris*, ao falecer, somente tem como *heredes legitimi* o *adgnatus proximus*, e, na falta deste, os *gentiles*, porque, não podendo ela ser *pater familias*, não tem *sui heredes*; assim, o *adgnatus proximus* é o primeiro a ser chamado para sucedê-la *ab intestato*.[17]

Não havendo *adgnatus proximus*, são chamados, em terceiro lugar, os *gentiles*, os quais, segundo a opinião dominante, eram os membros da mesma *gens* do *de cuius* (*vide* nº 10, A). Sobre a sucessão dos *gentiles*, nada sabemos de certo, porquanto, estando ela em desuso no direito clássico,[18] os jurisconsultos dessa época não nos dão informações a seu respeito.

324. A sucessão *ab intestato* dos ingênuos: o sistema do *ius honorarium* – O sistema da Lei das XII Tábuas dava à sucessão *ab intestato* caráter puramente agnatício, porquanto apenas os parentes agnados (*sui heredes, adgnati* e *gentiles*) eram chamados a ela.

Esse sistema – como o próprio Gaio[19] o reconhecia – era muito restrito, pois o parentesco cognatício, que a pouco e pouco vinha ganhando terreno, não era levado em consideração. Por isso, no direito clássico, surgiu movimento de reação contra esse estado de coisas, representado, de início, pelo *ius honorarium*, e, posteriormente, pelo *ius ciuile*, por meio de *senatusconsultos* e de constituições imperiais.

---

14 A propósito, *vide* Kuebler, *Das Intestaterbrecht der Frauen in alten Rom, in Zeitschrift der Savigny--Stiftung für Rechtsgeschichte, Romanistische Abteilung*, XLI (1921), p. 15 e segs.

15 Em sentido contrário, Beseler, *Fruges et Paleae II – Romanistische Untersuchungen, in Festschrift Fritz Schulz, erster Band*, p. 44, Weimar, 1951.

16 Gaio, *Institutas*, III, 15.

17 D. XXXVIII, 16, 13.

18 Gaio, *Institutas*, III, 17.

19 *Institutas*, III, 180 e 40.

746 | DIREITO ROMANO – *José Carlos Moreira Alves*

A reação do pretor ao sistema de sucessão *ab intestato* da Lei das XII Tábuas se fez – como não poderia deixar de ser, uma vez que esse magistrado *heredes facere non potest* (não pode criar herdeiros)[20] – mediante as *bonorum possessiones ab intestato*, também denominadas *bonorum possessiones sine tabulis*. Daí encontrarmos, ao lado da sucessão legítima *iure ciuile*, a sucessão legítima *iure honorario*.

As *bonorum possessiones ab intestato* eram, a princípio, *sine re* (ou seja, não eram protegidas contra o *heres legitimus* – herdeiro segundo o *ius ciuile antiquum* –, que, assim, recuperava a herança, com a ação que o *ius ciuile* lhe concedia – a *hereditatis petitio* –, de quem estivesse na posse dela, como ocorria com o *bonorum possessor*); mas, a pouco e pouco (sem que se possa precisar quando), as diversas *bonorum possessiones ab intestato* passaram a ser concedidas *cum re* (ou seja, os *bonorum possessores* passaram a ser protegidos contra o *heres legitimus*, porquanto o pretor ou denega a *hereditatis petitio que o heres legitimus* pretende mover contra o *bonorum possessor*, ou admite que este oponha à *hereditatis petitio* uma *exceptio doli*). Segundo tudo indica, em época bem anterior à da elaboração do Edito Perpétuo (século II d.C.), as diversas *bonorum possessiones ab intestato* já eram *cum re*.

O pretor concedia a *bonorum possessio ab intestato* às quatro seguintes classes de pessoas:

a) unde liberi:[21] nessa primeira classe, o pretor chamava à sucessão, não só os *sui heredes* do *ius ciuile antiquum*, mas também os outros descendentes do *de cuius* que não se enquadravam entre os *sui heredes* (como, por exemplo, os filhos emancipados), desde que:

1 – houvessem nascido de justas núpcias (o que excluía dessa classe o filho adotivo emancipado); e

2 – quando da morte do *de cuius*, não estivessem sob a *potestas* de outro *pater familias* (o que afastava o filho adotado por outro *pater familias*, e não emancipado dessa nova família);[22]

b) unde legitimi: nessa segunda classe, o pretor chamava à sucessão os *legitimi*, isto é, todos os herdeiros do *de cuius* segundo o *ius ciuile antiquum* (e, assim, os *sui heredes*, além de serem chamados na primeira classe, o eram também nessa segunda);

c) unde cognati: nessa terceira classe, colocavam-se os cognados do *de cuius* (isto é, seus parentes consanguíneos) até o sexto grau, e mesmo até o sétimo numa única hipótese: a de o pai do cognado e o *de cuius* serem netos de irmãos, ou de irmãs, ou de irmão e irmã; e

---

20 Gaio, *Institutas*, III, 32.
21 Palavras extraídas da frase *ex illa parte edicti unde liberi ad bonorum possessionem uocantur* (daquela parte do edito de onde são chamados os *liberi* para a *bonorum possessio*).
22 Pormenores em Schirmer, *Handbuch des Römischen Erbrechtes*, I, § 10, p. 141 e segs., Leipzig, 1863.

Cap. LIII • SUCESSÃO *AB INTESTATO* OU LEGÍTIMA | **747**

d) unde uir et uxor: nessa quarta e última classe, encontrava-se o cônjuge que sobrevivera ao *de cuius*, desde que o casamento fosse legítimo (justas núpcias).

O pretor, para conceder a *bonorum possessio ab intestato* observava a ordem das classes (em primeiro lugar, os *liberi*; depois, os *legitimi*; a seguir, os *cognati*; enfim, o cônjuge sobrevivente), dando aos herdeiros das classes sucessivamente chamadas prazo (em geral, cem dias) para requererem a *bonorum possessio*. Portanto, no sistema pretoriano, havia a *successio ordinum*.[23] Já o *successio graduum* apenas ocorria na terceira classe (a dos *cognati*): assim, se o cognado de grau de parentesco mais próximo do *de cuius* não requer a *bonorum possessio* dentro do prazo, o pretor chama o de grau imediatamente abaixo.[24]

Por outro lado, na primeira classe (a dos *liberi*), podia ocorrer a *successio in locum*, partilhando-a a herança *per stirpes*, hipótese em que, em cada estirpe, o parente de grau mais próximo exclui o de grau mais afastado;[25] o mesmo não se verificava, porém, na segunda (a dos *legitimi*) e na terceira (a dos *cognati*) classes, em que a divisão da herança se fazia sempre *per capita*.[26]

325. A sucessão *ab intestato* dos ingênuos: o sistema da época imperial – A reação do pretor contra o sistema sucessório *ab intestato* da Lei das XII Tábuas, e tendente à prevalência da família natural sobre a família *proprio iure* (agnatícia), foi continuada, no império (principado e dominato), pelo próprio *ius ciuile*,[27] processando-se, embora sem a realização de reforma de conjunto nos princípios então vigentes, em duas etapas:

1 – pelos *senatusconsultos* Tertuliano e Orficiano; e

2 – mediante constituições imperiais que introduzem modificações nas normas estabelecidas nesses dois *senatusconsultos*, e inovações na sucessão *ab intestato* dos colaterais.

Estudemo-las separadamente.

A) *Os* senatusconsultos *Tertuliano e Orficiano*

Esses *senatusconsultos*, em síntese, estabelecem a sucessão *ab intestato* recíproca (como herdeiros civis, e, não simplesmente, como *bonorum possessores*), observadas certas

---

23 E – note-se – como a mesma pessoa podia ser chamada em classes diversas (assim, por exemplo, o agnado, que era, muitas vezes, também cognado do *de cuius*), se ela não requeresse a *bonorum possessio* quando uma das classes a que pertencia era chamada, podia fazê-lo quando o fosse noutra de que ela também fizesse parte.

24 Nas demais classes – exceto na última (*unde uir et uxor*), em que, obviamente, não existe esse problema – somente há a *successio ordinum*, e não a *successio graduum*. É certo, porém, que, no tempo de Gaio (*Institutas*, III, 28), se discutia se se admitia, ou não, a *successio graduum* na classe dos *legitimi*.

25 Podia ocorrer, porém que, tendo o *pater familias* emancipado um filho e retido, sob sua *patria potestas*, os netos, aquele e estes concorressem, na classe dos *liberi*, à sucessão do *pater familias*. Nessa hipótese, estabeleceu Salvio Juliano (D. XXXVII, 8, 3), em cláusula – *noua clausula Iuliani* – que introduziu no Edito Perpétuo, que pai e filhos dividissem ao meio a quota que correspondia à sua estirpe.

26 Na quarta classe – a do cônjuge sobrevivente – não pode apresentar-se, obviamente, esse problema.

27 E isso porque o *ius honorarium*, com o Edito Perpétuo, se tornou imutável.

748 | DIREITO ROMANO – *José Carlos Moreira Alves*

exigências, entre mães e filhos, independentemente de serem, ou não, parentes agnados (e, portanto, quando os filhos fossem nascidos de casamento legítimo em que o marido não dispunha da *manus* sobre a mulher, ou, ainda, fossem havidos fora do casamento).[28]

O *senatusconsulto* Tertuliano (que é da época do imperador Adriano, 117-138 d.C.) chamou a mãe à sucessão *ab intestato* dos filhos, desde que:

a) ela gozasse do *ius liberorum* (e a ingênua o obtinha se tivesse dado à luz três filhos); e

b) o filho, de cuja sucessão se tratava, tivesse sido ingênuo e *sui iuris*.[29]

Ocorridos esses requisitos, a mãe é colocada, para efeito de sucessão *ab intestato*, na frente dos agnados do filho, com exceção dos seguintes:

a) os *liberi* (filhos), os irmãos consanguíneos (isto é, descendentes do mesmo pai, mas de mães diferentes) e o *parens manumissor* do *de cuius* (*pater familias* que tivesse emancipado o *de cuius*);[30] pessoas essas que, se existissem, excluíam a mãe da sucessão *ab intestato* nos bens do filho; e

b) a irmã consanguínea (ou seja, filha do mesmo pai, mas de outra mãe que não a do *de cuius*), que concorria com a mãe do *de cuius* à sucessão *ab intestato* dele.

O *senatusconsulto* Orficiano (de 178 d.C., no tempo de Marco Aurélio e Cômodo)[31] chamou os filhos – ainda que nascidos de matrimônios diversos – à sucessão nos bens de sua mãe, e na frente de todos os agnados dela, mas não estendeu esse chamado aos netos.

B) *Constituições imperiais posteriores aos* senatusconsultos *Tertuliano e Orficiano*

Como já salientamos, constituições imperiais posteriores aos *senatusconsultos* Tertuliano e Orficiano introduzem modificações nos princípios neles estabelecidos e trazem inovações à sucessão *ab intestato* dos colaterais.

Com relação às modificações nas normas dos *senatusconsultos* Tertuliano e Orficiano, observa-se a tendência de não se exigir um dos requisitos a que aludia o primeiro desses *senatusconsultos*: o *ius liberorum*; atenuações parciais a esse requisito são introduzidas em constituições imperiais inseridas no Código Teodosiano,[32] e Justiniano[33] o suprimiu. Com referência ao *senatusconsulto* Orficiano, os imperadores Valentiniano, Teodósio e

---

28 Quando o casamento é seguido da *conuentio in manum*, a mulher ingressa na família do marido *in loco filiae* deste, estando, portanto, incluída na mesma classe em que se encontram seus filhos, como se fora irmã deles.

29 Em virtude de um rescrito de Severo, a mãe perde o direito à sucessão do filho, se ela não pediu ao magistrado a nomeação ou a substituição – se fosse o caso –, de tutor para o filho, que morreu impúbere.

30 Ulpiano, *Liber singularis regularum*, XXVI, 8; e *Institutas*, III, 3.

31 A propósito, *vide* Lavaggi, *La successione della liberta e il SC Orfiziano*, in *Studia et Documenta Historiae et Iuris*, XII (1946), p. 175 e segs.; e San Filippo, *Di una interpretazione giurisprudenziale dei senatoconsulti Orfiziano e Tertuliano*, in *Festschrift* Fritz Schulz, I, p. 364 e segs., Weimar, 1951.

32 V, 1, 1; e 2, 7.

33 *Inst.*, III, 3, 4; C. VI, 56, 7; e C. VIII, 58, 2.

Arcádio[34] estenderam, embora com algumas restrições, o direito de sucessão do filho – o qual ele limitara aos bens da mãe – aos bens dos outros ascendentes na linha materna.

Quanto às inovações na sucessão *ab intestato* dos colaterais, elas se reduzem, em síntese, a duas:

a) a chamar, à sucessão *ab intestato* dos colaterais, antigos agnados seus que deixaram de sê-lo por haverem sofrido *capitis deminutio minima*; e

b) o mesmo com relação a outros cognados.

Com referência à primeira, é de citar-se a constituição do imperador Anastácio,[35] que chamou à sucessão do *de cuius*, concorrendo com irmãos e irmãs que eram agnados dele, os irmãos e irmãs que haviam sido emancipados, e, portanto, tinham deixado de ser seus agnados, por haverem sofrido *capitis deminutio minima*. Mas Anastácio estabeleceu que os irmãos e irmãs agnados receberiam quota superior à dos emancipados; Justiniano[36] igualou as quotas de todos.

Quanto à segunda, Justiniano[37] concedeu o mesmo direito que Anastácio havia outorgado aos irmãos e irmãs emancipados a uma outra categoria de irmãos: os uterinos (filhos da mesma mãe, mas de pais diversos, e que, por isso, eram apenas cognados entre si); e, à semelhança do que fizera com relação aos filhos de irmãos e irmãs emancipados, estendeu esse direito de sucessão *ab intestato* aos filhos dos irmãos e irmãs uterinos. É certo, porém, que, mais tarde, em 539 d.C., estabeleceu Justiniano que os irmãos germanos (filhos da mesma mãe e do mesmo pai) tinham precedência absoluta sobre os consanguíneos e os uterinos.[38]

326. A sucessão *ab intestato* dos ingênuos: o sistema das novelas CXVIII e CXXVII – No *Corpus Iuris Ciuilis*, as regras que vinham dos períodos anteriores vigoraram com pequenas modificações. Mas o sistema decorrente da reunião dos princípios do *ius ciuile antiquum*, do *ius honorarium* e dos *senatusconsultos* e constituições da época imperial, além de não ser harmônico, não mais correspondia às tendências do direito justinianeu. Daí a reforma geral feita por Justiniano nas Novelas CXVIII (de 543 d.C.)[39] e CXXVII (de 548 d.C.). Caracterizam-na, principalmente, dois fatos:

a) não se faz distinção entre: agnados e cognados; pessoas *sui iuris* e pessoas *alieni iuris*; homens e mulheres; parentes da linha masculina e parentes da linha feminina; e

b) opera-se a assimilação das *bonorum possessiones* à sucessão *ab intestato* do antigo *ius ciuile*, só se falando, então, de *hereditas*.

---

34 C. Th., V, 1, 4.

35 C. V, 30, 4; e *Inst.*, III, 5, 1.

36 C. VI, 58, 15, 1, *b*.

37 C. VI, 58, 15, 2; e C. VI, 58, 15, 1 e 3.

38 Nov. LXXXIV.

39 Sobre a Novela CXVIII, *vide* Lambertini, *I Caratteri della Novella 118 di Giustiniano*, Milano, 1977.

750 | DIREITO ROMANO – *José Carlos Moreira Alves*

O sistema de sucessão *ab intestato* resultante dessas duas Novelas é, realmente, uma criação original do direito justinianeu, e exerceu grande influência na formação do direito sucessório moderno.

Segundo as Novelas CXVIII e CXXVII, os *heredes legitimi* são agrupados em quatro classes:

a) primeira classe – a dos descendentes:[40] nela estão incluídos todos os descendentes do *de cuius*[41] que se encontrem, ou não, sob a *patria potestas* (assim, os emancipados, os filhos adotivos, os descendentes dados em adoção estão abrangidos nela); se vários, a herança é partilhada entre eles *per capita* ou, se for o caso, *per stirpes*, pois, nessa classe, há *successio in locum*;

b) segunda classe – a dos ascendentes e dos irmãos e irmãs germanos e seus filhos:[42] com relação a essa classe, é preciso distinguir quatro hipóteses:

1^a – *o de cuius só deixa ascendentes*: vigora, então, o princípio de que o ascendente mais próximo exclui o mais afastado (exemplo: o pai do *de cuius* exclui o avô); mas pode ocorrer que haja vários ascendentes do mesmo grau, hipótese em que a divisão da herança se faz por linhas (que são duas: a paterna e a materna), e, dentro de cada linha, ela se divide *per capita* (assim, por exemplo, Caio falece e são chamados à sucessão seus ascendentes que, nesse momento, são três: avô e avó maternos e avô paterno; a herança, então, se divide em duas partes: metade vai toda para o avô paterno; a outra metade é repartida entre o avô e a avó maternos);

2^a – *o de cuius somente deixa irmãos e irmãs germanos e seus filhos*: nessa hipótese, a divisão se faz *per capita*, ou, se for o caso, *per stirpes* (por exemplo: Caio, que tem três irmãos germanos, falece, e seus irmãos são chamados à sucessão: a divisão se faz *per capita*, e cada irmãos recebe um terço da herança; mas se, desses três irmãos, um tivesse falecido antes de Caio, deixando dois filhos, a herança se dividiria *per stirpes*: cada um dos dois irmãos sobreviventes receberia um terço dela, e o último terço seria repartido entre os dois filhos do irmão que morrera antes do *de cuius*);

3^a – *o de cuius apenas deixa sobrinhos (filhos de irmãos ou irmãs germanos)*: os textos são omissos sobre essa hipótese, de modo que não se sabe, ao certo, se a divisão da herança seria sempre *per capita*, ou se poderia ser *per stirpes*;[43] e

4^a – *o de cuius deixa ascendentes e irmãos germanos*: segundo a Novela CXVIII, cap. 2, a divisão da herança se fazia *per capita* entre o ascendente mais próximo (ou ascendentes mais próximos) e os irmãos e irmãs germanos; a Novela CXXVII, cap. 1, porém, admitiu, nesse caso, a *successio in locum* para os filhos (e não para os netos) dos irmãos

---

40 Nov. CXVIII, cap. 1.

41 Ainda que o *de cuius* estivesse sob a *patria potestas*, herdam-lhe os bens seus descendentes, e não seu *pater familias* (que, nessa hipótese, terá usufruto sobre os bens do *de cuius*, com exceção dos pecúlios castrense e quase castrense, que passam para a plena propriedade dos herdeiros).

42 Nov. CXVIII, cap. 2; e CXXVII, cap. 1.

43 *Vide*, a propósito, Warnkoenig, *Commentarii Iuris Romani Privati*, III, p. 326, Leodii, 1829, que resume a controvérsia, desde o tempo dos glosadores.

Cap. LIII · SUCESSÃO *AB INTESTATO* OU LEGÍTIMA | **751**

e das irmãs germanos, de maneira que, se um destes tivesse falecido antes do *de cuius*, seus filhos o representariam, partilhando-se, assim, *per stirpes*, a herança;

c) *terceira classe – a dos irmãos e irmãs consanguíneos ou uterinos e seus filhos*:[44] nessa classe, admite-se a *successio in locum*, e, assim, conforme o caso, a divisão da herança se faz *per capita* ou *per stirpes*; e

d) *quarta classe – a do colateral mais próximo*: o colateral mais próximo exclui o mais afastado; se no grau de parentesco colateral mais próximo há vários parentes, a divisão da herança se faz *per capita*; as Novelas não estabelecem limitação de grau para que o colateral possa ser chamado à sucessão do *de cuius*, donde surgiu, entre os romanistas, a seguinte dúvida: a limitação até o sexto ou sétimo grau estabelecida pelo pretor (*vide* nº 325,*c*) com relação aos cognados persistiu, ou, pelo sistema das Novelas, o colateral será chamado à sucessão qualquer que seja o grau de parentesco, ainda que muito afastado? Os textos romanos não nos proporcionam elementos para resposta definitiva.[45]

Na falta de colaterais (ou se renunciarem a herança, ou se falecerem antes de aceitá--la), admite-se, embora as Novelas CXVIII e CXXVII sejam omissas a respeito, que foi conservada por Justiniano a delação da herança ao cônjuge sobrevivente.[46]

No sistema de sucessão *ab intestato* estabelecido pelas Novelas CXVIII e CXXVII, vigora a regra de que, para a sucessão do *de cuius*, se procede à chamada das classes, e dentro das classes se atende à proximidade de grau – há, portanto, a *successio ordinum* e a *successio graduum*. Assim, dentro das classes, chamam-se, em primeiro lugar, os herdeiros de grau de parentesco mais próximo do *de cuius*; na ausência deles (ou se renunciam a herança, ou se morrem antes de aceitá-la), chamam-se os integrantes da mesma classe, mas em grau mais afastado; esgotada a classe, sem que surja um herdeiro, passa-se à classe seguinte, onde se procede da mesma forma.

327. A sucessão *ab intestato* dos libertos[47] – Estudada a sucessão *ab intestato* dos ingênuos, é necessário que examinemos, à parte, a sucessão *ab intestato* dos libertos,

---

44 Nov. CXVIII, cap. 3.

45 Na Idade Média, compuseram-se os versos seguintes para que se gravasse, por processo mnemô-nico, a escala sucessória estabelecida nas Nov. CXVIII e CXXVII:

Descendens omnis succedit in ordine primo.

Ascendens proprior, germanus, filius eius.

Tunc latere ex uno frater, quoque filius eius.

Denique proximior ceterorum quisque superstes.

(Todo descendente sucede na primeira classe.

Na segunda, o ascendente, o irmão germano e o filho deste;

Em seguida, o irmão por um lado, e, também, seu filho.

Finalmente, dos demais parentes, o sobrevivente mais próximo.)

46 Tanto assim que Justiniano, nas Nov. LIII, cap. 6, e CVII, cap. 5, estabeleceu disposições especiais em favor da viúva pobre.

47 A propósito, entre outros, *vide* Lavaggi, *La successione dei "liberi patroni" nelle opere dei liberti*, e *La successione della liberta e il SC Orfiziano in Studia et Documenta Historiae et Iuris*, XI (1945), p. 237 e segs., e XII (1946), p. 175 e segs., respectivamente.

752 | DIREITO ROMANO – *José Carlos Moreira Alves*

tendo em vista que estes, com relação à sucessão legítima, estão em situação especial, em virtude das seguintes circunstâncias:

a) dos herdeiros legítimos chamados à sucessão *ab intestato* pelos *ius ciuile antiquum*, o liberto somente pode ter os *sui heredes* (as pessoas que se encontram sob meu pátrio poder ou sob sua *manus*), porquanto não possui ele – uma vez que adquire personalidade jurídica com a libertação – agnados ou *gentiles*; e

b) com a libertação não se rompem totalmente os laços que prendem o liberto ao seu antigo proprietário – o *patronus* –, vinculação essa que se reflete no direito sucessório.

Por outro lado, como ocorreu com a sucessão *ab intestato* dos ingênuos, também influi na dos libertos a circunstância de, a pouco e pouco, ir o parentesco cognatício sobrepujando o agnatício.

Conhecidos esses fatos, passemos, agora, a ver quais eram as pessoas chamadas à sucessão *ab intestato* do liberto no *ius ciuile antiquum*, no *ius honorarium*, no direito imperial e no direito justinianeu.

No *ius ciuile antiquum*,[48] eram chamados à sucessão *ab intestato* do liberto as seguintes classes, nesta ordem:

a) os *sui heredes* do liberto: as pessoas que estariam sob a *patria potestas* ou a *manus* do liberto, se este ainda estivesse vivo (*vide* nº 324);

b) na falta dos *sui heredes*, o *patronus* ou a *patrona* do liberto;

c) na falta do *patronus* ou da *patrona*, os descendentes agnados mais próximos destes, ainda que deserdados; e

d) na falta desses descendentes agnados, os *gentiles* do *patronus* ou da *patrona*.

Como ocorre com a sucessão *ab intestato* dos ingênuos, na dos libertos, segundo o *ius ciuile antiquum*, não há *successio ordinum* nem *successio graduum*. Demais, entre os *sui heredes* admite-se a *successio in locum* (a divisão da herança se faz *per capita*, ou, se for o caso, *per stirpes*); nas outras classes, somente *per capita*.

O pretor também interferiu na sucessão *ab intestato* dos libertos, concedendo a *bonorum possessio ab intestato* às sete seguintes classes de pessoas:

a) *unde liberi*: os filhos dos libertos e seus descendentes, mesmo que não se encontrassem sob sua *patria potestas*, sendo que os filhos adotivos e a mulher *in manu* só tinham direito à metade dos bens, indo a outra metade para o patrono do liberto;[49]

b) *unde legitimi*: os herdeiros civis isto é, as pessoas que eram chamadas à sucessão *ab intestato* do liberto pelo *ius ciuile antiquum*;

---

48 Lei das XII Tábuas, V, 8 (ed. Riccobono) – texto lacunoso, completado, conjeturalmente, e de maneira diversa, por Kniep e Mommsen (*vide*, a propósito, Kniep, *Gai Institutionum Commentarius Tertius*, §§ 1-87, *Intestaterbrecht. Universalsuccession*, p. 82, Jena, 1914) –; Gaio, *Institutas*, III, 40 e 58 a 62; e Ulpiano, *Liber singularis regularum*, XXVII, 1 a 4.

49 Gaio, *Institutas*, III, 40 e 41; e Ulpiano, *Liber singularis regularum*, XXIX.

Cap. LIII · SUCESSÃO *AB INTESTATO* OU LEGÍTIMA | **753**

c) unde cognati: os parentes cognados do liberto – como a *cognatio seruilis* não era levada em consideração, mas apenas as relações de parentesco surgidas depois da libertação, essa classe era integrada, não pelos colaterais do liberto (que não os tinha), mas por descendentes seus não chamados entre os *liberi* (assim, os filhos da liberta; os filhos do liberto dados em adoção);

d) familia patroni: segundo parece, figuravam nessa classe o *patronus*, a *patrona*, os descendentes do *patronus* quando tivessem sofrido *capitis deminutio minima* (o que os impedia de obter a *bonorum possessio unde legitimi*), ou quando, chamados na classe dos *legitimi*, não houvessem requerido, dentro do prazo, a *bonorum possessio unde legitimi*;

e) patronus patrona liberi et parentes patroni patronaeue: é provável que nessa classe se enquadrassem o *patronus* ou a *patrona* do *manumissor* do *de cuius*; assim, morto o *manumissor* do *de cuius*, o patrono ou patrona dele sucedia (bem como seus *liberi* e ascendentes cognados) nos bens do *de cuius*;

f) unde uir et uxor: o cônjuge sobrevivente do liberto ou da liberta; e

g) unde cognati manumissoris: os parentes cognados do *patronus* ou da *patrona*.

Também na sucessão *ab intestato* dos libertos o pretor admitiu a *sucessio ordinum*.

Por outro lado, para impugnar as alienações feitas, em vida, pelo liberto, e destinadas a fraudar os direitos sucessórios do patrono, dispunha este da *actio Caluisiana*, se o liberto tivesse falecido *intestatus*; e da *actio Fabiana*, se *testatus*.

No direito imperial, a partir da Lei *Papia*,[50] são feitas algumas modificações na ordem sucessória, favorecendo, em geral, o liberto e sua família, e obedecendo à tendência de dar mais ênfase ao parentesco cognatício.

Finalmente, Justiniano, em constituição imperial de 530 d.C. (cujo teor original não chegou até nós, mas de que temos conhecimento por meio das Basílicas),[51] reformulou a sucessão *ab intestato* dos libertos, estabelecendo a seguinte escala sucessória:

1 – os descendentes do liberto;

2 – o *patronus* e seus filhos;

3 – os pais, os irmãos e as irmãs do liberto que fossem livres quando de sua morte;

4 – os parentes colaterais do *patronus* até o quinto grau;

5 – os parentes colaterais do liberto até o quinto grau; e

6 – o cônjuge sobrevivente do liberto.

Os principais preceitos dessa sucessão, assim reformada, foram resumidos nas *Institutas* (III, 7, 3), e não sofreram alterações nas Novelas.

Note-se, finalmente, que a sucessão das pessoas *in mancipio* que tinham sido manumitidas (e, assim, os emancipados) era, em geral (embora com algumas modificações introduzidas principalmente pelo pretor), submetida às mesmas regras que a do liberto, sendo *patronus*, nessa hipótese, o manumissor da pessoa *in mancipio*.[52]

---

50 Gaio, *Institutas*, III, 42 a 44 e 46 a 47; Ulpiano, *Liber singularis regularum*, XXIX, 3 e 5; e Nov. Val., título 24.

51 O texto das *Basílicas*, a propósito, está transcrito na edição do *Corpus Iuris Ciuilis*, de Mommsen, Krueger e Schoell, no C. VI, 4, 4.

52 Quando se tratava de emancipado, em geral era *manumissor* o próprio *pater familias*.

LIV

SUCESSÃO NECESSÁRIA FORMAL E MATERIAL

Sumário: 328. Sucessão necessária formal e sucessão necessária material. **329.** Sucessão necessária formal. **330.** Sucessão necessária material. **331.** Sucessão necessária material quanto aos bens dos libertos.

328. Sucessão necessária formal e sucessão necessária material – De acordo com os textos jurídicos romanos, o testador, ao fazer o testamento, não tinha liberdade absoluta para dispor de seus bens. Ao contrário, estava ele, em face de preceitos do *ius ciuile* e do *ius honorarium*, limitado por duas espécies de restrições:

a) uma, de *caráter formal* (que os pandectistas alemães denominaram *sucessão necessária formal – formelles Noterbrecht*):[1] consistia na necessidade de o testador mencionar, no testamento, alguns herdeiros legítimos, quer para instituí-los herdeiros testamentários, quer para deserdá-los; e

b) outra, de *caráter material* (que os pandectistas alemães denominaram *sucessão necessária material – materielles Noterbrecht*): consistia na necessidade de o testador instituir, no testamento, herdeiros testamentários a certos herdeiros legítimos, atribuindo-lhes determinada quota de bens (*portio legitima* ou *portio debita* – quota legítima ou quota devida).

Essas duas espécies de restrições são estudadas, apenas para fins didáticos, num mesmo capítulo, porquanto, em verdade, elas apresentam características diferentes, surgiram em épocas diversas, e evoluíram independentemente uma da outra.

Por outro lado, essa matéria – como o fazemos – somente pode ser estudada depois de analisadas as sucessões testamentária e *ab intestato*, uma vez que ela diz respeito a restrições à liberdade de testar (o que a vincula à sucessão testamentária), liberdade essa que é limitada em virtude da existência de certos herdeiros legítimos que têm o direito de se verem instituídos herdeiros testamentários, ou, pelo menos, deserdados regularmente (o que a prende à sucessão legítima).

---

1   Os romanos não tinham denominação específica para designar a sucessão necessária formal ou material (expressões essas que têm sido criticadas por alguns autores modernos, como, por exemplo, Biondi, *Istituzioni de Diritto Romano*, 3ª ed., § 209, p. 724).

756 | DIREITO ROMANO – *José Carlos Moreira Alves*

Estudaremos, em primeiro lugar, a *sucessão necessária formal*; em seguida, examinaremos a *sucessão necessária material*.

329. Sucessão necessária formal – Como já salientamos, a *sucessão necessária formal* é a denominação que os pandectistas alemães deram ao instituto pelo qual certos herdeiros legítimos têm o direito de ser referidos no testamento, ou para serem instituídos herdeiros testamentários, ou para serem deserdados.

A sucessão necessária formal foi disciplinada diversamente pelo *"ius ciuile"* antigo, pelo *ius honorarium* e pelo direito justinianeu.

A) *A sucessão necessária formal no "ius ciuile" antigo*

No antigo *ius ciuile*, a sucessão necessária formal decorre da seguinte regra: *sui heredes instituendi sunt uel exheredandi* (os *sui heredes* devem ser instituídos ou deserdados).[2]

Portanto, a sucessão necessária formal, no antigo *ius ciuile*, dizia respeito apenas aos *sui* (*vide* o conceito de *sui heredes* no n° 324).

Eles tinham de ser instituídos herdeiros ou deserdados. Quando o testador os instituía herdeiros, estava obrigado a observar as formalidades necessárias à validade da *heredis institutio* (*vide* n° 317); quando os deserdava, tinha de obedecer aos seguintes princípios:

a) que a deserdação (*exheredatio*) figurasse no testamento;

b) que ela se fizesse em termos sacramentais (*exheres esto* ou *exheredes sunto* – *que seja deserdado*; *que sejam deserdados*, conforme fosse um o deserdado, ou vários);

c) que a deserdação dos filhos fosse feita nominalmente (*nominatim* – por exemplo: *Titius filius meus exheres esto* – que o meu filho Tício seja deserdado); já a dos outros *sui* (assim as filhas, os netos, as netas) podia ser feita em conjunto (por exemplo: *ceteri omnes exheredes sunto* – que todos os restantes sejam deserdados); e

d) que a deserdação dissesse respeito a toda a herança.[3]

Assim excluídos os *sui*, o *pater familias* podia instituir um estranho, para recolher, como *heres* testamentário, a herança.

Se, porém, o *pater familias* não instituísse herdeiros os *sui*, nem os deserdasse, era preciso distinguir duas hipóteses:

a) se fosse um filho o omitido no testamento (ou mesmo deserdado sem a observância das formalidades exigidas), o testamento era nulo;[4] e

b) se o mesmo ocorresse com filha ou descendente mais afastado do *pater familias* (os netos, as netas), o testamento não era nulo, mas a herança – e este é um dos casos

---

2   *Vlpiani liber singularis regularum*, XXII, 14.

3   É nula a *exheredatio ex certa re* (a deserdação quanto à coisa determinada) – D. XXVIII, 2, 19.

4   Segundo Gaio (*Institutas*, II, 123 e 124), os sabinianos, ao contrário dos proculeianos, entendiam que a nulidade do testamento ocorria ainda que o filho pretendido morresse antes do testador; essa tese foi a que prevaleceu no direito clássico (D. XXVIII, 2, 7) e no direito justinianeu (*Inst.*, II, 13, pr.).

Cap. LIV · SUCESSÃO NECESSÁRIA FORMAL E MATERIAL | **757**

em que excepcionalmente há a concorrência da sucessão *ab intestato* com a sucessão testamentária – assim se dividia: se os herdeiros instituídos no testamento eram outros *sui*, o preterido era acrescido a eles e recebia uma parte viril da herança;[5] se os herdeiros instituídos eram estranhos, o *suus preterido* recebia a metade da herança, ficando a outra metade para os instituídos.[6]

Todas essas normas se aplicavam, a princípio, apenas aos *sui* já existentes quando da feitura do testamento, e não aos que surgissem depois de ele elaborado, hipótese em que o testamento se tornava nulo,[7] e – o que era pior – o testador nada podia fazer, quando de sua confecção, para impedi-lo.

A pouco e pouco, porém, graças à atuação dos jurisconsultos e a algumas leis, vai-se admitindo, no direito clássico, a possibilidade de o testador instituir herdeiro, ou deserdar, aquele que, no momento da feitura do testamento, não é *suus*, só adquirindo essa qualidade posteriormente – isto é, o *postumus*.[8]

Ora, se o *postumus* é espécie que não é *suus heres* do testador, no momento da feitura do testamento,[9] adquirindo essa condição depois, são várias as hipóteses em que isso pode ocorrer, as quais foram enquadradas nas seguintes categorias:

a) os *postumi sui* ou *legitimi*:[10] filhos, ou netos (cujo pai tenha morrido antes de elaborado o testamento), do testador, nascidos depois da morte deste, mas já concebidos no momento da feitura do testamento;

b) os *postumi Aquiliani*: netos nascidos depois da morte do testador, dos quais o pai, embora vivo no momento da feitura do testamento, tivesse falecido antes do testador;

c) os *postumi Vellaeani primi*: filhos ou netos (com pai premorto) do testador, nascidos antes da morte deste, mas depois de elaborado o testamento;

d) os *postumi Vellaeani secundi*: netos nascidos antes da feitura do testamento mas que só se tornariam *sui* depois dela, em decorrência do falecimento de seu pai (que, até então, era o *suus*); e

e) os *postumi Iuliani*: netos nascidos depois da feitura do testamento, e que vêm a tornar-se *sui* em virtude do falecimento de seu pai, antes do do testador.

---

5 Isto é, a herança é dividida em tantas partes quantos são os *sui*, inclusive o preterido, recebendo este uma dessas partes.

6 Gaio, *Institutas*, II, 124.

7 *Vlpiani liber singularis regularum*, XXII, 18.

8 Isso, em se tratando de sucessão testamentária; quanto à sucessão *ab intestato*, o *postumus* é aquele que nasce depois da morte do *de cuius*.

9 Segundo a maioria dos autores, basta que a concepção do *postumus* tenha ocorrido antes da morte do *de cuius*; Robbe (*I postumi nella successione testamentaria romana*, p. 40 e segs., Milano, 1937), porém, entende que, em face dos textos, a concepção se deve ter verificado antes da feitura do testamento.

10 Sobre os *postumi*, *vide* Robbe, ob. cit.

758 DIREITO ROMANO – *José Carlos Moreira Alves*

Demais, ao lado dos *postumi*, admitem-se os *quasi postumi*, isto é, os que adquiriram a condição de *sui*, depois da confecção do testamento, por ato jurídico (adoção, ad-rogação, *conuentio in manum*, legitimação).

Essas diferentes categorias surgiram gradativamente: em primeiro lugar, admitiu-se a instituição ou a deserdação dos *postumi sui* ou *legitimi*; em seguida, graças a expediente imaginado pelo jurisconsulto Aquílio Gallo, o mesmo ocorreu com os *postumi Aquilliani*; depois, e isso em virtude da Lei *Iunia Vellaea* (de, possivelmente, 26 d.C.), estendeu-se aos *postumi Vellaeiani primi* (*primi*, porque referidos no primeiro capítulo dessa Lei) e aos *postumi Vellaeiani secundi* (*secundi*, porque aludidos no segundo capítulo dela); posteriormente, igual tratamento se deu, por atuação do jurista Sálvio Juliano, aos *postumi Iuliani*; e, enfim, provavelmente graças à jurisprudência, da mesma forma foram tratados os *quasi postumi*.

Resta, finalmente, acentuar que, entre os romanistas, há muita controvérsia sobre a origem da sucessão necessária formal no antigo *ius ciuile*. Em síntese – como acentua Arias Ramos[11] – as opiniões se dividem em duas, diametralmente opostas:

a) segundo alguns romanistas, primitivamente o *pater familias* que tivesse *sui* não possuía liberdade de testar; assim, a admissão de formalidades para deserdar os *sui* foi o meio que lhe possibilitou libertar-se dessa limitação; bastava observá-las, para que pudesse testar em favor de qualquer pessoa; e

b) para outros autores, deu-se justamente o inverso: de início, havia ampla liberdade para testar, mas como os romanos (e os textos o demonstram)[12] consideravam os *sui*, ainda em vida do *pater familias*, como se fossem condôminos do patrimônio familiar, surgiram as formalidades necessárias à deserdação a fim de que servissem de freio a essa liberdade de testar do *pater familias*, pois, estando ele obrigado a aludir expressamente no testamento à deserdação, possivelmente ponderaria mais – do que faria se bastasse a simples omissão dos *sui* – antes de tomar resolução de tal gravidade.

Ambas essas teses, porém, são meramente conjecturais.

B) *A sucessão necessária formal no "ius honorarium"*

Segundo o *ius honorarium*, a sucessão necessária formal decorre da regra *liberi aut instituendi sunt aut exheredandi* (os *liberi* ou devem ser instituídos herdeiros ou deserdados).[13]

Portanto, a sucessão necessária formal, no direito pretoriano, dizia respeito apenas aos *liberi* (isto é, àqueles que estavam enquadrados na classe da *bonorum possessio unde liberi* – vide nº 324).

O pretor, da mesma forma por que chamava os *liberi*, em primeiro lugar, à sucessão *ab intestato* do *de cuius*, concedendo-lhes a *bonorum possessio ab intestato*, exigia que o

---

11   *Derecho Romano*, II, 8ª ed., § 375, p. 839.

12   *Vide*, D. XXVIII, 2, 11.

13   Gaio, *Institutas*, II, 135; e Ulpiano, *Liber singularis regularum*, XXII, 23.

Cap. LIV · SUCESSÃO NECESSÁRIA FORMAL E MATERIAL | **759**

testador, no testamento, ou os instituísse herdeiros ou os deserdasse. Quando o testador os instituía herdeiros, tinha de observar as formalidades – que já estudamos no nº 316 – necessárias à instituição válida de herdeiro; quando os deserdava, estava obrigado a obedecer aos seguintes princípios:

a) que a deserdação fosse *nominatim* (nominalmente), não só para os filhos, mas também para todos os descendentes do sexo masculino; e

b) que a deserdação podia ser coletiva (*coniunctim*) apenas para os demais descendentes.[14]

Dessa forma, excluídos os *liberi*, o *pater familias* podia instituir quem ele quisesse herdeiro testamentário.

Mas que ocorreria se o *pater familias* não instituísse um *liber* herdeiro nem o deserdasse regularmente? Nesse caso, o pretor, a requerimento do omitido (ou deserdado irregularmente), lhe concedia uma *bonorum possessio contra tabulas* (que, desde o início do principado, é *cum re* ou *cum effectu*), pela qual não se anulava o testamento (tanto que ela deixava em vigor todas as disposições dele que não prejudicassem o *liber* omitido ou deserdado irregularmente), mas apenas se paralisavam as cláusulas que eram prejudiciais ao *liber* omitido ou deserdado irregularmente.[15]

Note-se, porém, que essa *bonorum possessio contra tabulas* não era concedida apenas aos *liberi* omitidos ou deserdados irregularmente, mas o era também aos *liberi* instituídos herdeiros no testamento, os quais, obviamente, só a solicitariam (e podiam fazê-lo antes mesmo que aqueles a requeressem)[16] quando nisso tivessem interesse (assim, por exemplo, quando herdariam mais se a sucessão fosse *ab intestato*).[17]

Mas a *bonorum possessio contra tabulas* não se limita a paralisar as disposições testamentárias que prejudiquem os *liberi* omitidos ou deserdados irregularmente; ela faz participar da herança, como se a sucessão fosse *ab intestato*, todos os *liberi* omitidos no testamento (ou deserdados irregularmente), ou nele instituídos herdeiros, que a requeressem ao pretor. Os *liberi* que tinham sido regularmente deserdados não podiam solicitar a *bonorum possessio contra tabulas*, nem beneficiar-se com a concedida aos que a ela tinham direito. E os *liberi* omitidos, ou deserdados irregularmente ou instituídos no testamento, que não a requeressem, não entravam na divisão de herança, que só se fazia entre os que a haviam solicitado ao pretor.[18]

Esses princípios, de início, eram aplicados a todos os *liberi*, qualquer que fosse seu sexo. Um rescrito de Antonino Pio,[19] porém, estabeleceu que os *liberi* do sexo feminino

---

14 Cf. Gaio, *Institutas*, II, 129 e 135.

15 Particularmente, a instituição de herdeiro.

16 D. XXXVII, 4, 10, 6.

17 Cf. Voci, *Diritto Ereditario Romano*, II (*parte especiale*), 2ª ed., p. 649, Milano, 1963. Nessa hipótese, ocorria uma *contra tabulas bonorum possessionis petitio commisso per alium edicto*.

18 As quotas, portanto, dos que tinham requerido a *bonorum possessio contra tabulas* acresciam às dos que a haviam solicitado (cf. D. XXXVII, 4, 12, pr.). *Vide*, a propósito, Voci, ob. cit., II, p. 655.

19 Gaio, *Institutas*, II, 126; Kniep, *Gai Institutionum Commentarius Secundus*, § 97-289 (*Testamentarisches Erbrecht*), II, 2, § 23, p. 210, Jena, 1912, atribui esse rescrito a Antonino Caracala. Mas a opinião largamente dominante é a que seguimos no texto.

760 DIREITO ROMANO – *José Carlos Moreira Alves*

que requeressem a *bonorum possessio contra tabulas* não poderiam ter mais direitos do que os que tinham, a esse respeito, os *sui* do sexo feminino, segundo o *ius ciuile*.

A *bonorum possessio contra tabulas* tinha de ser requerida dentro de um ano a partir da delação herança pelos *liberi* que tinham direito a ela, sob pena de, não o fazendo dentro desse prazo, perderem esse direito, passando o testamento a produzir seus efeitos normais, sem possibilidade de impugnação.

C) *A sucessão necessária formal no direito justinianeu*

Justiniano, além de admitir a validade da fórmula de deserdação em que o testador não empregasse a palavra *exheres* (deserdado), aboliu a distinção de tratamento decorrente do sexo, e estabeleceu a necessidade de o testador deserdar *nominatim* (nominalmente) qualquer dos seus descendentes, ainda que emancipados.

Por outro lado, se o testador fosse a mãe ou um ascendente do lado materno, a preterição do filho ou do descendente não acarretava a nulidade do testamento, porquanto se entendia que houvera deserdação tácita.[20]

330. Sucessão necessária material[21] – Como salientamos ao estudar a sucessão necessária formal, o testador, desde que observasse, no testamento, as formalidades exigidas, podia deserdar até os parentes mais próximos.

Nos fins da república, no entanto, a opinião pública passa a ser infensa às pessoas que, em seus testamentos, deserdavam, sem motivo ponderável, certos parentes próximos. E isso porque, nessa época, já predominava o princípio de que o testador tinha o dever de afeição (*officium pietatis*) a eles; daí dizer-se que o testamento que contivesse tais deserdações era *inofficiosum* (inoficioso, isto é, contrário ao *officium pietatis*). Começou-se a admitir, então, que esses parentes que o testador havia deserdado pudessem atacar o testamento, por meio da *querela inofficiosi testamenti*,[22] perante o tribunal dos centúnviros (*vide* n° 121, B, 2).

Sobre a natureza dessa *querela inofficiosi testamenti*[23] e seu processo diante do tribunal dos centúnviros, os textos não nos fornecem informações seguras. Por isso, é muito discutido entre os autores se a *querela inofficiosi testamenti* era uma ação independente da *hereditatis petitio* (*vide* n° 340), ou se, ao contrário, era mero incidente no decurso

---

20 A propósito, *vide* Volterra, *Istituzioni di Diritto Privato Romano*, p. 803. Por outro lado, quanto às inovações introduzidas pela Nov. CXV, que tiveram por fim a fusão da sucessão necessária formal com a sucessão necessária material, *vide* n° 330, *in fine*.

21 Ampla bibliografia em Voci, ob. cit., II, p. 670, nota 1.

22 Sobre a *querela inofficiosi testamenti*, *vide* Klima, *Querela inofficiosi testamenti*, in *Atti del Congresso Internazionale di Diritto Romano e di Storia del Diritto*, Verona (1948), III, p. 93 e segs., Milano, 1951.

23 A propósito, *vide*, entre outros, Jobbé-Duval, *Historie de la Doctrine relative à la nature de la Querela Inofficiosi Testamenti*, in *Nouvelle Revue Historique de Droit Français et Étranger*, 1907, p. 755 a 801; Collinet, *La nature des "Querelae" des origines à Justinien*, in *Studia et Documenta Historiae et Iuris*, XIX (1953), p. 269 e segs.; e Marrone, *Sulla natura della "Querela Inofficiosi Testamenti"*, in *Studia et Documenta Historiae et Iuris*, XXI (1955), p. 74 e segs.

Cap. LIV · SUCESSÃO NECESSÁRIA FORMAL E MATERIAL | 761

do processo da *petitio hereditatis*. Por outro lado, há textos que mostram que a *querela inofficiosi testamenti* podia também ser intentada *extra ordinem* (ou seja, observada a *extraordinaria cognitio*), o que, a princípio, possivelmente, ocorria na hipótese de os parentes prejudicados não poderem propô-la diante do tribunal dos centúnviros (assim, por exemplo, porque a sucessão fora aberta em outra cidade que não Roma; ou porque os parentes deserdados eram daqueles a quem o pretor concedia a *bonorum possessio*). Em vista disso, enquanto existiu em Roma o tribunal dos centúnviros, a *querela inofficiosi testamenti* se processava diante dele, ou, em certos casos, dos magistrados competentes para a *extraordinaria cognitio*. Desaparecido o tribunal dos centúnviros (e isso ocorre no século III d.C.), a *querela inofficiosi testamenti* somente pode ser intentada *extra ordinem*.

Para a propositura da *querela inofficiosi testamenti*, era necessário que se atendesse a certos requisitos que, a princípio, variaram ao arbítrio de seus julgadores (os centúnviros, ou, na *extraordinaria cognitio*, os magistrados competentes), mas que, com o tempo, e antes de Justiniano, se tornaram estáveis:

a) podiam intentá-la os descendentes ou ascendentes do testador que, se não houvesse o testamento, seriam chamados à sucessão *ab intestato*, bem como, na mesma condição, mas só a partir de uma constituição imperial de Constantino,[24] os irmãos e irmãs consanguíneos (isto é, nascidos do mesmo pai) do testador, caso o herdeiro instituído no testamento fosse *persona turpis* (*vide* nº 86, E);

b) utilizava-se a *querela inofficiosi testamenti* quando o testador não deixava, no testamento, a esses parentes uma quota da parte da herança que lhes caberia se a sucessão fosse *ab intestato*; essa quota (*portio debita* ou *legitima*) foi fixada, no período clássico,[25] por aplicação analógica da Lei *Falcídia* relativa aos legados (*vide*, nº 351), em um quarto dos bens – calculado sobre o patrimônio líquido do testador no momento de sua morte – que o herdeiro receberia se a sucessão fosse *ab intestato*;[26]

c) é certo que essa quota só era devida ao herdeiro legítimo se o testador não tivesse motivos para deserdá-lo;[27] e o testador podia, se quisesse, expor, no testamento, essas razões, cabendo, então ao herdeiro provar, na *querela inofficiosi testamenti*, que os motivos eram inverídicos, e que, portanto, ele era digno de receber a *portio debita*;

d) o julgamento favorável ao herdeiro legítimo, na *querela inofficiosi testamenti*, implicava reconhecer que o testador praticara *iniuria* contra aquele, motivo por que só se admitia a propositura da *querela* quando o prejudicado não dispusesse de outro meio (assim, por exemplo, por um legado que lhe fora deixado no testamento, ou por uma doação *mortis causa*) para receber integralmente a *portio debita*; demais, se julgada im-

---

24 C. Th. II, 19, 1.

25 C. III, 28, 6.

26 Zenão (C. III, 28, 29), em 479 d.C., determinou que o herdeiro legítimo devia imputar na sua quota a *donatio proter nuptias* e o dote.

27 Nas fontes, não há um elenco taxativo desses motivos (*iustae causae*). A título de exemplo, é *iusta causa* o exercício de misteres torpes (C. III, 28, 11 e 12).

762 | DIREITO ROMANO – *José Carlos Moreira Alves*

procedente a *querela inofficiosi testamenti* (por exemplo, por ter havido motivo justo para a deserdação), o herdeiro legítimo sofria a pena de *indignidade* (*vide* nº 335, *in fine*); e

e) a *querela inofficiosi testamenti* prescrevia em cinco anos, a partir da data do falecimento do testador.[28]

Julgada procedente a *querela inofficiosi testamenti*, o testamento era rescindido (e a rescisão tinha efeito retroativo), sob a alegação de que o testador, que não contemplou no testamento seus parentes próximos, não agira como homem normal, mas, sim, como se fosse insano – *quasi non sanae mentis fuisse*.[29] Daí decorria que, em vez da sucessão testamentária, era aberta a sucessão *ab intestato*, favorecendo não só o que propusera a *querela inofficiosi testamenti*, mas todos os herdeiros legítimos que a ela eram chamados.

Por outro lado, o imperador Constâncio, em 361 d.C.,[30] determinou que a *querela inofficiosi testamenti* não era admissível quando o testador houvesse deixado para o herdeiro legítimo bens com a declaração de que, se eles não fossem suficientes para preencher a *portio debita*, fosse ela integralizada com outros componentes da herança. Nesse caso, o prejudicado dispunha, para completar a *portio debita*, da *actio ad supplendam legitimam*.

* * *

A partir do século III d.C., constituições imperiais[31] concederam aos parentes que tinham direito à *portio debita* ou *legitima* a *querela inofficiosi donationis*[32] ou a *querela inofficiosi dotis*[33] – criadas por analogia à *querela inofficiosi testamenti* – contra as pessoas a quem o *de cuius*, em vida, fizera doação ou dote, diminuindo, assim, seu patrimônio a menos do que a *portio debita*.

Várias constituições imperiais de Justiniano, promulgadas em 528 e 531 d.C., introduziram inovações no regime do testamento inoficioso, das quais se destacam as seguintes:

a) o herdeiro a quem foi deixado menos do que o devido só tem direito de completar a *portio legitima* pela *actio ad supplendam legitimam*;[34]

b) deve-se abater na *portio legitima* não só o que o herdeiro legítimo recebeu do testador por ato *mortis causa*, mas também por ato *inter uiuos* (assim, por exemplo, por doação, por *donatio propter nuptias*); e

c) proíbe-se pacto de renúncia à *portio legitima*.[35]

---

28 Contra os menores, porém, desde o século III d.C., a prescrição somente começava a correr quando eles completassem 25 anos.

29 D. V, 2, 5. *Vide* também D. V, 2, 13; D. V, 2, 17, 1; D. V, 2, 19; e D. XXXII, 36.

30 C. Th. II, 19, 4.

31 Assim, C. III, 29, 1; C. III, 29, 2; C. III, 29, 3.

32 Ela se processa pela *cognitio extra ordinem* e não conduz à anulação de toda a doação, mas do quanto é necessário para que o herdeiro legítimo receba a *portio debita* (C. III, 29, 5, 7 e 8).

33 A propósito, só há uma constituição de Constâncio, do ano de 358 d.C. (C. III, 30, 1).

34 C. III, 28, 30, pr.

35 C. III, 28, 35.

Cap. LIV · SUCESSÃO NECESSÁRIA FORMAL E MATERIAL | **763**

Posteriormente, Justiniano voltou a ocupar-se da sucessão necessária material, em duas Novelas – na XVIII e na CXV.

Na Novela XVIII estabeleceu Justiniano que a *portio debita* passaria a ser – ao contrário do que ocorria no direito clássico, em que era constituída por um quarto do patrimônio do testador – representada por um terço ou pela metade dos bens deste, conforme, respectivamente, tivesse ele até quatro filhos, ou cinco ou mais.[36]

Mas foi na Novela CXV (caps. 3, 4, 5 pr.)[37] que Justiniano introduziu várias inovações, que, essencialmente – como salienta Czyhlarz[38] –, tiveram por fim a fusão da sucessão necessária formal com a sucessão necessária material. Em síntese, foram elas as seguintes:

a) os descendentes e ascendentes, além de terem direito à *portio legitima*, devem necessariamente ser instituídos herdeiros (são herdeiros necessários);

b) somente se admite a deserdação quando ocorre uma das hipóteses – e são quatorze para os descendentes,[39] – e oito para os ascendentes[40] previstas, para isso, na citada Novela, e desde que não tenha havido o perdão do testador; demais, para que se verifique a deserdação, não é preciso que ela seja expressa, mas basta que haja alusão ao ofensor e à causa por que foi excluído do testamento;[41] e

c) o herdeiro necessário que injustamente foi deserdado pode requerer a impugnação ou a rescisão (os autores discutem se se trata de nulidade ou de anulabilidade) do testamento no tocante à instituição de herdeiro, pois as restantes disposições testamentárias (assim, por exemplo, legados, manumissões) continuam válidas; por outro lado, se lhe era deixada quota inferior à que ele tem direito, dispõe ele, para integralizá-la, da *actio ad supplendam legitimam*.

---

36 Essa disposição é estranha, porque, por ela, quando o testador tem quatro filhos, a quota é menor do que quando ele tem cinco filhos (ao contrário do que seria normal: mais filhos, menor quota para cada um deles); com efeito, se com relação a quatro filhos a *portio legitima* é 1/3 dos bens do testador, isso quer dizer que cada um deles terá 1/12 da herança; já, se cinco filhos, sendo 1/2 dos bens do testador a *portio legitima*, cada um deles terá 1/10 da herança.

37 A propósito, *vide* Zachariae von Lingenthal, *Geschichte des Griechisch – Römischen Rechts*, reimpressão (Aalen, 1955), § 41 a 45, p. 165 e seguintes.

38 *Lehrbuch der Institutionen des Römischen Rechts*, 11ª e 12ª eds., § 140, p. 317, Wien-Leipzig, 1911.

39 Entre elas destacamos:
   a) atentado contra a vida do ascendente;
   b) graves ofensas a ele;
   c) heresia; e
   d) adultério com a mulher do descendente.

40 Entre outras:
   a) atentado contra a vida do descendente;
   b) adultério com a mulher deste; e
   c) omissão de resgate para libertar o descendente do aprisionamento em guerra.

41 Assim – e o exemplo é de Voci, ob. cit., p. 740 –, é válida a deserdação feita pelo testador nos seguintes termos: "Tendo em vista que meus filhos não cuidaram de pagar o meu resgate, e este eu o devo a Tício, nomeio Tício meu herdeiro."

331. Sucessão necessária material quanto aos bens dos libertos – Foi o pretor, em seu Edito, quem impôs ao liberto (e não à liberta)[42] a obrigação de, ao fazer testamento, não instituindo como *heredes* (herdeiros) seus filhos (ou porque não os tem, ou porque os deserdou legitimamente), reservar a metade dos bens ao patrono (e não à patrona), ou, na falta deste, aos seus filhos homens (e não às filhas). Se não o fizesse, o patrono (ou seus filhos, se fosse o caso) dispunha, para obter essa quota, da *bonorum possessio contra tabulas liberti*.

No tempo de Augusto, a *Lex Papia*, embora conservando essa sucessão dentro do regime das *bonorum possessiones*, modificou-a, estendendo-a, no lado passivo, à liberta, e, no ativo, à patrona, às filhas do patrono ou da patrona e aos filhos desta. Eis, em resumo, o que estabeleceu a *Lex Papia*:

1 – *quanto aos bens do liberto*:

a) o patrono – que continua a dispor da *bonorum possessio contra tabulas liberti* – não tem direito a quota alguma dos bens do liberto, se a herança deste é inferior a 100.000 sestércios; se igual ou superior a esse valor, também não o tem se o liberto deixou três ou mais filhos; se o número de filhos do liberto é inferior a três, o patrono sucede numa quota viril igual à dos filhos do liberto;

b) a patrona tem o mesmo direito que o patrono dispõe em virtude do Edito do pretor, se é ingênua e possui dois filhos, ou se é liberta e tem três filhos; ou, então, o mesmo direito que ao patrono é assegurado pela *Lex Papia* (*vide* letra *a*, acima), se – e isso se aplica somente às ingênuas – possui ela três ou mais filhos;

2 – *quanto aos bens da liberta* (*aos quais a "Lex Papia", como salientamos, estendeu a sucessão necessária material*):

a) se se trata de patrono, e a liberta tem menos de quatro filhos, a situação é a mesma que a vigorante, segundo o Edito do pretor, entre liberto e patrono; se, porém, a liberta possui mais de quatro filhos, ela se isenta da tutela do patrono, e, então, cabe a este uma quota igual à dos filhos dela; e

b) se se trata de patrona, e esta não tem filhos, não tem ela direito algum sobre os bens da liberta; se os tem (possivelmente dois, se ingênua, e três, se liberta), possui o mesmo direito de que o patrono dispõe, em virtude do Edito do pretor, quanto à herança do liberto;

3 – *quanto à posição dos filhos do patrono ou da patrona, na falta destes, com relação aos bens do liberto ou da liberta*:

---

42 E isso porque a liberta somente podia fazer testamento com a *auctoritas* do patrono (que era seu tutor).

a) os filhos do patrono (inclusive os emancipados), ou seus descendentes (os mais próximos excluindo os mais afastados), têm os mesmos direitos que o patrono, com relação aos bens do liberto ou da liberta; já a situação das filhas do patrono varia conforme se trate de suceder nos bens do liberto ou nos da liberta:

– quanto aos bens do liberto, se elas têm três ou mais filhos, dispõem do mesmo direito que o patrono possui, em virtude do Edito do pretor, sobre eles; e

– quanto aos bens da liberta, se elas têm três ou mais filhos, e a liberta menos de quatro, possuem o mesmo direito de que dispõe o patrono, em virtude do Edito do pretor, com relação aos bens do liberto; mas, se a liberta tem mais de quatro filhos, eles não gozam de direito algum sobre sua herança.

b) os filhos (homens e mulheres) da patrona, se tiverem ao menos um filho, dispõem, segundo parece, do mesmo direito que a patrona possui sobre os bens do liberto ou da liberta.

Por outro lado, as alienações, *inter vivos*, que os libertos façam em fraude dos direitos sucessórios dos patronos são rescindíveis, no que for necessário para completar a *portio debita*, por duas ações concedidas pelo pretor:

a) a *actio Fabiana*, quando a sucessão do liberto é testamentária; e

b) a *actio Caluisiana*, se a sucessão do liberto é *ab intestato*.

Justiniano, finalmente, em 531 d.C.,[43] introduziu na sucessão necessária material dos libertos as seguintes inovações:

a) o patrono (ou patrona) não é mais um simples *bonorum possessor*, mas passa a ter o título de herdeiro (*heres*);

b) o liberto (ou a liberta), cuja herança é inferior a 100 áureos (que são equivalentes aos 100.000 sestércios aludidos na *Lex Papia*) – e, nessa hipótese, se diz que há um *libertus minor centenario* –, não tem a obrigação de reservar quota alguma para o patrono (ou patrona); e

c) se a herança do liberto (ou liberta) é superior a 100 áureos – e, nesse caso, se diz que há um *libertus maior centenario* –, e não possui ele filhos ou outros parentes que possam lançar mão da *querela inofficiosi testamenti*, tem o liberto (ou a liberta) a obrigação de deixar ao patrono (ou à patrona, ou, na falta destes, aos seus descendentes) a terça parte da herança (*portio debita*).

Finalmente, com relação aos *parens manumissor* (pai que emancipa o filho; e não seus descendentes, nem o *extraneus manumissor*), tem ele, em virtude de cláusula constante no Edito do pretor, direito, se o emancipado não tiver filhos, à metade de sua herança;[44] no tempo de Justiniano, a *portio debita* cai para um terço da herança do emancipado, estabelecendo-se, porém, que, se este instituiu herdeira uma pessoa *turpis* (*vide* nº 86, E), o *parens manumissor* passa a ter direito a toda a herança. Não dispõe este, porém, da *actio Fabiana* nem da *actio Caluisiana*.

---

43 C. VI, 4, 4.

44 Exceto em certas hipóteses, como, por exemplo, se recebeu dinheiro para emancipar o filho.

LV

AQUISIÇÃO OU RENÚNCIA DA HERANÇA

Sumário: 332. Noções introdutórias. **333.** Aquisição da herança pelos *heredes sui et necessarii* e pelos *heredes necessarii*. **334.** Da delação à aceitação ou à renúncia da herança pelos *heredes extranei*. **335.** Requisitos subjetivos para a aceitação da herança pelos *heredes extranei*. **336.** Aceitação ou renúncia da herança pelos *heredes extranei*. **337.** Herança vacante. **338.** Efeitos da aquisição da herança. **339.** Consequência da pluralidade de herdeiros. **340.** A proteção judicial do *heres* (herdeiro civil). **341.** Aquisição ou renúncia da *bonorum possessio*. **342.** Proteção judicial do *bonorum possessor*.

332. Noções introdutórias – Até agora, estudamos os modos da delação de herança, isto é, os modos pelos quais o herdeiro é chamado à sucessão do *de cuius*.

Vamos, a seguir, examinar o que ocorre depois da delação da herança até a aquisição ou renúncia dela, e os efeitos de uma e de outra.

Para que procedamos a esse estudo é indispensável separar a sucessão hereditária consoante o *ius ciuile* (*hereditas*) da sucessão hereditária de acordo com o *ius honorarium* (a *bonorum possessio*).

Analisaremos, em primeiro lugar, a sucessão hereditária segundo o *ius ciuile* (*hereditas*); e, posteriormente, nos dois últimos números deste Capítulo, a sucessão hereditária consoante o *ius honorarium* (*bonorum possessio*).

* * *

Com relação ao *ius ciuile*, quer a sucessão seja testamentária, quer seja legítima, é preciso distinguir, para efeito de aquisição ou de renúncia da herança, três categorias de herdeiros:

a) os *heredes sui et necessarii*: nessa categoria estão incluídos os *sui heredes* a que aludimos no nº 323, isto é, os que, no momento da morte do *de cuius*, são seus *filii in potestate* (ou os que, na falta de um ou de alguns destes, ocupam seu lugar por direito de representação – *successio in locum*) ou estão *loco filiorum*, como, por exemplo, a mulher *in manu*;[1]

---

1   *Vide*, a propósito, Gaio, *Institutas*, II, 157.

b) os *heredes necessarii*: são os escravos aos quais o senhor, no testamento, ao mesmo tempo dá liberdade e os institui herdeiros;[2] e

c) os *heredes extranei* (também denominados *heredes uoluntarii*): são todas as demais pessoas que não se incluem em uma das duas categorias acima, e a quem é deferida a herança, ou por testamento, ou pela lei.

Os herdeiros das duas primeiras categorias (os *heredes sui et necessarii* e os *heredes necessarii*) adquirem a herança desde o momento de sua delação, independentemente de aceitação. Por isso não podem renunciá-la. O mesmo não ocorre com os *heredes extranei* ou *uoluntarii*, que, para adquirirem a herança, têm de aceitá-la; mas, se não a quiserem, podem renunciá-la.

Daí resulta a seguinte conseqüência: quando a herança é deferida, por testamento ou por lei, a um *heres suus et necessarius* ou a um *heres necessarius*, a delação e a aquisição da *hereditas* ocorrem num único momento; quando é ela deferida a um *heres extraneus* ou *uoluntarius*, há dois instantes distintos: o da delação e o da aceitação (com o qual ele adquire a *hereditas*) ou da renúncia da herança.

Para melhor compreensão dos diferentes aspectos da aquisição ou da renúncia da herança, estuda-los-emos seguindo as etapas que cronologicamente se sucedem a partir da delação da herança e que são as seguintes:

a) o momento da delação da herança (que, nesse caso, se confunde com o de sua aquisição) pelos *heredes sui et necessarii* ou pelos *heredes necessarii*;

b) o período entre a delação e a aceitação (ou renúncia) da herança pelos *heredes extranei*;

c) o momento em que ocorre, por parte do *heres extraneus*, a aceitação ou renúncia da herança; e

d) os efeitos que resultam da aquisição ou da renúncia da herança.

333. Aquisição da herança pelos *heredes sui et necessarii* e pelos *heredes necessarii* – Os *heredes sui et necessarii* e os *heredes necessarii* adquiriam, automática e necessariamente (não havendo, portanto, que se falar em aceitação), a herança que lhes era deferida por testamento (sucessão testamentária), ou pela lei (sucessão *ab intestato*).[3] Em consequência, não era possível ao *heres suus et necessarius* ou ao *heres necessarius* renunciar a herança,[4] do que podia decorrer-lhe situação embaraçosa, pois, respondendo o herdeiro *ultra vires*

---

2 Se, porém, antes de morrer, o testador, por ato *inter vivos*, manumitisse o escravo, que fora instituído herdeiro, este não seria *heres necessarius*, mas, simplesmente, *heres extraneus* (*vide* Gaio, *Institutas*, II, 161).

3 Isso não quer dizer, no entanto, que sempre coincidem a aquisição da herança e o dia da morte do *de cuius*; com efeito, basta atentar para o seguinte exemplo: se o *filius* é deserdado, mas o testamento é ineficaz, no momento em que isso se positiva, abre-se a sucessão *ab intestato*, e o *filius*, como *heres suus et necessarius*, adquire a herança.

4 É certo, porém (*vide* D. XXVIII, 5, 87; e D. XXVIII, 7, 12), que se admitia que o testador pudesse afastar essa impossibilidade com relação ao *heres suus et necessarius*, instituindo-o herdeiro com

Cap. LV · AQUISIÇÃO OU RENÚNCIA DA HERANÇA | 769

hereditatis (além das forças da herança), podia acontecer que o passivo hereditário fosse superior ao ativo (*hereditas damnosa*), levando o herdeiro, assim, à ruína, ou, pelo menos, obrigando-o a pagar, com seus próprios bens, as dívidas do *de cuius*. Por isso, e uma vez mais, veio o pretor opor-se à situação iníqua criada pelo *ius ciuile*, e o fez diferentemente, conforme se tratasse de *heres suus et necessarius*, ou de *heres necessarius*.

Ao *heres suus et necessarius* o pretor, nos fins da república, concedeu o *ius abstinendi* (direito de abster-se),[5] pelo qual esse herdeiro, mediante simples abstenção de atos com relação à herança (sem, como dizem os textos, *immiscere se hereditati* – intrometer-se na herança), obtinha o mesmo resultado alcançado pelo *heres extraneus* com a renúncia da *hereditas*. Quando o *heres suus et necessarius* era impúbere, e tinha praticado atos de herdeiro, o pretor, assim mesmo, admitia que ele se valesse do *ius abstinendi*, concedendo--lhe, para isso, uma *restitutio in integrum* (*vide* número 132, D).

O *ius abstinendi* não retira do *heres suus et necessarius* a condição de *heres* (herdeiro), segundo o *ius ciuile*; mas isso de nada valia aos credores do *de cuius*, porquanto, se o pretor não podia revogar o *ius ciuile*, era certo que podia paralisá-lo: o pretor, nessa hipótese, para dar eficácia ao *ius abstinendi*, se limitava a denegar a ação (*denegatio actionis*) que o credor do *de cuius* pretendia mover contra o *heres suus et necessarius* que se abstivera de praticar atos de herdeiros.[6] Por sua vez, os credores do *de cuius*, para se pagarem, podiam proceder à venda dos bens hereditários (*bonorum uenditio*), a qual, porém, se fazia em nome do falecido, e não do *heres suus et necessarius*, que, dessa forma, se livrava de incidir na *infamia* decorrente da *bonorum uenditio*.

No direito justinianeu, desde que ainda não tenham os credores vendido os bens hereditários, era possível ao *heres suus et necessarius*, dentro do prazo de três anos, voltar atrás quanto à declaração de abstenção.[7]

Com referência ao *heres necessarius*, o pretor não lhe concedeu o *ius abstinendi*, mas, sim, o *beneficium separationis* (benefício da separação), pelo qual, embora os bens hereditários fossem vendidos pelos credores em nome do *heres necessarius*, acarretando a este a *infamia* (e o testador, ao instituí-lo herdeiro e ao dar-lhe a liberdade, visara justamente a isso, preservando, assim, sua memória de ficar infamada), tudo aquilo que o *heres necessarius* adquiria depois de tornar-se livre (o que ocorria com a morte do testador) ficava separado da herança, não respondendo, portanto, pelas dívidas do *de cuius*.

334. Da delação à aceitação ou à renúncia da herança pelos *heredes extranei* – O período que vai da delação da herança até sua aceitação ou renúncia somente pode ocorrer quando ela é deferida a *heres extraneus* (ou *voluntarius*), por testamento, ou pela lei. Nele, devem ser analisados os seguintes aspectos:

---

a cláusula *si uolet* (se quiser) – assim, declarava, por exemplo: *Titius, si uolet, heres esto* (Tício, se quiser, seja herdeiro) –, o que fazia depender da vontade do *suus* a aceitação da herança.

5   Em alguns textos (por exemplo: D. XXIX, 2, 57; D. XXIX, 12, 11; e Gaio, *Institutas*, II, 160 e 163), em vez de *ius abstinendi*, empregam-se as expressões *facultas, potestas* ou *beneficium abstinendi*.

6   D. XXIX, 2, 57, pr.; e D. XX, 6, 11.

7   C. VI, 31, 6.

770 | DIREITO ROMANO – *José Carlos Moreira Alves*

a) a *hereditas iacens*;

b) a *usucapio pro herede*;

c) o princípio geral – e suas exceções – de que a possibilidade de aceitar a herança não se transfere por ato *inter vivos*, nem se transmite *mortis causa*; e

d) o *spatium deliberandi*.

Estudemo-los separadamente.

A) A *"hereditas iacens"*

Entre a delação da herança e sua aceitação pelo *heres extraneus* (ou *uoluntarius*), ela jaz à espera de ser aceita – daí a denominação *hereditas iacens* (herança jacente).

Enquanto isso se verifica, é a herança um patrimônio sem titular, pois o antigo (o *de cuius*) já não existe, e ainda não se sabe se o herdeiro, a quem ela é oferecida, vai, ou não, aceitá-la.

Mas considerando-se a herança jacente um patrimônio sem titular (*res nullius* – coisa de ninguém), resultava disso uma série de consequências que, desde cedo, repugnou aos romanos admitir: assim, qualquer um podia apossar-se dela sem cometer *furtum* (furto);[8] ou vender bens hereditários, sem estar obrigado a entregar o preço ao herdeiro que, posteriormente, aceitasse a herança; demais, a quem se atribuiriam os acréscimos ou as diminuições sofridas pela *hereditas iacens*?

Nos textos, ao lado da concepção – que, tudo indica,[9] é a mais antiga – de que a herança jacente era uma *res nullius*,[10] há três outras:

a) a herança representa a pessoa do falecido (*hereditas defuncti personam sustinet*);[11]

b) a herança representa a pessoa do herdeiro (*heredis personam interim hereditas sustinet*);[12] e

c) a herança faz as vezes de uma pessoa: é uma pessoa jurídica (*vice personae fungitur*).[13]

---

8   D. IX, 4, 40; D. XLVII, 2, 29 (28); e D. XLVII, 19, 6.

     Os juristas romanos, porém, tendo em vista que o furto lesa antes a posse do que a propriedade, assim interpretaram o princípio exposto no texto:

     a) mesmo depois da aceitação pelo *heres*, mas enquanto este não tomava posse das coisas hereditárias, não se cometia *furtum* com relação a elas; e

     b) se o *heres*, ainda que não tivesse aceito a herança, se encontrasse na posse dos bens hereditários, quem os subtraísse contra a vontade dele cometeria *furtum*.

     No tempo de Marco Aurélio, quem de má-fé se apossasse de coisas hereditárias cometia o *crimen expilatae hereditatis*.

9   A propósito, *vide* Biondi, *Diritto Ereditario Romano – parte generale* (*corso di lezioni*), § 122, p. 301, Milano, 1954.

10   Cf. Gaio, *Institutas*, II, 9; D. XLIII, 24, 13, 5; e D. XLVIII, 19, 6.

11   D. XXVIII, 5, 31, 1; D. XXX, 116, 3; D. XLI, 1, 34.

12   D. XLVI, 2, 24.

13   D. XLVI, 1, 22.

Cap. LV · AQUISIÇÃO OU RENÚNCIA DA HERANÇA | **771**

Segundo a opinião dominante entre os romanistas,[14] as duas primeiras dessas concepções já existiam no direito clássico, e demonstram que os jurisconsultos romanos procuravam, por ficções (a herança representa o defunto ou o herdeiro), obviar aos inconvenientes que surgiam da ideia primitiva de que a *hereditas iacens* era uma *res nullius*. Somente no direito justinianeu (e por isso vários textos clássicos foram interpolados)[15] é que surgiu a construção segundo a qual a *hereditas iacens* era uma pessoa jurídica, concepção inconsistente e que era utilizada mais como explicação de efeitos, tanto assim que dos textos não decorre a equiparação dela com as demais pessoas jurídicas.

B) *"Usucapio pro herede"*

Antes de a pessoa a quem é deferida a herança aceitá-la, uma outra – ainda que absolutamente estranha ao *de cuius* – pode adquiri-la pela *usucapio pro herede*, que é um instituto primitivo,[16] em franca decadência no direito clássico.

Segundo Gaio,[17] no direito romano antigo, a posse, por uma pessoa qualquer, dos bens hereditários, durante um ano, implicava, em favor dela, a aquisição da condição de herdeiro, e, consequentemente, da herança. Pela *usucapio pro herede* (que, no direito clássico, era, sem dúvida, uma figura anômala diante do usucapião normal), o usucapiente assumia, para todos os efeitos, a posição de herdeiro, e, assim, se tornava proprietário das coisas hereditárias, passava a ser titular dos créditos do *de cuius*, respondia pelos débitos deste, e arcava com os ônus do culto doméstico do falecido – os *sacra*. E o fato de, para a *usucapio pro herede*, ser necessária apenas a posse por um ano (ainda que na herança houvesse coisas imóveis, com relação às quais o usucapião, a princípio, demandava posse de dois anos – *vide* nº 154, III, *a*) resulta justamente da circunstância de que o objeto dessa *usucapio* não são as coisas que compõem a herança, mas é a própria herança como um todo (incluindo-se, portanto, entre as *ceterae res* – coisas restantes, que não os imóveis – a que aludia a Lei das XII Tábuas, e para as quais bastava a posse por um ano para que ocorresse o usucapião).

Ainda de acordo com Gaio,[18] a *usucapio pro herede* surgiu como meio indireto de compelir a pessoa a quem era deferida a herança, em prazo curto, a aceitá-la ou a renunciá-la, não se permitindo, dessa forma, em época em que o herdeiro não tinha prazo para a aceitação ou a renúncia da *hereditas*, que persistisse indefinidamente a situação de instabilidade representada pela herança jacente.

---

14 Assim, entre outros, Perozzi, *Istituzioni di Diritto Romano*, II, 2ª ed., *reintegrazione* 1949, § 199, p. 501; e Schwind, *Römisches Recht*, I, § 86, 1, p. 351.

15 D. XLIII, 24, 13, 5; D. XLVI, 1, 22; D. XLVII, 4, 1,1.

16 A propósito, *vide* Gandolfi, *Sull'origine delle "usucapio pro herede"*, in *Bulletino dell'Istituto di Diritto Romano*, vol. XX N. S. (1958), p. 271 e segs.

17 *Institutas*, II, 52 a 58.

18 *Institutas*, II, 55.

772 DIREITO ROMANO – *José Carlos Moreira Alves*

Quando, porém, essa função da *usucapio pro herede* deixa de ser necessária em virtude da criação de institutos como o *spatium deliberandi* (*vide*, abaixo, letra D), há reação contra ela, que, então, já é uma figura anômala diante do usucapião normal. Não conhecemos os pormenores dessa reação. O que se sabe, com certeza, é que, já no direito clássico, e isso provavelmente a partir dos fins da república, não há mais, pela *usucapio pro herede*, a aquisição de herança em seu conjunto, mas apenas das coisas corpóreas que a compõem (não se adquirem mais débitos e créditos do *de cuius*, os quais são insuscetíveis de posse). Além disso, no tempo de Adriano, um *senatusconsulto*[19] admitiu a rescisão da *usucapio pro herede*, pois permitiu que o herdeiro se utilizasse da *hereditatis petitio* (e o pretor, igualmente, concedeu ao *bonorum possessor* o interdito *quod bonorum*) contra o que tivesse usucapido os bens hereditários. Posteriormente, na época de Marco Aurélio, se alguém, de má-fé, se apossasse das coisas hereditárias, cometia o *crimen expilatae hereditatis*, punido *extra ordinem*.

No direito justinianeu, a *usucapio pro herede* deixa de ser uma figura anômala de usucapião e ingressa na categoria geral da *usucapio*, perdendo todas as suas singularidades, e se sujeitando aos requisitos do usucapião normal.

C) *O princípio geral – e suas exceções – de que a possibilidade de aceitar a herança não se transfere por ato "inter vivos", nem se transmite "mortis causa".*

Deferida a herança a alguém, por testamento ou pela lei, a possibilidade de aceitá-la é, em regra, personalíssima, isto é, intransferível a outrem por ato *inter vivos*, ou intransmissível *mortis causa*.

Esse princípio foi acolhido, também, no *Corpus Iuris Ciuilis*. No entanto, os textos nos oferecem duas exceções importantes (as quais, é bem de ver, quase que tornam sem efeito, na prática, o princípio geral de que a possibilidade de aceitar a herança não se transfere por ato *inter vivos*, nem se transmite *mortis causa*). São elas:

a) a *in iure cessio hereditatis*; e

b) a *transmissio hereditatis*.

A primeira é exceção ao princípio da intransferibilidade, por ato *inter vivos*, da possibilidade de aceitar a herança; a segunda, exceção ao princípio de sua intransmissibilidade *mortis causa*.

Examinemo-las separadamente:

I – *"In iure cessio hereditatis"*[20]

No direito clássico, é possível ao herdeiro legítimo, que não seja *heres suus et necessarius* ou *heres necessarius*, e antes de aceitar a herança que lhe é deferida, cedê-la a terceiro por meio de *in iure cessio* (a *in iure cessio hereditatis*).

---

19 Cf. Gaio, *Institutas*, II, 57.

20 A propósito, *vide* De Martino, *Nota in tema di in iure cessio hereditatis, in Studi in Onore de Siro Solazzi*, p. 568 e segs., Napoli, 1948, e Ulrich Von Lubtow, *Die Übertragungdes Rechts zur Antretung der Erbschaft und die Weitervererbung des Erworbenen Nachlasses, in Studi in Onore di Gaetano Scherillo*, I, pp. 327 a 332, Milano, 1972.

Cap. LV · AQUISIÇÃO OU RENÚNCIA DA HERANÇA | **773**

Muito se tem discutido sobre a origem dessa cessão, mas, de positivo, nada se sabe. Segundo a opinião dominante,[21] foi a necessidade de contornar-se o princípio que negava a *sucessio graduum* que deu margem ao aparecimento da *in iure cessio hereditatis*, impedindo-se, assim, que, com a renúncia da herança, esta se tornasse vacante.

Pela *in iure cessio hereditatis* (que ocorria num simulacro de *hereditatis petitio* – *vide* nº 340 –, no qual o terceiro, que era o cessionário, reivindicava a qualidade de herdeiro, terminando o processo com a *addictio* do magistrado, em face do silêncio do verdadeiro *heres* legítimo), o cessionário se tornava o *heres*, e, aceita a herança, a adquiria com todas as suas consequências.

Mas – como já salientamos – apenas podia realizar essa cessão o herdeiro legítimo que não fosse *heres suus et necessarius* ou *heres necessarius*; se um desses dois pretendesse fazer cessão dessa natureza, ela seria, segundo os sabinianos, nula, entendendo, porém, os proculeianos que ela produzia certos efeitos, a saber:

a) o terceiro não adquiria o título de *heres* (herdeiro); e

b) em vez de adquirir a herança integralmente, o cessionário recebia apenas as coisas singulares que a integravam; quanto aos créditos do *de cuius*, eles se extinguiam; e, com relação a seus débitos, o cedente continuava a responder por eles[22] – em outras palavras: ocorria o mesmo que se dava quando o herdeiro, depois de aceitar a herança, transferia a terceiro os bens hereditários em conjunto.

Se, quanto à cessão pelo *heres suus et necessarius* ou pelo *heres necessarius*, discutiam sabinianos e proculeianos, o mesmo não se verificava com relação ao herdeiro testamentário: se ele cedesse a *hereditas*, por meio da *in iure cessio hereditatis*, a cessão era indubitavelmente nula.

No direito justinianeu, os textos não aludem à *in iure cessio hereditatis*, discutindo os autores modernos se ela teria, ou não, sobrevivido nesse período. A opinião dominante é a negativa.[23]

II – *"Transmissio hereditatis"*[24]

O princípio geral – que ainda se encontra no *Corpus Iuris Ciuilis*[25] – era o de que, morto o herdeiro sem que tivesse aceito ou renunciado a herança, a possibilidade de fazê-lo não se transmitia aos herdeiros dele.

---

21 Cf. Biondi, ob. cit., § 66, p. 177.

22 A propósito, *vide* Gaio, *Institutas*, II, 35 a 37.

23 Nesse sentido, entre outros, Bonfante, *Corso di Diritto Romano*, VI (*Le successioni – parte generale*), p. 243, Città di Castello, 1930; e De Martino, *Nota in tema di iure cessio hereditatis*, in *Studi in onore de Siro Solazzi*, p. 588 e segs.

24 *Vide*, a propósito, Ulrich von Lübtow, *Die Übertragung des Rechts zur Antretung der Erbschaft und die Weitervererbung des Erworbenen Nachlasses*, in *Studi in Onore di Gaetano Scherillo*, I, pp. 332 a 334.

25 C. VI, 30, 7; e C. VI, 51, 1, 5.

774 | DIREITO ROMANO – *José Carlos Moreira Alves*

No entanto, já no direito clássico, o pretor concedia, em certos casos (assim, por exemplo, quando aquele a quem fora deferida a herança não puder aceitá-la por estar ausente, a serviço do Estado), aos herdeiros do que falecera antes de aceitar ou renunciar a herança, a *restitutio in integrum* (*vide* n° 132, D), para que essa possibilidade se transferisse a eles.[26]

Nos direitos pós-clássico e justinianeu, porém, a *transmissio hereditatis* foi admitida normalmente, sem a utilização da *restitutio in integrum*, sempre que se dessem certas circunstâncias devidamente previstas em constituições imperiais.

São, portanto, reconhecidos os seguintes casos expressos de *transmissio hereditatis*:

a) a *transmissio ex capite infantiae* (ou *transmissio iure patrio*) – cuja introdução, em 426 d.C., foi devida aos imperadores Teodósio II e Valentiniano III,[27] e pela qual, se o infante, a quem é deferida a herança, morre antes de poder aceitá-la ou renunciá-la, essa possibilidade se transmite a seu pai;

b) a *transmissio ex iure sanguinis* (ou *transmissio Theodosiana*, por ter sido admitida em 450 d.C., por Teodósio II)[28] – por ela se falecer, antes de aceitar ou de renunciar a herança, aquele que foi instituído herdeiro em testamento de ascendente, a possibilidade de aceitação ou de renúncia se transmite aos herdeiros descendentes do testador; e

c) a *transmissio ex iure deliberandi* (ou *transmissio Iustinianea*, por ter sido criada por Justiniano)[29] – trata-se de uma generalização da *transmissio Theodosiana*, pois, pela *transmissio ex iure deliberandi*, se o herdeiro legítimo ou testamentário falecesse sem aceitar ou renunciar a herança, tal possibilidade se transmitia aos seus herdeiros, que podiam aceitar a *hereditas* dentro do ano a partir do dia em que aquele soubera da delação da herança, ou do dia de sua morte, se ele não tivesse tomado conhecimento daquela.[30]

D) *"O spatium deliberandi"*

Tendo em vista que o herdeiro legítimo (e o testamentário, quando o testador não lhe impunha a *cretio* – *vide* n° 336, A) podia aceitar ou renunciar a herança quando quisesse (sem, portanto, limitação no tempo), o que prejudicava os credores do *de cuius*, que tinham de ficar à espera de que aquele a quem fora deferida a herança a aceitasse, para então poderem cobrar dele seus créditos, o pretor veio em auxílio desses credores (e, possivelmente, também de outros interessados, como, por exemplo, os legatários). Assim, admitiu o pretor que os credores conduzissem à sua presença aquele a quem fora deferida a herança, e aí, por meio de uma *interrogatio an heres sit*, o interrogassem sobre se a aceitava, ou não. O herdeiro, em vez de aceitar ou de renunciar de imediato a herança, podia solicitar ao pretor prazo para deliberar a respeito (*spatium deliberandi*), o qual a princípio era fixado discricionariamente pelo magistrado (que até podia prorrogá-lo), mas, posteriormente, foi determinado de

---

26 Segundo parece, no direito justinianeu generalizou-se a concessão da *restitutio in integrum* em favor desses herdeiros que não pudessem aceitar a herança em virtude de alguma situação duvidosa.

27 C. VI, 30, 18, 1 e 2.

28 C. VI, 52, 1.

29 C. VI, 30, 19.

30 Sobre a controvérsia que há a respeito desses prazos, *vide* Bonfante, ob. cit., VI, p. 251 e segs.

Cap. LV · AQUISIÇÃO OU RENÚNCIA DA HERANÇA | **775**

modo preciso, embora os textos a propósito sejam contraditórios: assim, enquanto no D. XXVIII, 8, 2, se declara que não pode ser inferior a cem dias, no C. VI, 22, 13 (Constituição de Justiniano, de 531 d.C.), se estabelece o prazo de um ano ou de nove meses, conforme fosse concedido, respectivamente, pelo imperador ou por um magistrado. Ao término desse prazo, sem que o herdeiro se manifestasse, presumia-se, *iure praetorio*,[31] que ele repudiara a herança,[32] e, então, era chamado, se fosse o caso, o herdeiro seguinte.

Como a *interrogatio an heres sit* exigia a presença do herdeiro diante do magistrado, o que nem sempre era possível aos credores conseguir, podiam estes solicitar ao pretor que, sem que se fizesse a *interrogatio*, fosse concedido ao herdeiro o *spatium deliberandi*. O mesmo ocorreria, possivelmente, quando o herdeiro, embora na presença do magistrado, não declarasse que aceitava ou que repudiava a herança, nem requeresse o *spatium deliberandi*.

Essa faculdade concedida aos credores perdurou durante todo o direito clássico e o pós-clássico. E Justiniano, que criou o *beneficium inuentarii* (*vide* nº 338), não revogou o *spatium deliberandi*, mas admitiu que o herdeiro podia optar entre um e outro, embora tenha salientado que era pouco sensato, em face dessa alternativa, escolher o *spatium deliberandi*. Por outro lado, estabeleceu Justiniano que, ao contrário do que se verificava anteriormente, se o herdeiro solicitasse o *spatium deliberandi* e o deixasse transcorrer sem manifestar-se, se reputava como tendo ele aceito a herança.

335. Requisitos subjetivos para a aceitação da herança pelos *heredes extranei* – Em se tratando de *heredes extranei* (ou *uoluntarii*), a delação e a aceitação da herança são independentes.

Com efeito, deferida a herança a um *heres extraneus*, este pode aceitá-la ou renunciá-la.

Para aceitá-la, é preciso que ele preencha os seguintes requisitos:

a) tenha capacidade de fato (ou, se incapaz, se valha do assistente, ou, quando permitido, do representante); e

b) tenha o *ius capiendi* (*capacitas* em sentido estrito).

Demais, para que o *heres extraneus* possa ficar com a herança por ele aceita, mister se faz que não incorra na *indignitas*.

Note-se, ainda, que segundo tudo indica,[33] as hipóteses relativas à *capacitas* (*ius capiendi*) – exceção feita apenas à *incapacitas das feminae probrosae* – só se aplicavam à sucessão testamentária; e o mesmo se dava com a grande maioria dos casos de *indignitas*.

* * *

---

31 O herdeiro não perdia, portanto, *iure ciuile* (de acordo com o *ius ciuile*), o direito de aceitar a herança posteriormente, mas o pretor denegava as ações, que tivessem por objeto bens hereditários, quer fossem a favor dele, quer fossem contra ele.

32 D. XXIX, 2, 69.

33 A propósito, *vide* Voci, *Diritto Ereditario Romano*, I (*introduzione – parte generale*), p. 417 e segs., Milano, 1960.

776 | DIREITO ROMANO – *José Carlos Moreira Alves*

A capacidade de fato é exigida porque a aceitação da herança implica manifestação de vontade.

Podem aceitar a herança:

a) os que têm capacidade de fato;

b) os *infantiae proximi* e os *proximi pubertati*, com a *auctoritas* do tutor, ou o *iussum patris*, conforme se trate de *sui iuris* ou de *alieni iuris*, respectivamente;

c) a partir de uma constituição de Teodósio II e de Valentiniano III,[34] os *infantes*, desde que representados pelo pai ou pelo tutor; e

d) no direito justinianeu, os púberes menores de 25 anos, com o *consensus* do curador.

Os infantes (até a constituição imperial acima referida) e os loucos (com relação aos quais se permitia apenas que seu pai ou seu curador requeressem uma *bonorum possessio* provisória – *vide* nº 310) não podiam aceitar a herança, porque não tinham vontade, e a aceitação da *hereditas* era ato que devia ser realizado pessoalmente; esse princípio, porém, nos direitos pós-clássico e justinianeu, sofreu algumas exceções (assim, quanto aos *infantes* e a certas pessoas jurídicas).

* * *

A *capacitas* (*ius capiendi*), embora em nada influa na eficácia da delação da herança, é indispensável para sua aceitação eficaz – trata-se de legitimação (*vide* nº 111, A) para aceitar a herança.

As *incapacitates* de maior importância são as que se encontram na legislação matrimonial de Augusto (as leis caducárias). Em virtude da Lei *Iulia de maritandis ordinibus*, de 17 a.C., e da Lei *Papia Poppaea*, de 9 d.C. (em geral denominadas como formando um todo: *Lex Iulia et Papia Poppaea*), que visavam a incrementar no Império Romano a natalidade legítima, eram incapazes:[35]

a) os *caelibes*: os homens de 25 a 60 anos e as mulheres de 20 a 50 anos, que permaneciam não casados, ainda que eles fossem viúvos ou divorciados; embora não pudessem adquirir herança ou legado, eles, se contraíssem casamento dentro de cem dias da morte do *de cuius*, ou dentro do prazo da *cretio* (*vide* nº 336, A), perdiam a *incapacitas*; demais, a Lei *Iulia* concedeu dispensa (*vacatio*) à mulher, em virtude da morte do marido, por um ano, ou, em razão de divórcio, por seis meses; e a Lei *Papia Poppaea* alterou esses prazos para dois anos e dezoito meses, respectivamente;

b) os *orbi*: os homens de 25 a 60 anos, casados mas sem filhos, e as mulheres de 20 a 50 anos, casadas mas com menos de três filhos, se ingênuas, ou de quatro, se libertas – os *orbi* somente podiam adquirir a metade da herança ou do legado;

---

34 C. Th. VIII, 18, 8; e C. VI, 30, 18.

35 Também não tinham o *ius capiendi* (*capacitas*) os *latini Iuniani*, em virtude da Lei *Iunia*, de 19 d.C.; esses *latini*, que gozavam da *testamenti factio*, podiam ser instituídos herdeiros, mas não aceitar herança por falta de *capacitas*, salvo se se tornassem cidadãos romanos ao tempo da morte do testador, ou nos cem dias que a ela se seguissem.

Cap. LV · AQUISIÇÃO OU RENÚNCIA DA HERANÇA | **777**

c) o *pater solitarius*: como o único texto[36] que se refere a essa figura não a define, os autores divergem a respeito: segundo uns,[37] tratava-se de viúvo sem filhos; de acordo com outros,[38] de viúvo com filhos de casamento precedente (não se sabe se ele nada podia aceitar da herança, ou se – como os *orbi* – apenas parte); e

d) os cônjuges: marido e mulher, sem filhos de seu casamento, apenas podiam adquirir, entre si, uma décima parte da herança; se, porém, tivessem filhos sobreviventes de outro matrimônio, podiam adquirir tantas décimas partes quantos os filhos.[39]

Certas pessoas – as *exceptae personae* – estavam isentas da *incapacitas* decorrente das Leis *Iulia de maritandis ordinibus* e *Papia Poppaea*. Segundo parece,[40] pois os textos não são uníssonos a respeito, eram *exceptae personae* os ascendentes e os descendentes do *de cuius* até o terceiro grau (de neto a avô).

Por outro lado, os bens hereditários, que não podem ser aceitos pelo herdeiro testamentário por causa de *incapacitas*, se dizem *bona caduca*, e são recolhidos, em ordem de preferência:

a) pelos outros herdeiros testamentários casados que têm filhos;

b) pelos legatários casados que têm filhos; e

c) pelo Fisco.

As disposições da legislação matrimonial de Augusto foram sendo, a pouco e pouco, modificadas para fins fiscais, até serem ab-rogadas pelos imperadores cristãos.[41]

No tempo de Domiciano,[42] estabeleceu-se a *incapacitas* – tanto na sucessão testamentária, quanto na *ab intestato* – para as *feminae probrosae* (cortesãs e comediantes).

No direito justinianeu, sobrevive apenas uma hipótese de *incapacitas*: a das *feminae probrosae*.

* * *

A *indignitas*,[43] que surge e se desenvolve na época imperial, se caracteriza pelo fato de que ela não é incompatível com a delação nem com a aceitação da herança, e de que o Fisco, na maioria dos casos, se apodera (*eripere*) dos bens hereditários (e a eles se dá a denominação de *ereptorium*) adquiridos pelo indigno, isto é, pelo herdeiro (ou legatário)

---

36 *Vlpiani liber singularis regularum*, XIII (rubrica).

37 Biondi, ob. cit., § 81, p. 200.

38 Bonfante, ob. cit., VI, p. 330.

39 Pormenores em Biondi, *Trattato di Diritto Romano*, X (*Successione testamentaria – donazioni*), § 56, p. 140 e segs., Milano, 1943.

40 A propósito, *vide* Voci, ob. cit., I, p. 426 e segs.

41 Pormenores em Biondi, *Trattato di Diritto Romano*, X (*Successione testamentaria – donazioni*), § 59, p. 151, Milano, 1943.

42 Suetônio, *De uita Caesarum, Domitianus*, VIII.

43 Sobre essa matéria, *vide* Nardi, *I Casi di Indegnità nel Diritto Sucessorio Romano*, Milano, 1937.

778 | DIREITO ROMANO – *José Carlos Moreira Alves*

que teve certos comportamentos contrários à pessoa do *de cuius*, ou à vontade deste, ou à lei. Assim, por exemplo:

a) ter morto o *de cuius*;

b) não perseguir judicialmente os assassinos do *de cuius*;

c) alienar, em vida do *de cuius*, e sem que este saiba, a herança ou parte dela;

d) falsificar, em benefício próprio, disposição testamentária; e

e) agir, dolosamente ou com violência, para impedir que o *de cuius* faça testamento, ou modifique o já elaborado.

336. Aceitação ou renúncia da herança pelos *heredes extranei* – A aceitação da herança (*hereditatis aditio*)[44] pode dar-se depois de sua delação por testamento ou pela lei, por um dos três seguintes modos:[45]

a) a *cretio*;

b) a *pro herede gestio*; e

c) a *aditio nuda uoluntate*.

Segundo alguns autores,[46] no direito clássico, somente existiam os dois primeiros modos de aceitação da herança (a *cretio* e a *pro herede gestio*); a *aditio nuda uoluntate* teria surgido – há divergência a respeito – ou na época de Constantino, ou no tempo de Justiniano. Outros romanistas,[47] no entanto, defendem a tese de que, já no direito clássico, se admitia a aceitação da herança por meio, também, da *aditio nuda uoluntate*, opinião que parece mais plausível, não só porque não há necessidade de se considerar glosema a frase *uel etiam nuda uoluntate suscipiendae hereditatis*[48] que se encontra em Gaio, *Institutas*, II, 167, mas também porque a *aditio nuda uoluntate* decorre naturalmente da *pro herede gestio*: se o simples ato de gestão da herança (*pro herede gestio*) implica sua aceitação tácita, também nela importará a manifestação expressa da vontade do herdeiro, ainda que despida de formalidades.

Estudemos separadamente cada um desses modos de aceitação da herança.

A) *"Cretio"*[49]

A *cretio* é a declaração verbal e solene, feita na presença de testemunhas,[50] de aceitação da herança.

---

44 Sobre a *hereditatis aditio*, no direito clássico, *vide* Beduschi, *Hereditatis Aditio*, I (*L'Accettazione dell'Eredità nel Pensiero della Giurisprudenza Romana Classica*), Milano, 1976.

45 Gaio, *Institutas*, II, 167.

46 Assim, Perozzi, *Istituzioni de Diritto Romano*, II, 2ª ed., *reintegrazione*, 1949, § 218, p. 267; e Di Marzo, *Istituzioni di Diritto Romano*, 5ª ed., § CXXII, p. 479 e segs.

47 Entre outros, Bonfante, ob. cit., VI, p. 186; e Biondi, *Diritto EreditarioRomano – parte generale (Corso di Lezioni)*, § 102, p. 529 e segs., Milano, 1954.

48 "Ou ainda pela simples vontade de receber a herança."

49 A propósito da *cretio*, *vide* Beduschi, *La Cretio nelle fonti letterarie*, in *Studi in Memoria di Guido Donatuti*, I, pp. 55 a 88.

50 Cf. Varrão, *De Lingua Latina*, VI, 81; e Cícero, *ad. Atticum*, XIII, 46, 3.

Cap. LV · AQUISIÇÃO OU RENÚNCIA DA HERANÇA | **779**

Para maior clareza de exposição, examinaremos, em separado, a *cretio* na sucessão testamentária e a *cretio* na sucessão *ab intestato*.

Na sucessão testamentária, o testador pode, se quiser, estabelecer que o herdeiro instituído deverá realizar a *cretio*, para aceitar a herança. Se o testador nada dispuser a respeito, o herdeiro aceitará a herança por qualquer dos modos de aceitação; se, porém, o testador exigi-la, o herdeiro deverá fazer a *cretio*. Neste caso, o testador, por exemplo, pode declarar no testamento o seguinte: *L. Titius heres esto cernitoque in centum diebus proximis quibus scies poterisque. Quodni ita creueris exheres esto.* (Que L. Tício seja herdeiro e que faça a *cretio* nos cem dias depois de saber disso e de poder fazê-la; se não a fizer, que seja deserdado).[51] Por essa fórmula, vê-se que o testador, ao impor a necessidade da *cretio* para a aceitação da herança, pode determinar:

a) o prazo para que ela seja feita;

b) o momento a partir do qual se contará esse prazo;

c) que, na ausência da *cretio*, o herdeiro instituído será deserdado.

Quanto ao prazo, era ele, em geral, de cem dias; se o testador (que podia fixá-lo em menos) o fixasse em mais, o pretor, por via de regra, o diminuía para cem dias.[52]

Com relação ao momento a partir do qual o prazo se contava, o testador podia estabelecer que seria o em que o herdeiro tivesse conhecimento de que fora instituído *heres* e pudesse aceitar a herança na forma devida (nessa hipótese, diz-se que há *cretio vulgaris*), ou não dizer nada a respeito, quando, então, o prazo começaria a contar, sem interrupção, da morte do testador (e, aí, tem-se a *cretio continua*).

Demais, o testador podia estabelecer que, se o herdeiro instituído não fizesse a *cretio*, seria deserdado (*cretio perfecta*); ou omitir essa sanção (*cretio imperfecta*), caso em que – segundo se deduz dos textos – o testador designava sempre um substituto ao instituído, e, se este não fizesse a *cretio* dentro do prazo, mas praticasse atos de gestão (*pro heredes gestio*), ao invés de ser deserdado, recebia a metade da herança, indo a outra metade para o substituto;[53] Marco Aurélio,[54] no entanto, estabeleceu que, nessa hipótese, o instituído adquiria toda a herança.

Por outro lado, a fórmula de que o herdeiro testamentário se utilizava para fazer a *cretio* era a seguinte:

Quod me P. Maeuius testamento suo heredem instituit, eam hereditatem adeo cernoque (Porque Públio Mévio me instituiu no seu testamento herdeiro, eu aceito essa herança e faço a *cretio*).[55]

Já na sucessão legítima, as coisas se passavam de modo um pouco diverso. O herdeiro legítimo podia aceitar a herança pela *cretio*, ou pela *pro herede gestio*, ou pela *aditio*

---

51 Gaio, *Institutas*, II, 165.

52 Gaio, *Institutas*, II, 170.

53 Gaio, *Institutas*, II, 177.

54 *Vlpiani liber singularis regularum*, XXII, 34.

55 Gaio, *Institutas*, II, 166.

780 | DIREITO ROMANO – *José Carlos Moreira Alves*

nuda uoluntate, conforme melhor lhe parecesse. Além disso, não havia, segundo o *ius ciuile*, prazo para fazê-lo (daí os meios indiretos que estudamos no nº 334, B e D, para forçar o herdeiro à aceitação ou à renúncia da herança); e nenhum texto nos conservou a fórmula usada pelo herdeiro legítimo para realizar a *cretio*.

Ainda no período clássico, a *cretio* entra em decadência;[56] e Justiniano interpolando uma constituição de Arcádio, Honório e Teodósio,[57] a aboliu expressamente.

B) *"Pro herede gestio"*

A *pro herede gestio* é o modo mais usado para a aceitação da herança. Há *pro herede gestio* quando o herdeiro se comporta, com relação à herança, de modo que se infira, inequivocamente, sua intenção de aceitá-la;[58] trata-se, portanto, de manifestação tácita de vontade. Assim, por exemplo, a aceitação da herança pela *pro herede gestio* quando o herdeiro intenta a *hereditatis petitio*, ou vende uma coisa hereditária, ou paga um débito do *de cuius*.

Para evitar dúvida, o herdeiro, quando não quer aceitar a herança, mas pratica ato que possa fazer supor a aceitação, pode realizar a *testatio*,[59] isto é, declarar diante de testemunhas que tal ato não implica aceitação da herança.

C) *"Aditio nuda voluntate"*

A *aditio nuda voluntate* consiste na declaração, sem qualquer formalidade, de aceitação da herança.

Ela difere da *cretio*, porque é aceitação não formal; e da *pro herede gestio*, porque é aceitação expressa.

* * *

Se o *heres extraneus* (ou *uoluntarius*) não quiser aceitar a herança, pode renunciá-la sem a observância de qualquer formalidade: basta simples declaração de vontade, ou ato de que resulte inequívoca a vontade de renunciar (*repudiare hereditatem*).[60] Em geral, a renúncia (*repudiatio*) da herança se dava quando o herdeiro (e isso quando se impunha a *cretio*, ou, no direito clássico, se solicitava o *spatium deliberandi*) deixava decorrer o prazo para aceitar a *hereditas*, sem fazê-lo. No direito justinianeu, porém, quando o herdeiro

---

56 *Vide*, a propósito, Biondi, *Degenerazione della "cretio" ed accettazione espressa non formale, in Studi in onore di Siro Solazzi*, p. 67 e segs., Napoli, 1948.

57 C. VI, 30, 17 (a constituição genuína se encontra no Código Teodosiano, VIII, 18, 8).

58 Gaio, *Institutas*, II, 166; *Vlpiani liber singularis regularum*, XXII, 26; D. XXIX, 2, 20 pr.; e *Inst.*, II, 19, 7.

59 Há autores – entre outros, Pringsheim, *Animus donandi, in Zeitschrift der Savigny-Stiftung für Rechtsgeschichte, Romanistiche Abteilung*, XLII (1922), p. 315 e segs. – que entendem que a *testatio* não existia no direito clássico.

60 Gaio, *Institutas*, II, 169; e *Vlpiani liber singularis regularum*, XXII, 21.

Cap. LV · AQUISIÇÃO OU RENÚNCIA DA HERANÇA | **781**

deixava transcorrer o *spatium deliberandi* sem repudiar a herança, esse comportamento implicava – ao contrário do que ocorria no direito clássico – sua aceitação.

A renúncia da herança era irrevogável;[61] concedia-se, porém, aos menores de 25 anos, que haviam renunciado a herança, a *restitutio in integrum*, para poderem aceitá-la.[62]

337. Herança vacante – Não havendo herdeiros, a herança se diz vacante.

A princípio, quando a herança era vacante, as coisas hereditárias podiam ser adquiridas por qualquer pessoa por meio da *usucapio pro herede* (*vide* nº 334, B).[63]

Mais tarde, no tempo de Augusto, em virtude de disposições da *Lex Iulia de Maritandis ordinibus*,[64] a herança vacante é recolhida pelo *Aerarium Populi Romani*; depois, talvez na época de Caracala,[65] os bens hereditários vacantes passam a ir para o Fisco (tesouro do *princeps*).

O Estado, embora sem ser herdeiro (os textos jamais o designam como *heres*), adquire todos os direitos e obrigações do *de cuius*. Se, porém, a herança tiver saldo negativo, os credores do *de cuius* podem requerer a *bonorum uenditio*.

Por outro lado, o Estado adquire a herança *ipso iure* (automaticamente); mas se ele deixar transcorrer quatro anos sem intentar a *hereditatis petitio* contra os possuidores dos bens hereditários, essa *actio* prescreve.

Em certas hipóteses, e em virtude de constituições imperiais, há entidades que se antepõem ao Estado com relação à herança vacante. Assim, por exemplo:

– os bens vacantes do militar são recolhidos pela corporação a que ele pertencia;[66] e

– os dos eclesiásticos, pela Igreja ou mosteiro.[67]

338. Efeitos da aquisição da herança – Adquirida a herança – *ipso iure* (se se tratava de *heres suus et necessarius* ou de *heres necessarius*) ou por aceitação (se de *heres extraneus*) –, ocorria a *successio*, isto é, o herdeiro passava a ocupar a posição jurídica do *de cuius*, daí resultando que:

I – o patrimônio do herdeiro se confundia com o do *de cuius*;

II – em virtude disso, podia acontecer que fossem prejudicados:

a) os credores do *de cuius*, nas hipóteses:

1 – de o passivo do herdeiro ser maior do que seu ativo, podendo, então, os credores dele, herdeiro, concorrerem, com relação aos bens que tinham sido do *de cuius*, com os credores deste; e

---

61 C. II, 20, 7.

62 D. IV, 4, 22.

63 Cf. Danz, *Lehrbuch der Geschichte des römischen Rechts, zweiter Theil*, § 157, p. 68, Leipzig, 1846.

64 Gaio, *Institutas*, II, 150.

65 *Vlpiani liber singularis regularum*, XVII, 2.

66 D. XXVIII, 3; 6, 7.

67 C. I, 3, 20.

782 | DIREITO ROMANO – *José Carlos Moreira Alves*

2 – de o herdeiro – que se tornara titular do patrimônio do *de cuius* – dilapidá-lo, não sendo sempre possível aos credores do *de cuius* se valerem dos meios conducentes à revogação dos atos fraudulentos; ou

b) o herdeiro, porque, com relação aos débitos do *de cuius*, respondia *ultra uires hereditatis* (além das forças da herança).

* * *

Em favor dos credores do *de cuius* acorreu o pretor concedendo-lhes um dos dois seguintes meios da defesa:

a) a *separatio bonorum* (para a hipótese do nº II, *a*, 1, acima); e

b) a *satisdatio suspecti heredis* (para a hipótese do nº II, *a*, 2, acima).

Examinemo-los separadamente.

A) *"Separatio bonorum"*

Pela *separatio bonorum* – que se aplica à sucessão testamentária e à sucessão *ab intestato* –, evita-se que os credores do herdeiro concorram com os credores do *de cuius*; com efeito, estes, obtida a *separatio bonorum*, podem pagar-se como se seu devedor (o *de cuius*) não tivesse falecido.

Qualquer um dos credores do *de cuius* pode requerer a *separatio bonorum*. Podem fazê-lo também os legatários, embora fiquem em plano inferior ao daqueles credores: eles têm seus créditos satisfeitos somente depois de os credores do *de cuius* terem sido integralmente pagos. Já os credores do herdeiro e os próprios herdeiros do *de cuius* (mesmo no caso de um dos coerdeiros ser, também, credor do falecido) não podem solicitar a *separatio bonorum*.

A *separatio bonorum* – que se requeria e que se obtinha com relação a toda a herança – devia ser pedida ao pretor, e, nas províncias, ao governador; e o magistrado, para concedê-la, levava em consideração todas as circunstâncias da hipótese que lhe era apresentada (*causa cognita*). Segundo parece,[68] no direito clássico, a *separatio bonorum* era concedida mesmo que não se caracterizasse o estado de insolvência do herdeiro; mas, já no final desse período, com Diocleciano, exige-se, para a concessão dela, que o herdeiro seja insolvente; e isso se torna regra no direito pós-clássico.

No direito clássico, a *separatio bonorum* podia ser requerida a qualquer tempo; no direito justinianeu, somente dentro de cinco anos, a partir da data da aceitação da herança.

Por outro lado, não podem requerer a *separatio bonorum* os credores do *de cuius* que, de alguma forma inequívoca, tenham reconhecido o herdeiro como seu devedor: assim, por exemplo, se receberam dele fiança ou juros com relação ao débito do *de cuius*. E também não podem solicitá-la na hipótese de ser impossível distinguir os bens do herdeiro dos do falecido.

---

68   *Vide* Biondi, *Diritto Ereditario Romano – parte generale (Corso di lezioni)*, § 159, p. 369, Milano, 1954.

Obtida a *separatio bonorum*, os credores – segundo alguns jurisconsultos clássicos[69] –, que a solicitaram, perdiam o direito de ir contra os bens do herdeiro; de acordo com outros juristas também clássicos,[70] se o patrimônio do *de cuius* não desse para satisfazer seus credores, podiam ir contra os bens do herdeiro, depois de este haver pago integralmente seus próprios credores.

Demais, se dos credores do *de cuius* somente alguns tivessem requerido a *separatio bonorum* e outros não, estes eram incluídos entre os credores do herdeiro.

B) *"Satisdatio suspecti heredis"*

Em virtude da admissão – graças ao pretor – da *satisdatio suspecti heredis* (a cujo respeito as fontes nos fornecem escassas informações), os credores do *de cuius*, quando suspeitavam de que o herdeiro pudesse dilapidar o patrimônio daquele em detrimento deles, podiam exigir do herdeiro que lhes prestasse uma *satisdatio*, isto é, uma garantia para o pagamento de seus créditos.

No tempo de Ulpiano,[71] os credores, para isso, se dirigiam ao pretor, que, depois de levar em consideração as circunstâncias do caso concreto (*causa cognita*) – e, note-se, para que o herdeiro fosse suspeito bastava que estivesse em situação patrimonial difícil, podendo ser conduzido à dilapidação dos bens hereditários (é certo, porém, que, se apenas a pobreza do herdeiro fosse invocada, o pretor se limitava a proibir-lhe a venda dos bens que compunham a herança, sob pena de nulidade)[72] –, exigia que o herdeiro fornecesse a *satisdatio* aos credores do *de cuius*; se o herdeiro se recusasse a fazê-lo, o pretor iniciava contra ele o processo executório, concedendo aos credores, de início, a *missio in possessionem* dos bens hereditários, e permitindo, depois, a *bonorum uenditio*.

* * *

Por outro lado, no direito clássico, para se evitarem os efeitos, danosos ao herdeiro, da responsabilidade ilimitada pelos débitos do *de cuius*, eram utilizados acordos entre os credores do falecido e o *heres*.

Assim, antes da aceitação da herança, os credores do *de cuius* (bastava a concordância da maioria para que a minoria ficasse vinculada – *vide* nº 204, *in fine*) podiam, para evitar a venda em leilão dos bens hereditários, prometer ao herdeiro um desconto em seus créditos (*pactum ut minus soluatur*);[73] ou, então, o herdeiro se fazia outorgar um mandato – que, embora em seu proveito, era válido à semelhança do *mandatum pecuniae credendae* (*vide* nº 215, A) – para aceitar a herança. Na primeira hipótese, se os

---

69   Ulpiano (D. XLII, 6, 1, 17) e Paulo (D. XLII, 6, 5).

70   Nesse sentido, Papiniano (D. XLII, 6, 3, 2).

71   D. XLII, 5, 31.

72   Se, porém, os credores não conseguissem provar sequer o estado de pobreza do herdeiro, este dispunha contra aqueles da *actio iniuriarum*.

73   D. II, 14, 7, 17.

784 | DIREITO ROMANO – *José Carlos Moreira Alves*

credores, depois de aceitar a herança, pretendessem cobrar a totalidade de seus créditos, o herdeiro dispunha, para sua defesa, da *exceptio pacti*; na segunda, da *actio mandati contraria*, para se ressarcir, junto dos credores (os mandantes), dos prejuízos que tivera com a aceitação da herança, em cumprimento do mandato.

Mas esses meios de proteção ao herdeiro dependiam da concordância dos credores do *de cuius*.

Somente no direito justinianeu é que surge um modo de proteção em favor do *heres*, independente da vontade dos credores: o *beneficium inuentarii*.

O herdeiro, desde que não houvesse requerido o *spatium deliberandi* (*vide* nº 334, D), podia restringir sua responsabilidade às forças da herança, evitando a confusão do seu patrimônio com o do *de cuius*. Para isso, fazia, com a assistência de um notário (*tabularius*), o inventário dos bens que compunham a herança. Esse inventário,[74] que podia ser elaborado pessoalmente pelo herdeiro ou por meio de procurador, devia iniciar-se dentro de 30 dias a partir da abertura do testamento ou da delação da *sucessão ab intestato*, e terminar nos 60 dias seguintes, ou – se a maior parte dos bens hereditários não se encontrasse no lugar em que residia o herdeiro – em um ano. Feito o inventário, os credores do *de cuius* e os legatários eram pagos pelo herdeiro (que, para tanto, ia vendendo os bens hereditários), na ordem de apresentação, já que não se estabelecia concurso entre eles. Note-se, porém, que, esgotada a herança, os credores hipotecários do *de cuius*, ainda não pagos, podiam ir contra os demais credores já satisfeitos, e o mesmo se verificava em favor destes contra os legatários.

339. Consequência da pluralidade de herdeiros – Quando a herança é deferida a dois ou mais herdeiros, devem ser examinados os seguintes aspectos:

a) o *direito de acrescer*, na hipótese de um (ou de alguns) dos vários herdeiros não poder (ou não querer) aceitar a herança;

b) a *partilha da herança* (*partitio hereditatis*) entre os herdeiros que a aceitaram; e

c) a *collatio*, em virtude da qual certos herdeiros são obrigados a trazer para a massa hereditária bens seus que serão divididos com os demais herdeiros, a fim de que a partilha seja a mais equitativa possível.

Examinemo-los separadamente.

A) *Direito de acrescer*

No direito romano, há o princípio – vinculado à regra *nemo pro parte testatus pro parte intestatus decedere potest* (*vide* nº 308) – de que cada herdeiro, testamentário ou legítimo, tem direito eventual à totalidade da herança. Esse direito se acha limitado pelo dos demais coerdeiros que aceitaram a herança. No entanto, ele surge – e daí dizer-se que é eventual – quando um (ou alguns) dos coerdeiros não pode, ou não quer, aceitar a herança. Assim, a parte (ou as partes, se for o caso) não aceita será dividida entre os

---

74 A propósito, *vide* C. VI, 30, 22; *Inst.*, II, 19, 6; e Nov. I, caps. 3, 2.

Cap. LV · AQUISIÇÃO OU RENÚNCIA DA HERANÇA | **785**

demais coerdeiros que aceitaram a herança, na proporção de suas quotas hereditárias, desde que:

a) não ocorra hipótese em que se admite a *transmissio hereditatis* (*vide* nº 334, C, 2); ou

b) em se tratando de sucessão testamentária, o testador não haja designado substituto para o herdeiro que não aceitou a herança (*vide* nº 318).

Pretendem alguns autores[75] que, como os coerdeiros têm direito eventual à totalidade da herança, direito esse limitado pelo dos demais, o acréscimo decorre antes de um *direito de não decrescer* do que, propriamente, de um *direito de acrescer* (*ius adcrescendi*).

Três são os princípios que se observam no *ius adcrescendi*:

a) ele opera de pleno direito (*ipso iure*): o coerdeiro em favor de quem ele ocorre não pode renunciá-lo; e o testador, ainda que queira, não pode impedi-lo;

b) ele se dá de quota a quota da herança, e não de um coerdeiro a outro – dessa forma, se, por exemplo, há três coerdeiros (Caio, Tício e Mévio), dos quais os dois primeiros aceitam a parte da herança que lhes cabe, e o terceiro, depois da morte de Tício, renuncia a sua, a quota de Tício é, também, acrescida, passando aumentada aos seus herdeiros; e

c) ele, a princípio, ocorria – em se tratando de sucessão testamentária – *sine onere* (isto é, a quota do coerdeiro que não aceitou a herança acrescia à dos demais sem os encargos – assim, por exemplo, os legados – que a oneravam, desde que estes tivessem sido impostos pessoalmente – *nominatim*) ao herdeiro que não pôde, ou não quis, aceitar a herança; a partir do século III d.C., em virtude de um rescrito de Severo e de Caracala,[76] o acréscimo passou a ser sempre *cum onere* (com ônus).

Não há maiores problemas com relação ao *ius adcrescendi* na sucessão *ab intestato*: as quotas vacantes acrescem às dos demais coerdeiros que aceitaram sua parte na herança.

Quanto à sucessão testamentária, se o testador, como salientamos atrás, não podia impedir que ocorresse o *ius adcrescendi*, podia, no entanto, influir para que o acréscimo se desse em favor de certos coerdeiros. Com efeito, segundo a opinião dominante,[77] se, no testamento, alguns herdeiros fossem instituídos conjuntamente (nas modalidades *coniunctim re et uerbise coniunctim re tantum* – *vide* nº 317), e outros não conjuntamente (*disiunctim*), e um dos primeiros não aceitasse sua parte na herança, ela acrescia apenas às dos coerdeiros instituídos *coniunctim*. Se, porém, todos os herdeiros fossem instituídos *disiunctim* ou *coniunctim uerbis* (*vide* nº 317), a quota vacante de um deles acrescia proporcionalmente às de todos os restantes.

---

75 *Vide* Perozzi, *Instituzioni di Diritto Romano*, II, 2ª ed., *reintegrazione*,1949, § 209, p. 555, nota 3.

76 D. XXXI, 61, 1.

77 Cf. Bonfante, ob. cit., VI, p. 266 e segs.

786 | DIREITO ROMANO – *José Carlos Moreira Alves*

Esses princípios não se aplicavam, porém – exceto com relação a ascendentes e a descendentes até o terceiro grau –, às quotas vacantes em virtude de incapacidade de herdar decorrente das leis caducárias.

Quanto a essas quotas vacantes, tinham direito de reclamá-las (*ius caduca uindicandi*), adquirindo-as *cum onere*, as seguintes pessoas, em ordem de preferência:

a) os *heredes patres* (herdeiros casados, com filhos);

b) os *legatarii patres* (legatários casados, com filhos); e

c) o *Aerarium*, a princípio e, posteriormente (a partir de Caracala),[78] o Fisco.

Os dispositivos das leis caducárias, já quase totalmente em desuso no direito pós-clássico, foram expressamente abolidos por Justiniano,[79] que voltou ao sistema antigo.

B) *"Partitio hereditatis"*

Quando a herança é adquirida, em sucessão testamentária ou *ab intestato*, por dois ou mais herdeiros, surge entre eles, com relação aos direitos reais – os débitos e créditos, desde a Lei das XII Tábuas, se fracionam entre eles, *ipso iure*, na proporção de suas quotas hereditárias –, uma situação de comunhão, a que se aplicam, em geral, os princípios do condomínio (*vide* nº 153).

Essa comunhão hereditária pode cessar a qualquer momento pela vontade dos coerdeiros (até mesmo de um só deles), ou por comum acordo (divisão voluntária), ou por sentença judicial (divisão judicial), observando-se, na sucessão testamentária, a vontade do testador.[80]

---

78 *Vlpiani liber singularis regularum*, XVII, 2.

79 C. VI, 51, 1.

80 No tocante à divisão dos bens, na sucessão testamentária, é preciso distinguir três hipóteses:
1) quando vários herdeiros são instituídos sem designação expressa da parte que caberá a cada um deles, a herança é dividida em partes iguais entre os herdeiros; pode ocorrer, no entanto, que um herdeiro seja instituído *disiunctim* e dois outros, *coniunctim* – exemplo: *Caius heres esto; Titius et Maeuius heredes sunto* (que Caio seja herdeiro; que Tício e Mévio sejam herdeiros) –, caso em que a herança é dividida em duas partes, das quais uma cabe a Caio e a outra é partida entre Tício e Mévio (porque foram instituídos *coniunctim re et uerbis*);
2) quando os vários herdeiros são instituídos com expressa designação da parte que cabe a cada um deles, é mister examinar as seguintes hipóteses:
a) as partes designadas para os herdeiros não completam as doze onças de que, normalmente, se constitui o *as* – exemplo: Caio é instituído herdeiro de seis onças, e Tício, de três onças –; nesse caso, a herança, por vontade do testador, se compõe de nove onças, em vez de doze, razão por que as nove onças – que abrangem toda a herança – serão divididas proporcionalmente entre Caio (que receberá 6/9 de toda herança) e Tício (a quem caberão os restantes 3/9);
b) as partes designadas para os herdeiros ultrapassam as doze onças de que, normalmente, se constitui o *as* – exemplo: Caio é instituído herdeiro de nove onças, e Tício, de sete onças –; a herança, pois, pela vontade do testador, em vez das doze onças normais, compreende dezesseis onças; por isso, toda a herança será dividida proporcionalmente entre os dois herdeiros: Caio terá 9/16 de toda a herança, e Tício, 7/16; e

Cap. LV · AQUISIÇÃO OU RENÚNCIA DA HERANÇA | **787**

Na divisão por comum acordo, há transferências recíprocas do domínio das coisas (ou de parte delas) que vão formar as quotas separadas de cada coerdeiro.

Para a divisão judicial, utiliza-se a *actio familiae erciscundae* (ação de divisão de herança), que pode ser proposta por qualquer dos coerdeiros. Trata-se de uma *actio duplex* (isto é, ação em que cada parte é, ao mesmo tempo, autor e réu); no direito justinianeu, além de ser uma *actio mixta*, é enquadrada entre os *iudicia bonae fidei*. Seu objetivo é a divisão de toda a herança (incluindo-se, eventualmente, os bens a ela acrescidos em decorrência da *collatio* – *vide* a letra seguinte).

Estabelecida a massa hereditária, o juiz deve proceder à divisão da herança respeitando as disposições do testador, as divisões já realizadas entre os coerdeiros e os pactos existentes entre estes.

Feita a divisão (e, por ocasião dela, dá-se entre os coerdeiros a liquidação das pretensões recíprocas decorrentes da situação de comunhão em que se encontravam), o juiz adjudica as diferentes quotas aos herdeiros, que, em virtude da *adiudicatio* (*vide* nº 154, I, *g*), se tornam proprietários das coisas que as integram. Demais, o juiz, por meio de recíprocas *stipulationes*, faz com que os coerdeiros se obriguem a responder pela evicção das coisas que se encontram nas quotas dos outros coerdeiros.

No direito romano, ao contrário do que ocorre no direito moderno, a partilha – amigável ou judicial – é sempre constitutiva de direitos, e não meramente declaratória.

C) *"Collatio"*

A origem da *collatio* (colação) remonta ao chamamento, pelo pretor, dos emancipados (*emancipati*), conjuntamente com os *sui*, à *bonorum possessio unde liberi* (*vide* nº 324) ou à *bonorum possessio contra tabulas* (*vide* nº 329, B). Pela *collatio bonorum* (ou *collatio emancipati*), o pretor impediu que os *sui* sofressem injustiça, pois, enquanto os emancipados podiam constituir patrimônio próprio com o que adquiriam, tudo o que era obtido pelos *sui* ingressava, em geral, no patrimônio do *pater familias*, o qual quando da morte deste, e em virtude da *bonorum possessio unde liberi* ou da *bonorum contra tabulas*, seria partilhado entre *sui* e *emancipati*. Para evitar esse tratamento desigual, o pretor, já no século I, d.C.,[81] impôs aos emancipados a *collatio bonorum*, ou seja, estabeleceu-lhes a obrigação de trazer para a massa hereditária a ser dividida entre os *bonorum possessores* o que tinham adquirido desde o dia da emancipação até o da morte do *de cuius*, e que, se não houvesse ocorrido a emancipação, teria integrado o patrimônio do falecido.[82]

---

c) as partes designadas para os herdeiros somam exatamente as doze onças de que, normalmente, se constitui o *as* – exemplo: Caio é instituído herdeiro de nove onças, e Tício, de três onças; nesse caso, Caio receberá 9/12 de toda a herança, e Tício 3/12;

3) quando os vários herdeiros são designados uns com parte determinada e outros não, três são as hipóteses possíveis:

81 D. XXXVII, 6, 2, 5.

82 Portanto, excluíam-se aqueles bens que formavam o *peculium castrense*, pois eles não integrariam o patrimônio do *pater familias*, ainda que não tivesse ocorrido a emancipação.

788 | DIREITO ROMANO – *José Carlos Moreira Alves*

Como se tratava de providência para impedir tratamento desigual entre *sui* e *emancipati*, a colação só se fazia mister quando, entre os *bonorum possessores*, havia *sui* e *emancipati*, e não apenas *emancipati*.

A *collatio bonorum*, que era pressuposto para que o pretor concedesse a *bonorum possessio* requerida, se fazia:

a) cautione: o emancipado prometia, mediante *stipulatio*, com a intervenção de garantes, dividir com os *sui* os bens que devia trazer para a massa hereditária; ou

b) re: graças à jurisprudência, admitia-se que a trazida efetiva dos bens do emancipado à massa hereditária (ou a imputação deles em sua quota) acarretava as mesmas consequências decorrentes da *cautio* aludida na letra anterior.

* * *

Foi ainda o pretor quem introduziu a *collatio dotis*.[83] Seu fundamento foi o mesmo da *collatio bonorum*: sendo o dote um conjunto de bens restituíveis à mulher, ela – fosse, ou não, sujeita à *patria potestas* – devia, à semelhança do emancipado, oferecê-los à colação, quando requeresse a *bonorum possessio unde liberi* ou a *bonorum possessio contra tabulas*. No entanto, havia uma diferença substancial entre a *collatio bonorum* e a *collatio dotis*: naquela se distinguiam os *sui* dos *emancipati*; nesta não: a *collatio* ocorria fosse, ou não, a mulher emancipada. Em vista disso, vai surgir a ideia – e este é o fundamento da colação no direito moderno – de que o objeto da *collatio* não é apenas o de igualar *sui* e *emancipati*, mas, sim, os filhos em geral com relação às liberalidades provenientes do pai. Com base nessa nova concepção, constituições imperiais mudam a feição da *collatio dotis*; com efeito:

– Antonino Pio[84] estabelece que se impõe a *collatio dotis* mesmo que a mulher não requeira a *bonorum possessio*, mas seja chamada à sucessão na qualidade de *herdeira civil*; e

– Gordiano[85] determina que se faça a colação do dote profectício (vindo do *pater*), quando a mulher concorrer com irmãos emancipados.

Essa concepção se firma nos direitos pós-clássico e justinianeu, surgindo a *collatio descendentium*.[86] Assim, o imperador Leão[87] preceitua que faça a colação do dote e da *donatio ante nuptias* recebidos do *pater* qualquer descendente, emancipado ou não, que concorra à sucessão deste (seja *ab intestato*, seja contra o testamento) com outros des-

---

83 Guarino (*Collatio dotis, in Bulletino dell'Istituto di Diritto Romano*, vols. VIII e IX (1948), p. 263 e segs.) é de opinião de que a *collatio dotis* não foi introduzida nem disciplinada pelo edito do pretor, mas foi criada, com toda probabilidade, pela jurisprudência clássica.

84 D. XXXVII, 7, 1, pr.

85 C. VI, 20, 4. Alguns autores (cf. Monier, *Manuel Élémentaire de Droit Romain*, I, 6ª ed., § 368, p. 511, nota 1) reputam essa constituição interpolada.

86 Expressão criada pelos autores modernos.

87 C. VI, 20, 17.

Cap. LV · AQUISIÇÃO OU RENÚNCIA DA HERANÇA | **789**

cendentes. Posteriormente, Justiniano[88] completa essa evolução, estabelecendo que todo o descendente (herdeiro testamentário ou herdeiro legítimo; *suus* ou emancipado) está obrigado a trazer para a massa hereditária o dote profectício, a *donatio propter nuptias* e as quantias recebidas do ascendente para a obtenção de cargo público.[89]

340. A proteção judicial do *heres* (herdeiro civil) – Tendo em vista a ocorrência da *sucessio* (*vide* nº 307), o *heres*, assumindo a posição jurídica do *de cuius*, pode utilizar-se das mesmas ações de que o falecido dispunha para a proteção de seus direitos – assim, de ações reais (como a *rei uindicatio*) para a tutela dos direitos reais que integram a herança; ou de ações pessoais, para fazer valer, contra os devedores do *de cuius*, os créditos hereditários.

Mas só é possível ao herdeiro obter sua pretensão por essas ações se a parte contrária – o que faria com relação ao próprio *de cuius* – contestar diretamente o direito alegado pelo herdeiro, sem lhe negar contudo sua qualidade de *heres*; ou se a parte contrária não fizer inserir na fórmula a *praescriptio* (que, posteriormente, foi substituída por uma *exceptio*) *ne praeiudicium fiat hereditati* (a fim de que não seja prejulgada a questão relativa à herança), cuja finalidade é obrigar o herdeiro a discutir, em ação própria (a *hereditatis petitio*), sua qualidade de herdeiro.

Quando a parte contrária nega ao autor a qualidade de *heres*, ou lança mão da *praescriptio* (depois, *exceptio*) *ne praeiudicium fiat hereditatis*, o herdeiro, para demonstrar que o é realmente, e, em consequência, obter o reconhecimento do direito que pleiteia (assim, por exemplo, conseguir a condenação do réu a pagar-lhe o que devia ao *de cuius*), dispõe, desde tempos muito remotos, de uma ação civil: a *hereditatis petitio*, a respeito da qual há muita controvérsia.[90]

Antes de analisarmos a *hereditatis petitio*, daremos um exemplo, para melhor compreensão das duas hipóteses acima descritas. Caio loca uma coisa a Tício; posteriormente, Caio falece, sendo seu herdeiro Mévio; se, quando Mévio vai cobrar o aluguel de Tício, este se recusa a pagar sob a alegação de que a coisa lhe foi entregue em comodato (*vide* nº 231), e não em locação, Mévio intentará contra Tício a ação (de que disporia Caio, se estivesse vivo) que sanciona, em favor do locador, o contrato de locação: a *actio locati*. Se, porém, Tício, em vez de negar a existência de locação, se recusar a pagar o aluguel a Mévio por entender que ele não é herdeiro de Caio, Mévio, para que se reconheça sua qualidade de herdeiro, e, em consequência, obtenha o pagamento do aluguel, terá de mover contra Tício a *hereditatis petitio*.

* * *

---

88 C. VI, 20, 20; e Nov. XVIII, 6.

89 Já as doações comuns só excepcionalmente deviam ser trazidas à colação (por exemplo, quando o disponente o tivesse ordenado expressamente).

90 A propósito, *vide*, entre outros, Giannetto Longo, *L'Hereditatis Petitio*, Padova, 1933; Beseler, *Beiträge zur Kritik der römischen Rechtsquellen*, Helft 4, p. 4 e segs., Tübingen, 1920; e Denoyez, *Le défendeur à la pétition d'hérédité privée en Droit Romain*, Paris, 1953.

DIREITO ROMANO – *José Carlos Moreira Alves*

Não se têm informações seguras sobre o processo da *hereditatis petitio*.[91]

Segundo parece, durante a república, foi competente para processá-la, mediante a *actio sacramenti in rem* (*vide* n° 125, A, 1), o Tribunal dos centúviros. É possível que, posteriormente, tenha sido utilizado o processo *per sponsionem* (*vide* n° 125, A, 1). Desde o início do império, as fontes atestam a realização da *hereditatis petitio* por meio do processo *extra ordinem*. Além disso, textos dos séculos II e III (D. V, 3, 40, 4; e D. V, 3, 58) dão a entender que, nessa época, se aplicava à *hereditatis petitio* o processo formulário.

* * *

O autor, na *hereditatis petitio*, é o herdeiro (de toda a herança, ou de parte dela) que aja nessa qualidade.

Já o réu, em geral, é aquele que – ou porque contesta a qualidade de herdeiro do autor, ou porque se valeu da *praescriptio* (depois, *exceptio*) *ne praeiudicium fiat hereditati* – possui as coisas hereditárias (todas ou algumas) ou é devedor do *de cuius*. Entretanto, aquele que possui a coisa hereditária por título que nada tem que ver com a questão sucessória (por exemplo: é possuidor da coisa, porque a comprou de terceiro) pode, ao lhe ser intentada a *hereditatis petitio*, não defender-se, e, nem por isso, sofrerá as consequências da *indefensio* (*vide* n° 129, B), razão por que o herdeiro, nessa hipótese, tem de intentar-lhe a ação de que dispunha o *de cuius* contra ele. O mesmo, porém, não podem fazer os que possuírem a coisa hereditária, alegando – quando da *interrogatio in iure* (*vide* nota 438, letra *a*) – a qualidade de herdeiro (*possessores pro herede*), ou não invocando título algum (*possessores pro possessore*)[92] pois, se não se defenderem na *hereditatis petitio*, sofrerão as consequências da *indefensio*. Discute-se[93] se já no direito clássico ou se apenas no direito justinianeu é que foram equiparados ao *possessor pro herede* e ao *possessor pro possessore o possessor qui dolo desit possidere* (o possuidor das coisas hereditárias que dolosamente deixou de possuí-las) e o *possessor qui liti se obtulit* (aquele que, sem possuir os bens hereditários, se vinculou ao processo, contestando a *hereditatis petitio*).[94]

Por outro lado, pode ser réu na *hereditatis petitio* o devedor do *de cuius*. Os juristas clássicos, segundo tudo indica, para admitirem isso, não alteraram a noção tradicional de que a posse só se aplicava a coisas corpóreas. Quando surge, no direito justinianeu, a noção da *possessio iuris* (*vide* n° 149) é que o réu, nesses casos, será o *possessor iuris*.

* * *

---

91 *Vide*, a respeito, Volterra, *Istituzioni di Diritto Privato Romano*, p. 816 e segs.

92 São os possuidores que, interrogados pelo pretor, declaram que *possuem porque possuem* (D. V, 3, 12).

93 Cf. Volterra, ob. cit., p. 814.

94 Há autores – entre outros, Voci, *Istituzioni di Diritto Romano*, 3ª ed., § 155, p. 547 – que declaram que a *hereditatis petitio* somente podia ser intentada contra esses possuidores, e não contra os que possuíssem com base em título singular (como, por exemplo, compra e venda). No sentido do texto, Schulz, *Classical Roman Law*, § 535, p. 306; e Monier, ob. cit., I, § 370, p. 512, invocando o C. VII, 34, 4.

Quanto aos efeitos da *hereditatis petitio*, no caso de o autor vencer a demanda, há que distinguir dois períodos:

a) o que antecede a extensão aos particulares dos preceitos do *senatusconsulto* Juvenciano (de 129 d.C.); e

b) o posterior a essa extensão.

No primeiro período, o possuidor das coisas hereditárias era considerado como um *negotiorum gestor*, e, portanto, tendo a responsabilidade deste: além de ter de restituir as coisas hereditárias com os acréscimos que houvesse (por exemplo: frutos), ele respondia pela perda ou pela deterioração dela nas mesmas condições aplicáveis ao gestor de negócios (*vide* nº 257).

No segundo período, o panorama se modifica. Antes de examiná-lo, é preciso notar que há grande controvérsia sobre a época em que o *senatusconsulto* Juvenciano (*Senatusconsultum Iuuentianum*) se estendeu às relações entre os particulares. Esse *senatusconsulto* (assim denominado porque foi proposto pelo jurisconsulto Juvêncio Celso, quando cônsul)[95] surgiu em 129 d.C., para aplicar-se apenas à hipótese de o *Aerarium* (e, a partir de Caracala, é substituído pelo Fisco) mover a *caducorum uindicatio*, ou seja, a ação para reivindicar os *caduca* (bens vacantes em virtude das leis caducárias) (*vide* nº 335). Posteriormente – e se discute se ainda no período clássico[96] ou se somente no tempo de Justiniano[97] – foi ele estendido aos casos de *hereditatis petitio* entre particulares.

Segundo parece, o que motivou esse *senatusconsulto* foi o fato de que, a princípio, embora o possuidor de coisas hereditárias fosse tratado duramente por ter a mesma responsabilidade que o *negotiorum gestor*, tinha ele a possibilidade de adquirir o domínio sobre essas coisas por meio da *usucapio pro herede*; quando, porém, no tempo de Adriano (*vide* nº 334, B, *in fine*), se admitiu que o *heres*, pela *hereditatis petitio*, pudesse rescindir a *usucapio pro herede*, pareceu justo distinguir a situação do possuidor de boa-fé da do possuidor de má-fé – e foi isso o que fez o *senatusconsulto* Juvenciano.

O possuidor de boa-fé (por exemplo, o que se apossara das coisas hereditárias por ter sido instituído herdeiro em testamento que ele julgava ser válido, quando, em verdade, era nulo) era responsável, em princípio, apenas pelo que se enriquecera com a posse dos bens hereditários. Assim, ele – que não respondia pelos danos ou pelo perecimento da coisa, ainda que decorrente de culpa – estava obrigado:

a) a restituir a coisa hereditária e apenas os frutos que tivesse percebido e ainda não consumido; e

b) a entregar, se alienara a coisa hereditária, somente o preço, ou aquilo que com ele adquirira.

---

95 Seu texto, com muitas lacunas e interpolações, se encontra no D. V, 3, 20, 6-6c.

96 Nesse sentido, Kaser, *Das Römische Privatrecht* I, § 182, p. 613 e segs., München, 1955.

97 Assim, Schulz, ob. cit., § 536, p. 307 e segs.

792 | DIREITO ROMANO – *José Carlos Moreira Alves*

Já o possuidor de má-fé, além de ter de restituir a coisa hereditária, respondia por todos os seus frutos que percebera desde o início da posse e pelos que deixara, por negligência, de perceber; e pelos danos ou pelo perecimento dela motivados por dolo ou culpa. E, se alienou a coisa hereditária, devia pagar ao herdeiro o seu valor atual, se superior àquele por que a vendera.

Quanto às benfeitorias, quer com relação ao possuidor de boa-fé, quer com referência ao possuidor de má-fé, aplicavam-se as mesmas regras que vigoravam na *rei uindicatio* (*vide* nº 156, A, 1).

Demais, o possuidor deixa de estar de boa-fé quando ocorre a *litis contestatio* (no direito justinianeu, quando se inicia a lide), pois a partir de então desaparece a convicção de que é ele o herdeiro, tendo em vista as alegações do autor. Mas, ainda aí, não há equiparação perfeita entre o possuidor de boa-fé e o possuidor de má-fé, pois aquele, após se verificar a *litis contestatio* (ou, no direito justinianeu, depois do início da lide), não responde pelo perecimento fortuito da coisa hereditária, ao passo que este responde.

No direito justinianeu, quando o réu era possuidor de boa-fé, não se permitia ao herdeiro a reivindicação das coisas hereditárias vendidas, a fim de que o possuidor não fosse responsabilizado, quanto à evicção (*vide* nº 242), pelo comprador, sendo, assim, prejudicado.

341. Aquisição ou renúncia da *bonorum possessio* – Com relação à *bonorum possessio*, não há, como com referência à *hereditas*, categorias de herdeiros (*heredes necessarii* e *heredes extranei*), pois toda a pessoa a quem for deferida uma *bonorum possessio ab intestato*, ou uma *bonorum possessio secundum tabulas*, ou uma *bonorum possessio contra tabulas*, tendo – se se tratar de sucessão testamentária – *capacitas* (*vide* nº 335), necessita, para adquirir a *bonorum possessio*, de requerê-la (podendo fazê-lo, até, por meio de representante) ao pretor dentro do prazo da delação (um ano útil, se se trata de filho que sucede a pai ou *vice-versa*; ou, nos demais casos, cem dias úteis). A aquisição da *bonorum possessio*, portanto, sempre depende da vontade da pessoa a quem é ela deferida.

Quando se trata de *bonorum possessio edictalis* (*vide* nº 310), a concessão dela se faz de plano, desde que legitimamente requerida: se de *bonorum possessio decretalis*, o magistrado examina (*causae cognitio*) cada caso concreto, antes de concedê-la mediante *decretum*.

A concessão da *bonorum possessio* se diz *bonorum possessionis datio*; sua aquisição, *bonorum possessionis agnitio*.

Essas formalidades da *bonorum possessionis agnitio*, que vigoraram no direito clássico, se atenuam no direito pós-clássico. Constâncio, em duas constituições imperiais de 339 d.C.,[98] admite que:

a) a *bonorum possessio* pode ser requerida, no prazo de cem dias ou de um ano úteis (conforme o caso), a qualquer juiz, ou a magistrados municipais (*duouiri*); e

---

98   C. VI, 9, 9; e C. VI, 9, 8 (sobre essas duas constituições que no Código são atribuídas, falsamente, a Constantino, *vide* Voci, *Diritto Erediario Romano* I – *introduzione – parte generale* –, p. 558 e segs., Milano, 1960).

Cap. LV · AQUISIÇÃO OU RENÚNCIA DA HERANÇA | **793**

b) aquele a quem é deferida a sucessão da mãe pode requerer a *bonorum possessio* fora dos prazos do Edito.

Posteriormente, constituições de Honório e Teodósio II (413 d.C.)[99] e de Teodósio II e de Valentiano III (de 426 e de 446 d.C.)[100] estabelecem que, em certos casos, é suficiente, para a aquisição da *bonorum possessio*, a simples *aditio hereditatis* (aceitação da herança).

No direito justinianeu, equiparada a *bonorum possessio* à *hereditas*, adquire-se a *bonorum possessio* (como ocorre com a *hereditas*) por declaração de vontade à autoridade judiciária.

* * *

Quanto aos efeitos da aquisição da *bonorum possessio*, os quais variam conforme se trate de *bonorum possessio cum re* e de *bonorum possessio sine re*, remetemos o leitor para o número 310.[101]

* * *

Renuncia-se a *bonorum possessio* deixando-se escoar o prazo para requerer sua concessão ao magistrado, sem fazê-lo; ou mediante renúncia expressa por meio de ato despido de formalidades.

342. Proteção judicial do *bonorum possessor* – O *interdictum quorum bonorum* é o meio jurídico – análogo à *hereditatis petitio* – pelo qual o pretor protege o *bonorum possessor*.

No direito clássico, a *hereditatis petitio* e o *interdictum quorum bonorum* são meios de proteção distintos; no direito justinianeu, o *interdictum quorum bonorum* pode ser usado, indistintamente, pelo *bonorum possessor* e pelo *heres*.

O *interdictum quorum bonorum* – já existente no tempo de Cícero[102] – é um interdito *adispicendae possessionis causa* (para a aquisição da posse). Por ele, obtém-se a posse de coisas corpóreas, separadamente ou em conjunto. A princípio, esse interdito somente podia ser oposto a quem possuía as coisas hereditárias *pro herede* (como se fosse herdeiro) ou *pro possessore* (sem qualquer título); posteriormente, estendeu-se sua utilização contra a pessoa que dolosamente deixara de possuir os bens hereditários. Segundo a opinião dominante,[103] a pessoa contra quem se dirigia o interdito *quorum bonorum* não podia defender-se alegando sua condição de *heres* (herdeiro civil).

---

99   C. VI, 23, 19, 3.

100 C. Th. IV, 1, 1; e Nov. Val. XXI, 1, 5.

101 *Vide*, também, os nos 313 e 324.

102 *Ep. ad. fam.* VI, 81.

103 Bonfante, ob. cit., VI, p. 430.

DIREITO ROMANO – José Carlos Moreira Alves

No direito justinianeu,[104] o *bonorum possessor* dispõe, para sua proteção, de uma ação geral, a *hereditatis petitio possessoria*, que é uma verdadeira *hereditatis petitio*, o que faz com que o *interdictum quorum bonorum* seja usado apenas como meio provisório ou meramente possessório.

* * *

Por outro lado, o *bonorum possessor* se vale do *interdictum quod legatorum* para entrar na posse das coisas hereditárias que estão em poder de quem invoca a condição de legatário. E, para obter os créditos do *de cuius*, o *bonorum possessor* tem as ações deste, que lhe são concedidas por via útil, com fórmula fictícia (com a ficção de que o *bonorum possessor* é o *heres*).

---

104 Há autores – como Perozzi, ob. cit., II, 198, p. 494 e segs., nota 2 – que têm dúvida sobre se essa *actio* é criação de Justiniano. Em sentido afirmativo, Bonfante, ob. cit., VI, p. 431.

LVI

LEGADO E FIDEICOMISSO

Sumário: 343. Codicilo. 344. Cláusula codicilar. 345. Conceito de legado. 346. Pessoas que intervêm no legado. 347. Formalidades a que está sujeito o legado. 348. Objeto do legado. 349. Aquisição dos legados. 350. Ações e garantias de que dispõe o legatário. 351. Restrições à liberdade de legar. 352. O direito de acrescer entre colegatários. 353. Ineficácia e revogação dos legados. 354. O prelegado. 355. Conceito e origem do fideicomisso. 356. Fideicomisso particular. 357. Fideicomisso universal (*fideicommissum universitatis* ou *hereditas fideicommissaria*). 358. Substituição fideicomissária e fideicomisso de família. 359. *Mortis causa capiones.*

343. Codicilo – Antes de iniciarmos o estudo dos legados e do fideicomisso, é necessário que se conheçam noções sobre codicilo (*codicillus*) e cláusula codicilar.

O codicilo – isto é, *pequeno codex* (tábuas enceradas, de tamanho reduzido, onde os romanos escreviam cartas ou apontamentos) – é um escrito em que se podiam fazer, fora do testamento, algumas disposições de última vontade.[1]

Graças ao codicilo, evitaram-se, no direito clássico, inconvenientes – principalmente os relativos a formalidades – resultantes de certos princípios arcaicos que se aplicavam ao testamento. Assim, por exemplo, não podiam coexistir dois testamentos (um anterior e outro posterior), ainda nas partes que não se chocavam; o mesmo não ocorria com relação a testamento e a codicilo.

Foi no tempo de Augusto que – conforme narram as *Institutas* de Justiniano, destacando, no particular, o papel do jurisconsulto Trebácio[2] – se deu eficácia jurídica ao codicilo.

A princípio, somente se admitia o *codicilo confirmado por testamento* (assim, num testamento, o testador podia declarar, por exemplo: *quidquid in codicillis, scripsero, ratum esto* – o que eu tiver escrito em codicilos, seja confirmado), quer a confirmação fosse para o passado (*confirmatio in praeteritum* – com a qual o testador confirmava codicilo elaborado anteriormente ao testamento), quer para o futuro (*confirmatio in futurum* – com a qual o testador confirmava, de antemão, codicilos que viesse a redigir posteriormente ao

---

1   Sobre codicilo, *vide*, entre outros, Biondi, *Successione testamentaria, Donazione* (*Trattato di Diritto Romano diretto da Emilio Albertario*, X), § 223 e segs., p. 613 e segs., Milano, 1943); e Voci, *Diritto Ereditario Romano*, II, 2ª ed., § 42, p. 84 e segs., Milano, 1963.

2   *Inst.*, II, 25.

testamento). O *codicilo confirmado por testamento* se considerava *pars testamenti* (parte do testamento), razão por que seguia a mesma sorte deste (se, por exemplo, o testamento fosse nulo, o codicilo também o seria); demais, por ficção (a denominada *ficção codicilar*), reputava-se o codicilo redigido no momento mesmo da feitura do testamento.

Posteriormente, mas ainda no direito clássico, admitiram-se o *codicilo não confirmado por testamento* (ou seja, redigido por quem deixa testamento, mas no qual não se alude ao codicilo) e o *codicilo ab intestato* ou *sine testamento* (isto é, aquele redigido por quem morre sem deixar testamento, hipótese em que se abre a sucessão *ab intestato* do *de cuius*, tendo, no entanto, os herdeiros legítimos de cumprir as disposições estabelecidas no codicilo).

Quanto ao conteúdo do codicilo, é de notar-se que não é qualquer disposição de última vontade que pode conter-se nele. Assim, em nenhuma das três espécies de codicilo (codicilo confirmado por testamento, codicilo não confirmado por testamento, ou codicilo *ab intestato*) podem ser inseridas disposições privativas do testamento, como, por exemplo, instituição de herdeiro, substituição, deserdação, revogação de testamento anterior. Por outro lado, o conteúdo do *codicilo confirmado por testamento* é mais amplo do que o das duas outras espécies. Com efeito, ao passo que o *codicilo não confirmado por testamento* e o *codicilo ab intestato* somente podem encerrar fideicomissos, o *codicilo confirmado por testamento* pode conter – além de fideicomisso –, com eficácia direta, legados, manumissões, designação de tutor.

Com relação à forma, o codicilo – que apenas pode ser feito por quem tem capacidade para elaborar testamento –, no direito clássico, é sempre um ato escrito sem a observância de formalidades (pode-se fazer até por carta, sem a presença de testemunhas). No direito pós-clássico, no entanto, estabelecem-se formalidades para o codicilo: Constantino[3] exige, em se tratando de codicilo *ab intestato*, a presença de cinco ou de sete testemunhas no ato de sua redação; Teodósio II[4] estende essa exigência às demais espécies de codicilo, e, posteriormente,[5] fixa em sete o número de testemunhas; Justiniano,[6] finalmente, baixa para cinco as testemunhas, mas determina que elas subscrevam o codicilo e a ele aponham seus selos.

Quer no direito clássico, quer no pós-clássico, o codicilo se distingue do testamento. No direito clássico, porém, a diferença entre eles é mais acentuada, abrangendo a forma (o testamento é ato formal; o codicilo, ato aformal), os efeitos (no testamento e no *codicilo confirmado por testamento*, as disposições podem produzir efeitos diretos; no *codicilo não confirmado por testamento* e no *codicilo ab intestato*, só efeitos indiretos, por meio do fideicomisso – *vide* nº 355), o conteúdo (como salientamos atrás) e o processo judicial (as disposições contidas em testamento ou em *codicilo confirmado por testamento* – e que, portanto, é reputado *pars testamenti* – são sancionadas pelo

---

3   C. Th. IV, 4, 1.
4   C. Th. IV, 4, 7, 2.
5   Nov. Theod. XVI.
6   C. VI, 36, 8.

Cap. LVI · LEGADO E FIDEICOMISSO | **797**

processo formulário, enquanto as constantes em *codicilo não confirmado por testamento* ou em *codicilo ab intestato* o são apenas pela *extraordinaria cognitio*). No direito pós--clássico, atenuam-se as diferenças: cai a relativa ao processo judicial (e isso em virtude da generalização da *extraordinaria cognitio*, o que ocorreu no direito pós-clássico), mas as outras três subsistem, embora, com referência a uma delas – a forma –, de modo bem esmaecido.

344. Cláusula codicilar – É uma cláusula que o testador, para prevenir-se contra possível nulidade, ou ineficácia em sentido estrito, do testamento, em virtude das formalidades rígidas a que estava sujeito, podia inserir nele, dispondo que, se o testamento fosse nulo ou ineficaz, tivesse eficácia como codicilo.[7]

Por meio dessa cláusula, tornava-se possível a conversão de negócio jurídico nulo (o testamento) em negócio jurídico válido (o codicilo, que poderia ser de uma das três espécies – codicilo confirmado por testamento, codicilo não confirmado por testamento, ou *codicilo ab intestato* –, conforme o testador, posteriormente, no testamento que, por nulidade ou ineficácia, se transformara em codicilo, fizesse, ou não, um testamento válido).

345. Conceito de legado – Estudadas essas noções sobre codicilo e cláusula codicilar, passemos ao exame dos legados.[8]

O legado é instituto que sofreu importantes modificações no curso da evolução do direito romano.[9] Daí ser difícil dar-lhe conceituação que o caracterize, quer no direito clássico, quer nos direitos pós-clássico e justinianeu. Basta atentar, para que se tenha ideia dessa dificuldade, no fato de que os jurisconsultos romanos clássicos, à semelhança do que ocorreu com a *seruitus* (*vide* n° 159), com o *contractus* (*vide* n° 223) e com o *delictum* (*vide* n° 263), não conheceram o *legatum* (legado) como noção abstrata, mas tipos concretos de legados – os *genera legatorum*: legado *per uindicationem*, legado *per damnationem*, legado *sinendi modo* e legado *per praeceptionem* –, apresentando cada um estrutura e efeitos jurídicos próprios (é o fenômeno da *tipicidade dos legados*). Somente com Justiniano – embora a tendência para a unificação desses tipos se tenha iniciado ainda no direito clássico – é que desaparecem esses *genera legatorum*, e vai surgir a noção unitária de legado.

Nas fontes (assim, no D. XXX, 116; e D. XXXI, 36), encontram-se algumas tentativas de definição do legado, mas todas manifestamente insatisfatórias.[10]

---

7 D. XXIX, 1, 3.

8 Sobre legados e fideicomissos, é clássica a obra de Ferrini, *Teoria Generale dei Legati e dei Fedecommesi*, Milano, 1889.

9 Sobre a origem dos legados no direito romano, *vide* Fadda, *Dell'origine dei legati*, in *Studi e Questioni di Diritto*, I, p. 65 e segs., Napoli, 1910; e Ferrini, *Sull'origine del legati*, in *Opere*, IV, p. 193 e segs., Milano, 1930.

10 A propósito, *vide* Biondi, *Successione Testamentaria – Donnazioni* (*Trattato di Diritto Romano*, X), § 118, pp. 307 e segs., Milano, 1943.

798 | DIREITO ROMANO – *José Carlos Moreira Alves*

De modo genérico, pode-se dizer que legado (*legatum*) é a disposição feita em testamento ou em codicilo confirmado por testamento, na qual alguém destina a outrem, sem conferir-lhe o título de herdeiro (*heres*), um ou alguns dos bens compreendidos na herança, ou mesmo nela não compreendidos, mas que pertencem ao herdeiro ou a outra pessoa.

As características do legado são as seguintes:

a) é disposição autônoma do testador;

b) atribui sempre direito de conteúdo patrimonial; e

c) implica aquisição *mortis causa*, a título singular.

Essa última característica diferencia nitidamente o legado da herança:[11] nele – ao contrário do que ocorre na herança – não há *successio in ius*, mas, sim (e mesmo no caso em que o legado seja de uma quota da herança – o *legatum partionis*, que será estudado no n° 348), aquisição a título singular.

346. Pessoas que intervêm no legado – No legado, três são as pessoas a considerar:

a) o disponente;

b) o onerado; e

c) o beneficiário.

O disponente, no direito clássico, é sempre o testador; no direito justinianeu, tendo em vista a unificação do legado com o fideicomisso (*vide* n° 356), pode ser disponente quem redige codicilo não confirmado por testamento ou codicilo *ab intestato*, casos em que o disponente não é testador, pois não há, aí, testamento.

O onerado, no direito clássico, é sempre o herdeiro testamentário; no direito justinianeu, em virtude da citada unificação, pode ser ele, além do herdeiro testamentário, o herdeiro *ab intestato*, outro legatário, ou um terceiro qualquer que tenha recebido, *mortis causa*, alguma coisa do disponente.

Enfim, o beneficiário é o legatário, ou seja, aquele em cujo benefício o disponente lega.

Por outro lado, o disponente tem de gozar da capacidade de testar (*testamenti factio actiua* – *vide* n° 315);[12] e o legatário, da de receber por testamento (*testamenti factio passiua* – *vide* n° 316).[13]

347. Formalidades a que está sujeito o legado – O legado está sujeito a formalidades que, a princípio, são rígidas, mas que, pouco a pouco, se vão atenuando.

No direito clássico, de início, exige-se:

---

11 Quanto às diferenças entre legado e *donatio mortis causa*, *vide* n° 255; e entre legado e as *mortis causa capiones*, n° 359.

12 D. XXX, 2; e D. XXIX, 7, 6, 3.

13 D. XLI, 8, 7; e *Inst.*, II, 20, 24.

Cap. LVI · LEGADO E FIDEICOMISSO | **799**

a) que o legado esteja contido num testamento e que, neste, se encontre depois da instituição de herdeiro (*heredis institutio*); e

b) que se observem as fórmulas sacramentais de um dos quatro tipos de legado conhecidos nesse período (em que vigora – note-se – o princípio da *tipicidade* dos legados):

– o legado *per uindicationem*;

– o legado *per damnationem*;

– o legado *sinendi modo*; e

– o legado *per praeceptionem*.

Analisemos, a seguir, esses quatro tipos de legado,[14] que se distinguem não só pelas formas sacramentais, mas também pelos efeitos que produzem.

A) *Legado "per uindicationem"*

No legado *per uindicationem* a fórmula utilizada pelo testador é a seguinte:[15]

Titio hominem Stichum do lego (A Tício *dou e lego* o escravo Stico).

Nessa fórmula, em vez de *do lego*, pode-se usar *do* apenas, ou somente *lego*, ou *capito*, ou *sumito*, ou *sibi habeto*.

O legado *per uindicationem* é translativo de domínio, ou constitutivo de direito real: atribui diretamente ao legatário, no momento em que o herdeiro aceita a herança, o domínio quiritário, ou (se essa for a vontade do disponente) um direito real reconhecido pelo *ius ciuile* (assim, por exemplo, o *ususfructus*, a *seruitus*).

Podem ser objeto de legado *per uindicationem* coisas infungíveis de que seja o disponente proprietário quiritário quando da redação do testamento e, também, quando de sua morte; com relação às coisas fungíveis, basta que o disponente seja proprietário quiritário delas por ocasião de sua morte.[16]

Para a defesa do direito de propriedade quiritária, ou do direito real limitado reconhecido pelo *ius ciuile*, o legatário dispõe de ação real: a *uindicatio* (*rei* – da coisa – no primeiro caso; *ususfructus, seruitutis* – do usufruto, da servidão – no segundo).

B) *Legado "per damnationem"*

No legado *per damnationem*, é a seguinte a fórmula empregada pelo testador:

Heres meus Titio hominem Stichum dare damnas esto (Que meu herdeiro seja obrigado a dar a Tício o escravo Stico).[17]

O legado *per damnationem* é constitutivo de obrigação: faz surgir, no momento em que o herdeiro aceita a herança, uma relação obrigacional entre o legatário e o herdeiro, pela qual

---

14 *Vide*, a propósito, Gaio, *Institutas*, II, p. 192 e segs.

15 Gaio, *Institutas*, II, 193.

16 Gaio, *Institutas*, II, 196.

17 Segundo Gaio, *Institutas*, II, 201, em vez de *esto*, poder-se-ia usar *dato*; também se admitia o emprego do verbo *iubere*.

800 | DIREITO ROMANO – *José Carlos Moreira Alves*

este fica obrigado a transferir àquele o direito de propriedade sobre a coisa legada ou – se for o caso – a constituir em favor daquele o direito indicado pelo testador no testamento.

Podem ser objeto de legado *per damnationem* obrigações cuja prestação consiste num *dare* (dar), num *facere* (fazer), ou num *non facere* (não fazer); demais, as coisas – quando for o caso – objeto dessas prestações podem ser *já existentes*, ou *futuras* (como, por exemplo, o filho que nascer de uma escrava), de propriedade do disponente, ou do herdeiro, ou de um terceiro (hipótese esta em que o herdeiro deverá procurar haver a coisa deste para dá-la ao legatário; se não conseguir obtê-la do terceiro, está obrigado a entregar ao legatário o equivalente em dinheiro).

Essa relação obrigacional entre legatário e herdeiro é sancionada por uma *actio in personam* (a *actio ex testamento*) concedida ao legatário.[18]

C) *Legado "sinendi modo"*[19]

A fórmula utilizada pelo testador, no legado *sinendi modo*, é esta:

Heres meus damnas esto sinere L. Titium hominem Stichum sumere sibique habere (Que meu herdeiro seja obrigado a consentir que L. Tício tome o escravo Stico e o tenha para si).[20]

O legado *sinendi modo*, que em realidade é uma espécie do legado *per damnationem*, faz surgir relação obrigacional entre o legatário e o herdeiro, estando este obrigado, em favor daquele, a uma prestação negativa (*non facere*), isto é, à de abster-se de impedir que o legatário se apodere da coisa, a fim de que – pelo menos com relação às *res mancipi* – se torne proprietário dela, posteriormente, por usucapião (do qual a *iusta causa seria* esse legado).[21]

Somente as coisas do testador ou do herdeiro (as deste desde que o sejam no momento da morte daquele) podem ser objeto do legado *sinendi modo*.

A relação obrigacional entre o legatário e o herdeiro é sancionada, em favor do primeiro, por uma *actio in personam* (a *actio ex testamento*, com *intentio* necessariamente *incerta*) contra o herdeiro.

D) *Legado "per praeceptionem"*

No legado *per praeceptionem* é esta a fórmula geralmente[22] usada pelo testador:

L. Titius hominem Stichum praecipito (Que L. Tício receba, de preferência, o escravo Stico).[23]

---

18 É possível que, primitivamente, se o herdeiro não cumprisse esse legado, o legatário pudesse usar, contra ele, da *manus iniectio* (ação executória), sem que, previamente, tivesse de intentar uma ação declaratória.

19 Sobre esse tipo de legado, *vide*, entre outros, Bammate, *Origine et nature du legs sinendi modo*, Paris-Lausanne, 1947; e Pezzana, *Contributi allo Studio del Legato "Sinendi Modo"*, Milano, 1958.

20 Gaio, *Institutas*, II, 209.

21 A propósito, *vide* Bammate, ob. cit., p. 45 e segs.

22 Gaio, *Institutas*, II, 216.

23 Outras fórmulas em D. XXXIII, 7, 27, 3; e D. XXXII, 92; D. XXXV, 1, 77, pr.; D. XXXI, 34, 6; e D. XXXI, 34, 3.

Cap. LVI · LEGADO E FIDEICOMISSO | **801**

No direito clássico,[24] sabinianos e proculeianos discutiam sobre a natureza e a eficácia do legado *per praeceptionem*. Os sabinianos defendiam a tese de que somente podia ocorrer esse tipo de legado em favor de um dos coerdeiros, sendo nulo se feito em favor de quem não fosse coerdeiro, porquanto *praecipere* significa *tomar com preferência*; demais, o legatário, para obter a coisa assim legada, deveria utilizar-se da ação destinada à partilha – a *actio familiae erciscundae*. Já os proculeianos entendiam que era possível também, pelo legado *per praeceptionem*, legar uma coisa a alguém que não fosse coerdeiro, pois julgavam que o prefixo *prae*, da expressão *praecipito* da fórmula (e *praecipito* é imperativo de *praecipere*, ou seja, do verbo composto de *prae* mais *capere*), não dava a *praecipere* o sentido de *tomar com preferência*, mas que esse verbo continuava com a mesma significação daquele (*capere* – tomar) de que derivava, razão por que não havia distinção entre o legado *per praeceptionem* e o legado *per uindicationem*.

O imperador Adriano[25] confirmou, numa constituição imperial, a opinião dos proculeianos.

* * *

Toda essa rigidez de forma acaba por desaparecer.

Assim, na época imperial, admite-se que os legados sejam deixados em codicilo confirmado por testamento.[26] E, quando cai o formalismo observado na instituição de herdeiro (*heredis instituto*) (*vide* nº 317), os legados, que até então, para serem válidos, deveriam ser consignados depois dela, passam a poder figurar, no testamento, antes da própria *heredis instituto*.

Por outro lado, e ainda no direito clássico, a nítida distinção entre os tipos de legado se atenua, pois:

a) alguns jurisconsultos[27] admitem que, mesmo no legado *sinendi modo*, o herdeiro está obrigado a transferir ao legatário a propriedade da coisa legada, o que o aproxima do legado *per damnationem*; e

b) há a identificação do legado *per praeceptionem* com o legado *per uindicationem*, quando prevalece a tese proculeiana que permite que o legatário seja alguém que não tenha a qualidade de coerdeiro.

No tempo do imperador Nero (metade do século I d.C.), o *senatusconsulto* Neroniano (de data desconhecida)[28] estabeleceu – segundo a opinião dominante entre os romanistas[29] – que todo legado que fosse nulo por vício de forma teria eficácia como legado *per damnationem*. Assim, por exemplo, se o testador, mediante um legado *per*

---

24 Gaio, *Institutas*, II, 217 e segs.

25 Gaio, *Institutas*, III, 221.

26 Gaio, *Institutas*, II, 270, *a*.

27 Gaio, *Institutas*, II, 214.

28 Gaio, *Institutas*, II, 197; e *Vlpiani liber singularis regularum*, XXIV, 11, *a*.

29 A propósito, *vide* Biondi, ob. cit., § 112, p. 283, nota 1; e Monier, *Manuel Élémentaire de Droit Romain*, I, 6ª ed., § 375, p. 522.

uindicationem, legasse a alguém uma coisa que não fosse dele, o legado seria nulo antes do *senatusconsulto* Neroniano, pois não se admitia legado *per uindicationem* com relação a coisa que não fosse da propriedade quiritária do testador; em virtude, porém, desse *senatusconsulto*, tal legado *per uindicationem* valeria como legado *per damnationem*, em que se admitia que a coisa legada não fosse do testador.

A tendência para a unificação dos tipos de legados se acentua no direito pós-clássico. Em 339 d.C.,[30] Constâncio estabelece que não há mais necessidade de se empregarem fórmulas solenes para deixar legados; posteriormente, em 439 d.C.,[31] o imperador Teodósio II permite que, nas disposições relativas a legados, se empregue a língua grega.

Justiniano[32] acaba, finalmente, com os tipos de legados, embora continue a subsistir a distinção segundo a qual alguns legados têm eficácia real (ou seja, o legatário se torna diretamente proprietário da coisa, como, por exemplo, quando é ela de propriedade do testador), e outros eficácia pessoal (isto é, criam entre o legatário e o herdeiro relação obrigacional pela qual este se obriga, em favor daquele, a um *dare*, ou a um *facere*, ou a um *non facere*).

348. Objeto do legado – Qualquer elemento patrimonial pode ser objeto de legado. Portanto, além das coisas corpóreas (presentes ou futuras; simples, compostas ou coletivas; próprias ou alheias), a transferência ou a constituição de direitos reais ou pessoais, a modificação ou a extinção de relações jurídicas.

Tendo em vista que os legados, conforme o seu objeto, são tratados, sob certos aspectos, diferentemente, os autores distinguem, quanto ao objeto, várias categorias de legados.

Examinaremos as principais delas, a saber:

a) *legatum speciei*;

b) *legatum generis*;

c) *legatum partionis*;

d) legado de universalidade de coisas;

e) *legatum optionis*;

f) legado de prestações periódicas;

g) *legatum nominis*;

h) *legatum debiti*; e

i) *legatum liberationis*.

* * *

O *legatum speciei* é aquele que tem por objeto coisa individualmente determinada (por exemplo, o escravo Stico).

---

30 C. VI, 37, 21.

31 Nov. Theod. XVI, 8.

32 C. VI, 43, 1; e *Inst.*, II, 20, 2.

Nesse caso, a coisa deve ser entregue ao legatário, em geral, no estado em que ela se encontra no momento da morte do disponente.

Se a coisa legada é alheia, esse legado, no direito clássico, é válido se for *per damnationem* (*vide* nº 347, B); depois do *senatusconsulto* Neroniano, sê-lo-ia mesmo se se tratasse de legado *per uindicationem*, uma vez que aquele diploma legal dispusera – segundo a opinião dominante – que todo o legado que fosse nulo por vício de forma teria eficácia como legado *per damnationem*.

Antonino Pio,[33] porém, estabeleceu que, para a validade do legado de coisa alheia, era preciso distinguir se o disponente sabia, ou não, dessa circunstância. Se dela tinha conhecimento, o legado seria válido, e o onerado estava obrigado a:

1 – ou adquiri-la e entregá-la ao legatário; ou

2 – se isso não fosse possível, dar ao legatário o valor da coisa.

Posteriormente, em virtude de um rescrito de Alexandre Severo,[34] ainda que o disponente não soubesse que a coisa era alheia, o legado era válido se em favor de parente próximo ou do cônjuge.

* * *

O *legatum generis* é aquele cujo objeto, em vez de ser coisa individualmente determinada, é coisa incluída dentro de um *genus* (categoria genérica); por exemplo: o legado de um dentre os vários escravos que integram a herança.

Se o disponente não determina a qualidade da coisa legada, surge o problema da escolha dela dentre as que constituem a categoria genérica. No direito clássico, para se resolver essa questão, era preciso distinguir:

a) se se tratasse de legado *per uindicationem*, a escolha caberia ao legatário; e

b) se de legado *per damnationem*, quem escolheria seria o onerado.

No direito justinianeu, a escolha é sempre do legatário, salvo se o disponente determinar o contrário.

* * *

O *legatum partionis* é aquele em que o disponente ordena que a herança se divida, em determinada proporção (por exemplo: meio a meio), entre o herdeiro e o legatário.

Segundo Ulpiano,[35] a fórmula usada para esse legado era a seguinte:

Heres meus cum Titio hereditatem meam partitor, diuidito.[36]

---

33 *Inst.*, II, 20, 4; e D. XXXII, 85.

34 C. VI, 37, 10.

35 *Vlpiani liber singularis regularum*, XXIV, 25.

36 "Que meu herdeiro compartilhe de minha herança com Tício: divida-a."

No direito clássico,[37] os proculeianos entendiam que, nesse caso, o herdeiro devia transferir ao legatário, sobre cada coisa hereditária, a fração correspondente à quota da herança objeto do legado; já os sabinianos achavam que o herdeiro estava obrigado apenas a dar ao legatário o valor em dinheiro daquela quota. Justiniano admitiu que o herdeiro pudesse optar por uma ou por outra dessas soluções.

Para a transferência dos créditos e dos débitos correspondentes à fração da herança objeto do legado – e isso porque o legatário, por não ter a qualidade de herdeiro, não dispunha de ação contra os devedores do *de cuius*, nem podia ser acionado pelos credores do falecido –, herdeiro e legatário celebravam recíprocas *stipulationes* (as *stipulationes partis et pro parte*), pelas quais o herdeiro se obrigava a transferir ao legatário os créditos, por ele recebidos, correspondentes à quota do legado, e o legatário, por sua vez, se comprometia a reembolsar o herdeiro dos débitos, que pagasse, compreendidos na citada quota.

* * *

O *legado de universalidade de coisas*, como a própria denominação indica, é o que tem por objeto uma universalidade de coisas (por exemplo: um rebanho).

Todas as coisas, simples ou compostas, que a constituem no momento da morte do disponente, são devidas ao legatário.

A universalidade, formando um todo único, é objeto de um só legado, que não pode ser aceito apenas em parte.

* * *

O *legatum optionis* é aquele em que o legatário (ou um terceiro designado pelo disponente) tem o direito de escolher uma coisa[38] entre várias, por meio de um ato solene (a *optio*, que se assemelha à *cretio*) (*vide* nº 336, A), e que, como esta, não admite termo ou condição, sendo irrevogável.

De acordo com o *ius ciuile*, não havia prazo determinado para o exercício da *optio* pelo legatário, mas o pretor, em geral, fixava um espaço de tempo ao legatário para a opção; se decorrido o prazo sem que o legatário fizesse a *optio*, perdia ele a tutela judicial ao seu direito.

Justiniano, em 531 d.C.,[39] introduziu modificações no regime do *legatum optionis*, admitindo que:

---

37 D. XXX, 26, 2.

38 Como salienta Biondi, ob. cit., § 160, p. 431, embora na maior parte dos textos o *legatum optionis* diga respeito a escravo, isso não significa – como pretendem alguns autores – que são interpolados os que dão como objeto da *optio* outra coisa qualquer.

39 C. VI, 43, 3, pr. – 1.

Cap. LVI · LEGADO E FIDEICOMISSO | 805

a) a *optio* podia transmitir-se aos herdeiros do legatário; e

b) se o disponente atribuía a *optio* a terceiro, que não o legatário, e ele, dentro de um ano, não fizesse a opção, essa faculdade passava ao legatário, que, porém, deveria escolher coisa de qualidade média.

* * *

O *legado de prestações periódicas* é o que tem por objeto soma de dinheiro ou certa quantia de coisas fungíveis que o onerado, periodicamente, dentro de determinado espaço de tempo, está obrigado a entregar ao legatário.

Nessa espécie de legado, considera-se que há tantos legados quantas as prestações devidas; demais, o primeiro legado é puro, e os subsequentes são sob condição da sobrevivência do legatário no dia em que se inicia o período a que corresponde uma prestação.[40]

* * *

O *legatum nominis* é aquele que tem por objeto um crédito do disponente contra terceiro.

Nessa hipótese, no direito clássico, o onerado está obrigado a ceder ao legatário as ações de que dispõe contra o devedor do *de cuius*. Mas, já no tempo de Diocleciano,[41] não há mais necessidade dessa cessão, pois, nesses casos, se concede ao legatário uma *actio utilis* contra o devedor.

* * *

O *legatum debiti* é aquele que tem por objeto um débito do testador para com o legatário.

Para que esse legado seja válido, é preciso que, com ele, tenha o legatário alguma vantagem de que ele não desfrutava anteriormente (por exemplo: se se tornasse puro um crédito que antes era sujeito a condição ou a termo).

* * *

O *legatum liberationis*[42] é aquele em que o disponente determina ao onerado que libere o legatário de um débito que este tem para com o próprio disponente, ou o onerado, ou um terceiro qualquer.

---

40 Figura que tem afinidade com essa é o *legado de alimentos*, que também não se considera um só, mas tantos quantas as prestações de alimentos.
Na dúvida, esse legado perdura por toda a vida do legatário.
Ele abrange tudo aquilo que é necessário ao sustento de uma pessoa (alimentos, roupas, habitação), mas não compreende – salvo disposição em contrário do disponente – as despesas com a educação.

41 C. VI, 37, 18.

42 A propósito, *vide* De Villa, *La Liberatio Legata nel Diritto Classico e Giustiniano*, Milano, 1939.

806 | DIREITO ROMANO – *José Carlos Moreira Alves*

Nesse caso, o legatário pode intentar contra o herdeiro a *actio ex testamento* para obter a sua liberação pela *acceptilatio* (*vide* nº 221, II, *a*), ou, então, se o herdeiro agir judicialmente contra ele para cobrar a dívida, opor-lhe a *exceptio doli*. Se o crédito é de terceiro, o onerado, para cumprir o *legatum liberationis*, deve satisfazê-lo em lugar do legatário.

349. Aquisição dos legados – Como o legado é uma disposição feita em testamento ou em codicilo confirmado por testamento, daí decorre que a aquisição dele depende não só da validade do testamento, mas também da eficácia deste – em outras palavras: para que o legatário adquirisse o legado era preciso que o testamento fosse válido, e que o herdeiro testamentário aceitasse a herança.[43] Ora, entre a morte do testador e a aceitação da herança, se se tratasse de *heres extraneus*, mediava espaço, mais ou menos prolongado, de tempo; podia ocorrer, então, que, nesse intervalo, falecesse o legatário, que, como ainda não havia adquirido o legado (o que somente sucedia quando o herdeiro aceitava a herança), não podia transmiti-lo a seus herdeiros.

Para obviar a esse inconveniente, a jurisprudência romana criou a distinção entre o *dies cedens* e o *dies ueniens*.

O *dies cedens* era o momento em que o legatário sabia que, se o herdeiro aceitasse a herança, ele adquiria o legado. A princípio, o *dies cedens* se identificava com o dia da morte do testador; posteriormente, em virtude da Lei *Papia Poppaea* ou de um *senatusconsulto*,[44] o *dies cedens* passou a ocorrer quando da abertura do testamento; enfim, Justiniano voltou ao sistema antigo. Havia, no entanto, exceções a essas regras: assim, por exemplo, nos legados condicionais o *dies cedens* se verificava quando se realizava a condição (donde, se o legatário falecesse antes da ocorrência da condição, o legado não se transmitiria a seus herdeiros).[45]

Por outro lado, ocorrido o *dies cedens*, o legatário, se estivesse vivo, tinha direito de adquirir o legado, transmitindo-o, se morresse antes do *dies ueniens*, aos seus herdeiros, que o adquiririam se o herdeiro aceitasse a herança, e no momento em que isso se verificasse. Além disso, se o legado fosse feito em favor de escravo ou de *filius familias*, que conservassem tal condição no *dies cedens*, quem adquiriria, no *dies ueniens*, o legado seria, respectivamente, o senhor do escravo ou o *pater familias* sobcuja *potestas* se encontrasse o *filius familias*, ainda que, entre o *dies cedens* e o *dies ueniens*, o escravo houvesse adquirido a liberdade, ou o *filius familias* (por emancipação, por exemplo) se tivesse tornado pessoa *sui iuris*.

O *dies ueniens* era o momento em que o legatário adquiria o legado, tornando-se titular de direito real ou de direito de crédito, conforme o tipo de legado escolhido

---

43 Sobre exceções a esse princípio, *vide* o nº 353.

44 Ulpiano (*Liber singularis regularum*, XXIV, 31) se refere à Lei *Papia*; Justiniano, porém, faz alusão a um *senatusconsulto* (C. VI, 51, 1, 1, *c*).

45 Para pormenores, *vide* Perozzi, *Istituzioni di Diritto Romano*, II, 2ª ed., *reintegrazione*, 1949, § 230, p. 699, nota 2.

Cap. LVI · LEGADO E FIDEICOMISSO | 807

pelo testador (assim, como já vimos, dos legados *per uindicationem* e *per praeceptionem* decorria direito real para o legatário; já dos legados *per damnationem* e *sinendi modo*, direito pessoal). O *dies ueniens* ocorria quando da aceitação da herança pelo herdeiro testamentário. Nos legados condicionais, porém, o *dies ueniens* só se verificava no momento da realização da condição, mas os efeitos da aquisição retroagiam ao instante da aceitação da herança.

Demais, com relação ao problema de se saber se, para a aquisição do legado, era necessário, ou não, a declaração do legatário de que aceitava o legado, os jurisconsultos clássicos[46] distinguiam o legado *per damnationem* (com relação ao qual entendiam que não havia necessidade dessa declaração do legatário) do legado *per uindicationem* (a respeito do qual, com referência a esse aspecto, divergiam sabinianos e proculeianos: aqueles, entendendo que a aquisição do legado ocorria automaticamente, ainda que o legatário ignorasse a existência do legado, mas podendo, se quisesse, renunciá-lo posteriormente; estes, exigindo a aceitação do legado, sem que os textos nos indiquem a forma por que deveria ela ser feita). Segundo parece,[47] na época de Antonino Pio tornou-se vencedora a opinião dos proculeianos. No direito justinianeu, porém, em que se distinguem legados com eficácia real e legados com eficácia pessoal (*vide* nº 347, *in fine*), a maioria dos autores entende que prevaleceu a tese dos sabinianos; mas a matéria é controvertida, porque os textos não são claros a respeito.[48]

À aquisição dos legados se aplicam os princípios relativos à *capacitas* e à *indignitas* (*vide* nº 335).

* * *

O legatário pode renunciar o legado. A renúncia – que não pode ser parcial – é irrevogável se verificada depois do *dies ueniens*.[49]

350. Ações e garantias de que dispõe o legatário – Para estudarmos as ações que são concedidas ao legatário para a defesa de seu direito, é preciso distinguir o direito clássico do direito justinianeu.

No direito clássico, como já se salientou no nº 347, os legados, em geral, se enquadravam em um dos quatro seguintes tipos: legado *per uindicationem*, *legado per damnationem*, legado *sinendi modo* e legado *per praeceptionem*.

Ora, com relação aos legados *per uindicationem* e *per praeceptionem*, porque o legatário adquiria direito real sobre a coisa legada, dispunha ele da *rei uindicatio* para reclamar do herdeiro a coisa objeto do legado, bem como os frutos por ela produzidos.

---

46   Cf. Gaio, *Institutas*, II, 195.

47   A propósito, *vide* Voci, *Diritto Ereditario Romano*, II (*parte speciale*), 2ª ed., p. 372, Milano, 1963.

48   *Wlassak*, por exemplo, entende que, no direito justinianeu, foi acolhida opinião intermédia, de autoria de Juliano. Voci, ob. cit., II, p. 383 e segs., critica amplamente essa tese.

49   Cf. Perozzi, ob. cit., II, § 230, p. 700.

808 | DIREITO ROMANO – *José Carlos Moreira Alves*

Já com referência aos legados *per damnationem* e *sinendi modo*, tendo em vista que o legatário tinha apenas direito de crédito contra o herdeiro, dispunha ele contra este da *actio ex testamento*, que era do tipo das ações em que a condenação duplica quando o réu, injustamente, nega o que deve (*lis infitiando crescit in duplum*); demais, era ação de direito estrito, razão por que, se o herdeiro não cumpria, por dolo ou por culpa em sentido estrito, as determinações do disponente, o legatário, pela *actio ex testamento*, podia reclamar apenas o valor da coisa legada, e não frutos.

No direito justinianeu, quando desapareceram esses tipos de legado, o legatário – conforme o disponente, por simples manifestação de vontade, lhe outorgue direito real ou pessoal sobre o objeto do legado – dispõe de ações reais ou pessoais. Assim, se se trata de legado de propriedade, tem ele a *rei uindicatio*; se de legado de servidão, a *actio confessoria*; se de legado em que surge a obrigação do herdeiro de cumpri-lo em favor do legatário, a *actio legati* ou a *actio ex testamento*.

* * *

Por outro lado, e além dessas ações, o legatário, para garantia de seu direito, dispunha de outros meios, alguns criados no direito clássico, e outros no direito justinianeu.

No direito clássico, eram eles:

a) a *cautio legatorum seruandorum causa*: o legatário, quando o legado era submetido a condição ou a termo, podia exigir do herdeiro que lhe prestasse uma *cautio* (isto é, que lhe prometesse, dando garantes, que cumpriria exatamente o legado); se o herdeiro se recusasse a isso, o pretor, mediante *missio in possessionem custodiae causa*, permitia que o legatário possuísse, para custodiá-los, os bens hereditários;[50] e

b) a *missio Antoniniana* (que foi introduzida pelo imperador Antonino Caracala), mediante a qual se concedia ao legatário, se o herdeiro deixasse decorrer seis meses depois de reclamação judicial sem cumprir o legado, imissão na posse dos bens do próprio herdeiro (tendo, também, direito de perceber frutos, a ser imputados no pagamento do legado, o que dava a essa *missio* caráter executivo),[51] até que fosse cumprido o legado.

No direito justinianeu, há as seguintes garantias em favor do legatário:

a) proíbe-se ao herdeiro que venda ou hipoteque a coisa legada; se, apesar disso, o herdeiro a aliena, não se verifica usucapião contra o legatário;[52] e

b) concede-se ao legatário hipoteca legal sobre todos os bens hereditários.[53]

* * *

---

50 D. XLII, 4, 12.
51 Cf. Biondi, ob. cit., § 138, p. 373.
52 C. VI, 43, 3, 2ª, 4.
53 C. VI, 43, 1 a 3.

No direito clássico, se o legatário, por ato próprio, contra a vontade do *bonorum possessor*, entrasse na posse da coisa legada, o pretor concedia a este, para tomar posse daquela coisa, o interdito *quod legatorum*.

Justiniano estendeu esse interdito a todos os herdeiros.

351. Restrições à liberdade de legar – De acordo com a Lei das XII Tábuas, em virtude da disposição *uti legassit super pecunia tutelaue suae rei ita ius esto*,[54] era ilimitada a liberdade de testar. Em decorrência disso, podia acontecer que o testador, com os legados, absorvesse todo o ativo do seu patrimônio, nada restando para o herdeiro testamentário senão o título de *heres* (herdeiro), razão por que este, nesses casos, em geral não aceitava a herança, e, em consequência, o testamento se tornava ineficaz, o mesmo ocorrendo com os legados, abrindo-se a sucessão *ab intestato*. Assim, herdeiro testamentário e legatário ficavam prejudicados.

Para obviar a esse inconveniente, intervém a legislação, ainda na época republicana, a fim de restringir a liberdade de legar.

A primeira dessas leis foi a *Lex Furia*[55] (que surge entre 204 e 169 a.C.), pela qual ninguém, com exceção dos parentes cognados até o sexto grau (e até o sétimo, numa única hipótese: a de o pai do cognado e o *de cuius* serem netos de irmãos, ou de irmãs, ou de irmão e irmã), podia receber de outrem legado superior a 1.000 (mil) asses, sob pena de ter de restituir o quádruplo do valor recebido. Mas a Lei *Furia* não acabou com o inconveniente que vinha da Lei das XII Tábuas, porquanto o testador podia continuar a absorver praticamente todo o ativo do seu patrimônio, fazendo vários legados inferiores, cada um, a 1.000 (mil) asses.

Seguiu-se a *Lex Voconia*, de 169 a.C., que determinou que nenhum legatário podia receber mais do que o herdeiro *testamentário*.[56] Mesmo assim, não se extinguia, de todo, o aludido inconveniente: o testador podia, ainda, reduzir ao mínimo a quota da herança cabível ao herdeiro, deixando, em favor de várias pessoas, legados de valor diminuto.[57]

Surgiu, finalmente, em 40 a.C., a *Lex Falcidia*,[58] que permaneceu em vigor mesmo no tempo de Justiniano. Por ela, o testador somente podia dispor, para legados, de três quartos da herança, cabendo a quarta parte restante (a chamada *quarta Falcidia*) ao herdeiro testamentário. Se os legados excedessem as três quartas partes da herança, o excedente – segundo a opinião dominante[59] – era nulo *ipso iure* (automaticamente), sendo todos os legados reduzidos proporcionalmente ao seu valor, para que o total não

---

54 Tab. V, 3 (ed. Riccobono).

55 Gaio, *Institutas*, II, 225.

56 Gaio, *Institutas*, II, 226.

57 Ambas essas leis se aplicavam também, em geral, às *mortis causae capiones* (vide nº 359).

58 Sobre a *Lex Falcidia, vide* Franco Bonifácio, *Ricerche sulla Lex Falcidia de Legatis*, Nápoles, 1948; e Mannino, *Cervidio Scevola e l'applicazione della Falcidia ai legati fra loro connessi, in Bulletino dell'istituto di Diritto Romano*, vol. 84 (1981), pp. 125 a 157.

59 Cf. Arias Ramos, *Derecho Romano*, II, 8ª ed., § 362, p. 817, nota 759.

810 | DIREITO ROMANO – *José Carlos Moreira Alves*

ultrapassasse aquele limite. Para o cálculo da *quarta Falcidia* era levado em consideração o valor líquido da herança no momento da morte do testador (excluídas, portanto, as dívidas, as despesas de funeral, os escravos manumitidos no testamento) e imputado, nessa quarta parte, tudo aquilo que o herdeiro recebera do testador com a determinação de que integrasse a *quarta Falcidia* (assim, por exemplo, doações que o testador, em vida, lhe fizera).[60]

Por outro lado, ao passo que no direito clássico os dispositivos da Lei *Falcidia* eram considerados *ius publicum*[61] (hoje diríamos: de ordem pública), não podendo, portanto, deixar de ser aplicados pela vontade do testador, no direito justinianeu observa-se tendência desfavorável à *quarta Falcidia*, pois:

a) no C. VI, 50, 19 (e no D. XXIX, 5, 20, 1, *interpolado*), Justiniano, quando o herdeiro voluntariamente pagou – ou prometeu fazê-lo – legados além de *quarta Falcidia*, lhe nega a possibilidade de repetir o indevido;

b) na Nov. I, cap. 2, § 2, estabelece Justiniano não só que perde o direito à *quarta Falcidia* o herdeiro que não fizer inventário, mas também que é válida a determinação expressa do testador no sentido de que não se faça dedução, para efeito da *quarta Falcidia*, nos legados por ele deixados; e, no cap. 3 dessa mesma Novela, dispõe que o pagamento integral do legado implica renúncia, no que diz respeito à *quarta Falcidia*, às deduções nos demais legados que ainda não foram pagos; e

c) na Nov. CXXXI, cap. 12, determina o imperador que não se computem, para efeito da *quarta Falcidia*, os legados feitos às *piae causae*.[62]

352. O direito de acrescer entre colegatários – Quando a mesma coisa é legada a duas ou mais pessoas conjuntamente, e uma (ou algumas delas) renuncia o legado, ou morre antes do *dies cedens*, ou não tem a *testamenti factio passiua*, surge a questão de saber a quem irá beneficiar sua parte na coisa legada: se ao herdeiro (que ficará sem o ônus a ela relativo) ou aos colegatários (a cujas partes se acrescerá a do colegatário que falta).

A solução desse problema se encontra na aplicação do princípio de que, tendo o direito de acrescer entre colegatários como fundamento a vontade do testador, é preciso examinar a fórmula do legado para ver se o testador deu, ou não, ao colegatário a possibilidade de, eventualmente, vir a ter toda a coisa legada.

Em face disso, os jurisconsultos romanos do período clássico elaboraram as seguintes regras de interpretação com referência aos quatro tipos de legado (legado *per uindicationem*, legado *per damnationem*, legado *sinendi modo* e legado *per praeceptionem*):

a) nos legados *per uindicationem* e *per praeceptionem* (que atribuem ao legatário, diretamente, direito real sobre a coisa legada), o direito de acrescer existe sempre, *ipso*

---

60 Para pormenores sobre os diferentes problemas que surgem no cálculo da *quarta Falcidia*, vide Biondi, ob. cit., § 145, p. 387 e segs.

61 D. XXXV, 2, 15, 1.

62 Sobre as *piae causae*, vide nº 98, C.

Cap. LVI · LEGADO E FIDEICOMISSO | **811**

iure, entre os colegatários que sejam chamados ao legado *coniunctim re et uerbis* (quando aos vários colegatários se lega a mesma coisa, e figuram eles na mesma frase: *Titio et Seio hominem Stichum do lego* – lego a Tício e a Seio o escravo Stico), ou *coniuntim re tantum*[63] (quando aos colegatários se lega a mesma coisa, mas figuram eles em frases diferentes: *Titio hominem Stichum do lego, Seio eundem hominem do lego* – lego a Tício o escravo Stico, lego a Seio o mesmo escravo), e isso porque, nesses tipos de legado, cada um dos colegatários tem, eventualmente, direito a toda a coisa legada, recebendo, quando não falta nenhum deles, uma parte da coisa igual à que cabe a cada um dos demais colegatários;

b) nos legados *per damnationem* e *sinendi modo* (que geram relação obrigacional entre legatário e herdeiro), é preciso distinguir:

– com relação ao legado *per damnationem*, os colegatários *coniunctim re et uerbis* têm direito apenas a uma parte do legado, não havendo direito de acrescer; se *coniunctim re tantum*, o herdeiro está obrigado a entregar a coisa a um dos colegatários, e o valor dela a cada um dos demais, razão por que também não há direito de acrescer; e

– quanto ao legado *sinendi modo*, se os colegatários forem *coniunctim re et uerbis*, os efeitos são os mesmos que no legado *per damnationem*; se, porém, *coniunctim re tantum*, discutiam os jurisconsultos romanos se cada colegatário tinha direito à coisa ou ao valor dela, ou, se um deles tomasse a coisa, os demais não tinham direito a nada (*occupantis melior condicio* – a posição do ocupante é melhor que a dos outros);[64] para qualquer dessas duas teses, no entanto, não havia direito de acrescer.

Demais, quando há direito de acrescer entre os colegatários (o que ocorre, como vimos, nos legados *per uindicationem* e *per praeceptionem*), o acréscimo é *sine onere* (ou seja, o *colegatário* recolhe a parte vacante, sem estar obrigado a cumprir os encargos impostos ao colegatário que falta).

* * *

Na época imperial, em virtude das leis caducárias (*vide* nº 335), esses princípios são alterados.[65] Sem distinção dos quatro tipos de legados, a parte do colegatário que falta é considerada *caduca*, e destinada às seguintes pessoas em ordem de preferência (a classe posterior é chamada, apenas, quando, na anterior, não há ninguém):

a) os colegatários *coniunctim re et uerbis* e os *coniunctim uerbis tantum* (os que eram chamados na mesma frase, mas para partes diferentes da coisa legada, e que, anteriormente, não gozavam do direito de acrescer), que sejam *patres* (pais);

b) os herdeiros (do testador), que sejam *patres*;

---

63 Note-se que Gaio, *Institutas*, II, 199, emprega *coniunctim* por *coniunctim re et uerbis*, e *disiunctim* por *coniunctim re tantum*.

64 *Vide* Gaio, *Institutas*, II, 215, onde se expõe o fundamento dessa segunda opinião.

65 Gaio, *Institutas*, II, 206 e 208; *Vlpiani liber singularis regularum*, XXIV, 12.

812 DIREITO ROMANO – *José Carlos Moreira Alves*

c) os outros legatários que sejam *patres*, estando aí incluídos os *coniunctim re tantum*; e

d) o *Aerarium* (o Erário).

Por outro lado, o acréscimo se faz *cum onere*, ou seja, quem recolhe a parte caduca está obrigado aos encargos que foram impostos ao colegatário que falta.

* * *

Finalmente, no direito justinianeu,[66] voltou-se em parte, ao sistema do direito clássico.

As diferenças, no particular, entre o regime do direito clássico e o do justinianeu são as seguintes:

a) no direito clássico, distinguiam-se, para efeitos do direito de acrescer entre os colegatários, dois grupos dos quatro tipos de legados: *a*) o legado *peruindicationem* e o legado *per praeceptionem*; e *b*) o legado *per damnationem* e o legado *sinendi modo*; no direito justinianeu isso não ocorre, pois não mais existem aqueles quatro tipos de legado (*vide* nº 347, *in fine*); e

b) no direito clássico, antes do sistema das leis caducárias, conforme o tipo de legado, havia, ou não, o direito de acrescer entre os colegatários, e quando ele existia era *sine onere*; no direito justinianeu, salvo disposição em contrário do testador, há sempre o direito de acrescer entre os colegatários, mas, se eles forem chamados *coniunctim re et uerbis*, o direito de acrescer é facultativo e ocorre *cum onere*; se chamados *coniunctim re tantum*, é forçado e *sine onere*.[67]

353. Ineficácia e revogação dos legados – O legado não produz seus efeitos (ineficácia em sentido amplo) quando ele é ineficaz em sentido estrito, ou quando ele é inválido, ou quando ele foi revogado.

É o legado ineficaz em sentido estrito quando ocorrem, entre outras, as seguintes hipóteses:

a) de início, se é ineficaz o testamento que o contém; mas, já no direito clássico e depois nos direitos pós-clássico e justinianeu, há várias exceções a esse princípio, como,

---

66 C. VI, 51, 1.

67 Com relação ao legado de usufruto, há, no que diz respeito a direito de acrescer, regras especiais:
a) no direito clássico, se o legado de usufruto se faz *coniuntim, e per uindicationem* ou *per praeceptionem*, cada colegatário tem direito a uma parte do usufruto; se falta um dos colegatários, sua quota acresce à dos outros, não apenas se aquele não quis aceitar, mas também se, depois de tê-la aceito, morreu ou perdeu, de outra forma, direito à sua quota; e – mais – esse acréscimo ocorre mesmo em favor do colegatário que tenha perdido sua quota;
b) a *Lex Iulia et Papia Poppaea* não se aplicou ao legado de usufruto, pois este não se transmite de uma pessoa a outra; e
c) no direito justinianeu, continuam em vigor os princípios clássicos sobre o legado de usufruto, mas se aplicam a ele também as novas regras estabelecidas por Justiniano, as quais estão expostas no texto.

Cap. LVI · LEGADO E FIDEICOMISSO | 813

entre outras, esta: o legatário, por uma *actio ficticia*, podia obter, do herdeiro testamentário que tivesse renunciado à herança deferida pelo testamento para recebê-la mediante sucessão *ab intestato*, o pagamento do legado;[68]

b) se não se verificar a condição suspensiva a que está subordinado o legado;

c) se o legatário tiver morrido antes do *dies cedens*; e

d) ao menos nos direitos pós-clássico e justinianeu, se o legatário já tiver adquirido a coisa legada por outro título de aquisição que seja gratuito, e não oneroso.

Quanto à invalidade, o legado pode ser nulo, total ou parcialmente, desde o momento da disposição testamentária (*ab initio*), ou em virtude de causa superveniente.

O legado é nulo *ab initio* quando ele não preenche os requisitos necessários para sua validade (assim os de forma, os relativos à capacidade dos sujeitos e à idoneidade do objeto legado) no momento em que é feito o testamento (e não, como logicamente se poderia supor, quando ocorresse o *dies cedens*). É isso o que declara a famosa *regula Catoniana* (regra Catoniana), que não se sabe se é de autoria de Catão, o Velho, ou de seu filho,[69] e que estabelece:

Quod, si testamenti facti tempore decessisset testator, inutile foret, id legatum, quandocumque decesserit non ualere (Aquilo que, invalidamente, foi legado se o testador falecesse no momento da feitura do testamento não valerá quando quer que ele morra).[70]

Por essa regra – que não se aplicava aos legados condicionais,[71] nem, em geral, quando o *dies cedens* ocorria depois da morte do testador –, se, por exemplo, Caio legasse a Tício (legado *per uindicationem*) uma coisa que, no instante da confecção do testamento, fosse do próprio Tício, o legado seria nulo, ainda que, no momento da morte de Caio, esse fosse o proprietário dela.

Note-se, porém, que a regra catoniana também não se aplicava à falta de *capacitas*, em virtude das leis caducárias, para receber o legado,[72] pois estas concediam um prazo aos *coelibes*, depois da morte do testador, para preencherem os requisitos exigidos para que gozassem do *ius capiendi ex testamento*.

Por outro lado, o legado válido *ab initio* podia tornar-se nulo por motivo superveniente: por exemplo, se a coisa legada se tornar, posteriormente, fora do comércio; ou se o legatário, antes do *dies cedens*, ficar incapaz.

* * *

O legado pode ser revogado pelo disponente, por meio da:

a) ademptio legati; e

b) translatio.

---

68   *Vide*, a propósito, Lenel, *Edictum Perpetuum*, 3a ed., nachdruck, § 168, p. 363 e segs., Aalen, 1956.

69   D. XXXIV, 7, 1. pr.

70   Sobre essa regra, *vide* Lambert, *La règle Catonienne*, Paris, 1925.

71   D. XXX, 41, 2.

72   D. XXXIV, 7, 5.

814 | DIREITO ROMANO – *José Carlos Moreira Alves*

A *ademptio legati* é a revogação pura e simples do legado por quem o instituiu. A princípio, para que ela ocorresse era preciso que o testador fizesse novo testamento, ou, então, antes de finalizar aquele em que instituíra o legado, revogasse este mediante a utilização de fórmulas simetricamente contrárias às usadas para outorgá-lo (por exemplo, em se tratando de legado *per damnationem*, deveria consignar: *heres meus fundum Cornelianum ne dato* – que o meu herdeiro não dê o imóvel a Corneliano). Mais tarde, porém, e de modo progressivo, admitiu-se que a revogação se fizesse em codicilo confirmado por testamento, utilizando-se de fórmulas simetricamente contrárias às da instituição do legado; ou em codicilo com quaisquer expressões; ou, enfim, até tacitamente (e a revogação tácita é aquela que decorre de comportamento do disponente, o qual, de modo inequívoco, indique sua intenção de revogar o legado; por exemplo, se, em se tratando de legado *per uindicationem*, o disponente vender a coisa legada).

A *translatio*, como observa Serafini,[73] está para a teoria do legado como a novação para a das obrigações: é a substituição do legado antigo (que se extingue *ipso iure*) por um novo, em decorrência de mudança:

a) do legatário; ou

b) do onerado; ou

c) da coisa legada; ou

d) da modalidade por que se institui o legado (assim, a substituição de um legado condicional por um puro).

Demais, há ainda casos de revogação legal em que o legado se revoga pela simples ocorrência de circunstâncias a que a lei atribui esse efeito, não havendo, portanto – ao contrário do que sucede com a revogação tácita –, sequer necessidade de interpretar-se o comportamento do disponente. Como exemplos de revogação legal, temos, entre outras hipóteses, as seguintes:

a) se, depois da feitura do testamento, surgem *grauissimae* ou *capitales inimicitiae* (inimizades gravíssimas ou capitais) entre o disponente e o legatário;[74] e

b) se o disponente, no mesmo testamento, mas em declaração posterior à pela qual foi instituído o legado, se refere ao legatário como *ingratus* (ingrato).[75]

354. O prelegado – O prelegado – a denominação é moderna, e derivada do verbo *praelegare*, que se encontra nas fontes – é, em sentido amplo, o legado que se deixa em favor de um herdeiro.

Isso pode ocorrer quando o disponente deixa um legado a cargo de toda a herança (isto é, de todos os herdeiros, inclusive o que também é legatário), ou de outras pessoas (assim, por exemplo, de alguns dos demais coerdeiros), que não o herdeiro em cujo favor se fez o legado.

---

73 *Istituzioni di Diritto Romano*, II, 8ª ed., § 218, p. 324.

74 D. XXXIV, 4, 22.

75 D. XXXIV, 4, 29.

Cap. LVI · LEGADO E FIDEICOMISSO | **815**

Prelegado[76] em sentido técnico-jurídico é apenas o legado que se deixa a um herdeiro, estabelecendo-se que este será, ao mesmo tempo, onerado e beneficiário.

Assim, há prelegado em sentido técnico-jurídico quando:

a) o disponente lega uma coisa ao seu herdeiro único; ou

b) havendo pluralidade de herdeiros, o disponente faz um legado a um (ou a alguns) deles, onerando os demais coerdeiros, ou alguns deles (desde que, entre os onerados, se encontre o herdeiro – ou os herdeiros, se for o caso – beneficiado com o legado); ou

c) existindo, ou não, pluralidade de herdeiros, o disponente lega uma mesma coisa a um herdeiro (ou ao herdeiro, se for o único) e a outra pessoa (ou a outras pessoas) que é apenas legatária.

Na primeira hipótese, o legado é nulo, tendo em vista – e esse é o motivo declarado nas fontes – a impossibilidade jurídica de relação do herdeiro consigo mesmo. Isso, no entanto, não significa que, nesse caso, o prelegado seja sempre inútil ao herdeiro, pois, se ele renunciar a herança, e houver substituto instituído no testamento, terá direito ao legado.

Na segunda hipótese, o legado é nulo na proporção em que o ônus recai sobre o próprio herdeiro legatário. Em face disso, pode ocorrer um dos seguintes casos:

a) *apenas um dos herdeiros é prelegatário*: aí, na prática, segundo a opinião amplamente dominante, o prelegatário recebe toda a coisa legada (*iure legati* – por direito de legado –, com relação à parte que onera os demais coerdeiros, que, para pagá-la, concorrem com quota proporcional ao que receberam da herança; e *iure hereditario* – por direito sucessório, com referência à parte em que o onerado é ele mesmo, e isso porque, se essa parte do legado, como tal, é nula, ele a recebe por se achar ela dentro da quota da herança que lhe cabe);[77]

b) *o prelegado é instituído em favor de mais de um dos coerdeiros*: nessa hipótese, e desde que haja direito de acréscimo entre os colegatários (*vide* nº 352), a parte do legado correspondente ao ônus que pesa sobre o próprio herdeiro prelegatário é nula, e acresce à deixada em favor dos demais coerdeiros prelegatários; daí a circunstância de que a coisa legada lhe aproveita na razão inversa de sua quota hereditária – eis um exemplo, para melhor compreensão:

– Tício e Caio são instituídos herdeiros, na proporção, respectivamente, de 11/12 e 1/12 da herança, sendo a mesma coisa deixada em prelegado a ambos; da aplicação do citado princípio, resulta que Caio receberá 11/12 da coisa legada, e Tício apenas 1/12 dela (o inverso, portanto, de suas quotas hereditárias).

Se, porém, não houver direito de acréscimo entre os legatários, cada um deles – como ocorre na hipótese de apenas um dos coerdeiros ser prelegatário – receberá, por direito sucessório (e não por direito de legado), a parte nula do legado.

---

76 *Vide*, a propósito, Scuto, *La Teoria del Prelegato nel Diritto Romano con riguardo alle principali legislazioni moderne ed al diritto civile italiano*, § 1, p. 3 e segs.

77 Há autores, no entanto, como Biondi, ob. cit., § 175, p. 474, que entendem que, nesse caso, a parte nula do prelegado recai na herança, e, consequentemente, todos os herdeiros (inclusive o prelegatário) a ela concorrem na proporção de suas quotas hereditárias.

816 | DIREITO ROMANO – *José Carlos Moreira Alves*

Finalmente, na terceira hipótese, se houver direito de acréscimo (*vide* nº 352) entre os colegatários, a parte nula do prelegado acresce à daqueles que são apenas colegatários (assim, se houver somente um herdeiro prelegatário e um legatário, este, por acréscimo, receberá todo o legado); se não houver direito de acréscimo, o herdeiro prelegatário receberá, por direito sucessório (e não por direito de legado), a parte nula do prelegado.

355. Conceito e origem do fideicomisso – O fideicomisso é disposição de última vontade pela qual o disponente determina a outrem (o fiduciário), que irá receber, *mortis causa*, bens deixados por aquele, que realize, dentro dos limites dessa aquisição, uma prestação em favor de terceiro (o fideicomissário).

Três são as pessoas que intervêm no fideicomisso:

a) o *disponente*: que é o titular do patrimônio que se transmite *mortis causa*;

b) o *fiduciário*: a quem o disponente confia a execução do fideicomisso em favor do terceiro (e ele pode ser quem recebe, *mortis causa*, a qualquer título, bens do disponente; assim, o herdeiro testamentário, o herdeiro *ab intestato*, o legatário); e

c) o *fideicomissário*: o terceiro em favor de quem é instituído o fideicomisso, e que, a princípio, podia ser qualquer pessoa (mesmo as que não tivessem *testamenti factio passiua*, ou o *ius capiendi*, como, por exemplo, os estrangeiros, as pessoas incertas, aqueles que em virtude das leis caducárias não gozam do *ius capiendi ex testamento*); posteriormente, no entanto, como se verá mais adiante, surgem limitações nesse particular.

No primitivo direito sucessório romano, os modos de que alguém pode valer-se para dispor de seus bens para depois de sua morte são muito restritos: *a*) a instituição de herdeiros; e *b*) o legado. E ambos cercados de formalidades. Demais, não era qualquer pessoa que tinha capacidade para ser herdeira ou legatária.

Em face disso, desde épocas remotas, os romanos se utilizaram do fideicomisso. Gaio chega até a acentuar (*Institutas*, II, 285) que a origem do fideicomisso se encontra, provavelmente, no fato de ser ele um meio de possibilitar ao estrangeiro (que não possuía *testamenti factio passiua*, e que, portanto, não podia figurar num testamento como legatário ou herdeiro) receber bens de pessoa falecida.

Assim, aos dois modos de dispor *mortis causa*, conhecidos no antigo *ius ciuile* (a instituição de herdeiro e a designação de legatário), correspondiam duas espécies de fideicomisso, que, de início, eram regidas pelas mesmas regras, mas que, posteriormente, passaram a ser disciplinadas por princípios diferentes:

a) o *fideicomisso particular* (correspondente ao legado); e

b) o *fideicomisso universal* (correspondente à herança).

Quando essas espécies de fideicomisso passam a reger-se por princípios diversos, observa-se que o fideicomisso particular tende a aproximar-se do legado (a fusão dos dois institutos vai ocorrer no direito justinianeu), ao passo que o fideicomisso universal propende a transformar-se numa verdadeira sucessão hereditária, embora não chegue, inclusive no tempo de Justiniano, a confundir-se com a instituição de herdeiro.

Por outro lado, o fideicomisso – em ambas as suas espécies – não é, de início, um negócio jurídico (*negotium iuris*). O *ius ciuile* não o reconhece; daí não é ele sancionado

Cap. LVI · LEGADO E FIDEICOMISSO | **817**

por ação judicial. O disponente fia-se apenas na honradez do fiduciário que não pode ser compelido pelo fideicomissário à execução do fideicomisso. Mas, se é certo que o fideicomisso não é sancionado por ação judicial, também é certo que não é proibido, e que, por meio dele, se fazem disposições de última vontade em favor de pessoas incapazes de receber herança ou legado.

Até o principado, os fideicomissos particular e universal – como já salientamos – são disciplinados por princípios comuns, que se diferenciam dos que regem os legados e a instituição de herdeiro:

a) o fideicomisso não é sujeito a quaisquer formalidades;[78]

b) ele pode ser instituído em testamento, em codicilo confirmado por testamento, em codicilo não confirmado por testamento, em codicilo *ab intestato*, ou até oralmente ou por meio de gesto (*nutu*);[79]

c) se o fideicomisso é inserido em testamento, pode sê-lo antes da instituição de herdeiros, em outra língua que não o latim,[80] e em termos de solicitação (e não impe-rativos, como sucedia no legado);[81]

d) a execução do fideicomisso pode estar a cargo de quem quer que receba, *mortis causa*, a qualquer título, bens do falecido (assim, o herdeiro testamentário, o herdeiro *ab intestato*, o legatário, o fideicomissário);

e) o fideicomisso pode ser instituído em favor de pessoas que, por não possuírem a *testamenti factio passiua*, são incapazes de ser herdeiras ou legatárias; e

f) o fideicomisso (ao contrário do que ocorria com os legados *per uindicationem* e *per praeceptionem*) não concedia ao fideicomissário, diretamente, direito real sobre a coisa, mas lhe atribuía apenas direito de crédito contra o fiduciário.

A partir, porém, do início do principado, o fideicomisso sofre uma dupla trans-formação:

a) no tempo de Augusto,[82] passa a ser um instituto jurídico (ao qual se aplicam – salvo no que diz respeito às diferenças, já apontadas, entre os dois institutos – as regras do legado), cabendo aos cônsules, por meio do processo *extra ordinem* (e não do pro-cesso formulário - que era o ordinário -, o que significa que o fideicomisso continua a não ser reconhecido pelo *ius ciuile*), compelir à execução do fideicomisso o fiduciário que se negasse a isso; na época de Cláudio, além dos cônsules, são também competentes nessa matéria dois pretores especiais – os *praetores fideicomissarii* –,[83] os quais, segundo

---

78 *Vlpiani liber singularis regularum*, XXV, 1; mas, em virtude de uma constituição (C. VI, 36, 8, 3) de Teodósio II, exige-se, para os fideicomissos, a presença de cinco testemunhas.

79 D. XXXII, 21, pr.; *Vlpiani liber singularis regularum*, XXV, 2; C. VI, 42, 22.

80 D. XXXII, 11, pr.

81 *Peto, rogo, uolo, fideicommitto* são as palavras geralmente empregadas (cf. Gaio, *Institutas*, II, 249). Para o termo *relinquo, vide* C. VI, 45, 2.

82 *Inst.*, II, 23, 12.

83 DI, 2, 2, 32.

818 | DIREITO ROMANO – *José Carlos Moreira Alves*

parece, foram reduzidos a um, no reinado de Tito;[84] nas províncias, essa competência era dos governadores;[85] e

b) em virtude de sucessivas proibições, a fim de que o fideicomisso – como até então sucedia – não mais servisse de meio para fraudar preceitos legais, vai-se restringindo sua esfera de atuação; assim:

– o *senatusconsulto* Pegasiano, no tempo de Vespasiano, proíbe fideicomisso em favor de pessoas que, em virtude das leis caducárias, não gozam do *ius capiendi*;[86]

– *senatusconsulto* da época de Adriano estabelece que seja recolhido pelo Fisco o que for deixado, em fideicomisso, para peregrino;[87] e

– *senatusconsulto*, decorrente de uma *oratio* de Adriano, proíbe fideicomisso em favor de *personae incertae* (pessoas incertas) ou de *postumi alieni* (póstumos alheios).[88]

Desde então, os fideicomissos particular e universal tomam rumos diversos, tendendo aquele a fundir-se com o legado, e este a transformar-se em verdadeira sucessão hereditária.

Analisemos essas evoluções, separadamente.

356. Fideicomisso particular – O fideicomisso diz-se particular quando o disponente solicita ao fiduciário que entregue ao fideicomissário, dentre os bens por ele deixados com sua morte, um ou alguns determinados.

Desde o princípio até o direito justinianeu – quando fideicomisso e legado se fundem –, as diferenças de tratamento que se observavam entre ambos se vão extinguindo em virtude dos seguintes motivos:

a) já durante o principado, atenua-se acentuadamente o formalismo que se observava nos legados; no direito pós-clássico, ele deixa de existir; assim, fideicomisso e legado prescindem, igualmente, da observância de formalidades rígidas;

b) com as restrições estudadas no número anterior, restringe-se a esfera de atuação do fideicomisso, que – à semelhança do legado – não mais pode ser instituído em favor de certas pessoas a quem falta a *testamenti factio passiua*, ou o *ius capiendi*;

c) estendem-se ao fideicomisso os dispositivos da Lei *Falcidia* relativos ao legado; e

d) com o desaparecimento, no direito pós-clássico, do processo formulário, substituído que foi pela *extraordinaria cognitio*, deixa de existir a diferença que havia, até então, quanto ao processo, entre o fideicomisso (sujeito ao processo extraordinário) e o legado (submetido ao processo formulário).

---

84 D. I, 2, 2, 32.
85 Gaio, *Institutas*, II, 278.
86 Gaio, *Institutas*, II, 286 e 286 *a*.
87 Gaio, *Institutas*, II, 285.
88 Gaio, *Institutas*, II, 287.

No direito justinianeu,[89] dá-se a fusão dos dois institutos; daí declarar o fragmento 1 do livro XXX do *Digesto* (e isso porque foi interpolado):[90]

Per omnia exaequata sunt legata fideicommissis (Em tudo foram igualados os legados aos fideicomissos).

Note-se, porém, que, em rigor, essa equiparação não foi completa, pois, inclusive no direito justinianeu, persistiu uma diferença entre legado e fideicomisso: no legado, a disposição de última vontade é direta (do disponente ao legatário); no fideicomisso, continua ela a ser indireta (entre o disponente e o fideicomissário, há a figura do fiduciário).

357. Fideicomisso universal (*fideicommissum universitatis* ou *hereditas fideicommissaria*) – No fideicomisso universal, o fiduciário é encarregado pelo disponente de transferir ao fideicomissário a totalidade, ou uma cota-parte, da herança.

Pelo fideicomisso universal, alcança-se, na prática, o mesmo resultado que se atinge com a instituição de herdeiro, mas sem a rigidez de formalidades exigida por esta. É certo, no entanto, que, por longo espaço de tempo, os efeitos do fideicomisso universal não foram tão amplos quanto os da instituição de herdeiro: basta salientar que o fideicomissário não era senão um adquirente a título singular, permanecendo o fiduciário, mesmo depois da transferência da herança (ainda que totalmente) àquele, na posição de herdeiro (*heres*), e respondendo, como tal, perante terceiros. Em face disso, havia uma dificuldade a ser transposta: como transferir para o fideicomissário o ativo e o passivo da herança, eximindo-se o fiduciário de responder pelo pagamento das dívidas do *de cuius*? Esse problema não se resolveu de uma só vez, mas recebeu soluções parciais, que, em síntese, foram as seguintes:

a) a princípio, essa transferência se dá pela venda fictícia, considerando-se, assim, o fideicomissário como se fosse *comprador da herança* (*loco emptoris*);

b) posteriormente, com o *senatusconsulto* Trebeliano, é o fideicomissário, para esse fim, reputado herdeiro pretoriano (*loco heredis*);

c) a seguir, em decorrência do *senatusconsulto* Pegasiano, em alguns casos é ele tido como se fosse herdeiro pretoriano; em outros, como se legatário parciário (*vide* nº 348); e

d) finalmente, no direito justinianeu, o fideicomissário é considerado como verdadeiro *heres* (herdeiro).

Examinemos, mais detidamente, as quatro etapas dessa evolução.

A primeira delas se inicia no tempo de Augusto,[91] e vai até 56 d.C., quando surge o *senatusconsulto* Trebeliano. Nela, segundo parece – as fontes não são claras a respeito –, havia uma venda fictícia (*uno nummo* – por um dinheiro) da herança pelo fiduciário ao fideicomissário, na qual, com relação às coisas corpóreas, se utilizavam os modos comuns de transferência do direito de propriedade sobre cada uma delas (assim, por exemplo, a *in iure cessio*), e, quanto aos créditos e débitos do *de cuius*, se celebravam entre ambos as

---

89 C. VI, 43, 2.

90 Cf. Voci, ob. cit., II, p. 237.

91 Antes, como já salientamos atrás, o fideicomisso não era instituto jurídico.

820 | DIREITO ROMANO – *José Carlos Moreira Alves*

stipulationes recíprocas usadas nas vendas de herança (*stipulationes emptae et uenditae hereditatis*), pelas quais o fideicomissário prometia ao fiduciário indenizá-lo do que este pagasse por conta da sucessão, obrigando-se, por sua vez, o fiduciário a entregar ao fideicomissário os créditos que recebesse, na qualidade de herdeiro. Esse sistema, no entanto, acarretava um inconveniente para o fiduciário: ele, que tivera despesas com o pagamento dos débitos do falecido, corria o risco de não ser ressarcido se o fideicomissário não tivesse recursos; por isso, às vezes, o fiduciário renunciava a sucessão, o que acarretava prejuízo ao fideicomissário, que, assim, não recebia os bens deixados em fideicomisso. Demais, o fideicomissário, com referência aos créditos do *de cuius*, corria o risco da insolvabilidade do fiduciário. E, para ambos, havia o transtorno das complexas transferências, de um para o outro, das coisas corpóreas, dos créditos e dos débitos do *de cuius*.

A segunda etapa surge com o *senatusconsulto* Trebeliano, de 56 d.C., que estabeleceu que o fiduciário, por simples convenção com o fideicomissário, lhe transmitia, *iure honorario*, a titularidade da herança. Em face disso, o fideicomissário era considerado como se fosse herdeiro (*loco heredis*), dispondo, por via útil, de todas as ações de que gozava o herdeiro: assim, as ações relativas aos créditos e débitos do *de cuius* eram concedidas ao fideicomissário, ou contra ele, com o caráter de *actiones utiles* com fórmula fictícia[92] – por exemplo, quando o fideicomissário queria cobrar judicialmente um crédito do *de cuius*, o pretor lhe concedia uma fórmula fictícia, em que a ficção era a de reputar-se o fideicomissário como sendo o herdeiro. Por outro lado, o fiduciário, com relação a toda a herança (ou, se fosse o caso, a uma parte alíquota dela), se eximia de responsabilidade; dessa forma, se, por exemplo, um credor do *de cuius*, em vez de mover a ação, para a cobrança do crédito, contra o fideicomissário, a intentasse contra o fiduciário, este, para defender-se, dispunha da *exceptio restitutae hereditatis* (exceção de herança restituída). Mas, apesar de tudo isso, esse segundo sistema ainda apresentava um inconveniente para o fideicomissário: o fiduciário, se lhe devesse transferir toda a herança, não tinha interesse em aceitá-la, e, se a repudiasse, o fideicomisso ficava ineficaz.

Para obviar a esse inconveniente, surgiu – e esta é a terceira etapa –, na época de Vespasiano, o *senatusconsulto* Pegasiano, que atribui ao fiduciário uma parte da herança (*a quarta Pegasiana*, à semelhança da *quarta Falcidia*), na hipótese de o disponente lhe ter ordenado restituísse ao fideicomissário toda a herança, ou mais de três quartas partes dela. E, se ainda assim o fiduciário não quisesse aceitar a herança, o *praetor fideicommissarius*, a pedido do fideicomissário, podia forçar aquele a aceitá-la (*aditio coacta* – aceitação forçada).[93] Com o *senatusconsulto* Pegasiano, instaurou-se um sistema complexo, que, em síntese, era o seguinte:

1 – na hipótese de o fideicomisso abranger toda a herança, ou mais de três quartos dela, há que distinguir:

---

92 Essa é a opinião amplamente dominante, e se baseia num texto da *Paraphrasis Institutionum*, II, 23, 4, de Teófilo. No passado, muitos autores pretendiam que a fórmula, nessas ações *utiles*, fosse com transposição de sujeito (*vide*, a propósito, Cuq, *Manuel de Institutions Juridiques des Romains*, 2ª ed., p. 796, nota 5).

93 Gaio, *Institutas*, II, 258.

a) se o fiduciário aceita a herança e recebe a *quarta Pegasiana*, o fideicomissário é tratado como se fosse legatário parciário (*vide* nº 348), lançando-se mão, para disciplinar-se entre o fiduciário e o fideicomissário a questão dos créditos e dos débitos do *de cuius*, das *stipulationes partis et pro parte*;

b) se o fiduciário, aceita a herança e renuncia a *quarta Pegasiana*, em vez de se empregarem as *stipulationes partis et pro parte*, recorria-se às *stipulationes emptae et uenditae hereditatis*; e

c) se o fiduciário se recusa a aceitar a herança, e é forçado a fazê-lo, perde ele o direito à *quarta Pegasiana*, e se aplica ao fideicomissário o sistema do *senatusconsulto* Trebeliano;

2 – na hipótese de o fideicomisso abranger menos de três quartos da herança:

– também, nesse caso, se aplicam os dispositivos do *senatusconsulto* Trebeliano.

Finalmente, a quarta dessas etapas ocorre na época de Justiniano, que, simplificando o sistema introduzido pelo *senatusconsulto* Pegasiano, estabeleceu que a transmissão da herança, em qualquer hipótese, se faria de acordo com o *senatusconsulto* Trebeliano. Assim, o fideicomissário passa a considerar-se sempre como sendo o herdeiro. Além disso, dos preceitos do *senatusconsulto* Pegasiano apenas dois continuam em vigor:

a) o que atribui ao fiduciário a quarta parte da herança; e

b) o que obriga o fiduciário a aceitar a herança, e a transferi-la ao fideicomissário.

358. Substituição fideicomissária e fideicomisso de família – O fideicomisso particular ou universal podia ser submetido a condição ou a termo suspensivos, hipóteses em que, somente com a ocorrência de um ou de outro, o fiduciário ficava obrigado a transferir ao fideicomissário toda a herança, ou – se fosse o caso – um ou alguns dos bens hereditários.

A isso modernamente se dá a denominação de *substituição fideicomissária*. Os textos romanos, porém, jamais empregam, para designar esses casos, as expressões *substituere* (substituir) ou *substitutio* (substituição), pois, em verdade, neles não há propriamente substituição, mas *ordo sucessiuus* (ordem sucessiva); com efeito, na substituição, o substituto só é chamado para aceitar a herança ou o legado se o instituído não os aceita,[94] ao passo que na chamada *substituição fideicomissária* há disposição de última vontade pela qual o disponente ordena ao fiduciário (herdeiro, ou legatário, ou até fideicomissário) que conserve os bens que lhe são deixados (e que são, assim, por via de regra, inalienáveis),[95] para que, quando da morte do fiduciário, ou em outro momento determinado, ou verificada uma condição, os transfira a terceiro (o fideicomissário). Gaio[96] nos transmitiu a fórmula empregada para a *substituição fideicomissária*:

---

94 Note-se que é possível, com relação ao fideicomisso, ocorrer a substituição verdadeira; isso se dá quando alguém é nomeado fideicomissário para a hipótese em que o primeiro fideicomissário não aceite o fideicomisso.

95 Excepcionalmente, admite-se sua venda (cf. D. XXXII, 38, pr.).

96 *Institutas*, II, 277.

822 | DIREITO ROMANO – *José Carlos Moreira Alves*

Cum Titius heres meus mortuus erit, uolo hereditatem meam ad P. Meuium pertinere (Quando meu herdeiro Tício morrer, quero que minha herança pertença a P. Mévio).

É possível, ainda, que o disponente imponha também ao fideicomissário que conserve a coisa (ou a herança) recebida do fiduciário, e que, ocorrido um termo ou uma condição, a transfira a terceiro, e assim por diante (fideicomisso sucessivo). Nesse caso, o fideicomissário precedente é gravado apenas com relação ao fideicomissário que imediatamente o segue; por isso, se este morrer antes que se verifique o termo ou a condição, aquele fica com os bens hereditários, não mais tendo obrigação de transmiti-los ao fideicomissário seguinte ao que falecera (o fideicomisso, portanto, caduca).

* * *

Uma hipótese particular da chamada *substituição fideicomissária* é o fideicomisso de família (*fideicommissum familiae relictum*), que nada mais é do que um fideicomisso sucessivo no seio de uma família, que pode ser a do disponente ou outra.

O fideicomisso de família foi muito utilizado no direito intermédio para perpetuar o esplendor das famílias nobres.

359. *Mortis causa capiones* – Além de todos os negócios jurídicos *mortis causa* (inclusive as doações *mortis causa*) até agora estudados, há, ainda, as *mortis causa capiones*.

A expressão *mortis causa capiones* designa aquisições em benefício de uma pessoa, em virtude da morte de outra, que não se enquadram em nenhum dos negócios jurídicos *mortis causa* de que tratamos anteriormente. Assim, por exemplo, quando o testador impõe ao herdeiro ou ao legatário uma condição em favor de terceiro ("Que Caio seja meu herdeiro, se entregar 10.000 sestércios a Tício"), a aquisição do benefício pelo terceiro constitui uma hipótese de *mortis causa capio*.

Segundo alguns autores,[97] foram os jurisconsultos pós-clássicos que conceberam as *mortis causa capiones* como categoria de aquisições *mortis causa*, com nome próprio.

No que diz respeito à *testamenti factio*, àcapacitas, à *indignitas*, as *mortis causa capiones* são equiparadas aos legados; é controvertido se o mesmo ocorre para efeito da *quarta Falcidia* e da *portio debita* ou *legitima*.

---

97 Perozzi, *Istituzioni di Diritto Romano*, II, 2ª ed., *reintegrazione* 1949, § 239, p. 714 e segs.

REFERÊNCIAS BIBLIOGRÁFICAS

ALBANESE. *Sul Programma legislativo esposto nel 429. Estudios de Derecho Romano en honor de Alvaro D'Ors*, I. Pamplona, 1987.

ALBERTARIO. *La considetta crise nel metodo interpolazionistico. Studi di Diritto Romano*, V. Milano, 1937.

ALBERTARIO. *Conceptus pro iam nato habetur (Linee di una ricerca storico-dommatica). Studi di Diritto Romano*, I. Palermo, 1957.

ARANGIO-RUIZ. *La Compravendita in Diritto Romano*. Napoli, 1956. vol. II.

ARIAS RAMOS, J. *Derecho Romano*. 8. ed. Madrid, 1966. vol. I.

AUDIBERT. *Études sur l'histoire du Droit Romain*, I. Paris, 1892.

BARBERO. *Sistema Istituzionale del Diritto Privato Italiano*. 3. ed., n° 69, III. Torino, 1950. vol. I.

BEDUSCHI. *Osservazioni sulle nozioni originali di Fas e Ius. Rivista Italiana per le Scienze Giuridiche*, n.s., anno X, 1935.

BERRIAT SAINT-PRIX. *Histoire du Droit Romain, suivie de l'histoire de Cujas*. Paris, 1821

BINDER. *Der Gegenstand, in Zeitschrift für des Gesamte handelsrecht*, n.s., LIX, vol. 44, 1907.

BIONDI. *Prospective Romanistiche*. Milano, 1933.

BIONDI. *Obbietto e metodi della scienza giuridica romana. Scritti di Diritto Romano in onore di Contardo Ferrini*. Milano, 1946.

BIONDI. *Istituzioni di Diritto Romano*. 3. ed., § 29. 1972.

BONFANTE. *Storia del Diritto Romano*, II, 4. ed. Torino: 1994.

BONFANTE. *Il silenzio nella conclusione dei contratti. Scritti Giuridici varii*, III. Torino, 1926.

BOUCHÉ-LECLERCQ. *L'Intolérance Religieuse et la Politique*. Paris, 1911.

BOULARD. L. *Salvus Julianus, son oeuvre – ses doutrines sur la personnalité juridique*. Paris: 1903.

BRAVARD VEYRIÈRE, Pierre Claude Jean Baptiste. *De l'Étude et de l'Enseignement du Droit Romain et des Résultats qu'on peut en attendre*. Paris, 1837.

BROGGINI. *La retroatività della lege nella prospectiva Romanistica. Coniectanea (Studi di Diritto Romano)*. Milano, 1966.

BRUNS. *Die Verschollenheit. Iahrbuch des gemeines deutschen Rechts*, I, 1857.

BRUNS-LENEL. *Geschichte und Quellen des romischen Rechts. Enzyklopädie der Rechtswissenschaft Holtzendorfft, erst Band*. 7. ed. München, Leipzig, Berlin, 1915.

BUCKLAND. *The Romam Law of Slavery*. Cambridge, 1908.

CARNELUTTI. *Istituzioni del Processo Civile Italiano*, I, 5. ed. Roma, 1956.

CATALANO, Pierangelo; STIGER, Hans-Albert; LOBRANO, Giovanni. *America Latina y el Derecho Romano*. Bogotá: Universidad Externado de Colombia, 1985.

CHEVRIER-PIERI. *La Loi Romaine des Burgondes. Ius Romanum Medii Aevi*, pars I, 2 b aa D, Milano, 1969.

CHIAZZESE. *Cristianesimo e diritto, in Bulletino dell'Istituto di Diritto Romano*. vols. X e XI, n.s. 1948.

824 | DIREITO ROMANO – *José Carlos Moreira Alves*

CHIAZZESE, *Introduzione allo Studio del Diritto Romano Privato*. 3. ed., n. 97. Palermo, 1948.

CHIRONI-ABELLO. *Trattato di Diritto Civile Italiano*, I. Torino, 1904.

C. LONGO. *Corso di Diritto Romano (Parte Generale – Fatti Giuridici – Negozi Giuridici-Atti Illecit; Parte Speciale – La compra-vendita)*. Milano, sem data.

CLARK. *History of Roman Private Law, Part III – Regal Period*. Cambridge, 1919.

COLLINET. *Histoire de l'école de droit de Beyrouth*. Paris, 1925.

CORNIL, Georges. *Droit Romain*. Bruxelles: Librairie des Sciences juridiques, 1930.

COVIELLO. *Manuale di Diritto Civile Italiano – Parte Generale*. 3. ed., § 130. Milano, 1924.

CRUZ, Sebastião. *Atualidade e Utilidade dos Estudos Romanísticos*. 3. ed. (reimp.). Coimbra, 1985.

CUQ, P. *Les Institutions Juridiques des Romains*, II (*Le Droit Classique et Le Droit du Bas-Empire*). Paris, 1902.

CZYHLARZ. *Lehrbuch der Institutionen des Römischen Rechtes*, 11. ed e 12. ed. 1908.

DALLA. *Status e rilevanza dell'"ostentum". Ricerche di Diritto delle Persone*. Torino, 1995.

DALLA. *L'incapacità Sessuale in Diritto Romano*. Milano, 1978.

DE FRANCISCI, Pietro. *Punti di orientamento per lo studio del Diritto. Rivista Italiana per le Scienze Giuridiche*. vol. LXXXVI (1949).

DE FRANCISCI, Pietro *de. Storia del Diritto Romano*, I. Milano: A. Giuffre, 1943.

DE FRANCISCI. *La revocatio in servitutem del liberto ingrato. Mélanges de Droit Romain Dediés à Georges Cornil*, I. Grand-Paris, 1926.

DELL'ORO, Aldo. *Il Digesto di Giustiniano e la Legge delle Citazioni. Synteleia Vincenzo Arangio--Ruiz*, I. Napoli, 1964.

DESSERTEAUX. *Études sur la formation historique de la capitis deminutio*. Paris, 1909-1928. 3 tomos (em 4 fascículos).

DI MARZO. *Le Basi Romanistiche del Codice Civile*. Torino, 1950,

DONATUTI. *Lo Statulibero*. Milano, 1940.

DÜLL. *Über Ansätze direkter Stellvertretung in frührepublikanischen Römischen Recht. Zeitschrift der Savigny-Stiftung für Rechtsgeschichte, Romanistische Abteilung*, LXVII. 1950.

ELIACHEVITCH. *La Personnalité Juridique en Droit Privé Romain*. Paris, 1942.

FERRARA. *Trattato di Diritto Civile Italiano*, vol. I, parte I, nº 183. Roma, 1921.

FINETTI. *Storia della ricerca delle interpolazioni nel Corpus Iuris Giustinianeo*, Milano, 1953.

FLACH. *Études Critiques sur l'Histoire du Droit Romain au Moyen. Age*. Paris, 1890.

FREZZA, P. *Corso di Storia del Diritto Romano*. Roma: Studium, stampa 1954.

FUNAIOLI. *Ancora sull'età di Petronio. A proposito della manumissio per mensam, in Bullettino dell'Istituto di Diritto Romano*, vol. III, n.s. 1936-1937.

GALLO. *Interpretazione e Formazione Consuetudinaria del Diritto*. Torino, 1971.

GAUDEMET. *Institutions de l'Antiquité*, nº 413. Paris: 1967.

GAUDEMET. *Le Bréviare d'Alaric et les Epitome. Ius Romanum Medii Aevi*, pars I, 2 b aa B. Milano, 1965.

GIORDANI, Mario. *O Código Civil à Luz do Direito Romano – Parte Geral*, Rio de Janeiro, 1992.

GIORDANI, Mario. *O Código Civil à Luz do Direito Romano – Parte Especial – Livro I – Do Direito de Família*. Rio de Janeiro, 1996.

GIRARD. *Textes de Droit Romain*. 6. ed. Paris, 1937.

REFERÊNCIAS BIBLIOGRÁFICAS | **825**

GROSSO, Giuseppe. *Lo Studio del Diritto Romano. Premesse Generali al Corso di Diritto Romano.* 4. ed. Torino, 1965.

GOPPERT. *Ueber Einheitliche Zusammengesetzte und Gesamt Sachen.* Halle, 1871.

GROSSO. *Riflessioni in tema de "ius publicum". Studi in onore di Siro Solazzi.* Napoli, 1948.

GUARINO, Antonio. *La Compilazione dei "Digesta Iustiniani". Studi in Onore di Gaetano Scherillo*, II. Milano, 1972.

GUARINO. *Diritto Privato Romano.* 12. ed., n. 25. 3. Napoli, 2001.

GUARINO. *Ordinamento Giuridico Romano.* 5. ed. nº 13. Napoli, 1990.

HEUMANN-SECKEL. *Handlexikon zu den Quellen des Römischen Rechts.* 9. ed., vb. *Família.* Jena: Fischer, 1907.

HOMO, Léon. *L'Italie Primitive et les débuts de l'impérialisme romain.* Paris, 1923.

HUVELIN, Paul. *Cours Élémentaire de Droit Romain.* Paris, Sirey, 1927-1929. vol. I.

IMPALLOMENI. *In tema di vitalità e forma umana come requisiti essenziali alla personalità. Iura (Rivista Internazionale di Diritto Romano e Antico), XXII – parte prima,* 1971.

ISNARDI. *Principio e Termine della Personalita dell'Individuo il codice civile.* Torino, 1896.

JÖRS-KUNKEL-WENGER. Römisches Recht, 2. ed., § 45. 1949.

KASER. *Der Begrif der Stellvertretung. Romanitas,* I. 1958.

KASER, Max. *Las Interpolaciones en las fuentes jurídicas romanas.* trad. Coma e Gallenkamp, Madrid. Sem data.

KASER. *Das Altrömisches Ius.* Göttingen, 1949.

KOSCHAKER. *Europa und das Romische Recht.* 2. ed. München und Berlin, 1953.

KOHLER. *Pfandrechtlich Forschungen,* § 4º, Iena: fischer, 1882.

KUNKEL. *Herkunft und Soziale Stellung der Romischen Juristen.* Weimar, 1952.

KUHLENBECK. *Die Entwicklungsgeschichte des Römischen Rechts, II Band (Das System des Römischen Rechts).* München, 1913.

LAMBERTINI. *La Problematica della Comorienza nell'Elaborazione Giuridica Romana.* Milano, 1984.

LONGO C.; SCHERILLO. *Storia del Diritto Romano.* Milano, 1935.

M. HONORÉ E ALAN RODGER, *How the Digest Commissioners worked, in Zeitschrift der Savigny- -Stiftung für Rechtsgeschichte – Romanistische Abteilung,* vol. 87. 1970.

MANTOVANI. *Digesto e Masse Bluhmiane.* Milano, 1987.

MARKY. *Appunti sul problema della retroattività delle norme giuridiche nel Diritto Romano. Bulletti-no dell'Istituto di Diritto Romano, nuova serie,* vols. XII-XIII (vols. LIII-LIV *della Collezione*).

MASCHI, Carlo Alberto. *Omissioni nel manoscritto veronese delle istituzioni di Gaio e ricostru-zione del Diritto Romano. Conferenze Romanistiche (Universitário degli Studi di Trieste).* Milano, 1967.

MATOS PEIXOTO, José Carlos de. *Curso de Direito Romano,* I. 4. ed., n. 11. Rio de Janeiro: Renovar, 1997.

MISPOULET. *La Vie Parlementaire à Rome sous la République.* Paris, 1899.

MODICA. *Introduzionne allo Studio della Papirologia Giuridica.* Milano, 1914.

MOMMSEN. *Romische Forschungem, erster Band.* Hildsheim, 1962.

MONIER. *Manuel Élémentaire de Droit Romain,* I, 6ª ed., nº 175. Paris, D. Montchrestien, 1947.

MONIER. *Vocabulaire de Droit Romain.* Paris, 1948.

826 | DIREITO ROMANO – *José Carlos Moreira Alves*

MONIER. *Manuel Élémentaire de Droit Romain*, I. 6. ed., n° 223, 1944.

MOREL. *Le "Sepulchrum". Étude de Droit Romain*. Paris, sem data.

MOREIRA ALVES, José Carlos. *Panorama da Literatura Romanística no Brasil*. Index, VI. *Arquivos do Ministério da Justiça*, n° 164, ano 39, 1976.

MOREIRA ALVES, José Carlos. *As Vicissitudes do Ensino do Direito Romano. Revista da Faculdade de Direito da Universidade Federal do Ceará*, vol. 30, n° 2. 1992.

MOREIRA ALVES, José Carlos. *Aspectos do Ensino do Direito Romano na Faculdade de Direito de São Paulo durante o Império. Revista da Faculdade de Direito da Universidade de São Paulo*, vol. 86, 1991.

MOREIRA ALVES, José Carlos. *Tradição Metodológica no Ensino do Direito Romano e Direito Civil. Fragmenta (Revista da Faculdade de Direito "Tiradentes")*, n° 3. 1987.

MÜHLENBRUCH. *Doctrina Pandectarum*. Bruxellis, 1838.

NARDI. *Squilibrio e Deficienza Mentale in Diritto Romano*. Napoli, 1983.

NARDI, Enzo. *Códice Civile e Diritto Romano*. Milano, 1997.

NOAILLES, *Les Collections de Novelles de l'empereur Justinien*. Paris: 1912. vol. I (*Origine et formation sous Justinien*).

OERTMANN. *Die Rechtsbedingung (condicio iuris)*. Leipzig, 1924.

ORESTANO, Riccardo. *I Fatti di Normazione nell'Esperienza Romana Arcaica*, n° 15. Torino, 1967.

ORESTANO. *Dal ius al fas – rapporto fra diritto divino e umano in Roma dell'età primitiva all'età clássica. Bullettino dell'Istituto di Diritto Romano*, vol. V, n.s., 1939.

PAMPALONI. *Persone in "causa mancipii" nel diritto romano giustinianeo. Bullettino dell' Istituto di Diritto Romano*, vol. 17. 1905.

PEROZZI. *Istituzioni di Diritto Romano*, I, 2ª ed. Torino, Giappichelli, 1946.

PERNICE. *Die sogenannten res communes omnium. Festgabefür Heinrich Dernburg zum fünfzigjährigen Doktorjubiläum am 4 April 1900*. 1900.

PETRUS BROME S. I., *Die Judengesetzbung Justinians. Miscellanea Juridica Justiniani et Gregorii IX legibus Commemorandis*. Roma, 1935.

POMMERAY. *Études sur l'infamie en droit romain*. Paris, 1937.

PRINGSHEIM. *Ueber die Basilikem-Scholien, in Zeitschrift der Savigny-Stiftung für Rechtsgeschichte – Romanistische Abteilung*, vol. 80. 1963.

PUCHTA. *Cursus der Institutionen*, II. 5. ed., § 214. Leipzig, 1857.

PUGLIESE. *Istituzioni di Diritto Romano, Parte Seconda*, n° 117, 1, II.

PULITANÒ. *Studi sulla Prodigalità nel Diritto Romano*. Milano, 2002.

RABEL. *Grundzügedes romischen Privatrechts*, § 120. Basel: B. Schwabe, 1955.

RANELLETTI. *Il silenzio nei negozi giuridici. Rivista Italiana per le scienze giuridiche*, XII.1892.

RICCOBONO. *La Lex XII Tabularum. Scrittidi Diritto Romano*, vol. I, *Studi sulle Fonti*, Palermo, 1957.

RICCOBONO. *Lineamenti della Storia delle Fonti e del Diritto Romano*. Milano: Giuffrè, 1949.

ROBLEDA. *Introduzione allo Studio del Diritto Privato Romano*. 2. ed. Roma, 1979.

RUBINO, Joseph. *Ueber den Entwickelungsgang der Romischen Verfassung bis zum Höhepunkte der Republik*, I. Kassel, 1839.

SAVIGNY. *Neu entdeckte Quellen des Römisches Rechts. Vermischte Schriften*, vol. 3. Berlin, 1850.

SAVIGNY. *Storia del Diritto Romano nel Medio Aevo*. Trad. Bollati. Roma, 1972. vols. II e III.

REFERÊNCIAS BIBLIOGRÁFICAS | 827

SCHEURL. *Zur Lehre von den Nebenbestimmungen bei Rechtsgeschäften. Erlangen*, 1871.

SCIALOJA. *Negozio Giuridici.* 5. ed., n° 51. Roma, 1950.

SCHULZ. *History of Roman Legal Science.* Oxford: The Clarendon Press, 1946.

SCOGNAMIGLIO. *Contributo alla Teoria del Negozio Giuridico*, n° 106. Napoli, 1950.

SHERWIN-WHITE. *The Roman Citizenship.* Oxford, 1939.

SIBER, Heinrich. *Römisches Verfassungsrecht in geschichtlicher Entwicklung.* Lahr, 1952.

SHERMAN. *Roman Law in the Modern World.* 3. ed. New York, 1937. v. I.

SOHM, R. *Institutionen – Geschichte und System des Römischen Privatrechts.* 14. ed., § 32. Munchen, 1956.

SOHM-MITTEIS-WENGER. *Institutionen – Geschichte und System des Römischen Privatrechts.* 17. ed., § 45, Berlim, 1949.

SOLAZZI. *Fra norme romane antisemite. Bullettino dell'Istituto di Diritto Romano*, XLIV, 1936-1937 (artigo republicado *in Scritti di Diritto Romano*, vol. III – 1925/1937. Napoli, 1960.

SPERANDIO, Marco Urbano. *Codex Gregorianus Origini e Vicende.* Napoli, 2005.

STINTZING. *Geschichte der Deutschen Rechtswissenschaft, erste Abteilung.* München & Leipzig, 1880.

SUÁREZ, Ursicino Alvarez. *Interés del cultivo actual del Derecho Romano. Horizonte actual del Derecho Romano*, 1944.

TALAMANCA. *Istituzioni di Diritto Romano*, n° 63. Milano, 1990.

TAUBENSCHLAG. *The Law of Greco-Roman Egypt in the Light of the Papyri.* 2. ed., § 37. Warszawa, 1955.

TEDESCHI. *Contributo allo studio del domicilio in diritto romano. Rivista Italiana per le Scienze Giuridiche*, 1932.

ULPIANO. *Liber singularis regularum*, XI. São Paulo: Edipro, 2002.

VISSCHER. *Le Régime Romain de la Noscalité.* Bruxelas, 1947.

VOCI. *Istituzioni di Diritto Romano.* 3. ed., § 2ª, III. Milano, 1954.

VOCI. *Manuale di Diritto Romano, I, Parte Generale.* 2. ed. Milano, 1984.

ZACHARIAE VON LINGENTHAL, *Geschichte des Griechisch-Römischen Rechts.* Aalen, 1955.

ZOCCO-ROSA. *Il comento di Gaio alla legge delle XII tavole. Rivista Italiana per Le Scienze Giuridiche*, V, 1888.

WEBER. *Systematische Entwicklung der Lehre von den natürlichen Verbindlickeiten.* 1784.

WENGER. *Die Quellen des Romisches Rechts*, § 65, III. Wien, 1953.

WIEACKER. *Zur Technik der Kompilatoren, in Zeitschrift der Savigny-Stiftung für Rechtsgeschichte – Romanistische Abteilung.* vol. 89, 1972.

ÍNDICE ALFABÉTICO DE ASSUNTOS

(Neste índice, os números se referem ao item em que o tema foi tratado,
exceto se precedidos da palavra *nota*.)

– A –

Abdicatio, nota 121 do capítulo XLVIII
Abdicatio tutelae, 299
Abertura do testamento, 321
Ação arbitrária, 131
Ação confessória útil, 164
Ação de regresso, 197
Ação mista, 131 e 137
Ação penal, 131
Ação perpétua, 131 e 137
Ação reipersecutória, 131
Ação temporal, 131 e 137
Acceptilatio literal, 221
Acceptilatio verbal, 221
Acessão, 154
Accusatio suspecti tutoris, 299
Ações da lei, 116, 117, 122, 123, 124, 125 e 126
Ações especiais, 137
Ações gerais, 137
Actio ad exhibendum, 156
Actio ad supplendam legitimam, 330
Actio aestimatoria, 242
Actio aquae pluuiae arcendae, 156
Actio auctoritatis, 242
Actio Caluisiana, 331
Actio certae creditae pecuniae, 238 e nota 54 do capítulo XIX
Actio commodati contraria, 231
Actio commodati directa, 231
Actio communi diuidundo, 153, 244 e 258
Actio conducti, 244
Actio confessoria in rem, 164
Actio de arboribus succisis, 267
Actio de dote, 292

Actio de liberis agnoscendis, nota 174 do capítulo XLIX
Actio de partu agnoscendo, nota 174 do capítulo XLIX
Actio de pastu pecoris, 267
Actio de pauperie, 267
Actio de peculio et de in rem verso, 277
Actio de superficie in rem, 181
Actio depensi, nota 47 do capítulo XXXII
Actio depositi contraria, 232
Actio depositi directa, 232
Actio de positis et suspensis, 269
Actio directa, 131
Actio doli, 113, 131, 196 e 247
Actio dotis, 292
Actio duplex, 339
Actio empti, 242
Actio exercitoria, 277
Actio ex stipulatu, 212 e 229
Actio ex testamento, 350
Actio Fabiana, 331
Actio familiae erciscundae, 260, 339 e 347
Actio fiduciae, 184
Actio fiduciae contraria, 230
Actio fiduciae directa, 230
Actio furti, 156
Actio furti concepti, 264
Actio furti manifesti, 264
Actio furti nec manifesti, 264
Actio furti non exhibiti, 264
Actio furti oblati, 264
Actio furti prohibiti, 264
Actio hypothecaria, 186 e 188
Actio iniuriarum aestimatoria, 266
Actio iniuriarum legitima ex lege XII *Tabularum*, 266

830 | DIREITO ROMANO – José Carlos Moreira Alves

Actio institoria, 277
Actio iudicati, 130 e 135
Actio legati, 350
Actio legis Aquilae, 267
Actio locati, 244
Actio mandati contraria, 215 e 243
Actio mandati directa, 243
Actio negatoria, 156
Actio negottorum gestorum contraria, 257
Actio negotiorum gestorum directa, 257
Actio operarum, 236
Actio pecuniae constitutae, 215 e 229
Actio pigneraticia in rem, 188
Actio praescriptis verbis, 247 e 248
Actio pro socio, 197 e 244
Actio protutelae, nota 70 do capítulo L
Actio Publiciana, 151
Actio quanti minoris, 242
Actio quasi Seruiana, 186 e 188
Actio quod iussu, 277
Actio quod metus causa, 113
Actio rationibus distrahendis, 299
Actio redhibitoria, 242
Actio rei uxoriae, 292
Actio sacramenti in personam, 125
Actio sacramenti in rem, 125 e 154
Actio Seruiana, 186
Actio Seruiana utilis, 186 e 188
Actio subsidiaria, 299
Actio tributoria, 277
Actio tutelae, 299
Actio uenditi, 242
Actio ui bonorum raptorum, 265
Actio utilis, 131
Actio utilis ex causa interdicti, 137
Actio utilis ex empto, 221
Actiones adiecticiae qualitatis, 277
Actiones ciuiles, 131
Actiones com transposição de sujeito, 131
Actiones ficticiae, 131
Actiones honorariae, 131
Actiones in factum, 131
Actiones in personam, 131, 139 e 190
Actiones in rem, 131, 139 e 190
Actiones legis Aquiliae utiles, 267
Actiones praeiudicales, nota 31 do capítulo XIX
Addictus, 86
Ademptio legati, 353
Adgnatus proximus, 323

Adiectus solutionis causa, 221, I, *b*; e nota 6 do capítulo XXXVI
Aditio coacta, 356
Aditio nuda uoluntate, 336
Adiudicatio, 128, 154, 155 e 171
Adoptio, 276
Adoptio ad solacium amissorum liberorum, nota 23 do capítulo XLVIII
Adoptio in fratrem, nota 12 do capítulo XLVIII
Adoptio minus plena, 276
Adoptio plena, 276
Adpromissio, nota 39 do capítulo XXXII
Ad-rogação testamentária, nota 31 do capítulo XIX
Adrogatio, 276 e 305
Adsignatio libertorum, 316
Adstipulatio, nota 6 do capítulo XXXVII
Adstipulator, 221, I, *b*; e nota 6 do capítulo XXXVII
Adversaria, 238
Adulterium, 296
Aequitas, 65
Aestimatum, 249
Affectio maritalis, 285
Affectio societatis, 244
Affectio tenendi, 143
Afinidade, 85
Ager adsignatus, 179
Ager occupatorius, 179
Ager quaestorius, 179
Ager uectigalis, 179
Agnatio, 85
Agnatio postumi, 77
Album iudicum, 121
Alienação mental, 94
Alimentos, 293
Alluuio, 154
Alueus derelictus, 154
Anatocismo, 229
Animus, 143
Animus domini, 143
Animus donandi, 253
Animus furandi, 264
Animus lucri faciendi, 264
Animus nouandi, 221
Animus possidendi, 143
Animus societatis, 244
Antichresis, 188
Antigo contrato literal romano, 238
Aparatos, 46

ÍNDICE ALFABÉTICO DE ASSUNTOS | **831**

Apelação, 135
Apoceryxis, nota 121 do capítulo XLVIII
Apocha, 221
Applicatio, 10
Appositio custodis, 154
Aquisição de frutos, 154
Aquisição de tesouro, 154
Aquisição *ex lege*, 154
Arbiter, 121
Arbitrium liti aestimandae, 125
Arras, 212
Arras esponsalícias, 287
Arrha confimatoria, 212
Arrha poenitentialis, 212
As, 317
Ato ilícito, 108
Ato jurídico em sentido amplo, 108
Ato jurídico em sentido estrito, 108
Atos emulativos, 152
Auctoramentum, 86
Auctoritas, 154
Auctoritatis interpositio, 299 e 301
Auctoratus, 86
Ausência, nota 32 do capítulo XII
Authenticum, nota 21 do capítulo V
Autodefesa privada, 115
Auulsio, 154

– B –

Barbari, 84
Basílicas, 43
Beneficium abstinendi, nota 5 do capítulo LV
Beneficium cedendarum actionum, 197 e 214
Beneficium competentiae, 204, 292 e 293
Beneficium dationis in solutum, 204 e nota 28 do
   capítulo XXXIV
Beneficium diuisionis, 197, 214 e 215
Beneficium excussionis, 197, 214 e 215
Beneficium inuentarii, 338
Beneficium ordinis, 197, 214 e 215
Beneficium separationis, 333
Benfeitoria, 104
Bigamia, 289
Bona, 83
Bona aduenticia, 277
Bona caduca, 335
Bona fides, 154
Bona materna, 277

Bona materni generis, 277
Bona parapherna, 292
Bonorum possessio, 310, 313, 320, 324, 327, 329,
   331, 341 e 342
Breuiarum alaricianum, 37

– C –

Caelibes, 335
Canon, 178
Capacidade de fato, 81, 93 e segs.
Capacidade jurídica, 80
Capacitas, 335, 349, 353 e 359
Capitis deminutio, 88 e segs., e 221
Características do direito romano clássico, 57
Características do direito romano pós-clássico, 58
Características do direito romano pré-clássico, 56
Casamento, 282 e segs.
Casamento de homossexuais, nota 8 do capítulo
   XLIX
Caso fortuito, 207
Causa, 109 e nota 28 do capítulo XVI
Causa *curiana*, 318
Causae coniectio, 124
Causae peroratio, 124
Causas que extinguem a capacidade jurídica, 87
   e segs.
Causas restritivas da capacidade jurídica, 86 e segs.
Cautio damni infecti, 156
Cautio de amplius non turbando, 164
Cautio legatorum seruandorum causa, 350
Cautio muciana, nota 49 do capítulo XVI
Cautio rei uxoriae, 292
Cautio usuaria, 174
Cautio usufructuaria, 170
Cautiones discretae, 240
Censores, 16 e 28
Centumuiri, 121
Cessão de crédito, 217
Cessão de débito, 218
Cessio bonorum, 130
Chirographum, 221, 239 e 240
Circunscriptio adulescentium, 303
Ciues, 84
Cláusula arbitrária, 231, *c*
Cláusula codicilar, 344
Cláusula penal, 212
Clientela, 10
Coação, 113

832 | DIREITO ROMANO – *José Carlos Moreira Alves*

Codex accepti et expensi, 238
Codicilo, 343, 353 e 355
Código, 39 e 40
Código Gregoriano, 37
Código Hermogeniano, 37
Código Teodosiano, 37
Coemptio, 278
Coemptio testamenti faciendi causa, 314
Coemptio tutelae euitandae causa, 300
Cognatio, 85
Cognatio ciuilis, nota 4 do capítulo XLVII
Cognatio naturalis, nota 4 do capítulo XLVII
Cognitio extraordinaria, 133 e segs.
Cognitio in rem suam, 217 e 218
Cognitor, 129
Coisa, 100 e segs.
Coisa acessória, 104
Coisa coletiva, 103
Coisa composta, 103
Coisa consumível, 103
Coisa corpórea, 103
Coisa divisível, 103
Coisa *extra commercium*, 105
Coisa *extra patrimonium*, 105
Coisa fungível, 103
Coisa imóvel, 103
Coisa *in commercio*, 105
Coisa inconsumível, 103
Coisa incorpórea, 103
Coisa indivisível, 103
Coisa infungível, 103
Coisa *in patrimonio*, 105
Coisa móvel, 103
Coisa principal, 104
Coisa simples, 103
Collatio bonorum, 339
Collatio descendentium, 339
Collatio dotis, 339
Collatio emancipati, 339
Collectio graeca, nota 21 do capítulo V
Colônias, 20
Colonia partiaria, 244
Colono, 86
Comes rerum priuatarum, 34
Comes sacrarum largitionum, 34
Comício da plebe, 19 e 28
Comício por centúrias, 19 e 28
Comício por cúrias, 11, 19 e 28
Comício por tribos, 19 e 28

Comistão, 154
Comitia calata, 12
Communio incidens, 260
Comodato, 231
Comoriência, 92
Compensatio, 222
Competência, 120
Compilações pré-justinianeias, 37
Composse, 145-a
Compra e venda, 242
Compromissum, 252
Concubinato, 296
Concursus causarum, 221
Condemnatio, 128
Condição, 112
Condictio, 125
Condictio causa data causa non secuta, 247, 248 e 258
Condictio cautionis, 240 e 258
Condictio certae rei, 229
Condictio ex lege, 252 e 271
Condictio ex poenitentia, 248
Condictio furtiua, 264 e nota 34 do capítulo XLIII
Condictio indebiti, 258
Condictio ob causam datorum, 247
Condictio ob iniustam causam, 258
Condictio ob rem dati, 247 e 248
Condictio ob turpem causam, 258
Condictio propter poenitentiam, 248
Condictio sine causa, 240
Condictio triticaria, 229
Condictiones, 258
Condomínios, 153
Confarreatio, 278
Confessio in iure, 129
Confessoria ususfructus, 173
Confusão, 154 e 221
Confusio, 221
Confusio impropria, 221
Consensus, 303
Consilium domesticum, 277, A, e 279
Consilium principis, 29
Consistorium, 122 e 136
Consolidatio, 172
Consortium inter fratres, 153 e 244
Constituições imperiais, 31 e 36
Constitutum, 252
Constitutum debiti alieni, 212, 213 e 215
Constitutum debiti proprii, 212

ÍNDICE ALFABÉTICO DE ASSUNTOS | 833

Constitutum possessorium, 154
Cônsules, 16, 28 e 119
Consultatio ueteris ciuiusdam iurisconsulti, 37
Conteúdo das obrigações, 203
Conteúdo do direito subjetivo, 100
Contradictio, 135
Contrarius consensus, 221
Contrato, 223 e segs.
Contrato a ser cumprido por terceiro, 225
Contrato bilateral, 225
Contrato bilateral imperfeito, 226
Contrato consensual, 226 e 241 e segs.
Contrato de boa-fé, 226
Contrato de direito estrito, 226
Contrato em favor de terceiro, 225
Contrato gratuito, 226
Contrato inominado, 246 e segs.
Contrato literal, 226, 237 e segs.
Contrato literal do direito justinianeu, 240
Contrato obrigatório, 223
Contrato oneroso, 226
Contrato real, 226, 228 e segs.
Contrato real inominado, nota 2 do capítulo XL
Contrato sinalagmático, 226
Contrato unilateral, 226
Contrato verbal, 226, 243 e segs.
Contrectatio rei, 264
Contumácia, 135
Conubium, 288
Conuentio in manum, 278, 279, 286, 292 e 305
Conversão do negócio jurídico, 113
Corporações, 97 e 99
Corpus, 143
Corpus Iuris Ciuilis, 39, 40 e 58
Costume, 13, 21 e 31
Cretio, 336
Cretio continua, 336
Cretio imperfecta, 336
Cretio perfecta, 336
Cretio uulgaris, 336
Crimen expilatae hereditatio, 334
Cristianismo, 42
Culpa, 206 e 267
Culpa aquiliana, 206
Culpa *in abstracto*, 206
Culpa *in concreto*, 206 e 231
Culpa *lata*, 206 e 232
Culpa *leuis*, 206 e 231
Cúria, 10

Curatela, 297 e segs.
Curatela dos loucos, 301
Curatela dos pródigos, 302
Curatela dos púberes menores de 25 anos, 303
Curator bonorum, nota 122 do capítulo L
Curator honorarius, 302
Curator legitimus, 302
Curator uentris, nota 122 do capítulo L
Custódia, 207, 231, 232 e 233

– D –

Damnum emergens, 208
Damnum iniuria datum, 267
Dano moral, nota 36 do capítulo XXXI
Dare, 194
Datio in adoptionem, 276
Datio in solutum, 221
Datio in solutum necessaria, nota 28 do capítulo XXXIV
Debitum, 192
Decenuiri legibus scribundis, 22
Decenuiri stilitibus iudicandis, 121
Declaração unilateral de vontade, 270 e segs.
Decreta, 31
Deductio, 162 e 171
Defensor ciuitatis, 119 e 299
Definitiones, 32
Delegatio, 221
Delito privado, 262
Delito público, 262
Dementes, 94
Demonstratio, 128
Denegatio, 129
Deportação, nota 180 do capítulo XLIX, 294
Depositio, 154
Depositio in publico ou *in aede*, 221, I, "e"
Depósito, 232
Depósito irregular, 232
Depósito miserável, 232
Depósito necessário, 232
Depósito ordinário, 232
Deserdação, 329
Desuso, 31, nota 3 do capítulo V e nota 22 do capítulo VIII
Detenção, 143
Denuntiatio ex auctoritate, 135
Dever jurídico, 70
Dias fastos, 14 e 122

834 | DIREITO ROMANO – *José Carlos Moreira Alves*

Dias nefastos, 14 e 122
Dies cedens, 349
Dies ueniens, 349
Difarreatio, 281
Digesta, 32
Digesto, 39 e 40
Diocese, 35
Direito a alimento entre os cônjuges, nota 121 do capítulo XLIX
Direito a alimento entre pais e filhos, 293
Direito bizantino, 43
Direito comum, 46 e 47
Direito de acrescer, 339
Direito de acrescer entre colegatários, 352
Direito de regresso, 197 e 214
Direito de representação, 322
Direito de retenção, 210, 230, 231 e 232
Direito objetivo, 60 e segs.
Direito objetivo no espaço e no tempo, 68
Direito subjetivo, 60, 70 e segs.
Direitos pessoais, 138 e 190
Direitos reais, 138 e segs., e 190
Disputationes, 32
Ditadura, 16
Diuortium bona gratia, 294
Diuortium communi consensu, 294
Diuortium ex iusta causa, 294
Diuortium sine iusta causa, 294
Divórcio, 294
Doação, 253 e segs.
Doação com encargo, 249
Doação *mortis causa*, 255
Doação remuneratória, 255
Doação *sub modo*, 255
Doação universal, 255
Doações entre cônjuges, 292
Doações *inter uiuos*, 254
Doações liberatórias, 253
Doações obrigatórias, 253
Doações reais, 253
Dolo, 113 e 205
Dominato, 33 e segs.
Domicílio, 85-a
Domínio direto, 178
Domínio útil, 178
Donatio ante nuptias, 292
Donatio imperfecta, 254
Donatio perfecta, 254
Donatio propter nuptias, 292

Dos aduenticia, 292
Dos necessaria, 292
Dos profecticia, 292
Dos recepticia, 292
Dote, 292
Dotis datio, 292
Dotis dictio, 236 e 292
Dotis promissio, 292
Duouiri perduellionis, 8 e 16
Duplex substitutio, 318
Duplicatio, 128
Duunuiri iure dicundo, 119

– E –

Eceoga legum compendiaria, 43
Edicta, 31
Edictum Perpetuum, 31
Edictum Theodorici Regis, 37
Edis curuis, 16 e 28
Edis da plebe, 16 e 28
Editio actionis, 129
Edito dos magistrados, 21 e 31
Efeitos das obrigações, 204
Effusum et deiectum, 296
Emancipatio, 280
Emptio rei speratae, 242
Emptio spei, 242
Emptio uenditio, 242
Enchiridia, 32
Enfiteuse, 178 e segs.
Enriquecimento sem causa, 258
Ensino do Direito, 23 e 38
Epitome Juliani, nota 21 do capítulo V
Ereptorium, 335
Erro, 113
Erroris causae probatio, 84
Escola Culta, 47
Escola Elegante, 47
Escola Histórica Alemã, 51
Escólios às Basílicas, 43
Escravidão, 83
Especificação, 154
Esponsais, 287
Evicção, 242
Exceptae personae, 335
Exceptio, 128 e 137
Exceptio doli, 113, 131, 156 e 240
Exceptio iusiurandi, 252

ÍNDICE ALFABÉTICO DE ASSUNTOS | 835

Exceptio Legis Cinciae, 254
Exceptio metus, 113
Exceptio ne praeiudicius fiat hereditati, 340
Exceptio non adimpleti contractus, nota 18 do capítulo XXXV
Exceptio non numerate pecuniae, 240
Exceptio pacti conuenti, 250 e 251
Exceptio rei iudicatae uel in iudicium deductae, 129
Exceptio rei uenditae et traditae, 151
Exceptio restitutae hereditatis, 357
Exceptio Senatusconsulti Velleiani, 213
Execução de sentenças, 130 e 135 *in fine*
Exheredatio, 329
Exheredatio ex certa re, nota 3 do capítulo LIV
Expromissio, 221
Extinção das obrigações, 219 e segs.

– F –

Facere, 194
Facultas abstinendi, nota 5 do capítulo LV
Falsus procurator, 243
Falsus tutor, nota 70 do capítulo L
Família *comuni iure*, 273
Família em sentido restrito, 273
Família natural, 273, 282 e segs.
Família *proprio iure*, 273, 274, 275 e segs.
Fas, 63
Fato jurídico em sentido amplo, 107 e segs.
Fato jurídico em sentido restrito, 108
Fato jurídico voluntário, 108
Favor debitoris, nota 34 do capítulo V
Ferruminatio, 154
Fiança, 213 e 214
Ficção codicilar, 343
Fideicomisso, 355 e segs.
Fideicomisso de família, 358
Fideicomisso particular, 355 e 356
Fideicomisso sucessivo, 358
Fideicomisso universal, 355 e 357
Fideicomisso *uniuersitatis*, 357
Fideiussio, 213 e 214
Fideiussio indemnitatis, nota 54 do capítulo XXXII
Fidepromissio, 213 e 214
Fiducia, 228 e 230
Fiducia cum amico, 230
Fiducia cum creditore, 183, 184, 187 e 230
Filhos *iusti*, 293
Filhos *legitimi*, 293

Filhos *spurii*, 293
Filhos *uulgo quaesiti*, 293
Filiação, 293
Foenus nauticum, 229
Fontes das obrigações, 199 e segs.
Fontes do direito objetivo, 67
Força maior, 207
Forma humana, 77
Fórmula, 128
Fragmenta Interpretationis Gai Institutionum Augustodu neusia, nota 29 do capítulo IV
Fragmenta quae dicuntur vaticana, 37
Fraude à lei, 113
Fraus creditorum, nota 87 do capítulo XIX
Fructus sine usu, nota 22 do capítulo XXV
Fruto, 104, 154 e 156
Fundação, 97 e 98
Furiosi, 94
Furtum, 264
Furtum conceptum, 264
Furtum manifestum, 264
Furtum nec manifestum, 264
Furtum oblatum, 264
Furtum possessionis, 264
Furtum rei, 264
Furtum usus, 264

– G –

Gal *Institutionum Commentarii Quattuor*, 32
Garantias das obrigações, 211 e segs.
Garantias pessoais, 182 e 211
Garantias reais, 182 e 211
Gens, 10 e 273
Gentiles, 10, 274 e 323
Gestão de negócio, 257
Glosa, 46
Glosadores, 45 e 46
Glosema, 41
Grau de parentesco, 85

– H –

Habitatio, 175
Haftung, 192
Herança, 306, 307, 310, 332 e segs.
Herança *vacante*, 337
Heredes extranei, 332, 336 e 349
Heredes necessarii, 332 e 333

836 | DIREITO ROMANO – *José Carlos Moreira Alves*

Heredes sui et necessarii, 332 e 333
Heredis institutio, 316
Hereditas, 306, 307, 310, 332 e segs.
Hereditas damnosa, 333
Hereditas fideicommissaria, 357
Hereditas iacens, 334
Hereditatis aditio, 336
Hereditatis petitio, 340
Hereditatis petitio possessoria, 342
Hipoteca, 183, 186 e segs.
Hipoteca legal, nota 145 do capítulo XLIX; 292 e 350
História externa do direito romano, 2
História interna do direito romano, 2
Homo liber bona fide serviens, 86

– I –

Idade, 94
Imaginaria solutio, 221
Imperium, 17 e 120
Imputação do pagamento, 221
Inadimplemento das obrigações, 205
Inaedificatio, 154
Incapacidade de fato relativa, 94
Incapacidade de fato absoluta, 94
Indebiti solutio, 258
In diem addictio, 242
Indignitas, 335, 349 e 359
Ineficácia dos legados, 353
Ineficácia do testamento, 319
Infamia, 86
Ingênuo, 83
In iure cessio, 154, 162, 171 e 172
In iure cessio hereditatis, 334
Iniuria, 266
Iniuria atrox, 266
In ius uocatio, 124 e 129
Instância *apud iudicem*, 124 e 129
Instância *in iure*, 124 e 129
Instituição de herdeiro, 316
Institutiones, 32
Insula in flumine nata, 154
Intentio, 128
Intercessio, 17, 129 e 213
Intercessio cumulatiua, 213
Intercessio priuatiua, 213
Intercessio pro marito, 292
Intercessio tacita, 213

Interdicta, 132
Interdito da clandestina *possessione*, 146
Interdito de *precario*, 148 e 249
Interdito de quase *possessione*, 164
Interdito *quod legatorum*, 342 e 350
Interdito *quod ui aut clam*, 154
Interdito *quorum bonorum*, 342
Interdito *Saluiannum*, 186 e 188
Interdito *und ui*, 148
Interdito uti possidetis, 148
Interdito *utrubi*, 148
Interpellatio, 209
Interpolações, 41
Interpolações pré-justinianeias, nota 25 do capítulo V
Interpretação, 69
Interpretatio duplex, 69
Interrex, 6
Interrogatio an heres sit, 334
Interrogatio in iure, nota 53 do capítulo XIX
Intestabilidade, 86
Invalidade sucessiva, nota 66 do capítulo XVI
Inuecta et illata, 186
Iudex priuatus, 121
Iudex unus, 121
Iudices pedanei, 119
Iudicia bonae fidei, 131
Iudicia stricti iuris, 131
Iudicis postulatio, 125
Iudicium, 128
Iudicium cascelianum, 132, A
Iudicium de moribus, nota 142 do capítulo XLIX
Iudicium imperio continens, nota 60 do capítulo XIX
Iudicium legitimum, nota 59 do capítulo XIX
Iudicium operarum, 236
Iura, 36
Iura in re aliena, 140
Iurisdictio contentiosa, 120
Iurisdictio uoluntaria, 120
Iurisprudentia, 14, 23, 32 e 38
Ius, 62 e 63
Ius abstinendi, nota 5 do capítulo LV, 333
Ius actionis, 84
Ius adcrescendi, 339
Ius aureorum anulorum, 86
Ius caduca uindicandi, 339
Ius capiendi, 335, 353, 355 e 356
Ius ciuile, 57, 58 e 66

ÍNDICE ALFABÉTICO DE ASSUNTOS | 837

Ius commercii, 84
Ius commune, 66
Ius conubii, 84
Ius distrahendi, 188
Ius emphyteuticum, 179
Ius exponendi, nota 1 do capítulo XLVIII
Ius extraordinarium, 57, 58 e 66
Ius gentium, nota 70, 66
Ius honorarium, 57, 58 e 66
Ius honorum, 84
Iusiurandum calumniae, 135
Iusiurandum in iure delatum, nota 53 do capítulo XIX
Iusiurandum promissorium, 212
Iusiurandum uoluntarium, 252
Ius naturale, 66
Ius noxae dandi, 277 e 279
Ius offerendi, 189
Ius perpetuum, 179
Ius praelationis, 178
Ius priuatum, 66
Ius protimiseos, 178
Ius publicum, 66
Ius respondendi ex auctoritate principis, 31
Ius retentionis, 230
Ius singulare, 66
Ius suffragii, 84
Ius uariandi, 196
Ius uendendi, 277
Ius uitae et necis, 277
Iusta causa traditionis, 154

– J –

Juramento *sibi non liquere*, 129
Juramento supletório, 135
Jurisconsultos, 14, 23, 31, 32 e 38
Jurisdição, 120
Jusnaturalistas, 50

– L –

Laesio enormis, 242
Latini, 84
Legado, 255, 261, 306, 345 e segs.
Legado de prestações periódicas, 348
Legado de universalidade de coisas, 348
Legado *per damnationem*, 347, 349, 350, 352 e 353
Legado *per praeceptionem*, 347, 349, 350 e 352

Legado *per uindicationem*, 162, 170, 347, 349, 350, 352 e 353
Legado *sinendi modo*, 347, 349, 350 e 352
Legados, 30
Legati iuridici, 119
Legatum debiti, 348
Legatum generis, 348
Legatum liberationis, 348
Legatum nominis, 348
Legatum partionis, 348
Legatum speciei, 348
Legatus, 119
Leges Iuliae Iudiciariae, 31 e 126
Legitimatio, 276
Legitimatio per oblationem curiae, 276
Legitimatio per rescriptum principis, 276
Legitimatio per subsequens matrimonium, 276
Lei, 21 e 31
Lei *Aebutia*, 2, 21, 121 e 126
Lei *Apuleia*, 214
Lei *Aquilia*, 267
Lei *Atinia*, 154
Lei *Cicereia*, 214
Lei *Cincia de donis et muneribus*, 254 e 292
Lei das citações, 36
Lei das XII Tábuas, 16, 21 e 22
Lei das Nemesis, 258
Lei de partilha, 258
Lei *Falcidia*, 351 e 356
Lei *Furia*, 214 e 351
Lei *Genucia*, 229
Lei *Iulia de adulteribus*, 288 e 296
Lei *Iulia de uicesima hereditatum*, 321
Lei *Iulia et Papia Poppaea de maritandis ordinibus*, 77, 296, 337 e nota 67 do capítulo LVI
Lei *Iunia Vellaea*, 329
Lei *Laetoria*, 303
Lei *Licinia de magistratibus*, 16
Lei *Ogulnia*, 16
Lei *Ouinia*, 18
Lei *Papia Poppaea*, 335 e 349
Lei *Pinaria*, 125
Lei *Plautia de ui*, 154
Lei *Poetelia Papiria*, 194 e 217
Lei *Pompeia de parricidis*, 291
Lei *Publilia*, 18 e 214
Lei *Sempronia iudiciaria*, 121
Lei *Seruilia Glaucia*, 121
Leis caducárias, 352 e 355

838 | DIREITO ROMANO – *José Carlos Moreira Alves*

Leis régias, 13
Lei *Valeria*, 16
Lei *Valeria de prouocatione*, 16
Lei *Voconia*, 351
Lex, 36
Lexcommissoria, 188 e 242
Lex data, 21
Lex Rhodia, 43
Lex Rhodia de iactu, 244
Lex rogata, 21
Lex Romana Burgundionum, 37
Lex Romana Visigothorum, 37
Libellus conuentionis, 135
Libellus refutatorius, 135
Liberto, 83 e 86
Libri ad, 32
Libri ad edictum, 32
Libri ex, 32
Linha de parentesco, 85
Litis aestimatio, 154
Litis contestatio, 124, 129, 135 e 221
Litis denuntiatio, 135
Livro siro-romano, 37
Locatio conductio, 244
Locatio conductio operarum, 244
Locatio conductio operis, 244
Locatio conductio rei, 244
Locatio non ad modicum tempus, 181
Longi temporis praescriptio, 154, 162, 171 e 222
Longissimi temporis praescriptio, 154
Lucrum cessans, 208
Lustratio, nota 10 do capítulo XLVIII

– M –

Magister Officiorum, 34
Magistratura, 16 e segs., 28 e 34
Magistri equitum, 34
Magistri peditum, 34
Magna Glosa, 46
Manceps, 192
Mancipatio, 154 e 162
Mancipatio familiae, 313
Mancipium, 106
Mandata, 31
Mandato, 243
Mandatum in rem suam, nota 75 do capítulo XXXIX
Mandatum pecuniae credendae, 213 e 215

Mandatum post mortem, nota 84 do capítulo XXXIX
Mandatum qualificatum, 215
Maniqueísmo, nota 24 do capítulo XII
Manumissão, 83
Manus, 278, 279 e 281
Manus iniectio, 125
Matrimônio, 636
Membrum ruptum, 266
Mente capti, 94 e 301
Mentium heredis, 222
Método cronológico, 4
Método naturalístico, 59
Método sincronístico, 4
Missio Antoniniana, 350
Monogamia, 288
Monstrum, 77
Missiones in possessionem, 132
Modo, 112
Mora accipiendi, 209
Mora debendi, 209
Mora ex persona, 209
Mora ex re, 209
Mos maiorum, 13
Mosaicarum et romanarum legum collatio, 37
Mortis causa capiones, 359
Motivo, 109
Município, 20
Mutua fideiussio, 197
Mútuo, 229

– N –

Narratio, 135
Nascimento, 75
Nascituro, 79
Natalis professio, nota 10 do capítulo XLVIII
Natalium restitutio, 83 e 86
Naturales liberi, 293
Negócio fiduciário, nota 85 do capítulo XVI
Negócio imaginário, nota 85 do capítulo XVI
Negócio jurídico, 109 e segs.
Negócio jurídico abstrato, 109
Negócio jurídico bilateral, 109
Negócio jurídico causal, 109
Negócio jurídico gratuito, 109
Negócio jurídico *inter uiuos*, 109
Negócio jurídico *iuris ciuilis*, 109
Negócio jurídico *iuris gentium*, 109

ÍNDICE ALFABÉTICO DE ASSUNTOS | 839

Negócio jurídico *iuris honorarii*, 109
Negócio jurídico *mortis causa*, 109
Negócio jurídico não solene, 109
Negócio jurídico oneroso, 109
Negócio jurídico solene, 109
Negócio jurídico unilateral, 109
Negotiorum gestio, 257, 299 e 302
Negotiorum utiliter coeptum, 257
Neo-humanismo contemporâneo, 52
Nexum, 227
Nobilitas, 16
Nome, nota 167 do capítulo XLIX
Nomina arcaria, 238
Nomina transcripticia, 238
Notae ad, 32
Noua clausula Iuliani, nota 25 do capítulo LIII
Nouatio, 217, 218 e 221
Novelas pós-teodosianas, nota 12 do capítulo V
Noxalidade, 263, 277 e 279
Núncio, 11, A

– O –

Obligatio, 191 e segs.
Obligatio personae, 192
Obligatio rei, 192
Obrigação alternativa, 196
Obrigação ambulatória, 197
Obrigação civil, 198
Obrigação correal, 197
Obrigação cumulativa, 197
Obrigação divisível, 196
Obrigação *ex lege*, 270 e segs.
Obrigação facultativa, 196
Obrigação genérica, 196
Obrigação individual, 196
Obrigação natural, 198
Obrigação natural imprópria, 198
Obrigação parcial, 197
Obrigação passiva universal, 138
Obrigação solidária, 197
Obsequium, 83
Objeto do direito subjetivo, 100
Ocupação, 154
Ocupação do *ager desertus*, nota 55 do capítulo XXIII
Oferta real, nota 25 do capítulo XXIX
Ônus real, nota 25 do capítulo XXIX
Operae, 83

Operae alterius animalis, 176
Operae seruorum, 176
Operis noui denuntiatio, 156
Opiniones, 32
Optio, 348
Oratio, 31
Orbi, 335
Ordo iudiciorum priuatorum, 118
Organização política da Itália, 20
Origens de Roma, 5
Os *fractum*, 265
Osculum intervenienti, 292

– P –

Pacta adjecta, 252
Pacta de lucranda donatione, 292
Pacta legitima, 252
Pacta nuda, 251
Pacta praetoriana, 252
Pacta uestita, 251
Pactiones et stipulationes, 156 e 157
Pacto comissório, 242
Pacto de melhor comprador, 242
Pactos, 250 e segs.
Pactum de distrahendo pignore, 188
Pactum de lucranda donatione, 292
Pactum de non petendaculpa lata, 206
Pactum de non petendo, 222
Pactum de non petendo dolo, 206
Pactum de reddenda dote, 292
Pactum de retroemendo, 242
Pactum de retrouendendo, 242
Pactum displicentiae, 242
Pactum donationis, 252
Pactum dotis, 252
Pactum fiduciae, 184 e 230
Pagamento por consignação, 221
Papirologia jurídica, 53
Paraphrasis Institutionum, 43
Parentesco, 85
Parricidium, 262
Partilha da herança, 339
Partitio hereditatis, 339
Pater solitarius, 335
Patria potestas, 277
Patrícios, 16
Patrimônio do *capite minutus*, nota 99 do capítulo XXXIV

840 | DIREITO ROMANO – *José Carlos Moreira Alves*

Patrum auctoritas, 18
Pauli sententiarum ad filium libri V, 32
Peculium castrense, 277
Peculium profecticium, 277
Peculium quasi castrense, 277
Pecunia traiecticia, 229
Pena de talião, 266
Penhor, 183, 185, 187 e segs., e 233
Pensio, 178
Perduellio, 262
Peregrini, 84
Permutatio, 249
Perpetuatio obligationis, 209
Perquisitio lance licioque, 264
Personae incertae, 315 e 355
Personalidade jurídica, 80 e 82
Pertença, 104
Pessoa *alieni iuris*, 85
Pessoa física, 73 e segs.
Pessoa *in mancipio*, 86
Pessoa jurídica, 97 e segs.
Pessoa *sui iuris*, 85
Petitio hereditatis ab intestato, 313
Petitio ususfructus, 173
Pictura, 154
Pignoris capio, 125
Pignus datum, 183, 185, 187 e segs.
Pignus ex causa indilati captum, 135 e 188
Pignus Gordianum, 188
Pignus nominis, 188
Pignus obligatum, 183, 186, 187 e segs.
Pignus pignoris, 188
Plantatio, 154
Plebe, 10 e 16
Plebiscita, 19
Plus petitio, 129 e 135
Poena priuata, 262
Poena publica, 262
Politio, 244
Pollicitatio, 272
Pollicitatio dotis, 292
Pollicitatio non ob honorem, 272
*Pollicitatio ob honorem decretum uel decernen-
dum*, 272
Pollicitatio ob iustam causam, 272
Pollicitatio sine causa, 272
Pontifex maximus, 15
Portio debita, 330 e 359
Portio legitima, 330 e 359

Pós-glosadores, 46
Positum et suspensum, 269
Posse, 142 e segs.
Possessio, 143
Possessio bonae fidei, 144
Possessio ciuilis, 143
Possessio ex iniusta causa, 144
Possessio ex iusta causa, 144
Possessio iniusta, 144
Possessio iuris, 149 e 340
Possessio iusta, 144
Possessio malae fidei, 144
Possessio naturalis, 143
Postulatio, 129
Postumi, 315, 329 e 355
Postumi Aquiliani, 315 e 329
Postumi Iuliani, 315 e 329
Postumi Vellaeiani primi, 315 e 329
Postumi Vellaeiani secundi, 315 e 329
Potestas, 17
Potestas abstinendi, nota 5 do capítulo LV
Potioris nominatio, 299
Praedia subdita uel subsignata, 186
Praediatura, 192 e nota 25 do capítulo XXXII
Praedes litis et uindiciarum, 125
Praedes sacramenti, 125
Praefecti, 30
Praefecti iure dicundo, 119
Praefectus urbis, 8
Praes, 192
Praescriptio, 128
Praescriptio ne praeiudicium fiat hereditati, 340
Praesides, 34
Praestare, 194
Praesumptio Muciane, nota 162 do capítulo XLIX
Praetor hastarius, 121
Praetor maximus, 15
Praetor minor, 15
Praetor tutelaris, 299
Praetores fideicomissarii, 355 e 357
Precarium, 249
Prelegado, 354
Prescrição, 131, E e 222
Presunção, 135
Pressuposição, nota 26 do capítulo XLIII
Prestação, 194
Pretor peregrino, 16 e 28
Pretor urbano, 16 e 28
Princeps, 29

ÍNDICE ALFABÉTICO DE ASSUNTOS | 841

Principado, 24 e segs.
Privilegium, nota 17 do capítulo LIII
Priuilegium inter personales actiones, 299
Processo extraordinário, 116, 117, 122, 133 e segs.
Processo formulário, 116, 117, 122, 133 e segs.
Processo *per formulam arbitrariam*, 132
Processo *per libellum principi oblatum*, 136
Processo *per rescriptum principis*, 136
Processo *per sponsionem*, 125 e 132
Processo sumário, 136
Prochiron legum, 43
Proconsules, 20
Procriação em justas núpcias, 276
Procuradores, 30
Procuratio, 243
Procuratio in rem suam, 217 e 218
Procurator, 129 e 135
Procurator omnium rerum, nota 36 do capítulo XVI
Prodigalidade, 94
Prodigium, 77
Professio, 221
Pro *heredegestio*, 336
Promissio iurata liberti, 236
Propretores, 20
Propriedade, 150 e segs.
Propriedade bonitária, 151
Propriedade peregrina, 151
Propriedade provincial, 151
Propriedade quiritária, 151
Propriedade resolúvel, 154
Protutela, nota 70 do capítulo L
Protutor, nota 70 do capítulo L
Prova, 135
Províncias, 20, 25, 27 e 35
Purgatio morae, 209, A

– Q –

Quaestiones, 32
Quaestiones perpetuae, 262 e 266
Quaestor sacri palatii, 34
Quaestores, 16 e 28
Quaestores parricidii, 8 e 16
Quarta Antonina, nota 42 do capítulo XLVIII
Quarta Divi Pii, nota 42 do capítulo XLVIII
Quarta Falcidia, 351 e 359
QuartaPegasiana, 357
Quase contrato, 256 e segs.

Quase delito, 268 e segs.
Quase servidão, 86
Quasi adfinitas, 287
Quasi postumi, 329
Quasi purgatio, 209
Quasi tutela, nota 91 do capítulo L
Quasi traditio, 154
Queda de Roma, 44
Querela *inofficiosi donationis*, 330
Querela *inofficiosi dotis*, 330
Querela *inofficiosi testamenti*, 330
Querela non numeratae pecuniae, 221 e 240
Qui se ipsum adoptat, nota 13 do capítulo XLVIII

– R –

Rapina, 265
Realeza, 5 e segs.
Recepção do direito romano nos países europeus, 47
Recepta nautarum, cauponum, stabulariorum, 252 e 269
Receptum arbitrii, 252
Receptum argentarii, 213, 215 e 252
Reconvenção, notas 35 do capítulo XIX e 14 do capítulo XX; e 185
Recuperatores, 121
Redemptus ab hoste, 86
Reforço das obrigações, 211 e segs.
Regifugium, 6
Regime de bens no casamento, 292
Regula Catoniana, 353
Regulae, 32
Rei, 8, 119
Rei uindicatio, 156
Rei uindicatio utilis, 156
Relação Jurídica, 70
Remancipatio, 281
Remissio mercedis, 244
Remissio nunciationis, 156
Renuntiatio, 243
Replicatio, 128
Representação, 111
República, 15 e segs.
Repúdio, 294
Requisitos da existência do ser humano, 74
Res, 100 e segs.
Res derelictae, 154
Res diuini iuris, 105

842 | DIREITO ROMANO – *José Carlos Moreira Alves*

Res hostium, 154
Res humani iuris, 105
Res mancipi, 106
Res nec mancipi, 106
Res nullius, 154
Rescisão, nota 59 do capítulo XVI
Rescripta, 31
Reserva mental, 113
Responsa, 32
Responsa prudentium, 31
Responsabilidade objetiva, 206
Restitutio in integrum, 129, 132 e 137
Restitutio in integrum propter aetatem, 303
Restitutio in integrum propter metum, 113
Retentio, 156
Retentio propter impensas, 292
Retentio propter liberos, 292
Retentio propter mores, 292
Retentio propter res amotas, 292
Retentio propter res donatas, 292
Reuocatio, 243
Reuocatio in duplum, 129
Reus promittendi, 194
Reus stipulandi, 194
Revogação do legado, 353
Revogação do testamento, 320
Rex sacrorum, 6, 15 e 313

– S –

Sacramentum, 125
Satio, 154
Satisdatio pro praede litis et uindiciarum, 125
Satisdatio rem pupilii alienam, 299
Satisdatio suspecti heredis, 338
Schuld, 192
Scriptura, 154
Segundas núpcias, 295
Senado, 9, 18, 28 e 34
Senatusconsulto Juvenciano, 340
Senatusconsulto Orficiano, 325
Senatusconsulto Pegasiano, 357
Senatusconsulto Tertuliano, 31 e 325
Senatusconsulto Trebeliano, 357
Senatusconsulto Veleiano, 213
Sententiae, 32
Separatio bonorum, 338
Sequestraria actio, 232
Sequestro, 232

Serviço militar, 294 e nota 181 do capítulo XLIX
Servidão predial, 157 e segs.
Servidões irregulares, nota 22 do capítulo XXV
Servidões pessoais, 157
Servidões pretorianas, nota 18 do capítulo XXIV
Sexo, 94
Si iudex suam fecerit, 269
Signare trabes, 154
Simulação, 113
Simulação imprópria, nota 85 do capítulo XVI
Sistema das ações úteis, 217
Sociedade, 244
Societas alicuius negotiationis, 244
Societas omnium bonorum, 244
Societas uniuersorum quae ex quaestu ueniunt, 244
Societas unius rei, 244
Solarium, 180
Solutio indebiti, 228
Solutio per aes et libram, 221
Solutionis causa adiectus, 221
Spatium deliberandi, 334 e 336
Sponsalicia largitas, 288
Sponsio, 213, 214 e 235
Sponsio tertiae partis, nota 54 do capítulo XIX
Status ciuitatis, 84
Status familiae, 85 e 96
Status libertatis, 83
Stipulatio, 235
Stipulatio aquiliana, 221
Stipulatio duplae, 242
Stipulatio emptae et uenditae hereditatis, 357
Stipulatio habere licere, 242
Stipulatio partis et pro parte, 357
Stipulatio poenae, 212 e 225
Stipulatio post mortem, 221
Stipulatio praetoria, 132, B
Stipulatio rei uxoriae, 292
Stipulatio usurarum, 229
Stipulationes praetoriae, 132
Stipulationes pridie quam morieris, nota 16 do capítulo XLII
Stirps, nota 18 do capítulo II
Stuprum, 296
Subscriptio, nota 24 do capítulo LII
Substituição fideicomissária, 358
Substituição pupilar, 318
Substituição quase-popular, 318
Substituição vulgar, 318
Successio, 307

ÍNDICE ALFABÉTICO DE ASSUNTOS | 843

Successio graduum, 322
Successio in ius, 307
Successio in locum, 139 e 322
Successio in uniuersum ius, 307
Successio ordinis, 322
Sucessão *ab intestato*, 322 e segs.
Sucessão *ab intestato* dos ingênuos, 323, 324, 325 e 326
Sucessão *ab intestato* dos libertos, 327
Sucessão *inter uiuos*, 304 e 305
Sucessão legítima, 322 e segs.
Sucessão *mortis causa*, 304, 306, 308 e 309
Sucessão necessária formal, 328 e 329
Sucessão necessária material, 328 e 330
Sucessão necessária material quanto aos bens do liberto, 331
Sucessão singular, 304 e 306
Sucessão testamentária, 312 e segs.
Sucessão universal, 304, 305 e 306
Sui heredes, 323
Suma, 46
Superfície, 180 e segs.
Syngrapha, 239

– T –

Tempus lugendi, nota 75 do capítulo XLIX e 295
Termo, 112
Territórios extraitálicos, 20
Tertiis nundinis partes secanto, nota 65 do capítulo XVIII
Testamenti factio, 84
Testamenti factio actiua, 314 e 346
Testamenti factio passiua, 315, 346, 355 e 356
Testamento, 312 e segs.
Testamento *calatis comitiis*, 313
Testamento *in procinctum*, 313
Testamento do analfabeto, 313
Testamento do cego, 313
Testamento do surdo, 313
Testamento nuncupativo, 313
Testamento ológrafo, 313
Testamento *per aes et libram*, 313
Testamento pretoriano, 313
Testamentum apud acta conditum, 313
Testamentum desertum, 319
Testamentum destitutum, 319
Testamentum inutile, 319
Testamentum irritum, 319

Testamentum militum, 313
Testamentum non iure factum, 319
Testamentum nullius momenti, 319
Testamentum oblatum principi, 313
Testamentum parentum inter liberos, 313
Testamentum ruptum, 319
Testamentum ruri conditum, 313
Testamentum tripertitum, 313
Testatio, 221 e 236
Tetrarquia, 33
Textura, 154
Tipicidade contratual, 223
Tipicidade das servidões, 159
Tollere liberum, nota 1 do capítulo XLVIII
Traditio, 154
Traditio breui manu, 154
Traditio clauium, 154
Traditio ficta, 154
Traditio instrumentorum, 154
Traditio longa manu, 154
Traditio seruitutis, 162
Traditio symbolica, 154
Traditio tacita, 154
Transactio, 249
Transcriptio a persona in personam, 238
Transcriptio a re in personam, 238
Translatio, 353
Translatio iudicii, 123, *c* e nota 24 do capítulo XX
Transmissão das obrigações, 216 e segs.
Transmissão *ex capite infantiae*, 334
Transmissão *ex iure deliberandi*, 334
Transmissão *ex iure sanguinis*, 344
Transmissio hereditatis, 334
Transmissio iure patrio, 334
Transmissio Iustinianea, 334
Transmissio Theodosiana, 334
Tribunos consulares, 16
Tribunos da plebe, 16 e 28
Tribunus celerum, 8
Tribunus militum, 8
Tribus, 10, 19 e 20
Triplicatto, 128
Turpitudo, 86
Tutela, 259, 297 e segs.
Tutela atiliana, 299
Tutela dativa, 299
Tutela dos impúberes, 299
Tutela honorária, 299
Tutela legítima, 299

DIREITO ROMANO – *José Carlos Moreira Alves*

Tutela *mulierum*, 300
Tutela testamentária, 299
Tutor cessans, 299
Tutor cessicius, 299 e 300
Tutor fiduciarius, 300
Tutor gerente, 99
Tutor optiuus, 300
Tutor praetorius, 300

– U –

Unidade de questão, 221
Uso, 174
Uso anormal da propriedade, 152
Usufruto, 165 e segs.
Usufruto legal, 171
Utilidade do estudo atual do direito romano, 3

– V –

Vacatio, 335
Vadiatura, nota 25 do capítulo XXXII
Vadimonium, nota 8 do capítulo XVIII; e 129
Variae figurae causarum, 201
Vectigal, 178
Venditio bonorum, 130, 305 e 337
Venditio cum scriptura, notas 9 e 10 do capítulo XXXII

Venditio sine scriptura, notas 9 e 10 do capítulo XXXII
Venia aetatis, 303
Veritas actus, 113
Verus procurator, 243
Vi bona rapta, 192 e 265
Vicarii, 34
Vícios redibitórios, 242
Vida extrauterina, 76
Vindex, 125 e 129
Vindicatio seruitutis, 164
Vindicatio usufructus, 173
Vitalidade, 78
Vlpiani liber singularis regularum, 32
Vnciae, 317
Vnitas actus, 235
Vniuersitas iuris, 105 e 307
Vnus casus, nota 122 do capítulo XXIII
Volksrechte, 58
Votum, 272
Vsucapio, 154
Vsucapio libertatis, 163
Vsucapio pro herede, 154 e 334
Vsureceptio ex fiducia, 154
Vsureceptio ex praediatura, 154
Vsurae usurarum, 229
Vsus, 154 e 278